böhlau

Schriftenreihe des Forschungsinstitutes
für politisch-historische Studien der Dr.-Wilfried-Haslauer-Bibliothek, Salzburg

Herausgegeben von
Robert Kriechbaumer · Franz Schausberger · Hubert Weinberger
Band 43

Robert Kriechbaumer · Franz Schausberger (Hg.)

Die umstrittene Wende

Österreich 2000–2006

2013

Böhlau Verlag Wien · Köln · Weimar

Gedruckt mit der Unterstützung durch:

BM.W_Fª

Bundesministerium für Wissenschaft und Forschung in Wien

Österreichischer Wirtschaftsbund

Internationale Salzburg Association

Parlamentsklub der Österreichischen Volkspartei

voestalpine Edestahl GmbH (vorm. Böhler-Uddeholm AG)

Bibliografische Information der Deutschen Nationalbibliothek:
Die Deutsche Nationalbibliothek verzeichnet diese Publikation in der
Deutschen Nationalbibliografie; detaillierte bibliografische Daten
sind im Internet über http://dnb.d-nb.de abrufbar.

Umschlagabbildung: © Harald Schneider/APA/picturedesk.com

© 2013 by Böhlau Verlag Ges.m.b.H & Co. KG, Wien Köln Weimar
Wiesingerstraße 1, A-1010 Wien, www.boehlau-verlag.com

Alle Rechte vorbehalten. Dieses Werk ist urheberrechtlich geschützt.
Jede Verwertung außerhalb der engen Grenzen des Urheberrechtsgesetzes ist unzulässig.

Umschlaggestaltung: Michael Haderer, Wien
Satz: Michael Rauscher, Wien
Druck und Bindung: Balto Print, Vilnius
Gedruckt auf chlor- und säurefrei gebleichtem Papier
Printed in Lithuania

ISBN 978-3-205-78745-7

Inhaltsverzeichnis

A. VORWORT

Robert Kriechbaumer · Franz Schausberger: Vorwort 9

Dieter A. Binder: No exit to right – exit to left only. Die Erregung 17

B. ANALYSE

Politisches System und politische Kultur. Zwischen Systembruch und business as usual

Herbert Dachs: »Neu regieren« – Zwischen Anspruch und Wirklichkeit 27

Wolfgang C. Müller · Marcelo Jenny: Demokratischer Rollentausch oder Systembruch? Parlamentarische Beziehungen in der Ära Schüssel 2000–2006 ... 53

Franz Schausberger: Barometer, Denkzettel und Hausgemachtes. »Nebenwahlen« während der Zeit der Regierungen Schüssel I und II 81

Heinz P. Wassermann: »Es ist ein täglicher Wettkampf um die Schlagzeile – oder einen Punkt beim Wähler.« Regierungs- und Parteikommunikation 1999/2000 bis 2006 123

Robert Kriechbaumer: Von Faschisten, Austrofaschisten und Alltagsfaschisten. Die Regierungen Schüssel I und II und der Kampf um die Erinnerung 183

Politikfelder

Christian Dirninger: Mehr Markt und weniger Staat. Die ordnungspolitische »Wende« in der Wirtschafts- und Finanzpolitik in einer längerfristigen Perspektive 211

Guenther Steiner: Sozialpolitik der Regierung Schüssel 271

Engelbert Theurl: Gesundheitspolitik 299

Kulturpolitik

Peter Stachel: Die Wissenschaft- und Universitätspolitik der Regierungen Schüssel I und II 331

Robert Kriechbaumer: Das antifaschistische Gewissen oder der selbstreferenzielle Moralismus. Die Salzburger Festspiele als Ort der Selbstinszenierung der Ästhetik des Widerstands 2000/01 365

Ernst Hanisch: Die Vergangenheitspolitik der schwarz-blauen Regierung . . . 397

Ewald Hiebl: Vom TV-Tainment zur Internet-Generation. Medien, Gesellschaft und Politik in der Ära Schüssel (2000–2006) 417

Aussenpolitik

Michael Gehler: Vom EU-Beitritt zur EU-Osterweiterung. Die Außen-, Europa- und Integrationspolitik von Außenminister (1995–2000) und Bundeskanzler (2000–2006) Wolfgang Schüssel 461

Paul Luif: »Die alten Schablonen – ob das Mozartkugeln, Lipizzaner oder Neutralität sind – greifen in der komplexen Wirklichkeit des beginnenden 21. Jahrhunderts nicht mehr.« Die Diskussion über die Neutralität 551

Gunther Hauser: Äußere und Innere Sicherheit 585

Institutionenreform

Peter Bußjäger: Zwischen Verwaltungsreform und Österreich-Konvent. Föderalismus in der Ära Schüssel I und II 627

Michael Neider: Justiz- und Gerichtsreform 659

Heinz Fassmann: Migrations- und Integrationspolitik 695

Die Sicht von Aussen

Walter Reichel: Die Ära Schüssel im Spiegel ausländischer Medien 713

Bildtafeln 765

C. ANHANG

Interview mit Bundeskanzler a. D. Dr. Wolfgang Schüssel in der Dr. Wilfried-Haslauer-Bibliothek am 26. November 2010 799

Autorenverzeichnis 845

A. VORWORT

Robert Kriechbaumer · Franz Schausberger

Vorwort

Die Bildung der ÖVP/FPÖ-Regierung 2000 evozierte nicht nur eine nationale, sondern eine internationale Erregung. Dem von vielen diagnostizierten »Tabubruch« folgten die »Sanktionen« der 14 EU-Staaten, verbunden mit einem vom relativ neuen Typus des »Austrointellektuellen« wortreich und sorgenvoll vermittelten Generalverdacht einer spätestens seit der Waldheim-Affäre behaupteten österreichischen Lebenslüge und einem generellen Nazismusverdacht.[1] Die Erregung gebiert auch stets ihre publizistischen Kinder, Rechtfertigungs- oder Verdammungsliteratur, die historisch/politikwissenschaftlich-analytische Betrachtungsweise hat in dem losbrechenden Schlachtenlärm nicht Saison.[2] Selbst in der zeitlichen Distanz von zehn Jahren verharrten zahlreiche der Gegner der Regierungsbildung des Jahres 2000 bei ihren damals vertretenen Positionen und weigerten sich, Korrekturen an ihren Positionen vorzunehmen.[3] Die »Wende« war und ist nach wie vor umstritten. Der

---

1 Zum Begriff des »Austrointellektuellen« vgl. Egon Matzner: Zum Niedergang der Zweiten Republik. – In: Österreichisches Jahrbuch für Politik (ÖJP) 2000. – Wien/München 2001. S. 35–56. S. 52: »Manche gingen so weit, die Österreicher als genetische Nazis zu bezeichnen. Zumindest aber 50 Prozent seien es gewiss. Dieser Unsinn wäre keines Aufhebens wert, würde er nicht im Ausland für bare Münze genommen, würden nicht in Österreich immer mehr junge und nicht mehr so junge Menschen diese einseitigen, proportionslosen und undifferenzierten Geschichten als die authentische Geschichte des Landes auffassen. Es ist notwendig, solchen Übertreibungen entgegenzutreten. Emile Zola war um Aufklärung bemüht, die österreichische Spätgeburt des Intellektuellen hingegen klärt nicht auf. Sie betreibt Handel mit übertriebenen Behauptungen, die anstelle der vielfältigen und widersprüchlichen Wirklichkeit Stereotype setzt. Der Austrointellektuelle verbeißt sich in Jörg Haiders Sprüche, die ihn permanent beschäftigen und beide in der öffentlichen Wahrnehmung halten. ... Die Haider-Analyse verdrängt die Realanalyse und erspart die Beschäftigung mit anderen nachwirkenden Aspekten der Geschichte sowie mit den existenziellen Fragen der Gegenwart und Zukunft.«
2 Vgl. dazu Günther R. Burkert-Dottolo, Bernhard Moser (Hg.): Die Regierungsbildung in Österreich 1999/2000. – Wien 2000. Josef Feldner: Freispruch für Österreich. Die Chronologie einer kalten Demonstration von Macht. – Graz/Stuttgart 2000. Andreas Khol: Die Wende ist geglückt. Der schwarzblaue Marsch durch die Wüste Gobi. – Wien 2001. Wolfgang Böhm, Otmar Lahodynsky: Der Österreich-Komplex. Ein Land im Selbstzweifel. – Wien/Köln/Weimar 2001. Hubert Feichtbauer: Der Fall Österreich. Nationalsozialismus, Rassismus. Eine notwendige Bilanz. – Wien 2000. Gerfried Sperl: Der Machtwechsel. Österreichs politische Krise zu Beginn des 3. Jahrtausends. – Wien 2000. Heinz Fischer: Wendezeiten. Ein österreichischer Zwischenbefund. – Wien 2003.
3 Frederick Baker, Petra Herczeg (Hg.): Die beschämte Republik. 10 Jahre nach Schwarz-Blau in Österreich. – Wien 2010. Martin Strauß, Karl-Heinz Ströhle (Hg.): Sanktionen. 10 Jahre danach: Die Maßnah-

Titel des Buches nimmt auf dieses Faktum Bezug, ohne eine wertende Position zu beziehen.

Erste wissenschaftliche Analysen der Sanktionspolitik der 14 EU-Staaten erfolgten bereits zwischen 2001 und 2003,[4] erste politikwissenschaftlich-historische Analysen folgten zwischen 2006 und 2010.[5] 2009 erschienen auch die von Alexander Purger aufgezeichneten Erinnerungen von Wolfgang Schüssel an die Zeit seiner Kanzlerschaft.[6]

Sind die Regierungsbildung des Jahres 2000 und die folgenden Regierungen Schüssel I und II endgültig Teil der Geschichte der Zweiten Republik, haben sie ihren Platz im Museum der Erinnerung gefunden? Oder sind sie aufgrund ihrer emotional und ideologisch hoch aufgeladenen Interpretationen, die, wie keine andere Epoche in der Geschichte der Zweiten Republik, erneut eine Lagerbildung und Fragmentierung der Gesellschaft mithilfe ideologischer und verbaler Muster der Vergangenheit wirksam werden ließen, nach wie vor Bestandteil des politischen Diskurses und probates Mittel zur Produktion von Ängsten, Feindbildern und politisch wünschenswerten Konstellationen einerseits, von positiven Konnotationen, unabhängig von laufenden Untersuchungen über vermutete Korruptionsfälle, andererseits? Gibt es einen – auch mentalen – Nachklang des Slogans »Widerstand, Widerstand, Schüssel, Haider an die Wand«, in dem sich eine von vielen herbeigesehnte Bürgerkriegsstimmung artikulierte, eine »antifaschistische« Bestätigung eigenen Handelns aufgrund einer die Realitäten verzerrenden Autosuggestion, die den Widerstandsbegriff pervertierte und die historischen Widerstandskämpfer beleidigte?

2012 schrieb Michael Fleischhacker angesichts des allgemein monierten Reformstaus der SPÖ/ÖVP-Koalition und des neuerlichen Erstarkens der FPÖ, die in Umfragen bereits nahe an die Werte der SPÖ kam: »Darüber, was da am 4. Februar 2000 begann, lässt sich auch zwölf Jahre danach noch gut streiten. Man kann die Bil-

---

men der Länder der Europäischen Union gegen die österreichische Regierung im Jahr 2000. – Innsbruck/Wien/Bozen 2010.

4 Michael Gehler: Präventivschlag als Fehlschlag: Motive, Intentionen und Konsequenzen der EU-14-Sanktionsmaßnahmen gegen Österreich im Jahre 2000. – In: Wilfried Loth (Hg.): Das europäische Projekt zu Beginn des 21. Jahrhunderts. – Opladen 2001. S. 325–381. (Grundlagen für Europa. Herausgegeben von Wilfried Loth. Band 8.) Erhard Busek, Martin Schauer (Hg.): Eine europäische Erregung. Die »Sanktionen« der Vierzehn gegen Österreich im Jahr 2000. Analysen und Kommentare. – Wien/Köln/Weimar 2003.

5 Emmerich Tálos (Hg.): Schwarz – Blau. Eine Bilanz des »Neu-Regierens«. – Wien/Münster 2006. David Wineroither: Kanzlermacht – Machtkanzler? Die Regierung Schüssel im historischen und internationalen Vergleich. – Wien/Berlin 2009. Günter Bischof, Fritz Plasser (Hg.): The Schüssel Era in Austria. – Innsbruck 2010. (Contemporary Austrian Studies. Volume 18.) Andreas Khol, Günther Ofner, Stefan Karner, Dietmar Halper (Hg.): Österreichisches Jahrbuch für Politik 2010. – Wien/Köln/Weimar 2011. S. 381–454.

6 Wolfgang Schüssel: Offengelegt. Aufgezeichnet von Alexander Purger. – Wien 2009.

dung der Koalition aus ÖVP und FPÖ als Beweis der genialen Verhandlungsstrategie von Wolfgang Schüssel sehen, der für die ÖVP nach 30 Jahren den Kanzlersessel zurückeroberte, obwohl die ÖVP mit dem schlechtesten Wahlergebnis ihrer Geschichte hinter Jörg Haiders Freiheitlichen auf Platz drei zurückgefallen war. Man kann dieses Verhandlungsergebnis aber auch als Tiefpunkt der Abwärtsentwicklung in der politischen Glaubwürdigkeitskultur sehen – immerhin hatte Schüssel im Wahlkampf versprochen, dass die ÖVP auf jeden Fall in Opposition gehen würde, wenn sie auf dem dritten Platz landete.

Man kann die Bildung von Schwarz-Blau als Ende der Erstarrung sehen, in die Österreichs Politik durch die Kombination aus der gefühlten Ewigkeit der Großen Koalition und der tatsächlichen Ewigkeit der sozialpartnerschaftlichen Parastruktur verfallen war. Man kann die sechs Jahre, die das Experiment währte, im Rückblick als eine der wenigen Phasen politischer und gesellschaftlicher Dynamik sehen, die Österreich nach dem Zweiten Weltkrieg durchlebt hat. Man kann diese Zeit vor dem Hintergrund des aktuellen Untersuchungsausschusses aber auch als Zeitfenster interpretieren, in dem sich die bis dahin von den Futtertrögen ferngehaltenen Repräsentanten der FPÖ schamlos am öffentlichen Eigentum und seiner Veräußerung bedienten.

Für jede dieser Sichtweisen gibt es gute Argumente, aber es ist schwer möglich, es dabei zu belassen, denn für welche Sicht auf die Vergangenheit man sich entscheidet, hat unmittelbare Auswirkungen auf Gegenwart und Zukunft. Wir stehen nämlich exakt vor derselben Situation, in der vor zwölf Jahren Wolfgang Schüssel seinen Coup gelandet hat. Die Große Koalition hat in einer krisenhaften Umgebung das Vertrauen in ihre Problemlösungskapazität einigermaßen vollständig verloren. Die schärfer werdenden ideologischen Debatten über die Gewichtung der notwendigen Maßnahmen zur Konsolidierung des Staatshaushaltes nähren Gerüchte über einen möglichen Koalitionsbruch. Die FPÖ liegt in Umfragen deutlich vor der Volkspartei, und die Debatte, ob eine Regierungsbeteiligung der Freiheitlichen angesichts der immer wieder offenbar werdenden Nähe der herrschenden FPÖ-Funktionärsschicht zum rechtsextremen Milieu vertretbar wäre, gewinnt an Fahrt.

Wie schon 1999 speist sich dieser Diskurs aus zwei Motiven: Ein Teil der Teilnehmer sieht sich berufen, den Anfängen zu wehren, die Demokratie vor ihrer Abschaffung zu bewahren und vom Bösen als solchem abzuhüten. Der andere Teil der Teilnehmer will mit vorgeschobenen moralischen Argumenten einfach dafür sorgen, dass die ÖVP keine Alternative zur Großen Koalition hat, damit die SPÖ an der Regierung bleibt.

Für die Volkspartei bedeutet das eine No-win-Situation, wie sie aus den eineinhalb Leidensjahrzehnten von 1986 bis 1999 weiß: Bleibt sie in der Großen Koalition, wird sie zerrieben. Versucht sie, sich die FPÖ-Alternative offenzuhalten, wird sie im Moralinsäurebad des Juste Milieu ertränkt. ...

Der große Verlierer in diesem Spiel ist aber nicht die ÖVP, sondern der Bürger. Er wird unter dem Vorwand, die Demokratie vor der Bedrohung durch eine Regierungsbeteiligung der FPÖ zu bewahren, seiner demokratischen Grundrechte beraubt: Was und wen immer er wählt, das Ergebnis ist die Große Koalition.«[7]

Eine Anfang 2012 durchgeführte Umfrage des IMAS-Instituts über die politische Gefühlswelt der Österreicher ergab bei einer hohen Unzufriedenheit mit dem Erscheinungsbild der Parteien sowie der Politik im Allgemeinen eine hohe Zufriedenheit mit dem Wohlstand und den Lebensbedingungen in Österreich. Das daraus resultierende geringe soziale Konfliktpotenzial hatte jedoch auch seine Kehrseite: die offensichtliche Reformunwilligkeit großer Teile der Bevölkerung, die die Meinung vertraten, dass trotz Euro-Krise, zunehmender internationaler Konkurrenz und notwendiger Sanierung des Staatshaushalts kein Reformbedarf bestehe. Das politische Paradoxon: Während die Bevölkerung der Politik Reformunwilligkeit vorwarf, lehnte sie in Form eines kollektiven Strukturkonservativismus Reformen im eigenen Lebensbereich weitgehend ab.[8] Der (sozial)politische Garantismus hatte bereits 2006 fröhliche Urständ gefeiert. Manfred Prisching bezeichnete das Wahlergebnis des Jahres 2006 als eine Entscheidung von einer konservativen Wende zu einer anderen. »Österreich ist ein konservatives Land, und die Sozialdemokratie hat die Wahlen gewonnen, weil sie diesen Konservativismus viel besser vertritt als die Volkspartei. Die Volkspartei mag ›wertkonservativ‹ sein …, sie ist aber nicht ›strukturkonservativ‹: Vielmehr waren nach langen Jahren des Stillstands unter den sozialdemokratischen Regierungen zur Jahrhundertwende größere Reformvorhaben dringlich notwendig geworden, und einige von ihnen wurden in den letzten Jahren angegangen – auch im Wissen, dass man diese Notwendigkeiten einer Wählerschaft, die in ihrer Wahrnehmung politischer Rahmenbedingungen etwa 30 Jahre hinter den Entwicklungen in einer europäischen und globalen Welt hinterherhinkt, kaum würde plausibel machen können. Die Sozialdemokratie trifft den ›Strukturkonservativismus‹ der Österreicher viel besser als die Volkspartei.«[9]

In einem Kommentar zur IMAS-Umfrage des Jahres 2012 bemerkte Oliver Pink, in der Ära Schüssel sei das Lampedusa-Zitat »Wenn wir wollen, dass alles bleibt, wie es ist, dann ist es nötig, dass alles sich verändert« oft zitiert worden. Es habe sogar einen ähnlichen ÖVP-Plakatslogan – »Wer Gutes bewahren will, muss manches ändern« – gegeben. »Es ist deswegen nicht falsch. Und gerade Wolfgang Schüssel hat

---

7 Michael Fleischhacker: Wir haben die Wahl: Strache oder das Mehrheitswahlrecht. – In: Die Presse 4. 2. 2012. S. 2.
8 Die Presse 30. 4. 2012. S. 1.
9 Manfred Prisching: Die konservative Wende zum Sozialismus. – In: ÖJP 2006. – Wien/München 2007. S. 159–171. S. 165f.

erfahren, dass, wenn man Reformen dann wirklich angeht, nach denen in den Jahren zuvor angeblich alle gelechzt haben, man nicht mit dem ungeteilten Applaus des Publikums rechnen darf. Ganz im Gegenteil.«[10]

Konservativismus ist keineswegs, wie vielfach behauptet, Strukturkonservativismus, die Verweigerung des Wandels, sondern bedeutet, auf dem Feld des Politischen den notwendigen Wandel auf der Basis bestimmter Axiome zu gestalten: dem Menschenbild, einer bestimmten pragmatischen Art des Denkens und einer subsidiären Zivilgesellschaft. Der Mainzer Historiker Andreas Rödder bemerkte, konservatives Denken gehe letztlich »auf einen zentralen Unterschied der abendländischen Geistesgeschichte zurück: auf den Unterschied zwischen platonischer Ideenlehre und dem Realismus des Aristoteles. Konservatives Denken geht dabei ... nicht von der Idee, von Theorien und Modellen aus, sondern von der konkreten Realität, praktischen Erfahrung und Alltagsvernunft.

Das heißt konkret: Konservatives politisches Denken ist pragmatisch, nicht radikal. Aufgabe der Politik ist es nach seinem Verständnis nicht, eine neue Welt zu schaffen, sondern Bedingungen für gelingendes Leben bereitzustellen. Die konkrete Ausgestaltung ist dann die Sache der Einzelnen, und es ist nicht die Aufgabe des Staates oder der Politik, den Menschen zu sagen, wie sie leben sollen. ... (...)

Die Gesellschaft der gemeinwohlverpflichteten Bürger rangiert seinem Verständnis nach vor dem Staat – sowohl vor dem bürokratischen Macht- oder Obrigkeitsstaat, als auch vor dem allzuständigen Fürsorge- und Interventionsstaat. Darin liegt ein grundlegender Unterschied zur Sozialdemokratie und zugleich eine Gemeinsamkeit mit dem Liberalismus sowie Teilen der Grünen«.[11]

Wolfgang Schüssel war ein konservativer Reformer, der das von ihm als notwendig Erkannte auch gegen den heftigen Widerstand der strukturkonservativen Kräfte im Bereich der Sozialpartnerschaft und des Boulevards konsequent zu realisieren suchte. Peter Gerlich diagnostizierte 2007 im Rückblick auf die Regierung Schüssel: »Austria has returned to a grand coalition government which to an almost absurd extent woos the rainbow press and is supported by it. ... (...)

The problem is, however, that under the new situation of global economic crisis conditions have not become easier, but more difficult. International competition will not decrease, but increase. Austria will need political leadership and ingenuity even more than before, maybe more than Wolfgang Schüssel could provide, but certainly not less«.[12]

---

10 Oliver Pink: Jede Regierung hat das Volk, das sie verdient. – In: Die Presse 30. 4. 2012. S. 2.
11 Andreas Rödder: Konservative sind die wahren Gestalter. – In: Die Presse 29. 4. 2012. S. 46–47. S. 46f.
12 Peter Gerlich: The Political Personality of Wolfgang Schüssel. – In: Plasser, Bischof: The Schüssel Era in Austria. S. 1–20. S. 18.

Historiker neigen zu Periodisierungen, deren Markierungspfähle nicht entlang der linearen Dezennien eingeschlagen werden, sondern entlang der Linie der diagnostizierten Brüche und Paradigmenwechsel. In diesem Sinne vermag die ÖVP/FPÖ-Koalition 2000–2006 den Anspruch auf einen eigenen Stellenwert in der Periodisierung der Geschichte der Zweiten Republik zu beanspruchen. Die Diskussion der Historiker darüber, ob es sich bei den Regierungen Schüssel I und II um eine Fortsetzung und bloße Akzentuierung des bereits in den Neunzigerjahren eingeleiteten Reformkurses handelte oder um einen völlig eigenen Akzent, hat erst begonnen. Unabhängig von der Position der Kombattanten erfolgte zu Beginn des 21. Jahrhunderts im politischen Biedermeier der Zweiten Republik ein Paradigmenwechsel, eine – sozial abgefederte – konzeptionelle Abkehr von der Ära Kreisky und der scheinbar in Stein gemeißelten Doppelherrschaft von Regierung und Sozialpartnerschaft. Die bereits zum Mythos stilisierte Sozialpartnerschaft hatte sich jenseits ihrer historisch unbestreitbaren Verdienste für die politische Kultur und Sozial- und Wirtschaftspolitik der Zweiten Republik zunehmend als Klotz am Bein jeder strukturellen Reform erwiesen. Zwischen 2000 und 2006 wurde erstmals in der Geschichte der Zweiten Republik eine Politik gegen den bisher privilegierten Status der Sozialpartnerschaft forciert, um die notwendigen strukturellen Reformen zu realisieren. Die Periode der Reformen währte allerdings nur kurz, bereits nach sechs Jahren befand sich Österreich auf dem Pfad des politischen »Retro-Trends«.

Das in Österreich dominante politische Biedermeier war und ist die eine Seite der Medaille, die Wahrnehmung der gesellschaftlichen, ökonomischen und politischen Realitäten entlang und selbst innerhalb der nach wie vor existierenden Lagerstrukturen die andere. Die Bandbreite der Wahrnehmungen in der SPÖ wurde bei der 1.-Mai-Feier 2012 deutlich. Während die Grazer SPÖ-Chefin Martina Schröck den traditionellen Aufmarsch in der Grazer Innenstadt wegen befürchteter mangelnder Teilnahme und geringer Attraktivität eines traditionellen ideologischen Hochamtes absagte, erklärte in Wien Bürgermeister Michael Häupl in politischer Kampfrhetorik den erschienenen Genossen am Rathausplatz, man müsse wissen, »wo der Feind ist«. Dieser sei, so sekundierten Vizebürgermeisterin Renate Brauner und ÖGB-Chef Erich Foglar, der von der ÖVP/FPÖ-Koalition gepflegte Neoliberalismus und Marktfetischismus, in dessen Hochblüte 2000 bis 2006 es die höchste Arbeitslosigkeit gegeben habe.[13]

Wenngleich nur sechs Jahre die österreichische Politik gestaltend, hinterließ die ÖVP/FPÖ-Koalition nicht nur bleibende strukturelle, sondern auch emotionelle Spuren, spaltete und spaltet die Meinung der Bevölkerung und der berufsmäßigen Kommentatoren. Aus der Distanz von inzwischen zehn Jahren zur Bildung der ÖVP/FPÖ-Koalition beschloss daher 2010 der Wissenschaftliche Beirat des Forschungs-

---

13 Die Presse 2. 5. 2012. S. 3.

instituts für politisch-historische Studien der Dr.-Wilfried-Haslauer-Bibliothek, ein umfangreiches Forschungsprojekt über die Regierungszeit von Bundeskanzler Wolfgang Schüssel in Angriff zu nehmen, wobei nicht eine enzyklopädische Darstellung erfolgen sollte, sondern eine Analyse des neuen Politikverständnisses sowie ausgewählter Politikfelder.

Die nunmehr vorliegenden Ergebnisse verstehen sich keineswegs als abschließende Bilanz, sondern als Zwischenergebnis und Anregung für weitere Forschungen.

Salzburg, im Juni 2012

Dieter A. Binder

No exit to right – exit to left only

Die Erregung

»Moralische Ernsthaftigkeit in der Politik ist wie Pornografie –
schwer zu definieren, aber man erkennt sie auf Anhieb.«[1]

Die schlichte englische Verkehrstafel spiegelt trefflich eine vom Autor mitgetragene erste Reaktion auf die Nachricht der Bildung der Regierung Schüssel–Haider, die ihn am 3. Februar 2000 beim Eintreffen auf dem Gautag der ÖVP des Tennengaus in Hallein ereilte, wo er am Abend ein Podiumsgespräch mit Erhard Busek über dessen politisches Leben führen sollte. Die Teilnehmerinnen und Teilnehmer dieser Veranstaltung ertrugen es verständlicherweise nur widerwillig, dass der Historiker und der Politiker bewusst nicht den aktuellen Gesprächsstoff mit Ad-hoc-Kommentaren füllten, Busek tat dies davor im viertelstündlichen Rhythmus ausländischen Zeitungen und Nachrichtenstationen gegenüber und nahezu genüsslich in alten Geschichten wühlten. Als die Diskussion vom Podium ins Publikum getragen wurde, schlug die Stimmung zurück: Der Historiker wurde ad acta gelegt und Busek sollte nun nahezu bei jeder Wortmeldung die jeweils geäußerte Meinung zur aktuellen Diskussion bestätigen. Von diesen Wortmeldungen blieb mir eine, wegen der Jugend des Wortführers – er war vielleicht 25 Jahre alt – skurril anmutende Wunden-Leckerei in Erinnerung; er sah in der nunmehrigen Regierungsbildung die geglückte Revanche für die historische Wahlniederlage der ÖVP 1970.

Am Tag danach schrieb mir ein lieber Freund, aus meiner Sicht ein heimatloser Linker, der an einer norddeutschen Universität lehrt, dass er, angesichts der katastrophalen Zunahme an Stimmen für Haiders rechtspopulistischen Kurs und der damit verknüpften Gefahr, die ÖVP könnte an die dritte Stelle der Wählergunst absinken, extra nach Österreich zur Wahl im Herbst des Vorjahres angereist wäre und erstmals in seinem Leben die ÖVP gewählt hätte, da er Schüssels Absage an die FPÖ im Wahlkampf ernst genommen habe. Mit zunehmender Sorge habe er nach der Wahl taktische Manöver eines Politikers der SPÖ wahrgenommen, dem er das Zusammengehen mit der FPÖ zugetraut hätte, während ihn als engagierten Auslandsösterreicher nun die kleine schwarz-blaue Koalition zutiefst betroffen mache.

---

1 Tony Judt: Das Chalet der Erinnerungen. – München 2012. S. 38.

Noch ein weiterer sehr persönlicher, gleichsam autobiografischer Zugang, dem sich der Historiker, folgt man dem Beispiel des einst in Oxford lehrenden Richard Cobb, nicht entziehen darf. In den Tagen danach traf ich den Freund aus den Zeiten der Studentenpolitik und nunmehrigen ÖVP-Bundesrat Vincenz (von und zu) Liechtenstein, der, zutiefst über die Regierungsbildung verärgert, erzählte, dass ihn der Auftritt von Andreas Khol im Klub, als die Abmachung mit der FPÖ bekanntgegeben wurde, eher an einen Durchhalteappell in einer Kesselschlacht denn an eine politische Orientierung am Beginn einer Regierungsperiode erinnert hätte. Liechtensteins Kritik stand im krassen Widerspruch zu den Intentionen seiner Landespartei. Deren Obfrau Waltraud Klasnic stimmte im Vorfeld der Regierungsbildung gemeinsam mit Herbert Sausgruber, Gerhard Jellasitz und Werner Amon konsequent gegen den mit der SPÖ ausverhandelten Koalitionspakt, ohne damit im Bundesparteivorstand zunächst mehrheitsfähig zu sein.[2] Als allerdings der Gewerkschaftsflügel der SPÖ den Koalitionsvertrag torpedierte,[3] setzte Schüssel zum »Tabubruch« an und schmiedete mit Haider jene »Kleine Koalition«, die für Klasnic den eleganten Nebeneffekt der Berufung des freiheitlichen steirischen Spitzenmannes, Michael Schmid, in die Bundesregierung brachte, wo er alsbald verglühte. Schmid hatte sich zunehmend innerhalb der Landespolitik mit einer Anti-Klasnic-Stimmung zu profilieren gesucht. Liechtenstein trug seine Kritik in die Öffentlichkeit, indem er Haider persönlich angriff. »Der Schaden, den dieser Mann für Österreich bereits angerichtet hat, ist ungeheuer. Dafür müssen alle Österreicher büßen, da es ja Jörg Haider offenbar daran liegt, das ganze Land für seine ideologischen Grauslichkeiten in Geiselhaft zu nehmen. Die unappetitliche Sprache, die er im Munde führt, kommt offenbar direkt aus seiner Überzeugung. Die Ausbrüche gegen Muzicant und die Ostküste, das ist der ganze Haider. Sonst hat er nichts im Kopf (…) Wer seine Heimat in so massiver Weise beschädigt, der hat im Koalitionsausschuss, in dem die Politik der Bundesregierung besprochen wird, überhaupt nichts zu suchen.«[4] Sein Bild von der »Kesselschlacht«, dem Auf-sich-selbst-Zurückgeworfen- und Ausgeliefertsein kehrt partiell im Buchtitel des resümierenden Andreas Khol über den schwarz-blauen »Marsch durch die Wüste Gobi« 2001 wieder.[5]

---

2 Vgl. Andreas Khol: Die Wende ist geglückt. Der schwarz-blaue Marsch durch die Wüste Gobi. – Wien 2001. S. 102.
3 Vgl. Peter Pilz: Der Anfang der Wende. – In: Österreichisches Jahrbuch für Politik (ÖJP) 2000. – Wien 2001. S. 501–516. S. 507: »Wahrscheinlich hat die Initiative der steirischen Landesobfrau ebenso entschieden wie der wachsende Widerstand im SP-Klub und in Teilen des ÖGB gegen den Totalabverkauf sozialdemokratischer Ideen.«
4 Interview der »Kärntner Tageszeitung« mit Vincenz Liechtenstein am 16. Jänner 2001. Zit. bei Bertram Karl Steiner: Ein Jugendfreund, der sich nie ein Blatt vor den Mund nahm. – In: Kärntner Tageszeitung 20. 1. 2008. S. 48.
5 Khol: Die Wende ist geglückt.

Emotionalität und Aktionismus beherrschten die Kritiker der schwarz-blauen Koalition in den ersten Tagen ihres Bestehens, gleichgültig welcher politischen Partei sie nahestanden. Die Palette der ablehnenden Begründungen reichte vom Hinweis, damit den Rechtspopulismus salonfähig gemacht zu haben, bis hin zum Gespenst der Bürgerblockregierung, das Bruno Kreisky gekonnt gegen Josef Taus und Alexander Götz in den späten 1970er-Jahren in Stellung gebracht hatte. Damals gab es in Anlehnung an die Anti-Atombewegung und deren Symbol Aufkleber mit dem suggestiven Vermerk »Taus und Götz – Nein, danke!« Dieser Slogan kehrte nun mit der aktuellen politischen »Führungsgarnitur« zurück.

Die Bandbreite der Kritiker dieser Regierungsbildung konnte auf Dauer nicht bestehen, sie musste gleichsam fraktionierend zerfallen, wobei bürgerliche Kritiker sich eher in einen politischen Wartesaal zurückzogen, während sich das sozialdemokratische Milieu, zutiefst getroffen vom Machtverlust, auf die Suche nach einem Erneuerungseffekt machte. Der aus der Krise gezeugte neue Parteiobmann Alfred Gusenbauer zitierte Kreisky in der Hoffnung auf das notwendige Stück gemeinsamen Weges, um die im Wartesaal Weilenden anzusprechen, während man für den eigenen aktivistischen Anhang als Ersatz für das fehlende ideologische Profil einen lautstarken Antifaschismus kultivierte, dessen Aktualität man mit der Gleichsetzung von Schüssel und Khol mit Engelbert Dollfuß, der Regierungsbildung von 2000 mit dem schleichenden Staatsstreich von 1933 zu begründen suchte.

Die heftig und zu Recht bekämpfte Sprache Haiders und seiner Partei evozierte anscheinend auch bei einem Teil ihrer Gegner einen Kontrollverlust im Hinblick auf Sagbares: »Widerstand, Widerstand, Schüssel, Haider an die Wand.« In einer beachtlichen Selbstdarstellung haben Frederick Baker und Elisabeth Boyer den Wiener Wandertagen, der ritualisierten Form des Protests, 2002 ein Denkmal gesetzt, in dem es auch chronologisch gereiht Kataloge widerständischer Slogans gibt: Allerdings, so scheint es dem Zeitzeugen, etwas ausgedünnt, denn verbaler Radikalismus findet in dieser »Festschrift« nicht statt.[6]

Aus der durchaus zu belegenden Ansicht, eine Koalition mit der FPÖ stelle einen Bruch mit der politischen Kultur einer aufgeklärten Gesellschaft dar, wurde die neue Koalition als der Kulturbruch schlechthin gelesen. Dazu die Abgeordnete Dr. Elisabeth Pittermann (…): »Herr Präsident! Herr Bundeskanzler! Hohes Haus! Nicht zu erkennen, dass eine Regierungsbeteiligung der FPÖ zu internationalen Reaktionen führt, zeigt, dass das Außenministerium seit Jahren von Politikern geleitet wird, die sich wenig um Außenpolitik gekümmert haben. (…) Schon im Hauptausschuss war die Hilflosigkeit der jetzigen Frau Bundesministerin offensichtlich. Dass der frühere Bundesminister die laut formulierten Sorgen seiner Amtskollegen nicht verstand,

---

6 Frederick Baker, Elisabeth Boyer (Hg.): Wiener Wandertage. Eine Dokumentation. – Klagenfurt/Celovec 2002.

beweist die Wunschvorstellung, dass derartige Proteste bestellbar sind. Über APA-Meldungen verbreitete Äußerungen Israels zeigen uns, welches Entsetzen, welche Erinnerung diese Regierung hervorruft. Rassismus, Xenophobie und Antisemitismus führten zu den größten politischen Verbrechen, zum größten Leid, das je über Menschen gebracht wurde. Von ›F‹-Seite wird verharmlost: Es sei Vergangenheit, man sei voller Unschuld. – Die Opfer und ihre Nachkommen sehen das jedoch anders. Für sie ist das Wecken derartiger Emotionen zur Stimmenmaximierung und zum Salonfähig-Machen von Rassismus eine tödliche Bedrohung, daher kann niemand diese FPÖ salonfähig machen. Sosehr ich bedaure, dass Österreich international geächtet wird – und das nicht nur in politischer Hinsicht: laufend werden internationale medizinische Kongresse storniert und verlegt –, sosehr ich mich vor den wirtschaftlichen Folgen, die in erster Linie Ärmere und Schwächere treffen, fürchte, sosehr beruhigt es mich als eine von jenen, deren Familie durch die Shoah bitteres Leid widerfuhr, dass diesmal die Welt früher reagiert. Die Frage meiner Kindheit war nicht nur: Wieso können sich normale Menschen in derartige Mordbestien verwandeln, wie kann jedes Gefühl für Menschlichkeit und Recht abhandenkommen?, sondern auch: Warum wurde dem von der menschlichen Gemeinschaft nicht rechtzeitig Einhalt geboten? Was einmal wirklich war, bleibt ewig möglich! – Das sagte ein Rabbiner nach der Vertreibung und Vernichtung spanischer Juden durch die Inquisition. Adorno äußerte Gleiches über die Shoah. Wachsamkeit ist angesagt, damit die Grundübel Rassismus, Xenophobie und Antisemitismus nie mehr toleriert werden! Dass die ÖVP Antisemitismus bestens zu nutzen wusste, ist mir bekannt. (…) Sie verbreitete, dass mein Vater Jude sei, um ihm zu schaden. (…) Erst kürzlich wurde ich gefragt, warum er nie dementierte. – Klaus hingegen war ein ›echter Österreicher‹. Der frühere österreichische Botschafter in Israel wurde als Affront des damaligen Außenministers gegen Israel empfunden. Ein Aufarbeiten unserer Geschichte wäre reinigend. Man kann nicht gleichzeitig erstes Opfer gewesen sein, den Zweiten Weltkrieg verloren haben und von den Alliierten besetzt worden sein. Die anrüchigen Aussagen des Obmannes der Freiheitlichen und seiner Mitkämpfer vermitteln das gleiche Bild. Um nur eine zu zitieren: Na ja, Vertreibung, Tod, menschenrechtswidriges Verhalten sollte ja wohl nicht von der ethnischen Zugehörigkeit abhängig sein. (…) Jeder von uns weiß, was die Menschen jüdischer Abstammung durchgemacht haben, jeder weiß auch, was die Heimatvertriebenen durchgemacht haben – und da möchte ich nicht beurteilen, was schlimmer ist. Zitatende. Die bisherigen Demonstrationen verliefen zum Großteil friedlich. Pflastersteine und Tränengas gegen Menschen sowie der erste tote Freiheitskämpfer der Zweiten Republik waren im Jahre 1965 die Taten Rechtsextremer; ebenso gewalttätig waren die Südtirol-Terroristen. Die heutigen Demonstranten wollen friedlich vermitteln, dass es ein anderes Österreich gibt. Unerträgliche Äußerungen mit Einschränkungen abzuschwächen, ist wenig hilfreich. Österreichs mühselig aufgebautes Ansehen in der

Welt wurde mit einem Schlag schwer geschädigt. Ein Außenminister, der so etwas nicht rechtzeitig erkennt, ist unfähig! Aber jemand, der – aus Gründen welcher Art auch immer – getrieben ist, um jeden – von anderen bezahlten – Preis Bundeskanzler zu werden, ist nicht ungefährlich! (…) Vergessen wir nicht, dass der kleinwüchsige Mörder Dollfuß, dessen Bild heute noch Ihr Sitzungszimmer als Vorbild ziert (…), Österreich mit der Errichtung eines totalitären Regimes in Bürgerkrieg und Brudermord getrieben und so den begeisterten Empfang für Hitler vorbereitet hat. (…) Und mit Santayana kann ich nur sagen: Wer sich seiner Vergangenheit nicht erinnert, ist verdammt, sie wieder zu erleben! Die leidtragenden Opfer sowie deren Nachkommen haben Angst. Alles, was von Regierungsseite bisher gekommen ist, mindert sie nicht. (…) Es mindert sie aber das Gefühl, dass die Welt nicht unbeteiligt zu- oder wegschaut. Ich wiederhole, was ich hier am 5. Mai 1995 zur freiheitlichen Fraktion gesagt habe, allerdings gilt es nun dieser Regierung (…): ‚Ich habe Angst, dass sie weitermarschieren, bis alles in Scherben zerfällt!‹«[7]

Diese gewaltige Philippika ist auf ihre Grundthesen hin zu analysieren. Der Unmut über den unappetitlichen Populismus der Freiheitlichen ist begreiflich. Pittermann personalisiert jedoch nicht Jörg Haider, sie stilisiert die FPÖ unter dem Schlagwort »Wehret den Anfängen!« als nationalsozialistisches Potenzial. In klassischer Manier einer vorweggenommenen »damnatio memoriae« wird in den ÖVP-Passagen Wolfgang Schüssel nicht namentlich genannt. So evozieren die Namen »der kleinwüchsige Mörder Dollfuß« über die Schiene »Ihr Sitzungszimmer als Vorbild« den »Empfang für Hitler«, Schüssel wird damit zum Wiederholungstäter, zum zweiten Dollfuß, während Haider an die Stelle Hitlers tritt. Der Hinweis auf jegliche kritische Reflexion der österreichischen Geschichte – »Ein Aufarbeiten unserer Geschichte wäre reinigend. Man kann nicht gleichzeitig erstes Opfer gewesen sein, den Zweiten Weltkrieg verloren haben und von den Alliierten besetzt worden sein« – erinnert an den Waldheim-Diskurs 1986/87 und stellt damit in Abrede, dass die seitens der Bundespolitik erfolgten Positionsbestimmungen zu Österreichs Mitverantwortung am Nationalsozialismus nunmehr gleichsam aus dem Verkehr gezogen worden wären. Die Gleichsetzung der Regierungsbildung 1999/2000 mit der sozioökonomischen und politischen Situation der Jahre 1933/34 bis 1938/1945 muss entweder als demonstrative Verharmlosung des Nationalsozialismus gelesen werden oder aber als eine aus überschäumender Emotion geborene Dummheit.

* * *

Die Bildung der Koalition mit der FPÖ war ein Tabubruch, da bis zu den Wahlen 1999 davon ausgegangen werden konnte, dass beide Parteien – SPÖ wie ÖVP – mit der FPÖ nicht koalieren würden. In der lähmenden Phase der Verhandlungen

---

7   8. Sitzung des Nationalrates am 8. Februar 2000. – In: Stenographische Protokolle XXI. GP. S. 65f.

zwischen SPÖ und ÖVP gab es durchaus in beiden Parteien Persönlichkeiten, die die Option FPÖ als gangbare Möglichkeit interpretierten. Laut Peter Pilz thematisierte er diese Haltung in einem Gespräch mit Alfred Gusenbauer, zu dem sich Karl Schlögl dazugesellte.[8] Letzterer beteuerte »Monate nach der Wende«, »damit Recht gehabt, aber sich in der Partei eben nicht durchgesetzt« zu haben. In der Chronologie der Ereignisse attestiert Pilz kurz nach der Jahreswende 1999/2000 das Erkennen des Scheiterns der »alten« »großen« Koalition, das Hand in Hand mit einem neuen Feeling – es »konnten plötzlich alle mit allen« – ging.[9] Innerhalb der SPÖ konnte man derartige Überlegungen unter Hinweis auf die von Bruno Kreisky und Friedrich Peter auspaktierte Regierungsbildung von 1983 argumentieren. Kreiskys Sonderverhältnis zum ehemaligen SS-Mann Peter hatte dem antifaschistisch geprägten Flügel der SPÖ seit der Auseinandersetzung Kreiskys mit Simon Wiesenthal allerdings schwer im Magen gelegen und führte letztlich angesichts des Versuchs, Peter ins Präsidium des Nationalrates zu hieven, zu heftigen, parteiübergreifenden Protesten. In weiterer Folge war dieser Flügel der SPÖ in der Frischenschlager-Reder-Affäre erneut gedemütigt worden, da man, um die Koalition nicht zu gefährden, Front für den unsensiblen Verteidigungsminister machen musste. Aus dieser Melange der Frustrationen mag einiges in die Waldheim-Debatte eingeflossen sein, die nunmehrige Regierungsbildung bot aber die Chance, die antifaschistische Unschuldsvermutung für die SPÖ zurückzugewinnen. Um dies über die Sanktionspolitik der EU hinaus tragbar zu halten, gewann das Gedenken an den Februar 1934 eine neue Bedeutung: Mangels klarer ideologischer Positionen wurde das Bild des 12. Februar zum Ideologieersatz am Beginn des Jahres 2000. Das erdrückende Bild der »Kälte des Februars« wurde auf die Personenzeichnung Wolfgang Schüssels übertragen, der Machtverlust wurde nicht analysiert, sondern als Putschfolge dargestellt.

Franz Schuh hat in einem Artikel lakonisch vorausblickend darauf hingewiesen. »Auf der Straße riefen Menschen Jörg Haider zu: ›Nieder mit dem Faschisten‹, und andere machten deutlich, dass das Vergasen schon eine Möglichkeit wäre, diesen Haider-Gegnern Mores zu lehren. Kommt es zum Schlimmsten, dann wird man den Bürgerkrieg von 1934 als Farce auf die Bühne bringen. Aber auch das ist eine dieser Formulierungen, die zu den Symptomen, zum Unglück gehören: eine Maßlosigkeit im Befürchten.«[10] Der rationale Diskurs setzt eigentlich eine Rekonstruktion der Chronik der Ereignisse aus der Sicht aller an den Regierungsverhandlungen nach den Wahlen 1999, ein Außer-Streit-Stellen der Fakten voraus. Dies steht bis heute auf politischer Ebene aus.

---

8 Vgl. Pilz: Der Anfang der Wende. S. 507.
9 Ebda.
10 Franz Schuh: Unglückliches Österreich. Eine Innenansicht. – In: Isolde Charim, Doron Rabinovici (Hg.): Österreich. Berichte aus Quarantanien. – Frankfurt am Main 2000. S. 19–32. S. 25.

Armin Thurnher[11] hat im eher selten vorkommenden Gleichklang mit Norbert Leser[12] die Regierungsbildung als einen »Akt von politischem Ungehorsam gegen die ›Republik‹« gelesen: »Die ÖVP hat sich vom Willen des allmächtigen Herausgebers der *Kronen Zeitung* nicht zu ihrem rot-schwarzen Glück zwingen lassen.«[13] Als einer der wenigen Intellektuellen hat Robert Menasse im Diskurs um die Regierungsbildung 2000 explizit festgehalten: »Zum ersten Mal seit einem halben Jahrhundert wird es in Österreich einen Regierungswechsel geben, der seinen Namen verdient. Die Nebenregierung ist entmachtet, das Parlament wittert Morgenluft. Das ist demokratiepolitisch ein Fortschritt – wenn auch bloß ein formaler.«[14] Resümierend nimmt Thurnher diesen Gedanken auf: »Dennoch sei der Preis, Jörg Haider und seine Partei an die Macht zu lassen, viel zu hoch. Haiders halbherzige Entschuldigungen können weder seine hetzerischen Methoden, seine untragbaren Sprüche und schon gar nicht seine autoritären Ziele vergessen machen. Er mag in wankelmütigen, von der Unfähigkeit der rot-schwarzen Koalition angeekelten bürgerlichen Kreisen salonfähig geworden sein, regierungsfähig ist er nicht. (…) Thomas Klestil wollte aus staatspolitischen Gründen weder Haider noch (…) dessen Personal, Marionetten fast alle (…) Dass am Ende lautstark auch jene vor einer FPÖ-Regierungsbeteiligung warnten, die als erste mitgeholfen haben, die Ekelschwelle vor dieser Partei zu senken, nämlich Hans Dichand und die Kronen Zeitung, gehört zu den zahlreichen Paradoxien, die unser politisches Leben und Leiden prägen.«[15]

Zweifellos war die Koalitionsbildung mit Haiders extrem rechtspopulistischer FPÖ ein Tabubruch, den Haider dadurch zu mildern suchte, dass er die Parteiführung an die Vizekanzlerin der Kleinen Koalition Susanne Riess-Passer abtrat, womit er sich mittelfristig die Option eröffnete, wiederum in Realopposition zur Regierung zu treten. »Es war zwar in erster Linie die ÖVP, die den eigentlichen Tabubruch begangen und Unvorstellbarem wieder Tür und Tor geöffnet hat. Doch dürften in diesem Zusammenhang«, so Peter Stephan Jungk, »auch die Ausfälle eines Weltmannes, des ehemaligen Alleinherrschers Bruno Kreisky, nicht unerwähnt bleiben: Er war es, der den Österreichern in den Siebzigerjahren beibrachte, der damalige Premierminister Israels, Menachem Begin, sei ein ›mieser Jud‹, ein ›Terrorist‹, Muammar Gaddafi aber ›Patriot‹. Es war der Jude Bruno Kreisky, der vier ehema-

---

11 Armin Thurnher: Apartes Österreich. Notizen aus den paradoxen Tagen vor und nach der Wende in Österreich. – In: Ebda. S. 33–45.
12 Norbert Leser: Aspekte der »Wende«. – In: ÖJP 2000. S. 491–500. S. 494.
13 Thurnher: Apartes Österreich. S. 39.
14 Robert Menasse: Erklär mir Österreich. – Frankfurt am Main 2000. S. 151. Durchaus vergleichbar argumentiert Menasse auch noch 2005. Robert Menasse: Dummheit ist machbar. Weltfeind Österreich – Eine Erregung. – In: Ders.: Das war Österreich. Gesammelte Essays zum Land ohne Eigenschaften. – Frankfurt am Main 2005. S. 393–397.
15 Thurnher: Apartes Österreich. S. 40.

lige Nazis und einen ehemaligen SS-Sturmführer in seine Regierung aufnahm, der als Erster eine unglückselige Koalition mit der FPÖ einging, damals allerdings ein Häufchen Elender, die knapp über der Fünfprozentmarke dahindümpelten. In reiner Unschuld also kann die (alte) SPÖ ihre Hände nicht waschen.«[16] 1983 wie 2000 fehlten den handelnden Personen, Kreisky und Schüssel, das Wissen, das mit dieser FPÖ kein Staat auf Dauer zu machen ist.

---

16 Peter Stephan Jungk: »Ça chauffe chez vous!« Gedanken zu Österreich 2000. – In: Charim, Rabinovici (Hg.): Österreich. S. 146–155. S. 155.

B. ANALYSE

Herbert Dachs

»Neu regieren«

Zwischen Anspruch und Wirklichkeit

Vorbemerkungen[1]

Quälend lange dauernde Verhandlungen zur Bildung einer neuen Regierung hat es in Österreich nach 1945 schon mehrmals gegeben, aber noch nie hatten diese zu einem derart überraschenden Ergebnis geführt wie Ende Jänner 2000. Die in der Zweiten Republik noch unerprobte Koalitionsvariante ÖVP/FPÖ provozierte bekanntlich im In- und Ausland außergewöhnlich heftige Reaktionen, die von positiver Überraschung über moderate Zustimmung bis hin zu extremer Ablehnung oszillierten.[2] Um in dieser prekären Situation das Gesetz des Handelns nicht zu verlieren, versuchten nun die Exponenten der so heftig angegriffenen neuen Regierung, ihre Kooperation offensiv u. a. mit dem positiven Argument zu begründen, dass sie für die kommende Politik neue Qualitäten in Aussicht stellten, und zwar Qualitäten, die sich auf den Modus des Politikmachens (das *Wie* der Politik) und natürlich auch auf die Inhalte und Ziele (das *Was* also) beziehen sollten. Zusammengefasst wurde diese als Innovation propagierte Botschaft im vielversprechenden Schlagwort vom »Neu-Regieren«.

Nachdem sich die meisten Beiträge in diesem Sammelband auf Veränderungen in den verschiedenen Politikfeldern konzentrieren (auf die *policies*), wollen wir darstellen, mit welchen Vorhaben und Versprechungen die neue Regierung angetreten ist, die sich auf die *Art und Weise* bezogen, *wie* man die naturgemäß überwiegend konflikthaften *Prozesse der Politikgestaltung und der Machtausübung* zu gestalten gedachte *(= politics)*. Anhand ausgewählter Aspekte sollen anschließend die *Reaktionen* darauf gezeigt und soll in knappen Strichen eine Einschätzung hinsichtlich der Frage versucht werden, inwieweit die propagierten neuen Qualitäten *tatsächlich umgesetzt* worden sind.

---

1 Für Durchsicht und kritische Kommentare danke ich Dr. Franz Fallend.
2 Vgl. Alfred Payrleitner: Die Wende im Licht der Medienresonanz. Zwischen Kreuzzug, Marketing und Wahrheitssuche. – In: Österreichisches Jahrbuch für Politik (ÖJP) 2002. – Wien/München 2003. S. 291–307.

»Neu regieren« – Propaganda-Gag oder neue Qualität?

Um »Neues« als solches einschätzen zu können, muss man einen Blick auf das bisher Übliche, das »Alte« also, werfen, d. h. wir wollen versuchen, die in Österreich bis Ende der 1990er-Jahre dominanten Politik- und Demokratiemuster zu skizzieren.

In parlamentarischen Demokratien kann man die formalen und vor allem auch die informellen Regeln und Praktiken der politischen Entscheidungsfindungen und -umsetzungen jeweils zwischen den beiden Idealtypen Mehrheits- bzw. Konkurrenzdemokratie und Konkordanzdemokratie einordnen.[3] So zeigen *Konkordanzdemokratien* folgende Charakteristika: frühe Einbindung politisch relevanter – nicht unbedingt durch allgemeine Wahlen legitimierter – Gruppierungen in die politischen Aushandlungs- und Entscheidungsprozesse; wichtige Rolle von Eliten; um offene Konflikte zu vermeiden, starkes Bemühen um Kompromisse und Interessenausgleich und daraus resultierend eher verschwommene Programmatik der Beteiligten; Entscheidungs- und Aushandlungsprozesse daher meist kompliziert, zeitlich langwierig und in wesentlichen Phasen intransparent; unklare und diffuse Zuordnung von Verantwortlichkeiten; Einbindung verschiedenster Gruppierungen und deren Interessenlagen und daher große integrative Qualitäten; gebremste Innovationskraft und daher u. U. größere Schwierigkeiten dann, »wenn Herausforderungen zu bewältigen sind, die rasches Handeln und größere Politikänderungen erfordern«, und daraus können »geringere Anpassungsfähigkeit, geringe Elastizität und unzulängliche Modernisierungskapazität erwachsen.«[4] Entscheidungsprozesse können zudem von einzelnen kooperationsunwilligen Gruppen blockiert werden.

Im Gegensatz dazu zeigen *Mehrheits-* bzw. *Konkurrenzdemokratien* eine ganz andere innere Logik: An den Kernprozessen politischer Entscheidungsfindung sind nur die Repräsentanten der zuletzt siegreichen Parteien bzw. derjenigen Parteien, die sich zu einer – in der Regel mit knapper Mehrheit ausgestatteten – Koalition gefunden haben (»minimal winning coalition«) beteiligt; wegen höherer inhaltlicher Homogenität sind raschere Entscheidungsabläufe möglich; größere Transparenz bezüglich der vertretenen Positionen und daher deutlicher zuordenbare Verantwortungs- und Rechenschaftspflicht gegenüber den WählerInnen; hoch profilierte und klar konturierte Programme; geringere Scheu vor Konfrontation und Konflikt;

---

3 Vgl. dazu u. a.: Manfred G. Schmidt: Demokratietheorien. Eine Einführung. 5. Aufl. – Opladen 2010. S. 306–318. Hans Geser: Kleine Sozialsysteme – ein soziologisches Erklärungsmodell der Konkordanzdemokratie? In: Helga Michalsky (Hg.): Politischer Wandel in konkordanzdemokratischen Systemen. – Vaduz 1991. S. 95–120. Herbert Dachs: Der Regierungsproporz in Österreichs Bundesländern – ein Anachronismus? – In: ÖJP 1994. – Wien/München 1995. S. 623–637. Ders.: Die Pensionsreform 2003 – ein Musterbeispiel für Konkurrenzdemokratie? In: Hedwig Kopetz, Joseph Marko, Klaus Poier (Hg.): Struktureller Wandel im Verfassungsstaat. Festschrift für Wolfgang Mantl. 2 Bde. – Wien/Köln/Graz 2004. Bd. 1. S. 523–535.
4 Schmidt: Demokratietheorien. 3. Aufl. – Opladen 2000. S. 515.

Minderheitsinteressen spielen eine geringere Rolle und Abstimmungsverlierer sind daher schwerer einzubinden; Anzahl der Vetospieler geringer (das sind nach Georg Tsebelis »individual or collectiv actors whose agreement is necessary for a change of the status quo«[5]); da Minderheiteninteressen in der Aushandlungsphase meist geringere Beachtung finden, erhöhen sich oft die Implementierungs- und Vollzugskosten der Gesetze, weil »die zuvor ausgesperrten Interessen (…) sich erst in der Vollzugsphase als Hindernis oder Blockade bemerkbar machen« können;[6] hohes Innovationspotenzial und rasches Reagieren der Politik ist möglich; vielfältige und offen ausgetragene Konflikte und daraus resultierend eine starke Medienpräsenz prägen eine »unterhaltsame«, weil ereignisreiche, Politik.

Ende der 90er-Jahre des vorigen Jahrhunderts war Österreich in diesem Kontext als konkordanzdemokratisches Staatswesen einzustufen. Manfred G. Schmidt etwa taxierte Österreich im internationalen Vergleich als eine Mischform zwischen Konkordanz- und Konkurrenzdemokratie »mit starker konkordanzdemokratischer Tradition« (2000) bzw. als »föderalistische Konsensdemokratie« (2010).[7] Lange Phasen großkoalitionärer Regierungszusammenarbeit, die institutionalisierte und durch politische Paritäten abgestützte Kooperation der wichtigsten Sozial- und Wirtschaftsverbände in der Sozialpartnerschaft und die per Verfassung vorgegebenen Proporzregierungen in der Mehrzahl der Bundesländer bildeten die institutionellen Rahmenbedingungen für tief verwurzelte und weitverbreitete konkordanzdemokratische Praktiken. Dabei war diese Realverfassung – daran ist mit Nachdruck zu erinnern – fast ausschließlich zwischen den beiden lange Zeit mit Abstand größten Parteien ÖVP und SPÖ abgelaufen (Manfried Welan bezeichnet daher diese realpolitische Praxis als »so einfach, ja primitiv«[8]), orientiert am Prinzip der Machtteilung und den daraus resultierenden Praktiken des Kompromisses und Proporzes bei der Aufteilung von Ressourcen und Posten. Seit Ende der 1980er-Jahre kamen aber die bis dahin noch als Großparteien einzustufende Koalitionäre zunehmend unter Druck. Für österreichische Verhältnisse dramatische Stimmenverschiebungen auf der parlamentarischen Ebene brachten Unruhe in die lange Jahrzehnte hindurch praktizierten informellen Politikregeln, denn die Machtbalance zwischen SP und VP und die Kooperation zwischen den großen Wirtschaftsverbänden in der Sozialpartnerschaft blieben auf die alten Paritäten zugeschnitten. Mit den Ergebnissen der Nationalratswahlen am 3. Oktober 1999 erreichte schließlich die Diskrepanz

---

5 George Tsebelis: Veto Players and Law Productions in Parliamentary Democracies: An Empirical Analysis. – In: American Political Science Review 3/1999. S. 591–608. S. 591.
6 Schmidt: Demokratietheorien. S. 516.
7 Ebd. 3. Aufl. 2000. S. 330, bzw. 5. Aufl. 2010. S. 325.
8 Vgl. Manfried Welan: Demokratie auf österreichisch oder Die erstarrte Republik. – Wien 1999. Herbert Dachs: Österreichs »Realverfassung« im Wandel? In: Informationen zur Politischen Bildung Nr. 17. – Wien 2000. S. 39–47.

zwischen den alten Verteilungsmustern der Verbände- und Parteienmacht und den verschobenen Mehrheitsverhältnissen in der Wählerschaft und damit in der parlamentarischen Arena eine bisher noch nie erreichte Brisanz. Dabei war Beobachtern der politischen Szene klar, dass insbesondere das fulminante Erstarken der FPÖ (zweiter Platz mit 26,9 % der Stimmen) ursächlich weniger auf deren aggressive und populistische Propagandalinie zurückzuführen war, sondern dass wesentlich die bisherigen Politikpraktiken und die daraus resultierende Innovations- und Entscheidungsschwäche und der Verlust an politischen Gemeinsamkeiten zwischen SP und VP dafür verantwortlich waren. Soweit also in groben Strichen der Hintergrund, vor dem die politischen Dinge nach den Oktober-Wahlen ihren Lauf nahmen.

Wie hat nun die neue, am 4. Februar 2000 angelobte Regierung (die ja selbst von Anfang an als »Wenderegierung« gesehen werden wollte) das Versprechen des »Neu-Regierens« im Einzelnen ausformuliert? Wir werden im Folgenden– wie schon erwähnt – nicht in einzelne Sachmaterien und Politikfelder einsteigen, sondern uns auf das geplante und versprochene Wie, die *politics*-Dimension also, konzentrieren bzw. versuchen, aufgrund verschiedener Aussagen aus dem Regierungslager ein entsprechendes Bild zu entwerfen.

Den Auftakt machte Bundeskanzler Wolfgang Schüssel, der seine am 9. Februar 2000 im Parlament abgegebene Regierungserklärung unter das Hauptmotto »Neu-Regieren« stellte. »Wir werden Österreich neu regieren« führte er aus (was übrigens laut Parlamentsprotokoll bei der SPÖ »ironische Heiterkeit« auslöste), und diese neue Politik sollte sich an folgenden Leitlinien orientieren: »Mehr Mut zur Zukunft – statt Klammern am Althergebrachten! Mehr Freiheit – statt staatlicher Gängelung! Mehr Eigenverantwortung – statt Bevormundung von oben! Mehr Anerkennung der individuellen Leistung – statt Gleichmacherei!« Österreich neu regieren heiße auch: »Europa erweitern und die Welt mitgestalten.«[9] Bezüglich des zu erwartenden Regierungsstils meinte der Bundeskanzler gegen Ende seiner Rede u.a.: »Alle Bürgerinnen und Bürger haben ein Recht auf eine Regierung, die nicht nur verwaltet, sondern auch die Zukunft aktiv gestaltet. Daher wollen wir die Probleme offen ansprechen, richtige Lösungen entwickeln und Maßnahmen rasch umsetzen. Wir brauchen eine neue politische Kultur des rechtzeitigen und offenen Agierens.« Neu regieren heiße auch, den Dialog mit den Bürgern und »allen Interessengruppen« zu suchen und schließlich: »Neu regieren heißt: Politik transparenter und kontrollierbarer zu machen. … Neu regieren heißt, dass wir uns gemeinsam – Regierung, Regierungsparteien und Oppositionsparteien – um eine politische Kultur bemühen müssen, die das Konstruktive und das Gemeinsame in der Diskussion sucht, die das Wohl des Staates vor das Wohl der Personen oder Parteien stellt.«[10]

---

9 Stenographisches Protokoll des Nationalrats. XXI. GP. 9. Sitzung. S. 13.
10 Ebd. S. 24.

Dass diese Regierung auch am Verhältnis zwischen Regierung und den potenziell gewichtigsten Vetospielern, den Sozialpartnern, die Gewichte zu verschieben gedachte, war schon in der am 3. Februar 2000 von den Parteichefs von ÖVP und SPÖ unterzeichneten Präambel zum Regierungsprogramm überraschend konkret und detailliert angesprochen worden. Die Sozialpartnerschaft – so war hier zu lesen – habe sich zwar als wichtiges Standortinstrument bewährt und u. a. zum sozialen Frieden beigetragen, und die Bundesregierung bekenne sich daher zur »umfassenden Kooperation …, empfiehlt aber gleichzeitig die notwendige Reformbereitschaft der Sozialpartnerschaft etwa bei der Reform der Sozialversicherungsträger, einschließlich der Wahl der Versichertenvertreter, und der Stärkung des Servicecharakters der sozialpartnerschaftlichen Einrichtungen«.[11] Das klang nach mehr als feierlicher Regierungspoesie, das waren für eine Präambel, in der doch üblicherweise eher grundsätzliche Themen angesprochen werden, überraschend zielstrebig und offensiv formulierte, konkrete Aussagen.

Andreas Khol, wichtiger Mit-Architekt dieses Regierungsbündnisses und als Obmann des ÖVP-Parlamentsklubs eine entscheidende Drehscheibe für die interne Information und Koordination zwischen Regierung und Fraktion und zudem wegen seiner starken Präsenz in den Medien deutlich profiliert, versuchte ein gutes Jahr später in seinem Buch »Die Wende ist geglückt. Der schwarz-blaue Marsch durch die Wüste Gobi« (Wien, März 2001) die bis dahin in Österreich noch nie da gewesene Regierungskonstellation als unbedingt notwendig, ja, als unausweichlich darzustellen und die Entwicklung sozusagen in eine größer angelegte Erzählung einzufügen. Seiner Sichtweise nach hätte es in Europa schon seit den 1980er-Jahren eine ganze Reihe von politischen »Wenden« gegeben, und zwar durchwegs gegen die Sozialisten, in Österreich hingegen »begann 1987 das Experiment der Wende mit den Sozialisten, nicht gegen sie«.[12] Die wichtigsten inhaltlichen Ziele wären damals wie heute die gleichen (u. a. Reformen in den verschiedensten Bereichen, Beschränkung des Staates auf »seine unverzichtbaren Kernfunktionen«, Einschränkung der staatlichen Sozialleistungen auf die »Bedürftigen«, weitreichende Privatisierungen und Neugestaltung der Sozialpartnerschaft »durch Gewaltenteilung und Ämterentflechtung«[13]). Trotz einzelner Erfolge mit dieser Regierung drohte der ÖVP aber – so Khol – nicht nur »das Elend des ewigen Steigbügelhalters«,[14] sondern es blieben auch die entscheidenden Reformschritte aus, und der »vierte Versuch der Wende in Rot-Schwarz« scheiterte dann mit dem endgültigen Platzen der

---

11 Wiederabgedruckt und zit. nach Gerfried Sperl: Der Machtwechsel. Österreichs politische Krise zu Beginn des 3. Jahrtausends. – Wien 2000. S. 224–227. S. 226f.
12 Khol: Die Wende ist geglückt. S. 26.
13 Ebd. S. 24.
14 Ebd. S. 51.

Regierungsverhandlungen am 20. Jänner 2000. Seit Februar dieses Jahres könne die ÖVP nun endlich – gemeinsam mit der FPÖ – die »Wende« durch »Neu-Regieren« konkret gestalten und vorantreiben, und Khol beschreibt den neuen Stil ausführlicher und an Details reicher, als das in der Regierungserklärung der Fall war.[15] Demnach hätte ihm ein früherer CDU-Ministerpräsident geraten, die notwendigen, aber belastenden Sanierungsmaßnahmen rasch im ersten Jahr nach der Wahl durchzuführen, und daran halte sich nun die neue Regierung. Seine in diesem Kontext gefallene Formulierung »speed kills« (die ihm Kritik einbrachte und die er dann später – freilich vergeblich – auf »speed wins« zu korrigieren suchte) beleuchtet diese Intention plastisch. Neu sei, nach den Worten Khols, im Vergleich zu früheren Praktiken auch der Stil der Regierungsarbeit. Demnach würden die beiden Regierungsfraktionen substanziell in die Entscheidungsfindung der Regierung eingebunden, für jede Woche werde ein inhaltlicher Schwerpunkt geplant und werden die Minister gedrängt, zeitgerecht ihre Vorlagen zu liefern, die Ministerratssitzungen seien gut vorbereitet und von substanziellen Debatten geprägt, und auch im Politik-Marketing agiere man partnerschaftlich (gemeinsame Pressefoyers von Bundeskanzler und Vizekanzlerin, gemeinsame Pressekonferenzen von Ministern und Klubobmännern u. Ä.). Auch die Beziehungen zu den Sozialpartnern seien nach der Einschätzung Khols im Zuge der Versuche hin zum »Neu-Regieren« von wichtigen Änderungen betroffen. Früher seien ja alle in der Regierung vertreten gewesen und hätten sich dort – sofern sie sich einig waren – auch weitgehend durchgesetzt, und die Ergebnisse wurden dann im Parlament »einfach durchgetragen«.

Nachdem aber nun ÖGB und AK in der Regierung nicht mehr vertreten seien, entwickle sich – nach Khol – ein neues »Rollenverständnis«: Demnach bemühten sich die Sozialpartner »in ihrem eigenen Bereich, gemeinsame Lösungen zu finden, die sie dann der Bundesregierung und dem Parlament vorschlagen bzw. in Verhandlungen durchzusetzen trachten«. Einen »Automatismus des Nachvollzugs« in Regierung und Parlament gebe es also nicht mehr, was zwar zu offenen Konflikten, aber auch zu besseren Lösungen führen könne. Zudem würden die Positionen »offensichtlicher und öffentlich, die Konfrontation der Interessen mit dem vom Parlament wahrzunehmenden Gemeinwohl deutlich«. Im Übrigen käme die neue Regierung den Sozialpartnern und Gebietskörperschaften ohnehin dadurch entgegen, dass eine neue Form der Kommunikation geschaffen wurde, nämlich der »Reformdialog. In ihm werden wichtige Fragen vorberaten, diskutiert und Entscheidungen zur Diskussion gestellt«.[16]

Mit »Neu-Regieren« wollte man also – so der rote Faden, der sich durch diverse einschlägige Äußerungen aus Regierungskreisen zog – den politischen Primat der

---

15 Vgl. dazu ebd. S. 177ff.
16 Ebd. S. 181. Vgl. dazu auch Wolfgang C. Müller, Franz Fallend: Changing Patterns of Party Competition in Austria: From Multipolar to Bipolar System. – In: West European Politics 5/2004. S. 801–835.

Entscheidungsmacht wieder zu Regierung und Parlament zurückholen, und zwar getreu der von Bundeskanzler Wolfgang Schüssel schon bei Amtsantritt ebenso kühl wie klar formulierten Maxime: »Ob eine Resolution (gemeint von Sozialpartnern, Anm. d. Verf.) in diese oder jene Richtung geht, das ist die eine Sache, Interessenvertretungen sind ernst zu nehmen, aber sie werden letztlich nicht das Parlament ersetzen können.«[17] Und im Parlament konnte die Regierung letztlich mit einer sicheren Mehrheit rechnen. Auch er – Schüssel – »liebe den Konsens. Man muss erst einen Streit austragen können. Man kann nicht den Kompromiss vorher formulieren, bevor man überhaupt noch weiß, über was gestritten wird. Und dieser sachliche Disput, der muss möglich sein in einer Demokratie. Und je früher das begriffen wird, umso freier wird auch eine moderne Sozialpartnerschaft wiederum neu etwas bewegen können«.[18] Den Subtext der Kernbotschaft vom »Neu-Regieren« formulierte die damalige ÖVP-Generalsekretärin Maria Rauch-Kallat so: »Es gibt einen Mut zum Konflikt. Dort, wo es keinen Konsens gibt, wird der Konflikt ausgetragen.«[19]

Reaktionen

Welche ersten Reaktionen haben nun diese Ankündigungen der Regierung, »neu« regieren zu wollen, hervorgerufen? Wir wollen us der unübersehbaren Anzahl positiver wie auch heftig ablehnender einige Meinungen avorstellen: Viele der kommentierenden Geister aus Politik und Medien schieden sich schon an der höchst kontrovers diskutierten Grundfrage, ob die Lösungskapazität des alten Koalitionstandems SPÖ/ÖVP tatsächlich erschöpft war und daher das Wagnis der neuen Regierungskoalition notwendigerweise eingegangen werden musste. Dass die Stimmen aus dem Regierungslager natürlich positiv ausfielen, versteht sich von selbst. Andreas Khol sprach ja – wie vorhin schon ausführlich zitiert – von einer unbedingt notwendigen Wende, die es zu vollziehen galt, um die seiner Meinung nach schon lange verschleppten und für Österreich unbedingt notwendigen Reformschritte einleiten zu können.

Vorsichtiges und prinzipielles Verständnis dafür signalisierte auch der renommierte Politologe und Sozialphilosoph Norbert Leser. Sei doch die alte »große« Koalition zu einem »Blockierungsmechanismus« verkommen, »der nicht nur unfähig war, echte Lösungen herbeizuführen, sondern auch eine Stimmung der Läh-

---

17 Zit. nach »Die Presse« 13. 3. 2000. S. 7.
18 Rede, gehalten auf dem Landesparteitag der Salzburger ÖVP. Zit. nach Franz Schausberger, Friedrich Steinkellner (Hg.): Miteinander die Nummer 1. 24. o. Landesparteitag der Salzburger Volkspartei am 18. November 2000. – Salzburg o. J. S. 69.
19 APA 24. 4. 2003.

mung verbreitete, die ihn schließlich zu Fall brachte«.[20] Bei den Medien und in der Bevölkerung hätte sich daher eine »verbreitete Stimmung« breitgemacht, »die etwas Neues erwartete«.[21] Die neue Regierung, die (nicht zuletzt aufgrund einer »taktischen Meisterleistung Wolfgang Schüssels«[22]) gegen »eine mächtige und siegesgewohnte informelle Koalition« durchgesetzt worden sei, sollte zwar »nicht in den Rang einer historischen Notwendigkeit und Unausweichlichkeit« erhoben werden, »wohl aber scheint mir festzustehen, dass sie kein bloß irrationaler Willkürakt war, wie es die Kritiker, die dieser Regierung die Legitimität streitig machen, behaupten, sondern dass ihr in Form und Zusammensetzung ein hohes Maß an Plausibilität und Realitätsverbundenheit eigen ist«.[23]

Ähnlich auch der streitbare Philosoph Rudolf Burger, der in einem viel beachteten Aufsatz im »Merkur«[24] den Aufstieg Haiders und der von ihm geführten FPÖ nicht als Wiedererstarken neofaschistischer Strömungen interpretieren will (er lehnt diese Argumentationslinie als »antifaschistischen Karneval« ab). Ursächlich dafür verantwortlich sei vielmehr die übersteuerte Konkordanz- bzw. Proporzdemokratie österreichischer Prägung. »Dies, genau dies und nur dies, ist das Operationsfeld der Haiderschen (sic!) Agitatorik, mit der er von Jahr zu Jahr mehr Anhänger gewann, zuletzt vor allem aus der Sozialdemokratie. Je stärker Haider wurde, desto enger schloss sich der schwächer werdende Hegemonialblock zusammen, verschmolz weitgehend mit dem Staat und lieferte der Haiderschen Polemik damit nur immer neue Nahrung.«[25] Die neue Regierung sei daher »ein notwendiger, wenn auch unerfreulicher Schritt zur innenpolitischen Normalisierung, weil sie die Möglichkeit eines demokratischen Wechsels der Regierungskonstellation demonstriert, der lange Zeit versperrt schien«.[26]

Auch der gelegentlich als kritischer SPÖ-»Querdenker« apostrophierte Bruno Aigner attestierte dem »gelungenen Ausbruchsversuch von Wolfgang Schüssel« im Februar 2000 angesichts der von der ÖVP als unbefriedigend empfundenen Rolle als »Juniorpartner« grundsätzlich eine »innere Logik«[27], obwohl er den politischen Kurs der VP/FP-Regierung inhaltlich heftig kritisierte.

Ähnlich ambivalent der streitbare grüne Nationalrat Peter Pilz. »Die Wende musste kommen«, meinte er. »Nicht sie war das Wunder, sondern ihre große Verspätung.« Während in Europa andernorts schon neue Politiken erprobt wurden,

---

20 Norbert Leser: Aspekte der »Wende«. – In: ÖJP 2000. – Wien 2001. S. 491–500. S. 492.
21 Ebd. S. 493.
22 Ebd..
23 Ebd. S. 494.
24 Rudolf Burger: Austromanie oder der antifaschistische Karneval. – In: Merkur 613/2000. S. 379–393.
25 Ebd. S. 389.
26 Ebd. S. 380.
27 Bruno Aigner: Tragödie und Farce. – In: ÖJP 2002. – Wien 2003. S. 97–108. S. 100.

»konnte sich hier bei uns kaum jemand etwas anderes als das mumifizierte Nachkriegssystem vorstellen«.[28] Zwar dürfte diese »Wende« seiner Vermutung nach keine echte Wende sein (denn »was von Rot-Schwarz heimlich wie ein Ladendiebstahl begangen wurde, läuft jetzt als gut geplante Plünderung«[29]), es werde sich dereinst aber wahrscheinlich doch »als größtes Verdienst der Wende herausstellen, … dass Wolfgang Schüssel und Jörg Haider völlig ohne Absicht die österreichische Demokratie belebt haben«.[30] Schwächen sie doch das Machtkartell der Sozialpartner und zwingen die politischen Kontrahenten, ihre Interessen offener zu vertreten. Trotzdem – so der immer wieder formulierte Einwand seitens des Grünen – sei diese Wende als »autoritär« einzustufen, als »Werk eines Wendehalses« (womit er auf das Versprechen Schüssels anspielte, im Falle deutlicher Verluste in die Opposition gehen zu wollen), denn selten seien Wähler »so getäuscht worden wie in der Vorbereitung des Regierungswechsels«.[31]

Dieser Tenor, die alte Koalition sei mit ihrem Latein quasi am Ende gewesen, neue Entwicklungen wären zwar grundsätzlich zu begrüßen, aber die Art, wie die Wende dann realisiert worden sei, wäre der Form und den politischen Inhalten und Zielen nach strikt abzulehnen, dieses Klagemuster findet sich in den Jahren 2000 und 2001 immer wieder. Alternative Lösungsvorschläge dafür, wie man aus diesem Dilemma hätte herauskommen können, und zwar ohne die Neuauflage einer Großen Koalition, fehlten freilich völlig.

Auch der streitbare Schriftsteller und Publizist Robert Menasse brachte diesen ausweglosen Zwiespalt in pointierten Interviews und Kommentaren auf den Punkt (u. a. in einem Streitgespräch mit Andreas Khol[32]). Seiner Einschätzung nach könnte man nach »einer einigermaßen sachlichen Analyse« der politischen Situation vor dem Jänner 2000 nachweisen, »dass verschiedene Dinge in diesem Land politisch notwendig waren, die durch die rot-schwarze Koalition nicht verwirklicht werden können«. Der »notwendige Aufbruch« habe sich auf mehrere Dimensionen bezogen, nämlich: »Es musste in Österreich einmal die demokratische Erfahrung möglich werden, dass man, wenn man wählen geht, einen Regierungswechsel herbeiführen kann.« Weiters war »die Entmachtung dieser Nebenregierung (d. i. Sozialpartner, Anm. d. Verf.) notwendig, die ein demokratiepolitischer Wahnsinn, in Wirklichkeit ein Skandal, ein unausgesetzter Verfassungsbruch« war.[33] Und schließlich habe

---

28 Peter Pilz: Der Anfang der Wende. – In: ÖJP 2000. – Wien 2001. S. 501–516. S. 503.
29 Ebd. S. 511.
30 Ebd. S. 514.
31 Ebd. S. 502; vgl. dazu auch ausführlich dens.: Die Vierte Republik. Der Weg zur Reformmehrheit. – Wien 2000.
32 Gespräch von Andreas Khol und Robert Menasse. – In: Die Presse 31. 1. 2002. Abgedruckt in: ÖJP 2001. – Wien 2002. S. 229–251.
33 Ebd. S. 229f.

diese Regierungsbildung gegen den heftig geäußerten Willen des Boulevards und insbesondere der »Kronen Zeitung« gezeigt, dass dessen Macht »nicht so groß ist, wie der Tycoon gerne hätte«. Dass Schüssel doch Kanzler geworden sei, »da gibt es keinen Schritt mehr zurück. Das wird in die Geschichtsbücher eingehen«. Ein positiver Nebeneffekt sei auch laut Menasse, dass die Sozialdemokratie, »die erstarrt war, wieder in Bewegung gekommen ist«. Alle diese Elemente seien als positiv einzuschätzen, aber darüber hinaus wäre von dieser Regierung inhaltlich »nichts Positives mehr« zu erwarten. »Es ist alles abgehakt, die Regierung kann gehen.«[34] Dieser wenig realistische und wohl nicht ganz ernst gemeinte Vorschlag zeigt (zusammen mit dem Satz: »Das ist als Problem in der Tat theoretisch größer als praktisch«[35]) die grundsätzliche Auswegslosigkeit im Jänner 2000 für einen, »der wusste, dass die alte ›große‹ Koalition zwischen ÖVP und SPÖ tot war, und dennoch nicht wirklich wollte, dass eine Partei wie die FPÖ, deren Programm das Ressentiment und deren Stil der Krawall ist, zur Regierungspartei wird«.[36]

Zwiespältig, aber auch nüchtern und sachlich das Urteil von Karl A. Duffek (Leiter des Dr.-Karl-Renner-Instituts) über den Regierungswechsel. Die neue Koalition habe hinter sich eine parlamentarische Mehrheit und der Machtwechsel sei daher – Tricksereien und überraschende Volten der Beteiligten hin oder her – sozusagen »normal«. So gesehen könne man der Regierung ihre Legitimität nicht absprechen. Andererseits sei dies aber »keine Regierung wie jede andere, weil die FPÖ keine Partei wie jede andere ist: Eine Partei, die systematisch Ressentiments schürt und das politische System und seine Repräsentanten diskreditiert, hat in der Regierung eines entwickelten demokratischen Landes nichts verloren. Es ist dieser Tabubruch, der nicht nur zu massivem Widerspruch im Inland, sondern auch zu heftigen Reaktionen im Ausland geführt hat …«[37] Auch die SPÖ hätte freilich, so räumte Duffek ein, bisher gegen eine solche FPÖ keine wirksame Strategie gefunden, denn der Versuch, sich einerseits »formal strikt von den Rechtspopulisten abzugrenzen, andererseits aber Motive ihres Politikentwurfs – in guter alter Manier – aufzunehmen und der eigenen Politik einzuverleiben, ist sehr bald an seine Grenzen gestoßen«.[38]

Abgesehen von diesen grundlegend differierenden Einschätzungen wurde etwa die Ankündigung der Regierung heftig kommentiert, ihre politischen Reformvorhaben möglichst zügig vorantreiben zu wollen. Das von Andreas Khol (Klubobmann der ÖVP und Koalitionskoordinator) geprägte Wort »speed kills« wurde zum geflü-

---

34 Ebd. S. 230.
35 Ebd. S. 239.
36 Michael Fleischhacker: Das theoretische Problem. Schwarz-Blau und die Intellektuellen. – In: ÖJP 2001. – Wien 2002. S. 225–228. S. 228.
37 Karl A. Duffek: Die Neupositionierung der SPÖ nach dem Regierungswechsel 2000. – In: ÖJP 2000. – Wien 2001. S. 367–376. S. 368f.
38 Ebd. S. 369f.

gelten Wort, das in seiner Ambivalenz immer wieder diskutiert wurde (je nach Betroffenheit zustimmend oder wütend kritisch). So dürfte sich insbesondere die SPÖ unter ihrem neuen Vorsitzenden Alfred Gusenbauer vom hohen Tempo der Regierung zunächst überrollt gefühlt haben. Man kenne jetzt einmal die »ersten Ansatzpunkte des Regierungsprogramms, die es einem relativ leicht machen, dagegen zu mobilisieren« – wie der angehende Parteivorsitzende in einem »Zukunft«-Interview im Februar 2000 ausführte – und die Partei profitiere von der starken Protestbewegung in der Zivilgesellschaft.[39] Aber die SPÖ sei gegenwärtig »in Summe ... noch nicht oppositionsfähig. Das wird ein tief greifender Wandel sein«. Das werde auch nicht »von heute auf morgen über die Bühne gehen. Wir werden uns die Oppositionsfähigkeit in den einzelnen inhaltlichen Bereichen mühsam erringen müssen«.[40]

Zahllos sind dann in den folgenden Monaten die Klagen der Opposition darüber, dass die Regierung bzw. die Regierungsfraktionen ausführlichen Beratungen der Gesetzesmaterien ihrer Meinung nach zu wenig Zeit gäben. Besonders scharf formulierte wieder Peter Pilz, dessen Meinung nach noch keine Regierung in der Zweiten Republik »derart offen den Konsens über demokratische Grundregeln aufgekündigt« habe. »Mit Gegnern wird nicht mehr diskutiert – sie werden bekämpft. Gemeinsame Arbeit in den Nationalratsausschüssen, sachliche Diskussionen in den Gremien, ernsthafte Debatten im Plenum des Nationalrats – seit die FPÖ die politische Kultur der Regierung prägt, spürt man die Lust an der Autorität. Der Machtrausch macht nicht nur die FPÖ blau.«[41]

Analytisch tiefer reichend als diese aggressiv-pathetische und pauschale Anklage zwei weitere Gesichtspunkte in diesem Zusammenhang: So wies Armin Thurnher schon im Frühjahr 2001 auf das vermutlich mitschwingende strategische Kalkül hin, dass rasch durchgezogene Entscheidungen auf ein mehr oder weniger heterogenes Regierungsbündnis nolens volens integrierend wirken dürften. »Mit übergroßer Geschwindigkeit wollte man nicht nur den Gegner und die Öffentlichkeit verblüffen, die Partner wollten sich selbst die Möglichkeit nehmen, ihre politischen Differenzen wahrnehmen oder gar austragen zu müssen. Die vielgeflügelte ÖVP besteht bekanntlich mindestens aus einem Arbeitnehmer- und Arbeitgeberflügel, die FPÖ außer ihrem Führer, der beides in sich vereinigt, aus Radikalliberalen und Neokorporatisten. Und mit wenigen Ausnahmen harmonieren die jeweiligen Flügel keineswegs.«[42] Darüber hinaus – so der Politikwissenschaftler Anton Pelinka – passe das Bemühen um rasche Entscheidungsabläufe auch in das größere Konzept der Regierung, den Be-

---

39 Quo vadis, SPÖ? In: Die Zukunft 2/2000. S. 8.
40 Ebd. S. 9f.
41 Pilz: Der Anfang der Wende. S. 510.
42 Armin Thurnher: Wende ins Offene oder: Wegen Wende leider geschlossen. – In: ÖJP 2000. – Wien 2001. S. 527–540. S. 531.

wegungsspielraum der Sozialpartner (insbesondere von AK und ÖGB) einzuengen. Denn hinter der »Neigung, die Sekundärtugend Tempo zu einer Primärtugend zu machen«, stecke offenbar die Absicht, die Akteure im vorparlamentarischen Raum zu bremsen, denn breit angelegte Begutachtungsphasen entsprachen der bis Ende der 1990er-Jahre in Österreich vorherrschenden Konkordanzdemokratie, die grundsätzlich auf die Berücksichtigung verschiedener Interessen abgestellt war. Stil und Richtung dieses Agierens – so Pelinka aber nüchtern abwägend – seien zwar »auffallend, aber auch noch kein Rausch«[43] (womit auf den damals weitverbreiteten Vorwurf Bezug genommen wurde, die Regierung befinde sich in einem Macht-»Rausch«). Nüchterner zur Frage »speed wins« Peter Filzmaier, der es als »eine logische Vorgangsweise« der ÖVP/FPÖ-Regierung einstuft, den vorparlamentarischen Raum, in dem sich oppositionelle und regierungskritische Gruppen und Stimmen profilieren konnten, eher zu umgehen und Entscheidungsprozesse »in das Parlament zu verlagern, wo eine gesicherte Mehrheit der Regierungsparteien bestand.«[44]

Die »Neu-Regierenden« mussten auch versuchen – wollte man die selbst proklamierten Ziele ernst nehmen –, den Einflussbereich der Sozialpartner neu zu dimensionieren. Schon bald nach Regierungsantritt wurde deutlich, dass man auch dieses Vorhaben massiv anzugehen gedachte. Während ja die Wirtschaftskammer (inklusive Industriellenvereinigung) und die Vertretung der Bauern sich ihrer guten informellen Zugänge zur Regierung sicher sein konnten und die Möglichkeiten direkter Kontaktaufnahmen kultivierten, sahen sich die Arbeitnehmervertretungen (und hier vor allem die AK) mit in der Zweiten Republik noch nie da gewesenen scharfen Angriffen auf ihre institutionellen Strukturen und finanziellen Potenziale konfrontiert (u. a. gingen die direkten Kontakte in diverse Ministerien verloren, auch wurden einschlägige Kompetenzen vom Sozialministerium weg zum Wirtschaftsministerium transferiert, Selbstverwaltungsgremien der Sozialversicherung sollten radikal umbesetzt werden, die FPÖ schlug vor, die finanziellen Ressourcen zu kürzen, und zudem wurde der Vorschlag überlegt, wesentliche Materien der überbetrieblichen Mitbestimmung auf die Ebene der Betriebe zu transferieren).

Die Reaktionen auf diesen ebenso neuen wie offensiven Kurs waren natürlich vielfältig und meist heftig: So räumte zwar ein Kommentator in der sozialistischen »Zukunft« ein, »dass diese hochgradig institutionalisierte Entscheidungsfindung (d. i. die Sozialpartnerschaft, Anm. d. Verf.) nicht nur ›bewährt‹ ist, sondern sich in vielen Fällen auch als durchaus wirkungsvoller Verhinderungsmechanismus erwiesen hat. Eine Regierung, die ihr ›Macher-Image‹ als eine wichtige Erfolgsvoraussetzung ihres politischen Projekts ansieht, muss vielleicht tatsächlich zu einer solchen Vorgangsweise greifen«. Auch die frühere SPÖ-Mehrheitsregierung hätte – obzwar nur

---

43 Anton Pelinka: Machtrausch in Blau-Schwarz? – In: Die Zukunft 5/2001. S. 23.
44 Peter Filzmaier: Die Bilanz der Wende. – In: ÖJP 2002. – Wien 2003. S. 3–18. S. 12.

in wenigen zentralen Fragen – gelegentlich ihre Mehrheit eingesetzt. Es mache aber einen entscheidenden Unterschied, ob man klare Sachentscheidungen treffe – so die Kritik in der »Zukunft« – oder »die Strukturen, die bisher gewöhnlich zur Anwendung kamen, gezielt und bewusst zerstört«. Damit drohe nämlich der für Effizienz und Erfolg eines politischen Systems wichtige Grundkonsens verloren zu gehen, und das bedrohe die Demokratie insgesamt bzw. schwäche sie.[45]

In die gleiche Kerbe schlug – wenig verwunderlich – auch der ÖGB, der die ersten hundert Tage der neuen Regierung mit »hundert Tage(n) der Nachteile für die Arbeitnehmer« gleichsetzte und befürchtete, dass die bisherigen sozialpolitischen »Grausamkeiten« erst der Anfang sein dürften. Das aber werde Österreichs Gesellschaft auf Dauer nicht aushalten. Der Slogan »Österreich neu regieren« hätte bisher nichts anderes bedeutet, »als den sozialpartnerschaftlichen Konsens im Land zu zerstören«.[46] In diesen Tenor stimmte auch die Arbeiterkammer mit Heftigkeit ein. Zur Illustration einige Schlagzeilen aus dem März-Heft von »Arbeit und Wirtschaft«: »Belastungspaket: Sozialabbau droht!«, »Für Arbeitnehmervertreter läuten Alarmglocken«, »Arbeitnehmer der Wirtschaft ausgeliefert«, »Autoritäre Wende in der Arbeitsmarktpolitik«, »FPÖVP-Pakt: Belastungspaket. In den Auswirkungen extrem unsozial und ungerecht«.[47]

Interessanterweise verliefen die kritischen Wortmeldungen zur Causa Sozialpartnerschaft in den ersten Monaten des Jahres 2000 durchaus nicht strikt entlang der Trennlinie zwischen Regierung und Opposition. Kamen doch auch aus dem Regierungslager besorgte Stimmen. So konnte man auf einem Flugblatt der VP-dominierten Gewerkschaft Öffentlicher Dienst (GÖD) wenige Tage nach dem Scheitern der Koalitionsverhandlungen im Jänner 2000 u. a. lesen, die letzten Tage hätten gezeigt, »dass der bewusste Verzicht auf die Erfahrung der Gewerkschaft und damit auf die Sozialpartner zum Scheitern der Politik führt … Die GÖD appelliert an die künftige Bundesregierung, sich zur Einhaltung des sozialen Friedens ehrlich zum sozialpartnerschaftlichen Dialog zu bekennen«.[48] In Salzburg unterzeichneten die Wirtschafts- und die Arbeiterkammer Anfang April 2000 eine gemeinsame Erklärung, in der sie sich gegen die »Missachtung der Fundamente der Sozialpartnerschaft« aussprachen. Diese benötige »die gleichwertige Vertretungsmacht aller Beteiligten sowie auch den unbedingten Respekt des Staates gegenüber den frei gewählten Repräsentanten der Selbstverwaltung und ihrer finanziellen Autonomie bzw. Autarkie«.[49] Auch der Vizepräsident der niederösterreichischen Arbeiterkammer, Alfred Dirnberger

---

45 AKKs Kommentar. – In: Die Zukunft 5/2000. S. 9.
46 Zit. nach »Die Presse« 13. 5. 2000. S. 10.
47 54. Jg. März 2000.
48 Resolution des Zentralvorstandes der GÖD am 24. 1. 2000.
49 Gemeinsame Erklärung von Arbeiterkammer und Wirtschaftskammer Salzburg vom 5. 4. 2000.

(ÖAAB), kritisierte heftig die seiner Meinung nach »kaltschnäuzigen« Anschläge auf die Interessen der Arbeitnehmer. »Wer so etwas vorhat, hat mit dem Widerstand der AK und ihrer Fraktionen, insbesondere des ÖAAB, zu rechnen.«[50]

Im Gegensatz zu den heftig ablehnenden Voten in Richtung Regierung seitens der Arbeitnehmervertreter (die in diesem Frühjahr vor allem durch den FPÖ-Vorstoß in Richtung Kürzung der AK-Kammerumlage alarmiert waren) achteten die Sozialpartnerspitzen in diesen Monaten peinlich darauf, sich nicht gegenseitig anzugreifen oder politische Unfreundlichkeiten zu formulieren. Anders die Industriellenvereinigung, die in jenen Monaten betont offensiv auftrat und die sich in einem politischen Kommentar in den »Salzburger Nachrichten« etwa ob ihres eher rüden Stils vorhalten lassen musste, dass ihr »das G'spür für das der anderen Seite inhaltlich und stilistisch Zumutbare« abhandengekommen wäre.[51] Hingegen signalisierte der damals erst designierte Präsident der Bundes-Wirtschaftskammer Christoph Leitl, dass man die Sozialpartnerschaft reformieren und zu einer »Zukunftspartnerschaft« umbauen sollte (ohne diese aber schon zu konkretisieren). Insbesondere AK und ÖGB (Verzetnitsch: »Zwischen des Sozialpartnern gibt es keinen Konflikt«[52]), aber auch die beiden anderen in der Sozialpartnerschaft vertretenen Kammern, zogen sich in diesen ersten Monaten gegenüber der mit großem Elan gestarteten Regierung auf die Grundposition zurück, dass das Verhältnis der Sozialpartner untereinander grundsätzlich nicht von der Regierungsform bestimmt werde und dass ihre Beziehungen – wie das AK-Präsident Herbert Tumpel formulierte – »vom Selbstverständnis der Sozialpartner selbst und nicht von Zurufen von außen« abhingen.[53]

»Neu regieren« – die Realisierung

Wir haben bisher versucht, einige wesentliche Dimensionen der unter der Chiffre vom »Neu-Regieren« seitens der VP/FP-Regierung angekündigten *politics*-Dimensionen in ihrem Anspruch herauszuarbeiten und einige ausgewählte Reaktionen darauf darzustellen. Zuletzt wollen wir beispielhaft der Frage nachgehen, inwieweit es gelungen ist, wesentliche Elemente des neuen Regierungsstils auch längerfristig in die Tat umzusetzen.

Herbert Obinger hat in einer 2001 in der Zeitschrift für Parlamentsfragen erschienenen Analyse eindrucksvoll gezeigt, dass eine Zusammenschau der tatsächlichen Vetomacht aller formellen und informellen Vetospieler im österreichischen politi-

---

50 Zit. nach »Der Standard« 6. 4. 2000. S. 11.
51 Margarete Freisinger: Jetzt droht auch noch die Eiszeit. – In: Salzburger Nachrichten 17. 2. 2000. S. 13.
52 Zit. nach »Der Standard« 12./13. 2. 2000. S. 2.
53 AK-Präsident Herbert Tumpel zit. nach »Kurier« 15. 2. 2000.

schen System »den Befund eines sehr schwachen gegenmajoritären Vetopotenzials gegenüber dem Aktionsradius der Bundesregierung und der sie stützenden Parlamentsmehrheit« ergibt, woraus er den Befund ableitete, dass für die neue ÖVP/FPÖ-Koalition »das institutionelle Reformfenster für einen politischen Kurswechsel sehr weit offen« stünde.[54] Tatsächlich wurde dieser Befund von der neuen Regierung mit Vehemenz bestätigt. »Selten zuvor« – so der kundige Beobachter österreichischer Politik, Reinhard Olt – »sind in Österreich mit dem Elan der ÖVP/FPÖ-Regierung Reformen in Angriff genommen worden.«[55] Dabei konzedierten auch Kritiker, dass man der Regierung »den Mut zu unpopulären Reformen« nicht absprechen könne.[56] Der Nationalrat hatte in der ca. drei Jahre dauernden XXI. Gesetzgebungsperiode über mehr als 400 Gesetze abzustimmen.[57] Dieser jedenfalls einmal quantitativ beeindruckende Output konnte nur dadurch erreicht werden, dass in vielen Politikfeldern Tabus gebrochen wurden, »d.h. die Wende stellte eine so tief greifende Veränderung der Politik dar, dass Blockaden und bis zur Reformunmöglichkeit verfestigte Traditionen, Regeln, Standpunkte usw. infrage gestellt wurden«.[58] Robert Menasse, dem man kaum große Sympathien für den ÖVP-Kanzler unterstellen konnte, charakterisierte diesen in einem Interview immerhin beeindruckt als einen, »der als einziger heute in Österreich mit aller Konsequenz Politik machen will. Er ist ein Exempel für etwas, das in der politischen Klasse extrem selten geworden ist: Er ist ein Politiker.«[59]

Dieser »Gestaltungswille«, mochte er nun je nach Standpunkt als positiv oder bedrohlich empfunden werden, hatte natürlich deutliche Konsequenzen für den politischen Prozess allgemein bzw. insbesondere für das Agieren der Kontrahenten im Parlament. Hier waren folgende neue oder zumindest ungewohnte Praktiken zu beobachten: Die Regierung bzw. die Regierungsfraktionen im Parlament suchten insgesamt – und das mit Erfolg –, den Gesetzgebungsprozess dadurch zu beschleunigen, dass in der Regel nur sehr knappe Begutachtungsfristen eingeräumt wurden. Über den strategischen Hintersinn dessen haben wir schon gesprochen. Während in den 1990er-Jahren für die vorparlamentarische Begutachtung und Diskussion von Gesetzesentwürfen (die dann als Regierungsvorlagen dem Parlament zugesandt wurden) in aller Regel sechs bis acht Wochen und bei komplexen Materien auch längere Zeiträume üblich waren, so wurden diese Fristen nun durchwegs auf drei

---

54 Herbert Obinger: Vetospieler und Staatstätigkeit in Österreich. Sozial- und wirtschaftspolitische Reformchancen für die neue ÖVP/FPÖ-Regierung. – In: Zeitschrift für Parlamentsfragen (ZParl) 2/2001. S. 382.
55 Reinhard Olt: Fünf Jahre Austro-Wende. – In: ÖJP 2004. – Wien 2005. S. 835–838. S. 836.
56 Vgl. als eine Stimme unter vielen Dieter Kindermann. – In: Ebda S. 848.
57 Vgl. Filzmaier: Bilanz der Wende. S. 8.
58 Ebd. S. 9.
59 Zit. nach Hans Winkler: Kleines Lexikon der Wende. – In: ÖJP 2004. – Wien 2005. S. 289.

bis vier Wochen verkürzt.[60] Als besonders drastisch wurde das bei der höchst umstrittenen Pensionsreform im Jahr 2003 empfunden. Immerhin waren von diesem ohne vorherige Einbindung der Sozialpartner erstellten Ministerialentwurf breite Bevölkerungsschichten betroffen, trotzdem wurden für die Begutachtung nur etwas mehr als dreieinhalb Wochen zugestanden (31. 3.–25. 4. 2003).[61] Erst Streiks und Demonstrationen seitens der Arbeitnehmer und Widerstände in der FPÖ und beim ÖAAB führten dann dazu, dass Konzessionen eingeräumt wurden. Hier bestätigte sich übrigens Obingers Voraussage, dass der Regierung »Gefahr«, wenn schon, dann »in erster Linie aus den eigenen Reihen« drohen werde.[62] Tatsächlich wandten sich die Beamtengewerkschaft und der ÖAAB und auch der Angestelltenflügel der FPÖ in diesen Jahren mehrmals massiv gegen die Regierungslinie und erzwangen Abstriche von den ursprünglichen Maximalforderungen der Regierung. Den »Kunstgriff« knapper Begutachtungszeiten hatte es gelegentlich auch vor 1999 schon gegeben, jedoch seltener, und die bei den meisten Materien enge Einbindung der Sozialpartner stellte sicher, dass keine Seite allzu große Nachteile oder zumindest Informationsrückstände hinnehmen musste. Die vorherige Nichteinbindung von Verbänden 2000–2006 war der deutlichen Tendenz nach selektiv angelegt, d. h. sie ging meist auf Kosten von AK und ÖGB.

Stärker als frühere Regierungen bedienten sich die VP/FP- bzw. VP/BZÖ-Koalition im Parlament des »Kunstgriffs« (man könnte es auch »Trick« nennen), verschiedene heterogene Materien aus politischen Gründen zu sog. »Omnibus-Gesetzen« zusammenzufassen. Derartige Paketabstimmungen zielen auf »die Minimierung von negativen Öffentlichkeitseffekten und die Vermeidung von Kohäsionsproblemen in der Koalition« ab. Als »Musterbeispiel« dafür kann das Budgetbegleitungsgesetz 2003 genannt werden, in dem neben mehr als 70 anderen Einzelgesetzen und Gesetzesnovellen auch die Pensionsreform und der Beschluss über die Anschaffung von Abfangjägern untergebracht wurden.[63] »Tempo« machen konnte man im Parlament auch damit, dass die Regierung ein in Gesetzesform gekleidetes Anliegen als Initiativantrag einbringen ließ, das ersparte das bei Regierungsvorlagen obligate Begutachtungsverfahren samt möglicher Öffentlichkeitsresonanz und sicherte eine zügige parlamentarische Behandlung und Beschlussfassung.

Auf Seite der Opposition wurden dieser »Elan« der Regierung und diese formal korrekten Methoden natürlich mit Ablehnung, ja der oft auch mit einer gewissen

---

60 Vgl. Herbert Sickinger: Parlamentarismus. – In: Emmerich Tálos (Hg.): Schwarz–Blau. Eine Bilanz des »Neu-Regierens«. – Wien 2006. S. 70–85. S. 76.
61 Vgl. ebd. S. 84.
62 Obinger: Vetospieler. S. 385.
63 Wolfgang C. Müller, Marcello Jenny: »Business as usual« mit getauschten Rollen oder Konflikt statt Konsensdemokratie? Parlamentarische Beziehungen unter der ÖVP-FPÖ-Koalition. – In: Österreichische Zeitschrift für Politikwissenschaft (ÖZP) 3/2004. S. 309–326. S. 315.

Verbitterung quittiert. Der Regierung wurde daher meist pauschal unterstellt, an parlamentarischen Erörterungen und Verhandlungen über eventuelle alternative Lösungen überhaupt nicht interessiert zu sein, wie das z. B. der sozialistische Gewerkschafter Richard Leutner formulierte: »Vielmehr wurde die parlamentarische Mehrheit meist ohne Umschweife dazu eingesetzt, Maßnahmen per Beschluss durchzudrücken. Oft war die Regierung einfach nicht bereit, auf die betroffenen Gruppen einzugehen, in einen Dialog einzutreten, und hat häufig mit ›Drüberfahren‹ ihre Parlamentsmehrheit eingesetzt, um über Gegenargumente und gesellschaftliche Widerstände hinwegzugehen.«[64] Ähnliche (übliche?) Oppositionsklagen formulierte in bewegten Worten auch immer wieder SPÖ-Klubobmann Josef Cap,[65] während die Grünen zwar den Befund grundsätzlich bestätigten, aber darauf verwiesen, dass sich auch frühere – unter Führung der SPÖ stehende – Regierungen gegenüber Anträgen der Opposition notorisch ablehnend verhalten hätten, man es also seit 2000 in dieser Hinsicht nicht mit einer »neuen« Qualität zu tun hätte.[66] Repräsentanten der Regierung verdächtigten wiederum die Opposition, ihr gehe es gar nicht um Problemlösungen gemeinsam mit der Regierung. Stattdessen wäre das »Verzögern, Verwässern, Verhindern« von Reformen das durch Verhandlungen angestrebte Ziel[67] – die klassischen Interessengegensätze zwischen Regierung und Opposition also.

Wer an der Art und Weise der politischen Machtprozesse in Österreich etwas verändern wollte, der musste also eher früher als später beim quasi institutionalisierten *informellen* Entscheidungsmuster der Sozialpartnerschaft landen. Wir erinnern noch einmal an Obinger, der zeigte, dass einer österreichischen Bundesregierung grundsätzlich ein ähnlich großer Handlungsspielraum zur Verfügung stehe wie einem »Kabinett in einem Westminster System« (und er sei damit breiter als in den mit zahlreichen Vetospielern durchsetzten politischen Systemen in der Schweiz oder der BRD), das aber freilich nur unter der wichtigen Voraussetzung, dass es gelinge, die von der traditionellen Sozialpartnerschaft geprägte Realverfassung zu schwächen.[68]

Obzwar diese – aus internen und externen Gründen – während der 1990er-Jahre einen Bedeutungsrückgang hinnehmen musste und die Regierungen tendenziell an Gewicht gewannen, war ihre geballte Verhinderungsmacht nach wie vor erheblich, weil auf Verbändeebene konkurrenzlos. Die »Wende«-Regierung – unter Einschluss

---

64 Richard Leutner: ÖGB und AK in der Oppositionsrolle oder: Sozialpartnerschaft Neu? Nicht Oppositionspartei, sondern konsequente Interessenvertretung. – In: ÖJP 2003. – Wien 2004. S. 337–345. S. 343.
65 Vgl. z. B. Josef Cap: Die Veränderungen im politischen System Österreichs. – In: ÖJP 2001. – Wien 2002. S. 257 und 261.
66 Vgl. Interviews bei Müller, Jenny: »Business as usual«. S. 319.
67 So Bundesminister Bartenstein im Parlament. – In: Sten. Prot. d. Nationalrats. XXII. GP. 14. Sitzung. S. 127. Zit. nach Müller, Jenny: »Business as usual«. S. 319.
68 Obinger: Vetospieler. S. 386.

der traditionell sozialpartnerschaftskritischen, oder besser wohl »-feindlichen«, FPÖ – ging diese Kernfrage nach dem Primat der Politik offensiv an. Schon in der erwähnten Präambel zum Regierungsabkommen war ungewöhnlich ausführlich darauf eingegangen worden, und tatsächlich sollten dann in den kommenden Jahren »einschneidende Zäsuren in den traditionellen Spielregeln der Interessenpolitik« bzw. in die Mitgestaltungsmöglichkeiten der Sozialpartner getroffen werden.[69] Den dramatischen Auftakt hatte ein im Mai 2000 eingebrachter Initiativantrag der Regierungsfraktionen gebildet, der – ohne, wie bisher üblich, die AK in Vorgespräche einzubeziehen – auf den »Privilegienabbau in den Arbeiterkammern« abzielte. Auch die Drohung, die Kammerumlage der AK von 0,5 auf 0,3 % zu senken, wodurch diese zweifelsohne an politischer Schlagkraft verloren hätte, stand im Raum. Obwohl es dann letztlich doch zu keinen schwerwiegenden Eingriffen in das Kammernsystem kam, war den Kammern doch klar geworden, dass sie trotz ihrer starken formalen Fundierung (Körperschaften Öffentlichen Rechts mit Pflichtmitgliedschaft) »aus politischen Unwägbarkeiten durch den Wechsel parlamentarischer Mehrheiten« nicht unangreifbar waren.[70] Nicht zuletzt diese Grundbefindlichkeit dürfte wesentlich dazu beigetragen haben, dass trotz aller gelegentlichen Turbulenzen und abweichenden Interessenlagen auch in den folgenden Jahren die Gesprächsbasis zwischen Arbeitnehmer und Arbeitgeber stets als »intakt« eingestuft werden konnte.[71]

Die Regierung hingegen tat ihrerseits insbesondere in den ersten Jahren alles, um das Gesetz des Handelns gegenüber den Verbänden nicht aus der Hand zu geben und sich so möglichst großen Bewegungsspielraum zu sichern. Beispiele dafür: Die Sozialpartner verloren ihr informell gewährtes »Privileg«, schon bei der Ausarbeitung diverser für sie relevanter Gesetzesentwürfe früh eingebunden zu werden und bei den diversen Begutachtungsverfahren besondere Beachtung zu finden. Hier wurden nun – wie schon vorhin angesprochen – meist knappe Fristen gesetzt, was die eher schwerfälligen und zeitraubenden Kompromissroutinen zwischen den Sozialpartnern meist überforderte. Die Regierung setzte insbesondere bei Sozial- und Arbeitsrechtsmaterien nicht mehr alleine auf Experten aus den Kammern, sondern engagierte zunehmend externe Fachleute, von denen man annahm, dass ihre Expertise nicht von vornherein von entsprechenden Loyalitäten geprägt wäre. Auch legte die Regierung in aller Regel inhaltlich weitgehend präzisierte Gesetzesvorhaben auf den Tisch, die für zeitraubende substanzielle Kompromissverhandlungen kaum Raum ließen bzw. darauf auch gar nicht abzielten. Anstelle der früheren, meist im informellen Rahmen geführten Verhandlungen traten auch neue Formen der Kommu-

---

69 Ferdinand Karlhofer, Emmerich Tálos: Sozialpartnerschaft am Abstieg. – In: Tálos (Hg.): Schwarz–Blau. S. 102–115. S. 102.
70 Ebd. S. 105.
71 Vgl. Leutner: ÖGB und AK. S. 343. Karlhofer, Tálos: Sozialpartnerschaft. S. 108.

nikation wie z. B. sog. Runde Tische, Reformdialoge, Expertenhearings usw. Diese waren öffentlichkeitswirksam, aber auch unverbindlicher, und boten insbesondere auch den Vertretern der Regierung Gelegenheit, ihre Anliegen breit zu kommunizieren und öffentlich zu argumentieren.[72] Abgesehen davon haben die Regierungen daneben sozialpartnerschaftliche Inputs – obzwar in unterschiedlichem Ausmaß – doch immer wieder berücksichtigt. (Zu nennen wären hier etwa das Abfertigungsgesetz »Abfertigung Neu« 2003 und das ArbeitnehmerInnenschutz-Reformgesetz 2002.[73]) Auch der ÖAAB-Politiker Walter Tancsits wies 2004 auf die verschiedensten erfolgreichen Interventionen sozialpartnerschaftlicher Einflussnahme hin, wobei er den seiner Meinung nach deutlich spürbaren partei- und oppositionspolitischen Drall von ÖGB und AK beklagte. Die Sozialpartner seien bisher »nicht nur ein Konsenselement in Österreichs Realpolitik, sondern auch ein Demokratie-hemmendes Element« gewesen.[74] Durch die neue Regierung sei das durch gegenseitiges Tauschverhalten Besitzstände absichernde »Njet-Kartell« endlich aufgebrochen worden. Mitgestaltungsmöglichkeiten seien nach wie vor gegeben. »Sozialpartnerschaft Neu heißt also nicht weniger Gestaltungsmöglichkeit, sondern ein Abstellen der Veto-Macht von Sozialpartnerschaft Alt.«[75] Nüchtern das resümierende Urteil von Karlhofer/Tálos: Ihrer Einschätzung nach habe das sozialpartnerschaftliche Mitgestalten zwischen 2000 und 2006 »wesentlich an Bedeutung eingebüßt«. Anstelle sozialpartnerschaftlichen Verhandelns sei immer öfter die Entscheidung durch die Regierungsmehrheit getreten.[76] Damit war eingetreten, was ein relevanter Regierungsvertreter, nämlich Arbeitsminister Martin Bartenstein, schon im September 2000 in Aussicht gestellt hatte: Man wolle die durch Vetohaltungen einiger Sozialpartner entstandenen Erstarrungserscheinungen (damit meinte er vor allem den ÖGB) auflösen, und dazu werde man »nicht davor zurückschrecken, die Reformen notfalls vor den Konsens zu stellen, falls dieser nicht erreichbar ist«.[77] Diesem Kurs sind die beiden Regierungen Schüssel I und II im Großen und Ganzen konsequent gefolgt, bis 2003 offensiv und in den folgenden Jahren dann etwas moderater. (In den Jahren 2005/06 sollte ja, nach den Plänen Schüssels, im Hinblick auf die nächsten Wahlen sozusagen die politische »Ernte« eingebracht werden. Eine Planung, die vor allem wegen der endlosen Turbulenzen um FPÖ/BZÖ gründlich scheiterte.)

Inwiefern hat sich nun der Charakter der österreichischen Demokratie in jenen Jahren verändert? Insbesondere seitens der ÖVP wurde ja anfangs die Lesart von

---

72 Vgl. Karlhofer, Tálos: Sozialpartnerschaft. S. 111.
73 Vgl. Leutner: ÖGB und AK. S. 343.
74 Walter Tancsits: ÖGB und AK in der Oppositionsrolle oder: Sozialpartnerschaft Neu. – In: ÖJP 2003. – Wien 2004. S. 305–323. S. 307.
75 Ebd. S. 312.
76 Karlhofer, Tálos: Sozialpartnerschaft. S. 114.
77 ORF-online. 13. 9. 2000. Zit. nach Obinger: Vetospieler. S. 385.

der »Normalisierung Österreichs in Richtung Konfliktdemokratie« (Günther Burkert-Dottolo, Leiter der Politischen Akademie) und von der »Normalisierung zur Konfliktdemokratie« (Maria Rauch-Kallat, ÖVP-Generalsekretärin) propagiert, und man hielt es sich zugute, dass Konflikte nun angeblich offener und transparenter ablaufen würden,[78] während Exponenten der SPÖ eine derartige Entwicklung als bedrohlich an die Wand malten. Laut Josef Cap habe nämlich im Februar 2000 mehr als nur ein gewöhnlicher Regierungswechsel, sondern vielmehr ein »echter Systembruch mit der Zweiten Republik und deren wesentlichen Werten« stattgefunden,[79] und SPÖ-Parteichef Alfred Gusenbauer beklagte, die seiner Meinung nach »rücksichtslose Durchsetzung politischer Interessen« durch die ÖVP hätte dazu geführt, dass man nun in Österreich eine Konfliktdemokratie habe, woraus er die Forderung nach Stärkung der Oppositionsrechte ableitete.[80] Wesentlich nüchterner als die eben zitierten sozialdemokratischen Neo-Oppositionellen und wohl zutreffender hingegen die Analyse des oppositionserprobten Grünen-Parteichefs Van der Bellen, der in der Wende »keinen tiefen Bruch« mit den bisherigen Gepflogenheiten, »sondern genau genommen eine konsequente Fortsetzung derselben unter geänderten Vorzeichen« sieht. Der von den einen herbeigewünschte und von den anderen gefürchtete »strukturelle Wechsel von der Konsens- zur Konfliktdemokratie hat eigentlich nicht stattgefunden«. Neu sei nur, dass sich nun mit der FPÖ ein dritter Mitbewerber am »Verteilungsgerangel um Machtpositionen (beteiligt). Und sie verhält sich so, wie sie meint, ihren Anteil am Kuchen schnellstmöglich ergattern zu können. Dabei bedient sie sich einer Rhetorik und auch eines Umgangs mit ihren Kritikern, die wesentliche Elemente jedes demokratischen Systems infrage stellt«.[81]

Wolfgang C. Müller und Marcello Jenny haben nun in einer fundierten Studie das Abstimmungsverhalten im Parlament während der Regierung Schüssel I untersucht und auch Parlamentarier interviewt. Demnach sei zwar das Ausmaß an parlamentarischer Zustimmung zu Gesetzen »auf seinen bisherigen Tiefpunkt gefallen«. Damit wurde eine Anfang der 1990er-Jahre beginnende längerfristige Entwicklung fortgesetzt.[82] Auch wurde die österreichische Politik jener Jahre vor allem von der Opposition als deutlich konfliktreicher empfunden und auch die parlamentarischen Auseinandersetzungen von der Mehrheit der Abgeordneten als heftiger eingeschätzt als früher. Trotzdem bleibt aber das Gesamturteil der beiden Autoren vorsichtig: Zwar

---

78 Zit. nach Alexander van der Bellen, Lukas Wurz: Die »Wende« in Österreich. Politisches System in Veränderung? – In: ÖJP 2001. – Wien 2002. S. 279–298. S. 281.
79 Cap: Veränderungen. S. 254.
80 Rede vor dem Sozialdemokratischen Grundrechtsforum, 12. 12. 2003. Zit. nach Müller, Jenny: »Business as usual«. S. 310.
81 Van der Bellen, Wurz: »Wende« in Österreich. S. 288.
82 Müller, Jenny: »Business as usual«. S. 319.

sei das Antreten der ÖVP/FPÖ-Koalitionsregierung nicht nur als »Rollentausch einzelner Parteien« einzustufen, sondern habe »auch systematische Bedeutung, als relevante Veränderung in Richtung Konflikt- oder Mehrheitsdemokratie«.[83] Ob damit aber schon eine Grenze überschritten wurde, »die es erlaubt, von einem Systemwandel zu sprechen, bleibt mangels eindeutig definierter Grenzen zwischen Konsens- und Mehrheitsdemokratie eine Frage persönlicher (oder politischer) Beurteilung«.[84]

Auch wenn das von Müller/Jenny empirisch erhobene Abstimmungsverhalten im Parlament für 1999–2002 noch keinen drastischen Schwenk zur Konkurrenzdemokratie zeigt und die Daten für 2003–2006 diese vorsichtige Einschätzung bestätigen (1999–2002: 44 % der Gesetze einstimmig, 9 % mit Unterstützung der SPÖ; 2003–2006: 49 % einstimmig, 12 % mit SP-Zustimmung,[85] und bei alldem wird auch nicht unterschieden zwischen administrativen und daher unstrittigen und hoch kontroversen Materien), so zeigt doch die Art und Weise, wie die beiden Regierungen ihre Politik angelegt und inszeniert haben, markante Züge des konkurrenzdemokratischen Musters, nämlich: Drängen auf rasches Entscheiden, klare sachpolitische Vorstellungen und Vorgaben seitens der Regierung, deutliche Zuordnung der Verantwortlichkeiten, geringe Kompromissbereitschaft und wenig Scheu vor offenen Konflikten und Mehrheitsentscheidungen, deutlich zur Schau getragene Veränderungs- und Reformenergien, hohe Implementierungskosten (abzulesen u. a. an den zahlreichen und für die Opposition erfolgreichen obersgerichtlichen Aufhebungen von Gesetzen[86]) und aus alldem resultierend eine hohe Aufmerksamkeit in den Medien. Vor dem Hintergrund der in Österreich Jahrzehnte hindurch praktizierten Konsenspraktiken wurde dieser neue Stil jedenfalls stärker als Konkurrenzdemokratie »gefühlt« und intensiver als solche empfonden, als dies tatsächlich der Fall war, wobei deren Regeln bei den Medien kaum und in der Wählerschaft noch weniger bekannt, geschweige denn ausreichend internalisiert waren.[87] Vor diesem Hintergrund konnte seitens der Opposition dieser – viele beunruhigende und irritierende – Regierungsstil noch dadurch verstärkt unter Druck gesetzt werden, dass man durchaus legitime – aber von der Opposition wenig geliebte – Regierungsvorhaben und -stile vorschnell und mit einer gewissen Leichtfertigkeit mit »Zerstörung des politischen Grundkonsens« punzierte und moralisch abwertete und Mehrheitsentscheidungen grundsätzlich unter den Generalverdacht »rücksichtsloser Durchsetzung politischer

---

83 Ebd. S. 323.
84 Ebd. S. 319.
85 Vgl. Müller, Jenny: »Business as usual«. S. 314. Barbara Liegl: Die SPÖ. – In Tálos (Hg.): Schwarz–Blau. S. 38–52. S. 43.
86 Vgl. Liegl: Die SPÖ. S. 43.
87 Vgl. Anton Pelinka, Fritz Plasser, Wolfgang Meixner: Von der Konsens- zur Konfliktdemokratie? Österreich nach dem Regierungs- und Koalitionswechsel. – In: Dies. (Hg.): Die Zukunft der österreichischen Demokratie. Trends, Prognosen und Szenarien. – Wien 2000. S. 439–464. S. 443.

Interessen« oder »Machtrausch« stellte. (Immerhin gab es ja auch – wie schon erwähnt – erfolgreiche Kooperationen mit den Sozialpartnern und die Zustimmung der SPÖ zu einigen wichtigen Gesetzen wie z. B. dem Fremdenrechtspaket und dem Sicherheitspolizeigesetz 2005). Andererseits freilich: Wer – wie die Regierungen Schüssel I und II – verstärkt auf eine von Konkurrenz geprägte Demokratie setzte, hätte sich auch vermehrt um die Chancengleichheit für die Opposition bemühen müssen. Hier blieb die Regierung nennenswerte Schritte schuldig.

Die beiden Regierungen haben zweifelsohne »auf allen relevanten Ebenen des politischen Systems ihre Spuren hinterlassen«, je nach Sachbereich unterschiedlich tief und nachhaltig, in weiten Bereichen mehrheitlich akzeptiert und gutgeheißen, in anderen (wie in Teilen der Sozialpolitik oder der Pensionsreform) bis heute kontrovers.[88] All das ist aber nicht unser Thema, sondern Gegenstand der übrigen Beiträge in dem Band.

Abschließend noch ein Wort zur Frage, warum diese Regierungsphase 2000–2006 bis heute derart hohe und polarisierte Emotionen hervorruft und auf geradezu reflexartige Ablehnung stößt, wie zuletzt bei den extrem pauschalisierenden Debatten um angebliche Korruptionsfälle aus dieser Zeit und die Rolle des damaligen Bundeskanzlers Wolfgang Schüssel wieder deutlich geworden ist. Wir glauben, dass diese damals wie heute zu beobachtenden tiefen Beunruhigungen nur in vergleichsweise geringerem Ausmaß auf die damals durchgesetzten sachpolitischen Entscheidungen zurückzuführen waren und sind (mit Ausnahme der Pensionsreform, die breite Betroffenheit und Verunsicherung auslöste, wobei allerdings darauf zu verweisen ist, dass in Österreich die entsprechenden öffentlichen Debatten hochgradig »autistisch« abgelaufen sind, d. h. es wurde kaum rezipiert, wie tief reichend ähnliche Reformen in anderen Ländern der EU durchgeführt wurden). Die starken Emotionen wurzeln vielmehr in *zwei Hauptmotiven*, die beide mit Stilen, mit politischen Regeln, mit *politics* also zu tun hatten:

Zum Ersten: Die Regierungsbeteiligung der von Jörg Haider geführten und dominierten FPÖ. Dabei bildeten zum geringsten Teil deren sachpolitische Agenda oder die von den rasch wechselnden Ministern favorisierten Themen den Stein des Anstoßes, sondern vielmehr der Stil und die Methoden, mit deren Hilfe die Wahlerfolge der FPÖ seit 1986 errungen worden waren und die zum Gutteil auch ab 2000 noch zum politischen Rüstzeug dieser Partei gehörten. Im Zentrum stand dabei als Akteur, aber auch als Projektionsfläche, stets die Person Haider, dessen Äußerungen und Verhaltensweisen der Grazer Soziologe Max Haller schon 1995 als eindeutig »Demokratiegefährdend« eingestuft hatte,[89] indem er u. a. folgende von Haider ver-

---

88 Vgl. dazu ausführlich: Emmerich Tálos: Schwarz-Blau/Orange. Eine Bilanz. – In: Ders. (Hg.): Schwarz–Blau. S. 326–342.
89 Max Haller: Gesellschaftliche Bedingungen und Träger demokratiegefährdender Einstellungen und Ver-

wendete Strategie-Typen ausmachte: Verunglimpfung des politischen Gegners, Appelle an die »Neidgenossenschaft«, Hetztiraden z. B. gegen sog. »Sozialschmarotzer« und Ausländer, Existenzgefährdende Diffamierungen politischer Gegner und Verletzung der Grundregeln demokratisch-zivilisierten Verhaltens.[90] Haider spielte also »the right-wing populist card successfully, making an old right-wing middle class party a catch-all party with increasing proletarian profile, by using anti-European and xenophobic rhetoric«.[91] Auch nach Regierungseintritt seiner Partei suchte zudem Haider immer wieder das alterprobte Spiel des »verantwortungslosen Überbietens« zu spielen,[92] u. a. mit dem Resultat, dass dann die größten politischen und personellen Schwierigkeiten und Probleme für die Kooperation in der Regierung ihre Ursachen »vor allem in FPÖ-internen Konflikten« hatten.[93] Stellvertretend für diese große Gruppe der vor allem unter Intellektuellen und in den Medien breit vertretenen Bedenkenträger sei Anton Pelinka zitiert, der meinte: »Diese Regierung baut auf dem Vertrauen einer Person auf, die nicht davor zurückscheut, immer wieder den Nationalsozialismus zu verharmlosen, und seit Anfang 2001 auch antisemitische Ressentiments ganz offen ins Spiel zu bringen versucht. Nicht was die Regierung tut, sondern was sie ist, macht diese Peinlichkeit aus.«[94] Diese moralisch-normative Position, die bis heute die Urteile über jene Jahre in den Medien weitgehend dominiert, war und ist zwar nachvollziehbar, sie hat aber den Schönheitsfehler, dass sie keine Antwort auf das Problem der faktischen Unreformierbarkeit Österreichs Ende der 1990er-Jahre anbietet.

Das zweite, bisher zu wenig berücksichtigte Hauptmotiv ist sicher darin zu sehen, dass diese Koalition von Anfang an vollmundig angekündigt hatte, dass sie strukturell und inhaltlich vieles ändern wollte, und das möglichst zielstrebig und rasch und unter Einsatz ihrer Mehrheit, und dass sie dann tatsächlich den Ankündigungen u. a. insofern Taten folgen ließ, als sie sich über die in Österreich bis dahin als unantastbar geltenden quasi-dogmatisierten – aber nur selten und zu oberflächlich in ihrer demokratiepolitischen Problematik kritisch diskutierten – *informellen Politikregeln* hinwegsetzte (»… the era's significant impact has been in politics«[95]), gar

---

haltensweisen. – In: Helmut Konrad u. a. (Hg.): Staat = Fad. Demokratie heute. Markierungen für eine offene Gesellschaft. – Graz 1995. S. 135–177.
90 Vgl. Max Haller, Markus Hadler: Die Moralisierung der Politik in Österreich: Gute Demokratie – schlechte Demokratie. – In: ÖJP 2002. – Wien 2003. S. 239–249. S. 243.
91 Anton Pelinka: Legacies of the Schüssel Years. – In: Günter Bischof, Fritz Plasser (Eds.): The Schüssel Era in Austria. – New Orleans, Innsbruck 2010. S. 320–338. S. 328.
92 Kurt Richard Luther: Strategien und (Fehl-)Verhalten: Die Freiheitlichen und die Regierungen Schüssel I und II. – In: Tálos (Hg.): Schwarz–Blau. S. 19–37. S. 36.
93 Ebd. S. 26.
94 Anton Pelinka: Machtrausch in Blau-Schwarz? – In: Die Zukunft. 5/2001. S. 24.
95 Pelinka: Legacies. S. 320.

den Sozialpartner-Adel (und zwar Freund wie Feind) geringschätzte und so Gesetze durchzog und wesentliche Machtstrukturen zu ändern versuchte. Dass es nun für sie nur mehr wenige »stille« Beteiligungen an Entscheidungsprozessen wie zwischen 1966 und 1983 geben sollte, das wurde als unerhört und alarmierend empfunden, denn sogar Bruno Kreisky hatte die Sozialpartner substanziell eingebunden (und diese u. a. nebenbei zur politischen Neutralisierung der rechten Reichshälfte instrumentalisiert), und mit dieser neuen Politik stand aber die »wechselseitige Garantie auf Machtbeteiligung« insgesamt auf dem Spiel.[96] Der Kurs »Neu-Regieren« war also mehr als ein PR-Gag, und er versuchte in dieser Hinsicht so etwas wie eine Wende, er brachte neue Qualitäten in die politische Arena und riskierte politisches Gestalten ohne Assistenz der Hofräte »Hinsichtl« und »Rücksichtl«. Anfang 2000 kam es daher tatsächlich zumindest partiell zu einer »Wachablöse an der Macht« und die »Überraschung war grenzenlos, ja, Fassungslosigkeit griff um sich« – so erinnert sich Claus Reitan – und zwar zunächst bei jenen, die im Februar 2000 ihre Machtpositionen abgeben mussten. Ihre Stimmung war »von Bestürzung geprägt«.[97] Und diese »Bestürzung« sollte über die der Wenderegierung nahestehenden Sozialpartner, den ÖAAB und Teile von FPÖ/BZÖ, dann auch weit ins Regierungslager hineinreichen.

Der Politikstil der inhaltlich überwiegend von der ÖVP dominierten Regierungen stieß bei den WählerInnen zunächst zwar weitgehend auf Zustimmung, auf Dauer erschien er aber auch den Wechselbereiten als »nicht geheuer«. Zeigte er doch wenig Scheu vor strukturellen Veränderungen, riskierte immer wieder Konflikte (weil man davon absah, informelle Mitspieler samt deren Interessen ins Boot zu holen), und zudem wurde das in Österreich tief verwurzelte »Bedürfnis nach staatlichen Versprechungen« kaum bedient,[98] sondern im Gegenteil signalisiert, dass sich der Staat mit seinen Leistungen längerfristig eher zurücknehmen wolle und die persönliche Verantwortlichkeit an Bedeutung gewinnen sollte (»schlanker Staat«). Die oppositionelle SPÖ und die ihr nahestehenden Sozialpartner setzten dagegen voll auf strukturelle Beharrung und sozialstaatlichen Garantismus und trafen damit die eher auf Kalkulierbarkeit und Sicherheit abgestellte Grundströmung in der Bevölkerung offenbar besser als die weitere Reformen und damit Veränderungen und politische Beunruhigung in Aussicht stellende Regierung.

Inzwischen ist diese konkurrenzdemokratisch grundierte und daher an Bewegung und auch Emotionen reiche Phase der österreichischen Politik Geschichte. An ihr

---

96 Pelinka, Plasser, Meixner: Von der Konsens- zur Konfliktdemokratie? S. 443.
97 Claus Reitan: Die Wende geht tiefer, als die ersten Jahre erkennen lassen. – In: ÖJP 2004. – Wien 2005. S. 857–863. S. 858.
98 Vgl. Manfred Prisching: Die konservative Wende zum Sozialismus. – In: ÖJP 2006. – Wien 2007. S. 159–171. S. 160.

konnte man – abgesehen von einer Vielzahl inhaltlich wichtiger Reformschritte – jedenfalls beobachten, dass Demokratie auch wesentlich Veränderung und couragierter Versuch der Gestaltung sein kann, und es ist für die in der Öffentlichkeit/den Medien vorherrschende konkordanzdemokratisch einseitige Sichtweise von Politik bezeichnend, dass der Wille zu politischer Veränderung und Gestaltung fast durchwegs mit Attributen wie »übertriebener Ehrgeiz« und »Machtrausch« bedacht und damit in die Nähe des Gefährlichen, ja, Pathologischen gerückt wurde und wird. Die zählebigen (und durch »Gewohnheitsrecht« quasi-legitimierten) informellen Politikregeln sind nun im Großen und Ganzen wieder in Gültigkeit getreten und ängstliches, die Demokratie als Ganzes letztlich vermutlich nachhaltig schädigendes Bemühen um den Status quo ist wieder angesagt, dabei wäre couragiertes Handeln und offensives Argumentieren und Erklären gegenüber den BürgerInnen vonnöten. Es ist daher Chantal Mouffe voll beizupflichten, wenn sie schreibt: »Eine gut funktionierende Demokratie braucht den Zusammenstoß legitimer demokratischer Positionen – genau darum muss es bei der Konfrontation zwischen rechts und links gehen. … Wenn die Konfiguration der Gegnerschaft fehlt, haben die Leidenschaften kein demokratisches Ventil und die antagonistische Dynamik des Pluralismus wird behindert. … Wenn die politischen Grenzen verwischt werden, entsteht Unzufriedenheit mit den politischen Parteien, und es erstarken andere Formen kollektiver Identität – etwa im Bereich nationalistischer, religiöser oder ethnischer Identifikationsformen. Antagonismen äußern sich auf verschiedenste Weise, und es ist illusorisch zu glauben, sie könnten je aus der Welt geschafft werden.«[99]

---

99 Chantal Mouffe: Über das Politische. – Frankfurt am Main 2007. S. 42f.

Wolfgang C. Müller · Marcelo Jenny

Demokratischer Rollentausch oder Systembruch?

Parlamentarische Beziehungen in der Ära Schüssel 2000–2006

1. Einleitung

Verglichen mit anderen Perioden der Zweiten Republik steht die Ära Schüssel nach wie vor stark im Meinungsstreit der Betrachter. In diesem Beitrag fokussieren wir auf eine Dimension, die schon kurz nach dem Antritt der ÖVP/FPÖ-Regierung im Jahre 2000 thematisiert wurde: die Frage, ob es durch sie zu einem tief greifenden Systembruch, zu einem Abgehen von der traditionellen Konsensdemokratie der Zweiten Republik gekommen ist. Während einige Beobachter und viele Kritiker der »Kleinen« Koalition aus Österreichischer Volkspartei (ÖVP) und Freiheitlicher Partei (FPÖ) eine solche Diagnose vorgenommen haben, haben andere Beobachter, Befürworter und Protagonisten der neuen Regierung von einem ganz normalen Rollentausch einzelner Parteien, einem Routinevorgang in funktionierenden Demokratien, gesprochen.

Rollentausch und Systemwandel sind keine alternativen Konzepte. Ein Rollentausch hat objektiv stattgefunden, zumindest zwei von vier Parlamentsparteien haben die Rollen getauscht. Die SPÖ ist von der führenden Regierungs- zur Oppositionspartei geworden, umgekehrt hat die FPÖ den Weg aus der Opposition in die Regierung beschritten. Darüber hinaus blieb die ÖVP zwar in der Regierung, mutierte aber von der Position eines (allerdings mit großer Verhandlungsmacht ausgestatteten) »Junior-Partners« (der die beiden wichtigsten Regierungsämter – Bundeskanzler und Finanzminister – nicht besetzte) zum »Senior-Partner« (der das Amt des Bundeskanzlers innehat). Nur die Grünen haben keinen solchen Rollentausch mitgemacht.

Ob es hingegen zu einem Bruch im System gekommen ist, ist strittig. Auf der politischen Ebene sind es vor allem Repräsentanten der Sozialdemokratie, welche die These von der Konfliktdemokratie vertreten. Der SPÖ-Vorsitzende Alfred Gusenbauer hat bald nach Antritt der ÖVP/FPÖ-Regierung einen solchen Wandel konstatiert und kritisiert.[1] SPÖ-Klubobmann Josef Cap[2] hat die Analyse der Kon-

---

1 Vgl. Rede vor der SPÖ-Klubtagung, 20. 9. 2001.
2 Vgl. Josef Cap: Die Veränderungen im politischen System Österreichs. – In: Österreichisches Jahrbuch für Politik (ÖJP) 2001. – Wien/München 2002. S. 253–270. S. 254.

fliktdemokratie weiter elaboriert und kommt zum Schluss, dass »mehr als ein in Demokratien selbstverständlicher Regierungswechsel« stattgefunden habe, sondern dass die ÖVP/FPÖ-Koalition »einen echten Systembruch mit der Zweiten Republik und mit deren wesentlichen Werten« anstrebe. Im Dezember 2003 konstatierte Gusenbauer, dass »das rücksichtslose Durchsetzen politischer Interessen der ÖVP dazu geführt (hat), dass wir nun keine Konsensdemokratie haben, sondern eine Konfliktdemokratie«, und bezeichnete diesen Weg als »unumkehrbar« – woraus im Kontext des Verfassungskonvents Schlüsse über Oppositionsrechte, die auszuweiten, und soziale Grundrechte, die zu schaffen seien, gezogen wurden.[3]

Eine pointierte Gegenposition zur Analyse vom Systembruch hat Alexander Van der Bellen, damals Bundessprecher der Grünen, bezogen. Demnach stellt die ÖVP/FPÖ-Koalition »keinen tiefen Bruch mit den Gepflogenheiten der Zweiten Republik (dar), sondern (ist) genau genommen eine konsequente Fortsetzung derselben unter geänderten Vorzeichen«.[4] Ein Wandel von der Konsens- zur Konfliktdemokratie sei nicht zu konstatieren. Vielmehr greifen nun »statt wie bisher zwei … nun drei Parteien völlig unverhohlen nach Posten und bemühen sich, Einflusssphären zu schaffen und abzusichern«.[5]

Die Regierungsparteien haben versucht, die Diskussion um Konflikt- oder Konsensdemokratie zu vermeiden oder als »Normalisierung«, d. h. als für westliche Demokratien typisch, und/oder als Auflösung der unter der Großen Koalition herrschenden Entscheidungsblockade darzustellen (analog zum Übergang von der ersten Großen Koalition zu den Einparteienregierungen ab 1966).[6] Die Auflösung der Entscheidungsblockade hat aber auch in die Argumentation von Vertretern der Opposition Eingang gefunden.[7] Jedenfalls sind die Entscheidungskosten in der Konflikt- bzw. Mehrheitsdemokratie (siehe unten) geringer als in der Konsensdemokratie.

Die »Schiedsrichter« in der Demokratie – die Bürger und Bürgerinnen – wurden seit 1991 wiederholt nach dem Verhalten der *Opposition* gefragt, darunter zweimal seit Antritt der ÖVP/FPÖ-Regierung.[8] Aus der Verteilung der Antworten ist *kein*

---

3 Rede vor dem Sozialdemokratischen Grundrechtsforum, 12. 12. 2003.
4 Alexander Van der Bellen, Lukas Wurz: Die »Wende« in Österreich. Politisches System in Veränderung? – In: ÖJP 2001. S. 278–298.
5 Ebd.
6 Vgl. Andreas Khol: Die Wende ist geglückt. Der schwarz-blaue Marsch durch die Wüste Gobi. – Wien 2001. Günther Burkert-Dottolo: Die Reformkraft wurde sichtbar. – In: Clemens Martin Auer, Michael Fleischhacker (Hg.): Diesmal. Analysen zur Nationalratswahl 2002. – Wien 2003. S. 129–151.
7 Der SP-Vorsitzende Alfred Gusenbauer z. B. konstatierte: »In den letzten Jahren der letzten großen Koalition war es schon nicht mehr möglich, ausreichend Konsens zu finden, die Durchsetzung von Gruppeninteressen stand so sehr im Vordergrund, dass es vielfach zum Stillstand kam.« (Rede vor dem Sozialdemokratischen Grundrechtsforum, 12. 12. 2003).
8 Vgl. Fritz Plasser, Peter A. Ulram: Das österreichische Politikverständnis. Von der Konsens- zur Konfliktkultur? – Wien 2002. S. 141ff.

relevanter Unterschied zwischen dem Verhalten der Opposition, bestehend aus einerseits FPÖ, Grünen und Liberalen und andererseits SPÖ und Grünen, abzulesen. Solche Unterschiede würden tendenziell die Sichtweise vom Systembruch stützen. Nach dem komplementären Teil, dem Verhalten des Regierungsblocks, scheint man in den demoskopischen Untersuchungen nicht gefragt zu haben.

Wissenschaftler haben sich der Frage eines Wandels hin zur Konfliktdemokratie am Beginn der ÖVP/FPÖ-Koalition aus guten Gründen vorsichtig genähert.[9] Seither erschienene Arbeiten mit Bezug auf die neue Regierungskonstellation haben diese Frage zumeist ausgespart und sich mit der FPÖ, den Reaktionen auf die Regierungsbeteiligung dieser Partei und/oder den Konsequenzen des Koalitionswechsels für die Inhalte der Regierungspolitik *(policies)* befasst.[10]

Im 2. Abschnitt diskutieren wir die hier relevanten theoretischen Demokratiekonzepte und ihre Umsetzung in empirische Forschung. Dann analysieren wir das Abstimmungsverhalten im Nationalrat (3. Abschnitt). Abstimmungen sind der End- und Kumulationspunkt des politischen Entscheidungsprozesses. Es handelt sich um besonders wichtige und objektive Daten. Wir ergänzen diese Analyse durch die subjektive Perspektive der Abgeordneten und zeigen im 4. Abschnitt, wie jene Abgeordneten, die schon in der Großen Koalition im Nationalrat vertreten waren, Konflikt und Konsens zwischen den Parteien in der ersten Amtsperiode der Regierung Schüssel (der XXI. GP) im direkten Vergleich mit der letzten Amtsperiode der Großen Koalition (der XX. GP) erlebt haben. Im 5. Abschnitt kontextualisieren wir diese Information durch einen breiter angelegten Vergleich, der sowohl die Zeit vor

---

9 Herbert Dachs: Österreichs »Realverfassung« im Wandel? – In: Informationen zur Politischen Bildung Nr. 17. – Wien 2000. S. 39–47. Anton Pelinka, Fritz Plasser, Wolfgang Meixner: Die Zukunft der österreichischen Demokratie. – In: Dies. (Hg.): Von der Konsens- zur Konfliktdemokratie? Österreich nach dem Regierungs- und Koalitionswechsel. – Wien 2000. S. 439–464.

10 Ferdinand Karlhofer, Josef Melchior, Hubert Sickinger (Hg.): Anlassfall Österreich. – Baden-Baden 2001. Wolfgang Müller: Evil or the »Engine of Democracy«? Populism and Party Competition in Austria. – In: Yves Mény, Yves Surel (Hg.): Populism in Western Democracies. – Houndmills 2002. S. 155–175. Ders.: The Old Restored? The Austrian Elections of 2002. – In: Electoral Studies 23/2/2004. S. 346–360. Kurt Richard Luther: The Self – Deconstruction of a Right-Wing Populist Party? The Austrian Parliamentary Election of 2002. – In: West European Politics 26/2/2002. S. 136–152. Reinhard Heinisch: Populism, Proporz, Pariah – Austria Turns Right. Austrian Political Change, Its Causes and Repercussions. – New York 2002. Ders.: Success in Opposition – Failure in Government: Explaining the Performance of Right-Wing Populist Parties in Public Office. – In: West European Politics 26/3/2003. S. 91–130. Franz Fallend: Are Right-Wing Populism and Government Participation Incompatible? The Case of the Freedom Party of Austria. – In: Representation 40/2/2004. S. 115–130. Emmerich Tálos (Hg.): Schwarz–Blau. Eine Bilanz des »Neu-Regierens«. – Wien 2006. Herbert Obinger, Emmerich Tálos: Sozialstaat Österreich zwischen Kontinuität und Umbau. Eine Bilanz der ÖVP/FPÖ/BZÖ- Koalition. – Wiesbaden 2006. Günter Bischof, Fritz Plasser (Hg.): The Schüssel Era in Austria. – Innsbruck 2010. Wolfgang C. Müller, Franz Fallend: Changing Patterns of Party Competition in Austria: From Multipolar to Bipolar System. – In: West European Politics 27/5/2004. S. 801–835.

als auch nach den Schüssel-Kabinetten umfasst. Im letzten Abschnitt ziehen wir ein kurzes Resümee.

2. Konsensdemokratie, Konfliktdemokratie, Mehrheitsdemokratie

Politische Akteure und politische Philosophen haben in der Regel absolute Maßstäbe, an denen sie die Realität (genauer: das, was sie für die Realität halten oder ausgeben) messen und bewerten. Freilich sind solche Maßstäbe zumeist nicht unbestritten und – zumindest was die politischen Akteure angeht – oft von ihrer augenblicklichen Position, z. B. Regierung oder Opposition, abhängig. Die zugrunde liegenden Werte, ihre Implikationen und die Relativität der Bezugspunkte können Ausgangspunkte für mehr oder weniger anspruchsvolle Diskussionen sein, welche Werte offenlegen und Inkonsistenzen in der Argumentation aufzeigen. Die Autoren dieses Aufsatzes sind freilich weder politische Akteure noch politische Philosophen. Als Politikwissenschaftler bedienen wir uns der Methode des Vergleichs. Als Vergleichsmaßstab stehen uns grundsätzlich das Ausmaß von Konflikt und Konsens in anderen politischen Systemen und das Ausmaß von Konflikt und Konsens im selben System zu unterschiedlichen Zeitpunkten zur Verfügung (wie natürlich die Kombination der beiden).

Die international-vergleichende Forschung zur Frage Konflikt- und Konsensdemokratie, am besten repräsentiert durch Lijphart,[11] basiert auf den politischen Institutionen und »Makro-Aspekten« des politischen Verhaltens – insbesondere der Inklusivität der Regierung und der Ausgestaltung der Arbeitsbeziehungen –, nicht aber auf dem tatsächlichen Verhalten der Akteure im politischen Entscheidungsprozess. Ohne Zweifel stellt die Forschung von Lijphart einen Meilenstein in der Entwicklung der vergleichenden Politikforschung dar, sie ist aber nur bedingt geeignet, das tatsächliche Verhalten der Akteure unter gegebenen Institutionen vorherzusagen. Während aus dem Vorhandensein bestimmter Institutionen und breiter Koalitionen oder Allparteienregierungen der Schluss gezogen werden kann, dass der politische Entscheidungsprozess konsensual ausgerichtet ist, kann aus der Abwesenheit der genannten Regierungsformen nicht zwingend der Schluss abgeleitet werden, dass der politische Entscheidungsprozess vom Konflikt geprägt ist. Kaum ein Land zeigt das besser als Österreich. Schon oft wurde darauf hingewiesen, dass die Konfiguration der politischen Institutionen von der konfliktreichen Ersten zur konsensreichen Zweiten Republik praktisch unverändert blieb.[12] Auch mit dem Übergang

---

11 Arend Lijphart: Patterns of Democracy. – New Haven/Connecticut 1999.
12 Vgl. Anton Pelinka, Manfried Welan: Demokratie und Verfassung in Österreich. – Wien 1971. Kurt Richard Luther, Wolfgang C. Müller: Consociationalism and the Austrian Political System. – In: Dies. (Hg.): Politics in Austria. Still a Case of Consociationalism? – London 1992. S. 1–15.

von der ÖVP/SPÖ- zur ÖVP/FPÖ-Regierung hat sich nichts an den politischen Institutionen geändert. Nur die Parteienzusammensetzung – und damit die Inklusivität – der Regierung wurde verändert. Das geschah allerdings nicht das erste Mal in der Geschichte der Zweiten Republik (es handelte sich um den siebenten *Wechsel* der Regierungsform). Die Übergänge von der Allparteienregierung der ersten Nachkriegsjahre zur Großen Koalition ÖVP/SPÖ, zur ÖVP-Alleinregierung, zur Minderheitsregierung der SPÖ, zur SPÖ-Alleinregierung, zur SPÖ/FPÖ-Koalition, zur Großen Koalition SPÖ/ÖVP hatten aber den Konsens-Charakter des Systems nach herrschender Meinung *nicht* infrage gestellt. Konstatiert wurde allerdings ein Übergang von der Konkordanzdemokratie[13] bzw. *consociational democracy*[14] zur Wettbewerbsdemokratie, also von einem Systemtyp, in dem von den Eliten internalisierte Systemerfordernisse den Konsens *unabdingbar* machen, zu einem System, in dem Wettbewerb um Ämter und Aushandeln der Politikinhalte zwischen den Hauptkonkurrenten um die Ämter miteinander verknüpft werden.[15] Über den grundsätzlichen Konsens-Charakter der österreichischen Politik bis in die 1990er-Jahre besteht aber in der Literatur weithin Übereinstimmung. Die Frage, ob ein Regierungswechsel einen Übergang zur Konfliktdemokratie bedeutet, wurde erst mit Antritt der ÖVP/FPÖ-Koalition vehement gestellt.

Da international-vergleichende Untersuchungen zum konsens- oder konfliktorientierten Verhalten der politischen Akteure im politischen Entscheidungsprozess weitgehend fehlen – jedenfalls in dem Sinn, dass sie quantitative Indikatoren verwenden –,[16] bleibt uns vorläufig nur die Möglichkeit des diachronen Vergleichs. Wir vergleichen die ÖVP/FPÖ-Koalition erstens mit der ihr unmittelbar vorangegangenen Großen Koalition SPÖ/ÖVP. Zweitens zeigen wir, wie sie sich im Vergleich mit anderen Regierungsformen und -perioden der Zweiten Republik seit den späten 1960er-Jahren einordnet, d. h. wir gehen einerseits weiter zurück als zu den Vranitzky- und Klima-Kabinetten der zweiten Großen Koalition, betrachten aber die Schüssel-Kabinette auch im Vergleich mit dem unmittelbaren Nachfolger, dem Kabinett Gusenbauer. Es gibt natürlich keine fixen Regeln, wann ein politisches System nicht mehr als Konsens-, sondern als Konfliktdemokratie zu bezeichnen ist.

---

13 Gerhard Lehmbruch: Proporzdemokratie. – Tübingen 1967.
14 Arend Lijphart: Consociational Democracy. – In: World Politics 21/2/1968. S. 207–225.
15 Vgl. Manfried Welan: Vom Proporz zum Konkurrenzmodell: Wandlungen der Opposition in Österreich. – In: Heinrich Oberreuter (Hg.): Parlamentarische Opposition. Ein Vergleich. – Hamburg 1975. S. 151–176. Peter Gerlich: Consociationalism to Competition: The Austrian Party System since 1945. – Hans Daalder (Hg.): Party Systems in Denmark, Austria, Switzerland, the Netherlands and Belgium. – London 1987. S. 61–106.
16 Für multiple Fallstudien zu drei Systemen vgl. Ludger Helms: Wettbewerb und Kooperation. Zum Verhältnis von Regierungsmehrheit und Opposition im parlamentarischen Gesetzgebungsverfahren in der Bundesrepublik Deutschland, Großbritannien und Österreich. – Opladen 1997.

Wir fragen daher, ob es eine deutliche Entwicklung *in Richtung* Konfliktdemokratie gibt.[17]

Der Begriff »Konfliktdemokratie« ist allerdings kein üblicher Terminus in der wissenschaftlichen Diskussion. Lijphart[18] verwendet »Mehrheitsdemokratie« *(majoritarian democracy)* oder »Westminster-Demokratie« als Gegenpol zu seinem Typ der »Konsensdemokratie«. Während die räumlichen/institutionellen Konnotationen den Begriff Westminster-Demokratie schwer in einen anderen Kontext übertragbar machen, ist der Begriff der Mehrheitsdemokratie gut geeignet, um auf andere Systeme angewandt zu werden. Unter Mehrheitsdemokratie kann man das routinemäßige Ausnützen einer vorhandenen Mehrheit zur Durchsetzung der Präferenzen dieser Mehrheit verstehen. Sich auch um die Zustimmung der Minderheit zu bemühen und dafür Abstriche bei der Realisierung der eigenen Präferenzen zu machen, ist diesem Demokratietyp fremd.

Damit ist ein zentrales Konzept des politischen Wettbewerbs angesprochen,[19] nämlich die im Wettbewerb erzielbaren *Auszahlungen*. In der Mehrheitsdemokratie werden sie als Nullsummenspiel verstanden: Was die eine Seite gewinnt, muss die andere verlieren.[20] Die logische Konsequenz der Mehrheitsdemokratie ist das *size principle*[21], also die Strategie, die Mehrheitsbildung nicht über die erforderliche Mehrheitsschranke hinaus fortzusetzen, politische »Auszahlungen« auf die Angehörigen dieser Mehrheit zu beschränken und dadurch zu maximieren.[22]

Mehrheitsdemokratie bedeutet also die Ausschließung der Minderheit von den »Auszahlungen« der Politik, Konsensdemokratie dagegen die Inklusion der Minderheit. Die Inklusion bzw. Exklusion der Minderheit kann im Wahlprozess (z. B. durch hohe Eingangsschranken und Mehrheits-»Prämien« bei der Verteilung der Parlamentssitze), bei der Regierungsbildung (durch die Bildung von minimalen Mehrheitskoalitionen) und in der Gesetzgebung erfolgen.[23] Die »klassische« Herangehensweise an die Frage von Konsens oder Konflikt in der parlamentarischen Arena

---

17 Ähnlich versteht auch Heinz Fischer »Konfliktdemokratie«: Diese bedeute, dass »wir tendenziell mehr Konflikte haben, mehr Konflikte in Kauf nehmen und das Bemühen um Konsens heute weniger ernst genommen wird«. Siehe »›Gelebte Überparteilichkeit‹ – Präsidentschaftskandidat Heinz Fischer im Interview«. http://www.heinzfischer.at/www/page_8839.html (30. 4. 2004).
18 Vgl. Lijphart: Patterns of Democracy.
19 Vgl. Kaare Strøm: Inter-Party Competition in Advanced Democracies. – In: Journal of Theoretical Politics 1/3/1989. S. 277–300.
20 Vgl. Robert A. Dahl: Patterns of Opposition. – In: Ders. (Hg.): Political Oppositions in Western Democracies. – New Haven 1966. S. 332–347.
21 William H. Riker: The Theory of Political Coalitions. – New Haven/Connecticut 1962.
22 Vgl. Wolfgang C. Müller: Das österreichische Parteiensystem. Periodisierung und Perspektiven. – In: Pelinka, Plasser, Meixner (Hg.): Die Zukunft der österreichischen Demokratie. S. 281–309.
23 Vgl. Steffen Ganghof: Review Article: Democratic Inclusiveness: A Reinterpretation of Lijphart's *Patterns of Democracy*. – In: British Journal of Political Science 40/3/2010. S. 679–692. S. 680.

ist die Auswertung der Abstimmungsstatistik mit dem Ziel, Abstimmungsallianzen zu identifizieren.[24] Das Ausmaß der wahlpolitischen Unterstützung der gesetzgebenden Mehrheiten ist der beste einzelne Indikator für demokratische Inklusion bzw. Konsensdemokratie. Im vorliegenden Beitrag stützen wir uns auf diesen Indikator.[25] Da das österreichische Wahlsystem sehr proportional ist, beschränken wir uns dabei auf das Ausmaß der parlamentarischen Unterstützung von Gesetzesbeschlüssen und rechnen dieses nicht in Wählerstimmenanteile um. Wir verwenden dafür die Abstimmungsstatistik des Nationalrates, verbessern aber die Messung durch die Auflösung von Paketabstimmungen in ihre einzelnen Komponenten.

Die zweite wichtige Datenbasis bilden vier schriftliche, standardisierte Befragungen der Abgeordneten zum Nationalrat über den Zeitraum 1997–2008. Die qualitativen Informationen, die im vorliegenden Aufsatz Verwendung finden, stammen durchwegs von politischen Akteuren, also Angehörigen entweder des Regierungsblocks oder der parlamentarischen Opposition. Sie stammen zum Teil aus öffentlich zugänglichen Quellen, zum Teil aus Interviews, die unter der Bedingung der Nicht-Zuschreibung von Zitaten mit besonders gut informierten Akteuren (Regierungsmitgliedern, Klubobmännern, Klubdirektoren) geführt wurden.[26]

Reichweite der Analyse

Es gehört zur wissenschaftlichen Redlichkeit, auf die Grenzen einer Analyse hinzuweisen (wobei wir von der engeren zur weiteren Fragestellung vorgehen). Unsere Analyse ist auf das Verhalten der Parteien im Parlament fokussiert. Die Frage der Konsens- oder Konfliktdemokratie reicht aber erstens über die Parteiendemokratie hinaus und beinhaltet u. a. die Arbeitsbeziehungen und die Einbindung der Interessenorganisationen in die Politikformulierung.[27] Zweitens findet selbst die Auseinandersetzung zwischen Regierung und Opposition nur zum Teil im Parlament statt. Freilich ist das Parlament eine Arena von zentraler Bedeutung. Hier werden die

---

24 Vgl. Morgens Pedersen: Consensus and Conflict in the Dansig Folketing 1945–1965. – In: Scandinavian Political Studies. Old Series 2/1967. S. 143–166.
25 Vgl. Wolfgang C. Müller, Marcelo Jenny: »Business as usual« mit getauschten Rollen oder Konflikt- statt Konsensdemokratie? – In: Österreichische Zeitschrift für Politikwissenschaften (ÖZP) 33/3/2004. S. 309–326.
26 Die meisten Darstellungen dieser Jahre durch zentrale Akteure gehen auf unsere Forschungsfrage leider nicht ein. Vgl. Heinz Fischer: Wende-Zeiten. Ein österreichischer Zwischenbefund. – Wien 2003. Andreas Khol: Veritas filia temporis – die Wahrheit ist eine Tochter der Zeit. Die Nationalratswahlen am 3. Oktober 1999 im Rückblick. – In: ÖJP 2009. – Wien/München 2009. S. 379–398. Wolfgang Schüssel: Offengelegt. Aufgezeichnet von Alexander Purger. – Salzburg 2009.
27 Vgl. Emmerich Tálos, Christian Stromberger: Verhandlungsdemokratische Willensbildung und korporatistische Entscheidungsfindung am Ende? Einschneidende Veränderungen am Beispiel der Gestaltung des österreichischen Arbeitsrechtes.– In: ÖZP 33/2/2004. S. 157–174.

wichtigsten politischen Entscheidungen in rechtlich verbindlicher Form getroffen. Die Interaktionen der Parteien in anderen Arenen stehen aber in einer wechselseitigen Beziehung zu jenen im Parlament und die Abgeordneten sind in der Regel in der jeweiligen Parteiorganisation in regionalen Führungspositionen und zum Teil in sozialpartnerschaftlichen Interessenorganisationen gut verankert. Wir sind daher sicher, dass eine Analyse der parlamentarischen Beziehungen valide Schlüsse auf die Frage der Konsens- oder Konfliktdemokratie zulässt.

Zweitens würde ein umfassendes Verständnis von parlamentarischen Beziehungen über die Analyse der Beziehungen zwischen Regierungsblock, also der Handlungseinheit zwischen Regierung und Parlamentsfraktionen der Regierungsparteien, und zwischen den Oppositionsparteien, wie wir sie hier vorlegen, hinausgehen. Auch die Beziehungen innerhalb des Regierungsblocks und der Opposition gehören dazu.[28] Aus Platzgründen müssen wir uns hier auf die Beziehung zwischen Regierungsblock und parlamentarischer Opposition beschränken.[29]

Schließlich decken unsere Befragungsdaten die beiden Kabinette Schüssel nicht gleich gut ab. Die direkt auf die Messung von zwischenparteilichen Beziehungen gerichteten Fragen wurden in der ersten Gesetzgebungsperiode (GP) der neuen Regierungskonstellation gestellt. Die qualitativen Interviews haben gezeigt, dass es aus der Sicht der Akteure durchaus Unterschiede auch innerhalb dieser GP gab. Noch größer dürften die Unterschiede zwischen der ersten und der zweiten Periode der ÖVP/FPÖ-Regierung sein. Allerdings dürften diese Unterschiede im Binnenverhältnis des Regierungsblocks größer sein als jene zwischen diesem und der parlamentarischen Opposition. Alle anderen von uns präsentierten Daten erlauben es aber, beide Perioden gleichermaßen zu betrachten und mit früheren und späteren Perioden zu vergleichen.

3. Konflikt und Konsens in parlamentarischen Abstimmungen

Insbesondere der Anteil der einstimmig beschlossenen Gesetze wird in Österreich traditionell als ein valider Indikator für das (bisher hohe) Ausmaß an politischem

---

28 Vgl. Anthony King: Modes of Executive-Legislative Relations: Great Britain, France and West Germany. – In: Legislative Studies Quarterly 1/1/1976. S. 11–36. Rudy Andeweg: Executive-Legislative Relations in the Netherlands: Consecutive and Coexisting Patterns. – In: Legislative Studies Quarterly 17/2/1992. S. 161–182. Wolfgang C. Müller: Executive-Legislative Relations in Austria: 1945–1992. – In: Legislative Studies Quarterly 18/3/1993. S. 467–494. Rudy Andeweg, Lia Nijzink: Beyond the Two-Body Image: Relations Between Ministers and MPs. – In: Herbert Döring (Hg.): Parliaments and Majority Rule in Western Europe. – New York 1995. S. 152–178.
29 Vgl. Müller, Fallend: Changing Patterns of Party Competition in Austria.

Konsens angesehen.[30] Die Ausdifferenzierung des Parteiensystems hat einerseits vollständigen Konsens, also Einstimmigkeit, weniger wahrscheinlich gemacht, und hat andererseits die Frage »Wer stimmt mit wem?« relevanter gemacht. Die in den Koalitionsabkommen, einschließlich jenes von ÖVP und FPÖ, verankerte Koalitionsdisziplin, d. h. die Verpflichtung auf Koalitionstreue bei legislativen Abstimmungen[31] und das außerordentlich hohe Ausmaß an Fraktionskohäsion,[32] erlaubt es, diese Frage ohne wesentlichen Informationsverlust zunächst unter der Annahme vollständiger Fraktionskohäsion zu diskutieren (Tabelle 1).

---

30 Vgl. Heinz Fischer: Empirisches zur Arbeit des Nationalrates in der XIII. Gesetzgebungsperiode. – In: ÖZP 2/2/1973. S. 77–94. Heinz Wittmann: Regierung und Opposition im parlamentarischen Prozess. – In: ÖJP 1976. – Wien/München 1977. S. 21–70. Ders.: Regierung und Opposition im parlamentarischen Prozess – Struktur und Arbeit des Parlaments in der XIV. Gesetzgebungsperiode 1975–1979. – In: ÖJP 1979. – Wien/München 1980. S. 39–97. Anton Nevlacsil: Regierung und Opposition im parlamentarischen Prozess. – In: ÖJP 1983. – Wien/München 1984. S. 209–257. Ders.: Der Nationalrat in der XVI. Gesetzgebungsperiode. – In: ÖJP 1986. – Wien/München 1987. S. 465–494. Ders.: Der Nationalrat in der XVII. Gesetzgebungsperiode. – In: ÖJP 1990. – Wien/München 1991. S. 431–459. Helmut Wohnout: Politische Bilanz der XVIII. Gesetzgebungsperiode des Nationalrates. – In: ÖJP 1994. – Wien/München 1995. S. 737–768. Ders.: Parlamentarismus im Wandel. Politische Bilanz der XIX. Gesetzgebungsperiode des Nationalrates. – In: ÖJP 1995. – Wien/München 1996. S. 665–695. Friedhelm Frischenschlager: Zur Praxis der parlamentarischen Arbeit im Nationalrat. – In: Herbert Schambeck (Hg.): Österreichs Parlamentarismus. – Berlin 1986. S. 723–755. Günther Schefbeck: Die XX. Gesetzgebungsperiode im Spiegel der Statistik. Teil I und Teil II. Beilage »Parlament«. – In: Wiener Zeitung 9. 11. 1999. S. 14–19, und 14. 12. 1999. S. 15–18. Ders.: Die Tätigkeit des Nationalrates im Spiegel der Statistik. – In: Forum Parlament 0/2002. S. 25–31.
31 Vgl. Wolfgang C. Müller: Austria: Tight Coalitions and Stabile Governments. – In: Ders.: Kaare Strøm (Hg.): Government Coalitions in Western Europe. – Oxford 2000. S. 86–125.
32 Vgl. Heinz Fischer: Die parlamentarischen Fraktionen. – In: Ders. (Hg.): Das politische System Österreichs. – Wien 1974. S. 111–150. Wolfgang C. Müller, Barbara Steininger: Not Yet the Locus of Power: Parliamentary Party Groups in Austria. – In: Ruud Koole, Knut Heidar (Hg.): Parliamentary Party Groups in European Democracies. – London 2000. S. 71–88.

Tabelle 1: Abstimmungsverhalten der Parteien bei Gesetzesbeschlüssen im Nationalrat 1966–2008 (in Prozent) ohne Berücksichtigung einzelner Fraktionsausschlüsse bzw. -austritte sowie abweichenden Stimmverhaltens in Fraktionen

GP	Zeitraum	Regierung	Frak-tionen	alle Frak-tionen	V	S	S F	S V	V F	S V F	S V G	S F G	V F G	S V F G	S V L	V F L	S V F L	S V G L	S F G L	S V B	S F B	V F B	S V F B	S V G B	Gesamt
11.	1966–1970	V	3	72	12	<	8	8	8	72*	—	—	—	—	—	—	—	—	—	—	—	—	—	—	100
12.	1970–1971	S	3	84	<	7	4	5	<	84*	—	—	—	—	—	—	—	—	—	—	—	—	—	—	100
13.	1971–1975	S	3	85	<	7	5	3	<	85*	—	—	—	—	—	—	—	—	—	—	—	—	—	—	100
14.	1975–1979	S	3	79	<	9	3	8	<	79*	—	—	—	—	—	—	—	—	—	—	—	—	—	—	99[1]
15.	1979–1983	S	3	75	<	15	4	6	<	75*	—	—	—	—	—	—	—	—	—	—	—	—	—	—	100
16.	1983–1986	S–F	3	80	<	<	20	-	-	80*	—	—	—	—	—	—	—	—	—	—	—	—	—	—	100
17.	1986–1990	S–V	4	47	<	<	-	21	-	26	6	-	-	47*	—	—	—	—	—	—	—	—	—	—	100
18.	1990–1994	S–V	4/5[2]	28	<	<	-	26	-	19	6	-	-	4	7	4	-	1	-	—	—	—	—	—	100
19.	1994–1996	S–V	5	37	<	<	-	15	-	8	6	-	1	2	11	1	11	1	-	—	—	—	—	—	100
20.	1996–2000[3]	S–V	5	27	<	<	-	34	-	6	6	-	-	2	7	-	2	16	-	—	—	—	—	—	100
21.	2000–2002[3]	V–F	4	44	<	<	-	-	42	9	-	-	5	44*	—	—	—	—	—	—	—	—	—	—	100
22.	2002–2006	V–F/B[4]	4[4]	51	<	<	-	-	32	13	-	-	4	51*	—	—	—	—	—	—	—	—	—	—	100
23.	2006–2008	S–V	5	37	<	<	<	18	<	3	9	0.4[5]	-	2	—	—	—	—	—	9	0.4[5]	0.4[5]	13	9	101[1]

1 1 % Rundungsdifferenz
2 Das Liberale Forum wurde 1993 als eigener Klub im Parlament gegründet.
3 Die Zeile für die 20. Periode (1996–2000) berücksichtigt neun Gesetze, die nach der Konstituierung des 1999 gewählten Nationalrats (somit bereits in der 21. GP), aber während der Phase der Regierungsbildung (unter Fortgültigkeit des alten Koalitionsabkommens zwischen SPÖ und ÖVP) beschlossen wurden. In der Zeile für die 21. GP sind diese Gesetze nicht enthalten.
4 Das im Jahr 2005 während der 22. GP gegründete BZÖ, dem sich damals fast der gesamte FPÖ-Klub anschloss, ist erst ab der 23. GP in eigenen Spalten dargestellt.
5 In der letzten Sitzung der 23. GP, in der das Koalitionsabkommen zwischen SPÖ und ÖVP nicht mehr galt, wurde je ein Gesetz durch diese Abstimmungskoalition beschlossen.

Legende: Der Prozentanteil der auf die Zustimmung durch die Regierungsfraktion bzw. Regierungskoalition beschränkten Gesetzesbeschlüsse ist fett dargestellt.
S = SPÖ, V = ÖVP, F = FPÖ, G = Die Grünen, L = Liberales Forum, B = Bündnis für die Zukunft Österreichs
< Fraktion oder Abstimmungskoalition ohne Mehrheit – Abstimmungskoalition trat nicht auf
* Ist identisch mit Angabe in Spalte ›alle Fraktionen‹ | Fraktion existierte nicht bzw. nicht mehr

Quellen: Nevlacsil (1987), Schefbeck (2002) und jüngere Abstimmungsstatistiken der Parlamentsdirektion.

Tabelle 1 präsentiert das Abstimmungsverhalten der Fraktionen im Nationalrat, seit derartige Statistiken erstellt werden. Nach diesen Zahlen stellen die Alleinregierungen und die Kleine Koalition der 1970er- und frühen 1980er-Jahre (bei einer 1966 beginnenden Betrachtung) den Höhepunkt der Konsensdemokratie dar, ist die Periode der zweiten Großen Koalition eine Periode zunehmenden und überwiegenden Konflikts und kam es unter der ÖVP/FPÖ-Koalition zu einer Trendumkehr in Richtung Konsensdemokratie, der mit der Rückkehr zum Regierungstyp »Große Koalition« 2006 wieder ein energischer Schritt Richtung Mehrheitsdemokratie folgte. Gegen die Aussagekraft der Abstimmungsstatistiken und gegen den Indikator »Einstimmigkeit« im Zusammenhang mit unserer Forschungsfrage lassen sich eine Reihe von Argumenten anführen, die wir im Folgenden diskutieren, bevor wir unsere Alternative vorstellen.

Die Aussagekraft der Abstimmungsdaten kann zunächst einmal grundsätzlich infrage gestellt werden. Zustimmung kann von begeisterter Bejahung einer Maßnahme bis zu ihrer Akzeptanz als kleineres Übel oder Teil einer Paketlösung reichen. Ablehnung wiederum kann von einer »knapp ins Negative gerutschten« Bewertung der legislativen Maßnahmen bis zu ihrer grundsätzlichen und tiefen Ablehnung reichen. Wenn sich verschiedene Perioden systematisch im Ausmaß der Politikdistanz der Gesetze von den Positionen der parlamentarischen Minderheit und damit in deren Ablehnungsintensität unterscheiden, dann würden die Abstimmungsdaten kein geeignetes Maß für Konsens (bzw. Konflikt) im intertemporalen Vergleich sein. Wir können die Intensität der Ablehnung einzelner Maßnahmen durch die (Teile der) parlamentarischen Minderheit leider nicht messen, haben aber auch keine qualitativen Informationen, die a priori zur Vermutung solcher Unterschiede über die Zeit führen würden. Wir nehmen daher an, dass die mittlere Distanz der Minderheit zu den Mehrheitsbeschlüssen nicht systematisch mit den Regierungsformen variiert.

Weiters gibt es rein »technische« Gesetze, die keine politischen Streitfragen berühren. Manfried Welan spricht in diesem Zusammenhang vom »Krimskrams«, »der keine politische Profilierung verlangt«.[33] In solchen Fällen kostet die Opposition die Zustimmung weniger als eine Ablehnung: Sie muss keine Ressourcen für die

---
33 Manfried Welan: Versagt das Parlament? – In: Die Republik 2/1972. S. 12–16. S. 13.

Begründung einer Ablehnung einsetzen, die ihr doch keine positive öffentliche Profilierung brächte (und sie kann vermeiden, als »Nein-Sager«-Partei abgestempelt zu werden). Um das *absolute* Ausmaß von *politischem* Konflikt bzw. Konsens zwischen den Parteien zu bestimmen, wäre es höchst relevant, den Anteil dieser rein »technischen« Gesetze zu kennen. Leider sind selbst anekdotische Informationen, wie die Einschätzung des Zweiten Präsidenten des Nationalrates, Heinz Fischer, dass von zehn wichtigen Gesetzen unter der ÖVP/FPÖ-Koalition wahrscheinlich acht mehrheitlich verabschiedet worden seien, rar.[34] Erst eine um die »technischen« Gesetze bereinigte Statistik würde das Ausmaß an genuiner politischer Übereinstimmung und/oder des Bemühens um Konsens durch materielle Kompromisse und Junktims zeigen. Wie alle anderen Autoren, die ihre Analysen auf die Abstimmungsstatistik stützen, nehmen wir an, dass der Anteil dieser rein »technischen« Gesetze über die Gesetzgebungsperioden einigermaßen konstant ist. Wenn das zutrifft, spielt es keine große Rolle, ob er hoch oder gering ist: eine um die rein »technischen« Gesetze bereinigte Abstimmungsstatistik würde das Ausmaß von Konflikt oder Konsens zwar deutlicher zeigen, die Entwicklungstendenz auf der Konsens-Konflikt-Achse von einer Gesetzgebungsperiode zur anderen wäre aber dieselbe.

Schließlich gibt es die Kritik, dass die Aussagekraft der Abstimmungsstatistik durch diskretionäre (und strategische) Entscheidungen der Parlamentsmehrheit leide. Der Parlamentarier unserer Untersuchungsperiode mit der wohl größten politischen Erfahrung, Heinz Fischer, hat kritisiert, dass die Abstimmungsstatistik durch die Zusammenfassung verschiedener Gesetze in einer einzigen Abstimmung »verbogen und verschönt« werde, und auf das Budgetbegleitgesetz 2003 hingewiesen, das rund 70 Einzelgesetze (nach unserer Zählung 91) umfasse.[35] Bei rund 180 Gesetzen pro Jahr (im Zeitraum 1983–2002) handelt es sich um eine Größenordnung, die in der Tat das Potenzial hat, das Ausmaß von Konsens und Konflikt, das aus der Abstimmungsstatistik für den Nationalrat herausgelesen werden kann, signifikant zu beeinflussen.

Freilich sind schon immer verschiedene Gesetze mit einem einzigen legislativen Akt geändert oder außer Kraft gesetzt worden. Das ist z. B. der Fall bei der Kodifizierung eines Regelungsbereichs, wenn also verschiedene, sachlich im Zusammenhang stehende Gesetze in einem großen Gesetz zusammengefasst werden. Auch die Einführung von praktisch identischen Regelungsinhalten in verschiedenen Bereichen (z. B. Berufszweigen), die jeweils durch selbstständige Gesetze geregelt sind, durch einen einzigen legislativen Akt, ist durchaus üblich. Die Anzahl der Kodifikationen und Novellen, die einen Regelungsinhalt in mehreren fortbestehenden Gesetzen

---

34 »Fischer zieht Bilanz über ein zu Ende gehendes Parlamentsjahr«. 18. 12. 2003. www.parlament.gv.at/pls/portal/url/page/PG/PR/JAHR_2003/PK0990 (30. 4. 2004).
35 Ebd.

verändern, sollte über die Zeit entweder einigermaßen stabil sein oder aufgrund von
Faktoren variieren, die nicht unter der Kategorie »parteipolitische Taktik« zusammengefasst werden können. Diese »Mehrfachgesetze« sind für unsere Fragestellung irrelevant und haben keinen relevanten Einfluss auf das Ergebnis der Analyse.

Relevant dagegen ist die Zusammenfassung höchst verschiedener Regelungsinhalte zu einem Omnibus-Gesetz,[36] wobei die Zusammenfassung dieser Materien zu einem legislativen Akt aus *politischen* Gründen erfolgt. Konkret können wir, auf der Basis von qualitativen Interviews, zwei einander verstärkende Beweggründe für Paketabstimmungen identifizieren: die *Minimierung von negativen Öffentlichkeitseffekten* und die *Vermeidung von Kohäsionsproblemen* in der Koalition. Wenn eine große Anzahl unpopulärer Maßnahmen mit einem einzigen legislativen Akt beschlossen wird, wird die öffentliche Debatte darüber vergleichsweise kurz gehalten. Das bedeutet nicht nur, dass die potenziell zahlreichen Plenardebatten im Gesetzgebungsverfahren auf eine einzige reduziert werden, sondern auch, dass andere parlamentarische Instrumente weniger stark in Anspruch genommen werden können. Wie ein Politiker des Regierungsblocks ausführte: »Ein Gesetz, mit dem 100 Gesetze abgeändert worden sind, ist ein Skandal. Wir haben das natürlich absichtlich gemacht. Jeder Parlamentstag ist eine dringliche Anfrage, je mehr Vorlagen es im Parlament gibt, desto mehr dringliche Anfragen gibt es«.[37] Dadurch können auch Kohäsionsprobleme in der Koalition vermieden werden, denn Paketabstimmungen sind eine Möglichkeit, die Umsetzung von politischen Tauschgeschäften und unpopulären Maßnahmen zu garantieren. Bei sukzessiven politischen Entscheidungsprozessen würden einzelne Maßnahmen Gefahr laufen, vom Koalitionspartner oder von rebellierenden Hinterbänklern – die ihrerseits unter dem Druck von Interessengruppen stehen – nicht umgesetzt oder nur in verwässerter Form beschlossen zu werden.[38] Das vielleicht beste Beispiel in diesem Kontext sind die Pensionsreform und der Beschluss über die Anschaffung von Abfangjägern am Beginn der XXII. GP, die im 2003 beschlossenen Budgetbegleitgesetz untergebracht wurden. Diese Maßnahmen waren in der FPÖ und/oder dem ÖVP-Arbeitnehmerflügel äußerst unpopulär, was sich schließlich in der – das Inkrafttreten nur verzögernden – Nicht-Zustimmung von neun FPÖ-Mitgliedern des Bundesrates zum Budgetbegleitgesetz niederschlug.

Andere Aspekte dieses Vorgehens der Regierungsparteien zur Minimierung negativer Öffentlichkeitswirkung sind:

---

36 Vgl. Glen Krutz: Hitching a Ride: Omnibus Legislating in the U. S. Congress. – Columbus/Ohio 2001.
37 Interview 2001.
38 Zu dieser Problematik vgl. allgemein Barry R. Weingast, William J. Marshall: The Industrial Organization of Congress; or, Why Legislatures, Like Firms, Are Not Organized as Markets. – In: Journal of Political Economy 96/1/1988. S. 132–163.

– potenziell besonders strittige Materien als Initiativanträge einzubringen, was das Begutachtungsverfahren (und negative Öffentlichkeitswirkungen im Vorfeld der parlamentarischen Behandlung) erspart,
– bei Regierungsvorlagen die Begutachtungszeit sehr kurz zu halten (oft nur zwei Wochen) und
– im Parlament umfangreiche Abänderungsanträge zu stellen, die von der Opposition kaum mehr adäquat verarbeitet werden können.

Ein gut informierter Interviewpartner aus dem Regierungslager hat zu Recht daran erinnert: »Alle diese Dinge gab es auch in der Großen Koalition.«[39]

Wir sind hier nur an den Paketabstimmungen interessiert. Diese Praxis beginnt unseres Wissens mit dem Strukturanpassungsgesetz der SPÖ/ÖVP-Koalition im Jahre 1996 und wird seither in den Budgetbegleitgesetzen fortgesetzt. Für die Schaubilder 1 und 2 haben wir diese Abstimmungspakete aufgeschnürt, für jedes dieser Omnibus-Gesetze die Anzahl der in ihm enthaltenen Novellen herangezogen und für jede von ihnen angenommen, dass sie einzeln mit derselben Mehrheit beschlossen worden wäre, wie das Strukturanpassungs- bzw. das jeweilige Budgetbegleitgesetz. Während die Zählung dieser Omnibus-Gesetze als jeweils ein Gesetz das Ausmaß des Konsenses im Nationalrat sicher *über*schätzt, gibt es zumindest die Möglichkeit, dass die Aufschnürung der Pakete zu einer *Unter*schätzung des Konsenses führt (wenn nämlich einzelne Gesetze mit einer größeren Mehrheit als das Omnibus-Gesetz hätten rechnen können). Da es sich aber durchwegs um unpopuläre Maßnahmen handelte, die im Paket umgesetzt wurden, halten wir das für nicht sehr wahrscheinlich und betrachten jedenfalls die modifizierte Abstimmungsstatistik für besser geeignet als die offizielle Abstimmungsstatistik, um über das Ausmaß von Konsens und Konflikt im Nationalrat Aufschluss zu geben.

Nachdem wir nun eine etwas modifizierte Abstimmungsstatistik über legislative Akte als für unsere Forschungsfrage valide Datenbasis identifiziert haben, kommen wir nun zur Messung von Konsens bzw. Konflikt. In einer »perfekten« *Konsensdemokratie*, die natürlich nur als Idealtypus vorstellbar ist, werden *alle* Entscheidungen *einstimmig* getroffen. In einer »perfekten« Konfliktdemokratie, ebenfalls ein Idealtypus, werden *alle* Entscheidungen mit der *kleinsten möglichen Mehrheit* getroffen, also – idealtypische Parteiendemokratie,[40] in der die einzelnen Parteien als Block abstimmen, vorausgesetzt – mit der Parteienkombination, die zusammen über jene

---

39 Interview 2001.
40 Vgl. Wolfgang C. Müller, Marcelo Jenny: Abgeordnete, Parteien und Koalitionspolitik: Individuelle Präferenzen und politisches Handeln im Nationalrat. – In: ÖZP 29/2/2000. S. 137–156. Wolfgang C. Müller, Marcelo Jenny, Barbara Steininger, Martin Dolezal, Wilfried Philipp, Sabine Preisl-Westphal: Die österreichischen Abgeordneten. Individuelle Präferenzen und politisches Verhalten. – Wien 2001. S. 183 ff.

Anzahl an Stimmen verfügt, die am knappsten über der Mehrheitsschranke im Sinne von Rikers *minimum winning* liegt.[41] In der politischen Praxis bilden sich, wie Tabelle 1 dokumentiert, unterschiedliche Parteienkombinationen (mit unterschiedlichen Mehrheiten) zum Beschluss jeweils eines Teils der Gesetze. Schaubild 1 erlaubt die Einordnung der seit 1966 praktizierten Regierungsformen in zwei Dimensionen, nämlich dem Ausmaß an parlamentarischer Zustimmung zu Gesetzen (Prozent der Abgeordneten) und dem Anteil der Gesetze, der mit einer bestimmten Zustimmungsrate beschlossen wird. In der »perfekten« Konsensdemokratie gäbe es nur einen Eintrag (100/100), in der »perfekten« Konfliktdemokratie ebenfalls (100/50+x, wobei x der Anteil der Mandate ist, die von den Parteien, welche zusammen das *minimum winning*-Kriterium erfüllen, über 50 % hinaus gehalten werden).

Vor diesem theoretischen Hintergrund erweist sich der bestechend einfache Indikator der »Einstimmigkeit« als ungeeignet. In seiner einseitigen dichotomischen Strukturierung misst er das Ausmaß, in dem die perfekte Konsensdemokratie erreicht wird. Alle anderen Formen der Unterstützung von legislativen Maßnahmen werden als »Nicht-Konsens« klassifiziert. Ob also ein einzelner Abgeordneter, eine Partei mit fünf Abgeordneten oder fast der halbe Nationalrat (50 % – 1 Abg.) gegen ein Gesetz stimmen, wird immer als »keine Einstimmigkeit« gezählt. Das ist zwar korrekt, vor dem Hintergrund unserer Forschungsfrage aber eben nicht gleichwertig. Das geeignete Maß des parlamentarischen Konsenses ist die durchschnittliche (mittlere) Unterstützung der gesetzlichen Maßnahmen in den Abstimmungen (Tabelle 1).

Gegenüber einer Analyse, die nur auf den Zustimmungsraten der parlamentarischen Opposition aufbaut, hat unsere Analyse den Vorteil, auch die Größe der Parteien zu berücksichtigen. Dadurch messen wir nicht das Ausmaß von Konsens (bzw. Konflikt) zwischen Regierungsblock und parlamentarischer Opposition, sondern das Ausmaß von Konsens (bzw. Konflikt) innerhalb des politischen Systems. Wir halten dieses Maß für wesentlich besser geeignet, Aussagen über Konflikt- oder Konsensdemokratie zu treffen, als den Anteil der einstimmig beschlossenen Gesetze oder den Anteil der Gesetze, die mit Zustimmung eines Teils der Opposition beschlossen wurden. Während die erste Alternative – Einstimmigkeit – dichotomisch strukturiert ist und vollständigen Konsens gegen jedes andere Ausmaß an Konsens stellt (in unserer Beobachtungsperiode, unter der Annahme von kohäsiven Parteien, 50,8 bis 96,4 %), stellt die zweite Alternative – Zustimmung wenigstens einer Oppositionspartei – zwar nicht so hohe Ansprüche an Konsens, lässt aber auch die Größe der Parteien außer Acht. Wir gehen dagegen davon aus, dass Aussagen über das Ausmaß von Konsens oder Konflikt *im politischen System* auch die Größe und damit Relevanz der zustimmenden bzw. überstimmten Gruppen berücksichtigen sollten. Betrachten wir zur Illustration das Beispiel der allerersten Phase der Großen Koalition aus ÖVP

---

41 Vgl. Riker: The Theory of Political Coalitions.

Schaubild 1. Parlamentarische Zustimmung in der Gesetzgebung 1966–2008

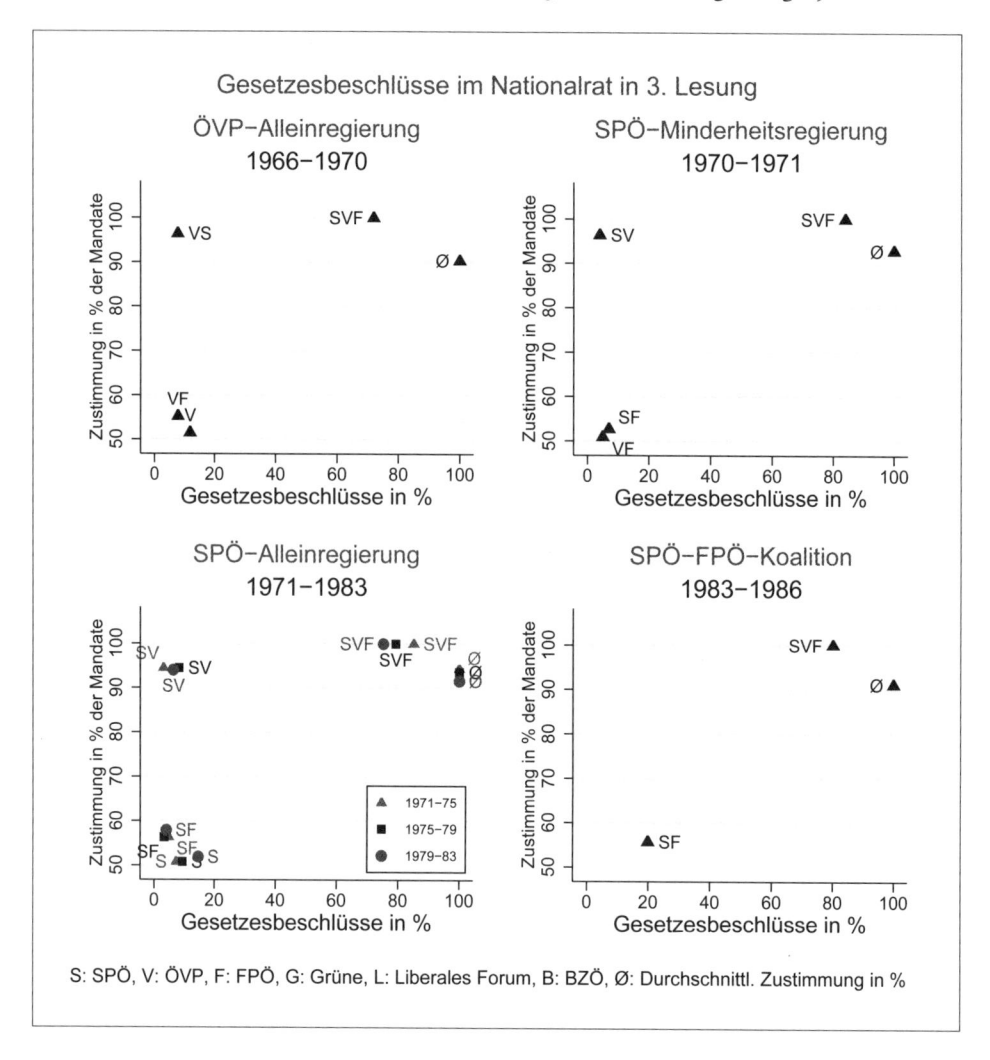

Gesetzesbeschlüsse im Nationalrat in 3. Lesung

ÖVP-Alleinregierung 1966–1970

SPÖ-Minderheitsregierung 1970–1971

SPÖ-Alleinregierung 1971–1983

SPÖ-FPÖ-Koalition 1983–1986

S: SPÖ, V: ÖVP, F: FPÖ, G: Grüne, L: Liberales Forum, B: BZÖ, Ø: Durchschnittl. Zustimmung in %

und SPÖ 1947–1949. In dieser Zeit gab es nur eine Oppositionspartei, die Kommunistische Partei Österreichs (KPÖ), die fünf Sitze (von 165 Sitzen) im Nationalrat hielt. Wenn die Regierungsparteien und die KPÖ in keiner einzigen Frage übereingestimmt und daher im Parlament gegeneinander gestimmt hätten,[42] so würde das

---

42 Diese Periode des österreichischen Parlamentarismus ist bisher nicht untersucht, eine Abstimmungsstatistik liegt nicht vor.

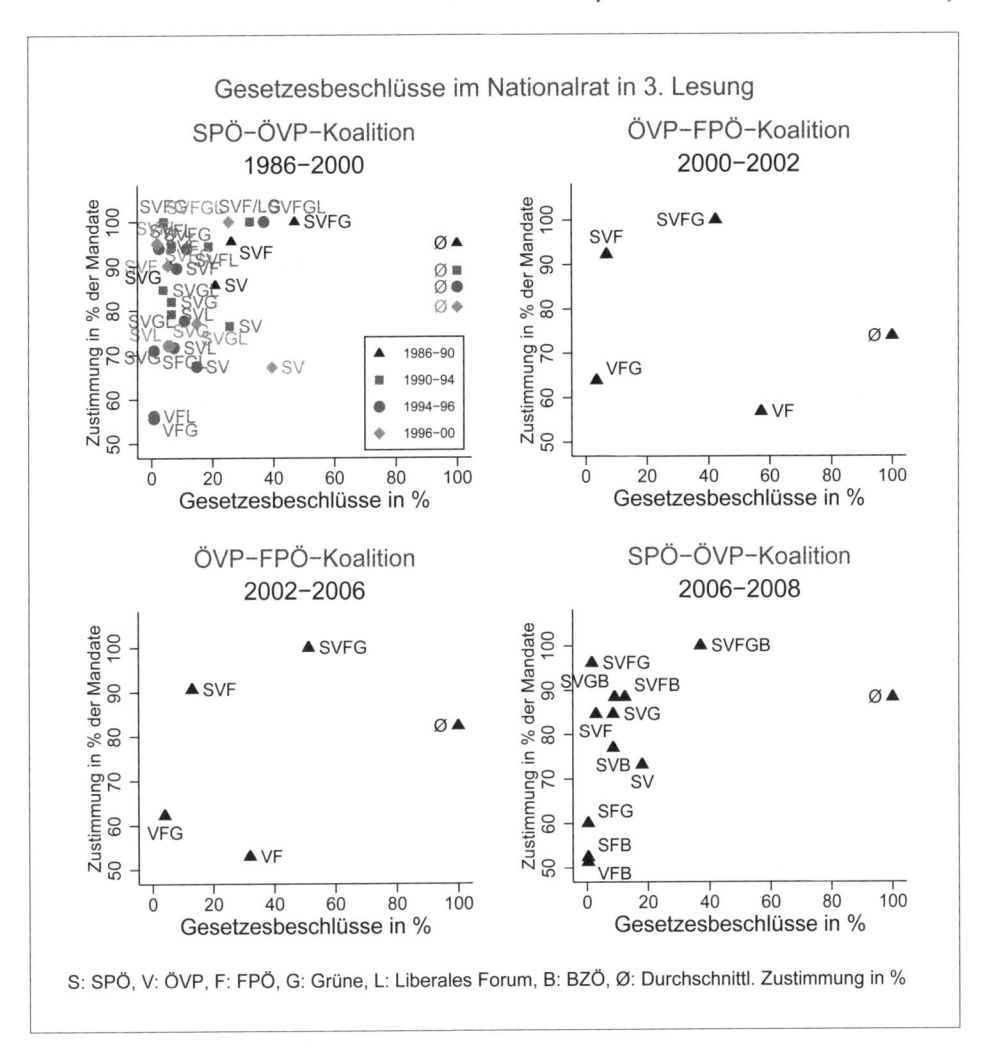

Maß »Oppositionszustimmung« eine »perfekte« Konfliktdemokratie anzeigen, unser Maß hingegen eine durchschnittliche Unterstützung der Gesetzesbeschlüsse von 97 % und somit eine nahezu »perfekte« Konsensdemokratie (unter den realistischen Annahmen von Koalitionsdisziplin und Parteikohäsion).

Schaubild 1 zeigt einerseits die verschiedenen Abstimmungsallianzen (und Alleingänge von Mehrheitsparteien), andererseits weist es einen Mittelwert aus, der beide Dimensionen zu einer einzigen Zahl verdichtet. Konkret bedeutet dieser Wert, dass z. B. 1966–1970, in der Zeit der ÖVP-Alleinregierung, die Gesetze mit einer durchschnittlichen Zustimmung von 90,3 % der Abgeordneten beschlossen wurden. Die Einträge beziehen sich auf die in Tabelle 1 präsentierten Zahlen. Bis 1990 verwenden wir Aggregatdaten, ab 1990 stützen wir uns auf Daten der Parlamentsdirektion über die einzelnen Abstimmungen.[43] In diesen ist von einer Fraktionslinie abweichendes Stimmverhalten teils namentlich erfasst, teils wird nur die betroffene Fraktion bzw. werden die betroffenen Fraktionen angeführt. In letzteren Fällen haben wir das Ausmaß der Unterstützung um zwei Abgeordnete je Fraktion nach unten korrigiert.[44] Bei den Aggregatdaten für die Periode vor 1990 wurde das Ausmaß der Unterstützung ebenso um zwei Abgeordnete je Abstimmung mit abweichendem Stimmverhalten reduziert. Selbst wenn drei oder vier Abgeordnete eine bessere Schätzung wären, würde das unsere Konsenswerte nur hinter dem Komma verändern. Anzumerken ist, dass das hier präsentierte Maß der Unterstützung Absenzen von Abgeordneten bei Abstimmungen nicht berücksichtigt.[45]

Um die Entwicklung über die Zeit besser sichtbar zu machen, zeigen wir in Schaubild 2 erstens die Mittelwerte der parlamentarischen Zustimmung zu Gesetzen. Hier ist ein deutlicher Rückgang in der Zustimmung seit der zweiten Gesetzgebungsperiode der Großen Koalition von SPÖ/ÖVP zu konstatieren. Die ÖVP/FPÖ-Koalition weist mit 79,4 % die geringste durchschnittliche Unterstützung ihrer Gesetze auf. Der Rückgang gegenüber der letzten Periode der SPÖ/ÖVP-Koalition (80,8 %) ist allerdings gering. Der Wert für die erste GP der ÖVP/FPÖ-Koalition markiert zwar einen bisherigen Tiefpunkt politischen Konsenses in der Zweiten Republik, damit wird aber nur ein in den 1990er-Jahren einsetzender Trend konsequent fortgesetzt.

Zweitens präsentieren wir eine 1996 beginnende Zeitreihe zur durchschnittlichen Unterstützung von Gesetzen mit verbesserten Daten (»modifizierte durchschnittliche Abstimmungsmehrheit«). Sie unterscheiden sich durch die Auflösung der Paketabstimmungen in ihre Bestandteile von der gerade diskutierten Zeitreihe.[46] Wir

---

43 In der Periode 1990–1994 gab es einzelne Fraktionsaustritte bei SPÖ und ÖVP sowie die Abspaltung des Liberalen Forums von der FPÖ. Die Periode 1994–1996 war durch Fraktionsaustritte und -übertritte in bisher – für Österreich – nicht bekanntem Ausmaß gekennzeichnet (vgl. Müller, Jenny, Steininger, Dolezal, Philipp, Preisl-Westphal: Die österreichischen Abgeordneten. S. 253f.). Die Spaltung der FPÖ und die daraus hervorgehende Gründung des BZÖ im Jahre 2005 und die Abspaltung der FPK vom BZÖ im Dezember 2009 haben diese Entwicklung fortgesetzt.

44 Die Anzahl von zwei Abgeordneten ist eine Schätzung, bei der wir von den Gegenstimmen bei namentlichen Abstimmungen in der XIX. und XX. GP ausgehen.

45 Dazu sind Individualdaten über das Abstimmungsverhalten aller Abgeordneten erforderlich, die im österreichischen Nationalrat nur bei namentlichen Abstimmungen erzeugt werden. Zur Fraktionskohäsion in der XIX. und XX. GP unter Berücksichtigung von Absenzen vgl. Müller, Jenny, Steininger, Dolezal, Philipp, Preisl-Westphal: Die österreichischen Abgeordneten. S. 250ff.

46 In der XIX. GP lösen wir das Strukturanpassungsgesetz (44 Gesetzesänderungen, SV [von SPÖ und ÖVP beschlossen]), in der XX. GP lösen wir das Strukturanpassungsgesetz 1996 (99 Gesetzesänderungen, SV und eine inoffizielle Novelle zum Strukturanpassungsgesetz [BGBl. 375/1996, 18 Gesetze, SVLG]) in ihre Bestandteile auf, das 1. Budgetbegleitgesetz 1997 (15 Gesetze, SV), das 2. Budgetbegleitgesetz 1997 (19 Gesetze, SV) und das Budgetbegleitgesetz 1998 (19 Gesetze, SV), und in der XXI. GP das Budgetbegleit-

Schaubild 2: Abstimmungsmehrheiten und Regierungsstärke 1966–2008

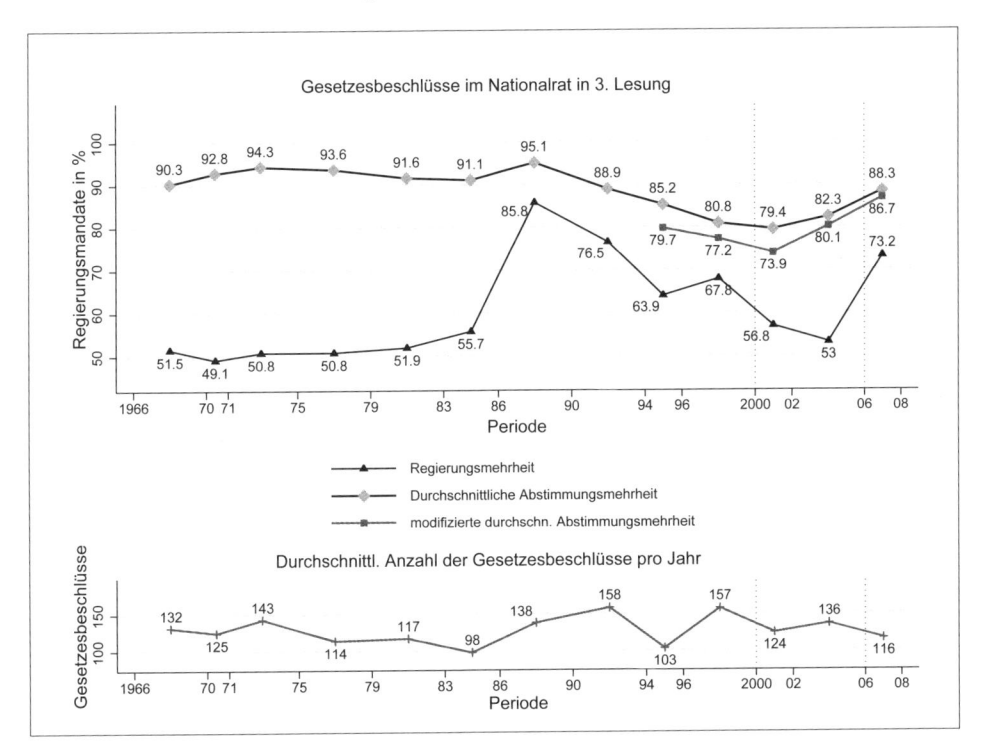

Gesetzesbeschlüsse im Nationalrat in 3. Lesung

Regierungsmandate in %: 90.3 / 92.8 / 94.3 / 93.6 / 91.6 / 91.1 / 95.1 / 88.9 / 85.2 / 80.8 / 79.4 / 82.3 / 88.3
Werte: 85.8 / 76.5 / 79.7 / 77.2 / 73.9 / 80.1 / 86.7
Regierungsmehrheit: 51.5 / 49.1 / 50.8 / 50.8 / 51.9 / 55.7 / 63.9 / 67.8 / 56.8 / 53 / 73.2

Perioden: 1966 / 70 / 71 / 75 / 79 / 83 / 86 / 90 / 94 / 96 / 2000 / 02 / 06 / 08

Legende:
- Regierungsmehrheit
- Durchschnittliche Abstimmungsmehrheit
- modifizierte durchschn. Abstimmungsmehrheit

Durchschnittl. Anzahl der Gesetzesbeschlüsse pro Jahr

132 / 125 / 143 / 114 / 117 / 98 / 138 / 158 / 103 / 157 / 124 / 136 / 116

Perioden: 1966 / 70 / 71 / 75 / 79 / 83 / 86 / 90 / 94 / 96 / 2000 / 02 / 06 / 08

gehen davon aus, dass diese Zeitreihe nicht 1994 beginnt, sondern die realistische Fortschreibung der ersten Zeitreihe (»Durchschnittliche Abstimmungsmehrheit«) ist. Die durchschnittlichen Zustimmungsraten sind nun in jedem Fall deutlich geringer. Statt etwa einer durchschnittlichen Unterstützung der Gesetze durch 85,2 % der Abgeordneten unter der SPÖ/ÖVP-Koalition 1994–1996 zeigt Schaubild 2 nun eine durchschnittliche Unterstützung von 79,7 %. Das erste ÖVP/FPÖ-Kabinett weist mit 73,9 % im Vergleich zu allen anderen Regierungsformen erneut die geringste Unterstützungsquote ihrer Gesetze auf. Nunmehr zeigt sich auch ein deutlicher Unterschied zur letzten GP der SPÖ/ÖVP-Koalition. Der Rückgang der Zustimmungsrate beträgt gegenüber 1996–1999 3,4 Prozentpunkte. In der zweiten Periode der ÖVP/FPÖ/BZÖ-Koalition stieg die Zustimmungsrate allerdings wieder deutlich an und lag etwas über den Werten in den beiden Regierungen der Großen Koalition, die der ÖVP/FPÖ-Koalition unmittelbar vorangegangen waren.

gesetz 2000 (32 Gesetze, VF), das Budgetbegleitgesetz 2001 (88 Gesetze, VF) und das Budgetbegleitgesetz 2002 (12 Gesetze, VF).

Die Zustimmungsraten während der Großen Koalition 2006–2008 (Kabinett Gusenbauer) lagen nochmals etwas darüber. In diesem Längsschnitt erweist sich das erste Kabinett Schüssel als größte Annäherung an die Mehrheitsdemokratie. Damit erreichte ein längerfristiger Prozess einen vorläufigen End- und Wendepunkt. Die Ära Schüssel insgesamt steht sehr viel mehr in der Kontinuität der Zweiten Republik als das »Wendekabinett« 2000–2002.

Drittens enthält Schaubild 1 den Anteil der von den Regierungsparteien gehaltenen Mandate. Wir können nun betrachten, ob die Zustimmungsraten primär aus der Inklusivität der Regierung, also der Bildung von Regierungen aus Parteien mit vielen Sitzen im Parlament, oder dem Bemühen um Konsens zwischen Regierung und Opposition resultieren. Offensichtlich gibt es Unterschiede über die Zeit: Unter den Einparteienregierungen mit knappen (aber durchaus funktionierenden!) Mehrheiten oder – 1970/71 – ohne Mehrheit waren durchwegs hohe Konsensraten zu verzeichnen, die Regierungen mit sehr viel breiterer parlamentarischer Basis seit 1986 haben – mit Ausnahme der ersten, 1986–1990 amtierenden SPÖ/ÖVP-Koalition – geringere Konsensraten. Für die Periode 1966–1986 gibt es eine negative Korrelation (-0,52) zwischen parlamentarischer Stärke der Regierungsparteien und Zustimmungsraten, in der Periode 1986–2002 eine Korrelation von 0,93 (bzw. 0,97 bei Aufschnüren der Gesetzespakete), und in der Periode 1986–2008 eine Korrelation von 0,88 (bzw. 0,87 bei Aufschnüren der Paketabstimmungen) zwischen parlamentarischer Stärke der Regierung und Zustimmungsraten zu den Gesetzen.[47]

Viertens zeigt Schaubild 1 die Mittelwerte pro Jahr für die Anzahl der Gesetzesbeschlüsse (ohne Auflösung der Paketabstimmungen in ihre Elemente). Diese Zahlenreihe zeigt, dass die beiden Schüssel-Kabinette keine »Ausreißer« nach oben sind, dass also das realisierte Legislativprogramm sich quantitativ nicht systematisch von den in anderen Regierungskonstellationen realisierten Gesetzgebungsprogrammen unterscheidet.

Zusammenfassend lässt sich festhalten: Unter der ÖVP/FPÖ-Koalition ist das Ausmaß an politischem Konsens, gemessen an der parlamentarischen Zustimmung zu Gesetzen, zunächst auf seinen bisherigen Tiefpunkt gefallen. Der Unterschied in der Zustimmungsrate gegenüber der letzten Periode der SPÖ/ÖVP-Regierung ist zwar beachtlich, aber der Schritt nicht größer als bisherige Veränderungen dieses Indikators seit den 1980er-Jahren. Damit wurde ein Trend in Richtung Konfliktdemokratie fortgesetzt, der bereits Anfang der 1990er-Jahre eingesetzt hatte. Ob damit eine kritische Grenze überschritten wurde, die es erlaubt, von einem Systembruch

---

47 Für die gesamte Periode 1966–2002 ergibt sich aufgrund der starken Periodeneffekte zwischen parlamentarischer Stärke der Regierung und Konsensrate eine Korrelation von -0,11 (-0,10 bei Aufschnüren der Gesetzespakete), für die Periode 1966–2008 eine Korrelation von -0,04 (bzw. -0,05 bei Aufschnüren der Gesetzespakete).

zu sprechen, bleibt mangels eindeutig definierter Grenzen zwischen Konsens- und Konfliktdemokratie eine Frage persönlicher (oder politischer) Beurteilung. Dass es innerhalb der Ära Schüssel wieder zu einer Umkehrung des aufgezeigten Trends kam, spricht aber jedenfalls eher gegen eine solche Interpretation.

Aber was sind die Ursachen für die zunächst beobachtete Entwicklung? Setzte die Regierung Schüssel I ihre Mehrheit rücksichtslos (oder konsequent) ein oder verweigerte sich die Opposition dem Dialog? Für Vertreter der SPÖ hatten Gespräche, welche die Regierung mit der Opposition führte, »meist nur Alibicharakter«,[48] »ein Konsens der Mehrheit im Nationalrat mit der Opposition wird von Schwarz/Blau nur ganz selten gesucht«.[49] Vertreter der zweiten Oppositionspartei stimmen dem zu, ohne freilich Unterschiede zwischen der SPÖ/ÖVP- und der ÖVP/FPÖ-Regierung zu erkennen, denn die Bereitschaft zur Annahme von Oppositionsanträgen »war vorher[50] null und ist jetzt null. Da hat sich nichts geändert. Selbst wortgetreue FPÖ-Anträge aus früheren Gesetzgebungsperioden oder Haider-Sager werden als Oppositionsanträge abgelehnt«.[51] (Die Akteure wissen natürlich, dass solche Anträge in der parlamentarischen Praxis chancenlos sind, sie werden aber immer gerne als Beispiel für die geringe Responsivität der Mehrheit verwendet.)

Vertreter der Regierung wieder behaupteten, dass die parlamentarische Opposition (und die Gewerkschaften) in Verhandlungen nicht auf Problemlösungen und einen Konsens mit der Regierung abzielten. Statt des erfolgreichen Abschlusses sei das »Verzögern, Verwässern, Verhindern«[52] von Reformen das in und durch Verhandlungen angestrebte Ziel gewesen. Für einen anderen Vertreter des Regierungsblocks (Interview 2003) wiederum war klar: »Die Opposition stimmt aus Prinzip nicht zu.« Ähnlich, mit Erklärung der Motivlage, ein weiterer Vertreter des Regierungsblocks:[53] »Die Opposition wollte nicht mit der Regierung kooperieren. Das wäre politisch-strategisch schlecht gewesen – im ersten 3/4-Jahr mit Regierungspolitikern an einem Tisch zu sitzen.« Aus dieser Perspektive sind Verhandlungen natürlich sinnlos.

Wir können die beiden Perspektiven nur insofern miteinander verbinden, als offensichtlich das, was der Regierungsblock allenfalls bereit war, an Abstrichen von der Realisierung seiner Präferenzen hinzunehmen,[54] für die Opposition zu wenig war,

---

48 Cap: Die Veränderungen im politischen System Österreichs. S. 257.
49 Ebd. S. 261. Ders.: Kamele können nicht fliegen. Von den Grenzen politischer Inszenierung. – Wien 2005. S. 148.
50 Mit »vorher« ist in der Großen Koalition SPÖ/ÖVP gemeint. (Vgl. dazu Müller, Jenny, Steininger, Dolezal, Philipp, Preisl-Westphal: Die österreichischen Abgeordneten. S. 291ff.)
51 Interview 2001.
52 Bundesminister für Wirtschaft und Arbeit, Martin Bartenstein, Stenographisches Protokoll des Nationalrats. XXII. GP. 14. Sitzung. S. 127.
53 Interview 2004.
54 Generell sind die Chancen der Mehrheit im Nationalrat auf Durchsetzung ihrer Präferenzen im öster-

um den Gesetzesanträgen zuzustimmen. Jede Zustimmung nimmt der Opposition die Möglichkeit zur effektiven Kritik der jeweiligen Maßnahmen und beeinträchtigt so ihre Chance bei Wahlen. Und wenn für die Opposition ein Wahlsieg die einzig realistische Chance zur Änderung der Regierungskonstellation ist, wären kleine Zugeständnisse des Regierungsblocks bei den Politikinhalten aber zu teuer erkauft. Und eine Regierung, die dieses Dilemma der Opposition und seine Realisierung durch diese wahrnimmt, hat ihrerseits keinen Grund, die Beschlussfassung ihrer mit einfacher Mehrheit realisierbaren Vorhaben aufzuschieben, um mit der Opposition lange Verhandlungen darüber zu führen.

Unsere Zahlen zeigen eine deutliche Veränderung von Schüssel I zu Schüssel II, und das wurde auch in später geführten qualitativen Interviews von Regierungsvertretern so gesehen: »es ist zu einer völligen Entspannung gekommen. Wir haben jetzt ein ganz normales Parlament«,[55] ein anderer Regierungsvertreter führt das auf die Verhandlungen zur Pensionsreform zurück, im Zuge derer es – trotz Nicht-Zustimmung der SPÖ – zu einer »Normalisierung zur SPÖ und den Sozialpartnern« gekommen sei.[56] Freilich lassen solche Interviews auch erkennen, dass diese Veränderungen die mit der Regierungsbildung entstandene Distanz zwischen ÖVP und SPÖ bzw. Gewerkschaften nur verkleinert hat: »Es gibt Bemühungen um Konsens mit der Opposition, aber die Beziehungen sind nicht wie früher.«[57]

4. Konflikt und Konsens in der Amtsperiode des Kabinetts Schüssel I aus der Perspektive der Abgeordneten

Wir stützen uns hier auf eine schriftliche Befragung der Abgeordneten zum Nationalrat, die 2001 – nach mehr als eineinhalb Jahren Amtszeit der ÖVP/FPÖ-Regierung – durchgeführt wurde (Rücklaufquote 63 % für alle Abgeordneten, bzw. 115 Antworten und 68 % für die noch im Nationalrat vertretenen Abgeordneten der XX. GP[58]). Diese subjektive Perspektive hat den Vorteil, dass in die Bewer-

---

reichischen Regierungssystem ausgezeichnet. Vgl. Herbert Obinger: Vetospieler und Staatstätigkeit in Österreich: Sozial- und wirtschaftspolitische Reformchancen für die neue ÖVP/FPÖ-Regierung. – In: Zeitschrift für Parlamentsfragen 32/2/2001. S. 360–386. Wolfgang C. Müller: Austria: Imperfect Parliamentarism but Fully-fledged Party Democracy. – In: Kaare Strøm, Wolfgang C. Müller, Torbjörn Bergman (Hg.): Delegation and Accountability in Parliamentary Democracies. – Oxford 2003. S. 221–252.
55 Interview 2004.
56 Interview 2009.
57 Interview 2004.
58 Insgesamt waren 124 Abgeordnete der XX. GP zum Erhebungszeitpunkt noch im Nationalrat vertreten, von denen 78 unseren Fragebogen beantwortet haben. Aufgrund von fehlenden Antworten zu einzelnen Fragen sind die in den Tabellen 2 bis 4 aber geringer.

tung der Abgeordneten auch solche Aspekte der Beziehung zwischen Regierung und Opposition einfließen, die sich der Untersuchung mittels objektiver Indikatoren weitgehend entziehen (wie z. B. Ausschusstätigkeit, informelle Kommunikation zwischen Abgeordneten, fraktionsinterne Vorgänge) oder für die aus Gründen der Ressourcenknappheit keine eigene Erhebung durchgeführt werden konnte (wie z. B. parlamentarische Anfragen, Charakter der Debatten etc.).[59] Wie immer bei Elitenbefragungen gibt es die Gefahr der strategischen Kommunikation, dass also die Antworten nicht das berichten, was sich (aus subjektiver Perspektive) tatsächlich ereignet hat, sondern das, was parteipolitisch und/oder individuell als nützlich angesehen wird. Wir glauben aber nicht, dass solche Verhaltensweisen die Ergebnisse wesentlich beeinflusst haben.

Tabelle 2: Zwischenparteiliche Konsequenzen der ÖVP/FPÖ-Koalition

Im Vergleich zur XX. GP …		SPÖ	ÖVP	FPÖ	Grüne	NR*
sind die Kontakte zwischen den Regierungs- und Oppositionsparteien jetzt … (1=besser – 7=schlechter)	Median	7	4	4	6	4
	Mittelwert	6,4	3,7	3,5	5,8	4,6
	Standardabweichung	0,9	1,6	1,6	1,2	
	Bereich	3–7	1–7	1–6	4–7	
ist die Bereitschaft der Regierungsparteien zu Verhandlungen und Kompromissen mit der parlamentarischen Opposition jetzt … (1 = größer – 7 = geringer)	Median	7	4	3	6,5	4
	Mittelwert	6,5	3,8	2,7	6	4,4
	Standardabweichung	1,0	1,4	1,3	1,3	
	Bereich	2–7	1–7	1–5	4–7	
ist der Stil der parlamentarischen Auseinandersetzung mit der parlamentarischen Opposition jetzt … (1=deutlich härter – 7=deutlich weniger hart)	Median	1	3	3	2	3
	Mittelwert	1,9	2,8	3,2	2,0	2,7
	Standardabweichung	1,3	1,3	1,6	0,9	
	Bereich	1–6	1–5	1–7	1–3	
	(n)	(37)	(20)	(12)	(6)	(75)

* Antworten gewichtet nach Fraktionsstärken in der XX. GP.

In Tabelle 2 werden einige der Fragen, die unmittelbar auf die Konsens-Konflikt-Dimension bezogen sind, angesprochen. Die Abgeordneten wurden gebeten, ihre Antworten auf einer 7-stufigen Skala von 1 bis 7 einzutragen. Das heißt, der Skalenwert 4 signalisiert »keine Veränderung«.

---

59 Vgl. Hubert Sickinger: Parlamentarismus. – In: Tálos (Hg.): Schwarz–Blau. S. 70–85. Werner Zögernitz: Die Rolle des Parlaments in der Ära Schüssel. – In: ÖJP 2010. – Wien/München 2011. S. 415–430. Diese Autoren legen weiter ausgreifende Bilanzen der Arbeit im Parlament in dieser Periode vor.

Für die Abgeordneten der Oppositionsparteien waren die Kontakte zwischen Regierung und Opposition in der XXI. GP im Vergleich zur XX. GP deutlich schlechter geworden. Für die Abgeordneten der Regierungsparteien hatte sich im Durchschnitt keine Veränderung ergeben (wobei sie aber den gesamten Bereich von »besser« bis »schlechter« abdecken und vergleichsweise große Standardabweichungen haben, während die Abgeordneten der SPÖ sehr einheitlich geantwortet haben). Die Unterschiede zwischen Oppositions- und Regierungsparteien sind statistisch signifikant auf dem 5 %-Fehlerniveau.[60]

Die zweite Frage erfasst den Kern von Konsensdemokratie: die Bereitschaft beider Seiten – Regierung und Opposition –, materielle Zugeständnisse (der Mehrheit) gegen die Legitimation der Entscheidung (durch die Minderheit) einzutauschen. Wieder zeigen sich statistisch signifikante Unterschiede zwischen Regierung und Opposition. Für die SPÖ und die Grünen war die Bereitschaft der Regierung zu solchen Zugeständnissen sehr deutlich zurückgegangen, für die ÖVP-Abgeordneten war sie praktisch unverändert, und für die FPÖ-Abgeordneten hatte sie sich sogar leicht vergrößert. Aus der Sicht der FPÖ-Abgeordneten ist diese Perspektive durchaus plausibel: Wie aus Tabelle 1 errechnet werden kann, war die FPÖ in der XX. GP bei 37 % der Gesetzesbeschlüsse Teil der Mehrheit, während die SPÖ in der XXI. GP 53 % der Gesetzesbeschlüsse zugestimmt hatte. Die Perspektive der Abgeordneten von SPÖ und Grünen wieder wird durch das Faktum gedeckt, dass die Regierungsparteien in der XX. GP nur 34 % der Gesetzesbeschlüsse ohne Zustimmung wenigstens einer Oppositionspartei gefasst hatten, während dieser Prozentsatz in der XXI. GP auf 42 % anstieg.

Die Abgeordneten stimmten darin überein, dass der Stil der parlamentarischen Auseinandersetzung mit der Opposition im Vergleich zur XX. GP härter geworden war, wobei die SPÖ-Abgeordneten die stärkste Veränderung erkannten, gefolgt von jenen der Grünen. Trotz tendenzieller Übereinstimmung sind die hier berichteten Unterschiede in den Wahrnehmungen von Abgeordneten der Regierungs- und Oppositionsparteien groß genug, um statistisch signifikant zu sein.

Auch wenn die Oppositionsabgeordneten tendenziell dramatisieren und die Abgeordneten der Regierungsparteien eher beschwichtigen, in Summe zeigt Tabelle 2, dass die österreichische Politik in der ersten Amtsperiode Schüssel deutlich konfliktreicher geworden ist.

---

60 Wenn nicht anders angegeben, beziehen sich alle Aussagen über statistische Signifikanz auf das 5 %-Fehlerniveau.

Tabelle 3: Innerparteiliche Konsequenzen der ÖVP/FPÖ-Koalition

		SPÖ	ÖVP	FPÖ	Grüne	NR*
Im Vergleich zur XX. GP ist für meine Fraktion die Notwendigkeit, als Klub geschlossen aufzutreten, jetzt … (1=größer – 7=geringer)	Median	2	3	1,5	3	2
	Mittelwert	2,4	2,8	2,0	2,8	2,5
	Standardabweichung	1,3	1,2	1,2	1,5	
	Bereich	1–5	1–4	1–4	1–4	
Sich im Klub auf eine gemeinsame Linie zu einigen, ist unter den gegebenen Bedingungen … (1=schwieriger – 7=leichter)	Median	5	4	4	4	4
	Mittelwert	5,1	4,7	3,4	4,2	4,3
	Standardabweichung	1,5	1,2	1,3	1,0	
	Bereich	2–7	3–7	1–6	3–6	
	(n)	(37)	(20)	(12)	(6)	(75)

* Antworten gewichtet nach Fraktionsstärken in der XX. GP.

Tabelle 3 fokussiert auf innerparteiliche Konsequenzen der neuen Regierungskonstellation, die indirekt Aufschluss über Konsens bzw. Konflikt zwischen den Parteien geben. Je größer die Polarisierung zwischen Regierungsblock und parlamentarischer Opposition, desto wichtiger sollte die Geschlossenheit der Fraktionen und desto leichter ihre Herstellung sein. Die Notwendigkeit zum geschlossenen Auftreten, die sich freilich schon aus den knapperen Mehrheitsverhältnissen ergibt, wurde allgemein anerkannt. Sie war besonders ausgeprägt bei der FPÖ, die in der Opposition interne Meinungsgegensätze durch Maximalforderungen überbrücken konnte und auch nicht geschlossenes Abstimmungsverhalten ihrer Abgeordneten hingenommen hatte.[61] Für SPÖ und FPÖ galt, dass ihre neuen Rollen im Regierungssystem natürlich eine besondere Herausforderung waren und Gruppenloyalität verlangten. Für die SPÖ-Abgeordneten, die nun keine harten Entscheidungen und Kompromisse mit einem Koalitionspartner legitimieren mussten, war die interne Entscheidungsfindung leichter geworden. Dass die Entscheidungsfindung für die FPÖ kaum schwieriger geworden war, obwohl diese Folgen der Regierungsverantwortung nun auf sie zutrafen, dürfte auf die Polarisierung zwischen Regierung und Opposition zurückzuführen sein. Die beiden großen Fraktionen SPÖ und ÖVP unterscheiden sich statistisch signifikant voneinander, ebenso die beiden Regierungsfraktionen ÖVP und FPÖ.

---

61 Vgl. Müller, Jenny, Steininger, Dolezal, Philipp, Preisl-Westphal: Die österreichischen Abgeordneten. S. 248f.

5. Systemzufriedenheit: Die Schüssel-Kabinette im Vergleich mit der Grossen Koalition

Wir heben die Analyse nun auf eine höhere Ebene und fragen die Abgeordneten nach ihrer Zufriedenheit mit dem Funktionieren des politischen Systems in Österreich. Um Befragungseffekte möglichst zu vermeiden, wurde diese Frage nicht im Kontext der Regierung-Opposition-Fragen gestellt. Die Systemzufriedenheit sollte sich eigentlich nur dann deutlich verändern, wenn einem Regierungswechsel systemische Bedeutung zugemessen wird. In Tabelle 4 vergleichen wir die Antworten der Abgeordneten zum Nationalrat der XXI. PG (nun sind die Fallzahlen gegenüber Tabellen 2 und 3 größer, weil wir uns nicht nur auf die Antworten von jenen Abgeordneten stützen, die schon in der XX. GP dem Nationalrat angehörten) mit jenen der XX., XXII. und XXIII. GP.

Tabelle 4: Demokratiezufriedenheit der Abgeordneten in verschiedenen Regierungskonstellationen

»Und wie zufrieden sind Sie, alles in allem gesehen, mit der Art und Weise, wie die Demokratie in Österreich funktioniert?« (1 = sehr zufrieden, 2 = ziemlich zufrieden, 3 = ziemlich unzufrieden, 4 = völlig unzufrieden)

GP	20.		21.		22.		23.	
Regierung	SPÖ–ÖVP		ÖVP–FPÖ		[SPÖ–ÖVP]*		SPÖ–ÖVP	
Erhebung	1997/98		2002		2006		2008	
	Mittelwert	n	Mittelwert	n	Mittelwert	n	Mittelwert	n
SPÖ	1,9	54	2,5	49	2,0	30	2,0	16
ÖVP	1,8	42	1,6	31	1,8	24	1,5	14
FPÖ	3,1	29	1,9	23	2,3	7	2,6	12
Grüne	2,8	5	2,5	9	2,4	12	2,6	7
BZÖ					1,7	3	2,0	3

* Die Befragung fand in der Transitionsperiode zwischen ÖVP/BZÖ-Regierung und SPÖ/ÖVP-Regierung statt.
Quellen: Eigene Abgeordneten- und Kandidatenbefragungen, Müller et al. (2001).

Betrachtet man die Veränderung der Medianwerte der Fraktionen zwischen den Perioden, so sind die Veränderungen bei jenen Fraktionen am größten, die einen Rollentausch zwischen Regierung und Opposition erfahren haben: FPÖ und SPÖ. Die SPÖ-Abgeordneten waren 2002 (in der Opposition) deutlich unzufriedener als zuvor und danach (jeweils in der Regierung bzw. auf dem Sprung zurück in die Regierung). Bei den FPÖ- und BZÖ-Abgeordneten sind die Veränderungen noch größer (wenn wir das BZÖ mit der Mutterpartei FPÖ vergleichen), weisen aber materiell in dieselbe Richtung (größere Systemzufriedenheit in der Regierung). Die Regierungsbeteiligung scheint die Integration dieses Lagers in das politische System sogar längerfristig – und über bedeutende innerparteiliche Veränderungen und Parteispaltungen hinweg – positiv beeinflusst zu haben. Das Ergebnis ist eindeutig: Teilhabe an der politischen Macht erhöht die Systemzufriedenheit, Ausschluss von ihr reduziert die Systemzufriedenheit. Dieses Ergebnis spricht für die Rollentausch-These.

6. Schluss: Ein (weiterer) Schritt in Richtung Mehrheitsdemokratie und ein halber Schritt zurück

Ausgangspunkt des vorliegenden Beitrags war die Frage, wie sich die ÖVP/FPÖ/BZÖ-Koalition(en) der Ära Schüssel in die Geschichte der Zweiten Republik einfügen und insbesondere, ob damit ein Bruch mit dem für die Zweite Republik charakteristischen Modell der Konsensdemokratie und eine Zuwendung zur Konflikt- oder – besser – Mehrheitsdemokratie erfolgte. Alternativ kann der Übergang von der SPÖ/ÖVP-Koalition zur ÖVP/FPÖ-Regierung als lediglich ein in der Demokratie üblicher Rollentausch zwischen Regierungs- und Oppositionsparteien verstanden werden. Wir haben drei komplementäre Zugänge zu dieser Forschungsfrage gewählt. Im 2. Abschnitt haben wir objektive Daten präsentiert und versucht, Konflikt bzw. Konsens mittels eines zentralen Indikators – der Konsensrate bei parlamentarischen Abstimmungen – direkt zu messen. Im 3. und im 4. Abschnitt haben wir diese Perspektive durch subjektive Daten ergänzt, der Beschreibung und Bewertung der parlamentarischen Beziehungen zwischen Regierungsblock und Opposition durch die Abgeordneten zum Nationalrat bzw. der Systemzufriedenheit dieser Akteure.

In Tabelle 5 führen wir diese in diesem Beitrag präsentierten Dimensionen nun zusammen. Die Abstimmungsdaten zeigen, dass mit dem ersten Kabinett Schüssel die (bisher) geringste Konsensrate in parlamentarischen Abstimmungen erreicht wurde. Es wurde also ein Schritt *in Richtung* Konflikt- oder Mehrheitsdemokratie gesetzt. Wie wir im 2. Abschnitt gezeigt haben, hat diese Entwicklung freilich nicht erst im Jahr 2000 begonnen. Vielmehr setzt sich unter der neuen Regierungskonstellation ein Trend (nahezu) linear fort, der bereits 1990 begonnen hat. Mit dem zweiten Kabinett Schüssel kam es allerdings zur Umkehrung dieses Trends. Die Konsensrate bei parlamentarischen Abstimmungen lag etwas über jener in den beiden letzten Kabinetten der Großen Koalition. Zusammen sind diese vier Regierungen aber jene, deren Gesetzgebung die geringste parlamentarische Unterstützung erhielt.

Tabelle 5. Zusammenfassung der Evidenz für die Systemwandel- und die Rollentausch-These

	Systembruch-These Reg. | Opp.	Rollentausch-These			
		SPÖ	ÖVP	FPÖ	Grüne
Konsens|Konflikt bei Abstimmungen	++	–	–	–	–
Einschätzung der Abgeordneten	+	++	+	++	–

Anmerkung: + | – Evidenz spricht für | gegen die These (die Anzahl der + bzw. – indiziert das Ausmaß der Unterstützung)

Die subjektiven Daten aus der 2002 durchgeführten Abgeordneten-Befragung stützen sowohl die Rollentausch- als auch die Systemwandel-These. Einerseits zeigen die Antworten der Abgeordneten einen deutlich erkennbaren Schritt in Richtung Mehrheitsdemokratie, andererseits unterscheiden sich die Antworten nach Parteizugehörigkeit. Rollentausch und Systemwandel sind keine alternativen Konzepte, sondern grundsätzlich miteinander vereinbar. Ein Rollentausch hat auch objektiv stattgefunden: zwei Parteien haben den fundamentalen Rollentausch zwischen Regierung und Opposition hinter sich (auf den wir uns in diesem Aufsatz konzentrieren, während wir den »kleinen« der ÖVP außer Acht lassen). Machtverlust bzw. Machtgewinn der Parteien haben die Antworten der Abgeordneten beeinflusst, was die Relevanz dieses Rollentauschs unterstreicht. Im längerfristigen Vergleich über ein Jahrzehnt (Abschnitt 4) ist vor allem dieser Rollentausch erkennbar.

Der Übergang von der SPÖ/ÖVP-Regierung zur ÖVP/FPÖ-Koalition war jedenfalls eine relevante *Veränderung in Richtung Konflikt- oder Mehrheitsdemokratie*. Die Bewertung dieses Schritts durch die politischen Akteure wurde durch die Dramatik der Ereignisse um den Koalitionswechsel und den Rollentausch aber sicher akzentuiert. Wie wir gezeigt haben, wurde der Weg in Richtung Mehrheitsdemokratie dann auch nicht weiter fortgesetzt, ja es kam noch in der Ära Schüssel zu einer Umkehr dieses Trends. Ob diese Trendwende ohne die dramatischen Ereignisse in der FPÖ und die Kräfteverschiebungen durch die Nationalratswahlen 2002 eingetreten wäre, muss freilich unbeantwortet bleiben. Ebenso muss es einer Betrachtung aus größerem zeitlichen Abstand überlassen bleiben, ob das erste Kabinett Schüssel Vorbote der Mehrheitsdemokratie in Österreich war, oder ob es ein (nicht besonders akzentuierter) Extrempunkt in einem grundsätzlich konsensdemokratischen System bleibt.

Franz Schausberger

Barometer, Denkzettel und Hausgemachtes

»Nebenwahlen« während der Zeit
der Regierungen Schüssel I und II

Über den Anteil von bundespolitischen Konstellationen an den Ergebnissen von Landtagswahlen gibt es in Österreich noch kaum einen längeren Zeitraum umfassende empirische Studien, wie etwa in Deutschland.[1] Dennoch kann man auch in Österreich sicher davon ausgehen, dass – wie deutsche Analysen ergeben haben – »bundespolitische Einstellungen die Wahlentscheidung der Bürger bei Landtagswahlen beeinflussen – unabhängig davon, in welcher Stärke dies sein mag. Daher müssen bundespolitische Faktoren in Landtagswahlanalysen einbezogen werden, da es sonst zu Fehlschlüssen kommt«.[2]

Die Beurteilung, wie hoch der Bundes- bzw. Landeseinfluss auf Regionalwahlen ist, stellt deshalb ein Problem dar, weil vorausgesetzt wird, dass die Bürger zwischen Bundes- und Landespolitik unterscheiden können und eine bestimmte Vorstellung und Kenntnis von beiden Systemebenen haben. Die für den Föderalismus typische Politikverflechtung macht es aber selbst für politisch interessierte, gut informierte und urteilsfähige Wähler schwierig, festzustellen, ob eine Aufgabe in den Zuständigkeitsbereich des Bundes oder des Landes fällt. Dadurch kommt es zu einer Vermischung von bundes- und landespolitischen Kompetenzbewertungen.[3] Ebenen spezifischer Sachfragenorientierungen haben letztlich einen wesentlich geringeren Einfluss auf das Landtagswahlverhalten als Ebenen spezifischer Kandidatenorientierungen. Die Wähler finden ihre klarste Entscheidungssituation bei den Spitzenkandidaten.[4]

---

1 Vgl. etwa das DFG-Projekt »Einfluss der Bundespolitik auf Landtagswahlen – Eine Analyse des Wählerverhaltens auf Landesebene unter besonderer Berücksichtigung der Bundespolitik« (Projektantrag Gabriel, Holtmann, Jagodzinski 2003) wurde in den Jahren 2004 bis 2007 vom Institut für Sozialwissenschaften (SOWI I) der Universität Stuttgart, dem Institut für Politikwissenschaften der Universität Halle und GESIS, Abteilung Datenarchiv und Datenanalyse, durchgeführt. http://www.gesis.org/wahlen/landtagswahlen/dfg-projekt-einfluss-der-bundespolitik-auf-landtagswahlen/ (29. 5. 2011).
2 Kerstin Völkl: Reine Landtagswahlen oder regionale Bundestagswahlen? Eine Untersuchung des Abstimmungsverhaltens bei Landtagswahlen 1990 – 2006. – Baden-Baden 2009. S. 264.
3 Vgl. Kerstin Völkl, Kai-Uwe Schnapp, Everhard Holtmann, Oscar W. Gabriel (Hg.): Wähler und Landtagswahlen in der Bundesrepublik Deutschland. – Baden-Baden 2008. S. 20.
4 Vgl. Völkl: Reine Landtagswahlen oder regionale Bundestagswahlen? S. 265.

In diesem Beitrag geht es darum, die möglichen bundespolitischen Einflüsse und die rein »hausgemachten« Faktoren der einzelnen Landtagswahlen in der Zeit der Regierungen Schüssel darzustellen. Landtagswahlen, Kommunalwahlen und auch Europawahlen werden zwar vielfach als »Nebenwahlen« von Wahlen zu den nationalen Parlamentswahlen (»Hauptwahlen«) von nachgeordneter Bedeutung bezeichnet, sehr oft aber als »Barometerwahlen« für die nationalen Regierungen und ihre Politik, als »Testwahlen« für die nächste nationale Wahl und als »Denkzettelwahlen« zur Artikulation von Protest angesehen.[5] Dazu bieten gerade die Landtagswahlen der Jahre 2000 bis 2006 ein breites Feld von Interpretationsmöglichkeiten.

Auch wenn an Wahlabenden noch so treuherzig versichert wird, dass Landtagswahlen eben Landeswahlen seien, ist es dennoch so, dass bei einem Sieg die im Bund regierenden Parteien bei einer solchen Nebenwahl dies üblicherweise auch als Bestätigung der Politik der Bundesregierung interpretieren. Gewinnen hingegen die auf Bundesebene in Opposition befindlichen Parteien bei Nebenwahlen, lesen sie das Wahlergebnis oft als Ausdruck des Unmuts der Wähler über die Politik der Bundesregierung. Die Verlierer einer Wahl hingegen streiten in aller Regel jede bundespolitische Bedeutung von Nebenwahlen ab.[6]

In einer Studie des Max-Planck-Instituts für Gesellschaftsforschung hat Simone Burkhart für Deutschland Folgendes festgestellt: »Je stärker die Popularität der Bundesregierung seit Amtsantritt gesunken ist, mit desto höheren Verlusten müssen die Parteien der Bundesregierung bei Landtagswahlen rechnen.«[7]

In den sieben Jahren, in denen Wolfgang Schüssel Bundeskanzler war, fanden zwölf Landtagswahlen, elf landesweite Gemeinderats-, eine Europaparlaments- und eine Bundespräsidentenwahl statt. In dieser Arbeit geht es vor allem um die Landtagswahlen, alle anderen »Nebenwahlen« werden nur gestreift.

Barometer, Test, Denkzettel für die Bundespolitik und hausgemachte Leistungen und Fehler – alles waren die Landtagswahlen – nur eines nicht: eine Bestätigung der Politik der Bundesregierung.

---

5 Völkl, Schnapp, Holtmann, Gabriel (Hg.): Wähler und Landtagswahlen in der Bundesrepublik Deutschland. S. 9.
6 Vgl. Jürgen Maier: Aus Schwarz mach Rot – Der Einfluss der Bundespolitik auf das Stimmverhalten bei Landtagswahlen in Rheinland-Pfalz. – In: Völkl, Schnapp, Holtmann, Gabriel (Hg.): Wähler und Landtagswahlen in der Bundesrepublik Deutschland. S. 239.
7 Vgl. Simone Burkhart: Parteipolitikverflechtung. Der Einfluss der Bundespolitik auf Landtagswahlentscheidungen von 1996 bis 2002. MPIfG Discussion Paper 04/1. S. 26. http://econstor.eu/bitstream/10419/19903/1/dp04-1.pdf (29.5.2011).

Steiermark, Burgenland, Wien: Im Sog der Sanktionen bis Knittelfeld

Nachdem die neue ÖVP/FPÖ-Regierung gebildet war, erlebte sie ein wahres »Stahlbad« mit heftigen internationalen Reaktionen (»Sanktionen«) und massiven Demonstrationen vor allem in Wien. Während die Medienberichterstattung besonders davon geprägt war, reagierte die Bevölkerung ziemlich unaufgeregt nach dem Motto, man solle der Regierung eine Chance geben, und in weiterer Folge kam es sogar zu einem Solidarisierungseffekt mit der Regierung. Es herrschte also in Wirklichkeit ein »gespaltenes Meinungsklima«.

Dieses Meinungsklima machte in weiterer Folge beträchtliche Verschiebungen durch. Während gleich nach der Nationalratswahl am 3. Oktober 1989 die FPÖ aufgrund der ergebnislosen Koalitionsverhandlungen zwischen ÖVP und SPÖ einen Höhenflug zu verzeichnen hatte, fand dieser mit dem Eintritt der FPÖ in die Bundesregierung ein jähes Ende. Die FPÖ stürzte von etwa 27 Prozent auf knapp 20 Prozent, wo sie sich im Laufe des Jahres 2000 stabilisierte. Die SPÖ wurde kontinuierlich schwächer, die ÖVP stieg an, bis sie im Frühsommer 2000 bereits die SPÖ überholte. Im Dezember 2000 lagen ÖVP und SPÖ wieder Kopf an Kopf.

Am meisten profitierten die Grünen von der neuen Konstellation und konnten in den Umfragen ihren Stimmenanteil im Vergleich zur Nationalratswahl fast verdoppeln. Sie konnten vor allem bei den »Partei-Wechslern« punkten, von denen bis zum Regierungseintritt vor allem die FPÖ profitiert hatte.[8]

Diese Situation manifestierte sich in den *Gemeinderatswahlen in Niederösterreich und Vorarlberg* am 2. April 2000. In Niederösterreich konnte die ÖVP ihre dominierende Stellung noch um 0,7 Prozentpunkte ausbauen, die SPÖ konnte auch um 1,4 Prozentpunkte zulegen, die FPÖ musste nur einen Verlust von 0,3 Prozentpunkten hinnehmen. Die Grünen verzeichneten leichte Gewinne von 0,4 Prozentpunkten. Insgesamt also kaum eine Veränderung.[9] Wenig Bewegung auch in Vorarlberg: Die ÖVP konnte 0,7 Prozentpunkte zulegen, die SPÖ verlor 1,6 Prozentpunkte und die FPÖ konnte einen Stimmenzuwachs von 1,3 Prozentpunkten verzeichnen.[10]

Nach dem ohnehin äußerst schwierigen Start blieb der neuen Regierung nicht sehr viel Ruhe gegönnt. Eine Reihe wichtiger Landtags- und Kommunalwahlen standen ins Haus, die von der bundespolitischen Situation nicht unbeeinflusst blei-

---

8 Vgl. Alexander Janda, Franz Sommer: Vor und nach der »Wende«. – In: Andreas Khol u. a. (Hg.): Österreichisches Jahrbuch für Politik (ÖJP) 2000. – Wien/ München 2001. S. 59–76. S. 66–69.
9 Vgl. Amt der Niederösterreichischen Landesregierung. Wahlen in Niederösterreich. Gemeinderatswahl 2000. Ergebnisse. http://www.noe.gv.at/Politik-Verwaltung/Wahlen/NOe-Gemeinderatswahlen/Gemeinderatswahl2000.wai.html (27. 5. 2011)
10 Vgl. http://www.wno.org/newpages/vbg01.html (27. 5. 2011).

ben konnten. Im Herbst 2000 wurden die Sanktionen beendet und damit nahmen auch die Solidarisierungseffekte mit den Regierungsparteien schrittweise ab. Der außenpolitische Druck auf die Regierung nahm ab, allerdings nahmen die innenpolitischen Spannungen spürbar zu. Im Bewusstsein, dass die einschneidenden Reformen am Beginn der Legislaturperiode realisiert werden mussten, legte die Regierung sofort ein scharfes Reformtempo vor. Die geplante Besteuerung der Unfallrenten und die Einführung der Studiengebühren unter dem Motto »Soziale Treffsicherheit« wurden in der Öffentlichkeit zu schlecht argumentiert und stießen auf heftige Ablehnung, nicht zuletzt auch bei Jörg Haider, der – wohl auch wegen der anstehenden Landtagswahlen – gegen die »soziale Kälte« der Bundesregierung zu polemisieren begann. Hier war bereits eine zunehmende Entfremdung zwischen Haider und seinem Regierungsteam in Wien festzustellen.[11]

Die erste *Landtagswahl* nach der Bildung der ÖVP/FPÖ-Koalition fand am 15. Oktober 2000 in der *Steiermark*, also kurz nach dem Ende der Sanktionen im September, statt und damit noch im Umfeld einer gewissen Grundsympathie vor allem für die große Regierungspartei ÖVP. Die Wahl brachte einen Erdrutschsieg für die steirische Volkspartei, die bei der Landtagswahl 1996 ein Debakel erlitten hatte und gerade noch die Position des Landeshauptmannes hatte halten können. Bei der Landtagswahl 2000 gewann die ÖVP 11,1 Prozentpunkte dazu. Der Hauptverlierer der Wahl war nicht, wie erwartet, die SPÖ, sondern die FPÖ, die 4,8 Prozentpunkte verlor. Aber auch die SPÖ büßte 3,6 Prozentpunkte ein, womit sie das schlechteste Wahlergebnis seit 1945 erzielte. Die Grünen erreichten keine nennenswerten Zugewinne, das Liberale Forum blieb mit 1,1 Prozent ohne Bedeutung. Die ÖVP erzielte 47,3 Prozent und 27 Mandate (wobei das 28. Mandat nur ganz knapp verfehlt wurde), die SPÖ 32,3 Prozent und 19 Mandate, die FPÖ 12,4 Prozent und 7 Mandate, die Grünen 5,6 Prozent und drei Mandate. Die ÖVP verfügte damit in der steirischen Landesregierung wieder über die absolute Mehrheit (VP 5, SP 3, FP 1).[12]

Die Wahlbeteiligung sank massiv von 86,92 Prozent im Jahr 1995 auf 74,64 Prozent.

Die steirische Landtagswahl war nach der Bildung der schwarz-blauen Koalition plötzlich zur ersten »großen Testwahl« hochstilisiert worden. Das Wahlergebnis zeigte, dass dies nicht eindeutig der Fall war. So sehr das Wahlergebnis ein persönlicher Wahlerfolg der steirischen Landeshauptfrau Waltraud Klasnic war, konnten doch auch bundespolitische Schlüsse gezogen werden: Die FPÖ hatte einen Preis für die Regierungsbeteiligung zu zahlen und musste erstmals seit 1986 bei einer Regionalwahl massive Stimmverluste hinnehmen.[13]

---

11 Vgl. Wolfgang Schüssel: Offengelegt. – Salzburg 2009. S. 155 f.
12 Vgl. Janda, Sommer: Vor und nach der »Wende«. S. 71 f.
13 Vgl. Markus Hadler, Max Haller: Die steirische Landtagswahl 2000. Trends und Determinanten poli-

Schon bei den *steirischen Gemeinderatswahlen* am 19. März 2000 wurde der seit 1986 scheinbar unaufhaltsame Siegeszug der FPÖ gestoppt. Die ÖVP konnte erstmals seit 25 Jahren bei einer Gemeinderatswahl in der Steiermark wieder zulegen, und zwar von 42,05 Prozent auf 43,01 Prozent. Die FPÖ stagnierte bei 11,3 Prozent, die SPÖ konnte vor allem in ihren Hochburgen Erfolge verzeichnen und insgesamt 0,5 Prozentpunkte dazugewinnen.[14]

Der Wechsel des FPÖ-Landesobmannes und Landesrates Michael Schmid in die Bundesregierung, die Berufung von Magda Jost-Bleckmann, deren Mann wenige Monate später bei einem Banküberfall ums Leben kam, und die Nominierung der früheren TV-Moderatorin Theresia Zierler als Spitzenkandidatin für die steirische Landtagswahl führten zu heftigen innerparteilichen Turbulenzen.[15] Die regionalen Spitzenkandidaten hatten in der FPÖ traditionell eine geringe Bedeutung, da Jörg Haider auch die Landtagswahlkämpfe weitgehend dominierte. Diesmal war dies anders, da die FPÖ in der Bundesregierung saß und Haider sein Oppositionsgehabe reduzieren musste.

Die steirische Volkspartei hatte sich nach der Nationalratswahl 1999 gegen eine Fortsetzung der SP/VP-Koalition ausgesprochen und Klasnic hatte im ÖVP-Bundesparteivorstand gegen eine solche Konstellation gestimmt. Nun wirkten sich die von der Bundesregierung mitten in der heißen Phase des Wahlkampfes angekündigten »Sanierungsmaßnahmen«, von der Opposition als »Belastungspaket« bezeichnet, für ÖVP und FPÖ spürbar nachteilig aus, während sich die SPÖ in der letzten Phase des Wahlkampfes soweit stabilisieren konnte, dass ihre Verluste nicht in einer Katastrophe mündeten. Sie hatte versucht, mit dem Slogan »Die rote Karte gegen das schwarz-blaue Horrorpaket« Stimmung gegen die Bundesregierung zu machen.[16]

Trotz allem war das Ergebnis der steirischen Landtagswahl 2000 weniger von der Bundespolitik beeinflusst als erwartet. Der große Wahlsieg der ÖVP-Spitzenkandidatin Waltraud Klasnic geht nicht auf das Konto der Bundes-ÖVP, die Niederlage der FPÖ ist nur zum Teil als Folge des Regierungseintritts zu sehen, die Führungsquerelen innerhalb der steirischen Freiheitlichen haben einen beträchtlichen Beitrag dazu geleistet. Auch der weitere Abstieg der SPÖ und die signifikante Zunahme der Nichtwähler hatten keinen bundespolitischen Hintergrund.[17] Wenn man bundes-

---

tischer Partizipation auf regionaler Ebene im Vergleich. – In: SWS-Rundschau, 41. Jahrgang, Heft 2/2001. S. 149.
14 Vgl. Land Steiermark, E-Government. Gemeinderatswahl vom 19. März 2000. https://egov.stmk.gv.at/wahlen/GR2000/GR2000_60000.html (27. 5. 2011).
15 Vgl. Reinhold Lopatka, Herwig Hösele: Steirische Landtagswahl 2000: Der fulminante Sieg hat eine Mutter – Waltraud Klasnic. – In: Andreas Khol u. a. (Hg.): Österreichisches Jahrbuch für Politik 2000. – Wien/ München 2001. S. 77–93. S. 82.
16 Vgl. Lopatka, Hösele: Steirische Landtagswahl 2000: S. 82–85 und S. 90.
17 Vgl. Hadler, Haller: Die steirische Landtagswahl 2000. S. 173.

politisch analysiert, so scheint das Anpacken von Reformen bei der ÖVP eher honoriert worden zu sein, bei der FPÖ nicht. Wegen der Schwäche der SPÖ gingen die enttäuschten Freiheitlichen zu diesem Zeitpunkt noch zur ÖVP.[18]

Das steirische Wahlergebnis brachte kurzzeitig Turbulenzen in die schwarz-blaue Koalition, da Haider das mäßige Abschneiden der Freiheitlichen auch darauf zurückführte, dass sich angeblich ÖVP-Politiker auf Kosten der Freiheitlichen profiliert hätten. Als Folge wurde die freiheitliche Sozialministerin Elisabeth Sickl abgelöst, Michael Schmid trat als FPÖ-Obmann und als Infrastrukturminister zurück, Zierler musste auf den Regierungssitz in der steirischen Landesregierung verzichten und kehrte in das FPÖ-Generalsekretariat zurück.[19] Haider begleitete die Personalrochaden in seiner Partei mit heftigen Attacken gegen die ÖVP und warf ihr vor, der FPÖ immer die Rolle der Überbringerin schlechter Nachrichten zu überlassen, womit die Freiheitlichen zu den »Deppen der Nation« gemacht würden. Auch mit dem Verlassen der Koalition und mit Neuwahlen drohte er. Schließlich aber kam es Anfang November doch wieder zu einer Versöhnung.[20]

Schon wenige Wochen später, am 3. Dezember 2000, fand die *Landtagswahl im Burgenland* statt, die bundespolitisch unter dem Eindruck der erwähnten Sparmaßnahmen und landespolitisch unter dem Eindruck der Diskussion um den Bank-Burgenland-Skandal stand. Letzterer war auch der Grund für die Vorverlegung der Wahl um ein halbes Jahr und die damit de facto verbundene Abwahl des populären SPÖ-Landeshauptmannes Karl Stix, der nicht mehr kandidierte. Neuer Spitzenkandidat der SPÖ wurde Hans Niessl.

Die ÖVP sah in diesem Bankenskandal ihre Chance und erhob massiv den Anspruch auf die Position des Landeshauptmannes. Die SPÖ wiederum warnte vor der »schwarz-blauen Machtübernahme«.

Allerdings half die Diskussion um die Bank Burgenland eher der SPÖ, da eine große Mehrheit (80 Prozent) der Burgenländer es als unfair empfand, die Schuld für diese Affäre dem scheidenden populären Landeshauptmann Karl Stix in die Schuhe zu schieben.

Entscheidend war auch die Unzufriedenheit mit der Bundesregierung. Viele wählten die SPÖ, um einen Machtausgleich zur Bundespolitik zu erreichen. 83 Prozent der SPÖ-Wählerschaft stimmte dem Argument »Jetzt, wo es eine ÖVP-FPÖ-Bundesregierung gibt, ist es besonders wichtig, dass die SPÖ den Landeshauptmann stellt« zu.[21]

---

18 Vgl. Schüssel: Offengelegt. S. 157.
19 Vgl. Lopatka, Hösele: Steirische Landtagswahl 2000. S. 92.
20 Vgl. Schüssel: Offengelegt. S. 158 f.
21 Vgl. SORA-Wahlanalyse, Landtagswahl Burgenland 2000. http://www.sora.at/themen/wahlverhalten/wahlanalysen/ltw-bgld00.html (20. 4. 2011).

All das führte zu einer beachtlichen Mobilisierung der SPÖ-Burgenland und zu einem Solidarisierungseffekt ihrer Kernschichten, sodass schließlich die SPÖ – entgegen vieler Umfragen – einen Stimmenzugewinn von 2,1 Prozentpunkten verbuchen und damit einen Teil ihrer schweren Verluste von 1996 wieder wettmachen konnte. Der Stimmenanteil der ÖVP-Burgenland mit ihrem Spitzenkandidaten Gerhard Jellasitz ging um 0,7 Prozentpunkte zurück. Die stärksten Verluste musste neuerlich die FPÖ mit minus 1,9 Prozentpunkten hinnehmen. Die Grünen schafften erstmals die fünf-Prozent-Hürde und waren nunmehr mit zwei Mandataren im burgenländischen Landtag vertreten. Sie nahmen sowohl der ÖVP als auch der FPÖ ein Mandat ab. Die Mandatsverteilung lautete nun SPÖ 17, ÖVP 13, FPÖ 4, Grüne 2. Damit verfügten SPÖ und Grüne zusammen über die absolute Mehrheit.[22]

Die Serie der Landtagswahlen mit enttäuschenden Ergebnissen für die Regierungsparteien riss nicht ab. Die schwarz-blaue Koalitionsregierung, vor allem der sich als Opposition gerierende Jörg Haider, tat auch einiges dazu, dass die Voraussetzungen nicht die besten waren. Der Streit um die Regelung des Kindergeldes, Auseinandersetzungen mit der Lehrergewerkschaft, heftige Auseinandersetzungen zwischen Jörg Haider und der FPÖ-Verkehrsministerin Monika Forstinger wegen der Errichtung des Koralmtunnels, die öffentlichen Diskussionen über die Ministerpension des früheren freiheitlichen Verkehrsministers Michael Schmid und dessen Austritt aus der FPÖ, die erfolglose Debatte um die Ablöse des Chefs des Hauptverbandes der Sozialversicherungsträger, Hans Sallmutter (SPÖ), ließen die an sich begrüßenswerte Reformpolitik der Bundesregierung nicht gerade im besten Licht erscheinen.

Die *Wiener Landtags- und Gemeinderatswahlen* vom 25. März 2001 brachten einen fulminanten Wahlsieg der SPÖ und die schwerste Niederlage für die FPÖ in ihrer Parteigeschichte. Die ÖVP musste sich mit einem enttäuschend kleinen Plus von 1,1 Prozentpunkten zufriedengeben. Die Grünen legten zwar deutlich zu, die Hoffnungen auf eine Beteiligung an der Wiener Stadtregierung wurden allerdings durch die absolute SPÖ-Mehrheit zunichte gemacht. Das Liberale Forum verschwand de facto von der politischen Bühne.

Die SPÖ konnte die bei der Wahl 1996 verlorene absolute Mandatsmehrheit zurückerobern und erzielte einen Stimmengewinn von 7,8 Prozentpunkten sowie einen Zugewinn von neun Mandaten und kam nun auf 46,9 Prozent und 52 der insgesamt 100 Landtagsabgeordneten bzw. Gemeinderäte. Die FPÖ verlor 7,8 Prozentpunkte und acht Mandate. Mit einem Stimmenanteil von 20,2 Prozenten verblieben ihr nur mehr 21 Mandate. Die ÖVP, die bei der Landtagswahl 1996 bisher ihr schlechtestes Ergebnis eingefahren hatte, legte um 1,1 Prozentpunkte auf 16,4 % zu, gewann ein Mandat und stellte in der Folge 16 Abgeordnete. Die Grünen konnten sich nach

---

22 Vgl. Janda, Sommer: Vor und nach der »Wende«. S. 74.

den Verlusten 1996 steigern und erreichten mit einem Plus von 4,5 Prozentpunkten einen Stimmenanteil von 12,5 Prozent. Damit erreichten die Grünen ihr bisher bestes Wahlergebnis in Wien und gewannen zu ihren bisherigen sieben Mandaten vier Mandate hinzu.[23]

Die SPÖ hatte durch eine enorme Mobilisierung ihrer Klientel eine »Behalterate« von 82 Prozent erreicht. Zusätzlich hatte sie ein Fünftel aller Wiener FPÖ-WählerInnen von 1999 gewonnen. Die FPÖ verlor 39.000 Stimmen an die SPÖ, aber auch 58.000 Stimmen durch Wahlenthaltung. Das heißt, mehr als ein Viertel derer, die bei der Nationalratswahl 1999 noch FPÖ gewählt hatten, ging nicht zur Wahl.[24]

Die FPÖ verlor, wie praktisch bei jeder Wahl seit ihrer Regierungsbeteiligung, auch in Wien wieder bis zu einem Drittel ihrer Wähler. Dazu trugen auch hausgemachte Ungeschicklichkeiten ihres Obmanns Hilmar Kabas bei, der schließlich auf die Spitzenkandidatur zugunsten von Helene Partik-Pablé verzichtete. Auch ausländerfeindliche Parolen konnten da nicht mehr helfen und schon gar nicht die antisemitischen Auslassungen Jörg Haiders in der letzten Wahlkampfphase. Er konterkarierte damit auch die sehr positiv aufgenommene, Mitte Jänner erzielte Einigung der Regierung mit den USA und Vertretern jüdischer Organisationen über die Entschädigung jüdischer NS-Opfer.

Das daraus entstandene Duell Häupl – Haider gewann eindeutig Michael Häupl, der seinen Widersacher heftig attackierte und für den Fall eines Stimmenverlustes für die SPÖ seinen Rückzug aus der Politik ankündigte. Bei dieser Polarisierung blieb für den ÖVP-Spitzenkandidaten Bernhard Görg kaum mehr Platz zur Profilierung. Der SPÖ brachte u. a. die klare Stellungnahme gegen Haiders Antisemitismus einen Wahlsieg in unerwartetem Ausmaß und die FPÖ musste die ungewohnte Erfahrung machen, dass ein Eingreifen Jörg Haiders das Wahlergebnis verschlechterte. Das zugespitzte Duell Häupl – Haider in der Endphase des Wahlkampfes lässt auch die Frage des Einflusses der Bundespolitik auf das Wahlergebnis in Wien nicht leicht beantworten.[25]

FPÖ-Chefin Susanne Riess-Passer kündigte nach den Wiener Gemeinderatswahlen zwar personelle Veränderungen in der Partei an, doch nicht Spitzenkandidatin Helene Partik-Pablé war das Problem, sondern Jörg Haider, dessen Konterfei von den Wahlplakaten in Wien geprangt hatte, obwohl er weder Kandidat war noch ein Amt in Wien ausübte.

---

23 Vgl. Christoph Hofinger, Günther Ogris: Antisemitische Schützenhilfe als Schuss ins eigene Knie. Die Wiener Gemeinderatswahl vom 25. März 2001. – In: Andreas Khol u. a. (Hg.): Österreichisches Jahrbuch für Politik 2001. – Wien/ München 2002. S. 3–13. S. 4.

24 Vgl. SORA – Wahlanalyse Gemeinderatswahl Wien 2001. http://www.sora.at/themen/wahlverhalten/wahlanalysen/grw-wien01.html (20. 4. 2011).

25 Vgl. Hofinger, Ogris: Antisemitische Schützenhilfe als Schuss ins eigene Knie. S. 6f.

Obwohl er nach der Wiener Wahlniederlage ziemlich kleinlaut war, schien für Jörg Haider, der meinte, die FPÖ könne gleichzeitig Regierung und Opposition spielen, klar, wer die Niederlage zu verantworten hatte: die Bundesregierung. »Wenn dieser Weg weitergegangen wird, ist das nicht mehr meine Partei«, erklärte er. Maßnahmen wie die Unfallrentensteuer oder die chaotische Aufhebung der Ambulanzgebühr hätten die Wähler tief verärgert.[26]

Eigentlich hätte die Regierung nach der Wiener Gemeinderatswahl fast zwei Jahre Zeit gehabt, um ihr Reformprogramm ohne Rücksicht auf Landtagswahlen fortzuführen. Aber es sollte anders kommen. Infolge der Hochwasserkatastrophe vom August 2002 hatte die Bundesregierung eine Verschiebung der Steuerreform, die den Wählern von Seiten der FPÖ versprochen worden war, beschlossen. Dagegen sprachen sich Jörg Haider und andere Exponenten des rechten Parteiflügels aus und forderten die Einberufung eines Sonderparteitags.

Wie an anderer Stelle ausführlich dargestellt wird, kam es am 7. September 2002 zu einer FPÖ-Versammlung in Knittelfeld, die zu einem Machtwechsel innerhalb der FPÖ und zum Rücktritt von Vizekanzlerin Susanne Riess-Passer, Finanzminister Karl-Heinz Grasser und Klubobmann Peter Westenthaler führte.[27] Daraufhin wurden für 24. November 2002 *Nationalratswahlen* festgesetzt. Diese Wahl brachte einen Erdrutschsieg für die ÖVP. Sie legte um mehr als 15 Prozentpunkte zu und erreichte damit 42,3 Prozent. Erstmals seit 1966 war die ÖVP wieder deutlich stimmenstärkste Partei. Die Freiheitlichen erlitten eine furchtbare Niederlage und fuhren ein Minus von fast 17 Prozentpunkten ein.[28] Nachdem die Verhandlungen mit der SPÖ und den Grünen über die Regierungsbildung scheiterten, kam es wieder zu einer ÖVP/FPÖ-Koalitionsregierung. Die beiden Landeshauptmänner Erwin Pröll und Josef Pühringer stimmten gegen diese Koalitionsbildung, nicht zuletzt, weil sie im Jahr 2003 Landtagswahlen hatten und eine Neuauflage von Schwarz-Blau alles andere als populär war.[29]

Die einzige Nebenwahl, die zwischen dem Bruch der Regierung und der darauf folgenden Nationalratswahl stattfand und somit als eine kleine »Testwahl« für die Nationalratswahl angesehen werden konnte, war die *Gemeindesrats- und Bürgermeisterwahl im Burgenland* am 6. Oktober 2002. Die Wahlbeteiligung war mit 85,8 Prozent ziemlich hoch und zeigte eine starke politische Mobilisierung. Die SPÖ konnte mit + 3,7 Prozentpunkten deutlich an Stimmen zulegen und kam auf 49,0 Prozent.

---

26 Vgl. http://www.wienernachrichten.com/newpages/lch31.html (22. 4. 2011)
27 Vgl. Ralph Vallon: Harakiri. Die Selbstzerstörung einer Partei. – Wien 2003. S. 159–175.
28 Zur Nationalratswahl 2002 vgl. etwa Clemens Martin Auer, Michael Fleischhacker (Hg.): Diesmal. Analysen zur Nationalratswahl 2002. – Wien 2003. Ebenso Werner Beutelmeyer, David Stuhlpfarrer, Conrad Seidl: Kanzlerwahl. Demoskopische Bilanz der Nationalratswahl 2002. Market-Studienreihe Band 7. – Linz 2002.
29 Vgl. Schüssel: Offengelegt. S. 202.

Auch ÖVP (+1,3 Prozentpunkte) und Grüne (+ 0,6 Prozentpunkte) erreichten Stimmenzuwächse, wobei Letztere in vielen Gemeinden erstmals angetreten waren. Die ÖVP lag nun bei 43,1 Prozent, die Grünen bei einem Prozent. Die FPÖ verlor 3,9 Prozentpunkte und kam nur mehr auf 5,1 Prozent, nachdem sich aufgrund der parteiinternen Auseinandersetzungen der vorangegangenen Wochen einige Ortsparteien aufgelöst hatten.[30] Der Ausgang der Nationalratswahl wenige Wochen später konnte aus diesen Lokalwahlen nicht abgeleitet werden.

Unterschiedlich wurden Vorzeichen für die Nationalratswahl am 24. November interpretiert: Während Bundespolitiker eher dazu neigten, die Ergebnisse auf bundespolitische Entwicklungen abzuleiten, waren Landes- und Kommunalpolitiker überzeugt, dass es sich um Persönlichkeitswahlen gehandelt und sich die Bundespolitik nur am Rande ausgewirkt habe. Vor allem SPÖ und ÖVP sahen einen positiven Trend für die bevorstehenden Nationalratswahlen.[31]

Niederösterreich, Tirol, Oberösterreich: Die »Schönheitswettbewerbe« nach der Nationalratswahl 2002

Im Jahr 2003 wurden in Niederösterreich, Oberösterreich und in Tirol die Landtage neu gewählt. Fast 2,6 Millionen Österreicher bzw. fast 45 Prozent der Wahlberechtigten waren zur Stimmabgabe aufgerufen. Um es vorwegzunehmen: Diese Wahlgänge des Jahres 2003 waren – wie es Peter Filzmaier bezeichnete – nur »Schönheitswettbewerbe«, die an der realpolitischen Machtverteilung nichts änderten und nur Zwischenetappen zwischen den Nationalratswahlen 2002 und den bedeutenderen Landtagswahlen in Kärnten und Salzburg im Jahr 2004 darstellten.[32]

Bei der *Landtagswahl in Niederösterreich* am 30. März 2003 konzentrierte sich die ÖVP darauf, »klare Verhältnisse« zu schaffen, also eine absolute Mehrheit für Landeshauptmann Erwin Pröll zu erreichen. Dies gelang aufgrund der Omnipräsenz des Landeshauptmannes, der den anderen Parteien keine Chance ließ, etwa bundespolitische Themen zu platzieren, und aufgrund der Schwäche der anderen Parteien. Schon drei Monate vor der Wahl hatten Umfragen eine deutliche Mehrheit für Prölls ÖVP signalisiert. Eine IFES-Umfrage hatte schon im Dezember 2002 der ÖVP bis zu 57 Prozent vorausgesagt. Die Arbeit von Landeshauptmann Pröll, der

---

30 Vgl. E-Government Burgenland. Wahlen im Burgenland. Gemeinderats- und Bürgermeisterwahlen 2002. http://wahlen.bgld.gv.at/wahlens/M2002/3.htm (17. 5. 2011).
31 Vgl. http://www.oe-journal.at/Aktuelles/1002/W1/01_bpol01100710.htm (17. 5. 2011).
32 Vgl. Peter Filzmaier: Ein bedeutungsloses Wahljahr? Die Landtagwahlen 2003. – In: Andreas Khol u. a. (Hg.): Österreichisches Jahrbuch für Politik 2003. – Wien/ München 2004. S. 3–18. S. 4.

eine Bekanntheit von 100 Prozent aufwies, bewerteten 40 Prozent mit Sehr Gut und weitere 43 Prozent mit Gut.[33]

Insgesamt sieben Parteien bewarben sich um die 56 Mandate im Niederösterreichischen Landtag. Die ÖVP, SPÖ, FPÖ, die Grünen, die GRÜNÖ (Grünes unabhängiges Österreich – Liste der EU-Opposition Gabriela Wladyka) und die KPÖ traten in allen 21 Wahlkreisen an. Die Christliche Wähler Gemeinschaft (CWG) stand nur im Wahlkreis Baden zur Wahl. Zum ersten Mal waren Jugendliche ab 16 wahlberechtigt. Die ÖVP ging mit 53,3 Prozent als klarer Sieger aus der Wahl hervor, erzielte Stimmengewinne von 8,4 Prozentpunkten und vier Mandaten und eroberte ihre absolute Stimmen- und Mandatsmehrheit zurück. Auch die SPÖ gewann über drei Prozentpunkte und ein Mandat. Die FPÖ hingegen verlor mehr als zwei Drittel ihrer Stimmen von 1998, erreichte nur noch zwei Mandate und fiel hinter die Grünen zurück, die ebenfalls Stimmengewinne verzeichneten.

Nach dem »praktisch ereignislosen Wahlkampf« in Niederösterreich zog die Bundesregierung die sogenannte »Pensionssicherungsreform« durch, die wahrlich nicht unumstritten war und von der Bevölkerung mit sehr gemischten Gefühlen aufgenommen wurde. Deshalb hatte man auf die Landtagswahlen in Niederösterreich noch Rücksicht genommen. Heftige Diskussionen über den Abfangjägerkauf, über die Homepage von Finanzminister Grasser, über die von Ministerin Gehrer vorgelegte Bildungsreform sowie öffentlich spürbare Dissonanzen innerhalb der FPÖ in der Frage der Loyalität zur Regierungsarbeit bzw. zu einer populistischen Politik für den »kleinen Mann« – vor allem im Zusammenhang mit der Pensionsreform – prägten die nächsten Monate und verstärkten den bundespolitischen Gegenwind für die zwei bevorstehenden Landtagswahlen.[34] Das »groteske Drama« um die Pensionsreform mit groß angelegten, landesweiten Streiks des ÖGB gegen die Pensionsreform sowie die Querschüsse Haiders gegen das FPÖ-Regierungsteam verschärfen die Situation.[35]

Am 13. Mai 2003 wurde von den Gewerkschaften der größte Streik der Zweiten Republik organisiert, bei dem 200.000 Arbeitnehmer bei strömendem Regen unter dem Motto »Reformieren statt Abkassieren« auf dem Wiener Heldenplatz aufmarschierten. Am 3. Juni streiken österreichweit eine Million Menschen in 18.000 Betrieben, Dienststellen und Unternehmen gegen die Pläne der Regierung Schüssel. Im selben Jahr streikten auch die Lehrer und die Eisenbahner, sodass das Jahr 2003 als »Jahr des Streiks« in die Geschichte einging.[36]

---

33 Vgl. IFES: Landtagswahlen 2003 in Niederösterreich. Wahlbefragung. http://www.ifes.at/upload/104903 6683_noe.pdf (23. 4. 2011).
34 Vgl. Ursula Breitenfelder, Christoph Hofinger, Brigitte Salfinger: Die Macht der Mobilisierung. Wählerströme bei den Landtagswahlen in Niederösterreich, Oberösterreich und Tirol. – In: Andreas Khol u. a. (Hg.): Österreichisches Jahrbuch für Politik 2003. – Wien/München 2004. S. 19–35. S. 20.
35 Vgl. Schüssel: Offengelegt. S. 212 ff.
36 Vgl. Heidi Huber: Der Streik zur Pensionsreform 2003. Ergebnisse und Auswirkungen – Möglichkeiten

Die Landtagswahlen in Tirol und Oberösterreich fanden am 28. September statt. Während es in Tirol gelang, die Wahl überwiegend zu einer Landesentscheidung zu machen, stand die Landtagswahl in Oberösterreich signifikant unter dem Eindruck von bundespolitischen Entscheidungen.

Bei der *Landtagswahl in Tirol* konnte die ÖVP erstmals seit 1984 wieder prozentuell Gewinne erzielen, steigerte ihren Prozentsatz um 2,7 Prozentpunkte auf 49,9 Prozent und ihren Mandatsstand um zwei auf 20. Sie verfügte damit wieder über die absolute Mehrheit. Allerdings verlor sie absolut rund 20.000 Stimmen auf Grund der gesunkenen Wahlbeteiligung. Auch die SPÖ gewann vier Prozentpunkte und ein Mandat und stellte nun neun Abgeordnete. Am stärksten jedoch gewannen die Tiroler Grünen, die ihren Stimmenanteil um 7,6 Prozent auf 15,6 Prozent fast verdoppelten und nunmehr über fünf Mandate verfügten. Sie überholen damit die FPÖ, deren Absturz von 19,6 auf 8 Prozent den Verlust von fünf ihrer bisher sieben Mandate bedeutete.

Signifikant für die Tiroler Landtagswahl war die massive Abnahme der Wahlbeteiligung von 80,6 auf 60,9 Prozent. Die Nichtwähler wurden zur stärksten Partei. 193.400 Tirolerinnen und Tiroler gingen nicht zur Wahl. Der ÖVP gaben nur 144.800 Wähler ihre Stimme. Die ÖVP verlor damit mehr als ein Drittel ihrer Stimmen an die Nichtwähler, die FPÖ mehr als die Hälfte.[37] Dies kann nicht zuletzt auf eine besondere Themen-Leere des Wahlkampfes zurückgeführt werden, die vor allem zu einer nicht ausreichenden Mobilisierung der ÖVP-Wähler führte. Die ÖVP setzte ausschließlich auf die Person von Landeshauptmann Herwig van Staa, dessen Sympathiewerte nicht so stark waren, dass sie das inhaltliche Vakuum ausgleichen konnten. Für Verärgerung bei Landeshauptmann van Staa sorgte auch eine sogenannte »Wahlbörse« der »Tiroler Tageszeitung«, die ab 18. August Wahlbörse-Aktien veröffentlichte, wobei die ÖVP nie unter 52 Prozent gehandelt wurde. Zu Recht sah der Landeshauptmann die Gefahr, dass der Eindruck entstünde, der Sieg der ÖVP sei bereits sicher und dass damit eine Mobilisierung der ÖVP-Funktionäre in den Gemeinden nur schwer möglich sei. So kam es, dass die Tiroler ÖVP erstmals in ihrer Geschichte bei einer Landtagswahl im Vergleich zur vorhergegangenen Nationalratswahl ein schlechteres Ergebnis erzielte. Bei der Nationalratswahl 2002 hatte die ÖVP in Tirol 51,9 Prozent erreicht, um zwei Prozent mehr als bei der Landtagswahl.[38]

---

und Grenzen. Seminararbeit an der Paris-Lodron-Universität Salzburg. Fachbereich Politikwissenschaft und Soziologie. WS 2009/2010. S. 4. http://www.grin.com/e-book/151108/der-streik-zur-pensionsreform-2003 (29.4. 2011).

37 Vgl. SORA: Landtagswahl Tirol 2003. http://www.sora.at/themen/wahlverhalten/wahlanalysen/ltw-tir03.html (24. 4. 2011).

38 Vgl. Frank Staud: Die Tiroler Landtagswahl. – In: Andreas Khol u. a. (Hg.): Österreichisches Jahrbuch für Politik 2003. – Wien/ München 2004. S. 51–63. S. 56.

Der SPÖ gelang es, die »Armutsstudie«, den Grünen den Transitverkehr zu Konfliktthemen zu inszenieren. Die einzige und eindeutige Verliererin war wieder die FPÖ, der die Nachwehen von Knittelfeld und die ständigen innerparteilichen Turbulenzen ihrer Bundespartei auf den Kopf fielen.[39] Außerdem schadete der Tiroler FPÖ ihr interner Machtkampf, der drei Monate vor der Wahl zu einem außerordentlichen Landesparteitag geführt hatte, bei dem der freiheitliche Obmann Willi Tilg mit nur 54 Prozent bestätigt wurde.

Nach der Landtagswahl lud Landeshauptmann van Staa trotz seiner absoluten Mehrheit die SPÖ zur Bildung einer Koalition ein. Man einigte sich bald, sodass es zu einer Neuauflage der schwarz-roten Zusammenarbeit in Tirol kam.

Während also sowohl in Niederösterreich als auch in Tirol praktisch nur die FPÖ-Ergebnisse massiv von der bundespolitischen Situation und von hausgemachten Fehlern beeinflusst waren, hatte bei der *Landtagswahl in Oberösterreich*, ebenfalls am 28. September 2003, die Bundespolitik auch auf das ÖVP-Ergebnis entscheidende negative Auswirkungen.

Am Beginn des Wahljahres 2003 herrschte in Oberösterreich ein für die ÖVP äußerst positives Meinungsklima. Die Zufriedenheit der Bevölkerung mit der Situation im Land war sehr hoch, Landeshauptmann Josef Pühringer stand mit 74 Prozent Akzeptanz auf der Beliebtheitsskala uneinholbar an der Spitze. Die ÖVP lag deutlich über 50 Prozent, die absolute Mehrheit war in Reichweite.[40]

Mit der Präsentation der Pensionsreform durch die Bundesregierung am 1. April 2003, gleich nach der Landtagswahl in Niederösterreich, begann sich die Situation in Oberösterreich zu ändern. Die SPÖ, die in der politischen Diskussion monatelang abwesend war, nützte die Chance, machte gegen die Reform mobil, sammelte Unterschriften für ein Pensionsvolksbegehren und konnte einen Aufwärtstrend bei den Umfragen verbuchen. In ihrer Wahlwerbung machte die SPÖ-Oberösterreich auch Landeshauptmann Pühringer für die »soziale Kälte der ÖVP« mitverantwortlich: »So schaut der brutale Pensionsraub aus: Eineinhalb Monatsbezüge sind weg. Danke Herr Schüssel! Danke Herr Pühringer!« So wurde auch der am 26. April in Linz abgehaltene Bundesparteitag der ÖVP nicht ein Fest zur Unterstützung der Landes-ÖVP, sondern eine heftige innerparteiliche Auseinandersetzung über die anstehenden Reformen. Die Landes-ÖVP kam aus der bundespolitischen Defensive nicht heraus und lag am Höhepunkt der Pensionsreformdebatte in den Umfragen nur mehr bei etwa 45 Prozent.

---

39 Vgl. Peter Filzmaier: Ein bedeutungsloses Wahljahr? Die Landtagwahlen 2003. S. 17.
40 Vgl. Michael Strugl, Thomas Stelzer, Wolfgang Hattmannsdorfer: Erfolg trotz Gegenwind. Der Landtagswahlkampf der ÖVP Oberösterreich 2003. – In: Andreas Khol u. a. (Hg.): Österreichisches Jahrbuch für Politik 2003. – Wien/ München 2004. S. 37–49. S. 39 ff.

Im Rückblick scheint die Pensionsreform 2003, die von vielen, vor allem auch der ÖVP-nahestehenden Gruppen, als zu radikal empfunden wurde, den »turning point« der Kanzlerschaft von Wolfgang Schüssel darzustellen. Sie ließ außerdem zunehmend eine besondere Charaktereigenschaft von Schüssels Regierungsstil hervortreten: seine Tendenz zur Sturheit und seine Unterschätzung der öffentlichen Stimmung, die seinen ambitionierten Reformvorhaben zunehmend kritisch und misstrauisch gegenüberstand.[41]

Die wirkliche Herausforderung aber stand der oberösterreichischen ÖVP erst bevor. Am 28. Februar 2003 beschloss die schwarz-blaue Koalition, die Voestalpine zur Gänze zu privatisieren, allerdings mit einer Reihe von Auflagen zur Wahrung der österreichischen Interessen. Bereits im März wuchs der Widerstand massiv gegen die geplante Privatisierung des Stahlkonzerns Voest, des größten österreichischen Industrieunternehmens, des industriellen Flaggschiffs Oberösterreichs, getragen vor allem von SPÖ, Grünen, Arbeiterkammer, ÖGB und Belegschaft. Im Juni berichteten Medien erstmals über den Geheimplan »Minerva«, der einen Verkauf an den Magna-Konzern und damit angeblich eine Filetierung der Voest bedeutet hätte. In Oberösterreich stieß dieser Plan bei allen Parteien auf Ablehnung, die »Oberösterreichischen Nachrichten« starteten eine Kampagne gegen die »drohende Zerschlagung der Voest« und sammelten mehr als 50.000 Unterschriften.[42] SPÖ und ÖGB forderten die Erhaltung einer staatlichen Sperrminorität. Dieser Forderung schloss sich überraschend und entgegen dem gemeinsamen Regierungsprogramm auch die FPÖ an. Schüssel hielt jedoch an der Totalprivatisierung fest, strategische Partner wie Magna, wurden allerdings ausgeschlossen. Am 2. September, also in der Intensivphase des oberösterreichischen Landtagswahlkampfes, kam es im Nationalrat zu einer äußerst emotionalen Debatte über die Privatisierungsvorhaben der Bundesregierung.[43] Am 11. September beschloss die ÖIAG ihre Privatisierungspläne für die Voest, am 18. September verkaufte sie die Aktien des Linzer Stahlkonzerns, der mehrheitlich in österreichischer Hand blieb.

Durch diese aufgezwungene emotional bundespolitische Debatte musste die ÖVP-Oberösterreich praktisch im Intensivwahlkampf ihre Strategie völlig umstellen. Sie versuchte es durch einen »Schnellschuss« mit dem Slogan »Die Voest bleibt oberösterreichisch! Landeshauptmann Pühringer hat es erreicht«.[44] Letztlich blieb

---

41 Vgl. Fritz Plasser, Günter Bischof: Introduction. – In: Günter Bischof, Fritz Plasser (Hg.): The Schüssel Era in Austria. Contemporary Austrian Studies, Volume 18. – New Orleans 2010. S. 3.
42 Vgl. Reinhold Mitterlehner: Die Privatisierung der Voest-Alpine 2003 vor dem Hintergrund der oberösterreichischen Landtagswahlen. – In: Andreas Khol u. a. (Hg.): Österreichisches Jahrbuch für Politik 2003. – Wien(München 2004. S. 419–435. S. 430 f.
43 Vgl. Eva Stöckl: Privatisierungspolitik der OEVP-FPOE-Regierung 2000–2006 als Ausdruck einer neoliberalen Wirtschaftspolitik. Diplomarbeit. – Norderstedt 2006. S. 120 ff.
44 Vgl. Günther Burkert-Dottolo u. a.: Ikonografie und Narrative von Wahlplakaten. ÖNB-Jubiläums-

Landeshauptmann Pühringer nichts anderes übrig, als die Privatisierung der Voest zu verteidigen, weil rund 35 Prozent der Aktien bei oberösterreichischen und 54 Prozent bei österreichischen Eigentümern blieben.[45]

Der Landes-SPÖ wiederum gelang es, mit der Diskussion um die Voest-Privatisierung die Landtagswahl endgültig zu einer Protestwahl gegen die Bundesregierung umzufunktionieren.[46] Sie plakatierte u. a. in Gemeinden die Zahl der Arbeitsplätze, die in der jeweiligen Gemeinde durch den Verkauf der Voest (angeblich) gefährdet seien.[47] Vergessen war, dass die erste Phase der Privatisierung des Unternehmens 1995 von sozialdemokratisch geführten Regierungen eingeleitet worden war und die SPÖ-Betriebsräte zugestimmt hatten. Am 4. September protestierten bei einer Demonstration rund 12.000 Menschen in der oberösterreichischen Landeshauptstadt Linz gegen die Pläne der Regierung, die Voest zu privatisieren. Familienangehörige und Gewerkschafter bildeten eine »Menschenkette gegen den Ausverkauf«.[48] Wenn es um die Verhinderung eines Verkaufes der Voest ans Ausland ging, war die Sache für die Oberösterreicher klar: 75 Prozent bezeichnen eine solche Verhinderung als sehr wichtig.[49]

Nur aufgrund der Person von Landeshauptmann Pühringer und einer professionellen Wahlkampfführung konnte in Oberösterreich schließlich ein politisches Desaster auf Grund des negativen Bundestrends verhindert werden. Auch wenn die SPÖ-Oberösterreich eindeutig Wahlsieger war, konnte die ÖVP sogar ein kleines Plus von 0,7 Prozentpunkten verbuchen und mit einem Stimmenanteil von 43,4 Prozent und dem Halten ihres Mandatsstandes von 25 weiterhin eindeutig stärkste Partei bleiben. Die Voest-Debatte kostete der ÖVP-Oberösterreich mindestens drei bis vier Prozent der Stimmen, vor allem im Raum Linz und in den Mühlviertler Pendelbezirken, und damit wahrscheinlich die absolute Mehrheit an Mandaten.[50]

Die Sozialdemokratische Partei konnte ihr Ergebnis von 1997 stark verbessern und gewann 11,3 Prozentpunkte und sechs Mandate hinzu. Mit einem Stimmenanteil von 38,3 Prozent stellte sie nunmehr 22 Abgeordnete im Oberösterreichischen Landtag und konnte damit insgesamt den Abstand zur ÖVP deutlich verringern. Die

---

fondsprojekt Nr. 10319. Endbericht 2004. S. 209. http://www.polak.at/fileadmin/Inhaltsdateien/POLAK/essays/Plakatforschung_Endbericht.pdf (25. 4. 2011).
45 Vgl. News, 10. 9. 2003. http://www.news.at/articles/0337/11/64379/voest-privatisierung-hauptthema-ooe-wahlen (29. 4. 2011).
46 Vgl. Strugl, Stelzer, Hattmannsdorfer: Erfolg trotz Gegenwind. S. 46 f.
47 Vgl. Burkert-Dottolo u. a.: Ikonografie und Narrative von Wahlplakaten. S. 234.
48 Vgl. http://www.wno.org/newpages/chr71.html (29. 4. 2011).
49 APA-OTS, 9. 7. 2003. »OÖ-Umfrage: Pühringer und ÖVP unangefochten an der Spitze« (Market-Institut). http://www.ots.at/presseaussendung/OTS_20030709_OTS0038/ooe-umfrage-puehringer-und-oevp-unangefochten-an-der-spitze (29. 4. 2011).
50 Vgl. Strugl, Stelzer, Hattmannsdorfer: Erfolg trotz Gegenwind. S. 49.

FPÖ erlitt ein Debakel und setzte die Serie der gravierenden Wahlniederlagen fort: Sie verlor 12,2 Prozentpunkte und acht Landtagssitze und stellte mit einem Stimmenanteil von 8,4 Prozent nur noch vier Abgeordnete im neu gewählten Landtag. Außerdem wurde die FPÖ von den Grünen überholt, die 3,3 Prozentpunkte und zwei Mandate gewannen und mit ihren 9,1 Prozenten fünf Mandate erreichten.

Wie die Wahlanalysen zeigten, wurde das Wahlergebnis ganz entscheidend von den Abwanderungen ehemaliger FPÖ-Wähler bestimmt. Etwa ein Viertel von diesen ging an Nichtwähler, ein Fünftel an die SPÖ und etwa 16 Prozent an die ÖVP verloren. Die SPÖ hat also am stärksten von den hohen Verlusten der FPÖ profitiert. Die FPÖ verlor aber auch nicht unbeträchtlich an die ÖVP. Die ÖVP verlor aber andererseits über zehn Prozent ihrer Wählerschaft von 1997 an die SPÖ. Die SPÖ konnte auch etwa 20.000 Stimmen von früheren Nichtwählern für sich mobilisieren. Die Grünen profitierten vom Niedergang des Liberalen Forums und von ehemaligen ÖVP-Wählern.[51]

Nach ihrem Wahlsieg versuchte die Oberösterreichische SPÖ eine Ampelkoalition gegen die ÖVP zu schmieden. Dies wurde durch erfolgreiche Verhandlungen der ÖVP mit den Grünen vereitelt. Landeshauptmann Pühringer einigte sich mit den Grünen auf eine schwarz-grüne Koalition, ein Novum in den regionalen Regierungskonstellationen Europas.

Trotz des Gewinns der absoluten Mehrheit in Niederösterreich und Tirol und des Haltens des Status quo in Oberösterreich konnte die Bundes-ÖVP Ende 2003 nicht wirklich in Jubel ausbrechen. Ihre Gewinne gingen praktisch überall zulasten des selbstzerstörerischen Koalitionspartners FPÖ. Landeshauptmann Pröll erzielte sein hervorragendes Ergebnis vor allem auch durch eine klare Distanzierung von der Bundesregierung, bei der Tiroler ÖVP gab es lange Gesichter über das – wenn man es genau betrachtete – eher enttäuschende Ergebnis. Bundeskanzler Schüssel war am Wahlabend in Erwartung eines Wahltriumphes nach Innsbruck gekommen, wo er offensichtlich ein besseres Ergebnis als in Oberösterreich erwartet hatte. Die oberösterreichische ÖVP hatte alle Hände voll zu tun, um den äußerst negativen Einfluss der Bundespolitik einigermaßen abzuwehren.[52]

Generell konnte man den Eindruck gewinnen, dass die Regierung Schüssel immer weniger auf regionale und lokale Wahlen bei der Umsetzung ihrer Reformpläne Rücksicht nahm. Eine Ausnahme bildete Landeshauptmann Pröll, der sich durch sein lautstarkes Poltern gegen die Bundespolitik den Respekt der Bundesregierung erwarb und auf den man Rücksicht nahm, indem man die Pensionsreform erst kurz nach der niederösterreichischen Landtagswahl vorstellte. Auf loyalere Landeshaupt-

---

51 SORA, Landtagswahl Oberösterreich 2003. http://www.sora.at/themen/wahlverhalten/wahlanalysen/ltw-ooe03.html (29. 4. 2011).
52 Vgl. Filzmaier: Ein bedeutungsloses Wahljahr? S. 16 f.

männer, wie etwa Josef Pühringer, wurde nicht einmal mehr strategisch Rücksicht genommen.[53] Trotz der landespolitisch äußerst schädlichen, emotionalen Debatte um die Voest-Privatisierung hatte man nicht das Gefühl, dass dies den Bundeskanzler und seine Regierung besonders beeindruckte. Dazu kam noch das völlig führungslose Verhalten der FPÖ mit quälenden Obmanndebatten und Querschüssen aus Kärnten, die diese Partei bei den Landtagswahlen auf ihre engsten Kernschichten reduzierten. Der SPÖ gelang es überall, beträchtliche Gewinne zu erzielen und damit ihr Verlierer-Image von 2002 abzubauen, allerdings brachte ihr das insgesamt keinerlei Machtzuwachs. Aus den Landtags-Ergebnissen dieser Zwischenetappe 2003 waren für die beiden Koalitionsparteien gravierende Warnsignale zu erkennen, die allerdings nicht ernst genommen wurden.

Als Folge der katastrophalen freiheitlichen Wahlergebnisse in Oberösterreich und Tirol verstärkte sich die Unruhe innerhalb der FPÖ. Von der Kärntner FPÖ wurde die Forderung nach personellen Konsequenzen erhoben. Um das Parteiprofil zu schärfen, verzichtete Vizekanzler Haupt in weiterer Folge auf das gemeinsame Pressefoyer mit Bundeskanzler Schüssel nach dem Ministerrat. Schließlich gab Herbert Haupt am 19. Oktober dem innerparteilichen Druck nach und legte das Amt des Vizekanzlers zurück, das Infrastrukturminister Hubert Gorbach übernahm. Haupt blieb Sozialminister und Parteiobmann, allerdings wurde ihm Staatssekretärin Ursula Haubner, die Schwester Jörg Haiders, als geschäftsführende Parteiobfrau zur Seite gestellt. Dies alles verstärkte den Eindruck von Verzweiflungsmaßnahmen der kleinen Regierungspartei.

Die Innenpolitik blieb unruhig und voller kontroversieller Diskussionen. Anfang Oktober präsentierte die Regierung ihre Pläne zur ÖBB-Reform. Dies führte zu heftigen Protestmaßnahmen der Gewerkschaft mit Streiks Anfang und Mitte November, bis schließlich am 14. November zu ein Kompromiss und eine Einigung erfolgte. Im Dezember kam es zu heftigen Reaktionen, als aufgrund der neuen Pensionsregelungen mehr als 3.000 Lehrer in den Vorruhestand traten. Daneben lief eine öffentliche Diskussion über das Medikamenten-Sparpaket der Regierung. Mit dem Verkauf der letzten Böhler-Uddeholm-Anteile durch die ÖIAG im November wurde die Privatisierungsdebatte wieder aufgekocht. In dieser von Protest und Widerstand gegen die Reformen der Bundesregierung geprägten Atmosphäre ging man in das Jahr 2004, in dem zwei Landtagswahlen anstanden, die wesentlich kritischer und damit von größerer gesamtpolitischer Bedeutung waren, als die des Jahres 2003. Gravierende Auswirkungen der Bundespolitik und hausgemachte Fehler bzw. Stärken bestimmten den Ausgang der beiden Landeswahlen.

---

53 Vgl. David Wineroither: Making Omlets and Breaking Eggs? Schüssel's Leadership in Government and Party. – In: Bischof, Plasser (Hg.): The Schüssel Era in Austria. S. 59: »... anticipated or suffered losses in provincial elections were put aside«.

Salzburg, Kärnten, Vorarlberg: Bundespolitischer Gegenwind und Hausgemachtes

Zahlreiche Faktoren waren dafür verantwortlich, dass es bei der *Landtagswahl in Salzburg* am 7. März 2004 zu einem in den österreichischen Bundesländern sehr seltenen politischen Wechsel in der Position des Landeshauptmannes kam. Dieser Machtwechsel stand natürlich im Mittelpunkt der Aufmerksamkeit und ließ die eigentlichen Wahlergebnisse in den Hintergrund treten.[54]

Bundespolitisch waren sowohl Bundeskanzler Schüssel als auch die von ihm geführte Koalitionsregierung an einem Tiefpunkt der Popularität angelangt. Die persönlichen Werte Schüssels waren so schlecht wie noch nie: Nur 33 Prozent der Befragten hatten eine gute Meinung von ihm, 55 Prozent keine gute Meinung. Auch die Zufriedenheit mit der Regierung hatte 2003 den Tiefpunkt erreicht. 32 Prozent waren mit der schwarz-blauen Koalition zufrieden, 67 Prozent unzufrieden.[55]

Die Salzburger SPÖ mit ihrer Spitzenkandidatin Gabriele Burgstaller konnte einen Erdrutschsieg von +13,1 Prozentpunkten feiern und überholte mit 45,4 Prozent erstmals bei einer Landtagswahl die bisher dominierende ÖVP deutlich. Die Anzahl der SPÖ-Mandate stieg von 12 auf 17. Die SPÖ konnte Wähler aus allen politischen Lagern gewinnen, vor allem aber von den Freiheitlichen, die mehr als halbiert wurden und als die eigentlichen Verlierer dieser Wahl anzusehen waren. Ihr Stimmenanteil reduzierte sich von 19,6 Prozent auf 8,7 Prozent, die Anzahl der FPÖ-Sitze im Landtag verringerte sich von sieben auf drei. Die ÖVP konnte mit einem marginalen Verlust von 0,8 Prozentpunkten ihren Anteil mit 37,9 Prozent fast halten, verlor allerdings ein Mandat und verfügte nunmehr über 14 Mandate. Die Grünen legten um 2,3 Prozentpunkte auf 8 Prozent zu, versäumten aber das erhoffte dritte Mandat um ganz wenige Stimmen.[56]

Die Wahlbeteiligung war mit 77,3 Prozent um 3,2 Prozentpunkte gestiegen.

Dass es zu diesem Ergebnis kam, hat eine längere Vorgeschichte, die auch vor dem Hintergrund zu sehen ist, dass Salzburg seit Langem eine hohe Beweglichkeit der Wählerschaft aufweist, die unter anderem im hohen Wähleranteil aus dem urbanen und suburbanen Bereich begründet ist. Dies führt zu einer deutlichen Labilität von Parteibindungen und Parteieignungen und einer Erhöhung des parteipolitischen

---

54 Der Verfasser dieses Beitrages war einer der Hauptakteure bei der Salzburger Landtagswahl 2004. Er weist daher darauf hin, dass die historische Beurteilung der Salzburger Landtagswahl 2004 auch subjektive Färbungen beinhalten kann.

55 Vgl. Fritz Plasser, Peter A. Ulram: Rollercoaster: Schüssel's Electoral (Mis)fortunes and the Dynamics of Public Approval. – In: Bischof, Plasser (Hg.): The Schüssel Era in Austria. S. 23 und S. 25.

56 Vgl. Josef Raos u. a.: Ergebnisse der Landtagswahl vom 7. März 2004. Amt der Salzburger Landesregierung. Landesstatistischer Dienst. – Salzburg 2004. S. 4 f.

Wettbewerbs.⁵⁷ Deutlich gezeigt hat sich dies z. B. in den hohen Unterschieden der Wahlergebnisse von Nationalratswahl 2002 und Landtagswahl 2004: Bei der Nationalratswahl am 24. 11. 2002 erzielte die ÖVP ein Rekordergebnis von 46,6 Prozent und fiel rund 14 Monate später auf 37,9 Prozent.⁵⁸

Bei der Landtagswahl 1999 hatte die ÖVP ihre Position leicht ausgebaut, die SPÖ hatte vor allem auf Kosten der FPÖ und der Grünen stärker zugelegt, und erstmals wurde die Landesregierung aus einer ÖVP/SPÖ-Koalition nach dem Mehrheitsprinzip gebildet. Ein »ambitioniertes Arbeitsprogramm« mit den Großvorhaben Fußballstadion, Museum der Moderne, »Haus für Mozart«, Salzburg Museum etc. wurde »konsequent und erfolgreich umgesetzt.«⁵⁹ Das Land stand politisch, wirtschaftlich, sozial und kulturell im Vergleich zu anderen Bundesländern besonders gut da. »Zweifellos, Schausberger hat große Brocken erledigt. Etliche aber haben Schönheitsfehler. Im Tempo, so die Kritiker, blieb Qualität auf der Strecke«, schrieb News nach der Wahl.⁶⁰ Offensichtlich war die ÖVP zu sehr von der Erwartung ausgegangen, dass die Wähler die zurückliegenden Verdienste honorieren würden und vernachlässigte dadurch die Ausstrahlung von Hoffnung für die Zukunft.

Die furchtbare Unfallkatastrophe von Kaprun am 11. November 2000 mit 155 Toten wurde von Landeshauptmann Schausberger mit Menschlichkeit aber auch Professionalität bewältigt. Dies war auch in den Medien unbestritten. »Vor allem für die umsichtige Leitung des Einsatzes nach der Tragödie von Kaprun wurde ihm von allen Seiten Respekt gezollt. In den Tagen nach dem Unglück war Schausberger am authentischsten und für die Menschen, auch im Wortsinn, am greifbarsten«, urteilte Sylvia Wörgetter in den »Salzburger Nachrichten«.⁶¹ Schausberger war wohl auf dem Höhepunkt seiner Popularität als Landeshauptmann.

Dem wurde von den politischen Gegnern gegengesteuert. Die SPÖ erneuerte ihre Führung, am 31. März 2001 folgte Gabriele Burgstaller dem bisherigen Landeshauptmann-Stellvertreter und Landesparteivorsitzenden Gerhard Buchleitner in allen Funktionen nach.

Kurz darauf begann eine äußerst bösartige Rufmordkampagne gegen den Landeshauptmann, die ihm in absurdesten Variationen Gewaltanwendung gegen seine

---

57 Vgl. Herbert Dachs: Machtwechsel! Landtags- und Gemeinderatswahlen in Salzburg 2004. – In: Herbert Dachs, Roland Floimair (Hg.): Salzburger Jahrbuch für Politik 2003. – Wien/ Köln/ Weimar 2004. S. 9–27. S. 10 f. (Schriftenreihe des Landespressebüros. Sonderpublikationen Nr. 180.)
58 Zur Ausgangssituation für die Salzburger Landtagswahl 2004 vgl. Franz Schausberger: Salzburger Landtagswahl 2004 – Versuch einer Analyse. In: Österreichische Monatshefte, 2/2004. S. 55 f.
59 Vgl. Dachs: Machtwechsel! S. 11.
60 News, 7. 3. 2004. http://www.news.at/articles/0410/11/76704/franz-schausberger-ein-landesfuerst (14. 5. 2011)
61 Sylvia Wörgetter: Der Fall des Fädenziehers. In: Salzburger Nachrichten. 10. 3. 2004. http://www.salzburg.com/sn/schwerpunkte/wahl2004/artikel/757247.html (14. 5. 2011).

Frau unterstellte. Als Kernzellen dieser »üblen und inhaltlich unbewiesenen Ehrabschneidereien«[62] konnten politische Kreise anderer Parteien, »Spin-Doktoren«, die sich ihre Kenntnisse über Dirty Campaigning in den USA geholt hatten, geortet werden. Allerdings erging man sich immer nur in perfiden vagen Andeutungen und Unterstellungen. Auf konkrete Nachfragen konnten keinerlei konkrete Antworten gegeben werden. Vor allem auch in bürgerlichen Kreisen wurde das Verleumdungsgerücht mit Sensationsgier aufgenommen, sodass es sich wie eine Flutwelle über das ganze Land verbreitete.

Der Landeshauptmann und die Salzburger ÖVP hatten praktisch keine Chance, dagegen eine wirksame Strategie aufzubauen. Dass es sich um eine politische Aktion handelte, stellte sich spätestens am Freitag, 25. Oktober 2002 heraus, als im unmittelbaren Vorfeld zur Nationalratswahl 2002 schlagartig und bestens organisiert an strategisch wichtigen Stellen der Stadt Salzburg und an allen Alleebäumen an der Salzach Plakate aufgehängt wurden, auf denen die Vorwürfe gegen den Landeshauptmann wiederholt wurden und die ÖVP bezichtigt wurde, dagegen nichts zu unternehmen. Dazu wurden noch unzählige anonyme Briefe an Meinungsbildner, Einrichtungen und Organisationen versendet, in denen die Vorlage von Beweismaterial noch vor der Nationalratswahl angekündigt wurde, falls Schausberger nicht sofort zurücktrete. Damit war der Nachweis des politischen Hintergrundes der ganzen Kampagne erbracht. Hinter dieser Aktion konnte keine Einzelperson stehen, das war eindeutig von einer Organisation durchgeführt. Beweismaterial gegen den Landeshauptmann folgte natürlich keines.

Nun mussten Landeshauptmann Schausberger und seine Frau öffentlich reagieren. Sie wiesen in einer Pressekonferenz alle Unterstellungen und Verleumdungen zurück und drohten jedem, der solche verbreitete, mit sofortiger Klage. In weiterer Folge wurden auch tatsächlich mehrere Personen geklagt.

Wie immer man reagierte, der Betroffene war immer der Verlierer, er war in einem strategischen Dilemma: Wie der Politologe Peter Filzmaier feststellte, wurde die Frage, weil die Familie öffentlich widersprach, erst recht zum Gesprächsthema. Schweigen wiederum hätte der Verleumdung freien Lauf gelassen.[63]

Obwohl die Rufmordkampagne letztlich in sich zusammenbrach und sofort nach der Landtagswahl nicht mehr betrieben wurde, erreichten die Verleumder doch ihr politisches Ziel: die persönliche Verunsicherung des ÖVP-Spitzenkandidaten, der mit dem Rücken zur Wand in ständiger Verteidigungsposition gegenüber einem unbekannten und nicht greifbaren Gegner stand, die Zerstörung seiner Sympathiewerte, den steigenden Zweifel innerhalb der Partei, ob man mit dem Landeshauptmann die Wahl noch gewinnen könne, sowie das Entstehen von innerparteilichen

---

62 Dachs: Machtwechsel! S. 12.
63 Vgl. Peter Filzmaier: Der Zug der Lemminge. – Salzburg 2010. S. 156.

Diskussionen und Aktivitäten um Alternativlösungen. Jedenfalls war diese beispiellose Rufmord-Kampagne für den Landeshauptmann politisch letal und ein entscheidender Faktor für den Wahlausgang. Resümierend meint Filzmaier: »Salzburg allerdings muss sich als Sittengemälde den Spiegel vorhalten lassen, ob nun … Parteifreunde … für diese miese Aktion verantwortlich waren oder ach so friedlich neutrale und aufgeschlossene Landesbürger. Widerlich war es in beiden Fällen.«[64]

Informelle Kreise innerhalb der ÖVP begannen sich hinter dem Rücken des Landeshauptmannes um andere Lösungen umzusehen, anstatt sich um den Spitzenkandidaten zu scharen und Strategien zu seiner Stärkung zu überlegen. Die ÖVP hatte eine zwar schwierige, aber nicht hoffnungslose Ausgangsposition. Noch im Oktober 2003 erschien einer deutlichen Mehrheit der Salzburger ein politischer Wechsel weder wahrscheinlich noch begrüßenswert. Die durchaus rationale Wahlkampfstrategie der ÖVP wurde aber durch innerparteiliche Entwicklungen völlig umgeworfen.[65]

Dazu kam noch ein von der Wahlkampfführung ausgeklügeltes Vorzugsstimmenmodell, das in dieser Situation eindeutig kontraproduktiv war. Es führte zu dramatischen Szenen hinter den ÖVP-Wahlkampfkulissen und schwächte die Schlagkraft der Parteiorganisation gegenüber den Mitbewerbern.

Am 7. Jänner 2004 präsentierte ÖVP-Landesparteiobmann Schausberger nicht nur – wie ursprünglich geplant – Wilfried Haslauer jun. als Listenzweiten und künftigen Wirtschaftslandesrat, sondern kündigte auch – gegen seine Überzeugung und heftigen Bedenken – seinen Rücktritt in zwei Jahren und Wilfried Haslauer als seinen Nachfolger an. Die beiden letzten Ankündigungen waren Bedingungen Haslauers für seine Kandidatur.

In weiterer Folge wurde – entgegen allen Festlegungen – seitens der Wahlkampfführung ein »Doppelpack-Spitzenkandidaten-Wahlkampf« geführt, wodurch die ÖVP anstelle von Sicherheit durch Kontinuität maximale Unsicherheit in der Wählerschaft verbreitete, während die SPÖ-Spitzenkandidatin nun als »berechenbarer Faktor« erschien.[66] Viele von denen, die auf einen »Vollzeit-Landeshauptmann« setzten und durchaus bereit gewesen wären, Schausberger zu unterstützen – vor allem unter den FP-affinen Wählern –, gingen irritiert und enttäuscht gleich zur politischen Alternative. Man hatte gegen ein politisches Ur-Prinzip verstoßen: Ein Politiker, der seinen Rücktritt ankündigt, ist politisch erledigt.[67] Damit wurde »die Position des amtierenden Landeshauptmannes … final beschädigt, ohne dass ›der

---

64 Vgl. Ebd. S. 157.
65 Vgl. Peter A. Ulram, Franz Sommer: Hausgemachte Siege – hausgemachte Niederlagen. Die Landtagswahlen in Salzburg, Kärnten und Vorarlberg 2004. – In: Andreas Khol u. a. (Hg.): Österreichisches Jahrbuch für Politik 2004. – Wien/ München 2005. S. 69–80. S. 70.
66 Vgl. Ulram, Sommer: Hausgemachte Siege – hausgemachte Niederlagen. S. 72.
67 Vgl. Schausberger: Salzburger Landtagswahl 2004. S. 58.

Neue‹ … die Zeit gehabt hätte, entsprechende Zustimmung und positive Profilierung zu erreichen.«[68]

Der Salzburger Politikwissenschaftler Herbert Dachs wies nach der Wahl darauf hin, dass durch eine bisher nicht dagewesene prominente Rolle von in immer kürzeren Abständen publizierten Meinungsumfragen in fast allen Medien schon zu frühen Zeitpunkten die Medien selbst zu »Mitakteuren im Ringen der Parteien um öffentliche Aufmerksamkeit« geworden waren. Nachdem sich aufgrund des politischen Gesamtumfeldes ein Trend gegen die ÖVP herauszubilden schien, kann »mit Sicherheit ein Bandwagon-Effekt zugunsten der letztlich siegreichen SPÖ angenommen werden«. Trotz der kontinuierlichen und z. T. von unverhohlenem medialen Wohlwollen gegenüber der SPÖ gekennzeichneten Berichterstattung über die steigenden Sympathiewerte der SPÖ-Spitzenkandidatin Burgstaller blieb die ÖVP bis etwas drei Monate vor der Wahl vor der SPÖ, wenn auch der Abstand immer geringer wurde Die letzten entscheidenden Prozentpunkte wurden wohl durch die Ankündigungen am 7. Jänner 2004 verloren.

Auf der anderen Seite stand die SPÖ, die ihre Spitzenkandidatin als »Eine von uns« präsentierte, die mehr Frische, Modernität und soziale Wärme in das Land bringen würde, ohne deshalb inhaltlich viel ändern zu wollen. Es ging mehr um Atmosphärisches, Stilistisches und um den »Feelgood«-Faktor, den die SPÖ zweifellos besser getroffen hatte als alle anderen Parteien.[69] Damit gelang es ihr, vor allem einen hohen Anteil der früheren FPÖ-Wähler (20.000) und der Nichtwähler (10.000) von 1999 für sich zu gewinnen. Von den früheren ÖVP-Wählern gingen etwa 8.000 an die SPÖ, während die ÖVP wiederum ca. 9.000 FPÖ-Wähler von 1999 für sich überzeugen konnte. Dass die ÖVP trotz eines absoluten Zugewinns von fast 8.000 Stimmen einen prozentuellen Verlust von 0,8 Prozentpunkten verzeichnen musste, lag an der gestiegenen Wahlbeteiligung.[70]

Die bundespolitischen Einflüsse liefen natürlich alle deutlich gegen die ÖVP und vor allem gegen die FPÖ. Die unprofessionelle Debatte um die Pensionsreform und die damit verbundenen Streiks, die Ankündigungen der Schließung von Postämtern, Bezirksgerichten, Gendarmerieposten, Polizeiwachzimmern, Finanzämtern etc. gaben der Landes-SPÖ und ihrer Spitzenkandidatin neue Spielräume zu Kritik, Protest und damit zur eigenen Profilierung als »bundespolitische Oppositionspartei in der Landesregierung«. Dazu kam noch, dass Burgstaller bei ihrer Amtsübernahme ungewöhnlich wenige, dafür aber öffentlichkeitswirksame Ressorts übernommen hatte.[71]

---

68 Vgl. Ulram, Sommer: Hausgemachte Siege – hausgemachte Niederlagen. S. 73.
69 Ebd. S. 25.
70 Vgl. SORA: Landtagswahl Salzburg 2004. http://www.sora.at/themen/wahlverhalten/wahlanalysen/ltw-sbg04.html (15. 5. 2011).
71 Vgl. Schausberger: Salzburger Landtagswahl 2004. S. 57.

Die Salzburger ÖVP und ihr Landeshauptmann wiederum mussten, trotz immer wieder geäußerter Kritik, die unpopulären Reformmaßnahmen der Bundesregierung und deren Konsequenzen im Land mittragen und letztlich auch verteidigen.[72] Besonders die FPÖ hatte mit negativen bundespolitischen Einflüssen zu kämpfen, die sich seit Knittelfeld und dem folgenden Wahldebakel bei der Nationalratswahl 2002 enorm verstärkten. Dazu kamen auf Landesebene eskalierende und quälende innerparteiliche Auseinandersetzungen mit Parteiausschlüssen der Kritiker von Landesobmann Karl Schnell, die ganz entscheidend zum katastrophalen freiheitlichen Wahlergebnis beitrugen.[73]

Zu allem Überdruss kam es noch im Jänner 2004 zu ersten Auswirkungen der Pensionsreform in Form von Pensionskürzungen. Während Jörg Haider in Kärnten den Mindestrentnern die Kürzungen aus Landesmitteln ersetzte und dafür in seinem Bundesland politisch punkten konnte, wurde die gleiche Aktion in Salzburg dem Landeshauptmann als »Wahlkampfgag« angekreidet. Die SPÖ forderte, dass die Pensionskürzungen von der Bundesregierung zurückgenommen werden müssten. Eine ungeschickte Äußerung der Bundesobfrau der Jungen ÖVP in Salzburg zu den Pensionskürzungen und eine Sondersitzung des Nationalrates im Februar, bei der die Regierungsparteien ihren Fehler durch den Beschluss einer Einmalzahlung für Mindestpensionisten gutzumachen versuchten, verschlimmerten die Situation eher.[74]

»Schüssel als Bundeskanzler hatte SPÖ und Grünen mit dem Rentenklau eine tödliche Wahlkampfmunition auf dem Silbertablett serviert. Die später von der Regierung beschlossenen Ausgleichszahlungen waren pure Notwehr. Für Schausberger kam mit der Kehrtwendung im Wahlkampf jede Hilfe zu spät, weil Landes- und Regierungszuckerl nicht süß genug waren«, stellt der Politologe Filzmaier fest.[75]

Wie anders Wahlergebnisse in Salzburg aussehen, wenn sie nicht so stark von bundes- bzw. spezifischen landespolitischen Faktoren beeinflusst werden, zeigten die Gemeinderatswahlen, die ebenfalls am 7. März 2004 durchgeführt wurden. Hier legte die ÖVP landesweit um 2,5 Prozentpunkte zu und blieb mit 43,1 Prozent eindeutig stärkste Kraft. Die SPÖ verbesserte sich um 6,0 Prozentpunkte und erreichte 37,9 Prozent. Auch hier war der große Verlierer die FPÖ, die ein Minus von 8,2 Prozentpunkten einfuhr und nur mehr auf 8,5 Prozent kam. Die Grünen kamen durch ein leichtes Plus auf sieben Prozent.[76]

---

72 Dachs: Machtwechsel! S. 12.
73 Ebd. S. 17 f.
74 News 10. 2. 2004. http://www.news.at/articles/0407/10/74799/thema-pensionsraub-sondersitzung-nationalrat (14.5. 2004).
75 Peter Filzmaier: Wie wir politisch ticken… – Wien 2007. S. 60.
76 Vgl. Dachs: Machtwechsel! S. 23. Vgl. ebenso: Josef Raos u. a.: Ergebnisse der Gemeindewahlen 2004. Teil I: Textband. Amt der Salzburger Landesregierung. Landesstatistischer Dienst. – Salzburg 2004. S. 5–10.

Das Ergebnis dieser Wahlen, die durch das Zusammentreffen vieler negativer Faktoren – teils fremd-, teils selbstverschuldet – für die ÖVP nicht mehr zu gewinnen waren, führten zu einer Koalition von SPÖ und ÖVP in Salzburg und hatte tief greifende landes- und bundespolitische Auswirkungen, auch wenn der Bundeskanzler die Niederlage herunterspielte und betonte, dass sich aus diesen Resultaten kein bundespolitischer Trend für seine Partei ablesen lasse.[77]

Die *Landtagwahlen in Kärnten* brachten ein völlig anderes Ergebnis als in Salzburg, ja, ein diametral entgegengesetztes Ergebnis zum generellen Trend der hohen Verluste der FPÖ bei allen Wahlgängen seit der Nationalratswahl 2002. Und dies, obwohl auch in Kärnten noch im Dezember 2003 ein Machtwechsel durchaus möglich schien. Zu diesem Zeitpunkt lag die FPÖ noch deutlich hinter der SPÖ. Dann setzte eine geradezu einmalige Entwicklung der öffentlichen Meinung ein und die FPÖ stieg in der Sonntag-Frage in einem in der österreichischen Wahlgeschichte kaum vergleichbaren Aufholprozess ständig an bis zu einem Wahlergebnis von 42,4 Prozent.[78]

Ein Jahr vor der Landtagswahl in Kärnten, am 9. März 2003, fanden in diesem Bundesland Gemeinderats- und Bürgermeisterwahlen statt, die einen beträchtlichen Stimmengewinn von fast sechs Prozentpunkten für die SPÖ brachten. Die Landeshauptmann-Partei FPÖ musste einen dramatischen Verlust von 6,9 Prozentpunkten hinnehmen, verfügte nur mehr über 19,1 Prozent und fiel auf den dritten Platz zurück. Die ÖVP, die sich stärkere Stimmengewinne erwartet hatte, musste sich mit einem schwachen Zugewinn von 1,15 Prozentpunkten zufriedengeben. Sie lag nun mit 23,5 Prozent an dritter Stelle, während die SPÖ mit 46,4 Prozent klar stärkste Partei war.[79] Auch bei der Nationalratswahl 2002 als Folge von Knittelfeld, für das Jörg Haider als hauptverantwortlich gesehen wurde, hatte die Kärntner FPÖ ein Debakel zu verzeichnen, war hinter SPÖ und ÖVP auf den dritten Platz abgerutscht und hatte nicht einmal mehr 24 Prozent erreicht. Die SPÖ machte sich also nicht ganz zu Unrecht Hoffnungen, Platz 1 wieder zurückerobern und damit den Anspruch auf den Landeshauptmann stellen zu können.

Insgesamt war die Ausgangsposition für die FPÖ und Jörg Haider in Kärnten ein halbes Jahr vor der Landtagswahl eine denkbar schlechte. Jörg Haider lag in der Landeshauptmann-Direktwahlpräferenz mit dem eher unpopulären SPÖ-Kandidaten Peter Ambrozy bei 30 Prozent gleichauf. Die ÖVP hatte mit Elisabeth Scheucher eine neue Spitzenkandidatin, die einen Neubeginn signalisierte und Sympathie ausstrahlte.

---

77 Vgl. NZZ Online, 9. 3. 2004. »Schüssel relativiert die Niederlage«.http://www.nzz.ch/2004/03/09/al/article9gi49_1.224901.html (12. 5. 2011)

78 Vgl. Peter Filzmaier, Peter Hajek: Das Kärntner Wahljahr 2004. – In: Karl Anderwald, Peter Filzmaier, Karl Hren (Hg.): Kärntner Jahrbuch für Politik 2004. – Klagenfurt 2004. S. 9.

79 Vgl. http://info.ktn.gv.at/grwahl2003/(15. 5. 2011)

»Doch den Umschwung brachte ein Wahlkampf, wie ihn Österreich schon lange nicht mehr gesehen hat. Seit Wochen tourt Haider fast rund um die Uhr durch sein kleines Bundesland, singt auf Faschingsumzügen, dirigiert Blaskapellen und wirbt im gelben Rennoverall für die ›Pole-Position‹. Kein Witz ist ihm bei seiner Personality-Show zu dümmlich, kein Trick zu schmutzig und keine Schau zu billig.«[80]

Die FPÖ-Wahlkampagne warb massiv um die wegen Knittelfeld verärgerten FPÖ-Sympathisanten, Jörg Haider entschuldigte sich mehrmals für sein Verhalten, schlug ungewohnt gemäßigte Töne an und präsentierte sich als starker Vertreter der Kärntner Interessen. Heftige Attacken ritt er allerdings immer wieder gegen die ÖVP-FPÖ-Koalition auf Bundesebene. Es gelang ihm, die Wahlauseinandersetzung auf eine Persönlichkeitsentscheidung zwischen ihm und dem eher unbeliebten und auch in seiner eigenen Partei nicht umstrittenen SPÖ-Kandidaten Ambrosy zuzuspitzen. Der Wahlkampf war ganz auf den Spitzenkandidaten ausgerichtet, auf jedem Wahlkampfplakat war Jörg Haider die zentrale Person (»An Bessern kriag ma nimma!«), die FPÖ als Partei trat hingegen in den Hintergrund, teilweise fehlte das Partei-Logo in der Wahlwerbung überhaupt.[81] Das Programm der Kärntner FPÖ war Jörg Haider.

Nachdem die ersten Pensionskürzungen durch die Pensionsreform der schwarz-blauen Koalition bekannt geworden waren, begann Jörg Haider den Differenzbetrag aus der Landeskassa auszuzahlen. Schon am frühen Morgen standen in Haiders Amtssitz in Klagenfurt jeden Tag die Pensionisten Schlange. Wenn sie nachweisen konnten, dass ihnen durch die Rentenreform der Bundesregierung finanzieller Nachteil entstanden war, zahlte »Jörgl«, z. T. persönlich, ein Zubrot in Cash aus der Landeskasse aus.[82] Anders als in Salzburg wurden die Zahlungen auch nach der von der Bundesregierung angekündigten Gesetzeskorrektur nicht eingestellt.

Als sich die ÖVP-Spitzenkandidatin völlig überraschend und entgegen der Position der Bundes-ÖVP zur Festlegung gegen eine Wahl Haiders zum Landeshauptmann hinreißen ließ, erschien dieser vielen als das »kleinere Übel« und als einziger »bürgerlicher« Kandidat. »Wir machen ein Angebot an das bürgerliche Lager, diesmal Jörg Haider die Stimme zu schenken, damit es keinen Rückfall in die Zeiten eines sozialistischen Landeshauptmanns gibt«, lockte etwa FP-Chef Martin Strutz beim Aschermittwoch-Treffen in Althofen.[83]

---

80 Jürgen Kremb: Haider vor dem Comeback. – In: Spiegel Online, 5. 3. 2004. http://www.spiegel.de/politik/deutschland/0,1518,289206,00.html (17. 5. 2011).
81 Vgl. Ulram, Sommer: Hausgemachte Siege – hausgemachte Niederlagen. S. 75.
82 Kremb: Haider vor dem Comeback. – In: Spiegel Online, 5. 3. 2004. http://www.spiegel.de/politik/deutschland/0,1518,289206,00.html (17. 5. 2011).
83 Profil Online. 28. 2. 2004. http://www.profil.at/articles/0409/560/76153/landtagswahl-kaernten-rempler-zielgeraden (18. 5. 2011).

Durch die zunehmende Polarisierung und die Fokussierung auf die beiden Landeshauptmann-Kandidaten Haider und Ambrozy wurde die ÖVP völlig marginalisiert. »Elisabeth Scheucher nahm sich und ihre Partei durch eine missglückte Positionierung in der Landeshauptmann-Frage aus dem Rennen und öffnete die Schleusen für einen Wählerstrom von der ÖVP hin zur FPÖ.«[84]

In der Landeshauptmann-Präferenz stieg Haider von 29 Prozent im Oktober 2003 auf 39 Prozent im Februar 2004, während Ambrosy im gleichen Zeitraum von 30 auf 26 Prozent fiel. Die FPÖ stieg bei den beiden Umfragen ebenfalls von 24 auf 35 Prozent, die SPÖ sank von 35 auf 30 Prozent und die ÖVP stürzte von 21 auf 14 Prozent.[85]

Durch eine hohe Mobilisierung gelang es der Kärntner FPÖ nicht nur, ihre Stammwähler wieder um sich zu scharen, sondern auch der ÖVP einen hohen Anteil ihrer Wähler abspenstig zu machen. Neben der massiven Zuwanderung von ÖVP-Wählern zur FPÖ lag ihr überraschendes Ergebnis in der starken Mobilisierung ihrer eigenen Wählerschaft.[86] Der Spitzenkandidat Jörg Haider war das mit Abstand wichtigste Wahlmotiv für die FPÖ. Die ÖVP gab ungefähr 24.000 ihrer früheren Wähler an die FPÖ ab, verlor 9,1 Prozentpunkte und war der große Verlierer dieser Wahl. Sie kam nur noch auf 11,6 Prozent.

Für viele überraschend ging die FPÖ mit 42,4 Prozent (+0,4 Prozentpunkte) der Stimmen als stimmenstärkste Partei aus der Wahl hervor. Die SPÖ erreichte mit einem Zuwachs von 5,6 Prozentpunkten 38,4 Prozent, blieb aber dennoch auf Platz zwei. Die Grünen zogen mit 6,7 Prozent aufgrund zweier Direktmandate erstmals in den Kärntner Landtag ein.[87] So war diese Landtagswahl gekennzeichnet von hohen Verlusten der ÖVP an die FPÖ, deutlichen Verlusten der FPÖ an SPÖ und Nichtwähler, von einer starken Mobilisierung der SPÖ-Wählerschaft und einer sehr schwachen Mobilisierung der ÖVP-Wähler.[88]

In überraschend kurzer Zeit nach der Wahl einigten sich FPÖ und SPÖ auf eine gemeinsame Koalition. Die SPÖ als Koalitionspartner hatte schon im Vorfeld zugesagt, Haider zwar nicht aktiv zu wählen, aber durch Anwesenheit die Beschlussfähigkeit des Landtages zu sichern. Neben den 16 Stimmen der FPÖ-Fraktion erhielt Haider auch die vier der ÖVP-Fraktion, trotz der Ankündigung im Wahlkampf, Haider nicht zum Landeshauptmann zu wählen. Die acht anwesenden SPÖ-Abge-

---

84 Filzmaier, Hajek: Das Kärntner Wahljahr 2004. S. 11.
85 Vgl. Ulram, Sommer: Hausgemachte Siege – hausgemachte Niederlagen. S. 76 f.
86 Vgl. Brigitte Salfinger, Ursula Breitenfelder, Alexander Reichmann: Bewegung auf allen Ebenen. Analyse der Wählerströme bei den Landtagswahlen in Salzburg, Kärnten und Vorarlberg, bei der BundespräsidentInnenwahl sowie bei der Wahl zum Europäischen Parlament. – In: Andreas Khol u. a. (Hg.): Österreichisches Jahrbuch für Politik 2004. – Wien/ München 2005. S. 81 – 104. S. 87.
87 Vgl. Landtagswahl 2004. http://info.ktn.gv.at/ltwahl2004/ (17. Mai 2011).
88 Vgl. SORA: Landtagswahlen Kärnten 2004. http://www.sora.at/themen/wahlverhalten/wahlanalysen/ltw-ktn04.html (17. Mai 2011).

ordneten enthielten sich der Stimme, die beiden grünen Abgeordneten stimmten gegen Haider. Die blau-rote Koalition löste vor allem innerhalb der SPÖ beträchtliche Diskussionen aus. Eine Signalwirkung der blau-roten Koalition auf die Bundespolitik sah Ambrozy nicht: »Wir haben eine autonome Entscheidung getroffen, damit ist keine Entscheidung der Bundespartei präjudiziert.« Er habe Bundesparteivorsitzenden Alfred Gusenbauer über die Entscheidung informiert und auch im Vorfeld der Gespräche die Optionen mit ihm ausgelotet.[89]

Ohne besondere Spannung verlief die *Landtagswahl in Vorarlberg* am 19. September 2004, wo die Landeshauptmann-Partei – ähnlich wie in Kärnten – ein für sie sehr erfreuliches Ergebnis einfahren konnte, indem sie die 1999 erstmals in der Zweiten Republik verloren gegangene absolute Mehrheit wieder erlangte. Sie gewann drei Mandate dazu und verfügte mit 21 Sitzen wieder klar über die absolute Mehrheit. Das Signal, das von der am 19. März stattgefundenen Arbeiterkammerwahl in Vorarlberg ausging, ließ zwar für die ÖVP nicht unbedingt die besten Werte erwarten: Der ÖAAB verlor seit 30 Jahren erstmals die absolute Mehrheit und stürzte von 60 auf 46,6 Prozent, während sich die SPÖ von 16 auf 35 Prozent steigern konnte.[90] Dennoch mussten bei der Landtagswahl keinerlei dramatische politische Veränderungen erwartet werden, weshalb es einen massiven Einbruch der Wahlbeteiligung von 87,8 Prozent auf 60,6 Prozent gab, wodurch mit Ausnahme der Grünen alle Parteien in absoluten Stimmen Verluste erlitten. Außerdem gab es bei dieser Landtagswahl erstmals keine Wahlpflicht mehr.

Von denen, die zur Wahl gingen, bestätigten 54,9 Prozent die ÖVP in ihrer dominanten Stellung, was ein Plus von 9,2 Prozentpunkten bedeutete und die absolute Mandatsmehrheit einbrachte.

Weitab vom bundespolitischen Geschehen in Wien setzte die Vorarlberger ÖVP ganz auf die unangefochtene Stellung ihres Landeshauptmannes Herbert Sausgruber und auf die hohe Zufriedenheit der Bürger mit der Landespolitik, die de facto mit der Politik der ÖVP gleichgesetzt wurde. Die Landeshauptmann-Direktwahlpräferenz lag für Herbert Sausgruber während des ganzen Jahres 2004 in der Traumhöhe von etwa 75 Prozent.[91] Die Chancen, ihr Wahlziel der Zurückgewinnung der absoluten Mehrheit zu erreichen, waren also ziemlich hoch.

Die SPÖ erzielte einen Zugewinn von 3,9 Prozentpunkten, erhöhte die Zahl ihrer Mandate um eines auf sechs und verdrängte mit 16,9 Prozent die FPÖ auf Platz drei. Die Grünen stiegen von sechs Prozent auf 10,2 Prozent, was eine Verdoppelung ihrer Mandate von zwei auf vier brachte.

---

89 Vgl. http://www.wno.org/newpages/par47.html (18. Mai 2011)
90 Vgl. Walter Hämmerle: Jahreschronik 2004. – In: Andreas Khol u. a. (Hg.): Österreichisches Jahrbuch für Politik 2004. – Wien/München 2005. S. 878.
91 Vgl. Ulram, Sommer: Hausgemachte Siege – hausgemachte Niederlagen. S. 79 f.

Die große Verliererin war auch in Vorarlberg die FPÖ. Sie verlor beinahe zwei Drittel ihrer Wähler von 1999, was ein Abrutschen um 14 Prozentpunkte von 27,4 auf 13 Prozent bedeutete. Sie war nur noch mit fünf Mandaten im Vorarlberger Landtag vertreten, um sechs weniger als 1999. Es scheint, dass die Vorarlberger FPÖ die gesamte Wucht der bundespolitischen Situation zu spüren bekam.[92]

Was die Wählerströme betrifft, so war in Vorarlberg die größte Wählerwanderung auf Grund der massiv gesunkenen Wahlbeteiligung jene zu den Nichtwählern. ÖVP, SPÖ und Grüne verloren je ein Viertel ihrer Wähler von 1999 an die Nichtwähler. Von den FPÖ-Wählern der Landtagswahl 1999 blieben 2004 sogar 56 Prozent den Wahlurnen fern.

Große Wählerströme zwischen den Parteien gab es bei der Vorarlberger Landtagswahl 2004 nicht. Die FPÖ musste neben ihren massiven Verlusten an die Nichtwähler vor allem auch Verluste von 5.000 Wählern an die ÖVP hinnehmen.

Aufgrund der gesunkenen Wahlbeteiligung waren auch die Behalterdaten der Parteien relativ niedrig: Die ÖVP konnte 73 Prozent ihrer Wähler von 1999 wieder von sich überzeugen, die SPÖ 67 Prozent und die Grünen 52 Prozent. Die FPÖ wurde gar nur von 28 Prozent ihrer früheren Wähler wiedergewählt.

Turbulenzen in der Bundesregierung und z. T. heftige Reaktionen auf Maßnahmen der Regierung kennzeichnen Herbst und Winter 2004. Nachdem sie bei der *Bundespräsidentenwahl*[93] am 25. April 2004 ihrem Gegenkandidaten unterlegen war, wurde nach der *Wahl zum Europäischen Parlament* am 13. Juni[94] Außenministerin Benita Ferrero-Waldner am 11. August von den Regierungsparteien zur österreichischen EU-Kommissarin nominiert. Ursula Plassnik wurde ihre Nachfolgerin im Außenministerium. Monatelange lähmende Diskussionen über die Pensionsharmonisierung, Gesundheitsreform und die Steuerreform kennzeichnen die politische Landschaft.

Nachdem am 9. Dezember der Nationalrat die von ihm durchgesetzte Fusion von Gendarmerie und Polizei beschlossen hatte, gab Innenminister Ernst Strasser einen Tag später völlig überraschend seinen Rücktritt bekannt. Es folgte ihm die niederösterreichische Landeshauptmann-Stellvertreterin Liese Prokop.

Vor diesem Hintergrund ging man in das Jahr 2005, in dem wieder einige – auch für die Bundespolitik – wichtige »Nebenwahlen« ins Haus standen.

---

92 Vgl. Land Vorarlberg Wahlen, http://www.vorarlberg.at/wahlen/lt.asp?wahlid=18 (17. 5. 2011).
93 Vgl. Fritz Plasser, Peter A. Ulram: Ruhe und Unruhe. Die Bundespräsidentenwahl und die Wahlen zum Europäischen Parlament 2004. – In: Andreas Khol u. a. (Hg.): Österreichisches Jahrbuch für Politik 2004. – Wien/München 2005. S. 3–27. S. 4–12. Ebenso Peter Filzmaier, Peter Hajek: Bundespräsidentschafts- und Europaparlamentswahlen 2004. – In: Andreas Khol u. a. (Hg.): Österreichisches Jahrbuch für Politik 2004. – Wien/ München 2005. S. 29–53.
94 Vgl. Plasser, Ulram: Ruhe und Unruhe. S. 12–27.

Nach vielen internen Diskussionen und halben Lösungen übernahm die geschäftsführende FPÖ-Parteiobfrau Ursula Haubner am 24. Jänner von Herbert Haupt auch das Amt der Sozialministerin. Haupt blieb formal noch Parteiobmann und kehrte als Abgeordneter ins Parlament zurück.

Am 6. März fanden in *Niederösterreich Gemeinderatswahlen* statt, bei denen die ÖVP mit 48,8 Prozent und einem kleinen Gewinn von 0,5 Prozentpunkten neuerlich klar stärkste Partei wurde, was in diesen Zeiten keineswegs selbstverständlich war. Die SPÖ legte 3,6 Prozentpunkte zu und kam auf 38,9 Prozent. Die FPÖ stürzte von 7,9 auf 3,3 Prozent ab, während die Grünen leichte Gewinne auf niedrigem Niveau zu verzeichnen hatten.[95]

Es folgte eine Krisensitzung der FPÖ am 8. März in Klagenfurt mit heftigen Auseinandersetzungen der Haider-Linie mit dem rechten Flügel der Partei. Vizeobmann H. C. Strache trat von seiner Funktion zurück, Volksanwalt Ewald Stadler verließ den Parteivorstand, kurze Zeit darauf wurde Andreas Mölzer aus der Partei ausgeschlossen.

Eine Art Testlauf für die steirischen Landtagswahlen waren die *Gemeinderatswahlen in der Steiermark* (ohne Graz) vom 13. März 2005. Die steirische ÖVP konnte zwar ihre Position als stärkste Partei knapp halten, erreichte 43,36 Prozent (+ 0,25 Prozentpunkte), musste aber einen massiven Zugewinn der SPÖ von +4,5 Prozentpunkten auf 43,33 Prozent als deutliches Warnsignal sehen. Die SPÖ lag nur mehr 0,03 Prozent hinter der ÖVP. Die FPÖ wurde fast halbiert und stürzte von 11,3 auf sechs Prozent ab, blieb aber immer noch vor den Grünen drittstärkste Partei.[96]

Ein weiteres Signal, das zu denken geben musste, hatte es schon ein Jahr zuvor gegeben, als bei den *steirischen Arbeiterkammerwahlen* am 31. März 2004 der ÖAAB von 25,7 auf 19,9 Prozent rutschte und die FSG von 61,2 auf 69,8 Prozent stieg. Die Freiheitlichen Gewerkschaften wurden fast halbiert und erhielten nur mehr 4,9 Prozent.[97]

Steiermark, Burgenland, Wien: Vom Zerfall der kleinen Regierungspartei zum Vorabend der Nationalratswahl

Im April 2005 erschütterten heftige Auseinandersetzungen in der kleinen Regierungspartei neuerlich die innenpolitische Szene. Als Folge gründete Jörg Haider mit

---

95 Vgl. Walter Hämmerle: Jahreschronik 2005. – In: Andreas Khol u. a. (Hg.): Österreichisches Jahrbuch für Politik 2005. – Wien/München 2006. S. 761.
96 Vgl. https://egov.stmk.gv.at/wahlen/GR2005/GR2005_60000.html (21. 5. 2011), ebenso Walter Hämmerle: Jahreschronik 2005. S. 762.
97 Vgl. Hämmerle: Jahreschronik 2004. S. 880.

anderen prominenten FPÖ-Mitgliedern das Bündnis Zukunft Österreich (BZÖ). Dieses spaltete sich von der FPÖ ab. Die FPÖ-Mitglieder der Bundesregierung und fast alle Nationalratsabgeordneten der FPÖ traten zum BZÖ über und verblieben in der Koalition mit der ÖVP.

Vor diesem an sich schon schwierigen bundespolitischen Hintergrund näherten sich die Parteien der *Steirischen Landtagswahl*. Dazu kamen rasch zunehmende Probleme der steirischen ÖVP, die in den skandalträchtigen Vorgängen um das steirische Energieunternehmen ESTAG begründet waren.

Die Schwierigkeiten begannen bereits im Mai 2003, als Gerhard Hirschmann, langjähriger VP-Landesrat für Kultur, Sport und Tourismus, in den Vorstand des Landesenergieversorgers ESTAG wechselte. Knapp zwei Monate nach seinem Berufswechsel wies er auf »schwere Misswirtschaft« in der ESTAG, die zu 75 Prozent in Landeseigentum steht, hin: zu hohe Vorstandsgehälter, eine seltsame Beteiligungspolitik und die viel zu kostspielige Renovierung der Konzernzentrale. Er tat dies »sehr boulevardgerecht« und in einer »für das Wirtschaftsleben mehr als ungewöhnlichen Vorgangsweise.« Im Juni 2003 beschloss die Landesregierung, den Bundesrechnungshof einzuschalten, im Juli wurde eine aktienrechtliche Sonderprüfung in Auftrag gegeben. Am 10. November 2003 setzte Landeshauptfrau Klasnic Ex-Wirtschaftsminister Johannes Ditz als Aufsichtsratsvorsitzenden und den früheren steirischen SP-Landeshauptmann-Stellvertreter Peter Schachner-Blazizek als seinen Stellvertreter ein.[98]

Nach der Präsentation der aktienrechtlichen Sonderprüfung vor dem Aufsichtsrat am 20. Jänner 2004 wurden die ESTAG-Vorstände Werner Heinzl, Hubert Jeneral und Gerhard Hirschmann vom Aufsichtsrat ihrer Ämter enthoben. Wobei nicht wirklich plausibel gemacht werden konnte, warum Hirschmann, der mit seinen Vorwürfen offenbar Recht hatte, enthoben wurde. Hirschmann klagte gegen seine Entlassung. Ditz und Schachner übernahmen interimistisch die Führung bis Juni 2004, die Vorstandsposten wurden ausgeschrieben. In der Folge gab es noch heftige politische Auseinandersetzungen über die hohen Abfertigungen der abgesetzten ESTAG-Vorstände. Eine endlose, für die ÖVP politisch tödliche Debatte.

Während der ganzen Phase spielte sich eine »griechische Tragödie« zwischen dem ÖVP-Landesrat für Wirtschaft und Finanzen, Herbert Paierl, und Gerhard Hirschmann, beide ehemalige Freunde und wichtigste Wegbegleiter Waltraud Klasnics, ab. Sie kostete nicht nur beiden den Job, sondern fügte auch Waltraud Klasnic und der steirischen ÖVP nachhaltig Schaden zu. Hirschmann machte für die Missstände in der ESTAG ein bestimmtes »Netzwerk« verantwortlich und meinte damit die steirischen »Freimaurer«. Paierl wiederum meinte ein Netzwerk von »Kleiner

---

98 Vgl. Herwig Hösele: Landesfürst & Landesmutter. Zwei Charaktere – ein Ziel. – Graz/Wien/Klagenfurt 2007. S. 143 ff.

Zeitung« und Katholischer Hochschulgemeinde gegen ihn erkennen zu können. So wurden von beiden Seiten krause »Verschwörungstheorien quasi mafioser Netzwerke« aufgebaut.[99] Laut einer Umfrage des Meinungsforschungsinstitutes SORA glaubten 43 Prozent der Steirer, dass Klasnic in der Causa ESTAG schon früher für Ordnung hätte sorgen müssen. Angelastet wurde ihr vor allem, dass sie monatelang nicht imstande war, die rund um die ESTAG ausgebrochene Schlammschlacht zwischen Gerhard Hirschmann, dem Aufdecker der Missstände, und Herbert Paierl, als Finanzlandesrat Eigentümervertreter bei der ESTAG, zu beenden. Die Umfragewerte der steirischen Volkspartei wurden in der Folge schlechter, die der SPÖ deutlich besser.

Am 4. April 2004 verkündete Landeshauptmann Klasnic den in ein paar Monaten geplanten Rücktritt von Landesrat Herbert Paierl, der wiederum am Tag darauf seinen sofortigen Rücktritt erklärte. Klasnic versuchte nun, dem immer lauter gewordenen Vorwurf der Führungsschwäche dadurch zu begegnen, dass sie Paierls Nachfolge im Alleingang entschied. Neuer Wirtschaftslandesrat wurde der 60-jährige Grazer Universitätsprofessor Gerald Schöpfer, ein angesehener Wissenschafter.

Der Prüfbericht des Rechnungshofes ergab tatsächlich gravierende Mängel in der ESTAG. Seit 1. April 2004 beschäftigte sich ein Landtags-Untersuchungsausschuss mit der politischen Verantwortung für die ESTAG. Mit dem Rücktritt Herbert Paierls fokussierte sich die Diskussion zunehmend auf Landeshauptfrau Klasnic und die Frage, ab welchem Zeitpunkt sie über die Schwierigkeiten in der ESTAG informiert war.

Die SPÖ kostete die Auseinandersetzungen innerhalb der ÖVP genüsslich aus. In Zeitungsinseraten ließ sich SPÖ-Spitzenkandidat Franz Voves gemeinsam mit Gerhard Hirschmann abbilden, mit dem Text: »Eigentlich wundert es mich, dass ein so verdienstvoller Mann von der ÖVP einfach fallen gelassen wird.«

Diese ÖVP-interne Auseinandersetzung im Zuge des ESTAG-Skandals, der vom Politologen Anton Pelinka als eine »Art verschleppter Kronprinzen-Konflikt« bezeichnet wurde, kostete die Partei viel eigene Kraft und viel Sympathie in der Öffentlichkeit. Hinter Paierl standen der Wirtschaftsbund und einflussreiche Unternehmer wie Magna-Chef Frank Stronach, Hirschmann galt als ÖAAB-Mann und erfreute sich beträchtlicher Sympathien bei der Parteibasis.[100]

---

99 Vgl. ebd. S. 150.
100 Vgl. Profil Online: Steiermark: Eine kleine Schlachtmusik. 8. 4. 2004. http://www.profil.at/articles/ 0415/560/79089/steiermark-eine-schlachtmusik (22. 5. 2011). Ebenso News: Die Affäre EStAG: Hintergründe und Fakten zur Causa. 27. 1. 2004. http://www.news.at/articles/0405/30/77577_s4/ die-affaere-estag-hintergruende-fakten-causa (22. 5. 2011) und News: »Verschlankung« des EStAG-Managements: Konkrete Pläne. 24. 3. 2004. http://www.news.at/articles/0413/30/77957/verschlan kung-estag-managements-konkrete-plaene (22. 5. 2011). Zu den Vorstands-Abfertigungen vgl. News: EStAG-Abfertigung für Ex-Vorstände: Heftige Reaktionen! 19. 3. 2004. http://www.news.at/articles/ 0412/30/77957_s3/estag-abfertigung-ex-vorstaende-heftige-reaktionen (22. 5. 2011).

Dennoch: Im Frühjahr 2005 lag die steirische ÖVP in den deklarierten Parteipräferenzen immer noch deutlich vor der SPÖ. In der Direktwahlpräferenz lag Landeshauptmann Waltraud Klasnic mit einer deutlichen Differenz von 27 Prozentpunkten vor ihrem Herausforderer Franz Voves. Auch Wechselstimmung war keine zu erkennen und mehr als die Hälfte der SteirerInnen ging von einer neuerlichen ÖVP-Mehrheit aus.[101]

In weiterer Folge kam es allerdings zu einer Reihe von gravierenden Ereignissen, die die Lage der Parteien grundlegend veränderten: Darunter der endgültige Bruch des früheren ÖVP-Landesrates Gerhard Hirschmann mit seiner Partei und seine Ankündigung, mit einer eigenen Liste anzutreten.

Nachdem Bundeskanzler Wolfgang Schüssel Anfang Mai 2005 davor gewarnt hatte, Gerhard Hirschmann zu wählen, und zudem erklärt hatte, die ÖVP brauche in der Steiermark »keinen Retter«, entschied sich Hirschmann für eine eigene Kandidatur mit der Liste »LH«, also Liste Hirschmann.

Meinungsforscher und Politologen erklärten, dass sie Hirschmann mit seiner LH-Liste jedenfalls den Einzug in den steirischen Landtag zutrauten – bis hin zur »Königsmacher-Rolle« bei der Wahl des Landeshauptmanns.

Dass er selbst nach den Wahlen aus der drittstärksten Position heraus Landeshauptmann werden könnte, stellte Hirschmann gegenüber »News« »als die realistischste Variante« dar, schloss aber auch eine Teilzeit-Landeshauptmannschaft, etwa mit SPÖ-Chef Voves nicht aus.[102] Allerdings wurde er durch die Diskussion um seine Ablöse in ESTAG und die an ihn geleisteten »Ablösezahlungen« durch private Sponsoren aus dem ÖVP–Bereich immer mehr in den Strudel der von ihm (mit)initiierten Ereignisse gezogen und verlor zunehmend an persönlicher und politischer Zustimmung, die am Beginn noch relativ hoch war. Natürlich schadeten diese Vorkommnisse der steirischen ÖVP enorm.

Dazu kamen in der letzten Phase des Wahlkampfes massive öffentliche Debatten über die Vergabe und den Missbrauch öffentlicher Gelder im Zusammenhang mit der Affäre Herberstein. Diese Herberstein-Story war für eine »politisch-mediale *Soap-Opera* wie geschaffen.«[103]

Ein Rechnungshofbericht kritisierte den fragwürdigen Umgang mit Fördergeldern für den Tierpark Herberstein (seit 1984 flossen dorthin 6,9 Millionen Euro, allein eine stille Beteiligung des Landes im Jahr 2002 machte drei Millionen Euro

---

101 Vgl. Peter A. Ulram, Franz Sommer: Gebremste und ungebremste Stürze. Gemeinderats- und Landtagswahlen 2005. – In: Andreas Khol u. a. (Hg.): Österreichisches Jahrbuch für Politik 2005. – Wien/München 2006.S. 47–58. S. 53.
102 Vgl. News: Gerhard Hirschmann geht eventuell mit einer eigenen »Liste LH« in die Wahl. 3. 5. 2005. http://www.news.at/articles/0518/510/111326/news-gerhard-hirschmann-liste-lh-wahl (22. 5. 2011).
103 Hösele: Landesfürst & Landesmutter. S. 161.

aus) und verwies auf die mangelnde Kontrolle durch das Land. Rechnungen seien verschiedenen Abteilungen der Landesregierung doppelt vorgelegt worden und es habe Privatentnahmen von Hunderttausenden Euros gegeben. Nachdem das Land zwar zahlte, aber keine Mitsprache hatte, erging 2004 der Auftrag vom Landtag an die Landesregierung, einen neuen Vertrag auszuhandeln.

Gleich nachdem Landeshauptmann Klasnic den Bericht am 3. August 2005 erhalten hatte, verfügte sie einen sofortigen Stopp jeglicher Förderungen, löste den geplanten Pachtvertrag und erklärte, sie sei von den Herbersteins »enttäuscht«, ihr langjähriges Vertrauen sei »erschüttert«. Klasnic geriet aber rasch in das Schussfeld der anderen Parteien – nicht zuletzt wegen ihrer bekannten persönlichen Freundschaft mit der »Schlossherrin« Andrea Herberstein. Ex-ÖVP-Landesrat Hirschmann, der seinerzeit selbst die stille Beteiligung des Landes am Tierpark unterzeichnet hatte, forderte Klasnic zum Rücktritt auf. Dem schlossen sich auch die Grünen an, sie sahen allerdings auch Hirschmann mitverantwortlich. Für 4. August wurde eine Sondersitzung der Landesregierung einberufen.[104] Der SPÖ kam die Sache wie gerufen, sie attackierte Klasnic vorerst selbst kaum, hielt das Thema Herberstein aber immer am Köcheln.[105] In der Schlussphase des Wahlkampfes intensivierte die SPÖ allerdings die Attacken gegen Klasnic mit einer Inseratenkampagne, in der sie ihr Führungsversagen und Flops vorwarf und in einem Nachsatz feststellte: »Es wächst der Wille zur Veränderung im Land.«[106]

Die Affäre rund um Herberstein war neben dem Flop des Rennstreckenprojektes Spielberg, der Causa ESTAG und dem Bruderkrieg zwischen den Landesräten Herbert Paierl und Gerhard Hirschmann eines der zentralen Themen des Landtagswahlkampfes 2005 und mitentscheidend für die Niederlage der steirischen ÖVP.

Diese negativ-symbolischen Themen veränderten das öffentliche Meinungsklima im Wahlkampf total und machten die steirische Landtagswahl zur dramatischsten Wahlauseinandersetzung des Jahres 2005. Damit wurde die Kontrolle von Missständen und von Skandalen und Affären das stärkste Wahlmotiv bei der steirischen Landtagswahl. Bei vier von fünf Wählern (78 Prozent) dominierte dieses Thema die Wahlentscheidung. Zum Nachteil der ÖVP spielte die gute wirtschaftliche und soziale Entwicklung des Landes mit 60 Prozent eine eher untergeordnete Rolle. Die SPÖ brauchte die ÖVP nur konsequent zu kritisieren und für die diskutierten Missstände verantwortlich zu machen.[107]

---

104 Vgl. ORF-Steiermark. 3. 8. 2005. http://oesterreich.orf.at/steiermark/stories/49539/ (22. 5. 2011).
105 Vgl. Die Presse: Herberstein: Der Stolperstein für Waltraud Klasnic. 3. 4. 2008. http://diepresse.com/home/panorama/oesterreich/374239/Der-Stolperstein-fuer-Waltraud-Klasnic (22. 5. 2011).
106 Vgl. Hösele: Landesfürst & Landesmutter. S. 148.
107 Vgl. Peter Filzmaier: Parteibilanzen: Glanz und Elend. – In: Andreas Khol u. a. (Hg.): Österreichisches Jahrbuch für Politik 2005. – Wien/München 2006. S. 3–27. S. 7.

Alles zusammen führte zu einem Fiasko für die steirische ÖVP bei der Landtagswahl. Der ÖVP und Waltraud Klasnic wurde die Hauptverantwortung für die Skandale zugeschrieben, die politische Wechselstimmung nahm zu und die Persönlichkeitswerte von LH Klasnic verschlechterten sich. Der SPÖ und ihrem Spitzenkandidaten Voves gelang zwar keine besondere Positivprofilierung, schließlich überholte die SPÖ jedoch die ÖVP und errang damit erstmals den Anspruch auf den Landeshauptmann. Es kam zu einem historischen Machtwechsel. ÖVP-Bundesparteiobmann Wolfgang Schüssel sah auch für die steirischen Wahlen die Ursachen in der Spaltung der steirischen ÖVP und in den Skandalisierungen im Wahlkampf und keinen Bezug zur Bundespolitik. »Landtagswahlen sind auf dieser Ebene zu verantworten und zu schlagen«, meinte Schüssel und verwies darauf, dass das geringste Wahlmotiv ein bundespolitischer Denkzettel gewesen sei. Er werde jedenfalls seine Politik auf Bundesebene fortsetzen.[108]

Die SPÖ errang durch einen massiven Stimmengewinn von 9,4 Prozentpunkten insgesamt 41,7 Prozent und erreichte damit 25 Mandate, sechs mehr als im Jahr 2000. Die ÖVP verlor ebenso massiv, nämlich 8,6 Prozentpunkte und kam nur mehr auf 38,7 Prozent. Sie musste auf drei Mandate verzichten und sich mit 24 Mandaten bescheiden. Einen gewaltigen Verlust von 7,9 Prozentpunkten musste auch die FPÖ hinnehmen. Sie kam damit nur mehr auf 4,6 Prozent. Was für die FPÖ besonders dramatisch war, weil sie damit alle ihre bisherigen sieben Mandate verlor und gar nicht mehr im Landtag vertreten war. Als Gewinner kann auch die KPÖ bezeichnet werden, die mit 6,3 Prozent auf vier Mandate kam. Die Grünen verloren leicht, kamen auf 4,7 Prozent und waren damit wieder mit drei Abgeordneten im Landtag vertreten. Die Liste Hirschmann und das BZÖ verblieben in der Bedeutungslosigkeit.[109]

Die größte Wählerbewegung fand bei dieser Wahl von der ÖVP hin zur SPÖ statt. Die steirische Volkspartei verlor 20 Prozent und damit jede fünfte Stimme des Jahres 2000 an die SPÖ. Ebenso verlor sie völlig überraschend rund 9.000 ihrer früheren Stimmen an die KPÖ. Jeden fünften Wähler konnte die ÖVP von der FPÖ gewinnen. Die SPÖ gewann – neben den vielen Wählern von der ÖVP – auch nicht unbeträchtlich von der FPÖ und von den Grünen. Die FPÖ verlor an die Nichtwähler, an die SPÖ, an die ÖVP und an die KPÖ. Sie konnte nicht einmal ein Viertel der Wähler von der Landtagswahl 2000 wieder für sich gewinnen.[110]

---

108 Vgl. news.at, 3. 10. 2005. »Bittere Niederlage«: Schüssel ist über das Steiermark-Wahlergebnis wenig begeistert! http://www.news.at/articles/0540/12/122847/bittere-niederlage-schuessel-steiermark-wahlergebnis (13. 5. 2011).
109 Vgl. Das Land Steiermark: Die Landtagswahl vom 2. Oktober 2005. Dokumentation. Steirische Statistiken. Heft 10/2005. Graz 2005. S. 11.
110 Vgl. Salfinger, Reichmann: Stürmischer Wahlherbst. S. 33f.

Waltraud Klasnic erklärte nach der Wahlniederlage ihren Rückzug aus der Landespolitik, SPÖ-Spitzenkandidat Franz Voves wurde am 25. Oktober 2005 mit 45 von 56 Stimmen vom steirischen Landtag zum Landeshauptmann gewählt.

Keine umwälzenden Veränderungen brachten – erwartungsgemäß – die beiden noch im Oktober stattgefundenen Landtagswahlen im Burgenland und in Wien.

Schon im Mai 2005 einigten sich SPÖ, FPÖ und Grüne gegen die Stimmen der ÖVP darauf, die *Landtagswahlen im Burgenland* vom 3. Dezember auf den 9. Oktober vorzuverlegen. Die SPÖ konnte bei dieser Wahl einen beträchtlichen Zugewinn von 5,6 Prozentpunkten verzeichnen. Sie erreichte damit 52,2 Prozent und sohin die absolute Stimmen- und mit 19 Sitzen im Landtag die absolute Mandatsmehrheit. Auch die ÖVP konnte 1,1 Prozentpunkte zulegen und kam nun mit 36,4 Prozent wieder auf ihre bisherigen 13 Mandate. Einen massiven Absturz von –6,8 Prozentpunkten auf nur mehr 5,8 Prozent erlitt die burgenländische FPÖ. Auch die Zahl ihrer Mandate halbierte sich von vier auf zwei. Leichte Verluste von 0,3 Prozentpunkten gab es auch für die Grünen, die trotzdem ihre zwei Mandate halten konnten.[111]

Im Wahlkampf, der keine besonderen Höhepunkte aufwies, wurden u. a. die Nachfolgelösung für die 2005 auslaufenden Ziel-1-Förderungen der EU und die ausstehende Bewältigung des Zusammenbruchs der Bank Burgenland im Juni 2000 diskutiert. Der Versuch, die Bank zu privatisieren war bislang gescheitert. Obwohl die SPÖ als Leistungsbilanz besonders darauf hinwies, dass das Burgenland in den vergangenen 15 Jahren ein hohes Wachstum aufzuweisen hatte, waren die Ursachen für diese Erfolgsgeschichte zum überwiegenden Teil außerhalb des Landes zu suchen. Die Gründe lagen in der Ostöffnung 1989, in der Nähe zu den dynamischen Wirtschaftsräumen Wien und Graz und vor allem in den hohen Ziel-1-Förderungen der EU, die seit 1995 für Strukturfördermittel 637 Millionen Euro ins Burgenland gebracht hatten.[112]

Die SPÖ hatte als Wahlziel die Erreichung des 18. Mandats definiert, weil damit kein Landeshauptmann gegen die SPÖ gewählt werden konnte. Die Meinungsforscher sagten allerdings auch die Möglichkeit der absoluten SPÖ-Mehrheit voraus. Die ÖVP nannte gerade die Verhinderung der absoluten Mehrheit der SPÖ als ihr Wahlziel.[113]

Die SPÖ gewann vor allem von früheren Nichtwählern und von der ÖVP. Diese machte die Verluste durch beträchtliche Zugewinne von der FPÖ wieder mehr als

---

111 Vgl. E-Government Burgenland: Landtagswahl 2005. Wahlergebnis. http://wahl.bgld.gv.at/wahlen/lt20051009.nsf (22. 5. 2011).
112 Vgl. Walter Hämmerle: Zwei Fonds und ein Bank-Debakel. In: Wiener Zeitung.. 10. 6. 2005. http://www.wienerzeitung.at/DesktopDefault.aspx?TabID=4330&Alias=Wahlen&cob=192734&DosCob=18730 (22. 5. 2011).
113 Vgl. Brigitte Pechar: SPÖ hat gute Chancen auf Absolute. In: Wiener Zeitung. 8. 10. 2005. http://www.wienerzeitung.at/DesktopDefault.aspx?TabID=4330&Alias=Wahlen&cob=192734&DosCob=202121 (22. 5. 2011).

wett. SPÖ und ÖVP wiesen hohe Behalteraten ihrer Wählerschaft auf (SPÖ: 88 Prozent, ÖVP: 85 Prozent). Die FPÖ konnte nur 36 Prozent ihrer früheren Wählerschaft wieder für sich gewinnen. Sie verlor vor allem an die ÖVP und an Nichtwähler.[114] Erstmals waren rund 6.000 Jugendliche im Alter von 16 bis 18 Jahren wahlberechtigt. Der bisherige Landeshauptmann Franz Niessl wurde am 25. Oktober 2005 mit 32 von 36 Stimmen neuerlich zum Landeshauptmann des Burgenlands gewählt.

Mitte Juli 2005 gab der Wiener Bürgermeister Michael Häupl bekannt, dass die regulär für März 2006 vorgesehene Wiener Gemeinderats- und Landtagswahlen bereits am 23. Oktober 2005 durchgeführt würden. Offiziell sollte damit ein Wahlkampf während der österreichischen EU-Präsidentschaft im ersten Halbjahr 2006 vermieden werden.[115]

Die *Wiener Gemeinderats- und Landtagswahl* vom 23. Oktober 2005 war vorerst einmal gekennzeichnet durch eine bedenklich niedrige Wahlbeteiligung von 60,8 Prozent (2001: 66,6 Prozent), weil unter vielen Nichtwählern die Meinung vorherrschte, dass die Wahl ohnehin schon entschieden sei. 22 Prozent der SPÖ-Wählerschaft von 2001 gingen nicht zur Wahl. Dies verhinderte möglicherweise einen noch deutlicheren Sieg der SPÖ, die auch eine absolute Stimmenmehrheit erwartet hatte. Der FPÖ gelang es besser, ihre Wähler zu mobilisieren. Der SPÖ gelang es, ihren Stimmenanteil von 46,9 auf 49,1 Prozent zu steigern und damit ihre Mandatszahl von 52 auf 55 zu erhöhen. Die ÖVP konnte von 16,4 auf 18,8 Prozent zulegen, ihre Mandatszahl von 16 auf 18 erhöhen und übernahm damit wieder von der FPÖ die Position der zweitstärksten Partei. Der ÖVP gelang es als einziger Partei, auch an absoluten Stimmen (+ 9.800) zuzulegen. Die FPÖ mit ihrem Spitzenkandidaten H. C. Strache konnte nach der Parteispaltung, entgegen allen Prognosen, einen völligen Absturz vermeiden, sie legte zwar 5,4 Prozentpunkte ab, konnte aber immerhin 14,8 Prozent und 13 Mandate erreichen (2001: 21 Mandate). Die Grünen legten rund zwei Prozentpunkte zu, erhielt 14,6 Prozent und 14 Mandate, um drei mehr als 2001. Das BZÖ, das im Burgenland nicht kandidiert hatte, kam in Wien nur auf vernachlässigbare 1,15 Prozent.[116]

Die SPÖ konnte die meisten Stimmen von der FPÖ holen, die auch stark an die Nichtwähler verlor. Die erstmals wahlberechtigten 16- bis 18-Jährigen beteiligten sich an den Wahlen fast im gleichen Ausmaß wie die anderen Wahlberechtigten.[117]

---

114 Vgl. Brigitte Salfinger, Alexander Reichmann: Stürmischer Wahlherbst. S. 37.
115 Vgl. News: Wien wählt am 23. Oktober: Bürgermeister Michael Häupl bestätigt kolportierten Termin. 12. 7. 2005. http://www.news.at/articles/0528/18/116727/wien-23-oktober-buergermeister-michael-haeupl-termin (22. 5. 2011).
116 Vgl. Magistrat der Stadt Wien: Gemeinderatswahl 2005. Wien gesamt. http://www.wien.gv.at/wahl/NET/GR051/GR051-109.htm (22. 5. 2011).
117 Vgl. Salfinger, Reichmann: Stürmischer Wahlherbst. S. 39 f.

Die SPÖ setzte im Wahlkampf auf ihre Leistungen für Wien, auf die Kritik an der schwarz-blauen Bundesregierung, vor allem im sozialpolitischen Bereich, und auf ihren Spitzenkandidaten, Bürgermeister Michael Häupl. Laut Umfragen lag die SPÖ bei 52, in manchen Fällen sogar bei 55 Prozent. Als der Wiener SPÖ-Landesgeschäftsführer Harry Kopietz zehn Tage vor der Wahl an den mittleren Funktionärskreis Umfragen verschickte, in denen die SPÖ bloß bei 49 Prozent lag, glaubte ihm niemand. Damit wolle er bloß den zu siegessicheren Anhang mobilisieren.

Die SPÖ hatte eine eher zurückgelehnte Wohlfühl-Kampagne geführt – der Not gehorchend, keinen echten Gegner zu haben. Die zweitplatzierte Partei, die ÖVP, lag in allen Erhebungen rund 35 Prozentpunkte hinter der SPÖ. In einen solchen Wahlkampf ließ sich nur schwer Dramatik bringen. Als Berater hatte sich die Wiener SPÖ den US-Wahlkampf-Guru Stanley Greenberg geholt, der zu einer Kampagne geraten hatte, in der vor allem die hohe Lebensqualität in Wien in den Vordergrund gestellt werden sollte. Dazu sollten einige Zukunftsansagen kommen.

Die Wiener ÖVP präsentierte mit Johannes Hahn einen neuen Spitzenkandidaten, der die ÖVP zu einer moderneren liberalen Stadtpartei zu machen versuchte, was z. T. innerparteiliche Turbulenzen verursachte, aber gemäßigte Grün-Wähler ansprach. Die Wiener Grünen waren durch innere Spannungen und Flügelkämpfe beeinträchtigt.

Dann aber sollte doch noch alles ganz anders kommen. Nach einer Reportage des ORF-»Reports« über einen Auftritt des FPÖ-Obmanns H. C. Strache am Wiener Viktor-Adler-Markt kam es zwei Wochen vor der Wahl im Häupl-Lager zu einem Umdenken. Strache hatte gerade im roten Kernbezirk in wüsten Tönen demonstriert, wie er sich einen Anti-Ausländer-Wahlkampf vorstellte. Michael Häupl hatte nun den Gegner, den er sich gewünscht hatte. Zuvor hatte ihm der Bundeskanzler nicht die Freude bereitet, den Reibebaum abzugeben: Eisern schweigend hatte Wolfgang Schüssel jeden Rempler Michael Häupls weggesteckt.

In den letzten zehn Tagen vor der Wahl ließ Häupl nun keine Gelegenheit aus, sich als Anti-Strache darzustellen. Trotzdem reagierten viele SPÖ-Sympathisanten gleichgültig: Die absolute Mehrheit schien ohnehin gesichert. Die Sozialdemokraten kostete das den Fünfer vor dem Ergebnis: Wie die Wählerstrom-Analyse am späten Sonntagabend zeigte, gingen 76.000 SPÖ-Wähler von 2001 nicht zur Wahl. Die FPÖ mit H. C. Strache als Spitzenkandidaten verfolgte eine aggressive Wahlkampflinie mit einer ausländerfeindlichen Kampagne, durch die es der FPÖ gelang, wieder Fuß zu fassen und in der letzten Phase einen gewissen Umschwung im Meinungsklima zu ihren Gunsten zu erreichen. Dabei stellte das Ausländerthema das stärkste Wahlmotiv für die FPÖ dar.[118]

---

118 Vgl. Ulram, Sommer: Gebremste und ungebremste Stürze. S. 48 f.

Den ganzen Wahlkampf über hatten die Meinungsforschungsinstitute die Strache-FPÖ bei acht Prozent gesehen. In den letzten Wochen vor der Wahl korrigierte man diese Prognose auf zehn bis elf Prozent. Mit 15 Prozent aber rechnete niemand.

Was zu einem triumphalen Wahlsonntag werden sollte, endete für die Sozialdemokraten mit einem Schock: Die FPÖ hatte wieder kräftig im roten Biotop gewildert.

Die Sozialdemokraten zwangen sich zur Freude: Man habe gerade eben zwei Prozentpunkte gewonnen, die absolute Mandatsmehrheit ausgebaut. Aber: Fast 20 Prozent für die FPÖ in Favoriten, 19 im Arbeiterdistrikt Simmering, 17 im tiefroten Bezirk Brigittenau – das alles lag deutlich über dem Wiener Gesamtergebnis (14,9 Prozent).

Wohl war der Gesamtsaldo des Wähleraustausches für die Roten positiv – die FPÖ verlor an die SPÖ 27.000 Stimmen. Aber man hatte sich in der Wiener SPÖ mehr erwartet.[119]

Am 18. November wurde Michael Häupl wieder zum Wiener Bürgermeister gewählt. Die Zahl der nicht amtsführenden Stadträte wurde zuungunsten der FPÖ um einen reduziert.

Zusammenfassung

In der Zeit der Regierungen Schüssel I und II (2000 bis 2007) fanden insgesamt zwölf Landtagswahlen, elf landesweite Gemeindewahlen, eine Bundespräsidentenwahl und eine Wahl zum Europäischen Parlament statt.

Veränderungen bei den Landtagswahlen im Zeitraum 2000 bis 2006 in Prozenten

Land	Datum	ÖVP	SPÖ	FPÖ	Grüne
Steiermark	15. 10. 2000	+11,1	−3,6	−4,7	+4,6
Burgenland	3. 12. 2000	−0,7	+2,1	−1,9	+3,0
Wien	25. 3. 2001	+1,1	+7,8	−7,8	+4,5
Niederösterreich	30. 3. 2003	+8,4	+3,2	−11,6	+2,7
Tirol	28. 9. 2003	+2,7	+4,1	−11,6	+7,6
Oberösterreich	28. 9. 2003	+0,7	+11,3	−12,2	+3,3
Salzburg	7. 3. 2004	−0,8	+13,1	−10,9	+2,3
Kärnten	7. 3. 2004	−9,1	+5,6	+0,4	+6,7

---

119 Vgl. Herbert Lackner: Wien-Wahlen 2005, das blaue Wunder: Die FPÖ wildert ab sofort wieder im roten Biotop. In: Profil Online. 24. 10. 2005. http://www.profil.at/articles/0543/560/124485/wien-wahlen-2005-wunder-die-fpoe-biotop (23. 5. 2011).

Land	Datum	ÖVP	SPÖ	FPÖ	Grüne
Vorarlberg	19. 9. 2004	+9,2	+3,9	−14,5	+4,1
Steiermark	2. 10. 2005	−8,6	+9,4	−7,9	−0,9
Burgenland	9. 10. 2005	+1,1	+5,6	−6,8	−0,3
Wien	23. 10. 2005	+2,4	+2,2	−5,3	+2,2

Wie aus dieser Tabelle hervorgeht, legte die ÖVP bei acht Landtagswahlen im Bereich von 0,7 bis 11,1 Prozentpunkten zu und verlor bei vier Landtagswahlen im Bereich von -0,7 und –9,1 Prozentpunkten.

Die SPÖ hat – mit Ausnahme der ersten Landtagswahl nach der Regierungsbildung 2000, noch im Sog der Sanktionen – bei allen Landtagswahlen prozentuelle Zugewinne verzeichnen können. Sie lagen im Bereich von +2,1 bis +13,1 Prozentpunkten und führten in den Bundesländern Salzburg und Steiermark zu einem Machtwechsel zugunsten der SPÖ.

Die FPÖ hatte – mit der Ausnahme der Kärntner Landtagswahl, bei der sie ein kleines Plus von 0,4 Prozentpunkten erreichen konnte – bei allen Landtagswahlen überwiegend massive prozentuelle Verluste hinzunehmen. Die Bandbreite reichte von −1,9 bis −14,5 Prozentpunkten. Gesamtpolitisch entscheidend für die FPÖ war, dass sie bei der Landtagswahl in Kärnten im Jahr 2004 die Position des Landeshauptmannes halten konnte. Dies war allerdings überwiegend auf den Spitzenkandidaten Jörg Haider und die Schwäche der anderen Parteien zurückzuführen.

Die Grünen legten – mit zwei Ausnahmen, bei denen sie weniger als einen Prozentpunkt verloren – bei allen Landtagswahlen bis zu 7,6 Prozentpunkte zu. Andere Parteien, wie etwa das Liberale Forum oder das neu gegründete BZÖ, hatten keine Chance auf einen Prozentanteil, der ihnen auch Mandate im Landtag sicherte. Eine Ausnahme bildete die KPÖ bei der Landtagswahl in der Steiermark, bei der diese Partei 5,3 Prozentpunkte dazugewann und mit Mandataren in den Landtag einzog.

Geht man davon aus, dass auch in Österreich (so wie das für Deutschland Langzeituntersuchungen gezeigt haben) die Ergebnisse von Landtagswahlen – natürlich in unterschiedlichem Ausmaß – von der bundespolitischen Gesamtsituation beeinflusst werden, so kann man versuchen, aufgrund der in diesem Beitrag geschilderten Gesamtsituation eine Bewertung des bundespolitischen Einflusses bzw. des Anteils der landespolitischen Faktoren auf das Ergebnis der Landtagswahlen vorzunehmen. Dies kann allerdings nur auf der Basis deskriptiver Kriterien erfolgen, da durchgehende demoskopische Untersuchungen für Österreich dazu nicht vorliegen. Selbstverständlich waren die Auswirkungen auf die einzelnen Parteien jeweils sehr unterschiedlich. Insgesamt könnte man feststellen, dass der bundespolitische Einfluss jedenfalls bei jeder Landtagswahl in unterschiedlichem Ausmaß gegeben ist, dass aber die landespolitischen Faktoren ziemlich deutlich dominieren.

Einfluss von bundes- bzw. landespolitischen Faktoren auf die Landtagswahlen im Zeitraum 2000–2006

Land	Datum	Bundespolitik	Landespolitik
Steiermark	15. 10. 2000	*	***
Burgenland	3. 12. 2000	**	***
Wien	25. 3. 2001	**	**
Niederösterreich	30. 3. 2003	*	***
Tirol	28. 9. 2003	*	***
Oberösterreich	28. 9. 2003	***	**
Salzburg	7. 3. 2004	***	***
Kärnten	7. 3. 2004	*	***
Vorarlberg	19. 9. 2004	*	***
Steiermark	2. 10. 2005	**	***
Burgenland	9. 10. 2005	**	*
Wien	23. 10. 2005	**	**

* gering
** stark
*** sehr stark

Bis in das Frühjahr 2001 war die bundespolitische Situation gekennzeichnet von den Turbulenzen um die Bildung der schwarz-blauen Koalition und die darauf folgenden Sanktionen der EU-14. Dies brachte eine gewisse Solidarisierung mit den Regierungsparteien und überdeckte deren unter dem Motto »Speed kills« sofort im ersten Jahr in Angriff genommenen Reformmaßnahmen. Die landespolitischen Faktoren kamen stark zum Durchbruch – etwa in der Steiermark und im Burgenland – während in Wien die Solidarisierung mit der Bundesregierung nach dem Ende der Sanktionen im September 2000 nachließ und vor allem die FPÖ bereits den bundespolitischen Gegenwind zu spüren bekam. Die SPÖ profitierte durch die Nähe der Politik der Bundesregierung.

Bei den Landtagswahlen des Jahres 2003 war der Höhenflug der ÖVP bei der Nationalratswahl 2002 bereits wieder stark im Abebben, in Niederösterreich und Tirol beeinflussten landespolitische Faktoren stark die Landtagswahlen, während in Oberösterreich die bundespolitische Entscheidung zur Privatisierung der Voest voll auf die Landtagswahl durchschlug, der ÖVP größte Schwierigkeiten bereitete und der SPÖ zu einem landespolitischen Gewinn verhalf. Nur die Stärke der ÖVP-Landesorganisation und ihres Spitzenkandidaten konnten ein Debakel verhindern.

Die Wahlen in Salzburg, Kärnten, Vorarlberg und der Steiermark 2004/05 waren von äußerst unterschiedlichen Elementen bestimmt. Bundespolitisch wirkten sich vor allem die ersten Kürzungen der Pensionen zu Beginn des Jahres 2004 negativ auf die Landtagswahlen aus. Dazu kamen in Salzburg gravierende negative und in Kärnten positive landespolitische Faktoren für die jeweilige Landeshauptmann-Partei ÖVP bzw. FPÖ. In Vorarlberg wiederum konnte man sich weitgehend von der Bundespolitik emanzipieren, was der ÖVP stark zugute kam. Nur die FPÖ trafen die bundespolitischen Auswirkungen (und auch eigene Schwächen) mit voller Wucht. In der Steiermark gaben quälende Auseinandersetzungen in der ÖVP und die Auswirkungen der Abspaltung des BZÖ von der FPÖ den Ausschlag für ein Wahlergebnis, das zum politischen Wechsel führte.

Die beiden letzten Landtagswahlen im Oktober 2005 fanden unter der von der Bundesregierung strategisch auf die Nationalratswahlen 2006 angestrebten Beruhigung der innenpolitischen Situation, der sogenannten »Zeit der Ernte«, statt. Moderaten Gewinnen von ÖVP und SPÖ standen starke Verluste der seit kurzem oppositionellen FPÖ gegenüber, die aber nicht mehr so massiv waren, wie die Verluste der FPÖ bei den meisten vorangegangenen Wahlen. Das neue BZÖ konnte nirgends Fuß fassen bzw. kandidierte gar nicht.

Insgesamt kann man den Eindruck gewinnen, dass die schwarz-blaue Bundesregierung und vor allem Bundeskanzler Schüssel der Durchsetzung von Reformen Priorität einräumte vor der Rücksichtnahme auf bevorstehende Landtagswahlen. Mit einer Ausnahme: Niederösterreich 2003, als man mit der Präsentation der Pensionsreform bis nach der Landtagswahl wartete. Konkrete bundespolitische Maßnahmen bekamen vor allem Oberösterreich (Voest-Privatisierung) und Salzburg (Pensionskürzungen) zu spüren. Die ÖVP in Salzburg konnte nicht mit jener Vehemenz gegen die Bundespolitik auftreten wie die FPÖ in Kärnten, die letztlich davon noch profitierte.

Was die Auswirkungen der Ergebnisse der Landtagswahlen auf die Bundespolitik betrifft, so kann man feststellen, dass die ÖVP auch auf noch so massive Rückschläge bei Landeswahlen, auch nicht nach dem Machtwechsel in zwei Bundesländern, auf Bundesebene weder personell noch inhaltlich reagierte. Dies entsprach dem Charakterzug Schüssels, politische Niederlagen mit Gelassenheit hinzunehmen und eine einmal festgelegte Linie konsequent zu verfolgen. Außerdem sah er die Gründe für regionale Niederlagen vor allem in landespolitischen Faktoren. Ganz anders der Koalitionspartner FPÖ: Er reagierte fast nach jeder regionalen Niederlage mit hektischen, unüberlegten personellen Konsequenzen und inhaltlichen Kehrtwendungen bzw. oppositionellen Attitüden: von der Aufkündigung der Koalition über den ständigen Wechsel der Parteiobmannschaft und des Regierungsteams bis hin zur Parteispaltung.

Heinz P. Wassermann

»Es ist ein täglicher Wettkampf um die Schlagzeile – oder einen Punkt beim Wähler.«

Regierungs- und Parteikommunikation 1999/2000 bis 2006

1. Einleitung

Der folgende Beitrag wird, ausgehend von Erving Goffmans Differenzierung zwischen »Vorder-« und »Hinterbühne« sowie der Umsetzung dieses Konzepts im Bereich politischer Kommunikationsforschung durch Ulrich Dunst, Kommunikationsmaßnahmen der schwarz-blauen Regierungen und der ÖVP auf der medialen »Vorderbühne« partiell nachzeichnen und analysieren.[1]

Ausgangspunkt der folgenden Analysen, die sich unter anderem den Aspekten visuelle Kommunikation und Ereignismanagement widmen werden, ist der ebenso treffende wie banal anmutende Umstand, dass »Politik ohne Kommunikation bzw. ohne ein entwickeltes Mediensystem (…) in komplexen Gesellschaften schlicht nicht vorstellbar«[2] ist.

Da sich dieser Beitrag fast ausschließlich dem Zeitraum 1999/2000 bis 2006 widmen wird, sei auf die pointierten Einwendungen Marion G. Müllers gegen allfällige Generalisierungen verwiesen. Sie hebt in Hinblick auf die visuelle (Kommunikations-)Forschung den Unterschied von Geschichts- und Sozialwissenschaften hervor, nämlich dass Letztere »mit einem verkürzten Zeitbegriff« operieren. Müller führt zugunsten der Sozialwissenschaften »die Fokussierung auf aktuelle Problemstellungen, die von der Geschichtswissenschaft nicht bearbeitet werden«, an. »Das Negative ist, dass die Analysen häufig zu kurz greifen und gegenwärtige Entwicklun-

---

1 Vgl. Erving Goffman: Wir alle spielen Theater. Die Selbstdarstellung im Alltag. 2. Auflage. – München/Zürich 2003. Ulrich Dunst: Performance-Politik in der Steiermark. – Innsbruck/Wien/Bozen 2008, sowie die Handbuchbeiträge Klaus-Eckart Gebauer: Regierungskommunikation. In: Otfried Jarren, Ulrich Sarcinelli, Ulrich Saxer (Hg.): Politische Kommunikation in der demokratischen Gesellschaft. Ein Handbuch mit Lexikonteil. – Opladen/Wiesbaden 1998. S. 464–472. Elmar Wiesendahl: Parteienkommunikation. In: Ebd. S. 442–449.
2 Willi Hofmann: »Ich schau Dir in die Augen«: Die Bedeutung visueller Medien für die politische Kommunikation in entwickelten Demokratien. In: Herfried Münkler, Jens Hacke (Hg.): Strategien der Visualisierung. Verbildlichung als Mittel politischer Kommunikation. – Frankfurt am Main/New York 2009. (Eigene und fremde Welten. Bd. 14.) S. 111.

gen mangels historischer Vergleiche vorschnell als neuartige Phänomene interpretiert werden, vergleichbare Problemkonstellationen aber möglicherweise bereits in der Geschichte nachweisbar sind und deren Kenntnis wiederum für Lösungsansätze hilfreich wäre.«[3] Mit anderen Worten: Auch wenn die Regierungen Schüssel auf den ersten Blick einen Bruch der »politischen Kultur« suggerieren (was ein wissenschaftlicher zweiter Blick durchaus zu relativieren vermag),[4] wird sich der Verfasser hüten, hier zwischen Traditionen und Innovationen zu differenzieren, wenngleich der gemeinsam inszenierte Außenauftritt der Regierung(sspitzen) zweifelsohne im selben Maß eine Neuerung war, wie das unter Kanzler Viktor Klima[5] ein- und von Schüssel fortgeführte »Kanzlerfrühstück« eine Fortschreibung darstellt.

Ein weiterer nicht zu unterschätzender Aspekt ist ein – möglicherweise – (hinein-)interpretierter Bedeutungsüberschuss von – wertfrei formulierten – Ereignissen bzw. Inszenierungen. Konkret: Das nachjustierte Pressefoyer (vgl. Kap. 6.1) im Anschluss an die Ministerratssitzung der Regierung Schüssel/Riess-Passer – ein »Schlagbild« im Sinne Michael Diers (vgl. weiter unten) – ist als Symbol von »Neu Regieren« im Sinne von »Gemeinsam Regieren« eindeutig und nicht falsch zu deuten. Die visuelle Inszenierung, transparente Stehpulte, die Flaggen von Bundesländern, Republik und Europäischer Union sind als dreifaches, sowohl föderales, nationales als auch supranationales Bekenntnis zu deuten, hinter dem eine (vermutlich perfekte) Inszenierungslogik stehen müsse. In der Realität war es anders und wesentlich weniger spektakulär und ausgeklügelt: »Stehpulte und der Hintergrund mit den Bundesländer-Fahnen war ja nicht in dem Sinn bewusst. Aber man braucht, wenn man so eine optische Inszenierung aufbaut, seine Zeit. Die Zeit hat es am Anfang nicht gegeben. Also was machst du? Du nimmst das, was vorhanden ist. Was ist vorhanden? Die neun Bundesländer-Fahnen und die Österreich-Fahne dazwischen. Und mehr ist im Kanzleramt, was brauchbar ist, nicht da gewesen. Also haben wir das genommen. Und die zwei Glaspulte hat es auch schon gegeben irgendwo. Und die haben wir verwendet und haben eben zwei Mikrofone dort aufgebaut.«[6]

Es wurde bereits weiter oben darauf hingewiesen, dass es sich im Folgenden lediglich um partielle Analysen handeln wird. Sie folgen Bergsdorfs Differenzierung zwischen »Informationspolitik« als »aktuelle[r] Unterrichtung der Öffentlichkeit über einzelne politische Sachfragen, Entscheidungen, Absichten, Verhandlungen« auf der einen Seite und »Öffentlichkeitsarbeit« als »nicht an einen Tag gebundene[r]

---

3 Marion G. Müller: Grundlagen der visuellen Kommunikation. Theorieansätze und Analysemethoden. – Konstanz 2003. S. 201f.
4 Vgl. Heinz P. Wassermann: Schüssels Kanzlerjahre: Ära oder Fußnote? In: Zeitgeschichte, 5/2011. S. 340–347.
5 Vgl. Wolfgang Schüssel: Offengelegt. Aufgezeichnet von Alexander Purger. – Wien 2009. S. 50.
6 Interview des Verfassers mit Heidi Glück 25. 5. 2011. Aus diesem stammt auch das titelgebende Zitat.

Gesamtdarstellung einer Politik oder eines Politikbereiches« auf der anderen. Und: »Werden diese Mosaiksteine jedoch zusammengesetzt, bilanziert man die Informationspolitik über einen Zeitraum, werden Felder der Politik im Zusammenhang von Situation, Zielen und Wegen dorthin dargestellt, kommt die Öffentlichkeit ins Blickfeld«[7] – die folgenden Analysen begreifen sich als solche »Mosaiksteine«, nicht aber als Gesamtschau.[8]

2. Methodisches Vorgehen

Um einen thematisch-chronologischen Überblick zu erhalten, wurden in einem ersten Schritt sowohl die »Kleine Zeitung« als auch die »Kronen Zeitung« (»Steirerkrone«) einer Totalanalyse für den Zeitraum Nationalratswahlen 1999 bis 2006 unterzogen. Daraus wurden neun Hauptkategorien (z. B. Inszenierung von Gemeinsamkeiten, Inklusionsbestrebungen der Regierung, Wording und Rewording) und 13 temporäre Kategorien (z. B. Regierungsverhandlungen, Wahlkampf 2002 bzw. 2006, Streiks) gebildet.

Konkret analysiert werden im Folgenden die Themenfelder Regierungsverhandlungen 1999/2000 sowie 2002/2003 (Kap. 4), Wording und Rewording (Kap. 5), Inszenierte Gemeinsamkeiten (Kap. 6) und Wahlkämpfe (Kap. 7), wobei der eingangs erwähnte thematisch-chronologische Überblick punktuell durch andere Medien,[9] vor allem durch Beiträge in der APA, aufgefüllt wird.[10]

Um der doppelten Gefahr der Konzentration auf die Darstellungsebene zu entgehen, d. h. der ausschließlichen Verkürzung einerseits auf die politische »Vorderbühne«[11] und andererseits der Verkürzung durch den ausschließlichen Medien-

---

7 Wolfgang Bergsdorf: Innenpolitische Kommunikation. – In: Jarren, Sarcinelli, Saxer (Hg.): Politische Kommunikation in der demokratischen Gesellschaft. S. 532.
8 Ausgeblendet wird über weite Strecken z. B. die Opposition, wie die Volkspartei auf die regelmäßig stattfindenden Rücktritte von FPÖ-Politikern sowie die in ebensolcher Regelmäßigkeit coram publico exerzierten innerparteilichen Eruptionen beim Koalitionspartner reagierte, wann und wie die Volkspartei innerkoalitionär die Reißleine (z. B. Temelin, Steuerreform) zog und wie auf innerparteiliche Kritik reagiert wurde. Darüber hinaus bleiben auch die Regierungskampagnen, und deren gab es etliche, ebenfalls unberücksichtigt.
9 Die Abfragen erfolgten über den APA-Onlinemanager.
10 »Agenturen sind aus Sicht der in den Medien tätigen Journalisten Selektionsfilter, welche sie einsetzen, um den zahlreichen Informationen, die sie als Input bekommen, gewachsen zu sein (…). Für politische Akteure gilt es, diese Hürde zu nehmen: Was über Agenturen vermittelt wird, hat eine deutlich größere Chance zur Verbreitung in Medien als das, was direkt an die Medien gesandt wird.« (Otfried Jarren, Patrik Donges: Politische Kommunikation in der Mediengesellschaft. Eine Einführung. 2., überarbeitete Auflage. Wiesbaden 2006. S. 185.)
11 »Die Frage muss allerdings gestellt werden, ob eine nahezu exklusive Ausrichtung der politischen Kom-

zugang, wurde – um die »Herstellung der Darstellung« ausleuchten zu können – mit der ehemaligen Pressesprecherin und strategischen Beraterin Wolfgang Schüssels, Heidi Glück, ein Interview geführt. Mit – für diesen Beitrag – weiteren relevanten Akteuren (Andreas Khol, Reinhold Lopatka, Wilhelm Molterer und Peter Westenthaler) wurden Detailfragen per E-Mail oder telefonisch abgeklärt.[12]

3. Wissenschaftlicher Analyserahmen

»Es ist zu vermuten, dass politische Probleme und Themen auf bestimmte Formen der Verbildlichung bzw. Bebilderung angewiesen sind, um Wirkungen zu zeigen, während dafür der nackte Text oder die bloße Information nicht hinreichen. (…) Visualisierung« ist – »auch – ein Mittel im politischen Kampf, im Kampf um die richtigen Bilder.«[13]

Ein Ausgangspunkt der im weitesten Sinne bildanalytischen Untersuchungen ist Michael Diers' Monographie »Schlagbilder«, wobei zwei Aspekte für die vorliegende Arbeit von besonderer Bedeutung sind. Erstens konstatiert Diers, dass »Epochen des politischen Umbruchs (…) gewöhnlich auch Zeiten einer politischen Zeichen- und Bildkrise« sind. Je »nach Verfassung steht der überkommene Zeichenvorrat ganz oder zu Teilen zur Disposition, und der neue wird, sofern er nicht vorliegt, umgehend geschaffen«.[14] Zweitens die »Gestenkommunikation. Denn Gesten ›sprechen‹ auch im Bild, sie verhelfen dazu, ein stummes Bild beredt zu machen«.[15]

Sofern es die weiter unten durchgeführten (im weitesten Sinne des Wortes) Bildanalysen betrifft, beschränken sich die Untersuchungen und Interpretationen auf die

---

munikationsforschung auf die Außenseite der Politik und auf das mediale Erscheinungsbild dem sozialwissenschaftlichen und politikpraktischen Anliegen gerecht wird, Politik transparent, verständlich und für Verbesserung zugänglich zu machen. Schließlich spricht einiges dafür, dass die starke Fokussierung der politischen Kommunikationsforschung auf massenmedial beobachtbare ›Oberflächenphänomene‹ moderner Politikvermittlung den Blick für die spezifische – durchaus nicht mediale – Logik politischen Handelns, Entscheidens und Kommunizierens in halböffentlichen, diskreten und medienfernen Räumen der Politikherstellung getrübt hat. Jedenfalls nimmt sich das Wissen über die politische Kommunikation innerhalb und zwischen politischen Organisationen im Prozess der Herbeiführung, Durchsetzung und Vermittlung politischer Entscheidungen im Vergleich zur Untersuchung der medial transportierten Wirklichkeit immer noch vergleichsweise dürftig aus.« (Ulrich Sarcinelli, Jens Tenscher: Politikherstellung und Politikdarstellung. Eine Einführung. – In: Dies. (Hg.): Politikherstellung und Politikdarstellung. Beiträge zur politischen Kommunikation. – Köln 2008. S. 9.)

12 An dieser Stelle sei den Auskunftspersonen herzlich gedankt.
13 Herfried Münkler: Einleitung. In: Münkler, Hacke (Hg.): Strategien der Visualisierung. S. 9.
14 Michael Diers: Schlagbilder. Zur politischen Ikonographie der Gegenwart. – Frankfurt am Main 1997. S. 9f.
15 Ebd. S. 23.

Kategorie der »analytischen Beschreibung«, die sich – so Marion Müller in ihrem grundlegenden Einführungswerk zur visuellen Kommunikation – »auf die wesentliche Aussage und die relevanten Besonderheiten des Bildes«[16] konzentriert.

Darüber hinaus dient bei der Analyse von Regierungs- bzw. Wahlkampfinseraten[17] eine einschlägige Untersuchung bzw. der Analyseansatz von Andreas Lederer als Vorbild. »Grundsätzlich existieren zwei Grundstrategien der politischen Werbung: erstens das positive Darstellen der eigenen Kompetenzen, Erfolge, Personen und inhaltlichen Vorschläge und zweitens das Angreifen, Kritisieren dieser Aspekte bei anderen Parteien. (…) Beim impliziten Vergleich wird ein Thema kritisch angesprochen, ohne jedoch explizit einen Adressaten der Kritik zu nennen. (…) Explizite Vergleiche adressieren die Kritik an einen genannten Gegner, bleiben aber tendenziell sachlich und nicht vordergründig angriffig. Direkte Angriffe richten explizite Vorwürfe an einen namentlich genannten Gegner, die aggressiv formuliert und unsachlicher Natur sein können.«[18]

Die im Abschnitt »Inszenierte Gemeinsamkeiten« (vgl. Kap. 6) durchgeführten Analysen basieren interpretatorisch primär auf dem Ansatz des deutschen Politikwissenschaftlers Hans Mathias Kepplinger, der drei Ereignistypen unterscheidet und explizit festhält, »Ereignisse [werden] zum Zwecke der Berichterstattung geschaffen«.[19]

»*Genuine Ereignisse* sind Vorfälle, die unabhängig von der Berichterstattung der Massenmedien geschehen, wie Erdbeben, Unfälle oder natürliche Todesfälle.«[20]

---

16 Müller: Grundlagen. S. 43.
17 Sowohl Heidi Glück als auch Reinhold Lopatka betonen, dass es – im Gegensatz zur SPÖ unter Kanzler Viktor Klima – keine »Zielmedien« gegeben habe. Trotzdem wäre es lohnend, die Platzierungen von Regierungs- und Parteikampagnen nach verschiedenen Zeitungen/Zeitschriften zu analysieren. Vgl. Interview Glück; E-Mail von Reinhold Lopatka an den Verfasser (10. 6. 2011). Zur SPÖ vgl. Armin Wolf: »Der Sieg ist das Bild«. Die Inszenierung von Politik in der Mediengesellschaft. Diplomarbeit. – Wien 1999. S. 83.
18 Andreas Lederer: »It's advertising, stupid!« – Strategien und Praktiken politischer Werbung im Nationalratswahlkampf 2006. – In: Fritz Plasser, Peter A. Ulram (Hg.): Wechselwahlen. Analyse zur Nationalratswahl 2006. – Wien 2007. (Schriftenreihe des Zentrums für Angewandte Politikforschung. Bd. 30) S. 62. Vgl. auch ders.: »Wien darf nicht Chicago werden!« Amerikanisierung politischer Kommunikation im Spiegel der Wahlplakate 1950–2010. Zur Negativität und Personalisierung in österreichischen Plakatwahlkämpfen. In: Österreichisches Jahrbuch für Politik (ÖJP) 2010. – Wien/München 2011. S. 241–250.
19 Hans Mathias Kepplinger: Ereignismanagement. Wirklichkeit und Massenmedien. – Zürich/Osnabrück 1992. S. 51.
20 Ebd. S. 52. Allerdings kann dieser Ereignistyp gelegentlich auch in die Politik hineinspielen. So führte die Lawinenkatastrophe von Galtür im Februar 1999 nicht nur zum temporären Wahlkampf-Stopp bei den Tiroler Landtagswahlen und einer massiven medialen Überrepräsentanz des amtierenden Landeshauptmannes, sondern später zum Ankauf von neuen Hubschraubern für das Bundesheer. Vgl. gr/sa/me: Tirol-Wahl: Prock und Willi für Wiederaufnahme des Wahlkampfes. In: APA0048 28. 2. 1999. Dieter

Den zweiten Ereignistyp nennt Kepplinger »inszenierte Ereignisse«, worunter er Vorfälle, die eigens zum Zwecke der Berichterstattung herbeigeführt werden (Pseudo-Ereignisse), versteht. »Beispiel liefern die verschiedenen Formen von Pressekonferenzen«[21] oder an anderer Stelle »eine Tagung oder eine Demonstration«.[22] Für die weiter unten durchgeführten Analysen werden in dieser Ereigniskategorie auch das Pressefoyer nach dem Ministerrat, die gemeinsamen Pressekonferenzen der Klubobmänner, die Regierungsklausuren, die jeweils gezogenen Bilanzen und schließlich auch die (inszenierten) gemeinsamen Freizeitaktivitäten der Regierung herangezogen.[23]

Der dritte Ereignistyp sind »mediatisierte Ereignisse (…), die zwar (vermutlich) auch ohne die zu erwartende Berichterstattung geschehen wären, aufgrund der erwarteten Berichterstattung aber einen spezifischen, mediengerechten Charakter erhalten, wie Parteitage, Produktvorstellungen, Olympiaden [sic!], Buchmessen usf.«[24] In diese Kategorie fallen die medial vermittelten Wahlkampfauftaktveranstaltungen.

Einen weiteren, vierten Ereignistyp führt Norbert Bolz in Anlehnung an Niklas Luhmann mit »Meinungsereignissen« an, d. h., wenn »die mediale Darstellung selbst zum Ereignis« wird, »über das dann berichtet wird«[25].

Kindermann: Nach Helikoptern auch Kauf von Abfangjägern? – In: Kronen Zeitung 8. 10. 2000. Die Hochwasserkatastrophe vom Sommer 2002 führte – wie weiter unten ausgeführt werden wird – nicht nur zur Absage der für 2003 geplanten Steuerreform, sie diente Vizekanzlerin Riess-Passer auch der eigenen – im Sinne Kepplingers »mediatisierten« – Inszenierung, als die »Kronen Zeitung« am 18. August 2002 zum einen freundlich bebilderte und zum anderen schrieb: »Zwei Tage arbeiteten Vizekanzlerin Riess-Passer und 15 Angehörige ihres Kabinetts im Katastrophengebiet als freiwillige Helfer.« Darüber hinaus wurde das »genuine Ereignis« Hochwasser von der Volkspartei dazu genutzt, Oppositionschef Gusenbauer zu attackieren. »Eine Rüge für SPÖ-Chef Alfred Gusenbauer gab es am Montag von ÖVP-Generalsekretärin Maria Rauch-Kallat. ›Während sich alle politischen Verantwortungsträger seit vielen Tagen fast ausschließlich mit der Bewältigung der Hochwasserkatastrophe beschäftigen, kommt SPÖ-Vorsitzender Alfred Gusenbauer am Wochenende aus dem Urlaub zurück, und das erste, was er macht, ist Parteipolitik auf einem erschreckend niedrigen Niveau‹, kritisierte Rauch-Kallat in einer Aussendung. Ganz Österreich habe erkannt, ›dass es nun darum geht, den vielen tausenden Opfern der Jahrhundertflut zu helfen‹, nur Gusenbauer glaube, dass das der geeignete Zeitpunkt für politisches Hickhack sei. Rauch-Kallat sieht darin einen neuen Beweis, dass dem SPÖ-Vorsitzenden das Gespür für die Not und die Bedürfnisse der Menschen fehle.« NN: Kampf gegen den Schlamm. – In: Kronen Zeitung 18. 8. 2002. wea/je: Hochwasser: Rauch-Kallat rügt Gusenbauer. – In: APA0232 19. 8. 2002.

21 Kepplinger: Ereignismanagement. S. 52.
22 Ebd. S. 49.
23 In diese Kategorie fielen auch die nicht analysierten »Reformdialoge«, »Runden Tische« sowie »Gipfel«.
24 Kepplinger: Ereignismanagement. S. 52.
25 Norbert Bolz: Das ABC der Medien. – München 2007. S. 39.

4. Von der »Schande Europas«[26] zu »Chaos in Schwarz-Blau 2. Teil«[27] – Die Regierungsbildungen 1999/2000 und 2002/2003

4.1 Die Regierungsverhandlungen 1999/2000

Nach der Ministerratssitzung am 7. September 1999 gab Vizekanzler Wolfgang Schüssel bekannt, die »ÖVP werde, wenn sie bei der Wahl auf den dritten Platz zurückfällt, auf alle Fälle in die Opposition gehen« und er »persönlich würde dann die ÖVP in die Opposition führen. (…) Die ÖVP an dritter Stelle würde nicht mehr an einer Regierung mit der SPÖ teilnehmen. Sie würde ›selbstverständlich‹ auch keinen freiheitlichen Kanzler unterstützen, ›wen auch immer‹. Und sie würde auch nicht ein Angebot der FPÖ annehmen, trotzdem den Kanzler stellen zu können. ›Einen Gnadenakt brauchen wir nicht‹ (…). Und: ›Wer uns in der Regierung will, muss uns wählen.‹«[28]

Das Wahlergebnis der Nationalratswahlen vom 3. Oktober 1999[29] – »ein absolutes Debakel für beide bisherigen Regierungsparteien«[30] – wies die FPÖ mit einem Vorsprung von 415 Stimmen vor der Volkspartei auf Platz zwei aus, wobei beide Parteien auf denselben Mandatsstand von jeweils 52 Mandaten kamen.[31] Mit diesem Wahlergebnis setzte sich ein bundespolitischer Trend der Volkspartei seit 1986 fort: Und der zeigte – die Ausnahme der Nationalratswahl 1995 bestätigt die Regel – konsequent und schließlich rasant nach unten.[32]

---

26 Profil 6/2000 (Cover).
27 Profil 9/2003 (Cover).
28 dru/bi/lm: NR-Wahl – Schüssel: Bei 3. Platz geht die ÖVP in Opposition. – In: APA0264 7. 9. 1999.
29 Vgl. Christoph Hofinger, Günther Ogris, Ursula Breitenfelder: Ein Jahr der Kontraste. Die Wählerströme bei der Nationalratswahl am 3. Oktober, bei der Wahl zum Europäischen Parlament und bei den Landtagswahlen in Kärnten, Salzburg und Tirol am 7. März. In: ÖJP 1999. – Wien/München 2000. S. 119–145. Christoph Hofinger, Jenny Marcelo, Günther Ogris: Steter Tropfen höhlt den Stein: Wählerströme und Wählerwanderungen 1999 im Kontext der 80er- und 90er-Jahre. In: Fritz Plasser, Peter A. Ulram, Franz Sommer (Hg): Das österreichische Wahlverhalten. – Wien 2000. (Schriftenreihe des Zentrums für Angewandte Politikforschung. Bd. 21). S. 117–140. Fritz Plasser, Gilig Seeber, Peter A. Ulram: Breaking the Mold: Wettbewerbsräume und Wahlverhalten Ende der neunziger Jahre. In: Ebd. S. 55–115. Fritz Plasser, Peter A. Ulram, Franz Sommer: Nationalratswahl 1999: Transformationen des österreichischen Wahlverhaltens. In: ÖJP 1999. S. 49–87.
30 Andreas Khol: Veritas filia temporis – die Wahrheit ist eine Tochter der Zeit. Die Nationalratswahlen am 3. Oktober 1999 im Rückblick. In: ÖJP 2009. – Wien/München 2010. S. 381.
31 Vgl. BMI: Nationalratswahl 1999 – Wahltag, Stichtag, Gesamtergebnis. www.bmi.gv.at/cms/BMI_wahlen/nationalrat/1999/Ergebnis.aspx (10. 2. 2011).
32 Vgl. Dietmar Fischl: Voting behaviour 1986–1991. Dynamik und Veränderungen. Rewi. Diss. – Graz 2003.

Nach einer Vorstandssitzung am 12. Oktober verkündete Schüssel den Gang der Volkspartei in die Opposition, da »dieser einstimmig gefaßte Entschluss dem Votum des Wählers«[33] entspreche. In der ORF-»Pressestunde« am 5. Dezember[34] formulierte Schüssel, die »ÖVP will sich einer Einladung der SPÖ zu Regierungsverhandlungen nicht verschließen. Allerdings werde dies nicht ohne Wenn und Aber geschehen. (…) Er nannte sechs Punkte: die Budgetsanierung, wobei das Defizit in fünf Jahren auf ein Prozent des Bruttoinlandsproduktes gesenkt werden sollte, ›lebendige Demokratie‹ mit mehr direktdemokratischen Elementen und einer Abkehr vom Proporz, die Sicherung des Wirtschaftsstandortes und eine Senkung der Lohnnebenkosten, eine ›Charta der Freiheiten‹, die Sicherung des Generationenvertrages und das Nutzen der sich durch die europäische Integration ergebenden Chancen«.[35] Am 13. Dezember fasste der ÖVP-Bundesparteivorstand bei einer Enthaltung den einstimmigen Beschluss der Aufnahme von Regierungsverhandlungen,[36] die am 17. Dezember begannen.[37]

Am 18. Jänner 2000 titelte die »Kronen Zeitung«: »Nach 107 Tagen ohne Regierung ist es soweit: Endlich Entscheidung!« und beendete den Beitrag mit: Ob »es wirklich zu Rot-Schwarz kommt, darüber entscheiden heute die Spitzengremien von SP und VP«.[38] Am 19. Jänner stimmte der VP-Bundesvorstand »mit 23 Pro- und vier Gegenstimmen« den Inhalten des Koalitionspaktes zu, jedoch fügte Generalsekretärin Maria Rauch-Kallat hinzu, die »mit der SPÖ angestrebte Einigung auf die Übernahme eines ›Schlüsselressorts‹ werde nun verhandelt«[39]. Niederösterreichs Landeshauptmann Pröll nannte das Finanzressort und Klubchef Khol verlangte »weiters eine ›Glaubwürdigkeitsgarantie‹. Alle Mitglieder der Verhandlungsteams von SPÖ und ÖVP müssen den Koalitionspakt persönlich unterschreiben. (…) Die ÖVP will verhindern, dass Sparmaßnahmen auf ÖGB-Druck ›verwässert‹ werden, wie das

---

33 luc/je: ÖVP-Vorstand legt Gang in die Opposition fest. – In: APA0675 12. 10. 1999.
34 Zu einschlägigen ÖVP-Statements bis zu diesem Zeitpunkt vgl. bei/lm: Was die ÖVP einst sagte. – In: APA0160 13. 12. 1999.
35 ws/bi: Schüssel: VP wird Regierungsverhandlungen nicht ablehnen. – In: APA0127 5. 12. 1999.
36 Vgl. lm/me/mk: ÖVP-Vorstand beschließt Aufnahme von Regierungsverhandlungen. – In: APA0434 13. 12. 1999.
37 Vgl. bei/bi/je: Auftakt zu Regierungsgesprächen unter strengster Geheimhaltung. – In: APA0094 17. 12. 1999. Zu den Koalitionsverhandlungen vgl. Andreas Khol: Die Wende ist geglückt. Der schwarz-blaue Marsch durch die Wüste Gobi. – Wien 2001. S. 93–108. Gerfried Sperl: Der Machtwechsel. Österreichs politische Krise zu Beginn des 3. Jahrtausends. – Wien 2000. S. 15–33. Josef Cap: Kamele können nicht fliegen. Von den Grenzen politischer Inszenierung. – Wien 2005. S. 14–21. Katharina Krawagna-Pfeifer: Der schwarz-blaue Karneval oder die groteske rot-weiß-rote Zeit. In: Frederick Baker, Petra Herczeg (Hg.): Die beschämte Republik. 10 Jahre nach Schwarz-Blau in Österreich. – Wien 2010. S. 44f.
38 Dieter Kindermann: Nächtliches Ringen um Verteilung von Kompetenzen und Ressorts. – In: Kronen Zeitung 18. 1. 2000.
39 ws/je/bi: Regierung: ÖVP stimmt Inhalten mit vier Gegenstimmen zu. – In: APA0009 19. 1. 2000.

1997 bei der Pensionsreform der Fall war«.[40] Nachdem »der durch die endlosen Gespräche mit der Volkspartei völlig derangierte«[41] und von »Wolfgang Schüssel während der Koalitionsverhandlungen mental und politisch ruinierte«[42] Viktor Klima von Bundespräsident Klestil mit einem neuerlichen Regierungsauftrag ausgestattet wurde,[43] erklärte Schüssel in der ORF-Sendung »Im Journal zu Gast«, man »sollte die Chance für eine Zusammenarbeit mit der FPÖ ausloten«, denn man »dürfe eine ›gewählte Partei von Gesprächen nicht ausschließen‹«.[44] Nach dem bzw. parallel zum endgültigen Scheitern Klimas[45] und der schwarz-blauen »Selbstbeauftragung«[46] zu Koalitionsverhandlungen berichteten »schwarz-blaue« Verhandlungskreise im Parlament von einem »guten Start«[47]. Am 1. Februar gaben Schüssel und Haider »an einem mit EU- und rotweißroten Fahnen dekorierten Tisch (…) im Parlament die mit Spannung erwartete Pressekonferenz der Koalitionspartner in spe«.[48] Am 4. Februar wurde – trotz heftigster medialer Attacken der »Kronen Zeitung«[49] – das Kabinett

---

40 Dieter Kindermann: Die ÖVP fordert das Finanzministerium! – In: Kronen Zeitung 20. 1. 2000. Vgl. weiters Peter Gnam: Endlich treffen SPÖ und ÖVP eine Entscheidung. – In: Kronen Zeitung 18. 1. 2000. Dieter Kindermann: Schüssel will Schlüsselressort. – In: Kronen Zeitung 19. 1. 2000. Dieter Kindermann: Heute ein neuer Auftrag Klestils! – In: Kronen Zeitung 21. 1. 2000. Dieter Kindermann: Hält Klestil dem Druck stand? – In: Kronen Zeitung 25. 1. 2000.
41 Michael Fleischhacker: Wien, 4. Februar 2000 oder die Wende zur Hysterie. – Wien 2001. S. 18.
42 Ebd. S. 44.
43 Vgl. Peter Gnam: Jetzt kommt neue Regierung mit Experten! – In: Kronen Zeitung 22. 1. 2000. Gedacht war an die »Bildung einer durch Experten verstärkten SP-Minderheitsregierung«. Peter Gnam: SPÖ muss sich nach 30 Jahren auf Opposition gefasst machen. – In: Kronen Zeitung 25. 1. 2000.
44 Dieter Kindermann: Klimas Minderheitsregierung ist ein »Trapezakt ohne Netz«. – In: Kronen Zeitung 23. 1. 2000.
45 Vgl. Dieter Kindermann: Klima: Keine Chance für Minderheitsregierung. – In: Kronen Zeitung 26. 1. 2000.
46 Alfred Payrleitner: Die Wende im Lichte der Medienresonanz. Zwischen Kreuzzug, Marketing und Wahrheitssuche. In: ÖJP 2002. – Wien/München 2003. S. 292.
47 Kindermann: Chance.
48 Dieter Kindermann: Zilk: Regierung von allen Parteien bilden. – In: Kronen Zeitung 2. 2. 2000.
49 So lauteten die Aufmacher: »ÖVP-Wähler für Rot-Schwarz« (2. 1. 2000); »Volkszorn trifft Schüssel voll« (26. 1. 2000); »Grüne der ÖVP auf den Fersen« (29. 1. 2000). Hinzuweisen ist in diesem Kontext darauf, dass sowohl Schüssel als auch Haider kampagnenmäßig Ende November/Anfang Dezember von einem Anonymus (»Von Besonderer Seite«) auf Linie, sprich auf eine »rot-schwarze« Koalition gebracht werden sollten. Vgl. NN: Gedanken zur politischen Situation. – In: Kronen Zeitung 27. 11. 1999. NN: Gedanken zur politischen Situation. – In: Kronen Zeitung 28. 11. 1999. NN: Gedanken zur politischen Situation. In: Kronen Zeitung 29. 11. 1999. NN: Gedanken zur politischen Situation. – In: Kronen Zeitung 30. 11. 1999. NN: Gedanken zur politischen Situation. – In: Kronen Zeitung 1. 12. 1999. Parallel zur Finalisierung der Regierungsbildung begann die »Kronen Zeitung« angesichts drohender internationaler Reaktionen einen Inklusionsdiskurs, der zum einen die Waldheim-Affäre »aufkochte« (»Staberlscher« Süffisanz-Antisemitismus inklusive) und zum anderen unverkennbar (zumindest) EU-kritische Spuren – Stichwort Nettozahler – aufwies. Vgl. Ernst Trost: Haider ante portas. – In: Kronen Zeitung 23. 1.

Schüssel I (auch die Szene in der Hofburg ist ein »Schlagbild«) angelobt,[50] und am 9. Februar hielt Schüssel die Regierungserklärung.[51]

Die Ausgangslage der Volkspartei war nach dem 3. Oktober nur auf den ersten Blick trist, denn eine (offizielle) Koalition zwischen Sozialdemokraten und Freiheitlichen wäre in der SPÖ kaum durchzubringen gewesen. Mit anderen Worten: Die ÖVP hatte mit dem »letzten taktischen Schatz (…) der Option ›FPÖ‹«[52] zwei Regierungsoptionen und ließ sich – wie oben nachgezeichnet – in einem ersten Schritt aus dem Oppositionsschmollwinkel herausholen, um in einem zweiten der SPÖ mehr oder weniger programmatische Eckpunkte zu diktieren. Gerahmt wurde dieses Vorgehen von entweder direkten Angriffen gegen Spitzenrepräsentanten der SPÖ[53] und/oder indem dieser die Reformfähigkeit bzw. Reformwilligkeit überhaupt abgesprochen wurde.[54] In der Endphase der Koalitionsverhandlungen erhöhte die Volkspartei abermals die »Schlagzahl« an Forderungen bzw. Zumutungen an den Koalitionspartner, die für Letzteren schließlich innerparteilich nicht mehr durchsetzbar waren und deren einzige, bereits zuvor praktizierte mediale Gegenstrategie in der Warnung vor »Schwarz-Blau« bestand. Pointiert lässt sich formulieren: Bevor Schüssel das Kanzleramt mit Hilfe der FPÖ erlangte, war die Volkspartei thematisch-medial bereits die Kanzlerpartei.

2000. Ernst Trost: Erklärungsbedarf. – In: Kronen Zeitung 27. 1. 2000. Kurt Seinitz: Trommelfeuer aus dem Ausland. – In: Kronen Zeitung 27. 1. 2000. Staberl: Demokratisch und zeitsparend. – In: Kronen Zeitung 27. 1. 2000. Peter Gnam: »Österreich ist kein Nazi-Land!« – In: Kronen Zeitung 28. 1. 2000. Dieter Kindermann: Fischler hofft auf Regierung mit internationaler Akzeptanz. – In: Kronen Zeitung 29. 1. 2000. Dieter Kindermann: Brüchiges Fundament. – In: Kronen Zeitung 29. 1. 2000. Staberl: Das Gespenst. – In: Kronen Zeitung 29. 1. 2000. Kurt Seinitz: Scherbengericht der EU über Österreich? – In: Kronen Zeitung 29. 1. 2000. Kurt Seinitz: Ultimatum der EU-Länder an Österreich! – In: Kronen Zeitung 1. 2. 2000. Staberl: Im Zeichen der Vorurteile. – In: Kronen Zeitung 2. 2. 2000. Kurt Seinitz: EU braucht Österreich. – In: Kronen Zeitung 2. 2. 2000, sowie den Aufmacher »Österreich auf der Watchlist« (3. 2. 2000).

50 Vgl. Dieter Kindermann: Eisiges Klima bei Angelobung der Regierung. – In: Kronen Zeitung 5. 2. 2000.
51 Vgl. Wolfgang Schüssel: Erklärung des Bundeskanzlers Dr. Wolfgang Schüssel anlässlich des Amtsantrittes der am 4. 2. 2000 ernannten Bundesregierung. www.parlinkom.gv.at/PAKT/VHG/XXI/RGER/RGER_00001/index.shtml (11. 2. 2011).
52 Peter Pilz: Die Republik der Kavaliere. – Wien 2006. S. 14.
53 Vgl. Peter Gnam: Schwarz-Blau gegen Edlinger. – In: Kronen Zeitung 16. 12. 1999. Peter Gnam: ÖVP stichelt gegen SPÖ: Werden die Weichen neu gestellt? – In: Kronen Zeitung 28. 12. 1999. Peter Gnam: SPÖ will sich nicht pflanzen lassen. – In: Kronen Zeitung 29. 12. 1999. Dieter Kindermann: Klestil bekommt heute Zwischenbericht. – In: Kronen Zeitung 29. 12. 1999. Peter Gnam: Schüssel stellt sich in Frage: Wird ÖVP seinem Kurs folgen? – In: Kronen Zeitung 31. 12. 1999. Dieter Kindermann: Fortschritte beim Regierungspoker. – In: Kronen Zeitung 15. 1. 2000.
54 Vgl. NN: Leitl: Die SPÖ ist nicht reformfähig. – In: Kronen Zeitung 19. 12. 1999. NN: Leitl: SPÖ fehlt Reformwille, der FPÖ die Zuverlässigkeit. – In: Kronen Zeitung 20. 12. 1999. Dieter Kindermann: Die SPÖ argwöhnt: Schwarz-Blau ist fix! – In: Kronen Zeitung 31. 12. 1999.

4.2 Die Regierungsverhandlungen 2002/2003

»Die erdrutschartigen Wählerwanderungen bei den Nationalratswahlen waren nicht nur für österreichische Verhältnisse bemerkenswert, sondern übertrafen auch die durchschnittliche Volatilität im bewegten europäischen Wahlgeschehen um ein Vielfaches.«[55] Hofinger, Ogris und Thalhammer bezeichneten »die Wählerbewegungen« schlicht und einfach »als ›hundertjährige Wählerströme‹«[56].

Aus Sicht der Volkspartei hatte sich drei Jahre später das strategische Feld gegenüber 1999 wesentlich verändert. War nach den Wahlen 1999 eine rechnerische Mehrheit von SPÖ und FPÖ zwar möglich, aber – wie oben ausgeführt – innerhalb der SPÖ kaum durchzusetzen gewesen, so war – mit Ausnahme einer auszuschließenden Dreierkoalition aus SPÖ, FPÖ und Grünen – gegen die Volkspartei keine Mehrheit zu bilden, oder anders formuliert: Die ÖVP konnte sich den Koalitionspartner im wahrsten Sinne des Wortes aussuchen.[57]

Am 26. November 2002 erhielt Schüssel den Regierungsbildungsauftrag,[58] führte vorerst Sondierungsgespräche mit SPÖ,[59] FPÖ[60] und Grünen[61] (die diese am 17. Dezember – vorerst – abbrachen[62]). Vor der definitiven Aufnahme von Koalitionsverhandlungen – sieht man von den »üblichen Geplänkeln« ab – sondierte die ÖVP ein weiteres Mal mit der FPÖ,[63] lud die Grünen abermals zu Gesprächen ein[64] und ließ die SPÖ geradezu um Koalitionsverhandlungen betteln.[65]

---

55 Fritz Plasser, Peter A. Ulram, Gilg Seeber: Erdrutschwahlen: Momentum. Motive und neue Muster im Wahlverhalten. In: Fritz Plasser, Peter A. Ulram (Hg.): Wahlverhalten in Bewegung. Analysen zur Nationalratswahl 2002. – Wien 2003. (Schriftenreihe des Zentrums für Angewandte Politikforschung. Bd. 28.) S. 97.
56 Christoph Hofinger, Günther Ogris, Eva Thalhammer: Der Jahrhundertstrom: Wahlmotive und Wählerströme im Kontext der Nationalratswahl 2002. In: Plasser, Ulram (Hg.): Wahlverhalten in Bewegung. S. 160.
57 Vgl. BMI: Nationalratswahl 2002 – Wahltag, Stichtag, Gesamtergebnis. www.bmi.gv.at/cms/BMI_wahlen/nationalrat/2002/Gesamtergebnis.aspx (10. 2. 2011).
58 Vgl. og/ws: Schüssel mit Regierungsbildungsauftrag, aber vorerst ohne Partner. – In: APA0500 26. 11. 2002.
59 Vgl. og/lm: ÖVP und SPÖ verständigen sich auf Sondierungsgespräche. – In: APA0512 29. 11. 2002.
60 Vgl. og/si: ÖVP führt erstes Sondierungsgespräch mit Noch-Koalitionspartner FPÖ. – In: APA0799 4. 12. 2002.
61 Vgl. jep: ÖVP führt erstes Sondierungsgespräch mit Grünen. – In: APA0753 5. 12. 2002.
62 Vgl. wea: ÖVP hat derzeit nur mehr zwei gesprächsbereite mögliche Partner. – In: APA0709 17. 12. 2002.
63 Vgl. dru: ÖVP sondiert noch einmal mit der FPÖ. – In: APA0425 26. 1. 2003.
64 Vgl. bei/me/jep: ÖVP und FPÖ 2 – Schüssel lädt Grüne ein. – In: APA0409 27. 1. 2003. jep/me/mk: Koalition – Molterer: Jetzt reden wir mit den Grünen. – In: APA0205 24. 2. 2003.
65 Vgl. dru: V-G-Verhandlungen: Gusenbauer bei Scheitern weiter gesprächsbereit. – In: APA708 6. 2. 2003. kö/mk: Koalition: SPÖ – Lackner schließt Schwarz-Rot nicht aus. – In: APA0195 8. 2. 2003. has/lm: Koalition: SPÖ weiter zu Verhandlungen bereit. – In: APA0254 13. 2. 2003.

Für die SPÖ war außer Sondierungen nichts zu holen[66] und die ÖVP agierte mit einem ähnlichen Skript wie schon 1999/2000, nämlich auf der einen Seite ein reformbereiter SP-Chef, der aber auf der anderen nicht garantieren könne, die Reformmaßnahmen auch innerparteilich durchzubringen. »Die Gespräche mit der SPÖ sind laut Schüssel daran gescheitert, dass ›in der Detailarbeit viele Fragen offen geblieben‹ seien, obwohl man in der Analyse vieles ähnlich beurteilt habe. Zudem hätte es von Sozialpartner- und Länderseite abweichende Stellungnahmen von dem gegeben, was Parteichef Alfred Gusenbauer in den Verhandlungen gesagt habe. Die SPÖ habe deshalb ›keine stabilen Konturen‹ an den Tag gelegt, meinte Schüssel. Er betonte aber: ›Der gute Wille war bei Alfred Gusenbauer vorhanden.‹ Unterschiedliche Meinungen habe es etwa im Bereich Pensionen gegeben. Hier hätten die Sozialdemokraten ›massive Eingriffe‹ bei den Beamtenpensionen gefordert. Zudem deutete Schüssel Meinungsverschiedenheiten im Schulbereich an. Hier gelte es, anstehende Reformen ›mit Augenmaß und unter der kundigen Führung‹ der Bildungsministerin Elisabeth Gehrer durchzuführen. Sowohl mit Haupt als auch mit Gusenbauer habe es in den vergangenen Tagen intensive Gespräche gegeben, betonte Schüssel. Allerdings: ›Mit den Freiheitlichen haben wir die größten Übereinstimmungen erzielt.‹«[67]

Am 16. Februar scheiterten die schwarz-grünen Koalitionsverhandlungen.[68] Andreas Khol bedauerte dies und warf den »Grünen« vor, »eine historische Chance vergeben« zu haben, »sich dauerhaft als verantwortungsvolle Umweltpartei zu etablieren«.[69] Weiters »bedauerten« das Scheitern der burgenländische Landesgeschäftsführer Dietmar Halper, die Tiroler ÖVP-Politiker Herwig van Staa und Elisabeth Zanon (also nicht unbedingt die »erste Liga«), wobei das Vermeiden von massiven Schuldzuweisungen bei diesen Wortmeldungen auffällt.[70]

---

66 Vgl. bei/cs/mk: Koalition: ÖVP und SPÖ vereinbaren weitere Gespräche. – In: APA0436 18. 2. 2003. has/lm: Schüssel spielt noch einmal schwarz-rote Karte. – In: APA0470 18. 2. 2003. has/bei: Koalition: Zweite Chance für Schwarz-Rot. – In: APA0160 19. 2. 2003. bei/me/ws: Koalition: Schüssel und Gusenbauer tagen vertraulich. – In: APA0589 20. 2. 2003. Vgl. weiters Cap: Kamele. S. 63–65. Ders.: Die Sondierungsgespräche mit der ÖVP – Chronik eines geplanten Scheiterns. In: ÖJP 2003. – Wien/München 2004. S. 103–112.

67 has/en/ws: Schwarz-Blau 4 – Schüssel: Regierungsbildung in den nächsten Tagen. – In: APA0788 20. 2. 2003.

68 Vgl. lm/ws: Schwarz-Grün: Chronologie des Scheiterns. – In: APA0047 16. 2. 2003.

69 lm/ws: Aus für Schwarz-Grün: Khol bedauert Scheitern. – In: APA0050 16. 2. 2003.

70 Vgl. mbu/ws: Aus für Schwarz-Grün–VP–Halper: »Bedaure Entscheidung der Grünen«. – In: APA0128 16. 2. 2003. vt/wea: Aus für Schwarz-Grün: Bedauern von Tirols LH van Staa. – In: APA0269 16. 2. 2003. vt/wea: Aus für Schwarz-Grün: Zanon bedauert Scheitern der Verhandlungen. – In: APA0224 16. 2. 2003. Das Scheitern der Verhandlungen (oder eben die Nicht-Verhandlungen) mit der SPÖ fiel zum einen auf recht beredtes Schweigen, zum anderen auf die bereits belegten Schuldzuweisungen der Volkspartei an die Sozialdemokraten. Vgl. bn/lei/lm: Schwarz-Blau: Schausberger enttäuscht über SPÖ. – In: APA0274 21.

»Es ist ein täglicher Wettkampf um die Schlagzeile – oder einen Punkt beim Wähler.« 135

Am 20. Februar entschied sich der ÖVP-Bundesparteivorstand gegen Koalitionsverhandlungen mit der SPÖ und zugunsten der Freiheitlichen, die am 24. Februar begannen[71] und – nach einigen Querschüssen aus Kärnten[72] – am 28. Februar abgeschlossen wurden[73]. Nur wenige Stunden nach der Einigung wurde die Regierung angelobt,[74] die Koalitionsspitzen gingen danach – abgesehen von einer Pressekonferenz[75] und einem »Runden Tisch« im ORF[76] – auf mediale Tauchstation[77] und am 6. März hielt Schüssel im Nationalrat die Regierungserklärung.[78] »Es [wurde] weiter Rechtswalzer getanzt«,[79] die FPÖ wurde zum »Nebendarsteller auf der politischen

---

2. 2003. lm: Khol: »Reformwillen der FPÖ wieder klar und ungebrochen« 1. – In: APA0049 23. 2. 2003.
71 Vgl. bei/lm: Blauer Kniefall stimmt Kanzler milde. – In: APA0571 24. 2. 2003.
72 Vgl. ebd. awi/ran: Schwarz-Blau: Haider kann sich FPÖ-Innenminister vorstellen. – In: APA0390 25. 2. 2003. mfw/awi/me/dru: Schwarz-Blau: Haider kategorisch gegen höhere MÖSt und Arztgebühren. – In: APA0182 27. 2. 2003. lm/dru: Vor schwarz-blauer Neuauflage gärt es in der FPÖ. – In: APA0448 27. 2. 2003. mk/dru: Schwarz-blaue Koalitionsverhandlungen schwieriger als angenommen. – In: APA0758 27. 2. 2003.
73 Vgl. og/jep/dru: Drei Monate Koalitionssuche – Chronologie. – In: APA0431 28. 2. 2003. Vgl. weiters Herbert Scheibner: Wie es zur zweiten schwarz-blauen Regierung kam. In: ÖJP 2003. S. 91–102.
74 Vgl. bei/dru: Schwarz-blaue Regierung von Klestil angelobt. – In: APA0669 28. 2. 2003.
75 Vgl. has/jep/en: Schwarz-Blau – Schüssel: Steuer- und Pensionsreform ab 2004. – In: APA0596 28. 2. 2003. Vgl. auch Hans Werner Scheidl: Ein zufriedenes Kabinett Schüssel II: »Pressekonferenz« mit zwei Monologen. – In: Die Presse 1. 3. 2003. hws, ett, ewi, fa: Eine überirdische Angelobung. – In: Die Presse 1. 3. 2003. Lisa Nimmervoll: Es geht weiter wie bisher. – In: Der Standard 1. 3. 2003. NN: Ein Regierungsteam mit Überraschungen. – In: Neues Volksblatt 1. 3. 2003. NN: Neue Chefs beschwören Stabilität. – In: Tiroler Tageszeitung 1. 3. 2003.
76 Vgl. NN: ZIB – Demokratie&Staat/Regierung/Runder Tisch. In: ZIB 1. 3. 2003 9.00 Uhr. Bemerkenswerter- bzw. logischerweise waren das Koalitionsabkommen bzw. dessen innenpolitische Folgen kaum ein Thema, sondern es wurde primär über Europapolitik debattiert.
77 Insgesamt finden sich im Zeitraum 28. Februar bis 4. März in den österreichischen Tageszeitungen acht Interviews (zwei allein mit der neuen Staatssekretärin Ursula Haubner). Vgl. Conny Bischofsberger: Hört Jörg Haider auf Sie? – In: Kronen-Zeitung 2. 3. 2003. Gerald Pototschnig: Star des FC Nationalrat. – In: Kleine Zeitung 2. 3. 2003. Gudula Walterskirchen: »Möchte nicht die lebende Garantie sein«. – In: Die Presse 1. 3. 2003. Karl Ettinger: Ministerin Rauch-Kallat: »1.000 Euro Mindestlohn – je früher, desto besser«. – In: Die Presse 3. 3. 2003. Margaretha Kopeinig: Platter: »Die Hüftschüsse verfehlen das Ziel«. – In: Kurier 2. 3. 2003. Margaretha Kopeinig: Ferrero-Waldner: »Verhalten uns EU-konform«. – In: Kurier 3. 3. 2003. Norbert Rauter, Christian Thonke: »Die Klammer heißt Nachhaltigkeit«. – In: Kurier 4. 3. 2003. Am stärksten exponierte sich zweifelsohne Neominister Hubert Gorbach, der in einem »Kleine Zeitung«- Interview ob des Transitstreits »als Ultima Ratio« eine »Blockade Wiens« bei der EU-Erweiterung in den Raum stellte. (Stefan Winkler: »Schließe Veto gegen EU-Erweiterung nicht aus«. – In: Kleine Zeitung 3. 3. 2003.)
78 Vgl. bei/lm: Regierungserklärung: Schüssel wirbt für seinen Weg 1. – In: APA0195 6. 3. 2003. bei/ws: Regierungserklärung: Schüssel 2 – Europapolitik »Herzstück«. – In: APA0249 6. 3. 2003. lm/bei: Regierungserklärung: Schüssel und die Zukunft. – In: APA0258 6. 3. 2003.
79 Gerfried Sperl: Die umgefärbte Republik. Anmerkungen zu Österreich. – Wien 2003. S. 7.

Bühne degradiert«,[80] deren Einfluss sich »in wenigen Nischen altgehegter Themen wie der Ausländer- und Einwanderungspolitik« bewegte »oder sich an der lange Zeit von der ÖVP nicht behinderten Blockadepolitik der Umsetzung des Verfassungsgerichtshofserkenntnisses zur Aufstellung zweisprachiger Ortstafeln«[81] zeigte.

5. Wording und Rewording

5.1 »Nulldefizit«

Liest man Schüssels Regierungserklärung vom 4. Februar 2000, so klangen die Ausführungen zur Budgetpolitik – auch unter dem Aspekt, dass »neu regiert« werde – alles andere als ambitioniert. »Wir wollen daher das Budgetdefizit bis zum Jahr 2005 auf 1,5 Prozent des Bruttoinlandsproduktes senken.«[82]

Erstmals taucht der Begriff »Nulldefizit« in einem Beitrag von »News« auf, in dem stand, Brüssel fordere ein österreichisches »Nulldefizit« bis 2003.[83] In einem »Presse«-Gastkommentar am 30. Mai 2000 (zuvor hatte es heftige Kritik aus Brüssel an der heimischen Budgetpolitik gegeben) wurde von Rudolf Bretschneider, einem engen Schüssel-Berater,[84] ventiliert,[85] die Regierung setze ein »Signal zur Umkehr«, indem ihr »neuer Fahrplan (…) ein Nulldefizit im Jahr 2003«[86] vorsehe. Das wurde allerdings am selben Tag von VP-Staatssekretär Finz als »nicht erreichbar«[87] bezeichnet.[88] Einen Tag später schrieb wiederum »News«, Finz locke »neuerlich wider seine Chefs, Schüssel und Grasser, die ein ausgeglichenes Budget für 2003 als oberstes Ziel angekündigt haben.«[89] In einem »Kurier«-Gastkommentar forderte Hans Haumer

---

80 Peter A. Ulram: Die Nationalratswahl 2002. In: ÖJP 2002. – Wien/München 2003. S. 130.
81 Emmerich Tálos: Politik in Schwarz – Blau/Orange. Eine Bilanz. In: Ders. (Hg.): Schwarz-Blau. Eine Bilanz des »Neu-Regierens«. Wien 2006. S. 328.
82 Wolfgang Schüssel: Erklärung der Bundesregierung. www.parlinkom.gv.at/PAKT/VHG/XXI/NRSITZ/NRSITZ_00009/SEITE_0014.html (11. 2. 2011).
83 Vgl. Werner Beninger, Josef Galley: »Ich kann Steuererhöhungen nicht mehr ausschließen«. – In: News 20/2000.
84 Vgl. Barbara Tóth: Regierung: Schüssels schöner Spin Doctor. – In: Format 19/2000. K. Dutzler, K. Grubelnik, B. Tóth, S. Schwaiger: Das Who is who der Wende. – In: Format 6/2001. Oliver Pink: Wenn der Kanzler selbst zum Hörer greift. – In: Die Presse 3. 5. 2006.
85 »Wir haben ab und zu so Testballone versucht. Weil man einfach abtestet, wie kommt sowas an, verstehen das die Leute auch.« (Interview Glück)
86 Rudolf Bretschneider: Alte Schulden. – In: Die Presse 30. 5. 2000.
87 Lm: Finz hält »Nulldefizit« bis 2003 für »nicht erreichbar«. – In: APA0298 30. 5. 2003.
88 Auf diesbezügliches Nachfragen antwortete Heidi Glück: »Vermutlich war er [Finz] nicht eingebunden.« (Interview Glück)
89 Werner Beninger: K(r)ampf ums Budget. – In: News 22/2000.

eine Herkules-Arbeit für ein Null-Defizit und den Schuldenabbau.[90] Einen Monat später stand in der »Kronen Zeitung« zu lesen: »Sogar ein Nulldefizit scheint möglich«,[91] und einen Tag danach verkündete der »Kurier«, Grasser »hat der VP im gestrigen Koalitionsausschuss einen radikalen Sparkurs vorgelegt. Der Koalitionspakt wurde revidiert, statt einem Minus von 1,3 Prozent soll das Budget spätestens 2003 eine schwarze Null ausweisen«.[92]

Bleibt somit festzuhalten, dass der Begriff vorerst nicht von Regierungskreisen medial besetzt wurde, sondern die Republik von der EU ermahnt wurde, den Haushalt ins Lot zu bringen,[93] und dass das »Nulldefizit«[94] innerkoalitionär vorerst (bei sehr spärlichen Wortspenden) alles andere als Konsens war.[95]

Am 6. Juli meldete der »Kurier«, Schüssel habe im Rahmen der Präsentation des Wirtschaftsberichtes »Österreich 2000« den Beginn einer »Reformkonferenz (…) mit Sozialpartnern, Wirtschaftsforschern und Experten« angekündigt, um »das Budgetdefizit bis spätestens 2003 auf Null zu drücken. ›Wir haben noch keine Lösung, wie das Nulldefizit erreichbar ist, wollen dies über den Sommer aber überall außer Streit stellen‹«.[96] Mitte Juli verkündeten Grasser und Schüssel ein »Nulldefizit« bereits für 2002.[97] Dazu veröffentlichte die »Kronen Zeitung« Ende August eine »market«-Umfrage, derzufolge »eine klare Mehrheit« Grasser zutraute, »dieses Budgetziel gegen alle bisher aufgetretenen Widerstände zu erreichen«. Ein Scheitern »würden (…) fast drei Viertel der Bevölkerung ›sehr‹ bzw. ›eher schon‹ bedauern.«[98] Die Verhandlungsergebnisse wurden vonseiten der Regierung Anfang September präsentiert, wobei betont wurde, »75 Prozent der Bevölkerung werden

---

90 Vgl. Hans Haumer: Herkulesarbeit für ein Null-Defizit und den Schuldenabbau. – In: Kurier 3. 6. 2000.
91 Manfred Schumi: Ehrgeizige Pläne der Koalition: Budgetdefizit auf »null« senken. – In: Kronen Zeitung 4. 7. 2000.
92 NN: Spätestens 2003 will Grasser ein Nulldefizit. – In: Kurier 5. 7. 2000.
93 Vgl. ws/ri/wi: Stabilitätsprogramm für EU-Kommission zu wenig ambitioniert. – In: APA0302 26. 4. 2000. ws/ri/cs: Stabilitätsprogramm 2 – Kritik an Abhängigkeit von Einmal-Erlösen. – In: APA0421 26. 4. 2000. ws/rf/cs: Grasser erwartet massive Kritik von EU-Finanzministern. – In: APA0415 5. 5. 2000. ws/re: Grasser erwartet massive Kritik von EU-Finanzministern. – In: APA0373 7. 5. 2000. ws/mg/wi: Grasser: EU-Finanzminister wollen raschere Konsolidierung 1. – In: APA0464 8. 5. 2000. ws/mg/wi: Grasser 2 – Kritik bestätigt Notwendigkeit des Regierungswechsels. – In: APA0507 8. 5. 2000. tsk/ws/mg/wi: Grasser nimmt »Ohrfeige« der EU für Budgetpolitik ernst. – In: APA0570 8. 5. 2000.
94 Für den Begriff spricht, dass er 2001 sowohl zum »Wort des Jahres« gewählt wurde, als auch als »Unwort des Jahres« in derselben Wertung auf Rang 3 landete. Vgl. wm/g: »Nulldefizit« ist das Wort des Jahres 2001 1. – In: APA0177 12. 12. 2001.
95 Vgl. auch Liselotte Palme: »Prioritäten«. – In: Profil 22/2000. Christoph Polster, Herbert Geyer: »Beides zugleich geht nicht«. – In: Wirtschaftsblatt 5. 7. 2000.
96 NN: »Nationale Kraftanstrengung«. In: Kurier 6. 7. 2000.
97 Vgl. d. k.: Grasser: Schon 2002 Null-Defizit. – In: Kronen Zeitung 12. 7. 2000.
98 Peter Gnam: Mehrheit hat Vertrauen in »Chef-Sanierer« Grasser. – In: Kronen Zeitung 28. 8. 2000.

nichts von diesem Paket spüren.«[99] Hieß es Anfang September noch, der Großteil der Bevölkerung werde die Budgetsanierung nicht spüren, so stand Mitte Dezember in einem nicht gezeichneten Beitrag zu lesen, die Regierung »verspricht«, dass keine »Gruppe (…) vom neuen Sanierungskurs ausgenommen, jedoch keine übermäßig belastet« werde. Österreich sei zum »budgetpolitischen Schlusslicht in Europa abgerutscht« und der »jährliche Aufwand für die Zinsen und Tilgung der Staatsschuld beträgt stolze 100 Milliarden Schilling, die fehlen, um beispielsweise in Universitäten oder in die zukunftsorientierte Forschung und Entwicklung zu investieren.«[100]

Somit lässt sich zur »Nulldefizit«-Debatte 2000 festhalten, dass sich die Regierung – sofern es die publizierten Umfragen betrifft – auf einen breiten gesellschaftlichen Konsens stützen konnte,[101] dass die Belastungen entgegen den ursprünglichen Ankündigungen keineswegs nur einen kleinen Teil der Bevölkerung trafen (dementsprechend unfreundlicher wurde nach dem Motto: »Wasch' mir den Pelz, aber mach' mich nicht nass« das Meinungsklima[102]) und dass dahingehend argumentiert wurde, ein »Nulldefizit« reduziere Zinsen- und Tilgungsdienste und setze somit finanzielle Mittel für Zukunftsinvestitionen frei. Ein anderer Aspekt war, dass mit dem »Vorziehen« des »Nulldefizits« die Debatte wesentlich an Dynamik, nicht zuletzt an medialer, gewann. Für das erste Jahr des Bestehens der Regierung bleibt diesbezüglich noch festzuhalten, dass Grasser Mitte Juli 2000 vorerst als »Mister 00-Budget« und Ende September ebenfalls in »News« erstmals als »Mister Null-Defizit« bezeichnet wurde.[103]

Wie sehr das Thema an Dynamik gewann, lässt sich nicht zuletzt an programmatischen Erklärungen ablesen. In seiner Regierungserklärung vom 4. Februar 2000 hielt der Kanzler fest, »Österreich braucht ein stabiles Budget« und die Regierung wolle das Defizit »bis zum Jahr 2005 auf 1,5 Prozent des Bruttoinlandsproduktes senken«.[104] Auch Grassers diesbezüglich erste Rede erschöpfte sich darin zu betonen, dass es erstmals seit 1974 gelungen sei, »den Wert von 2 Prozent des administrativen Budgets (…) zu unterschreiten.«[105] In seiner Budgetrede vom 19. Oktober 2000 fiel Grasser nicht nur durch die für ihn charakteristische Verwendung von Werbeslogans

---

99 Georg Wailand: Wie Grasser das Budget sanieren will. – In: Kronen Zeitung 2. 9. 2000.
100 NN: Der österreichische Weg zum Nulldefizit. – In: Kronen Zeitung 16. 12. 2000.
101 Vgl. auch Plasser, Ulram, Seeber: Erdrutschwahlen. S. 98.
102 Vgl. Hubert Wachter, Wolfgang Beninger, Josef Galley: Karl-Heinz Grasser: Vom Mister Null-Defizit zum neuen Minusmann. – In: News 39/2000.
103 Vgl. Werner Beninger, Josef Galley: Karl-Heinz Grassers »Liebesgrüße aus Wien«: Sparkurs total brutal. – In: News 28/2000. Hubert Wachter, Werner Beninger, Josef Galley: Minister brutal. – In: News 39/2000.
104 Schüssel: Erklärung (4. 2. 2000).
105 Die Budgetrede von Finanzminister Mag. Grasser (21. 3. 2000). www.parlinkom.gv.at/PAKT/PR/JAHR_2000/PK0141/index.shtml (11. 2. 2011).

auf,[106] sofern es das Budget betraf, verwies er auf den »Konsolidierungspfad, der uns bereits 2002 zum Nulldefizit führen wird«.[107]

Die Budgetrede 2001 wurde medial-dramaturgisch im Vorfeld orchestriert. Im Februar berichtete die »Kronen Zeitung« über positive Stimmen der EU-Kommission und dass sich Österreich »in der Rangliste vom letzten Rang bis ins solide Mittelfeld«[108] verbessert habe. Am 27. Februar wurde Grassers Budgetrede angekündigt[109] und am folgenden Tag wurden Grasser, Finz und deren »neue ›Schuldenuhr‹« bildwirksam ins Blatt gerückt. »In einer Art ›fiktivem Countdown‹ wird die aktuelle Neuverschuldung des Bundes von jetzt an bis 31. 12. 2002 heruntergezählt, bis das ›Null-Defizit‹ erreicht ist. Die Anzeige begann mit (…) dem Abgang für das Jahr 2000.«[110] Im Normalfall zeigt eine solche Schuldenuhr die Zunahme öffentlicher Defizite an, die Regierung inszenierte somit – entgegen der internationalen »Normalität« – eine auf den ersten Blick positive Schuldendynamik. Grassers mit Zitaten von Lessing, Brecht und Twain gespickte Budgetrede ist über weite Strecken ein Aufzählen der finanz- und wirtschaftspolitischen Erfolgsbilanz der Regierung, in der das Wort »Zukunft« einen zentralen Stellenwert einnimmt.[111]

Am 6. November 2001 verkündeten Schüssel, Riess-Passer und Grasser im Rahmen der Pressekonferenz nach dem Ministerrat – auf einer Bühne, die ansonsten Kanzler und Vizekanzlerin vorbehalten war –, dass bereits 2001 ein »Null-Defizit« erreicht werde, dies allerdings durch außerordentlich hohe Steuervorauszahlungen[112] – Eurostat sollte dies einige Jahre völlig anders sehen.[113]

---

106 Vgl. dru/lmdru/lm: Grasser wirbt: »Ein guter Tag beginnt mit einem sanierten Budget«. – In: APA0280 18. 10. 2000. dru/ri/has: Budgetrede Grassers: Budget 2002 mit »historischer Bedeutung«. – In: APA0200 1. 3. 2001. bei/has: Budget: Grasser verteidigt Defizit 1. – In: APA0233 13. 10. 2004.
107 Wortlaut der Budgetrede von Finanzminister Grasser. www.parlinkom.gv.at/PAKT/PR/JAHR_2000/PK0575/index.shtml (11. 2. 2011).
108 NN: Budget: Österreich holt auf. – In: Kronen Zeitung 8. 2. 2001.
109 Vgl. NN: Auf Kurs zum Null-Defizit. – In: Kronen Zeitung 27. 2. 2001.
110 NN: Die »neue Schuldenuhr«. – In: Kronen Zeitung 28. 2. 2001.
111 Vgl. Erklärung des Bundesministers für Finanzen zur Regierungsvorlage betreffend das Bundesfinanzgesetz für das Jahr 2002 samt Anlagen. www.parlinkom.gv.at/PAKT/VHG/XXI/NRSITZ/NRSITZ_00057/SEITE_0030.html (11. 2. 2011).
112 Vgl. bei/at/mk: Regierung erwartet Nulldefizit schon 2001 1. – In: APA0363 6. 11. 2001.
113 Vgl. has/og: Budget: Nulldefizit wieder geschrumpft – 2001 kein Überschuss. – In: APA0120 5. 4. 2006. »Ungekrönter Meister der Politik des Blendens war Grasser. Seine vermeintlichen Budgeterfolge beruhten auf Ausgliederungstricks und Behübschungen, die vor der EU-Statistikbehörde Eurostat keinen Bestand hatten. Eurostat korrigierte zwischen 2000 und 2004 jedes einzelne gemeldete Defizit – nach oben, versteht sich. Wie schön sahen etwa die 1,2 Prozent Defizit aus, die Grasser für 2004 nach Brüssel gemeldet hatte – nach der Revision von Eurostat blieb aber die reale Marke von 4,4 Prozent. Nicht nur peinlich, sondern auch 1,4 Prozent über der Maastricht-Marke. Selbst das hochgerühmte Prestigeprojekt Nulldefizit war mehr ein gelungener Schmäh als ernsthafte Budgetsanierung.« (Eva Linsinger, Christa Zöchling: Schöne Bescherung. In: Profil 33/2012.)

Sofern es den »großen Verkaufsschlager von Schwarz-Blau«[114] betrifft, so war in den Folgejahren zwar viel davon die mediale Schreibe, erreicht wurde es (auch mit dem mittlerweile etwas größer geschriebenen und häufiger wiederholten Zusatz »über den Konjunkturzyklus«[115]) nie mehr[116] und verschwand somit de facto »in der politischen Mottenkiste«.[117]

Ebenso verhält es sich, wenn man die diesbezüglichen Budgetreden Grassers, die selbstredend voll des (Selbst-)Lobes waren, untersucht. Am 7. Mai 2003 sprach er von einer »stabilitätsorientierten Budgetpolitik (…), die sich mit dem Nulldefizit, mit dem ausgeglichenen Haushalt über den Konjunkturzyklus ein sehr ambitioniertes Ziel gesetzt hat«. Ein solches sei »nicht numerisches Dogma, sondern ein grundvernünftiges wirtschaftspolitisches Konzept«.[118] Im Folgejahr erklärte der Finanzminister vor dem Plenum des Nationalrates, Österreich »hat erstmals seit fast 30 Jahren praktisch zweimal einen ausgeglichenen Haushalt erreicht«, dass das »Nulldefizit (…) tatsächlich kein Dogma« sei, aber »die Politik eines ausgeglichenen Haushalts«, der bereits im Jahr zuvor für 2008 angekündigt worden war, werde »über den Konjunkturzyklus« nicht »aus dem Auge«[119] verlieren. An der Budgetrede

---

114 Schüssel: Offengelegt. S. 124.
115 Bemerkenswert ist, dass Grasser bereits Mitte Jänner 2002 in der »Kleinen Zeitung« zu Protokoll gab: »Wir hängen nicht jedes Jahr an einer Null und wollen uns nicht ad infinitum auf die Null festlegen lassen«. Man werde »je nach Konjunkturverlauf ›einmal einen Überschuss und einmal ein Defizit‹ haben«. NN: Grasser ist überzeugt: Für 2002 ist Nulldefizit fix. In: Kleine Zeitung 12. 1. 2002.
116 Vgl. NN: Nulldefizit auch dieses Jahr. – In: Kronen Zeitung 12. 1. 2002. Peter Gnam: Finanzminister prägt das Wahlkampffinale. – In: Kronen Zeitung 12. 11. 2002. c. e.: Ohne schärfere Reformen drohen heuer 1,6 % Defizit. – In: Kronen Zeitung 17. 1. 2003. NN: Grasser eisern auf Sparkurs. – In: Kronen Zeitung 26. 4. 2003. NN: Staatseinnahmen sinken. – In: Kronen Zeitung 7. 5. 2003. NN: Nulldefizit sinnlos? – In: Kronen Zeitung 3. 8. 2004. NN: Eine Milliarde Steuerausfall. – In: Kronen Zeitung 16. 9. 2004. NN: »Steuern sinken wie noch nie!« – In: Kronen Zeitung 13. 10. 2004. m. s.: Steuerreform reißt 2005 Milliardenloch. – In: Kronen Zeitung 16. 10. 2004. NN: Defizit höher als erwartet. – In: Kronen Zeitung 28. 1. 2005. t. w.: Karl-Heinz Grasser nimmt wegen der Steuerreform Defizit in Kauf. – In: Kronen Zeitung 3. 3. 2005. Torsten Weidnitzer: Budget 06: Die ewige Last der Altschulden. – In: Kronen Zeitung 5. 3. 2005. c. e.: Steuereinnahmen auf Rekordhoch. – In: Kronen Zeitung 25. 10. 2005. NN: Budgetdefizit wird geringer als erwartet. – In: Kronen Zeitung 17. 12. 2005. Manfred Schumi: 900 Millionen mehr Einnahmen. – In: Kronen Zeitung 17. 1. 2006. NN: Nulldefizit? – In: Kronen Zeitung 8. 2. 2006. NN: Staatsdefizit 2005 nur 1,5 Prozent. – In: Kronen Zeitung 5. 4. 2006. NN: Staatsschuld steigt auf 160 Milliarden €. – In: Kronen Zeitung 15. 7. 2006. NN: »Zuerst Nulldefizit, dann Steuerreform«. – In: Kronen Zeitung 12. 9. 2006.
117 Wolfgang Fürweger: KHG. Die Grasser-Story. – Wien 2012. S. 35.
118 Erklärung des Bundesministers für Finanzen zu den Regierungsvorlagen betreffend die Bundesfinanzgesetze für die Jahre 2003 und 2004 samt Anlagen. www.parlinkom.gv.at/PAKT/VHG/XXII/NRSITZ/NRSITZ_00014/fnameorig_114637.html (11. 2. 2011).
119 Erklärung des Bundesministers für Finanzen zur Regierungsvorlage betreffend das Bundesfinanzgesetz 2005 samt Anlagen. www.parlament.gv.at/PAKT/VHG/XXII/NRSITZ/NRSITZ_00078/fnameorig _029247.html (11. 2. 2011).

2005 fällt in wesentlich stärkerem Ausmaß als in den vorherigen die durchgehende Kontrastierung der (Regierungs-)Jahre vor 2000 mit den folgenden auf, eine Gegenüberstellung, die auf der einen Seite geradezu eine Phase der (damaligen) Finsternis mit der des (jetzigen) Lichts kontrastiert. Die Budgetrede 2005 war ähnlich wie jene aus 2004 aufgebaut, gab internationale Referenzen wie das deutsche »Manager Magazin«, das »Hamburger Abendblatt« oder die »Neue Zürcher Zeitung« an und hielt fest, »wir gehen wieder in Richtung Nulldefizit«,[120] verzichtete aber darauf, den Konjunkturzyklus zu erwähnen.

5.2 Die »Wirtschaftsplattform«

Zur anstehenden Anschaffung von Abfangjägern hieß es in der Regierungserklärung vom 4. Februar 2000 lapidar, die »Anschaffung und kostengünstige Beschaffung von Flugzeugen für die Luftraumüberwachung steht außer Streit. Dafür sind die finanziellen Mittel zur Verfügung zu stellen«[121], was von der schwarz-blauen Abgeordnetenriege mit Beifall quittiert wurde. Drei Jahre später sprach der Kanzler in diesem Kontext von der unverzichtbaren »Luftpolizei«, und dass der »Beschaffungsvorgang für Luftraumüberwachungsflugzeuge« fortgesetzt werde. »Wir werden dafür sorgen, dass die Gegengeschäfte positive Auswirkungen auf die Arbeitsplätze, den Wirtschaftsstandort und den Technologietransfer haben. Das Budget des Verteidigungsministers darf in der gesamten Legislaturperiode nicht zusätzlich belastet werden.«[122]

Folgt man Schüssels aufgezeichneten Offenlegungen, so wurde der Ankauf von Abfangjägern unter »Rot-Schwarz« zum einen auf Wunsch von Kanzler Klima verschoben[123] und war zum anderen in den Koalitionsverhandlungen 1999/2000 mit der SPÖ im selben Maße paktiert, wie er sich später im schwarz-blauen Koalitionsabkommen finden sollte.[124]

Ende August 2000 berichtete die »Kronen Zeitung«, dass »die altersschwachen Draken durch neue Abfangjäger ersetzt werden«. Die Typenentscheidung wurde für Ende des Jahres in Aussicht gestellt, wobei »der schwedische Gripen, die amerikanische F-16 und die russische MIG-29« als potenzielle Kandidaten genannt wurden. »Scheibner verspricht sich von dem Abfangjägerkauf große wirtschaftliche Vorteile: ›Nicht nur Kompensationsgeschäfte von mehr als 100%, sondern eine echte Wirtschaftskoope-

---

120 Wortlaut der Budgetrede von Finanzminister Karl-Heinz Grasser. www.parlinkom.gv.at/PAKT/PR/JAHR_2005/PK0122/index.shtml (11. 2. 2011).
121 Schüssel: Erklärung (4. 2. 2000).
122 Wolfgang Schüssel: Erklärung der Bundesregierung. www.parlinkom.gv.at/PAKT/VHG/XXII/NR-SITZ/NRSITZ_00007/SEITE_0013.html ff (11. 2. 2011).
123 Vgl. Schüssel: Offengelegt. S. 65.
124 Vgl. ebd. S. 90.

ration – mit Betriebsansiedelungen in den Bereichen Hochtechnologie, Telekommunikation, Logistik samt Tausenden neuen Arbeitsplätzen.«[125] Eineinhalb Monate später wurde zum einen über dieselben Argumente wie dieselben favorisierten Typen berichtet, zum anderen die endgültige Entscheidung für den Herbst 2001 angekündigt.[126] Anfang Jänner wurde das potenzielle Abfangjäger-Trio um die französische »Mirage 2000-5« erweitert und Scheibner tat die volkswirtschaftliche Rechnung auf, da »60 Milliarden Schilling an Aufträgen (…) in die österreichische Wirtschaft fließen« müssen, betrügen allein »die Einnahmen aus der Umsatzsteuer (…) 12 Milliarden«.[127] Eine – zumindest was die Anschaffungskosten betrifft – realistischere Rechnung machte wenig später die Industriellenvereinigung auf, indem den Anschaffungskosten zwischen 20 und 30 Milliarden Schilling Kompensationsgeschäfte in der Höhe »von rund 40 Mrd. S« gegenübergestellt wurden. Die IV kam zum schwer nachvollziehbaren Schluss, der »Kauf könnte sich laut Industrie so praktisch selbst finanzieren«.[128]

Betrachtet man die bisher nachgezeichnete Chronologie, so stand der Ankauf zwar fest, sehr eilig hatte es die Regierung zum einen allerdings nicht und medial offensiv betrieben wurde das Thema zum anderen ebenfalls nicht. Im März 2002 kam Dynamik in die Causa. Anfang des Monats wurde von einem diesbezüglich bremsenden Finanzminister berichtet,[129] eine knappe Woche später, dass man in »schwarz-blauen Regierungskreisen (…) zu hören« bekommt, »dass ›die Sache noch vor dem Sommer unter Dach und Fach gebracht werden wird und muss, damit der Abfangjäger-Kauf im Wahljahr 2003 kein Thema mehr ist‹. (…) Nach Abschluss des Kaufes noch im heurigen Jahr (…) hofft man, die Wähler Anfang 2003 mit einer Steuersenkung ›versöhnen‹ und einen Abfangjäger-Wahlkampf vermeiden zu können«.[130] Die Zukunft sollte weisen, dass Ersteres (auch gegen innerparteilichen Widerstand in der FPÖ und den publizistischen der »Kronen Zeitung«) zustande kam,[131] Letzteres nicht. Die innerparteilichen Querelen bei den Freiheitlichen gerieten so sehr aus dem Ruder, dass Schüssel schließlich via »Format« ein Machtwort sprach.[132]

---

125 Dieter Kindermann: Scheibner: Neue Abfangjäger um 10 bis 15 Milliarden kaufen. – In: Kronen Zeitung 26. 8. 2000.
126 Vgl. Kindermann: Helikopter.
127 Je: Startschuss für Drakennachfolger. – In: APA0583 4. 1. 2001.
128 NN: Milliardenaufträge für Kauf der Abfangjäger. – In: Kronen Zeitung 13. 6. 2001.
129 Vgl. Peter, Gnam: Abfangjäger-Kauf: In Regierung nur noch Grasser auf der Bremse. – In: Kronen Zeitung 3. 3. 2002.
130 Peter Gnam: Politik inoffiziell. – In: Kronen Zeitung 9. 3. 2002.
131 Vgl. Peter Gnam: Sogar drei von vier FPÖ-Wählern lehnen Kauf neuer Abfangjäger ab. – In: Kronen Zeitung 18. 3. 2002. Peter Gnam: Die Bevölkerung darf beim Kauf neuer Abfangjäger nicht mitreden. – In: Kronen Zeitung 19. 3. 2002. Dieter Kindermann: Grasser: Prüfe Abfangjägerkauf als Anwalt der Steuerzahler. – In: Kronen Zeitung 20. 3. 2002. Dieter Kindermann: FPÖ-Vize: Steuerreform wichtiger als Kauf von neuen Abfangjägern. – In: Kronen Zeitung 25. 3. 2002.
132 Vgl. NN: »Noch einmal Schwarz-Blau«. – In: Format 14/2002.

Ungeachtet der von einem »Hobbypolitiker«[133] eingesammelten mehr als 600.000 Unterschriften des Anti-Abfangjäger-Volksbegehrens[134] und unfreundlichen Aufmachern der »Kronen Zeitung«[135] kündigte Letztere eine Beschlussfassung über die drei zur Auswahl stehenden Typen, F-16, Gripen und Eurofighter, für Mitte Juni an[136] und berichtete einen Monat später, dass Grasser die F-16, Scheibner den Gripen und die Militärs den Eurofighter favorisierten.[137] Am 2. Juli 2002 fiel schließlich die überraschende Entscheidung im Ministerrat zugunsten des Eurofighters,[138] die Schüssel damit begründete, sie biete »›die weitreichendste Zukunftsdimension, die technisch beste Lösung und erstklassige Chancen für Arbeitsplätze‹. (…) Schüssel rechnet damit, dass bei 200 % Gegengeschäften 60 % vom Anschaffungspreis ins Budget zurückfließen würden«.[139]

Aufgrund der Hochwasserkatastrophe im Sommer sagte die Bundesregierung nicht nur die für 2003 geplante Steuerreform endgültig ab, sondern verschob auch den Eurofighter-Ankauf um ein Jahr,[140] nachdem sie schon zuvor die Reduktion von 24 auf 18 Stück bekannt gegeben hatte.[141] Fixiert wurde der Ankauf Mitte Mai 2003, als die Regierung zeitgleich die Pensionsreform verhandelte.[142]

Erstmals taucht im Kontext der Abfangjägerbeschaffung eine »Plattform«[143] im März 2001 auf. Die APA berichtete, die »Wirtschaftskammer Österreich« biete

---

133 Schüssel: Offengelegt. S. 182.
134 Vgl. BMI: Volksbegehren gegen Abfangjäger, endgültiges Ergebnis. www.bmi.gv.at/cms/BMI_wahlen/volksbegehren/vb_xx_periode/abfangjaeger/Ergebnis.aspx (22. 5. 2011).
135 Vgl. »Die Abfangjäger, die keiner braucht«. – In: Kronen Zeitung 15. 5. 2002. »Abfangjägerkauf durchgepeitscht«. – In: Kronen Zeitung 26. 5. 2002. »Abfangjägerkauf gegen Mehrheit«. – In: Kronen Zeitung 30. 6. 2002. »Weg mit allen Abfangjägern«. – In: Kronen Zeitung 16. 8. 2002.
136 Vgl. Peter Gnam: Die Abfangjäger durchgepeitscht. – In: Kronen Zeitung 26. 5. 2002. In der APA findet sich der »Eurofighter« in Gesellschaft mit den bereits zuvor kolportierten »F-16«/»F-18«, »Gripen«, der »MIG-29« und der französischen »Mirage« erstmals in einer Meldung Ende September 2000, und die »Kronen Zeitung« erwähnt das letztendliche Siegermodell erstmals Mitte September 2001. Zum ersten Mal wurde der »Eurofighter« in einer Tageszeitung Anfang Oktober 2000 in der »Presse« – in einem Bericht aus Stockholm – genannt. Vgl. wp/wea: Studiengebühren: Pilz rechnet Einnahmen gegen Abfangjäger-Kauf auf. – In: APA0357 25. 9. 2000. Dieter Kindermann: Politik inoffiziell. – In: Kronen Zeitung 15. 9. 2001. Petra Percher: Nächster Großauftrag vor Verschiebung. – In: Die Presse 7. 10. 2000.
137 Vgl. Kindermann: Kauf.
138 Vgl. Fürweger: Grasser-Story. S. 104–110. Kurt Kuch: Land der Diebe. Salzburg 2011. S. 102–130. Pilz: Republik. S. 27–48.
139 Dieter Kindermann: Eurofighter machte das Rennen. – In: Kronen Zeitung 3. 7. 2002.
140 Vgl. Dieter Kindermann: Der Abfangjägerkauf um ein Jahr verschoben! – In: Kronen Zeitung 18. 8. 2002.
141 Vgl. wea: Hochwasser begräbt Steuerreform 2003 und dezimiert Abfangjäger. – In: APA0690 14. 8. 2002.
142 Vgl. Peter Gnam: Abfangjäger: Die nächste Provokation! – In: Kronen Zeitung 17. 5. 2003.
143 APA-Abfrage: *plattform + abfangjäger.

»sich als Plattform zwischen einem Rüstungslieferanten und der heimischen Wirtschaft an. Vor allem gehe es um die Schaffung nachhaltiger Lieferchancen bis hin zu Anreizen für Forschung und Entwicklung sowie ausländischen Investitionen in Österreich«.[144] Im April, Juli und August 2002 wusste die APA zu berichten, Industriellenvereinigung und Wirtschaftskammer seien an der Gründung einer Plattform zur Prüfung der Kompensationsgeschäfte.[145]

»Politisch« wurden die Gegengeschäfte im Wahlkampf, als Schüssel im Oktober 2002 »ein neues Finanzierungsmodell für die Abfangjäger-Beschaffung«[146] ankündigte.[147] Diesem zufolge sollte eine »wirtschaftliche Plattform (…) den Kauf übernehmen und auch die Kosten dafür teilweise selbst tragen«, wodurch sich die »Beschaffung ›weitgehend selber finanzieren‹«[148] werde.

Schüssels im Rahmen der Koalitionsverhandlungen gemachten Vorschlag, »jede einzelne Firma, die im Rahmen des Abfangjäger-Deals einen Auftrag von EADS erhält, [soll] fünf Prozent des Gegengeschäfts-Gewinns an die Wirtschaftsplattform abliefern. Mit diesem Geld soll die Plattform wiederum die Abfangjäger finanzieren und sie an die Republik weitervermieten«, standen große »Firmen wie Magna oder Böhler-Uddeholm (…) skeptisch gegenüber«.[149] Als die Regierung den grundsätzlichen Ankauf Mitte Mai 2003 finalisierte, »hieß es« auf die Frage, »was nun mit der im letzten Wahlkampf von Bundeskanzler Schüssel angekündigten Wirtschaftsplattform zur Finanzierung der Abfangjäger sei, (…) lapidar, die mit Gegengeschäften bedachten Firmen würden selbst finanziell nichts zum Abfangjägerkauf beitragen«.[150] Wurde bereits Anfang Jänner 2004 erste Kritik aus Wirtschaftskreisen an den Kompensationsgeschäften ventiliert,[151] berichtete Wirtschaftsminister Bartenstein im Rahmen einer Parlamentssondersitzung im März von abgeschlossenen Verträgen in der Höhe von 800 Millionen Euro,[152] um im August bei der Summe von 1,78 Milliarden an »abgeschlossenen oder abgewickelten«[153] Gegengeschäften zu landen, wo-

---

144 ri: Abfangjäger – Gegengeschäftsphilosophie gerät ins Wanken. – In: APA0303 7. 3. 2001.
145 Vgl. ws/bi/ri/cs: Abfangjäger: Wirtschafts-Offensive für Ankauf 1. – In: APA0210 18. 4. 2002. mer/ws: Eurofighter: Plattform für Abfangjäger-Gegengeschäfte gegründet. – In: APA0393 5. 7. 2002. alm/ws: Plattform der Wirtschaft soll Eurofighter-Gegengeschäfte koordinieren. – In: APA0328 12. 8. 2002.
146 has/lm/en: Abfangjäger: Schüssel 2 – ÖVP will neues Finanzierungsmodell. – In: APA0704 10. 9. 2002.
147 Der Vorschlag sollte im Wahlkampf »die Luft aus der Abfangjägerdebatte« nehmen. Schüssel: Offengelegt. S. 189.
148 has/lm/en: Abfangjäger. Vgl. auch ws/mk/wea: VP-Wahlprogramm mit Schwerpunkten Wirtschaft und EU-Erweiterung. – In: APA0105 19. 10. 2002.
149 lm/ri/wi: Wirtschaft laut »Format« gegen Schüssels Abfangjäger-Plattform. – In: APA0351 20. 2. 2003.
150 Gnam: Provokation.
151 Vgl. NN: Abfangjäger: Wo bleiben die Gegengeschäfte? – In: Kronen Zeitung 10. 1. 2004.
152 Vgl. Dieter Kindermann: Opposition läuft gegen die Eurofighter Sturm. – In: Kronen Zeitung 17. 3. 2004.
153 NN: Eurofighter-Deal hilft 102 Firmen. – In: Kronen Zeitung 19. 8. 2004.

bei zumindest ein Teil der Firmen von ihrem Glück nichts wusste.[154] Medial wurde die »Wirtschaftsplattform« – zumindest in der APA – still und heimlich begraben. Am 20. September 2006 findet sich noch ein Bericht, demzufolge sich »auf Initiative der rot-grünen Opposition (…) die wahlkämpfenden Parteien in Sachen Eurofighter« einen »Schlagabtausch geliefert« hätten. »Kritisiert wurde von der Opposition auch die Geheimhaltung des Kaufvertrags und die angekündigte Finanzierung durch eine Wirtschaftsplattform, die sich als ›unhaltbar erwiesen‹ habe.«[155]

Der Beschaffungsvorgang sollte in Zukunft ein Dauergast im parlamentarischen Getriebe bleiben – allein bis Mitte Mai 2005 fanden fünf einschlägige Sondersitzungen statt,[156] wobei Einsetzung und (großkoalitionäres) »Abdrehen« des Eurofighter-Untersuchungsausschusses zweifelsohne den Höhepunkt darstellten.[157]

6. Inszenierte Gemeinsamkeiten

6.1 Pressefoyers

Der erste »informelle« Ministerrat fand am 4. Februar 2000 nach der Angelobung statt und zeigte eine Konstante der Regierung, nämlich dass »zum Unmut der zahlreichen anwesenden Journalisten« weder Kanzler noch Vizekanzlerin zur »Beantwortung von Fragen bereit« waren. »Die ursprünglich erwartete Pressekonferenz fand nicht statt.«[158]

Der erste tatsächliche Ministerrat am 8. Februar fixierte ein Budgetprovisorium, eine »Regelung für die künftige Kompetenzverteilung« und kündigte für den »Freitag (…) eine Klausur im Bundeskanzleramt« an. Weiters wurde darauf hingewiesen, dass sich Susanne Riess-Passer »im Sinne ›des neuen Regierungsstils‹ gemeinsam mit Schüssel der Presse stellte«.[159]

Verfolgt man die Berichterstattung zum Pressefoyer nach dem Ministerrat, so war die »wöchentliche Doppelconférence«, die zu »einem der prägenden Bilder der

---

154 Vgl. Peter Gnam: Bartenstein – vom Teufel geritten. – In: Kronen Zeitung 28. 8. 2004.
155 pm/bei: Bundesrat 2 – Opposition wittert Skandal – ÖVP sieht »nichts Neues«. – In: APA0697 20. 9. 2006.
156 Vgl. NN: Eurofighter: SPÖ beantragt Sondersitzung im Parlament. – In: Kronen Zeitung 13. 5. 2006.
157 Vgl. bei/has: Nationalrat: Eurofighter-U-Ausschuss beschlossen 1. – In: APA0629 30. 10. 2006. bei: Eurofighter-Ausschuss findet im Plenum sein Ende. – In: APA0691 4. 7. 2007.
158 bei/rei/me: Schüssel will »mit Lust und Freude Politik machen«. – In: APA0400 4. 2. 2000.Weder für die Angelobung Schüssels als Vizekanzler noch für die Klimas als Bundeskanzler ist eine gemeinsame Pressekonferenz der Regierungsspitzen dokumentiert.
159 rei/bei/dl/at: Ministerrat beschließt Budgetprovisorium. – In: APA0353 8. 2. 2000.

schwarz-blauen Koalition«[160] werden sollte, zwar Thema, wurde aber nicht weiter diskutiert oder analysiert – allenfalls wurde darauf hingewiesen, dies habe es unter »Rot-Schwarz« nicht gegeben und Schüssel habe die Vizekanzlerin zehn Minuten warten lassen.[161] Als eine Woche später die Pressefoyers-Optik mit den zwei Stehpulten ihre endgültige Fassung erhielt, war das lediglich der »Presse« eine Erwähnung wert.[162]

Unmittelbar nach der Angelobung durch Bundespräsident Klestil am 28. Februar 2003 hielt der Ministerrat der Regierung Schüssel II seine konstituierende Sitzung ab, ohne Beschlüsse zu fassen.[163] Der erste Arbeitsministerrat tagte am 11. März und beschloss den Budgetfahrplan.[164] Zur optischen Neugestaltung bemerkte die APA, »die Einführung der Doppelconference« sei durch »die Einführung des Sessels« ersetzt worden. »Für leichte Probleme« sorgte nur die Frontplatte vor dem errichteten Podium, die angesichts ihrer enormen Höhe bei Betrachtung aus nächster Nähe Regierungschef Wolfgang Schüssel und seinen Vizekanzler Herbert Haupt nur noch mit halbem Kopf erscheinen ließ.« Darüber hinaus wurde der »Wunsch« des Vizekanzlers »nach Neugestaltung«[165] wiedergegeben. Im Zentrum der Medienberichterstattung stand, dass Vizekanzler Haupt mit zwei Ansinnen im Ministerrat abgeblitzt war, die kommende Steuerreform jedoch außer Streit stand.[166]

---

160 Schüssel: Offengelegt. S. 134.
161 Vgl. Dieter Kindermann: Die neue Regierung wird aktiv: Budgetprovisorium beschlossen. – In: Kronen Zeitung 9. 2. 2000. joh: Traute Zweisamkeit. – In: Vorarlberger Nachrichten 9. 2. 2000. Margaretha Kopeinig: Neuer Stil und Charme-Kampagne. – In: Kurier 9. 2. 2000. NN: Atempause. – In: Neue Vorarlberger Tageszeitung 9. 2. 2000. NN: Verschnaufpause durch ein Budgetprovisorium. – In: Kleine Zeitung 9. 2. 2000. NN: »Treten gemeinsam auf, und das bleibt so«. – In: Die Presse 9. 2. 2000. NN: Blau-schwarzer [sic!] Blitzstart. – In: Salzburger Nachrichten 9. 2. 2000. Vö: Der neue Stil. – In: Der Standard 9. 2. 2000. Wea: Erste Regierungsklausur am Freitag. – In: Oberösterreichische Nachrichten 9. 2. 2000.
162 »Unterdessen richten sich die Kameraleute im Kongreßsaal ein. Das Rednerpult im Metternichschen Abhörzimmer hat Ex-Kanzler Viktor Klima (SP) eingeführt. VP-Chef Wolfgang Schüssel macht zwei daraus, eins für sich, eins für Vizekanzlerin Susanne Riess-Passer (FP). (…) ›Das ist dasselbe, nur weniger hoch eingestellt ist es‹, melden sich Experten zur Materialfrage der Pulte. Und ein bekannt kritischer Auslandsjournalist vermeint gar, daß man Klimas Europafahne, die einst am Spiegel hinter dem Kanzler klebte, ersatzlos gestrichen hat. Dem ist nicht so: Rechts der Österreich- und aller Bundesländerfahnen findet auch sie noch Platz. Es dauert, wie es auch bei Klima gedauert hat, bis Bericht über den Ministerrat erstattet wird. Es dauert vielleicht nicht so lange, aber doch eine gute halbe Stunde bis Schüssel und Riess-Passer vor die Medien treten. Dunkel gekleidet, in Grau und Schwarz, sichtlich steif und im Fall der Vizekanzlerin scheinbar auch nervös antworten sie abwechselnd. Während Riess-Passer Schüssels Statements starr und höchstens mit einem Spitzen der Lippen verfolgt, lächelt Schüssel die politische Partnerin ständig an.« (Claudia Dannhauser: Verirrte Minister, verkrampftes Duo und siegessichere Photographen. – In: Die Presse 16. 2. 2000.)
163 Vgl. mk/en/lm: Schwarz-Blau: Erster Ministerrat der neuen Regierung. – In: APA0710 28. 2. 2003.
164 Vgl. has/mk/en/ws: Steuerreform: Termin 2004 für Schüssel nie strittig gewesen. – In: APA0339 11. 3. 2003.
165 bei/dru: Weil wir keine Riesen sind – oder die Tücken des Sitzens. – In: APA0422 11. 3. 2003.
166 Vgl. Christian Thonke: ÖVP und FPÖ: Allein zu zweit. – In: Kurier 12. 3. 2003. Dieter Kindermann:

»Es ist ein täglicher Wettkampf um die Schlagzeile – oder einen Punkt beim Wähler.« 147

Abb. 1: 1. PK Schüssel–Riess-Passer; Foto: Harald Schneider/APA/picturedesk.com

Abb. 2: Nachjustierte PK Schüssel–Riess-Passer; Foto: Dieter Nagl/picturedesk.com

Mindestens ebenso prominent wie die eigentlichen Themen findet sich die Debatte über die – missglückte – Inszenierung in den Medien. »Der Standard« schrieb, »die Platte (…) blieb zu hoch«,[167] ätzte an anderer Stelle, die Regierung »verschanzt sich (…) hinter ihrer Verantwortung«, und nannte den Tisch einen »Verbau« bzw. »Design-Bunker«.[168] Die »Kleine Zeitung« bezeichnete »das neue Szenario [als] nicht (…) gelungen«.[169] Das »Neue Volksblatt« erinnerte die »silberne Frontplatte (…) ein wenig an ›Raumschiff Enterprise‹« und befand, diese sei »recht groß geraten«.[170] Schüssel und Haupt säßen – so »Die Presse« – »hinter einem hohen ›Verbau‹«.[171] Als »praktische Werbefläche und Distanzplättchen für die ebenfalls sitzenden Journalisten« sowie als »imposantes Beispiel für heimisches Metallhandwerk«[172] deuteten die OÖN die Neuinszenierung. Das »Wirtschaftsblatt« untertitelte giftig: »Regieren ist, wenn einem die Verantwortung bis zum Hals steht«[173] und die Regierung »überraschte« – so die »Salzburger Nachrichten« – »am Dienstag beim Pressefoyer nach ihrer ersten Arbeitssitzung mit einer Mischung aus Fort Knox und Kreml-Mauer«.[174] Lediglich der »Kurier« zitierte die »offizielle Begründung« für die Neugestaltung, nämlich den optischen Hinweis, »dass eine neue Regierung am Werken sei«.[175]

Somit ist für die jeweiligen Inszenierungen nach den Ministerräten Folgendes festzuhalten: Sosehr die der Regierung Schüssel I als optischer Bruch zu den Vorgängerregierungen zu interpretieren (und im selben Maße intendiert) war, so verhalten reagierten die Medien darauf. Das erste Pressefoyer der Regierung Schüssel II

    Koalitionsstreit um Steuerreform konnte vorerst entschärft werden. – In: Kronen Zeitung 12. 3. 2003. Gerhard Marschall: Regierung: Gestern wurde alles vertagt. – In: Wirtschaftsblatt 12. 3. 2003. Inge Baldinger, Alexander Purger: Koalition in Fort Knox. – In: Salzburger Nachrichten 12. 3. 2003. joh: Steuerreform 2004 »außer Streit«. – In: Vorarlberger Nachrichten 12. 3. 2003. luc: VP und FP beenden »virtuellen Streit« über Grasser und die Steuerreform. – In: Oberösterreichische Nachrichten 12. 3. 2003. NN: Rückzieher Haupts bei Pflegegeld, Ambulanzgebühr. – In: Die Presse 12. 3. 2003. NN: Die erste Etappe mit 2004 bleibt »Ziel«. – In: Neues Volksblatt 12. 3. 2003. NN: Bei Steuerreform lediglich »virtueller Konflikt«. – In: Tiroler Tageszeitung 12. 3. 2003. Oliver Pink: Haupt abgeblitzt: Kein Aus für Ambulanzgebühr. – In: Kleine Zeitung 12. 3. 2003. pech: Steuerreform 2004 »war nie strittig«. – In: Wiener Zeitung 12. 3. 2003.
167 Eva Linsinger: Neue Optik und zwei Abfuhren für Haupt. – In: Der Standard 12. 3. 2003.
168 Michael Völker: Verschanzt. – In: Der Standard 12. 3. 2003.
169 Hubert Patterer, Hans Winkler: Reichhold kann nicht heim auf die Farm. – In: Kleine Zeitung 12. 3. 2003.
170 cb: Riesen, Sessel und das Raumschiff Enterprise. – In: Neues Volksblatt 12. 3. 2003.
171 NN: Pflegegeld und Ambulanzgebühr vertagt. – In: Die Presse 12. 3. 2003.
172 dan/luc: Nicht jedes Podest macht aus kleinen Männern Riesen. – In: Oberösterreichische Nachrichten 12. 3. 2003.
173 Marschall: Regierung.
174 Baldinger, Purger: Koalition.
175 Thonke: ÖVP.

ist als inszenatorischer Super-GAU zu bezeichnen: Erstens stritt die Regierung im Vorfeld über die Steuerreform, zweitens wurden Haupts sozialpolitische Vorstöße im Ministerrat »abgewürgt«, drittens erntete die Neuinszenierung, die als mangelnde dramaturgische Sorgfalt zu interpretieren ist,[176] Spott und Hohn (und wurde dementsprechend nachjustiert, was dann wiederum teilweise ironisch kommentiert wurde[177]), und die Intention – »Riess-Passer ist abgeschlossen, das ist jetzt der Neue«[178] – ging viertens (sieht man vom »Kurier« ab[179]) völlig daneben.[180]

Abb. 3: PK Schüssel–Haupt; Foto: ddp images/AP / Rudi Blaha

---

176 »Und das Ding ist wahnsinnig kurzfristig, ich glaube es ist am Tag vorher fertig geworden. Das total auszutesten ... Hätte man tun sollen, stimmt. Aber dass sich die Fotografen auf den Boden legen und das vom Boden aus fotografieren, so niedrig kann man das fast nicht machen, dass das alles höher ausschaut. Ehrlich gesagt, mit dem habe ich auch nicht gerechnet gehabt. Der Kanzler wollte diesen Ministerrat schon in dieser Optik präsentieren. Also gut, haben wir es gelassen.« (Interview Glück)

177 Vgl. Eva Linsinger: »Sind Zehn-Prozent-Partei«. – In: Der Standard 19. 3. 2003. jas/mk/lm: Rednerpult im Ministerrat-Pressefoyer wieder in neuer Gestalt. – In: APA0559 18. 3. 2003. joh: »Sie sehen uns auch so«. – In: Vorarlberger Nachrichten 19. 3. 2003. luc: Sportliche Silberkanzel. – In: Oberösterreichische Nachrichten 19. 3. 2003. NN: Abgeschnittene Barrikade: Face-Lift für das »Raumschiff Enterprise«. – In: Kurier: 19. 3. 2003. NN: »Enterprise« wurde schlanker. – In: Neues Volksblatt 19. 3. 2003. NN: Zweiter Versuch. – In: Die Presse 19. 3. 2003. NN: Ohne Protokoll. – In: Salzburger Nachrichten 19. 3. 2003.

178 Interview Glück.

179 Vgl. Thonke: ÖVP.

180 Die Fotografen »haben sich dann hingelegt und das war halt dann leider ... Aber es ist halt einfach darum gegangen, dass das auf Füßen gestanden ist. Das waren 15 Zentimeter. Und genau diese 15 Zentimeter waren genau das, was zu hoch war. Aber das ist halt so.« (Interview Glück.)

6.2 Gemeinsame Pressekonferenzen der Klubobmänner

Demonstrativ »ausgelebt« wurde dieses – optische – »Neu-Regieren« bzw. der »partnerschaftliche Umgang«[181] auf der »Vorderbühne« auch auch durch die gemeinsamen Pressekonferenzen der Klubobmänner Khol und Westenthaler, und auf der »Hinterbühne« durch die Unterstützung der freiheitlichen Regierungsmitglieder durch die »Profis« der Volkspartei.[182]

Sofern es die gemeinsamen Auftritte der Klubobmänner Khol und Westenthaler betrifft, wiesen diese nicht die Regelmäßigkeit der Regierungsspitze auf, »sondern wurden nur aus begründetem Anlass«[183] jeweils montags[184] durchgeführt. Der erste fand am 18. Februar, also doch mit zeitlichem Abstand zu Kanzler und Vizekanzlerin, statt. Angriffsziel dieser gemeinsamen Auftritte, »die sie in regelmäßigen Abständen wiederholen wollen, um über die Parlamentsarbeit zu berichten«, war der vormalige Finanzminister. »ÖVP und FPÖ wollen in der von ihnen beantragten Sondersitzung des Nationalrates am kommenden Donnerstag die aus ihrer Sicht falschen Informationen von Ex-Finanzminister Rudolf Edlinger über das Budget aufzeigen.« Darüber hinaus »kündigten Khol und Westenthaler auch die Umsetzung zahlreicher Reformmaßnahmen an«.[185]

Somit hatte die Regierung gelegentlich den Montag und jeweils den Dienstag (und, sofern es die Printmedien betrifft, den Mittwoch) politisch-publizistisch okkupiert. »Die »Anlässe der« Pressekonferenzen »waren fast ausschließlich die Verkündung von Initiativen, gemeinsamen parl[amentarischen] Initiativen (…). Das Fern-

---

181 Schüssel: Offengelegt. S. 134.
182 »Die haben ihnen sehr geholfen, letztlich auch im Aufbau der Kabinette, in der gemeinsamen Pressearbeit. Das war auch der Wunsch und die Vereinbarung zwischen Dr. Schüssel und Dr. Riess-Passer, dass das stattfindet. So wie der dann selber schwimmen gelernt hat. Auf Ministerebene ist das so gelaufen: Wir haben ja immer so Minister-Duos gebildet gehabt, wo es darum geht, dass die Erfahrenen und die Profis in der Regierung (nämlich auf der ÖVP-Seite) intern sehr viel Know-How und Unterstützung den anderen anbieten. Aber auch auf der Kabinettsebene, was die Fachreferenten und die Medienberater betrifft.« (Interview Glück.) Vgl. auch Barbara Tóth, Petra Stuiber: Koalition: »Hilfe, Herr Sektionschef«. – In: Format 10/2000. Britta Blumencron, Isabell Daniel: Perfekte Regierung. – In: News 29/2000. Klaus Dutzler, Andreas Weber: Regierung: Schwarz-blaue Familien-Bande. – In: Format 36/2000 und vor allem Anneliese Rohrer: Die Koalition und das Buddy-System. – In: Die Presse 1. 8. 2000.
183 E-Mail von Andreas Khol an den Verfasser (3. 6. 2011).
184 Vgl. E-Mail von Peter Westenthaler an den Verfasser (6. 6. 2011).
185 mk/ws: Sondersitzung: ÖVP und FPÖ gegen Falschinformationen Edlingers. – In: APA0279 18. 2. 2000. Vgl. auch fa: Debatte über Budgetloch. – In: Die Presse 19. 2. 2000. joh: VP-FP: Edlinger hat falsch informiert. – In: Vorarlberger Nachrichten 19. 2. 2000. NN: VP-FP legen Arbeitsplan vor. – In: Der Standard 19. 2. 2000. NN: Erneut VP-FP-Angriff auf Edlinger. – In: Oberösterreichische Nachrichten 19. 2. 2000. Ulrich Stocker: Ein FP-VP-Zangenangriff auf den roten Buhmann. – In: Kleine Zeitung 19. 2. 2000.

sehen konnte nicht anders, es musste unsere [Pressekonferenzen] bringen. Natürlich wollten wir damit auch die Gemeinsamkeiten unter Beweis stellen – und unsere Lösungskompetenz. Das ist uns immer gut gelungen und hat die Mitbewerber fürchterlich geärgert, was uns natürlich gefreut hat.«[186]

Das mediale Echo war aber – wie schon im Falle der gemeinsamen Pressekonferenz der Regierungsspitzen – verhalten.

Sofern es die Jahre 2003 bis 2006 betrifft, gab es diese gemeinsamen Pressekonferenzen der Klubobmänner Molterer und Scheibner nicht, und »wenn, dann war das die Ausnahme etwa zu Beginn der Legislaturperiode. Allerdings hatten wir eine ziemlich gut funktionierende informelle Koordinierung unserer Medienaktivitäten«.[187]

6.3 Die Regierung als Freundeskreis

»Der Ansatz war der, aufzuzeigen, dass wir ein Team sind. Aber auch ganz klassische Teambildung zu betreiben. In vielen Fällen waren auch die Partner der Regierungsmitglieder eingeladen. (…) Also sehr bewusst, um zu zeigen, man kann auch außerhalb dieser institutionalisierten Treffen, die es mit den einzelnen Sitzungen gibt, auch eine andere Form von Teamgeist entwickeln. Das war auch sehr wichtig.«[188]

Die erste gemeinsame »außer-«politische Regierungsaktivität fand relativ geringen Widerhall in den Medien.[189]

Medial schlug sich der »Betriebsausflug« der Regierung in den Tiergarten Schönbrunn wesentlich intensiver nieder als der oben erwähnte Besuch der Cezanne-Ausstellung, wenngleich der ironische Unterton der einzelnen Berichte unüberhörbar ist. Besieht man einen von Schüssel genannten bzw. intendierten Nebeneffekt dieser Aktivitäten, nämlich auch politische Botschaften (in diesem Fall die erfolgreiche Privatisierung des Tiergartens Schönbrunn) zu transportieren,[190]

---

186 E-Mail von Andreas Khol an den Verfasser (7. 6. 2011).
187 E-Mail von Wilhelm Molterer an den Verfasser (7. 6. 2011). Die erste gemeinsame Pressekonferenz der neuen Klubobmänner fand am Samstag, einen Tag nach der Angelobung der Regierung Schüssel II, statt, womit die neue Bundesregierung das Wochenende medial für sich »gepachtet« hatte. Vgl. cs, APA: Schwarz-Blau fast wie in alten Zeiten. – In: Der Standard 3. 3. 2003.
188 Interview Glück.
189 »Ein ähnliches gruppendynamisches Ereignis kam unlängst auf Initiative von Unterrichtsministerin Elisabeth Gehrer zu Stande. Man besuchte in einer Sonderführung die Wiener Paul-Cezanne-Ausstellung – mit anschließendem Abendessen. Die Lebenspartner waren alle mit dabei.« (Daniela Kittner: Wenn Westenthaler und Schmid »g'schamig« werden: Schwarzblaue Beziehungskisten. – In: Kurier 16. 4. 2000.)
190 Vgl. Stichwortprotokoll des Verfassers im Rahmen eines Gesprächs mit Wolfgang Schüssel am 26. 11. 2010 in Salzburg.

so verfügten die Bilder und die von Direktor Helmut Pechlaner vorgenommenen Tierassoziationen – mit einer Ausnahme[191] – über mehr News-Wert als das Mit-Intendierte.[192]

Ebenso verhielt es sich mit dem gemeinsamen Besuch der Ausstellung »Karl V.« im Juli, wobei die Medienresonanz zum einen darauf schließen lässt, dass es ob dieser Inszenierungen auf Seiten der Journalisten bereits Ermüdungserscheinungen gab, zum anderen die Inszenierung dieser Gemeinsamkeit zunehmend zum Thema wurde.[193]

Für die Regierung Schüssel I sind laut APA noch zwei »Ausflüge« belegbar. Der eine nach »anstrengenden Tagen der Budgetberatungen und der Turbulenzen um den Regierungsbeauftragten Erhard Busek«[194] im September des ersten Regierungsjahres. Der zweite war ein improvisierter, bei dem die »meisten Mitglieder der Bundesregierung«, die »eigens zur WM-Herrenabfahrt nach St. Anton gekommen« waren, »wegen der Absage (…) Hermann Maier und Co. nicht zu Gesicht«[195] bekamen.

Für »Schwarz-Blau II« ist neben den Regierungsklausuren, die laut medialer Beobachtung mehr und mehr in die Kategorie Ausflüge fielen (siehe weiter unten), lediglich ein Ausflug vermerkt. Der habe allerdings den Schönheitsfehler, dass der neue Vizekanzler berufsbedingt abwesend sein werde.[196]

Gemäß der Einteilung von Kepplinger handelt es sich bei den eben abgehandelten Inszenierungen um »Pseudoereignisse«. Realpolitisch tendierte der beabsichtigte Ertrag[197] gegen Null, kommuniziert wurde aber etwas anderes: einerseits auch hier

---

191 Vgl. dan: Der Kanzler und die lieben Viecher. – In: Oberösterreichische Nachrichten 25. 5. 2000.
192 Vgl. Ernst Heinrich: Tierisches. – In: Kleine Zeitung 25. 5. 2000. fa: Elefantenpark und Bim. – In: Die Presse 25. 5. 2000. gsch: Königskobra in Plüsch. – In: Tiroler Tageszeitung 25. 5. 2000. lm/bs/wea: Regierung im Zoo: Jedem sein Tier. – In: APA0721 23. 5. 2000. NN: Kobra für die »Königskobra«. – In: Vorarlberger Nachrichten 25. 5. 2000. NN: Regierung im Käfig des Löwen. – In: Kronen Zeitung 25. 5. 2000. NN: Jaguar für Schüssel. – In: Neues Volksblatt 25. 5. 2000. NN: Polit-Zoo: Das Tier im Minister. – In: Kurier 24. 5. 2000. Brigitte Pechar: Statt Kipferl Diskussion mit Kanzler. – In: Wiener Zeitung 25. 5. 2000. Thomas Rottenberg: Wenn Tiermetaphern leise ächzen. – In: Der Standard 25. 5. 2000.
193 Vgl. kob: Wo die Sonne nie unterging. – In: Der Standard 12. 7. 2000. NN: o. T. – In: Die Presse 12. 7. 2000. NN: Blickpunkte. – In: Vorarlberger Nachrichten 12. 7. 2000. NN: »Schau Susi, der Karl V. hat das gscheit gmacht«. – In: Kleine Zeitung 13. 7. 2000.
194 ru/ws/at/mk: Regierung baut Brücken in der Südsteiermark. – In: APA0156 2. 9. 2000. Vgl. auch Claus Albertani, Robert Zechner: Regierung wanderte und Haider erschien. – In: Kleine Zeitung 3. 9. 2000. Hans Werner Scheidl: Zartes politisches Balzen bei Klachlsuppe und Heidensterz. – In: Die Presse 4. 9. 2000. Martina Salomon: Inszenierung ist alles: Eintracht an der Grenze. – In: Der Standard 4. 9. 2000. Michael Schmölzer: Familienausflug auf dem Traktor. – In: Wiener Zeitung 4. 9. 2000. NN: Wahlkampfpause. – In: Oberösterreichische Nachrichten 4. 9. 2000. NN: Rotgrüner Regierungsturbo. – In: Salzburger Nachrichten 4. 9. 2000. NN: Härtetest mit den Beamten. – In: Tiroler Tageszeitung 4. 9. 2000.
195 hr/ef: Ski alpin: Regierung fast komplett bei WM am Arlberg. – In: APA0185 3. 2. 2001.
196 Vgl. bei/lm: Haupt glücklich im Biotop, Gorbach strahlend in der Hofburg – TM. – In: APA0535 21. 10. 2003.
197 Die »Orte wurden bewusst so gewählt, um gleichzeitig mit einem Zusatz-Effekt zu zeigen, dass man an

Abb. 4: Regierung im Tierpark Schönbrunn; Foto: Corn

eine bewusste Kontrastierung mit der vorhergegangenen Regierung und andererseits – das war ebenso bedeutend, wenn nicht wichtiger – vor dem Hintergrund der »EU-Sanktionen« die Botschaft, dass diese Regierung ein Team ist, das nicht zu spalten ist.

6.4 Regierungsbilanzen

Im Normalfall wird jeder neuen Regierung eine Schonfrist von 100 Tagen eingeräumt. In diesem ersten Abschnitt wird abgeklärt, in welchem Maß die Regierung diese zwar ominöse, nichtsdestotrotz willkürliche und de facto irrelevante Zeitmarke für sich instrumentalisierte.

Plätze geht, die von der Reform der Regierungspolitik positiv betroffen sind. In dem Fall war es eben Schönbrunn: ein herzeigbares Projekt für eine erfolgreiche Privatisierung. Bei den Museen war der Gedanke an Kultur, die Museumsreform und alles, was da drinnen ist. Wenn es sich anbietet, sucht man natürlich auch Orte, die eine gewisse Verstärkung der politischen Inhalte geben sollen. Wie die Bilder sind natürlich Orte letztlich auch eine Unterstützung dessen. Und in dieser Kombination haben sich halt diese Dinge ergeben.« (Interview Glück)

6.4.1 Die Bilanz der 100 Tage

Den Auftakt machte die Regierungsspitze. Im Rahmen des Pressefoyers kündigte der Kanzler einen Brief an die EU-14 an und die Vizekanzlerin »merkte an, sie glaube, die Regierung habe nach den ersten 100 Tagen ›einiges vorzuweisen‹«.[198] Im Rahmen der Budgetdebatte, die von der Opposition ausgiebig zum Regierungs-Bashing genutzt wurde,[199] »freuten sich« die »schwarz-blauen« Klubobmänner, die »Bilanz kann sich sehen lassen. Der Reformzug fährt im vollen Tempo«.[200] In einer gemeinsamen Pressekonferenz unter dem Titel »Österreich neu regieren – Das Erneuerungsprojekt funktioniert«[201] erwähnten Kanzler und Vizekanzlerin zum einen »diverse Reformprojekte« und »lobten« zum anderen »vor allem die gute Partnerschaft in der Koalition«.[202] Somit bleibt festzuhalten, dass die Außenpräsentation der Bilanz den Regierungsspitzen vorbehalten war.

Die »traditionelle ›Rede zur Lage der Nation‹ am Jahrestag der Unterzeichnung des Staatsvertrages«[203] war erstens ein Soloauftritt des Kanzler, den dieser zweitens dafür nutzte, um darzulegen, »›dass wir etwas weiter bringen‹. Niemand rede mehr von einem ›Reformstau‹. Vielmehr beklage die Opposition das ›Reformtempo‹. Dringend notwendig seien nun auch rasche Strukturreformen zur langfristigen Budgetkonsolidierung.«[204]

Stand die Inszenierung der ersten 100 Tage der Regierung Schüssel I unter dem außenpolitischen Druck der »EU-Sanktionen«, so waren es drei Jahre später massive innenpolitische Konflikte, konkret die Pensionsreform (bzw. in Sprech und Inserie-

---

198 wea/sm/mk: EU-Sanktionen: Schüssel schreibt Brief an EU-14. – In: APA0342 9. 5. 2000.
199 Vgl. mk/sm/si: Nationalrat: Budgetdebatte mit Grundsatzdiskussion über Regierung. – In: APA0125 10. 5. 2000. dru/mk: Budgetdebatte: Gegenseitige Abrechnung dominiert die Diskussion. – In: APA0168 11. 5. 2000. dru/wea: Nationalrat: Opposition rechnet mit Regierungspolitik ab. – In: APA0610 11. 5. 2000.
200 Dieter Kindermann: Schlagabtausch über 100 Tage Schwarz-Blau im EU-Schatten. – In: Kronen Zeitung 11. 5. 2000.
201 lm/mk: 100 Tage Regierung: Bilanz der Regierungsspitze – Wortlautauszüge. – In: APA0235 12. 5. 2000. »Ich kann mich erinnern, nach den ersten 100 Tagen, da haben wir so ein Riesen-Puzzle gebaut. Um aufzuzeigen, was wir da schon für Themen angegangen sind. (...) Das waren ganz große Sachen, die da drauf sind. Da gibt es auch Fotos von diesem Puzzle. (...) Das waren so Bausteine. Die Themen-Bausteine, die schon in der Pipeline waren oder die schon beschlossen waren in den Ministerräten, haben wir durch so große Puzzle-Steine irgendwie symbolisch hergezeigt.« (Interview Glück)
202 bei/dru/me: Schüssel und Riess-Passer ziehen erfolgreiche 100-Tage-Bilanz. – In: APA0227 12. 5. 2000. Vgl. auch bei/dru: Schüssel und Riess-Passer 2 – Anspruchsvollstes Programm seit Jahren. – In: APA0367 12. 5. 2000. bei/si: Tag 100 der ersten Regierung aus FPÖ und ÖVP. – In: APA0760 12. 5. 2000.
203 lm/je/bi: Schüssels Rede 2 – Bilanz der ersten 100 Tage Regierung. – In: APA0339 15.5. 2000.
204 bei/si: Schüssel hielt Rede zur Lage der Nation – Tagesmeldung. – In: APA0451 15. 5. 2000.

Abb. 5: Bilanz der 100 Tage; ddp images/AP/MARTIN GNEDT

rung[205] der Regierung: die »Pensionssicherungsreform«). Folgt man diesbezüglich der APA,[206] so gingen die ersten 100 Tage des neuen Kabinetts sang- und klanglos vorüber. Lediglich SP-Geschäftsführer Darabos sah »die schlimmsten Befürchtungen noch übertroffen«[207] und einen großen Schaden für das Land, woraufhin sein VP-Gegenüber Lopatka wenig später in einer Aussendung replizierte, die »SPÖ ist und bleibt die Partei der Blockierer und Nein-Sager, die immer noch lieber den Kopf in den Sand stecken, als sich den Herausforderungen der Zeit zu stellen«.[208]

6.4.2 Jahresbilanzen

Kanzler und Vizekanzlerin gaben am 1. Februar 2001 eine gemeinsame Jahresbilanzpressekonferenz, die eingangs auch mit selbstkritischen Tönen[209] aufhorchen

---

205 Allein die optischen Um- und Gegenumsetzungen der Pensionsreform(en) wären einen eigenen Beitrag wert. Sofern es die einschlägigen Inserate in der »Kronen Zeitung« betrifft, ist die erste Regierungskampagne mit Anfang Juli 2000 festzumachen. Vgl. Kronen Zeitung 5. 7. 2000.
206 Durchsucht wurde der Zeitraum 1. bis 15. Juni 2003.
207 si: SPÖ-Bilanz über Kabinett Schüssel II – »Großer Schaden für Österreich«. – In: APA0083 7. 6. 2003.
208 si: Pensionen: Lopatka wirft SPÖ Planlosigkeit vor. – In: APA0172 7. 6. 2003.
209 »»Natürlich war nicht alles perfekt, das wissen wir selber, aber ich glaube, wir haben einiges geleistet, was

ließ. Ansonsten zeigte sich die Regierungsspitze zufrieden, wies im Duo darauf hin, dass anfängliche Befürchtungen nicht eingetreten seien, übte Kritik an den Gewerkschaften, von denen ein »Paradigmenwechsel« eingefordert wurde, und lobte sich dafür, dass »Dinge in Bewegung gebracht worden [sind], die früher Tabuzonen waren«.[210]

Die »Kronen Zeitung« verteilte Zeugnisnoten zwischen »sehr gut« und »befriedigend« und hob positiv hervor: »Noch nie hat eine neue Regierung so viel in so kurzer Zeit bewegt.«[211] Kritik äußerte das Blatt nicht selbst bzw. nicht als eigene redaktionelle Leistung, sondern ließ sie von ÖGB-Präsident Verzetnitsch artikulieren, der die mangelnde »Dialogbereitschaft« der Regierung kritisierte.[212]

Um die erste Jahresbilanz der zweiten schwarz-blauen Koalition in Szene zu setzen, bediente sich die Regierung eines Versatzstücks der ersten, verkürzten Amtsperiode und machte einen Ausflug auf den Semmering, wobei dort »sportliche Aktivität angesagt« war. »In einem eigens angemieteten Sonderzug haben Bundeskanzler Wolfgang Schüssel (…) und Vizekanzler Hubert Gorbach (…) bereits am Weg ins Wintersportgebiet eine mit vielen Zahlen gespickte Bilanz ihrer Tätigkeit vorgelegt. Nun hoffe man auf gute weitere drei Jahre, so Schüssel: ›Und wir hoffen auf eine gute Nachrede dabei.‹ (…) In ihrer Bilanz der Regierungsarbeit ließen der für die ÖBB zuständige ›Waggon-Herr‹ Gorbach und Kanzler Schüssel in ihrer Zug-Pressekonferenz praktisch keine Maßnahme der vergangenen zwölf Monate aus.«[213]

Für das Folgejahr ist für die Bundesregierung – im Gegensatz zur FPÖ[214] – keine Jahresbilanz auszumachen. Das mag damit zusammenhängen, dass Anfang des Monats fünf Jahre »Schwarz-Blau« zum Feiern anstanden. Das Geburtstagsgeschenk lieferte die Opposition, die eine Sondersitzung des Nationalrats einberufen ließ,[215] wobei die »live im Fernsehen übertragene Debatte (…) streckenweise äußerst emotional« verlief. »Einmal mehr zitierte Schüssel aus der ›Neuen Zürcher Zeitung‹, die Österreich jüngst als ›Erfolgsmodell‹ bezeichnet hatte. ›Das ist auch unser Land, über das so geschrieben wird in internationalen Zeitungen, und dieses Land lieben

---

wir herzeigen können‹«. dru/lm: Wendebilanz – Schüssel: Befürchtungen haben sich nicht bewahrheitet. – In: APA0345 1. 2. 2001.

210 Ebd.
211 Dieter Kindermann: Zeugnis für Schwarz-Blau. – In: Kronen Zeitung (»krone bunt«) 4. 2. 2001.
212 »Die Dialogbereitschaft der Regierung sieht so aus: ›Wenn du tust, was ich will, bist du mein Partner – sonst nicht.‹ Der Kanzler hört sich unsere Argumente zur sozialen Treffsicherheit an, berücksichtigt sie aber nicht. Dialog und Inszenierung – welch ein Unterschied.« (Ebd.)
213 ws/me/lm: Ein Jahr Schüssel II: Schwarz-Blau bittet um »gute Nachrede«. – In: APA0143 27. 2. 2004.
214 Vgl. ws/mk: FPÖ-Klausur – Haubner fordert Teamgeist: Kein Platz für Einzelspieler. – In: APA0636 24. 2. 2004.
215 »Ursprünglich sollte (…) über den Koalitionsstreit ›Sechs Monate Präsenzdienst sind genug – ab 2006‹ debattiert werden.« Dieter Kindermann, Generalabrechnung über fünf Jahre Schwarz-Blau beinhart. – In: Kronen Zeitung 5. 2. 2004.

Abb. 6: »Bilanz Ein Jahr Schüssel–Riess-Passer«; Foto: Bernhard J. Holzner/APA/picturedesk.com

wir und dieses Land lasse ich mir nicht schlecht reden‹, so Schüssel in Richtung SPÖ.«[216]

Für 2006 ist keine gemeinsam abgelieferte Bilanz der Koalitionsspitzen auszumachen, aber die »Ministerinnen Rauch-Kallat, Gehrer, Gastinger und Haubner zogen« im Vorfeld des internationalen Frauentags »Bilanz über Gleichstellung der Frauen am Arbeitsmarkt und Maßnahmen gegen Gewalt«.[217]

6.4.3 Halbzeitbilanzen

Die Halbzeitbilanz der Regierung Schüssel I – die zu einer vorgezogenen Schlussbilanz werden sollte – war von heftigen innerkoalitionären Turbulenzen um ein etwaiges Veto gegen den EU-Beitritt der Tschechischen Republik und Neuwahldrohungen seitens des Juniorpartners in der Regierung überschattet.[218] Bei der Pressekonferenz

---

216 has/mk: Schwarz-Blau feiert Geburtstag – Opposition zetert – Tagesmeldung. – In: APA0610 4. 2. 2005.
217 jus/og: Vor Frauentag: Ministerinnen preisen ihre Fraueninitiativen. – In: APA0321 3. 3. 2006.
218 Vgl. Dieter Kindermann: Jörg Haider schließt Neuwahlen im Frühjahr weiterhin nicht aus. – In: Kronen Zeitung 28. 1. 2002. Gernot Bauer, Herbert Lackner: Wahl der Waffen. In: Profil 5/2002. Thomas Hofer: »Ich vermisse ÖVP-Visionen«. In: Profil 6/2002. Zuvor hatte Schüssel den Freiheitlichen im

der Regierungsspitze, deren optisch-inszenatorischen Charakter die APA unter anderem festhielt,[219] war von einem auch nur kleinen Hauch an Selbstkritik wie im Jahr zuvor keine Rede mehr. Österreich stehe heute besser da als vor zwei Jahren, betonte der Kanzler und hielt fest, dass »deutlich mehr als 60 Prozent«[220] des Regierungsprogramms bereits umgesetzt seien. Ein solches Koalitionsdoppel gab es auf der Ebene der Klubobmänner nicht. In getrennten Pressekonferenzen sah VP-Klubchef Khol bereits »70 Prozent der Regierungsvorhaben« als »abgehakt«.[221] Westenthaler war am folgenden Tag an der Reihe und führte aufgrund des bereits erledigten Arbeitspensums der Koalition an, »dass die FPÖ den Umstieg von der ›Vorzeige-Oppositionspartei‹ zur ›erfolgreichen Regierungspartei‹ geschafft habe: ›Heute steht die FPÖ konsolidiert da.‹ Ausdrücklichen Dank sprach Westenthaler seinem Pendant bei der ÖVP, Andreas Khol, für die gute Zusammenarbeit aus«.[222]

6.5 Regierungsklausuren

In ihrer Pressekonferenz nach dem ersten »wirklichen« Ministerrat kündigten Schüssel und Riess-Passer für »Freitag (…) eine ganztägige Klausursitzung«[223] an. Schüssel bezeichnete im Anschluss an die Klausur die »Budgetsituation« als »desaströs«, die Regierung verfolge allerdings das Ziel, »das Budget primär ausgabenseitig zu sanieren«[224], wobei im Bericht beinahe ausschließlich zusätzliche Einnahmen aufgelistet wurden. Grundsätzlich ist von einem derartigen »Schnellschuss« wenig zu erwarten, die erste Regierungsklausur zeigt aber zwei Konstanten der Regierung Schüs-

---

Rahmen des Pressefoyers gedroht, im Falle eines Vetos die Koalition platzen zu lassen. Vgl. tra: Schüssel: Ohne EU-Erweiterung Ende der Koalition. – In: Die Presse 23. 1. 2002.

219 »Die Regierungsspitze präsentierte sich bei diesem Foyer zur Halbzeit dieser Legislaturperiode vor drei großen Tafeln, auf denen bisher erledigte Maßnahmen und Initiativen der Regierung angeführt und in roter Farbe abgehakt wurden. Über 70 Punkte wurden dabei aufgelistet – vom Kindergeld bis zur ›Entpolitisierung‹ des ORF und seiner Gremien.« wea/wr/bei: Halbzeit für Schwarz-Blau: Regierung zieht positive Bilanz. – In: APA0265 1. 2. 2002.

220 Ebd. Vgl. auch si/me: Halbzeit der Regierungsperiode. – In: APA0328 2. 2. 2002.

221 bei/si/bi: Zwei Jahre Schwarz-Blau: Khol will mehr. – In: APA0221 4. 2. 2002.

222 bei/je: Steuerreform: Westenthaler beharrt auf erster Etappe 2003. – In: APA0215 5. 2. 2002.

223 Kindermann: Budgetprovisorium. Diesbezüglich hatten es die Regierungen unter Schüssel als Vizekanzler nicht so eilig. Vgl. sa/dru/sm: Regierungsklausur: Koalition stellt Weichen für EU-Konferenz 1996 1. – In: APA289 30. 5. 1995. lm/dru/ul: Optimismus zum Auftakt der Regierungsklausur. – In: APA0103 12. 11. 1996. si: Keine Regierungsklausur am Samstag. – In: APA0194 18. 4. 1997. sa: Regierungsklausur in Rust im Zeichen der Budgetpolitik . – In: APA0286 8. 6. 1997. lm/at/je: Keine Regierungsklausur: Bis Herbst 99 wird weitergearbeitet 1. – In: APA0300 2. 10. 1998. sa/bi: Regierungsklausur in Bad Aussee eröffnet. – In: APA0193 21. 1. 1999.

224 Dieter Kindermann: Regierung will Dialog mit Gewerkschaft. – In: Kronen Zeitung 12. 2. 2000.

sel I: erstens eine – alles in allem erfolgreiche[225] – budgetäre »Blaming«-Strategie[226] gegen die SPÖ, zweitens – ob tatsächlich ernst gemeint oder als Behübschungsstaffage gedacht, sei dahingestellt und wäre extra zu untersuchen – den Versuch, die Opposition (im konkreten Fall die Gewerkschaften[227]) mit ins Boot zu holen.

Die nächste Regierungsklausur, deren Inhalte am Tag der Klausur bereits medial veröffentlicht wurden, galt der Sanierung der Krankenkassen.[228] Die Regierung schnürte ein »Gesamtpaket«, das »fünf bis sechs Milliarden Schilling bringen« sollte. »Beitragserhöhungen wird es nicht geben, dafür Selbstbehalte bei Ambulanzbesuchen.«[229]

Für die Regierungsklausur im November 2000 kündigte die APA mit »Datensicherung, Kindergeld, Kampfhunde« eine »breite Palette« an und vermerkte, die Klausur werde um 10.00 Uhr beginnen und für 12.30 Uhr sei »ein Pressegespräch angesetzt«[230]. Die »Kronen Zeitung« berichtete, die »Regierung war bei ihrer Klausur um Sachthemen bemüht«[231], was angesichts der (erneut) eskalierenden »Spitzelaffäre«[232] zumindest kurzfristig die Themenhoheit der Regierung (bzw. eine Themenverschiebung zugunsten der Regierung) garantieren sollte,[233] die damalige innenpolitische causa prima aber keineswegs von der Agenda nahm.[234]

Die einzige via APA nachvollziehbare Regierungsklausur 2001 fand Anfang Oktober im Anschluss an den Ministerrat statt und setzte die Verwaltungsreform auf die

---

225 Diese ließ vollkommen vergessen, dass die Volkspartei zum einen seit 1987 mit der SPÖ als Juniorpartner koalierte, zum anderen zumindest zeitweilig einen Staatssekretär im Finanzministerium stellte.
226 Vgl. David Wineroither: Kanzlermacht – Machtkanzler? Die Regierung Schüssel im historischen und internationalen Vergleich. – Wien/Berlin 2009. (Politikwissenschaft. Bd. 165.), passim.
227 »Ein Dialog mit den Gewerkschaften ist lebensnotwendig, weil die Finanzsituation dramatischer als angenommen ist.« Kindermann: Regierung.
228 Vgl. Dieter Kindermann: Regierungsklausur: Sanierung der Krankenkassen. – In: Kronen Zeitung 14. 4. 2000.
229 bei/mk/sm: Eckpunkte des Krankenkassenpakets stehen. – In: APA0423 14. 4. 2000.
230 bei/lm: Breite Themenpalette für Regierungsklausur. – In: APA0529 17. 11. 2000.
231 d. k.: Einheitliches Pensionsrecht kommt. – In: Kronen Zeitung 21. 11. 2000.
232 Es stand ein von Kärnten befeuerter FPÖ-Misstrauensantrag gegen Innenminister Strasser im Raum. Vgl. Dieter Kindermann: Politik inoffiziell. – In: Kronen Zeitung 18. 11. 2000. d. k.: Kein Misstrauensantrag der FPÖ gegen Strasser. – In: Kronen Zeitung 19. 11. 2000. Dieter Kindermann: Khol fordert FPÖ energisch auf, den Koalitionspakt einzuhalten. – In: Kronen Zeitung 20. 11. 2000.
233 Vgl. d. k.: Pensionsrecht.
234 Vgl. ebd. Christoph Kotanko: Die Koalition im Container. – In: Kurier 21. 11. 2000. d. n.: Schüssel sieht kein Koalitions-Problem. – In: Die Presse 21. 11. 2000. Inge Baldinger, Alexander Purger: Der Staat wird »neu«. – In: Salzburger Nachrichten 21. 11. 2000. joh: Strasser lässt Freiheitliche abblitzen. – In: Vorarlberger Nachrichten 21. 11. 2000. kapp: Der Klotz am Design. – In: Tiroler Tageszeitung 21. 11. 2000. Karin Leitner: Im Schatten der Spitzel-Affäre. – In: Kurier 21. 11. 2000. NN: FPÖ kann Strasser nur unwesentlich ärgern. – In: Kleine Zeitung 21. 11. 2000. NN: Spitzel-Krisensitzung erst nach der Klausur. – In: Neues Volksblatt 21. 11. 2000. Ute Sassadeck: Koalitionsharmonie. – In: Vorarlberger Nachrichten 22. 11. 2000.

Tagesordnung. Vorab erklärte die Vizekanzlerin, es werde »Vereinfachungen beim Autopickerl mit einem längeren Prüfintervall bei neuen Fahrzeugen geben«,[235] und nach absolvierter Klausur kündigten Riess-Passer und Landwirtschaftsminister Molterer einen »sogenannten Reformdialog am 29. Oktober«[236] an.

Nachdem Riess-Passer die FPÖ-Regierungsmitglieder Anfang Februar 2002 zum Thema Steuerreform ins Vizekanzleramt geladen hatte,[237] fand im März erstmals eine Klausur außerhalb Wiens, in St. Wolfgang, statt. »Zum Auftakt der Regierungsklausur (...) hat Donnerstagabend ein Empfang für die Mitglieder der Bundesregierung und die Medienvertreter stattgefunden. Bundeskanzler Wolfgang Schüssel (V) betonte, das Zusammentreffen sei ›etwas mehr als eine Wir-haben-uns-wieder-lieb-Klausur‹. Die Regierung wolle ›strukturell etwas weiterbringen‹.«[238] Beschlossen wurden die »Abfertigung neu, Unis und – ein wichtiges Thema – Familien-Hospiz-Karenz.« Weiters vermerkte die »Kronen Zeitung« zum »reformträchtigen Frühjahrsputz der Koalition«, Schüssels »Regierungsteam« habe »demonstrativ Einigkeit«[239] gezeigt.

Einen anderen Kommunikationsstil pflegte die Regierung bei der ersten Klausur der Regierung Schüssel II. Die APA meldete knapp, die Regierung habe sich nach dem Ministerrat »noch zu einer Klausur zurückgezogen«, um »ihre Vorhaben in den kommenden Monaten miteinander« abzustimmen. »Medienvertreter waren bei der Klausur nicht mehr zugelassen.«[240]

Im Rahmen der Anfang 2004 in Salzburg abgehaltenen ersten Regierungsklausur einigte sich die Regierung auf die zweite Etappe der Steuerreform,[241] wobei die ansonsten trocken berichtende APA vermerkte, die »Präsentation war naturgemäß mit viel Eigenlob verbunden.«[242] Die im September angesetzte Klausur in Retz beging die Regierung mit »vorgeplanter Fröhlichkeit (...). Zum Auftakt gab es einen Empfang im Hof des Tagungshotels, bei dem sich Minister und Staatssekretäre an Bier und Sekt laben konnten. Im Anschluss wurde gewandert, um eine Show-Weinlese vorzuführen. Gearbeitet wird später, im Zentrum des ersten Tages steht der Dienstleistungsscheck. (...) Details zu den beiden Themen [Dienstleistungsscheck und Sozialbetrug] wurden bis zum frühen Nachmittag nicht genannt. Viel lieber

---

235 wea/me/ws: Verwaltungsreform: Vereinfachung beim Autopickerl. – In: APA0413 2. 10. 2001.
236 has/sm/mk: Verwaltungsreform: Riess-Passer für Sozialpläne. – In: APA0709 2. 10. 2001.
237 Vgl. og/bi/bei: Riess-Passer lädt zu FP-Regierungsklausur. – In: APA0086 6. 2. 2002. og/me/bei: FP-Regierungsklausur – 1. Etappe der Steuerreform 2003. – In: APA0313 6. 2. 2002.
238 lm/je: Regierungsklausur: Empfang zum Auftakt. – In: APA0721 7. 3. 2002.
239 Dieter Kindermann: Bei der Reformklausur Einigkeit demonstriert. – In: Kronen Zeitung 9. 3. 2002.
240 bei/me/lm: Regierungsklausur im Anschluss an den Ministerrat. – In: APA0358 11. 3. 2003.
241 Vgl. mk/me/dru: Steuerreform: Bartenstein glaubt an »Fortschritte«. – In: APA0156 8. 1. 2004. ws/lm: 180.000 Steuerzahler fallen unter den Spitzensteuersatz. – In: APA0101 9. 1. 2004.
242 og/ws/dru: Regierung einigt sich auf 2. Etappe der Steuerreform. – In: APA0616 9. 1. 2004.

»Es ist ein täglicher Wettkampf um die Schlagzeile – oder einen Punkt beim Wähler.« 161

Abb. 7: Regierungsklausur Retz; Foto: Dieter Nagl/picturedesk.com

genossen die Regierungsmitglieder den wolkenlosen Himmel im Weinviertel. In den Genuss eines Kanzler-Händedrucks kam dann auch eine etwas verdattert dreinblickende Jausenrunde, die von den Regierungswanderern beim Grillen überrumpelt wurde. Danach begab man sich in den Weingarten, um einige Trauben zu pflücken. Als Profis stellten sich dabei vor allem Landwirtschaftsminister Josef Pröll (V) und sein Vorgänger in dieser Position, VP-Klubchef Wilhelm Molterer, heraus. Aber auch der Rest der Regierungsmannschaft mit Kanzler Wolfgang Schüssel an der Spitze mühte sich redlich, wenigstens einige Trauben von der Rebe zu bekommen. Wein wird daraus ohnehin nicht. Denn eigentlich ist derzeit noch keine Lesezeit im Weinviertel, wie ein örtlicher Fachmann erklärte. (…) Besonderen Spaß am Rahmenprogramm hatte Lokalmatador Josef Pröll. Er düste vergnügt mit dem Traktor durch den Weingarten, während sich seine Kollegen noch mit den Trauben mühten. Manche Fotografen entgingen bei der Fahr-Show nur knapp einem Zusammenstoß. Den Abschluss des Startprogramms bildete letztlich der Spaziergang zu einer historischen Windmühle. Danach wollen sich die Regierungsmitglieder für etwa zwei Stunden doch noch zum Arbeiten [sic!] zurückziehen. Im Anschluss an einer [sic!] Pressekonferenz, die von bisher ungenannten Ministern bestritten wird, stehen auch ein Empfang und ein Abendessen jeweils unter der Schirmherrschaft von Landeshauptmann Erwin Pröll (V) auf dem Programm. Vor dem Schlafengehen dürfen sich

Regierungsmitglieder und Journalisten noch bei einer von Josef Pröll organisierten Weinkost laben«.[243] Der Dienstleistungsscheck wurde knapp vor 18.00 Uhr von den Ministern Bartenstein und Haubner präsentiert,[244] und eine knappe halbe Stunde später wurde gemeldet, die »Regierung will den Entwurf zum Sozialbetrugs-Gesetz noch einmal überarbeiten«.[245] Für den kommenden Tag stünden laut APA »weniger Society-Events, dafür mehr Inhaltliches auf dem Programm«, allerdings war »weiterhin offiziell nicht zu erfahren«, was »genau verkündet wird«.[246]

Am Folgetag wurden schließlich ein neues Konzept für die künftigen Pädagogischen Hochschulen von Ministerin Gehrer und eine »Lehrlings-Initiative im Bund« durch die Regierungsspitze angekündigt.[247] Die Nachlese geriet – im Gegensatz zur mehr oder weniger subtil-süffisanten Berichterstattung vom Vortag – geradezu zu einer Vernichtung der Regierungsperformance: »Eine Regierungsklausur ist normaler Weise dadurch gekennzeichnet, dass Prestige-Projekte – wie etwa zuletzt die Abfertigung neu – der Öffentlichkeit präsentiert werden. Die schwarz-blaue Koalition pflegt diese Tradition nicht mehr. Bei ihrer zweitägigen ›Zeit der Ernte‹-Klausur in Retz wurde in erster Linie Wert auf Foto-Termine gelegt. Das einzig neu präsentierte Gesetz betrifft die Gentechnik, ansonsten dominierten Präzisierungen zu lange bekannten Projekten wie dem Dienstleistungsscheck oder den pädagogischen Hochschulen. Nachdem am ersten Klausurtag noch vornehmlich Kulinarisches, Sonne und Weinviertler Luft genossen wurden, gab man sich am zweiten etwas mehr Mühe, Inhaltliches kundzutun. (…) Viel lieber« als über den zu erwartenden Budgetabgang »erzählten die Regierungsspitzen dann schon von den wirtschaftlichen Erfolgen, die unter Schwarz-Blau erreicht wurden. Von den guten Exportwerten bis zur Rekordbeschäftigung wurde keines der üblichen Lieblingsthemen ausgelassen. Dementsprechend bestens gelaunt – schließlich hatte man auch zwei Tage gut gegessen und getrunken – erfreute sich dann auch der Kanzler an einem guten Arbeitsergebnis und Gorbach ergänzte strahlend: Wir sollten ›das öfter machen‹.«[248]

Das »heikle Thema« Schließung von Postämtern soll – so die APA am 19. November – bei der für die kommende Woche angesetzten dritten Regierungsklausur des Jahres »besprochen werden«,[249] die »unter dem Motto ›Österreich im Aufschwung‹« stand. Die Regierung präsentierte gleich 90 Vorhaben, wobei Schüssel »resümierte«,

---

243 bei/sm/lm: Regierungsklausur: Wein, Bier und ein Dienstleistungsscheck. – In: APA0392 9. 9. 2004.
244 Vgl. bei/bs/dru: Regierungsklausur: Dienstleistungsscheck vorgestellt. – In: APA0672 9. 9.2004.
245 has/dru: Regierungsklausur: Sozialbetrugs-Entwurf wird überarbeitet. – In: APA0688 9. 9. 2004.
246 bei/dru: Regierungsklausur wird abgeschlossen. – In: APA0755 9. 9. 2004.
247 Vgl. bei/me/cm/dru: Regierungsklausur: Neues Pädak-Konzept präsentiert. – In: APA0136 10. 9. 2004.
 bei/me/dru: Koalition startet Lehrlings-Initiative im Bund. – In: APA0303 10. 9. 2004.
248 bei/jep: Retzer Ernte a la Schwarz-Blau – Tagesmeldung. – In: APA0394 10. 9. 2004.
249 klm/wye/cs: Postämter-Schließungen – Informationen starten kommende Woche. – In: APA0177 19. 11. 2004.

es »habe sich um einen sehr nachdenklichen Vormittag gehandelt, weil dabei auch Probleme aufgetaucht seien, für die man noch keine Lösung habe«.[250]

Wesentlich weniger Klausurfreudigkeit zeigte die Regierung im Folgejahr. Zwar berichtete die APA über zwei Klausuren des kleinen Koalitionspartners[251] (zwischen den beiden Terminen wurde diesmal innerparteilich nicht von unten, sondern von oben geputscht), die Regierung selbst tagte erst Mitte September in Innsbruck. Für den ersten Tag wurden die Themen »erhöhte Pendlerpauschale« und »Kilometergeld«, ein neues Postgesetz und die Pädagogischen Hochschulen (die schon im Jahr zuvor Thema gewesen waren) als Klausuragenda vermeldet.[252] Den zweiten Klausurtag begann die APA mit einer Meldung über einen »Ausflug ganz nach dem Geschmack von Wolfgang Schüssel«, aber dass »für Show (…) diesmal wenig Platz«[253] sei. Inhaltlich präsentiert wurde schließlich ein Arbeitsmarktpaket der Regierung[254] und im Wahljahr 2006 hielt die Regierung – folgt man der APA – keine gemeinsame Klausur ab.

6.6 Gestörte Gemeinsamkeiten

Solche demonstrativen Gemeinsamkeiten haben aus Sicht des Journalismus einen Nachteil – Konflikt eignet sich als Nachrichtenwertfaktor[255] wesentlich besser für die Berichterstattung. Deshalb wird in diesem letzten Abschnitt auf die mediale Wahrnehmung solch gestörter Gemeinsamkeiten eingegangen werden.

Das tschechische Atomkraftwerk war nicht nur störanfällig, es störte im Spätherbst 2001 auch die zur Schau getragene Harmonie der Regierungsspitze. So berichtete die APA im Dezember, das »bisher letzte reguläre Foyer hatte es Mitte November gegeben. In der ›heißen Phase‹ der Temelin-Auseinandersetzungen – nach der Einigung zwischen Bundeskanzler Wolfgang Schüssel (…) und dem tschechischen

---

250 bei/me/mk: Regierungsklausur: 90 Vorhaben in den nächsten Monaten. – In APA0408 22. 11. 2004.
251 Vgl. jep/ws: Bundesheer: FPÖ-Klub lehnt Verkürzung ab 2006 ab. – In: APA0645 25. 1. 2005. mfw/mac: Haider freut sich über »fixe Kandidatur« des Wiener BZÖ. – In: APA0568 13. 7. 2005.
252 Vgl. has/stf/w: Spritpreis: Regierung erhöht Pendlerpauschale und Kilometergeld 1. – In: APA0342 13. 9. 2005. has/klm/wi: Post-Gesetz: Regierung einig – Regulator ab 2008 1. – In: APA0465 13. 9. 2005. bei/ul/jep: Regierungsklausur: Pädagogische Hochschulen nun fix. – In: APA0704 13. 9. 2005.
253 has/bei/me/lm: Regierungsklausur: »Sind eh alle angetreten«. – In: APA0249 14. 9. 2005.
254 Vgl. bei/sm/lm: Regierungsklausur: Arbeitsmarktpaket für 60.000 Personen 1. – In: APA0375 14. 9. 2005. has/me/lm: Regierungsklausur: Arbeitsmarktpaket 2 – Höheres Defizit erwartet. – In: APA0427 14. 9. 2005.
255 Vgl. Winfried Schulz: Nachricht. In: Elisabeth Noelle-Neumann, Winfried Schulz, Jürgen Wilke (Hg.): Das Fischer Lexikon Publizistik Massenkommunikation. 3., aktualisierte, vollständig überarbeitete und ergänzte Auflage. Frankfurt am Main 2004. S. 355–357. H., Sch.: Nachrichtenfaktoren. In: Jarren, Sarcinelli, Saxer (Hg.): Politische Kommunikation in der demokratischen Gesellschaft. S. 690f.

Premier Milos Zeman – gab es zwar einen gemeinsamen Auftritt von Schüssel und Vizekanzlerin Susanne Riess-Passer beim ›Konjunkturgipfel‹, aber kein gemeinsames Pressefoyer«.[256]

Nach den verheerenden Verlusten der Freiheitlichen bei den Tiroler (–11,64 Prozentpunkte)[257] und oberösterreichischen (–12,2)[258] Landtagswahlen im Herbst 2003 gab es »getrennte Pressefoyers«, was – so Kindermann – »irgendwie symbolische Bedeutung« hatte. Kanzler Schüssel sah deshalb, kein »›Zeichen für ein schlechtes Koalitionsklima‹«, Vizekanzler Haupt hingegen »orakelte« und schloss »nicht aus, dass es auch künftig getrennte Pressefoys gibt‹«[259]. »Normalisierung« kehrte drei Wochen später ein, nachdem es eine FP-interne Rochade gegeben hatte, im Zuge derer Herbert Haupt von Hubert Gorbach als Vizekanzler abgelöst worden war.[260]

---

256 has/si: Erstes Ministerrats-Pressefoyer nach einem Monat Pause. – In: APA0690 10. 12. 2001. Dieser Umstand erhielt bemerkenswert geringe mediale Erwähnung. Die »Kleine Zeitung« schrieb, am »Vormittag wurde dann kurzfristig eine Ministerratssitzung angesetzt, nach der es aber kein Pressefoyer gab. Zur selben Stunde teilte die FPÖ mit, dass nur ihre Regierungsmitglieder eine Information am frühen Nachmittag geben würden« (NN: FPÖ: Jetzt erst recht das Volksbegehren. – In: Kleine Zeitung 1. 12. 2001) und die »Oberösterreichischen Nachrichteten« bemerkten unter dem Titel »Szenen einer Ehekrise«, dass nicht nur der gemeinsame Auftritt von Kanzler und Vizekanzlerin, sondern auch der der Klubspitze »abgesagt« wurde. (luc: Szenen einer Ehekrise. – In: Oberösterreichische Nachrichten 6. 12. 2001.)

257 Vgl. NN: Landtagswahl 2003, 28. 09. 2003. wahlen.tirol.gv.at/WahlenTirolGvAtWeb/wahlenGesErg.do?cmd=wahlInfoGesLand&wahl_id=11&cid=1 (11. 6. 2011).

258 Vgl. NN: Landtagswahl 2003 Endergebnis. www.land-oberoesterreich.gv.at/cps/rde/xbcr/SID-C0B-4C4FD-50DEB6AD/ooe/StatPol_LT2003_Gesamt2.pdf. S. 4 (11. 6. 2011).

259 Dieter Kindermann: Stimmungstief in der Koalitionsehe. – In: Kronen Zeitung 1. 10. 2003. Vgl. auch Dieter Kindermann: Koalition: Eltern bekommen jetzt Rechtsanspruch auf Teilzeitarbeit. – In: Kronen Zeitung 8. 10. 2003. Eva Linsinger: Keil-Zeit und Teilzeit in der Koalition: FP gab klein bei. – In: Der Standard 8. 10. 2003. gana: Haupt lässt den Kanzler weiter allein. – In: Oberösterreichische Nachrichten 8. 10. 2003. Hans Winkler: Ziemlich raues Klima. – In: Kleine Zeitung 8. 10. 2003. NN: Luft in der Koalition wird immer dicker. – In: Tiroler Tageszeitung 7. 10. 2003. NN: Geteilter Erfolg: Recht auf Teilzeit. – In: Die Presse 8. 10. 2003. NN: Koalition werkt wieder. – In: Salzburger Nachrichten 8. 10. 2003. Norbert Stanzel: Elternteilzeit, wie die VP sie will. – In: Kurier 8. 10. 2003. wh: Ein zweigeteiltes Recht auf Teilzeit. – In: Wiener Zeitung 8. 10. 2003.

260 Vgl. d., k.: Neues Tandem: Schüssel und Gorbach in Aktion! – In: Kronen Zeitung 22. 10. 2003. Eva Linsinger: Rosen nach der Rochade. – In: Der Standard 22. 10. 2003. Eva Linsinger, Michael Völker: Gorbach soll die FPÖ stabilisieren. – In: Der Standard 21. 10. 2003. gan: Haider gibt sich bei Steuerreform zahm. – In: Oberösterreichische Nachrichten 22. 10. 2003. Inge Baldinger: Die Koalition im Glück. In: Salzburger Nachrichten 22. 10. 2003. NN: Die Bombe platzte fünf nach zehn. – In: Die Presse 21. 10. 2003. NN: Ein erster Rückzieher des blauen Steuer-Manns. – In: Salzburger Nachrichten 22. 10. 2003. pech: Ein Abschied nach 235 Tagen. – In: Wiener Zeitung 22. 10. 2003. Robert Benedikt, Andreas Schwarz: Gerührt, nicht gestritten: Ministerrat der Harmonie. – In: Die Presse 22. 10. 2003. wh: Schließlich folgten doch noch Taten. – In: Wiener Zeitung 21. 10. 2003.

In der Endphase des Wahlkampfes 2006 wollte BZÖ-Spitzenkandidat Peter Westenthaler »ein Sozialpaket durchboxen«, was vom Finanzminister abgelehnt wurde. Das hatte zur Folge, dass die gemeinsamen Pressekonferenzen beendet wurden. »›Durchaus vernünftig in Wahlwerbezeiten‹, beruhigte Kanzler Schüssel. ›Das ist legitim, weil man sich im Wahlkampf selbständig positionieren muss‹, versicherten die Minister Bartenstein und Pröll.«[261]

7. Wahlkämpfe

7.1 2002: Der »Jahrhundertstrom«[262]

Am 9. Juni 2002 wurde Vizekanzlerin Riess-Passer mit 90,8 Prozent der Delegiertenstimmen und somit mit nur unwesentlich weniger Stimmen als bei ihrer Kür zwei Jahre zuvor als Parteiobfrau wiedergewählt,[263] obschon zuvor aus Kärnten wenig verklausulierte Selbstinsertionen in Richtung Rückkehr als Parteichef medial aufgegeben worden waren.[264]

Von innerparteilichem Frieden bzw. der von der »Kronen Zeitung« diagnostizierten endgültigen Emanzipation Riess-Passers »in der Männer-Partei FPÖ«[265] konnte in den Folgemonaten keine Rede sein. So titelte das Kleinformat am 1. August »Was Haider in der FPÖ nicht passt!«, wusste wenig später zu berichten, »dass Haider mit

---

261 Dieter Kindermann: Getrennte Wege. – In: Kronen Zeitung 6. 9. 2006.
262 Hofinger, Ogris, Thalhammer: Jahrhundertstrom. Vgl. Andreas Kislinger: Politiker im Gespräch. TV-Konfrontationen vor der österreichischen Nationalratswahl 2002. – Stuttgart 2002. Andreas Liberda: Mediatisierungstendenzen und Inszenierungsstrategien von Politikvermittlung. Eine Analyse anhand von ÖVP-Wahlplakaten des Nationalratswahlkampfes von Herbst 2002. Diplomarbeit. – Wien 2004. Christoph Hofinger, Ursula Breitenfelder, Brigitte Salfinger: Der Wahltag als Wandertag. Die Wählerströme der Nationalratswahl vom 24. November 2002. In: ÖJP 2002. – Wien/München 2003. S. 119–145. Clemens Maria Auer, Michael Fleischhacker (Hg.): Diesmal. Analysen zur Nationalratswahl 2002. – Wien 2003. David Pfarrhofer: Taktisches Wahlverhalten. Eine Analyse der Nationalratswahl 2002. Sowi. Diss. – Linz 2004. Erich Schlager: »Negative campaigning« im Wahlkampf. Mit einer Analyse der österreichischen Nationalratswahl 2002. Diplomarbeit. – Wien 2003. Florian Perlot: Das Phänomen Kronen Zeitung und ihre Berichterstattung über die Nationalratswahl 2002. Diplomarbeit. – Innsbruck 2003. Gudrun Werner: Der FPÖ-Nationalratswahlkampf 2002 in ausgewählten österreichischen Tageszeitungen. Diplomarbeit. – Innsbruck 2003. Ruth Picker, Brigitte Salfinger, Eva Zeglovits: Aufstieg und Fall der FPÖ aus der Perspektive der Empirischen Wahlforschung: Eine Langzeitanalyse. In: Österreichische Zeitschrift für Politikwissenschaft 3/2004. S. 263–279. Werner Beutelmeyer, David Pfarrhofer, Conrad Seidl: Kanzlerwahl. Demoskopische Bilanz der Nationalratswahl 2002. – Linz 2002.
263 Vgl. Peter Gnam: Die FPÖ voll hinter »der Chefin«. – In: Kronen Zeitung 10. 6. 2002. Waltraud Dengel, Dieter Kindermann: FPÖ-Parteitag: »Susi, geh du voraus!« – In: Kronen Zeitung 2. 5. 2000.
264 Vgl. NN: Haider-Comeback, wenn Chefin will. – In: Kronen Zeitung 19. 5. 2002.
265 Gnam: FPÖ.

Hilfe von FPÖ-Vasallen in allen Bundesländern zum Umsturz bläst und sich wieder als Parteichef auf den Thron setzen lässt«[266], titelte am 26. August mit »Haider spaltet ›seine‹ FPÖ«, zwei Tage später mit »Koalition auf des Messers Schneide«, am 3. September mit »Neuer Vorstoß für Haiders Rückkehr«, wiederum zwei Tage danach mit »Das Ultimatum« (nämlich der Vizekanzlerin an die Partei), um – nach der »Schlacht am Knüppelfeld«[267], wo die »›Knittelfelder Rebellenchaoten‹«[268] gegen die eigene Parteispitze geputscht hatten –, am 9. September, nachdem am Abend zuvor Riess-Passer, Grasser und Westenthaler ihren Rücktritt bekannt gegeben hatten,[269] mit »Neuwahlen« aufzumachen.

Der Hintergrund für diese (Selbst-)Radikalisierung ist auf den ersten Blick zum einen in einer zunehmenden Entfremdung des »blauen« Regierungsteams (oder zumindest von Teilen davon) von Haider, zum anderen in zunehmend schlechter werdenden Umfrageergebnissen der einst erfolgsverwöhnten Partei[270] sowie in der abgesagten Steuerreform ob der Hochwasserkatastrophe zu sehen,[271] die schließlich Schüssels Koalition »unterspülte«[272]. Es war aber auch ein Skript (inklusive Präludium der von der Peripherie betriebenen systematischen Demontage der Parteispitze[273]), das einerseits Haider 1986 an die Spitze der Partei gebracht hatte,[274] andererseits der Vizekanzlerin wiederum von der Peripherie der – eigenen – (Regierungs-)Partei »ohne vorherige Absprache«[275] das von der »Kronen Zeitung« medial »befeuerte«[276] Anti-Temelin-Volksbegehren vor die Nase setzte,[277] wobei der

---

266 Peter Gnam: Umsturz in der FPÖ. – In: Kronen Zeitung 12. 8. 2000.
267 Gerfried Sperl: Die umgefärbte Republik. Anmerkungen zu Österreich. – Wien 2003. S. 133.
268 Ulram: Nationalratswahl. S. 134.
269 Vgl. lm/dru/ham: FPÖ: Rücktritt von Riess-Passer, Grasser und Westenthaler 1. – In: APA0358 8. 9. 2002. mk/sm/dru: Riess-Passer bestätigt Rücktritte. – In: APA0375 8. 9. 2002. Bemerkenswert ist in diesem Zusammenhang eine vierseitige Anzeige (»Wirtschaft und Politik: Zusammen mehr erreichen!«) in der »Kronen Zeitung«, die am 28. September, also knappe drei Wochen nach Grassers angekündigtem Rückzug aus der Politik, geschaltet wurde und deren Finanzier nicht identifizierbar ist. Abgesehen davon, dass Grasser auf vier Seiten mit vier Bildern und einem »Interview« vertreten war und der Text definitiv nach Grassers Rücktritt verfasst wurde, liest sich die Anzeige, als wären die einschlägigen Kapitel von Schüssels künftiger Regierungserklärung zur Wirtschafts- und Finanzpolitik bereits geschrieben gewesen.
270 Vgl. Dieter Kindermann: Die Zerreißprobe. – In: Kronen Zeitung 26. 8. 2002.
271 Vgl. wea: Hochwasser begräbt Steuerreform 2003 und dezimiert Abfangjäger. – In: APA0690 14. 8. 2002.
272 Hans Werner Scheidl: Die Sintflut unterspülte Schüssels Koalition. – In: Die Presse 4. 8. 2012.
273 Vgl. Narodoslawsky, Benedikt Blausprech: Wie die FPÖ ihre Wähler fängt. – Graz 2010. S. 36–48.
274 Vgl. Heinz P. Wassermann: »Zuviel Vergangenheit tut nicht gut!« Nationalsozialismus im Spiegel der Tagespresse der Zweiten Republik. – Innsbruck/Wien/München 2000. S. 231–239.
275 Wineroither: Kanzlermacht. S. 312.
276 Vgl. Sabine Naderer: Kampagnenjournalismus am Beispiel »Berichterstattung der Neuen Kronen Zeitung im Zuge des Anti-Temelin-Volksbegehrens«. Diplomarbeit. – Salzburg 2002.
277 Mit etwas Ähnlichem war Verteidigungsminister Scheibner im Sommer 2002 konfrontiert, als »auch

»Es ist ein täglicher Wettkampf um die Schlagzeile – oder einen Punkt beim Wähler.« 167

mobilisierend-populistische Zugang eines diesmal nur angedrohten Steuerreform-Volksbegehrens (worauf Riess-Passer origineller weise mit einer Volksbefragung konterte)[278] wiederum charakteristisch für die FPÖ war. Kurzum: Die Freiheitlichen haben auf den verschiedenen innerparteilichen Hierarchieebenen den Widerspruch zwischen (hemmungslosem) Oppositionspopulismus und (gebändigtem) Regierungspragmatismus nicht (bzw. nur kaum) geschafft.

Sofern es den Wahlkampf 2002 betrifft, ist somit vorerst festzuhalten, dass dieser auf den ersten Blick nicht »geplant« war.[279] »Im Frühsommer 2002 begannen sich die strategischen Aufmarschlinien der Parteien für die kommenden«, planmäßig in der zweiten Jahreshälfte 2003 stattfindenden »Nationalratswahlen abzuzeichnen. Die ÖVP setzte auf Fortführung der ›Reformkoalition‹ mit der FPÖ, wobei neben der Rolle der ÖVP als ›ruhiger und verlässlicher Part‹ in der Regierung insbesondere die Person des Kanzlers hervorgehoben werden sollte (Schüssel-Plakate und ›Österreichtage‹ der regionalen Parteiorganisationen […]). Die FPÖ suchte nach einer stärkeren Profilierung innerhalb der Koalition, was allerdings zunehmend auch innerparteiliche Spannungen auslöste«.[280]

Sofern es die demoskopische Ausgangslage betrifft, weisen Plasser, Ulram und Sommer darauf hin, dass zum einen »die SPÖ als *stärkste* Partei in den Wahlkampf«[281] startete, zum anderen die Volkspartei »mit Fortschreiten des Wahlkampfes ihre demoskopische Position kontinuierlich ausbauen und die SPÖ spätestens Anfang November in den hochgeschätzten Anteilen definitiv überholen«[282] konnte. Ulram fasste diesen Umstand pointiert mit »tatsächlich ging die SPÖ als stärkste Partei

---

Teile der FPÖ gegen den Jet-Kauf zu kampagnisieren« begannen. Als er »gerade die Bundesheer-Pioniere im Hochwassereinsatz besucht, erfährt er, dass seine eigene Landesgruppe – die Wiener FPÖ – soeben einen Parteibeschluss gegen die neuen Abfangjäger gefasst hat. Damit nicht genug: In Kärnten lässt Jörg Haider (…) plötzlich plakatieren, er persönlich habe die Eurofighter verhindert«. (Schüssel: Offengelegt. S. 183.)

278 Vgl. Dieter Kindermann: Auf des Messers Schneide steht die Koalition. – In: Kronen Zeitung 28. 8. 2002.
279 Aus einer technisch (z. B. reservierte Plakatflächen) bereits geplanten Zwischenkampagne wurde über Nacht ein Wahlkampf, der innerhalb einer Woche »aufgesetzt« wurde. Die personelle Zuspitzung auf den Spitzenkandidaten übernahm Lopatka vom Klasnic-Wahlkampf 2000 (Telefoninterview mit Reinhold Lopatka am 17. 6. 2011). Vgl. Reinhold Lopatka, Herwig Hösele: Steirische Landtagswahl 2000: Der fulminante Sieg hat eine Mutter – Waltraud Klasnic. In: ÖJP 2000. S. 77–93.
280 Fritz Plasser, Peter A. Ulram, Franz Sommer: Kampagnedynamik, Mediahypes und Einfluss der TV-Konfrontation 2002. In: Fritz Plasser, Peter A. Ulram (Hg.): Wahlverhalten in Bewegung. Analysen zur Nationalratswahl 2002. – Wien 2003. (Schriftenreihe des Zentrums für Angewandte Politikforschung. Bd. 28) S. 22.
281 Ebd. S. 25.
282 Ebd. S. 30f.

in den Wahlkampf hinein und kam als zweitstärkste wieder heraus«[283] zusammen. Besonders und weit überproportional profitiert hat die Volkspartei von den potenziellen Wechselwählern und den FPÖ-»Abwanderern«. »Jeder zweite Wechselwähler und zwei Drittel der Abwanderer von der FPÖ präferierten während des Wahlkampfes die ÖVP, nur jeder Vierte die oppositionelle SPÖ. Am Wahltag entschieden sich 48 Prozent der faktischen Wechselwähler für die ÖVP, 30 Prozent wechselten zur SPÖ, 13 Prozent zu den Grünen«[284], wobei Plasser, Ulram und Seeber für die kommenden Nationalratswahlen geradezu ein Menetekel zu Papier brachten: Die »neu strukturierte ÖVP-Wählerschaft« verfügt »über beträchtliche Erfahrungen in wahlpolitischer Flexibilität«.[285]

Am 19. Oktober präsentierte die Volkspartei in Alpbach ihr Wahlprogramm mit den Schwerpunkten »Senkung des Steuersatzes für mittlere, aber auch Spitzeneinkommen; Schaffung neuer Arbeitsplätze speziell für Jugendliche« und »Bekenntnis zur Osterweiterung (…). Dieses von der ÖVP als ›Österreich-Programm‹ bezeichnete 100 Seiten starke Papier wird nach der Wahl auch Grundlage für etwaige von Schüssel geführte Regierungsverhandlungen sein.«[286]

So überraschend wie die Neuwahlen ausgerufen wurden, so überrumpelnd agierte auch die Volkspartei im Wahlkampf, was im Folgenden am »Grasser-Coup«, dem »ganz großen Trumpf des Wahlkampfs«[287] bzw. »bedeutendsten Coup im politischen Personalangebot der ÖVP«[288] sowie am angekündigten Tierschutzgesetz ausgeführt werden wird.

Als »parteifreier Minister« einer künftigen Regierung Schüssel wurde der Finanzminister erstmals am 7. Oktober im »Profil« erwähnt und in der zweiten Oktoberhälfte beginnen sich die Gerüchte zu verdichten.[289]

»Drei Wochen vor dem Wahltermin am 24. November 2002 fragt er«[290] den am 8. September[291] zurückgetretenen »Karl-Heinz Grasser bei einem Mittagessen im

---

283 Peter A. Ulram: Strukturelle Mehrheit oder mehrheitsfähige Angebote für offene Wählermärkte? Befunde und Schlussfolgerungen aus der empirischen Wahlforschung. In: Auer, Fleischhacker (Hg.): Diesmal. S. 125.
284 Plasser, Ulram, Seeber: Erdrutschwahlen. S. 108. Zum FPÖ-Wahlkampf vgl. Narodoslawsky, Blausprech. S. 54–91.
285 Plasser, Ulram, Seeber: Erdrutschwahlen. S. 111.
286 Peter Gnam: Schüssel macht Kleinverdienern Angebot: Bis 1000 Euro steuerfrei. – In: Kronen Zeitung 20. 10. 2002.
287 Schüssel: Offengelegt. S. 189.
288 Elmar Pichl, Christian Scheucher: Wahlkampf 2002. In: Auer, Fleischhacker (Hg.): Diesmal. S. 112.
289 Vgl. NN: Job-Angebot für Grasser? – In: Profil 41/2002. Daniela Kittner: Schüssel fahndet nach ÖVP-Kandidaten. – In: Kurier 18. 10. 2002. Karin Leitner: WAHLPROGRAMM. – In: Kurier 19. 10. 2002. NN: Holt Gusenbauer auf? – In: Kronen Zeitung 20. 10. 2002.
290 Schüssel: Offengelegt. 189.
291 Vgl. massiv relativierend: »Karl-Heinz Grasser erzählt: ›Richtig ist, daß mich der Bundeskanzler knapp

Wiener ›Schwarzen Kameel‹, ob er sich vorstellen könnte, in einer ÖVP-Regierung weiterhin Finanzminister zu sein. (…) Bei einem Geheimtreffen in einer Autobahnraststätte besprechen der Kanzler und sein Überraschungskandidat die letzten Details, dann leitet Schüssels Pressesprecherin Heidi Glück generalstabsmäßig die Bekanntgabe des großen Coups ein. Zwei Wochen vor dem Wahltag lädt sie zu einer Pressekonferenz mit dem Kanzler«. Am »Rande der Pressekonferenz lässt Schüssel dann beiläufig den Satz fallen, dass er Karl-Heinz Grasser angeboten habe, Finanzminister zu bleiben, falls die ÖVP wieder die Regierung bilde. Die Nachricht schlägt ein wie eine Bombe. Grasser spricht in einer ersten Reaktion von einem hochinteressanten Angebot, ohne sich jedoch festzulegen. Das ist so ausgemacht, um die Spannung hoch zu halten. Vier Tage lang sind die Medien voll mit Spekulationen, dann sagt Grasser bei einer sorgfältig inszenierten und total überlaufenen Pressekonferenz im Finanzministerium offiziell zu.«[292]

Schüssels Angebot war der »Kronen Zeitung« (und nicht nur ihr) innerhalb von vier Tagen drei Aufmacher wert,[293] womit die Personale medial dominant besetzt war,[294] und für die übrigen Parteien medial nichts »zu holen« war.[295]

Am 12. November, nachdem er sich einen Tag zusätzlicher Bedenkzeit ausbedungen hatte (und somit den Medien wiederum ausreichend Platz für Spekulationen gab), nahm Grasser »vor dem« Gemälde »des Reformers Joseph II.«,[296] vor dem sich übrigens auch Bruno Kreisky gerne ablichten ließ, Schüssels Angebot an. Ein von Grasser vorgebrachtes Argument war die Verhinderung einer rot-grünen Koalition,[297] die – wie weiter unten gezeigt werden wird – auch optisch umgesetzt wurde.

---

nach dem Rücktritt angesprochen hat. (…) Ich habe gedacht, es ist ein schöner menschlicher Zug des Bundeskanzlers, wenn er das sagt.‹« Michael Völker: Die FPÖ – Ein Betriebsunfall. Eine Annäherung in sechs Bildern. In: Auer, Fleischhacker (Hg.): Diesmal. S. 56.

292 Schüssel: Offengelegt. 189f.
293 Vgl. »Grasser soll Minister bleiben« – In: Kronen Zeitung 9. 11. 2002. »Große Koalition plus Grasser…« – In: Kronen Zeitung 10. 11. 2002. »Grasser prägt das Wahlkampf-Finale« – In: Kronen Zeitung 12. 11. 2002.
294 Daneben »verglühten« sowohl Ingrid Turkovic-Wendl als Quereinsteigerin der Volkspartei als auch jene der SPÖ. Vgl. bei/jep/sm: Wahl: ÖVP 2 – Schüssel zu Haider-Kandidatur gelassen. – In: APA0205 1. 11. 2002. dru/at: Petritsch 2 – Gusenbauer: »Hervorragendes Signal«. – In: APA0195 21. 9. 2002. lm/ks: Broukal wechselt als SPÖ-Quereinsteiger in die Politik. In: APA0217 15. 10. 2002. lm/og/si: Knoll tritt als Kandidatin in Gusenbauers »Kabinett des Lichts« an 1. – In: APA0097 29. 10. 2002.
295 Folgt man einer Studie der FH St. Pölten, so dominierten die »ÖVP und ihre Vertreter (…) in den beiden letzten Wochen vor der Nationalratswahl die Berichterstattung der fünf größten Tageszeitungen Österreichs.« Vgl. NN: Die Tageszeitungen in der heißen Wahlkampfphase. – In: Kurier 15. 3. 2003.
296 Dieter Kindermann: Grasser will Rot-Grün verhindern. – In: Kronen Zeitung 13. 11. 2002.
297 Im Februar veröffentlichte die »Kronen Zeitung« eine IMAS-Umfrage, in der Schüssel erstmals »seit der mehr als schweren Geburt der schwarz-blauen Regierung (…) von der Bevölkerung bessere ›Zeugnisnoten‹ erhielt. Was dabei mitspielt, ist die starke Ablehnung, ja Angst vor Rot-Grün.« Peter Gnam: Ablehnung von Rot-Grün hilft Schüssel. – In: Kronen Zeitung 20. 2. 2002. »Zwei Umfragen unter al-

Vier Tage vor der Wahl sicherte sich der Kanzler abermals die Titelseite der »Kronen Zeitung«, die mit »Jetzt alle für ein Tierschutzgesetz« aufmachte. Im übrigens nicht von der Politikredaktion verfassten Exklusivbeitrag bzw. -interview (Bild mit der Unterschrift »Ein Handschlag für den Tierschutz« inklusive) »›garantierte‹« Schüssel, »›dass wir schon im kommenden Frühjahr ein Bundestierschutzgesetz erarbeiten werden, egal, wie der Urnengang ausgeht‹«.[298] Die Kampagne war zuvor »am Reißbrett entworfen« worden, funktionierte »genauso« und war – so Heidi Glück – »wahrscheinlich die beste Medien-Inszenierung, die ich jemals in meinem Leben gemacht habe«.[299]

---

len 1.600 ÖVP-Bürgermeistern bestätigen, dass die Angst vor ›Rot-Grün‹ auch an den Stammtischen ein zentrales Thema war. (…) In allen Wahltagsbefragungen nannten die von der ÖVP gewonnenen Wechselwähler als Hauptmotiv für ihre Entscheidung, ›damit in Österreich keine rot-grüne Koalition kommt‹.« (Reinhold Lopatka: Wer, wenn nicht er? Der historische Wahltriumph von Wolfgang Schüssel – »Von der Wüste Gobi auf den Olymp«. In: ÖJP 2002. S. 181.) In ihrer Nachwahlanalyse kommen Plasser, Ulram und Seeber zum Schluss, die »Ablehnung einer rot-grünen Koalition erwies sich für Zuwanderer zur ÖVP sichtbar mobilisierender als das gleichermaßen koalitionstaktische Motiv der Verhinderung einer Fortsetzung der schwarz-blauen Koalition für Zuwanderer zur SPÖ.« (Plasser, Ulram, Seeber: Erdrutschwahlen. S. 140.)

298 Maggie Entenfellner, Markus Hofer: Alle Parteien jetzt für Tierschutzgesetz! – In: Kronen Zeitung 20. 11. 2002. Vgl. auch Markus Hofer, Maggie Entenfellner: »Wir müssen für den Tierschutz kämpfen!« – In: Kronen Zeitung 21. 11. 2002.

299 Interview Glück. Nach der Wahl forderte der »große Hundestreichler« (Günter Traxler: Das Gespür des so genannten Volkes. – In: Der Standard 16. 7. 2005) vehement das versprochene Tierschutzgesetz ein. Vgl. den Aufmacher »Gleich in der ersten Sitzung des neuen Parlaments: Tierschutzgesetz ist endlich fix«. – In: Kronen Zeitung 21. 12. 2002 sowie die Beiträge Markus Hofer: Erster Schritt zu neuem Tierschutzgesetz. – In: Kronen Zeitung 11. 4. 2003. Maggie Entenfellner: Die Chance auf eine bessere Zukunft. – In: Kronen Zeitung 12. 4. 2003. Dieter Kindermann: Noch immer kein Tierschutzgesetz. – In: Kronen Zeitung 20. 11. 2003. NN: Bei Tierschutzgesetz macht Tierarzt Herbert Haupt Druck. – In: Kronen Zeitung 29. 12. 2003. d. k.: Schüssel: Gesetzesentwurf für Tierschutzgesetz in vier Wochen fix. – In: Kronen Zeitung 9. 1. 2004. Maggie Entenfellner: Wird es doch ein Gesetz für die Tiere? – In: Kronen Zeitung 10. 1. 2004. Dieter Kindermann: Massive Kritik der Oppositionsparteien am neuen Bundes-Tierschutzgesetz. – In: Kronen Zeitung 17. 3. 2004. Dieter Kindermann: Letzte Chance für Tierschutzgesetz: Klubchef-»Gipfel« um Kompromiss! – In: Kronen Zeitung 11. 5. 2004. Dieter Kindermann: Tierschutzgesetz steht jetzt auf des Messers Schneide. – In: Kronen Zeitung 12. 5. 2004. Dieter Kindermann: Die Glaubwürdigkeit. – In: Kronen Zeitung 12. 5. 2004. Dieter Kindermann: Molterer: Die höchsten Tierschutz-Standards! – In: Kronen Zeitung 13. 5. 2004. Maggie Entenfellner, Markus Hofer: Ein großer Sieg für den Tierschutz! – In: Kronen Zeitung 20. 5. 2004. Dieter Kindermann: Tierschutzgesetz am Donnerstag im Parlament beschlossen! – In: Kronen Zeitung 25. 5. 2004. NN: Ein historischer Tag für den Tierschutz. – In: Kronen Zeitung 28. 5. 2004. Conny Bischofsberger: Berührt Tierleid die Wähler? – In: Kronen Zeitung. 30. 5. 2004. Zwischen 21. Dezember 2002 und der Beschlussfassung im Mai 2004 schaffte es Schüssels »Krone-Coup« fünfmal (21. 12. 2002; 20. 11. 2003; 17. 3. 2004; 12. 5. 2004; 20. 5. 2004) auf die Titelseite, wobei die Tonalität zunehmend fordernder wurde.

Sofern es die via Inserate[300] umgesetzte positive Eigenstrategie betrifft, führte die Volkspartei einen massiv auf den Kanzler – »Wer, wenn nicht er«[301] – fokussierten Wahlkampf, der teilweise unter dem Label »Österreich gewinnt« stand. Höhepunkt und Abschluss bildeten – und diesbezüglich wurden die Nationalratswahlen 2002 vonseiten der ÖVP tatsächlich als Kanzlerwahl inszeniert – drei ganzseitige Inserate mit der Botschaft »Diesmal Schüssel«[302], mit einem (einseitigen) persönlich gehaltenen »Kanzlerbrief«[303] (dem dritten innerhalb eines kurzen Zeitraums[304]) sowie am Wahltag mit der Botschaft: »Heute Schüssel wählen«[305].

Via Inserate wurden die Zielgruppen »Jugend«[306] und »Senioren«[307] von Schüssel, Gehrer und Bartenstein »bearbeitet«. Darüber hinaus inserierte die Volkspartei ein Personenkomitee, dem unter anderem Helmut Pechlarner, Gerda Rogers, Thomas Sykora, Maria Schaumayr und als besonderer Coup am Tag vor der Wahl Arnold Schwarzenegger angehörten.[308] Die Logik dieser Inserate ergibt sich darüber hinaus aus dem Umstand, dass sie ausschließlich personalisiert (im Sinne des Darstellens von Personen) waren.

Sofern es Lederers in Abschnitt 3 referierte Einteilung der visuellen Wahlwerbung betrifft, agierte die Volkspartei neben der eben beschriebenen positiven Selbstdarstellung mit der Kategorie »direkter Angriff«. Zum einen gegen »Rot-Grün«, wo ein (Horror-)Szenario mit »Steuererhöhungen (…) Höherer Arbeitslosigkeit (…) Autofahren wird teurer«[309] und der »Freigabe weicher Drogen«[310] an die Wand gemalt bzw. zu Papier gebracht wurde. Zum anderen wurde diese polarisierende Strategie mit direkten Angriffen gegen SP-Chef Gusenbauer, dem unter anderem der Moskauer »Bodenkuss«, das »Champagnisieren« während der »EU-Sanktio-

---

300 Da keine digitalisierten bzw. reproduktionsfähigen Vorlagen zugänglich sind, wird neben einer inhaltlichen Beschreibung jeweils der Auffindungsort angegeben.
301 »Der ÖVP-intern zuerst nicht unumstrittene Plakattext brachte die zentrale Frage für Österreichs politische Zukunft auf den Punkt und die politischen Mitbewerber kurzzeitig zum Schweigen. Durch die syntaktische Gestaltung des Slogans als Aussagesatz (und nicht als Frage) war bereits alles gesagt, die entscheidende Wahlfrage beantwortet und ein Kanzlerwahlkampf eingeleitet.« Der »Start-Slogan ›Wer, wenn nicht er‹ [war] eine klare Ansage gegen Alfred Gusenbauer und für zahlreiche Gusenbauer-distanten SPÖ-Präferenten gedacht«. (Pichl, Scheucher: Wahlkampf. S. 103f.)
302 Vgl. Kronen Zeitung 26. 10. 2002; 22. 11. 2002.
303 Vgl. Kronen Zeitung 23. 11. 2002.
304 Vgl. auch Kronen Zeitung 14. 9. 2002; 26. 10. 2002.
305 Vgl. Kronen Zeitung 24. 11. 2002.
306 Im Zentrum stand das »250 Millionen Beschäftigungsprogramm«. Vgl. Kronen Zeitung 6. 10. 2002; 19.10. 2002; 23. 11. 2002.
307 Vgl. Kronen Zeitung 28. 10. 2002; 10. 11. 2002.
308 Vgl. z. B. Kronen Zeitung 19. 11. 2002; 20. 11. 2002; 23. 11. 2002.
309 Vgl. Kronen Zeitung 17. 11. 2002.
310 Vgl. Kronen Zeitung 18. 11. 2002.

nen« vorgeworfen wurde – und indirekt gegen eine etwaige rot-grüne Regierung geführt.[311] Diesbezüglich agierte aber auch die Sozialdemokratie alles andere als zimperlich. In der Frühphase des Wahlkampfs schaltete sie ein Inserat, das Schüssels Egomanie darstellen sollte,[312] und zwei Tage vor der Wahl schaltete sie zwei Inserate, die Schüssel – wiederum zum Teil unter dem Egoismus-Vorwurf – vorhielten, die Steuern nicht zu senken.[313]

7.2 2006: Der »last minute swing«[314]

Bereits weiter oben wurden Plasser, Ulram und Seeber dahingehend zitiert, dass zumindest ein Teil der (neuen) ÖVP-Wähler 2002 wahlpolitisch »unsichere Kantonisten« sei.[315] Zwar war Schüssel 2002 als Wahlfaktor »für die ÖVP-Wähler von weit ausschlaggebenderer Bedeutung als [Gusenbauer] für Wähler der SPÖ«,[316] aber im Widerspruch zur Schüssel-fokussierten Kampagne waren »aus Sicht der ÖVP-Wähler Themen- und Parteikompetenzen (62 Prozent) wie traditionelle Parteibindungen und Interessenlinien (55 Prozent) verbreitetere Begründungen der Wahlentscheidung als vorrangig persönlichkeitsorientierte«.[317]

Die demoskopische Ausgangslage 2006 verdichtet Ferdinand Karlhofer damit, dass ab »Frühjahr 2003, als das in breiten Teilen der Wählerschaft abgelehnte Pensionssicherungsgesetz gegen die Stimmen der Opposition verabschiedet wurde«, die ÖVP »in den Umfragen hinter die SPÖ zurück[fiel] und (…) den Rückstand von mehreren Prozentpunkten bis Jahresbeginn 2006 nicht wettmachen«[318] konnte. Folgt man

---

311 Vgl. Kronen Zeitung 17. 11. 2002; 20. 11. 2002.
312 Vgl. Kronen Zeitung 26. 9. 2002 (auf dieses Inserat nahm später die Volkspartei Bezug). Im Inserat wurden aus ÖSTERREICH sämtliche Buchstaben durchgestrichen bis nur mehr ICH übrig blieb.
313 Vgl. Kronen Zeitung 22. 11. 2002. Hier wurden mit „Ihnen glaube ich nicht mehr, Herr Schüssel" erste Duftmarken für die Negativkampagne der SPÖ gegen Schüssel im Nationalratswahlkampf 2006 gesetzt.
314 Zur Nationalratswahl 2006 vgl. auch Gabriele Russ, Heinz P. Wassermann (Hg.): Lostage. Medien und Politik im Nationalratswahlkampf 2006. – Graz 2007 (Edition FH Joanneum. Schriftenreihe Medien und Design. Bd. 2). Dies.: »Job done…«. Empirische Medienanalysen zum Wahlkampf 2006. In: ÖJP 2006. Wien/München 2007. S. 43–57. Marion Weixlberger, Verena Lauss: Wahlwerbung in Österreich. Eine Inhaltsanalyse der Anzeigen ausgewählter Tageszeitungen und Plakate zur Nationalratswahl 2006. Diplomarbeit. – Salzburg 2007. Narodoslawsky, Blausprech. S. 122–160. Thomas Hofer, Barbara Tóth (Hg.): Wahl 2006. Kanzler, Kampagnen, Kapriolen. Analysen zur Nationalratswahl. – Wien/Berlin 2007.
315 »Die Analyse [Plassers und Ulrams] wurde registriert, aufgrund der starken Fokussierung auf die Regierungsarbeit wurde jedoch die Parteiarbeit zweitrangig gesehen und eine Strategie zur Wählerbindung der mehr als 800 000 neu gewonnenen Wähler verabsäumt.« (E-Mail Reinhold Lopatka.)
316 Plasser, Ulram, Seeber: Erdrutschwahlen. S. 140.
317 Ebd. S. 149.
318 Ferdinand Karlhofer: Wahlkampf im Schatten des Skandals. Konzepte – Korrekturen – Verlauf. In: Fritz Plasser, Peter A. Ulram (Hg.): Wechselwahlen. Analyse zur Nationalratswahl 2006. – Wien 2007. (Schriftenreihe des Zentrums für Angewandte Politikforschung. Bd. 30.) S. 83.

den von Plasser und Ulram analysierten Daten, so kippte mit »dem Aufbrechen des BAWAG-Skandals« zum einen »die öffentliche Themenlandschaft«, zum anderen »die Stärkeverhältnisse der Parteien. (…) Der Führungswechsel in den Umfragen basierte weniger auf einem deutlichen Vertrauenszuwachs in die ÖVP, sondern vielmehr auf einem Vertrauensverlust der SPÖ. (…) Die Datenlage knapp vor Beginn des Intensivwahlkampfes zeigt denn auch eine Argumentationsschwäche der SPÖ, der allerdings gleichfalls argumentative Defizite und thematisch offene Flanken der ÖVP gegenüberstanden, insbesondere was soziale Fairness und soziale Ausgewogenheit ihrer Reformmaßnahmen als regierende Kanzlerpartei betraf. (…) Mit Blick auf das strategische Themenmanagement der Parteien zeichneten sich *zwei* in beiden Fällen wahlentscheidende Optionen ab: Sollte es im näherrückenden Nationalratswahlkampf 2006 vorwiegend um Führungskraft und Leadership sowie um eine nur punktuell modifizierte Fortsetzung des im Kern mehrheitlich akzeptierten Modernisierungsprojekts gehen, so hatte die ÖVP die besseren Chancen; sollte der thematische Schwerpunkt hingegen auf sozialer Ausgewogenheit und verstärkter Rücksichtnahme auf die Zumutbarkeit einschneidender Reformmaßnahmen liegen, so sprach die öffentliche Stimmungslage eher für die SPÖ. Die ursprünglichen Kampagnenplanungen von SPÖ und ÖVP orientierten sich konsequenterweise an der skizzierten Axiomatik«.[319]

Hinzu kam, dass die Wähler dem BAWAG-Skandal, den die Strategen der Volkspartei der »Gusenbauer-SPÖ« – dazu weiter unten – »umhängen« wollten, im Laufe der Zeit mit »weitgehender Gleichgültigkeit«[320] gegenüberstanden, dass in der Perzeption der Wähler, und nicht nur der ÖVP-Wähler, »10 Tage vor der Wahl«[321] die Wahl zugunsten der Volkspartei »gelaufen« – und zwar eindeutig »gelaufen« – war, die Mobilisierungsschwäche der Volkspartei (Schüssel sprach in diesem Kontext von einem »Wahlschlaf«[322]) eklatant war,[323] die Volkspartei mit ihrer Wahlkampfführung bzw. Wahlkampffokussierung wie schon 2002 (diesmal allerdings mit fatalen Konsequenzen für die Kanzlerpartei) schlicht und einfach daneben lag[324] und darüber hinaus: »He and his party had badly misread the mood of the people.«[325] Hinzu

---

319 Fritz Plasser, Peter A. Ulram: Wählerbewegungen und Parteienkampagnen im Nationalratswahlkampf 2006. In: Dies. (Hg.): Wechselwahlen. S. 21–23.
320 Karlhofer: Wahlkampf. S. 84.
321 Plasser, Ulram: Wählerbewegungen. S. 31.
322 Interview Glück.
323 Vgl. Plasser, Ulram: Wählerbewegungen. S. 33.
324 Vgl. Fritz Plasser, Peter A. Ulram: Rollercoaster: Schüssel's Electoral (Mis)fortunes and the Dynamics of Public Approval. In: Günter Bischof, Fritz Plasser (Eds): The Schüssel Era in Austria. – New Orleans/Innsbruck 2010. (Contemporary Austrian Studies. Vol. XVIII.) S. 32.
325 Reinhard Heinisch: Unremarkably Remarkable, Remarkably Unremarkable: Schüssel as Austria's Foreign Policymaker in a Time of Transition. In: Bischof, Plasser (Eds): The Schüssel Era in Austria. S. 122.

kommt ein weiterer Aspekt, den Heidi Glück benennt: »Eine meiner Erklärungen war natürlich schon: sieben Jahre Reformregierung. Wir hätten ja die Reform der Reform plötzlich verkaufen müssen, was schwierig ist. Weil die Leute fragen dann, ob das, was du jetzt gemacht hast, falsch war. Eigentlich will ja jeder, der sich nach einer gewissen Phase hinstellt, positive Ergebnisse verkünden … Und es waren ja die gesamten Parameter, auch internationale Benchmarks, die waren ja perfekt. So gut sind sie, glaube ich, bis heute nicht mehr geworden. Also [wir] waren, was die Budgetlage betrifft, in den EU-Ländern das Schlusslicht und waren dann aber in den Top drei. Da hat es ganz viele solche Parameter gegeben. Natürlich bist du auch stolz darauf, dass du mit deiner Politik letztlich so ein Ergebnis bringen kannst. Bei der Wahl zählen halt nur sehr bedingt die Ergebnisse. Es war die Vision nicht so im Vordergrund, weil die war auch irgendwie weg. Wir haben ja eh alles angegriffen, was irgendwie zum Reformieren war. Ich kann mich erinnern, ich hab' damals mit einem Kollegen den Auftrag gehabt, wir sollen uns Gedanken über das Wahlprogramm machen. Da ist uns auch fast nichts mehr eingefallen. Es war schon auch ein bisschen ›Ausgepowert-Sein‹.«[326]

Im Gegensatz zu den Nationalratswahlen 2002 fanden die von 2006 planmäßig statt. Das war allerdings, sofern es das Parteisystem betrifft, die einzige Normalität, wobei die FPÖ wiederum das Ihre dazu beitrug, dass von einer solchen keine Rede sein konnte. Zum einen spalteten sich Haider & Co. am 4. April 2005 als »Bündnis Zukunft Österreich«[327] von der FPÖ ab[328] und wurde der (geschäftsführende) Bündnisobmann Hubert Gorbach mehr oder weniger unsanft in die politische (Vor-) Wüste geschickt und durch Peter Westenthaler als Spitzenkandidat ersetzt.[329] Zum anderen reichte die politische Tiefenschärfe der Justizministerin in der Endphase des Wahlkampfs so weit, ihre Partei als tendenziell nicht eben ausländerfreundlich zu »enttarnen«.[330]

Sofern es die Kampagne der Volkspartei betrifft, ist ein auffallender Widerspruch zur Schüssel-Fokussierung und dessen Präsenz bei den TV-Konfrontationen zu konstatieren. Absolvierte der Kanzler vier Jahre zuvor sämtliche »Duelle«, so war er 2006 lediglich beim »Kanzlerduell« mit Gusenbauer und der abschließenden »Elefantenrunde« präsent.[331]

---

326 Interview Glück. Reinhold Lopatka argumentiert die Mobilisierungsschwäche damit, dass »weder personell noch inhaltlich« Neues geboten wurde. (E-Mail Reinhold Lopatka)
327 Vgl. Walter Hämmerle: Die Spaltung der FPÖ. Annus horribilis für das freiheitliche Lager. In: ÖJP 2005. Wien/München 2006. S. 239–252.
328 Vgl. lm/jep: Der Weg zur BZÖ-Gründung. – In: APA0535 4. 4. 2005.
329 Vgl. lm/vos/wr: BZÖ-Spitzenkandidatur – Westenthaler: »Ich trete an« – In: APA0254 20. 5. 2006.
330 Vgl. has/dru: NR-Wahl: Gastinger tritt wegen Ausländerkurs aus BZÖ aus 1. – In: APA0528 25. 9. 2006.
331 Vgl. has: Kanzler-Duell ruhig aber kontroversiell – Nur 10 Minuten BAWAG 1. – In: APA0855 21. 9. 2006. has: Kanzler-Duell 2 – Keine Einigkeit in Sachfragen. In: APA0860 21. 9. 2006. mk/ul: Elefantenrunde –

Die ersten medial wahrnehmbaren Wahlkampfspuren der Volkspartei lassen sich mit dem 1. April 2005 festmachen, als »die Partei ihre Jugendkampagne ›www.zukunft.at‹«[332] startete. Die Klubklausur am Wolfgangsee im Oktober 2005 stand am ersten Tag unter dem parteiinternen Schock der Steirischen Landtagswahlen[333] und zeichnete sich inhaltlich durch die erneute Warnung Molterers vor »Rot-Grün« aus.[334] Am zweiten erteilte Schüssel an die Partei einen »»Kampfauftrag«« (…) »in einem Jahr die Mehrheit in der Steiermark zurückzugewinnen und die Mehrheit in Österreich (…) zu behalten«.[335]

Mitte Jänner des Wahlkampfjahres kündigte Grasser in der ORF-»Pressestunde« an, weder unter einem Kanzler Gusenbauer noch in einer ÖVP/FPÖ-Koalition den Finanzminister zu geben,[336] und im selben Format »attackierte« im Februar der niederösterreichische Landeshauptmann die SPÖ »wegen ihres Widerstandes gegen die Elite-Uni in Maria Gugging und wegen ihrer ›Fundamentalopposition‹ gegen die Bundesregierung (…) ungewöhnlich hart«.[337]

Unter anderem im Zeichen der (beinahen) BAWAG-Pleite bzw. dessen, was die ÖVP (auch) optisch als SP-Wirtschaftssündenregister kommunizieren und platzieren sollte, stand Schüssels Rede zur »Lage der Nation« am 15. Mai, in der er der SPÖ indirekt ausrichtete: »Wer nicht wirtschaften kann, kann auch keine Arbeitsplätze schaffen«.[338] Optisch vororchestriert wurde diese durch ein Inserat mit den Aussagen »Arbeit schafft, wer wirtschaften kann« und »Unser Österreich steht gut da.«[339] Die SPÖ begann wenig später via Inserate zum einen Teile ihrer Kernthe-

---

Weitgehend sachliche Diskussion 1. – In: APA0715 28. 9. 2006. pm/ul/mk: Elefantenrunde 2 – Streit über Gesundheit und EU. – In: APA0734 28. 9. 2006. pm/ul/mk: Elefantenrunde 3 – Keine Aussagen über Koalitionen. – In: APA0760 28. 9. 2006. Die übrigen »Duelle« lauteten Grasser vs. Van der Bellen; Bartenstein vs. Westenthaler und Pröll vs. Strache. Vgl. Kronen Zeitung 5. 9. 2006; 12. 9. 2006 und 13. 9. 2006.

332 Karin Schnegdar: Ex-Sängerknabe Schüssel: »Oh yeah …«. – In: Kronen Zeitung 2. 4. 2005. Dieser Bericht findet sich übrigens nicht auf den Politikseiten der »Kronen Zeitung«, sondern im »Adabei«.

333 Vgl. Gabriele Russ, Heinz P. Wassermann (Hg.): Wendezeit. Monitoring des steirischen Landtagswahlkampfes 2005. – Graz 2006. (Edition FH Joanneum. Schriftenreihe Medien und Design. Bd. 1.). Dies.: »Der Sieg hat viele Väter, die Niederlage meist eine Mutter.« Eine Medienstudie zu Siegern und Verlierern der steirischen Landtagswahl 2005. – In: Medienimpulse 4/2006. S. 54–58.

334 Vgl. Dieter Kindermann: Molterer warnt vor Linksruck bei Nationalratswahlen in Österreich! In: Kronen Zeitung 7. 10. 2005.

335 Dieter Kindermann: Schüssel gibt ÖVP einen Kampfauftrag. – In: Kronen Zeitung 8. 10. 2005. Diesbezüglich hatte es durchaus seine Logik, den offiziellen Wahlkampfauftakt am 2. September 2006 in Graz zu zelebrieren.

336 Vgl. Peter Gnam: Wenn Gusenbauer Kanzler wird, ist Finanzminister Grasser weg! – In: Kronen Zeitung 16. 1. 2006.

337 Dieter Kindermann: Erwin Pröll reitet ungewöhnliche scharfe Attacken gegen die SPÖ. – In: Kronen Zeitung 20. 2. 2006.

338 d. k.: Schüssel: Wort des Lehrers muss wieder Gewicht haben. – In: Kronen Zeitung 16. 5. 2006.

339 Vgl. Kronen Zeitung 14. 5. 2006.

men (in diesem Fall die Pensionsreform) zu kommunizieren und zum anderen mit »Schüssels traurige Bilanz« gegen den Kanzler zu agieren.[340]

Wenn Plasser und Ulram der Kanzlerpartei im Nachhinein eine »ausgesprochen themenarme (…) Wahlkampfführung«[341] attestieren, so ist das ein beinahe wohlwollendes Understatement. Denn außer Selbstlob auf das bisher Geleistete,[342] dem scheinbar ewigen Knüller von zu senkenden Steuern,[343] Schüssels Leugnung eines Pflegenotstandes,[344] dem wieder aufgekochten »rot-grünen«-Gespenst[345] sowie der Präsentation der ORF-TV-Journalistin Gertrude Aubauer (die sich nebenbei als sonntägliche Parlamentskolumnistin der »Kronen Zeitung« verdingte) als Quereinsteigerin[346] und Schüssels »Emanzen-Sager«[347] herrschte thematische Dürre.

»Die ÖVP hatte die am stärksten personalisierte Kampagne im Nationalratswahlkampf 2006 (…). Werblich umgesetzt wurde das in mehreren Plakatwellen und Inseraten mit dem Bild des Bundeskanzlers und den Slogans ›Österreich. Bleibt besser‹, ›Sicher. Österreich‹, ›Schüssel wählen‹, ›Unser Kanzler‹, ›Weil er's kann‹, und ›Einfach der Bessere‹.«[348]

---

340 Vgl. Kronen Zeitung 21. 5. 2006.
341 Plasser, Ulram: Wählerbewegungen. S. 23f.
342 Vgl. Dieter Kindermann: Wahlkampfauftakt mit hartem Schlagabtausch. In: Kronen Zeitung 15. 7. 2006.
343 Vgl. Dieter Kindermann: »Erbschaftssteuer abschaffen!« – In: Kronen Zeitung 7. 8. 2006. Dieter Kindermann: Realitätssinn. – In: Kronen Zeitung 7. 8. 2006. Dieter Kindermann: Wilder Streit um Abschaffung der Erbschaftssteuer entbrannt. – In: Kronen Zeitung 8. 8. 2006. Dieter Kindermann: Die Steuer- und Abgabenquote deutlich unter 40 % drücken! – In: Kronen Zeitung 9. 8. 2006. Georg Wailand: Abschaffung der Erbschaftssteuer. – In: Kronen Zeitung 9. 8. 2006. NN: »Zuerst Nulldefizit, dann Steuerreform«. – In: Kronen Zeitung 12. 9. 2006.
344 Vgl. pm/me/lm: Pflege: Schüssel warnt vor Verunsicherung der betroffenen Bevölkerung. – In: APA0327 8. 8. 2006. pwi/lm: Schüssel warnt vor Verunsicherung in Pflegedebatte. – In: APA0429 8. 8. 2006. »Der ›Pflegenotstand‹ erreichte in der ersten Hälfte des Wahlkampfes die größte Aufmerksamkeit, klettert in Woche 6 knapp über 20 Prozent und fällt dann in der medialen Beachtung wieder rasch zurück.« (Günther Lengauer, Günther Pallaver, Clemens Pig: Redaktionelle Politikvermittlung in österreichischen Wahlkämpfen, 1999–2006. In: Plasser, Ulram (Hg.): Wechselwahlen. S. 135.) Eine weitere personalisierbare und auch personalisierte Komponente erhielt die Pflegedebatte, als in einem Leserbrief im »Standard« aufgezeigt wurde, dass auch Schüssels zu diesem Zeitpunkt bereits verstorbene Schwiegermutter von einer illegalen Pflegerin betreut worden war (vgl. Der Standard 19. 8. 2006). Die letzte Eskalationsstufe war ein Interview mit der vorgeblichen Pflegerin, das sich im Nachhinein als Fälschung herausstellte (vgl. Kurt Kuch: Schüssels Pflegerin spricht. In: News 37/2006 und Schüssel: Offengelegt. S. 265f.).
345 Vgl. Dieter Kindermann: »Mister Clever« auf Wahlkampftour. – In: Kronen Zeitung 17. 9. 2006.
346 Vgl. Michael Jeanée: »Mein Chef ist der Wähler!« – In: Kronen Zeitung 17. 9. 2006.
347 Vgl. Peter Gnam: Polizei-Einsatz bei Kanzlerduell. – In: Kronen Zeitung 21. 9. 2006.
348 Lederer: »Advertising«. S. 52. Für Wineroither »markiert« Grassers Budgetrede im Oktober 2004 »im Rückblick (…) den Beginn des Übergangs der ÖVP zum ›Wohlgefühl‹-Wahlkampf 2006.« (Wineroither: Kanzlermacht, S. 320.)

Den offiziellen Wahlkampfauftakt begann die Volkspartei als letzte der schließlich wiederum im Parlament vertretenen Parteien[349] am 2. September am Grazer Hauptplatz, wobei die »Steiermark (…) bewusst für den Wahlkampfstart gewählt« wurde, da im »Vorjahr (…) der Landeshauptmannsessel in diesem ehemaligen schwarzen Kernland an die SPÖ verloren«[350] gegangen war. Nachdem sich der steirische Landesobmann Hermann Schützenhöfer und der Grazer Bürgermeister Siegfried Nagl an der SPÖ »abgearbeitet« hatten,[351] gab sich der Kanzler »bewusst staatsmännisch«[352].

Die ersten optischen Spuren finden sich am Tag zuvor, als die Volkspartei in der »Kronen Zeitung« ein Inserat mit der Kernbotschaft »Sicherheit« schaltete.[353] Zeitlich passend zum Wahlkampfauftakt am 2. September inserierte die Volkspartei unter den Labels »Österreich. Bleibt besser« und »Österreich steht gut da« zum einen Schüssels Regierungsbilanz und bekundete zum anderen den Willen, »dass Österreich auch in den nächsten Jahren sicher, sozial und leistungsstark bleibt«.[354] In der Endphase der Kampagne wurde die Personalisierung gedoppelt. Zum einen, indem Schüssel weiterhin den »Kopf« der Kampagne »gab«, zum anderen indem unter »Wolfgang Schüssel. Einfach der Bessere« der Unterschied zum sozialdemokratischen Herausforderer – auch visuell[355] – betont wurde.[356] Im Gegensatz zum inserierten »Brieffinale« des Jahres 2002 findet sich bei diesem Wahlkampf lediglich einer, der – sofern es eine inhaltliche Ansage betroffen hätte – inhaltsleer blieb.[357] Am Tag vor der Wahl inserierte die Volkspartei Schüssel ein letztes Mal, wo – als Gegenattacke gegen eine am Vortag geschaltete SP-Anzeige unter dem Titel »Hier fliegt Ihre Pensionserhöhung«[358] – Schüssel zum einen sichere Pensionen und sichere Heimat als miteinander vereinbar darstellte, zum anderen – welche Ironie – zur Stützung des Abfangjägerkaufs ausgerechnet Bruno Kreisky zitierte.[359]

---

349 Vgl. bei/has: NR-Wahl: Häupl und Burgstaller als SPÖ-Einpeitscher. – In: APA0646 25. 8. 2006. cts/has: NR-Wahl: Rundumschlag Westenthalers bei Wahlkampfauftakt. – In: APA0182 26. 8. 2006. hcg/dru: NR-Wahl – Strache: Österreich könnte »blaues Wunder« erleben. – In: APA0168 27. 8. 2006. jep/bei: Grüne starten Intensiv-Wahlkampf auf »Wolke 21«. – In: APA0764 30. 8. 2006.
350 lm/has: ÖVP startet in den Intensivwahlkampf. – In: APA0731 1. 9. 2006.
351 Vgl. lm/wr/bei: NR-Wahl: ÖVP reitet scharfe Attacken gegen SPÖ. – In: APA0099 2. 9. 2006.
352 lm/ar/bei: NR-Wahl: ÖVP-Auftakt – Schüssel will Positiv-Wahlkampf. – In: APA0139 2. 9. 2006.
353 Vgl. Kronen Zeitung 31. 8. 2006.
354 Vgl. Kronen Zeitung 1. 9. 2006; 2. 9. 2006, sowie mit einer leicht geänderten Akzentsetzung 10. 9. 2006.
355 Vgl. Kronen Zeitung 22. 9. 2006.
356 Vgl. Kronen Zeitung 24. 9. 2006; 26. 9. 2006; 28. 9. 2006.
357 »Ich will, dass Österreich auch in den nächsten Jahren sicher, sozial und leistungsstark bleibt.« Kronen Zeitung 29. 9. 2006.
358 Vgl. Kronen Zeitung 29. 9. 2006.
359 Vgl. Kronen Zeitung 30. 9. 2006.

Parallel dazu inserierte die Volkspartei wiederum ein »unabhängiges Personenkomitee für Bundeskanzler Dr. Schüssel«, das zwar personell besser bestückt war als jenes vier Jahre zuvor, sich von der gesellschaftlichen Breite – primär Manager, Freiberufler, Unternehmer, Sportler – aber unwesentlich anders positionierte als jenes 2002. Im Unterschied zum Personenkomitee Gusenbauers[360] wurden Schüssels optische Unterstützer aber wesentlich freundlicher und optimistisch-lächelnd abgebildet, was zur eingerichteten Website »www.erfolgreich.at« kongruent war.[361]

Sofern es visualisierte Themen betrifft, sind diese – wenn auch spärlich gesät – dem Bereich Wirtschaft zuzuordnen. Allein die Dichte der Schaltungen, aber auch die zeitliche Platzierung bestärkte einmal mehr den Bezug auf die Regierungsbilanz und die konstatierte Themenarmut der Volkspartei.[362]

Gegen Ende Juni bzw. Ende Juli berichtete die »Kronen Zeitung« unter Berufung auf Wirtschaftskammer-Präsident Christoph Leitl über die Exporterfolge der heimischen Wirtschaft.[363] Auf diesen von der EU-Kommission festgestellten Umstand[364] setzte die Kampagne »Exporte schaffen Arbeitsplätze«, die Grasser zwar nicht optisch, aber personalisiert (über dessen Unterschrift) in den Fokus setzte und inhaltlich darlegte, durch »Exporthaftungen, Kreditzusagen und Informationen hilft der Finanzminister beim Export – und damit beim Schaffen von Arbeitsplätzen«. Zwar handelte es sich dabei um eine Kampagne des Finanzministeriums, aber allein die zeitliche Platzierung legitimiert die Einordnung zur Kategorie ÖVP-Kampagne.[365] Bemerkenswert ist der Umstand, dass – wenngleich optisch klein gehalten – zu lesen ist, dass die Kampagne eine Kooperation mit der »Österreichischen Kontrollbank« und dem »Austria Wirtschaftsservice« war. Ebenfalls mit einem Wirtschaftsfokus agierte eine personenbezogene, kurz vor dem Wahltag geschaltete »Initiative des Wirtschaftsbundes«, die zum einen die »Senkung der Körperschaftssteuer«, zum anderen den »Lehrlingsbonus« als Argument, Schüssel zu wählen, anführte.[366]

Obwohl die Volkspartei den Intensivwahlkampf erst mit Anfang September begann[367] und Schüssel im Gegensatz zur Strategiegruppe, die »gern wesentlich ra-

---

360 Vgl. z. B. Kronen Zeitung 23. 9. 2006.
361 Vgl. z. B. Kronen Zeitung 30. 9. 2006.
362 Vgl. Plasser, Ulram: Wählerbewegungen. S. 23f.
363 Vgl. g. h.: Heimische Wirtschaft Export-Europameister. – In: Kronen Zeitung 27. 6. 2006. Torsten Weidnitzer: »Europameister im Exportwachstum«. – In: Kronen Zeitung 22. 7. 2006.
364 Vgl. Weidnitzer: »Europameister«.
365 Vgl. Kronen Zeitung 19. 9. 2006; 21. 9. 2006; 22. 9. 2006; 24. 9. 2006; 26. 9. 2006; 27. 9. 2006. Man könnte dies aber auch als Vermischung von Partei- und Staatsinteressen seitens der Volkspartei deuten. Ähnlich verhält es sich mit einigen Einschaltungen des BZÖ-geführten »Bundesministeriums für Soziale Sicherheit, Generationen und Konsumentenschutz«, das das Label »Zukunft Soziales Österreich« kommunizierten. Vgl. Kronen Zeitung 19. 5. 2005; 19. 4. 2006; 23. 4. 2006; 4. 9. 2006.
366 Vgl. Kronen Zeitung 27. 9. 2006; 30. 9. 2006.
367 Vgl. lm/has: ÖVP.

dikaler reagiert« hätte, »keinen negativen Wahlkampf«[368] wollte, begannen die inserierten Attacken der Volkspartei bereits gegen Ende Jänner 2006. Unter dem Label »Dr. No & seine Neinsager«[369] mit dem kontrastierenden »Erfolge für Österreich« bzw. »Unser Österreich steht gut da« versus »Schlecht geredet & falsch gelegen« wurden die (wirtschaftspolitischen) Erfolge der Volkspartei an den Beispielen Voest-Privatisierung,[370] Europa,[371] Pensionen,[372] die (Wiener) SPÖ als Belastungspartei[373] sowie – da wurde die Kampagne eindeutig kurzfristig nachjustiert – Olympische Winterspiele in Turin[374] hervorgehoben. Das abschließende Inserat diente als Scharnier, um die SPÖ von der »Neinsager-« und »Schlechtmacherpartei« zur wirtschaftlichen »Unfähigkeitspartei« umzubranden.[375] Als Bilanz wurde der SPÖ primär das BAWAG-Desaster, das pars pro toto auch für den »roten« ARBÖ und den »roten« Konsum stand, vorgehalten,[376] wobei »Dr. NO & seine SPÖ-Neinsager« optisch beibehalten wurden, im Zentrum der Attacken allerdings die »Gusenbauer-SPÖ« stand. Die letzte, besonders im September intensiv geschaltete Inseratenwelle erklärte (wiederum) die »Gusenbauer-SPÖ« als Verräter der Gewerkschaftsbewegung und war – das war das Novum – von der Farbgebung, wenig subtil, aber nicht formuliert, eine Warnung vor »Rot-Grün«[377], wobei die ÖVP in der zweiten Septemberwoche noch insofern nachschärfte und zuspitzte, dass »Österreich nicht der Gusenbauer-SPÖ« überlassen werden solle.[378]

Somit bleibt für die Inseratenkampagne(n) der Volkspartei festzuhalten, dass diese alles andere als positiv getönt war, dass diese über weite Strecken – und das ist wichtig zu betonen – vom ÖAAB[379] orchestriert wurde(n) und, ohne in die Kategorie

---

368 Interview Glück.
369 Ein Teil des optischen Sujets (der »rote« Miesmacher) lässt sich für den Landtagswahlkampf der Steirischen Volkspartei 1965 nachweisen. Vgl. Dieter A. Binder, Heinz P. Wassermann: Die steirische Volkspartei oder die Wiederkehr der Landstände. – Graz 2008. S. 118.
370 Vgl. Kronen Zeitung 22. 1. 2006.
371 Vgl. Kronen Zeitung 29. 1. 2006.
372 Vgl. Kronen Zeitung 5. 2. 2006.
373 Vgl. Kronen Zeitung 19. 2. 2006.
374 Vgl. Kronen Zeitung 5. 3. 2006. Hintergrund war zum einen die Dopingaffäre bei den österreichischen Langläufern, zum anderen die Medaillenbilanz der österreichischen Sportler, die die Regierung in Bericht und Inseraten für sich vereinnahmte. Vgl. Robert Sommer: Salzburgs schönste Festspiele. In: Kronen Zeitung 28. 2. 2006, sowie die Inserate in der Kronen Zeitung 26. 2. 2006; 27. 2. 2006. Zu den Hintergründen vgl. Lukas Kapeller: Schneeblinde Reporter. Die Krise des österreichischen Sportjournalismus am Beispiel der Berichterstattung über die Doping-Fälle bei Olympia 2006. Diplomarbeit. – Graz 2008.
375 Vgl. Kronen Zeitung 12. 3. 2006.
376 Vgl. Kronen Zeitung 2. 4. 2006; 9. 4. 2006; 16. 4. 2006; 30. 4. 2006.
377 Vgl. Kronen Zeitung 5. 9. 2006; 6. 9. 2006; 8. 9. 2006.
378 Vgl. Kronen Zeitung 16. 9. 2006; 17. 9. 2006; 18. 9. 2006; 23. 9. 2006.
379 »In strategischer Sicht lässt das Verhalten der ÖVP daher fast durchgehend eine Art Arbeitsteilung er-

»Sandkastenschuldzuweisungen« zu verfallen, die Volkspartei den ersten Schritt in Richtung »negative campaigning« setzte. Das bedeutet, der von »Profil« kolportierte »›Napalm‹-Sager« des SPÖ-Werbers Alois »Luigi« Schober[380] war – das wird auch der folgende Abschnitt zeigen – nicht nur Vorhersage, sondern auch Bestandsaufnahme.

Sofern es Lederers Analyseschema betrifft, fällt das Inserat im Vorfeld von Schüssels Rede zur Lage der Nation in die Kategorie eines impliziten Vergleichs. Die eben analysierten Inserate der Volkspartei waren direkte Angriffe sowohl gegen die SPÖ, als auch gegen deren Spitzenkandidaten und waren wesentlich aggressiver gehalten als die VP-Inserate vier Jahre zuvor.

Eine erste optische SPÖ-Kampagne, die von der Farbgebung (schwarzer Hintergrund und orange Sackgasse) auf den ersten Blick unschwer als Kritik an der Regierung festzumachen ist, zeigt zwei Charakteristika der nachfolgenden »Napalm«-Strategie auf: erstens die Fokussierung auf primär soziale Themen, zweitens direkte Angriffe – »Schüssels TRAURIGE BILANZ«[381] – auf die Person des Kanzlers.

In der Endphase des Wahlkampfs »fuhren« die Sozialdemokraten eine Doppelstrategie: Zum einen erfolgten unter den Slogans »Wohlstand muss gerecht verteilt werden« bzw. »Neue Fairness braucht das Land« eine positive Selbstdarstellung und die Fokussierung auf Arbeit, soziale Absicherung und Bildung,[382] die quantitativ bei Weitem überwogen, zum anderen gab es eine (nicht nur im doppelten Wortsinn[383]) optische Negativkampagne gegen Schüssel. In dieser wurde unter dem Vorwurf der »Lüge«[384] die Gehrer'sche Bildungspolitik attackiert[385] und wiederholt[386] Schüssels Aussage zum »Pflegenotstand« (bzw. zu dessen Inexistenz aus Sicht Schüssels[387]) thematisiert.

---

kennen, die sich in der Weise äußerte, dass frontale Attacken gegen ÖGB und SPÖ zumeist vom Arbeitnehmerflügel AAB kamen, während Exponenten der Regierung eher punktuell und insgesamt verhaltener Stellung bezogen.« (Karlhofer: Wahlkampf. S. 97.)

380 Vgl. Josef Barth: Paradiesvögel und Wacholderdrosseln. – In: Profil 32/2006.
381 Vgl. Kronen Zeitung 14. 5. 2006; 21. 5. 2006
382 Vgl. Kronen Zeitung 6. 9. 2006; 8. 9. 2006; 20. 9. 2006; 21. 9. 2006; 22. 9. 2006; 23. 9. 2006; 24. 9. 2006; 25. 9. 2006; 26. 9. 2006; 27. 9. 2006; 28. 9. 2006; 29. 9. 2006; 30. 9. 2006.
383 Einerseits wurden Spots für elektronische Medien produziert, andererseits argumentierte Gusenbauer (wenn auch verbal zurückhaltender) bei den TV-Konfrontationen (egal ob Schüssel am Tisch saß oder nicht) in dieselbe Richtung.
384 »Sie haben gelogen, Herr Bundeskanzler!«
385 »Die bittere Wahrheit: nach 6 Jahren Bildungsministerin Gehrer sind Österreichs Schulen kaputt gespart. Und an den Universitäten gibt es trotz Studiengebühren nicht genug Ausbildungsplätze.« Kronen Zeitung 6. 9. 2006; 10. 9. 2006.
386 Vgl. Kronen Zeitung 14. 9. 2006; 17. 9. 2006.
387 »Die bittere Wahrheit: Der Kanzler kennt den Pflegenotstand seit Jahren aus eigener Erfahrung. Er hat aber keinen Finger gerührt, um den Betroffenen zu helfen.« Kronen Zeitung 14. 9. 2006, 17. 9. 2006.

8. Zusammenfassung

Die Regierung Schüssel I war unter der Marke »Neu-Regieren« abgetreten. Sofern es den – im weitesten Sinn des Wortes – optischen Auftritt betrifft, ist dem zuzustimmen. Das gemeinsam abgehaltene Pressefoyer nach dem Ministerrat, die gemeinsamen Auftritte der Klubobmänner, in den privaten Bereich hineinreichende gemeinsame Regierungsaktivitäten waren tatsächlich Novitäten. Auch die via Regierungsklausur(en) nach außen getragene Geschäftigkeit gehört in diese Kategorie. Allein die erste Regierungsklausur, vor allem deren Zeitpunkt, gab schon ein gewisses Maß an tüchtiger Geschäftigkeit – oder um Andreas Khol zu zitieren: »speed kills«, vor.

Was zwischen 2000 und 2002 noch als Innovation anzuführen ist, wurde ab 2003 zur Routine – anders formuliert: Die Regierung war nicht mehr in der Lage, den optischen Zeichenvorrat, der sich bereits im leerformelhaften Regierungsmotto »Zukunft braucht Verantwortung« zeigte, auszuweiten bzw. neue, angepasste oder nachjustierte »Schlagbilder«, Gesten oder mediengerechte Inszenierungen mit – von den Medien ohnehin eher reserviert aufgenommenen – Neuigkeitswert(en) in Szene zu setzen.

Was das Verhältnis der Regierung zu den Medien, vor allem jenes von Schüssel betrifft, wird man es über weite Strecken als (an-)gespannt bezeichnen können, wobei das zum Teil eine persönliche Erbschaft von Schüssels Vor-Kanzler-Jahren gewesen ist. Bemerkenswert ist in diesem Zusammenhang aber – auch wenn die Analyse nicht flächendeckend durchgeführt wurde und die Erkenntnisse nicht pars pro toto stehen können –, wie es der Regierung an den Beispielen »Nulldefizit« und »Wirtschaftsplattform« gelang, »Nulldefizit« medial umzudeuten bzw. ein Thema (»Wirtschaftsplattform«) medial zu »begraben«.

Anhand der analysierten Regierungsklausuren ist zweierlei zu beobachten. Erstens, dass die Regierungsklausur in St. Wolfgang – von außen gesehen – als Versuch der »Normalisierung« des Verhältnisses zu den Medien zu deuten ist. Zweitens – deshalb wurde in diesem Kontext die qua Auftrag zurückhaltend formulierende APA extensiv herangezogen – wie intensiv der zweite Ereignistyp (»inszenierte Ereignisse« bzw. »Pseudo-Ereignisse«) von der Regierung praktiziert wurde und wie diese Inszenierungen als »Medienereignisse« im Sinne von Bolz zunehmend in den Fokus medialer Berichterstattung bzw. Dekonstruktion gerieten. Der Ausflug auf den Semmering, die Regierungsklausur in Innsbruck und vor allem die Retzer »Zeit-der-Ernte«-Klausur zeigten in ihrer Inhaltsleere nicht nur das Primat der »Darstellungs-« vor der »Herstellungspolitik«, sondern auch wie sehr diese »Schaupolitik« journalistisch geradezu zer- und schließlich verrissen wurde.

Sofern es die analysierten Nationalratswahlkämpfe betrifft, sind diese auf den ersten Blick – so unterschiedlich die Ergebnisse auch waren – als hochprofessionelle Kampagnen zu bezeichnen. Auf den zweiten hingegen zeigt sich, dass 2002 die Kandidatur Grassers sowie das überfallsartig, sowohl was Timing als auch was Platzierung betrifft, perfekt platzierte Tierschutzgesetz in der Endphase nicht nur Personen- und Themen-, sondern auch die Medienhegemonie garantierten. Die VP-Strategie, jeweils einen nicht zuletzt visuellen Kanzler- und nicht (oder im geringeren Maße) einen Themenwahlkampf zu führen, funktionierte 2002, wurde vier Jahre später aber aus der Sicht der Volkspartei zum Desaster.

Sowohl 2002 als auch vier Jahre später agierte die Volkspartei neben der positiven Selbstdarstellung auf visueller Ebene mit der Kategorie Angriff, der sich 2006 aber (sieht man von der farblichen Subtilität von einigen rot-grün kolorierten Anti-SPÖ-Inseraten ab) frontal gegen die SPÖ richtete.

Robert Kriechbaumer

Von Faschisten, Austrofaschisten und Alltagsfaschisten

Die Regierungen Schüssel I und II und der Kampf um die Erinnerung

»Die Grundproblematik der sog. Zeitgeschichte liegt wahrscheinlich darin, dass sie mehr als die anderen Bereiche der Geschichtswissenschaft von politischen Interessen in den Dienst genommen und damit einer medialen Diskussion ausgesetzt ist.«

Fritz Fellner

I

Der Geschichtswissenschaft kommt, jenseits ihres Stellenwerts im Kanon der Geisteswissenschaften, seit dem 19. Jahrhundert eine zentrale (gesellschafts)politische Position zu. Als Initiator und Medium der Großen Erzählung über Herkunft und Geschichte der eigenen Nation, von Kontinuitäten und Brüchen, der Definition des Wesens des historischen Prozesses und der Schaffung einer kollektiven historischen Identität und Erinnerungskultur wurde sie – und dies ist sie nach wie vor trotz aller Internationalisierungstendenzen – ein Teil der politischen Kultur eines Landes. Als Bestandteil der politischen Kultur wurden die Historiker – trotz ihres kritischen Methodenanspruchs – mehr oder weniger engagierte Akteure in der Arena des Politischen, oftmals ohne Parteizugehörigkeit im engeren Sinn. Ausgehend von geschichtsphilosophischen Positionen erhielten ihre Werke eine politische Färbung.[1] Andere verließen den Tempel der autonomen Wissenschaft und öffneten sich offiziell politischen Ideologien und Tagesmeinungen, ergriffen publizistisch Partei, lieferten unter Hinweis auf geschichtsphilosophische und welthistorische Erklärungsmuster Rechtfertigungen des Handelns. Die Geschichtswissenschaft blieb im 19. und einem Großteil des 20. Jahrhunderts »eine hochpolitische Angelegenheit. Die Au-

---

1 Vgl. George Peabody Gooch: Geschichte und Geschichtsschreiber im 19. Jahrhundert. – Frankfurt am Main 1964. Georg G. Iggers: Deutsche Geschichtswissenschaft. Eine Kritik der traditionellen Geschichtsauffassung von Herder bis zur Gegenwart. – München 1971. Ders.: Geschichtswissenschaft im 20. Jahrhundert. – Göttingen 1993. Hayden White: Metahistory. Die historische Einbildungskraft im 19. Jahrhundert. – Frankfurt am Main 1991. Christoph Conrad, Conrad Sebastian (Hg.): Die Nation schreiben. Geschichtswissenschaft im internationalen Vergleich. – Göttingen 2002.

tonomie historischer Forschung, vor allem jedoch die Unabhängigkeit geschichtswissenschaftlicher Darstellungen, wurde immer wieder gefährdet durch politische Tagesinteressen von Machthabern, aber auch durch das Meinungsklima nationaler Öffentlichkeiten oder die kulturellen Traditionen und Gewohnheiten sozialer Gruppen«. Die Bedeutung der Geschichtswissenschaft für die Konstruktion nationaler Geschichtskulturen führte dazu, dass vor allem nationalistische und kommunistische Bewegungen die Geschichtswissenschaft benutzten, »um die eigenen Ziele historiographisch oder geschichtsphilosophisch zu legitimieren. Erfundene Vergangenheiten mit dem Siegel der Wissenschaftlichkeit zu versehen, wurde zu einer vielfach benutzten Waffe zur Erhaltung der politischen Macht«.[2]

Auch demokratische Gesellschaften bedürfen der Großen Erzählung (Mistererzählung) und deren Mythen und Geschichtsbilder als wesentlicher Bestandteile individueller und kollektiver Identität. In diesem Fall basiert die Interdependenz von Geschichtswissenschaft und politisch-administrativem System auf einem breiten Konsens der politischen Eliten. Auch demokratische Gesellschaften pflegen ihre Mythen.

Die Katastrophe des Zweiten Weltkriegs, der Zusammenbruch der kommunistischen Regime in Osteuropa und der Sowjetunion, die Pluralisierung und Internationalisierung der Forschungsansätze sowie neue methodische Ansätze führten zunächst im Westen zu einer allmählich einsetzenden – oftmals von heftigen Kontroversen begleiteten – Dekonstruktion nationaler Geschichtsmythen. Dabei wurden auch historische Tabus berührt, »welche das gern gehegte positive Selbstbild der Nation verletzten ... Gerade in der Zeitgeschichtsforschung, welche im 20. Jahrhundert zu einem immer breiteren Feld international vernetzter Forschung geworden ist, hat die Geschichtswissenschaft vielfach nationale Erinnerungskulturen verändert, indem sie verdrängte und vergessene Kapitel der Vergangenheit offen legte«.[3]

In Österreich setzte dieser Prozess der kontroversiellen Dekonstruktion der Großen Erzählung (Mistererzählung) durch die neo(austro)marxistische Geschichtsschreibung ab den frühen Siebzigerjahren des 20. Jahrhunderts ein, um sich ab der Mitte der Achtzigerjahre rund um die Affäre Waldheim und in deren Folge deutlich zu akzelerieren.

Dabei besaß die junge Republik keine gemeinsame Große Erzählung und keine Geschichtsbilder, keine gemeinsamen historischen Symbole und Orte und keine das Säkulare ins Quasi-Religiöse transformierende Feierkultur. Der Zerfall der Monarchie und das Entstehen der Republik 1918 wurden als Verlust und Desorientierung empfunden. Wenngleich die Sozialdemokratie in einer Offensivstrategie der allge-

---

2 Lutz Raphael: Geschichtswissenschaft im Zeitalter der Extreme. Theorien, Methoden, Tendenzen von 1900 bis zur Gegenwart. – München 2003. S. 44.
3 Ebd. S. 61f.

meinen Verunsicherung und Desorientierung durch eine Damnatio memoriae der Habsburger und eine Beschwörung der Österreichischen Revolution und der Republik zu begegnen suchte, so vermochte sie damit lediglich den eigenen Parteigängern eine Große Erzählung zu bieten, der das nicht-sozialdemokratische Lager mit Ablehnung begegnete. Die parteipolitische Vereinnahmung des 12. November 1918, des Gründungstages der Republik, durch die Sozialdemokratie verhinderte den notwendigen staatspolitischen Konsens und damit die Notwendigkeit einer republikanischen Großen Erzählung.[4] Die Divergenz der Erklärung des historischen Prozesses als notwendiges Stadium des Klassenkampfes versus Verlust an transnationaler und sozialer Identität führte zu einer vielfach fragmentierten Gesellschaft.

Die bis in die mentalen Tiefenstrukturen der Gesellschaft reichende Fragmentierung verhinderte das Entstehen einer kollektiven Identität. Die österreichische Historiografie widmete sich mit Ausnahme von Otto Bauers 1923 erschienener Analyse »Die österreichische Revolution«[5] in der Zwischenkriegszeit in keiner umfassenden Analyse dem Entstehen der Republik. Sie blieb vor dem Hintergrund der Anschlussbewegung einem deutschnationalen Grundduktus verpflichtet, behandelte österreichische Geschichte ausschließlich im Rahmen der Reichsgeschichte und interpretierte die österreichische Geschichte und deren Akteure unter großdeutschen Prämissen entweder als deutsch oder, unter dem als negativ empfundenen Aspekt, als antideutsch (sprich antipreußisch).[6] Erst das Bemühen der ständestaatlichen Regierungen um ein Österreich-Bewusstsein versuchte eine andere Erzählung zu implementieren, wobei man sich, dem Zeitgeist entsprechend, in einer ambivalenten Haltung sowohl einem bemühten Österreich-Bewusstsein als auch der alten Reichsidee vor 1866/71 zuwandte.[7]

---

4   Zum 12. November 1918 vgl. Ernst Hanisch: Das Fest in einer fragmentierten politischen Kultur: Der österreichische Staatsfeiertag während der Ersten Republik. – In: Detlef Lehnert (Hg.): Politische Teilkulturen zwischen Integration und Polarisierung. Zur politischen Kultur in der Weimarer Republik. – Opladen 1990. S. 43–60. Martin Reisacher: Die Bewältigung der »Vorvergangenheit«. Der Wandel der geschichtspolitischen Narrative zu Monarchie und Erster Republik anhand der Begehung des 12. November in den ersten Nachkriegsjahren. – In: Zeitgeschichte 3/2011. S. 139–154.

5   Zu Bauers Analyse vgl. Ernst Hanisch: Der große Illusionist. Otto Bauer (1881–1938). – Wien/Köln/Weimar 2011. S. 188ff.

6   So benannten Josef Nadler und Heinrich von Srbik die von ihnen herausgegebene Geschichte Österreichs »Österreich. Erbe und Sendung im deutschen Raum«. Vgl. Josef Nadler, Heinrich v. Srbik (Hg.): Österreich. Erbe und Sendung im deutschen Raum. 3. Aufl. – Salzburg/Leipzig 1936. Viktor Bibl widmete die dritte Auflage seiner Prinz-Eugen-Biografie als »Heldenleben« der »Wehrmacht des Großdeutschen Reiches«. Vgl. Victor Bibl: Prinz Eugen. Ein Heldenleben. – Wien/Leipzig 1941.

7   Vgl. Fritz Fellner: Reichsgeschichte und Reichsidee als Problem der österreichischen Historiographie. – In: Wilhelm Brauneder, Lothar Höbelt (Hg.): Sacrum Imperium. Das Reich und Österreich 996–1806. – Wien/München/Berlin 1996. S. 361–374. Robert Kriechbaumer: Die großen Erzählungen der Politik. Politische Kultur und Parteien in Österreich von der Jahrhundertwende bis 1945. – Wien/Köln/Weimar

1945 folgte, der Politik der Regierungen Renner und Figl folgend, die Flucht der österreichischen Historiografie aus der deutschen Geschichte. Hatte es sich die dominant gesamtdeutsche Geschichtsschreibung der späten Habsburgermonarchie und der Zwischenkriegszeit zur Aufgabe gemacht, »die Bedeutung Österreichs für die deutsche Vergangenheit in den Mittelpunkt der Betrachtung zu stellen, so wurde nach 1945 die Geschichte Österreichs als Eigenwert zum Gegenstand der Forschung. … Einmal mehr wurde die österreichische Geschichtswissenschaft in den Dienst der Legitimierung der Gegenwart aus der Vergangenheit gestellt«.[8] Die Österreicher waren nun nicht mehr die »besseren Deutschen«, sondern eine eigene, wenn auch deutsch grundierte Spezies, »die schon seit langem national, politisch und kulturell ihre eigenen Wege« ging.[9] Parallel zur offiziellen Regierungspolitik erfolgte zudem die konsensuale Betrachtung der Geschichte der jüngsten Vergangenheit. Die Erste Republik wurde als versäumte Gelegenheit beider Seiten mit geteilter Schuld und die nationalsozialistische Ära unter Hinweis auf die Moskauer Deklaration sowie die Betonung des österreichischen Widerstandes als Vergewaltigung Österreichs interpretiert. Die von der sog. Koalitionsgeschichtsschreibung gepflegte Opfertheorie externalisierte den Nationalsozialismus mit der Bezeichnung »unösterreichisch«.

Wenngleich die Schatten der Koalitionsgeschichtsschreibung noch bis in die Siebzigerjahre des 20. Jahrhunderts reichten, so erfolgte doch mit der Dominanz eines linken Zeitgeistes ab den Siebzigerjahren ein Paradigmenwechsel. Die österreichische Zeitgeschichtsforschung befreite sich zunehmend aus der methodischen und thematischen Verengung der Nachkriegszeit und öffnete sich dem vielfältigen Theorieangebot. Dabei erfolgte eine deutliche Wendung zu einer neo(austro)marxistischen Geschichtsschreibung, dominierten marxistische Geschichtstheorien und wurde Otto Bauer als Historiker wiederentdeckt. Die jüngere Historikergeneration der 68er wandte sich den Schicksalsjahren der Ersten Republik zu, delegitimierte die Theorie der geteilten Schuld und warf einen neuen Blick auf die Themen Austrofaschismus und Faschismus. Unter Verwendung des von Otto Bauer geprägten, von diesem jedoch variierten politischen Kampfbegriffs des »Austrofaschismus« wurde die Ära des autoritären Ständestaates als faschistisch und als Vorstufe zum Anschluss interpretiert.[10] Diesem Grundduktus folgte die seit 1975 vom Dokumentationsar-

---

    2001. S. 170ff. (Schriftenreihe des Forschungsinstitutes für politisch-historische Studien der Dr.-Wilfried-Haslauer-Bibliothek, Salzburg. Band 12.)

 8 Fritz Fellner: Geschichte als Wissenschaft. Der Beitrag Österreichs zu Theorie, Methodik und Themen der Geschichte der Neuzeit. – In: Ders.: Geschichtsschreibung und nationale Identität. Probleme und Leistungen der österreichischen Geschichtswissenschaft. – Wien/Köln/Weimar 2002. S. 36–91. S. 77f. Ders.: Das Problem der österreichischen Nation nach 1945. – In: Ebd. S. 185–209.

 9 Werner Suppanz: Österreichische Geschichtsbilder. Historische Legitimation in Ständestaat und Zweiter Republik. – Wien/Köln/Weimar 1998. S. 248.

10 Zu einer differenzierenden Betrachtung vgl. Ernst Hanisch: Der Politische Katholizismus als ideolo-

chiv des österreichischen Widerstandes herausgegebene Serie »Widerstand und Verfolgung«, die die Zeitspanne von 1934 bis 1945 umfasste.

Die 68er-Generation warf zudem in den Siebziger- und Achtzigerjahren ihren forschenden Blick auf die Themen Antisemitismus, Holocaust und Emigration, lüftete in kathartischer Absicht den Schleier des individuellen und kollektiven Verschweigens und Vergessens. Die so lange als offizielle Erzählung dominierende Opfertheorie wurde durch Forschungen zur Geschichte und Struktur der österreichischen NSDAP, die Anschlussbegeisterung und die Involvierung zahlreicher Österreicher in die Gräuel des Nationalsozialismus problematisiert. Trotz aller Verdienste dieser forschungspolitischen Wende erlag eine Reihe von Historikern der Versuchung des moralisierenden Richtens und verkehrte die Opfertheorie in eine Tätertheorie. Analyse und Historisierung, Voraussetzungen jeder historischen Erklärung (nicht Entschuldigung!), wichen oftmals einer unstatthaften Vermengung der Rollen des Richters und des Historikers, vor der bereits Ernst Bloch gewarnt hatte.

»Der Historiker galt ... lange Zeit als eine Art Richter des Totenreiches, dem die Aufgabe zufiel, Lob und Tadel unter den toten Helden zu verteilen. Man muss annehmen, dass diese Einstellung einem stark verwurzelten Trieb entspricht. Alle Lehrer, die Arbeiten von Studenten zu korrigieren hatten, wissen, wie schwer sich diese jungen Leute davon abbringen lassen, von ihrem Pult aus Minos und Osiris zu spielen. Der Ausspruch Pascals ist nur allzu berechtigt: ›Jedermann hält sich für den Richtergott, wenn er sagt, das ist gut, das ist schlecht.‹ Man vergisst: ein Werturteil ist nur als Voraussetzung eines Tuns berechtigt, und Sinn hat es nur in Verbindung mit einem ethischen Bezugssystem, das man bewusst akzeptiert hat. Im Alltag ist dieses Etikettieren, das gewöhnlich ziemlich oberflächlich ausfällt, ein Erfordernis unseres Verhaltens. Dort, wo wir nichts mehr zu tun vermögen, dort, wo die gemeinhin geltenden Ideale sich zutiefst von den unseren unterscheiden, ist Werten nur hinderlich. Sind wir denn unserer selbst und unserer Zeit so sicher, dass wir unsere Väter in Gerechte und Verdammte zu scheiden vermögen? Wir

---

gischer Träger des »Austrofaschismus«. – In: Emmerich Tálos, Wolfgang Neugebauer (Hg.): »Austrofaschismus«. Beiträge über Politik, Ökonomie und Kultur 1934–1938. – Wien 1984. S. 53–73. Helmut Wohnout: Regierungsdiktatur oder Ständeparlament? Gesetzgebung im autoritären Österreich. – Wien/Köln/Graz 1993. (Studien zu Politik und Verwaltung. Hg. v. Christian Brünner, Wolfgang Mantl, Manfried Welan. Band 43.) Robert Kriechbaumer: Ein Vaterländisches Bilderbuch. Propaganda, Selbstinszenierung und Ästhetik der Vaterländischen Front 1933–1938. – Wien/Köln/Weimar 2002. S. 9–76. (Schriftenreihe des Forschungsinstitutes für politisch-historische Studien der Dr.-Wilfried-Haslauer-Bibliothek, Salzburg. Band 17.) Ders. (Hg.): Österreich! Und Front Heil! Aus den Akten des Generalsekretariats der Vaterländischen Front. Innenansichten eines Regimes. – Wien/Köln/Weimar 2005. S. 9–49. (Schriftenreihe des Forschungsinstitutes für politisch-historische Studien der Dr.-Wilfried-Haslauer-Bibliothek, Salzburg. Band 23.) Tim Kirk: Fascism and Austrofascism. – In: Günter Bischof, Anton Pelinka, Alexander Lassner (Hg.): The Dollfuss/Schuschnigg Era in Austria. A Reassessment. – New Brunswick 2003. S. 10–31. (Contemporary Austrian Studies. Volume 11)

verabsolutieren Kriterien, die nur für einen einzelnen, für eine Partei oder eine Generation gelten, und beurteilen nach deren Normen die Art und Weise, wie ein Sulla Rom regierte oder ein Richelieu die Stände seiner allerchristlichsten Majestät. Das ist doch grotesk! Dabei ist nichts so unbeständig wie derartige Urteile, die den ganzen Schwankungen des Kollektivgewissens oder der persönlichen Laune unterworfen sind; die Geschichte … brachte sich daher grundlos in den Ruf, die unbeständigste aller Wissenschaften zu sein: Leeren Anschuldigungen folgen ebenso viele sinnlose Rehabilitierungen. …

Leider verliert man durch das viele Urteilen letztlich sogar den Geschmack am Erklären. Der Nachhall früherer Emotionen vermischt sich mit den Vorurteilen der Gegenwart, und das Ergebnis ist eine Schwarzweiß-Zeichnung der menschlichen Wirklichkeit.«[11]

Die »Affäre Waldheim« 1986, der 50. Jahrestag des Anschlusses 1988 und des Endes des Zweiten Weltkrieges sowie des Entstehens der Zweiten Republik 1995 bildeten die signifikanten, von der nationalen und internationalen Öffentlichkeit wahrgenommenen Wendepunkte der österreichischen Geschichtserzählung.[12] Vor allem eine jüngere Historikergeneration stellte die Geschichtsmythen der Gründergeneration der Zweiten Republik infrage. Dabei wurde, bei allen Verdiensten einer kritischen, die Mythen dekonstruierenden Forschung, aber auch eine doppelte Gefahr deutlich: die Abhängigkeit historischer Forschung von politischen Großwetterlagen und dementsprechend öffentlicher Resonanz sowie des hermeneutischen Zirkels, die Vergangenheit nach eigenen – oftmals moralisierenden – Kontexten zu bewerten.

Vor dem Hintergrund der Debatte um die Kriegsvergangenheit von Kurt Waldheim und dem Aufstieg der FPÖ unter Jörg Haider wurden ein inflationär verwendeter Faschismusbegriff und ein damit verbundener Antifaschismus zum Vademecum zahlreicher Publikationen. Die Wahl Kurt Waldheims zum Bundespräsidenten sowie der Aufstieg der FPÖ unter Jörg Haider schienen die Geschichtsmythen der Zweiten Republik, vor allem die Opfertheorie, zu entlarven und die Tätertheorie zu bestätigen. Angesichts des postulierten Auftauchens der faschistischen und semifaschistischen Grundierung der österreichischen Mentalität war antifaschistische Wachsamkeit geboten.

II

Das bevorzugte Medium des öffentlichen Diskurses war jedoch nicht mehr die in Buch- oder Aufsatzform veröffentlichte wissenschaftliche Forschung, sondern die

---
11 Marc Bloch: Apologie der Geschichte oder Der Beruf des Historikers. – München 1985. S. 108f.
12 Vgl. Günter Bischof, Michael S. Maier: Reinventing Tradition and the Politics of History: Schüssel's Restitution and Commemoration Politics. – In: Günter Bischof, Fritz Plasser (Hg.): The Schüssel Era in Austria. New Orleans/Innsbruck 2010. S. 206–234. S. 207. (Contemporary Austrian Studies. Volume 18)

breite Palette der Massenmedien sowie die unterschiedlichen literarischen Produktionen, die sich der Ergebnisse der zeitgeschichtlichen Forschung wie eines Steinbruchs bedienten. Der geschichtswissenschaftliche Diskurs verlagerte sich in der öffentlichen Wahrnehmung zunehmend in die Redaktionsstuben von Tages- und Wochenzeitungen, Magazinen, Radio- und Fernsehstationen oder das Lektorat von Verlagen, in denen mehr oder weniger prominente Literaten und Intellektuelle ihre Analysen zum Geschehen publizierten.

Egon Matzner sah in der Bildung der ÖVP/FPÖ-Regierung das Ende der Zweiten Republik. Entscheidend für diesen Paradigmenwechsel seien die Fehler der SPÖ in den letzten 30 Jahren und die verhängnisvolle Rolle der sog. »Austrointellektuellen« gewesen. Während der Begriff des modernen Intellektuellen seinen Ursprung in Emile Zolas berühmtem Text zur Verteidigung des Hauptmanns Dreyfuß »Ich klage an!« habe, fand die Geburt des österreichischen Intellektuellen »angeblich viel später statt, nämlich im Jahr 1986. Dies sei der Wahl Kurt Waldheims zum österreichischen Bundespräsidenten zu verdanken. Damals wurde von maßgeblichen österreichischen Intellektuellen entdeckt, dass es in Österreich Nazis gegeben hat, die Verbrechen begangen haben, sogar, wie diese Marktführer, ohne es zu beweisen, behaupteten, die größten und die meisten. Es wurde u.a. ›aufgedeckt‹, dass die Österreicher am 10. April 1938 in angeblich korrekten Wahlen zu 99,7 Prozent für den Anschluss an das Deutsche Reich gestimmt hätten, dass Österreich deshalb am 12. März 1938 kein Opfer des Einmarsches der Deutschen Wehrmacht gewesen sei. Dies sei vielmehr ein Mythos. Ein Mythos wäre ebenso die Neutralität gewesen. Die Kammern, insbesondere der Arbeitnehmer, seien Überreste der ständestaatlichen Zeit, antidemokratische Einrichtungen usw. Österreich beruhe auf einer Lebenslüge. Vor allem hatte es seine Nazi-Vergangenheit verdrängt, sodass es heute mit Nazi-Ideologie verseucht sei. Manche gingen so weit, die Österreicher als genetische Nazis zu bezeichnen. Zumindest aber 50 Prozent seien es gewiss.

Dieser Unsinn wäre keines Aufhebens wert, würde er nicht im Ausland für bare Münze genommen, würden nicht in Österreich immer mehr junge und nicht mehr ganz so junge Menschen diese einseitigen, proportionslosen und undifferenzierten Geschichten als die authentische Geschichte des Landes auffassen.

... Emile Zola war um Aufklärung bemüht, die österreichische Spätgeburt des Intellektuellen hingegen klärt nicht auf. Sie betreibt Handel mit übertriebenen Behauptungen, die an Stelle der vielfältigen und widersprüchlichen Wirklichkeit Stereotype setzt«.[13] Die Empirie-Schwäche wurde durch politischen Moralismus ersetzt.[14]

---

13 Egon Matzner: Zum Niedergang der Zweiten Republik. – In: Österreichisches Jahrbuch für Politik (ÖJP) 2000. – Wien/München 2001. S. 35–56. S. 51f.
14 Vgl. Hermann Lübbe: Politischer Moralismus. Der Triumph der Gesinnung über die Urteilskraft. –

Unmittelbar nach der Wahl Kurt Waldheims fasste der deutsche Schriftsteller und Journalist Klaus Harpprecht seine Eindrücke von einem dreimonatigen Aufenthalt in Österreich unter dem Titel »Am Ende der Gemütlichkeit« zusammen. In Österreich dominiere ein »moralischer Starrkrampf«, der sich »auch im Wechsel der Generationen« nicht gelöst habe. »Wie anders erklärt sich die tiefe Verkrampfung eines Landes, in dem die Anschluss-Kundgebung auf dem ›Heldenplatz‹, die Demütigung der Juden, die Uniform des Leutnants Waldheim nur noch einer Minderheit aus eigener Anschauung gegenwärtig sein können? Die historische Schuld, das ist wahr, wird nicht in den Särgen der Eltern begraben. Sie ist das Erbe, dessen Annahme nicht verweigert werden darf, solange ein Volk wissen will, woher es kommt und wohin es geht. Ohne Geschichte lässt sich kein Staat, erst recht keine Nation machen.« Waldheim sei nicht in sein Amt gewählt worden, um an dieses Erbe zu erinnern, sondern vielmehr der Repräsentant der verweigerten Gewissenserforschung.[15] Im selben Jahr erschien Josef Haslingers Essay »Politik der Gefühle«, in dem der österreichische Schriftsteller über die nationalsozialistische Grundierung der österreichischen Mentalität behauptete, diese sei auf eine letztlich nur ungenügend durchgeführte Entnazifizierung zurückzuführen. »Als schon zu Beginn der Entnazifizierung klar wurde, dass deren gründliche Durchführung nur gegen erheblichen Widerstand durchzuführen war, gespeist vor allem aus nationalsozialistischen Ressentiments gegen die neue Republik, was der politischen Sprachregelung von Österreich als einem Opfer des Nationalsozialismus nicht gerade entgegengekommen wäre, verzichtete man auf inhaltliche Auseinandersetzung und Gegenagitation. Man ließ eine Teilung Österreichs in zwei Welten zu: in die Welt des offiziellen politischen Selbstverständnisses ... und in die Welt der privaten Gefühlsbindungen und politischen Meinungen. ... bald war offensichtlich: Viele politische Funktionäre und meinungsbildende Personen ... waren Bewohner beider Welten. Die Hoffnung trog, dass eine neue politische Dynamik das emotionale Beharrungsvermögen der im Sinne des Nationalsozialismus erzogenen oder als Mitläufer von ihm geprägten Personen auflösen könnte. Die emotionale Statik eines niemals von Grund auf in Frage gestellten Weltbildes brachte die politische Dynamik zum Erliegen. ... (...) Österreich hat 1955 mit dem Staatsvertrag von den vier Signatarstaaten einen antifaschistischen Auftrag übernommen, den es nie eingelöst hat.«[16] Die Folge sei, dass sich gegenwärtig in Österreich die Mahner am Rande der Lächerlichkeit bewegten.

Berlin 1987. Michael Fleischhacker: Moralisten, Heuchler, Zyniker. Der politische Moralismus und seine Herkunft. – In: ÖJP 2002. – Wien/München 2003. S. 251–259.

15 Klaus Harpprecht: Am Ende der Gemütlichkeit. Ein österreichisches Tagebuch. – München 1989. S. 6f. (Die Erstausgabe erschien 1987. Anm. d. Verf.)

16 Josef Haslinger: Politik der Gefühle. Ein Essay über Österreich. 6. Aufl. – Darmstadt/Neuwied 1989. S. 65ff.

»Sie gelten als so veraltet wie die Ereignisse, auf die sie sich beziehen. Wie antiquierte Wanderprediger versuchen sie die Aufmerksamkeit auf Ereignisse zu lenken, für die das Sensorium verloren gegangen ist. Sie erreichen nicht viel mehr als den Zuspruch ihrer Gesinnungsgenossen. Für die anderen mögen sie, wenn es hoch kommt, einen gewissen Unterhaltungswert bei Gedenkanlässen haben.«[17] Der Samen zu dieser Entwicklung sei von ÖVP wie SPÖ gesät worden. Mit Waldheim und dessen Verhalten angesichts der gegen ihn erhobenen Vorwürfe über seine Wehrmachtsvergangenheit »bekamen viele Österreicher ihren eigenen Opportunismus als pflichtgemäßes Handeln bestätigt. Der seinerzeitigen Pflicht des Vergessens der Humanität steht nunmehr die Pflicht des Vergessens dieses Vergessens gegenüber. Der Opportunist ist der Mensch ohne Vergangenheit«.[18]

Armin Thurnher attestierte in seiner Analyse der österreichischen Mentalität und Politik das Trauma einer »nationalsozialistischen Grundierung«[19] und Robert Menasse eine »Staatsmythologie, die im Wesentlichen aus Retrospektiven besteht ... Österreich ist nicht nur reich an Geschichte, man hatte hier nach dem Krieg buchstäblich genug von Geschichte, weshalb der Anspruch der Zweiten Republik, aus der Geschichte gelernt zu haben, umgesetzt wurde in die Konstruktion der Immobilität, die es erlaubte, mit den fortwirkenden Konsequenzen der Fehler der Vergangenheit irgendwie zu leben, statt sich ihnen zu stellen ...«[20] Waldheims Erfolg basiere auf seiner Selbstdefinition, nämlich »dass er nie etwas anderes gemacht hat, als alle anderen (seine Wähler) auch, bzw. was sie auch gemacht hätten ...«[21] In seinen 2000 erschienenen Essays zur österreichischen Geschichte »Erklär mir Österreich« sah Menasse, beginnend mit dem Jahr 1986, einen Bruch in der österreichischen Geschichte, da das großkoalitionär geführte Land mit seiner »Geschichte und ... historisch gewachsenen Mentalität, wie sie ... bis dahin liebevoll oder trübsinnig, klischeehaft oder ironisch allgegenwärtig war und gepflegt oder verkauft wurde«, gebrochen habe. »Hatte dieser Staat jahrzehntelang auf seiner Opferrolle in der Geschichte insistiert, so ließ er nun keine Gelegenheit aus, sich zeitgenössisch schuldig zu machen. Verfassungsbruch, Verletzung der Menschenrechte, Rassismus und Antisemitismus wurden nicht mehr verschleiert, versteckt, heruntergespielt, sondern offen zum Prinzip Stimmen maximierender Politik gemacht, auch von Seiten der Regierung«.[22] Das bisher subkutan wirkende faschistische Erbe trat unter dem zunehmenden Druck

---

17 Ebd. S. 129.
18 Ebd. S. 141.
19 Armin Thurnher: Das Trauma, ein Leben. Österreichische Einzelheiten. 2. Aufl. – München 2000. S. 155.
20 Robert Menasse: Die sozialpartnerschaftliche Ästhetik. Essays zum österreichischen Geist. 3. Aufl. – Wien 1996. S. 175.
21 Ebd. S. 179.
22 Robert Menasse: Erklär mir Österreich. Essays zur österreichischen Geschichte. – Frankfurt am Main 2000. S. 33.

einer erstarkenden FPÖ sowie des Boulevards, so Menasses Befund, zwischen 1986 und 1999 immer deutlicher zutage. In der Phase zwischen der Wahl Waldheims und der Nationalratswahl im Oktober 1999 stellte für Robert Menasse Letztere »die letzte große Zäsur der Zweiten Republik dar«.[23] Das Cover von Menasses Buch, das mit dem Werbetext »Was Sie schon immer über Österreich nicht zu wissen wagten!« versehen ist, ziert im Klappentext eine Karikatur Kurt Waldheims und Jörg Haiders, in deren Mitte Helmut Qualtinger als »Herr Karl« platziert ist.

Im Befund von Peter Pilz geriet »das Land ... plötzlich in Bewegung« und es verbreitete sich »ein Gefühl der Befreiung. Die Nachkriegszeit ist zu Ende. Österreich ist nicht länger ein Protektorat zweier Parteien. Alles wird möglich, aber nur eines nimmt Gestalt an: die Dritte Republik. Österreich bricht auf und erinnert dabei an eine Beule. Alles fließt aus und ist in Fluss«.[24] Dieses Aufbrechen der Beule, so die Botschaft, spüle den verdrängten Faschismus nach oben und mache den Alltagsfaschismus salonfähig. Im Österreich des Jahres 2000 musste angesichts der Bildung der ÖVP/FPÖ-Regierung der Kampf gegen einen möglichen Sieg und für eine endgültige Überwindung der historischen und mentalen Altlasten ausgefochten werden. Der nebulose Begriff des »Antifaschismus« wurde zum Banner, hinter dem sich eine inhomogene Koalition von unterschiedlichen K-Gruppen über ob des Traumas des Machtverlustes wütende Sozialdemokraten, die um den Verlust ihrer politischen Hegemonie bangten,[25] bis hin zu (Links)Katholiken versammelte und für sich in Anspruch nahm, das »wahre«, andere Österreich, das sich seiner Verfehlungen sehr wohl bewusst sei, zu repräsentieren. Denn wer wollte nicht antifaschistisch sein, wenn doch ein neuer, wenn auch modifizierter Faschismus drohte? Im Sinne einer kollektiven Katharsis war Betroffenheit und Widerstand ein moralisches Gebot. Bismarcks Diktum, Entrüstung sei keine politische Kategorie, sollte Lügen gestraft werden.

III

Die bereits unmittelbar vor der Bildung der ÖVP/FPÖ-Regierung 2000 einsetzende Erregung der linken und linksliberalen Schriftsteller, Intellektuellen und Journalisten entwarf verzerrte Geschichtsbilder, von Besorgnis getragenes Moralisieren trat an die Stelle einer wissenschaftlichen und politischen Analyse. Die karnevaleske Züge annehmenden Inszenierungen symbolischer Politik ersetzten 2000 das hölzerne Pferd von Alfred Hrdlicka aus dem Jahr 1986 durch den von André Heller

---

23 Ebd. S. 59.
24 Peter Pilz: Die Vierte Republik. Der Weg zur Reformmehrheit. – Wien 2000. S. 55.
25 Vgl. Peter A. Ulram: Das Fundament der Kreisky-Ära. – In: Die Presse 27. 2. 2010. S. 32.

kreierten Reim »Kein Schlüssel für Schüssel« und einen Auftritt des Schauspielers Hubert Kramar als Adolf Hitler beim Opernball. Die medial inszenierte Moralisierungskampagne schuf durch die sittliche Selbststilisierung und eine Meistererzählung der österreichischen Zeitgeschichte eine ideologische Lagerbildung entlang der eingeforderten »Bewältigung« der Vergangenheit, wobei zahlreiche Elemente der emotional hoch aufgeladenen Diskussion während der »Affäre Waldheim« in die Argumentation Eingang fanden.

So erklärte anlässlich des Endes der ÖVP/FPÖ/BZÖ-Regierung 2007 Marlene Streeruwitz im Rückblick auf deren Bildung im Februar 2000: »Begonnen hat das alles 1986. Mit der Waldheim-Affäre war ein politisches Jetzt hergestellt worden, in dem das Lagerdenken der Ersten Republik wieder zum Einsatz kommen konnte. Wüste Beschuldigungen. Rüde Vorwürfe. Die Geschichte Österreichs in Faschismus und Nationalsozialismus wurde zum Argument degradiert. Geschichtsauslegung wurde die Grundlage für die politische Selbstbeschreibung und die politische Selbstermächtigung. Eine aus dieser Geschichtsauslegung erwachsene und in der Wahl von Waldheim ja auch erfolgreiche politische Selbstgerechtigkeit ermöglichte überhaupt erst das Jahr 2000. Und den Hass, der wiederum das Scheitern der Koalitionsgespräche mit der SPÖ und den Grünen ermöglichte. Das steinern entschlossene Gesicht Wolfgang Schüssels bei der Pressekonferenz zur Koalition der ÖVP mit der Haider-FPÖ war der Höhepunkt dieses politischen Jetzt des alten Lagerkonflikts. Alles das durfte geschehen in der Ablehnung der ›Roten‹. Musste so geschehen. Wolfgang Schüssel hatte sich in den Besitz der Geschichte gebracht. Der Ausspruch Waldheims, dass er ja wie Hunderttausende andere nur seine Pflicht erfüllt hätte. Diese Recht-Fertigung dieser einen Person Kurt Waldheim war durch die Wahl Kurt Waldheims zum Bundespräsidenten zur Leiterzählung sanktioniert worden. Antidemokratisches Fühlen war mit Hilfe eines demokratischen Wahlverfahrens an die Spitze der Demokratie gelangt. Im Jahr 2000 triumphierte dieses politische Gefühl auch auf der Ebene der Regierungsmacht. Der österreichische Winter hatte begonnen.« Der Bericht der Historikerkommission zur Wehrmachtsvergangenheit von Kurt Waldheim machte deutlich, dass der ehemalige UNO-Generalsekretär unter keinem »Trauma oder … Unerträglichkeit« litt, »die die Erinnerung in das Unbewusste verbannen musste. Das blieb den Opfern überlassen. In diesem Kommissionsbericht wird eine Täterreaktion beschrieben. Vergessen und vergessen machen, was man getan hat. Sich selbst die Tragweite der Tat klein reden. Sich selbst in Unwichtigkeit beschreiben. Sich selbst für diese selbst erfundene Selbstbeschreibung auch noch bemitleiden.

Aus selbst erfundener Selbstbeschreibung entstandenes Selbstmitleid. Das ist die kleinliche und vermeiderische Erbschaft aus der Waldheim-Affäre, die Wolfgang Schüssel erst vollendete«.[26] Ähnlich lautete das Urteil des Historikers Chris-

---

26 Marlene Streeruwitz: Der österreichische Winter. – In: Der Standard 14. 4. 2007. Album S. 3.

tian Klösch. »Die Auseinandersetzung mit Waldheims Wehrmachtsvergangenheit führte in den 1980er-Jahren dazu, das Selbstverständnis Österreichs als Opfernation zu hinterfragen.« Die Sanktionen der 14 EU-Staaten 2000 waren insofern kontraproduktiv, als sie »den seit Jahrzehnten eingeübten Mythos von Österreich als Opfernation« reaktivierten. Der Regierung Schüssel sei es gelungen, angesichts der Sanktionen alle Österreicher als potenzielle Opfer dazustellen und so eine »notwendige gesellschaftliche Auseinandersetzung über die ›Natur‹ der FPÖ sowie ihre historische und personelle Kontinuität zur NSDAP ...« zu vermeiden. Die Sanktionen verhinderten somit »die Dekonstruktion des tief verinnerlichten Mythos der Opfernation Österreich«.[27] Armin Thurnher beantwortet die von ihm angesichts der Sanktionen der 14 EU-Staaten gestellte Frage, was denn Österreich in den vergangenen 55 Jahren falsch gemacht habe, damit, dass es »gleichsam an naturwüchsigen gesellschaftlichen Schranken gegen rechten Extremismus – neu oder alt – mangelt. Weil es daran mangelt, weil dieser Rechtsextremismus salonfähig geworden ist und es in gewisser Weise immer gewesen ist, deshalb ist Europa nun böse auf das Vaterland des Herrn Karl.

Ja, es fehlt diesem Vaterland gänzlich am Bewusstsein dieses Problems. An Stelle des ›großen Bonner Narrativs des Nie-wieder‹, wie es der deutsche Soziologe Heinz Bude ausdrückt, west hierzulande die kleine Wiener Amnesie des Durchwurstelns und Fortschiebens. Wiederaufbau in ideologischer Hinsicht fand nicht statt; stattdessen setzte es Restauration und Austrochauvinismus. Eine Minderheit der Generation der Post–1989er versucht, dieses Narrativ nachzuholen, von Waldheim bis zum Protest gegen Schwarzblau ...«[28]

Im Jubiläumsjahr 2005 ritt Robert Menasse eine Frontalattacke gegen Wolfgang Schüssel und die ÖVP, wobei er an eine bereits 2000 publizierte Analyse anschloss.[29] »Jubiläen sind wie Begräbnisse: Das Gefeierte wird behandelt wie ein Verstorbener, nur Gutes darf gesagt werden. Insofern hat es seine innere Stimmigkeit, dass die großen Jubiläen Österreichs im Jahr 2005, all die runden Geburtstage der Zweiten Republik, just unter der Ägide der Regierung Schüssel zelebriert werden – die eben diese Zweite Republik zu Grabe getragen hat. Wer sonst als diese Regierung könnte so authentisch und emphatisch eine Geschichte schönreden, die am Ende eben in dieser Regierung kulminierte?«[30] In Österreich sei nach 1945, wenn auch halbherzig, entnazifiziert worden. Von dieser Entnazifizierung seien jedoch nur die Nati-

---

27 Christian Klösch: »Wer diese Sanktionen nicht verurteilt und nicht zurückweist, ist kein Patriot.« Strategien zur Etablierung der blau-schwarzen Regierung 2000 und die Folgen. – In: Gedenkdienst 4/2006. S. 1f. S. 2.
28 Armin Thurnher: Danke schön, Europa! – In: Die Presse 9. 10. 2000. Spektrum S. If. S. I.
29 Menasse: Erklär mir Österreich. S. 158ff.
30 Robert Menasse: Österreich: Wende und Ende. – In: Die Presse 26. 2. 2005. Spektrum S. I–V. S. I.

onalsozialisten betroffen gewesen, die Brüchen individueller Karrieren und Identitäten unterworfen waren. Dabei habe man aber vergessen, dass es in Österreich zwei Faschismen gab. »Wer in Österreich mit nationalsozialistischem Gedankengut sympathisiert, dabei aber alles Deutschnationale und die Naziverbrechen weglässt, landet im Austrofaschismus. Und da landet er sanft. Denn im Gegensatz zum Nationalsozialismus ist der Austrofaschismus in Österreich nie ›bewältigt‹, in irgendeiner Form ›exorziert‹ worden – er gilt nicht als kriminell, sondern als patriotisch, nicht als aggressiv, sondern als widerständig, nicht als Täter-, sondern als Opferideologie. Der Austrofaschismus ist die heimliche, nein, die unheimliche österreichische Staatsideologie. Das Sammelbecken dieser Ehemaligen, die Nachfolgepartei dieser Spielart des Faschismus, ist die Österreichische Volkspartei. Und diese Partei hat seit der Wiederbegründung der Republik nach 45 durchgehend regiert, in Koalitionen, allein oder im Hintergrund durch das Nebenregierungssystem der ›Sozialpartnerschaft‹, die ebenfalls ein Erbe des Austrofaschismus ist.

Ich hätte mir internationale Sanktionen gewünscht, als die ÖVP im Februar 04 eine Feierstunde für den austrofaschistischen Führer Engelbert Dollfuß im Parlament abhielt – ausgerechnet im Parlament, das Dollfuß seinerzeit ausgeschaltet hatte. Aber die Rehe, sie starrten nur geblendet auf die Freiheitlichen, versuchten Nazis zu wittern.

Es war klar, dass es nach Haiders Strategiewechsel nur eine Frage der Zeit sein würde, bis die vom ›Deutsch-‹ gereinigte Partei eine Koalition mit der austrofaschistischen Nachfolgepartei eingehen würde. Haider hatte eine Vorleistung erbracht, die aus den ehemaligen faschistischen Konkurrenten Partner mit einer großen gemeinsamen Schnittmenge machte.« Die ÖVP bediente sich der FPÖ als Mehrheitsbeschaffer. Sie ermöglichte ihr die Durchsetzung einer »autoritäre(n), christlichsoziale(n)« Politik.[31] Selbst das von der Regierung beschlossene Restitutionsgesetz für die Opfer des Nationalsozialismus erweist sich Menasse zufolge als »Meisterstück« einer Tendenz, »den Schlussstrich unter die Geschichte des Antisemitismus in diesem Land so zu ziehen, dass der Antisemitismus dabei neu angefacht wurde. Schüssel hat nicht das Bedürfnis der Opfer nach einem symbolischen Schlussstrich in Anerkennung ihres Leids bedient, sondern das Bedürfnis der Täter(erben) nach einem faktischen Schlussstrich, er hat nicht das Leid der einen, sondern nur das schlechte Gewissen der anderen anerkannt.«[32]

Menasses Aufsatz löste eine heftige publizistische Kontroverse aus.[33] In Erwiderung zahlreicher Leserbriefe und Beiträge in der »Presse« griff er neuerlich

---

31 Ebd. S. V.
32 Ebd. S. II.
33 In einem Interview mit Michael Fleischhacker erklärte Andreas Khol auf die Frage, warum die ÖVP das Dollfuß-Porträt in ihren Klubräumen im Parlament noch nicht abgehängt habe: »Das Bild hängt seit

zur Feder, um seine Behauptung zu unterstreichen, dass die Zweite Republik in einer Mentalitäts-Kontinuität zum Austrofaschismus entstanden und die Regierung Schüssel das logische Ergebnis der historischen Entwicklung sei. Wenngleich der Austrofaschismus den Antisemitismus nicht zum politischen Programm erhoben habe, so blieb er doch »bloßes Ressentiment«. Der austrofaschistische Dunst liege nach wie vor über Österreich. »Und dieser Dunst wurde leider nicht klarer durch die analytischen und argumentativen Fehler, die die österreichischen Linksintellektuellen und Künstler in den letzten Jahrzehnten begingen. Das konservative, das sogenannte bürgerliche, das politisch-katholische Österreich hat seine Umwortungen, seine Verwechslungen, seine Verwirrungen ganz bewusst produziert. Es war ein bewusster Akt, Austrofaschisten zu vorbildlichen Patrioten zu erklären, den autoritären und zugleich untertänigen Charakter als den idealtypischen Demokraten ›österreichischer Prägung‹ zu definieren, den katholischen Antisemitismus zum Fundament des echten Österreichers zu machen und den Anti-Sozi-Dünkel als sozialen Kitt zu verwenden. Die Linke aber hat es allzu lange nicht geschafft, diese Verwechslungen klarzustellen, sondern sie hat sie durch eine weitere Verwechslung bloß überhöht:

1945 im ÖVP-Klub. Was wäre wohl der Grund, es abzuhängen? Dass wir in Dollfuß das Opfer für Österreich sehen, das erste Opfer Hitlers und das Symbol für den Widerstand gegen den Nationalsozialismus, ist unsere Meinung. Ich rechtfertige die Fehler, die er begangen hat, nicht. Aber es ist unbestritten, dass er an der Wurzel der österreichischen Nation stand, und das Österreich-Bewusstsein, das nach dem Zweiten Weltkrieg immer stärker Fuß gefasst hat, kommt aus dieser Zeit, und Bilder können jedenfalls auch Nachdenkbilder sein.« Die Forderung nach einem Abhängen des Porträts im Parlamentsklub gehe »von einem völlig unhistorischen Verständnis der Geschichte aus. Es gibt Schattenseiten, es gibt Lichtseiten. Was wir an Dollfuß nach wie vor würdigen, ist sein Opfer, das Opfer seines Lebens, der Kampf gegen den Nationalsozialismus – dafür steht er als Sinnbild des Anti-Nationalsozialismus und als Sinnbild des persönlichen Opfers«. Er widerstehe der Versuchung, Menasse das Kreisky-Zitat »Lernen Sie Geschichte« in Erinnerung zu rufen, »da er Literat ist …« (Die Presse 5. 3. 2005. Spektrum S. II.) Roman Sandgruber bemerkte: »Dollfuß hat angesichts der nationalsozialistischen Wahlerfolge die Diktatur gewählt. Das hat Österreich auf der Negativseite die Ausschaltung des Parlaments, das autoritäre System und den Bürgerkrieg gebracht, aber andererseits wahrscheinlich den Makel erspart, ähnlich wie die Deutschen den Nationalsozialisten in einer Wahl die Macht verschafft zu haben, und er hat damit dem Land zu einem ganz anderen Nachkriegsstatus verholfen, auch wenn dies nicht als Reinwaschung der Österreicher von den Verstrickungen in das NS-System verstanden werden darf. Von Regierungsseite wurde die Diktatur gesucht und gewählt. Auf der anderen Seite sind auch die Konzepte, die die in den Ausbruch des Bürgerkriegs involvierten Exponenten des Austromarxismus 1933/34 vertraten, von der Demokratie weit entfernt. Das historiografische Problem ist es, die Zerstörung der Demokratie nicht mit dem unbestreitbaren Kampf gegen den Nationalsozialismus zu rechtfertigen, umgekehrt aber auch den Widerstand der Regierung gegen den Nationalsozialismus und die Verdienste um Österreich in das Geschichtsbild zu integrieren.« (Die Presse 26. 3. 2005. Spektrum S. IV.) Bereits 2000 hatte sich angesichts der emotionalen und oft auch irrationalen Züge annehmenden Diskussion über die NS-Vergangenheit und Gegenwart Österreichs der katholische Publizist Hubert Feichtlbauer zu einer differenzierenden Publikation veranlasst gesehen. Vgl. Hubert Feichtlbauer: Der Fall Österreich. Nationalsozialismus, Rassismus. Eine notwendige Bilanz. – Wien 2000.

Für sie war jeder katholische Antisemit gleich ein Nazi, jeder autoritäre Charakter ein Nazi, jeder dürftige Alltagsfaschist ein Nazi, jeder Rechte ein Nazi, jeder trotzig seine Antiurbanität demonstrierende Wiener im Jägerloden ein Nazi. Und sie alle, die plötzlich unter Nazi-Verdacht standen, wurden wütend, sie wurden aggressiv, und sie hatten Recht. Denn sie waren und sind keine Nazi. Sie sind wahre Österreicher und Patrioten – allerdings im Sinne der austrofaschistischen Mentalitätsgeschichte, im Sinne der christlichsozialen Definition des Österreichischen. Sie haben keine Sehnsucht nach ›Heil Hitler!‹, sie erkennen einander am ›Grüß Gott!‹

Auch darum hat es mit der großen patriotischen Aktion des ›Gräben-Zuschüttens‹ nicht geklappt, wie wir seit 1986 regelmäßig sehen.« Aufgrund der dominant austrofaschistischen Mentalität und der darauf aufbauenden Staatsideologie – »Unser Faschismus war gut und anständig, nur der deutsche war böse. Unser Faschismus heißt Patriotismus, nur der deutsche heißt Verbrechen« – musste dies auch misslingen. Und die österreichische Linke begriff nicht, »dass Faschismus kein Synonym für Nationalsozialismus ist. Und die österreichische Rechte kann und will nicht begreifen, dass sie, die doch beim Nationalsozialismus wirklich nicht mehr anstreifen will, im Sinn einer sehr spezifisch österreichischen Tradition faschistoid lebt, denkt, handelt«. Geschichte wiederholt sich nicht 1 : 1, sondern nur im modifizierten Fortwirken, »wenn zum Bespiel politische Eliten (mit der Zustimmung einer Mehrheit, auch wenn sie schweigt) mit historischen Mustern sympathisieren und wenn sie die Möglichkeit haben, diese für die je aktuelle Situation zu adaptieren«.[34]

Nach dem Tod Jörg Haiders zeichnete Menasse unter Verwendung seiner bereits mehrfach vorgebrachten Argumente an seinem Historienbild weiter und bezeichnete Schüssel als alten und Haider als modernen Austrofaschisten. »Wo landet man, wenn man von nationalsozialistischer Prägung all die NS-Spezifika aufgibt, die tatsächlich politisch-programmatisch erledigt waren? ... man landet in Österreich unweigerlich im Austrofaschismus. Nicht unbedingt in jedem Detail programmatisch, aber auf jeden Fall charakterlich. Dieser Charakter schlägt jedoch politisch durch: der Austrofaschist will einen autoritären Staat, ersetzt Vernichtung durch Ausgrenzung, Blut und Boden durch Heimat, Rassismus durch rabiaten Patriotismus und der austrofaschistische politische Führer interpretiert Verfassung und Rechtssystem als bloßes Selbstermächtigungsrecht.

Dass der Austrofaschismus Haiders nicht den Mief des Dollfuß- und Schuschnigg-Österreich hatte, lag daran, dass er ihn mit dem Pep eines Achtundsechziger-Studenten-Führers verkaufte.« Es sei logisch gewesen, »dass es, als Haiders Partei eine ausreichende Größe erreicht hatte, zu einer Koalition der modernen Austrofaschisten mit der Nachfolgepartei der alten Austrofaschisten kommen musste«. Das Haider-kritische Österreich erkannte dabei nicht, »dass die Gefahr gar nicht Haider

---
34 Robert Menasse: Der Hass der Opfer. – In: Die Presse 2. 4. 2005. Spektrum S. IIIf. S. IV.

hieß, sondern Schüssel. Der moderne, freche Austrofaschismus brauchte den alten, miefigen, aber ins demokratisch Staatstragende gewendeten Austrofaschismus, um eine Mehrheit mit Staatsweihen zu bilden und gegen die ›roten Gfrieser‹, die ›Nestbeschmutzer‹, die Ausländer erst so richtig loslegen zu können, unter dem Titel ›Modernisierung Österreichs‹.

Dafür stand in der ÖVP der richtige Mann zur richtigen Zeit bereit. ... Die Gefahr hieß Wolfgang Schüssel, nur er konnte aus Haiders widersprüchlichem, antiautoritär-autoritärem Austrofaschismus definitiv österreichische Staatsräson machen«.[35]

IV

Der auch nach dem Abebben der Donnerstagsdemonstrationen anhaltende historiografische Diskurs manifestierte sich auch in der tagespolitischen Konfrontation und dem damit verbundenen Krieg der Worte. Der Journalist Joachim Riedl bezeichnete unmittelbar vor dem Abschluss der Regierungsverhandlungen zur Bildung einer ÖVP/FPÖ-Regierung unter Hinweis auf die Kollaboration mit dem Nationalsozialismus in Norwegen Wolfgang Schüssel als »Haiders Quisling«,[36] André Heller sprach angesichts der gegen ihn von der FPÖ angestrengten Klagen 2000 von einem »geistigen Bürgerkrieg«,[37] ein SPÖ-Gewerkschafter drohte unter Bezugnahme auf den Brand des Justizpalastes 1927 mit dem »Brennen der Republik«, und in Salzburg erklärte ein SPÖ-Mandatar in Anspielung auf den 12. Februar 1934 im Februar 2000: »Notfalls greifen wir zu den Waffen!«[38]

Der designierte SPÖ-Bundesparteivorsitzende Alfred Gusenbauer beschwor am 24. April 2000 in seiner Rede vor dem Bundesparteitag der SPÖ in Wien-Oberlaa den Weltgeist, wobei er einen indirekten Vergleich der Regierung Schüssel mit der Militärdiktatur unter Pinochet in Chile und der Apartheid in Südafrika bemühte. Beide Vergleiche bezogen sich, wenn auch nicht offen ausgesprochen, auf das Trauma der Sozialdemokratie, den Februar 1934. Nunmehr wiederholte sich dieses Trauma unter dem Propaganda-Slogan »Tabubruch«. Die Partei, die 30 Jahre ununterbrochen den Bundeskanzler gestellt und ein Abonnement auf die politische Macht zu haben schien, war auf die harten Bänke der Opposition verbannt. Hatte die SPÖ 1966 bei Antritt der ÖVP-Alleinregierung unter Josef Klaus eine drohende Wiederholung

---

35 Robert Menasse: Haider, der unerkannte Austrofaschist. – In: Die Presse 17. 10. 2008. S. 37. Vgl. dazu auch die Entgegnung von Michael Amon. Michael Amon: Der Austrofaschismus – eine Milchmädchenrechnung! – In: Die Presse 23. 10. 2008. S. 34.
36 Joachim Riedl: Der mit dem Wolf tanzt. – In: Format Nr. 5. 31. 1. 2000. S. 17.
37 Zit. bei Werner A. Perger: Auf in den Bürgerkrieg! – In: Die Zeit Nr. 38. 14. 9. 2000. S. 3.
38 Zit. bei Norbert Hartl: Widerstand gegen Machtverlust. – In: Academia 2/2000. S. 22f. S. 22.

der Februar-Ereignisse des Jahres 1934 an die Wand gemalt,[39] so wiederholte sich dieses Szenario 44 Jahre später unter Verdrängung der eigenen Machterhaltungsstrategien zwischen 1970 und 2000: der Bildung der SPÖ-Minderheitsregierung unter Bruno Kreisky mit FPÖ-Duldung, der von Kreisky fixierten Koalition mit der FPÖ 1983 bis 1986 und dem Bemühen von Viktor Klima und Thomas Klestil um die Bildung einer SPÖ-Minderheitsregierung mit Duldung der FPÖ 1999/2000 und der Zusicherung einer kurze Zeit später erfolgenden offiziellen Regierungskoalition (eventuell einem Kabinett Karl Schlögel/Herbert Scheibner). Nunmehr definierte sich die SPÖ als Verteidigerin der österreichischen Demokratie angesichts der drohenden Wiederkehr des Faschismus und seiner neoliberalen Variante, personifiziert in Wolfgang Schüssel.[40]

---

39 Willi Sauberer: Die »Kärntner-Straße« zur Zeit der ÖVP-Alleinregierung. Personen, Strukturen, Gremien, Prozesse aus der Sicht eines Zeitzeugen. – In: Robert Kriechbaumer (Hg.): Die Ära Josef Klaus. Österreich in den »kurzen« sechziger Jahren. – Wien/Köln/Weimar 1998. S. 99–259. S. 101f. (Schriftenreihe des Forschungsinstitutes für politisch-historische Studien der Dr.-Wilfried-Haslauer-Bibliothek. Band 7/1.)

40 In der Interpretation des Neoliberalismus als Variante eines modernen Faschismus gab es zahlreiche ideologische Schnittmengen zwischen der SPÖ und den Grünen. So erklärte der grüne Europa-Abgeordnete Johannes Voggenhuber unmittelbar nach der Bildung der ÖVP/FPÖ-Regierung: »Wenn man Haiders Modernisierungsstrategie anschaut, dann ist das vielleicht das vollständigste Bild von Faschismus: Modernisierung mit der Brechstange. Unten werden die Menschen ruhig gestellt, indem die schwächsten Gruppen gegeneinander in Position gebracht und gegeneinander in den Verteilungskampf geführt werden. Frührentner gegen Arbeitslose, inländische Arbeitnehmer gegen sogenannte Ausländer usw. Die Modernisierungsverlierer kriegen ihre Feindbilder und Sündenböcke und ihre Mythen der Geborgenheit, den starken Mann, den Patriotismus, die Sauberkeit, Anständigkeit und Tüchtigkeit. Die Interessen des Kapitals, wenn man so will, werden dadurch in keiner Weise geschmälert.« (Planet. Zeitung für politische Ökologie Nr. 14. Februar/März 2000. S. 5.) 2010 bemerkte der ehemalige SPÖ-Finanzminister Rudolf Edlinger in einem Beitrag zum 10. Jahrestag der sog. »Wende-Regierung«, die ÖVP habe weniger Berührungsängste mit der FPÖ als die SPÖ. Die Bildung der ÖVP/FPÖ-Regierung 2000 sei daher nicht das Ergebnis letztlich gescheiterter Regierungsverhandlungen zwischen SPÖ und ÖVP gewesen, sondern historischer und ideologischer Gemeinsamkeiten, die sich auch in der Wirtschafts- und Sozialpolitik manifestierten. »Es mag ja Josef Pröll gelingen, als freundlicher und umtriebiger Christlichsozialer dazustehen, im Parlamentsklub der ÖVP hängt aber immer noch das Bild jenes Bundeskanzlers, der 1933 in Österreich zuerst das Parlament und 1934 mit Waffengewalt die Demokratie ausschaltete, Engelbert Dollfuß. Was verbindet die ÖVP immer noch mit diesem Mann und seiner Politik? Genau diese Verharmlosung des rechten Lagers gab es auch in der Zwischenkriegszeit, in Österreich wie in Deutschland. Den Bürgerlichen waren die Rechten als Partner gegen die Linken willkommen, die eine gerechtere Verteilung des Erwirtschafteten verlangten, Reformen in der Bildung, im Sozial- und Gesundheitswesen, die herrschende Ordnung von Macht, Geld und Privilegien einfach in Frage stellten. Auch in den Jahren ab 2000 schien Schwarz-Blau wenig Interesse zu haben an sozialpartnerschaftlichem Interessenausgleich, einem gemeinsamen Arbeiten für Fortschritt, Wohlstand und Gerechtigkeit. Beschädigt haben das Ansehen Österreichs daher nicht die ›Sanktionen‹ der EU, … beschädigt hat das Ansehen die ÖVP durch ihre Koalition mit einer FPÖ, die damals offen mit rechtsextremen Parteien in Europa Kontakte hatte und suchte. … (…)

In dieser historischen Erzählung war jedoch auch Erlösung unter Hinweis auf die Notwendigkeit des historischen Prozesses in Sicht. »Ich kann mich erinnern, dass eine meiner ersten politischen Aktivitäten war, gegen den Militärputsch in Chile zu demonstrieren. Wir haben viel mobilisiert und viel organisiert. Und immer wieder sind mir die Worte von Salvador Allende im Kopf gewesen, irgendwann wird der freie Mann wieder einmal über die Almeyda schreiten – das ist der Hauptplatz in Santiago de Chile. Und ich kann mich noch gut erinnern, als ich dann, Ende der 80er-Jahre, Anfang der 90er-Jahre, die Möglichkeit hatte, bei den ersten freien demokratischen Wahlen in Chile seit dem Militärputsch 1973 wieder anwesend sein zu können. Und ... so bin ich ... mit ein paar Freunden ... über die Almeyda geschritten, und wir haben an Salvador Allende gedacht, und daran, dass, auch wenn es länger dauert, die Geschichte sich immer wieder erfüllt. Nämlich die Geschichte der Gerechtigkeit und der Gleichheit. Und das zweite berührende Erlebnis war, wir haben gemeinsam viel gemacht gegen die Apartheid in Südafrika. Wir haben demonstriert, wir haben Boykotte organisiert ...

Und bekanntlicher Weise hatte ich ja die große Ehre, in der Sozialistischen Internationale als Vizepräsident tätig zu sein ... Und einer der bewegendsten Momente war, als wir eine Ratstagung in Lissabon hatten und ein Gast neben mir Platz nahm auf dem Podium, jemand, der 28 Jahre lang für seine Gesinnung im Kerker gesessen ist und der danach sein Land nicht gespalten, sondern vereint und versöhnt hat. Es war Nelson Mandela ..., auch in ihm hat sich die Geschichte von Gleichheit und Gerechtigkeit wieder erfüllt. ... diese Erfahrungen geben mir Kraft, und ich hoffe auch uns allen.«[41]

Vier Jahre später fand sich auf der Homepage der »Sozialistischen Jugend Österreichs« in der alphabetisch geordneten Themenrubrik unter »Antifa« eine Differenzierung in drei Punkten: Neue Rechte, Faschismus und Austrofaschismus, wobei Letzterem am meisten Platz eingeräumt wurde. Im Zuge des Wahlkampfes 2006 veröffentlichte die SJ Linz einen Aufkleber, auf dem Bundeskanzler Wolfgang Schüssel in Heimwehruniform mit fröhlicher Miene in Richtung eines Porträts von Engelbert Dollfuß blickte. Darunter stand der Satz, der von der SPÖ bereits bei der Bundespräsidentenwahl 1956 in der Flüsterpropaganda verwendet wurde: »Wer

---

Die Jahre dieser Koalition brachten viele politische Maßnahmen und Ereignisse, an die sich die meisten Menschen in unserem Land nicht gerne zurückerinnern. Viele hatten Nachteile, mussten Kürzungen ihrer Einkommen hinnehmen, während öffentliches Eigentum an reiche Privatiers verscherbelt wurde ... Was war denn der Fortschritt dieser Jahre? Dass die Menschen nach den Regeln des Marktes noch rücksichtsloser miteinander umgehen? ... Dass es sich die Mächtigen und Reichen noch leichter richten?« (Rudolf Edlinger: Die Verharmlosung des rechten Lagers. – In: Die Presse 16. 2. 2010. S. 26.)

41 Protokoll des 36. ordentlichen Bundesparteitags der SPÖ in Wien Oberlaa am 28./29. April 2000. S. 98.

früher schon für Dollfuß war, wählt Schüssel auch in diesem Jahr.«[42] Und im Februar 2008 bezeichneten der steirische SPÖ-Landesgeschäftsführer Toni Vukan und SPÖ-Landtagsklubobmann Walter Kröpfl Wolfgang Schüssel als den »Dollfuß des 21. Jahrhunderts«.

V

Die an einen Kulturkampf erinnernde Auseinandersetzung um die Interpretation der österreichischen Zeitgeschichte bemächtigte sich auch der historischen Orte, der Ringstraße, des Helden- und Ballhausplatzes. Diese Stein gewordenen Symbole imperialer Macht des Habsburgerreiches und der im 19. Jahrhundert geschlossenen Koalition von Adel und Großbürgertum wurden bereits in der späten Habsburgermonarchie und in der Ersten Republik zumindest am 1. Mai von der Sozialdemokratie in Besitz genommen. Der Ständestaat nutzte den Heldenplatz für vaterländische Großkundgebungen und am 8. August 1934 für den von Nationalsozialisten am 25. Juli ermordeten Bundeskanzler Engelbert Dollfuß, und Hitler wählte den Heldenplatz zur Verkündung des Vollzugs des Anschlusses. Bildeten die Ringstraße und der Rathausplatz nach 1945 die Kulisse für die alljährlichen Mai-Aufmärsche der Wiener SPÖ und fanden hier die Militärparaden des österreichischen Bundesheeres zu Jubiläen der Zweiten Republik statt, so schien der Heldenplatz seine politische Symbolfunktion nach 1945 verloren zu haben. Er war nicht der historische Ort der Begründung der Zweiten Republik und des Staatsvertrages, sondern touristische Attraktion, ein Symbol der einstigen Größe Österreichs.

Erst die Anti-Waldheim-Bewegung entdeckte im Zuge der Diskussion über die Wehrmachtsvergangenheit des Präsidentschaftskandidaten wiederum den Heldenplatz als historischen Ort. Er wurde zum antifaschistischen Wallfahrtsort, zum Ort der neuen Vergangenheitspolitik einer neuen Linken, die sich, ähnlich wie die grün-alternative Ökologiebewegung, als die eigentliche Repräsentantin der Zivilgesellschaft verstand, als quasi neues Gattungswesen, ausgestattet mit einem Set von selbst zugeschriebenen Eigenschaften von der Verpflichtung zur historischen Wahrheit über die daraus resultierende Sorge und Betroffenheit für die Gegenwart und Zukunft bis hin zu einer inflationären Verwendung des Widerstands- und Faschismusbegriffs. »Es heißt, bei einer Demonstration in Österreich habe ein Demonstrant auf einen anderen eingeschlagen mit den Worten: ›Du Faschist!‹ – Der zweite schrie: ›Aber ich bin

---

42 Johannes Kassar: Die Instrumentalisierung des 12. Februar. – In: Helmut Wohnout (Hg.): Demokratie und Geschichte. Jahrbuch des Karl von Vogelsang-Instituts zur Erforschung der Geschichte der christlichen Demokratie in Österreich. Jahrgang 11/12. 2007/08. – Wien/Köln/Weimar 2009. S. 231–243. S. 238.

doch Antifaschist!‹ – Darauf wieder der erste: ›Mir doch gleich, was für ein Faschist zu bist. Faschist bleibt Faschist.‹ Die Wahl der Worte ist Teil des Kampfes.«[43]

Der Wiener Publizist Robert Misik, Anti-Waldheim-Aktivist 1986, Mitbegründer der »Demokratischen Offensive« und Mitorganisator der großen Protestkundgebung gegen die Regierung Schüssel auf dem Heldenplatz am 19. Februar 2000, bemerkte 2006, es hätte keinen Heldenplatz ohne Waldheim gegeben. »Im Grunde ist das Jahr 1986 mit feinen Fäden mit dem Jahr 2000 verbunden. Wobei das Jahr 2000 etwas abschließt, was 1986 begonnen wurde. … 1986 markierte … den Beginn der Dominanz der Vergangenheitspolitik.«[44] Der Streit um die Vergangenheit wurde »zu einem privilegierten Terrain der politischen Auseinandersetzung,«[45] bei dem etwas mehr als zwei Jahre generations- und geschichtspolitische Erzählungen in einer bisher nicht gekannten Intensität aufeinanderprallten. »In den geschichtspolitischen Konflikten um Waldheim ging es nicht um dessen Person allein, sondern auch – und viel mehr – um ein Um- oder Festschreiben der Selbst- und Fremdbilder Österreichs im Spiegel seiner NS-Vergangenheit, es ging um eine politisch-symbolische Revolte, um die Hegemonie in einem Kampf gegensätzlicher ›kollektiver Erinnerungen‹ und Geschichtsbilder.«[46]

In diesem Kampf spielten Tageszeitungen, Magazine, Rundfunk und Fernsehen sowie Schriftsteller und Künstler eine erhebliche Rolle. In diesem Zusammenhang sei nur an die erregten Diskussionen über das von Alfred Hrdlicka stammende Mahnmal gegen Krieg und Faschismus auf dem Albertinaplatz oder um Thomas Bernhards im Burgtheater uraufgeführtes Stück »Heldenplatz« erinnert. Die Folge war eine Revision der bisherigen Opfertheorie durch die Spitzenrepräsentanten des Staates. Dabei wurde jedoch den (unhistorischen) Forderungen nach einer Totalrevision nicht entsprochen. In den wichtigsten Erklärungen zwischen 1986 und 2006 – von Bundespräsident Kurt Waldheim in seiner ORF-Ansprache am Vorabend des 50. Jahrestages des »Anschlusses« Österreichs an Hitler-Deutschland am 10. März 1988, Bundeskanzler Franz Vranitzky in seinen Erklärungen vor dem österreichischen Nationalrat und anlässlich der Verleihung des Ehrendoktorats der Hebrew University in Jerusalem am 8. Juli 1991 und 9. Juni 1993, Bundeskanzler Wolfgang Schüssel anlässlich des Festaktes zur Wiedererrichtung der Republik am 27. April 2005, Kardinal Christoph Schönborn anlässlich des 60. Jahrestags der Befreiung des Konzentrationslagers Mauthausen und Nationalratspräsident Andreas Khol anläss-

---

43 Doron Rabinovici: Das große Nein. – In: Die Presse 7. 6. 2008. Spektrum S. If. S. II.
44 Robert Misik: Kein Heldenplatz ohne Waldheim. – In: Barbara Tóth, Hubertus Czernin (Hg.): 1986. Das Jahr, das Österreich veränderte. – Wien 2006. S. 141–147. S. 141.
45 Ebd. S. 143.
46 Gerhard Botz: Nachhall und Modifikationen (1994 – 2007). Rückblick auf die Waldheim-Kontroversen und deren Folgen. – In: Ders., Gerald Sprengnagel (Hg.): Kontroversen um Österreichs Zeitgeschichte. Verdrängte Vergangenheit, Österreich-Identität, Waldheim und die Historiker. 2. Aufl. – Frankfurt am Main 2008. S. 574–635. S. 584f.

lich der Gedenksitzung des Nationalrats gegen Gewalt und Rassismus im Gedenken an die Opfer des Nationalsozialismus am 27. April 2006 – wurde Österreich als Opfer *und* Täter bezeichnet und ein Bekenntnis zur Mitschuld abgelegt.[47]

Mitte der Neunzigerjahre des 20. Jahrhunderts beschäftigte sich die überwiegende Zahl der rund 300 zum Nationalsozialismus erschienenen Abhandlungen in Österreich mit den Themen »Widerstand und Verfolgung«, während das Thema »Kollaboration«, dem Opfer-Mythos folgend, kaum behandelt wurde. Der damit vermittelte Eindruck eines kollektiven Widerstandes und kollektiver Verfolgung entsprach nicht der historischen Wirklichkeit, sondern war das Ergebnis eines Konstrukts, einer dominanten konsensualen Erinnerungserzählung der Zweiten Republik. Der im Zuge der Waldheim-Affäre losbrechende zeithistorische Diskurs wies, wenn auch oft holzschnittartig, auf Versäumnisse und Widersprüche hin und kreierte, unterstützt von den Medien, eine konkurrierende Erzählung. Erinnerungserzählungen benötigen, so Siegfried J. Schmidt, vier Voraussetzungen: »1. Mediale narrative Schemata als Formen sozialer Sinnorientierung von Erinnerungsherstellung wie von Erinnerungsdarstellung; 2. geeignete sprachliche Instrumente wie Bilder und Metaphern; 3. optische Symbolisierungen und 4. Schemata und Stereotype.«[48] Die Vielzahl zeithistorischer, die bisherige Meistererzählung dekonstruierender Forschungsergebnisse, deren rasche mediale Aufbereitung und Verbreitung, Kurt Waldheim, das von Alfred Hrdlicka gefertigte Holzpferd, der Heldenplatz und die Lichterketten schufen, trotz aller nach wie vor vorhandenen (partei)politischen Differenzen in der Beurteilung einzelner Abschnitte wie z. B. des Ständestaates, eine neue Erinnerungserzählung, die zunehmend auch Eingang in die offizielle Erinnerungskultur fand.

Der hysterische Alarmismus des Jahres 2000 konstruierte durch eine Instrumentalisierung der Zeitgeschichte eine Wirklichkeit, die es nicht gab: Österreich als Nazi-Land und Wolfgang Schüssel als der Papen des in Wahrheit regierenden Jörg Haider. Damit einher ging die Konstruktion eines Bildes der Dichotomie zwischen Gut und Böse, dem Reich des Lichts und der Dunkelheit. Der Bericht des austro-britischen Regisseurs Frederick Baker, der 2000 die BBC-Dokumentation »Die Haider-Show« und 2010 die Kinodokumentation »Widerstand in Haiderland. Masse ohne Macht?« produzierte, über die Protestveranstaltung gegen die Regierung am Heldenplatz am 19. Februar 2000 illustriert diese manichäische Weltsicht. »Ich erinnere daran: Immer dann, wenn die Vergangenheit zum Schweigen gebracht wurde, war die Zukunft in Gefahr‹, sagte Elie Wiesel am 17. Juni 1992. Der jüdische Friedensnobelpreis-

---

47 Zum Wandel des offiziellen Geschichtsbildes vgl. Ruth Wodak, Rudolf de Cillia, Martin Reisigl, Karin Liebhart, Klaus Hofstätter, Maria Kargl: Zur diskursiven Konstruktion nationaler Identität. – Frankfurt am Main 1998. S. 207ff.
48 Siegfried J. Schmidt: Gedächtnis und Erinnerung: Zur Erinnerungspolitik der Gegenwart. – In: Zeitgeschichte 2/2006. S. 53–58. S. 55.

träger, der mehrere KZs überlebte, betrat an diesem Tag als erster Redner seit Hitler den geschichtsträchtigen Balkon am Heldenplatz. Seine Rede war ein Versuch, das Böse zu eliminieren. Er stieß quasi einen Schrei aus für all jene, die den Holocaust überlebt hatten. … Es war fast eine Gruppentherapie, in der der Geist von jenem Mann verbannt werden sollte, der 62 Jahre zuvor von diesem Balkon sprach. … (…)

Die winterliche Dunkelheit passte zur Situation, in der sich Österreich und Europa befanden. Ein Tabu war gebrochen worden. Die Schatten der dunklen Vergangenheit waren wieder aufgetaucht. Ob Haider mehr als ein Schatten dieses Mannes am Balkon war, ging nicht nur die Österreicher etwas an. Das Gespenst des Diktators, der einen Weltkrieg ausgelöst hatte, war wieder da. Es war also nicht verwunderlich, dass am 19. Februar ein Franzose die Bühne am Heldenplatz betrat. Übersetzt vom Theaterregisseur Luc Bondy brachte der Filmstar Michel Piccoli die Menge zum Kochen.

Piccoli: Diese Demonstration steht für die Geburt eines neuen Österreich.
Masse: *Jubel*.
Bondy: Ihr habt verstanden.
Masse: Ja.
Bondy: Ihr habt verstanden?
Masse: Ja.
Bondy: Habt verstanden?
Masse: Ja.
Piccoli: Ich bin ein Ausländer, der es sich erlaubt, sich in die österreichische Politik einzumischen.
Bondy: Wie ich auch übrigens.
Masse: *Jubel*.
Piccoli: Ihr Österreicher und wir Franzosen haben gemeinsam die Schrecklichkeit, die Schande erlebt. Ich bin nicht ein Widerstandskämpfer der Vergangenheit, seien wir ›les combattants du futur‹ (die Kämpfer der Zukunft).
Masse: *Jubel*.
Piccoli: Résistance! Widerstand! Résistance! Widerstand!
Masse: Widerstand! Widerstand!«[49]

VI

Der Philosoph Rudolf Burger, der der Hysterisierung durch unaufgeregte Aufklärung zu begegnen suchte und damit zur Persona non grata der Protestbewegung wurde,[50]

---

49 Frederick Baker: Der Platz des Widerstands und die Botschaften der Straße. – In: Ders., Petra Herczeg (Hg.): Die beschämte Republik. 10 Jahre nach Schwarz-Blau in Österreich. – Wien 2010. S. 88–96. S. 89f.
50 Die »Wende«-Kritiker verweigerten jede Teilnahme an den von Bundeskanzler Wolfgang Schüssel ins

bemerkte aus der zeitlichen Distanz von eineinhalb Jahren: »Die Affäre war ein Schulbeispiel für medial inszenierte Massenhysterisierung. Unter Beschwörung der Geschichte und unter Verlust des Sinns für reale Proportionen wurde buchstäblich der Teufel an die Wand gemalt, das Land wurde diplomatisch isoliert und in den größten europäischen Journalen wurden Ängste geschürt und Vorwürfe erhoben, die politisch zwar sehr reale Folgen hatten, aber nicht das geringste fundamentum in re ...« Die von den Regierungsgegnern und den Medien erzeugte Erregung spaltete das Land und schuf ein innerstaatliches Freund-Feind-Schema, das an die Erste Republik erinnerte. Der Erfolg dieser gesellschaftlichen und politischen Spaltung sei nur deshalb verständlich, »weil es um die historische Identität der Republik ging, das heißt: um deren Geschichtsinterpretation. Das hatte die Hysterisierung des vergangenen Jahres mit anderen Großaufregern der jüngeren Geschichte gemeinsam, insbesondere mit der sogenannten Waldheim-Affäre der achtziger Jahre. Es ist dieser Gruppen-identitätsstiftende Kampf um die korrekte Geschichtsinterpretation, der diese Erregung von den üblichen tagespolitischen Skandalen und Skandälchen ... in ihrer Substanz unterscheidet. ... (...) Nicht einmal weltpolitische Großereignisse der jüngeren Vergangenheit von wahrhaft historischer Bedeutung reichen an das Erregungspotential heran, das hierzulande Interpretationsfragen der eigenen Geschichte mühelos erreichen«.[51] Es war nicht die kritische und differenzierende historische Analyse der eigenen Geschichte und ihrer Mythen, sondern ein unter dem ideologisch belasteten Slogan des »Antifaschismus«[52] firmierender, an Glaubenskriege erinnernder Diskurs über die angeblichen Dämonen und Anomalien der »österreichischen Seele«. Die Exorzisten tummelten sich, ähnlich wie 1986, in den Medien und wurden nicht müde zu erklären, dass nur durch eine kollektive Katharsis, die Hebung des bisher Verdrängten in das Bewusstsein, Heilung möglich sei. Ein Mythos, der Opfermythos, sollte zerstört und durch einen anderen, den Tätermythos und die österreichische »Lebenslüge«, ersetzt werden.[53]

Leben gerufenen »philosophischen Mittagessen«, an denen Philosophen wie Peter Sloterdijk und Robert Spaemann teilnahmen. Wer von den eingeladenen österreichischen Philosophen die Einladung nicht ausschlug, wurde als »Wendephilosoph« diffamiert. Dies betraf die beiden österreichischen Philosophen Konrad Paul Liessmann und Rudolf Burger. Im Dezember 2008 sah Rudolf Burger, langjähriger Rektor der Universität für angewandte Kunst, für die Feier anlässlich seines 70. Geburtstages an der Universität auch Wolfgang Schüssel als Festredner vor. Daraufhin zog die Universität die Genehmigung zurück und Burger musste für seine Geburtstagsfeier an einen anderen Ort ausweichen.

51 Rudolf Burger: Das große Echo. – In: Die Presse 17. 9. 2001. Spektrum S. IIIf. S. III.
52 Vgl. Gerhard Botz: Erstarrter »Antifaschismus« und »paranazistisches Substrat«: Zwei Seiten einer Medaille. – In: Ders., Sprengnagel (Hg.): Kontroversen um Österreichs Zeitgeschichte. S. 542–464. Zur sowjetischen Instrumentalisierung des Begriffs vgl. Ernst Topitsch: »Antifaschismus« und was dahinter steckt. – In: Ebd. S. 465–472.
53 Vgl. Konrad Paul Liessmann: Die Insel der Seligen. Österreichische Erinnerungen. – Innsbruck 2005. S. 47–58.

Ernst Hanisch hat darauf hingewiesen, man sollte sich dessen bewusst sein, »dass ›Täter‹ und ›Opfer‹ keine historisch analytischen Begriffe sind. Beide Begriffe kommen aus der Religionsgeschichte und der Justiz, in der historischen Realität hingegen führt die einfache Täter-Opfer-Dichotomie leicht zu einer Verkürzung der historischen Erfahrungen«.[54] Opfer können zu Tätern werden und umgekehrt, Menschen können Opfer und Täter in einer Person sein. Die Unabhängigkeitserklärung vom 27. April 1945, der Gründungsmythos der Zweiten Republik, unterscheide zwischen Staat und Volk. Der Staat und dessen politische Eliten, beide waren die ersten Opfer der NS-Verfolgung. »Die politischen Eliten des autoritären, manchmal faschistisch maskierten ›Ständestaates‹ kamen 1945 im Rahmen der ÖVP wieder in die Regierung. Sie wurden als ›Täter‹ hauptverantwortlich für die Zerstörung der Demokratie in Österreich, sie waren 1938 ›Opfer‹ des Anschlusses. Die meisten Mitglieder der Bundesregierung 1945 kamen aus dem KZ oder der ›inneren‹ und äußeren Emigration. Für sie war der Opfermythos eben kein Mythos, sondern eine persönliche, real erlebte Erfahrung.« Die Gesellschaft dieses Staates hingegen »bestand aus Tätern, Opfern und Zuschauern ... Und diese Gesellschaft war unterschiedlich in die Verbrechen des Nationalsozialismus verwickelt«.[55] Ein analytisch-historischer Blick erfordere eine Historisierung des Nationalsozialismus, die unter Ausblendung präformierender Schemata sich den Strukturen der Herrschaft und den Alltagserfahrungen der Menschen und ihren jeweiligen Opfererzählungen zuwendet.[56] In allen von der deutschen Wehrmacht besetzten Ländern wurde nach 1945 in der jeweiligen Geschichtserzählung der Widerstand betont und das Ausmaß der Kollaboration verschwiegen. Österreich bilde dabei keine Ausnahme, sondern einen »europäischen Normalfall«. Wenngleich dies kein Grund zum Verschweigen oder zur Entschuldigung sei, so kann uns diese Erkenntnis allerdings daran hindern, »in den Austrokannibalismus zu verfallen«.[57]

Wenngleich der Historiker aufgefordert ist, »sich seinem Material zu unterwerfen, statt zu versuchen, sich dem Material aufzudrängen«,[58] so wird, trotz aller Bindung an die Empirie, Geschichte im jeweiligen historischen Kontext erzählt und damit rekonstruiert. Es gibt damit nicht *die* Geschichte als ontologisches Objekt, sondern im Laufe der Zeit verschiedene Geschichten. Auch in der jeweiligen Ge-

---

54 Ernst Hanisch: Opfer/Täter/Mythos: Verschlungene Erzählungen über die NS-Vergangenheit in Österreich. – In: Zeitgeschichte 6/2006. S. 318–327. S. 318.
55 Ebd. S. 319f.
56 Vgl. Ernst Hanisch: Ein Versuch, den Nationalsozialismus zu »verstehen«. – In: Anton Pelinka, Erika Weinzierl (Hg.): Das große Tabu. Österreichs Umgang mit seiner Vergangenheit. – Wien 1987. S. 154–162.
57 Hanisch: Opfer/Täter/Mythos. S. 326.
58 Barbara Tuchman: Auf der Suche nach der Geschichte. – In: Dies.: In Geschichte denken. Essays. – Düsseldorf 1982. S. 17–30. S. 29.

genwart konkurrieren unterschiedliche Erzählungen und die Deutungshoheit ist das Ergebnis von Machtverhältnissen, dem Zeitgeist und seinen Moden, der Rolle der Massenmedien usw. Aufgrund ihrer zentralen Bedeutung für das individuelle und kollektive Gedächtnis war und ist Geschichte, trotz allem Anspruch an Wissenschaftlichkeit, ein Politikum. In diesem Sinne war und ist Geschichte nie bloße Vergangenheit, sondern immer auch Gegenwart, da sich diese stets in einem Rückgriff auf die Geschichte begreift. Insofern ist Politik immer auch Vergangenheitspolitik und die Geschichte bildet den Fundus für Aufklärung und Verführung und ist damit »immer ein politisches Instrument«.[59]

VII

Dies wurde im von medialen Kampagnen begleiteten und mit moralischen Appellen aufgeladenen öffentlichen Diskurs anlässlich der Bildung der sog. »Wende-Regierung« 2000 deutlich. Die die Demonstrationen gegen die Regierung organisierende »Demokratische Offensive« lehnte ein am 23. Februar 2000 von Bundeskanzler Schüssel unterbreitetes Gesprächsangebot mit der Begründung ab, dieses sei lediglich ein PR-Gag. Man sei zu einem solchen Gespräch nur dann bereit, wenn die Regierung, deren Bildung Peter Kreisky als »kalten rechten Putsch« bezeichnete, zurücktrete und der Opernball abgesagt werde.[60]

Marlene Streeruwitz notierte am 16. Jänner 2001 sichtlich irritiert, dass die Regierung Schüssel gegen die Donnerstagsdemonstranten nicht mit Gewalt vorgehe, sondern sich des toleranten Abwartens befleißige. Diese tolerante Vorgehensweise sei perfide und erinnere an amerikanische Fernsehserien, in denen »die Kinder dann vor den Eltern stehen und gestehen, dass die Eltern recht gehabt hätten. Dann dürfen sie die Eltern umarmen. ›I love you‹. ›I love you too.‹ Und wieder ist eine perfekte Demütigung ganz nebenbei gelungen. Ist das die Erwartung unseres Bundeskanzlers …?« Offensichtlich warte die Regierung »auf die Selbstaufgabe … Oder auf die

---

59 Burger: Das große Echo. S. IV.
60 Salzburger Nachrichten 24. 2. 2000. S. 2. Diese Erklärung veranlasste Alexander Purger zu der Feststellung, die Antwort der »Demokratischen Offensive« verrate ein »eigentümliches Demokratieverständnis … Vollends eine Unverfrorenheit ist es, wenn die Betreiber der Anti-Regierungs- und Anti-Rassismus-Demonstrationen … im Zusammenhang mit der blau-schwarzen Regierung von einem ›kalten rechten Putsch‹ sprechen. Für den Fall, dass sie die Ereignisse des 3. Oktober 1999 verschlafen haben sollten: ÖVP und FPÖ haben an diesem Tag zusammen 53,82 Prozent der Stimmen errungen, was sich im Nationalrat in einer Mandatsmehrheit von 104 der 183 Sitze niederschlägt. Dass zwei Parteien, die über eine derartige Mehrheit verfügen, eine Regierung bilden, ist Demokratie. Ein Putschversuch ist es hingegen, wenn eine Minderheit der Mehrheit mit Gewalt die Macht im Staat abjagen will.« (Alexander Purger: Putsch und Demokratie. – In: Salzburger Nachrichten 24. 2. 2000. S. 2.)

Selbstauflösung, weil niemand mehr zu den Demos kommt«. Die Mobilisierungskraft lasse tatsächlich nach. »Es gibt weiterhin kein Alphatier, und es gibt keinen Alphatext. Es gibt keine Organisation. Wenn ich vom Heldenplatz am Donnerstagabend aufbreche, dann gehe ich hinter keiner Fahne her. Ich ordne mich in keinen Sprechchor ein. Zweimal lang. Einmal kurz. Wi-der-stand. Der kleinste gemeinsame Nenner ist Antirassismus, doch das ist eine Menge in diesem Land.«[61] Das Gewährenlassen der anhaltenden, allerdings deutlich an Dynamik verlierenden Donnerstagsdemonstrationen wurde als repressive Toleranz interpretiert und die 2000/01 von Maria Schaumayer und Ernst Sucharipa mit Stuart Eizenstat erfolgreich zum Abschluss gebrachten Verhandlungen zum Thema NS-Entschädigungen als bloße Taktik diffamiert. Die aufgesetzte antifaschistische Brille wirkte als selbstreferenzielles System, verhinderte die Wahrnehmung der Realitäten, die Geschichtserzählung folgte dem einmal gewählten Grundduktus.

Im Gegensatz dazu erklärte die Leiterin der EU-Beobachtungsstelle für Rassismus und Fremdenfeindlichkeit, Margaretha Kopeinig, Mitte 2000, die im Februar gebildete Regierung Schüssel habe keinerlei fremdenfeindliche oder rassistische Initiativen gesetzt. Im Gegenteil, es gebe »sicherlich viele Fortschritte in bestimmten Bereichen. Ja, es gibt positive Entwicklungen«.[62] Und Stuart Eizenstat, US-Verhandler 2000 über die im Washingtoner Abkommen fixierte Entschädigung für den NS-Raub jüdischen Vermögens, erklärte zehn Jahre nach Abschluss der Vereinbarung: »Ich war der erste US-Regierungsvertreter, dem im Jahr 2000 der Umgang mit der Koalitionsregierung Schüssel erlaubt wurde. Das Abkommen wäre in einer anderen politischen Konstellation schwer zustande gekommen. Indem Schüssel die FPÖ an Bord holte, war das Abkommen quer durch alle politischen Lager glaubwürdig. Es wäre total unfair, … Schüssel zu unterstellen«, er hätte diesen Schritt aus rein taktischen Überlegungen gesetzt, um seine Regierung vom Faschismus-Vorwurf reinzuwaschen. »Als die Sammelklagen eingebracht wurden, stand Österreichs Ruf auf dem Spiel. Schüssel war vor allem auch überzeugt, dass sich Österreich seiner Vergangenheit stellen müsse.«[63]

Bei diesen Verhandlungen wurde jedoch auch deutlich, dass der innerösterreichische Diskurs und die Ereignisse rund um die Bildung der ÖVP/FPÖ-Regierung bei dem mit guten Nerven ausgestatteten österreichischen Bundeskanzler auch Spuren hinterlassen hatten. So erklärte er in einem Interview mit der »Jerusalem Post« am 9. November 2000, dem Jahrestag der »Reichskristallnacht«, Israel solle nunmehr nach der Aufhebung der Sanktionen der 14 EU-Staaten seinen Botschafter wiederum

---

61 Marlene Streeruwitz: Vom Gehen. Und vom Heute. – In: Die Presse 23. 1. 2010. Spektrum S. If. S. II.
62 Kurier 2. 7. 2000. S. 3.
63 Die Presse 20. 1. 2011. S. 7. Vgl. dazu auch Stuart Eizenstat: Unvollkommene Gerechtigkeit. Der Streit um die Entschädigung der Opfer von Zwangsarbeit und Enteignung. – München 2003. S. 356ff.

nach Österreich schicken. Unter Berufung auf die »Moskauer Deklaration« betonte er, Österreich sei das erste Opfer Hitlers gewesen, und in einer weiteren Erklärung, er lasse sich die Zweite Republik von seinen Gegnern nicht als Nachfolgestaat der NS-Täter anschwärzen.[64]

2009 bemerkte Schüssel in einem Interview im Rückblick auf die heftige politische Auseinandersetzung des Jahres 2000, er habe sich »auch in den schwierigsten Zeiten … immer bemüht, die Emotionen herauszunehmen aus der Auseinandersetzung. … Bei der Zuspitzung im Argument bin ich nicht scheu. Aber es ist in Österreich schon ein ganz großer Vorteil, dass jeder mit jedem reden kann. Hass hat in der Politik nichts verloren.

Das war auch das Problem der sogenannten Gutmenschen, dass sie im Jahr 2000 zu undemokratischen und aggressiven Mitteln gegriffen haben. Ich glaube aber, dass diejenigen, die das zu verantworten hatten, heute ohnehin nicht mehr gerne daran zurückdenken«.[65]

In dieser Einschätzung sollte sich Schüssel täuschen. Ein Jahr später veröffentlichten einige der Hauptakteure der Anti-Regierungsdemonstrationen des Jahres 2000 ein Buch, in dem sie ihr Handeln rechtfertigen und ihre vor zehn Jahren erhobenen Vorwürfe wiederholen. Für Robert Menasse war die FPÖ nach wie vor die Nachfolgepartei der NSDAP und die ÖVP jene der Austrofaschisten. Die FPÖ habe sich durch das Abstreifen einiger nationalsozialistischer Merkmale zu einer austrofaschistischen Partei gewandelt. Zwischen 1986 und 1999 sei eine Entwicklung eingetreten, »in der im Großen und Ganzen zwei austrofaschistische Parteien gleich groß wurden und das Ganze ist dann natürlich auf eine Koalition, auf ein Zusammengehen dieser zwei Parteien hinausgelaufen«.[66] In Österreich dominiere der Alltagsfaschismus, der sich als Patriotismus geriere und damit als Faschismus gar nicht mehr wahrgenommen werde. »Dieser begriffliche und politische Wahnsinn und wirkliche Irrsinn – man kann es nicht anders bezeichnen – hat sich in der Koalition zwischen der traditionellen austrofaschistischen Partei ÖVP – ich rede jetzt aber immer noch von der Mentalitätsgeschichte, wenn ich Austrofaschismus sage – und der zum Austrofaschismus geläuterten ehemaligen nationalsozialistischen Nostalgiepartei ganz deutlich gezeigt …« Viele hätten in dieser Entwicklung ihr Augenmerk auf Jörg Haider gelenkt, doch sei »der Skandal immer schon Wolfgang Schüssel gewesen …, denn ohne Wolfgang Schüssel wäre aus Jörg Haider nie ein bundespolitisch und europapolitisch relevanter Faktor geworden. … das heißt, die Gefahr hat immer Schüssel geheißen und der Abscheu muss Schüssel treffen und die

---

64 Ebd. S. 382.
65 Die Presse 27. 9. 2009. S. 48.
66 Robert Menasse: Die bleibende Katastrophe. – In: Baker, Herczeg (Hg.): Die beschämte Republik. S. 192–205. S. 194.

Aufarbeitung dieser Zeit und dieses politischen Abenteurertums, das in Österreich sehr viel zerstört hat, muss sich der Tatsache stellen, dass Schüssel mentalitätsgeschichtlich ein Austrofaschist ist«.[67] Und Marlene Streeruwitz schrieb am 13. Jänner 2010: »Wir hatten recht, und wir machten es richtig. In der Rückschau.«[68]

---

[67] Ebd. S. 196f.
[68] Streeruwitz: Vom Gehen. Und vom Heute. S. II.

Christian Dirninger

Mehr Markt und weniger Staat

Die ordnungspolitische »Wende« in der Wirtschafts- und Finanzpolitik in einer längerfristigen Perspektive

1. Die »Wende« im langfristigen Transformationspfad

Wenn, wie das immer wieder der Fall ist, über der Zeit der schwarz-blauen Regierung der Begriff der »Wende« steht, dann betrifft dies für die Wirtschafts- und Finanzpolitik primär deren ordnungspolitische Dimension. Der diesem Beitrag zugrunde liegende historiografische Zugang zu dieser Thematik konzentriert sich dabei auf die Einordnung dieser »Wende« in einen längerfristigen Entwicklungszusammenhang und innerhalb dessen auf eine Qualifizierung des Verhältnisses von Wandel und Kontinuität in dem noch sehr zeitnahen Untersuchungszeitraum der Jahre 2000 bis 2006. Dabei besteht die Hauptintention des Beitrages nicht darin, alle wirtschaftspolitischen Maßnahmen im Detail nachzuzeichnen, was allein schon aus Platzgründen, aber auch aufgrund noch fehlender umfassender Analysen nicht in entsprechender Weise möglich wäre. Sondern es wird versucht, auf der Grundlage bereits vorliegender Darstellungen und Untersuchungen die spezifische Charakteristik der ordnungspolitischen »Wende« in einem längerfristigen ordnungspolitischen Entwicklungskontinuum zu kennzeichnen. Dabei wird der inzwischen häufiger vertretenen These gefolgt, dass sich die »Wende« ab 2000 nicht als »Umbruch« darstellt, sondern gewissermaßen als eine Forcierung bzw. Akzentuierung eines längerfristigen Trends antikeynesianischer, liberalisierender und privatisierender, auf »Entstaatlichung« ausgerichteter Wirtschafts- und Finanzpolitik im Sinne einer austrifizierten Form des sogenannten »Neoliberalismus«, also, wenn man so will, eines sukzessiven Transformationspfades vom »Austro-Keynesianismus« zu einem »Austro-Neolibealismus«.[1]

Im Hinblick auf eine innerhalb der ÖVP seit Mitte der 1980er-Jahre, speziell von Wolfgang Schüssel mehrfach ausformulierte, in der Folge im Rahmen der SPÖ/ÖVP-Koalition immer wieder eingeforderte und sich in ihrem Einfluss verstär-

---

1 Christian Dirninger: Zugänge zur politischen Ökonomie der Staatsfinanzen in der Zweiten Republik. – In: Reinhard Krammer, Christoph Kühberger, Franz Schausberger (Hg.): Der forschende Blick. Beiträge zur Geschichte Österreichs im 20. Jahrhundert. Festschrift für Ernst Hanisch zum 70.Geburtstag. – Wien/Köln/Weimar 2010. S. 115–138. S. 131f.

kende, auf Rückbau der Staatsquote, auf Privatisierung und Marktliberalisierung ausgerichtete ordnungspolitische Linie könnte auch argumentiert werden, dass es ab 2000 zu deren konsequenter, finaler Umsetzung gekommen ist. Die Übernahme der Obmannschaft der ÖVP durch Schüssel 1995 und das Wahlergebnis bzw. die Regierungsverhandlungen 1999/2000, so könnte weiter argumentiert werden, haben die politische Chance dafür geboten, und diese wurde auch konsequent ergriffen. Das Zusammengehen mit der auf ein Aufbrechen der »alten« großkoalitionären, etatistisch-sozialpartnerschaftlichen Strukturen und auf einen Regierungseintritt programmierten FPÖ kann als politisches Vehikel dafür betrachtet werden.

Mitte der 1980er-Jahre begann sich in der ÖVP eine Richtung durchzusetzen, die, gerade auch in der Wirtschafts- und Finanzpolitik, vom Konkordanzmodell der Nachkriegs- und Wiederaufbauzeit ebenso wie von der »austrokeynesianischen« Wirtschaftssteuerung abwich und tendenziell in die Richtung expliziter marktwirtschaftlicher Profilierung sowie einer Beendigung der den Sozialdemokraten und der Gewerkschaft angelasteten »schuldenfinanzierten Gefälligkeitsdemokratie«[2] ging. Dies begann mit der von Alois Mock im Wahlkampf (1986) immer wiederholten Forderung nach einer »anderen Politik«, wobei eben insbesondere die Wirtschafts- und Finanzpolitik gemeint war. Das wiederum knüpfte in gewisser Weise an einen Wandel der ordnungspolitischen Gewichtung in der ÖVP schon in der Zeit der SPÖ-Alleinregierung an, als Mitte 1975 mit Josef Taus ein Mann der Wirtschaft die Parteiführung übernommen hatte, der bei seinem Antritt in der österreichischen Wirtschaftspolitik eine »Reduzierung des Sozialismus auf ein erträgliches Maß« proklamiert hatte.

Diese Linie hatte dann in der ersten Hälfte der 1980er-Jahre angesichts der offensichtlichen Schwäche bzw. Defensive des SPÖ-Keynesianismus in der Endphase der Ära Kreisky und in der »kleinen« SPÖ/FPÖ-Koalition 1983–1986 sowie dann in akuter Weise in der finalen Krise der Verstaatlichten Industrie 1985/86 zunehmendes Gewicht erhalten. Es war gleichsam ein wachsender Druck in Richtung Privatisierung, Liberalisierung und angebotsorientierter Finanz- und Steuerpolitik entstanden. Dabei ist in der ÖVP eine Gruppe von Personen besonders maßgeblich geworden, wobei Wolfgang Schüssel aus seiner Position als Generalsekretär des Österreichischen Wirtschaftsbundes heraus eine führende Rolle in der Konzeption und in der Folge bei der Umsetzung dieses wirtschaftspolitischen Kurses innerhalb der ÖVP und in der Regierung zukam. Einer aus dieser Gruppe war Johannes Ditz, der diese Entwicklung im Rückblick folgendermaßen schildert:

---

2 Christian Smekal: Ordnungspolitische Aspekte der budgetpolitischen Willensbildung. – In: Engelbert Theurl, Hannes Winner, Rupert Sausgruber (Hg.): Kompendium der österreichischen Finanzpolitik. – Wien/New York 2002. S. 4.

»The need for a fundamental political change of course – from a state-run demand-based policy to a supply-based policy oriented toward competition, deregulation, and exports – became more and more apparent. This change, of course, was programmatically prepared by the Austrian People's Party (Österreichische Volkspartei, or ÖVP) and implemented by the Grand Coalition that was formed after the National Council elections of 1987. Robert Graf (the economic spokesperson), Johannes Ditz (head of the ÖVP's Political-Economic Department), Josef Taus (industry spokesperson), and Wolfgang Schüssel (secretary general of the Austian Business Federation) were primarily responsible for the ÖVP's economic program. The changes focused on revisions in the budget structure and expenditure-related budget reorganization measures, the promt integration of Austria into the European single market, deregulation and privatization measures, and relief-oriented tax reforms. As a coalition negotiator (1987), minister of economic affairs (1989–1995), and vice-chancellor (1995–2000), Wolfgang Schüssel decisively helped to shape the transition from demand-based to supply-based economic policy in Austria. As Austrian Chancellor (2000–2007), he deepened and strengthened the supply-based economic course.«[3]

In der ab 1986 regierenden SPÖ/ÖVP-Koalition war die ÖVP als Juniorpartner zwar zu einem ordnungspolitischen Kompromiss veranlasst, der aber schon deutlich in Richtung Budgetkonsolidierung, Privatisierung und Liberalisierung sowie unternehmensfreundlicher Steuerpolitik tendierte. Immerhin kam es noch in den 1980er-Jahren zu entsprechenden Reformen im Steuersystem, und es wurden in den 1990er-Jahren umfassende Budgetkonsolidierungsmaßnahmen ergriffen und substanzielle Privatisierungs- und Liberalisierungsschritte gesetzt. Somit kann davon ausgegangen werden, dass die in der Mitte des vorangegangenen Jahrzehnts eingeleitete sukzessive ordnungspolitische Transformation am Ende der 1990er-Jahre bereits ein fortgeschrittenes Stadium erreicht hatte. Zudem stellte die Vorbereitung und die Umsetzung des EU-Beitrittes ein gemeinsames Ziel mit starker temporärer wirtschaftspolitischer Bindekraft dar, dessen Erfordernisse (Maastricht-Kriterien, Binnenmarkt) den ordnungspolitischen Wandel beschleunigten.[4]

Es kann Eva Stöckl gefolgt werden, wenn sie argumentiert, dass mit dem Ende der Großen Koalition auch der dort immer mehr brüchig gewordene ordnungspolitische Kompromiss zu Ende ging, man könnte auch sagen, bewusst beendet wurde, wenn man etwa daran erinnert, dass die vehementen Forderungen Wolfgang Schüssels

---

3 Johannes Ditz: Economic Policies and Economic Change. – In: Günter Bischof, Fritz Plasser (Hg.): The Schüssel Era in Austria (Contemporary Austrian Studies Vol. 18). – Innsbruck/New Orleans 2010. S. 235–261. S. 236f.
4 Jürgen Nautz: Wettbewerbspolitik. – In: Christian Dirninger, Jürgen Nautz, Engelbert Theurl, Theresia Theurl: Zwischen Markt und Staat. Geschichte und Perspektiven der Ordnungspolitik in der Zweiten Republik. – Wien/Köln/Weimar 2007. S. 65–134. S. 105 u. 107.

nach einer Steuerreform mit ein Anlass für Neuwahlen wurden und es ab 2000 zu einer akzentuierten Polarisierung gekommen ist. Und zwar zwischen der von der nunmehrigen ÖVP/FPÖ-Regierung betriebenen nachhaltigen Verstärkung eines antikeynesianischen und Liberalisierung und Privatisierung forcierenden Kurses einerseits und einer dagegen aufgebauten betont neoliberalismuskritischen Position der Opposition (SPÖ und Grüne) andererseits. Es kann auch der Einschätzung Stöckls zugestimmt werden, dass in dem Bruch »mit der langjährigen traditionellen Kompromisspolitik zwischen SPÖ und ÖVP« in der Tat ein Kriterium einer »Wende« im langfristigen wirtschaftspolitischen Transformationspfad gesehen werden kann.[5]

Dies fand unter anderem darin Ausdruck, dass die Regierung Schüssel 2000 mit dem dezidierten Anspruch angetreten ist, wie es der nunmehrige Finanzminister Karl-Heinz Grasser in seiner Budgetrede im Oktober 2000 ausdrückte, in der Finanz- und Wirtschaftspolitik einen »grundlegenden Paradigmenwechsel« durchzusetzen.[6] Als dessen Hauptelemente, sowohl in der Programmatik als auch in den konkreten Maßnahmen, erscheinen die endgültige Verabschiedung eines (im Grunde keynesianischen) volkswirtschaftlichen Gestaltungsanspruches der Finanzpolitik zugunsten von deren Konzentration auf fiskalische Konsolidierung unter der Devise des »Null-Defizits« sowie eine primär auf Entlastung von Unternehmen, von Kapital und Vermögen ausgerichtete Steuerpolitik. Weiters die unter der Devise »Vollprivatisierung« angestrebte Vollendung der seit Mitte der 1990er-Jahre in Gang befindlichen Privatisierungspolitik im Bereich der verstaatlichten Unternehmen und deren explizite Ausdehnung über industrielle Beteiligungen hinaus auf die Staatsbetriebe im engeren Sinn.[7] Des Weiteren eine nachhaltige Liberalisierung bzw. Deregulierung der Güter- und Faktormärkte.

Im Folgenden wird versucht, zunächst den oben angesprochenen transformatorischen Entwicklungspfad seit Mitte der 1980er-Jahre bis 1999/2000 zu kennzeichnen und dann in einem nächsten Abschnitt die zentralen Punkte des ordnungspolitischen »Schüssel-Grasser-Kurses« in der Wirtschafts- und Finanzpolitik zu beleuchten. Dabei stehen die Budgetpolitik des Bundes, die Privatisierungs- und Liberalisierungspolitik sowie der Wandel in der Geld- und Kreditwirtschaft und den Kapitalmarktstrukturen im Fokus der Betrachtung.

---

5 Eva Stöckl: Privatisierungspolitik der ÖVP-FPÖ-Regierung 2000–2006 als Ausdruck einer neoliberalen Wirtschaftspolitik. Dipl.-Arb. Salzburg 2006. S. 44.
6 Zit. bei Herbert Obinger: »Wir sind Voesterreicher«: Bilanz der ÖVO/FPÖ-Privatisierungspolitik. – In: Emmerich Tálos (Hg.): Schwarz-Blau. Eine Bilanz des »Neu Regierens«. – Wien 2006. S. 154–169. S. 159.
7 Obinger: »Wir sind Voesterreicher«. S. 164. Vgl. dazu auch Christian Dirninger: Der Bourgeois als Erlöser. Beobachtungen zur Privatisierungspolitik aus wirtschaftshistorischer Perspektive. – In: Nikolaus Dimmel, Josef Schmee (Hg.): Politische Kultur in Österreich 2000–2005, Wien 2005.

2. Programmatische »Wurzeln« und faktische Entwicklungspfade

Die in der eingangs angeführten These angesprochene Anbahnung und sukzessive Entfaltung einer ordnungspolitischen Transformation in der Wirtschafts- und Finanzpolitik von der Mitte der 1980er- bis Ende der 1990er-Jahre, die ab 2000 durch die schwarz-blaue Regierungskoalition eine nachdrückliche Forcierung erfuhr, lässt sich zum einen auf einer programmatischen Ebene, auf der von den Parteien ordnungspolitische Positionen formuliert wurden, und zum anderen auf einer faktischen Ebene der konkreten wirtschafts- und finanzpolitischen Maßnahmen beobachten. Diesbezüglich kann die These in zweifacher Hinsicht differenziert werden.

Erstens dahingehend, dass die konzeptionellen, programmatischen »Wurzeln« des ordnungspolitischen Profils der ÖVP/FPÖ-Koalition für beide Parteien in der Mitte der 1980er-Jahre liegen und in der Zeit der Großen Koalition in differenzierter Weise weiterentwickelt wurden. Und zweitens dahingehend, dass sich die ÖVP/FPÖ-Koalition ab 2000 auf der faktischen Ebene der konkreten Gestaltung der Wirtschafts- und Finanzpolitik im Wesentlichen in den von der Großen Koalition eingeschlagenen Bahnen bewegte, diese aber nachdrücklich forcierte.

2.1 Die programmatische Ebene

Für die ÖVP kann in Bezug auf die programmatische Ebene davon ausgegangen werden, dass Wolfgang Schüssel schon in der Endphase der Kreisky-Ära und dann in der Zeit der SPÖ/FPÖ-Regierungskoalition (1983–1986) aus der Oppositionsrolle heraus in mehreren Publikationen eine ordnungspolitische Wende in Richtung »Weniger Staat – mehr Markt«, Privatisierung und Beschränkung der öffentlichen Aufgaben und damit Ausgaben postuliert und auch detailliert argumentiert hat[8] und dass sich diese Konzeption in der Folge innerparteilich durchgesetzt hat. Für die Umsetzung des wirtschaftspolitischen Kurswechsels in der nach 1986 regierenden Großen Koalition konzediert Johannes Ditz, dessen Übereinstimmung mit der Schüssel'schen Konzeption nicht zuletzt in dem später – in bewusster Anlehnung an den »Raab-Kamitz-Kurs« der 1950er-Jahre – geprägten Begriff eines »Schüssel-

---

8   Wolfgang Schüssel: Zu den wirtschaftspolitischen Positionen der Österreichischen Volkspartei (ÖVP). – In: Hanns Abele, Ewald Nowotny, Stefan Schleicher, Georg Winckler (Hg.): Handbuch der österreichischen Wirtschaftspolitik. – Wien 1982. S 143–150. Johannes Hawlik, Wolfgang Schüssel: Mehr privat – weniger Staat. Anregungen zur Begrenzung öffentlicher Aufgaben. – Wien 1983. Johannes Hawlik, Wolfgang Schüssel: Staat lass nach. Vorschläge zur Begrenzung und Privatisierung öffentlicher Aufgaben. – Wien 1985.

Ditz-Kurses« Ausdruck gefunden hat[9], durchaus auch eine entsprechende Mitwirkung maßgeblicher SPÖ-Politiker. So stellt er hinsichtlich der in der Großen Koalition gesetzten Maßnahmen bei Budgetkonsolidierung, Steuerreform, Privatisierung und Liberalisierung fest: »Critical to this success was not just the ÖVP's espousal of this change of course, but also the acknowledgement and contributions on the part of the SPÖ's leading politicians (Franz Vranitzky, Ferdinand Lacina, Rudolf Streicher, and Viktor Klima).« Er vermerkt aber auch, dass der politische Erfolg mehr bei der SPÖ als bei der ÖVP zu Buche schlug: »The political success was primarily ascribed, however, to the SPÖ and not to the ÖVP, which was the initiator.«[10]

Die programmatische Position der FPÖ in der »Wende-Regierung« erscheint in der langfristigen Perspektive gleichsam von zwei konzeptionellen Argumentationslinien determiniert. Erstens von einer wirtschaftsliberalistischen Position, die insbesondere unter Norbert Steger und Norbert Gugerbauer im Zuge des Versuches, der Partei ein diesbezügliches Profil zu geben, entwickelt wurde. Zweitens von der von Jörg Haider ab 1986 forcierten fundamentalen Kritik gegenüber dem überkommenen etatistisch-korporatistischen System, bei gleichzeitigem Streben, sich in diesem zu positionieren.

Für beide, ÖVP und FPÖ, war die sogenannte »Verschuldungspolitik« des Kreisky'schen »Austrokeynesianismus« ein zentraler Ansatz- und Angriffspunkt in der programmatischen Auseinandersetzung.[11] Die SPÖ befand sich diesbezüglich sicherlich in der Defensive bzw. setzte – nicht zuletzt durch faktische Erfordernisse bedingt – auch in programmatischer Hinsicht auf wirtschaftspolitischen Pragmatismus, bei dem der internationale Anpassungsdruck sicherlich eine wesentliche Veranlassung darstellte und dessen innerparteiliche Durchsetzung, insbesondere gegenüber der Gewerkschaftsfraktion, keineswegs einfach war. So hatte die OECD schon Ende der 1980er-Jahre mehrfach Problemzonen in der österreichischen Wirtschaft moniert, etwa das strukturelle Handelsbilanzdefizit, den starken staatlichen Einfluss auf die gewerbliche Wirtschaft, die »geschützten« Bereiche im öffentlichen Sektor, die hohe Grundstofflastigkeit der Industrie oder Defizite im industrienahen Dienstleistungsbereich.[12] Das im Oktober 1998 verabschiedete Grundsatzprogramm der SPÖ enthielt denn auch ein explizites Bekenntnis zu »offenen Märkten«. Explizit ausgenommen waren jedoch jene Bereiche, »wo Bedürfnisse der Menschen durch den Markt nicht sozial gerecht befriedigt werden können«. Dort trat man weiterhin »für die Regulierung der Marktkräfte beziehungsweise für die Erbringung oder Bereitstellungen von Leistungen durch die öffentliche Hand ein«. Das generelle

---

9 Der Schüssel-Ditz-Kurs. – In: Österreichische Monatshefte Jg. 51 Nr. 7 (1995).
10 Ditz: Economic Policies and Economic Change. S. 244.
11 Fritz Weber, Theodor Venus (Hg.): Austro-Keynesianismus in Theorie und Praxis. – Wien 1993.
12 Z. B. OECD, Economic Surveys. Austria 1989/90. – Paris: Hinweis bei Nautz: Wettbewerbspolitik. S. 105.

Bekenntnis zu einer »gerechten« Verteilung der erwirtschafteten Erträge wurde insofern durch eine Anerkennung eines Leistungsprinzips ergänzt, als Einkommensunterschiede »durch besondere Leistung, Belastung oder Verantwortung begründet werden«. Eine angebotsorientierte Akzentuierung lässt sich in einer »gezielten« Wachstumsorientierung der Steuer-, Geld-, Infrastruktur- und Wettbewerbspolitik sowie in einer »aktiven« Arbeitsmarktpolitik erkennen.[13]

Hinsichtlich der Programmierung der Finanzpolitik lässt sich ab der Mitte der 1980er-Jahre eine tendenzielle Distanzierung von dem im »Austrokeynesianismus« etablierten Anspruch auf deren umfassende volkswirtschaftliche Steuerungskompetenz und damit einer solchen des Finanzministeriums beobachten. Institutionell fand dies darin seinen Niederschlag, dass es nunmehr ein zunächst von Robert Graf (1987–1989), dann von Wolfgang Schüssel (1989–1995), Johannes Ditz (1995/96) und Johann Farnleitner (1996–2000) geführtes eigenes Wirtschaftsministerium gab. Während diesem vor allem die Agenden einer angebotsorientierten Investitions- und Standortpolitik oblagen, verlagerte sich die Hauptaufgabe der Finanzpolitik in ein engeres, fiskalisches Verständnis von Budgetpolitik und damit auf das Ziel der Haushaltskonsolidierung (Einsparungen) und der Steuerreform. Das bedeutete auch eine Rücknahme der keynesianisch interpretierbaren konjunktur- und beschäftigungspolitischen Komponente der Finanzpolitik.

Die für die Privatisierungspolitik maßgebliche ordnungspolitische Linie der ÖVP formierte sich, in Auseinandersetzung mit dem in der Endphase der Ära Kreisky und in der SPÖ/FPÖ-Koalition programmatischen Festhalten der SPÖ an der verstaatlichten Wirtschaft, in der ersten Hälfte bzw. der Mitte der 1980er-Jahre.[14] Wie bereits erwähnt, spielte bei deren Formulierung Wolfgang Schüssel eine ganz entscheidende Rolle. Die große Krise der Verstaatlichten Industrie und die dabei eingesetzten beträchtlichen staatlichen Subventionen stärkten Schüssels Argumentationslinie hinsichtlich eines raschen und konsequenten Rückzuges des Staates nachdrücklich, auch innerhalb der eigenen Partei.[15] Dabei ging Schüssel weit über die Verstaatlichte Industrie in viele andere öffentliche Bereiche hinaus und propagierte gleichsam eine umfassende Entstaatlichung, indem er 1985 unter anderem ausführte: »Man sollte

---

13 Aus dem SPÖ-Grundsatzprogramm vom 30./31. Oktober 1998. Zit. bei Nautz: Wettbewerbspolitik. S. 73f. Und: Jürgen Nautz: Vom Binnenmarkt zum Gemeinsamen Markt. Zur Entwicklung der Ordnungspolitik in Österreich vom Ersten Weltkrieg bis zum EU-Beitritt. – In: Jürgen Schneider (Hg.): Öffentliches und privates Wirtschaften in sich wandelnden Wirtschaftsordnungen (Vierteljahrschrift für Sozial- und Wirtschaftsgeschichte Beiheft 156). – Stuttgart 2001. S. 197f.

14 So hieß es etwa im SPÖ-Wirtschaftsprogramm 1981 noch: »Die Verstaatlichte Industrie muss ein kräftiger und dynamischer Bestandteil der gemischten Wirtschaft Österreichs bleiben.« Zit. bei Dieter Stiefel: Verstaatlichung und Privatisierung in Österreich: Illusion und Wirklichkeit. – Wien/Köln/Weimar 2011. S. 183, weiters S. 169ff.

15 Ebd. S. 187f.; Nautz: Wettbewerbspolitik. S. 109.

im Grunde alles zur Diskussion stellen – ob Telefone durch den Staat verkauft und eingeleitet werden sollen, Krankenhäuser öffentlich geführt werden müssen, Industriebetriebe, Theater, Fremdenverkehrseinrichtungen wie Restaurants, Seilbahnen, Reisebüros, Buchverlage usw. vom Staat zu führen sind. Privatisierung wird auf allen Ebenen ein Thema der nächsten Jahre sein – ob auf Bundes-, Landes- oder Gemeindeebene ... Privatisierung bedeutet substantielle Vorteile für das Management der Betriebe (größere Unabhängigkeit), die Mitarbeiter, die Konsumenten und Steuerzahler. Privatisierung bringt natürlich auch eine Entlastung der leeren Staatskassen und eine Verringerung des Staatsanteiles mit sich. Das Hauptanliegen aber ist es, die Effizienz der österreichischen Wirtschaft und ihre Wettbewerbsfähigkeit zu erhöhen. Privatisierung heißt Industrien, Dienstleistungen und Aufgaben, die nicht notwendigerweise vom öffentlichen Sektor betrieben werden müssen, wieder dem eigentlichen Souverän zurückzugeben, dem österreichischen Volk.«[16]

Parallel dazu hieß es in dem ebenfalls im Jahr 1985 vorgelegten »Zukunftsmanifest« der ÖVP, dass es erforderlich sei, »in einer umfassenden, vorurteilslos geführten Diskussion festzustellen, welche Aufgaben, die heute von Gemeinden, Bundesländern oder vom Bund wahrgenommen werden, ohne Schädigung von Gemeinwohlinteressen und zum Vorteil der Bürger besser von privaten oder verstaatlichten Unternehmungen erfüllt werden können«. Und hinsichtlich der verstaatlichten Unternehmen wurde für eine »selbständige und eigenverantwortliche« Betriebsführung sowie dafür plädiert, »die Eigenkapitalbasis verstaatlichter Industrieunternehmungen durch die Zufuhr privaten Beteiligungskapitals zu verbessern«, womit die ersten Schritte in Richtung Privatisierung vorgezeichnet erscheinen.[17]

Und 1986 bezeichnete es die Bundesleitung des Österreichischen Wirtschaftsbundes in einer »Das Debakel der verstaatlichten Industrie« betitelten Aussendung als »unverantwortlich, die Ideologie der Verstaatlichung weiterhin auf Kosten der Leistungskraft der Privatwirtschaft aufrechtzuerhalten«.[18]

Als Vorsitzender eines einschlägigen Arbeitskreises zeichnete Schüssel dann auch wesentlich für das unter der Devise »Mehr privat – weniger Staat« im Jahr 1988 vorgelegte Privatisierungsprogramm der ÖVP verantwortlich. Dessen Grundtenor lag wiederum darin, dass der Staat in der Vergangenheit eine Reihe von Agenden übernommen habe, die keine eigentlichen Staatsaufgaben seien und daher in pri-

---

16 Wolfgang Schüssel: Mehr privat – weniger Staat: Man sollte im Grunde alles zur Diskussion stellen. – In: Österreichische Monatshefte Jg. 41, Nr. 6 (1985). S. 6. Hinweis bei: Stiefel: Verstaatlichung und Privatisierung in Österreich. S. 181.
17 In: Österreichische Volkspartei. Zukunftsmanifest. Für eine neue Freiheit. – Wien 1985. S. 29f. Zit. bei Stiefel: Verstaatlichung und Privatisierung. S. 185.
18 Bundesleitung des Österreichischen Wirtschaftsbundes: Das Debakel der verstaatlichten Industrie. – Wien März 1986. Hinweis bei Stiefel: Verstaatlichung und Privatisierung. S. 189.

vatrechtliche bzw. privatwirtschaftliche Verhältnisse überzuführen seien.[19] Wolfgang Schüssel sah zu dieser Zeit die britische Privatisierungspolitik unter Margaret Thatcher offensichtlich als Vorbild. Dieter Stiefel zitiert eine dahingehende Passage aus einem 1987 erschienenen Aufsatz Schüssels:

»Als Musterland der Privatisierung gilt heute Großbritannien. Die konservative Regierung unter Margret Thatcher hat im Zeitraum 1979–1986 Staatsbetriebe im Wert von rund 500 Mrd. Schilling veräußert und plant für das laufende und kommende Jahr einen Beteiligungsabbau um abermals rund 100 Mrd. Schilling. Auch die französische Regierung unter Jacques Chirac plant für die nächsten fünf Jahre Privatisierungen in ähnlichem Umfang … Die ÖVP hat in ihren Wirtschaftsprogrammen mehrfach gefordert, dass sich Österreich dieser internationalen Entwicklung anschließt.«[20]

Und in einer weiteren Publikation verwies Schüssel darauf, dass in Großbritannien und Frankreich durch die Privatisierung »die Produktivität der entsprechenden Unternehmen drastisch verbessert werden konnte und langjährige Subventionsempfänger zu gewinnträchtigen und erfolgreichen Marktteilnehmern wurden«.[21] Diese Position hatte auch Eingang in das Arbeitsübereinkommen der Regierung gefunden, wobei allerdings das Ausmaß der Privatisierung eine offene Frage geblieben ist. Denn die SPÖ beharrte in ihrer Privatisierungsprogrammatik, jedenfalls zunächst, auf dem Erhalt eines »strategischen Eigentums« mit einer zumindest 51 %igen staatlichen Mehrheit. Als dann am Beginn der 1990er-Jahre Bundeskanzler Franz Vranitzky für einzelne Bereiche die Möglichkeit einer staatlichen Minderheit andeutete, sprach Heinrich Neisser (ÖVP) im Parlament euphorisch vom »Durchbrechen einer Schallmauer«.[22] Ungeachtet dessen blieb die SPÖ beim Ziel des Erhalts eines österreichischen Mehrheitseigentums, insbesondere hinsichtlich der Gefahr eines Überhandnehmens von ausländischem Kapitaleigentum. Dieses Argument, soweit es nicht ausschließlich auf staatliches Eigentum bezogen blieb, hatte zur Mitte der 1990er-Jahre auch in maßgeblichen Teilen der ÖVP Gewicht. Im Sinne dessen hieß es 1995 in den »Grundsätzen der Privatisierung« der ÖVP: »Österreichische Lösungen müssen Vorrang vor einem Verkauf an das Ausland haben. Der Verlust von Entscheidungskompetenz zieht unweigerlich den Verlust von Wertschöpfung nach sich.«[23] Diese Linie findet

---

19 Stöckl: Privatisierungspolitik der ÖVP-FPÖ-Regierung. S. 43.
20 Wolfgang Schüssel: Chancen der Privatisierung. – In: Österreichische Monatshefte Jg. 43 Nr. 3 (1987). S. 6. Zit. bei Stiefel: Verstaatlichung und Privatisierung. S. 209f.
21 Wolfgang Schüssel: Wirtschaftliche Ausgrenzung wäre besonders schmerzhaft. – In: Österreichische Monatshefte Jg. 44 Nr. 4 (1988). S. 12. Zit. bei Stiefel: Verstaatlichung und Privatisierung. S. 212.
22 Zit. bei Stiefel. S. 214.
23 In: Der Schüssel-Ditz-Kurs. – In: Österreichische Monatshefte Jg. 51 Nr. 7 (1995). S. 30. Zit. bei Stiefel. S. 183.

sich dann auch noch in der Programmatik der Privatisierungspolitik der ÖVP/FPÖ-Regierung. Das gilt auch für die im »Schüssel-Ditz-Kurs« enthaltene Argumentation, dass der Staat ein schlechter Unternehmer sei, ebenso wie für den Grundsatz, dass, wie es im 1995 beschlossenen Grundsatzprogramm der ÖVP hieß, »Eigentum an Produktionsmitteln ... Voraussetzung für unternehmerische Initiativen« sei und »persönliche Freiheit« garantiere, zugleich aber auch »Verpflichtungen gegenüber der Gemeinschaft« impliziere.[24] Im Sinne dessen findet sich dort einmal mehr die von Wolfgang Schüssel bereits zehn Jahre zuvor erhobene Forderung, dass der Staat nur Aufgaben übernehmen solle, die nicht von Privaten übernommen werden können: »Wo öffentliche Aufgaben durch private und durch freie Dienstleistungsträger ebenso gut oder besser erfüllt werden können, sollten diese vom Staat abgetreten werden. Dies gilt im Besonderen für wirtschaftliche Tätigkeiten des Staates.«[25]

Sucht man nach dem für die wirtschaftspolitische Programmatik der FPÖ in der schwarz-blauen Regierung relevanten längerfristigen Entwicklungspfad, so findet man in der um marktwirtschaftlichen Liberalismus bemühten Steger-FPÖ etwa im Parteiprogramm 1985 etliche mit der ÖVP-Position kompatible Aussagen, wobei mit der Verwendung des Begriffes »Reprivatisierung« offenbar die Wiederherstellung eines marktwirtschaftlichen Prinzips insinuiert werden sollte. So heißt es dort etwa:

»Die Verstaatlichung von Eigentum als Prinzip lehnen wir ab. Verstaatlichung soll auf jene wenigen Bereiche beschränkt werden, in denen aus sachlicher Zweckmäßigkeit im Interesse des Gesamtwohles ein Verzicht auf Privateigentum geboten erscheint. Wirtschaftsaufgaben, die von verstaatlichten oder gemeinwirtschaftlichen Unternehmen oder von Behörden übernommen wurden, sind laufend auf eine mögliche Reprivatisierung hin zu überprüfen.«

Oder, auch mit der späteren SPÖ-Linie konform gehend: »Bei Reprivatisierung ist darauf zu achten, dass nicht ausländisches Kapital unsere Wirtschaft zu kontrollieren beginnt.« Dass in expliziter Form auch auf die verstaatlichten Banken Bezug genommen wurde, hat wohl seine Gründe auch darin, dass die FPÖ dort keinen Einfluss hatte:

»Der Grad der Verstaatlichung im österreichischen Bankenwesen ist bereits viel zu hoch, wir verlangen eine weitgehende Reprivatisierung ... Die Beteiligungen von Banken an anderen, insbesondere an industriellen Unternehmungen sind so zu begrenzen

---

24 Zit. ebd. S. 210f.
25 Grundsatzprogramm der ÖVP vom 22. April 1995. Zit. bei Stöckl: Privatisierungspolitik der ÖVP-FPÖ-Regierung. S. 42.

und zu organisieren, dass der Handlungsspielraum der Kreditwirtschaft durch außerhalb liegende Interessen nicht eingeschnürt wird ... Das Eindringen von Banken in bankfremde Wirtschaftsbereiche durch die Gründung von Tochterunternehmen ist aus wettbewerbspolitischen Gründen abzulehnen und es sind Schritte zur Rückgängigmachung dieser Entwicklung einzuleiten.«[26]

Der fehlende Einfluss der FPÖ in der verstaatlichten Wirtschaft spielte dann auch in den 1990er-Jahren generell in deren Privatisierungsforderungen eine wesentliche Rolle. Das kam etwa in ihrer oppositionellen Kritik an der in der Großen Koalition zu dieser Zeit noch geltenden Linie des Erhalts von mindestens 51 % Staatseigentum zum Ausdruck. Dies sei, so meinte etwa Norbert Gugerbauer 1990 im Nationalrat, »letzten Endes keine wirkliche Privatisierung«, da es sich dabei »nur um eine Verstaatlichung privaten Kapitals« handle und »die rot-schwarze Kommandowirtschaft in Österreich, also die parteipolitische Gängelung der verstaatlichten Betriebe ... damit unangetastet« bleibe. Und Walter Meischberger sprach von »Scheingeschäften« und resümierte: »Die schwindsüchtigen Altparteien sichern sich so ihr Ausgedinge.«[27]

Das wiederum stand in Zusammenhang damit, dass sich unter der Führung Jörg Haiders die Stoßrichtung der Privatisierungsprogrammatik der FPÖ auf eine massive Kritik am Privilegienmissbrauch (Rechberger etc.) im Bereich der verstaatlichen Wirtschaft verlagert hatte, verbunden mit einer populistischen Verschärfung der Ansicht, dass der Staat ein schlechter Unternehmer sei und daher privatisiert werden müsse. So hatte Haider vor dem Hintergrund der existenziellen Krise der Verstaatlichten Industrie 1987 im Parlament unter anderem ausgeführt: »Die Privatisierung ist nicht eine Frage, die nur unter dem Zwang der Sanierung steht, sondern sie ist ... auch eine Frage, die letztlich damit zusammenhängt, dass der Staat einfach ein schlechter Wirtschafter ist. Und weil der Staat ein schlechter Wirtschafter ist, kann man ihm nicht länger die Verantwortung für diese Großbetriebe überlassen.«[28] Finanzminister Grasser hat dann in einer Parlamentsrede 2003 (damals bereits parteiloser Finanzminister) offensichtlich darauf zurückgegriffen, wenn er daran erinnerte: »Wir haben immer gesagt, der Staat ist ein schlechter Unternehmer. Das hat die Geschichte der Verstaatlichten Industrie in Österreich gezeigt.«[29]

Die deutliche Stoßrichtung gegen den »geschützten Bereich«, also die öffentlich-staatlichen Wirtschaftsbereiche, findet sich dann auch im FPÖ-Programm 1997, wo

---

26 Freiheitliche Partei Österreichs: »Freiheit gilt uns als höchster Wert«. Für unsere Heimat Österreich. Das Parteiprogramm der FPÖ 1985. Zit. bei Stiefel. S. 184f.
27 Beides zit. ebd. S. 213.
28 Zit. ebd. S. 208.
29 Zit. ebd. S. 209.

es unter anderem heißt: »Die Freiheitliche Bewegung versteht sich als Anwalt der Erwerbstätigen im nicht geschützten Bereich. Es widerspricht dem Grundsatz der Fairness, dass der Großteil der Erwerbstätigen allen wirtschaftlichen Risiken ausgesetzt ist, während andere in privilegierter Stellung (zu Lasten der Leistungsträger) im geschützten Bereich tätig sind. Unter geschütztem Bereich sind der öffentliche Sektor und die staatlichen Unternehmen zu verstehen.« Und erneut wurde insbesondere auch der Bankensektor ins Visier genommen: »Die Beteiligungsmacht der Banken und der Kreditinstitute ist zu beschränken. Die Entpolitisierung des Bankensektors muss durch eine echte Privatisierung vorangetrieben werden.«[30]

2.2 Die faktische Ebene

Wie eingangs angeführt, kann davon ausgegangen werden, dass sich die ÖVP/FPÖ-Koalition ab 2000 in der konkreten Gestaltung der Wirtschafts- und Finanzpolitik im Wesentlichen in den von der Großen Koalition eingeschlagenen Bahnen bewegte, diese aber nachdrücklich forciert hat. Dabei erscheinen insbesondere drei Bereiche von vorrangiger Bedeutung: die Budgetsanierung bzw. der Abbau der Staatsverschuldung, die Steuerreform und Privatisierung in Verbindung mit Liberalisierung und Deregulierung.

2.2.1 *Budgetsanierung und Abbau der Staatsverschuldung*

Im letzten Drittel der 1980er- bzw. im Übergang zu den 1990er-Jahren bestanden durchaus günstige konjunkturelle Voraussetzungen für einen fiskalischen Konsolidierungskurs. Das bestätigt auch ein Bericht der Europäischen Kommission aus dem Jahr 1998, in dem rückblickend festgestellt wurde, dass der Rückgang des Budgetdefizits von 4,2 % des BIP im Jahr 1987 auf 2,0 % im Jahr 1992 »überwiegend auf den Konjunkturaufschwung Ende der 80er- und Anfang der 90er-Jahre zurückzuführen« war.[31] Als sich aber in der Mitte der 1990er-Jahre die allgemeine Konjunkturlage massiv verschlechterte und sich ein deutlicher Anstieg der Arbeitslosigkeit abzeichnete, konnte eine antizyklische Gegensteuerung wieder opportun erscheinen. Zugleich aber gaben das Ziel, an der ersten Runde der Europäischen Wirtschafts- und Währungsunion, also der Einführung des Euro, teilzunehmen und damit die primär monetaristisch intendierten »Maastricht-Kriterien« einen fiskalisch restriktiven

---

30 Freiheitliche Partei Österreichs: Das Programm der Freiheitlichen Partei Österreichs. 1997. S. 31f. Zit. ebd. S. 223f.

31 Europäische Kommission, Generaldirektion Wirtschaft und Finanzen: Die wirtschaftliche und finanzielle Lage in Österreich. 1998.

Handlungskorridor vor. Die Europäische Kommission sah die Gefahr eines Anstieges des Budgetdefizits auf bis zu 8 % und des Schuldenstandes auf bis zu 70 % des BIP, sollten keine entsprechenden Maßnahmen ergriffen werden.[32]

Angesichts dessen wurden die Staatsschuldenentwicklung bzw. die budgetäre Konsolidierung in der Koalition wieder zu einem vorrangigen Konfliktpotenzial, im Zuge dessen aufseiten der ÖVP die von Wolfgang Schüssel vertretene Position, dass mit Steuersenkungen und mit einer auf Liberalisierung und Flexibilisierung der Arbeitsverhältnisse ausgerichteten Arbeitsmarktpolitik anstatt mit antizyklischer Budgetausweitung zu reagieren sei, deutlich mehr Gewicht bekam. Die Konfliktträchtigkeit der Budgetfrage erhöhte sich auch dadurch, dass der sozialpartnerschaftliche Konsens fehlte, indem insbesondere die sozialdemokratische Fraktion der Gewerkschaft verstärkt den sozial- und verteilungspolitischen Teil der Budgetpolitik einforderte, was nicht zuletzt den Rücktritt des langjährigen SPÖ-Finanzministers Ferdinand Lacina, dem von gewerkschaftlicher Seite mangelndes soziales Gewissen vorgeworfen worden war, im Frühjahr 1995 nach sich gezogen hatte. Der von Bundeskanzler Vranitzky unternommene Rückgriff auf die Sozialpartner mit dem Auftrag zur Erstellung eines Einsparungsprogramms hatte zwar ein entsprechendes Konzept im Umfang von ca. 20 Mrd. Schilling ergeben, das aber nicht zur Umsetzung gekommen ist. Der finanzpolitische Konfliktpegel in der Koalition war bereits derart angestiegen, dass ein Scheitern der Budgetverhandlungen immer wahrscheinlicher wurde und schließlich auch eingetreten ist und in Folge zu Neuwahlen im Dezember 1995 geführt hat.[33]

Im Wahlkampf, in dem die Defizit- und Schuldenlage sowie die wachsende Verunsicherung in der Bevölkerung hinsichtlich der Sicherheit der Pensionen und drohende Einschnitte im öffentlichen Dienst ein vorrangiges Thema waren, und in den nachfolgenden Regierungsverhandlungen war es wiederum insbesondere Wolfgang Schüssel, nunmehr Obmann der ÖVP mit dem expliziten Ziel, Bundeskanzler zu werden, der den Rückbau des öffentlichen Sektors einforderte und das Primat der Einsparungs- und Entschuldungspolitik zur Koalitionsbedingung machte.[34]

Die neu gebildete Große Koalition, nunmehr mit Viktor Klima als Finanzminister (3. 1. 1996–28. 1. 1997), schlug dementsprechend in der Folge einen dezidierten Sparkurs mit einem auf die Jahre 1996 und 1997 ausgelegten »Sparpaket« und einem bis 2000 terminisierten Budgetkonsolidierungsprogramm ein, im Zuge dessen die mittelfristige Haushaltsplanung zu einem strategischen finanzpolitischen Instrument

---

32 Ebd. S. 12 und 84.
33 Zu diesem Zeitpunkt war das Nettodefizit des Bundeshaushaltes, das von 1987 mit 4,7 % bis 1992 auf 2,0 % zurückgeführt worden war, wieder auf 5,7 % angestiegen: Bundesministerium für Finanzen.
34 Ditz: Economic Policies und Economic Change. S. 238.

wurde.³⁵ Das im Rahmen des der EU-Kommission vorgelegten »Konvergenzprogramms« für 1996 und 1997 vereinbarte Sparpaket sah starke Einschnitte beim öffentlichen Dienst mit Einmalzahlungen statt Gehaltserhöhungen, Pensionsabschläge und die Einführung eines Pensionsbeitrages sowie den Abbau von mehr als 10.000 Posten im öffentlichen Dienst vor. Des Weiteren deutliche Kürzungen bei den Sozialtransfers. Im steuerlichen Bereich wurden Absetz- und Abschreibungsmöglichkeiten eingeschränkt sowie Erhöhungen bei Körperschaftssteuer, Kapitalertragsteuer und Tabaksteuer sowie die Energiebesteuerung auf Strom und Erdgas vorgesehen.³⁶

Das Sparpaket lässt vier, auch für die Budgetkonsolidierung nach 2000 kennzeichnende Charakteristika erkennen. Erstens zeitigte es kurzfristig durchaus Wirkung, war aber nicht nachhaltig. So wurde zwar das gesamtstaatliche Defizit von 5,8 % des BIP im Jahr des EU-Beitritts 1995 auf 4 % des BIP 1996 und 1997 auf 1,8 % verringert, und die Schuldenquote konnte von 1996 auf 1997 von 68,3 % auf 64,4 % des BIP gesenkt werden. Allerdings wurde der restriktive Budgetkurs 1998 wieder gelockert, sodass das Defizit auf 2,4 % des BIP und die Schuldenquote bis 1999 wieder auf 67,2 % anstieg.³⁷ Zweitens erfolgte ein wesentlicher Teil der Konsolidierung einnahmenseitig. So wurde 1996 das Defizit nach Einschätzung des WIFO je zur Hälfte durch Steuereinnahmen und Ausgabeneinsparungen verringert, während Bruno Rossmann sogar ein leichtes Übergewicht der steuerlichen Maßnahmen feststellt.³⁸ Das wurde auch von der Europäischen Kommission so gesehen: »Die budgetäre Gesamtentwicklung in der Phase der Haushaltssanierung lässt allerdings darauf schließen, dass die Anpassung vorrangig auf Steuererhöhungen zurückging. So zeigen die Haushaltsergebnisse in der Tat, dass die Anpassung in hohem Maße auf Steuererhöhungen und nicht auf Kürzungen der Primärausgaben beruhte.«³⁹

Drittens enthielt das Konsolidierungsprogramm, was die Ausgabenseite betrifft, etliche Einmaleffekte bzw. Ausgliederungen.⁴⁰ Zu nennen sind hier vor allem die

---

35 Europäische Kommission 1998. S. 85.
36 Ebd. S. 12. Vgl. dazu auch Margit Schratzenstaller: Budgetkonsolidierung – Allgemeine Überlegungen und Perspektiven für Österreich. – In: Gerhard Steger (Hg.): Öffentliche Haushalte in Österreich. 3. Aufl. – Wien 2010. S. 149ff.
37 Schratzenstaller: Budgetkonsolidierung. S. 150f.
38 Ebd. S. 150.; Bruno Rossmann: Ein Rückblick auf die Budgetpolitik Österreichs seit dem Beitritt zur Europäischen Union. – In: Wirtschaft und Gesellschaft 31/4 (2005). S. 493–534.
39 Europäische Kommission 1998. S. 87.
40 Felix Butschek: Vom Staatsvertrag zur Europäischen Union. Österreichische Wirtschaftsgeschichte von 1955 bis zur Gegenwart. – Wien/Köln/Weimar 2004. S. 169 und 200ff. Schratzenstaller: Budgetkonsolidierung. S. 150. Rossmann: Ein Rückblick auf die Budgetpolitik Österreichs. Gerhard Baumgartner: Ausgliederung und öffentlicher Dienst (Forschungen aus Staat und Recht 149). – Wien/New York 2006. Manfried Gantner: Budgetausgliederungen – Fluch(t) oder Segen (Schriftenreihe des Ludwig Boltzmann-Instituts zur Analyse wirtschaftspolitischer Aktivitäten Bd. 11). – Wien 1994.

1997 erfolgte Ausgliederung der ASFINAG (Autobahn- und Schnellstraßen-Finanzierungs-AG), die Ausschüttung der Pensionsrückstellungen der PSK an den Bund sowie Erlöse aus der Veräußerung von Telekom-Lizenzen. Ferner wurde zum 1. Jänner 1997 der Betrieb der österreichischen Bundesforste von der Österreichischen Bundesforste AG übernommen. Bereits 1994 war die Bundesbahn in eine eigene Unternehmensform ausgegliedert worden. 1996 wurde die »Österreichische Post- und Telegraphenverwaltung (ÖPTV)« in eine Holding der Postsparkasse (PSK), der Post und der Telekom Austria (PTA) mit entsprechender Übertragung des Schuldenstandes umgewandelt.[41] Im Hinblick auf die damit erreichte Senkung des Maastricht-Defizits spricht Margit Schratzenstaller von »legaler Budgetkosmetik« und Bruno Rossmann, der die 1990er-Jahre »als das Jahrzehnt der Budgetausgliederungen« charakterisiert, von einer »Flucht aus dem Budget«.[42] Und Christian Smekal sieht in der Ausgliederung bestimmter öffentlicher Finanzierungsbereiche aus dem Budget einen sich im letzten Drittel des 20. Jahrhunderts anbahnenden Wandel hin zum Prinzip der Kostenorientierung öffentlicher Leistungsbereiche und Betriebe gegenüber dem tradierten Prinzip des Gewährleistungsstaates bzw. »von der makroökonomischen Budgetsteuerung hin zur mikroökonomischen Managementorientierung der öffentlichen Leistungserstellung«.[43]

Ein viertes auch für die Budgetkonsolidierung nach 2000 kennzeichnendes Charakteristikum war die Einbeziehung der Länder und Gemeinden in eine gesamtstaatliche Konsolidierungsstrategie in Form eines innerösterreichischen »Stabilitätspaktes«, bei dem Länder und Gemeinden ihrerseits zu Defizitabbau und Ausgabenbeschränkung und damit zur Erreichung des Maastricht-Kriteriums beizutragen hatten.[44] Im Zuge dessen kam es 1996/97 auch dort zu analogen budgetären Auslagerungen in Form der Gründung von Krankenanstaltenbetriebsgesellschaften bei den Ländern und der Ausgliederung von Gemeindeentsorgungs- und -versorgungsbetrieben auf der Gemeindeebene.[45]

Das Sparpaket führte in der Bevölkerung vielfach zu Kritik. Es kam auch zu Demonstrationen gegen Sozialabbau und drohenden Anstieg der Arbeitslosigkeit. Anerkennung kam hingegen von der Europäischen Kommission, die 1998 in ihrem Bericht vermerkte: »Die Entschlossenheit, mit der die neue Regierung ihre Konsolidierungspolitik durchführte, und der Umfang der im Programm vorgesehenen Budgetanpassungen waren durchaus bemerkenswert.«[46] Immerhin konnte das Bud-

---

41 Europäische Kommission 1998. S. 97f.
42 Schratzenstaller: Budgetkonsolidierung. S. 154. Bruno Rossmann: Die Budgetpolitik nach der politischen Wende 2000 – Versuch einer Bilanz. – In: Tálos (Hg.): Schwarz-Blau. S. 137–153. S. 138.
43 Smekal: Ordnungspolitische Aspekte der budgetpolitischen Willensbildung. S. 4.
44 Europäische Kommission 1998. S. 86.
45 Schratzenstaller. S. 150 u. 155.
46 Europäische Kommission 1998. S. 85.

getdefizit des Bundes von 4,1 % des BIP im Jahr 1996 auf 2,7 % im Jahr 1997 und der öffentliche Schuldenstand von 68,3 % auf 64,4 % zurückgeführt werden. Die Kommission ortete eine »eindrucksvolle Kehrtwendung« in der österreichischen Finanzpolitik, die die »Entschlossenheit der Regierung auf eine harte Probe« stellte.[47]

So lässt sich hinsichtlich des längerfristigen Entwicklungspfades wohl argumentieren, dass in dieser Zeit die »Wende« in der ordnungspolitischen Ausrichtung der Finanzpolitik weg vom Primat der interventionistischen gesamtwirtschaftlichen Steuerung hin zum Primat der Entschuldung und des Haushaltsausgleichs, zumindest auf der faktischen Ebene, eingeleitet worden ist. Dass dafür der von der angestrebten Teilnahme an der ersten Runde der EWWU und damit am Euro-Raum ausgegangene Handlungsdruck der maßgebliche Anlass war und nach dem am EU-Gipfel in Amsterdam (1997) beschlossenen Stabilitäts- und Wachstumspakt zunächst auch blieb, zeigt die Fortsetzung der Sparpaket-Politik unter dem neuen SPÖ-Finanzminister Rudolf Edlinger (28. 1. 1997–4. 2. 2000) in den Jahren 1997 bis 2000. Wieder wurde die erforderliche Defizitminderung programmatisch vor allem über Ausgabenkürzungen angestrebt, faktisch aber vor allem über steuerliche Einnahmenzuwächse umgesetzt. Eine angesichts der guten Konjunkturlage grundsätzlich denkbare Ausgabenreduktion war im Rahmen des koalitionären finanzpolitischen Kompromisses realpolitisch nicht möglich.

Dass dieser aber immer mehr in eine Zerreißprobe steuerte, lag vor allem an der forcierten Forderung der Schüssel-ÖVP nach Abbau struktureller Defizitquellen auf der Ausgabenseite, steuerlicher Entlastung und einem höheren Tempo beim Defizit- und Verschuldungsabbau. Dabei konnte sich der Vizekanzler und Außenminister einmal mehr auf Maßgaben der Europäischen Kommission berufen. Denn diese kritisierte einen – angesichts der guten Konjunkturlage – im österreichischen Konsolidierungsprogramm zu moderaten budgetären Konsolidierungskurs und stellte »die Frage, ob das mittelfristige Defizitziel der österreichischen Regierung angesichts des besseren Budgetergebnisses im Jahr 1997 und der besseren kurzfristigen Wachstumsaussichten weiterhin angemessen ist«. Vielmehr wurde befürchtet, dass »sich die traditionellen Reaktionsmuster der österreichischen Budgetpolitik fortsetzen« würden, »bei denen Konjunkturaufschwünge in der Regel nicht genutzt wurden, um die öffentlichen Finanzen auf eine gesündere Grundlage zu stellen«. Daher wurde dringend empfohlen, »bei einer Überarbeitung des mittelfristigen Haushaltsplans die Defizitziele nach unten zu korrigieren, damit die Staatsfinanzen einer etwaigen Konjunkturabschwächung in den kommenden Jahren besser standhalten können«. Mit der Bemerkung, dass »der geplante Konsolidierungspfad kaum mit den Bestimmungen des Stabilitäts- und Wachstumspakts vereinbar scheint, der mittelfristig

---

47 Ebd. S. 12.

ein nahezu ausgeglichenes Budget bzw. einen Budgetüberschuss verlangt«,[48] wurde hinsichtlich der Teilnahme Österreichs am Euro gleichsam eine Rute ins Fenster gestellt.

War dies eine Maßgabe, auf der die budgetpolitische Programmatik der »Wende«-Regierung inhaltlich gut aufsetzen konnte, so war eine solche auch die EU-kommissionelle Einmahnung einer substanziellen Reduzierung der Sozialtransfers, insbesondere der budgetären Zuschüsse zum Pensionssystem: »Längerfristig wird die Konsolidierung der jüngsten Fortschritte bei der Sanierung der öffentlichen Finanzen auch davon abhängen, ob die öffentlichen Ausgaben zur Stützung des Pensionssystems unter Kontrolle gehalten werden können.«[49] Ebenso der Hinweis auf die Notwendigkeit einer Erhöhung der Selbstfinanzierungsquote im Sozialversicherungssystem. Und – damit in Zusammenhang – die einer traditionellen und nunmehr wieder verstärkten ÖVP-Forderung entsprechende Empfehlung einer Senkung der aus dem Sozialsystem resultierenden Lohnnebenkosten. »Maßnahmen zur Eindämmung dieser Kosten«, so gab der Kommissionsbericht vor, »müssen im Gesamtzusammenhang mit der Finanzierung des Sozialversicherungssystems in Angriff genommen werden.«[50] Dieser Befund einer unzureichenden haushaltspolitischen Konsolidierungsstrategie wurde ein zentraler Ansatzpunkt für eine entsprechende Akzentuierung der Finanzpolitik im Zuge der »Wende« ab 2000.[51]

2.2.2 Steuerreform

Die in der Zeit der Großen Koalition 1988/89 und 1993/94 unter Finanzminister Lacina und Staatssekretär Ditz vorgenommenen Steuerreformen können sicherlich als die entscheidenden Weichenstellungen für einen Paradigmenwechsel in der langfristigen Entwicklung des österreichischen Steuersystems gesehen werden, der nach 2000 verstärkt fortgesetzt wurde. Im Sinne dessen spricht Johannes Ditz im Rückblick davon, dass diese Steuerreformen »dramatically changed the tax policy landscape in Austria«, wobei er insbesondere die damit vollzogene Abkehr vom »Austrokeynesianismus« der 1970er-Jahre betont:

> »The tax reforms and tax reduction measures of the Lacina-Ditz tenure led to a turnaround in the tax policies and tax philosophy of the Kreisky era. While high tax rates were combined with comprehensive tax incentives during the 1970s, the objective in the

---

48 Ebd. S. 19.
49 Ebd.
50 Ebd. S. 20.
51 Ditz. S. 239. Zu dieser Zeit lagen das Nettodefizit bei 1,7 % und die gesamtstaatliche Schuldenquote bei 65,6 %.

1980s was to make the achievement and reporting of profits attractive. The government recognized that a structural conversion would be achieved through high-yielding businesses and not through national sponsorship, and a sufficiently high equity stake would mean security in times of crisis for companies.«[52]

Die wesentlichen Ziele der in der Koalition von der ÖVP vehement eingeforderten Neuorientierung in der Steuerpolitik waren die Förderung der Eigenkapitalbildung (Aktienkapital), Vergünstigung der steuerlichen Standortbedingungen und Stärkung der privaten Nachfrage. In diese Richtung gehend kam es mit der Steuerreform 1988/89 zur Reduzierung der Steuersätze und der Progressionsstufen von zehn auf fünf bei der Lohn- und Einkommensteuer, wobei der Spitzensteuersatz von bisher 62 % auf 50 % und der marginale Steuersatz auf der untersten Stufe von bisher 21 % auf 10 % gesenkt wurde. Die seit der zweiten Hälfte der 1970er-Jahre bestandene 30 %ige »Luxussteuer« wurde abgeschafft. Des Weiteren wurde die bisher progressiv gestaltete Körperschaftssteuer auf 30 % gesenkt. Zugleich wurden die steuerlichen Ausnahmeregelungen eingeschränkt.[53] Ebenfalls im Steuerpaket enthalten war die Wiedereinführung der Besteuerung von Zinserträgen als 10 %ige Quellensteuer.

Weitere wesentliche Schritte in der Umgestaltung des Steuersystems erfolgten 1993/94. Dazu gehörte die Abschaffung der Vermögenssteuer und der Gewerbesteuer, anstelle derer als Einnahme für die Gemeinden die Kommunalsteuer als eine um die Hälfte erhöhte Lohnsummensteuer einführt wurde, was allerdings eine in der Folge immer wieder umstrittene Erhöhung der Lohnnebenkosten bedeutete. Die Körperschaftssteuer wurde wieder auf 34 % angehoben. Eine weitere wichtige Neuerung war die Einbeziehung der Einkommensteuer sowie der Erbschafts- und Schenkungsteuer auf Zinseinkünfte in eine 22 %ige und 1996 auf 25 % angehobene, als Quellensteuer gestaltete Kapitalertragssteuer. Ein vor dem Hintergrund der internationalen Kapitalmarktliberalisierung wesentlicher Schritt waren die mit dem Privatstiftungsgesetz 1993 ermöglichten Steuervergünstigungen für Stiftungen, was den Kapitalzufluss nach Österreich anregte.[54]

Die Steuerreform blieb am Ende der 1990er-Jahre aber weiterhin ein finanzpolitisches Hauptthema, insbesondere im Hinblick auf die 1999 anstehenden Nationalratswahlen. So stand die Arbeit der im August 1998 eingesetzten »Steuerreformkommission« bereits sehr stark unter dem Eindruck des Wahlkampfes.[55] Dazu gehörte auch die vom FPÖ-Obmann Jörg Haider in populistischer Weise erhobene

---

52 Ebd. S. 240f.
53 Ebd.
54 R. Harrauer: Steuerpolitik als Hindernis für die Zivilgesellschaft. Das Privatstiftungsgesetz 1993. – In: Jürgen Nautz, Emil Brix (Hg.): Steuern, Zivilgesellschaft und Staat. – Wien 2006. S. 153–165.
55 Wolfgang Fritz: Für Kaiser und Republik. Österreichs Finanzminister seit 1848. – Wien 2003. S. 279.

Forderung nach einer »Flat Tax«-Politik. Die ÖVP beschloss 1998 ein Steuerprogramm, das eine durchgängige Senkung der Lohnsteuersätze und die Einführung des Karenzgeldes für alle enthielt. Die SPÖ plante größere Lohnsteuersenkungen für kleinere Einkommen sowie Freibeträge für Lehrlinge und ältere Arbeitnehmer. All diese letztlich auf eine Senkung der Steuerquote ausgerichteten Konzeptionen ließen beim damaligen Finanzminister Rudolf Edlinger die Befürchtung aufkommen, dass die damit bedingte, jedenfalls kurzfristig zustande kommende Reduzierung des budgetären Einnahmenaufkommens die angestrebte Absenkung des Defizits verunmöglichen würde. Er drohte daher auch mit seinem Rücktritt.[56] Die vor allem von der ÖVP immer wieder geforderte spürbare Absenkung der Lohnnebenkosten wurde zu einem zentralen Punkt einer für 2000 geplanten »großen Steuerreform«, mit deren Konzeption neuerlich eine Expertenkommission beauftragt wurde. Angestrebt wurden vor allem eine Senkung der Steuern auf den Faktor Arbeit, ein Ausbau der Ökosteuern und eine Reform des Finanzausgleichs.[57]

Ein zentraler Kritikpunkt der ÖVP an der SPÖ-geführten Finanzpolitik war, dass die Budgetkonsolidierung in der zweiten Hälfte der 1990er-Jahre vor allem über die Einnahmenseite betrieben und somit die Steuer- und Abgabenquote erhöht wurde. Johannes Ditz resümiert: »At the end of the 1990s ... the focus of budget reconstructing increasingly shifted from the budget's expenditure side to the earnings side. The total tax rate, which had averaged 40,6 percent under Lacina-Ditz between 1987 and 1995, increased in only four years by 3 percentage points, or Euro 9 billion, to an average of 43,6 percent under the Finance Ministers Klima/Edlinger.«[58] Dass dies, zumindest zunächst, nach 2000 eine Fortsetzung bzw. sogar eine kurzfristige Steigerung erfahren hat, ist ein weiterer Aspekt der Pfadabhängigkeit der »Wende«-Politik von Schwarz-Blau.

2.2.3 Privatisierung, Liberalisierung und Deregulierung

Neben und in funktioneller Verbindung mit der mit dem Begriff »Null-Defizit« punzierten Budgetpolitik ist es vor allem die Privatisierung, Liberalisierung und Deregulierung, die die Charakteristik in der Wahrnehmung und in der Selbstdarstellung der Wirtschafts- und Finanzpolitik der »Wende-Regierung« bestimmte. Hinsichtlich der vorrangigen Positionierung dieses Bereiches in deren ordnungspolitischer Programmatik sicherlich zu Recht. Hinsichtlich der faktischen Ebene erscheint hier in der historischen Betrachtung jedoch eine Relativierung angebracht. Und zwar insofern, als entscheidende Veränderungen und damit die Einleitung eines entsprechenden Para-

---

56 Profil 30. 22. 1998.
57 Europäische Kommission 1998. S. 90.
58 Ditz. S. 244f.

digmenwechsels in der zweiten Hälfte der 1980er- und insbesondere im Verlauf der 1990er-Jahre erfolgten.[59] Herbert Obinger bezeichnet daher im Entwicklungspfad der österreichischen Privatisierungspolitik die Jahre 2000–2006 als dritte Phase, die in spezieller Weise durch »das enorme Privatisierungstempo«, das Finalziel einer »Vollprivatisierung der im Portfolio der ÖIAG versammelten Unternehmen« und das fiskalische »Primat des Schuldenabbaus binnen einer Legislaturperiode« gekennzeichnet ist.[60]

Die erste Phase beginnt 1986/87 mit der finalen Krise der Verstaatlichten Industrie in ihrer bisherigen Form. Die Stoßrichtung der SPÖ-geführten Großen Koalition war nun zunächst eine Reform in der betrieblichen Organisation der Verstaatlichten Industrie und Maßnahmen zum Rückbau des politischen Einflusses in die Unternehmensführung.[61] Grundlage war das ÖIAG-Gesetz des Jahres 1986, mit dem die Verstaatlichte Industrie in Form der Österreichischen Industrieholding AG in eine aktienrechtliche Konzernstruktur mit sieben Branchenholdings gegliedert wurde.[62] Den bisher geltenden Grundsatz, dass die Verstaatlichte Industrie auch volkswirtschaftliche Interessen zu verfolgen habe, gab es nicht mehr.[63] Parallel dazu wurde das ÖIAG-Finanzierungsgesetz beschlossen, das zum Zweck der Eigenmittelkonsolidierung die Möglichkeit zum Verkauf von Betrieben und Vermögenswerten eröffnete. Dieter Stiefel sieht darin »einen Quantensprung in der politischen Diskussion«, im Rahmen derer die ÖVP für den diesbezüglichen Teil im Regierungsübereinkommen »die Autorenschaft und die ›Handschrift des Dr. Mock‹« beanspruchte.[64] In der SPÖ kostete es den neuen Bundeskanzler Franz Vranitzky einige Anstrengung, einen derartigen Kurswechsel durchzusetzen.[65]

Jedenfalls aber wurde mit dem neuen ÖIAG-Gesetz eine wesentliche Voraussetzung für nachfolgende Privatisierungsschritte geschaffen. So kam es denn bereits im November 1987 mit der Abgabe von 15 % an der OMV zum ersten Börsengang eines ÖIAG-Unternehmens, im September 1989 wurden weitere 10 % der OMV an die Börse gebracht.[66] Ende 1989 wurde ein nächster wesentlicher Schritt gesetzt, indem mit Ausnahme der Bergbauholding und verschiedener Minderheitsbeteiligungen etwa 80 % der ÖIAG als Austrian Industries AG zusammengefasst wurden.[67] Das damit verbundene Ziel, nunmehr Anteile der gesamten Austrian Industries schritt-

---

59 Michael Höckner: Privatisierung von Unternehmen. Die Privatisierungswelle in Österreich in den 90er-Jahren. Dipl.-Arb. Salzburg 1998.
60 Obinger: »Wir sind Voesterreicher«. S. 164.
61 Stiefel. S. 192ff. Nautz: Wettbewerbspolitik. S. 109. Ditz. S. 243.
62 Stöckl: Privatisierungspolitik. S. 63ff.
63 Stiefel. S. 205.
64 Ebd. S. 205f.
65 Obinger. S. 156f.
66 Nautz: Wettbewerbspolitik. S. 111. Stiefel. S. 234.
67 Stöckl. S. 65ff.

weise zu privatisieren, konnte allerdings nicht umgesetzt werden, sondern es kam in den folgenden Jahren nur zur Abgabe von Minderheitsanteilen von einzelnen Unternehmen.[68] Insgesamt sieht Obinger diese bis 1992 während erste Privatisierungsphase »dadurch charakterisiert, dass die öffentliche Hand eine Anteilsmehrheit an bedeutenden Unternehmen beibehielt«.[69]

Das Scheitern der Austrian Industries – medial stark präsent durch die Erklärung von deren Generaldirektor Hugo M. Sekyra: »Wie sind pleite« – führte »erneut zu einem Kurswechsel«[70] und damit in die von 1992/93 bis 1999/2000 dauernde zweite Phase der österreichischen Privatisierungspolitik. In dieser wurden eine Reihe substanzieller unumkehrbarer Schritte der Privatisierung gesetzt, deren Vollendung sich die »Wende-Regierung« dann auf ihre Fahnen geschrieben hat. Grundlage dafür war eine umfassende Novelle des ÖIAG-Gesetzes im Jahr 1993, mit der nunmehr auch eine mehrheitliche Privatisierung von öffentlichen Unternehmen möglich bzw. eine wirtschaftspolitische Zielsetzung wurde, was, wie es Obinger ausdrückt, den »Startschuss für umfassende Privatisierungen«[71] bedeutete. Denn mit dieser Novelle hatte sich die ÖIAG »von einer Staatsholding zu einer Privatisierungsagentur gewandelt«.[72]

Budgetpolitisch maßgeblich und für die Privatisierungspolitik nach 2000 richtungweisend war, dass die ÖIAG zwar als vollständig im staatlichen Eigentum befindliche Holdinggesellschaft staatseigener Industriebetriebe im Auftrag des Staates agierte, jedoch gemäß dem für die Maastrichter Defizit- und Schuldenkriterien verwendeten System der Volkswirtschaftlichen Gesamtrechnung nicht zum Sektor Staat gerechnet wurde. Ebenso die Maßgabe, dass die erzielten Privatisierungserlöse nicht in den Staatshaushalt zur dortigen Defizitminderung flossen, sondern zum Abbau der bei der Verstaatlichten Industrie aufgelaufenen Schuldenstände, für die der Staat bürgte und die sich 1998 noch auf 45 Mrd. Schilling beliefen, dienten.[73]

Im Sinne dessen enthielt das Gesetz einen umfassenden Privatisierungsauftrag an die ÖIAG die ihr unmittelbar gehörenden Beteiligungen an industriellen Unternehmungen in angemessener Frist mehrheitlich abzugeben. Dabei hatte sie aber, wie es im Gesetz weiter heißt, »darauf Bedacht zu nehmen, dass österreichische Industriebetriebe und industrielle Wertschöpfung, soweit wirtschaftlich vertretbar, erhalten bleiben«.[74] Die Branchenholdings wurden wieder aufgelöst und die mit der ÖIAG verschmolzene Austrian Industries AG in drei Konzerne zerlegt, die VA-

---

68 Stiefel. S. 220.
69 Obinger. S. 164.
70 Ebd. S. 156f.
71 BGBl. 973/1993: Ebd. S. 156. Stöckl. S. 68ff.
72 Nautz: Wettbewerbspolitik. S. 110. Stiefel. S. 220.
73 Europäische Kommission 1998. S. 100.
74 Zit. bei Obinger. S. 156. Vgl. dazu auch Nautz: Wettbewerbspolitik. S. 110.

Technologie AG, Böhler-Uddeholm AG und Voestalpine Stahl AG.[75] Noch 1993 kam es zur mehrheitlichen Abgabe der Simmering-Graz-Pauker-Verkehrstechnik (SGP-VT) an die Siemens AG Österreich (1992 waren bereits 26 % an diese abgegeben worden) sowie zu einer mehrheitlichen Privatisierung der VAE (Eisenbahnsysteme) und der Austria Mikro Systeme International (AMS) über die Börse.[76] Die damit von der Regierung auch intendierte Belebung des österreichischen Kapitalmarktes bzw. der Wiener Börse – ein Ziel, das dann auch als wesentliches Motiv der Privatisierungspolitik nach 2000 gelten sollte – erfuhr im Mai 1994 einen wesentlichen Schub, als mit der mehrheitlichen Privatisierung der VA Technologie AG durch Abgabe von 51 % über die Börse die bisher größte Kapitalmarktaktion in Szene gesetzt wurde. In den nächsten beiden Jahren folgten dann unter anderem die Reduktion der ÖIAG-Beteiligung an der OMV auf 35 %, der 100 %ige Verkauf der AT&S (Austria Technologie & Systemtechnik), die Abgabe der restlichen 26 % an VAE, die mehrheitliche Privatisierung der Böhler-Uddeholm AG, der Verkauf von 100 % der VA Bergtechnik, der Verkauf von 100 % der AMAG und die Abgabe von 31,7 % an der VA Stahl AG über die Börse. Bei Letzterer reduzierte sich der ÖIAG-Anteil bis 1998 auf 38,8 %.[77]

Bereits 1996 konnte Bundeskanzler Vranitzky im Parlament bedeutende Fortschritte in der Privatisierungspolitik feststellen: »Anders als sehr viele andere Staaten hat Österreich in den letzten Jahren einen großen Strukturwandel hervorragend bewältigt. Ich erinnere: Noch vor einem Jahrzehnt war die Krise der verstaatlichten Industrie Tagesgespräch. Seither ist viel geschehen. Große Teile dieser Industrie werden heute erfolgreich geführt, wurden erfolgreich an der Börse eingeführt und arbeiten teilweise mit großem Gewinn.« Und er kündigte an, dass »der dabei eingeschlagene pragmatische Weg« fortgesetzt werde: »Wir werden dort ausgliedern und privatisieren, wo es sinnvoll ist, wo es für die österreichischen Interessen und selbstverständlich für die Arbeitnehmer von Vorteil ist.«[78]

Die konkreten Maßnahmen folgten ab 1996/97 einem sogenannten »Zweiten Privatisierungskonzept«, das in mehrfacher Weise über den ÖIAG-Bereich hinausging.[79] Im Zuge dessen wurden auch im Verlauf der zweiten Hälfte der 1990er-Jahre bisher direkt im Eigentum des Bundes gestandene Unternehmen, wie Austria Tabak, Salinen AG, Staatsdruckerei, Dorotheum, die Bundesanteile der Austrian Airlines und des Flughafens Wien an die ÖIAG mit der Maßgabe der schrittweisen Privati-

---

75 Stöckl. S. 119.
76 Nautz: Wettbewerbspolitik. S. 111. Stiefel. S. 234f.
77 Stöckl. S. 119. Obinger. S. 158.
78 Zit. bei Stiefel. S. 222.
79 Stöckl. S. 72ff.

sierung übertragen.[80] Die Salinen AG wurde 1997 zu 100 % an die Bietergruppe Androsch/RBL OÖ/Thomanek verkauft. Im selben Jahr wurden 49,5 % an der Austria Tabak über die Börse und 1999 weitere 9,4 % an institutionelle Investoren abgegeben, womit der ÖIAG-Anteil auf 41,1 % zurückging.[81]

Bei der AUA reduzierte sich der ÖIAG-Anteil im Zuge einer Kapitalerhöhung 1999 auf 39,72 %.[82]

Parallel dazu wurde, wie dies bereits 1994 mit den ÖBB geschehen war, die Ausgliederung von Staatsbetrieben aus der Hoheitsverwaltung fortgesetzt. 1996 erfolgte dies mit der Post- und Telegraphenverwaltung, die mit dem »Poststrukturgesetz« in die Post und Telekom Austria (PTA) und die Post und Telekombeteiligungsverwaltungsgesellschaft (PTBG) gliedert wurde. Letzterer wurden auch die Anteile der aus dem Bundesvermögen ausgegliederten Postsparkasse (PSK) sowie der Bundesanteil (16,72 %) an der Bank Austria mit der Auflage, diesen zu privatisieren, übertragen, was im Februar 1998 erfolgte.[83] Bereits 1997 waren 25 % plus eine Aktie der Mobilkom AG (Bereich Mobilfunk der PTA) an eine Konzerngesellschaft der Telecom Italia (STET International) abgegeben worden und 1998 ebenfalls 25 % plus eine Aktie der Telekom Austria AG an ebendiese.[84]

Im Rückblick auf diese zweite Phase der österreichischen Privatisierungspolitik stellt Obinger fest, dass die Vorgaben des ÖIAG-Gesetzes 1993 und des Privatisierungskonzeptes 1996 weitgehend umgesetzt worden sind, indem »im Einklang mit dem Gesetzesauftrag in der Mehrzahl der Fälle entweder eine Vollprivatisierung durchgeführt oder das Unternehmen mehrheitlich privatisiert wurde«, zugleich aber »in zentralen Bereichen wie der OMV, der VA Stahl, VA Technologie und der Böhler-Uddeholm AG … eine Kernaktionärsfunktion der ÖIAG erhalten« blieb und »die Unternehmenszentralen auch in Österreich verblieben«.[85] Eine Absenkung des Staatsanteils bei industriepolitisch wichtigen Unternehmen unter 25 % war in der Großen Koalition nicht konsensfähig, da die SPÖ am Prinzip des Erhalts einer Kernaktionärsrolle des Staates festhielt. Ungeachtet dessen erwiesen sich die meisten der nunmehr mehrheitlich privatisierten Unternehmen als betriebswirtschaftlich erfolgreich, was auch darin zum Ausdruck kam, dass die börsennotierten ÖIAG-Unternehmen seit 1994 »in der Regel den ATX übertrafen«.[86] Eine gleichsam indirekte Privatisierung fand in Form des Abbaus von Industriebeteiligungen der Banken, ins-

---

80 Obinger. S. 156. Stiefel. S. 221f.
81 Stöckl. S. 101.
82 Überblicke über Privatisierungsvorgänge bei: Nautz: Wettbewerbspolitik. S. 111. Stiefel. S. 234ff. Obinger. S. 158., Tabelle 1.
83 Obinger. S. 156.
84 Nautz: Wettbewerbspolitik. S. 111. Stiefel. S. 235f.
85 Obinger. S. 156f.
86 Ebd. S. 166.

besondere der Länderbank und der Creditanstalt, statt, nachdem zum Teil beträchtliche Verluste in einzelnen Konzernunternehmen zunächst Staatshilfen erfordert und schließlich den sukzessiven Verkauf nahegelegt hatten.[87]

Die Europäische Kommission anerkannte die erzielten Fortschritte der österreichischen Privatisierungspolitik, monierte zugleich aber, dass »die Bedingungen, unter denen die jüngsten Privatisierungsprojekte durchgeführt wurden, ... nicht immer ganz transparent« wären und dass »das Ziel der Regierung, den Industriesektor weiterhin fest in Österreich zu verankern«, nicht sicherstellen würde, »dass die günstigsten Anbieter den Zuschlag erhalten«. Ebenso kritisiert wurde ein noch bestehender hoher Grad an »unechter Privatisierung«, indem mit der Ausgliederung von Staatsbetrieben »über staatseigene Holdinggesellschaften oder sonstige öffentliche Unternehmen direkte staatliche Anteile in indirektes staatliches Eigentum umgewandelt«[88] worden seien. Die daran geknüpfte Forderung nach substanziellen Schritten hin zu einer »echten Privatisierung«, also einer signifikanten Zunahme der Übertragung in privates Eigentum in diesen Bereichen, wurde dann ein wesentlicher Ansatzpunkt für die Privatisierungspolitik der »Wende-Regierung« ab 2000.

Dies betraf in gewisser Weise auch den Bankenbereich, zu dem die Europäische Kommission Ende der 1990er-Jahre kritisch angemerkt hatte, dass »der österreichische Bankensektor nur zu einem geringen Grad von privaten Anteilseignern kontrolliert« werde und »weite Teile ... noch immer vom Staat (auf nationaler Ebene und darunter) abhängig« wären.[89] In der längerfristigen Perspektive wird aber erkennbar, dass auch hier seit Mitte der 1980er-Jahre wesentliche Weichenstellungen für einen grundlegenden Strukturwandel erfolgt sind, der sich nach 2000 fortsetzte. Diese Weichenstellungen sind in drei Richtungen gegangen. Erstens in Richtung Liberalisierung der bis dahin stark segmentierten und regulierten Strukturen des österreichischen Bankenmarktes. Zweitens in Richtung zunehmender Kapitalmarktorientierung und drittens in Richtung betrieblicher Konzentration, zunächst innersektoral und bald auch intersektoral.[90] Einen wesentlichen Ausgangspunkt hatte schon das neue Kreditwesengesetz 1979 gebildet, dem bereits ab 1977 die Freigabe von Filialgründungen vorangegangen war.[91] Mit der Novellierung des Kreditwesengesetzes

---

87 Karl Socher: Die Entwicklung der Kreditwirtschaft seit 1945. – In: Erwin Frasl, René A. Haiden, Josef Taus (Hg.): Österreichs Kreditwirtschaft. Von der Reichsmark zum Euro. – Wien/Graz 2007. S. 150f.
88 Europäische Kommission 1998. S. 100.
89 Ebd. S. 68.
90 Christian Dirninger: Transformationen im österreichischen Bankensystem seit der Mitte der 1950er Jahre. – In: Ralf Ahrens, Harald Wixforth (Hg.): Strukturwandel und Internationalisierung im Bankwesen seit den 1950er Jahren (Geld und Kapital. Jahrbuch der Gesellschaft für mitteleuropäische Banken- und Sparkassengeschichte 2007/08). – Stuttgart 2010. S. 141–173.
91 Bundesgesetz vom 24.1.1979 über das Kreditwesen BGBl Nr.63/197. Gustav Raab: Die Kreditwesen-

im Jahre 1986[92] ergab sich dann die Möglichkeit der Auslagerung des Bankbetriebes in eine gesonderte Aktiengesellschaft, die in der Folge vor allem bei Sparkassen und Landeshypothekenanstalten vorgenommen wurde.[93] Insbesondere im Sparkassensektor kam auf Grundlage dessen ab den 1990er-Jahren eine überregionale Konzentrationstendenz in Gang, indem im Zuge des Vordringens der Wiener Großsparkassen in die Bundesländer Fusionen mit örtlichen und regionalen Sparkassen erfolgten. Dabei wiederum spielte die wachsende Neigung von Kommunen, ihre inzwischen in Aktiengesellschaften umgewandelten Sparkassen zum Zweck der Budgetsanierung bzw. Finanzierung von Investitionen zu verkaufen, eine nicht unwesentliche Rolle.[94] In ähnlicher Weise hatte auch die Abgabe von Eigentumsanteilen der jeweiligen Bundesländer an den Landeshypothekenbanken finanzpolitische Gründe. Eine weitere, für die zukünftige Entwicklung wesentliche Neuerung war, dass im Zuge der Novellierung des Kreditwesengesetzes im Jahre 1986 für alle Rechtsformen der Geld- und Kreditinstitute mit dem sogenannten »Ergänzungs- und Partizipationskapital« neue Instrumente zur »ergänzenden Eigenkapitalbildung« geschaffen wurden.[95] Einen wichtigen Entwicklungsschritt in Richtung Kapitalmarktorientierung stellte dann die im Bankwesengesetz 1993 rechtsformneutrale Formulierung der Berechtigung zur Wertpapieremission dar, womit nunmehr auch den Sparkassen, Hypothekenbanken und Genossenschaftskassen der Weg an die Böse ermöglicht wurde.

Die Weichenstellungen in Richtung Privatisierung der Großbanken erfolgten bereits 1991, als der Finanzminister per Bundesgesetz ermächtigt wurde, alle Anteile an der Creditanstalt-Bankverein und der Länderbank bestmöglich zu veräußern. Und dann im Rahmen des oben erwähnten Zweiten Privatisierungskonzeptes 1996, als Bundeskanzler Vranitzky im Parlament verkündete: »Für die kommenden vier Jahre haben wir uns vorgenommen, die Bundesanteile der Bank Austria und der Creditanstalt abzugeben«.[96]

Im Zusammenhang damit kam im Zuge des im Übergang von den 1980er- in die 1990er-Jahre einsetzenden sektorübergreifenden Konzentrationsprozesses die politische Ökonomie in der österreichischen Geld- und Kreditwirtschaft insofern in besonderer Weise zum Tragen, als sich die aus der Nachkriegs- und Wieder-

---

gesetze 1979 (Kreditwesengesetz, Sparkassengesetz, Wertpapier-Emissionsgesetz) Österreichisches Forschungsinstitut für Sparkassenwesen. (Dr.-Stigleitner-Schriftenreihe Bd. 19). – Wien 1979.
92 Hans Hofinger, Walter Brandner (Hg.): Aspekte des Kreditwesengesetzes nach der Novelle 1986. – Wien 1987.
93 So wurde aus der seit 1819 als Verein bestandenen Ersten Österreichischen Spar-Casse die Erste Bank AG.
94 Wolfgang Ulrich: Der Weg der Sparkassen von der »Erlaubten Gesellschaft« nach ABGB zur Publikums-AG. – In: Frasl, Haiden, Taus (Hg.): Österreichs Kreditwirtschaft. S. 165f.
95 Hofinger, Brandner (Hg.): Aspekte des Kreditwesengesetzes.
96 Stiefel. S. 222.

aufbauzeit stammende proporzmäßige Verteilung in der Geld- und Kreditwirtschaft schrittweise in einen Machtkampf zwischen »roter« und »schwarzer Reichshälfte« um Einflussbereiche verwandelte.[97] 1991 hat im Einflussbereich der SPÖ die Fusion der Länderbank mit der Wiener Zentralsparkasse zur »Bank Austria« stattgefunden, im Zuge derer sich die Republik von der Mehrheitsbeteiligung an der bis dahin zweitgrößten staatlichen Bank trennte. Auf der »bürgerlichen Seite« scheiterte allerdings das Projekt einer Übernahme der Ersten Österreichischen Spar-Casse durch die Giro-Zentrale der österreichischen Sparkassen. Stattdessen fusionierte diese 1992 mit dem bis dahin als Tochter der Länderbank bestandenen Österreichischen Creditinstitut (ÖCI) zur »Giro-Credit«. Zunehmend koalitionspolitischen Sprengstoff barg dann aber eine extensive in den »bürgerlichen« Einflussbereich gerichtete Übernahmestrategie der der »roten« Seite zurechenbaren Bank Austria.[98] Zunächst, nachdem dies der Ersten Österreichischen Spar-Casse bzw. Erste Bank nicht gelungen war, mit der Übernahme der Aktienanteile der Sparkassen an der Giro-Credit und in der Folge dieser selbst. Dann aber erfolgte ein noch wesentlich massiverer Übergriff in den »schwarzen« Bereich, der in der ÖVP schwere politische Irritationen hervorrief. Und zwar mit der Übernahme der Creditanstalt-Bankverein und damit der Bundesbeteiligung an dieser durch die Bank Austria im Jahr 1997, woraus die »Bank Austria-Creditanstalt« (BA-CA) entstanden ist.[99] Dabei wurden Übernahmeangebote des Raiffeisen-Sektors sowie eines um die Erste Bank formierten »bürgerlichen« Syndikats ausgebootet. Dieser Vorgang wurde von der ÖVP als schwerer Schlag der SPÖ unter die politische Gürtellinie empfunden. Und man geht, wie es der ehemalige Finanzminister Ferdinand Lacina ausdrückt, »in der Annahme nicht fehl, dass einer der Gründe für die Aufkündigung der Zusammenarbeit von SPÖ und ÖVP im Jahr 2000 in diesem Konflikt liegt«.[100]

Die Trennung des Staates von der Postsparkasse (PSK) wurde bereits erwähnt, ebenso deren 1997 durchgeführte Umwandlung in eine Aktiengesellschaft und deren Integration in die ÖIAG, die diese dann Ende 2000 in Erfüllung ihres Priva-

---

97 Peter Eigner: Konzentration, Privatisierung und Internationalisierung. Österreichs Banken seit den 1990er Jahren. – In: Andreas Resch (Hg.): Kartelle in Österreich. Historische Entwicklungen, Wettbewerbspolitik und strukturelle Aspekte (Veröffentlichungen der Österreichischen Gesellschaft für Unternehmensgeschichte Bd. 23). – Wien 2003. S. 187–211
98 Klaus Grubelnik: Die rote Krake. Eine Bank erobert Österreich. – Wien 1998.
99 Peter Mooslechner: Vom »ruinösen Wettbewerb« zur wettbewerbsfähigen Position auf einem um Osteuropa erweiterten Heimmarkt. Banken und Bankenpolitik in Österreich seit den 1970er Jahren. – In: Oliver Rathkolb, Theodor Venus, Ulrike Zimmerl (Hg.): Bank Austria Creditanstalt. 150 Jahre österreichische Bankengeschichte im Zentrum Europas. – Wien 2005. S. 401–413. Gerhard Randa: Die Integration von Bank Austria und Creditanstalt. – In: Ebd. S. 437–452.
100 Ferdinand Lacina: Umstrukturierung im Bankensektor – Politik und Geschäft. – In: Frasl, Haiden, Taus (Hg.): Österreichs Kreditwirtschaft. S. 466.

tisierungsauftrages an die Bank für Arbeit und Wirtschaft (BAWAG) verkaufte.[101] Des Weiteren wurde in den 1990er-Jahren der Übergang wesentlicher Teile der österreichischen Bankenwirtschaft in ausländisches Eigentum bzw. deren Aufgehen in internationalen Konzernstrukturen eingeleitet, indem 1995 die Anteile des in Konkurs gegangenen »Konsum Österreich« an der BAWAG (ca. 46 %) an die Bayerische Landesbank verkauft wurden.

Im Zusammenhang mit diesen Veränderungen in der Bankenwirtschaft standen auch wesentliche Weichenstellungen für eine Mobilisierung des österreichischen Kapitalmarktes, ein in der Folge für die »Wende-Regierung« ab 2000 zentrales Anliegen. Bis in die Mitte der 1980er-Jahre waren die österreichischen Kapitalmarktverhältnisse durch eine Dominanz des Anleihemarktes und des öffentlichen Kredits und demgegenüber durch eine marginale Bedeutung des Aktienmarktes gekennzeichnet gewesen.[102] Die Wiener Börse hatte traditionellerweise ein von der Börsenkammer und einigen wenigen inländischen Bankhändlern in engem Rahmen bestimmtes Schattendasein geführt.[103] In den 1990er-Jahren änderten sich die Verhältnisse im Zusammenhang mit Privatisierungspolitik, mit dem EU-Beitritt und mit der »Ost-Öffnung«.[104] Die Aktie wurde immer mehr zu einem relevanten Finanzierungsinstrument in der österreichischen Wirtschaft, und der Börseplatz Wien erfuhr bald eine deutliche internationale Aufwertung. Bereits 1991 war ein Entwicklungskonzept »Finanzmarkt Österreich« erstellt und zu dessen Umsetzung eine »Finanzmarkt Austria Ges. m. b. H.« gegründet worden. In der Folge wurde eine Österreichische Termin- und Optionenbörse (ÖTOB AG) eingerichtet und damit der Einstieg in den derivativen Markt eröffnet. In Verbindung damit wurde durch die ÖTOP mit dem Austrian Traded Index (ATX) ein bisher nicht existierender österreichischer Aktienindex entwickelt und veröffentlicht. Mitte der 1990er-Jahre wurde zudem ein spezieller Osteuropa-Index etabliert. Und in der Folge ist es zur Fusion der ÖTOB mit der Wiener Wertpapierbörse zur neuen »Wiener Börse AG« gekommen.[105]

Wesentliche Weichenstellungen für die nach 2000 ebenfalls eine vorrangige Zielsetzung der Regierungspolitik darstellende Deregulierung erfolgten in den 1990er-

---

101 Erwin Frasl: BAWAG – Von der Arbeiterbank zu Cerberus. – In: Frasl, Haiden, Taus (Hg.): Österreichs Kreditwirtschaft. S. 52.
102 Franz Vranitzky: Der österreichische Kapitalmarkt. – In: Konrad Fuchs, Max Scheithauer (Hg.): Das Kreditwesen in Österreich. Festschrift für Hans Krasensky zum 80. Geburtstag. – Wien 1983. S. 215–238.
103 Ditz. S. 253.
104 Oesterreichische Nationalbank: The Austrian Financial Markets. A Survey of Austria's Capital Markets. Facts and Figures. – Wien 2004.
105 Stefan Zapotocky, Barbara Wösner-Sandberg: Der Weg des österreichischen Kapitalmarktes und der Wiener Börse zum führenden Finanzplatz in Mittel- und Osteuropa. – In: Frasl, Haiden, Taus (Hg.): Österreichs Kreditwirtschaft. S. 319–338.

Jahren durch Anpassungen im Bereich des Wettbewerbsrechtes an die EU-Bedingungen des gemeinsamen Marktes. So war bereits mit dem Beitritt zum EWR 1994 die Übernahme des EG-Wettbewerbsrechtes verbunden gewesen. Das betraf unter anderem das Kartellverbot bzw. das Verbot des Missbrauchs einer marktbeherrschenden Stellung, die Fusionskontrolle sowie die Bestimmungen über staatliche Handelsmonopole und öffentliche Unternehmen sowie staatliche Beihilfen. Daraus resultierten etwa Liberalisierungen in der Gewerbeordnung 1994 und deren Novelle 1997 sowie 1995 die Einsetzung einer Deregulierungskommission im Wirtschaftsministerium.[106]

Insgesamt befand sich die österreichische Wirtschaft bzw. Wirtschaftspolitik am Ende der 1990er-Jahre in einem durchaus fortgeschrittenen Transformationsprozess, den die neue Regierung ab 2000 in etlichen Bereichen nachdrücklich forcierte und akzentuierte.

Speziell im Hinblick auf die außenwirtschaftliche Öffnung resümiert Johannes Ditz:

»In the mid-1990s, all economic policy decision makers understood that positive developments in growth and employment in a small country such as Austria would only be achieved through increasing exports, internationalization and competitive business ... The new orientation of Austrian foreign trade policy was, next to budget and taxation policy, the third important change in the reformulation of Austrian economic policy which was no longer based on the state, but on internationalization and competition.«[107]

3. Akzente der »Wende« in der Wirtschafts- und Finanzpolitik 2000–2006

3.1 Programmatik der »Wende«

Die Wirtschafts- und Finanzpolitik der schwarz-blauen Regierung stand zwar, wie im vorigen Abschnitt aufgezeigt, sowohl programmatisch wie hinsichtlich der konkreten Maßnahmen in einem ordnungspolitischen Transformationspfad, verstärkte bzw. akzentuierte diesen aber in prononcierter Weise. Diese mehrfach als »Wende« apostrophierte Verstärkung und Akzentuierung setzte sofort ein bzw. wurde schon im Scheitern der Regierungsverhandlungen mit der SPÖ deutlich wirksam. Die ÖVP/FPÖ-Regierung trat dann auch mit dem expliziten Anspruch eines ordnungspolitischen Paradigmenwechsels an. Felix Butschek fasst diesen zusammen mit »Reduk-

---

106 Nautz: Wettbewerbspolitik. S. 107 und 113f.
107 Ditz. S. 241f.

tion des Staatseinflusses, Budgetausgleich, Deregulierung, Privatisierung, Flexibilisierung, insbesondere des Arbeitsmarktes, und individuelle Vorsorge gegen Risken des Arbeitslebens«.[108]

Der ordnungspolitische Anspruch war jedenfalls offensichtlich die demonstrative Abkehr von einer Grundhaltung, die der Wiener Korrespondent der Neuen Zürcher Zeitung, Erich Scheidegger, noch im Jahr 1998 damit gekennzeichnet hatte, »dass in Österreich immer noch die Auffassung weit verbreitet sei, dass Vater Staat es weiterhin richten muss. Diese Gesinnung, die sich mit dem christlichsozialen und sozialdemokratischen Antikapitalismus und mit der bürokratischen Tradition des Landes erklären lässt, nährt auch heute die Skepsis gegenüber der Marktwirtschaft und der Internationalisierung«.[109] Im Sinne dessen sprach der neben Schüssel selbst vor allem als Repräsentant und Kommunikator eines modernen dynamischen wirtschaftspolitischen Liberalismus, der mit alten etatistischen Traditionen aufräumen will, auftretende Finanzminister Karl-Heinz Grasser, wie bereits angeführt, in seiner Budgetrede im Oktober 2000 von einem in der Finanz- und Wirtschaftspolitik durchzusetzenden »grundlegenden Paradigmenwechsel«.[110] Dass er sich dabei in der Tradition der im internationalen wirtschaftswissenschaftlichen Diskurs seit Längerem wieder in Mode gekommenen »Österreichischen Schule der Nationalökonomie« sah, machte Grasser beispielsweise im September 2002 in einem Rückblick auf die ersten beiden Regierungsjahre deutlich, als er ganz klar ein antikeynesianisches Programm kennzeichnete:

»Die Wirtschafts- und Finanzpolitik, die wir gestaltet haben, basiert auf den Lehren der Österreichischen Schule der Nationalökonomie, also einem Schumpeter, einem Menger, einem Mises, einem Böhm-Bawerk, einem Hayek, die immer die freie Entscheidung des Individuums und die Freiheit des Individuums betont haben, die mehr Markt und weniger Staat wollten, … die Deregulierung, Privatisierung und Liberalisierung … geprägt haben und die schuldenfinanzierte Staatsausgaben – eine Verschuldung des Landes, wobei man über 30 Jahre immer mehr Geld ausgegeben hat, als man eingenommen hat – als Gefährdung der Zukunft unseres Landes und als Bruch des Generationenvertrages betrachtet haben, sodass sie es immer abgelehnt haben, eine solche Schuldenpolitik als Instrument der Wirtschafts- und Wachstumspolitik eines Landes zu sehen.«[111]

---

108 Butschek: Vom Staatsvertrag zur Europäischen Union. S. 180.
109 NZZ 29. 9. 1998, zit. bei Nautz: Wettbewerbspolitik. S. 66.
110 Obinger. S. 159.
111 Zit. bei Christian Resch: Die Wende zur Normalität. Analyse der Regierungsarbeit der ÖVP/FPÖ-Koalition anhand der stenographischen Protokolle des Nationalrates. Dipl.-Arb. Salzburg 2004. S. 104.

In institutioneller Hinsicht schlug sich der ordnungspolitische Paradigmenwechsel in wesentlichen »Tabu-Brüchen« im seit der Nachkriegszeit etablierten wirtschaftspolitischen System nieder. So wurde das Finanzministerium nicht mehr, wie das bisher üblich war, von der Kanzlerpartei gestellt. Dass die parteipolitische Zuteilung des Finanzministeriums ein zentrales Kriterium für Koalitionsbildungen war, hatte sich auch darin gezeigt, dass der Anspruch der ÖVP auf das Finanzministerium mit ein wesentlicher Grund für das Scheitern der Regierungsverhandlungen mit der SPÖ im Jänner 2000 gewesen ist. Lässt sich darin einerseits ein Indiz für die zentrale Bedeutung erkennen, die die ÖVP bzw. Schüssel der Finanzpolitik für die Umsetzung ihres bzw. seines wirtschaftspolitischen Programms beigemessen hat, so erscheint andererseits die Abgabe des Finanzministeriums an die FPÖ diesem Ziel nicht entgegengestanden zu sein. Denn mit Karl-Heinz Grasser bestand die begründete Erwartung, dass dieses im Sinne von Schüssels Konzeption geführt werden würde.

Diese lief im Grunde darauf hinaus, den seit Kamitz, Koren und insbesondere Androsch entwickelten Status des Finanzministeriums als wirtschaftspolitische Steuerungszentrale abzubauen, die Finanzpolitik vor allem auf Budgetausgleich und Steuerreform zu konzentrieren und demgegenüber das Wirtschaftsministerium, das Schüssel ja selbst einige Zeit geführt hatte, als wirtschaftspolitisches Zentrum aufzuwerten. Dies im Zuge einer stärkeren Angebotsorientierung der Wirtschaftspolitik im Wege von Wirtschaftsförderung bzw. Strukturpolitik gegenüber einer Rücknahme der Bedeutung von finanzpolitisch gesteuerter (keynesianischer) Konjunktur- und Beschäftigungspolitik.

Im Zusammenhang damit bestand ein weiterer derartiger Tabubruch darin, dass dem nunmehr von Martin Bartenstein geführten Wirtschaftsministerium die traditionellerweise bisher dem Sozialministerium unterstehenden Agenden der Arbeitsmarktpolitik (betrifft Arbeitsrecht, Arbeitsmarkt, Arbeitnehmerschutz, Arbeitsinspektorat) zugeschlagen wurden.[112]

Das rief auch entsprechende oppositionelle Kritik hervor. ÖGB-Präsident Fritz Verzetnitsch sagte dazu im Februar 2000 anlässlich der Regierungserklärung im Parlament unter anderem: »Wir hatten in unserem Lande mehrere Jahrzehnte hindurch eine Linie: Die Wirtschaft hat dem Menschen zu dienen – Jetzt ist es offenbar so, dass der Mensch der Wirtschaft zu dienen hat, zu Billigstpreisen, zu schlechteren Bedingungen als vorher.«[113] Demgegenüber betonte Günter Stummvoll explizit die politische Intention dieser Abkehr von der bisherigen, im Grunde sozialpartnerschaftlichen Ressortaufteilung: »Ich sage ganz offen, ich freue mich zunächst einmal darüber, dass etwas beseitigt wurde, was mich seit Jahren gestört hat, was für mich ei-

---

112 Ebd. S 61.
113 Zit. ebd. S. 54.

gentlich eher eine fast klassenkämpferische Wurzel hatte: Die Ressortverteilung, hie Sozialministerium, das muss unbedingt ein Gewerkschafter sein, und da das Kapital, die Wirtschaft, das muss unbedingt einer sein, den die Wirtschaft akzeptiert.«[114] Und Minister Bartenstein stellte hinsichtlich der SPÖ- bzw. gewerkschaftlichen Kritik, dass die Arbeitnehmerinteressen in einer derartigen Konstellation zu kurz kämen, fest:

>»Ich glaube, das rührt von einer überkommenen und nicht mehr richtigen Klischeevorstellung her, die da lautet: Wirtschaft ist gleich Arbeitgeber, das sind die Unternehmer, und Arbeit und Soziales gehören zusammen, das sind die Arbeitnehmer. – Nein, meine Damen und Herren! Standortpolitik und Arbeitsmarktpolitik sind in Wirklichkeit nicht voneinander zu trennen (Beifall bei der ÖVP und den Freiheitlichen), und ich behaupte, dass moderne Arbeitsmarktpolitik mehr mit Wirtschaftspolitik denn mit Sozialpolitik zu tun hat.«[115]

Die Tatsache, dass mit der Übertragung der Arbeitsagenden an das Wirtschaftsministerium ein wesentlicher Einflussbereich der Gewerkschaft auf Regierungsebene verloren ging, stand in Zusammenhang mit einer als weiteren Tabubruch verstehbaren Forcierung der ohnehin seit Längerem in Gang befindlichen Zurückdrängung der Bedeutung der Sozialpartnerschaft generell. So insbesondere in der Tarif- und der Preis-Lohn-Gestaltung sowie hinsichtlich der Position der Gewerkschaft im Bereich der Sozialversicherungsträger. In speziellem Maße konzentrierte sich das auf den Präsidenten des Hauptverbandes der Sozialversicherungsträger, Hans Salmutter. Dass sich die FPÖ dabei besonders hervortat, stand in der Tradition der sozialpartnerschaftskritischen Polemik Jörg Haiders. Aufseiten der ÖVP-Regierungsfraktion wurde der Einfluss der Sozialpartner, insbesondere in den ersten beiden Jahren, als Bremse der forcierten Reformpolitik gesehen. Im Sinne dessen sieht David Wineroither den »rapiden Bedeutungsverlust der Sozialpartner in den Jahren 2000–2006 … in erster Linie [als] Folge des von der neuen Regierungskoalition eingeschlagenen Kurses von ›speed-kills‹-Reformen ohne intensive Verhandlungen im Rahmen des Begutachtungsverfahrens«.[116] Felix Butschek weist aber mit Recht darauf hin, dass diese Linie ab 2002 im Kabinett Schüssel II allerdings abgeschwächt wurde. Zum einen, weil die Position der FPÖ bzw. des BZÖ in der Regierung deutlich geschwächt war, und zum anderen, weil sich in der Volkspartei wieder die Auffassung verstärkte, »dass die Einbindung der Sozialpartner in die schwierigen Re-

---

114 Zit. ebd. S. 61.
115 Zit. ebd. S. 62.
116 David Wineroither: Kanzlermacht – Machtkanzler? Die Regierung Schüssel im historischen und internationalen Vergleich. – Wien/Berlin 2009. S. 232.

formprojekte soziale Irritationen mildern könnte«,[117] insbesondere im Hinblick auf die große Pensionsreform 2003/04.

Im Überblick lässt sich die Teilung der schwarz-blauen Ära in zwei durch die Nationalratswahlen im Herbst 2002 und die diesen folgende Regierungsneubildung getrennte politische Phasen in gewisser Weise auch in wirtschafts- und finanzpolitischer Hinsicht orten. So wurden in den Jahren 2000–2002 sowohl programmatisch wie hinsichtlich der konkreten Maßnahmen die entscheidenden Weichen in Richtung eines prononciert »neoliberalen« Kurses gestellt. Dieser war für die Haider-FPÖ politisch auf Dauer nicht verkraftbar, was mit zur »Knittelfelder« Parteispaltung führte, die in der wirtschaftsliberalen Gestion des BZÖ auch eine ordnungspolitische Dimension implizierte. Dabei spielte für den außergewöhnlichen Wahlsieg Wolfgang Schüssels 2002 wohl auch eine Rolle, dass es gelungen ist, den zu dieser Zeit überaus populären Finanzminister Grasser für die ÖVP zu reklamieren. Nicht zuletzt durch dessen Agieren wurde in den Jahren 2003–2006 die weitgehend ungehinderte Fortsetzung des wirtschaftspolitischen Schüssel-Kurses ermöglicht. Die vergleichsweise gute Performance der österreichischen Wirtschaftsentwicklung ließ Österreich streckenweise geradezu als »Vorbild«, insbesondere in der BRD, erscheinen, wo Grasser ein viel gefragter Redner und Diskussionsteilnehmer war.

3.2 Der finanzpolitische Kurs vom »Null-Defizit« zum »Ausgleich über den Konjunkturzyklus«

Unter der prioritären Zielsetzung der schwarz-blauen Finanzpolitik des Haushaltsausgleiches und Schuldenabbaus lässt sich diese ganz gut in die vorhin erwähnten zwei Phasen gliedern. So war sie in den ersten beiden Regierungsjahren im Grunde vom Ziel der raschen Erreichung des »Null-Defizit«-Budgets beherrscht. Die Jahre 2003–2006 erscheinen hingegen durch eine, nicht zuletzt durch die allgemein schwächere Wirtschaftsentwicklung veranlasste, vergleichsweise differenziertere und auch antizyklische Steuerungsansätze enthaltende Politik des »Ausgleichs über den Konjunkturzyklus« gekennzeichnet.

3.2.1 Die »Null-Defizit«-Politik 2000–2002

Die Priorität des programmatisch stark positionierten »Null-Defizit«-Zieles wurde von Beginn an vor allem unter zwei Argumenten kommuniziert: erstens im Hinblick auf die Erfordernisse des Stabilitäts- und Wachstumspaktes in der EU und zweitens mit der Absicht, durch eine Reduktion der Staatsausgaben budgetären wirtschafts-

---

[117] Butschek. S. 195.

politischen Handlungsspielraum zu schaffen. Im Grunde wurde damit der noch von der Vorgängerregierung im Herbst 1998 aufgesetzte, auf mehrere Stufen angelegte moderate budgetäre Stabilisierungskurs massiv beschleunigt, wobei man sich auf die jüngste Kritik (März 2000) der Europäischen Kommission und des Ecofin-Rates an der Unzulänglichkeit des österreichischen Stabilitätsprogramms berief. In der Folge wurde mit dem Budgetprogramm vom 11. Juli 2000 sowie dem Stabilitätsprogramm vom November 2000, wie dies Bruno Rossmann ausdrückt, »ein abrupter Übergang zu einem ausgeglichenen Haushalt des Staates – dem so genannten ›Nulldefizit‹ – innerhalb von zwei Jahren vollzogen«[118] und damit die Absicht verbunden, »auf Dauer jährlich ausgeglichene Haushalte« zu gewährleisten, was im Stabilitätsprogramm vom November 2001 neuerlich bekräftigt wurde. In diesem Zusammenhang stand auch die Einführung von Doppelbudgets als institutionelle Festlegung der mittelfristigen Finanzplanung.

Die strikte Orientierung auf den Budgetausgleich wurde unter der Devise der Beendigung des Schuldenmachens und der Notwendigkeit einer Einsparungspolitik zu einem Kernbereich bzw. einer Voraussetzung eines von der Regierung medienwirksam inszenierten »Reformdialoges für Österreich« stilisiert. Im Sinne dessen formulierte Bundeskanzler Schüssel in seiner Regierungserklärung im Februar 2000 grundsätzlich: »Warum ist die Stabilität des Staatshaushaltes die Kernaufgabe dieser Bundesregierung? – Weil die Schulden von heute die Steuern von morgen sind und weil wir die Verpflichtung haben, unseren Kindern ein geordnetes Haus zu übergeben. Niemand kann auf Dauer mehr ausgeben als er einnimmt.« Und er fügte hinzu: »Ein ausgeglichener Bundeshaushalt ist nicht zuletzt eine Verpflichtung gegenüber Europa und der gemeinsamen Währung, dem Euro.«[119] Als Ziel gab der Kanzler vor, das Budgetdefizit bis zum Jahre 2005 auf 1,5 % des Bruttoinlandsproduktes zu senken.

Für die programmatische Argumentation der fiskalischen Einsparungspolitik wurde im Zuge der »Wende« einmal mehr die in der öffentlichen Debatte geradezu zu einem Stereotyp gewordene Klage über eine in den 1970er-Jahren, also in der Zeit der SPÖ-Alleinregierung mit der dort betriebenen interventionistischen Budgetpolitik, verursachte staatliche Verschuldung aufgegriffen. Demgegenüber verwies der damalige Finanzminister Hannes Androsch darauf, dass eine kumulative Verschuldungsdynamik erst ab Mitte der 1980er-Jahre eingesetzt hätte, und übte seinerseits Kritik an der Finanzpolitik der Regierung: »Die wirtschaftspolitischen Maßnahmen des VP-FP-Kabinetts Schüssel I (1999–2002) dienten aber nur der Budgetkosmetik, waren jedoch einer dauerhaften budgetpolitischen Sanierung nicht dienlich. Österreich erreichte im Jahr 2001 vielmehr mit 45,9 % die höchste Abgabenquote seiner

---

118 Rossmann: Die Budgetpolitik nach der politischen Wende 2000. S. 139.
119 Zit. bei Resch: Die Wende zur Normalität. S. 56.

Geschichte und bei einer anhaltend hohen Arbeitslosigkeit mit 146.551 Mio. Euro einen neuen Verschuldungshöchststand.«[120]

Dass diese Kritik durchaus nicht unberechtigt war, zeigt ein Blick auf die Haushaltsentwicklung. Nachdem es für das Jahr 2000 gelungen war, »durch eine Fülle einmal wirksamer Maßnahmen den negativen Budgetsaldo von veranschlagten 1,9 % im Rechnungsabschluss sogar auf 1,4 % zu drücken«,[121] war es das Ziel des Doppelbudgets 2001/2002, den Abgang des Bundesbudgets weiter auf 0,4 % des BIP zu senken. Und mit in den Landes- und Gemeindehaushalten zu erzielenden Überschüssen sollten die öffentlichen Haushalte in ihrer Gesamtheit ausgeglichen werden. Finanzminister Grasser konnte die Erreichung dieses Zieles bereits im Budgetvollzug 2001 als raschen politischen Erfolg (»Ein guter Tag beginnt mit einem ausgeglichenen Budget«) mit einer Reduzierung des Defizits im Bundeshaushalt auf 0,7 % des BIP und in Verbindung mit dem im Rahmen des »Österreichischen Stabilitätspaktes« kumulierten Saldo der Länder- und Gemeindehaushalte einen Maastricht-relevanten gesamtstaatlichen Budgetüberschuss von 0,2 % präsentieren.[122]

In der kritischen Betrachtung dieses Erfolges wird allerdings darauf hingewiesen, dass die Überschüsse der Länder, so Rossmann, zum Teil die Folge »kreativer Buchführung«[123] durch budgetschonende Kostenauslagerungen waren. Etwa indem die Länder »budgetschonend Kosten«, beispielsweise in der Krankenanstaltenfinanzierung (Krankenanstaltenbetriebs-GmbH) auslagerten, Wohnbaudarlehen verkauften oder, analog zu auf Bundesebene erfolgten Vermögensübertragungen an die Bundesimmobiliengesellschaft, Landesimmobilien an landeseigene Immobiliengesellschaften »mit einem positiven Effekt auf den Budgetsaldo« übertrugen – eine Vorgangsweise, die auch in den folgenden Jahren üblich war.[124] Einige dieser Maßnahmen, so etwa die Umwandlung von Subventionen an Landeskrankenanstalten in von den ausgegliederten Krankenanstalten-GmbH zu verzinsende Darlehen, wurden später von Eurostat als unzulässig qualifiziert.

Des Weiteren wird in einschlägigen Analysen immer wieder darauf verwiesen, dass für die Reduzierung des Bundesdefizits zu einem wesentlichen Teil »einnahmenseitige Einmaleffekte«[125] sowie in Summe ein Überwiegen einnahmenseitiger Maßnahmen gegenüber ausgabenseitiger Einsparung verantwortlich waren. So kommt Bruno Rossmann in seiner Analyse des »Null-Defizits« des Jahres 2001 zu dem Schluss, dass »der Rückgang des Maastricht-Defizits zu etwa 60 % auf die Er-

---

120 Hannes Androsch: Warum Österreich so ist, wie es ist. Eine Synthese aus Widersprüchen. – Wien 2003. S. 126.
121 Butschek: Vom Staatsvertrag zur Europäischen Union. S. 185f.
122 Ebd. S. 187.
123 Rossmann. S. 145.
124 Schratzenstaller: Budgetkonsolidierung. S. 156ff.
125 Butschek. S. 187.

höhung der Einnahmenquote und zu rund 40 % auf die gesunkene Ausgabenquote zurückzuführen« sei und der »Maastricht-Überschuss ... somit entgegen der Zielsetzung der Regierung vorrangig einnahmenseitig erreicht« wurde.[126] Für 2002 geht Schratzenstaller allerdings davon aus, dass in diesem Jahr »die Ausgabeneinsparungen mit einem Anteil von etwas mehr als der Hälfte leicht dominiert haben«.[127]

Jedenfalls aber standen der im Zuge der Steuerreform 2000 vorgenommenen Lohn- und Einkommensteuersenkung Steuer- und Abgabenerhöhungen bei Energie, Tabak, Alkohol, die Erhöhung der motorbezogenen Versicherungssteuer, die Erhöhung der Gebühren für Reisepässe, die Einführung der Studiengebühren u. a. m. gegenüber.[128] Angesichts dieser graduellen Verschiebung der Steuerbelastung vom Einkommen auf den Verbrauch verweist Rossmann darauf, dass »durch die Erhöhung der Verbrauchssteuern ... die unteren Einkommen überproportional belastet« wurden.[129] Margit Schratzenstaller wiederum betont, dass die Lohnsteuereinnahmen durch die Senkung des allgemeinen Absetzbetrages, die Reduzierung bzw. Abschaffung des Pensionsabsetzbetrages, die Halbierung des Arbeitnehmerabsetzbetrages und die Höherbesteuerung der »sonstigen Bezüge« erhöht worden sind, ebenso das Aufkommen der Unternehmenssteuern durch eine Verbreiterung der steuerlichen Bemessungsgrundlage.[130] Sie weist aber auch auf den nicht unerheblichen Einmaleffekt im »Null-Defizit«-Jahr 2001 durch die Erhöhung der Steuervorauszahlungen im Zusammenhang mit der Einführung der sogenannten »Anspruchsverzinsung« (Zinsen für Steuerrückstände auf Unternehmensgewinne) bei der verlangten Einkommensteuer und Körperschaftssteuer hin.[131] Auch wurde eine Zwischenertragsteuer von 12,5 % für Stiftungen eingeführt. Einzelne Maßnahmen, wie die Besteuerung der Unfallrenten und die Ambulanzgebühren, wurden allerdings vom Verfassungsgerichtshof wieder aufgehoben.[132]

Insgesamt jedenfalls entfernte man sich zu dieser Zeit deutlich von dem im Regierungsprogramm 2000 gesetzten Ziel einer Senkung der Steuer- und Abgabenquote, die bis 2010 schrittweise auf 40 % und langfristig auf 33 % des BIP abgesenkt werden sollte.[133] Denn sie stieg 2001 auf den bisher höchsten Wert von 44,8 %, was Johannes Ditz nachträglich zu der Feststellung veranlasste: »In 2001, the highest

---

126 Rossmann. S. 144.
127 Schratzenstaller: Budgetkonsolidierung. S. 153. Unter Verweis auf: Fritz Breuss, Serguei Kaniovski, Gerhard Lehner: Makroökonomische Evaluierung der Fiskalpolitik 2000 bis 2002. – In: WIFO-Monatsberichte 2004/7. S. 557–571.
128 Rossmann. S. 145f. Butschek. S. 185f.
129 Rossmann. S. 145.
130 Abschaffung des Investitionsfreibetrages, Einschränkung der Verlustberechnung, Beschränkung für die Bildung von Rückstellungen, Verlängerung der Abschreibungsdauer.
131 Schratzenstaller: Budgetkonsolidierung. S. 152. Vgl. dazu auch Rossmann. S. 145.
132 Butschek. S. 187. Rossmann. S. 146 Anm. 4.
133 Rossmann. S. 139 und 141.

priority in budget consolidation was given to the highest total tax rate of the Second Republic.«[134] Andererseits aber konnte sie in den folgenden Jahren bis 2006 wieder auf 42,1 % (etwa auf den Stand von 1996) abgesenkt werden.[135]

Ausgabenseitig wurde im Zeitraum 2000–2002 im Wege von Nichtnachbesetzungen von Planstellen und Frühpensionierungen ein Personalabbau im öffentlichen Dienst vollzogen.[136] Das wiederum stand im Zusammenhang mit dem mittelfristigen Ziel der Verringerung des staatlichen Sektors in der Volkswirtschaft durch eine umfassende Verwaltungsreform. Dass der im Zuge dessen von der Bundesregierung zur Erstellung von Konzepten für eine effiziente und kostenorientierte Aufgabenverteilung von Bund, Bundesländern und Gemeinden einberufene »Verfassungskonvent« solche zwar vorlegte, diese aber nicht in nennenswertem Maße umgesetzt werden konnten, ist mittlerweile eine historische Tatsache.

Ausgabenmindernd wirkten auch die Reduktionen bei den Sozialtransfers sowie bei den Subventionen, vor allem jenen an die ÖBB.[137] Mittelfristig zur Budgetentlastung beitragen sollten die Maßnahmen der Pensionsreform 2000.[138]

Insgesamt lässt sich wohl mit Recht behaupten, dass die Null-Defizit-Politik der Jahre 2000 bis 2002 insofern nur bedingt nachhaltig war, als das Haushaltsdefizit des Bundes 2002 wieder bei 1,1 % lag, wofür allerdings auch das infolge des sich deutlich abschwächenden Wirtschaftswachstums rückläufige Steueraufkommen maßgeblich war.[139] Immerhin aber gelang es der Regierung, die Finanzschuld des Bundes von 59,0 % des BIP im Jahr 1999 auf 56,1 % 2002 zu reduzieren und nach einem Anstieg auf über 57 % 2004 und 2005 im Jahr 2006 bei 56,7 % zu halten.[140] Eine nicht unbedeutende Rolle kam dabei der 2000 erfolgten Ausgliederung der Bundesimmobiliengesellschaft (BIG) zu.[141] Ausgabenwirksam wurde auch die Ausgliederung der Universitäten bzw. die Deckelung der Budgetzuweisungen an diese. Generell stellt Rossmann fest: »Ohne die Ausgliederungen wäre das Maastricht-Defizit ... um einen halben Prozentpunkt höher gewesen, damit hätte es auch 2001 kein ›Nulldefizit‹ gegeben.«[142]

---

134 Ditz. S. 246. Butschek. S. 190. Butschek gibt sogar 45,4 % des BIP an.
135 WIFO-Datenbank.
136 Butschek. S. 187. Rossmann. S. 146.
137 Schratzenstaller: Budgetkonsolidierung. S. 151 f.
138 Schrittweise Anhebung des Pensionszugangsalters, Einführung eines Bonus-Malus-Systems, Abschaffung der vorzeitigen Alterspension wegen geminderter Arbeitsfähigkeit, Anhebung des Pensionssicherungsbeitrages für Beamte: Rossmann. S. 146. Butschek. S. 186. 2004 lag der Abgang des Bundeshaushaltes bei 2 % und ging dann bis 2006 auf 1,7 % des BIP zurück: WIFO-Datenbank.
139 Schratzenstaller: Budgetkonsolidierung. S. 123 und 153. Butschek. S. 187.
140 WIFO-Datenbank; die gesamte öffentliche Verschuldung, die 1999 bei 67,2 % gelegen hatte, betrug 2002 66,5 % und ging bis 2006 auf 62,2 % zurück (Statistik Austria).
141 Schratzenstaller: Budgetkonsolidierung. S. 155.
142 Rossmann. S. 143 f.

Hinsichtlich der konjunkturrelevanten Dimension der Finanzpolitik ergaben entsprechende Untersuchungen, dass diese – durchaus im EU-Trend liegend – in den Jahren 2000 bis 2002, wie schon seit den Sparpaketen der späten 1990er-Jahre, eher »kontraktiv« und 2002 »konjunkturneutral« war.[143] Als sich im Jahr 2001 die Auswirkungen des internationalen Konjunkturabschwungs auf Österreich in sich verschlechternden Wachstums- und Arbeitslosigkeitsprognosen abzeichneten, blieb die Regierung zunächst bei ihrem »Null-Defizit«-Kurs.[144] So fand die noch vorherrschende antikeynesianische Programmatik in der Erläuterung des Anfang September 2001 beschlossenen »Konjunkturprogramms« unter anderem in der Feststellung Ausdruck: »Vorbei sind die Zeiten des sinnlosen wirtschaftspolitischen Aktionismus keynesianischer Prägung.«[145] Und so war denn auch das angesichts steigender Arbeitslosigkeit Anfang Dezember 2001 von der Regierung beschlossene »Konjunkturbelebungspaket« nicht primär auf kurzfristige antizyklische Gegensteuerung ausgerichtet, sondern vor allem auf (erst längerfristig wirksam werdende) Struktur- und Qualifizierungsmaßnahmen. Dem bisherigen wirtschaftspolitischen Credo der Schüssel-ÖVP entsprechend sollten die konjunkturellen Impulse hauptsächlich aus einer die unternehmerische Investition und die Kapitalmobilität begünstigenden Steuerreform kommen.

Zugleich aber war es vor allem die Steuerpolitik, über die sich, vor dem Hintergrund der sich verschlechternden Wirtschaftslage, in der FPÖ und damit in der Folge in der Regierungskoalition im Verlauf des Jahres 2002 hinsichtlich des Zeitpunktes und des Ausmaßes einer großen Steuerreform wachsendes Konfliktpotenzial aufbaute. Dies, indem der damalige Obmann der FPÖ, Jörg Haider, in einer oppositionellen Haltung gegenüber dem forcierten finanzpolitischen Restriktionskurs und insbesondere dessen verteilungspolitischen Effekten, speziell im steuerlichen Bereich, einen wesentlichen Ansatzpunkt sah, das seinen bisherigen politischen Erfolg wesentlich tragende populistische Eintreten für die Interessen des »Kleinen Mannes« auch in der Koalition fortzusetzen. In diesem Sinne wurde der von Schüssel und Grasser verfolgte finanzpolitische Kurs, konkret anhand der Steuerpolitik, zum Anlass für eine durch eine Spaltung in der FPÖ (Knittelfeld) hervorgerufene Koalitionskrise und nachfolgende Neuwahlen im November 2002. Deren Ergebnisse gaben politischen Rückhalt für den Regierungskurs und banden den Finanzminister, nunmehr parteifrei, noch wesentlich stärker als bisher an die vom Bundeskanzler

---

143 Ebd. S. 148: »Nach Schätzungen des Österreichischen Wirtschaftsforschungsinstituts lösten die Sparpakete für die Jahre 2001 und 2002 Wachstumseinbußen von je einem Viertel Prozentpunkt aus.« (Schratzenstaller: Budgetkonsolidierung. S. 153.)
144 Rossmann. S. 150: »Der Stabilitäts- und Wachstumspakt und der selbst auferlegte Zwang zur vorzeitigen Erreichung des ›Nulldefizits‹ haben den Konjunkturabschwung vor allem 2001 durch eine prozyklische Politik verschärft.«
145 Zit. bei Rossmann. S. 149.

vorgegebene und auch von der Industriellenvereinigung wesentlich mitbestimmte finanzpolitische Linie. Diese veränderte sich aber insofern graduell, als sie vom Primat des kurzfristigen Budgetausgleiches – im Grunde der Leitlinie des europäischen Stabilitäts- und Wachstumspaktes folgend – auf eine mittelfristige Strategie des »Ausgleichs über den Konjunkturzyklus« überging.

3.3.3 »Ausgleich über den Konjunkturzyklus« – »Größte Steuerreform aller Zeiten« – »Pensionssicherungsreform« (2003–2006)

Im Wesentlichen war die Finanzpolitik ab 2003 insbesondere durch die Themen Steuerreform, Pensionsreform und Verwaltungsreform bestimmt. Aber auch, angesichts schwacher Wirtschaftslage und ansteigender Arbeitslosigkeit, vom Erfordernis kurzfristiger antizyklischer Maßnahmen. Insofern wurde vom »starren Ziel des Nulldefizits« zugunsten einer Politik »ausgeglichener öffentlicher Haushalte über den Konjunkturzyklus« abgegangen.[146] Gleichsam im Vorgriff darauf hatte Finanzminister Grasser, in der Erkenntnis, dass angesichts von Hochwasser, schwacher Konjunktur und steigender Arbeitslosigkeit schon 2002 kein ausgeglichenes Budget mehr realisierbar sein würde, bereits am 20. September 2002 im Nationalrat verkündet: »Wir haben immer gesagt, es geht über den Konjunkturzyklus um einen ausgeglichenen Haushalt, auch weil das ein wirtschaftspolitisches Instrument ist und die Grundvoraussetzung dafür bildet, dass wir eine nachhaltige Entlastung in Österreich möglich machen. Es war immer das Ziel dieser Bundesregierung.«[147]

So hatte das nunmehr zweite Konjunkturbelebungspaket der schwarz-blauen Koalitionsregierung, so wie das erste vom Dezember 2001, seinen Schwerpunkt im Bereich von hauptsächlich angebotsorientierten Steuer- und Abgabenerleichterungen für Unternehmen bzw. Investitionen (Investitionszuwachsprämie, befristete vorzeitige Abschreibung) sowie bei F&E-Förderung und Qualifikation (Forschungsfreibetrag und Forschungsprämie, Bildungsfreibetrag, Lehrlingsprämie, Lohnnebenkostensenkung für Lehrlinge etc.), enthielt aber in gewissem Ausmaß auch kurzfristig wirksame nachfrageorientierte Konjunkturankurbelungsmaßnahmen, etwa mit Ausweitung bzw. Vorziehen bei Infrastrukturinvestitionen im Verkehrsbereich und im Bundeshochbau. Im Dezember 2003 wurde sodann noch ein analog ausgestattetes drittes Konjunkturbelebungspaket aufgelegt, im Rahmen dessen eine auch aus dem ERP-Fonds und der Oesterreichischen Nationalbank dotierte Nationalstiftung für Forschung, Technologie und Entwicklung gegründet wurde.

Die kurzfristigen Auswirkungen der Konjunkturbelebungspakete blieben allerdings relativ beschränkt und gingen »über wenige Zehntelprozentpunkte des Brut-

---

146 Rossmann. S. 141.
147 Zit. bei Resch. S. 80.

toinlandsproduktes nicht hinaus«,[148] während die Investitionen in Forschung und Entwicklung nur langfristig wirksam werden konnten. Eine gewisse Rechtfertigung des vergleichsweise geringen Anteils an kurzfristigen antizyklischen Konjunkturbelebungsmaßnahmen mag man auch in der Feststellung in einem WIFO-Bericht 2003 erkennen, wo es hieß, dass in »einer kleinen außenwirtschaftlich hochgradig verflochtenen Volkswirtschaft in Europa … Bemühungen, die Aktivität der inländischen Wirtschaft durch fiskalische Impulse anzukurbeln, … nicht voll zum Tragen« kämen, weil sie einerseits »relativ starke Nachfrage im Ausland auslösen« und andererseits »angesichts der globalen politischen Irritationen und der unbefriedigenden Wirtschaftslage zu erhöhter Ersparnis- und Reservebildung in mittleren und höheren Einkommensschichten und Unternehmen Anlass geben«. Damit dürfte einerseits »der konjunkturelle Effekt stimulierender Maßnahmen mit hoher Wahrscheinlichkeit unerwünscht stark begrenzt bleiben«, andererseits aber »muss mit einer Verschlechterung der Staatsfinanzen gerechnet werden«.[149]

Die Zurückhaltung der Bundesregierung bei den kurzfristig wirksamen antizyklischen Konjunkturbelebungsmaßnahmen hängt auch damit zusammen, dass beabsichtigt war, im Budget Platz für eine umfassende Steuerreform zu schaffen. Im Sinne dessen kündigte Finanzminister Grasser in seiner Budgetrede zum Doppelbudget 2003/2004 ein schwach expansiv wirkendes Budget 2003 und ein Sparbudget 2004 an, das die Basis für die Steuerreform 2005 schaffen sollte. Demgegenüber forderten die Opposition und die Gewerkschaft eine Steuerreform in Verbindung mit über das letzte Konjunkturbelebungspaket hinausgehenden »Wachstumsinitiativen«.[150]

Jedenfalls war zu dieser Zeit eine große Steuerreform das zentrale Projekt der Wirtschafts- und Finanzpolitik. Im Regierungsprogramm 2003 wurde eine »Steuerreform in zwei Etappen« angekündigt und deren Umsetzung mit dem Doppelbudget 2003/04 und dem Budgetbegleitgesetz 2003 mit einer geplanten Nettoentlastung von drei Mrd. Euro eingeleitet.[151] Der zentrale Orientierungspunkt dieser von Regierungsseite so bezeichneten »größten Steuerreform aller Zeiten«[152] war, anknüpfend an die seit den 1980er-Jahren bestehende steuerpolitische Programmatik, die steuerliche Entlastung, insbesondere von Unternehmen sowie von Kapital und Vermögen. Allerdings war auch klar, dass im Sinne des gleichermaßen prioritären Ziels des Haushaltsausgleichs eine Gegenfinanzierung erforderlich war. Ein wesentlicher Teil sollte aus Einsparungen in der Verwaltung kommen, was sich aber als nur ansatz-

---

148 Butschek. S. 192. Rossmann stellt ab 2002 »einen Trend zu konjunkturneutralen (2004, 2006) bzw. konjunkturell expansiveren öffentlichen Budgets (2002, 2003, 2005)« fest. (Rossmann. S. 148f.)
149 Karl Aiginger, Helmut Kramer (Projektleitung): Wirtschaftspolitik zur Steigerung des Wirtschaftswachstums. – WIFO. Wien 2003. S. 1. Zit. bei Butschek. S. 191f.
150 Rossmann. S. 149f.
151 Butschek. S. 188.
152 Rossmann. S. 147.

weise realisierbar erwies.¹⁵³ Dies führte letztendlich zu einer stärkeren Verlagerung der Steuerbelastung auf die indirekten Verbrauchssteuern, speziell durch Erhöhung der Mineralölsteuer und der Energieabgaben, was sich aber auch mit dem Argument einer Ökologisierung des Steuersystems rechtfertigen ließ.

Wesentliche Elemente dieser auf Basis entsprechender Budgetbegleitgesetze ab 2004 in zwei Etappen umgesetzten Steuerreform waren Tarifsenkungen bei der Lohnsteuer, die Steuerfreistellung von Bruttojahreseinkommen bei Arbeitnehmer(inne)n bis 15.770 €, bei Pensionist(inn)en bis 13.500 € und bei den Selbstständigen bis zu 10.000 €, die Einführung eines Kinderzuschlages zum Alleinverdienerabsetzbetrag zur Stärkung von Familieneinkommen, eine Erhöhung des Pendlerpauschales, die Umstellung der Einkommensteuer auf einen gestaffelten Durchschnittstarif, eine Erhöhung der Energieabgaben und der Mineralölsteuer, zugleich aber eine Mineralölsteuererstattung für die Landwirtschaft (Agrardiesel) und wesentliche Entlastungen bei der Unternehmensbesteuerung mit der Einführung des halben Steuersatzes auf nicht entnommene Gewinne bei Einzelunternehmen und Personengesellschaften, die Senkung des Körperschaftssteuersatzes von 34% auf 25% und eine im internationalen Vergleich sehr großzügige Gruppenbesteuerung.¹⁵⁴ Dabei wurden die steuerlichen Begünstigungen im Unternehmerbereich als wesentlicher Teil einer offensiven Standortpolitik verstanden. Johannes Ditz stellt dazu fest: »In terms of the taxation of public limited companies, Austria finally went from being a hightax country at the end of the 1980s to a low-tax country by the middle of 2005.«¹⁵⁵ Zugleich aber weist er auf das Problem des »Mittelstandsbauches« bzw. der »kalten Progression« hin: »There was no perceptible relief in mid-level incomes due to a sinking of wage and income tax rates. The ›cold progressive scale effect‹ that commenced with the large income tax reform of 1989 was not made retroactive ...With this progression, the wage and income tax burden for middle-bracket incomes has increased by approximately 50 percent in the last twenty years.«¹⁵⁶

Das zweite große fiskalisch relevante Reformprojekt nach 2003 war die Pensionsreform 2003/04.¹⁵⁷ In deren regierungsoffizieller Bezeichnung als »Pensionssicherungsreform« wurde die fiskalische Grundintention insofern zum Ausdruck gebracht, als es um die Sicherung der Leistungsfähigkeit des Pensionsversicherungssystems bei

---

153 So war am Beginn der neuen Legislaturperiode des Abbau von 10.000 Planstellen vorgesehen: Ebd. S. 147.
154 Rossmann. S. 147f. Butschek. S. 188f. Ditz. S. 246 und 251.
155 Ditz. S. 251.
156 Ebd. S. 259.
157 Herbert Dachs: Die Pensionsreform 2003 – ein Musterbeispiel für Konkurrenzdemokratie? – In: Hedwig Kopetz, Joseph Marko, Klaus Poier (Hg.): Soziokultureller Wandel im Verfassungsstaat. Phänomene politischer Transformation. Festschrift für Wolfgang Mantl zum 65. Geburtstag. Bd. I. – Graz/Wien/Köln 2004. S. 523–553.

gleichzeitiger Einbremsung bzw. Rückführung der tendenziell stark angewachsenen budgetären Zuschüsse ging. Bewerkstelligt werden sollte das durch eine substanzielle Stärkung des Anteils der Eigenvorsorge in einem Drei-Säulen-Modell, also neben der gesetzlichen Pensionsversicherung eine betriebliche Pensionsvorsorge im Wege der mit dem mit 1. Jänner 2003 in Kraft getretenen Mitarbeitervorsorgegesetz für die »Abfertigung neu« eingerichteten Mitarbeitervorsorgekassen, in die die Arbeitgeber 1,53 % der Löhne einzahlten, und eine private in Pensionskassen zu veranlagende »prämienbegünstigte Zukunftsvorsorge«.[158]

Des Weiteren wurde mit einem »Sozialversicherungs-Änderungsgesetz« die Pensionsbemessungsgrundlage von den bisher 15 besten auf 40 Jahre ausgedehnt. Und es wurde der jährliche Steigerungsbeitrag von 2 % auf 1,78 % reduziert, wobei die jährliche Pensionsanpassung nunmehr erst im zweiten Jahr nach Pensionsantritt begann, dabei aber für »Schwerarbeiter« günstigere Sonderregelungen vorgesehen wurden. Bei den Frühpensionen wurden die jährlichen Abschläge von 3 % auf 4,2 % pro Jahr erhöht und die vorzeitige Alterspension bei Arbeitslosigkeit aufgehoben, ebenso jene bei langer Versicherungsdauer. Und der »Pensionistenkrankenversicherungsbeitrag« wurde von 3,75 % auf 4,75 % des Pensionsbetrages angehoben.[159]

Gab es dagegen politischen Widerstand, bis hin zu einem vom ÖGB organisierten großen Streik am 6. Mai 2003, so war dies auch hinsichtlich der auf ein einheitliches Pensionsrecht für Unselbstständige, Selbstständige und Bauern ausgerichteten »Pensionsharmonisierung 2004« der Fall. Die Kritik konzentrierte sich insbesondere auf Ungleichheiten, wie etwa einen deutlich langsameren Einstieg der Beamten in das »harmonisierte« Pensionsrecht oder die gegenüber den unselbstständig Beschäftigten vergleichsweise geringeren Pensionsbeiträge der Bauern und Gewerbetreibenden.[160]

Hinsichtlich einer Bilanz der schwarz-blauen Finanzpolitik ergibt sich, gemessen an für die einschlägige Programmatik der Regierungskoalition zentralen Indikatoren,[161] ein gemischtes Bild, wobei wiederum auch die Einbindung in einen seit Mitte der 1990er-Jahre bestehenden Entwicklungspfad bzw. dessen spezifische Akzentuierung erkennbar wird. So wurde etwa die Staatsausgabenquote (Staatsausgaben in % des BIP), die 1995 noch 56,0 % betragen hatte und bis 1999 auf 53,2 % zurückgeführt worden war, bis 2006 weiter auf ein »affordable level«[162] von 49,2 % reduziert. In seiner durchaus kritischen Analyse konzediert Rossmann, dass »die

---

158 Rossmann. S. 147. Butschek. S. 187.
159 Butschek. S. 188.
160 Rossmann. S. 147. Rossmann verweist dabei auch auf ein mit der Pensionssicherungsreform 2003 bei privaten Haushalten ausgelöstes »Angstsparen« und schätzt »dessen Auswirkungen auf den gesamten privaten Konsum mit 0,6 %«. (Ebd. S. 150)
161 WIFO-Datenbank. Statistik Austria.
162 Ditz. S. 248. 2007 betrug die Staatsausgabenquote 48,2 %.

Konsolidierungsmaßnahmen in den ›Doppelbudgets‹ 2001/2002 und 2003/2004 ... dazu beigetragen« haben. Allerdings habe das auch beinhaltet, dass seit 2000 »die öffentliche Investitionsquote einschließlich jener der ausgegliederten Rechtsträger stagniert« habe.[163]

Bei der Steuer- und Abgabenquote, die 1995 noch bei 41,4 %, 1999 aber bereits bei 43,8 % gelegen war, wurde der Anstieg zunächst im Zuge der »Null-Defizit«-Strategie 2001, wie erwähnt, auf den bisher höchsten Stand von 44,8 % fortgesetzt. Danach konnte sie aber sukzessive auf 42,1 % im Jahr 2006 abgesenkt werden. Bei der Entwicklung des Budgetdefizits war natürlich das gesamtstaatliche »Null-Defizit« 2001 (–0,7 % im Bundesbudget) ein markanter Punkt. Im mittelfristigen Rückblick erscheint dies aber als besonders akzentuierte Fortsetzung einer Entwicklung seit 1995, wo das Bundesdefizit 4,9 % betragen hatte und bis 1999 auf 2,5 % und 2000 weiter auf 1,4 % zurückgeführt worden war. Bis 2002 kam es dann wieder zu einem Anstieg auf 2,0 %, bis 2004 gar auf 4,5 %, gefolgt von einem Rückgang auf 1,7 % 2006. Die Finanzschuld des Bundes, die von 1995 mit 55,6 % des BIP auf 59,0 % 1999 angestiegen war, konnte ab 2000 von 57,4 % auf 56,7 % 2006 reduziert werden. Die gesamte Maastricht-relevante Quote der öffentlichen Verschuldung, die 1995 noch 68,3 % und 1999 67,2 % betragen hatte, lag 2006 bei 62,2 %.[164]

Als die Bundesregierung im Februar 2006 in Brüssel ihr Stabilitätsprogramm vorlegte, wurde dieses allerdings als unzureichend bewertet und eine weitere Präzisierung der für die Jahre 2007 und 2008 geplanten Maßnahmen zur Erreichung des ausgeglichenen Haushalts gefordert. Im Hinblick auf die grundsätzliche Programmatik des dauerhaften »Null-Defizits« resümiert Rossmann: »Die von der Regierung angestrebte nachhaltige Sanierung der Staatsfinanzen wurde nicht erreicht.«[165] Darüber hinaus registriert er Umverteilungseffekte zulasten des unteren Einkommensdrittels, »wobei besonders jene stark betroffen sind, die von den Steuersenkungen 2004/05 wenig bis gar nicht profitieren«, während »die hohen Vermögen … weitgehend unangetastet« blieben. Und er kommt zu dem Schluss: »Die Folge dieser Politik ist eine Zunahme der Ungleichheit der Verteilung des Volkseinkommens. BezieherInnen von Dividenden und Gewinnen profitieren zulasten der unteren Einkommensgruppen.«[166]

---

163 Rossmann. S. 142 und 150.
164 Statistik Austria.
165 Rossmann. S. 150.
166 Ebd. S. 150f.

3.3 Privatisierung – Liberalisierung – Deregulierung

3.3.1 Programmatik der umfassenden Privatisierung

Analog wie in der Budgetpolitik war auch in der damit eng verknüpften Privatisierungspolitik von Anfang an ein hohes Tempo angesagt. Die nach Herbert Obinger (siehe oben) nunmehr einsetzende dritte Phase der Privatisierungspolitik war von der schwarz-blauen Regierung im Sinne der »Wende«, wie oben angeführt, auf die Umsetzung einer umfassenden, finalen Privatisierung in der österreichischen Wirtschaftsordnung programmiert. Und zwar in dreifacher Richtung: erstens hinsichtlich einer weitestgehenden Privatisierung noch vorhandener staatlicher Beteiligungen im Bereich der ÖIAG. Zweitens durch die Erweiterung der Privatisierung auf die Veräußerung von Liegenschaften und Immobilien und drittens hinsichtlich einer expliziten Einbeziehung von Bereichen der öffentlichen Leistungserstellung (insbesondere Post und Telekom, aber auch Energiewirtschaft und ÖBB) in die Privatisierungsstrategie und damit in Verbindung auch einer entsprechenden Marktliberalisierung in den Bereichen Energie, Verkehr und Kommunikation.[167] Damit wurde insofern eine neue Qualität der Privatisierungspolitik etabliert, als nunmehr auch jene seit den 1990er-Jahren ausgegliederten, traditionell dem Bereich der infrastrukturellen »öffentlichen Güter« zurechenbaren Staatsbetriebe ins Visier der Privatisierungspolitik kamen.[168]

Wie im Regierungsprogramm 2000 »Zukunft im Herzen Europas, Österreich neu regieren« vorgesehen, setzte die Privatisierungspolitik bei der ÖIAG an, was in einem gegen die Stimmen der Opposition am 26. April 2000 beschlossenen neuen ÖIAG-Gesetz legistischen Ausdruck fand.[169] Die ÖIAG wurde mit einem expliziten und umfassenden Privatisierungsauftrag mit dem Ziel einer durch die Privatisierungserlöse innerhalb der Legislaturperiode zu erreichenden völligen Entschuldung ausgestattet.[170] Wurde damit im Grunde eine bereits in den 1990er-Jahren verfolgte Linie nachdrücklich fortgesetzt, so gilt dies auch für das Ziel, dass durch die Privatisierungen weitere Impulse für den österreichischen Kapitalmarkt gesetzt werden sollten.[171] Johannes Ditz betont im Sinne dessen auch, dass die Konzeption für das Gesetz aus den gescheiterten Koalitionsverhandlungen zwischen ÖVP und SPÖ 1999/2000 stammte: »The 2000 amendment to the ÖIAG Law, prepared by the ÖIAG (Hollweger/Streicher/Ditz) for the coalition negotiations between the SPÖ and ÖVP, was adopted by the Schüssel government without any changes to its

---

167 Obinger. S. 160.
168 Stiefel: Verstaatlichung und Privatisierung in Österreich. S. 222.
169 Stöckl. S. 86ff. Profil 6. 3. 2000.
170 Die gesamten Verbindlichkeiten der ÖIAG betrugen zu dieser Zeit ca. 70 Mrd. Schilling (ca. 5,1 Mrd. Euro). (Obinger. S. 159.)
171 Ebd. S. 159.

content.« Und er unterstreicht die eindeutige Intention der Finalisierung einer ordnungspolitischen Wende gegenüber den Verhältnissen der 1970er-Jahre: »The law's objective was clear: to bring the old nationalized policies of the Kreisky era to a final and visible end with a comprehensive privatization program and the total abolition of state-becked debts.«[172]

Die Abrechnung mit der Verstaatlichten-Vergangenheit kam dann auch anlässlich der Regierungserklärung am 9. Februar 2000 im Nationalrat deutlich zum Ausdruck. In konsequenter Aufnahme seiner in der Mitte der 1980er-Jahre formulierten umfassenden Entstaatlichungs- und Privatisierungsprogrammatik führte Bundeskanzler Wolfgang Schüssel unter anderem aus:

»Der Staat muss sich konsequent von Tätigkeiten und Kosten trennen, die nicht zu seinen Kernaufgaben gehören. Aus diesem Grund ist ein höchst ambitioniertes Privatisierungsprojekt im Regierungsprogramm festgeschrieben. Staatsbetriebe müssen marktfähig werden ... Österreich muss aus seiner Verstaatlichten-Vergangenheit lernen. Kein Steuer-Schilling darf künftig in Unternehmen investiert werden, wo der Markt bessere und wirtschaftlichere Lösungen anbietet. Die in der Verfassung verankerten Prinzipien der wirtschaftlichen Freiheit sind unsere Richtschnur für die Gestaltung des Wirtschaftslebens.«[173]

Und Wirtschaftsminister Martin Bartenstein sah den wirtschaftspolitischen Teil des Regierungsprogramms von drei Prinzipien getragen:

»Wir wollen liberalisieren, wir wollen demokratisieren und wir wollen privatisieren.... Wir wollen demokratisieren im Sinne einer Deregulierung und wir wollen privatisieren, und zwar privatisieren in einem Bereich, den ich in Österreich nicht mehr als verstaatlichte Industrie bezeichnen will – das ist der Vergangenheit angehörig – aber privatisieren vor allem im Bereich der ÖIAG, und zwar privatisieren in einer Art und Weise, die die Standortinteressen Österreichs berücksichtigt und die Entscheidung in vielen Fällen auf der Basis von verpflichtenden Syndizierungen in Österreich belassen soll. Wir wollen eine Privatisierungsstrategie fahren, die letztlich dem entspricht, was in Europa heute als zweckmäßig erachtet wird, ob es sich noch im öffentlichen Eigentum befindet oder nicht.«[174]

Finanzminister Karl-Heinz Grasser betonte unter Hinweis darauf, dass »Österreich ... bereits in der Vergangenheit besonders gute Erfahrungen mit der Privatisierung

---
172 Ditz. S. 256.
173 Zit. bei Stiefel. S. 224f. Obinger. S. 159f.
174 Zit. bei Stiefel. S. 224.

gemacht« habe, nunmehr aber »gescheit privatisieren ... das Gebot der Stunde« sei, insbesondere die mit der umfassenden Privatisierung zu bewirkende Kapitalmarktmobilisierung, und verband dies mit einer an ein Volksaktien-Konzept erinnernden volkswirtschaftlichen Argumentation:

> »Die Privatisierung stellt, wie in anderen europäischen Ländern, auch bei uns eine Chance dar, den Kapitalmarkt zu beleben und der österreichischen Bevölkerung die Aktie als eine attraktive Anlageform nahe zu bringen. Wir werden uns daher bemühen, zumindest mit einem Teil der Privatisierung durch eine breite Streuung der Aktien zur Eigentumsbildung in den Händen der Arbeitnehmer beizutragen. Damit wollen wir die Kaufkraft der Bevölkerung erhöhen, Aufbau von Eigenkapital forcieren und entsprechende Finanzmasse für eine verstärkte Investitionstätigkeit im Unternehmensbereich schaffen.«[175]

Eine in mehreren Abänderungsanträgen zum ÖIAG-Gesetz von der SPÖ geforderte Verankerung einer »Kernaktionärsrolle« der ÖIAG (25 % + 1 Aktie am stimmberechtigten Grundkapital) zur gesetzlichen Absicherung einer strategischen Eigentümerfunktion des Staates fand keine Zustimmung der Regierungsfraktionen.[176] Die SPÖ warnte vor einer »Verschleuderung von öffentlichem Eigentum« und davor, dass bei einer Totalprivatisierung »ein Ausverkauf von österreichischen Schlüsselunternehmen ins Ausland kaum zu verhindern« sein werde.[177] In einer Sondersitzung des Nationalrates am 14. 3. 2000 sprach der neue SPÖ-Vorsitzende Alfred Gusenbauer von einem drohenden »Ausverkauf österreichischer Paradeunternehmen« und dem damit verbundenen »Abwandern von Wertschöpfung ins Ausland« zugunsten eines »Stopfens von Budgetlöchern durch Verschleuderung von Familiensilber«.[178]

Derartiger immer wieder artikulierter Kritik stellte die Regierung den Willen zur weitestgehenden Entstaatlichung gegenüber. Bundeskanzler Schüssel verwies auf die Möglichkeit der Beteiligung von institutionellen Anlegern wie Pensionsfonds, Versicherungen und Banken: »... da könnte man sich vieles überlegen. Nicht haben möchte ich jedoch, dass das exklusiv immer der Staat oder öffentlich-rechtliche Körperschaften sein sollen.«[179] Und Finanzminister Grasser betonte wieder den intendierten grundsätzlichen ordnungspolitischen Paradigmenwechsel und nahm hierbei einmal mehr explizit Bezug auf die 1970er- und 1980er-Jahre:

---

175 Zit. ebd. S. 225f.
176 Obinger. S. 161.
177 Zit. bei Stöckl. S. 90. Aus einer dringlichen Anfrage der SPÖ vgl. auch Obinger. S. 160.
178 Zit. bei Obinger. S. 160.
179 Zit. bei Stöckl. S. 90.

»… man hat gesagt: Ohne Staatseigentum kann es in Österreich nicht gehen! – Das mag, obwohl nicht unserer Überzeugung nach, für die siebziger Jahre vielleicht ein durchaus richtiger Ansatz gewesen sein, aber wenn wir heute hier eine Privatisierungsdebatte führen, in der man ernsthaft in Zweifel ziehen will, dass diese Bundesregierung einen modernen, innovativen Ansatz zur Privatisierung hat, dann möchte ich ins Gedächtnis rufen, wozu diese Verstaatlichungspolitik in Österreich in den achtziger Jahren geführt hat, nämlich zu einer Krise, zum Zusammenbruch der Voest im Jahre 1986.«[180]

3.3.2 Schritte der Umsetzung

Ausgehend vom ÖIAG-Gesetz wurde eine Neubesetzung von Vorstand und Aufsichtsrat vorgenommen, worin Obinger, entgegen der von der Regierung proklamierten Entpolitisierung, eine politische »Umfärbung durch die Hintertür«[181] sieht, was auch von der Opposition in mehreren dringlichen Anfragen im Parlament entsprechend kritisiert wurde. Alexander Van der Bellen von den Grünen sprach in dem Zusammenhang von einer »Übernahme der ÖIAG durch Prinzhorn-Freunde«.[182]

Zum Zeitpunkt des Regierungswechsels befanden sich das Dorotheum, die Staatsdruckerei, die Österreichische Bergbauholding AG und die IMIB (Immobilien und Industriebeteiligungs AG) zur Gänze sowie 41,1 % der Austria Tabak AG, 39,7 % der AUA, 38,8 % der VA Stahl, 35 % der OMV, 25 % von Böhler-Uddeholm, 24 % der VA Technologie und 17,38 % der Flughafen Wien AG, ferner über die IBVG (Industrie- und Beteiligungsverwaltung GmbH) jeweils 26 % an der Siemens AG Österreich und an der Siemens SGP Verkehrstechnik im Besitz der ÖIAG.[183] Das neue ÖIAG-Gesetz bewirkte rückwirkend mit Stichtag 31.12.1999 die Fusion der ÖIAG mit der Postbeteiligungsgesellschaft (PTBG) und der Post-Telekom Austria (PTA), womit auch deren staatlich garantierte Schuldenstände an die ÖIAG transferiert wurden.[184]

Ab Herbst 2000 wurde mit entsprechenden Privatisierungsmaßnahmen begonnen. Und zwar im November mit dem Verkauf der P.S.K. an die BAWAG[185], der

---

180 Zit. ebd.
181 Obinger. S. 166.
182 Zit. ebd. S. 161.
183 Ebd. S. 157f.
184 Bundesgesetz über die Neuordnung der Rechtsverhältnisse der Österreichischen Industrieholding Aktiengesellschaft und der Post- und Telekommunikationsverwaltungsgesellschaft; BGBl. I Nr. 24/2000. (Ditz. S. 256)
185 Konkret erfolgte der Verkauf in zwei Schritten. Im Jahr 2000 kaufte die BAWAG 74,82 % und im Jahr 2003 die restlichen 25,18 %. Die endgültige Verschmelzung zur BAWAG P.S.K. fand dann 2005 statt. Im Zuge dessen wurde die bisherige BAWAG in eine Anteilsverwaltung BAWAG P.S.K. (AVB) umge-

Abgabe der Österreichischen Staatsdruckerei GmbH an einen österreichischen Investor, der Veräußerung von 8,5 % der ÖIAG-Anteile am Flughafen Wien und der Platzierung von 22,4 % der Telekom Austria an der Börse. Mit diesem nach Obinger »größten Börsengang in der Geschichte der ÖIAG« ging der ÖIAG-Anteil an der Telekom auf 47,8 % zurück. Insgesamt erlösten diese Privatisierungsschritte 2,3 Mrd. Euro und führten zu einer spürbaren Reduzierung des Schuldenstandes der ÖIAG.[186] Im Jahr 2001 ging es weiter mit der Veräußerung der noch verbliebenen 8,92-%-Anteile der Flughafen Wien AG an inländische und ausländische institutionelle Investoren, der 100 %igen Privatisierung des Dorotheums, dem Verkauf der restlichen 41,1 % der Austria Tabak AG an die Gallaher Group und der Abgabe von einem Prozent des Grundkapitals der VA Stahl AG. Insgesamt wurden damit Privatisierungserlöse in Höhe von 925 Mio. Euro erzielt.[187] Dabei war die Privatisierung der Tabak AG einer der vielen Anlässe, aus denen die Opposition sowie der ÖBG und die Arbeiterkammer die Regierung massiv kritisierten. Mit dem »Abverkauf des gewinnträchtigen Paradeunternehmens an das Ausland« würde »die Verscherbelung heimischer Werte« weitergeführt, so etwa der Metallgewerkschafter Rudolf Nürnberger.[188] Im Jahr 2002 wurde der ÖIAG-Anteil an der VA Stahl AG im Zuge einer Kapitalerhöhung der Voestalpine AG, an der sich die ÖIAG nur zu 50 % beteiligte, von 37,8 auf 34,7 % reduziert und die Strohal Rotations Druck GmbH zu 100 % privatisiert. Zudem wurden interne Umschichtungen im staatlichen Unternehmensbereich angebahnt, und zwar mit der Übertragung der Postbus AG an die ÖBB und der Übernahme der von der Telecom Italia Mobile gehaltenen 25-%-Anteile der mobilcom austria durch die Telekom Austria.[189]

Im September 2002 resümierte Finanzminister Grasser den bisherigen Erfolg der Privatisierungspolitik der Bundesregierung im Nationalrat als »wirkungsvolle, aktive Industriepolitik auch im Interesse der Beschäftigten und des Standortes Österreich«, und er stellte mit ausdrücklichem Dank an Vorstand und Aufsichtsrat der ÖIAG fest: »Wir haben das höchste Privatisierungsvolumen ermöglicht, das es in der Zweiten Republik gibt. Wir haben die ÖIAG saniert und haben von 6 Milliarden an Schulden innerhalb von zweieinhalb Jahren 4 Milliarden abbauen können; 2 Milliarden Schulden bestehen dort noch.«[190] Demgegenüber verstärkte die SPÖ ihre

---

wandelt, über die der ÖGB seine Anteile an der BAWAG P.S.K. hielt. (Frasl: Von der Arbeiterbank zu Cerberus. S. 52.)
186 Stöckl. S. 92. (ÖIAG-Bericht 2000). »Durch diese Privatisierungsmaßnahmen gelang es der ÖIAG, ihren Schuldenstand von 6,20 Milliarden Euro auf 3,20 Milliarden Euro Ende 2000 zu reduzieren.« (Obinger. S. 161.)
187 Stöckl. S. 102ff. Obinger. S. 161f.
188 Stöckl. S. 106. Der Standard 23. 6. 2003.
189 Stöckl. S. 95.
190 Zit. bei Resch. S. 64.

Kritik an der Privatisierungspolitik dahingehend, dass dabei heimische Unternehmen unter Wert verkauft worden seien. Derartiger Kritik hielt der Finanzminister entgegen, dass zur Zeit des Antrittes der ÖVP/FPÖ-Bundesregierung Zuschüsse aus dem Budget für die Bedienung des Zinsendienstes der ÖIAG erforderlich gewesen seien. Demgegenüber sei im Jahr 2003 »die ÖIAG in der Lage, neben der Bedienung des Zinsendienstes auch noch Dividenden an das Budget auszuschütten: immerhin 200 Millionen Euro heuer und 100 Millionen Euro im Jahr 2004«.[191]

Nach der Nationalratswahl bzw. der Regierungsneubildung formulierte die Koalition, basierend auf dem Regierungsprogramm 2003, die geplante Fortsetzung und schließliche Vollendung der Privatisierungspolitik in einem parlamentarischen Entschließungsantrag. In diesem wurde »die weitere vollständige Privatisierung (100 %) von Böhler-Uddeholm AG, VA Technologie AG, Voest Alpine AG, Österreichische Postbus AG (Beteiligung Privater; nach Entscheid des Kartellgerichts), Österreichische Bergbauholding AG und der Telekom Austria (bis zu 100 %)« angestrebt.[192] Darüber hinaus war geplant, dass die ÖIAG nach Abschluss dieser Privatisierungen aufgelöst und deren verbleibende Bundesbeteiligungen an eine neu zu gründende Bundesbeteiligungs- und Managementgesellschaft übertragen werden sollten, womit »eine professionelle Eigentümerverantwortung und ein professionelles Wertmanagement der Unternehmen« sichergestellt werde, im Zuge dessen dann die restlichen Privatisierungsschritte abgewickelt werden sollten. In diese Bundesbeteiligungs- und Managementgesellschaft sollten auch die ÖBB und der Verbund eingebracht werden, »wobei die verkehrs- und energiepolitische Steuerungskompetenz zur Gänze bei den zuständigen Ressorts« verbleiben sollte. Dabei war für die ÖBB keine Privatisierung, aber eine organisatorische Neuordnung vorgesehen. Für die Österreichische Post AG sollte als erster Schritt in Richtung Privatisierung ein strategischer Partner gesucht werden.

Programmatisch wurde in diesen »Zielsetzungen der Privatisierungen« der Regierungsfraktionen die Erhaltung von österreichischem Eigentum bzw. wurden »Österreichische Lösungen« angestrebt. So sollten »die Entscheidungszentralen der zu privatisierenden Unternehmungen, wenn möglich, in Österreich« gehalten werden. Dabei sei »eine österreichische Kernaktionärsstruktur durch Syndikate mit industriellen Partnern, Banken, Versicherungen, Pensionskassen, Vorsorgekassen, Fonds etc. im Sinne einer Stärkung der Head-Quarters-Funktion Österreichs wünschenswert«. Und Bundeskanzler Schüssel bekräftigte 2003 im Parlament: »Der Privatisierungskurs der Bundesregierung wird fortgesetzt. Staatliche Anteile an den großen ehemaligen Staatsbetrieben werden bestmöglich verkauft, wobei wir uns das Ziel gesetzt haben, die Headquarters mit den Führungsstellen und Forschungseinrich-

---

191 Zit. bei Stiefel. S. 228.
192 Zit. bei Stiefel. S. 227. Stöckl. S. 94.

tungen natürlich in Österreich zu halten.« Gleichermaßen betonte Finanzminister Grasser: »Die Firmenzentralen und Forschungseinrichtungen sollen in Österreich bleiben.«[193]

Dieses Privatisierungsprogramm wurde in einer entsprechenden Novelle des ÖIAG-Gesetzes[194] verankert, die in zweifacher Weise zu einem Angriffspunkt für die Opposition wurde. Zum einen wurde, um feindliche Übernahmen abzuwehren und die österreichischen Standorte zu sichern, einmal mehr die Beibehaltung der Kernaktionärsrolle des Staates gefordert.[195] Zum anderen spielte dabei, insbesondere in Oberösterreich, wo im September 2003 Landtagswahlen anstanden, die Landesebene eine wesentliche Rolle. So trat der damalige SPÖ-Spitzenkandidat Erich Haider hinsichtlich der Voestalpine AG und der VA Tech als »Schutzschild gegen den Ausverkauf« auf und startete eine aufsehenerregende Kampagne gegen die »Verscherbelung des Familiensilbers«.[196]

Unbeeindruckt davon führte die Regierung ihr Privatisierungsprogramm im Jahr 2003 konsequent weiter. Die ÖIAG verkaufte 19,7 % der Voestalpine über die Börse und platzierte die restlichen 15 % als Umtauschanleihe. Ebenso wurde der noch bestandene Anteil von 25 % an der Böhler-Uddeholm über die Börse privatisiert und der ÖIAG-Anteil an der VA Technologie AG durch Abgabe von weiteren 9 % der Aktien über die Börse auf 15 % reduziert.[197] Das Instrument der Umtauschanleihe auf Aktien kam auch bei der Telekom zu Anwendung, indem auf diese Weise 5 % des Grundkapitals an institutionelle Investoren gingen und damit ein erster Privatisierungsschritt für den noch bestehenden 47,2 %igen ÖIAG-Anteil gesetzt wurde.[198] Der Privatisierungserlös im Jahr 2003 belief sich insgesamt etwa auf eine halbe Milliarde Euro.[199] Innerhalb des staatlichen Unternehmensbereiches wurde in diesem Jahr auch noch der Verkauf der seit 2000 als hundertprozentige Tochter in die ÖIAG integrierten Postbus AG an die ÖBB finalisiert.[200]

Das Jahr 2004 stand vor allem im Zeichen der Börsenprivatisierung von weiteren 17 % der Telekom Austria AG. Dazu kam die unternehmensrechtliche Verschmel-

---

193 Zit. bei Stiefel. S. 216f.
194 BGBl. I Nr. 71/2003.
195 Obinger. S. 162.
196 Dokumentiert und illustriert in dem vom ÖGB-Verlag herausgegebenen Band: »duvoestmir«. Text / Bilder / Fakten. Das Buch wider das Vergessen. Zur Voest-Privatisierung. – Wien 2004.; Stöckl. S. 119ff. Wineroither: Kanzlermacht – Machtkanzler? S. 214ff.
197 Obinger. S. 162, Anm. 11: »Sowohl bei Böhler-Uddeholm als auch bei der Voestalpine gingen mehr als die Hälfte der Aktien an ausländische Investoren. In beiden Fällen beträgt der Anteil österreichischer Aktionäre über 25 %.« Stöckl. S. 96 und 136ff.
198 Stöckl. S. 96.
199 Obinger. S. 162.
200 Stiefel. S. 238.

zung der ÖIAG-Bergbauholding mit der GKB-Bergbau GmbH in Verbindung mit der Abgabe des 26 %igen Anteils der ÖIAG-Bergbauholding an der BMG Metall sowie die Privatisierung der Voestalpine Erzberg GmbH durch Verkauf bzw. Einbringung der ÖIA-Anteile an die Erzberg Privatstiftung.[201] Im Hinblick auf die sich in diesem Jahr ergebenden Privatisierungseinnahmen in Höhe von 1,1 Mrd. Euro sah sich Finanzminister Grasser im Herbst 2004 einmal mehr veranlasst, eine positive Zwischenbilanz der Privatisierungspolitik seit 2000, speziell im Hinblick auf deren finanzielle Dimension in betriebswirtschaftlicher Hinsicht, zu ziehen:

> »Wir haben im Jahre 2000 in der ÖIAG Schulden von 6,3 Milliarden Euro übernommen. Dem stand ein Vermögen von 5 Milliarden gegenüber. Das bedeutet, wir haben eine Unterdeckung, ein Minus von 1,3 Milliarden Euro übernommen… Jetzt haben wir … folgende Situation: 1,7 Milliarden Euro an Schulden, ein Vermögen von 5,7 Milliarden Euro – das heißt eine Überdeckung von 4 Milliarden Euro! … Das ist eine Sanierung der ÖIAG, das sind schwarze Zahlen, das erste Mal seit 30 Jahren. Das ist eine gelungene Privatisierungspolitik.«[202]

Im Jahr 2005 konnte das Ziel der Vollprivatisierung der Voestalpine Technologie AG (VA Tech) durch die Realisierung des seit Ende 2004 vorgelegenen Übernahmeangebotes durch Siemens Österreich und jener der Voestalpine AG durch die Abgabe der restlichen ÖIAG-Anteile an der Börse sowie die vollständige Umwandlung der Umtauschanleihen erreicht werden. Ebenso erreicht werden konnte 2005 mit Privatisierungserlösen von knapp 400 Mio. Euro das Ziel einer nunmehr praktisch schuldenfreien, allerdings stark reduzierten ÖIAG.[203]

In dieser befanden sich noch die Anteile an der OMV, der AUA, der Telekom Austria und der Österreichischen Post AG, die bereits »in den letzten Jahren zum Teil beträchtliche Dividenden an den Finanzminister«[204] abführten. Im Jahr 2006 wurde dann noch der ÖIAG-Anteil an der Telekom Austria im Wege der Umwandlung bzw. des Verkaufes der der 2003 begebenen ÖIAG-Umtauschanleihe unterlegten Telekom-Aktien auf 25,2 % reduziert.[205]

Hinsichtlich der Privatisierung im Bereich der ÖIAG kann im Rückblick Obinger gefolgt werden, wenn er feststellt, dass die ÖVP/FPÖ-Koalition »gemessen am Regierungsprogramm des Jahres 2000 … ihre Pläne weitgehend realisiert« hat und »die Verbindlichkeiten der ÖIAG … binnen weniger Jahre getilgt werden« konnten.

---

201 Obinger. S. 162f.
202 Zit. bei Stiefel. S. 228.
203 Obinger. S. 163. Stöckl. S. 96.
204 Obinger. S. 163.
205 Stiefel. S. 239.

Es ist ihm aber auch darin zu folgen, dass infolge der Vollprivatisierung der Unternehmensbeteiligungen die aus diesen seit Mitte der 1990er-Jahre fließenden »nicht unbeträchtliche[n] Dividenden« nunmehr wegfielen und die Privatisierungserlöse Einmaleffekte darstellten sowie »dass wichtige Industriebetriebe nun mehrheitlich nicht mehr in österreichischem Besitz sind und die Sperrminorität der öffentlichen Hand verloren ging«.[206]

Im Zusammenhang mit der Umsetzung des Privatisierungsprogramms im Bereich der ÖIAG, zu deren Auflösung es, entgegen dem Regierungsprogramm 2003, nicht gekommen ist, ergaben sich für entsprechende Maßnahmen bei den Staatsbetrieben Post, Bundesbahn und AUA spezifische Sensibilitäten, handelte es sich bei diesen doch um traditionelle nationalstaatliche Kernelemente der österreichischen Wirtschafts- und Gesellschaftsordnung mit besonderer beschäftigungspolitischer und infrastruktureller Relevanz. So hatte es, als Finanzminister Grasser 2005 die Absicht verkündete, die Post an die Börse bringen zu wollen, massive Proteste der Gewerkschaft gegeben. Deren Befürchtung eines umfangreichen Stellenabbaus infolge einer Privatisierung paarte sich mit Befürchtungen in der Bevölkerung und bei den Kommunen, vor allem im ländlichen Raum, hinsichtlich zu erwartender Postamtsschließungen. Ungeachtet dessen verabschiedete der Ministerrat im September 2005 eine für den Börsengang der Post erforderliche Novellierung des Postgesetzes, wobei man auch auf ein Gutachten der Investment Bank Goldman Sachs verweisen konnte, das die Börsenfähigkeit bescheinigte. Entsprechend einschlägiger EU-Richtlinien wurde im Rahmen der Novellierung des Postgesetzes auch eine Liberalisierung des Postmarktes vorgesehen, wobei das noch in einigen Bereichen (»reservierter Postdienst«) verbleibende Postmonopol 2009 enden sollte.[207] Trotz anhaltendem Widerstand der Postgewerkschaft beschloss die Regierungskoalition im Jänner 2006 den Börsengang der Österreichischen Post AG im Verlauf des ersten Halbjahres 2006 im Ausmaß von 49 % der Staatsanteile, der dann im Mai des Jahres erfolgte. Als kalmierende Begleitmaßnahme hatte Finanzminister Grasser der Postgewerkschaft eine großzügige Mitarbeiterbeteiligung angeboten.[208]

Bei den Österreichischen Bundesbahnen wurde entsprechend dem Regierungsprogramm 2003 eine organisatorische Umstrukturierung umgesetzt, womit in Verbindung mit einem neuen Dienstrecht der »überwältigende Einfluss der Eisenbahnergewerkschaft auf dieses Unternehmen«[209] reduziert werden sollte. Die im mit den Stimmen der Regierungskoalition beschlossenen Bundesbahnstrukturgesetz 2003 festgelegte Neuorganisation der ÖBB bestand im Wesentlichen in deren Aufteilung

---

206 Obinger. S. 166.
207 Ebd. S. 163.
208 Ebd. S. 163. Stiefel. S. 239. Ditz. S. 257.
209 Butschek. S. 193f.

in mehrere Teilgesellschaften und einer im April 2004 gegründeten, zu 100 % im Staatseigentum stehenden ÖBB-Holding AG. Unter deren Dach entstanden somit jeweils gesonderte Aktiengesellschaften für den Personenverkehr, den Güterverkehr sowie für den Betrieb und den Neubau von Schieneninfrastruktur. Der Fahr- und Servicebetrieb, der Technikbereich, das Personal und die Immobilien wurden in GmbHs organisiert. Und für die Finanzierung der Investitionen in die Schieneninfrastruktur wurden Zuschüsse und Haftungsübernahmen aus dem Bundesbudget vorgesehen.[210]

Bei der AUA wurde in der Zeit der ÖVP/FPÖ-Regierung die bereits in den 1990er-Jahren eingeleitete schrittweise Privatisierung weiter vorangetrieben. Abgeschlossen wurde sie erst im Jahr 2009 mit der Übernahme der AUA durch die deutsche Lufthansa.[211]

Im Bereich der Energiewirtschaft ging es weniger um eine direkte Privatisierung als vielmehr um eine nicht zuletzt auch im Hinblick auf eine entsprechende Entwicklung in der EU erforderlich werdende Marktliberalisierung. Im Sinne dessen wurde, entsprechend dem Regierungsprogramm 2000, durch eine im Juli dieses Jahres vom Nationalrat beschlossene Novellierung des Elektrizitätswirtschafts- und -organisationsgesetzes (ELWOG), die mit Oktober 2001 in Kraft trat, bereits vor der 2003 erlassenen EU-Binnenmarkt-Richtlinie eine Liberalisierung des österreichischen Strommarktes eingeleitet.[212] Im Zuge dessen wurde eine Regulierungsbehörde mit der Aufgabe der »Überwachung eines fairen Wettbewerbes und Sicherstellung der notwendigen Transparenz am Markt«, der »Überprüfung der Netztarife und gegebenenfalls deren Senkung«, der »Regelung des Stromimports« und der »Klärung von Streitfällen zwischen Marktteilnehmern«[213] geschaffen. Im Jahr 2002 erfolgte mit einer Novelle zum Gaswirtschaftsgesetz (BGBl. I Nr. 148/2002) auch die vollständige Liberalisierung des Gasmarktes.[214]

Im Zusammenhang mit der Liberalisierung des Strommarktes ist gegen Ende der schwarz-blauen Regierungszeit die im Zweiten Verstaatlichungsgesetz 1947 angelegte föderalistische Struktur der österreichischen Energiewirtschaft politisch in Bewegung gekommen und innerhalb dessen in spezifischer Weise auch das Verhältnis von Verbundgesellschaft und Landesenergiegesellschaften.[215] Ein entschei-

---

210 Obinger. S. 164.
211 Klaus Grubelnik: Der zweite Anschluss. Deutschlands Griff nach Österreichs Wirtschaft. – Wien 2000. S. 16 und 20. Die Presse 19./20. 3. 2005 und 8. 3. 2007; Der Standard 26. 8. 2008. 2007 stockte die ÖIAG nach dem BAWAG-Ausstieg auf 42,75 % auf. 46,45 % Streubesitz (Börse), 7,25 % Banken, Versicherung (RZB, BA, Wiener Städtische), 3,55 % AUA.
212 Resch. S. 78. Obinger. S. 164.
213 Resch. S. 78f.
214 Obinger. S. 164.
215 Christian Dirninger: Privatisierung in den Bundesländern. – In: Herbert Dachs, Roland Floimair (Hg.): Salzburger Jahrbuch für Politik 2007. – Wien/Köln/Weimar 2008. S. 121–144.

der Konfliktpunkt dabei war die Sorge der Länder hinsichtlich des bei einer Privatisierung der Elektrizitätswirtschaft drohenden Verlustes eines sehr wesentlichen landespolitischen Einflussbereiches. Dem stand die Forderung des Präsidenten der Wirtschaftskammer Österreich (WKO), Christoph Leitl, nach einer völligen Privatisierung der Energiewirtschaft im Interesse der Senkung der Energiekosten für die Unternehmen gegenüber. Nach dessen Meinung hätte nur ein Aufbrechen der »verkrusteten Strukturen« den für Energiepreissenkungen nötigen Wettbewerb schaffen können, der durch die in der Verfassung festgeschriebene Beteiligung der öffentlichen Hand an den Landesversorgern und dem Verbund behindert werde.[216] Zu dieser Zeit verstärkte sich auch die Diskussion um »österreichische Stromlösungen« in Form von beteiligungsmäßigen Verflechtungen von Verbund und Landesenergiegesellschaften. Verbundchef Hans Haider stellte sich eine Art »Energie-ÖIAG« vor, in der jedoch den Ländern eine Minderheitsrolle zugefallen wäre.[217] Derartiges wurde vom Wirtschaftskammerpräsidenten abgelehnt. Dies wäre nur ein »Faulbett für Unternehmen, die mehr oder minder offensichtliche Preisabsprachen treffen«, was »die monopolartige Wettbewerbssituation in Österreich« nicht beseitigen würde.[218] Eine andere, im Frühjahr 2006 ebenfalls im Raum stehende Variante, gegen die sich die Länder massiv stellten, war eine Fusion der mehrheitlich privatisierten OMV mit dem Verbund zu einem österreichischen Energiekonzern »OMV Verbund AG«[219], was aber eine verfassungsmäßige Änderung des Zweiten Verstaatlichungsgesetzes erforderlich gemacht hätte, da dadurch die öffentliche Mehrheit an der Elektrizitätswirtschaft verloren gegangen wäre.[220] Wirtschaftsminister Martin Bartenstein wollte »… die Fusion von OMV und Verbund nutzen, um die verfassungsrechtlich vorgeschriebenen öffentlichen Mehrheiten an den Energieversorgungsunternehmen (EVU) abzuschaffen«.[221] Gab es dafür von SPÖ-Chef Alfred Gusenbauer hinsichtlich der dafür im Nationalrat nötigen Zweidrittelmehrheit zwar positive Signale,[222] so waren die Reaktionen aus den Ländern durchwegs ablehnend. Es wurde hier also in einem Bereich gleichsam eine föderalistische Front gegen die Privatisierungspolitik der Bundesregierung wirksam. Für den niederösterreichischen Landeshauptmann Erwin Pröll (ÖVP) ging es vor allem darum, eine ohne öffentliche Mehrheit möglich werdende »schleichende Übernahme der heimischen Energiewirtschaft durch aus-

---

216 Die Presse 14. 2. 2006.
217 Salzburger Nachrichten 29. 9. 2006 und 3. 5. 2007. Die Presse 17. 10. 2006 und 25. 10. 2006.
218 Die Presse 14. 2. 2006.
219 Die Presse 9. 5. 2006. Der Standard 11. 5. 2006.
220 Der Staatsanteil an der OMV beträgt 31,5 %. Nach der Fusion mit dem Verbund hätte die Staatsholding ÖIAG gemeinsam mit dem mit 17,6 % an der OMV beteiligten arabischen Syndikatspartner IPIC noch rund 45 % an dem entstehenden Energiekonzern gehalten. (Der Standard 12. 5. 2006.)
221 Die Presse 13. 5. 2006.
222 Salzburger Nachrichten 13. 5. 2006.

ländische Großkonzerne« zu verhindern. Derartiges werde er keinesfalls zulassen. Energieversorgung und Wasserkraft dürften »nicht in die Hände von internationalen Spekulanten fallen«.[223] Der oberösterreichische SPÖ-Chef Erich Haider kündigte gar ein Volksbegehren gegen einen »Ausverkauf des Staatsanteils an der Wasserkraft« an.[224] Und der Kärntner Landeshauptmann Jörg Haider (BZÖ) befürchtete in Anspielung auf die 17,6-prozentige Beteiligung der Investmentgesellschaft IPIC aus Abu Dhabi an der OMV einen »Zugriff der Scheichs« auf das österreichische Wasser. Und er drohte damit, dass die BZÖ-Mitglieder der Bundesregierung einer derartigen Gesetzesvorlage nicht zustimmen würden, und warnte die ÖVP, dass sie, sollte sie darauf beharren, damit Koalitionsbruch begehen würde.[225]

Den im Mai 2006 von der Landeshauptleutekonferenz vorgelegten Gegenvorschlag einer Übernahme der Mehrheit an der geplanten OMV-Verbund-AG lehnte Wirtschaftsminister Bartenstein als für die Bundesregierung nicht akzeptabel ab, da dies eine »Reverstaatlichung der OMV«[226] bedeuten würde. Schlussendlich hatte der Druck aus den Ländern und wohl auch eine durch die Kronen Zeitung verstärkte öffentliche Stimmungslage gegen einen »Ausverkauf der heimischen Wasserkraft« den SPÖ-Vorsitzenden und Kanzlerkandidaten Alfred Gusenbauer, auch angesichts der im Herbst anstehenden Nationalratswahl, dazu bewogen, seine signalisierte Zustimmung dahingehend zu relativieren, dass nach einer Fusion jedenfalls eine 51-Prozent-Mehrheit der öffentlichen Hand an der Wasserkraft definitiv gesichert sein müsse und alles andere indiskutabel sei.[227] Damit aber war die erforderliche Zweidrittelmehrheit für die notwendige Änderung des Zweiten Verstaatlichungsgesetzes, das den Anteil der Republik am Verbund mit 51 Prozent festlegt, politisch nicht mehr gegeben.

Ein spezielles Charakteristikum der umfassenden Konzeption der Privatisierungspolitik der »Wende-Regierung« war, wie bereits mehrmals angeführt, dass sich diese gleichermaßen und explizit auch auf außerhalb der ÖIAG-Beteiligungen und Staatsbetriebe liegende Bereiche bezog. Das betraf insbesondere den staatlichen Immobilien- und Liegenschaftsbesitz. Von besonderer Bedeutung war dabei die hinsichtlich ihrer Durchführung in einem parlamentarischen Untersuchungsausschuss behandelte BUWOG-Privatisierung. Diese wurde ab 2003 auf Basis eines Entschließungsantrages der Regierungskoalition vom März 2003 nachdrücklich forciert und 2004 zum Abschluss gebracht.[228] Betreffend die Liegenschaften des Bundesheeres wurde

---

223 Die Presse 20. 6. 2006.
224 Salzburger Nachrichten 12. 5. 2006 und 22. 5 2006.
225 Salzburger Nachrichten 11. 5. 2006.
226 Salzburger Nachrichten 24. 5. 2006.
227 Die Presse 27. 5. 2006.
228 Obinger. S. 163.

im Juni 2005 im Ministerrat der Verkauf von 40 % bis 2010 beschlossen, wovon sich Verteidigungsminister Platter einen »Verkaufserlös mit bis zu einer Milliarde Euro«[229] erwartete.

Ein in Verbindung mit Privatisierung und Marktliberalisierung sowie wirtschaftlicher Internationalisierung vorrangiges wirtschaftspolitisches Projekt der schwarzblauen Regierung war eine über den diesbezüglich bereits in den 1990er-Jahren erreichten Stand deutlich hinausgehende Entwicklung des österreichischen Kapitalmarktes. »The Schüssel government recognized how important an efficient Austrian capital market would be for growth, innovation, and employment and subsequently promoted the systematic development of the Austian capital market«, stellt Johannes Ditz fest und verweist drauf, dass es durch entsprechende Maßnahmen, nicht zuletzt in Verbindung mit einer dynamischen Entwicklung in Mittel- und Osteuropa, zu einer überaus starken Expansion an der Wiener Börse gekommen ist: »A result of this capital market initiative was an increase in the market capitalization at the Vienna Stock Exchange, from 32,2 billion Euros in 2002 to 146,2 billion Euros in 2006. The average trade turnover in domestic shares grew from 1 billion Euros in 2002 to 13,7 billion Euro in 2007 ... The ATX index markedly outperformed the established indices between 2002 and 2006, whereby 95 percent of ATX companies operated in Central and Eastern Europe.«[230]

Im Bankensektor wurde nunmehr die internationale Konzentrationstendenz wirksam, wobei insbesondere zwei Fälle spezifische Brisanz im politischen System bargen. Der eine war die sich ab dem Jahr 2000 schrittweise vollziehende Übernahme der »Bank Austria-Creditanstalt AG« (BA-CA) durch die bundesdeutsche HypoVereinsbank (HVB), wodurch die größte Bank des Landes in ausländische Hände gekommen ist und zudem deren seit 2003 in eine Stiftungskonstruktion ausgelagerter Unternehmensbeteiligungskomplex erfasst war.[231] Blieb zunächst im sogenannten »Bank-der-Regionen-Vertrag« (Zuständigkeit der BA-CA für die mittel- und osteuropäischen Länder mit durchaus beträchtlichen Erträgen) und im Zuge des neuerlichen Börsengangs der BA-CA 2003 noch eine gewisse Eigenständigkeit des österreichischen Bankinstituts, so änderte sich dies ab 2004, als die Führung der HBV einen wesentlich stärkeren Durchgriff auf die Geschäftsführung der BA-CA praktizierte. In der Tageszeitung »Der Standard« wurde kommentiert: »Unter dem Motto ›Schluss mit lustig‹ wird die BA-CA schmerzhaft an die Kandare ihrer Münchner Mutter genommen, mit der großen Freiheit ist es vorbei.« Und der frühere CA-Generaldirektor Hannes Androsch wird mit der Aussage zitiert: »Die Bank

---

229 Ebd. S. 164.
230 Ditz. S. 253f.
231 Grubelnik: Der zweite Anschluss. S. 24 ff. Die Presse 20. 7. 2000. Profil 2. 6. 2003, 12. 8. 2002, 2. 6. 2003. Der Standard 27. 1. 2004, 6. 8. 2004, 29. 11. 2004, 30. 11.2004.

wurde zur HVB-Filiale gemacht, die jetzt auch noch von der Mutter ausgesaugt wird.«[232] Bereits 2005 veränderte sich die Situation insofern weiter grundlegend, als die italienische UniCredit mit der HVB auch die Beteiligung an der Bank Austria-Creditanstalt erwarb.[233] Bei den sich fast über das gesamte Jahr 2005 hinziehenden Verhandlungen zwischen UniCredit und HVB hatte die BA-CA eigentlich nur eine passive Rolle quasi als spezielles Verhandlungsobjekt der HVB gespielt, vor allem hinsichtlich des Ostgeschäftes des neuen UniCredit-Konzerns. Als dann Anfang 2007 die BA-CA von der Börse genommen wurde, endete gleichsam der letzte Rest der Eigenständigkeit des ehemaligen größten österreichischen Bankinstituts. Der zweite, auf der Bundesländerebene gelegene Fall war die Mehrheitsbeteiligung der Bayerischen Landesbank bei aus der Fusion der Kärntner Landeshypothekenbank und der Grazer Wechselseitigen Versicherung entstandenen »Hypo Alpe Adria«.

4. »Österreich – Das bessere Deutschland«?

Dieser Begriff, allerdings ohne Fragezeichen, stammt aus einem umfangreichen Artikel der deutschen Zeitschrift »Stern« vom 24. Juni 2005 mit dem Titel »Weniger Arbeitslose, mehr Wirtschaftswachstum, bessere Stimmung. Warum Österreich Spitze ist. Was können die, was wir Deutschen nicht können?« Darin wird die gegenüber der in jener Zeit in der Bundesrepublik Deutschland ausgeprägten wirtschaftlichen Schwäche deutlich besser erscheinende ökonomische Performance Österreichs thematisiert. So heißt es in dem Artikel unter anderem:

>»Österreich – Das bessere Deutschland. Wie haben die das bloß geschafft? Gute Stimmung, mehr Wachstum, neue Jobs: Während hierzulande Frust grassiert, Geiz zur Nationaltugend wird und die Arbeitslosigkeit steigt, geht es in der Alpenrepublik voran – dank Osterweiterung, EU und maßvoller Reformen … Schwer zu glauben, aber es stimmt: Die ewig rückständigen Österreicher haben die Deutschen in den ökonomischen Daten tatsächlich überflügelt: Österreichs Wirtschaft wächst dieses Jahr mit 2,1 Prozent. Deutschland erreicht gerade mal 0,8 Prozent. Die Arbeitslosenquote in Österreich beträgt 4,5 Prozent – bei uns 9,5 Prozent. Österreichs Neuverschuldung beläuft sich dieses Jahr auf 1,9 Prozent des Bruttoinlandsprodukts, in Deutschland werden es 3,3 Prozent sein. Die Österreicher erwirtschaften jedes Jahr inzwischen 29.700 Euro pro Einwohner, die Deutschen 26.400 Euro.«[234]

---

232 Der Standard 27. 1. 2004.
233 Salzburger Nachrichten 15. 3. 2006, 14. 9. 2006, 24. 1. 2007, 31. 3. 2008. Der Standard 14. 6. 2005, 11. 11. 2005, 19./20. 11. 2005.
234 Stern 24. 6. 2005.

Im weiteren Verlauf des Artikels kommt zum Ausdruck, dass neben den günstigen Standortbedingungen Österreichs gegenüber Mittel- und Osteuropa der seit Antritt der ÖVP/FPÖ-Regierungskoalition in Österreich verfolgte wirtschaftspolitische Kurs als ein wesentlicher Grund für einen österreichischen »Entwicklungsvorsprung« gesehen wird: »Vom Himmel gefallen sind diese Erfolge nicht. Die Österreicher neigen zwar auch dazu, Reformen ewig zu diskutieren – allerdings mit dem kleinen Unterschied, dass sie die Ergebnisse am Ende konsequent umsetzen.« Bedenkt man die innenpolitische Situation in der BRD, so gewinnt man aber auch den Eindruck, dass das Lob für die österreichische Wirtschaftspolitik wohl auch der Kritik an der dortigen rot-grünen Wirtschaftspolitik der Regierung Schröder-Fischer dienen sollte, der das erfolgreiche österreichische Beispiel gegenübergestellt wurde.

Jedenfalls aber kommt in dem Artikel sehr gut das damals durchaus ausgeprägte wirtschaftspolitische Selbstbewusstsein der österreichischen Bundesregierung sowie des Kanzlers selbst zum Ausdruck, womit natürlich auch eine entsprechende Botschaft an die österreichische Innenpolitik verbunden gewesen sein dürfte. Im Sinne dessen sah sich Wolfgang Schüssel im Interview wohl auch veranlasst, festzustellen, dass in Deutschland »viel zu viel Pessimismus« herrschte, und er meinte: »Was euch in Deutschland vor allem fehlt, ist das Selbstvertrauen.«[235] Im beigefügten Foto stemmte er unter der Überschrift »Starker Kanzler« einen Hinkelstein aus Papiermaschee und wurde als »Alpen-Asterix« bezeichnet.[236]

In einem Artikel in der Tageszeitung »Die Presse« im September 2008 wird unter anderem daran erinnert, dass der damalige Finanzminister Karl-Heinz Grasser im Jahr 2004 gegenüber dem Magazin »Impulse« gemeint hatte, »Deutschland und Frankreich sind derzeit nicht wettbewerbsfähig, für uns also längst kein Maßstab mehr«, wobei er sich auf die Überschreitung der budgetären Maastricht-Grenzen durch diese Länder bezogen und daran die Forderung geknüpft hatte, dass diesen im Rat der EU-Finanzminister so lange das Stimmrecht entzogen werden solle, wie sie den Wachstums- und Stabilitätspakt missachteten.[237] Dieser »Presse«-Artikel war aber zugleich auch Ausdruck einer inzwischen eingetretenen Ernüchterung. Denn angesichts der sich 2008 auch in Österreich ausbreitenden Wirtschaftskrise wurde die Kurzfristigkeit des österreichischen Vorsprunges in den vorangegangenen Jahren ebenso deutlich bewusst wie die langfristige Dauerhaftigkeit der Abhängigkeit der österreichischen Wirtschaftsentwicklung von derjenigen des EU-Raumes und innerhalb dessen insbesondere von jener des großen Nachbarn Deutschland. Im Herbst 2006, also knapp vor der Nationalratswahl, sah das noch ganz anders aus. Da hieß es

---

235 Ebd.
236 Ebd.
237 Die Presse 3. 9. 2008.

in einem Bericht der Wiener Tageszeitung »Kurier« am 17. November 2006 unter Hinweis darauf, dass das österreichische BIP pro Kopf im Jahr 2005 mit 28.976 Euro um 14,5 % höher als das deutsche mit 25.310 Euro war sowie dass Arbeitslosenquote, Budgetdefizit und Leistungsbilanz in Österreich seit 2000 deutlich bessere Werte aufwiesen als in Deutschland: »Österreich hängt Deutschland ab. Die heimische Wirtschaft saust der deutschen Ökonomie davon. Sowohl beim Wachstum als auch beim Wohlstand hat der kleine den großen Nachbarn im letzten Jahrzehnt weit hinter sich gelassen.«[238]

Diese mediale Überhöhung relativiert sich etwas, wenn man die Ergebnisse einer von der Oesterreichischen Nationalbank 2007 veröffentlichte Studie zu »Ursachen der Wachstumsunterschiede zwischen Österreich und Deutschland seit Anfang der Neunzigerjahre«[239] betrachtet. Zwar stellt diese anhand eines Vergleiches der Entwicklung des Pro-Kopf-BIP der beiden Länder in Relation zum EU-Durchschnitt (EU-15) seit den 1960er-Jahren sowie anderer Indikatoren, wie der Arbeitslosenrate oder der Budgetentwicklung, fest:

> »Die wirtschaftliche Entwicklung in Österreich ist seit Jahren günstiger als jene in Deutschland – Österreich hat den großen Nachbarn mittlerweile bei einer Vielzahl von relevanten Wirtschaftsindikatoren überholt. Das Wirtschaftswachstum ist in den letzten einhalb Jahrzehnten spürbar stärker als in Deutschland ausgefallen, wodurch der materielle Lebensstandard in Österreich mittlerweile sogar über dem westdeutschen Niveau liegt. Die Arbeitslosigkeit ist deutlich niedriger und die Lage der öffentlichen Finanzen ist weniger angespannt.«[240]

Jedoch wird in der Studie explizit darauf hingewiesen, dass diese von offizieller Seite in Österreich immer wieder gerne betonte »Entwicklung auf der Überholspur« insofern deutlich zu relativieren wäre, als sie zu einem wesentlichen Teil auf »Einmaleffekten« bzw. auf kurzfristigen Standortbegünstigungen basierte. So konnte die österreichische Wirtschaft »die Ostöffnung optimal nutzen und erlebte mit dem EU-Beitritt einen Produktivitätsschub«, während, »das Wachstum in Deutschland durch die Wiedervereinigung gebremst wurde«.[241] Demgegenüber spielten laut dieser Studie Unterschiede in der Fiskalpolitik, dem Lohnbildungsprozess und im Steuerwettbewerb nur eine untergeordnete Rolle zur Erklärung der Wachstums-

---

238 Zit. bei: Dieter Stiefel: Das »Big Brother Problem«. Wirtschaft Österreich – BRD nach 1945. – In: Michael Gehler, Ingrid Böhler (Hg.): Verschiedene europäische Wege im Vergleich. Österreich und die Bundesrepublik Deutschland 1945/49 bis zur Gegenwart. – Innsbruck/Wien/Bozen 2007. S. 260.
239 Christian Ragacs, Martin Schneider: Ursachen der Wachstumsunterschiede zwischen Österreich und Deutschland seit Anfang der Neunzigerjahre. – In: Geldpolitik & Wirtschaft Q2/07 (2007). S. 29–61.
240 Ebd. S. 29.
241 Ebd. S. 38.

unterschiede. Insbesondere Letzteres steht in gewissem Gegensatz zur österreichischen wirtschaftspolitischen Selbsteinschätzung, wurde doch etwa die Abschaffung der Vermögenssteuer, die steuerliche Begünstigung von Stiftungen oder die Senkung der Körperschaftssteuer und die Gruppenbesteuerung als wesentlicher österreichischer Standortvorteil interpretiert. Demgegenüber heißt es in der OeNB-Studie: »Der Vergleich der nominalen, effektiven und impliziten Steuersätze ergibt ... kein eindeutiges Bild hinsichtlich eines möglichen österreichischen Standortvorteils.«[242] Des Weiteren stellt die OeNB-Studie fest, dass internationale Krisenverläufe, wie etwa die von den USA ausgehende globale Rezession des Jahres 2001, in der deutschen Volkswirtschaft offenbar stärkere Auswirkungen gezeigt haben, als dies in der österreichischen der Fall war.[243]

Insgesamt kommt die Studie zu der Einschätzung, dass das österreichische »Überholmanöver« wohl nur ein vorübergehendes, durch spezifische temporäre Faktoren bewirktes war: »Der derzeitige Wachstumsvorsprung Österreichs basiert daher im Wesentlichen auf asymmetrisch wirkenden einmaligen Schocks, die sich zwar auf das Niveau, nicht aber auf die langfristige Wachstumsrate auswirken. Mit dem Auslaufen dieser Effekte ist daher in Zukunft eine Abschwächung der Wachstumsunterschiede zu erwarten«, denn es handle sich im Wesentlichen um »einmalige Niveaueffekte«, die nicht »zu einer dauerhaften Erhöhung des Potenzialwachstums« führten.[244]

Nicht zuletzt wird darin auch deutlich, dass die wirtschaftliche und wirtschaftspolitische Performance Österreichs in den Jahren 2000 bis 2006 jedenfalls in einem längerfristigen Entwicklungszusammenhang zu betrachten ist. Einen Beitrag dazu hinsichtlich der Einordnung dieser Zeit in einen ordnungspolitischen Transformationspfad seit der Mitte der 1980er-Jahre versucht diese Abhandlung zu leisten. In der Grundtendenz wird man der Einschätzung von Johannes Ditz wohl zustimmen können, wenn er meint:

»The result of the ›Schüssel years‹, which were in place in Austrian economic policy from 1987 to 2007, is that Wolfgang Schüssel decisively helped to shape the change of course from a state-centred economy to an economy oriented towards internationality and export through his roles as negotiator of the 1987 coalition agreement, and later as minister of economic affairs and vice-chancellor ... As chancellor, Schüssel promoted internationalization and pushed the state sector back to a financially viable scale. The national debt ratio was stabilized and restored to a Maastricht level of below 60 percent. With a committed [engagiert] privatization concept, the nationalized industry in Austria

---

242 Ebd. S. 56f.
243 Ebd. S. 31.
244 Ebd. S. 29.

was successfully ended, and an Austrian capital market was established starting in 2000. Thus, at the end of 2007, Austria's economy was better equipped for the future than it was two years [sic, gemeint ist wohl decades, d. V.] earlier. Thanks to EU accession, the opening of the East, and successful reform measures, Austria has become, in the past twenty years, an international industrial hub in the heart of Europe.«[245]

---

[245] Ditz. S. 261.

Guenther Steiner

Sozialpolitik der Regierung Schüssel

1. Grundsätzliche Überlegungen

Sozialpolitik ist in Österreich traditionell eine Domäne der Gewerkschaft und der Sozialdemokratie, für die ihre Errungenschaften identitätsstiftenden Charakter haben und zu deren politischen Kernbereich sie zählt. Das Sozialministerium wurde bislang traditionell von der Gewerkschaft besetzt. Sozialpolitik war stets ideologisch aufgeladen. Diese ideologische Aufgeladenheit lässt sich auch in der Sozialpolitik der ÖVP/FPÖ-Koalition erkennen. Dies gilt im Übrigen auch für die Regierung selbst, die tendenziell das Ziel verfolgte, die institutionellen Strukturen der Sozialpolitik aufzubrechen und den Einfluss der traditionellen Institutionen der historischen Arbeiterbewegung zu schmälern.

Unter der Überschrift »Neuer sozialer Gesellschaftsvertrag« widmete das Regierungsprogramm der ÖVP/FPÖ-Koalition vom Februar 2000 der Sozialpolitik einen 35 Seiten umfassenden Abschnitt. Grundsätzlich heißt es darin zum Verständnis von Sozialpolitik:

»Wir vertreten den Standpunkt, dass es zum Wesen einer sozialen Gesellschaft gehört, denjenigen zu helfen, die unzureichend oder gar nicht zur Selbsthilfe fähig sind. Moderne Sozialpolitik steht dabei im Spannungsfeld zwischen Freiheit und Verantwortung, von Leistungsbereitschaft und Solidarität. Die Neuordnung der Aufgabenteilung zwischen staatlicher und privater sozialer Verantwortung gehört zu den größten Herausforderungen einer Sozialpolitik, die vor der drohenden Unfinanzierbarkeit und geringer sozialer Treffsicherheit immer teurer werdender Leistungen steht. Nur das, was erarbeitet und erwirtschaftet wird, kann auch verteilt werden. Grundsätzlich muss Vorsorge Vorrang vor Fürsorge haben.«[1]

»Die Absicherung und Weiterentwicklung unseres Sozialsystems ist eine unserer vordringlichsten Aufgaben«, führte Bundeskanzler Wolfgang Schüssel in seiner Regierungserklärung am 9. Februar 2000 vor dem Nationalrat aus. »Österreich braucht ein leistungsfähiges, gerechtes und treffsicheres Sozialsystem (...). Es gilt, innerhalb des bewährten Sozialsystems eine verbesserte Aufgabenverteilung zwischen Privat und Staat zu finden.«[2]

---

1 Zukunft im Herzen Europas. Österreich neu regieren. Das Regierungsprogramm. – Wien 2000. S. 18.
2 Regierungserklärung Bundeskanzler Wolfgang Schüssel. Sten. Prot. NR. XXI. GP. 9. 2. 2000. S. 16.

Die ideologische Aufgeladenheit der Sozialpolitik als Hausmacht der Gewerkschaft war ein Grund, warum es in diesem Politikfeld zu markanten Kontroversen zwischen der Regierung Schüssel und ihr oppositionellen Kräften kam. Ein zweiter war, dass gerade in der Sozialpolitik hoher Reformbedarf bestand, und das ebenfalls aus zweifachem Grund: Spätestens seit Mitte der 1980er-Jahre war etwa die Finanzierung des Pensionssystems auf der politischen Agenda; die Frage der Finanzierung der Krankenkassen begleitete das Sozialsystem periodisch seit dem Wiederaufbau nach dem Zweiten Weltkrieg. Erste Reformen, im Sinn von Einsparungen und in der Organisation der Sozialversicherung, wurden in den 1970er-Jahren vorgenommen. Die Regierung Schüssel hatte sich vorgenommen, hier strukturelle Änderungen des Systems durchzuführen.

Sozialpolitik ist zweitens eng mit Wirtschaftspolitik verbunden; das wussten schon Ahnväter der Sozialpolitik wie Ferdinand Hanusch oder Johann Böhm und Karl Maisel. Die finanziellen Mittel für Sozialpolitik fallen nicht gleichsam wie Manna vom Himmel, sondern sie müssen erwirtschaftet werden. Evident ist, dass sich die Wettbewerbsbedingungen in einer sich globalisierenden Wirtschaft verschärfen. Der Notwendigkeit, die Konkurrenzfähigkeit seiner Volkswirtschaft zu erhalten, kann sich ein Staat nicht entziehen, will er den Wohlstand seiner Bürger weiterhin sichern. Hier ist eine Abwägung mit sozialen Notwendigkeiten zu treffen. Daher kann auch der Satz nicht gelten, dass Soziales, darunter auch Fragen des Pensions- und Gesundheitssystems, »uns das wert sein muss« bzw. »nie zu teuer sein kann«. Man kann zweifelsohne grundsätzlich immer mehr Geld für Sozialleistungen ausgeben; Geld, das zwangsläufig in anderen Bereichen fehlt. Sozialleistungen sind, einmal eingeführt, nur schwer wieder rückgängig zu machen, auch wenn deren Notwendigkeit in einem veränderten Umfeld intersubjektiv kaum mehr zu rechtfertigen ist.

Sozialleistungen, die nicht erwirtschaftet werden können, erhöhen die Staatsschuld. Hierin liegt eine Crux: Je schlechter die Wirtschaftslage, desto mehr Menschen sind tendenziell auf Sozialleistungen angewiesen, desto weniger Geld steht jedoch dafür zur Verfügung. Die Notwendigkeit, in einer globalen (Wirtschafts-)Welt zu bestehen und den Wohlstand für die Zukunft zu sichern, macht Reformen und Einsparungen notwendig. Dass das Sozialsystem hierbei einen beträchtlichen Ansatzpunkt bietet, lässt sich schon daraus ersehen, dass der Posten »Soziales« mehr als ein Drittel des Bundesbudgets ausmacht.[3] Dementsprechend waren Pensions- und Krankenversicherung sowie die Erhöhung der Treffsicherheit des Sozialsystems wichtige Punkte des Kapitels »Budgetpolitik« des Regierungsprogramms 2000. Bis

---

3 Im Jahr 2000 betrugen die Ausgaben des Staates für die Posten »Monetäre Sozialleistungen« und »Soziale Sachleistungen« rund 49,8 Mrd. Euro gegenüber den Gesamtausgaben des Staates von 108,3 Mrd. Euro. Vgl. http://www.statistik.at/web_de/statistiken/oeffentliche_finanzen_und_steuern/oeffentliche_finanzen/einnahmen_und_ausgaben_des_staates/index.html (21. 4. 2011)

2005 wollte die Regierung ein gesamtstaatliches Defizit von 1 % im Jahr erreichen und die Schuldenquote auf 60 % des BIP begrenzen.[4] Die Zuwächse bei den Pensionen wollte sie auf Basis der Wertsicherung um 15 Mrd. Euro senken. Durch Überprüfung der Treffsicherheit, der Angemessenheit und der Missbrauchssicherheit des Sozialsystems hoffte sie, drei Milliarden im Jahr einsparen zu können.[5]

Um die Effizienz des Sozialsystems zu erhöhen und dieses auf Über- bzw. Unterversorgung zu durchforsten, wurde vom Sozial- und vom Wirtschaftsministerium eine Reformkommission unter Vorsitz des Wiener Arbeits- und Sozialrechtlers Wolfgang Mazal installiert. Mazal war sich dessen bewusst, dass die Frage der Treffsicherheit und der Gerechtigkeit letztlich eine subjektive ist.[6]

1.1 Das Ministerium

Ausdruck dieses geänderten Verständnisses von Sozialpolitik war auch die Änderung der Agenden des Sozialministeriums mit 1. April 2000. Das Ministerium hieß nunmehr »Bundesministerium für Soziales und Generationen«. Die Arbeitsrechts- und Arbeitsmarktkompetenzen gingen vom Sozial- an das Wirtschaftsministerium, nunmehr »Bundesministerium für Wirtschaft und Arbeit«. Umgekehrt erhielt das Sozialministerium die Agenden für Frauenangelegenheiten, Jugend und Familie sowie die Gleichbehandlungsagenden.[7] Das Bundesministerium für Frauen wurde ebenso aufgelöst wie jenes für Umwelt, Jugend und Familie.

Bundeskanzler Wolfgang Schüssel sprach in seiner Regierungserklärung vor dem Bundesrat von einem »faszinierende(n) Ressort«, in dem es keine »künstliche Unterscheidung in der Wirtschafts- und Arbeitswelt« gebe.[8] Die Kritiker sprachen davon, dass die »Kompetenzen für die für die Arbeitnehmer entscheidenden Bereiche der Sozialpolitik wie Arbeitsrecht, Arbeitsschutz und Arbeitsmarktpolitik« zu einem »Anhängsel des Wirtschaftsministers« würden. Die Arbeitnehmer würden zu »Standortfaktoren«.[9]

Mit der Angelobung der Regierung von ÖVP und FPÖ im Februar 2000 wurde erst zum zweiten Mal in der Geschichte der Zweiten Republik – die Ausnahme bis-

---

4 Vgl. Regierungsprogramm 2000. S. 116.
5 Vgl. ebd. S. 118.
6 Vgl. Wolfgang Mazal: Erhöhung der Treffsicherheit des Sozialsystems. – In: Österreichisches Jahrbuch für Politik (ÖJP) 2000. S. 161–178. S. 165f.
7 Vgl. Bundesministeriengesetz-Novelle 2000. BGBl. I 16/2000. Art 1 Z 31 bzw. Z 33 und Z 45.
8 Sten. Prot. BR. 661. Sitzung. 18. 2. 2000. S. 10. http://www.parlament.gv.at/PAKT/VHG/BR/BRSITZ/BRSITZ_00661/SEITE_0010.html (1. 2. 2011).
9 Richard Leutner: FPÖVP-Pakt: Belastungspakt. In den Auswirkungen extrem unsozial und ungerecht. – In: Arbeit & Wirtschaft 3/2000. S. 38–42. S. 40.

lang war Sozialministerin Grete Rehor in der Zeit der ÖVP-Alleinregierung 1966–
1970 – das Sozialministerium nicht von einer der Sozialdemokratie zurechenbaren
Persönlichkeit geführt. Mit Elisabeth Sickl (FPÖ) trat zudem erstmals überhaupt
jemand an die Spitze des Sozialministeriums, der nicht in der Gewerkschaft verankert war. Am 24. Oktober 2000 wurde Elisabeth Sickl von Herbert Haupt an der
Spitze des Sozialministeriums abgelöst. Auch Haupt war kein Funktionär der Gewerkschaft.

Mit der Bundesministeriengesetz-Novelle 2003 wurde ein »Bundesministerium
für Gesundheit und Frauen« geschaffen, dem u. a. die Agenden des Gesundheitswesens wie auch Angelegenheiten der Krankenversicherung und der Unfallversiche-
rung sowie die Frauenagenden übertragen wurden.[10] Damit sollte, so der Ausschussbericht, der immer größeren Bedeutung des Gesundheitswesens und dem breiten
politischen Gestaltungsauftrag in der Frauenpolitik entsprochen werden.[11] Bundesministerin wurde die ÖVP-Politikerin Maria Rauch-Kallat. Auch wurde solcherart
die etwas kurios anmutende Konstellation beendet, dass mit Herbert Haupt ein
Mann, Tierarzt im Zivilberuf, für Frauenangelegenheiten zuständig war. In dieses
neue Ressort wechselte der bisherige Staatssekretär im Sozialministerium, Reinhart,
Waneck von der FPÖ. Das Sozialministerium erhielt die Agenden für Konsumentenschutz und hieß nunmehr »Bundesministerium für soziale Sicherheit, Generationen und Konsumentenschutz«.[12] Neue Staatssekretärin im Sozialministerium wurde
Ursula Haubner von der FPÖ. Sozialminister Herbert Haupt wiederum machte im
Jänner 2005 für Ursula Haubner Platz. Das Staatssekretariat übernahm Sigisbert
Dolinschek, ebenfalls, wie Haubner, vom BZÖ.

2. Organisationsreform der Sozialversicherung

Die Reform der Sozialversicherung war ein wesentlicher Punkt im Regierungsprogramm 2000. Das Ziel sollte eine Steigerung der Effizienz sein; außerdem sollte
überprüft werden, inwieweit durch Zusammenlegungen von Versicherungsträgern
eine Kosteneinsparung erreicht werden konnte.[13]

Erste Reformbestrebungen der Organisation der Sozialversicherungsträger im
Sinne von Einsparungen wurden mit dem Gewerblichen Selbständigen-Kranken-
versicherungsgesetz (GSKVG) 1971 und der 29. ASVG-Novelle vom 16. Dezem-

---

10 Vgl. Bundesministeriengesetz-Novelle 2003. BGBl. I 17/2003. Z 13. Abschnitt E.
11 Vgl. Ausschussbericht zur Bundesministeriengesetz-Novelle 2003 – Berichterstattung. Sten. Prot.
   NR. XXII. GP. Nr. 30 der Beilagen. S. 4.
12 Vgl. Bundesministeriengesetz-Novelle 2003. BGBl. I 17/2003. Z 1 bzw. Z 19a. Abschnitt J.
13 Vgl. Regierungsprogramm 2000. S. 27.

ber 1972[14] durchgeführt. Zu einer Neuordnung der Organe der SV-Träger und des Hauptverbandes mit dem Ziel einer Straffung der Organisation und Erhöhung der Versichertennähe war es 1994 mit der 52. ASVG-Novelle[15] gekommen.

Im Regierungsprogramm 2000 waren direkte Wahlen der Versicherungsvertreter mit einem zweiten Stimmzettel bei der entsprechenden Kammerwahl als Ziel angeführt, um eine bessere demokratische Legitimation der Funktionäre in der Sozialversicherung zu erreichen.[16] Dies wurde im Rahmen der »Notwendigkeit von Reformen innerhalb der Sozialpartner und Kammern«[17] gesehen. Mit der Direktwahl der Versicherungsvertreter wäre man zu einem System zurückgekehrt, wie es bis 1934 bestanden hatte; beim Wiederaufbau der österreichischen Sozialversicherung nach 1945 hatte man sich bewusst für die Beibehaltung des Systems der »abgeleiteten Selbstverwaltung«, d. h. der Entsendung der Versicherungsvertreter durch die Interessenvertretungen, wie es im Gewerblichen Sozialversicherungsgesetz von 1935 festgelegt worden war, entschieden.[18]

Dies ist auch vor dem Hintergrund der »Kammernkrise« in den 1990er-Jahren[19] zu sehen. Auch das Regierungsprogramm hatte Verhandlungen zur Neugestaltung des Kammerwahlrechtes vorgesehen und den Servicecharakter der Kammern betont.[20] Mit der Novelle zum AK-Gesetz[21] sollte der Privilegienabbau bei den Kammern weitergeführt werden.[22] Das Sozialversicherungs-Änderungsgesetz 2000 (SVÄG 2000)[23] bestimmte, nicht ganz im Einklang mit dem Regierungsprogramm, dass die Versichertenvertreter auf Basis der Wahlergebnisse der Kammern entsandt werden sollten.[24]

Im Bereich der Sozialversicherung hatte der Kärntner Landeshauptmann Jörg Haider die Frage nach der Existenzberechtigung des Hauptverbands der Sozialversicherungsträger gestellt, der für ihn »wie ein ›Parallel-Sozialministerium‹, geführt von ›feindlichen politischen Funktionären‹ agiere«. Die Mitarbeiter des Hauptver-

---

14 BGBl. 287/1971 und BGBl. 31/1973. Mit diesen beiden Gesetzen wurden die Sozialversicherungsanstalt der gewerblichen Wirtschaft (SVA) und die Sozialversicherungsanstalt der Bauern (SVB) geschaffen.
15 BGBl. 20/1994.
16 Vgl. Regierungsprogramm 2000. S. 26.
17 Ebd. S. 13.
18 Vgl. Guenther Steiner: Johann Böhm in der österreichischen Sozialversicherung. Hg. v. Hauptverband der österreichischen Sozialversicherungsträger. – Wien 2011. S. 115ff.
19 Vgl. Ferdinand Karlhofer, Emmerich Tálos: Sozialpartnerschaft am Abstieg. – In: Emmerich Tálos (Hg.): Schwarz-Blau. Eine Bilanz des »Neu-Regierens«. – Wien 2006. S. 102–115. S. 104.
20 Vgl. Regierungsprogramm 2000. S. 14.
21 BGBl. I 41/2000.
22 Vgl. Ausschussbericht zur Änderung des AK-Gesetzes 1992. Sten. Prot. NR. XXI. GP. Nr. 193 der Beilagen. S. 1.
23 BGBl. I 43/2000.
24 Vgl. SVÄG 2000. BGBl. I 43/2000. Art. I Z 16.

bandes gingen ihm »wegen des Unwillens, Reformen anzugehen, ›schön langsam auf die Nerven‹«.[25] Mit einem Abänderungsantrag der beiden Regierungsparteien ÖVP und FPÖ im Sozialausschuss des Nationalrates am 28. Juni 2001 wurde die Strukturreform des Hauptverbandes in die Wege geleitet. Damit sollte die Selbstverwaltung der Sozialversicherung gestärkt und Mehrgleisigkeiten in der Organisationsstruktur beseitigt werden. Außerdem wurde eine eigenverantwortliche Geschäftsführung installiert. Diese war nicht in der ursprünglichen Regierungsvorlage enthalten, sondern kam erst durch einen Abänderungsantrag der Abgeordneten Gaugg und Feurstein in den Gesetzesentwurf.[26] Es war dies die bis dahin umfangreichste Organisationsreform des Hauptverbandes der österreichischen Sozialversicherungsträger. An finanziellen Auswirkungen erhoffte sich der Gesetzgeber, bereits kurzfristig mehrstellige Millionenbeträge einzusparen.[27]

Am 5. Juli 2001, einen Tag vor der Beschlussfassung der Reform des Hauptverbandes im Nationalrat, organisierte der ÖGB eine »Demo für Demokratie« in Wien, zu der annähernd 50.000 Menschen kamen. Hans Sallmutter, Vorsitzender der Gewerkschaft der Privatangestellten und Präsident des Hauptverbandes der österreichischen Sozialversicherungsträger, bezeichnete die geplante Reform des Hauptverbandes als »Machtzugriff« der Regierung, um dort ihre »Handlanger« zu installieren.[28] In dem Konflikt ging es auch um die Person des Hauptverbandspräsidenten Sallmutter, dem Vertreter der FPÖ mangelnde Reformbereitschaft vorwarfen.[29] Am 6. Juli 2001 wurde die Organisationsreform des Hauptverbandes im Rahmen der 58. ASVG-Novelle[30] beschlossen, sie trat am 1. September 2001 in Kraft.[31] Die wesentlichen Änderungen der Reform waren:

HAUPTVERBAND »ALT«	HAUPTVERBAND »NEU«
Verbandskonferenz	**Hauptversammlung**
Richtlinienkompetenz, Satzungs- und Budgetrecht, Abschluss der Gesamtverträge	Genehmigung der Satzung, Krankenordnung und Geschäftsordnung, Beschluss über das vom Verwaltungsrat vorgelegte Budget
27 Mitglieder	38 Mitglieder

---

25 FP – Haider: Hauptverband einsparen. – In: Oberösterreichische Nachrichten 22. 12. 2000. S. 2.
26 Vgl. Ausschussbericht zur 58. ASVG-Novelle. Sten. Prot. NR. XXI. GP. Nr. 726 der Beilagen. S. 1.
27 Vgl. Sten. Prot. NR. XII. GP. Nr. 726 der Beilagen. S. 3.
28 Nahezu 50.000 folgten dem Ruf. – In: Wiener Zeitung 6. 7. 2001. S. 1.
29 Vgl. Guenther Steiner: Sechzig Jahre Hauptverband der österreichischen Sozialversicherungsträger. Geschichte des Hauptverbandes und der Sozialgesetzgebung der 2. Republik. Hg. v. Hauptverband der österreichischen Sozialversicherungsträger. – Wien 2009. S. 117ff.
30 BGBl. I 99/2001.
31 Vgl. Johannes Rudda: Hauptverband neu – Organisation und Selbstverwaltung. – In: Soziale Sicherheit 10/2001. S. 716–722. S. 717.

HAUPTVERBAND »ALT«	HAUPTVERBAND »NEU«
Vorsitz: Präsident (vom BM für Arbeit und soziale Sicherheit bestellt)	Vorsitz: der aus der Hauptversammlung gewählte Vorsitzende (zwei Stellvertreter)
Verbandsvorstand	**Verwaltungsrat**
Operative Geschäftsführung	Kontrollierendes Organ (Aufgabenübernahme von Verbandskonf. und Kontrollvers.)
10 Mitglieder	14 Mitglieder
Vorsitz: Präsident	Vorsitz: der aus dem Verwaltungsrat gewählte Präsident (ein Vizepräsident)
Verbandspräsidium	**Geschäftsführung**
Initialzündungsfunktion für Richtlinien	Generalkompetenz zur Vertretung des HVB nach außen
3 Mitglieder	3–5 Mitglieder
Vorsitz: Präsident	Vorsitz: Sprecher der Geschäftsführung
Kontrollversammlung	**Aufgelöst**
11 Mitglieder	
Vorsitz: der aus der Kontrollversammlung gewählte Vorsitzende (ein Stellvertreter)	
Controlling-Gruppe	**Controlling-Gruppe**
Monitoring und Controlling des Verwaltungshandelns der SV-Träger	Monitoring und Controlling des Verwaltungshandelns der SV-Träger
9 Mitglieder	9 Mitglieder
Vorsitz: der aus der Controlling-Gruppe gewählte Vorsitzende (ein Stellvertreter)	Vorsitz: der aus der Controlling-Gruppe gewählte Vorsitzende (ein Stellvertreter)
kein entsprechendes Gremium	**Sozial- und Gesundheitsforum**
	Beratung des Verwaltungsrates, der Geschäftsführung und des BM für soziale Sicherheit und Generationen
	41 Mitglieder
	Vorsitz: ein vom BM für soziale Sicherheit und Generationen aus dem Forum bestellter Vorsitzender (ein Stellvertreter)

Quelle: Soziale Sicherheit 10/2001, S. 713. Für die Zur-Verfügung-Stellung der Gegenüberstellung danke ich Herrn Dr. Wilhelm Donner sehr herzlich.

Vor dem Hintergrund der Geschichte der Sozialversicherungsinstitute war diese Struktur eine völlige Neuordnung. Bislang waren alle Präsidenten des Hauptverbandes führende Gewerkschafter gewesen, nicht ohne Absicht war der erste Präsident des Hauptverbandes ÖGB-Präsident Johann Böhm selbst gewesen. Die Parität zwischen Arbeitgeber- und Arbeitnehmervertretern, die durch die Neuordnung ebenfalls geschaffen wurde und die nicht zuletzt durch die zwischen einem Arbeitgeber- und einem Arbeitnehmervertreter rotierende Präsidentschaft zum Ausdruck kommen sollte, war eine Forderung, die erstere schon in der Ersten Republik und wieder im Zuge der Neuordnung nach 1945 gestellt hatten. »In manchen Köpfen (war es) wie der Fall der Berliner Mauer«, beschrieb der erste Präsident der neuen Konstruktion, Herwig Frad, die Atmosphäre im Hauptverband. »Seit 1945 war das (gemeint: der Hauptverband, Anm. d. Verf.) sozialistisches Eigentum. Und auf einmal hat es da Schwarze gegeben. Das war undenkbar.«[32]

Die Gesetzesnovelle enthielt zudem eine Unvereinbarkeitsbestimmung, die besagte, dass Funktionäre von kollektivvertragsfähigen Körperschaften nicht in den Verwaltungsrat, die Geschäftsführung oder die Controlling-Gruppe des Hauptverbandes bestellt werden konnten.[33] Eine Bestimmung, die sich augenscheinlich gegen die enge personelle Verzahnung von Hauptverband und Gewerkschaft richtete.

Das eigentliche »Machtzentrum« war ohnehin nicht die Präsidentschaft, sondern die vierköpfige Geschäftsführung. Diese, so der Ausschussbericht, sollte der Geschäftsführung einer GmbH nachgebildet sein, der Geschäftsführerposten auch für Manager außerhalb der Sozialversicherung, auch aus dem Ausland, offen sein.[34] Sprecher der Geschäftsführung wurde der vormalige Generaldirektor der Sozialversicherungsanstalt der Bauern, Josef Kandlhofer.

Dass die Regierung daran dachte, die Organisationsreform nach dem Modell des Hauptverbandes auch bei den Gebietskrankenkassen durchzuführen, lässt sich aus dem Regierungsprogramm 2003 abgelesen, in dem von einer »Anpassung der Strukturen der Gebietskrankenkassen an die Erfordernisse eines modernen Management (Modell Hauptverband)« die Rede ist.[35]

Ein Erkenntnis des Verfassungsgerichtshofes vom 10. Oktober 2003, das der Eisenbahnergewerkschafter Wilhelm Haberzettl angestrengt hatte, dem die Wahl in den Verwaltungsrat des Hauptverbandes mit Hinweis auf die Unvereinbarkeitsbestimmungen verweigert worden war, war ein Anstoß für die Organisationsreform des Jahres 2004. Die Höchstrichter stellten fest, dass die »Hauptverbandsreform wegen Widerspruchs der Bestimmungen über die Zusammensetzung des Verwaltungsrates und der Geschäftsführung zu den Grundsätzen der Selbstverwaltung hinsichtlich der Vertretung der Sozialversicherungsträger, der demokratischen Legitimation und der Weisungsungebundenheit verfassungswidrig« sei. Die Unvereinbarkeitsbestimmung für leitende Gewerkschaftsfunktionäre« wäre »unsachlich«, so der Spruch des VfGH.[36]

---

32 Zit. nach Steiner: 60 Jahre Hauptverband der österreichischen Sozialversicherungsträger. S. 125.
33 Vgl. BGBl. I 99/2001. Z 86h § 441e Abs. 2 des ASVG.
34 Vgl. Sten. Prot. NR. XXI. GP. Nr. 726 der Beilagen. S. 5.
35 Österreichische Bundesregierung (Hg.): Regierungsprogramm 2003–2006. Zukunft – gerecht – nachhaltig. S. 21. http://www.oevp.at/download/806.pdf (14. 1. 2011), sowie Herbert Obinger, Emmerich Tálos: Sozialstaat Österreich zwischen Kontinuität und Umbau. Eine Bilanz der ÖVP/FPÖ/BZÖ-Koalition – Wiesbaden 2006. S. 83.
36 Erkenntnis Nr. 17023 vom 10. Oktober 2003. G 222/02 ua. – In: Erkenntnisse und Beschlüsse des Verfassungsgerichtshofes. Im Auftrag des Verfassungsgerichtshofes amtlich hg. 68. Band der Sammlung. 2. Halbjahr 2003 (Nr. 16.931–17.099). – Wien 2005. S. 617ff.

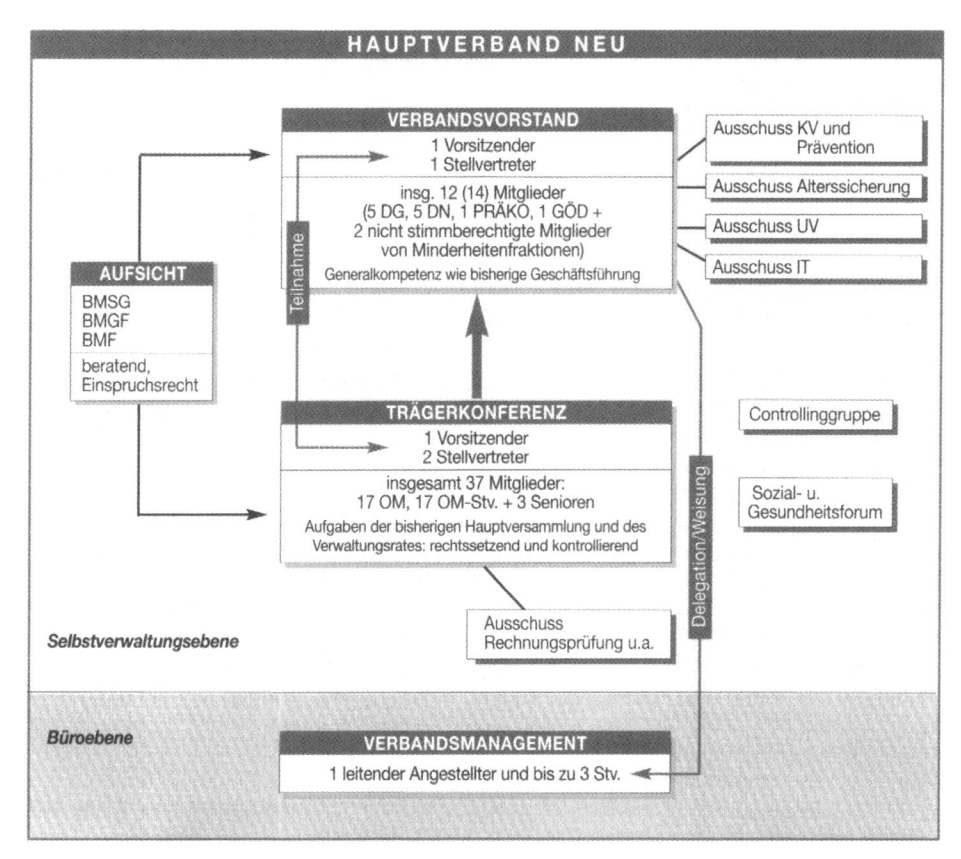

Quelle: Soziale Sicherheit 2/2005. S. 53. Für die Zur-Verfügung-Stellung danke ich Herrn Dr. Wilhelm Donner sehr herzlich.

Unabhängig von diesem Richterspruch hatte sich gezeigt, dass die Konstruktion in der Praxis ihre Schwächen hatte.[37] In Gesetzesform gegossen wurde die abermalige Reform des Hauptverbandes mit der 63. ASVG-Novelle.[38] Statt wie bisher fünf hat der Hauptverband nach der Organisationsreform 2004 nur noch zwei Organe: die Trägerkonferenz und den Verbandsvorstand. Die Reform 2004 stärkte die Selbstverwaltung. Die Trägerkonferenz legitimiert seither den Vorstand, der wiederum den Verbandsvorsitzenden wählt. Der Vorstand ist somit »ein sehr viel mehr der Trägerschaft verpflichtetes Gremium, als dies von Gegnern der Reform 2004 oftmals kritisiert wurde«, urteilte der erste Verbandsvorsitzende der neuen Konstruktion, Erich

---

37 Vgl. Steiner: Sechzig Jahre Hauptverband der österreichischen Sozialversicherungsträger. S. 131.
38 BGBl. I 171/2004. Vgl. dazu auch: Josef Souhrada: Neues Organisationsrecht des Hauptverbandes. – In: Soziale Sicherheit 2/2005. S. 56–62. S. 56ff.

Laminger.[39] Neben der Reform des Hauptverbandes kam es mit dem Sozialversicherungs-Änderungsgesetzes 2000 (SVÄG 2000)[40] und dem Sozialrechts-Änderungsgesetz (SRÄG 2000) zu einer Neustrukturierung der Organisation der bäuerlichen Sozialversicherung[41]; 2003 erfolgte die Fusion der Pensionsversicherungsanstalt der Arbeiter und jener der Angestellten, 2005 jene der Versicherungsanstalten der Eisenbahnen und des Bergbaus.

3. PENSIONSREFORM

Diskussionen um die Finanzierbarkeit der Pensionsversicherung hatte es spätestens seit Anfang der 1980er-Jahre gegeben. Mehrere Reformen, die u.a. eine Ausweitung der Bemessungszeit und die Einbeziehung neuer Gruppen in die Pensionsversicherung brachten, wurden in den 1980er- und 1990er-Jahren durchgeführt. Im Regierungsprogramm 2000 war eine weitergehende Neuordnung, der Umbau des Pensionssystems in ein Drei-Säulen-Modell, vorgezeichnet.[42] Die erste Säule blieb das staatliche Pensionssystem. Die zweite Säule sollte eine betriebliche Zusatzpension sein, die durch die Reform der Abfertigung aufgebaut werden sollte – diese wurde mit dem Betrieblichen Mitarbeitervorsorgegesetz[43] realisiert, das am 12. Juni 2002 vom Nationalrat verabschiedet wurde. Die dritte Säule sollte durch steuerliche Förderung der privaten Altersvorsorge errichtet werden.[44] Bundeskanzler Wolfgang Schüssel führte in seiner Regierungserklärung am 18. Februar vor dem Bundesrat zum Thema Pensionen aus: »Es muss auch gerade im Zusammenhang mit der Pensionsreform, die notwendig ist, der Bedeutung und auch den Problemen älterer Mitarbeiter großes Augenmerk geschenkt werden. Wir wollen nicht haben, dass Mitarbeiter, die ein bestimmtes Alter überschritten haben und arbeiten wollen, von den Betrieben auf die Straße gesetzt oder in die Arbeitslosigkeit geschickt werden. Erstens wäre das ein Verlagern von der Pensionsversicherung in die Arbeitslosenversicherung, und zweitens wäre es auch nicht fair. Die menschliche Arbeit ist so wichtig, dass wir alles tun müssen und auch alles tun *wollen*, um in einem Begleitprogramm für die älteren Mitarbeiter die Folgen einer notwendigen Pensionsreform auch wirklich abzumildern.«[45]

---

39 Vgl. Steiner: Sechzig Jahre Hauptverband der österreichischen Sozialversicherungsträger. S. 135.
40 BGBl. I 43/2000.
41 Vgl. Sozialrechts-Änderungsgesetz 2000. BGBl. I 101/2000. Art. 3 Z 27a–k.
42 Vgl. Regierungsprogramm 2000. S. 28ff.
43 BGBl. I 100/2002.
44 Vgl. Regierungsprogramm 2000. S. 28ff.
45 Sten. Prot. BR. 661. Sitzung. 18. 2. 2000. S. 11. http://www.parlament.gv.at/PAKT/VHG/BR/BRSITZ/BRSITZ_00661/SEITE_0011.html (1. 2. 2011)

Als Ziele für die Pensionsreform nennt der Bericht über die soziale Lage die Stabilisierung des Bundesbeitrages in der Pensionsversicherung und die »Erarbeitung von Grundlagen und Optionen zur langfristigen Finanzierbarkeit«.[46] Die Regierung setzte eine Pensionsreformkommission unter der Führung des Sozialrechtlers Theodor Tomandl ein, die ihre Vorschläge Ende März 2000 präsentierte.[47] Am 7. Juni 2000 verabschiedete der Nationalrat das Sozialversicherungs-Änderungsgesetz 2000 (SVÄG 2000),[48] am 6. Juli 2000 wurden das Sozialrechts-Änderungsgesetz 2000 (SRÄG 2000)[49] und das Pensionsreformgesetz 2000[50] verabschiedet. Die wichtigsten Punkte der in diesen Gesetzen verankerten Pensionsreform 2000 waren:

- Abschaffung der vorzeitigen Alterspension wegen geminderter Arbeitsfähigkeit bzw. Erwerbsunfähigkeit mit 1. Juli 2000 und verbesserter Zugang zur Invaliditätspension (Hintergrund dieser Maßnahme war auch ein Entscheid des Europäischen Gerichtshofes, wonach das unterschiedliche Zugangsalter zur vorzeitigen Alterspension für Männer und Frauen rechtswidrig sei.),[51]
- Anhebung des Zugangsalters bei den Frühpensionen,
- Ausbau des »Bonus-Malus«-Systems,
- Neuregelung der Pensionsanpassung, Werteausgleich, Etablierung einer »Kommission zur langfristigen Pensionssicherung«,[52]
- Neuregelung der Witwen/witwer-Pension (0–60 % der Pension des Verstorbenen).[53]

Im Ministerrat vom 5. April 2000 hatte die Regierung flankierende Maßnahmen zur Pensionsreform angekündigt, mit denen Arbeitsplatzsicherheit und Beschäftigung für ältere Arbeitnehmer geschaffen werden sollten, und stellte dafür eine Milliarde Schilling zur Verfügung, was die Arbeiterkammer als »völlig unzureichend« bezeichnete.[54] Sie hatte Bedenken hinsichtlich der Verfassungsmäßigkeit der Pensionsreform aufgrund einer vermuteten Verletzung des Vertrauensschutzes ob der Raschheit der Einführung der Maßnahmen, und sie fürchtete ein Ansteigen der Ar-

---

46 Bundesministerium für soziale Sicherheit und Generationen (Hg.): Bericht über die soziale Lage 1999. Analysen und Ressortaktivitäten. – Wien 2001. S. 8f.
47 Vgl. Neues Volksblatt 29. 3. 2000. S. 2.
48 BGBl. I 43/2000.
49 BGBl. I 101/2000.
50 BGBl. I 95/2000.
51 Vgl. Bericht über die soziale Lage 1999. S. 68.
52 Zur Kommission vgl. Sozialrechts-Änderungsgesetz BGBl. I 101/2000. Art. I Z 8.
53 Vgl. Bericht über die soziale Lage 1999. S. 68f. Zur Neuregelung der Witwen/Witwer-Pension siehe Sozialrechts-Änderungsgesetz BGBl. I 101/2000. Art. I Z 35.
54 Vgl. Helmut Ivansits: Die Pensionspläne der FPÖVP aus der Sicht der AK. – In: Soziale Sicherheit 5/2000. S. 443–449. S. 446.

beitslosigkeit älterer Arbeitnehmer.[55] Die SPÖ klagte beim Verfassungsgerichtshof gegen die Regelung der Hinterbliebenenpension, die dieser im Juni 2003[56] als verfassungswidrig erkannte, was eine Sanierung dieser Bestimmung im zweiten Sozialversicherungs-Änderungsgesetz 2004 notwendig machte.[57]

Mit dem Pensionsreformgesetz 2000[58] wurde auch das Pensionsrecht der Bundesbeamten reformiert. Dazu wurde eine Expertenkommission unter dem Vorsitz des Verfassungsrechtlers Heinz Mayer einberufen.[59] Das Gesetz beinhaltete u. a. die Möglichkeit der amtswegigen Ruhestandsversetzung von Beamten, die Erhöhung des Pensionsalters durch Erklärung auf 61,5 Jahre sowie die Nettoanpassung der Beamtenpension und eine Erhöhung des Pensionsbeitrages für Beamten.[60] Das Pensionsreformgesetz 2000 war nach einer Klage der SPÖ beim VfGH wegen Fehlern bei der Abstimmung von diesem in seinem Erkenntnis vom 16. März 2001 in weiten Teilen aufgehoben worden.[61] Ein im Wesentlichen identischer Initiativantrag für ein »Pensionsreformgesetz 2001« wurde dann im Jahr 2001 beschlossen.[62]

Das Bundesgesetz über die betriebliche Mitarbeitervorsorge[63] wurde am 12. Juli 2002 vom Nationalrat beschlossen. Vorlage für den diesbezüglichen Ministerialentwurf waren die »14 Eckpunkte« der Sozialpartner vom Oktober 2001. Mit dem beitragsorientierten System der Mitarbeitervorsorge sollten die bisherigen Sprünge beim Abfertigungsanspruch ebenso vermieden werden wie, dass ein Anspruch erst nach drei Jahren entstand. Für die Arbeitgeber sollte der Aufwand, weil kontinuierlich, planbarer sein. Überlegungen zu einer Reform des Abfertigungssystems hatte es im Übrigen bereits seit Anfang der 1990er-Jahre gegeben (»Fink-Modell«).[64] Die »Abfertigung neu« betrug 1,53 % des monatlichen Entgeltes und der Sonderzahlungen, die vom Arbeitgeber in einer Mitarbeitervorsorgekasse einzuzahlen waren. Obwohl die Wahlfreiheit zwischen der Auszahlung der Abfertigung bei Beendigung eines Dienstverhältnisses und einer Weiterveranlagung bis zum Eintritt in eine ge-

---

55 Vgl. ebd. S. 443 ff.
56 Erkenntnisse und Beschlüsse des Verfassungsgerichtshofes, im Auftrag des Verfassungsgerichtshofes amtlich hg. 68. Band der Sammlung. 1. Halbjahr 2003. Erkenntnis Nr. 16923 vom 27. 6. 2003. S. 966 ff.
57 Vgl. 2. SVÄG 2004. BGBl. I 78/2004. Art. I Z 1 u. 2.
58 BGBl. I 95/2000.
59 Vgl. Ausschussbericht zum Pensionsreformgesetz 2000. Sten. Prot. NR. XXI. GP. Nr. 259 der Beilagen. S. 1.
60 Vgl. Regierungsvorlage zum Pensionsreformgesetz 2000. Sten. Prot. NR. XXI. GP. Nr. 175 der Beilagen. S. 26 sowie Pensionsreformgesetz 2000. BGBl. I 95/2000.
61 Erkenntnisse und Beschlüsse des Verfassungsgerichtshofes, im Auftrag des Verfassungsgerichtshofes amtlich hg. 66. Band der Sammlung. 1. Halbjahr 2001. Erkenntnis Nr. 16151 vom 16. 3. 2001. S. 636 ff.
62 Vgl. Obinger, Tálos: Sozialstaat Österreich zwischen Kontinuität und Umbau. S. 89.
63 Betriebliches Mitarbeitervorsorgegesetz (BMVG), BGBl. I 100/2002.
64 Vgl. Ministerialentwurf zum Betrieblichen Mitarbeitervorsorgegesetz (309/ME), Erläuterungen. http://www.parlament.gv.at/PAKT/VHG/XXI/ME/ME_00309/imfname_000000.pdf (11. 3. 2011)

setzliche Pension im Gesetz verankert war, brachten die Regierungsvertreter in der parlamentarischen Debatte ihre Bevorzugung letzterer Variante als »zweiter Säule« des Pensionssystems zum Ausdruck.[65] Die dritte Säule war eine staatlich geförderte Altersvorsorge unter dem Titel »Zukunftsvorsorge«. Bis zu einem jährlichen Höchstbetrag von 2.000 Euro erfolgte eine staatliche Prämie von 8,5–13 % steuerfrei.[66]

Mit dem Budgetbegleitgesetz 2003[67] wurde für arbeitslose Personen, die eine Altersteilzeitvereinbarung abgeschlossen hatten, die zwischen April und Jahresende 2003 wirksam wurde, bzw. solche, die zwischen 2004 und 2006 das Anfallsalter für die vorzeitige Alterspension erreicht hatten und wegen der Anhebung des Antrittsalters für vorzeitige Alterspension nicht in Pension gehen konnten, ein Übergangsgeld in der Höhe von 25 % des Grundbetrages des Arbeitslosengeldes und der Zulagen eingeführt.[68]

Die nächste Stufe erfolgte mit der Pensionsreform 2003, die am 11. Juni 2003 beschlossen wurde. Die Eckpunkte derselben waren:

– Abschaffung der vorzeitigen Alterspension bei langer Versicherungsdauer, der vorzeitigen Alterspension bei Arbeitslosigkeit sowie der Gleitpension,
– »Hacklerregelung«,
– schrittweise Verringerung der Steigerungspunkte von 2 % auf 1,78 %,
– Erhöhung des Abschlages bei einer früheren Inanspruchnahme der Pension auf 4,2 %, gleichzeitige Anhebung der Bonifikation,
– schrittweise Ausdehnung des Bemessungszeitraumes auf 480 Monate,
– Schaffung eines »Verlustdeckels« von 10 % der Pension,
– Erhöhung der Bemessungsgrundlage für Zeiten der Kindererziehung,
– Verbesserung der Anrechung von Kindererziehungszeiten und Zeiten des Präsenzdienstes,
– erstmalige Anpassung der Pensionen erst im 2. Kalenderjahr,
– schrittweise Absenkung des fiktiven Ausgedinges,
– Anhebung des Ausgleichszulagenrichtsatzes für Ehepartner auf 1.000 Euro,
– Erhöhung des Krankenversicherungsbeitrages für PensionistInnen um jeweils 0,5 % ab 2004 bzw. 2005.[69]

---

65 Vgl. Obinger, Tálos: Sozialstaat Österreich zwischen Kontinuität und Umbau. S. 92.
66 Vgl. BGBl. I 155/2002. Art 7 Z 7c sowie Obinger, Tálos: Sozialstaat Österreich zwischen Kontinuität und Umbau. S. 93.
67 BGBl. I 71/2003.
68 Vgl. Budgetbegleitgesetz 2003. BGBl. I 71/2003. Abschnitt 3a.
69 Vgl. Bundesministerium für soziale Sicherheit, Generationen und Konsumentenschutz. Bericht über die soziale Lage 2003–2004. Ressortaktivitäten und Analysen. – Wien 2004. S. 9.

Zugleich wurde eine Entschließung betreffend ein einheitliches Pensionssystem für alle Erwerbstätigen, basierend auf den Rahmenbedingungen des ASVG, verabschiedet. Schon das Regierungsprogramm 2003 nannte die Harmonisierung als ein Kernelement der nachhaltigen Sicherung des Pensionssystems.[70]

Die Pensionsreform stieß jedoch beim Kärntner Landeshauptmann Jörg Haider auf harsche Kritik. Vor den Mitgliedern des Bundesrates meinte er: »Das heißt, dieser Pensionsentwurf war in seiner Grundkonzeption auf alle Fälle sozial überhaupt nicht ausgewogen und hat jede menschliche Einsicht in die Problemlage von Bürgern vermissen lassen (…).«[71] Da neun von zehn FPÖ-Bundesräten dem Budgetbegleitgesetz ihre Zustimmung verweigerten, konnte dieses, und somit auch die Pensionsreform 2003, erst mit Verzögerung in Kraft gesetzt werden.[72]

Der ÖGB hatte gegen die Pensionsreform im Mai 2003 einen Streik organisiert, der mit einer Abschlusskundgebung am Heldenplatz in Wien endete, zu der mehr als 100.000 Menschen kamen.[73] Die Gewerkschaft warf der Regierung vor, keine Rücksicht auf den Arbeitsmarkt zu nehmen und die Frühpensionen abzuschaffen, ferner die Pensionen in unzumutbarer Weise zu kürzen und die Menschen nach 45 Arbeitsjahren nicht in Pension gehen zu lassen.[74] Ab Juni 2003 lud die Regierung die Sozialpartner in 22 Sitzungen zu einem »Runden Tisch« zur Pensionsharmonisierung.[75] In den Verhandlungen wurde Übereinstimmung mit den Präsidenten der Dachverbände über die Pensionsharmonisierung und die Einführung des Pensionskontos erzielt. Letztlich kam aber kein Kompromiss mit dem ÖGB zustande, da dieser die Rücknahme der Leistungskürzungen durch die Pensionsreform 2003 forderte.[76]

Protest gegen die Sozialpolitik der ÖVP/FPÖ-Regierung kam auch von wissenschaftsnaher Seite: Vom 3. bis 10. April 2002 lag das von Sozialwissenschaftlern initiierte Volksbegehren »Sozialstaat Österreich« zur Unterschrift auf, das im Wesentlichen die Festschreibung Österreichs als Sozialstaat und die Prüfung von Gesetzesvorhaben auf ihre Sozialverträglichkeit forderte.[77] Es erreichte 717.102

---

70 Vgl. Regierungsprogramm 2003–2006. S. 18.
71 Sten. Prot. BR. 697. Sitzung. 23. 6. 2003. S. 37. http://www.parlinkom.gv.at/PAKT/VHG/BR/BRSITZ/BRSITZ_00697/fname_007576.pdf (7. 5. 2011) sowie Obinger, Tálos: Sozialstaat in Österreich zwischen Kontinuität und Umbau. S. 99.
72 Vgl. Manfred Kadi: FP stimmt gegen Budgetgesetze. – In: Kurier 24. 6. 2003. S. 2.
73 Vgl. Großdemo trotz Blitz und Hagel. – In: Der Standard 14. 5. 2003. S. 1.
74 Vgl. Pensionsreform. Vergebene Chance. – In: Solidarität Juni 2003. S. 6–7. S. 7.
75 Vgl. Theodor Tomandl: Die Pensionsharmonisierung. – In: ÖJP 2004. S. 275–296. S. 277f.
76 Vgl. Obinger, Tálos: Sozialstaat Österreich zwischen Kontinuität und Umbau. S. 94.
77 Vgl. http://www.sozialstaat.at/text.shtml (31. 3. 2011)

Unterschriften,[78] wurde mit der vorzeitigen Beendigung der Regierung Schüssel I jedoch für die weitere parlamentarische Behandlung gegenstandslos.[79]

Die SPÖ Oberösterreich initiierte, beeinflusst auch vom oberösterreichischen Landtagswahlkampf, ein Pensionsvolksbegehren. Das Begehren lag Ende März 2004 zur Unterschrift auf; es wurde von 627.559 Menschen unterstützt,[80] was in der Presse eher als Misserfolg gewertet wurde.

Schon in seiner Regierungserklärung vor dem Nationalrat am 6. März 2003 hatte Bundeskanzler Schüssel ein »einheitliches Pensionsrecht für alle Österreicherinnen und Österreicher« angekündigt.[81] Das Pensionsharmonisierungsgesetz[82], das das Allgemeine Pensionsgesetz (APG) beinhaltete, wurde am 18. November 2004 vom Nationalrat verabschiedet. Die Eckpunkte der Pensionsharmonisierung 2004 waren:

- Nach 45 Beitragsjahren mit 65 Jahren 80 % des Lebensdurchschnittseinkommens als Pension,
- Pensionskonto (leistungsorientiert, ursprünglich war geplant: beitragsorientiert), einheitlicher Kontoprozentsatz ist 1,78 % der Jahresbeitragsgrundlage (d. h. schrittweise Absenkung der Steigerungspunkte von 2 auf 1,78 %),
- Aufwertung der Ansprüche am Pensionskonto mit der Entwicklung der jährlichen Beitragsgrundlagensteigerung,
- Anpassung bestehender Pensionen ab 2006 mit dem Verbraucherpreisindex,
- einheitlicher Beitragssatz von 22,8 %, Ausgleichsleistung vom Bund bei Selbstständigen und Bauern sowie einheitliche Höchstbemessungsgrundlage,
- Korridorpension zwischen 62 und 68 Jahren bei mind. 450 Versicherungsmonaten,
- Nachhaltigkeitsfaktor (Anpassung der Pensionen an die demografische Entwicklung und an das Verhältnis von Beitragszahlern und Pensionisten),
- Bericht über die Finanzierbarkeit des Systems alle drei Jahre,
- Schwerarbeiterpension bei 540 Pensionsmonaten, davon mind. 180 Schwerarbeit.[83]

Im Regierungsprogramm 2003 war überdies die Einführung einer Mindestpension vorgesehen, dieses Projekt wurde jedoch nicht umgesetzt.[84] Abgeordnete der FPÖ be-

---

78 Vgl. Bundesministerium für Inneres: Alle Volksbegehren der zweiten Republik. http://www.bmi.gv.at/cms/BMI_wahlen/volksbegehren/Alle_Volksbegehren.aspx (15. 6. 2011).
79 Vgl. Obinger, Tálos: Sozialstaat Österreich zwischen Kontinuität und Umbau. S. 101.
80 Bundesministerium für Inneres: Alle Volksbegehren der Zweiten Republik. http://www.bmi.gv.at/cms/BMI_wahlen/volksbegehren/Alle_Volksbegehren.aspx (15. 6. 2011).
81 Vgl. Regierungserklärung 2003. Sten. Prot. NR. XXII. GP. 6. 3. 2003. S. 27.
82 BGBl. I 142/2004.
83 Vgl. Bundesministerium für soziale Sicherheit, Generationen und Konsumentenschutz: Bericht über die soziale Lage 2003–2004. S. 10, sowie Allgemeines Pensionsgesetz, Abschnitt 2, § 4, Abs 3.
84 Vgl. Regierungsprogramm 2003–2006. S. 18.

tonten, dass auf ihre Intervention hin Veränderungen im ursprünglichen Entwurf erreicht worden waren, so etwa die Fortführung der sogenannten »Hacklerregelung«.[85] Gerade diese entpuppte sich gewissermaßen als Klotz am Bein, der dann letztlich eine Reform, wie sie ursprünglich geplant war, verwässerte und letztlich einiges von den Einsparungseffekten wieder zunichte machte.[86]

4. Familienpolitik

4.1 Kinderbetreuungsgeld

Wesentliche Neuerungen der ÖVP/FPÖ/BZÖ-Regierung auf dem Gebiet der Familienpolitik waren das Kinderbetreuungsgeld, die Familienhospizkarenz und die Elternteilzeit. Schon im Jahr vor der Nationalratswahl 1999 hatte es in der Koalition von SPÖ und ÖVP Diskussionen um die Ausweitung des Karenzgeldes auf alle Mütter von Kleinkindern, unabhängig von einer Erwerbstätigkeit, gegeben, die jedoch auf den Widerstand von Gewerkschaft und SPÖ-Kreisen gestoßen war.[87] Im September 1999 führte der Familienbund ein Familien-Volksbegehren durch, in dem u. a. die Einführung eines Karenzgeldes für alle – dies war auch Wahlkampfforderung der Volkspartei –, das in weiterer Folge in ein universelles Kindergeld umgewandelt werden sollte, gefordert wurde. Das Volksbegehren erreichte 183.154 Unterschriften.[88] Die Freiheitlichen forderten im Wahlkampf die Einführung eines Kinderschecks.[89] Im Regierungsprogramm 2000 liest man denn auch von einem »Kinderbetreuungsgeld/Karenzgeld für alle« als erwerbsunabhängiger Leistung für 36 Monate (24 Monate für einen, 12 für den anderen Elternteil) in der Höhe von 6.000 Schilling, wobei von den ersten 18 Monaten zusätzlich 250 Schilling von der Pensionsversicherung einbehalten werden sollten.[90]

Die Regierung sah im Kinderbetreuungsgeld »einen wichtigen Beitrag zur wirtschaftlichen Absicherung in der Phase der Familiengründung« sowie »eine größere Wahlfreiheit in der Lebensgestaltung im Interesse einer besseren Vereinbarkeit der Lebensbereiche Familie und Beruf«.[91] Durch die hohe Zuverdienstgrenze sollte der

---

85 Obinger, Tálos: Sozialstaat in Österreich zwischen Kontinuität und Umbau. S. 99.
86 Vgl. Ewald Wetscherek: Sozialpolitik 2000–2007. – In: ÖJP 2010. S. 445–454. S. 448f.
87 Vgl. Helmut Wintersberger: Familienpolitik seit der Wende. – In: Tálos (Hg.), Schwarz–Blau. S. 208–222. S. 212f.
88 Vgl. Bundesministerium für Inneres: Alle Volksbegehren der zweiten Republik. http://www.bmi.gv.at/cms/BMI_wahlen/volksbegehren/Alle_Volksbegehren.aspx (15. 6. 2011)
89 Vgl. Obinger, Tálos: Sozialstaat Österreich zwischen Kontinuität und Umbau. S. 161.
90 Vgl. Regierungsprogramm 2000. S. 32f.
91 Regierungsvorlage zum Kinderbetreuungsgeldgesetz. Sten. Prot. NR. XXI. GP. Nr. 620 der Beilagen. S. 55.

Kontakt zum Arbeitgeber gehalten und so der Wiedereinstieg ins Berufsleben leichter bewältigt werden können.[92]

Das Kinderbetreuungsgeldgesetz (KBGG)[93] wurde am 4. Juli 2001 vom Nationalrat verabschiedet. Der Anspruch wurde an die Bezugsvoraussetzungen der Familienbeihilfe gekoppelt. Das Kinderbetreuungsgeld gebührte längstens bis zum 36. Lebensmonat des Kindes, wenn beide Eltern diese Leistung in Anspruch nahmen; wenn nur ein Elternteil das Kinderbetreuungsgeld in Anspruch nahm, höchstens 30 Monate. Kritiker bemängelten, dass der Kündigungsschutz unverändert bei 24 Monaten blieb,[94] also nicht die gesamte Laufzeit abdeckte. Die Höhe des Kinderbetreuungsgeldes betrug 14,53 Euro pro Tag, die Auszahlung der vollen Höhe war nach dem 21. Lebensmonat des Kindes an die Durchführung der Untersuchungen zum Mutter-Kind-Pass gebunden.[95] Die Mittel kamen aus dem Ausgleichsfonds für Familienbeihilfe, der Mehraufwand belief sich dabei auf 660 Mio. Euro.[96] Kinderbetreuungsgeldbezieher(innen) waren krankenversichert und es wurden 18 Monate als Beitragszeiten in der Pensionsversicherung anerkannt. Die Zuverdienstgrenze betrug 14.600 Euro im Jahr.[97] Noch 2001 wurde eine Verordnung zur Vermeidung von Härtefällen bei der Rückzahlung des Kinderbetreuungsgeldes wegen Überschreitung der Zuverdienstgrenze erlassen.[98]

Die SPÖ sah das Kinderbetreuungsgeld aus »frauen-, arbeitsmarkt-, verteilungs- und gesellschaftspolitischer Sicht als falschen Weg«. Sie trat für einen flächendeckenden Ausbau der Kinderbetreuungseinrichtungen und für die bessere Vereinbarkeit von Beruf und Familie ein.[99] »Das Kinderbetreuungsgeld wurde generell als Ausstiegsprämie aus dem Arbeitsmarkt bzw. als Teil einer konservativen familienpolitischen Wende eingestuft.«[100] Die Bundesregierung hinwieder argumentierte, »die dadurch bewirkte Erhöhung der Kaufkraft könnte auch eine Erweiterung des Angebots an Betreuungseinrichtungen für Kleinkinder nach sich ziehen«.[101] Bundeskanzler Schüssel sprach in seiner Regierungserklärung von einer Stärkung der

---

92 Vgl. ebd. S. 55.
93 BGBl. I 103/2001.
94 Vgl. Obinger, Tálos: Sozialstaat Österreich zwischen Kontinuität und Umbau. S. 166.
95 Vgl. Kinderbetreuungsgeldgesetz. BGBl. I 103/2001 § 7.
96 Vgl. Herbert Obinger, Emmerich Tálos: Schwarz-blaue Sozialpolitik. – In: Tálos (Hg.), Schwarz–Blau. Eine Bilanz des »Neu-Regierens«. S. 188–207. S. 203.
97 Vgl. Ausschussbericht zum Kinderbetreuungsgeldgesetz. Sten. Prot. NR. XXI. GP. Nr. 716 der Beilagen. S. 1f.
98 Vgl. BGBl. II 405/2001.
99 Vgl. Minderheitenbericht der Abgeordneten Silhavy und GenossInnen. Sten. Prot. NR. XXI. GP. Nr. 70 der Beilagen. S. 7 sowie Obinger, Tálos: Sozialstaat Österreich zwischen Kontinuität und Umbau. S. 163.
100 Obinger, Tálos: Sozialstaat Österreich zwischen Kontinuität und Umbau. S. 166.
101 Regierungsvorlage zum KBGG, Erläuterungen. Sten. Prot. NR. XXI. GP. Nr. 620 der Beilagen. S. 54.

Wahlfreiheit für Frauen mit der Einführung des Kinderbetreuungsgeldes und bekannte sich zum Ausbau der Kinderbetreuungseinrichtungen.[102] Der Anteil der Kinder in institutionellen Kinderbetreuungseinrichtungen im Vergleich zur gleichaltrigen Wohnbevölkerung (Kinderbetreuungsquote) stieg von 1999 bis zum Ende der schwarz-blauen Regierung 2006 bei den 0- bis 2-Jährigen von 7,1 auf 10,8 %, bei den 3- bis 5-Jährigen von 76,1 auf 83,5 %; es ist dies allerdings eine Steigerung, die im Vergleich mit den Jahren davor bzw. danach nicht auffällig ist.[103] Das Kinderbetreuungsgeldgesetz wurde seit seiner Einführung mehrmals novelliert, 2009 wurde das einkommensabhängige Kinderbetreuungsgeld beschlossen.[104]

4.2 Familienhospizkarenz

Im Regierungsprogramm 2000 sprach sich die Bundesregierung für einen Plan zum Ausbau des Hospizwesens und der Palliativmedizin und gegen die Sterbehilfe aus.[105] Das Gesetz zur Einführung der Familienhospizkarenz,[106] das der Nationalrat am 23. Mai 2002 billigte, entstand vor dem Hintergrund der Debatte um humane Sterbehilfe. Damit sollte, wie es in der Regierungsvorlage hieß, dem Bedarf nach Freistellung von der Arbeitsleistung für die Sterbebegleitung und für die Begleitung schwerst erkrankter Kinder sowie der kranken- und pensionsversicherungsrechtlichen Absicherung von Arbeitnehmer(innen) in der Sterbebegleitung Rechnung getragen werden.[107] Die Dauer der Familienhospizkarenz betrug drei Monate, konnte jedoch auf ein halbes Jahr verlängert werden.[108] Während der Familienhospizkarenz bestand besonderer Kündigungsschutz,[109] außerdem waren diese Personen kranken- und pensionsversichert, wobei die Mittel für die Beiträge aus den Mitteln der Arbeitslosenversicherung kamen.[110]

Das Manko der Familienhospizkarenz blieb der Entgeltentgang. Die Opposition forderte eine finanzielle Unterstützung, da sonst finanziell Schwache benachtei-

---

102 Vgl. Regierungserklärung. Sten. Prot. NR. XXI. GP. 9. 2. 2000. S. 18f.
103 Quelle: Kinderbetreuungsquoten nach Altersgruppen 1995 bis 2009. http://www.statistik.at/web_de/statistiken/bildung_und_kultur/formales_bildungswesen/kindertagesheime_kinderbetreuung/021659.html (18. 3. 2011)
104 BGBl. I 116/2009.
105 Vgl. Regierungsprogramm 2000. S. 45.
106 BGBl. I 89/2002.
107 Vgl. Regierungsvorlage zum Gesetz zur Einführung der Familienhospizkarenz. Sten. Prot. NR. XXI. GP. Nr. 1045 der Beilagen. S. 5.
108 Vgl. BGBl. I 89/2002. Art. 1 Z 3.
109 Vgl. ebd. Art. 1 Z 4.
110 Vgl. ebd. Art. 3 Z 3.

ligt sein würden, die Regierung argumentierte, dass dies nicht zu finanzieren sei.[111] Jedoch wurde mit der Novelle zum Familienlastenausgleichsgesetz 1967 die Einrichtung eines Härteausgleichsfonds beschlossen. Dabei wurde die Zuwendung von Geldmitteln aufgrund eines Härtefalls jedoch nicht als Rechtsanspruch tituliert.[112] Kritisiert wurde von der Opposition auch, dass homosexuelle Lebensgemeinschaften von den Regelungen der Familienhospizkarenz ausgenommen waren.[113]

4.3 ELTERNTEILZEIT

Im Regierungsprogramm 2003 ist das Recht auf Elternteilzeit formuliert.[114] Damit sollte, wie es in der Regierungsvorlage zum entsprechenden Gesetz hieß, ein möglichst einheitliches Modell, das die bisherige Teilzeitbeschäftigung im Mutterschutzgesetz, im Väter-Karenzgesetz und im Landarbeitsgesetz ablösen sollte, geschaffen werden.[115] Die Elternteilzeit war bei größeren Betrieben mit mehr als 20 Mitarbeiter(innen) und bei einem ununterbrochenen Arbeitsverhältnis von mindestens drei Jahren bis zum siebenten Lebensjahr oder einem späteren Schuleintritt des Kindes möglich, wobei das Kind im Haushalt des die Elternteilzeit beantragenden Elternteils leben musste. In kleineren Betrieben oder bei kürzerer Beschäftigungsdauer war eine Teilzeit wie bislang bis zum vierten Geburtstag des Kindes möglich. Damit sollte verhindert werden, Kleinbetriebe vor unlösbare Aufgaben beim Personaleinsatz zu stellen.[116] Umgekehrt sollte durch Beihilfen, die den Mehraufwand für Teilzeitregelungen abgelten sollten, für Kleinbetriebe ein Anreiz geboten werden, Teilzeitarbeit für Eltern von Kleinkindern zu ermöglichen und so zusätzliche Arbeitsplätze zu schaffen.[117] Die Elternteilzeit war entkoppelt von der Karenz. Pro Elternteil und Kind war nur eine einmalige Inanspruchnahme möglich, eine gleichzeitige Inanspruchnahme beider Elternteile jedoch zulässig. Die Modalitäten konnten je einmal auf Wunsch des Arbeitgebers und des Arbeitnehmers geändert werden. Die Elternteilzeit endete bei Inanspruchnahme einer Karenz oder einer Elternteilzeit für

---

111 Vgl. Obinger, Tálos: Sozialstaat Österreich zwischen Kontinuität und Umbau. S. 168f.
112 Vgl. BGBl. I 105/2002. Abschnitt IIc, Zif. 2.
113 Vgl. etwa die Wortmeldung der Abgeordneten Barbara Prammer. Sten. Prot. NR. XXI. GP. 23. 5. 2002. S. 61 sowie Obinger, Tálos: Sozialstaat Österreich zwischen Kontinuität und Umbau. S. 168ff.
114 Vgl. Regierungsprogramm 2003–2006. S. 16.
115 Vgl. Regierungsvorlage. Sten. Prot. NR. XXII. GP. Nr. 399 der Beilagen. Vorblatt S. 1.
116 Vgl. Regierungsvorlage. Sten. Prot. NR. XXII. GP. Nr. 399 der Beilagen. Erläuterungen. S. 4.
117 Vgl. Regierungsvorlage. Sten. Prot. NR. XXII. GP. Nr. 399 der Beilagen. Vorblatt S. 1 sowie Änderung des Mutterschutzgesetzes 1979, des Väter-Karenzgesetzes, des Landarbeitsgesetzes 1984, des Arbeitszeitgesetzes, des Angestelltengesetzes, des Gutsangestelltengesetzes, des Bauarbeiter-Urlaubs- und Abfertigungsgesetzes und des Arbeitsmarktförderungsgesetzes. BGBl. I 64/2004. Art. 8 Z 1.

ein weiteres Kind vorzeitig. Bis zum vierten Geburtstag des Kindes unterlag der (die) Arbeitnehmer(in) einem besonderen Kündigungsschutz, danach dem Motivkündigungsschutz.[118]

Das Gesetz, mit dem die Elternteilzeit eingeführt wurde,[119] wurde vom Nationalrat am 26. Mai 2004 verabschiedet; ein Antrag der SPÖ-Abgeordneten Andrea Kuntzl und Kolleg(innen) auf Einführung eines Vaterschutzmonats blieb in der Minderheit.[120]

Mit dem Kindschaftsrechts-Änderungsgesetz 2001 erfolgte die Herabsetzung der Volljährigkeit von 19 auf 18 Jahre.[121]

5. Arbeitsrecht und Arbeitsmarktpolitik

5.1 Arbeitsrechtliche Bestimmungen

Im Regierungsprogramm 2000 findet sich unter dem Punkt »Reform der Sozialpartnerschaft« die Zielsetzung: »Verlagerung von der überbetrieblichen in die betriebliche Mitbestimmung. Insbesondere in Bezug auf Arbeitszeit, Betriebszeiten, Kollektivvertragsrecht.«[122] Bundeskanzler Schüssel sprach sich in seiner Regierungserklärung vor dem Nationalrat dafür aus, »das Arbeitsrecht und die sozialen Schutzfunktionen den neuen Entwicklungen im Arbeitsleben an(zu)passen«.[123] Dieses Ziel bedeutete eine Flexibilisierung arbeitsrechtlicher Bestimmungen. Von Gewerkschaft und Arbeiterkammer wurde dies jedoch als Angriff auf ihren Kernbereich gedeutet, sie sprachen von der Abschaffung der Sozialpartnerschaft.[124]

Eines der ersten Gesetze der Regierung Schüssel auf arbeitsrechtlichem Gebiet war das Arbeitsrechtsänderungsgesetz 2000[125] vom 7. Juni 2000. Schon im Regierungsprogramm hatte sich die Koalition für eine Angleichung der Entgeltfortzahlung für Arbeiter und Angestellte im Krankheitsfall und eine Neuregelung des Urlaubsrechts ausgesprochen,[126] ein Thema, das im Übrigen seit den 1990er-Jahren auf dem politi-

---

118 Vgl. BGBl. I 64/2004. Art. 1 Abs. 6 Z 15 sowie Art. 2 Abs. 3 Z 5 und Art. 3 Z 7 u. Z 19.
119 BGBl. I 64/2004.
120 Vgl. Sten. Prot. NR. XXII. GP. 26. 5. 2004. S. 40ff. Annahme des Gesetzesentwurfes bzw. Ablehnung des Antrages Kuntzl und KollegInnen. S. 94ff.
121 Vgl. Kindschaftsrechts-Änderungsgesetz. BGBl. I 135/2000. Art I Z 1.
122 Regierungsprogramm 2000. S. 14.
123 Regierungserklärung. Sten. Prot. NR. XXI. GP. 9. 2. 2000. S. 17.
124 Vgl. Karl Klein: Das Ende der Sozialpartnerschaft. – In: Arbeit & Wirtschaft 3/2000. S. 20–21.
125 BGBl. I 44/2000.
126 Vgl. Regierungsprogramm 2000. S. 24.

schen Tapet stand.[127] Im März 2000 brachten die Abgeordneten Spindelegger, Haupt und Kollegen einen Antrag für ein entsprechendes Gesetz im Nationalrat ein.[128] Die soziale Gerechtigkeit gebiete diese weitgehende arbeitsrechtliche Gleichstellung zwischen Arbeitern und Angestellten, hieß es dazu in der Regierungsvorlage.[129]

Das Gesetz brachte die Angleichung der Entgeltfortzahlung der Arbeiter an jene der Angestellten. Die für Arbeiter bisher geltende Wartezeit von 14 Tagen fiel weg und die Dauer des bezahlten Krankenstandes wurde von vier auf sechs Wochen mit vollem Entgeltanspruch sowie weiteren vier Wochen mit halbem Entgeltanspruch erhöht. Jedoch hatten Arbeiter, wenn der Anspruch aufgebraucht war, erst später wieder einen neuen Anspruch als Angestellte.[130] Weiters bestimmte es die Aliquotierung des Urlaubs, wenn in der zweiten Jahreshälfte das Arbeitsverhältnis beendet wurde,[131] sowie die Abschaffung des Postensuchtages bei Selbstkündigung.[132] Es führte gleichzeitig zu einer Senkung der Lohnnebenkosten in Form der Reduktion des Dienstgeberanteils zur Krankenversicherung von 3,95 auf 3,65 %, um eine Entlastung des Dienstgebers herbeizuführen.[133]

5.2 Arbeitsmarktpolitik

Mit einem »Policy mix« aus wirtschafts- und sozialpolitischen Maßnahmen wollte die Regierung Schüssel die Arbeitslosigkeit bekämpfen. Langzeitarbeitslose wollte sie »aktivieren und integrieren«. Diese sollten verpflichtet werden, Tätigkeiten im Sozial-, Umweltschutz- und Denkmalschutzbereich anzunehmen, und dafür ein »Bürgergeld« als Bonus zum Arbeitslosengeld oder zur Notstandshilfe bekommen.[134] Das Bürgergeld, das im Rahmen der Aktion »Integra« in veränderter Form zu den Vorstellungen des Regierungsprogramms eingeführt wurde, erwies sich letztlich nicht als Erfolg; es konnten zu wenige Langzeitarbeitslose vermittelt werden. Nach heftigen Widerständen von SPÖ und Grünen sowie von ÖGB und Arbeiterkammer war das Projekt auf eine freiwillige Basis gestellt worden; dieses »Job Training« konnte einigen Erfolg verbuchen.[135]

---

127 Vgl. Obinger, Tálos: Sozialstaat Österreich zwischen Kontinuität und Umbau. S. 148.
128 Vgl. Ausschussbericht zum ARÄG 2000. Sten. Prot. NR. XXI. GP. Nr. 189 der Beilagen. S. 1.
129 Vgl. Regierungsvorlage zum ARÄG 2000. Sten. Prot. NR. XXI. GP. Nr. 91 der Beilagen. S. 14.
130 Vgl. ARÄG 2000. BGBl. I 44/2000. Art. 1 Z 1 sowie Art. 2 Z 1.
131 Vgl. ebd. Art. 6 Z 2.
132 Vgl. ebd. Art. 1 Z 4 sowie Art. 7 Z 1 und Art. 8 Z 1.
133 Vgl. Ausschussbericht zum ARÄG 2000. Sten. Prot. NR. XXI. GP. Nr. 189 der Beilagen.
134 Vgl. Regierungsprogramm 2000. S. 20.
135 Vgl. Erfolge bei Vermittlung durch »Job Training«. http://www.news.at/articles/0120/30/14237/erfolge-vermittlung-job-training (20. 6. 2011)

Der Regierung Schüssel war es im Bereich der Arbeitsmarktpolitik vor allem darum zu tun, einerseits den Missbrauch in der Arbeitslosenversicherung zu bekämpfen und andererseits die Arbeitsvermittlung zu entbürokratisieren sowie Hürden für private Arbeitsvermittler abzubauen. Im Rahmen des Budgetbegleitgesetzes 2001[136] wurden im Bereich der Arbeitsmarktpolitik folgende Schwerpunkte gesetzt:

- Wegfall des Bundesbeitrages zur Arbeitsmarktpolitik,
- Zusammenführung bestehender Bundesförderungen für Unternehmen beim Bundesministerium für Wirtschaft und Arbeit,
- Sicherstellung der Finanzierung der Maßnahmen der Jugendausbildung durch Überweisung des Überschusses aus den aufzulösenden EFZG-Fonds,
- Neuregelung des Familienzuschlages zu den Leistungen aus der Arbeitslosenversicherung und dem Karenzgeld bei gleichzeitiger Festsetzung einer einheitlichen Nettoersatzrate beim Arbeitslosengeld mit Abfederungsmaßnahmen für Armutsbedrohte,
- Ausdehnung der vier Wochen Wartezeit beim Arbeitslosengeld auch auf einvernehmliche Lösung und Zeitablauf der Dienstverhältnisse,
- Neuregelung der Jugendanwartschaft auf Arbeitslosengeld,
- Bekämpfung der Schwarzarbeit Arbeitsloser durch strengere Strafen und Möglichkeit verstärkter Kontrollmeldungen,
- Wegfall von überschießenden Ansprüchen auf Insolvenz-Ausfallgeld.[137]

Damit sollte ein Beitrag zur Budgetkonsolidierung und zur Erhöhung der sozialen Treffsicherheit geleistet werden.[138] Entbürokratisierung im Bereich des Arbeitsrechts verfolgte auch das Arbeitnehmerschutz-Reformgesetz 2001.[139] Dies sollte »zur Absicherung des Wirtschaftsstandortes Österreich und zur Erhaltung der Wettbewerbsfähigkeit der österreichischen Wirtschaft« beitragen, wie es in der Regierungsvorlage hieß.[140] Das Arbeitnehmerschutz-Reformgesetz basierte im Wesentlichen auf Kompromissen der Sozialpartner.[141]

Im Konjunkturbelebungsgesetz 2002[142] wurden die Regelungen zur Berechtigung der Arbeitsvermittlung wesentlich vereinfacht.[143] Schon das Regierungsprogramm

---

136 BGBl. I 142/2000.
137 Vgl. Ausschussbericht zum Budgetbegleitgesetz 2001. Sten. Prot. NR. XXI. GP. Nr. 369 der Beilagen. S. 2f.
138 Vgl. ebd. S. 2.
139 BGBl. I 159/2001
140 Vgl. Regierungsvorlage zum Arbeitnehmerschutz-Reformgesetz. Sten. Prot. NR. XXI. GP. Nr. 802 der Beilagen. S. 15.
141 Vgl. Obinger, Tálos: Sozialstaat Österreich zwischen Kontinuität und Umbau. S. 151.
142 BGBl. I 68/2002.
143 Vgl. Regierungsvorlage zum Konjunkturbelebungsgesetz 2002. Sten. Prot. NR. XXI. GP. Nr. 977 der Beilagen. S. 15 sowie Konjunkturbelebungsgesetz 2002. BGBl. I 68/2002. Art. 7 Abs. 1 § 4.

hatte sich für ein moderneres Arbeitsmarktservice ausgesprochen, die Barrieren für private Arbeitsvermittler sollten beseitigt werden und verstärkte Kooperation mit dem AMS Platz greifen. Bürokratie sollte abgebaut und der Schwerpunkt auf bedarfsorientierte Qualifizierungsmaßnahmen in Kooperation mit den Betrieben gelegt werden. Ebenso sah das Regierungsprogramm die Einführung einer leistungsorientierten Honorierung für AMS-Mitarbeiter vor.[144]

Besonderes Augenmerk legte die Regierung im Bereich der Arbeitsmarktpolitik auf Qualifizierungsmaßnahmen. Dazu zählten die berufliche Weiterbildung, Maßnahmen der Berufsorientierung, die Unterstützung bei der Arbeitssuche und sonstige Trainingsmaßnahmen, die Lehrstellenförderung und Arbeitsstiftungen.[145] So heißt es etwa in der Regierungsvorlage zur Änderung des Arbeitslosenversicherungsgesetzes: Das AMS habe dafür zu sorgen, »dass Personen, deren Eingliederung in den Arbeitsmarkt erschwert ist, binnen vier Wochen eine zumutbare Beschäftigung angeboten oder, falls dies nicht möglich ist, die Teilnahme an einer Ausbildungs- und Wiedereingliederungsmaßnahme ermöglicht wird (…)«.[146]

Im Arbeitsmarktreformgesetz 2004[147] waren folgende Änderungen vorgesehen:

– Erstellung eines individuellen Betreuungsplanes für jeden Arbeitssuchenden durch das Arbeitsmarktservice,
– bessere Berücksichtigung der Wegzeiten bei der Vermittlung. Die Wegzeit von der Wohnung zum Arbeitsplatz und zurück soll ein Viertel der täglichen Normalarbeitszeit nicht wesentlich überschreiten,
– Ausgestaltung des Berufsschutzes unter Einbeziehung eines Einkommensschutzes. Künftig soll die Dauer des Berufsschutzes 100 Tage betragen. Ferner soll das Entgelt aus der angebotenen Beschäftigung während der ersten 120 Tage des Arbeitslosengeldbezuges nicht weniger als 80 % und für die restliche Dauer des Arbeitslosengeldanspruches nicht weniger als 75 % des der Bemessungsgrundlage für das Arbeitslosengeld zugrunde liegenden Entgelts betragen,
– Absicherung pflegender Angehöriger durch Erstreckung der Rahmenfrist für die Inanspruchnahme des Arbeitslosengeldes,
– Verpflichtende Aufstellung eines Dienstzettels als Informationsgrundlage für die wechselseitigen Rechte und Pflichten aus dem Vertragsverhältnis.[148]

---

144 Vgl. Regierungsprogramm 2000. S. 19f.
145 Vgl. a. Obinger, Tálos: Sozialstaat in Österreich zwischen Kontinuität und Umbau. S. 136.
146 Regierungsvorlage zum BGBl. I. 103/2001. Sten. Prot. NR. XXI. GP. Nr. 620 der Beilagen. S. 46.
147 BGBl. I 77/2004.
148 Ausschussbericht zum Arbeitsmarktreformgesetz 2004. Sten. Prot. NR. XXII.GP. Nr. 543 der Beilagen. S. 1.

Ursprünglich war darin auch die freiwillige Arbeitslosenversicherung für selbstständig Erwerbstätige geplant.[149] Die Arbeitslosenversicherung für Selbstständige kam jedoch erst mit 1. Jänner 2009.[150] Die Neufassung der Zumutbarkeitsbestimmungen bei der Fahrtzeit zum Arbeitsplatz wurde als Kompromiss von ÖGB und Wirtschaftskammer paktiert.[151]

»Der Schaffung von Beschäftigungsmöglichkeiten insbesondere für Personen mit (…) geringerer Qualifizierung und der Bekämpfung von Schwarzarbeit in privaten Haushalten«[152] sollte der »Dienstleistungsscheck«, der mit dem Gesetz[153] vom 12. Mai 2005 geschaffen wurde, dienen. Damit sollten einfache Tätigkeiten, wie etwa Babysitten, Putzen oder Rasenmähen, unkompliziert entlohnt und damit legalisiert werden. Der Empfänger des Dienstleistungsschecks war unfallversichert und konnte sich freiwillig kranken- und pensionsversichern. Eineinhalb Jahre nach seiner Einführung waren jedoch erst etwa 3.000 Arbeitsverhältnisse mittels Dienstleistungsscheck legalisiert; die Probleme lagen darin, dass nur legalisiert werden konnte, wer legal in Österreich arbeiten durfte, und dass die Handhabung für viele zu kompliziert erschien.[154]

Zur Förderung der Beschäftigungsaufnahme von Personen unter 25 oder über 45 Jahren, die länger als ein Jahr arbeitslos waren, wurde mit dem Beschäftigungsförderungsgesetz, das am 28. September 2005 vom Nationalrat gebilligt wurde, der Kombilohn eingeführt. Diese Beihilfe war mit 1.000 Euro und einem Jahr begrenzt.[155] Damit sollten Jobs im Niedriglohnsektor gefördert werden.[156]

6. Weitere sozialpolitische Massnahmen

6.1 Armutspolitik

Zur Bekämpfung der Armut wollte die Regierung Schüssel vor allem die Unübersichtlichkeiten und Mehrgleisigkeiten der Leistungen und Regelungen zwischen

---

149 Vgl. Ministerialentwurf zum Arbeitsmarktreformgesetz 2004 (142/ME). http://www.parlinkom.gv.at/PAKT/VHG/XXII/ME/ME_00142/imfname_000000.pdf (16. 6. 2011) sowie Obinger, Tálos: Sozialstaat Österreich zwischen Kontinuität und Umbau. S. 130.
150 Vgl. BGBl. I 104/2007, Art 1 Z 5.
151 Vgl. Obinger, Tálos: Sozialstaat Österreich zwischen Kontinuität und Umbau. S. 126.
152 Erläuterungen zur Regierungsvorlage zum Dienstleistungsscheckgesetz. Sten. Prot. NR. XXII. GP. Nr. 856 der Beilagen. S. 2.
153 BGBl. I 45/2005.
154 Vgl. Beate Lammer: Bisher 3.000 Haushaltshilfen legalisiert. – In: Die Presse 1. 9. 2007. S. 23.
155 Vgl. Beschäftigungsförderungsgesetz. BGBl. I 114/2005. Artikel 4.
156 Vgl. Regierungsvorlage zum Beschäftigungsförderungsgesetz. Sten. Prot. NR. XXII. GP. Nr. 1075 der Beilagen, Materialien. S. 2.

Bund, Ländern und Gemeinden beseitigen und auch die Auszahlung in einer »sozialen Servicestelle« auf Bezirksebene konzentrieren.[157] Im Mai 2001 präsentierte die Regierung in Durchführung eines Beschlusses des Europäischen Rates von Nizza den ersten »Nationalen Aktionsplan zur Bekämpfung von Armut und sozialer Ausgrenzung«, 2003 folgte ein zweiter Bericht und 2005 schließlich der Umsetzungsbericht. Die Bundesregierung bekannte sich darin zu den Zielen der EU gegen Armut und soziale Ausgrenzung[158] und wies »auf die Notwendigkeit hin, weiterhin die verstärkte Bekämpfung von Armut und sozialer Ausgrenzung in den Mittelpunkt der politischen Bemühungen zu stellen«.[159] Die wesentlichen Maßnahmen in der Armutspolitik der Regierung Schüssel waren die Anhebung der Ausgleichszulage in der Pensionsversicherung und die Einführung einer höheren Nettoersatzrate beim Arbeitslosengeld, wenn dieses unter dem Ausgleichszulagenrichtsatz lag. Die Harmonisierung der Sozialhilfe, wie sie im Regierungsprogramm 2003 stand,[160] und eine einheitliche Bedarfssicherung konnten nicht verwirklicht werden.[161]

6.2 Gleichbehandlung

Die Gleichbehandlungsagenden kamen mit dem Bundesministeriengesetz 2000 zum Sozialministerium. Mit der Novellierung des Gleichbehandlungsgesetzes wurde bestimmt, dass der Vorsitzende der Gleichbehandlungskommission nicht mehr ehrenamtlich tätig sein sollte. Gleichzeitig erhielt er einen Stellvertreter. Beides sollte zur Verfahrensbeschleunigung in der Gleichbehandlungskommission beitragen.[162] Mit dem Gleichbehandlungsgesetz vom 26. Mai 2004[163] wurde die Anpassung an das EU-Recht in Bezug auf die Antirassismusrichtlinie und die Rahmenrichtlinie zur Verwirklichung der Gleichbehandlung in Beschäftigung und Beruf sowie zur Verhinderung der Diskriminierung aufgrund von Religion, Weltanschauung, Alter oder sexueller Orientierung vorgenommen.[164] Die Anpassung der Gleichbehandlung be-

---

157 Vgl. Regierungsprogramm 2000. S. 23.
158 Vgl. Obinger, Tálos: Sozialstaat in Österreich zwischen Kontinuität und Umbau. S. 190.
159 2. Nationaler Aktionsplan für soziale Eingliederung. S. 1, zit. nach Obinger, Tálos: Sozialstaat in Österreich zwischen Kontinuität und Umbau. S. 190.
160 Vgl. Regierungsprogramm 2003–2006. S. 16.
161 Vgl. Obinger, Tálos: Sozialstaat in Österreich zwischen Kontinuität und Umbau S. 191ff.
162 Vgl. Bundesgesetz, mit dem das Bundesgesetz über die Gleichbehandlung von Mann und Frau im Arbeitsleben (…) geändert wird. BGBl. I 129/2001. Z 4 sowie Regierungsvorlage zu diesem Gesetz. Sten. Prot. NR. XXII. GP. Nr. 745 der Beilagen. S. 2.
163 BGBl. I 66/2004.
164 Vgl. Regierungsvorlage zum Gleichbehandlungsgesetz.. Sten. Prot. NR. XXII. GP. Nr. 307 der Beilagen. Erläuterungen. S. 3.

hinderter Menschen an das EU-Recht erfolgte mit dem Bundes-Behindertengleichstellungsgesetz vom 6. Juli 2005 ebenso wie die Förderung der Gleichstellung von Menschen mit Behinderung »in allen Lebenslagen«.[165] Dies war bereits im Regierungsprogramm 2003 formuliert.[166]

Mit dem Kriegsgefangenenentschädigungsgesetz[167] erhielten österreichische Staatsbürger, die im Verlaufe des Zweiten Weltkrieges in Kriegsgefangenschaft mittelost- und osteuropäischer Staaten gelangt waren, gestaffelt je nach Dauer der Gefangenschaft eine Entschädigung. Mit der Novelle des Gesetzes im Jahr 2002[168] wurde diese auch auf Gefangene der Westalliierten, Zivilinternierte, Personen, die nicht in Österreich leben, sowie schließlich Kriegsgefangene des Ersten Weltkrieges ausgedehnt.[169]

7. Schlussbemerkungen

Die ÖVP/FPÖ/BZÖ-Regierung war seit ihrem Antritt im Februar 2000 mit Widerspruch konfrontiert. Dieser, wie auch andererseits der Stil der Regierung selbst, charakterisierte sich auf kaum einem Politikfeld so deutlich wie in der Sozialpolitik. Dies hat auch damit zu tun, dass die Sozialpolitik bislang, sieht man von der kurzen Unterbrechung der ÖVP-Alleinregierung ab, eine Domäne der SPÖ war; noch mehr eine Domäne der Gewerkschaft.

Hier lassen sich in der Sozialpolitik der Regierung Schüssel Änderungen festmachen. Deutlich wird diese ideologische Komponente in der Schaffung eines Ministeriums für »Wirtschaft und Arbeit«, dem die arbeitsrechtlichen Agenden aus dem Sozialministerium zugesprochen wurden. Die nach Meinung der Kritiker mangelnde Einbindung der Sozialpartnerschaft führte zu Kontroversen, die jedoch von der Regierung bewusst in Kauf genommen wurden. Die Regierung stand vor der Herausforderung, in einer sich zunehmend globalisierenden Welt die Wettbewerbsfähigkeit Österreichs zu erhalten und auch aus diesem Grund das Budgetdefizit zu verringern. Deutlich ist jedoch zu konstatieren, dass nicht nur Einsparungen angestrebt, sondern auch strukturelle langfristige Änderungen erzielt wurden.

Am deutlichsten manifestiert sich dies im Bereich der Pensionsreform, einem Dauerbrenner der Sozialpolitik, der letztlich auch durch die Pensionsreformen der

---

165 Regierungsvorlage zum Bundes-Behindertengleichstellungsgesetz. Sten. Prot. NR. XXII. GP. Nr. 836 der Beilagen. Erläuterungen sowie BGBl. I 82/2005.
166 Vgl. Regierungsprogramm 2003–2006. S. 17.
167 BGBl. I 142/2000 Artikel 70.
168 BGBl. I 40/2002.
169 Vgl. Bundesministerium für soziale Sicherheit und Generationen (Hg.): Bericht über die soziale Lage 2001–2002. Analysen und Ressortaktivitäten. – Wien 2002. S. 92.

schwarz-blauen Regierung nicht nachhaltig gelöst wurde. Jedoch wurden insbesondere mit der Einführung der Mitarbeitervorsorge und mit der Förderung der privaten Pensionsvorsorge als »dritter Säule« nachhaltige strukturelle Veränderungen geschaffen. Ein Gleiches gilt für die weitgehende Angleichung der Pensionssysteme durch die Pensionsharmonisierung 2004. Hier ist auch die Einrichtung einer Pensionskommission zu nennen, die als nachhaltig regulierendes Instrument fungieren sollte. Weiter reichende Veränderungen, die eine noch nachhaltigere Sicherung des Pensionssystems gebracht hätten, wurden durch Rücksicht auf Kritiker oder Änderungswünsche der FPÖ – Stichwort »Hacklerregelung« – verhindert. Allerdings muss aus heutiger Perspektive wohl auch angemerkt werden, dass gerade im Bereich des Pensionssystems der Leitsatz »mehr privat, weniger Staat« doch mit Skepsis aufgenommen werden muss. So zeigt sich etwa, dass sich die private Pensionsvorsorge nicht so entwickelt hat, wie dies erwartet worden war. Grundsätzlich hat die Regierung Schüssel eine wichtige strukturelle Änderung des Pensionsversicherungssystems auf den Weg gebracht, eine wirklich nachhaltige Anpassung des Pensionssystems ist indes nicht gelungen.

Weitreichende strukturelle Änderungen stellt auch die Organisationsreform der Sozialversicherungsträger, insbesondere des Hauptverbandes der österreichischen Sozialversicherungsträger, dar. Diese ist vor allem in ihrer historisch-ideologischen Komponente als Bruch zu werten. In der Praxis hat sich das System der rotierenden Präsidentschaft nicht als zielführend erwiesen. Eine wesentliche Umgestaltung der Struktur der SV-Träger, im Sinne einer stärkeren Zusammenlegung insbesondere der Krankenkassen, deren Vielfalt zu einem wesentlichen Teil historisch zu erklären ist, ist indes nicht gelungen.

Nachhaltige Veränderungen kennzeichnen die Sozialpolitik der Jahre 2000–2006 auch im Bereich der Familienpolitik. Mit der Einführung des Kinderbetreuungsgeldes ist ein entscheidender Schritt gelungen, um die Auszeit für Kinderbetreuung von der Erwerbstätigkeit abzukoppeln; die Karenz auch für Väter attraktiv zu machen, wurde freilich erst mit dem einkommensabhängigen Kinderbetreuungsgeld nach der schwarz-blauen Koalition erreicht. Für die von der Regierung angestrebte Wahlfreiheit und bessere Vereinbarkeit von Kindern und Beruf wäre denn auch ein stärkerer Ausbau von Kinderbetreuungseinrichtungen vonnöten. Ähnlich wegweisend ist die Einführung der Familienhospizkarenz zu beurteilen; auch hier mit dem »Schönheitsfehler«, dass ein Entgelt für die Zeit der Familienhospizkarenz fehlt. Ebenso positiv zu bewerten ist schließlich die Einführung der Elternteilzeit.

Auch im Bereich des Arbeitsrechts und der Arbeitsmarktpolitik lässt sich die grundsätzliche Tendenz der Sozialpolitik der Regierung Schüssel zum Aufbrechen starrer Strukturen erkennen. Mit der Angleichung arbeitsrechtlicher Bestimmungen von Arbeitern und Angestellten wurde eine jahrzehntelange Forderung umgesetzt. Die Arbeitsmarkt- bzw. Arbeitslosenpolitik der Regierung Schüssel ist gekennzeichnet von Entbürokratisierung, Flexibilisierung – etwa im Bereich des AMS –, Aktivierung und Qualifizierung der Arbeitsuchenden, aber auch vom Kampf gegen Missbrauch von Sozialleistungen und gegen Schwarzarbeit (Dienstleistungsscheck). Auch hier ist als Motiv die Stärkung des Wirtschaftsstandortes erkennbar. Maßnahmen zur Qualifizierung Arbeitsloser sowie solche, um Langzeitarbeitslose wieder in den Arbeitsprozess zu bringen und ältere Arbeitnehmer länger im Arbeitsleben zu halten, sind – dies gilt auch für das Programm »Integra« – zu begrüßen, konfrontiert mit der Realität des Arbeitslebens aber sicher noch anpassungsfähig. In der Armuts- wie in der Gleichbehandlungspolitik hat die Regierung Schüssel schließlich wichtige europarechtliche Vorgaben umgesetzt.

Insgesamt lässt sich die Sozialpolitik der Regierung Schüssel durch ein – bewusstes – Aufbrechen starrer Strukturen, eine Flexibilisierung und Anpassung an die Verhältnisse einer sich globalisierenden Wirtschaft charakterisieren. Die Verbindung von wirtschaftlicher Leistungsfähigkeit und Sozialpolitik wird betont, ebenso wie die Selbstverantwortung des Einzelnen gegenüber einer Befürsorgung sozial Schwacher. Zweitens lässt sich, damit zusammenhängend, das Ziel der Budgetkonsolidierung erkennen. Besonders im Bereich der Pensionsversicherung und der Familienpolitik sind nachhaltige strukturelle Änderungen auf den Weg gebracht worden, vor allem im Bereich der Erstgenannten scheint aus heutiger Sicht jedoch der Ansatz des »mehr privat, weniger Staat« als überbewertet.

Engelbert Theurl

Gesundheitspolitik

1. Einführung

Die Evaluierung der Politik von Regierungen in einzelnen Teilsegmenten ihrer politischen Verantwortlichkeit bedarf einer Reihe von Festlegungen und Abgrenzungen.[1] Eine solche Analyse muss zumindest (1) die Verteilung der politischen Eigentumsrechte generell und im betrachteten Teilsegment im Speziellen, (2) die konkrete Regierungskonstellation, (3) die vorgefundene Ausgangslage und die spezifischen Traditionen der formellen und informellen Entscheidungsfindung im betrachteten Sektor, (4) die Dauer der Regierungstätigkeit, (5) die sozio-ökonomischen und sozio-demografischen Rahmenbedingungen, (6) das internationale Umfeld sowie (7) den sektorspezifischen Hebel, den Politikinterventionen auf die Performance des Subsystems überhaupt haben können, berücksichtigen.[2] Solche Evaluationen können aktivitäts- und/oder ergebnisbezogen erfolgen. Sie können sich an sektoralen Benchmarks der Politikevaluierung orientieren, wie sie beispielsweise für das Gesundheitswesen von der WHO, der OECD oder sonstigen Thinktanks (z. B. The Commonwealth Fund[3]) vorgelegt wurden, oder sich an den Zielen ausrichten, die in offiziellen Dokumenten bei Regierungsantritt (z. B. Koalitionsabkommen, Regierungserklärung) formuliert wurden.

Die nachfolgende Evaluierung der Gesundheitspolitik der Kabinette Schüssel I und II (2000–2006) konzentriert sich auf die Kernbereiche der Bereitstellung, Produktion und Finanzierung von Gesundheitsleistungen in Österreich, konkret auf die Finanzierung und Versorgung mit ambulanten und stationären Gesundheitsleistungen. Ausgeblendet bleibt daher, wie diese Reformen im Gesundheitswesen in einem breiteren Erklärungsansatz der Transformation des Sozialstaates verortet werden

---

1 Vgl. zu einer ähnlichen Vorgangsweise auch Herbert Obinger, Emmerich Tálos: Sozialstaat Österreich zwischen Kontinuität und Umbau – Eine Bilanz der ÖVP/FPÖ/BZÖ-Koalition. – Wiesbaden 2006. Obinger/Tálos bieten eine wesentlich breitere Analyse, in der sie das gesamte Leistungsspektrum des Sozialstaates beleuchten.
2 Ökonomisch-technisch sind damit die Themenfelder angesprochen, (1) wie gut das Gesundheitswesen überhaupt politisch steuerbar ist und (2) welche Effekte von einzelnen Politikmaßnahmen zu erwarten sind.
3 Vgl. Karen Davis et al.: Mirror, Mirror on the Wall: An International Update on the Comparative Performance of American Health Care. The Commonwealth Fund 2007.

können.[4] Ausgeblendet bleibt auch eine detaillierte Analyse der Zäsuren in den politischen Entscheidungsmustern, die mit dem Start der schwarz-blauen Koalition Hand in Hand gingen. So konstatieren Obinger/Tálos[5] die Abkehr von der Verhandlungsdemokratie und den Übergang zum politischen Stil des Mehrheitsprinzips. Dies beinhaltet als wesentliche Facette die Nicht-Einbindung der Sozialpartner in den Entscheidungsprozess. Es bedeutet einen scharfen Bruch mit der bisherigen Entscheidungstradition, welche besonders in Agenden der sozialen Sicherheit sehr stark ausgeprägt war.

Trotz der gewählten Fokussierung auf den Kernbereich des Gesundheitswesens muss für Politikinterventionen in Teilbereichen des österreichischen Gesundheitswesens in diesem Beitrag eine fundierte Analyse unterbleiben. Dazu zählen etwaige Reformen/Initiativen:

- in den Methoden und der Verbreitung der Technologiebewertung im österreichischen Gesundheitswesen (Health Technology Assessment, Evidence Based Medicine),
- im Bereich von Public Health und Prävention sowie Gesundheitsförderung,
- in der Versorgung mit Arzneimitteln und medizinisch-technischen Einrichtungen und Geräten,
- im Bereich von Sonderversorgungssystemen wie der Psychiatrie,
- in der Bereitstellung und Finanzierung von Pflegeleistungen,
- im Aufbau von medizinischem Humankapital (Ausbildung),
- im Bereich der Dokumentation und Informationsübertragung.

Obwohl diese Bereiche in diesem Beitrag ausgegrenzt werden, können dazu einige Anmerkungen gemacht werden, die für eine fundierte Analyse berücksichtigt werden müssen:

- Im Bereich der Pflegevorsorge und -finanzierung, welcher ein immer wichtiger werdendes Komplement zur Gesundheitsversorgung darstellt, hat es in der Regierungszeit Schüssel I und II – sieht man von der sozialversicherungsrechtlichen Besserstellung der Pflegepersonen (60. ASVG-Novelle 2002, Budgetbegleitgesetz 2003, Sozialversicherungsänderungsgesetz 2005) und kleineren Änderungen im Leistungsrecht ab – keine substanziellen Reformschritte gegeben. Das im Jahr 1993 implementierte Pflegegeldsystem hat einen Teil der strukturellen Mängel

---

4 Vgl. dazu beispielsweise John Myles, Jill Quadagno: Political Theories of the Welfare State. In: Social Service Review 76/2002. S. 34–57. Paul Pierson: Politics in Time. History, Institutions and Social Analysis. – Princeton 2004.
5 Vgl. Obinger, Tálos: Sozialstaat Österreich zwischen Kontinuität und Umbau. S. 206ff.

in der Absicherung von Pflegerisiken und in der Bereitstellung von Pflegeleistungen in Österreich beseitigt. Dabei wurden bestehende organisatorische und institutionelle Infrastrukturen im Rahmen dieser Lösung genutzt, die Neutralität in der Wahl von Versorgungsinstitutionen (z. B. familiäre Pflege vs. Heimpflege) und damit die Wahlfreiheit in der Pflegeversorgung durch das Prinzip des »Geldtransfers« verwirklicht. Unterschiedliche Leistungsansprüche, die im alten System durch die Dominanz des Kausalprinzips vorherrschten, wurden durch den Übergang zum Finalprinzip in der Leistungsgewährung beseitigt. Der »Means Test« als Voraussetzung für die Zuerkennung von Pflegeleistungen wurde zumindest im Bereich der Geldleistungen abgeschafft und gleichzeitig die eminente Gefahr von »Moral Hazard« in der Inanspruchnahme durch die Verwirklichung eines Indemnitätstarifs, wirksam eingeschränkt.[6] Eine erhebliche Schwachstelle der Pflegegeldregelung in den Folgejahren – das betrifft mit Ausnahme einer geringfügigen Anpassung im Jahr 2005 auch die Regierungszeit Schüssel – war die unzureichende Orientierung der Indemnitätstarife an pflegespezifischen und generellen ökonomischen Entwicklungen. Dies hat im Ergebnis dazu geführt, dass der reale Wert des Pflegegeldes am Ende der Regierungszeit Schüssel auf ca. 50 Prozent des Wertes von 1993 gesunken war. Damit wird der Indemnitätstarif – insbesondere in den höheren Pflegestufen – zur Kostenfalle. Seine Aufgabe, Individuen vor Risiken mit ökonomischen Konsequenzen katastrophalen Ausmaßes zu schützen, wurde damit zunehmend verfehlt.

– Dem österreichischen Gesundheitssystem wird von verschiedenen Seiten (z. B. neuerdings wieder durch eine Studie des »Österreichischen Instituts für Wirtschaftsforschung«) eine hohe kurative Orientierung zulasten fehlender präventiver Aktivitäten attestiert. »Die mangelnde Prävention, d. h. die Verhinderung des Eintritts einer Erkrankung ist die entscheidende Schwachstelle des österreichischen Gesundheitswesens. Die Ausgaben für Prävention liegen mit 1,8 Prozent deutlich unter dem EU-Durchschnitt (EU 27 2,9 Prozent). Dies entspricht einem Unterschied von 300 Mio €«.[7] Dieser aktuelle Befund trifft auch auf den analysierten Zeitraum zu, substanzielle Änderungen sind in diesem Politiksegment nicht zu konstatieren.

– Die Gesundheitsreform 2005 hat den rechtlichen Rahmen für eine stärkere Verankerung der Versorgungsqualität im österreichischen Gesundheitswesen gelegt.

---

6 Vgl. ausführlich Engelbert Theurl: Pflegefinanzierung in Österreich – Bestandsaufnahme und ausgewählte Reformperspektiven aus ökonomischer Sicht. – In: Erna Appelt et al. (Hg.): Who Cares? Betreuung und Pflege in Österreich. Innsbruck/Wien 2010. S. 197–205.

7 Karl Aiginger: Herausforderungen einer alternden Gesellschaft: Schwerpunkt Reformbedarf im österreichischen Gesundheitssystem. Beitrag zum Gesundheitsforum Primetime der AstraZeneca. 11. 5. 2011. WIFO-Vorträge Nr. 111.

Mit dem Gesundheitsqualitätsgesetz wurde die Möglichkeit geschaffen, die bis dahin verstreut in Angriff genommenen Qualitätsinitiativen systematisch strukturiert und abgestimmt weiterzuentwickeln.[8] Insgesamt wurde dadurch ein bedeutsamer Schritt in Richtung einer stärker evidenzbasierten Gesundheitsversorgung gesetzt, wenngleich Österreich auf diesem Feld – wie auch andere Gesundheitssysteme vom Bismarck-Typ – gegenüber den stärker direkt-staatlich gesteuerten Gesundheitssystemen in Skandinavien, Kanada und dem UK deutlich nachhinkt.

– Nicht explizit evaluiert wird im Rahmen dieses Beitrages auch die Neuordnung der internen Organisationsstruktur der Sozialversicherung insgesamt. Ursprünglich wurde im Regierungsprogramm des Kabinetts Schüssel I die direkte Wahl von Versicherungsvertretern im Rahmen der Kammerwahlen ventiliert. Diese Idee wurde später fallen gelassen und nach mehreren Hürden – u. a. der Aufhebung wichtiger Regelungen durch den Verfassungsgerichtshof mit Erkenntnis vom 10. Oktober 2003 – wurde im Rahmen der 63. ASVG-Novelle im Jahre 2004 eine neue Organisationsstruktur der Sozialversicherungsgremien beschlossen.[9]

Die nachfolgende Evaluierung der Gesundheitspolitik der Kabinette Schüssel I und II orientiert sich in ihrer groben Struktur an Kriterien, die ein »gutes« Gesundheitssystem aus ökonomischer Sicht erfüllen sollte. Es sind dies: Effizienz, Sozialverträglichkeit und Gerechtigkeit sowie Nachhaltigkeit.[10] Alle diese Konzepte haben zahlreiche Subdimensionen, die im Bedarfsfalle näher konkretisiert werden. Der Beitrag ist wie folgt gegliedert: In Abschnitt 2 wird das internationale Umfeld des österreichischen Gesundheitswesens skizziert. Abschnitt 3 beschreibt das System der formellen und informellen politischen Eigentumsrechte im Gesundheitswesen sowie die Verteilung der politischen Kompetenzen im Gesundheitswesen in den Kabinetten Schüssel I und II. Diese Beschreibung ist für eine Einordnung der Reforminitiativen unabdingbar. Abschnitt 4 bringt eine Evaluierung der Gesundheitsreformen in ausgewählten Bereichen. In Abschnitt 5 wird die Makro-Performance des österreichischen Gesundheitswesens im internationalen Vergleich anhand ausgewählter Kennziffern dargestellt. Abschnitt 6 skizziert die Weiterentwicklung wichtiger Bereiche des österreichischen Gesundheitswesens in den Jahren 2007–2011. Abschnitt 7 fasst zentrale Ergebnisse zusammen und gibt eine gesamthafte Einschätzung.

---

8 Für eine detaillierte Darstellung vgl. Maria M. Hofmarcher, Herta M. Rack: Gesundheitssysteme im Wandel – Österreich. European Observatory on Health Systems and Policies. – Berlin 2006. S. 225ff.

9 Für eine ausführlichere Darstellung und eine politische Bewertung dieser Reform vgl. Obinger, Tálos: Sozialstaat Österreich zwischen Kontinuität und Umbau. S. 81ff.

10 Vgl. für einen ähnlichen Kriterienkatalog Christine Leopold et al.: Leistungsfähigkeit des österreichischen Gesundheitssystems im Vergleich, Gutachten im Auftrag des Bundesministeriums für Gesundheit, Familie und Jugend. – Wien 2008. Eine ausführliche Darstellung der verschiedenen Kriterien muss aus Platzgründen im Rahmen dieses Beitrages unterbleiben.

2. Das internationale Umfeld der österreichischen Gesundheitspolitik

In der Entwicklung der Gesundheitspolitik nach dem Zweiten Weltkrieg lassen sich aus einer internationalen Perspektive vereinfacht drei Phasen unterscheiden.[11]

Bis zur Mitte der 70er-Jahre des letzten Jahrhunderts war die Gesundheitspolitik – insbesondere in den Gesundheitssystemen vom Bismarck-Typ – durch das Bestreben gekennzeichnet, den öffentlichen Versicherungsschutz auf bisher nicht oder nur unzureichend öffentlich geschützte Bevölkerungsgruppen (z. B. Selbstständige, Bauern) bzw. neu aufgetauchte Risiken auszuweiten. Hand in Hand mit diesen Bestrebungen ging eine Homogenisierung der bestehenden Systeme. Eine wichtige Dimension dieser Homogenisierung war der Übergang vom Kausal- zum Finalprinzip als Legitimation der Inanspruchnahme von Krankenversicherungsleistungen. Das lange Zeit dominierende Prinzip einer gruppeninternen Solidarität wurde durch das Prinzip einer gruppenübergreifenden Solidarität ersetzt. Institutioneller Ausfluss dieses Paradigmenwechsels war u. a. die Herausbildung von Risikoausgleichsmechanismen zwischen den verschiedenen Trägern der sozialen Krankenversicherung.

In der zweiten Phase (ca. 1975/1978–1990) waren die Ziele der Kostendämpfung und Beitragsstabilisierung prioritär. Die Legitimation für diesen Prioritätenwechsel lag in überproportional zur allgemeinen ökonomischen Entwicklung ansteigenden Gesundheitsausgaben. Die Ziele der Kostendämpfung wurden primär systemextern (z. B. Stabilisierung der Beschäftigung durch Dämpfung der Entwicklung der Lohnnebenkosten), teilweise aber auch systemintern (z. B. Abbau von bestehenden bzw. vermuteten Ineffizienzen im Gesundheitswesen bzw. Zurückdrängen der anbieterinduzierten Nachfrage durch die Vorgabe von Globalbudgets) begründet. Die Erfolge dieser Politik wurden damals und werden vor allem retrospektiv sehr kontrovers beurteilt. Teilweise wurden die gewünschten Politikeffekte nur kurzfristig erreicht.

Die dritte Phase der Gesundheitspolitik (seit Beginn der 1990er-Jahre) ist durch Gesundheitsreformen gekennzeichnet, die als »effizienzorientiert« charakterisiert werden können. Neben die Kostendämpfung ist gleichwertig das Ziel der Effizienzsteigerung getreten, wobei die Gesundheitspolitik dabei zwei Stoßrichtungen verfolgt.

Maßnahmen, die auf die Steuerung makroökonomischer Aggregate abzielen und die ihre einzelwirtschaftliche Anreizwirkung damit teilweise nur indirekt entfalten, werden durch Reformen ergänzt, die die einzelwirtschaftlichen Anreizstrukturen im Gesundheitswesen direkt verändern. Unter verschiedenen Reformlabels wie »Ma-

---

[11] Vgl. ausführlich dazu Engelbert Theurl: Die Ordnung des Gesundheitswesens. – In: Christian Dirninger et al.: Zwischen Markt und Staat – Geschichte und Perspektiven der Ordnungspolitik in der Zweiten Republik. – Wien/Köln/Weimar 2007. S. 451–542. S. 451.

naged Care«, »Managed Competition«, »Versicherungswettbewerb«, »Disease Management« fanden im zentralen Dreieck des Gesundheitswesens, nämlich den Anbietern von Gesundheitsleistungen, den Nachfragern von Absicherungs- und Gesundheitsleistungen und den Anbietern von Absicherungsleistungen, deutliche Verschiebungen in der Steuerungszuständigkeit und im Kräftegleichgewicht statt.

Der zweite Strang dieser effizienzorientierten Strategie besteht in der verstärkten Implementierung von Methoden der ökonomischen Evaluierung im Gesundheitswesen. Ökonomische Evaluierungstechniken wie die Kosten-Wirksamkeits-Analyse, die Kosten-Nutzwert-Analyse, die Kosten-Nutzen-Analyse werden bei der Entscheidung über gesundheitspolitische Projekte (z. B. Einführung und/oder Erstattung neuer Arzneimittel) angewendet und sind heute in einer Reihe von Staaten verpflichtend vorgeschrieben. In der Anwendung solcher Techniken gibt es erhebliche Unterschiede zwischen den verschiedenen Systemtypen im Gesundheitswesen. In den direkt-staatlich organisierten Gesundheitssystemen (z. B. Skandinavien, UK) wurden solche Techniken relativ früh und umfassend angewendet. Insgesamt wurde dadurch das selbststeuernde Potential professioneller Standards und Codes im Gesundheitswesen zumindest partiell durch externe ökonomische Evaluierungstechniken ersetzt.

Die drei Phasen der Gesundheitspolitik lassen sich mit Modifikationen, Sonderwegen sowie zeitlichen Verzögerungen abgeschwächt auch in Österreich beobachten. Im Folgenden wird analysiert, welche Maßnahmen, die für die dritte Phase der Gesundheitspolitik typisch sind, in Österreich erörtert bzw. implementiert wurden.

3. Politische Eigentumsrechte, Spielregeln und Kompetenzverteilung im österreichischen Gesundheitswesen

Eine ausgewogene Evaluierung von Politikreformen muss sich jener Faktoren bewusst sein, die begünstigend bzw. hemmend auf dieselben wirken können. Eine wichtige Dimension dabei sind die formellen und informellen Elemente der Governance-Struktur des betrachteten Sektors und die Prägung durch Entscheidungsprozesse und Erfahrungen der Vergangenheit. Dies erfordert die Wahl einer politökonomischen Perspektive, da das institutionelle Setting sehr wesentlich die politischen Kosten und Nutzen von Maßnahmen bestimmt und letztlich über deren Mehrheitsfähigkeit entscheidet. Die institutionellen Rahmenbedingungen legen damit auch die Pfade fest, die in der Entwicklung gesellschaftlicher Subsysteme (Pfadabhängigkeitsthese) offenstehen. Dies gilt vor allem für strukturelle Reformen. In ihrem Buch »Accidental Logics« beschreibt Carolyn Tuohy[12] den Prozess der Gesundheitsreformen in den

---

12 Carolyn Tuohy: Accidental Logics – The Dynamics of Change in the Health Care Arena in the United States, Britain, and Canada. – New York 1999.

USA, im UK und in Kanada aus einer politikwissenschaftlichen Perspektive. Sie verdeutlicht die Schwierigkeiten struktureller Reformen im Gesundheitswesen. »Only rarely is there sufficient mobilisation of political will and authority outside the health arena, together with a set of appropriate policies, to drive through successful changes to the parameters of the health system. Established interest groups can frequently thwart or de-rail such changes. (…) However, occasional ›windows of opportunity‹ open for significant reform.«[13]

Die Entwicklung des österreichischen Gesundheitswesens ist ein anschauliches Anwendungsbeispiel der Erkenntnisse von Tuohy hinsichtlich der Bedeutung des institutionellen Settings, der Bedeutung von »Veto Players«[14] und der Pfadabhängigkeit.

Für das österreichische Gesundheitswesen sind in diesem Zusammenhang zwei institutionelle Festlegungen von Bedeutung, die historisch weit zurückliegen und im damaligen Entscheidungszusammenhang durchaus als »adäquat« anzusehen waren, heute aber vielfach nicht mehr in Erinnerung sind: einerseits die dualistische bzw. multiple Finanzierung von Krankenhausleistungen und andererseits die spezifische Form der Kompetenzverteilung im Gesundheitswesen gemäß der österreichischen Bundesverfassung.[15]

Der Großteil der Materien, die das Gesundheitswesen betreffen, ist in Gesetzgebung und Vollzug dem Bund zugeordnet. Eine bedeutende Ausnahme von dieser

---

13 Jeremy Hurst in seiner Charakterisierung der Arbeit von Tuohy. Jeremy Hurst: Effective Ways to Realise Policy Reforms in Health Systems. OECD Health Working Papers. No. 5. – Paris 2010.

14 Vgl. dazu ausführlich auch Ellen Immergut: Institutions, Veto Points, and Policy Results: A Comparative Analysis of Health Care. – In: Journal of Public Policy 10/4/1990. S. 391–416.

15 Zur Geschichte der dualistischen Finanzierung vgl. ausführlich Engelbert Theurl: »Die dualistische bzw. multiple Finanzierung von stationären Gesundheitsleistungen resultiert historisch gesehen aus zwei Gründen. Erstens erfolgte die Entwicklung des Krankenhauses weitgehend losgelöst von der Entwicklung der medizinischen Versorgung durch niedergelassene Ärzte und hatte sowohl in der Organisation als auch in der Finanzierung immer eine starke Affinität zu den territorialen politischen Strukturen. Daraus lässt sich zumindest partiell die Zuständigkeit territorialer Organisationen (z. B. der Bundesländer) für die Bereitstellung und Finanzierung von stationären Kapazitäten und damit die Rechtfertigung für die dualistische Finanzierung finden. Die geteilte Finanzierungszuständigkeit entspricht aber nicht der Dichotomie von Investition und Betrieb, vielmehr wurden auch innerhalb der Finanzierung der Betriebskosten schon sehr früh die Weichen für eine multiple Finanzierung gestellt. Der historische Anlass dafür entstand in der Phase der Einführung der Sozialen Krankenversicherung in Österreich in den Jahren 1887/88. In dieser Zeit war es üblich, dass die Gemeinden für ihre Bürger Beiträge zur Krankenanstaltenversorgung leisteten, die Bürger selbst daher eine subventionierte Pflegegebühr zu bezahlen hatten. Die Einführung einer kostendeckenden Pflegegebühr für die neu gegründete Krankenversicherung der Industriearbeiter, die als erste Gruppe in die soziale Krankenversicherung integriert wurden, hätte bedeutet, dass diese Gruppe gegenüber den nicht pflichtversicherten Gruppen wie Bauern und Selbstständigen schlechter gestellt worden wäre.« Engelbert Theurl: Gesundheitsfinanzierung aus einer Hand – Anmerkungen zu einem Teilaspekt einer abgesagten Gesundheitsreform. – In: Albin Krcal (Hg.): Aktuelle Fragen des Gesundheitsmanagements. – Wien 2008. S. 80.

Kompetenzverteilung stellt der stationäre Sektor dar.¹⁶ Hier kommt dem Bund die Kompetenz zur Grundsatzgesetzgebung zu, während die Ausführungsgesetzgebung und der Vollzug den Ländern vorbehalten bleiben. Die Durchsetzung gesamtstaatlicher Regelungen auf legislativer Ebene bedarf daher einer qualifizierten rechtlichen Grundlage in Form von Staatsverträgen zwischen dem Bund und den Bundesländern gem. Art. 15a BVg. Insgesamt resultiert aus der Kompetenzverteilung, dass der stationäre Sektor in Österreich primär im politischen Regelkreis des territorialen Staatsaufbaues, also in der Interaktion von »Bund-Bundesländern-Gemeinden« gesteuert und organisiert wird. Die soziale Krankenversicherung übernimmt in diesem Zusammenhang primär die Funktion eines Teilfinanziers. Davon abgehoben ist die Organisation/Finanzierung von ambulanten Gesundheitsleistungen.¹⁷ Die soziale Krankenversicherung, deren Steuerung sozialpartnerschaftlich innerhalb des bundesgesetzlich vorgegebenen Rahmens erfolgt, organisiert im bilateralen Monopol mit den regional zuständigen Ärztekammern die Versorgung mit nichtstationären Gesundheitsleistungen. Gebietskörperschaftliche Instanzen – insbesondere der Bund und die Bundesländer – treten hier im Wesentlichen in der Rolle als Regulatoren und im Konfliktfall als Mediatoren auf. Insgesamt haben die institutionellen Festlegungen zur Herausbildung von zwei Regelkreisen im Gesundheitswesen geführt: einem territorial-föderalistischen Regelkreis für die stationäre Gesundheitsversorgung und einem funktional-föderalistischen Regelkreis für die nicht-stationäre Gesundheitsversorgung. Die Gesundheitsreformen der letzten 50 Jahre waren vom Bemühen gekennzeichnet, die Dysfunktionalitäten, die durch die Existenz dieser beiden Regelkreise auftreten, zu beseitigen bzw. abzuschwächen.¹⁸ Die Reformen bis zur Jahrtausendwende sind aber insgesamt als evolutionär zu bezeichnen und lassen das grundlegende institutionelle Setting formeller und informeller Natur unangetastet, wenngleich die Krankenhausreform 1997 einen sehr weit gehenden Wechsel im System der stationären Versorgung bedeutet.

Die Verteilung der Ministerialverantwortlichkeit für Gesundheitsagenden in den Kabinetten Schüssel I und II bedeutete eine tiefe Zäsur in der politischen Tradition der Zweiten Republik mit weitreichenden Konsequenzen für die Entscheidungsprozesse in der Anfangsphase der Regierungszeit der schwarz-blauen Koalition. Während bisher das Ministerium für »soziale Sicherheit« fest in der Hand von Gewerkschaftsvertretern war und von der Expertise von arbeitnehmernahen Thinktanks (AK, ÖGB) profitierte, wurde das Gesundheitsministerium eher »neutral« besetzt. Diese

---

16 Die Ausführungen in diesem Abschnitt folgen im Wesentlichen Theurl: Gesundheitsfinanzierung aus einer Hand. S. 74–87.

17 Diese Charakterisierung gilt nicht für ambulante Gesundheitsleistungen, die von Krankenanstalten angeboten werden.

18 Vgl. ausführlich dazu Theurl: Die Ordnung des Gesundheitswesens. S. 451–542.

Aussage gilt nicht nur für die Person des Ministers, der Ministerin, sondern auch für den Beamtenapparat. Das Jahr 2000 bringt einen grundlegenden Bruch mit dieser Tradition. Der Start des Kabinetts Schüssel I ist damit geprägt durch eine asymmetrische Informationsverteilung zwischen politischer Ressortspitze und der führenden Beamtenschaft. Neue Formen der Entscheidungsfindung erzeugen erhebliche Friktionen, die sich auch in der Qualität der Entscheidungsfindung niederschlagen.[19] Ein Indiz dafür ist die Aufhebung von mehreren Gesetzen zu sozialrechtlichen Materien durch den Verfassungsgerichtshof. Tabelle 1 zeigt die Ministerialverantwortlichkeit in den Gesundheitsagenden in den Kabinetten Schüssel I und II.

Tabelle 1: Ministerialverantwortlichkeit für Gesundheitsagenden in den Kabinetten Schüssel I + II

	Gesundheit	Soziale Sicherheit
Kabinett Schüssel I (4. 2. 2000–28. 2. 2003)	Staatssekretariat im Rahmen des Ministeriums »Soziale Sicherheit und Generationen« Reinhart Waneck (FPÖ)	Ministerium »Soziale Sicherheit und Generationen« Elisabeth Sickl (FPÖ) (bis 24. 10. 2000) Herbert Haupt (FPÖ)
Kabinett Schüssel II (28. 2. 2003–11. 1. 2007)	Ministerium »Gesundheit und Frauen« Maria Rauch-Kallat (ÖVP) Staatssekretariat »Gesundheit« Reinhart Waneck (FPÖ) (bis 24. 6. 2004)	Ministerium »Soziale Sicherheit, Generationen und Konsumentenschutz« Herbert Haupt (FPÖ, BZÖ) (bis 24. 1. 2005) Staatssekretariat Sigisbert Dolinschek (FPÖ, BZÖ)

4. Evaluierung der Reformmassnahmen – Ausgewählte Aspekte

4.1 Effizienzgesichtspunkte

4.1.1 Der stationäre Sektor

Eine Einschätzung der Reformen im stationären Sektor des österreichischen Gesundheitswesens muss von der Krankenhausreform 1997 ausgehen.[20] Im Rahmen dieser Reform wurde ein »window of opportunity« für eine signifikante Reform des stationären Sektors in Österreich genutzt. Die Krankenhausfinanzierungsreform 1997 brachte eine Änderung in wichtigen Dimensionen der Governance-Strukturen

---

19 Für eine ausführlichere Beschreibung dieses Systemwechsels in der Entscheidungsfindung vgl. Obinger, Tálos: Sozialstaat Österreich zwischen Kontinuität und Umbau.
20 Vgl. ausführlich dazu Engelbert Theurl: Die Ordnung des Gesundheitswesens. Gesundheit Österreich GmbH: Evaluierungsbericht Leistungsorientierte Krankenanstaltenfinanzierung 1997–2007. – Wien 2010.

des österreichischen Krankenanstaltenwesens. Im Verhältnis Bund–Länder kann die Reform als janusköpfig charakterisiert werden. Einerseits wird die Verantwortung/ Autonomie der Länder in der stationären Versorgung gestärkt, andererseits erhält der Bund zusätzliche Instrumente, um die stationäre Versorgung zu steuern. Institutionell umgesetzt wurde dieser Policy-Change durch die Implementierung eines Strukturfonds auf der Bundesebene mit erweiterten Steuerungsaufgaben und -instrumenten. Auf der Länderebene werden neun Landesfonds geschaffen, deren Aufgabe die Finanzierung der öffentlichen Krankenanstaltenversorgung ist und die die Strukturvorgaben des Bundesstrukturfonds detaillieren und exekutieren sollen. Ein wesentliches Element der Neuordnung war die einvernehmliche und verbindliche Festlegung des Österreichischen Krankenanstalten- und Großgeräteplans. Die Landesfonds werden durch Beiträge des Bundes und der Länder sowie durch Beiträge der sozialen Krankenversicherung (nach fixen Länderquoten) finanziert. Am bisherigen Prinzip der dualen Finanzierung wird festgehalten. Die Investitionsfinanzierung bleibt damit von der Finanzierung des laufenden Betriebes getrennt und in Trägerverantwortung. Die Landesfonds können Zuschüsse zu Investitionen geben (z. B. für Großgeräte).

Im Verhältnis der sozialen Krankenversicherung zu den Landesfonds bzw. zu den Krankenanstaltenträgern findet eine Risikoverlagerung statt. Die Beiträge der sozialen Krankenversicherung zum Landesfonds sind nunmehr gedeckelt. Ihre zeitliche Anpassung orientiert sich an der Steigerung der Beitragseinnahmen der sozialen Krankenversicherungen. Dies bedeutet eine Überwälzung des Morbiditäts- bzw. des Kostenrisikos auf die übrigen Finanziers der Landesfonds und/oder zu den Krankenanstaltenträgern.

Tabelle 2: Grad der Zielerreichung des LKF-Systems

Spezifische Ziele des LKF-Systems	Grad der Zielerreichung
Höhere Kosten und Leistungstransparenz	1
Nachhaltige Eindämmung der Kostensteigerungsrate	3
Optimierung des Ressourceneinsatzes	3
Den medizinischen Erfordernissen angepasste kürzere Belagsdauern	1
Den medizinischen Erfordernissen angepasste kürzere Krankenhaushäufigkeit	4
Reduzierung unnötiger Mehrfachleistungen	3
Entlastung der KH durch Verlagerungen in den ambulanten Bereich	4
Notwendige Strukturänderungen (Allokative Effizienz)	3
Instrumentarium für gesundheitspolitische Planungs- und Steuerungsmaßnahmen	2

Legende: Einstufung der Zielerreichung: 1 = erreicht; 4 = nicht erreicht
Quelle: Gesundheit Österreich: Evaluierungsbericht Leistungsorientierte Krankenanstaltenfinanzierung 1997–2007. Wien 2010.

In der Finanzierung des laufenden Betriebes besteht die wichtigste Neuerung in der Änderung der Bemessungsgrundlage des Mitteltransfers von den Finanzierungsträgern in das Krankenhaus. Der bisher verwendete pauschalierte Pflegetag wird durch eine diagnose- bzw. leistungsorientierte Fallpauschale (für Diagnosefallgruppen) ersetzt.

In einem ausführlichen Evaluierungsbericht einer Expertengruppe[21] wurden die Finanzierungsreform 1997 und deren Weiterentwicklung gewürdigt. Tabelle 2 fasst die Ergebnisse dieser Evaluierung leicht modifiziert zusammen. Insgesamt zeigt sich, dass die einzelwirtschaftliche Effizienz des Krankenhauses erhöht wurde, die Effekte auf die Gesamteffizienz des Gesundheitssystems aber ambivalent sind.

Die erste Amtsperiode der Regierung Schüssel ist im Wesentlichen geprägt durch die Fortführung der 1997 initiierten Reformen der Krankenhausfinanzierung. Im Jahr 2000 endete die 1997 abgeschlossene 15a-Vereinbarung und wurde durch eine neue für den Zeitraum bis 2004 ersetzt. Inhaltlich sah diese Vereinbarung im Wesentlichen eine Fortschreibung des 1997 begonnenen Weges vor. Die Vereinbarung brachte zusätzliche Belastungen für die Versicherten in Form eines angehobenen Krankenhauskostenbeitrags. Gleichzeitig wurde die Finanzierung der Privatkrankenanstalten neu geordnet und in das geänderte Finanzierungssystem integriert. Dies bedeutete eine zusätzliche Finanzierungsbelastung für die soziale Krankenversicherung. Periodisch erfolgten in dieser Phase auch Anpassungen der Finanzierungsmodalitäten im Kernbereich des leistungsorientierten Krankenanstaltenfinanzierungssystems. Im Jahre 2004 wurde eine neue 15a-Vereinbarung für den Zeitraum 2005–2008 abgeschlossen. Diese bildete auch die Basis für die Gesundheitsreform 2005, welche als das größte Reformvorhaben der Regierungszeit Schüssel eingestuft werden kann. Die Stoßrichtung dieser Reform geht in ihrem Kern über den stationären Sektor hinaus und soll daher hier im Abschnitt »Steigerung der Makroeffizienz« behandelt werden.

4.1.2 Der ambulante Sektor

Die grundlegenden Governance-Strukturen in der Versorgung mit ambulanten Leistungen durch die niedergelassenen Ärzte wurden, soweit das Verhältnis zwischen dem Träger der sozialen Krankenversicherung und der Ärzteschaft tangiert ist, durch die Novellen des ASVG in den letzten 50 Jahren in ihrer Grundstruktur nicht substanziell verändert, wenngleich es zahlreiche Anpassungen gradueller Natur gegeben hat. Die nachfolgenden Neuerungen in der Regierungszeit Schüssel erscheinen unter Governance-Aspekten der Gesundheitsversorgung wichtig. Die

---

21 Gesundheit Österreich GmbH: Evaluierungsbericht Leistungsorientierte Krankenanstaltenfinanzierung 1997–2007.

Vertragsbeziehungen zu verschiedenen Berufen im Gesundheitswesen (z. B. Psychotherapie, Klinisch-psychologische Diagnostik) wurden insofern auf eine neue Basis gestellt, als teilweise Gesamtverträge abgeschlossen wurden und die Leistungserbringung auf das Sachleistungsprinzip umgestellt wurde. Zudem wurden für die Ärzteschaft wichtige Dimensionen des Leistungskataloges und der Honorarbildung zwischen den verschiedenen Trägern der sozialen Krankenversicherung schrittweise homogenisiert.

Die ambulante Versorgungsstruktur durch niedergelassene Ärzte in Österreich ist traditionell durch die Dominanz der Einzelpraxis gekennzeichnet. Dafür gibt es organisationsrechtliche, berufsständische bzw. gesellschaftspolitische und abrechnungstechnische Gründe. Die Dominanz der Einzelpraxis zeigt sich insbesondere im internationalen Vergleich. Diesem Umstand wurde durch eine Änderung im Ärztegesetz 2001 Rechnung getragen, in welchem die Einführung von Gruppenpraxen beschlossen wurde. Die Rechtslage vor 2001 verbot die Vergesellschaftung von Ärzten nicht vollständig. So waren Apparate- und Ordinationsgemeinschaften als Gesellschaften bürgerlichen Rechts erlaubt, wobei diese Gesellschaften allerdings den Nachteil hatten, dass sie als reine Innengesellschaften fungierten. Gesellschaftsrechtliche Basis der Gruppenpraxis ist die Rechtsform der Offenen Erwerbsgesellschaft, in der alle Gesellschafter persönlich für die Gesellschaft arbeiten und auch persönlich für die Schulden der Gesellschaft haften.

Die Umsetzung der Gruppenpraxis-Konzepte im vertragsärztlichen Bereich stand allerdings in der Endphase der Regierungszeit Schüssel erst in der Implementierungsphase. In einigen Bundesländern (Vorarlberg, Tirol, Niederösterreich, Salzburg) war die Diskussion noch in ihrem Anfangsstadium, in anderen Bundesländern (Burgenland, Kärnten, Steiermark) standen Vertragsverhandlungen vor dem Abschluss. Lediglich in Wien und Oberösterreich lagen Vertragsvereinbarungen zwischen der Ärztekammer und den Sozialversicherungsträgern über die Gruppenpraxis bereits vor.

Unter Governance-Aspekten ist im Weiteren bedeutsam, dass in den letzten Jahren das Auswahlverfahren von Vertragsärzten objektiviert und auf eine neue Basis gestellt wurde. Dies war insbesondere vor dem Hintergrund des österreichischen Beitritts zur EU notwendig geworden.

4.1.3 Steigerung der Makroeffizienz

Unter dem Stichwort der Makroeffizienz soll erstens beleuchtet werden, ob die Kostendämpfungsbemühungen im Gesundheitswesen erfolgreich waren bzw. welche Schritte gesetzt wurden, um die sektorenübergreifende Effizienz zu steigern. Tabelle 3 gibt über die erste Fragestellung Auskunft. Sie zeigt den Zusammenhang zwischen der Entwicklung der Gesundheitsausgaben (prozentuelle Änderung zum Vorjahr) und der Entwicklung des Bruttoinlandsproduktes (prozentuelle Änderung zum Vorjahr), ausgedrückt als Elastizitäten im Zeitraum 1996–2008. Werte >1 und <1 signalisieren, dass die Gesundheitsausgaben stärker (schwächer) gestiegen sind als das BIP.

Tabelle 3: Elastizitätwichtige Kategorien von Gesundheitsausgaben bezogen auf das BIP (nominell)

	1996	1997	1998	1999	2000	2001	2002	2003	2004	2005	2006	2007	2008
Gesamt	0,8	3,1	1,5	1,4	0,6	1,6	1,1	1,9	1,3	1,0	0,8	1,0	1,4
Stationär	0,9	2,9	1,1	0,9	0,9	1,9	1,0	1,7	1,2	1,0	0,8	0,8	2,0
Ambulant	0,9	1,9	1,5	1,2	0,6	1,3	0,9	1,8	0,5	1,1	0,8	1,0	1,1
Arzneimittel	1,8	10,4	2,9	2,9	1,1	2,3	2,1	3,8	0,8	0,9	0,9	1,2	1,6

Quelle: Eigene Berechnungen auf Basis von Informationen aus OECD: OECD Health Data 2010

Insgesamt zeigt sich ein differenziertes Bild, welches den Schluss zulässt, dass im stationären Sektor – verglichen mit den Ausgabensteigerungen vor 1997 – eine gewisse Stabilisierung der Ausgabenentwicklung gelungen ist. Die Entwicklung der Ausgaben für die niedergelassene Ärzteschaft (ambulante Versorgung) erfolgte insgesamt im Rahmen der gesamtökonomischen Entwicklung, während der Arzneimittelsektor in den ersten Jahren der Regierungszeit Schüssel eine sehr dynamische Entwicklung verzeichnete. In den Jahren 2004–2006 gelang eine Stabilisierung der Ausgabenentwicklung.

Im Zentrum der Gesundheitsreform 2005 stand die mittelfristige Entwicklung der Governance der Versorgungstrukturen in Österreich in einer stärker Subsystemübergreifenden Perspektive. Das Schwergewicht der Änderungen lag in der Veränderung der Entscheidungsstrukturen, während das Finanzierungssystem nur geringfügige Anpassungen erfuhr. Die beiden Hauptstoßrichtungen der Reform waren einerseits die verstärkte zentralstaatliche Regulierung des Gesundheitswesens und zweitens Maßnahmen zur Überwindung der beiden getrennten Regelkreise in der Gesundheitsversorgung. Diese Zielsetzungen sollten durch ein Bündel von inhaltlich-materiellen und organisatorisch-institutionellen Maßnahmen erreicht werden. Inhaltlich-materiell sollte(n) ...

... eine integrierte Gesundheitsstrukturplanung erfolgen. In diese Planung sollten alle Ebenen und Teilbereiche der Gesundheitsversorgung und die angrenzenden Bereiche eingeschlossen werden, insbesondere der stationäre Bereich, der ambulante Bereich (Spitalsambulanzen, Ambulatorien und eigene Einrichtungen der Krankenversicherungen, die niedergelassene Ärzteschaft mit Kassenverträgen), der Bereich der Rehabilitation und der Pflege. Die verbindliche Grundlage für die integrierte Planung wurde in einem Strukturplan Gesundheit festgelegt, der den Rahmenplan für die Detailplanungen auf regionaler Ebene darstellen sollte.

… das Nahtstellenmanagement im Gesundheitswesen verbessert werden.
… ein gesamtösterreichisches Qualitätssystem nachhaltig entwickelt, umgesetzt und regelmäßig evaluiert werden.
… die Gesundheitstelematik und die elektronische Gesundheitsakte weiterentwickelt werden.
… für alle Bereiche des Gesundheitswesens ein leistungsorientiertes Finanzierungssystem entwickelt und aufeinander abgestimmt werden.
… verstärkt gesundheitsökonomische Methoden eingesetzt werden, um die effektivsten und effizientesten Mittel und Instrumente zur Sicherstellung der Gesundheitsversorgung zu identifizieren.

Organisatorisch-institutionell sollten die Voraussetzungen für die Verwirklichung dieser Ziele durch eine Bundesgesundheitsagentur und durch Landesgesundheitsfonds erreicht werden. Die Bundesgesundheitsagentur hatte in den oben genannten Bereichen überregionale Standards zu setzen. Die Führung der Geschäfte der Bundesgesundheitsagentur oblag dem Bundesministerium für Gesundheit und Frauen. Das Entscheidungsgremium der Bundesgesundheitsagentur war die Bundesgesundheitskommission. Dieser gehörten Vertreter des Bundes, des Hauptverbandes der österreichischen Sozialversicherung, aller Länder, der Interessenvertretungen der Städte und Gemeinden, der konfessionellen Krankenanstalten, der Patientenvertretungen sowie der Österreichischen Ärztekammer an, wobei die Mitgliedermehrheit beim Bund lag. Zur Beratung der Bundesgesundheitsagentur wurde eine Bundesgesundheitskonferenz eingerichtet, in der die wesentlichen Akteure des Gesundheitswesens vertreten waren.

Die Planung von Krankenhausstandorten, der Fachrichtungsstruktur bzw. Bettenkapazitäten für die einzelnen Krankenanstalten wurde auf die Darstellung der Versorgungssituation und des regionalen Versorgungsbedarfes in 32 Versorgungsregionen, die sich an den auf der EU-Ebene definierten NUTS-III-Regionen orientieren, umgestellt. Leistungen, die aus ökonomischen Gründen überregional zu koordinieren sind, wurden in vier Versorgungszonen geplant. Insgesamt bedeutet dies, dass zwei zusätzliche Ebenen im österreichischen Krankenanstaltenwesen eingezogen wurden.

Auf der Landesebene waren Landesgesundheitsfonds als öffentlich-rechtliche Fonds mit eigener Rechtspersönlichkeit einzurichten, die die bisher existierenden Landesfonds ersetzen sollen. Das Entscheidungsorgan der Landesfonds war die Gesundheitsplattform. Aufgaben der Landesgesundheitsfonds waren die Mittelverteilung an die Krankenanstalten auf der Landesebene und die Konkretisierung bzw. der Vollzug der von der Bundesagentur beschlossenen Richtlinien gem. Art 11 der Vereinbarung. Ein Schwerpunkt der Tätigkeit lag dabei auf Modellversuchen zur integrierten Planung, Umsetzung und Finanzierung der fachärztlichen Versorgung im Bereich der Spitalsambulanzen und des niedergelassenen Bereichs, wofür auch zweckgebundene Mittel bereitzustellen waren. Hinsichtlich der Beschickung der Gesundheitsplattform normierte die Vereinbarung, dass Land und Sozialversicherung in gleicher Stärke vertreten sein mussten. Im Weiteren gehörten dem Gremium der Bund, die Ärztekammer, die Interessenvertretungen der Städte und Gemeinden, der Patientenvertretungen sowie der Krankenanstalten an. Zur Beratung der Landesgesundheitsfonds konnte eine Gesundheitskonferenz eingerichtet werden, in der die wesentlichen Akteure des Gesundheitswesens auf Landesebene vertreten waren.

Es ist offensichtlich, dass die Implementierung dieses Gesetzes dazu geführt hätte, dass das bisherige Steuerungsmodell des Gesundheitswesens in seinen Grundbausteinen infrage gestellt worden wäre. In einer Gesamtbetrachtung blieb allerdings – abgesehen von der Realisierung von Einzelmaßnahmen (Gesundheitstelematikgesetz, Gesundheitsqualitätsgesetz) – die Wirkung dieser Reform auf das grundlegende Design der Governance-Struktur des österreichischen Gesundheitswesens gering. Zentrale Stoßrichtungen der Reform (z. B. Ausweitung der leistungsorientierten Krankenhausfinanzierung auf den ambulanten Bereich des Gesundheitswesens, integrierte Finanzierung der Gesundheitsversorgung aus einer Hand (als Fernziel) etc. wurden nie implementiert. Der Reformpool als Instrument der Verbesserung des »Nahtstellenmanagements« von ambulanter und stationärer Versorgung und als Vorstufe zu einer stärkeren Integration der Gesundheitsversorgung fand insgesamt sehr wenig Akzeptanz. Eine Studie von Czypionka/Röhrling[22] kam zum Schluss, dass von der maximal zur Verfügung gestellten Summe der Reform-Pool-Mittel (ein Prozent der intra- und extramuralen Ausgaben) bundesweit im Durchschnitt lediglich 16 Prozent des Finanzierungsrahmens ausgeschöpft wurden. Czypionka/Röhrling resümieren: »Die größten Probleme des Reformpools sehen wir in der Anreizstruktur. Für die Kostenträger stellen die Projekte Zusatzbelastungen zum laufenden Budget dar, sodass die Dotierung im Zweifelsfalle niedriger ausfällt. Hinzu kommt, dass Land und Sozialversicherung teilweise gegenläufige Interessen haben, sodass gesamthaft sinnvolle Projekte am mangelnden Interesse der einen oder anderen Seite scheitern können. Das Ziel, die allokative Effizienz zu erhöhen, wurde bisher nicht erreicht.«[23]

Letztere Aussage gilt – im Hinblick auf die Steigerung der Makroeffizienz – auch für die Maßnahmen im ambulanten Bereich des Gesundheitswesens. Weder die Bemühungen zur Aufwertung der Hausärzte noch die Aufwertung der niedergelassenen Ärzteschaft als Gatekeeper wurden verwirklicht.

---

22 Thomas Czypionka, Gerald Röhrling: Analyse der Reformpool-Aktivität in Österreich: Wie viel Reform ist im Reformpool? – In: Hauptverband der österreichischen Sozialversicherungsträger (Hg): Health System Watch II/Sommer 2009.
23 Ebd. S. 1.

4.1.4 Zugänglichkeit und Gerechtigkeit im österreichischen Gesundheitswesen

Der Zugang zu Einrichtungen des Gesundheitswesens kann im weitesten Sinne als die Möglichkeit interpretiert werden, dass Patienten eine bedarfsgerechte Versorgung bekommen. Mögliche Grenzen für die Zugänglichkeit können finanzieller, geografischer, kultureller etc. Natur sein. Insgesamt hat sich im betrachteten Zeitraum der Zugang zu Gesundheitsleistungen aus einer geografischen Perspektive nicht wesentlich verändert. In einzelnen Bereichen hat es durch Verträge mit neuen Leistungserbringern Verbesserungen gegeben. Zur Frage, ob die Zugänglichkeit über längere Wartezeiten zunehmend erschwert wurde, ist ein gesamthaftes Urteil nicht möglich, weil systematische Evidenz dazu fehlt.

Ein wichtiger Aspekt der Zugänglichkeit ist die finanzielle Dimension. Finanzielle Barrieren sind eng mit der Existenz von Mechanismen der überindividuellen Absicherung von Krankheitsrisiken verbunden. In diesem Zusammenhang ist insbesondere der Anteil von Direktzahlungen privater Haushalte bei der Inanspruchnahme von Gesundheitsleistungen von erheblicher Bedeutung. Der Anteil der Bevölkerung, der öffentlichen Krankenversicherungsschutz genießt, hat sich im betrachteten Zeitraum wenig geändert. Tabelle 4 zeigt, dass auch die Finanzierungsstruktur im Gesundheitswesen ziemlich konstant blieb. Der Anteil der öffentlichen Finanzierung (Finanzierungsformen 1 und 2 lt. Tabelle 4) blieb im Zeitraum 1995–2008 sehr konstant, die Zeit der Kabinette Schüssel I und II zeigt keine besonderen Auffälligkeiten. Auch der Anteil der überindividuellen Absicherung (Finanzierungsformen 1, 2 und 3) änderte sich nicht wesentlich. Im Rahmen der privaten Gesundheitsfinanzierung (3 und 4) ging der Anteil der privaten Krankenversicherung leicht zurück. Innerhalb der privaten Direktfinanzierung (4) sank der Anteil der indirekten Kostenbeteiligungen (Zahlungen der privaten Haushalte, die dazu dienen, Leistungen zu kaufen, die von der sozialen oder privaten Krankenversicherung nicht gedeckt sind) leicht, während der Anteil der direkten Kostenbeteiligung (Zahlungen, die beim Konsum von Leistungen anfallen, die an und für sich durch Versicherungen abgedeckt sind, bei denen aber eine Kostenbeteiligung der Versicherten vorgesehen ist, z. B. Rezeptgebühr, prozentuelle Selbstbehalte) leicht stieg.[24]

Insgesamt blieb die Politik der Steuerung der Inanspruchnahme durch Selbstbehalte sehr widersprüchlich. Der Vorschlag einer generellen prozentuellen Selbstbeteiligung von 20 Prozent wurde nicht weiter verfolgt. Die Ambulanzgebühr, die im Jahr 2000 mit dem Ziel eingeführt wurde, der steigenden Inanspruchnahme der Spitalsambulanzen entgegenzuwirken, wurde nach mehrmaligen Novellierungen zurückgenommen. Die Krankenscheingebühr wurde abgeschafft, aber teilweise durch

---

24 Vgl. Hofmarcher, Rack: Gesundheitssysteme im Wandel – Österreich.

andere Formen der Selbstbeteiligung substituiert. Die Rezeptgebühr wurde insgesamt im betrachteten Zeitraum deutlich erhöht – vor allem in den Anfangsjahren.

Der Finanzierungsmix privat–öffentlich hat sich insgesamt im Gesundheitswesen und in wichtigen Teilsektoren desselben (ambulant, stationär, Arzneimittel) in der Zeit der Kabinette Schüssel I und II nicht substantiell verschoben. Schaubild 1 zeigt die Entwicklung im Zeitraum 1995–2008, um einen längerfristigen Vergleich zu ermöglichen. Bei der hier präsentierten Evidenz ist allerdings zu berücksichtigen, dass es sich um eine makroökonomische Perspektive handelt. Inwieweit Änderungen in der Finanzierungsstruktur die Zugänglichkeit zum Gesundheitssystem tangieren, kann nur in einer zielgruppenorientierten Analyse (z. B. für gesellschaftliche Randschichten) beantwortet werden.

Tabelle 4 : Finanzierungsstruktur des österreichischen Gesundheitswesens

	1995	1996	1997	1998	1999	2000	2001	2002	2003	2004	2005	2006	2007	2008
1	32,8	32,4	31,8	32,1	31,8	31,8	31,8	31,0	31,2	30,6	31,0	31,2	31,3	32,8
2	41,2	41,1	43,9	43,9	44,9	44,9	44,2	44,8	44,3	45,0	45,1	44,7	45,1	44,1
3	6,3	6,2	5,8	5,4	5,0	5,0	4,8	4,9	4,9	5,1	4,6	4,6	4,5	4,5
4	15,2	15,6	15,5	15,4	15,2	15,2	16,0	16,2	16,6	16,0	15,7	15,8	15,4	15,1

Legende :
1 Direkt-staatliche Gesundheitsausgaben
2 Gesundheitsausgaben der sozialen Krankenversicherung
3 Gesundheitsausgaben der privaten Krankenversicherung
4 Direktzahlungen der privaten Haushalte (inkl. NGOs) %-Anteile an den gesamten Gesundheitsausgaben
Quelle: Eigene Darstellung nach Informationen aus OECD-Health-Data 2010

Das Beurteilungskriterium Zugänglichkeit/Gerechtigkeit macht es notwendig, eventuelle Änderungen im Absicherungssystem von Krankheitsrisiken in der Zeit der Kabinette Schüssel I und II aus einer etwas breiteren Perspektive unter die Lupe zu nehmen. Folgende Aspekte/Entwicklungen sind dabei in die Gesamtbetrachtung einzubeziehen :

– Das grundlegende Organisationsprinzip der sozialen Krankenversicherung als einer erwerbsbezogenen Pflichtversicherung blieb letztlich unangetastet. In einigen europäischen Staaten (Deutschland, Niederlande, auch Schweiz, wenngleich von einer anderen Ausgangslage aus) wurde in den 1990er-Jahren das System der Pflichtversicherung durch ein System der Versicherungspflicht mit Versicherungswettbewerb und freier Wahl des Versicherungsträgers ersetzt. Das gesundheitspolitische Ziel war dabei, die solidarische Finanzierung mit Wettbewerbselementen zu kombinieren, um dadurch Effizienzsteigerungen in der Versorgung zu erreichen. In Österreich wurde diese Diskussion in den 1990er-Jahren kurz geführt, sie war aber politisch nicht mehrheitsfähig. Eine marginale Auswirkung dieser Diskussion war die Verankerung der Möglichkeit des gemeinsamen Opting-out von ausgewählten Gruppen von Selbstständigen in ein Privatversicherungsmodell. In den Regierungsprogrammen der Kabinette Schüssel I und II tauchen Reformschritte in diese Richtung nicht mehr prioritär auf. Im Regierungsprogramm Schüssel I fand sich der Vorschlag des Einsatzes einer Expertengruppe, die überprüfen sollte, in welchen Bereichen ein Übergang oder eine Ergänzung der Pflichtversicherung durch eine Versicherungspflicht sinnvoll wäre. Diese Arbeitsgruppe wurde auch eingesetzt und votierte für die Beibehaltung des Pflichtversicherungssystems und eine Anreicherung des bestehenden Systems mit Marktelementen.[25] Ein Teil dieser Anreicherung war der Vorschlag, für besser verdienende Personen die Wahlmöglichkeit zwischen Geld- und Sachleistungen vorzusehen. Diese Wahlmöglichkeit wurde im Rahmen der 26. GSVG-Novelle für Mitglieder der gewerblichen Krankenversicherung geschaffen.[26]

– Das Grundprinzip der beitragsfreien Mitversicherung von nicht im Erwerbsprozess stehenden Familienmitgliedern wurde durch das Budgetbegleitgesetz 2001 (Modifikationen in späteren Jahren) aufgeweicht. Die beitragsfreie Mitversicherung von kinderlosen Ehe- bzw. Lebenspartnern wurde abgeschafft. Für diese Familienmitglieder wurde ein begünstigter Zusatzbeitrag von 3,4 Prozent der Beitragsgrundlage des Partners eingeführt.

– Mit dem Budgetbegleitgesetz 2003 wurden die Krankenversicherungsbeiträge zwischen Arbeitern und Angestellten angeglichen, von der Beitragsparität von Arbeitgebern und Arbeitnehmern wurde in Einzelbereichen abgegangen. Eine weitergehende Harmonisierung des Beitrags- und Leistungsrechtes zwischen den einzelnen Krankenkassenträgern wurde jedoch nicht verwirklicht.

– Insgesamt waren die Bestrebungen zur Harmonisierung/Fusionierung der Krankenversicherungsträger nicht von Erfolg gekrönt. Gelungen sind die Fusionen der Versicherungsanstalt des Bergbaues mit der der Eisenbahnen und von Betriebskrankenkassen, während der Zusammenschluss der Krankenversicherung der gewerblichen Wirtschaft mit der Sozialversicherungsanstalt der Bauern nie Wirklichkeit wurde.

– Letztlich nicht befriedigend gelöst wurde das Problem des regionalen Strukturausgleichs im österreichischen Gesundheitswesen. Zwar wurde der kassenbezo-

---

25 Vgl. Walter Schrammel: Bericht des Vorsitzenden der Expertenkommission »Pflichtversicherung – Versicherungspflicht«. – Wien o. J.
26 Vgl. dazu Thomas Neumann: Die neuen Wahlmöglichkeiten der gewerblichen Krankenversicherung. Das Optionenmodell und neue Formen der Kostenbeteiligung. – In: Soziale Sicherheit 10/2002. S. 423–426.

gene Strukturausgleich durch die Einbeziehung der Sozialversicherungsanstalt der Bauern erweitert, die ökonomisch präferierte Lösung, den Strukturausgleich zwischen den Krankenkassen mit dem Strukturausgleich im stationären Sektor zu verschränken und auf einheitlichen Vergabekriterien zu fundieren, wurde aber nie ernsthaft angedacht.

Schaubild 1: Ausgabenstruktur im österreichischen Gesundheitswesen

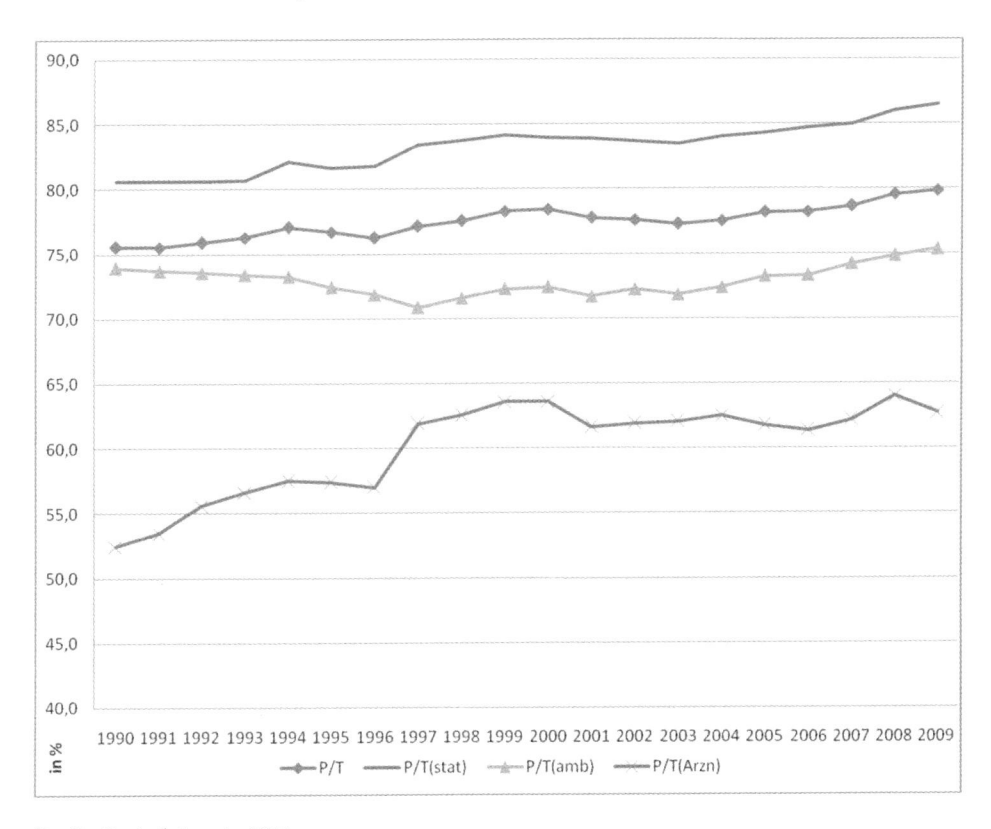

Quelle: Statistik Austria. 2011
Legende:
P/T Öffentliche Gesundheitsausgaben in Prozent der Gesamtgesundheitsausgaben
P/T (stat) Öffentliche Ausgaben in Prozent der Gesamtausgaben (Stationärer Sektor)
P/T (amb) Öffentliche Ausgaben in Prozent der Gesamtausgaben (Ambulanter Sektor)
P/T (Arn) Öffentliche Ausgaben in Prozent der Gesamtausgaben (Arzneimittel)

Am Grundsystem einer Finanzierung der sozialen Krankenversicherung durch einkommensorientierte Beiträge mit der pauschalierenden und damit regressiven Wirkung der Höchstbeitragsgrundlage wurde in der Regierungszeit Schüssel nicht gerüttelt. Grundlegende Systemänderungen in Richtung auf eine Modifikation der Höchstbeitragsgrundlage bzw. in Richtung auf eine stärkere Steuerfinanzierung wurden zwar angedacht, aber nicht verwirklicht.

4.1.5 Nachhaltigkeit in der Finanzierung des Gesundheitswesens

Das österreichische Gesundheitswesen ist durch seine starke Orientierung an der Finanzierung über Beiträge der Pflichtversicherten in hohem Ausmaß den Entwicklungen am Arbeitsmarkt und der demographischen Struktur ausgesetzt. Insgesamt ist das System nicht nachhaltig finanziert, was der Verschiebung der Relation von Erwerbstätigen und Nicht-mehr-Erwerbstätigen und einem schnellen medizinisch-technischen Fortschritt geschuldet ist. Die Kabinette Schüssel I und II haben zwar vereinzelte Maßnahmen gesetzt, um die Nachhaltigkeit zu verbessern, insgesamt blieb der Beitrag zur Beseitigung der Nachhaltigkeitsdefizite jedoch gering. Solche punktuellen Einzelmaßnahmen waren: die außerordentliche Erhöhung der Höchstbeitragsgrundlage im Jahre 2005, die Erhöhung der Tabaksteuer im Jahre 2005 und die Anhebung des Beitragssatzes für die Pensionisten. Die Sanierung der defizitären Krankenkassen ist dominiert durch Ad-hoc-Maßnahmen, die im Wesentlichen in der Abschöpfung von Liquiditätsreserven bestanden. »Die Hauptprobleme für die ungünstige Finanzsituation der Kassen, nämlich der Rückgang der Lohnquote, steigende Arbeitslosigkeit und die Kluft zwischen Wirtschafts- und Lohnwachstum, dauerten in den letzten Jahren an.«[27] Als wichtige langfristig wirkende Maßnahme zur Erhöhung der Nachhaltigkeit in der Finanzierung des Gesundheitswesens könnte sich die Pensionsreform erweisen. Dies gilt allerdings nur dann, wenn es gelingt, den gesetzlichen Spielraum durch die faktische Anhebung des Pensionsantrittsalters zu nutzen.

5. Zur Makroperformance des österreichischen Gesundheitswesens am Ende der Regierungszeit Schüssel

Einige Initiativen, die in der Regierungszeit Schüssel gesetzt wurden, entfalten ihre Wirkungen erst mit Zeitverzögerung. Im Weiteren ist es grundsätzlich schwierig, den Zusammenhang zwischen Politikinitiativen und System-Performance herzustellen. Trotzdem ist der internationale Vergleich der Performance von Gesundheitssystemen durchaus aussagekräftig.

Daher soll kurz über die relative Performance des österreichischen Gesundheitssystems am Ende des Kabinetts Schüssel II berichtet werden. Für diesen Vergleich wird eine ökonomische Input-Output-Perspektive verwendet. Eine solche erlaubt

---

27 Obinger, Tálos: Sozialstaat Österreich zwischen Kontinuität und Umbau. S. 122.

es, grobe Schlussfolgerungen auf die Effizienz von Gesundheitssystemen abzuleiten. Der folgende Vergleich beruht auf ausgewählten Makroindikatoren, wie sie von der OECD vorgelegt werden.[28] Um die Performance und Effizienz des österreichischen Gesundheitssystems mit anderen Ländern zu vergleichen, wird ein breites Set von Gesundheitsindikatoren herangezogen, und zwar (1) Indikatoren auf der finanziellen Input-Ebene (nominelle Gesundheitsausgaben), (2) auf der realen Input-Ebene (Kapazitäten), (3) auf der Aktivitätsebene und (4) auf der Output-Ebene (Gesundheitszustand der Bevölkerung). Um den Vergleich auf ein solides Fundament zu stellen, wird Österreich mit den EU-15-Staaten verglichen. Tabelle 5 zeigt das Ergebnis dieses Vergleichs. Welche Schlussfolgerungen lassen sich daraus ziehen:

- Österreich gab im Jahr 2007 mehr Geld im Gesundheitswesen aus als der EU-15-Durchschnitt. Dies galt für alle drei verwendeten Indikatoren, die Pro-Kopf-Gesundheitsausgaben (in US$ PPP) mit einem Quotienten von 1,15, den Anteil der Gesundheitsausgaben am BIP mit einem Quotienten von 1,09 und die öffentlichen Pro-Kopf-Gesundheitsausgaben mit einem Quotienten von 1,15.
- Hinsichtlich der realen Inputs im Gesundheitswesen ist der Befund differenziert. Die Zahl der im Gesundheitswesen insgesamt Beschäftigten war deutlich niedriger als der EU-15-Durchschnitt (Quotient 0,81), was vor allem auf die geringe Dichte von Pflegekräften (Quotient 0,77) zurückgeführt werden kann. Die Ärztedichte war mit einem Quotienten von 1,05 leicht überdurchschnittlich. Deutlich über dem EU-15-Durchschnitt lagen die Krankenhausbettendichte mit einem Quotienten von 1,47 und die Ausstattung mit CTs (Quotient 1,46) und MRIs (Quotient 1,66).
- Auch der Befund hinsichtlich der Aktivitätsniveaus ist differenziert. Während die Ausgaben für Arzneimittel und die Zahl der Arztkontakte knapp oberhalb des EU-15-Durchschnittes lagen, lag die Zahl der Krankenhaustage mit 1,72 deutlich darüber. Hier weist Österreich den höchsten Wert überhaupt auf. Andererseits war die durchschnittliche Verweildauer wiederum unterdurchschnittlich (Quotient 0,81).
- Schließlich wurden verschiedene Indikatoren für den Gesundheitszustand der österreichischen Bevölkerung mit dem EU-Durchschnitt verglichen. Während Österreich hinsichtlich der globalen Gesundheitsindikatoren wie Lebenserwartung, Potential Years of Life Lost, Kindersterblichkeit nahe am EU-Durchschnitt liegt, ergeben sich für spezialisierte Indikatoren abweichende Befunde. So schnitt Österreich in der Zahngesundheit und in den Herzerkrankungen deutlich unterdurchschnittlich ab.

---

28 Diese Performance-Analyse orientiert sich an: Martin Gächter, Engelbert Theurl: The Austrian Health Care System. – In: Rout Sekhour (Hg.): Health care systems around the world. – New Delhi 2011.

In einem nächsten Schritt wurden die Informationen aus Tabelle 5 weiter verdichtet. Aus den Einzelindikatoren pro Betrachtungsebene wurden Indizes für die vier Felder monetäre Inputs, reale Inputs, Aktivitäten und Gesundheitszustand gebildet, wobei die Teilindikatoren in die Indexbildung jeweils mit dem gleichen Gewicht eingehen. Diese Indizes wurden wiederum mit dem EU-15-Durchschnitt verglichen. Daraus ergab sich ein vergleichsweise hohes Niveau für die Gesundheitsausgaben (Quotient 1,13), die Kapazitäten (Quotient 1.21) und die Aktivitäten (Quotient 1,22). Dem steht ein durchschnittlicher Quotient für den Gesundheitszustand von 1,01 gegenüber. In einem letzten Schritt wurden die Indizes vertikal miteinander verknüpft, um Effizienzaussagen machen zu können. Tabelle 6 zeigt das Ergebnis dieser Berechnung. Es zeigt sich, dass

- die Kapazitäten und Aktivitäten höher sind als dies aufgrund des nominellen Ausgabenniveaus zu erwarten wäre,
- diese Kapazitäten und Aktivitäten aber offensichtlich schlecht genutzt werden.

Obwohl der Gesundheitszustand in Österreich leicht überdurchschnittlich ist, würde man aufgrund der Kapazitäten und Aktivitäten einen wesentlich höheren Gesundheitszustand erwarten. Dies deutet darauf hin, dass die Produktion von Gesundheit ineffizient erfolgt.

Dieser differenzierte Befund wird abgerundet, wenn man sich ausgewählte Indikatoren der Qualität des österreichischen Gesundheitswesens anschaut. Der OECD-Report »Health at Glance 2009« bietet dazu Einblicke für die relevanten Jahre. Tabelle 7 verwendet diese Information und gibt einen Überblick über die Performance Österreichs in diesem Setting von Qualitätsindikatoren. Versorgungsqualität beinhaltet dabei drei Dimensionen: (1) vermeidbare Krankenhausaufenthalte, (2) Krankenhausmortalität, (3) Impfschutz bei Kindern. In der ersten Spalte ist die Performance Österreichs absolut dargestellt. Die Spalten (2), (3) und (4) zeigen die relative Performance Österreichs im Vergleich mit dem OECD-Durchschnitt (Spalte 2), den zwei Top-Performern (Spalte 3) und den zwei schlechtesten Performern (Spalte 4). Spalte 5 zeigt den Rang Österreichs und die Größe der Stichprobe von OECD-Staaten. Zusammengefasst ergibt sich aus Tabelle 7 ein differenziertes Bild für Österreich. Die Rate der vermeidbaren Krankenhauseinweisungen scheint relativ hoch zu sein, die Krankenhausmortalität für ausgewählte Herzerkrankungen erscheint niedrig. Die Durchimpfungsrate bei Kindern gegen ausgewählte Krankheiten liegt deutlich unterhalb der internationalen Standards.

Tabelle 5: Wichtige Strukturkennziffern des österreichischen Gesundheitswesens (2007)

Country (EU-15)	(1) Finanzielle Inputs in das System (Ausgaben)			(2) Reale Inputs in das System (Kapazitäten)					
	Total expenditure on health per capita – US$ PPP	Total expenditure on health – in % of GDP	Public expenditure on health per capita – US$ PPP	Total health & social employment – Density per 1.000 population	Practicing physicians – Density per 1.000 population	Total hospital beds – per 1.000 population	Practicing nurses – Density per 1.000 population	CT Scanners – per million population	MRI units – per million population
Austria	3763.00	10.10	2875.00	41.75	3.75	7.80	7.37	29.80	17.70
Belgium	3595.00	10.20		50.33	4.03	6.60	14.84	41.60	7.50
Denmark	3512.00	9.80	2968.00	91.62	3.17	3.50	14.30	17.40	
Finland	2840.00	8.20	2120.00	70.52	2.95	6.70	10.25	16.40	15.30
France	3601.00	11.00	2844.00	39.66	3.37	7.10	7.73	10.30	5.70
Germany	3588.00	10.40	2758.00	52.77	3.50	8.20	9.94	16.30	8.20
Greece	2727.00	9.60	1646.00	21.52	5.35	4.80	3.21	25.80	13.20
Ireland	3424.00	7.60	2762.00	49.14	3.03	5.30	15.50	14.30	8.50
Italy	2686.00	8.70	2056.00	26.75	3.65	3.90	7.03	30.30	18.60
Luxembourg	4162.00	7.30	3782.00	56.7	2.87	5.70	11.02	27.30	10.50
Netherlands	3837.00	9.80		81.69	3.93	4.50	8.69	8.40	6.60
Portugal	2150.00	9.90	1538.00	32.03	3.51	3.50	5.11	26.00	8.90
Spain	2671.00	8.50	1917.00	27.39	3.65	3.30	7.54	14.60	9.30
Sweden	3323.00	9.10	2716.00	79.14	3.58		10.83		
United Kingdom	2992.00	8.40	2446.00	56.01	2.48	3.40	10.02	7.60	8.20
Average	3258.07	9.24	2494.46	51.80	3.52	5.31	9.56	20.44	10.63
Max	4162.00	11.00	3782.00	91.62	5.35	8.20	15.50	41.60	18.60
Min	2150.00	7.30	1538.00	21.52	2.48	3.30	3.21	7.60	5.70
Ratio max	0.90	0.92	0.76	0.46	0.70	0.95	0.48	0.72	0.95
Ratio min	1.75	1.38	1.87	1.94	1.51	2.36	2.30	3.92	3.11
Ratio average	1.15	1.09	1.15	0.81	1.06	1.47	0.77	1.46	1.66

	(3) Aktivitäten				(4) Gesundheitszustand						
Country (EU-15)	Doctors' consultations – Number per capita	Acute care beddays – Number per capita	Average length of stay: inpatient care – Days	Total expend. pharm. & other medical non-durables – per capita, US$ PPP	Life expectancy for total population at birth – Years	Malignant neoplasms (Cancer) – Deaths per 100.000 population	Ischaemic heart diseases – Deaths per 100.000 population	Potential years lost	Infant mortality – Deaths per 1.000 live births	Perceived Health Status better than good – total population in percent	Decayed, missing or filled teeth – Average number at age 12
Austria	6.70	1.80	6.70	500	80.10	150.30	98.40	3103.00	3.70	75.50	1.40
Belgium	7.60	1.20	7.90	566	79.50		67.80	3410.00	3.70	79.40	0.70
Denmark		0.80	5.20	301	78.40	199.40	126.00	3686.00	3.80	67.80	1.20
Finland	4.20	1.00	10.10	400	79.50	132.60	35.00	3448.00	2.80	75.70	0.70
France	6.30	1.60	13.20	588	81.00	162.60	92.50	3134.00	3.80		2.10
Germany	7.50	1.00	10.10	542	79.80	156.60	68.90	3299.00	3.80	74.20	
Greece				677	79.50	150.00	108.60	3158.00	3.60	84.00	0.80
Ireland	7.00	0.90	7.70	518	79.70	172.90	60.00	2745.00	3.10	63.40	
Italy		0.90	7.50	338	81.20	157.60	63.00	3236.00	3.70	74.50	1.50
Luxembourg	6.10	1.30	8.10	422	79.40	153.90	48.00	2767.00	2.50	78.20	1.30
Netherlands	5.70	0.70			80.20	175.60	53.50		4.10	40.00	1.00
Portugal	4.10	0.80	8.50	562	78.90	151.20	93.10	3201.00	3.30	66.80	0.70
Spain	8.10	0.80	8.30	446	81.10	146.80	88.60	2610.00	3.80	75.90	
Sweden	2.80		5.80		81.00	170.70		3391.00	2.50	75.00	
United Kingdom	5.00	0.80	8.10						4.80		
Average	5.93	1.05	8.25	488.33	79.95	160.02	77.18	3168.31	3.53	71.57	1.14
Max	8.10	1.80	13.20	677.00	81.20	199.40	126.00	3686.00	4.80	84.00	2.10
Min	2.80	0.70	5.20	301.00	78.40	132.60	35.00	2610.00	2.50	40.00	0.70
Ratio max	0.83	1.00	0.51	0.74	0.99	0.75	0.78	0.84	0.77	0.90	0.67
Ratio min	2.39	2.57	1.29	1.66	1.02	1.13	2.81	1.19	1.48	1.89	2.00
Ratio average	1.13	1.72	0.81	1.02	1.00	0.94	1.27	0.98	1.05	1.05	1.23

Tabelle 6: Effizienzvergleich auf Basis aggregierter Werte EU-15

	(1) Ausgaben	(2) Kapazitäten	(3) Aktivitäten	(4) Gesundheitszustand
(1) Ausgaben	1.000			
(2) Kapazitäten	1.064	1.000		
(3) Aktivitäten	1.077	1.013	1.000	
(4) Gesundheitszustand		0.836	0.826	1.000

Quellen für Tabellen 5 und 6: Martin Gächter, Engelbert Theurl: The Austrian Health Care System. – In: Rout Sekhour (Ed.): Health care systems around the world. – New Delhi 2011.

Table 7: Selected performance indicators for quality of care the AHCS

Dimension – indicator	(1)	(2)	(3)	(4)	(5)
Avoidable hospital admissions*					
Asthma admission rates	54	1,1	3,1	0,5	11/21
COPD admission rates	322	1,6	3,6	0,9	21/22
Diabetes lower extremity amputation rates	7	0,5	0,9	0,2	1/19
Diabetes acute complication admission rates	22	1,0	4,6	0,4	12/19
Congestive heart failure-admission rates	331	1,4	2,1	0,5	19/22
Hypertension admission rates	396	4,7	33	1,2	21/21
In-Hospital mortality**					
In-hospital case-fatality rates following acute myocardial infarction**	4,5	0,9	1,8	0,6	8/19
In-hospital case-fatality rates following ischemic stroke	3,7	0,7	1,5	0,4	7/19
In-hospital case-fatality rates following hemorrhagic stroke	10,8	0,5	1,1	0,4	2/19
Vaccination programmes for children					
Vaccination rates for pertussis***	85	0,9	0,9	1,1	26/30
Vaccination rate for measles***	79	0,9	0,8	1,0	30/30
Vaccination rate for hepatitis B***	83	0,9	0,9	27	14/18

Legend:
* rates per 100.000 population aged 15 and over
** rates per 100 patients (age and sex standardized)
*** % of children aged 2 vaccinated
(1) Absolute performance of Austria
(2) Relative performance of Austria compared to the OECD-average
(3) Performance of Austria compared to the two best performers
(4) Performance of Austria compared to the two worst performers
(5) Performance-rank of Austria and sample size

Quelle: Zusammenstellung entnommen aus: Martin Gächter, Engelbert Theurl: The Austrian Health Care System. – In: Rout Sekhour (Ed.): Health care systems around the world. – New Delhi 2011.

6. Die »Weiterentwicklung« des österreichischen Gesundheitswesens 2007–2011

Zahlreiche Maßnahmen der Reformgesetze 2005/06 befanden sich mit dem Ende des Kabinetts Schüssel II erst in der Anlaufphase oder waren noch gar nicht implementiert. Das Regierungsprogramm des Kabinetts Gusenbauer knüpfte praktisch nahtlos an die Reformgesetze 1997 bzw. 2005/06 an. Anzumerken ist, dass die Vorstellung einer integrierten Gesundheitsversorgung als gemeinschaftlicher Aufgabe von Bund, Ländern, Sozialversicherung noch stärker herausgearbeitet wurde, als dies in den Reformgesetzen 2005/06 der Fall war. Im Hinblick auf die Änderung der Governance-Strukturen im österreichischen Gesundheitswesen waren zwei Aspekte neu. Das Regierungsprogramm sah eine (weitere) 15a-Vereinbarung zur »Finanzierung des österreichischen Gesundheitswesens« vor. Diese Vereinbarung wurde als Einstieg in ein gesamtstaatlich abgestimmtes Steuerungs- und Finanzierungsmodell angesehen. Ein erster Schritt in dieser Neuordnung sollte in der Finanzierung gesetzt werden. Zur Erreichung des langfristigen Ziels der »Finanzierung aus einer Hand« sollte mittelfristig eine bundesweite Bündelung aller Krankenversicherungsbeiträge und zweckgewidmeten Steuern erfolgen. Die Finanzierungspartner sollten auf der gesamtstaatlichen Ebene Vereinbarungen über den bedarfsorientierten und transparenten Mitteleinsatz treffen, wobei bundesländerübergreifende Versorgungsstufen (z. B. Spitzenversorgung) zentral finanziert werden sollten. Bei der Mittelverteilung auf die einzelnen Bundesländer sollte die Risikostruktur der zu versorgenden Bevölkerung berücksichtigt werden. Dafür maßgebende Risikoindikatoren sollten Alter, Geschlecht, Bildung, Einkommen, Morbidität, Armut, standortbezogene Gesundheitskosten etc. sein. Die Entscheidung über den Mitteleinsatz in den Bundesländern sollte dezentral von den Finanzierungspartnern auf der Bundesländerebene getroffen werden. Im Hinblick auf die Steuerung der ambulanten Gesundheitsversorgung war neben den bekannten und bisher nicht realisierten Forderungen nach einer Aufwertung der Rolle der Allgemeinmediziner bzw. Hausärzte der Aufbau ambulanter Gesundheitszentren von ökonomischem Interesse. Diese sollten zur Verbesserung der fachärztlichen Versorgung – insbesondere im ländlichen Raum – beitragen. Diese Zentren sollten auf Basis von Leistungsverträgen zeitlich, qualitativ und leistungsmäßig umfassende Versorgungspakete anbieten und mit Krankenanstalten Kooperationsbeziehungen eingehen können.

Am 7. April 2008 legten die Sozialpartner – ÖGB und WKO – einen Vorschlag zur »Zukunftssicherung für die soziale Krankenversicherung«[29] vor. Ausgangspunkt

---

29 ÖGB – WKÖ: Zukunftssicherung für die soziale Krankenversicherung. 7. 4. 2008. portal.wko.at/wk/dok_detail_file.wk?AngID_1&DocID=831600&ConID=311480.

des Reformvorschlages der Sozialpartner war die prekäre finanzielle Lage der Gebietskrankenkassen.

Die ausgabenseitigen Reformvorschläge lassen sich auf folgende Punkte zusammenfassen:

– Reorganisation der Selbstverwaltung mit der Zielsetzung, die – auch in Zukunft eigenständig und ergebnisverantwortlich agierenden – KV-Träger über eine schlanke, effiziente strategische Sozialversicherungsholding mit Zielvorgaben und aktivem Controlling zu steuern,
– Finanzierung des Gesundheitswesens aus einer Hand unter der Gestaltungshoheit der sozialen Krankenversicherung bzw. der zu schaffenden Sozialversicherungsholding, kombiniert mit einer Trennung von Versicherungs- und Leistungserbringungsfunktion,
– Änderungen in den Vertragsbeziehungen zu den Ärzten, die insgesamt die rechtliche Position des »Einkäufers« Sozialversicherung stärken sollen. Dazu zählen Maßnahmen aus dem Arsenal von »Managed Care« wie die Erstellung von Behandlungspfaden ebenso wie Tarifanpassungen, die Möglichkeiten der Rezertifizierung der Einzelverträge in Abhängigkeit von der Erfüllung bestimmter Kriterien, der Abschluss von Verträgen mit einzelnen Ärzten unter bestimmten Voraussetzungen,
– bedarfsorientierte Gestaltung und Standortwahl der Großgeräte im Bereich der Diagnose (CTs, MRTs) und die Anpassung der Tarife für die Leistungen dieser Institute,
– Anpassungen im Bereich der Arzneimittelversorgung (Sensibilisierung der Patienten für den verstärkten Einsatz von Generika, Forcierung der wirkstoffbasierten Verschreibung, Spannensenkungen für Arzneimittelgroßhandel und Apotheken),
– Kostensenkungen durch die verbesserte Koordination im Bereich des regionalen und überregionalen Rettungswesens,
– umfassende, d. h. vollständige, Umsetzung des LKF-Systems im Krankenhaus. Bis zur Umsetzung dieser Maßnahme sollen die Beiträge der KV-Träger an die Landesfonds auf dem derzeitigen Niveau eingefroren werden,
– Senkung der KV-träger-internen Verwaltungskosten durch Reorganisationsmaßnahmen, insbesondere im Bereich IT-Kosten.[30]

---

30 Vgl. zur Darstellung des Sozialpartnervorschlages und dessen Würdigung im Lichte einer »Gesundheitsfinanzierung aus einer Hand« Theurl: Gesundheitsfinanzierung aus einer Hand. S. 74–87.
31 Vgl. Obinger, Tálos: Sozialstaat Österreich zwischen Kontinuität und Umbau. S. 120ff.
32 Vgl. ausführlich dazu Immergut: Institutions, Veto Points and Policy Results. S. 391–416.
33 Vgl. ausführlich dazu Jeremy Hurst: Effective Ways to Realise Policy Reforms in Health Systems. OECD Health Working Papers. No. 51. 2010.
34 Obinger, Tálos: Sozialstaat Österreich zwischen Kontinuität und Umbau. S. 120ff.

Im Zuge der Verhandlungen mit den wichtigsten »Stakeholdern« im Gesundheitswesen – insbesondere der Ärzteschaft – wurden einzelne Bausteine des ursprünglichen Reformentwurfes modifiziert. Trotzdem scheiterten die Reformgespräche und praktisch simultan mit dem Scheitern wurde die Große Koalition »Gusenbauer-Molterer« politisch für beendet erklärt und Neuwahlen wurden ausgerufen. Die Gesundheitspolitik der Kabinette Schüssel I und II, aber auch die Regierungszeit Gusenbauer-Molterer waren geprägt durch den Fokus der Gesundheitspolitik auf die regionale Integration. Im Sozialpartnerpapier wechselten zwar die Akteure, die Sozialpartner kehrten auf die gesundheitspolitische Bühne zurück, der Integrationsgedanke wurde aber grundsätzlich beibehalten. Der Anker der Integration wurde dabei in der Finanzierung aus einer Hand gesehen. Der Vorschlag der Sozialpartner, die *eine Hand*, aus der das Gesundheitswesen allein finanziert und gesteuert werden soll, bei einem Gremium der Sozialpartner anzusiedeln, bedeutete ohne Zweifel einen Bruch mit der jüngeren Entwicklung im österreichischen Gesundheitswesen, die durch das Bemühen gekennzeichnet war, das Gesundheitswesen eher regional bzw. territorial zu steuern.

In den Folgejahren 2009/10 wurde der Integrationsgedanke politisch wieder weitgehend an den Rand geschoben. Die Gesundheitspolitik wurde mehr oder weniger erfolgreiche Kassensanierungspolitik, der Fokus auf das Gesamtsystem ging weitgehend verloren. Inwieweit die Ermöglichung neuer Formen der Organisation ärztlicher Tätigkeit die Effizienz an den Schnittstellen von ambulantem und stationärem System und innerhalb des ambulanten Systems erweitern wird, ist derzeit noch weitgehend offen. Erst in der zweiten Hälfte des Jahres 2010 bzw. im Frühjahr 2011 wird wiederum eine integrierte Initiative zwischen allen wichtigen »Stakeholdern« gestartet. Die Stoßrichtung dieser Reformen erscheint insgesamt wenig ambitiös. Im Zentrum der Überlegungen steht die Verankerung einer geteilten Kompetenz zwischen Bund und Bundesländern, wobei sich diese Teilung primär auf den stationären Sektor beziehen soll. Dem langjährigen Betrachter des österreichischen Gesundheitswesens bleibt unklar, worin dabei die institutionelle Innovation bestehen soll, denn diese geteilte Zuständigkeit ist längst verfassungsmäßig und legistisch verankert.

7. Resümee

Ein gesamthaftes Urteil über die Gesundheitspolitik der Kabinette Schüssel I und II fällt differenziert aus und muss mehrere Aspekte berücksichtigen. Es ist Obinger/

---

35 Tuohy: Accidental Logics.
36 Vgl. dazu Theurl: Gesundheitsfinanzierung aus einer Hand.

Tálos in ihrer Meinung voll beizupflichten, dass sich insbesondere im Hinblick auf die Qualität der Entscheidungprozesse das Kabinett Schüssel I deutlich vom Kabinett Schüssel II unterscheidet. Das hohe Handlungstempo, die Nicht-Einbindung bisheriger Verhandlungspartner sowie die asymmetrische Informationsverteilung zwischen politischen Repräsentanten und der Bürokratiespitze in den relevanten Ministerien führten in der Phase des Kabinetts Schüssel I zu zahlreichen Verwerfungen (Stichworte: Ambulanzgebühr, Neuordnung des Ausgleichsfonds) und lassen einen integrierten Reformansatz weitgehend vermissen. Die Reformen in dieser Phase scheiterten weniger am Widerstand von Veto-Spielern mit wirksamen »Veto Points« wie z. B. der Ärzteschaft oder der Bundesländer. Sie lassen vielmehr viele Elemente, die einen erfolgreichen politischen Reformprozess im Gesundheitswesen begünstigen (z. B. empirische Evidenz über die Vorteile der Reform, adäquate Institutionen zur Entscheidungsunterstützung und -implementierung, politische Führerschaft, ein Anreizsystem für die Implementierung von Reformprozessen) vermissen. Im Gegensatz dazu wurde das zentrale Reformdokument des Kabinetts Schüssel II – das Gesundheitsreformgesetz 2005 in Kombination mit dem Finanzausgleichsgesetz 2005 – mit den anderen gebietskörperschaftlichen Ebenen der Bundesländer und Gemeinden ausverhandelt. Für die »Weiterentwicklung« des Gesundheitswesens hat dieses Reformvorhaben trotz weitgehender Nicht-Implementierung Signalfunktion.

Was die Absicherung von Krankheitsrisiken betrifft, wurden in der Regierungszeit Schüssel keine Initiativen gesetzt, die zum bisher praktizierten System einer solidarischen Gesundheitsversorgung grundsätzlich im Widerspruch standen. Sie waren also in dieser Hinsicht als evolutionär zu klassifizieren. Österreich hob sich damit vom internationalen Reformkontext ab, der diesbezüglich durch die Verstärkung der Wahlfreiheit der Versicherten und die Implementierung von Wettbewerb zwischen den Versicherungsträgern bei solidarischer Finanzierung gekennzeichnet war. Wenn man einerseits die Schwierigkeiten und Kosten ins Kalkül zieht, die die Maßnahmen zur Verhinderung von »cream skimming« im Versicherungswettbewerb verursachen (Stichwort: Risiko-Struktur-Ausgleich), und andererseits die hohen Hürden interessenpolitischer und ökonomischer Natur für ein selektives Kontrahieren mit Leistungsanbietern in der Schweiz und in Deutschland berücksichtigt, dann handelte es sich angesichts der österreichischen Ausgangslage (Stichwort: Struktur der Kassenlandschaft) um eine ökonomisch durchaus nachvollziehbare Entscheidung. Allerdings wäre es dann konsequent gewesen, einen alternativen Weg konsequent zu verfolgen (z. B. stärkere Harmonisierung des Beitrags- und Leistungsrechtes). Es gibt Indizien dafür, dass die Kostenbeteiligung im Zeitraum 2000–2006 leicht zugenommen hat. Obinger/Tálos orteten in manchen Teilbereichen eine »Pfadabweichung von tradierten Gestaltungsprinzipien der Sozialversicherung«. So etwa in der Abkehr von der paritätischen Finanzierung, in der teilweisen Abkehr vom Prinzip der beitragsfreien Mitversicherung, in der Zunahme der Selbstbehalte und in Finanzierungsverschiebungen zwischen gesellschaftlichen Gruppen. Es gibt Indizien (Zunahme der Wartezeiten im Gesundheitswesen, Ausbau des privaten Sektors in der stationären Versorgung), dass diesbezüglich Verschiebungen stattgefunden haben. Systematische Zeitverlaufsanalysen fehlen allerdings.

Das Kernstück der Gesundheitsreform der Kabinette Schüssel I und II war die Gesundheitsreform 2005. Sie kann als Weiterführung der Krankenhausreform 1997 in Richtung auf eine stärker (regional) integrierte Gesundheitsversorgung begriffen werden. Die gewählte Strategie erscheint prinzipiell als eine sinnvolle Alternative zum Modell der Versicherungspflicht mit Versicherungswettbewerb, wie es in anderen Staaten (Deutschland, Niederlande, Schweiz) verwirklicht wurde. Versorgungspolitisch war dieser Reformvorstoß – wenn man von diversen Begleitregelungen (Qualitätsgesetz) absieht – weitgehend wirkungslos. Dies ist auch dem Umstand geschuldet, dass viele Details dieser Reform notgedrungen offenbleiben mussten. Das Reformvorhaben hat aus dieser Sicht keinen Point of no Return, aber eine argumentative Basis für »Weiterentwicklungen« geschaffen.

Die Gesundheitsreform 2005 ist in ihrer Endausbaustufe nicht mehr evolutionär, sondern bedeutet einen grundlegenden Systemwechsel. Für dessen Beurteilung gibt es nur mehr beschränkt Unterstützung durch empirische Evidenz aus anderen Gesundheitssystemen oder Modellsimulationen. Dieses Manko kann nur durch »Political Leadership« ausgeglichen werden. Die Reformvorschläge in der Folgezeit bzw. deren politisches Schicksal (siehe die Ausführungen in Abschnitt 6) haben gezeigt, dass die »Windows of Opportunity« im Sinne von Tuohy nur selten mit der notwendigen »Political Leadership« zusammenfallen.

Heute – im Jahr 2011 – sind die Wege der Integration des Gesundheitswesens nach wie vor weitgehend offen. Aus ökonomischer Sicht ist festzuhalten, dass sowohl die territorial-föderalistische Steuerung (Bund/Bundesländer) als auch die funktional-föderalistische Lösung der Finanzierung und Steuerung aus einer Hand (Steuerung Bund/Sozialversicherung) geeignet erscheinen, die technologische Effizienz des Gesundheitswesens zu steigern. Für beide Optionen gilt auch, dass sie – unabhängig von der konkreten Ausformung – das Kräftespiel im österreichischen Gesundheitswesen grundlegend verändern werden. Dies gilt insbesondere für die Position der Ärzteschaft. Diese würde von der Stellung einer Monopolistin in einer bipolaren Marktsituation in die Konstellation eines Nachfragemonopols wechseln und damit deutlich geschwächt werden. Im Weiteren gilt, dass weder die angedachte Sozialversicherungsholding noch Institutionen auf der Bundesländerebene First-Best-Institutionen für eine Finanzierung aus einer Hand sind. Die territorial-föderalistische Lösung ist mit dem Problem konfrontiert, dass die österreichischen Bundesländer keine optimalen Steuerungsgebiete für das Gesundheitswesen sind und daher der Anteil der Versorgung, der aus ökonomischen Gründen sinnvollerweise bundesländerübergreifend organisiert werden sollte, groß ist und entsprechende Internalisierungskontrakte horizontaler Natur zwischen den Bundesländern notwendig sind. Es ist auch unbestritten, dass wichtige Festlegungen im österreichischen Gesundheitswesen in jedem Fall auf Bundesebene anzusiedeln sind. Aus ökonomischer Sicht ist zu wünschen, dass langfristig die »Beggar-my-Neighbour-Policy« zwischen den territorial-föderalistischen und den funktional-föderalistischen Akteuren zugunsten eines Modells, welches die integrierte Sicht der Patientengesundheit in der Gesundheitsversorgung in den Vordergrund stellt, zurückgedrängt werden kann.

Peter Stachel

Die Wissenschaft- und Universitätspolitik der Regierungen Schüssel I und II

»Mehr denn je ist es notwendig, das Wissenschafts- und Bildungssystem in Österreich in seiner Gesamtheit zu verbessern. Die Behandlung der Symptome reicht nicht. Im Wissenschaftsbereich ist für eine ideologiegeleitete Parteipolitik ebenso wenig Platz wie für eine Interessenspolitik, die nur die Vorteile einzelner Gruppen im Auge hat. Symbolische Maßnahmen, Dialoggruppen und die Diskussion von Details lenken immer wieder von den Kernfragen der Forschungs- und Wissenschaftspolitik in Österreich ab. Es ist Zeit, den Weg frei zu machen für eine sachorientierte, strategische und langfristig konzipierte Forschungspolitik.«[1]

Im Jahr 2010, genau zehn Jahre nach Bildung der ersten ÖVP/FPÖ-Koalition unter Bundeskanzler Wolfgang Schüssel und Vizekanzlerin Susanne Riess-Passer, erschienen gleich mehrere Bücher, die sich mit den Ereignissen von 2000, den gescheiterten Regierungsverhandlungen zwischen SPÖ und ÖVP, der Bildung einer Kleinen Koalition aus der ÖVP und der von Jörg Haider geleiteten FPÖ und den darauffolgenden sogenannten »Sanktionen« der anderen EU-Staaten gegen Österreich beschäftigten. Zum Teil waren es die Akteure von damals selbst, die nach Abstand von einem Jahrzehnt auf die teilweise dramatischen Geschehnisse zurückblickten, woraus freilich eine implizite oder auch explizite Positionierung der Selbst-Rechtfertigung resultierte. Während aber beispielsweise die Aufzeichnungen von Wolfgang Schüssel immerhin einige Einblicke in bislang unbekannte Details boten,[2] beschränkte sich etwa ein Sammelband einstiger Pro-Sanktionen-Aktivisten mehr oder weniger auf die Wiederholung bekannter Positionen, verbunden mit der selbsterteilten Bestätigung, in allem Recht gehabt zu haben.[3] Die in analytischer Hinsicht bei Weitem aussagekräftigste Publikation erschien bemerkenswerterweise in englischer Sprache in einem US-amerikanischen Verlag: ein von österreichischen Autoren gestalteter,

---

1 Österreichische Akademie der Wissenschaften (Hg.): Wissenschaftsstandort Österreich. Ein wissenschaftliches Entwicklungsland? – Wien 2010. S. 3 (ÖAW: Forschung und Gesellschaft. 1). http://www.oeaw.ac.at/shared/news/2010/pdf/wissenschaftsstandort_oesterreich.pdf (15. 5. 2011)
2 Vgl. Wolfgang Schüssel: Offengelegt. Aufgezeichnet von Alexander Purger. – Salzburg 2009.
3 Vgl. Martin Strauß, Karl-Heinz Ströhle (Hg.): Sanktionen. 10 Jahre danach: Die Maßnahmen der Länder der Europäischen Union gegen die österreichische Regierung im Jahr 2000. – Innsbruck/Wien/Bozen 2010.

von dem an der University of New Orleans tätigen österreichischen Historiker Günter Bischof und dem Innsbrucker Politikwissenschaftler Fritz Plasser herausgegebener Sammelband mit dem Titel »The Schüssel Era in Austria«[4]. Eine zentrale Grundthese, die sich durch die meisten Beiträge dieses Bandes zieht, lautet, dass – ganz unabhängig von politischen Tabus und Sanktionspolitik – die wenigen Jahre der Regierungen Schüssel I und II von einer ausgeprägten und teilweise auch recht nachhaltig umgesetzten Reformorientierung geprägt waren. In einer traditionell strukturkonservativ eingestellten Gesellschaft wie der österreichischen war dies eine bemerkenswerte Neuorientierung, wobei die Umsetzung der Reformschritte teilweise aus taktischem Kalkül in auffallendem Tempo passierte (»speed kills«). Dass bei der eingeschlagenen Geschwindigkeit inhaltlich nicht immer alles gründlich durchdacht war, lässt sich allerdings ebenso wenig bestreiten, wie der Umstand, dass auch in vielen anderen Ländern eine zeitgenössische politische Rhetorik, die eine »Reform«-Terminologie allzu oft als bloßes Synonym für einen Mix aus Leistungskürzungen und Beitragserhöhungen missbraucht, zunehmend auf nachvollziehbares Misstrauen stößt. »In der Praxis«, so ein »Wörterbuch der politischen Sprache in Österreich«, »wird dieser Begriff (Reform) (…) inflationär verwendet.«[5] Noch drastischer drückt dies der österreichische Philosoph Konrad Paul Liessmann aus: »Das abstrakte Bekenntnis zur Reform an sich ist die alles umfassende politische Ideologie unserer Tage geworden.«[6]

Auch im Bereich der Wissenschafts-, Forschungs- und Universitätspolitik wurde in den Jahren der Schüssel-Regierungen massiv reformiert. Allerdings kann gerade hier wohl kaum von einem davor gegebenen »Reformstau« gesprochen werden, viel eher von einem Übermaß an seit Anfang der 1970er-Jahre in rascher Folge umgesetzten Reformen, von einer »Reform in Permanenz« als oberstem Leitprinzip. So war erst im Jahr 1993, unter dem damaligen Wissenschaftsminister Erhard Busek (ÖVP) in einer von Franz Vranitzky (SPÖ) geleiteten Großen Koalition, das als »Jahrhundertreform« apostrophierte »Bundesgesetz über die Organisation der Universitäten« (UOG 1993) beschlossen worden: Das Inkrafttreten dieses komplexen Gesetzeswerkes zog sich über mehrere Jahre hin. Kaum waren die Bestimmungen in Kraft getreten, stand auch schon die nächste »Jahrhundertreform« ins Haus: Das von der Regierung Schüssel I initiierte Universitätsgesetz 2002. Zwei »Jahrhundertreformen« innerhalb von gerade einmal neun Jahren.

---

4 Günter Bischof, Fritz Plasser (Hg.): The Schüssel Era in Austria. – New Orleans, LA 2010. (Contemporary Austrian Studies. 18).

5 Oswald Panagl, Peter Gerlich (Hg.): Wörterbuch der politischen Sprache in Österreich. Gesamtredaktion: Ewald Ehtreiber. – Wien 2007. S. 355f. S. 355.

6 Konrad Paul Liessmann: Theorie der Unbildung. Die Irrtümer der Wissensgesellschaft. – Wien 2006. S. 162.

Auf der politischen Organisationsebene wurden bei der Regierungsbildung 2000 das elementare und das höhere Bildungssystem und der Bereich der wissenschaftlichen Forschung einem gemeinsamen Ministerium zugeteilt, dem »Ministerium für Bildung, Wissenschaft und Kultur«. In Großen Koalitionen in Österreich sind das elementare und das höhere Bildungssystem traditionell zwei verschiedenen Ministerien zugeordnet, die im Sinne des politischen Proporzes auf die beiden Regierungsparteien SPÖ und ÖVP aufgeteilt werden: Dies galt auch für die von Viktor Klima (SPÖ) als Bundeskanzler geleitete Regierung der Jahre 1997–2000, in der Elisabeth Gehrer (ÖVP) das Ministerium für »Unterricht und kulturelle Angelegenheiten« leitete, Caspar Einem (SPÖ) jenes für »Wissenschaft und Verkehr«. Mit der Regierungsbildung 2000 übernahm Elisabeth Gehrer nun auch die Agenden des höheren Bildungs- und des Wissenschaftssystems.

Gehrer bot durch ihr forciert »volkstümliches«, gelegentlich unreflektiert bis ungeschickt wirkendes Auftreten in der Öffentlichkeit und zum Teil drastisch-markig formulierte Aussagen zu gesellschaftspolitischen Fragen – berühmt-berüchtigt wurde ihre, zumeist allerdings sinnentstellend verkürzt wiedergegebene, »Kinder statt Partys«-Aussage vom August 2003[7] – breite Angriffsflächen. Ihre politischen Gegner blieben ihr allerdings nichts schuldig und denunzierten die gebürtige Wienerin, die vor ihrer politischen Karriere hauptsächlich in Tirol und Vorarlberg als Volksschullehrerin aktiv gewesen war, aufgrund der Tatsache, dass sie als Volksschullehrerin keine universitäre Ausbildung genossen und zum Teil auch Handarbeitsunterricht erteilt hatte, in einigermaßen primitiver Weise als »Strickliesl«. Im ersten Vertrauensindex für Bundespolitiker im Jahr 2006 schnitt Elisabeth Gehrer auffallend schlecht ab; ihre Bewertung war die negativste eines Regierungsmitglieds, nur Heinz-Christian Strache (FPÖ) und Jörg Haider (BZÖ) hatten noch schlechtere Umfragewerte aufzuweisen als Gehrer.[8]

Bei Übernahme der Agenden von höherer Bildung, Wissenschaft und Forschung durch die ÖVP/FPÖ-Regierung im Jahr 2000 hatte gerade dieses Gesellschaftssegment bereits mehrere einschneidende »Sparpakete« über sich ergehen lassen müssen und konnte mit einigem Recht als finanziell chronisch unterdotiert gelten (ein krisenhafter Zustand, der sich bis heute nicht nur erhalten, sondern massiv verstärkt hat): Dies vor allem unter den Rahmenbedingungen eines kostenlosen Universitätszugangs und freier Studienwahl, beides Problemfelder, die stark ideologisch befrach-

---

7 In einem Interview mit der Tageszeitung »Die Presse« kritisierte Gehrer die jüngere Generation dafür, dass diese ihrer Aufgabe zur biologischen Reproduktion der Gesellschaft nicht in ausreichendem Maß nachkäme und damit den »Generationenvertrag« nicht erfüllen würde: »Kinder sind die beste Zukunftssicherung, darüber muss man reden. Was macht das Leben lebenswert? Etwa wenn man von Party zu Party rauscht, ist es das Single-Leben?«. In: Die Presse 23. 8. 2003.
8 Vgl. http://de.wikipedia.org/wiki/Elisabeth_Gehrer (25. 5. 2011)

tet und daher nur schwer und gegen heftigen Widerstand zu verändern sind. Die Einführung moderater Studiengebühren – die freilich die bereits davor vollzogenen finanziellen Kürzungen nicht annähernd substituieren konnten – erwies sich letztlich als nur temporär durchsetzbar, die freie Studienwahl wurde de facto unter Berufung auf »Druck der EU« in einigen Fächern abgeschafft bzw. stark eingeschränkt. Das zahlenmäßige Verhältnis von Lehrenden und Studierenden ist an österreichischen Universitäten im internationalen Vergleich jedoch bis zum heutigen Tag prekär und österreichische Universitäten schneiden auch in den diversen internationalen »Rankings«, also den Reihungen der Universitäten, deren Wert freilich ein nur sehr relativer ist, zumeist eher mäßig und zunehmend schlechter ab.

Gerade die höhere Bildungs- und die Wissenschaftspolitik der Regierungen Schüssel I und Schüssel II sind freilich auch Beispiele dafür, wie sehr der Spielraum nationaler Politik bereits durch Vorgaben der EU eingeschränkt war und ist. Einige der wichtigsten Reformschritte, so insbesondere die Umsetzung der Bologna-Kriterien (z. B. Bachelor als erster Studienabschluss, Module, Punktesystem etc.), sind Folge des europäischen politischen Rahmens, ebenso wie eines der größten Probleme der österreichischen Universitäten in den letzten Jahren: der unkontrollierbare Zustrom ausländischer, konkret deutscher Studenten, in das österreichische Universitätssystem. Die sogenannte »Autonomie« der Universitäten, die durch das Universitätsgesetz 2002 postuliert wurde, ist freilich »hausgemacht« – ebenso wie die daraus resultierenden Probleme.

Echte Autonomie oder Auslagerung von Mängelverwaltung?

Das »Bundesgesetz über die Organisation der Universitäten und ihre Studien« aus dem Jahr 2002, zumeist einfach nur »Universitätsgesetz 2002« genannt, das mit 1. Oktober 2002 bzw. mit dem studienrechtlichen Teil mit 1. Jänner 2004 in Kraft trat, bewirkte unzweifelhaft die größten Veränderungen innerhalb des höheren Bildungs- und des Wissenschaftssystems in Österreich seit den Reformen der Kreisky-Regierungen unter der damaligen Wissenschaftsministerin Herta Firnberg. In wesentlichen Punkten stellte es eine Zurücknahme der Reformmaßnahmen der 1970er dar, insbesondere was das Mitbestimmungsrecht des akademischen Mittelbaus und der Studierenden betrifft, das durch das neue Gesetz weitgehend eingeschränkt wurde.

Die zuvor unselbstständigen und teilrechtsfähigen Universitäten wurden durch das neue Gesetz zu autonomen Institutionen im Sinn von vollrechtsfähigen juristischen Personen des öffentlichen Rechts, die die Struktur ihrer Organisationseinheiten und ihre internen Abläufe selbstständig festlegen. Die Pflicht zur Finanzierung liegt jedoch weiterhin beim Staat, der zu diesem Zweck mit den einzelnen Universitäten Leistungsvereinbarungen abschließt und oberstes Kontrollorgan bleibt. Die

Finanzierung erfolgt über jeweils mehrjährige »Globalbudgets«. Als die obersten Entscheidungsträger definiert das Gesetz den teilweise politisch besetzten Universitätsrat, der die strategischen Richtlinien vorzugeben hat, das Rektorat mit dem Rektor als Vorsitzenden und zwei bis vier Vizerektoren, denen die operative Gestaltung (Entwicklungs- und Organisationsplan, Gründung oder Schließung von Studiengängen, Erteilung der Lehrerlaubnis etc.) obliegt, und den Senat, das oberste Organ in Angelegenheiten der universitären Lehre, das nach dem ursprünglichen Gesetzesentwurf zu über 50 % aus Professoren und zu 25 % aus Vertretern der Studierenden und zumindest einem Vertreter des akademischen Mittelbaus bestehen sollte; diese Regelung wurde inzwischen geändert, nunmehr sollen genau 50 % Professoren und je 25 % Mittelbau- und Studentenvertreter dem Gremium angehören. Der Rektor wird nach einer zwingend vorgeschriebenen öffentlichen Ausschreibung vom Universitätsrat aus einem vom Senat erstellten Dreiervorschlag ausgewählt; seine Funktionsperiode beträgt vier Jahre, die Wiederwahl ist möglich. Zudem bestehen an allen Universitäten weitere Verwaltungseinheiten, die beispielsweise über die Verleihung akademischer Grade und die Anerkennung von Studienleistungen entscheiden, an den verschiedenen Universitäten aber unterschiedliche Namen tragen, sowie ein vorgeschriebener »Arbeitskreis für Gleichbehandlungsfragen« und eine in Streitfällen zwischen Universitätsangehörigen entscheidende »Schiedskommission«.

Von Anfang an war die in dem Gesetz formulierte Vorstellung von »Autonomie« heftig umstritten, insbesondere wurde kritisch angemerkt, dass einige wesentliche Voraussetzungen für tatsächlich autonomes Handeln nicht gegeben seien. So wird das oberste Organ der Universitäten, der Universitätsrat, zumindest zum Teil nach parteipolitischen Maßgaben besetzt, wodurch, auch wenn Parteifunktionäre selbst nicht Mitglieder eines Rates werden dürfen, ein direktes »Hineinregieren« der politischen Parteien in die Universitäten ermöglicht wird. Auch haben die staatlichen Universitäten gemäß dem UG 2002, im Gegensatz zu den privaten Fachhochschulen, nicht das Recht, eigenmächtig Studiengebühren festzusetzen oder Zugangsbeschränkungen im Sinn einer Auswahl der Studierenden vorzunehmen, was einen gravierenden Wettbewerbsnachteil darstellt; zumindest eine Limitierung der Hörerzahl in bestimmten Studienrichtungen ist allerdings mittlerweile eingeschränkt möglich. Höchst fraglich bleibt überdies, in welchem Sinn eine Institution als autonom bezeichnet werden kann, der nicht einmal die Gebäude gehören, in denen sie untergebracht ist: Diese sind Eigentum der Bundesimmobiliengesellschaft m.b.H. (BIG), die zu 100 Prozent in staatlichem Besitz ist und im konkreten Fall, ohne an marktübliche Preise gebunden zu sein, die Mieten frei festlegen kann. Dies ist deshalb möglich, weil es für die Universitäten de facto unmöglich ist, ihre Gebäude – etwa die Hauptgebäude der Universitäten – aufzugeben und sich günstigere Immobilien zu suchen. Gerade diese Konstruktion bietet überdies ein anschauliches Beispiel politischer Propaganda: Sowohl die staatlichen Ausgaben für die Universitäten als auch die Einnahmen der BIG lassen sich als politischer Erfolg vermarkten, in Wahrheit nimmt der Staat jedoch den Universitäten schlicht mit der einen Hand wieder weg, was er ihnen mit der anderen Hand gegeben hat.

Kritiker betonten überdies von Anfang an, dass die angebliche »Autonomie« im Wesentlichen darauf hinauslaufe, in Zeiten massiver finanzieller Einschränkungen im Universitäts- und Wissenschaftsbereich die Mängelverwaltung vom Ministerium auf die Universitäten abzuschieben und damit das vermeintliche »Kaputtsparen« der Universitäten diesen selbst zu überlassen. »Autonomie«, so Konrad Paul Liessmann, »ist oft ein Euphemismus für Mängelverwaltung, die der sparsame Staat nun den Universitäten selbst überlässt, und über Budgetvereinbarungen, Wissensbilanz und europäische Vorgaben sind die Universitäten nicht nur nach wie vor der Politik ausgeliefert; über Drittmittelgeber, Akkreditierungs- und Evaluationsagenturen und Universitätsräte regieren auch zunehmend private Interessen in die Belange der Universität hinein.«[9] Fraglich ist überdies, ob die öffentlichkeitswirksam propagierte Abstellung der sogenannten »Minoritenplatz-Schleicherei« – ein deftiger Ausdruck dafür, dass Professoren mit guten Kontakten ins Ministerium stets besondere Vergünstigungen aushandeln konnten – tatsächlich umgesetzt wurde. Es wäre nicht Österreich, wenn es nicht nach wie vor für politisch gut vernetzte Personen möglich wäre, es sich zu »richten«, was selbst der maßgeblich an der Umsetzung der Reform beteiligte langjährige Sektionschef Sigurd Höllinger in einem nach seiner Pensionierung den »Vorarlberger Nachrichten« gegebenen Interview einräumen musste: Die Praxis, dass »raunzende Assistenten, intrigierende Institutsvorstände und inkompetente Studentenvertreter« mit ihren Anliegen ins Ministerium pilgern würden, gäbe es »auch jetzt noch«.[10]

Zu den massivsten, durch das UG 2002 vollzogenen Veränderungen gehört der weitgehende Abbau des Mitbestimmungsrechtes des akademischen Mittelbaus und der Studentenvertreter und die Rückkehr zu »steilen Hierarchien«, in denen die Entscheidungsmacht in den meisten wesentlichen Fragen bei der vergleichsweise kleinen Zahl an Professoren liegt. Auch wenn zweifellos eingeräumt werden muss, dass die frühere Regelung, wonach die wichtigsten Organe der Universität »drittelparitätisch« zu besetzen waren, breiten Spielraum für nicht immer sachorientierte, teilweise ideologiegeleitete Interessens- und Standespolitik bot und oftmals wichtige Entscheidungen verzögerte oder gänzlich blockierte, scheint die teilweise Rückkehr zu den Praktiken der alten »Ordinarienuniversität« auf den Rückfall in das andere Extrem hinauszulaufen. Vertreter des Mittelbaus kritisierten übrigens bereits während der Implementierung des neuen Gesetzes, dass Anfragen oder Vorschläge von

---

9 Liessmann: Theorie der Unbildung. S. 121f.
10 Sigurd Höllinger. – In: Einflüsterer für fünf Minister. – In: Vorarlberger Tageszeitung 2. 10. 2005. S. 2. Allerdings merkt Höllinger in demselben Interview an, dass sich doch »viel geändert« habe.

ihrer Seite vom Ministerium schlicht ignoriert, das neue Gesetz ohne jede Einbindung der Betroffenen einfach von oben dekretiert würde: Nicht selten wurde in diesem Zusammenhang von den Betroffenen die »Arroganz« der Ministerialbürokratie gerügt. Manche der aus dem neuen Gesetz resultierenden praktischen Probleme hätten jedenfalls durch mehr Transparenz während des Entscheidungsfindungsprozesses vermutlich vermieden werden können.

Während einerseits die Einflussmöglichkeiten der Professoren innerhalb der universitären Gremien deutlich aufgewertet wurden, wurden andererseits gleichzeitig die dienstrechtlichen Bevorzugungen der Professoren abgeschafft: Universitätsprofessoren werden nunmehr nicht mehr vom Bundespräsidenten auf Lebenszeit ernannt, sie sind vielmehr Angestellte der Universitäten, zuweilen auch nur mit zeitlich befristeten Dienstverträgen. In ähnlicher Weise wurde auch die Habilitation, also die formale Eignung für die universitäre Lehre, Einschränkungen unterworfen. Galt die so erworbene Lehrerlaubnis (Venia Legendi) zuvor in ganz Österreich, also an allen Universitäten des Landes, an denen das jeweilige Fach vertreten ist, so ist ihre Gültigkeit nunmehr auf die verleihende »Stammuniversität« beschränkt. Überdies eröffnet das neue Gesetz ausdrücklich die Möglichkeit, Habilitierten ohne festes Dienstverhältnis an einer Universität – sogenannten Privatdozenten, der Begriff wurde durch das neue Gesetz in Österreich formal eingeführt – jegliche Bezahlung für ihre Lehrtätigkeit zu verweigern: Mehrere Universitäten machen mittlerweile von dieser Möglichkeit Gebrauch. Dass damit ausgerechnet im Rahmen einer angeblich »marktwirtschaftlich« ausgerichteten Neuorientierung des Universitätssystems eine der zentralen Aufgaben der Universitäten, die akademische Lehre, nach Möglichkeit kostenlos angeboten werden soll, gehört zu den zahlreichen Widersprüchen des neuen Systems.

Eine der negativen Auswirkungen der sogenannten »Autonomie«, die freilich in diesem Fall den Universitäten selbst anzulasten ist, war die massive Aufblähung der universitären Verwaltungen auf Kosten von Lehre und Forschung. Formal konnte dabei damit argumentiert werden, dass durch die Zuweisung neuer Aufgaben an die universitären Verwaltungseinrichtungen diese vergrößert werden müssten, realiter kamen hier jedoch inneruniversitäre Machtverhältnisse zum Tragen: Die einzelnen Universitätsinstitute sind zwar die Träger der hauptsächlichen Aufgaben der Institution Universität – der akademischen Lehre und Forschung –, verwaltungstechnisch sind sie jedoch nachgeordnete Anhängsel der Universitätsverwaltungen, die sowohl, was die Entscheidungen über die Finanzen, als auch, was den internen Informationsfluss betrifft, stets am längeren Hebel sitzen und die neue »Autonomie« zuerst einmal dazu nutzten, sich selbst großzügig zu »bedienen«. Das besonders Fatale an diesem Missstand besteht darin, dass damit Weichenstellungen vorgenommen wurden, die eine langfristige Belastung der Universitätsbudgets darstellen.

Ebenfalls unter diesem Gesichtspunkt zu betrachten ist die Ausgliederung der drei Medizinischen Fakultäten in Wien, Graz und Innsbruck und ihre Umwandlung in eigene Medizinuniversitäten, die vielfach als besonderer »Schildbürgerstreich« des neuen Systems kritisiert wurden, da damit nicht nur die alte Einheit der Fakultätsordnung willkürlich aufgeben wurde, sondern durch die notwendig gewordene Neueinrichtung eigener Universitätsverwaltungen für die neuen Institutionen erhebliche zusätzliche Kosten anfielen. Die Bezeichnung »Universität« für eine monodisziplinäre Institution erscheint überdies widersinnig, da der Terminus »Universität« (von lat. *universitas*) die Gesamtheit wissenschaftlicher Fachdisziplinen und damit verbunden den interdisziplinären Austausch bezeichnete, der gerade auch für ein Fach wie Medizin eine dringende Notwendigkeit sein dürfte.

Nachvollziehbare sachliche Gründe für die Notwendigkeit der Einrichtung eigener Medizinischer Universitäten wurden übrigens kaum vorgebracht, die Ausgliederung und Neueinrichtung erfolgte im Wesentlichen ohne öffentliche Diskussion. Eines der wenigen Argumente, das genannt wurde, war die Behauptung, dass es problematisch wäre, wenn der Rektor der Wiener Universität auch Kompetenzen über das größte Spital Europas, das Wiener Allgemeine Krankenhaus, das zugleich als Uniklinikum dient, habe: Dass dieses angebliche »Problem« nicht anders als durch die – im Jahr 2004 vollzogene – vollständige Ausgliederung der Medizinischen Fakultät aus der Universität lösbar gewesen wäre, erscheint wenig glaubhaft.

Zu den kritisierten Neuerungen des UG 2002 gehörte auch die Einrichtung der Universitätsräte als einer Art Aufsichtsrat, die zugleich als politische Kontrollinstanz fungieren. Zur Hälfte werden die Mitglieder dieses Gremiums vom jeweiligen Universitätssenat gewählt, zur Hälfte von der Bundesregierung bestimmt. Dementsprechend waren in den ersten Universitätsräten hauptsächlich Personen vertreten, die der ÖVP oder der FPÖ politisch nahe standen: Insbesondere die von der FPÖ nominierten Mitglieder, die teilweise dem äußeren rechten Rand des politischen Spektrums angehörten (z. B. Mitglieder schlagender Burschenschaftsverbindungen), wurden in der Öffentlichkeit und von den Medien kritisch beurteilt. Da die Anzahl der Ratsmitglieder immer ungerade sein muss, wird ein Mitglied von den bereits ernannten Mitgliedern des Rates selbst bestimmt. Die Funktionsperiode der Mitglieder dauert fünf Jahre, eine einmalige Wiederwahl ist möglich. In § 21 Abs. 3 des Universitätsgesetzes 2002 wird als Auswahlkriterium festgelegt, dass es sich um Personen handeln soll, die »in verantwortungsvollen Positionen in der Gesellschaft, insbesondere der Wissenschaft, Kultur oder Wirtschaft, tätig sind oder waren und auf Grund ihrer hervorragenden Kenntnisse und Erfahrungen einen Beitrag zur Erreichung der Ziele und Aufgaben der Universität leisten können.«[11] Eine Geschäftsordnung wurde durch das Gesetz nicht festgelegt.

---

11 Bundesgesetz über die Organisation der Universitäten und ihre Studien. § 21 Abs. 3. http://www.ris.bka.gv.at/GeltendeFassung.wxe?Abfrage=Bundesnormen&Gesetzesnummer=20002128 (15. 5. 2011)

Kritisiert wurde nicht zuletzt auch der Umstand, dass die Kriterien der Möglichkeit einer Amtsenthebung eines Ratsmitglieds unklar definiert waren. Was anfangs nach einer eher theoretischen Frage aussah, sollte sich bald als reales Problem erweisen, als im November 2006 ein von der FPÖ nominierter Universitätsrat der Wiener Medizinuniversität durch eine Rede im Rahmen einer Veranstaltung am Grab des 1944 gefallenen Jagdfliegers der NS-Luftwaffe Walter Nowotny am Wiener Zentralfriedhof, dem kurz zuvor von der Gemeinde Wien der Ehrengrabstatus aberkannt worden war, für Aufsehen sorgte. Die Rede, die unter anderem ein Bekenntnis zu Österreich als »deutschem Staat« enthielt und in der politische Gegner pauschal als »RAF-Sympathisanten« bezeichnet wurden, führte zu einer öffentlichen Distanzierung der Wiener Medizinuniversität von ihrem Universitätsrat und – nach einigem Zögern – zur Abberufung der betreffenden Person durch Ministerin Gehrer, da deren Aussagen eine »schwere Pflichtverletzung« darstellten und geeignet wären, »den Ruf der medizinischen Universität zu schädigen«.[12] Der Betroffene brachte gegen diese Entscheidung eine Beschwerde beim Verfassungsgerichtshof wegen Einschränkung des Rechtes auf freie Meinungsäußerung und dem Vorenthalten eines fairen Verfahrens ein, die im April 2008 in allen Punkten abgewiesen wurde.[13]

Die im Gesamtzusammenhang der Bestimmungen des UG 2002 eher nebensächliche Affäre belegt allerdings die Problematik der relativ unkontrollierten Vergabe der Posten in den Universitätsräten durch die Regierung, de facto also durch die politischen Parteien. Der Befund lässt sich dahingehend verallgemeinern, dass die Universitätsreform nach dem Motto »speed kills« übereilt und ohne Einbeziehung der Betroffenen durchgezogen wurde, woraus eine Reihe von Mängeln resultierte, die mittlerweile mehrere Novellierungen des UG 2002 notwendig gemacht haben.

Das Reizthema: Die Einführung von Studiengebühren

Die zahlreichen von den Regierungen Schüssel I und II initiierten Reformen wurden in der österreichischen Öffentlichkeit breit und meist sehr kontroversiell diskutiert. Dies traf gerade auch auf die Reformen im höheren Bildungssystem und in der Forschungslandschaft zu, wobei allerdings häufig – angesichts der eher geringen Sachkenntnis mancher Kommentatoren – ein teilweise eher plakativer Diskussionsstil vorherrschte. Das vermutlich am heftigsten diskutierte Reizthema war dabei die

---

12 Zit. nach Med-Uni-Rat Pendl wird abberufen. – In: Der Standard 29. 12. 2006. http://derstandard.at/2659124 (20. 5. 2011).
13 Vgl. Abberufener Uni-Rat Pendl blitzte bei Verfassungsgerichtshof ab. – In: Der Standard 18. 4. 2008. http://derstandard.at/3307452 (20. 5. 2011).

Einführung von Studiengebühren[14] an den staatlichen Universitäten mit dem Wintersemester 2001/02: Um zu verstehen, dass Studierende, die seit den 1970er-Jahren kostenlos die Universität besuchen konnten (davor hatte es Studiengebühren gegeben), nunmehr 5.000 Schilling bzw. 363,36 Euro pro Semester entrichten mussten, bedurfte es keines besonderen Einblicks in die Probleme der österreichischen Universitätslandschaft. So wurden anhand dieser im Gesamtzusammenhang der Wissenschafts- und Forschungspolitik eher nebensächlichen Thematik grundsätzliche Diskussionen über Wert oder Unwert der Reformmaßnahmen geführt. Insbesondere die gesetzliche Vertretung der Studierenden an Österreichs Universitäten, die Österreichische Hochschülerschaft (ÖH), machte die Studiengebühren und ihre angestrebte Wiederabschaffung zu ihrem zentralen Thema, wodurch andere Fragen, etwa die nach der Qualität der Lehre, in den Hintergrund rückten. Immerhin hätten die Studiengebühren ja auch die Möglichkeit eröffnet, die breitere Öffentlichkeit – die für dieses Anliegen der ÖH wenig Verständnis zeigte – auf die Mangelhaftigkeit der nunmehr gegen Bezahlung erbrachten Leistungen der Universitäten (schlechtes zahlenmäßiges Verhältnis zwischen Lehrenden und Studierenden, Studienverlängerung durch Wartezeiten auf Labor- oder Seminarplätze) zu sensibilisieren.

Die eingehobenen Gebühren kamen direkt dem Budget der jeweiligen Universität zugute, dennoch waren die realen finanziellen Zugewinne im Rahmen der Gesamtbudgets eher gering und konnten die davor vorgenommenen finanziellen Einschnitte im Wissenschaftsbudget nicht ausgleichen. Den höchsten Betrag nahm – als die Universität mit der weitaus höchsten Zahl an Studierenden – die Universität Wien ein (im Kalenderjahr 2007: 44,5 Mio. Euro), entsprechend geringer waren die Beträge an den anderen Universitäten (Innsbruck 14,3 Mio.; Graz 13,5 Mio.; WU Wien 13,3 Mio.; bis hinunter zur Universität für künstlerische und industrielle Gestaltung Linz und der Akademie der Bildenden Künste Wien mit gerade einmal je 600.000 Euro). Insgesamt wurden im Kalenderjahr 2007 von allen Österreichischen Universitäten zusammen 149,2 Mio. Euro an Studiengebühren kassiert. Zwei Jahre davor war die Zahl noch um rund 10 Mio. Euro geringer gewesen.[15]

Dieser Anstieg der Zahl der Gebührenzahler verweist auf einen mit der Einführung der Gebühren angestrebten, jedoch nur kurzfristig wirksamen Lenkungseffekt. Durch die Einführung der Studiengebühren sollten sogenannte »Karteileichen«, also Langzeitstudenten ohne Studienerfolge und Pro–forma-Inskribierte, die nur auf Sozialleistungen für Studierende, etwa die Auszahlung der Familienbeihilfe, abzielten, eliminiert werden. Wie hoch der Anteil an derartigen Scheininskribierten tatsächlich war, bleibt unklar, immerhin waren viele dieser Leistungen im Zuge der

---

14 Vgl. Richard Sturn, Gerhard Wohlfahrt: Der gebührenfreie Hochschulzugang und seine Alternativen. – Wien 1999.
15 Vgl. Der Standard 28. 8. 2008. S. 8.

vorangegangenen »Sparpakete« bereits gestrichen worden. Dass derartige Überlegungen jedoch nicht ganz von der Hand zu weisen waren, belegt der Umstand, dass die Zahl der an österreichischen Universitäten Inskribierten durch die Einführung der Studiengebühren kurzfristig tatsächlich um immerhin fast 20 %, von 227.948 auf 182.805, zurückging, um jedoch in den darauffolgenden Jahren sukzessive wieder anzusteigen.[16] Daran hatten nicht zuletzt die »Numerus-clausus-Flüchtlinge« aus Deutschland erheblichen Anteil.

Die konkreten Umstände der Einführung der Studiengebühren – soweit sie sich rekonstruieren lassen – geben auch Einblick in die Dominanz fiskalpolitischer gegenüber bildungspolitischen Überlegungen. Es handelte sich dabei um eine Ad-hoc-Maßnahme: Weder im Koalitionsabkommen zwischen ÖVP und FPÖ von 2000 noch in einer von der neuen Regierung in Auftrag gegebenen Studie zur »Überprüfung von öffentlichen Ausgaben auf Treffsicherheit und Verteilungsgerechtigkeit«[17] war von der Einführung von Studiengebühren die Rede gewesen. Auch aus den Aussagen der Ministerin Elisabeth Gehrer ließ sich zumindest keine eindeutige Präferenz für die Einführung von Studiengebühren ablesen: 1996 hatte sie sich, damals noch »nur« für den Elementarschulbereich zuständig, skeptisch zur Frage der Einführung von Studiengebühren geäußert, jedoch weniger aus grundsätzlichen als aus taktischen Erwägungen, da ihrer Meinung nach dadurch eine Art »Glaubenskrieg« ausgelöst werden konnte.[18] Später, etwa am Rande des Europäischen Forums in Alpbach 1997, schlug sie sozial gestaffelte Studiengebühren vor, um im Juli 2000 in einem Interview mit dem Wochenmagazin »Profil« die Möglichkeit von Studienbeiträgen »aber nur für Seniorenstudenten und Studierende, die einen zweiten Titel anstreben«[19] in den Raum zu stellen. Je nach Sichtweise mag man diese Aussagen als vorsichtig oder als widersprüchlich beurteilen.

Am 15. September 2000, vier Tage vor einer Ministerratssitzung, wurde die nunmehr zuständige Ministerin Elisabeth Gehrer in einem Treffen mit Bundeskanzler Schüssel, Wirtschaftsminister Bartenstein und Finanzminister Grasser darüber informiert, dass ein Entschluss zur Einführung von Studiengebühren gefallen sei. Die widerstrebende Ressortministerin soll dabei von Finanzminister Karl-Heinz Grasser gar mit der Drohung einer Kürzung ihres Budgets um zwei Milliarden Euro unter

---

16 Vgl. Josef Leidenfrost: The Demise of »Minoritenplatz-Schleicherei«: Eighty-Four Month of Wende Higher Education Policy in Austria. – In: Bischof, Plasser (Hg.): The Schüssel Era in Austria. S. 283–319. S. 297.
17 Vgl. Wolfgang Mazal: Erhöhung der Treffsicherheit des Sozialsystems. – In: Österreichisches Jahrbuch für Politik (ÖJP) 2000. – Wien 2001. S. 161–178. In dieser nachträglich veröffentlichten Zusammenfassung seiner eigenen Studie aus dem Jahr 2000 führt der Verfasser aus, dass er von der Einführung der Studiengebühren überrascht worden sei.
18 Vgl. Gehrer will Kampf gegen Mentalität des Nulltarifs. – In: Die Presse 25. 6. 1996. S. 8.
19 Hans Haider: Elisabeth Gehrer. Reportage eines politischen Lebens. – Wien 2008. S. 100.

Druck gesetzt worden sein, worauf die sich düpiert und manipuliert fühlende Gehrer kurzfristig sogar ihren Rücktritt erwogen habe.[20] Bereits am 19. September 2000 wurde vom Ministerrat die Einführung von Studiengebühren beschlossen und anschließend gemeinsam von Bundeskanzler Wolfgang Schüssel und Vizekanzlerin Susanne Riess-Passer im Pressefoyer nach dem Ministerrat den Vertretern der Medien verkündet. Elisabeth Gehrer nahm an dieser Pressekonferenz nicht teil, sie hatte das Bundeskanzleramt bereits davor – wie von einigen Medien süffisant vermerkt wurde – über die Hintertreppe verlassen.[21] Andere Medien konstatierten nicht zu Unrecht den »überfallsartigen« Charakter des Beschlusses.[22] In einem Interview in der »Zeit im Bild« desselben Tages erklärte Gehrer ihren vorzeitigen Abgang aus dem Kanzleramt allerdings mit terminlichen Verpflichtungen und stellte sich nunmehr – nolens volens – hinter den Ministerratsbeschluss, indem sie unter anderem auf den Umstand, dass die meisten Fachhochschulen und Privatuniversitäten sehr viel höhere Gebühren einheben würden, und auf die »moderate Höhe« der Gebühren an staatlichen Universitäten bei vorhandenen Stipendienmöglichkeiten verwies.[23]

Gehrers früher geäußerte Befürchtung, dass durch die Einführung von Studiengebühren eine Art »Glaubenskrieg« ausgelöst werden könnte, sollte sich als berechtigt erweisen: Das Thema »Studiengebühren« dominierte die bildungspolitischen Diskussionen über Jahre hinweg. Die Österreichische Hochschülerschaft, die – teilweise mit aktiver Unterstützung von Universitätsangehörigen – zahlreiche Protestkundgebungen organisierte, ging so weit, der Regierung internationalen Vertragsbruch vorzuwerfen, da sich die Republik Österreich durch Unterzeichnung des »Internationalen Pakts über wirtschaftliche, soziale und kulturelle Rechte« von 1978 zu einem kostenlosen Hochschulzugang verpflichtet habe: Tatsächlich ist jedoch in Artikel 13 dieses Vertrags nur der kostenlose Zugang zur Grundschulbildung als »Muss-Regelung« behandelt, in Bezug auf die Hochschulbildung ist dagegen wesentlich weicher formuliert davon die Rede, dass »auf jede geeignete Weise, insbesondere durch allmähliche Einführung der Unentgeltlichkeit« der Zugang zur Hochschulbildung zu fördern sei; ein Passus, gegen den mehrere Unterzeichnerstaaten, allerdings nicht Österreich, in der Präambel des Vertrags Einwände erhoben und der definitiv nicht in allen Unterzeichnerstaaten umgesetzt ist.[24] Ein einklagbarer Anspruch auf kostenloses Universitätsstudium ist daraus wohl nicht ableitbar. Jedenfalls begleitete die

---

20 Vgl. ebd. S. 100f.
21 Vgl. Wenn eine Ministerin über die Hintertreppe flüchtet – In: Kurier 20. 9. 2000. S. 2.
22 Vgl. Studiengebühren kommen überraschend – In: Wiener Zeitung 20. 9. 2000. S. 1.
23 Als detaillierte Darstellung dieser Ereignisse mit Nennung zahlreicher Quellen vgl. Leidenfrost: The Demise of »Minoritenplatz-Schleicherei«. S. 295–298.
24 Vgl. Internationaler Pakt über wirtschaftliche, soziale und kulturelle Rechte. Fassung vom 23. 5. 2011. http://www.ris.bka.gv.at/GeltendeFassung.wxe?Abfrage=Bundesnormen&Gesetzesnummer=10000629 (23. 5. 2011)

zeitweilig recht hitzig geführte Diskussion über das Reizthema Studiengebühren die Regierungen Schüssel bis ans Ende ihrer Amtszeit.

Das Scheitern der SPÖ/ÖVP-Koalitionsregierung (Bundeskanzler Alfred Gusenbauer, SPÖ; Vizekanzler Wilhelm Molterer, ÖVP) im Juli 2008 führte schließlich zur De-facto-Abschaffung der Studiengebühren.[25] Die SPÖ hatte bereits im Wahlkampf für die Nationalratswahlen 2006 deren Abschaffung versprochen, war aber im Zuge der Regierungsbildung mit dieser Absicht am Widerstand des Regierungspartners ÖVP gescheitert; in der Folge wurde die Bundesparteizentrale der SPÖ in Wien kurzzeitig von protestierenden Studenten besetzt. Mit den Stimmen der Abgeordneten von SPÖ, Grünen und FPÖ, gegen die Stimmen der ÖVP- und BZÖ-Mandatare, wurde die Regelung schließlich nach nur sieben Jahren Gültigkeit in der Parlamentssitzung vom 24. September 2008 gekippt. Der Umstand, dass dieser Beschluss gerade vier Tage vor der anstehenden Nationalratswahl gefasst wurde, belegt einerseits den populistischen Charakter der Maßnahme, andererseits aber auch das erwartete Mobilisierungspotenzial des Themas Studiengebühren. Die ÖVP brachte, im Vertrauen darauf, dass breite Bevölkerungsschichten den Studiengebühren keineswegs ablehnend gegenüber stünden, in derselben Parlamentssitzung einen Entschließungsantrag für eine Volksabstimmung über die Studiengebühren ein, der jedoch in offener, namentlicher Abstimmung keine parlamentarische Mehrheit fand. Mit dem Sommersemester 2009 waren die Studiengebühren de facto abgeschafft. Unmittelbaren Nutzen konnte die SPÖ aus der Abschaffung der Studiengebühren beim Wähler ebenso wenig ziehen, wie die ÖVP durch ihr Beharren auf Beibehaltung derselben: Beide Parteien erlitten bei der Nationalratswahl 2008 schwere Verluste und erreichten jeweils ihr schlechtestes Wahlergebnis in der Geschichte der Zweiten Republik.

In den folgenden Jahren sprachen sich die von der ÖVP gestellten Ressortminister Johannes Hahn, Beatrix Karl und Karlheinz Töchterle wiederholt für die Wiedereinführung der Gebühren aus, wobei sie teilweise auch Unterstützung von Vertretern der Universitäten erhielten: Realistische Aussichten auf eine parlamentarische Mehrheit für eine Wiedereinführung der Gebühren bestand jedoch bislang zu keinem Zeitpunkt. Umstritten ist mittlerweile allerdings die Frage, ob es rechtlich gesehen Teil der universitären Autonomie sein könnte, dass die einzelnen Hochschulen eigenmächtig Studiengebühren einführen. Mutet es einerseits einigermaßen skurril an, dass in Österreich Kindergartenplätze und Volkshochschulkurse gebührenpflichtig sind, eine jegliche akademische Ausbildung an einer Universität dagegen gratis

---

25 Formal wurden die Gebühren nicht vollständig abgeschafft, de facto sind aber nur mehr bei deutlicher Überschreitung der Regelstudienzeiten ohne Vorliegen nachvollziehbarer sozialer Gründe Gebühren zu entrichten. Im Juli 2011 wurde diese Regelung vom Verfassungsgerichtshof wegen »Unklarheit« als verfassungswidrig aufgehoben.

sein müsse, so ist doch auch festzuhalten, dass allein durch die Wiedereinführung von Studiengebühren das grundlegende Problem der massiven Unterfinanzierung der Universitäten nicht einmal ansatzweise gelöst werden könnte (zumindest solange die Höhe dieser Gebühren einigermaßen moderat gestaltet würde).

Die »anderen Universitäten«: Private Fachhochschulen

In ihrer nach dem Beschluss zur Einführung von Studiengebühren formulierten Argumentation berief sich Ministerin Gehrer unter anderem auch darauf, dass privat betriebene Hochschulen in Österreich teilweise Gebühren verlangten, die weit über den staatlichen Gebühren lagen. Die Erteilung höherer Bildung an Hochschulen und Universitäten war in Österreich die längste Zeit Privileg des Staates; noch dazu ein eifersüchtig gehütetes Privileg, wie die Diskussionen um die von Finanziers um George Soros gegründete »Central European University« Ende der 1980er-Jahre belegen, als eine Zeit lang auch Wien als möglicher Standort in Diskussion war. Damals wurde die Möglichkeit einer privat betriebenen Universität auf österreichischem Boden noch kategorisch ausgeschlossen – die international höchst angesehene Institution hat ihren Standort heute in Budapest –, bereits wenige Jahre später hatten sich die Rahmenbedingungen aber gründlich geändert.

Im Jahr 1990 fasste die damalige österreichische Bundesregierung (Kabinett Vranitzky II, Wissenschaftsminister Erhard Busek) den Grundsatzbeschluss, in Hinkunft die Einrichtung privater Universitäten und Fachhochschulen zuzulassen. Der rechtliche Rahmen dafür wurde mit dem Fachhochschul-Studiengesetz (FHStG), das am 1. Oktober 1993 in Kraft trat, geschaffen, bereits im Studienjahr 1994/95 wurden die ersten zehn Studiengänge eingerichtet, an denen knapp 700 Personen ein Studium begannen. Im Regelfall handelt es sich bei den entsprechenden Institutionen um GmbHs, privatrechtliche Vereine oder Privatstiftungen. Die staatliche Anerkennung von an privatrechtlich organisierten Hochschulen erworbenen akademischen Abschlüssen ist abhängig von der Akkreditierung der jeweiligen Institution durch den staatlichen Fachhochschulrat, der akademisches Dumping (gekaufte »Billig-Abschlüsse«) verhindern soll. Mindestvoraussetzung für eine Akkreditierung ist die Einrichtung von zumindest zwei Studiengängen. Keineswegs alle privaten Einrichtungen, die in Österreich Studiengänge anbieten, sind als Fachhochschulen im rechtlichen Sinn anerkannt. Offiziell anerkannte Privathochschulen erhalten im Übrigen auch vom Staat finanzielle Zuwendungen, deren Höhe sich an der Anzahl der Studienplätze orientiert.

Die besondere Förderung des Ausbaus des privaten Fachhochschulsystems war eine der deklarierten Zielsetzungen der Bildungspolitik der Regierungen Schüssel, entsprach sie doch in der Theorie dem Ziel einer wirtschaftsnahen Ausbildung und einer Autonomisierung des Hochschulsystems. Überdies wurde Privathochschulen von Anfang an das zugestanden, was sich an den staatlichen Universitäten bislang nicht als dauerhaft durchsetzbar erwiesen hatte: die Auswahl der zum Studium Zugelassenen durch die Universität und die Einhebung von Studiengebühren. Im Wintersemester 2005/06 belegten bereits über 25.000 Personen einen der mehr als 200 Studiengänge an einer der damals 18 Privatuniversitäten. Die ursprünglich mit dem Fachhochschulstudiengesetz verbundenen Hoffnungen, dass sich verstärkt internationale Anbieter in Österreich engagieren würden, haben sich allerdings nur teilweise erfüllt. Realiter überwiegen kleine Einrichtungen mit sehr spezialisiertem und eingeschränktem Studienangebot. Dem Anspruch nach sollen Studiengänge an privaten Hochschulen besonders praxis- und wirtschaftsnah ausgerichtet sein: Dementsprechend überwiegen wirtschaftswissenschaftliche, technische und medizinische Studien sowie diverse, zuweilen vage bleibende, »Management«- und »Coaching«-Kurse; geistes-, kultur- und sozialwissenschaftliche Studiengänge werden kaum angeboten.[26]

Im Wettbewerb mit den staatlichen Universitäten haben die Fachhochschulen erhebliche Vorteile: Sie müssen weder Forschung betreiben noch künftige Lehrende ausbilden, diese wurden vor allem in den ersten Jahren zumeist unter den Absolventen staatlicher Universitäten rekrutiert. Im Gegensatz zu den staatlichen Universitäten können sich die privaten Hochschulen ihre Studierenden nach eigenem Gutdünken aussuchen und die Zahl der Studienplätze entsprechend limitieren. Im statistischen Schnitt bewerben sich 2,7 Studienwillige um einen Studienplatz an einer Privathochschule.[27] Besonders augenfällig wird dieser Wettbewerbsvorteil am Beispiel der »Paracelsus Medizinischen Privatuniversität« in Salzburg (durch die der langjährige Wunsch nach der Möglichkeit eines Medizinstudiums in Salzburg nun erfüllt ist, wenn auch auf ganz andere Weise, als sich dies die Universität Salzburg vorgestellt haben dürfte): Während die staatlichen Medizinuniversitäten von Studienwilligen überlaufen werden, hat die Paracelsus-Universität die Zahl der Studienplätze auf gerade einmal 42 pro Jahr festgelegt und kann sich ihre Studierenden nach eigenen Qualitätsvorgaben aussuchen. Diese Möglichkeit der Auswahl von Studierenden hat auch den Effekt, dass die Quote an Studienabbrechern an Privathochschulen erheblich geringer ist als an staatlichen Universitäten: Die Auswahl stellt also nicht nur ein Selektionsverfahren dar, sondern funktioniert augenschein-

---

26 Eine Ausnahme stellt die sich der Ausbildung von Musikern widmende »Privatuniversität Konservatorium Wien« dar, die allerdings nur formal den Status einer Privatuniversität hat, da sie sich im Eigentum der Stadt Wien befindet, also von der öffentlichen Hand finanziert wird.
27 Vgl. Stefan Rankl: Das Aufnahmeverfahren als Element der Qualitätssicherung im Hochschulzugang. – In: Mobilität, Durchlässigkeit und Qualität. Hg. v. d. Österreichischen Qualitätssicherungsagentur. – Wien 2010. S. 44–48. S. 44.

lich auch als Orientierungshilfe für Studienwillige.[28] Mit bedingt wird die niedrige Drop-out-Quote auch durch die eigenständige Festlegung von Studiengebühren, die oft ein Mehrfaches der zwischen 2001 und 2009 an staatlichen Universitäten eingehobenen Gebühren betragen. Kritiker merken dazu an, dass damit eine Form der »sozialen Auslese« einhergehe, sich also in der Mehrzahl nur Studienwillige aus wohlhabenden Familien ein Studium an einer privaten Institution leisten können, umgekehrt sind die privaten Hochschulen damit aber auch von der Nachfrage nach den von ihnen angebotenen Studiengängen finanziell abhängig. Einige der privaten Hochschulen verzichten allerdings auf die Einhebung von Studiengebühren, andere bieten ein System von Studienkrediten an.

Wurden anfangs die an privaten Hochschulen erworbenen akademischen Grade in der Regel noch besonders gekennzeichnet – zumeist durch ein in Klammer nachgestelltes »fh« für Fachhochschule – ist diese Differenzierung mittlerweile großteils verschwunden. Für Außenstehende ist daher im Normalfall nicht mehr ersichtlich, ob ein Studienabschluss an einer regulären staatlichen Universität oder an einer privat betriebenen Fachhochschule erworben wurde. Auch auf dem Arbeitsmarkt wird zwischen den Absolventen staatlicher oder privater Universitäten kaum mehr unterschieden: »Nach Statistiken gibt es hinsichtlich langfristiger Berufschancen im Wesentlichen keine Unterschiede zwischen einem Fachhochschulabschluss und einem Universitätsstudium.«[29] Nicht ganz so eindeutig ist der Status der fest angestellten Lehrenden an Fachhochschulen, die genau genommen als »Professor an einer Fachhochschule« bzw. »FH-Professor« zu titulieren wären, in der Öffentlichkeit aber nicht selten doch den immer noch prestigeträchtigeren Titel eines »Universitätsprofessors« führen.

Die internationalen Rahmenbedingungen: Die »schöne neue Bologna-Welt«[30]

Die umfassenden Umstrukturierungen der Wissenschafts- und Forschungslandschaft Österreichs in den Jahren der ÖVP/FPÖ(BZÖ)-Regierungen waren nicht allein »hausgemacht«, eine dominant prägende Rahmenbedingung war das Bestreben der EU, bis zum Jahr 2010 einen einheitlichen »Europäischen Hochschulraum« (European Higher Education Area; EHEA) zu schaffen. Wie in anderen Teilbereichen der

---

28 Vgl. Elisabeth Fiorioli: Bedeutung und Funktion von Auswahlverfahren im Bereich der österreichischen Privatuniversitäten. – In: Mobilität, Durchlässigkeit und Qualität. S. 49–52.
29 Panagl, Gerlich (Hg.): Wörterbuch der politischen Sprache in Österreich. – Bildungspolitik. S. 71f. S. 72.
30 Der Begriff »Brave New World of Bologna« wurde von Josef Leidenfrost geprägt. Vgl. Leidenfrost: The Demise of »Minoritenplatz-Schleicherei«. S. 303.

Politik wirkte sich auch in der Bildungs- und Wissenschaftspolitik der Regierungen Schüssel I und II die »Europäisierung« der Innenpolitik maßgeblich aus. Wesentliche Leitlinien der Wissenschafts- und Bildungspolitik waren also gewissermaßen von »außen« vorgegeben, auch eine politisch anders zusammengesetzte Regierung hätte sich wohl diesen Vorgaben unterworfen; so war beispielsweise die Novelle des Universitäts-Studiengesetzes, die unter anderem die rechtliche Voraussetzung für die Einführung des Bakkalaureats darstellte, bereits von der Vorgängerregierung (Beschluss am 1. September 1999) initiiert worden.

Nach dem Ort der Unterzeichnung der »Gemeinsamen Erklärung der europäischen Bildungsminister«[31] am 19. Juni 1999, dem italienischen Bologna, Sitz der ältesten Universität Europas (und der Welt), wird das Vorhaben der Schaffung eines »Europäischen Hochschulraums« zumeist einfach als »Bologna-Prozess« bezeichnet; die vorbereitenden Diskussionen fanden übrigens unter Ausschluss der Öffentlichkeit statt. Die Erklärung wurde von den Wissenschafts- und Bildungsministern von damals 29 europäischen Ländern unterschrieben (inzwischen haben sich ihr weitere Staaten angeschlossen), für Österreich unterzeichnete der damalige Ressortminister Caspar Einem (SPÖ). Anzumerken ist, dass es sich beim Bekenntnis zur Teilnahme am Bologna-Prozess um einen freiwilligen Schritt handelt, völkerrechtlich kommt dem Dokument keine bindende Wirkung zu, da laut EU-Recht die Wissenschafts- und Bildungspolitik in die Kompetenz der einzelnen Mitgliedsstaaten fällt: theoretisch – die Praxis sieht anders aus. Bemerkenswert ist in diesem Zusammenhang eine Formulierung der Schweizerischen Hochschulrektorenkonferenz (durch deren Generalsekretär Nägeli) zum Bologna-Dokument: »Eine institutionell nicht legitimierte Ministerrunde setzt einen rechtlich nicht bindenden europäischen Harmonisierungsprozess betreffend Studienstrukturen in Bewegung, welcher eigentlich (in den meisten Fällen) nicht in ihren Zuständigkeitsbereich, sondern in den Autonomiebereich der einzelnen universitären Institutionen fällt.«[32]

Ausgangspunkt der Erklärung war das Postulat, dass es ein »wachsendes Bewusstsein für die Notwendigkeit der Errichtung eines vollständigeren und umfassenderen Europas (gibt), wobei wir insbesondere auf seinen geistigen, kulturellen, sozialen und wissenschaftlich-technologischen Dimensionen aufbauen und diese stärken sollten«. Es gälte daher, ein »Europa des Wissens« zu schaffen, das »seinen Bürgern die notwendigen Kompetenzen für die Herausforderungen des neuen Jahrtausends

---

31 Der Europäische Hochschulraum. Gemeinsame Erklärung der Europäischen Bildungsminister. 19. Juni 1999, Bologna. http://www.bmwf.gv.at/fileadmin/user_upload/europa/bologna/bologna_dt.pdf (18. 5. 2011)

32 Zit. nach Karl-Otto Edel: Bologna und die Folgen. Anmerkungen zum Bologna-Prozeß und seiner Instrumentalisierung. – Brandenburg an der Havel 2005. S. 33. http://ids.hof.uni-halle.de/documents/t1227.pdf (14. 5. 2011)

ebenso vermitteln (kann) wie ein Bewusstsein für gemeinsame Werte und ein Gefühl der Zugehörigkeit zu einem gemeinsamen sozialen und kulturellen Raum«.[33] Vorangegangen waren dieser Erklärung die *Magna Charta Universitatum* von Bologna aus dem Jahre 1988, die *Lissabon-Konvention* vom 11. April 1997, ein von Europarat und UNESCO erarbeitetes völkerrechtlich verbindliches Abkommen zur gegenseitigen Anerkennung von Studienabschlüssen, und die Sorbonne-Erklärung vom 25. Mai 1998, die von den Bildungsministern Deutschlands, Frankreichs, Großbritanniens und Italiens unterzeichnet worden war: Darin waren bereits jene Eckpunkte der Reformen der nationalen Universitätssysteme formuliert, die sich später in der Bologna-Erklärung wiederfanden. Das höhere Bildungssystem solle europaweit vereinheitlicht werden, um die Zusammenarbeit der Institutionen und die Mobilität der Studierenden zu fördern, Studienabschlüsse sollten europaweit anerkannt werden, die Studiensysteme sollten zweistufig organisiert werden (undergraduate und graduate; wobei »graduate« wahlweise ein kürzeres Master- oder ein längeres Doktoratsstudium, mit Möglichkeiten des Übertritts von der einen zur anderen Variante, bedeuten sollte), und die Beurteilung des Studienerfolges solle anhand eines europaweit einheitlichen Punktesystems erfolgen (»European Credit Transfer and Accumulation System«; ECTS[34]). Vielfach wurde angedeutet, dass sich die hier dargelegten und im Bologna-Prozess ausformulierten Grundsätze am Vorbild des angelsächsischen, insbesondere des amerikanischen höheren Bildungssystems orientieren würden, was aber schon deshalb nur teilweise zutreffend ist, weil es ein einheitliches angelsächsisches oder amerikanisches höheres Bildungssystem in dieser Form gar nicht gibt. »Qualität«, bemerkte Konrad Paul Liessmann dazu sarkastisch, »bedeutet also heute, etwas, das man in Übersee vermutet, schlecht zu kopieren.«[35]

Der Bologna-Prozess baut auf den Grundsätzen der Sorbonne-Erklärung auf, erweiterte diese jedoch einerseits um das Postulat gemeinsamer Standards der Qualitätskontrolle und in kennzeichnender Weise um die Förderung der »Beschäftigungsfähigkeit« (neudt. *employability*) der Absolventen. Gerade dieser letzte Punkt sollte weitreichende Auswirkungen auf die Lehrpläne zeitigen, die nicht mehr auf Bildungsziele, sondern auf den Erwerb von »Fähigkeiten« und sozialen »Kompetenzen« *(skills)* abzielen, dem Postulat ökonomischer »Anwendungsorientiertheit« unterworfen und also, nach Meinung vieler Kritiker, »verschult« wurden. »Bildung wird (…) als Ware verstanden, das Studium mit einer Investition in das eigene Humankapital verbunden (und nicht etwa mit dem Ziel eines Erkenntnisgewinns).«[36] Auch wurden Kompetenzen aus dem universitären Be-

---

33 Alle Zitate nach http://www.bmwf.gv.at/fileadmin/user_upload/europa/bologna/bologna_dt.pdf
34 »And Accumulation« ist eine spätere Hinzufügung, daher die Abkürzung ECTS.
35 Liessmann: Theorie der Unbildung. S. 80.
36 Klemens Himpele, Oliver Prausmüller: »Bologna« – und weiter? – In: Kurswechsel 1/2010. S. 113–117.

reich ausgelagert und externen, meist wirtschaftsnahen Agenturen überantwortet. Im Prinzip hätte dies wohl tatsächlich auf eine arbeitsmarktnähere Form der Ausbildung an Universitäten hinauslaufen können und sollen, vielfach erwies sich die praktische Umsetzung derartiger Überlegungen jedoch als untauglich.

Weiters sollte der Europäische Hochschulraum intensiv mit dem Postulat eines »Europäischen Forschungsraums« (European Research Area; ERA) verbunden werden, an dessen Herstellung und Förderung bereits seit dem Jahr 1984 von der Europäischen Kommission mit jeweils mehrjährigen sogenannten »Rahmenprogrammen« gearbeitet wurde: Zielsetzung des ERA ist die europaweite Koordination nationaler und internationaler Forschung, eine gesamteuropäische Form der finanziellen Forschungsförderung und die Schaffung eines innereuropäischen »Marktes« für Wissenschaftler, Forschungsergebnisse und Technologien. Die Anbindung des EHEA an den ERA solle insbesondere durch die Beteiligung von Doktoratsstudenten an der aktuellen Forschung bewerkstelligt werden.

Die dem Bologna-Prozess unterworfenen Studiengänge wurden, gemäß der sogenannten »Bergen-Deklaration«[37], die allerdings nur eher allgemein gehaltene Vorschläge enthält, europaweit schließlich dreistufig aufgebaut, wobei für die beiden ersten Phasen jeweils eine bestimmte Anzahl von Credit Points (CP) zum Erwerb des Abschlusses verlangt wird: Skurrilerweise werden diese Credit Points jedoch ausdrücklich nicht als Nachweis einer erbrachten Leistung des Studierenden, sondern als Nachweis eines Arbeitsaufwands (*work load*) definiert, wobei nicht eine absolute Leistungsbeurteilung eines einzelnen Studierenden, sondern eine Reihung der eine Lehrveranstaltung erfolgreich abschließenden Teilnehmer erfolgt (relative Benotung, sogenannte ECTS-Skala). Damit wird die individuelle Beurteilung jedoch in nachgerade absurder Weise von der Qualität der Gesamtheit der positiv absolvierenden Lehrveranstaltungsteilnehmer abhängig, eine Vergleichbarkeit mit anderen Kursen oder ähnlichen Kursen an anderen Universitäten ist nicht möglich. Von einer »Leistungsbeurteilung« durch ergänzende Beifügungen wie »ausgezeichnet« oder »gut« wird ausdrücklich abgeraten, da eine solche nicht im Bewertungssystem ausgedrückt werden kann. Als Kennzahl werden 25 bis 30 Arbeitsstunden für einen Credit Point angenommen, was bei geschätzten zu erbringenden 1.500–1.800 Arbeitsstunden 60 Credit Points pro Studienjahr ergibt. Die Einführung des Credit Point-Systems wurde anfangs übrigens auch damit gerechtfertigt, dass auf diese Weise auch Studienabbrecher beim Berufseinstieg einen Leistungsnachweis erbringen könnten; eine Annahme, die wohl ins Reich der frommen Wünsche und wilden Phantasien zu verweisen ist.

---

http://www.beigewum.at/2010/02/%E2%80%9Ebologna%E2%80%9C-%E2%80%93-und-weiter/ (18. 5. 2011)

37 http://www.bologna-bergen2005.no/Docs/00-Main_doc/050520_Bergen_Communique.pdf (18. 5. 2011)

Wie diese Credit Points jeweils konkret zu erreichen sind, wurde jedoch europaweit ebenso wenig verpflichtend einheitlich festgelegt wie die Benennung der damit verbundenen akademischen Grade, die daher in verschiedenen Staaten der EU unterschiedlich ist, was zu einigen Konfusionen führt: In einigen Ländern wird die erste Stufe mit dem »Bachelor« abgeschlossen, die zweite mit dem »Master« (der in Österreich dem früheren »Magister« bzw. »Diplomingenieur« entspricht; der im deutschen Sprachraum beheimatete, international aufgrund seiner Praxisorientiertheit traditionell sehr anerkannte Titel des Diplomingenieurs wurde damit also durch einen wenig aussagekräftigen »Master of Science« [M. Sc. oder MSc] ersetzt). In Österreich wurde der erste Abschluss ursprünglich lateinisch »Bakkalaureat« genannt (Abkürzung Bakk.), 2007 schloss man sich dem internationalen Trend zur Lingua Franca Englisch an, nunmehr heißt dieser Abschluss auch in Österreich offiziell »Bachelor« (Abkürzung B.). Der akademische Grad gilt rechtlich als Teil des Personennamens, im Unterschied zu den davor üblichen akademischen Titeln wird er jedoch nach dem Familiennamen geführt. Im Anschluss an den Erwerb des Masters (Abkürzung M.) kann ein Doktoratsstudium absolviert werden, das jedoch nicht mehr anhand von Credit Points beurteilt wird, in dem aber – wie bereits vor 2000 – der Nachweis der Fähigkeit zur eigenständigen Erarbeitung wissenschaftlicher Forschungsergebnisse erbracht werden muss. Auf der europäischen Ebene des Bologna-Prozesses geht man dabei davon aus, dass Doktoranden im Normalfall (der wohl eher einen Idealfall darstellt) ein Anstellungsverhältnis an einer wissenschaftlichen Institution haben sollten.

Ein spezifisches Problem – nicht nur, aber auch – in Österreich ergab sich daraus, dass die Erarbeitung konkreter Studiengänge im Sinne der universitären Autonomie dezentral vorgenommen wurde: Die einzelnen Universitäten erarbeiteten unter großem Zeitdruck jeweils eigene, aus kombinierbaren »Modulen« zusammengesetzte Studiengänge für die an ihnen vertretenen Fächer, im Wesentlichen ohne dass es dabei zu einer Abklärung mit den jeweils anderen Universitäten im Inland kam. Überdies wurde von Teilen des universitären Mittelbaus, der dem Bologna-Prozess mehrheitlich strikt ablehnend gegenüberstand (und immer noch gegenübersteht), hinhaltender Widerstand gegen die Reform geleistet, der sich in zum Teil besonders komplizierten und schwer administrierbaren Studiengängen niederschlug. Als Folge dessen entstanden an den österreichischen Universitäten zum Teil inkompatible Studienpläne, die es schwierig, in manchen Fällen unmöglich machen, ein an einer Universität des Inlandes begonnenes Studium eines bestimmten Faches an einer anderen österreichischen Universität fortzusetzen. Die ursprüngliche Intention einer europaweiten Vereinheitlichung zur Förderung der studentischen Mobilität wurde damit ad absurdum geführt. Eine Folge dieser Unübersichtlichkeit waren auch Beschwerden von Universitätsverwaltungen über die Komplexität der zahlreichen unterschiedlichen Studiengänge, die zu Problemen bei der Akkreditierung und Evaluation derselben führe.

Im Besonderen gilt dies für die erste Studienphase, das neu eingeführte Bachelor-Studium, das theoretisch als Regelabschluss eines Studiums gilt und dem frühen Übertritt ins Erwerbsleben, also der Verkürzung der durchschnittlichen Studiendauer, dient und zugleich den Akademikeranteil in der Bevölkerung steigern und das Studienangebot angesichts steigender Studentenzahlen – mehr als 50 % der Maturanten beginnen mittlerweile ein Studium – differenzierter gestalten sollte. Bundeskanzler Schüssel gab in seiner »Rede zur Lage der Nation« am 15. Mai 2001 eine Verzweieinhalbfachung des Akademikeranteils an der Gesamtbevölkerung von 8 % auf 20 % als Zielsetzung aus.[38] Dass dieses ehrgeizige Ziel nicht ohne eine deutliche Nivellierung des Ausbildungsniveaus nach unten erreichbar sein würde, wurde bei der Einführung des Bachelor-Abschlusses zwar stillschweigend, aber im Prinzip billigend in Kauf genommen. Inzwischen mehren sich – nicht nur in Österreich – die Stimmen, dass diese erste Studienphase gleichsam eine Komprimierung des früheren vierjährigen Diplomstudiums auf drei Jahre darstelle und mithin zu aufwendig und zu kompliziert gestaltet sei, insbesondere gemessen am niedrigen Sozialprestige dieses Grades: »Bachelors« werden in einer breiteren Öffentlichkeit zumeist als eine Art »Akademiker light« und keinesfalls als adäquat qualifiziert angesehen. Die Wirtschaft, so der Siegener Professor für »Personalmanagement und Organisation« Volker Stein, sage »Bachelor welcome«, meine aber »Lohnkostensenkung«;[39] de facto wird aber am Arbeitsmarkt vorbeiproduziert. Konrad Paul Liessmann sprach gar von einem eigens für Studienabbrecher konstruierten Studienabschluss: »Wer bislang mangels Qualifikation an einer Diplomarbeit scheiterte, wird nun zum Akademiker befördert.«[40] War es die ursprüngliche deklarierte Absicht gewesen, dass »die Bakkalaureatsabschlüsse für den Arbeitsmarkt von Relevanz sind und so den Absolventinnen und Absolventen den Zugang zu akademischen Berufen eröffnen«,[41] so wurde zumindest das zweite Ziel klar verfehlt: In den meisten akademischen Berufen, wie Jus, Medizin oder Pharmazie, gilt der Bachelor nicht als berufsqualifizierender Grad, ebenso wenig für AHS- oder BHS-Lehrer; in Deutschland gilt er nicht einmal als ausreichende Qualifikation für einen Grundschullehrer. Skurrilerweise wird diese Geringschätzung auch von Institutionen des österreichischen Staates geteilt: Bei einer Anstellung im Bundes- bzw. Staatsdienst werden Bachelors im Gehaltsschema nicht mit Magistern oder Doktoren, sondern mit Maturanten gleichgestellt, der Bachelor wird also selbst vom österreichischen Staat nicht als akademischer Grad anerkannt.

---

38 Vgl. Wolfgang Schüssel: Im Interesse Österreichs: Rot-weiß-rot regieren. Rede zur Lage der Nation am 15. Mai 2001. In: Österreichisches Jahrbuch 72/2000. Hg. v. Bundespressedienst des Bundeskanzleramts. – Horn o. J. (2001). S. 110–128. S. 127.
39 http://bologna-schwarzbuch.de/buch/ (18. 5. 2011)
40 Liessmann: Theorie der Unbildung. S. 106.
41 Wissenschaft und Forschung. – In: Österreichisches Jahrbuch 72/2000. S. 299–330. S. 303f.

Die Erhöhung des Akademikeranteils in der Gesamtbevölkerung wurde in den Diskussionen über den Bereich der höheren Bildung praktisch von allen politischen Parteien einigermaßen unreflektiert als anzustrebendes Ziel gehandelt. Als Argument dafür wurde zumeist angemerkt, dass dieser Anteil in vielen europäischen Ländern höher sei als in Österreich, was offenbar als ausreichende Begründung angesehen wurde. Die Frage nach der Sinnhaftigkeit einer akademischen Ausbildung für Berufe wie beispielsweise Kindergärtner/in wurde dabei kaum jemals gestellt. Auch konnte bei einigen Wortmeldungen zur Thematik der Eindruck entstehen, dass für manche Diskussionsteilnehmer der vollwertige Mensch erst beim Träger eines akademischen Titels beginnt. Die Frage, welchen über das rein Statistische hinausgehenden ökonomischen und sozialen Nutzen eine zahlenmäßige Erhöhung der Akademikerquote für die Gesellschaft erbringen kann und soll und welche zusätzlichen Kosten dadurch anfallen würden, muss als bislang unbeantwortet gelten, die ganze Diskussion über diese Thematik erscheint als Beleg für die Oberflächlichkeit, mit der bildungspolitische Fragen in Österreich häufig diskutiert werden.

Die durch die Reform angestrebte Verkürzung der realen Studienzeiten gilt allenfalls für den Bereich des Bachelor-Studiums, die Studiendauer für den Erwerb höherer akademischer Qualifikationen verkürzt sich keineswegs: Dies ist insofern bedeutsam, als – aufgrund der geringen Berufsaussichten eines Bachelors – in Österreich ca. 85 % der Studierenden mit Bachelor-Abschluss ein Master-Studium anschließen. Die angestrebte Steigerung der Mobilität von Studierenden wurde im Bereich des Bachelor-Studiums gleichfalls verfehlt, da die gleicherweise rigiden wie aufwendigen Studienpläne einerseits, die Uneinheitlichkeit der Umsetzung der Bologna-Regulative in den verschiedenen Ländern andererseits, dem entgegenstehen. Überdies wird ein nach den Bologna-Regeln zumeist in drei Jahren erworbener europäischer Bachelor-Grad von US-amerikanischen Universitäten nicht als gleichwertig mit einem in der Regel vierjährigen amerikanischen Bachelor-Studium angesehen.

Ein wesentlicher Angriffspunkt der Kritiker der Reform und des ganzen Bologna-Prozesses ist die vielfach konstatierte »Verschulung« des Universitätsstudiums, die aus den Hochschulen eine Art »Obergymnasien« mache, die bereits mit den universitären Praktiken der Habsburgermonarchie vor 1848, also im Zeitalter des aufgeklärten Absolutismus, verglichen wurden. Der Grazer Historiker Alois Kernbauer merkte dazu in einem Gastkommentar in der Tageszeitung »Die Presse« an: »Das Ergebnis dieser vormärzlichen Politik war das Zurückbleiben der meisten wissenschaftlichen Disziplinen hinter den internationalen Standards zu Mitte des 19. Jahrhunderts. Wenn wir die heutigen Universitätsreformen nicht nach der medialen Begleitmusik, den Formeln der magischen Öffentlichkeitsbeschwörung, sondern nach den Maßnahmen beurteilen, so eilen wir im Sturmschritt zurück in den Vormärz. Man wird mir mit Berechtigung entgegenhalten, daß die Rahmenbedingungen im Vormärz doch ganz andere waren als zur Jahrtausendwende. Von polizeistaatlichen

Verhältnissen kann heute auch wirklich niemand sprechen. Nur: Im ›An-die-Leine-Nehmen‹ hat man in den letzten 150 Jahren viel dazugelernt, es erfolgt unmerklicher, sanfter, effizienter als damals. Ein Strukturvergleich der Universitätsorganisation des Vormärz mit der De-facto-Zielsetzung der laufenden Reformmaßnahmen fördert erstaunliche Parallelitäten zutage.«[42]

Erst jüngst hat der österreichische Philosoph Robert Pfaller sein Missfallen über die Verschulung des Universitätsbetriebs in ähnlich klare Worte gefasst: »Die Universitäten Europas verwandelt man in repressive Obermittelschulen, die nur noch auf den Prinzipien des Zwangs und der Kontrolle beruhen, wodurch die Ressourcen der freiwilligen Motivation und des neugierigen Interesses verschleudert und die Universitäten als Orte der Forschung, des freien Gedankenaustauschs und der kritischen Selbstreflexion der Gesellschaft ruiniert werden.«[43] Ganz ähnlich äußerte sich Ulrike Haß, Professorin und geschäftsführende Direktorin am Institut für Theaterwissenschaft der Ruhr-Universität Bochum: »Unsere Universitäten beruhen auf Ideen des 18. Jahrhunderts: der Idee der Einheit von Forschung und Lehre sowie der Idee ihrer Freiheit. (…) Die aktuellen Reformen haben diese Grundideen massiv angegriffen. Das Modulsystem schränkt die Freiheit von Forschung und Lehre ein. Das Seminar als Form der Einheit von Forschung und Lehre ist ebenfalls bedroht: Anstelle des Austauschs der um Erkenntnis Bemühten tritt eine verschulte Punktejagd.«[44]

Dabei handelt es sich keineswegs um isolierte Wortmeldungen. Ähnliche Einwände wurden in vielen dem Bologna-Prozess unterworfenen Ländern sowohl von Universitätslehrern als auch von Studierenden geäußert, auch Studentenproteste, wie jene in Österreich im Jahr 2009, oder der im selben Jahr ausgerufene bundesweite »Bildungsstreik« in Deutschland, waren durch den Unmut über die Auswirkungen des Bologna-Prozesses motiviert. Mittlerweile existieren bereits zwei »Schwarzbücher Bologna«, herausgegeben von der European Student Union bzw. vom Deutschen Hochschulverband, die die Kritik an den Folgen der Schaffung des »Europäischen Hochschulraums« in geballter Form zusammenfassen.[45]

Der Professor für Technische Mechanik an der FH Brandenburg, Karl-Otto Edel, einer der prononciertesten Gegner des Bologna-Prozesses, kommt zu dem Urteil,

---

42 Alois Kernbauer: Universitätsreformen zurück in den Vormärz. – In: Die Presse 25. 8. 1999. S. 2. Vgl. dazu folgende Aussage von Konrad Paul Liessmann: »Der Hang zu einem mehr oder weniger aufgeklärten Absolutismus ist in EU-Europa ohnehin unübersehbar.« (Liessmann: Theorie der Unbildung. S. 141.)

43 Robert Pfaller: Wofür es sich zu leben lohnt. Elemente materialistischer Philosophie. – Frankfurt am Main ²2011. S. 9.

44 Ulrike Haß: So viele Bologna-Prozesse wie Universitäten. – In: ORF-science.at 23. 11. 2009. http://science.orf.at/stories/1632304 (18. 5. 2011)

45 Vgl. National Union of Students in Europe (Hg.): The Black Book of the Bologna Process. – Bergen 2005. Christian Scholz, Volker Stein (Hg.): Bologna-Schwarzbuch. Mit einem Geleitwort von Univ.-Prof. Dr. Bernhard Kempen, Präsident des Deutschen Hochschulverbandes. – Bonn 2009.

dass damit »eigentlich die Qualität der akademischen Ausbildung erhöht werden (hätte sollen). Durch die Einführung eines Regelabschlusses unterhalb des bisherigen Niveaus und die Festlegung von extrem niedrigen Übergangsquoten zum nächsthöheren Master-Studium wird (...) die gegenwärtig vorhandene Qualität durch eine möglicherweise größere Quantität minderer Qualität ersetzt.«[46] Mit anderen Worten: mehr, aber schlechter ausgebildete Universitätsabsolventen. Ein Befund, der sich auch auf Österreich übertragen lässt. Sein Kollege Marius Reiser, Professor für katholische Theologie in Mainz, ging noch einen Schritt weiter: Aus Protest gegen den Bologna-Prozess legte er im Frühjahr 2009 – lange vor Erreichung des gesetzlichen Ruhestandsalters – seine Professur nieder, da »die wichtigste Voraussetzung für meine Berufung (...) mit dem neuen System in meinen Augen nicht mehr gegeben (ist)«; dem »straffen Reglement« einer »Tretmühle und Lernfabrik«, die man nicht mehr mit Recht als Universität bezeichnen könne, wolle er sich nicht unterwerfen.[47]

Der ehemalige deutsche Kulturstaatsminister und Professor für Philosophie an der Universität München, Julian Nida-Rümelin, kam in einem unter dem bezeichnenden Titel »Der Bachelor-Bankrott« veröffentlichten Interview mit der »Süddeutschen Zeitung« bereits im Jahr 2008 zu einer vernichtenden Schlussfolgerung: »Gemessen an den ursprünglichen Zielen muss der Bologna-Prozess heute als gescheitert gelten.«[48] Ungeachtet dieses offenkundigen Scheiterns halten die EU und die meisten europäischen Länder, so auch Österreich, bislang starr an den Bologna-Zielen fest.

»Piefke-Alarm«: Das Problem der deutschen Numerus-clausus-Flüchtlinge[49]

Die angestrebte Förderung der studentischen Mobilität innerhalb Europas sollte für das österreichische Universitätssystem einen folgenschweren negativen Effekt mit sich bringen. Zwar war der Intention nach stets von der Absolvierung eines oder

---

46 Edel: Bologna und die Folgen. S. 22.
47 Marius Reiser: Warum ich meinen Lehrstuhl räume. – In: Frankfurter Allgemeine Zeitung 20. 1. 2009. http://www.faz.net//s/RubC3FFBF288EDC421F93E22EFA74003C4D/Doc~E55AD24DD2C5E472A8 4CA69FCBA13D3ED~ATpl~Ecommon~Scontent.html (15. 5. 2011)
48 Julian Nida-Rümelin: Der Bachelor-Bankrott (Interviewer: Martin Thurau). – In: Süddeutsche Zeitung 1. 10. 2008. http://www.sueddeutsche.de/karriere/studienreform-der-bachelor-bankrott-1.7022 54?page=4 (18. 5. 2011)
49 Der Begriff »Piefke-Alarm« wurde in diesem Zusammenhang in ironischer Form vom deutschen Nachrichtenmagazin »Der Spiegel« geprägt. Vgl. Jochen Leffers: Piefke-Alarm. Die Deutschen vor Wien. – In: Der Spiegel 3. 2. 2005. http://www.spiegel.de/unispiegel/studium/0,1518,339872,00.html (24. 5. 2011)

mehrerer Semester in einem anderssprachigen Land ausgegangen worden, zugleich eröffnete sich damit aber auch die Möglichkeit, das gesamte Studium in einem anderen Land gleicher Sprache zu absolvieren: Dies brachte sowohl Österreich im Verhältnis zu Deutschland als auch den französisch sprechenden Teil Belgiens im Verhältnis zu Frankreich in eine prekäre Situation. Von österreichischer Seite war dieses potenzielle Problem lange Zeit ignoriert worden, sodass es auch bei den Beitrittsverhandlungen in der ersten Hälfte der 1990er-Jahre, als der einheitliche Europäische Hochschulraum allerdings noch in der Vorbereitungsphase war, nicht thematisiert wurde. Auch als das Problem bereits absehbar war, begnügte sich die österreichische Politik weitgehend mit Beschwichtigungen: Als die vorhersehbaren Schwierigkeiten dann mit umso größerem Effekt in Erscheinung traten, war für hitzige Diskussionen gesorgt.

Den Hintergrund bilden die unterschiedlichen Bedingungen der Zulassung zu einem Studium in Deutschland und in Österreich. Während in Österreich die Zulassung zu einem Studium nur von formalen Kriterien, wie einem positiven Maturazeugnis oder einer anderen Form der Studienberechtigung, eventuell auch von bestimmten schulischen Qualifikationen wie z. B. Lateinkenntnissen, abhängig war, gelten in Deutschland für verschiedene Studienzweige Numerus-clausus-Bestimmungen, also Zugangsbeschränkungen. Diese können regional unterschiedlich formuliert sein, orientieren sich aber zumeist an den Noten im Matura(Abitur)-Zeugnis, der Anzahl an »Wartesemestern« seit der Immatrikulation, beruflichen Zusatzqualifikationen oder auch fachspezifischen Aufnahmsprüfungen. Der Zweck dieser Regelung besteht in einer zahlenmäßigen Limitierung der Studierenden in Fächern, nach denen eine besonders große studentische Nachfrage besteht: Im Besonderen handelt es sich dabei um die Humanmedizin, in einigen Regionen Deutschlands gelten derartige Bestimmungen aber auch für andere, als »überlaufen« geltende Studienfächer, wie Zahnmedizin, Veterinärmedizin, Pharmazie, Biologie, Psychologie oder Wirtschaftswissenschaften.

Durch die vom Europäischen Hochschulraum eröffnete Möglichkeit, in jedem Land der europäischen Union zu studieren, wurde daher deutschen Studienwilligen, die in Deutschland aufgrund der dort geltenden Zugangsbeschränkungen jahrelange Wartezeiten auf sich hätten nehmen müssen, vorerst potenziell die Möglichkeit eröffnet, an einer österreichischen Universität sofort mit dem gewünschten Studium zu beginnen. Grundlage dafür war der Rechtsstandpunkt der EU, dass die Zugangsbedingungen für Studierende aus dem EU-Ausland identisch mit jenen für Inländer sein müssen; die Idee, die Zulassung eines bzw. einer Studienwilligen davon abhängig zu machen, ob er oder sie auch im Heimatland zu den dort geltenden Bedingungen einen Studienplatz erlangen könnte, wurde verworfen. Dieses Szenario zeichnete sich spätestens im Jänner 2005 deutlich ab, als der Generalanwalt am Gerichtshof der Europäischen Gemeinschaft, der britische Jurist Francis Geoffrey

Jacobs, in seinem Schlussantrag in einem einschlägigen Verfahren die Möglichkeit unterschiedlicher Zugangsbedingungen als im Widerspruch zum Vertrag von Amsterdam aus dem Jahr 1997 stehend ausschloss, in dem »jede Diskriminierung aus Gründen der Staatsangehörigkeit«[50] untersagt und ein Bekenntnis zur »Förderung der Mobilität von Lehrenden und Lernenden«[51] abgelegt wird. Der Fortbestand des gesamten österreichischen Systems der Hochschulausbildung wäre dadurch, so Jacobs, nicht gefährdet. An die Adresse Österreichs richtete Jacobs den Vorschlag, stattdessen generelle Zugangsbeschränkungen einzuführen, die für In- und Ausländer gleichermaßen gelten sollten. Dieser Sicht schloss sich der Europäische Gerichtshof in seinem Urteil im Fall 2005/C–147/3 am 7. Juli 2005 vollinhaltlich an. Damit wurde freilich ein anderer Grundsatz des EU-Rechts, der sich gleichfalls im Vertrag von Amsterdam, sogar im selben Artikel wie jener von der »Förderung der Mobilität von Lehrenden und Lernenden«, formuliert findet, stillschweigend suspendiert: Jener, dass die »Gestaltung des Bildungssystems« in die »Verantwortung der Mitgliedsstaaten«[52] und nicht in jene der Europäischen Union falle. Im Zweifelsfall gilt EU-Recht offensichtlich auch dort vor nationalem Recht, wo dies von der EU selbst anders festgelegt wurde. Auch das Argument, dass mit österreichischen Steuergeldern die Ausbildung deutscher Staatsbürger finanziert würde, die ihren Beruf als Arzt dann möglicherweise in Deutschland ausüben würden, woraus mittelfristig ein Ärztemangel in Österreich resultieren könne, fand kein Gehör.

Die österreichische Politik reagierte lange Zeit mit Beschwichtigungen und »spielte«, als das Worst-Case-Szenario schließlich eintrat, nach den Worten eines Kommentars in der österreichischen Tageszeitung »Die Presse«, »den Schwarzen Peter den Universitäten zu (…): sollen halt die Universitäten selbst Konzepte finden, wie sie dem Ansturm Herr werden«.[53] Ministerin Gehrer kündigte einen Zusatz zum Universitätsgesetz von 2002 an, demzufolge die Universitäten das Recht haben sollten, für eine festgelegte Liste von Fächern Zugangsbeschränkungen eigener Wahl einzuführen: Diese Liste entsprach exakt der Auflistung jener Fachstudien, für die in Deutschland »Numerus-clausus-Bestimmungen« gelten.[54]

Dass es sich bei dem prognostizierten »Ansturm« keineswegs um unbegründete Befürchtungen handelte, belegen die Zahlen der Studienwilligen, insbesondere im

---

50 Vertrag von Amsterdam zur Änderung des Vertrags über die Europäische Union, der Verträge zur Gründung der Europäischen Gemeinschaften sowie einiger damit zusammenhängender Rechtsakte. – In: Amtsblatt C 340 vom 10. November 1997. Konsolidierte Fassung des Vertrags zur Gründung der Europäischen Gemeinschaft (97/C340/03). Art. 12. http://eur-lex.europa.eu/de/treaties/dat/11997D/htm/11997D.html (25. 5. 2011)
51 Ebd. Art. 149/2.
52 Ebd. Art. 149/1.
53 Die Ausländer kommen. Brüssel und die Unis. – In: Die Presse 23. 5. 2005. S. 31.
54 Vgl. Leidenfrost: The Demise of »Minoritenplatz-Schleicherei«. S. 301.

Fach Medizin: Während sich an der größten Medizinischen Universität des Landes, jener in Wien, im ersten Semester nach dem Urteil des Europäischen Gerichtshofs, dem Wintersemester 2005/06, für 1.560 freie Studienplätze zirka 1.500 Österreicher und annähernd gleich viele Deutsche bewarben, lag das zahlenmäßige Verhältnis zwischen deutschen und österreichischen Bewerbern in Graz bereits bei mehr als 2:1: Für 300 Studienplätze bewarben sich 917 Österreicher und 1.964 Deutsche. Am dramatischsten war die Situation an jener Medizinischen Universität, die geografisch am nächsten zu Deutschland liegt: In Innsbruck betrug das Verhältnis beinahe 5:1, für 500 Studienplätze bewarben sich 447 Österreicher und 2.147 Deutsche. Die betroffenen Universitäten versuchten den Ansturm mit unterschiedlichen Maßnahmen zu kanalisieren, von denen sich jene der Wiener Medizinuniversität sofort als ungeeignet erwiesen: Hier sollten die Studienplätze nach dem Zeitpunkt der Inskription vergeben werden, was zu chaotischen Zuständen führte, da in der Nacht vor dem ersten Tag der Inskriptionsfrist Hunderte Studienwillige vor der Universität im Freien campierten. Bereits nach dem ersten Tag war ein Drittel der verfügbaren Studienplätze vergeben. Ebenfalls kritisiert wurde das Zulassungsverfahren der Medizinischen Universität Graz, das aus einem allgemeinen Wissenstest, in dem naturwissenschaftliche Kenntnisse und Sprachkompetenz abgefragt wurden, bestand; damit – so Kritiker – würde mehr oder weniger die Matura dupliziert, eine spezifische Eignung für das Studium der Medizin könne auf diese Weise nicht ermittelt werden. Wie hilflos die österreichischen Medizinuniversitäten dem Problem anfangs gegenüberstanden, belegt der Umstand, dass sogar ernsthaft erwogen wurde, Studienplätze in einer Art Lotterie zu verlosen.

War ursprünglich vor allem das Studium der Humanmedizin von den neuen Bestimmungen betroffen, so schlugen die Folgen auch auf andere Studienfächer durch. So sahen sich beispielsweise bald auch die Pharmazeutischen Institute dazu genötigt, Zugangsbeschränkungen einzuführen. Hier war es weniger der direkte Zustrom von Studienwilligen aus Deutschland, vielmehr versuchten Österreicher, die keinen Studienplatz an den Medizinischen Universitäten erhalten hatten, »Ausweichstudien« wie Pharmazie anzutreten.

Infolge des Urteils des Europäischen Gerichtshofs ist der bis zu diesem Zeitpunkt gegebene »freie Hochschulzugang« in Österreich de facto starken Einschränkungen unterworfen bzw. teilweise abgeschafft. Studieneingangsphasen, die deklariertermaßen dazu dienen sollen, die Zahl der Studierenden durch sogenannte Knock-out-Prüfungen zu verringern, sind inzwischen in vielen Fächern übliche Praxis, wobei die dafür geltenden Regulative von Universität zu Universität verschieden sind. Ein Nebeneffekt dieser Maßnahmen besteht auch darin, dass durch die drastisch erhöhten Anforderungen in der Anfangsphase eines Studiums auch die Chancen auf einen für ein Stipendium qualifizierenden Notendurchschnitt gemindert, die Zahl der Stipendienbezieher mithin abgesenkt wurde.

Die auffallend zurückhaltenden Reaktionen der österreichischen Politik sowohl in jener Zeit, als das Urteil des EuGH sich bereits abzeichnete, als auch nach Verkündung des Urteils ließen bei vielen Kommentatoren den Verdacht aufkommen, dass die ÖVP/BZÖ-Regierung mit dieser Entwicklung gar nicht unzufrieden war, bot sie doch die nicht unwillkommene Möglichkeit, den ohnedies ungeliebten »freien Hochschulzugang« deutlich einzuschränken, und dies nicht als eigene Entscheidung, sondern als »Diktat Brüssels«, gegen das man eben nichts machen könne, darzustellen. In diesem Sinn äußerte sich etwa, neben vielen anderen, auch ein Kommentar in den »Salzburger Nachrichten«:

> »Dass das EuGH-Urteil nicht wie ein Blitz aus heiterem Himmel getroffen hat, wird hinter vorgehaltener Hand auch von offizieller Seite zugegeben. Doch die Chance, Zugangshürden im Hauruckverfahren quasi durch die europäische Hintertür einzuführen, wurde dankbar angenommen. Der bisher schleichende Abschied vom freien Zugang steht nun im Gesetz. (...) Die späten Politbemühungen, nachträglich auf europäischer Ebene aktiv zu werden, passieren in erster Linie für die Galerie. (...) Der EU-Arbeitskreis, der jetzt zwei Jahre Zeit hat, Lösungen zu finden, wurde offensichtlich nur zur Ösi-Beruhigung eingesetzt. (...) Mit dem Pseudo-Sachzwang des EuGH-Urteils im Rücken konnten Ministerin und Rektoren die Beschränkungen gleich – und ohne jede Diskussion – einführen. Der freie Uni-Zugang war in einer hektischen Husch-Pfusch-Aktion von einem Tag auf den anderen Geschichte. (...) Die Hürden – die formal bis zum Wintersemester 2007 befristet wären – sind gekommen, um zu bleiben. Und es werden neue Zugangsbeschränkungen für weitere Studien dazukommen.«[55]

Diese Prognose sollte sich als zutreffend erweisen. Dass das starre Festhalten am Ideal eines uneingeschränkten Hochschulzugangs bei gleichzeitiger Ressourcenknappheit bzw. Ressourcenverknappung nicht der Weisheit letzter Schluss sein kann, ist evident; die Art der Einführung von Zugangsbeschränkungen durch die »europäische Hintertür« war aber alles andere als elegant und verstärkte die ohnedies negative Einstellung vieler Österreicher gegenüber der Europäischen Union vermutlich weiter.

Ein Prestigeprojekt: Die »Eliteuniversität«

Zu den prestigeträchtigsten Projekten der Wissenschaftspolitik der Regierungen Schüssel ist zweifellos die Idee einer »Österreichischen Eliteuniversität« zu zählen.

---

55 Helmut Schliesselberger: Gekommen, um zu bleiben. – In: Salzburger Nachrichten 30. 9. 2005. S. 7. http://www.salzburg.com/sn/sonderbeilagen/artikel/1739809a.html (25. 5. 2011)

Diese sollte Defizite in der österreichischen Forschungslandschaft im Bereich der Naturwissenschaften und der medizinisch-technischen Disziplinen überwinden helfen. An eine »Universität« im eigentlichen Wortsinn, also mit Grundstudium, war dabei jedoch nicht gedacht, vielmehr sollte nach dem Vorbild internationaler Institutionen, wie z. B. der Rockefeller University in New York City oder dem Weizmann-Institut in Rehovot (Israel), eine Forschungseinrichtung geschaffen werden, die einerseits Spitzenforschung auf internationalem Niveau betreiben und andererseits begabten Post-graduate- und Post-doctoral-Studenten die Möglichkeit zum Erwerb höherer akademischer Qualifikationen anbieten sollte.

Medial wurde der Sinn und Zweck einer solchen Einrichtung mit der Aussage vermittelt, dass Österreich endlich wieder einen Nobelpreisträger hervorbringen solle. Diese eher oberflächliche Argumentationsweise kennzeichnete anfänglich die öffentliche Auseinandersetzung um das Projekt. Nobelpreise wurden dabei als absoluter Wertmaßstab wissenschaftlicher Leistungen präsentiert, sie prämieren – im Sinne dieser Argumentation – nicht nur individuelle Leistungen, sondern können als Nobilitierung eines Wissenschaftsstandortes und eines ganzen Landes angesehen werden. Auch wenn aufgrund der extremen Intransparenz der Nobelpreisvergaben – die auszeichnenden Institutionen, die Königlich Schwedische Akademie, das Karolinska Institut (Medizin) und das norwegische Nobelpreiskomitee (Friedensnobelpreis) begnügen sich in allen Fällen mit einer kurzen, allgemein gehaltenen Begründung, die Entscheidungsfindungsprozesse unterliegen strikter Geheimhaltung – die konkreten Umstände der Preisvergaben nicht nachvollziehbar sind, darf doch angenommen werden, dass, wie bei wohl allen derartigen Preisen, neben wissenschaftlichen Leistungen auch persönliche Kontakte, Bündnisse, »Gegengeschäfte« und politische Rücksichtnamen eine wesentliche Rolle spielen. Als absolute und unhinterfragbare Wertmaßstäbe wissenschaftlicher Leistungen können Nobelpreise jedenfalls nicht angesehen werden. Die Frage, ob es für ein verhältnismäßig kleines Land wie Österreich tatsächlich Sinn und Zweck großer finanzieller Ausgaben aus dem Wissenschaftsbudget sein könne, primär auf künftige mögliche Nobelpreise abzuzielen, oder ob es nicht sinnvoller wäre, diese Summen in die Verbesserung der universitären Ausbildung der für eine moderne Gesellschaft benötigten Fachleute (Ärzte, Juristen, Hoch-, Gymnasial- und Grundschullehrer, Techniker, Sozialarbeiter, Psychologen etc.) zu investieren, wurde dabei nicht ernsthaft gestellt. Mit der Konzentration auf das Thema »Nobelpreis« war auch von Anfang an klargestellt, dass nur nobelpreisträchtige Disziplinen, also Naturwissenschaften, technische Disziplinen und Medizin, für das Projekt infrage kamen, an die Einbindung der Geistes-, Kultur- und Sozialwissenschaften war – wie bei praktisch allen derartigen Projekten auch auf europäischer Ebene – nie gedacht.

Die Kosten für die Errichtung wurden mit 80 Mio. Euro projektiert, die laufenden Kosten wurden für die ersten zehn Jahre mit insgesamt 455 Mio. Euro, im späteren Vollbetrieb mit 70 Mio. Euro jährlich angegeben, wobei davon ausgegangen wurde, dass rund ein Drittel der Kosten von Sponsoren eingeworben werden sollte. Kritiker des Projektes wandten dagegen ein, dass die projektierten Summen zwar für das österreichische Wissenschaftsbudget beträchtlich wären, verglichen mit den Budgets US-amerikanischer »Elite-Universitäten« aber dennoch gering.

Wissenschaftliches Aushängeschild des Projektes war von Anfang an der Wiener Experimentalphysiker Anton Zeilinger, von dem ein Konzept einer University of Excellence entworfen wurde; der Chemiker und spätere Präsident der Österreichischen Akademie der Wissenschaften Peter Schuster und der Physiker Arnold Schmid stellten sich ebenfalls hinter das Projekt. Von der zeitweilig ins Auge gefassten, angeblich von Kanzler Schüssel persönlich präferierten Benennung der Institution nach dem Philosophen Ludwig Wittgenstein – *Wittgenstein Institute for Technology* – wurde nach Protesten der Familie Wittgenstein, die von einer »Namensenteignung auf kaltem Wege« sprach (so Wittgensteins Urgroßnichte Christina Wesemann-Wittgenstein gegenüber der Tageszeitung »Der Standard«[56]), wieder Abstand genommen. Die Frage der Sinnhaftigkeit der Benennung einer rein technisch und naturwissenschaftlich orientierten Einrichtung nach einem Philosophen wurde erst gar nicht gestellt.

Als Hauptstreitpunkt stellte sich aber schließlich die Frage des Standortes der neuen »Eliteuniversität« heraus. Im Februar 2006 verkündete Wissenschaftsministerin Gehrer, dass das Areal der ehemaligen »Landesirrenanstalt« in der kleinen niederösterreichischen Landgemeinde Maria Gugging (politisch zu Klosterneuburg gehörend) die neue Einrichtung beherbergen sollte. Aus Protest gegen diese Entscheidung zogen sich Zeilinger, Schuster und Schmid (vorläufig) von dem Projekt zurück. Kritiker wandten ein, dass es ungleich sinnvoller wäre, die »Eliteuniversität« an einem Standort wie Wien zu errichten, wo nicht nur die verkehrs- und kommunikationstechnische Infrastruktur besser, sondern vor allem auch die räumliche Nähe zu bereits vorhandenen wissenschaftlichen Einrichtungen gegeben wäre. Die Entscheidung für Maria Gugging wurde jedoch politisch damit begründet, dass die vorhandene Infrastruktur sofort beziehbar wäre und dass das Land Niederösterreich einen höheren finanziellen Beitrag zugesagt habe als das Land Wien. In Wahrheit dürften aber wohl parteipolitische Rücksichtnahmen ausschlaggebend gewesen sein: Das Land Wien ist traditionell SPÖ-, das Land Niederösterreich ÖVP-dominiert; der niederösterreichische Landeshauptmann Erwin Pröll ist überdies eine höchst einflussreiche Figur innerhalb der Bundes-ÖVP.

Nach dem Rückzug der bisherigen wissenschaftlichen Träger des Projekts wurde ein internationales Komitee, bestehend aus dem langjährigen Leiter des Weizmann-Instituts, dem Elementarteilchenphysiker Haim Harari, dem ehemaligen Präsidenten der Eidgenössischen Technischen Hochschule Zürich, dem Physiker Olaf Kübler, und

---

56 http://sciencev1.orf.at/science/news/143411 (16. 5. 2011).

dem früheren Leiter der Max-Planck-Gesellschaft, dem Biologen Hubert Markl, eingesetzt, das mit der Erarbeitung eines Konzepts beauftragt wurde. Als grundlegende Leitlinien für das zu gründende *Institute of Science and Technology Austria (ISTA)* – so der nunmehr gewählte Name der Einrichtung – wurden formuliert: Es solle sich dabei um eine Einrichtung handeln, die frei von wirtschaftlicher[57] oder politischer Einflussnahme nach höchster wissenschaftlicher Qualität im Bereich der Grundlagenforschung streben solle. In der Folge stellte sich Anton Zeilinger wieder hinter das Projekt. Für das oberste Leitungsgremium des ISTA, das von der Republik Österreich (vier Mitglieder), dem Land Niederösterreich (drei Mitglieder) und von Wissenschaftsinstitutionen wie dem Fonds zur Förderung der wissenschaftlichen Forschung und dem Forschungsrat (sieben Mitglieder) beschickt wird, konnten neben Harari, Kübler und Zeilinger der aus Österreich stammende, 1939 in die USA emigrierte Neurowissenschaftler Eric Kandel (Nobelpreis für Medizin 2000), der Direktor des Max-Planck-Instituts Saarbrücken, der Informatiker Kurt Mehlhorn und der Generalsekretär des europäischen Forschungsrats, der Biochemiker Ernst-Ludwig Winnacker, gewonnen werden. Als unerwartet schwierig sollte sich später die Suche nach einem Präsidenten des Kuratoriums erweisen: Der vom Kuratorium selbst gewünschte Kandidat, der deutsche Neurologe Tobias Bonhoeffer, lehnte im Juli 2008 das ihm angebotene Amt ab; an seiner Stelle wurde der Informatiker Thomas Henzinger von der Johannes-Kepler-Universität Linz zum ersten Präsidenten ernannt.

Am 29. März 2006 wurden mit den Stimmen der Regierungsparteien ÖVP und FPÖ/BZÖ und der oppositionellen SPÖ die rechtlichen Grundlagen für die Gründung des ISTA geschaffen, der Vollbetrieb – ausgegangen wird von rund 500 Wissenschaftlern und Studierenden – soll sukzessive bis 2016 aufgenommen werden. Der inhaltliche Schwerpunkt liegt derzeit (2011) auf Life Sciences und Computer Science, in den nächsten Jahren sollen die Bereiche Physik, Chemie und Mathematik aufgebaut werden.[58] Der langfristige Nutzen der Einrichtung für den Wissenschaftsstandort Österreich bleibt abzuwarten, klar ersichtlich ist mittlerweile allerdings der Umstand, dass das ISTA bei der Finanzierung aus öffentlichen Mitteln gegenüber bestehenden bzw. älteren wissenschaftlichen Institutionen politisch massiv bevorzugt wird.

DIE SCHULPOLITIK

Die Schulpolitik stellt in Österreich traditionell einen zwischen SPÖ und ÖVP ideologisch umstrittenen Bereich dar. Umso auffallender war der Umstand, dass

---

57 Angesichts des Umstandes, dass laut finanzieller Planung ein Drittel der Kosten von Sponsoren aufgebracht werden soll, eine wenig realistische Annahme.
58 Vgl. Website des IST Austria. http://www.ist.ac.at/ (16. 5. 2011).

sie im Gegensatz zur höheren Bildungs-, Wissenschafts- und Forschungspolitik in den Jahren der beiden Regierungen Schüssel vergleichsweise weniger Streitpunkte bot. Dies drückte sich nicht zuletzt darin aus, dass unter Ministerin Gehrer die bis dahin notwendige Zwei-Drittel-Mehrheit für Änderungen im Schulorganisations- und im Schulunterrichtsgesetz abgeschafft wurde, womit Gesetzesanträge im Nationalrat schwerer blockiert werden können. Einzelne Regelungen, wie beispielsweise die Schulgeldfreiheit, wurden in den Rang von Verfassungsgesetzen erhoben, Änderungsanträge in diesen Bereichen bedürfen daher weiterhin einer Zwei-Drittel-Mehrheit, um Gesetzeskraft zu erlangen. Der bildungspolitischen Tradition der ÖVP folgend hielt Gehrer insgesamt am differenzierten Schulsystem fest und verweigerte sich den SPÖ-Wünschen nach Ausbau der so genannten »Gesamtschule«. Für eine stärkere »Durchlässigkeit« innerhalb des Bildungssystems hatte Gehrer allerdings bereits in ihrer Amtszeit als Unterrichtsministerin in der Regierung Klima gesorgt, indem sie 1997 die Berufsreifeprüfung initiierte, die den Abschluss einer Berufslehre mit Matura ermöglicht.

Ähnlich wie im höheren Bildungssystem wurde auch im Schulbereich die Autonomie der einzelnen Institutionen erweitert (Schulautonomie). Eltern-, Schüler- und Lehrervertreter sollten damit die Möglichkeit erhalten, nach regionalen Bedürfnissen Schwerpunktbildungen auszuhandeln und sogenannte »Erweiterungsbereiche« zu schaffen. Die direkten Zugriffsmöglichkeiten der Politik auf die einzelnen Schulen sind aber in Österreich nach wie vor stark ausgeprägt, die Schulautonomie im Vergleich mit anderen europäischen Staaten ist gering.

Besonderes Augenmerk legte Ministerin Gehrer auf die Entwicklung einheitlicher Bildungsstandards (Gründung eines Bundesinstituts für Bildungsforschung) sowie auf den Ausbau der Infrastruktur: So wurden in ihrer Amtszeit sämtliche Schulen mit Computern und Internetanschluss ausgestattet. Der Förderung einheitlicher Bildungsstandards sollte auch das »Bildungsdokumentationsgesetz« (BILDOK) von 2002 dienen, das vorsah, dass Daten zu Schulerfolg, Nutzung der Nachmittagsbetreuung oder bilingualem Unterricht in einer zentralen Datenbank (Bildungsevidenz) gesammelt werden sollten. Obwohl nicht geplant war, dass Benotung und Daten zum disziplinären Verhalten in die Datenbank aufgenommen werden sollten, führte die, im Gesamtzusammenhang des Erkenntnisinteresses eigentlich irrelevante, aber de facto technisch gegebene Möglichkeit der personenbezogenen Auswertung der Datensätze – die aus nicht nachvollziehbaren Gründen auch die Sozialversicherungsnummer der Schüler enthielten – zu heftigen Protesten von Eltern- und Schülervertretern, von Datenschützern und von den Grünen. Wiewohl schließlich eine nicht zurückführbare Verschlüsselung der Sozialversicherungsnummer im Datensatz zugesagt wurde, hielt die massive Kritik an der Ministerin in dieser Frage an und führte zur wiederholten »Verleihung« des »Big Brother Awards« an Elisabeth Gehrer, eines Negativpreises, der an Personen und Institutionen verliehen wird, die den

Schutz der Privatsphäre untergraben. Auch wenn zugestanden werden kann, dass Gehrer in dieser Frage unsensibel agierte, belegt die »Umbenennung« des Preises in *Lebenslanges-Ärgernis-Elisabeth-Gehrer-Preis für die nachhaltigste Annäherung an die Romanvorlage 1984* nicht nur den ideologischen, sondern vor allem auch den nachhaltig kindischen Charakter dieser Form der Kritik.

Eine weitere, nicht unumstrittene Maßnahme der Schulpolitik war die Straffung der Lehrpläne durch die Reduktion um ein bis zwei Pflichtstunden pro Woche. Damit entsprach Ministerin Gehrer zwar einerseits einem wiederholt von Schülervertretern und Bildungsexperten, die eine Überlastung der Schüler kritisiert hatten, geäußerten Wunsch. Andererseits zog sie sich damit aber den Unwillen der Lehrergewerkschaft und von Teilen der Opposition zu, die in dieser Kürzung der Pflichtstunden primär eine finanzielle Sparmaßnahme erblickten: Tatsächlich wurden an den höheren Schulen, nicht jedoch an den Pflichtschulen, im Verhältnis zur steigenden Anzahl an Schülern weniger neue Lehrkräfte angestellt, finanzielle Überlegungen dürften also bei der Umsetzung dieser Maßnahme durchaus eine nicht unerhebliche Rolle gespielt haben.

Zusammenfassung

Wie in vielen anderen Bereichen der Politik war auch die Bildungs- und Wissenschaftspolitik der Regierungen Schüssel I und II von mehr oder weniger nachdrücklich vorangetriebenen Reformen bei gleichzeitiger Kürzung der finanziellen Mittel geprägt. Von einem davor gegebenen »Reformstau« kann aber im höheren Bildungs- und Wissenschaftssystem definitiv nicht gesprochen werden, viel eher von einem Übermaß an Reformaktivismus. Unter den Rahmenbedingungen von wiederholten massiven finanziellen Kürzungen einerseits und gesteigerter Nachfrage nach Studienplätzen andererseits wirkte (und wirkt) sich der im internationalen Vergleich unübliche freie und ungeregelte Hochschulzugang bei gleichzeitiger Gebührenfreiheit nachhaltig negativ auf die Qualität von Ausbildung und wissenschaftlicher Forschung aus. Die überraschend durchgeführte Einführung von Studiengebühren wurde mittlerweile wieder zurückgenommen, die teilweise Einschränkung des freien Hochschulzugangs dürfte jedoch bestehen bleiben und sich vermutlich in Hinkunft noch verstärken. Die Rektoren der österreichischen Universitäten haben sich jedenfalls wiederholt mit Nachdruck dafür ausgesprochen, den Universitäten die Auswahl der Studierenden und damit im Prinzip auch die Verweigerung der Zuteilung von Studienplätzen zu ermöglichen (an den Kunstuniversitäten ist diese Möglichkeit traditionell gegeben und unumstritten).

Die universitäre Autonomie bleibt tatsächlich eine halbe Angelegenheit, solange den Universitäten nicht die Auswahl ihrer Studierenden zugestanden wird, sie wird überdies vielfach einfach als Abladen der Mängelverwaltung vom Ministerium auf die Universitäten in wirtschaftlich schwierigen Zeiten angesehen. Negative Auswirkung des Autonomisierungsprozesses war überdies der massive Ausbau der universitären Verwaltungsorgane, die eine anhaltende Belastung der universitären Budgets darstellen und weiterhin darstellen werden. Die Ausgliederung der früheren Medizinischen Fakultäten in eigene Medizinuniversitäten gilt nach wie vor als höchst fragwürdig und hat zu einer zusätzlichen Aufblähung der Verwaltung beigetragen; mittlerweile wurde teilweise sogar die Möglichkeit der Rücknahme dieser Maßnahme diskutiert, was freilich weitere Kosten verursachen würde. Überdies führte die Schaffung der neuen Universitätsräte zu einer Verkomplizierung der Kompetenzenverteilung.

Das von der EU initiierte und auch in Österreich eingeführte Bologna-System hat nachhaltige Probleme hervorgebracht und gilt heute vielfach als gründlich gescheitert. Hier, wie auch in der Frage der Zulassung deutscher Studenten an den österreichischen Medizinuniversitäten, war der Handlungsspielraum der österreichischen Regierung jedoch gering und folgte »europäischen« Vorgaben, die zweifellos auch von einer parteipolitisch anders zusammengesetzten Regierung in dieser oder ähnlicher Form umgesetzt worden wären.

Auch wenn überdies zugestanden werden muss, dass die Reformen des höheren Bildungs- und Wissenschaftssystems unter dem Druck sich verschlechternder wirtschaftlicher Rahmenbedingungen bei gleichzeitiger verstärkter Nachfrage nach Studienplätzen erfolgt sind, muss als abschließende Gesamtbeurteilung dennoch festgehalten werden, dass den Regierungen Schüssel I und II für ihre Wissenschafts- und Bildungspolitik kein positives Zeugnis ausgestellt werden kann.

Robert Kriechbaumer

Das antifaschistische Gewissen oder der selbstreferenzielle Moralismus

Die Salzburger Festspiele als Ort der Selbstinszenierung der Ästhetik des Widerstands 2000/01

Die antifaschistischen Warner. Präludium

Wenige Monate nach der für beide Regierungsparteien erfolgreichen EU-Volksabstimmung[1] erlitten diese bei der Nationalratswahl am 9. Oktober 1994 eine schwere Niederlage. Die Erklärung von Vizekanzler und ÖVP-Obmann Erhard Busek, die Koalition mit der SPÖ aufgrund des bevorstehenden EU-Beitritts nach der Nationalratswahl ohne Wenn und Aber fortzusetzen, ließ die Zustimmung zur kleineren Regierungspartei deutlich schwinden. Zudem geriet die SPÖ durch die Debatte um die Einkommensprivilegien steirischer Arbeiterkammer-Funktionäre in schwere Bedrängnis. Sie verlor vor allem in den urbanen Ballungsräumen an die FPÖ, die Grünen sowie das erstmals in den Nationalrat einziehende Liberale Forum. Mit einem Minus von 7,9 Prozent bei der SPÖ und 4,4 Prozent bei der ÖVP verfügten beide Regierungsparteien nur mehr über 62,6 Prozent, in den großen Städten nur mehr knapp über 50 Prozent. Wenngleich Liberales Forum und Grüne Stimmen- und Mandatsgewinne verzeichnen konnten, war der eigentliche Wahlsieger die FPÖ unter Jörg Haider, die mit 22,5 Prozent und einem Gewinn von zehn Mandaten zur Mittelpartei aufstieg.[2] Wenngleich dieses Ergebnis keineswegs als Rechtsruck, sondern vor allem als Ausdruck des Protestes interpretiert werden konnte – zwei Drittel der Wähler begründeten ihr Votum mit dem Kampf der FPÖ gegen Skandale und Privilegien, 45 Prozent ihren Kampf gegen die Macht der Parteien und für mehr Bürgerrechte – läuteten bei vielen Intellektuellen und Künstlern die antifaschistischen Alarmglocken. Gérard Mortier sah sich in der vordersten Front der antifa-

---

1 Vgl. Franz Heschl: Drinnen oder draußen? Die öffentliche österreichische Beitrittsdebatte vor der Volksabstimmung 1994. – Wien/Köln/Weimar 2002.
2 Vgl. Fritz Plasser, Franz Sommer, Peter A. Ulram: Ende des traditionellen Parteiensystems? Analyse der Nationalratswahl 1994. – In: Österreichisches Jahrbuch für Politik (ÖJP) 1994. – Wien/München 1995. S. 51–124. Ernst Gehmacher: Parteisystem an der Bifurkation. Analyse der Nationalratswahl 1994. – In: Ebd. S. 125–144.

schistischen Warner. Die Kunst müsse ihren Beitrag zu diesem Kampf gegen die erstarkende Rechte und deren Kulturverständnis leisten. In einem »Profil«-Interview erklärte er, indem er sich selber zum möglichen politischen Märtyrer stilisierte, er habe »keine Angst vor Herrn Haider« und »werde seine Ideen bekämpfen. Das muss ich als engagierter Intellektueller, auch wenn mich das meinen Posten kostet.« Seinen Kampf werde er vor allem auf dem Gebiet der Kunst führen, die mehr denn je »als Instrument der Bewusstseinsbildung verwendet werden« müsse. Haider wolle Kunst nur als Unterhaltung begreifen und sie ihres kritischen Charakters berauben. Dem gelte es entgegenzutreten, wobei den Salzburger Festspielen eine besondere Rolle zukomme. »Wir können die Kunst im Sinne einer anderen Bewusstseinsbildung, als es Haider will, nur wirksam machen, wenn wir auf die Referenzen zwischen den einzelnen Kunstformen hinweisen. Ein Festival gibt die Möglichkeit, Werke wieder sprechen zu lassen, indem man sie aus ihrer Vereinsamung holt und ihnen eine neue Aussagekraft gibt. 1996 und 1997 werde ich versuchen, in diesem Sinne weiter zu gehen.«[3]

Die antifaschistischen Warner. Das Stück

Die politische Landschaft Österreichs erfuhr durch die Nationalratswahl am 3. Oktober 1999 eine dramatische tektonische Verschiebung, die sich durch die Ergebnisse der Nationalrats- und Landtagswahlen seit 1986 entwickelt hatte.[4] Die FPÖ wurde mit einem Stimmenanteil von 26,9 Prozent zweitstärkste Partei und verwies die ÖVP, wenn auch nur mit wenigen hundert Stimmen, auf den dritten Platz. Die SPÖ blieb zwar mit 33,1 Prozent und 65 Mandaten stärkste Partei, musste jedoch den Verlust von 5 Prozent und 6 Mandaten in Kauf nehmen. Während die Grünen mit einem Stimmengewinn von 2,6 Prozent und 5 Mandaten neben der FPÖ zu den Wahlgewinnern zählten, verfehlte das Liberale Forum mit 3,7 Prozent den Wiedereinzug in den Nationalrat. Österreich kehrte zu einem Vier-Parteien-System mit deutlich geänderten Stärkerelationen der Parteien zurück.[5] In Salzburg wurde die FPÖ, die bereits bei der Europawahl 1996 als Sieger hervorgegangen war, zur stimmenstärksten Partei. ÖVP und SPÖ büßten gegenüber der Nationalratswahl 1995 rund 27.000 Stimmen ein, wobei sich die Verluste bei der ÖVP auf rund 10.000, bei der SPÖ hingegen auf rund 17.000 beliefen. Salzburg erlebte ein politisches Erd-

---

3 Profil Nr. 43. 24. 10. 1994. S. 87.
4 Vgl. Fritz Plasser, Peter A. Ulram, Franz Sommer (Hg.): Das österreichische Wahlverhalten. – Wien 2000. (Schriftenreihe des Zentrums für Politikforschung. Band 21.)
5 Vgl. Fritz Plasser, Peter A. Ulram, Franz Sommer: Nationalratswahl 1999: Transformation des österreichischen Wahlverhaltens. – In: ÖJP 1999. – Wien/München 2000. S. 49–87.

beben. Hatte im Wahlkampf ein Unbekannter auf ein freiheitliches Wahlplakat den Slogan »Salzburg darf nicht Kärnten werden« geschrieben, so schien dieses Szenario nun Wirklichkeit geworden.

Die Erregung der politischen Kommentatoren und des Feuilletons war groß, für viele Intellektuelle und Künstler schien sich das zu bestätigen, was man spätestens seit der Waldheim-Affäre zu wissen glaubte: Österreich war ein verdecktes Nazi-Land. Peter Turrini und Gerhard Roth erklärten, die Hälfte der Österreicher hinge nach wie vor Nazi-Gedankengut an. Michael Frank bemerkte in einem Kommentar, es gebe in Österreich »keine erklärt extremistischen Parteien. Die extreme Rechte, sie sitzt wirklich nicht nur unter den Fittichen der FPÖ. Rechtsextremismus nistet wohl verpackt und uneingestanden auch in der Volkspartei und sogar bei den Sozialdemokraten. Darum entsetzt sich keiner. Darum heißt es in der *New York Times*, Haider und Seinesgleichen seien eine integrale Erscheinung der österreichischen Gesellschaft.«[6] Und Claus Peymann verwies auf Thomas Bernhards »Heldenplatz«, in dem ohnedies alles über Österreich und seine Nazis stehe. Er bestätigte die Analyse Gérard Mortiers in dessen sommerlicher Auseinandersetzung mit Bundespräsident Thomas Klestil, in der dieser unter Hinweis auf dessen ästhetische und programmatische Forderungen bei seiner Eröffnungsrede der Salzburger Festspiele die drohende Wiederkehr des Faschismus an die Wand gemalt hatte. Er sei davon überzeugt, »dass in Österreich das Biedermeier wiederkehrt. Nicht nur in der Kunst!« Die SPÖ habe in der Kulturpolitik »klein beigegeben. Man hat sich sehr schnell den Peymann abgeschminkt und zuletzt auch den Mortier, die beide nicht in das gewünschte Österreichbild passen. Wir haben ihnen den Gefallen getan und sind gegangen«.[7]

Der Pegel der Erregung stieg nach dem Scheitern der Verhandlungen zwischen SPÖ und ÖVP über eine Neuauflage der Großen Koalition am 21. Jänner 2000 und der sich abzeichnenden Möglichkeit der Bildung einer ÖVP/FPÖ-Koalition. Die Apokalyptiker und moralisierenden Bedenkenträger gegen eine drohende politische Wende nach rechts und deren unabsehbare Folgen für die demokratische Struktur des Landes hatten, begleitet von der Aufmerksamkeit ausländischer Medien, Hochsaison. Aufrufe zur Wachsamkeit, dämonisierende Charakterisierungen der handelnden Personen Wolfgang Schüssel und Jörg Haider und Enunziationen von Künstlern und Intellektuellen über die Folgen politischen Wende für die Kulturpolitik des Landes im Allgemeinen sowie des eigenen Schaffens und Verhaltens im Besonderen erfolgten im Stundentakt. Zu diesem aufgeregten Alarmismus gesellte sich eine aggressive Formen annehmende Demonstrationskultur, die in den schließlich erlahmenden antifaschistischen Karneval der Donnerstagsdemonstrationen mündete. Die

---

6 Michael Frank: Keiner will es gewesen sein. – In: Süddeutsche Zeitung 6./7. 11. 1999.
7 News Nr. 42. 21. 10. 1999. S. 145.

Wogen der nationalen und internationalen Erregung erreichten auch die Salzburger Festspiele als kulturpolitische Visitenkarten der Republik, wobei Gérard Mortier und Hans Landesmann sich in die Reihen der Bedenkenträger einreihten.

Hans Landesmann unterzeichnete mit anderen österreichischen Künstlern und Intellektuellen wie Erika Pluhar, Andrea Eckert, Rudolf Scholten, Franz Josef Czernin, Gerhard Roth, Elfriede Jelinek, Doron Rabinovici einen Appell an ÖVP-Obmann Wolfgang Schüssel, »keine Allianz mit der Niedertracht einzugehen. ... Wir sehen nicht ein, warum wir und unsere Kinder uns in Zukunft im Ausland vor jedem zivilisierten Wesen für einen Fehler rechtfertigen werden müssen, den einzig Sie zu verantworten haben.« Schüssel solle »das Wohl Österreichs über einen kurzfristigen Vorteil« seiner Partei stellen; »jeder Mensch hat das Recht auf Irrtümer. Erweisen Sie sich jetzt als Patriot.«[8] Gegenüber »Profil« erklärte Mortier, er wolle damit »ein Zeichen des Widerstandes setzen«. Man dürfe Österreich »nicht den Kräften der FPÖ überlassen«. Die »Ästhetik des Widerstandes« werde »wieder wichtiger. Das Ziel des Widerstandes muss es sein, an die menschliche Anständigkeit zu appellieren«.[9] Wenig später ließ er mit der Erklärung aufhorchen, er werde im Falle der Bildung einer ÖVP/FPÖ-Regierung seinen bis 2001 laufenden Vertrag bereits nach den Festspielen 2000 vorzeitig beenden. Der Landesparteisekretär der Salzburger FPÖ, Andreas Schöppl, reagierte auf diese Erklärung mit der Bemerkung, Mortier erfülle »damit von sich aus die wiederholte Forderung der Freiheitlichen, seinen Vertrag frühzeitig aufzulösen. Je früher die für die Festspiele dringend notwendige Ablöse Mortiers erfolgt, desto besser für Salzburg und die Festspiele. ... Die Freiheit der Kunst und die künstlerische Entwicklung der Salzburger Festspiele müssen unangetastet bleiben. Es geht allerdings nicht an, dass ein Festspielintendant versucht, mit der Androhung von Repressalien auf die österreichische Innenpolitik Einfluss zu nehmen. Diese jüngste Entgleisung Mortiers beweist, dass dessen baldige Ablöse dringend geboten ist. Ein freiwilliger vorzeitiger Rückzug Mortiers kann daher nur begrüßt werden«.[10] Frank Baumbauer und Pierre Boulez hingegen wandten sich gegen Mortiers Absichten. Baumbauer mit der Bemerkung, man müsse gerade dann im Amt bleiben, »wenn eine schwierige politische Konstellation entsteht, um von diesem Ort aus Öffentlichkeit zu schaffen. Man darf dann nicht das Mikrofon anderen überlassen«.[11] Pierre Boulez bezeichnete die Erklärung Mortiers als »übertrieben. Man kann protestieren, seine Meinung sagen, aber man soll ein Land nicht verlassen. Gibt es Zensur, muss man wirklich aktiv werden«.[12]

---

8 APA 1. 2. 2000.
9 Profil Nr. 6. 7. 2. 2000. S. 120.
10 APA 27. 1. 2000.
11 Der Standard 31. 1. 2000.
12 Der Standard 5. 2. 2000.

Die Salzburger Drohgebärden machten auf die FPÖ allerdings wenig Eindruck. Am 30. Jänner 2000 feierte Jörg Haider mit einer illustren Schar von Anhängern und nationalen wie internationalen Reportern auf der Gerlitzen-Alpe seinen 50. Geburtstag. Dabei überreichte der als Mozart verkleidete Klagenfurter FPÖ-Stadtpartei-Chef Christian Schneider dem Parteiobmann als Geburtstagsgeschenk Kartengutscheine für die Salzburger Festspiele mit der Bemerkung, damit »der Herr Mortier waaß, wos laaft«.[13]

Nach der Bildung und Angelobung der schwarz-blauen Regierung am 4. Februar[14] bat Mortier unter erheblicher medialer Aufmerksamkeit das Kuratorium der Salzburger Festspiele am 7. Februar, seinen Vertrag nach dem Festspielsommer 2000 einvernehmlich vorzeitig zu lösen. Gegenüber der Hamburger Wochenzeitung »Die Zeit« erklärte er, wäre er am Burgtheater, so würde er bleiben. Im nunmehr von ÖVP und FPÖ dominierten Kuratorium der Salzburger Festspiele könne er aber keine künstlerisch relevanten Entscheidungen mehr durchsetzen. Festspielpräsidentin Helga Rabl-Stadler sei »eine Erfindung von Wolfgang Schüssel, der jetzt behauptet, er will ein neues Österreich formen, wie einst Hitler auf dem Heldenplatz«. Da wahrscheinlich ein FPÖ-Mitglied in das Kuratorium einziehe, müsse er ausscheiden, denn er könne »unmöglich mit Vertretern einer faschistischen Partei zusammenarbeiten«. Die FPÖ sei undemokratisch und habe nur demokratische Mittel benutzt, um an die Macht zu kommen. Deutlich zu erkennen sei ihr Ressentiment gegen die Moderne. An ihrer Stelle wolle Haider die regionale Kultur stärken, womit »wohl Jodelkonzerte gemeint« seien. An die Macht gelassen worden sei die FPÖ von der ÖVP und einem wohlhabenden konservativen Bürgertum, das zur Salzburger Festspielklientel gehöre. Er sei »maßlos enttäuscht«, dass in den neun Jahren seiner Tätigkeit in Salzburg zwar das internationale Publikum die programmatische Öffnung zur Kunst des 20. Jahrhunderts mitgetragen habe, aber das »österreichische Bürgertum immer noch das des Wiener Kongresses von 1815« sei. Auf die Festspiele komme nunmehr eine »Katastrophe« zu. So hätten neben Sylvain Cambreling bereits Christoph Marthaler und La Fura dels Baus ihre weitere Mitwirkung abgesagt, die Zusammenarbeit mit dem Kultursender Arte drohe zu kippen und wichtige amerikanisch-jüdische Förderer hätten ihren Rückzug angekündigt.[15]

Der von Mortier anlässlich seines Rücktritts Anfang Februar 2000 beschworene massenweise Rückzug der Festspielkünstler fand allerdings nicht statt. Lediglich der

---

13 Salzburger Nachrichten. 31. 1. 2000.
14 Vgl. dazu Günther R. Burkert-Dottolo, Bernhard Moser (Hg.): Die Regierungsbildung in Österreich 1999/2000. – Wien 2000. Gerfried Sperl: Der Machtwechsel. Österreichs politische Krise zu Beginn des 3. Jahrtausends. – Wien 2000. Andreas Khol: Die Wende ist geglückt. Der schwarz-blaue Marsch durch die Wüste Gobi. – Wien 2001. Heinz Fischer: Wendezeiten. Ein österreichischer Zwischenbefund. – Wien 2003.
15 Die Zeit Nr. 7. 10. 2. 2000. S. 50.

Pianist András Schiff sagte sämtliche Auftritte in Österreich ab und Patrice Chéreau seine Mitwirkung als Sprecher bei der geplanten Aufführung von Berlioz selten aufgeführtem Orchesterwerk »Lelio«. Ebenso stornierte der britische Komponist und Dirigent George Benjamin seine Mitwirkung im Rahmen des Zyklus »Die Komponisten der Zeitenwende«.

Die nach dem Bekanntwerden der Regierungsbildung sich steigernde nationale und internationale Protest- und Demonstrationswelle basierte auf Emotionen, folgte einer letztlich irrationalen karnevalesken Dramaturgie und apokalyptischen Beschwörungen aufziehender autoritärer Tendenzen, die dem westlichen Werte-Set der europäischen Einigung widersprachen. Die Realität war freilich eine andere. Die neue Bundesregierung bekräftigte auf Anregung Wolfgang Schüssels in einer Präambel zum Regierungsprogramm »ihre unerschütterliche Verbundenheit mit den geistigen und sittlichen Werten, die das gemeinsame Erbe der Völker Europas sind und der persönlichen Freiheit, der politischen Freiheit und der Herrschaft des Rechts zugrunde liegen …« Sie trete »für Respekt, Toleranz und Verständnis für alle Menschen ein, ungeachtet ihrer Herkunft, Religion und Weltanschauung«, arbeite »für ein Österreich, in dem Fremdenfeindlichkeit, Antisemitismus und Rassismus keinen Platz finden« und bekenne »sich zum Schutz und zur Förderung der Menschenrechte …«[16] Zum Thema »Kultur und Kunst« hieß es im Regierungsprogramm u. a.: »Kultur und Kunst haben in Österreich einen überdurchschnittlich hohen Stellenwert. Diesen Stellenwert gilt es zu erhalten, auszubauen und für die Zukunft zu sichern. Die Freiheit der Kunst ist das tragende Prinzip der Kunstförderung und Kulturpolitik. Der Staat hat dabei seine Tätigkeit auf die Schaffung von stimulierenden Rahmenbedingungen und Entfaltungsmöglichkeiten für Künstlerinnen und Künstler zu konzentrieren.«[17] Solche Erklärungen prallten an den Gegnern der Regierung ab. So bemerkte Doron Rabinovici: »Nicht das Programm der neuen Koalition, vielmehr ihre schiere Existenz ist der eigentliche Skandal.«[18]

Am 27. Jänner 2000 hatte die Staatssekretärin im Außenministerium, Benita Ferrero-Waldner noch erklärt, sie erwarte im Fall der Bildung einer ÖVP/FPÖ-Koalition keine internationale Isolation Österreichs wie während der Waldheim-Jahre zwischen 1986 und 1992.[19] Staatsoperndirektor Ioan Holender hatte hingegen gewarnt: »Die Folgen einer Rechtsregierung für Österreich wären katastrophal – nach innen, für die Kunst und Kultur, vor allem aber nach außen. Es wird Reaktionen geben, gegen die die Waldheim-Geschichte ein Frühlingslüfterl war.«[20]

---

16 Burkert-Dottolo, Moser: Die Regierungsbildung in Österreich 1999/2000. S. 95.
17 APA. 3. 2. 2000.
18 Doron Rabinovici: Bleibt der Großglockner? – In: FAZ 12. 2. 2000.
19 Vgl. Reuters 27. 1. 2000.
20 NZZ 29. 1. 2000.

Holender sollte Recht behalten. Am 31. Juli veröffentlichte der amtierende EU-Ratspräsident, der portugiesische Ministerpräsident António Guterres, eine Erklärung der übrigen 14 EU-Staaten, in der Österreich mit Sanktionen, vor allem einer EU-internen Isolation, gedroht wurde, falls es zu einer FPÖ-Regierungsbeteiligung kommen sollte. Mit der Bildung der ÖVP/FPÖ-Regierung am 4. Februar traten die angekündigten Sanktionen in Kraft, mit denen in einer die Realitäten tatsächlicher Politik ignorierenden und die Maßstäbe verlierenden kollektiven Strafaktion nicht nur ein »unverhüllter Eingriff in das demokratische System eines Mitglieds« erfolgte,[21] sondern Österreich international gedemütigt und auf das Niveau von Außenseitern der Staaten- und Völkergemeinschaft herabgestuft wurde.[22] Die kritischen und warnenden Stimmen zu diesem in der Geschichte der EU einmaligen Vorgehen blieben im allgemeinen antifaschistischen Sturm in der Minderheit. Peter Sloterdijk nannte es »die große Koalition der Dilettanten ... Es zeigt sich, dass all diejenigen Recht haben, die behaupten, dass fünfzig Jahre Faschismusdiskussion in Europa in Wahrheit keine Ergebnisse gezeigt haben, sondern nur in eine mehr oder weniger selbstbezügliche Form von Moralismus ausgemündet sind. ... Und vor allem sehr viel Heuchelei. ... Hier manifestiert sich der Endsieg des Moralismus über die Politik und die Psychologie. Und das ist ein Skandal.«[23]

Die Bühne der internationalen Isolierung besetzte nicht nur die Politik, sondern auch die kulturelle Szene, die in zahlreichen Ländern zu einem Boykott Österreichs aufrief. In Frankreich unterschrieben zahlreiche Künstler und Intellektuelle den auf Initiative von Jérôme Clément, Präsident des Fernsehsenders »La Cinquième« und des französisch-deutschen Kultursenders Arte, gestalteten Appell zu einem künstlerischen Boykott Österreichs. »Die Regierungsallianz zwischen der konservativen Partei (ÖVP) und der extremen Rechten Jörg Haiders (FPÖ) reißt Österreich in eine höllische Spirale hinein. Europa läuft Gefahr, dabei seine Seele zu verlieren. ... Zur politischen Isolierung muss man absolut die intellektuelle und künstlerische hinzufügen.«[24] Dementsprechend erklärte Sylvain Cambreling, er werde seine Verträge beim Klangforum Wien und bei den Salzburger Festspielen im laufenden Jahr

---

21 Reinhard Olt: Die Torheit der Regierenden – oder die sanktionsbewehrte Causa Austriae als Akt EUropäischer Verblendung. – In: ÖJP 2000. – Wien/München 2001. S. 395–454. S. 417.
22 Vgl. Erhard Busek, Martin Schauer (Hg.): Eine europäische Erregung. Die »Sanktionen« der Vierzehn gegen Österreich im Jahr 2000. Analysen und Kommentare. – Wien/Köln/Weimar 2003. Michael Gehler: Vom Marshall-Plan bis zur EU. Österreich und die europäische Integration von 1945 bis zur Gegenwart. – Innsbruck/Wien/Bozen 2006. S. 260ff. Martin Strauß, Karl-Heinz Ströhle (Hg.): Sanktionen. 10 Jahre danach: Die Maßnahmen der Länder der Europäischen Union gegen die österreichische Regierung im Jahr 2000. – Innsbruck/Wien/Bozen 2010.
23 Profil Nr. 6. 7. 2. 2000. S. 118. Ähnlich Dirk Schümer: Europäische Ängste. – In: FAZ 2. 2. 2000. Johannes Willms: Was Österreich lehrt. – In: Süddeutsche Zeitung 8. 2. 2000.
24 APA 4. 2. 2000.

noch erfüllen, anschließend jedoch Österreich meiden. »Ich habe beschlossen, ab September mich nicht mehr in Österreich zu präsentieren, ich kann mit Leuten, die ich für Faschisten halte, nicht arbeiten. ... Ich weiß sehr gut über die österreichische Bourgeoisie Bescheid, das ist eine Bourgeoisie, die zu einem Großteil die FPÖ und Haider unterstützt.«[25] Auch Betty Freeman gab in einem Brief an die »Salzburger Nachrichten« ihren Rückzug aus Salzburg bekannt. »Als amerikanische Sponsorin und enthusiastische Unterstützerin von Gérard Mortiers innovativem Programm der Salzburger Festspiele während der vergangenen neun Jahre bedaure ich, dass ich im Sommer 2000 die Festspiele zum letzten Mal unterstützen und besuchen werde.«[26] Gérard Mortier schlug in einem Interview mit der niederländischen Tageszeitung „de Volkskrant« vor, die europäischen TV-Stationen sollten das Neujahrskonzert der Wiener Philharmoniker boykottieren. Dies würde »Österreich Millionen kosten«. Die Hypostase der eigenen moralischen Position des antifaschistischen Gewissens erreichte ihren Höhepunkt mit der Bemerkung, falls Nikolaus Harnoncourt das nächste Neujahrskonzert des Orchesters dirigiere, »werde ich ihn fallen lassen«.[27]

Wenig später erklärte er in einer Pressekonferenz im Großen Festspielhaus zu seinem vorzeitigen Rückzug aus Salzburg, er sei ein großer Liebhaber Österreichs und die größten Liebhaber würden am schärfsten reagieren, wenn sie enttäuscht werden. Der Grund für seine Bitte um vorzeitige Vertragsauflösung sei, dass mit der FPÖ eine faschistische Partei in der Regierung sitze. »Für mich ist die FPÖ im wahrsten Sinne des Wortes eine faschistische Partei, im Sinne eines Faschismus-Begriffs von Umberto Eco. Ich möchte hinzufügen, dass ich nicht zu jenen gehöre, die die FPÖ eine Nazi-Partei nennen. Es ist Herr Haider selbst, der sehr gerne mit diesem Begriff kokettiert, weil er weiß, dass es im Ausland mehr Effekt macht, wenn er sich mit einem Nazi-Führer vergleicht, als mit Pinochet, Franco oder Peron.« Die FPÖ vertrete einen ausgesprochen nationalistischen Kulturbegriff, während die Salzburger Festspiele – im Unterschied zum Burgtheater und der Wiener Staatsoper – vor allem für ein ausländisches Publikum gemacht würden. Daher sei das »Xenophobe, das von der FPÖ ausgeht, schon für das jetzige Publikum eine sehr große Belastung«. Er arbeite »in erster Linie nicht für Österreich, sondern für Ausländer. Erst in zweiter Linie gibt es 35 Prozent Österreicher in unserem Publikum«. Mit der amtierenden Präsidentin existiere de facto kein Gesprächsklima mehr. Da der kommende Festspielsommer sein letzter sein werde, werde er auch besondere politische Akzente bei dessen Eröffnung setzen. Nach dem Verständnis von Jörg Haider gehöre etwa Jessye Norman in die Kategorie »Buschneger. Ich möchte Haider nur vorwarnen, denn am Tag vor der Festspieleröffnung wird es in Salzburg ein orientalisches Fest geben, das

---

25 APA 8. 2. 2000.
26 Salzburger Nachrichten 8. 2. 2000.
27 APA 12. 2. 2000.

ein Araber aus Ägypten bezahlen wird«. Zudem soll es zusätzlich zur traditionellen Festspieleröffnung einen besonderen Festakt geben, bei dem europäische Künstler von Rang politische Statements abgeben und zu dem Vertreter verschiedener Kulturen eingeladen werden. Der offizielle Festakt hingegen »könnte eine Entweihung werden«, auf jeden Fall eine »große Verlogenheit«.[28] Zwei Tage später erschien in »News« ein Interview Mortiers, in dem er seine Kritik nochmals akzentuierte. Er nehme sich durch sein vorzeitiges Salzburger Ausscheiden ein Sabbatical, werde in Gent unterrichten »und auch in Österreich sehr präsent sein. Das sollen meine Feinde wissen. Ich werde mit den Sozialisten, auch mit den Grünen, Kontakt halten und Widerstand leisten.« Wolfgang Schüssel sei »der Mann, den ich am tiefsten verachte ... Er hat mich während der vergangenen Festspiele gebeten, für ihn ein europäisches Symposium mit linken Intellektuellen zu organisieren. Ich war naiv genug, das zu tun, und so schmückte er sich mit Leuten wie Sloterdijk, um dann mit den Rechtsextremen zusammenzugehen. Das ist Wahlbetrug. Dieser Mann ist für mich moralisch unten durch. Ein Freund hat schon vor vier Jahren gesagt: Was soll man von einem Mann halten, der täglich die Maske wechselt?« Und zu der Behauptung, er habe Schüssel mit Hitler verglichen: »Dafür ist er nun wirklich zu klein. Aber er hat in seiner Regierungserklärung gesagt, er werde mit Haider das neue Österreich machen. Genau das sagte Hitler am 17. März auf dem Heldenplatz.« Ihm sei auch die Haltung von Boulez und Bondy, die sich gegen einen künstlerischen Österreich-Boykott ausgesprochen hatten, unverständlich. »Die Haltung von Boulez akzeptiere ich nicht. Er soll ruhig weiter die Wiener Philharmoniker dirigieren – aber nur Werke lebender Komponisten. Wir werden sehen, wie das Bourgeois-Publikum im Musikverein reagiert, Herr Mautner-Markhof und so. An Bondy habe ich geschrieben, dass er es sich nicht so leicht machen kann. Ich sage: Die Künstler sollen weiter in Österreich arbeiten – aber mit einem Statement gegen diese Regierung.«[29]

In Österreich begrüßte u. a. der bisherige EU-Skeptiker Hermann Nitsch die Sanktionen der 14 EU-Staaten mit der Bemerkung, dass nunmehr Brüssel für ihn »einen Sinn« bekomme,[30] und ein Komitee »Kulturnation Österreich«, dem u. a. H. C. Artmann, Friederike Mayröcker, Ernst Jandl, Milo Dor und Marlene Streeruwitz angehörten, sprach der österreichischen Regierung die »moralische Qualifikation« ab, »im Namen der Kunst und Kultur« zu sprechen.[31] Elfriede Jelinek sprach ein Aufführungsverbot ihrer Stücke in Österreich aus[32] und Valie Export erklärte, es sei ihr unter den gegenwärtig in Österreich herrschenden Bedingungen nicht mög-

---

28 Radio Österreich 1. 15. 2. 2000.
29 News Nr. 7. 17. 2. 2000. S. 160.
30 APA 4. 2. 2000.
31 Salzburger Nachrichten 5. 2. 2000.
32 Vgl. Elfriede Jelinek: Meine Art des Protests. – In: Der Standard 7. 2. 2000.

lich, den ihr zugedachten Oskar-Kokoschka-Preis anzunehmen.[33] George Tabori ließ wissen, dass er das Land nach 16 Jahren mit Peymann Richtung Berlin verlasse. »Ich war hier sehr glücklich, aber in einem Land, in dem Haider Regierungsgewalt hat, inszeniere ich nicht. Ich werde mich wohl bald zur Ruhe setzen.«[34]

Die Regierung Schüssel geriet in der auf breiter Ebene und massenmedial inszenierten Erregungskultur mit dem Hinweis auf die angeblich gefährdeten europäischen Werte unter moralische Quarantäne. Die Erben Ingeborg Bachmanns verweigerten dem Klagenfurter Literaturwettbewerb so lange das Namenspatronat, bis sie davon ausgehen könnten, dass die Politik in diesem Lande nicht so beschämend und der Autorin wieder würdig sei. Mortier ließ seinen Ankündigungen Taten folgen und affichierte am Eingang zum Großen Festspielhaus ein Zeitungspamphlet mit einem Text von Marlene Streeruwitz gegen Schüssel und Haider. Die politische Instrumentalisierung der Festspiele durch Mortier sowie seine massiven Ausfälle gegen Präsidentin Rabl-Stadler ließen die ohnedies angespannte Lage im Direktorium und Kuratorium der Festspiele eskalieren. Rabl-Stadler erklärte, die verbalen Verdächtigungen Mortiers erfüllten den Tatbestand der Verleumdung, und forderte das Abhängen des Plakats mit dem Text von Streeruwitz mit der Begründung, sie verwahre sich gegen jede politische Instrumentalisierung der Festspiele. »Hier wird weder für noch gegen eine Partei geworben. Das Direktorium wird versuchen, die verbleibende Zeit für Salzburg zusammen zu arbeiten, so schwer mir das auch fallen mag in Anbetracht der Tatsache, dass ich in die Nähe faschistischen Gedankengutes geschoben werde.«[35] Gegenüber dem »Kurier« erklärte sie: »Ich muss zur Kenntnis nehmen, dass Herr Mortier zwei Gesichter hat und dass seine Interviews hässlich und beleidigend sind. In Direktoriumssitzungen werde ich aber um der Sache willen weiter neben ihm sitzen.«[36]

Der nicht analytische, jedoch als politisches Fahnenwort inflationär verwendete Begriff des »Antifaschismus« und die verzerrte Wahrnehmung der Realitäten führten zur Eskalation der (auch hasserfüllten) Emotionen. Besorgt bemerkte Frank Böckelmann Anfang April 2000, die EU befinde sich »in einem merkwürdigen Ausnahmezustand. Von ihren Regierungen aufgerüttelt, den Anfängen eines neuen Faschismus zu wehren, schauen sie mit wacher Sorge auf das schwarze Schaf in ihrer Mitte: In Österreich hat, sichtbar geworden durch die Regierungsbeteiligung der ›Freiheitlichen‹ von Jörg Haider, ein Ungeheuer sein Haupt erhoben, dem man mangels besserer Begrifflichkeit den Namen Populismus – Rechtspopulismus, ver-

---

33 Sie lehnte schließlich nur die Verleihung, nicht jedoch das Preisgeld in der Höhe von 250.000 Schilling ab.
34 News Nr. 7. 17. 2. 2000. S. 160.
35 APA 15. 2. 2000.
36 Kurier 17. 2. 2000.

steht sich – gegeben hat«.[37] Der Begriff »Populismus« und das Prädikat »populistisch« werde dabei, ebenso wie der Begriff des »Faschismus« und das entsprechende Prädikat »faschistisch« »ganz nach Belieben« derjenigen gebraucht, »die in der politischen Öffentlichkeit und ihren Medien den Ton angeben. Die Meinungsführer des veröffentlichten Diskurses verfügten über »die Lufthoheit im Fernsehen, wo sie Verdammungsurteile sprechen ... ›Faschist‹ ist heute nichts anderes als eine billige, in allen möglichen Konflikten gebräuchliche Verunglimpfung, das F-Wort mit acht Buchstaben«.[38]

Im einsetzenden antifaschistischen Widerstands-Zirkus setzte Christoph Schlingensief am Schauspielhaus Graz einen ersten, die Grenzen überschreitenden Höhepunkt, als er zusammen mit Johann Kresnik und Martin Kušej Anfang Mai »Freiheit für alles« auf die Bühne brachte und rufen ließ: »Tötet Wolfgang Schüssel!«[39] Gegenüber der »Welt« erklärte er, er wolle nach Graz »nach Wien und Salzburg in den heiligen Gral! Dort, bei den Festspielen, müssen wir die politische Diskussion führen. Mortier sollte solche Freiräume gewährleisten, alles andere wäre feige. Sonst kann er gleich Töpferkurse geben.«[40] Anfang Juni inszenierte er unter erheblicher öffentlicher Erregung in Wien auf Einladung von Luc Bondy im Rahmen der Wiener Festwochen vor der Staatsoper sein Container-Projekt »Bitte, liebt Österreich« mit zwölf Asylanten, bei dem, wie in der TV-Show »Big Brother«, das Publikum entschied, welche zwei Asylanten jeden Tag den mit Kameras überwachten Container verlassen mussten. Er werde, so ließ er wissen, anschließend nach Salzburg übersiedeln, wo er auf Einladung von Schauspielchef Frank Baumbauer ein politisches Projekt durchführen werde.[41]

In dem von hysterischen Reaktionen dominierten kulturellen Umfeld drohten die Salzburger Festspiele in Schwierigkeiten zu geraten. In Salzburg bemühte man sich um eine Beruhigung der Lage. Dabei wurden Differenzen zwischen Mortiers offensivem, von verbalen Rundumschlägen begleiteten Agieren und Landesmanns zurückhaltender Argumentation deutlich. Hans Landesmann beeilte sich zu versichern, dass auch nach dem vorzeitigen Ausscheiden Mortiers der künstlerische Kurs der Festspiele nicht gefährdet sei. Das Programm für den Festspielsommer 2001 sei so gut wie fixiert und bis jetzt seien keine Absagen von Künstlern zu verzeichnen. Auch Landeshauptmann Franz Schausberger sah den Kurs der Festspiele nicht gefährdet und erklärte, nach der Rücktrittserklärung Mortiers dürfe man »nichts übers Knie brechen. Es besteht überhaupt kein Grund zu irgendwelchen Aufgeregt-

---

37 Frank Böckelmann: Stellen Sie sich vor, jemand nennt Sie »Faschist«. – In: FAZ 1. 4. 2000.
38 Ebd.
39 Salzburger Nachrichten 10. 5. 2000.
40 Die Welt 28. 4. 2000.
41 Vgl. Profil Nr. 23. 5. 6. 2000.

heiten. Die neue Bundesregierung wird sich nicht auf den künstlerischen Kurs der Festspiele auswirken«. Er werde nunmehr mit Mortier Gespräche führen und dafür sorgen, dass die Aufbauarbeit des Intendanten nicht gefährdet werde.[42] Ebenso war der künftige künstlerische Leiter Peter Ruzicka um Schadensbegrenzung bemüht und erklärte: »Nichts wäre falscher als zurückzuweichen.«[43] Markus Hinterhäuser und Tomas Zierhofer-Kin erklärten in einem offenen Brief an Mortier seinen Entschluss als »inhaltlich … eher bescheiden«,[44] und Luc Bondy, Peter Zadek, Peter Stein, Pierre Boulez und Hans Landesmann betonten in einem Appell, Wien sei eine Kulturstadt und Österreich eine Kulturnation, und warnten vor einem »Boykott des guten Gewissens«.[45] In einer von Burgtheaterdirektor Klaus Bachler im Burgtheater organisierten turbulenten und von vielen Buhs für den anwesenden neuen Kunst-Staatssekretär Franz Morak unterbrochenen Diskussion bemerkte Andrea Breth, man könne in dieser Situation nicht das Land verlassen, sondern müsse »verstärkt herkommen und sich zu Wort melden«.[46]

Den vorläufigen Höhepunkt erreichte die öffentliche Erregungs-Inszenierung am 19. Februar mit einer von der SPÖ und den SPÖ-Gewerkschaften instrumentalisierten Massendemonstration von rund 150.000 Teilnehmern auf dem Heldenplatz, zu dem zahlreiche in- und ausländische Künstler und Intellektuelle wie Salman Rushdie, Silvio Lehman, Michel Friedman, Bernard-Henri Lévy, Luc Bondy, Jack Lang, Michel Piccoli, Gérard Mortier u. a. anreisten und die sich nicht, wie betont wurde, gegen Österreich, »sondern gegen Haider und Schüssel« richtete.[47] In Anspielung auf diese medienwirksam inszenierte Protestveranstaltung bemerkte Frank Böckelmann, die demonstrierte »moralische Überlegenheit lähmt ihre Besitzer, wenn sie sich selbst genügt und dem Gegner nichts abfordert als ein umfassendes Geständnis. Der Wortlaut der Transparente und Sprechchöre bei den Demonstrationen gegen Haider in Wien, Brüssel, Paris und New York zeugt vom Geist solcher Selbstgenügsamkeit. Triumphierend versammeln sich die Gerechten zum antifaschistischen Mummenschanz. Doch um sogenannten Populisten das Wasser abzugraben, müssen sie sich mehr einfallen lassen, als Hitler auf dem Heldenplatz zum hundertsten Mal zu besiegen«.[48]

In Paris erklärte der Philosoph Bernard-Henri Lévy, der an der Großdemonstration am Heldenplatz teilnahm, Wolfgang Schüssel habe »aus jämmerlichem Ehrgeiz Österreich in die Sackgasse geführt«. Er habe »seine Seele für ein Amt verkauft«.

---

42 APA 8. 2. 2000.
43 Süddeutsche Zeitung 7. 2. 2000.
44 Markus Hinterhäuser, Tomas Zierhofer-Kin: Ist das alles, Herr Mortier? – In: Der Standard 10. 2. 2000.
45 Süddeutsche Zeitung 7. 2. 2000.
46 Süddeutsche Zeitung 14. 2. 2000.
47 Kurier 20. 2. 2000.
48 Böckelmann: Stellen Sie sich vor, jemand nennt Sie »Faschist«.

Doch »seine politische Karriere ist beendet«, er sei »waldheimisiert« und werde »gemeinsam mit Haider abstürzen«.[49] Und die sozialistische französische Kulturministerin Catherine Trautmann ließ verlautbaren, man werde in der EU »eine kollektive und solidarische Kulturpolitik« organisieren. Zu diesem Zweck sei auch beabsichtigt, im zweiten Halbjahr unter der französischen EU-Präsidentschaft eine »Österreich-Woche« mit jenen Künstlern zu veranstalten, die sich der Regierungsbeteiligung der FPÖ widersetzen. Ein totaler Boykott Österreichs sei nicht angebracht, da man verhindern müsse, den Kontakt mit den oppositionellen Künstlern des Landes zu verlieren. Bei einem ersten Treffen im französischen Kulturministerium, an dem rund 30 österreichische und französische Künstler teilnahmen, habe man sich auf die Errichtung eines Netzwerkes geeinigt, das eine gemeinsame Arbeit mit bestimmten österreichischen Intellektuellen und Künstlern erlaube. »Es ist vor allem wichtig zu zeigen, dass wir dieses Land nicht an den Pranger stellen wollen. Dies dient stets der extremen Rechten, wenn man die Leute abweist.« Man werde zudem in der bevorstehenden französischen EU-Präsidentschaft die Frage nach der europäischen Kultur thematisieren. »Nicht weil die Künstler das Gegengift gegen den Faschismus sind, sondern weil sie immer dessen erste Opfer sind.«[50] Erheblich nüchterner urteilte hingegen Robert Menasse. Mit der Bildung der neuen Regierung sei »ein vordemokratisches System ... zusammengebrochen. Die jetzt gegebenen Möglichkeiten einer Demokratisierung Österreichs können wir nur dann nutzen, wenn wir uns auf diese Möglichkeiten konzentrieren und nicht bloß paralysiert auf die damit verbundenen Gefahren starren«. Zudem sollte die die Demonstrationen instrumentalisierende österreichische Sozialdemokratie zur Kenntnis nehmen, dass kein Künstler aufhört, »Kunst zu machen, wenn die Sozialdemokratie nicht regiert«.[51]

Mit seinen Rundumschlägen, permanenten verbalen Entgleisungen und apokalyptischen Visionen des drohenden Niedergangs der europäischen Werte stieß Gérard Mortier zunehmend auf Widerspruch auch bei denjenigen, die sein Wirken in Salzburg bisher positiv kommentiert oder begleitet hatten. Ernst Naredi-Rainer sprach von einer zunehmenden »Selbstdemontage« des Künstlerischen Leiters der Salzburger Festspiele. »Gérard Mortier, Salzburgs streitbarer Festspielintendant, nützt die Gunst der Stunde. Die Beteiligung der FPÖ an der Bundesregierung liefert ihm den willkommenen Anlass, Salzburg vorzeitig verlassen zu wollen. Diese Geste verliert jedoch an Glaubwürdigkeit, wenn man bedenkt, dass Mortier gezwungen sein wird, das von ihm verursachte Defizit bis 2001 auszugleichen. Seine Attacken auf die Festspielpräsidentin verlieren erheblich an Gewicht, wenn man Helga Rabl-

---

49 Kurier 18. 2. 2000.
50 ORF-Meldung 21. 2. 2000.
51 Format Nr. 5. 31. 1. 2000. S. 51.

Stadler zu Wort kommen lässt: ›Ich habe niemals ein Projekt von Gérard Mortier blockiert!‹ Den Boden der Realität verlässt Mortier, wenn er Nikolaus Harnoncourt droht, er ›werde ihn fallen lassen‹, sollte sich der Dirigent dazu entschließen, das nächste Neujahrskonzert der Wiener Philharmoniker zu leiten. Denn dabei übersieht Mortier geflissentlich, dass der Maestro ihm und den Salzburger Festspielen 1996 den Rücken gekehrt hat. Und wenn Mortier seinem Nachfolger unterstellt, Salzburg zum ›Jodelfestival‹ zu machen, greift er zu jener diffamierenden Demagogie, gegen die er eigentlich ankämpft. Mit solchen Ausritten betreibt der verdiente Festspielreformer Selbstdemontage.«[52] Luc Bondy, ab 2001 alleiniger Intendant der Wiener Festwochen, antwortete auf den Vorwurf Mortiers, er mache es sich leicht, wenn er einfach in Wien bleibe, und wenn er sich schon zum Bleiben entscheide, solle er sich doch wenigstens massiv gegen die österreichische Regierung aussprechen, er »brauche Mortier doch nicht als Vormund aus Salzburg«. Der Intendant der Salzburger Festspiele befleißige sich einer Verwahrlosung des politischen Wortes. »Das kippt in eine Totalhysterie um. Was meint Mortier denn mit ›Widerstand von außen‹? Er gebraucht Begriffe wie ›Kollaborieren‹ und versteht ganz offensichtlich nicht ihre geschichtliche Tragweite.« Er solle sich nicht »mit de Gaulle verwechseln. Der saß im Londoner Exil und leistete ›von außen‹ Widerstand«. Bei vielen, die zum Widerstand aufriefen, beginne eine »Verselbständigung der Sprache«. Mortiers behaupteter »Faschismus« sei ein »Phantasma«; nur der Rechtspopulismus sei zunächst real. »Man muss Mortier klarmachen, dass er sich nicht als Totalwiderstandskämpfer aufführen kann. Er verlässt Salzburg und zieht als Mann des Widerstands durch die Medien. Doch welche Mittel der Manifestation bleiben uns denn noch, wenn wir bereits jetzt in dieser unerfreulichen Lage zur schärfsten ›Munition‹ greifen? Was tun, wenn noch Schlimmeres passiert, wie haiderhafte Sprüche in Taten umgesetzt?«[53] In deutlichem Gegensatz zu Mortier betrachtete er die Sanktionen der übrigen 14 EU-Staaten als unangebracht und kontraproduktiv. »Meine Ablehnung von Blau-Schwarz (wegen Blau!) hindert mich nicht, die Sanktionen der einzelnen EU-Länder fragwürdig zu finden. Eine Mahnung und dann Maßnahmen, wenn antidemokratische Dinge geschehen würden: ja. Aber prophylaktische Strafen schüren Aggressionen, die zu mehr Nationalismus führen.«[54]

Die hell lodernde Flamme des Widerstandes bei Sylvain Cambreling und Gérard Mortier flackerte bereits kurze Zeit später nur mehr bescheiden. Der französische Dirigent erklärte mit dem Hinweis auf die Demonstration am 19. Februar auf dem Heldenplatz, er sei von deren Ausmaß überrascht und beeindruckt gewesen und werde daher auch weiterhin das Klangforum Wien dirigieren. Dieses spiele »kein

---
52 Ernst Naredi-Rainer: Selbstdemontage. – In: Kleine Zeitung 16. 2. 2000.
53 Der Standard. 18. 2. 2000.
54 News Nr. 17. 27. 4. 2000. S. 176.

normales Programm«, dessen Publikum sei »kein extrem rechtes« und jeder Auftritt werde zudem »eine politische Aktion nur mit Tönen« sein. Er werde auch eine Uraufführung bei den Bregenzer Festspielen dirigieren, nicht jedoch eine Reprise von Berlioz' »La Damnation de Faust« bei den Salzburger Festspielen. Ebenso werde er in Salzburg nicht die geplante Neuproduktion von Mozarts »Le Nozze di Figaro« betreuen. In einer Stadt, in der die FPÖ »erste Kraft« sei, wolle er nicht weiter arbeiten. Man könne »nicht einfach einen Mozart-Zyklus dirigieren, als ob nichts gewesen wäre.«[55] Der Widerstand Cambrelings relativierte sich jedoch durch den Umstand, dass einen Tag zuvor das Direktorium der Festspiele die für 2001 geplante Reprise von Berlioz' »La Damnation de Faust« aus finanziellen Gründen aus dem Programm genommen hatte.[56] Mit demselben Erklärungsmuster wie Cambreling revidierte Mortier am 22. Februar seinen Entschluss zur vorzeitigen Auflösung seines Vertrages als Künstlerischer Leiter der Salzburger Festspiele. Er habe bei der Großdemonstration in Wien am 19. Februar eine starke nationale und internationale Solidarität gespürt und zudem viele Gespräche geführt, die ihn schließlich dazu bewogen hätten, doch zu bleiben. Dies bedeute jedoch keineswegs, dass er die politische Entwicklung im Lande nunmehr viel harmloser einschätze. Wien habe ihm aber gezeigt, dass es auch ein anderes Österreich gebe. »Durch die eindrucksvolle Haltung der Bürgerinnen und Bürger Österreichs bei der Demonstration am 19. Februar in Wien und die dabei zum Ausdruck gekommenen demokratischen Kräfte fühle ich mich verpflichtet, meinen bisherigen Standpunkt neu zu überdenken, und habe mich entschieden, den Widerstand gegen die FPÖ mit allen künstlerischen Mitteln zu unterstützen. Ich werde meinen Vertrag bis zum Ende seiner Laufzeit im September 2001 erfüllen.

In diesem Zusammenhang werden dem Gesamtprogramm der Festspiele 2001 deutlich politische und zeitgenössische Akzente gegeben. Außerdem soll der Festspielbezirk als Zentrum der Multikulturalität betont werden. Gemeinsam mit den an den Festspielen beteiligten Künstlern wird ein Fonds gegründet, der zum Ziel hat, die durch die FPÖ gefährdeten zeitgenössischen Projekte zu erhalten und einem Publikum aus den osteuropäischen Ländern den Festspielbesuch zu ermöglichen.«[57] Was Mortier allerdings bei seiner Begründung für seinen Schritt verschwieg, war der Umstand, dass er intensiv mit der Berliner Kultur- und Wissenschaftssenatorin Christa Thoben über eine Nachfolge des scheidenden Intendanten der Berliner Festwochen, Ulrich Eckhardt, verhandelt und weitgehende Einigung erzielt hatte. Der überraschende Rücktritt Thobens in der Auseinandersetzung um die Berliner Kulturpolitik ließ auch Mortiers Chancen schwinden, da Kulturstaatsminister Mi-

---

55 APA 17. 2. 2000.
56 Protokoll der Sitzung des Direktoriums des Salzburger Festspielfonds am 16. 2. 2000. S. 3.
57 Salzburger Nachrichten 23. 2. 2000.

chael Naumann sowie Berlins neuer Kultursenator Christoph Stölzl an einer Berufung Mortiers kein Interesse zeigten.

Mortiers Rücktritt vom Rücktritt wurde sowohl vom Direktorium wie Kuratorium der Salzburger Festspiele gelassen zur Kenntnis genommen. Hans Landesmann bemerkte, er habe »zu keinem Zeitpunkt wirklich an einen vorzeitigen Rückzug Mortiers geglaubt«, und Salzburgs Schauspielchef Frank Baumbauer ließ aus Hamburg wissen, er finde den Sinneswandel Mortiers »gut. Es ist klug, in Österreich zu bleiben und diese Position nicht freizugeben. Es würde doch alle freuen, wenn wir gingen«. Außerdem sei die Begründung Mortiers für seinen Abgang fraglich. »Was die FPÖ in ihrem Programm stehen hat, ist ja nicht neu. Wir tun gerade so, als hätten die Österreicher seit 14 Tagen ein Problem – die haben ein Problem seit 50 Jahren.«[58] Peter Ruzicka kommentierte die Entscheidung Mortiers, diese sei »im Ergebnis richtig. Ich habe ihm ja zugeraten, das sehr anspruchsvolle Programm für das Jahr 2001 auch selber zu realisieren. Die politischen Inklinationen nach der Wahl konnten das nie infrage stellen. Denn eines war immer klar: Wie immer auch die Zusammensetzung des Kuratoriums sein wird, es wird keine Einflussnahme auf Inhalte geben. Das sagen alle Beteiligten und ich habe keinen Anlass, ihnen zu misstrauen. Es gab also für Mortier keinen nachvollziehbaren Grund, diese Art Unruhe, die den Festspielen ja wenig genützt hat, herbeizuführen. Ich selbst habe auch in keinem einzigen Fall erlebt, dass Künstler, die ich angefragt habe, sich mit politischen Argumenten dem Engagement verweigern. Eher im Gegenteil. Das gilt auch für Regisseure«.[59]

Präsidentin Helga Rabl-Stadler empfahl Mortier, sich in Zukunft auf seine Arbeit zu konzentrieren. »Ich hoffe, er ist sich seiner Verantwortung und seiner Pflichten bewusst. Unsere Gäste kommen, um sich von Kultur anregen und aufregen zu lassen, zu diskutieren, aber nicht, um sich mit österreichischer Innenpolitik zu beschäftigen.« Und in Richtung der nach wie vor geplanten politischen Instrumentalisierung der Festspiele durch Mortier: Sie werde den Künstlerischen Leiter in seiner künstlerischen Arbeit tatkräftig unterstützen. »Wenn er stattdessen aber Politik machen will, werde ich ebenso engagiert dagegen auftreten. Ich erwarte mir auch vom Intendanten, dass er seine Aufgabe in der Kunst und nicht in der Politik sucht.«[60] Für das Kuratorium erklärten dessen amtierender Vorsitzender Josef Koller, Landeshauptmann Franz Schausberger und Bürgermeister Heinz Schaden, man nehme den Entschluss Mortiers zur Kenntnis, werde jedoch den Intendanten zu einem Gespräch einladen, »in dem er in aller Deutlichkeit und Entschiedenheit auf die arbeitsrechtliche Situation, insbesondere auf die sich aus dem Festspielfondsgesetz

---

58 Hamburger Abendblatt 24. 2. 2000.
59 News Nr. 9. 2. 3. 2000. S. 168.
60 ORF ON Salzburg 23. 2. 2000.

und aus der Geschäftsordnung für das Direktorium sowie aus seinem Vertrag mit den Festspielen ergebenden Rechte und Pflichten verwiesen wird.

Im Besonderen wird Dr. Mortier angehalten werden, jedwedes schädigende Verhalten gegenüber den Salzburger Festspielen sowie persönliche Angriffe und Beleidigungen der Präsidentin der Salzburger Festspiele zu unterlassen. ...

Die Salzburger Mitglieder des Festspielkuratoriums bekräftigen und garantieren neuerlich, dass die Salzburger Festspiele auch in Zukunft im Sinne ihrer Gründer, in der bewährten künstlerischen Tradition und Konzeption sowie im Geiste der Offenheit und der Aufgeschlossenheit gegenüber dem Modernen, Innovativen und Experimentellen fortgesetzt werden«.[61] Eine Position, die – im Wortlaut fast identisch – am 2. März auch der Kulturausschuss des Salzburger Landtages mit den Stimmen von ÖVP und FPÖ einnahm.

Erheblich schärfer reagierte SPÖ-Kulturlandesrat Othmar Raus, für den die Erklärung Mortiers ein Beweis seiner Wankelmütigkeit war. »Das ständige Hin und Her ist keine Auszeichnung für den Leiter eines so großen und bedeutenden Kulturunternehmens.« Er solle sich endgültig auf das festlegen, was »er tatsächlich will«. Es sei unzumutbar, »heute den Abschied anzukündigen und damit das Unternehmen in Schwierigkeiten zu bringen und es sich dann wieder zu überlegen«.[62] Auch Bürgermeister Heinz Schaden, deklarierter Mortier-Fan, machte gegenüber der APA aus seinem Herzen keine Mördergrube: »Freuen tut mich das Ganze nicht mehr, was nicht bedeutet, dass ich über Gérard Mortiers Bleiben unglücklich bin. Vielmehr bin ich besorgt über das Bild der Verwirrung, das sich momentan zeigt. Deeskalation ist angesagt.« Es gehe aber nicht an, dass Mortier die Zukunft der Festspiele etwa als ›Jodelfestival‹ abkanzle und nunmehr ständig dementiere, was er angeblich gegenüber ausländischen Medien behauptet habe. »Ich habe Mortier immer meiner Solidarität versichert, jetzt verlange ich aber Solidarität von ihm gegenüber den Festspielen.«[63]

Ironisch kommentierte Karin Kneissl, dass sich das österreichische Publikum, dem Mortier ständig »das traumatische Festklammern am 19. Jahrhundert vorwirft«, nach dem Scheitern der Bewerbung Mortiers um die Intendanz der Berliner Festwochen frage, »warum denn der Herr Intendant nun solche Volten schlägt und offenbar doch bereit ist, ›mit Faschisten‹ zusammenzuarbeiten. ... (...) Mortier heißt auf Französisch sowohl Mörser als auch Mörtel. So ließe sich vielleicht semantisch diese Ambivalenz des Intendanten erklären. Zum einen schmettert er wie ein Mörser Verbalmunition an alle Adressaten, ob Künstler, Publikum oder Politiker, um dann

---

61 Salzburger Landeskorrespondenz 23. 2. 2000.
62 APA 23. 2. 2000.
63 Ebd.

wieder alles umständlich kitten zu wollen«.⁶⁴ Herbert Fux artikulierte die Meinung des Großteils der Salzburger, als er sich im Festspielbezirk mit einem »Kurzartikel« für die von Mortier angeregte politische Manifestation einstellte. Inhalt: »Mortier. Schwätzer und Wendehals«. Ihn empöre maßlos, so erklärte er, »was dieser Herr da über Österreich herumerzählt. Ich kann nur hoffen, dass die zuständigen Politiker nicht so weich sind, sich dies alles gefallen zu lassen. Man möge sich nur einmal vorstellen, was ein Österreicher erleben würde, wenn er als Direktor der Brüsseler Oper so über sein Gastland herzieht. Der würde sicher des Landes verwiesen«. Der wahre Hintergrund für den Entschluss zum Bleiben in Salzburg sei, dass er »in Berlin abgeblitzt ist und jetzt reumütig seinen Sessel in Salzburg bis zum Schluss innehaben will«.⁶⁵ FPÖ-Klubobmann Peter Westenthaler kommentierte Mortiers Schritt höhnisch mit der Bemerkung: »Zu diesem Wendehals gratuliere ich der Helga Rabl-Stadler. So einen Widerpart hätte ich auf politischer Ebene auch gern. Das hasserfüllte Gezeter dieses Herrn kommentieren wir nicht. Der ist uns egal. Der darf alles sagen, sogar ›erschießen‹ – ironisch ausgedrückt.«⁶⁶

Mortiers Rückzug vom Rückzug wurde durch die personellen Weichenstellungen der neuen Regierung für das Kuratorium erleichtert, indem (zunächst) keine Mitglieder der FPÖ entsandt wurden. Staatssekretär Franz Morak nominierte Peter Radel, den ehemaligen kaufmännischen Direktor des ORF und Musikliebhaber, Finanzminister Karl-Heinz Grasser den der SPÖ angehörenden 42-jährigen Universitätsdozenten für Politikwissenschaft an der Universität Innsbruck und Budget-Sektionschef des Finanzministeriums, Gerhard Steger, der allerdings nach nur einer Sitzung durch den der FPÖ nahestehenden Armin Gebhard Fehle ersetzt wurde. Fehle war Präsident der »Neuen Österreichisch-Ungarischen Haydn-Philharmonie«, ehemaliger Managing Director der Werbeagentur Ogilvy & Mather sowie Vorsitzender der Euro RSCG Werbeagentur, 1973 bis 1983 für die Öffentlichkeitsarbeit des Theaters in der Josefstadt verantwortlich und von 1976 bis 1983 Vortragender am Institut für kulturelles Management an der Hochschule für Musik und darstellende Kunst. Seine Berufung löste neuerliche politische Turbulenzen aus, da der Werbefachmann PR-Arbeit für das Pinochet-Regime betrieben hatte und zum chilenischen Honorarkonsul ernannt worden war. Darüber hinaus hatte er in einem Leserbrief an die Tageszeitung »Die Presse« die Ablöse Mortiers gefordert.

Am 2. Mai protestierte Jörg Immendorff in einem offenen Brief gegen den neuen Kurator, den er als »Pinochet Honorarkonsul in Österreich« bezeichnete. »The Rake (aus ›The Rake's Progress‹ von Igor Strawinsky) entlässt mit sofortiger Wirkung Herrn Fehle (FPÖ) aus dem Salzburger Kuratorium!

---

64 Karin Kneissl: Klimawechsel. – In: Berliner Morgenpost 24. 2. 2000.
65 Kronen Zeitung 25. 2. 2000.
66 APA 1. 3. 2000.

Als Künstler, der 1994 und 1996 zusammen mit anderen internationalen Künstlern unter der künstlerischen Leitung von Herrn Dr. Mortier arbeitete, unterstütze ich diese Forderung. Es ist eine unerträgliche Vorstellung, dass ein Mann aus einer Partei, die stolz auf ihre Kunstfeindlichkeit ist, ab 15. Mai 2000 über Programm und Budget der Salzburger Festspiele 2001 mitbestimmen soll! Es ist ein Affront gegen das Andenken Herbert von Karajans und all die hervorragenden Künstler, die über die Jahre die Salzburger Festspiele zu dem gemacht haben, was sie sind, eines der wichtigsten, wenn nicht das wichtigste Opernereignis der Welt. Die Angriffe gegen Herrn Dr. Mortier weise ich scharf zurück.

Ich fordere das Salzburger Kuratorium auf, geschlossen gegen die Mitgliedschaft von Herrn Fehle anzugehen.«[67] Die Salzburger Grünen werteten die Berufung Fehles als »erneute Kampfansage an ein zeitgenössisches Programm« der Salzburger Festspiele. Für Cyriak Schwaighofer wurde damit das Kuratorium allmählich »zur Versammlung konservativer Kreise – eine verhängnisvolle ›Neuprogrammierung‹ kündigt sich an«.[68]

Der streitbare Künstlerische Leiter der Festspiele erklärte zwar nunmehr wiederholt in der Öffentlichkeit, sein Entschluss zum vorzeitigen Abschied aus Salzburg sei emotional und spontan gewesen, und er habe sich schließlich nach mehreren Gesprächen sowie ermutigt durch das am Heldenplatz in imponierender Zahl präsente »andere Österreich« zum Bleiben entschieden, doch werde er die ihm verbleibenden zwei Jahre bei den Salzburger Festspielen auch für politische Demonstrationen nützen. Im Pariser Odeon-Theater bemerkte er in einer Veranstaltung der Zeitung »Le Monde«, er werde Werke wie »Die Fledermaus« oder »Ariadne auf Naxos« in Salzburg »gegen den urösterreichischen Strich auf die Bühne bringen«.[69]

Drei Monate später machte auch Mortier mit den Absonderlichkeiten der Widerstandskultur Bekanntschaft, als in der Tageszeitung »Le Monde« Jean Kahn, der Vorsitzende des Verwaltungsrates der in Wien angesiedelten europäischen »Stelle zur Beobachtung von Rassismus und Fremdenfeindlichkeit« (EUMC), Gottfried Wagner, Urenkel des Komponisten, und der Musikwissenschaftler Philippe Olivier in einem offenen Brief an den französischen Präsidenten Jacques Chirac und den deutschen Bundespräsidenten Johannes Rau mit dem Titel »Salzburg diesen Sommer, als ob nichts gewesen wäre« gegen die vom deutsch-französischen Kultursender Arte geplante Fernsehübertragung der Salzburger Festspielproduktion von Hector Berlioz' »Die Trojaner« protestierten. Diese Übertragung sei ein »äußerst bedrohlicher Akt«, weshalb die beiden Präsidenten auf dessen Absetzung hinwirken sollten. Berlioz habe sich bei seiner Oper von Vergils »Aeneis« inspirieren lassen.

---

67 Archiv der Salzburger Festspiele.
68 APA 20. 4. 2000.
69 FAZ 20. 4. 2000.

Dabei handle es sich um ein »zweifelhaftes Epos …, jenes eines angeblich durch eine wunderbare Fügung erschienenen Regierenden, Gründer einer sogenannten unvergänglichen Weltordnung«. Dies erinnere an die Verherrlichung totalitärer Regime an einen »historischen Präzedenzfall«. »Für uns ist die Wahl der ›Trojaner‹ weder das Ergebnis des Zufalls noch der Neutralität. … Im Namen der Erinnerung an die Opfer der Shoa und an die Widerstandskämpfer gegen den Faschismus, im Namen der damals als ›degeneriert‹ bezeichneten Kunst der Gustav Mahler, Alban Berg, Thomas Mann, Stefan Zweig, Egon Schiele oder Marc Chagall, können wir die Perspektive einer derartigen Infamie nicht akzeptieren.« Es sei deprimierend, dass außer Patrice Chereau kein Künstler seine Beteiligung an den Salzburger Festspielen abgesagt habe. »Sechs Jahrzehnte nach den schrecklichen Zeiten der Nazi-Ära sind viele Musiker immer noch gleich feige oder leichtfertig. Und das Publikum beinahe so blind. Angesichts dieser zerstörerischen Zynik und dieser grundsätzlichen Abwesenheit von Moral versteht man umso mehr das Desinteresse der jungen Generation an der Politik gleich wie an der klassischen Musik.

Mit einem Rest von Naivität glaubte man, dass Dank den ästhetischen Entscheidungen ihres Leiters Gérard Mortier die Salzburger Festspiele letztendlich in eine radikale und engagierte Modernität eingetreten sind. Endgültig befreit von den Miasmen von vier Jahrzehnten regelmäßigen Schröpfens durch Herbert von Karajan, der seine Nazi-Vergangenheit verborgen hatte. Es findet sich kein geistiger Erbe Arturo Toscaninis, um Jörg Haider und seinen Anhängern grundsätzlich die Meinung zu sagen. Barenboim dirigiert trotz seiner jüdischen Abstammung in Bayreuth, Ozawa kommt als musikalischer Leiter an die Wiener Staatsoper.«[70]

Die Salzburger Festspiele wurden aufgrund ihrer zentralen kulturpolitischen Bedeutung zu einem Brennpunkt der (kultur)politischen Kontroverse um die Bildung der Regierung Schüssel und die Sanktionen der übrigen 14 EU-Staaten. Sie dienten für die Bundesregierung und die Salzburger Landesregierung vor allem als Mittel zur Imagekorrektur gegenüber dem Ausland und zur Durchbrechung der drohenden Isolation des Landes. So kündigte der Salzburger Landeshauptmann Franz Schausberger eine »Charme-Offensive« bei den übrigen 14 EU-Staaten an. Das Land Salzburg habe schon immer aufgrund seiner langen Eigenständigkeit, seiner internationalen, kulturellen und wirtschaftlichen Bedeutung besonderen Wert auf eine eigene regionale Außenpolitik gelegt. Dabei habe man stets Weltoffenheit und Internationalität mit eigener Identität und Landesbewusstsein verbunden. So habe Salzburg bei der Landeshauptleutekonferenz 1987 den Vorschlag unterbreitet, eine Vollmitgliedschaft Österreichs in der damaligen EG so rasch wie möglich anzustreben. Er werde in Verfolgung dieser Politik die EU-Kommissare und Regierungsvertreter der 14 übrigen EU-Staaten zu den Salzburger Festspielen einladen. Zudem sollte den

---
70 Le Monde 21. 6. 2000.

EU-Kommissaren eine Deklaration überreicht werden, in der es u. a. hieß: »Salzburg wird jedem Versuch, das Bild Österreichs im Ausland verzerrt darzustellen, durch sachliche Information und Aufklärung selbstbewusst und entschieden entgegentreten.« Das Land werde alle Chancen nutzen, »die ihm seine Position als internationales Forum des geistig-kulturellen Dialogs bietet, um im Sinne der Völkerverständigung zu wirken«. Ein Mittel dazu sei auch der »große Europäer Wolfgang Amadeus Mozart«. Zudem habe er bei seinem jüngsten Besuch in Chicago auf die Position Österreichs und Salzburgs hingewiesen. »Die Salzburger Festspiele haben Weltgeltung als internationaler Kulturträger und symbolisieren Weltoffenheit und Völkerverbundenheit unseres Landes. Gerade in schwierigen Zeiten haben sie sich als Treffpunkt der Welt bewiesen und damit eine wichtige Kontinuität hergestellt.«[71]

Diesem Zweck diente auch die Wahl des Festspielredners 2000. Der soeben zum Präsidenten des Internationalen Roten Kreuzes gewählte ehemalige Schweizer Minister und Botschafter Jakob Kellenberger nahm die Einladung des Salzburger Landeshauptmanns an, zum Leitmotiv der Gründung der Festspiele, der friedenserhaltenden und völkerverbindenden Kraft der Kultur, zu sprechen. Die Wahl des Salzburger Landeshauptmanns rief bei manchen Kommentatoren auch Häme hervor. So bemerkte Werner Thuswaldner, die Festspiele seien bei der Wahl des jeweiligen Festspielredners nicht eingebunden. »Schausbergers Entscheidung, in der international heiklen Lage, in der sich unsere Republik befindet, war diesmal wohl vom dringenden Wunsch diktiert, dass der Eröffnungsakt nicht durch Österreich-kritische Töne gestört werden möge. Die Suche nach einer freundlichen Rednerin, nach einem freundlichen Redner mag sehr schwierig gewesen sein. So ist man zuletzt beim Roten Kreuz gelandet.«[72]

Im Vorfeld der Festspiele wurde die Front der »Widerstandskämpfer« unübersichtlich. Gérard Mortier stilisierte sich unter Hinweis auf Ermahnungen des Kuratoriums zum politischen Opfer einer polizeistaatlichen Umgebung. So erklärte er gegenüber dem Südwestfunk, er fühle sich derzeit in Österreich »beobachtet wie in einem Polizeistaat«. Er lasse jeden Brief, der politisch gefärbt sei, von seinem Anwalt prüfen, da er gewarnt worden wäre, dass »politische Aussagen als Vertragsbruch gewertet werden könnten. Wenn das keine Zensur ist, was dann?«[73] In offensichtlicher Unkenntnis der Fakten erklärte er in einem weiteren Interview unter Bezugnahme auf seinen 2001 erfolgenden Abgang aus Österreich, Maler wie Egon Schiele und Architekten wie Adolf Loos seien aus Österreich weggegangen, um zu überleben. Egon Schiele verließ Österreich nie und Adolf Loos war Chefplaner des Siedlungsamtes der Gemeinde Wien. Schiele starb 1918 und Loos 1933 in Wien. In Verfolgung sei-

---

71 SVZ 7. 4. 2000.
72 Werner Thuswaldner: Letzte Hilfe. – In: Salzburger Nachrichten 5. 4. 2000.
73 APA 11. 6. 2000.

ner politischen Opferrolle blieb Mortier nicht nur der offiziellen Festspieleröffnung am 24. Juli fern, sondern sagte auch seine Teilnahme an der Kulturdiskussionssendung des ORF zum Thema »Was sind Festspiele wert?« mit der Begründung ab, dieser Schritt erfolge nach Rücksprache mit seinem Anwalt. Ihm seien nämlich seitens des Kuratoriums der Salzburger Festspiele sowie des Salzburger Landtages sowohl schriftliche als auch öffentliche Äußerungen untersagt worden. Einige Mitglieder des Kuratoriums würden nur darauf warten, ihn aufgrund einer Verfehlung fristlos zu entlassen. Er reagiere auf diesen »Maulkorb-Erlass« mit seinem Rückzug.[74]

Einen solchen Rückzug, verbunden mit Angriffen auf die Haltung Mortiers und Baumbauers, verkündete auch der in Avignon auf Urlaub weilende Provokateur und Polit-Clown Christoph Schlingensief, als er in einem Interview erklärte, er werde nicht bei den Salzburger Festspielen auftreten. Frank Baumbauer habe ihn, obwohl bereits mehrere Gespräche stattgefunden hätten, wieder ausgeladen, weil er »die Hose voll hat. … Baumbauer hätte es gemacht, aber Mortier hat ihm eins auf den Deckel gegeben. Man will eben Jobs behalten – und davonkommen.«[75] In dem kabarettreifen Pingpong der Erregungskunst meldete sich umgehend Elfriede Jelinek zu Wort und protestierte gegen die Ausladung Schlingensiefs. »Ich begreife diese Ausladung nicht. Mortier geht doch in zwei Jahren und hat nichts mehr zu verlieren – gerade deshalb sollte er alles unterstützen, was diese Regierung künstlerisch in Frage stellt. Ich flehe ihn an, Schlingensief nach Salzburg einzuladen.« Und zu der Erklärung des Salzburger Bürgermeisters Heinz Schaden, dass Schlingensief im Fall möglicher unangemeldeter Aktionen zur Festspielzeit behördliche Schwierigkeiten bekommen werde: »Das grenzt für mich an Zensur. So niveaulos die Reaktionen in Wien waren – Schlingensiefs Containeraktion hat dort immerhin stattgefunden. Hier aber verhindert man das Projekt gleich in vorauseilendem Gehorsam.« Als Beweis für eine kulturpolitische Verschwörung der Regierung Schüssel dienten Jelinek auch die aus budgetären Gründen notwendigen Programmkürzungen im Bereich der Moderne. »Mir scheint all das programmatisch. Nicht zufällig wird im Sommer 2001 das einzige künstlerisch spannende Ereignis, Lachenmanns ›Mädchen mit den Schwefelhölzern‹, eingespart. Man sieht schon den Weg vorgezeichnet: Die Avantgarde soll in Salzburg abgeschafft werden – ein hoch politischer Vorgang.«[76] Gottfried Wagner, Unterzeichner des offenen Briefes an die Präsidenten Chirac und Rau gegen die Übertragung von Berlioz' »Die Trojaner« durch ARTE, erklärte mit deutlicher Kritik an Mortier: »Dass Patrice Chereau aus politischen Gründen nicht nach Salzburg kommt, finde ich sehr gut. Das hat Konsequenz. Im Gegensatz zu dem Hin-und-Her von Gérard Mortier – einmal ja, einmal nein. In so einer Spit-

---

74 APA 24. 7. 2000.
75 Der Standard 8. 7. 2000.
76 APA 12. 7. 2000.

zenposition muss man schon ein Beraterteam haben, das einem sagt, wo's langgeht. Ich würde es sehr begrüßen, wenn Mortier zu Beginn der Salzburger Festspiele noch einmal ganz klare und scharfe Worte finden würde gegen die Feinde des Pluralismus. Im Moment ist es angebracht, da auch wieder einmal Flagge zu zeigen.«[77]

In Salzburg entgegnete Frank Baumbauer den Vorwürfen Schlingensiefs: »Schlingensief hat mir schon im März ein Projekt angeboten, eine Art Eurovisions-Song-Contest, in dem Österreich von den anderen Teilnehmern böse herabgestuft werden sollte. Ich habe ihn an Luc Bondy weiter vermittelt, und daraus wurde die Container-Sache, die ich toll fand. Er erzählt jetzt ständig, wir seien noch im Gespräch. Aber ich habe ihn schon vor zwei Monaten ausdrücklich wieder ausgeladen: weil wir unsere eigenen Projekte vorbereiten, in die er nicht passt, und weil sich Widerstand nicht für ein Tourneeunternehmen eignet. Jetzt erzählt er, wir wären zu feig. Das ist Schwachsinn, und ich habe den Christoph auch sofort in den Arsch getreten. Er braucht das manchmal und dann ist der Streit vorbei. Schließlich kennen wir einander lang genug.« Die Festspiele würden ihre eigene Form des Widerstandes pflegen. So finde ab 4. August jeden Freitag ein Symposium mit Philosophen und Politikern, unter ihnen auch Jack Lang, zu Themen wie »Wiener Moderne«, »Der Festspielgedanke« und »Multikulturalität« statt, womit gezeigt werden solle, dass es auch ein Österreich der Offenheit und Toleranz gebe. Am 26. August werde Hermann Beil ein Fest mit deutlich politischer Ausrichtung als Gegenstück zur offiziellen Eröffnung mit Bundeskanzler Wolfgang Schüssel gestalten.[78] Hans Landesmann konterte Schlingensiefs Vorwurf der Feigheit, dieser sei falsch. »Man braucht mehr Courage, ein Programm wie das unsere zu wagen, als einen Container in der Nähe der Oper aufzustellen. Außerdem reagieren wir mit drei politischen Diskussionsrunden. Das ist mehr wert als irgendwelche billigen Demonstrationen vor einem Kaffeehaus. … Die österreichische Regierung ist für den heutigen Zustand der Österreicher normal. Ob dieser Zustand zu begrüßen ist, weiß ich nicht. Aber die Regierung wurde demokratisch gewählt und würde von Demokraten als normaler Zustand betrachtet werden. … Ich mag diese Regierung nicht, aber man muss sie akzeptieren. Widerstand kann nur darin bestehen, einzelne Maßnahmen punktuell zu bekämpfen. Es ist heute nicht sinnvoll, gegen die ganze Regierung zu demonstrieren.«[79] Und Gérard Mortier bezeichnete den offenen Brief von Kahn, Wagner und Olivier als »falsche und armselige Argumente von Dilettanten«.[80] Profis wüssten nämlich, so Mortier mit ironischem Unterton in Richtung der Verfasser, dass Programme bereits Jahre vorher konzipiert würden und keineswegs das Ergebnis einer politischen Konstella-

---

77 APA 1. 7. 2000.
78 News Nr. 27. 6. 7. 2000. S. 134.
79 Profil Nr. 29. 17. 7. 2000.
80 Die Presse 10. 7. 2000.

tion seien. Zudem bringe Berlioz in seiner Oper eine Huldigung an alle Frauen dar, die sich in der Geschichte gegen Gewalt und Brutalität gewandt haben.

Unterschiedliche Wahrnehmungswelten, Informationsstandards und daraus resultierende strategische Positionen sowie der inflationäre und undifferenzierte Gebrauch des Faschismus- und Widerstandsbegriffs, der mit der Emphase der moralischen Empörung historische und politische Fakten ausblendete, führten spätestens im Sommer 2000 zu sich deutlich verbreiternden Rissen in der Fronde der Intellektuellen und Künstler. *Wenn* sich ein Ort aufgrund seiner Bedeutung und damit als europäischer Erinnerungsort als Manifestation dieses Widerstandes anbot, dann war es das sommerliche Salzburg mit seinen Festspielen, die zudem in diesem Sommer 2000 ihr 80-jähriges Bestehen feierten. Die Salzburger Festspiele wurden daher zum Kampfplatz der Sinnvermittlungs- und Deutungskulturen einer europäischen Erregung. Hier dienten Festspieleröffnungen in periodischen Abständen als ideale Inszenierungsorte des politisch-kulturellen Protestes: in den Dreißigerjahren den Nationalsozialisten, nach 1945 den Proponenten der »ARGE Rainberg«, apokalyptischen Warnern vor einer drohenden Atomkatastrophe nach Tschernobyl und den sich um das vom Bildhauer Alfred Hrdlicka gefertigte Holzpferd scharenden Anti-Waldheim-Demonstranten. Ihren Spuren folgten nunmehr – in aufgrund des Festspielmottos 2000 »Troja, der Tod und die Liebe« ebenfalls von einem Holzpferd als Logo geprägter Parallelität – die spärlichen rund 70 Demonstranten gegen die Regierung Schüssel. Die »Plattform gegen Rassismus und Sozialabbau« veranstaltete unter dem Motto »Wir pfeifen auf diese Regierung« am 24. Juli, dem Tag der Festspieleröffnung, eine ab neun Uhr stattfindende Aktion, in deren Verlauf auf Vorschlag des Salzburger Historikers Gert Kerschbaumer der Herbert-von-Karajan-Platz symbolisch in »Margarethe Schütte-Lihotzky-Platz« umbenannt wurde. Damit wollte man nicht nur gegen die Bundesregierung demonstrieren, sondern »das einfache NSDAP-Mitglied« Karajan aus dem öffentlichen Raum verbannen.[81] In diesem antifaschistischen Karneval wollte auch Gérard Mortier nicht zurückstehen und präsentierte die deutsche Übersetzung der tendenziösen und entstellenden Geschichte der Salzburger Festspiele bis 1938 des amerikanischen Kulturhistorikers Michael P. Steinberg.[82] Trotz des Mitwirkens jüdischer Künstler, so der Tenor der Studie, seien die Salzburger Festspiele von Anfang an eine Manifestation des verengten und autoritären, die Vielfalt und das Transnationale ignorierenden deutsch-österreichischen Nationalismus gewesen, der daher 1938 ohne große Brüche in den Nationalsozialismus überging.

Bundeskanzler Wolfgang Schüssel blieb, um Deeskalation bemüht und um medial verbreiteten Akten symbolischer Widerstandsgestik den Wind aus den Segeln zu

---

81 Der Standard 20. 7. 2000.
82 Michael P. Steinberg: Ursprung und Ideologie der Salzburger Festspiele 1890 bis 1938. – Salzburg/München 2000.

nehmen, der offiziellen Festspieleröffnung am 24. Juli fern. Das an diesem Tag von den rund 70 Demonstranten veranstaltete Pfeifkonzert gegen die Regierung Schüssel wurde aufgrund der allgemeinen medialen Ermüdungserscheinungen gegenüber den sich in symbolischen Akten ergehenden und zunehmend erlahmenden Protestaktionen nur mehr am Rande registriert. Die mediale Aufmerksamkeit war marginal, die öffentliche kaum vorhanden, zumal die Kontraproduktivität und Absurdität der sog. EU-Sanktionen immer deutlicher wurde. Der Salzburger Landeshauptmann Schausberger nahm in seiner Ansprache mit deutlicher Anspielung auf die europäische und innerösterreichische Erregung der letzten Monate auf die Beziehung von Kunst und Politik Bezug und wies darauf hin, dass die Festspiele nach dem Willen ihrer Gründungsväter als Friedenswerk im Geiste des Humanismus und der Weltoffenheit konzipiert worden seien. Dieser Intention fühle man sich nach wie vor verpflichtet. »Kunst ist untrennbar von der Politik. Beide sollten dialogfähige Partner sein, die sich nicht mit Augenbinden gegenüber stehen oder auf einem Auge blind sind. ... Ein Beteiligen an der kurzlebigen hektischen Tagesaktualität bedeutet für kulturelle Institutionen vom Rang der Salzburger Festspiele eine große Gefahr. Die Gefahr des Hineingezogenwerdens in die Methoden, in die Diktion, in die Intrigen und Kabalen des tagespolitischen Geschehens ist groß.«[83]

Zur Enttäuschung vieler aus dem Ausland angereister Journalisten wurde der Festspielsommer 2000 nicht zur künstlerischen Manifestation gegen die Regierung Schüssel. Sichtlich enttäuscht berichtete Gerhard Jörder: »Alles ist wie immer. Still ist es in Salzburg in diesen Sommertagen. Wem noch die schrille Erregung in den Ohren nachklingt, die im Frühjahr beim Eintritt von Haiders Rechtspopulisten in die österreichische Regierung unter den Kunst- und Kulturmenschen ausgebrochen war, kann nur bass erstaunt sein über die formidable Ruhe, die jetzt über der Festspielstadt liegt. Salzburg, als ob nichts wäre. Und alle, fast alle sind sie nun doch gekommen – die Künstler, die damals, in ersten, spontanen Reaktionen, mit ihrer Absage, ihrem Wegbleiben gedroht hatten. Fast alle haben sie sich inzwischen umbesonnen, haben sich, wie Festspielchef Gérard Mortier selbst, der zornig seinen Salzburger Job vor der Zeit hinschmeißen wollte, beeindrucken lassen vom starken Auftritt einer neuen politischen Öffentlichkeit im Lande und von den Argumenten derer, die nicht Boykott oder Flucht, sondern die offene Auseinandersetzung, den Widerstand vor Ort für die bessere politische Strategie halten. So weit, so nachvollziehbar – und dennoch irritierend. Diese kolossale Ruhe, diese Kunstbetriebsnormalität. Denn wo ist nun im Festivalalltag, zwischen Premieren und Prominenz, zwischen Nockerln und Nobelgarderoben, die politische Debatte geblieben? Der Salzburg-Besucher, der das Programm der Festspiele nach den Schleifspuren der aktuellen politischen Verwerfungen, nach den groß avisierten politischen Aktivitä-

---

[83] APA 24. 7. 2000.

ten durchforscht, gerät ins Grübeln. Ist das Kleinmut, Resignation? Ist es der kluge Verzicht auf billigen Aktionismus? Oder ist dieses Auf und Ab ohnehin – unter den Bedingungen einer liberalen, permissiven, Kultur und Kulturkritik subventionierenden Gesellschaft – business as usual?«[84]

Gérard Mortier und Frank Baumbauer bemühten sich um die von Jörder vermissten »Schleifspuren der aktuellen politischen Verwerfungen« mit der von ihnen organisierten Veranstaltung am 26. August unter dem Motto »Österreich mon amour« in der Felsenreitschule, in der Künstler, die nichts von einem Boykott Österreichs hielten, ihrer Beziehung zu Österreich Ausdruck verliehen. Im Vorfeld sorgte Mortier für politische Erregung, als er – gleichsam als Beweis für die in Salzburg geübte Zensur – gegenüber der »Kleinen Zeitung« die völlig unzutreffende Behauptung aufstellte, das Kuratorium wolle für diese Veranstaltung keinen Raum zur Verfügung stellen und damit jede kritische künstlerische Auseinandersetzung mit der politischen Situation in Österreich verhindern. Er sei aber fest entschlossen, diese Veranstaltung durchzuführen. Man sei auch bereit, die Felsenreitschule im Fall eines Verbots zu besetzen.[85] Die Protokolle des Kuratoriums liefern jedoch keinen einzigen Beweis für diese Behauptung, und Peter Radel betonte, man habe sich im Kuratorium nie mit dieser Veranstaltung beschäftigt. Dieser stehe daher auch nichts im Wege. Zum Motiv der Veranstaltung erklärten Mortier und Baumbauer: »Viele Künstler betrachten die neue politische Situation in Österreich sehr kritisch. Da sie allerdings einen Boykott als die falsche Antwort betrachten, haben sie ihre Mitwirkung an den Salzburger Festspielen 2000 nicht abgesagt. Aber es entstand der Wunsch nach Artikulation und die Idee für eine Hommage an jenes Österreich, das so wichtig ist für die europäische Zivilisation: dessen Musik und Literatur ohne Freiheit der Kunst undenkbar sind.«[86] An der Veranstaltung wirkten Maria Bill, Anne Bennent, Sylvain Cambreling, Michael Köhlmeier, Dörte Lyssewski, Ulrich Mühe, Klaus Riedl, Dirk Roofthooft, Branko Samarovski, Helmut Schüller, Erwin Steinhauer, Thomas Thieme, Alexander Lutz & Lore Brunner, das Duo Inflagranti & Freispiel Trio, das Klangforum Wien und das Orchestre de Paris mit. Auf dem Programm standen Texte von Ingeborg Bachmann, Joseph Brodsky, Georg Trakl, Erich Fried, Michael Köhlmeier und Helmut Qualtinger sowie Kompositionen von Johann Strauß, Franz Schubert, Jacques Offenbach, Arnold Schönberg und Hanns Eisler.

Bei der vor allem von einem jugendlichen Publikum besuchten viereinhalbstündigen Veranstaltung am 26. August hielt der aus Prag stammende »Le Monde«-Journalist Alexandre Adler unter dem Titel »Österreich, Europa und unsere gemeinsame Zukunft« eine traditionelle, von den Kritikern bei der traditionellen Eröffnung stets

---

84 Gerhard Jörder: Im Glashaus. – In: Die Zeit Nr. 32. 3. 8. 2000. S. 40.
85 Vgl. Kleine Zeitung 18. 8. 2000.
86 APA 18. 8. 2000.

als langweilig kritisierte Festrede, in der er den Bogen von Homer über Rudolf II. bis zum Österreich der Jahrhundertwende und der Zwischenkriegszeit spannte und Österreich als Brennpunkt des europäischen Geistes definierte. Claus Philipp berichtete, es sei eine »recht behäbige Suchbewegung« gewesen, »die – wie zumindest im Foyer zu entnehmen war – beim Publikum weniger Diskussion über Inhalte als über mögliche artistische Glanzmomente auslöste«. Es war eine »Art Volksbelustigung …, bei freiem Eintritt …«[87] Im Urteil Eva Menasses wurde über weite Strecken »dem Publikum bei freiem Eintritt eine schöne, bunte Wundertüte … serviert…«[88]

Es entbehrte nicht einer gewissen Ironie, dass zwei Tage später FPÖ-Vizekanzlerin Susanne Riess-Passer und FPÖ-Generalsekretär Peter Sichrovsky die Festspiele besuchten und bei dem von Festspielmäzen Donald Kahn auf der Bühne von »Iphigénie en Tauride« im Hof der Residenz gegebenen Gala-Dinner neben dem Gastgeber saßen. Hatte Kahn offensichtlich keinerlei Berührungsängste mit den FPÖ-Spitzenpolitikern, so kehrte Markus Hinterhäuser bei ihrem Anblick aufgrund der Kürzungen für die von ihm veranstaltete Serie »Zeitfluss« noch am Eingang um. Gérard Mortier reagierte auf das Fest, bei dem der Gastgeber eine zum Teil in Deutsch gehaltene Rede hielt, in der er seiner Zustimmung zur Bildung der Regierung Schüssel Ausdruck verlieh, mit der Erklärung, bei diesem Empfang sei eine faschistische Rede gehalten und seine künstlerische Tätigkeit sowie sein Programm angegriffen worden. Er fühle sich sowohl von der ebenfalls anwesenden Präsidentin Rabl-Stadler und »ihrer Gesellschaft … offen brüskiert. Ich und meine Freunde haben für ›Österreich mon amour‹ die Felsenreitschule mieten müssen. Herr Kahn hat das Fest finanziert, darüber hinaus aber nichts.«[89]

FPÖ-Generalsekretär Sichrovsky erwiderte auf die Kritik Mortiers, diese zeige deutlich, dass die Kritiker der österreichischen Bundesregierung nur mehr mit Schaum vor dem Mund reagieren, wenn ein Kunstkenner seinen »Respekt vor der österreichischen Demokratie öffentlich äußert. Die Denunzierung und Kriminalisierung des Gastgebers und seiner Gäste durch Herrn Mortier in dieser peinlichen Art

---

87 Der Standard 28. 8. 2000.
88 Eva Menasse: Zusammenstehen. – In: FAZ 28. 8. 2000.
89 Kleine Zeitung 30. 8. 2000. Die Behauptung Mortiers entsprach keineswegs den Tatsachen. Er hatte dem Kuratorium versichert, dass dem Salzburger Festspielfonds keinerlei Kosten aus der Veranstaltung »Österreich mon amour« erwachsen würden und unter dieser Bedingung die Felsenreitschule ohne Mietkosten als Veranstaltungsort zur Verfügung gestellt bekommen. Die darüber hinaus anfallenden Fixkosten müsse er selber tragen oder durch Sponsoren abdecken. Dies gelang Mortier jedoch nicht, weshalb die von ihm zu begleichenden Fixkosten in der Höhe von rund 86.000 Schilling den Gegenstand einer Diskussion in der Kuratoriumssitzung am 3. November bildeten. In dieser schlug Hans Landesmann vor, diesen Betrag mit dem Überschuss aus der Veranstaltung von Donald Kahn zu saldieren und damit Mortier von der Übernahme der Zahlungsverpflichtung zu entbinden. Das Kuratorium lehnte dies ab und Mortier akzeptierte seine Zahlungsverpflichtung, die mit der Abfindungszahlung gegengerechnet wurde. (Protokoll der 189. Sitzung des Kuratoriums des Salzburger Festspielfonds am 3. 11. 2000. S. 6ff.)

und Weise beweist, dass Künstler und Kunstbürokraten mit der politischen Sprache nichts anzufangen wissen. Vielleicht sollte sich Herr Mortier in Zukunft gegenüber der Politik auf dem gleichen Niveau äußern, wie er von Politikern erwartet, dass sie dies über Kunst tun. ... Dem großartigen Unterstützer Salzburgs, Donald Kahn, eine faschistoide Geisteshaltung vorzuwerfen, ist entweder dumm oder bösartig oder beides und zeigt, wie wenig so manche Kunstschaffende und Kulturverwalter von der Geschichte und den Grauen einer Diktatur verstehen oder verstehen wollen. Der Nationalsozialismus und der Massenmord durch die Nazis eignet sich sicher nicht, um für die schlechte Laune des Herrn Mortier missbraucht zu werden, nur weil er zu diesem Fest nicht eingeladen war«.[90] Mortier, obwohl im Unrecht, konnte sich jedoch von der Rolle des politischen Opfers nicht verabschieden und erneuerte anlässlich der Präsentation des Festspielprogramms 2001 die politische Debatte neuerlich, indem er in einem »News«-Interview eine »strategische und politische Konkurserklärung« des Kuratoriums konstatierte. In großzügiger Negierung der Tatsachen sowie seiner Zustimmung zur Übernahme der Kosten für »Österreich mon amour« erklärte er: »Ich habe mit einem wirklich imponierenden Kuratorium begonnen, und ich verlasse eines, mit dem ich keinen Dialog mehr habe. Deshalb ist es gut wegzugehen ... Die konnten es nicht sein lassen, von mir 90.000 Schilling für Personalkosten der Veranstaltung ›Österreich mon amour‹ zu fordern. Ich hatte ohnedies alles andere über Sponsoren finanziert, aber jetzt zieht man mir das Geld für die Saalwächter von der Abfertigung ab. Wenn man weiß, dass die von Donald Kahn organisierte Veranstaltung, in der mein Programm ohne Schutz der Kuratoren beschimpft werden konnte, die gleiche nicht budgetierte Summe eingespielt hat, zeigt das die Kleinkariertheit einiger Kuratoren.«[91]

Die Wogen der Erregung glätteten sich nur vorübergehend, um 2001, in der letzten Saison Mortiers, neuerlich hochzuschlagen. Jenseits ästhetischer Fragwürdigkeiten nützte Mortier vor allem die Neuinszenierung der »Fledermaus« von Johann Strauß zu politischen Statements. Am Vorabend der Festspiele erklärte er in einem Interview zur bevorstehenden Neuinszenierung der Strauß-Operette: »Es ging mir bei der ›Fledermaus‹ eher darum, sie aus der Vereinnahmung durch ein bestimmtes Bürgertum zu befreien. Die ›Fledermaus‹ im Stil von Mörbisch war ja nicht Zweck von Johann Strauß. Sie ist voll von politischen Inhalten. ›Glücklich ist, wer vergisst ...‹ Oder der Spruch vom Frosch: ›Herr Direktor, wir sind eingemauert.‹ Das hätte man auch nach der Regierungsbildung im vergangenen Jahr sagen können.«[92] In der vom (prä)faschistischen Alarmismus gekennzeichneten Regie von Hans Neuenfels durfte ein in weißer Paradeuniform beim Prinzen Orlofsky auftretender Hermann

---

90 APA 30. 8. 2000.
91 News Nr. 50. 14. 12. 2000. S. 128f.
92 Kurier 22. 7. 2001.

Göring ebenso wenig fehlen wie die Insultierung von Juden. In dem von Reinhard van der Thannen gestalteten morbiden Bühnenbild stellte Altrevoluzzer Hans Neuenfels die Weichen auf eine Mischung aus Austrofaschismus und Nationalsozialismus. Dabei ließ er zahlreiche neu geschriebene Szenen spielen wie z. B.: »Sind Sie Jude?«, pöbeln drei Typen einen Fremden an. Der Fremde antwortet mit »nein«. »Sind Sie Kommunist?«, fragt das Trio neuerlich. Neuerlich verneint der Fremde. »Sind sie blind?« Der Mann mit dem weißen Stock bejaht. »Das genügt!«, schreien die drei Typen und versetzen dem Fremden Schläge und Tritte und berauben ihn. Und Neuenfels ließ, als Sprachrohr Mortiers, den vom Stimmakrobaten David Moss gespielten Prinzen Orlofsky seine Gäste, und damit indirekt auch das Publikum, mit dem Satz »Ihr kotzt mich alle an!« abfertigen. Neuenfels schrieb auch für seine Frau Elisabeth Trissenaar, die den Frosch spielte, einen neuen, völlig witzfreien, dafür jedoch garantiert antifaschistischen Text. So beantwortete sie z. B. die selbst gestellte Frage, warum Frösche hüpfen, mit dem Satz: »Weil sie Antifaschisten sind.«

Antifaschismus wurde zum selbst definierten Signet der linken und linksliberalen österreichischen Kulturszene, wobei Wien und Salzburg die zentralen Rollen spielten. Der Wiener-Festwochen-Intendant Luc Bondy erklärte, Wien sei »die Theater-Exilregierung«,[93] Wiens neuer Kulturstadtrat Andreas Mailath-Pokorny unterstrich den in Anlehnung an das »Rote Wien« der Zwischenkriegszeit von Wiens Bürgermeister Michael Häupl anlässlich der 1.-Mai-Feier der Wiener SPÖ erhobenen Anspruch, Wien sei angesichts der Bundespolitik ein Modell für Österreich,[94] und Salzburgs Festspiel-Intendant Gérard Mortier wurde nicht müde zu betonen, sein letzter Festspielsommer werde auch ein politisches Fanal gegen die ÖVP/FPÖ-Regierung und die drohende Verprovinzialisierung Österreichs. Dies werde bereits bei dem zusammen mit der »Szene« gestalteten Fest zur Festspieleröffnung deutlich werden. Im Stadtkino werde das Josse-de-Pauw-Stück »Larf« aufgeführt, das die Verwandlung einer Larve in einen Diktator zum Inhalt habe. Das Stück sei in Flandern als Antwort auf das Entstehen des rechtsextremen »Vlaams Blok« entstanden.[95] Auch das Programm von »Zeitfluss« reihte sich in die gefahrlose und subventionierte Front der Antifaschisten mit einer am 29. Juli von Peter Huemer geleiteten Podiumsdiskussion, an der André Heller, Gérard Mortier und Hans Neuenfels teilnahmen, sowie einer von Erwin Steinhauer gestalteten Lesung aus den Erinnerungen des Auschwitz-Kommandanten Rudolf Höss unter dem Titel »Ja, meine Familie hatte es in Auschwitz gut« ein. Die Alarmierten und um die demokratische Struktur des Landes Besorgten warfen dem Land und der Bundesregierung zudem vor – in deutlichem Unterschied zu Deutschland – kaum ernsthafte Bemühungen um eine

---

93 Kurier 1. 5. 2001.
94 Vgl. Kurier 3. 5. 2001.
95 Vgl. Salzburger Nachrichten 21. 6. 2001.

»Vergangenheitsbewältigung« unternommen zu haben. Gérard Mortier wies unter Berufung auf Michael P. Steinbergs Untersuchung über Ursprung und Ideologie der Salzburger Festspiele auf die deutschnationale Grundierung der Mentalität der Festspielgründergeneration hin, und André Heller positionierte sich als Schildknappe von Elfriede Jelinek, indem er in dem für den »Zeitfluss« errichteten Zelt im Volksgarten erklärte, die österreichische Dichterin hätte anstelle des deutschen Philosophen Peter Sloterdijk die Rede zur Eröffnung der diesjährigen Festspiele halten sollen.

Salzburgs Schauspielchef Frank Baumbauer erklärte, er habe die holländische Theaterproduktion nach Luchino Viscontis »Der Fall der Götter« ganz bewusst nach Salzburg eingeladen, um damit auch ein politisches Zeichen zu setzen. Es sei »eine wunderbare Aufführung«, die er deshalb gewählt habe, »weil sie den Österreichern viel erzählen kann. Es geht um eine Industriellenfamilie, die sich die Nazis an den Tisch holt, nicht aus politischer Überzeugung, sondern aus wirtschaftlichen Überlegungen. Das steht für ein politisches System. So, wie Österreich nach der ersten Aufregung doch bereit ist, die FPÖ gesellschaftsfähig zu machen. Das hat sich ja letztes Jahr in Salzburg in großer Diskrepanz abgespielt: Während auf der einen Seite Protestveranstaltungen liefen, waren auf der anderen die FPÖ-Minister zu Champagner bei den Festspielsponsoren geladen. Jeder verspricht sich seinen egoistischen Vorteil, und da werden gesellschaftliche Fragen einfach weggedrängt«.[96]

Während sich Salzburgs Intendant und Schauspielchef auch nach dem Ende der EU-Sanktionen in antifaschistischem Bekennertum und Widerstand übten, war die große Politik schon längst zur Tagesordnung übergegangen. Am 26. August 2001 aß UNO-Generalsekretär Kofi Annan gemeinsam mit Bundeskanzler Wolfgang Schüssel zu Mittag, besuchte am Abend eine Vorstellung von Verdis »Don Carlo« bei den Festspielen, traf am 27. August Außenministerin Benita Ferrero-Waldner in St. Gilgen und nahm am 28. August an dem von Wolfgang Schüssel in Fuschl veranstalteten »Salzburger Dialog der Kulturen« teil.

Vier Jahre später erklärte Festspiel-Intendant Peter Ruzicka im Rückblick auf die Erregung Gérard Mortiers und die politischen Realitäten: »Die politische Lage ist heute gewiss weniger brisant als sie in der Phase war, da Gérard Mortier sich geäußert hat. Ich hätte mich selbstverständlich ähnlich positioniert wie er, als die damalige FPÖ gegen Künstler und Intellektuelle in gehässiger Form plakatiert hat. Da musste man Sorge haben, dass das Kulturklima dauerhaft vergiftet werden könnte. Gott sei Dank hat sich ja bei dieser Partei eine Art Implosion ereignet.

Ganz im Gegensatz dazu: Wir haben viele gute Gespräche mit dem Bundeskanzler, der persönlich dafür gesorgt hat, dass für das Mozart-Jahr 2006 die für unser

---

96 Format Nr. 34. 20. 8. 2001. S. 104.

künstlerisches Konzept notwendige Sondersubvention kommt.«[97] Und Bundeskanzler Wolfgang Schüssel, inzwischen vom politischen Paria zum angesehenen europäischen Staatsmann avanciert, bemerkte in seiner Rede zur Eröffnung der Salzburger Festspiele vor dem Hintergrund der islamistischen Terroranschläge in London und Madrid, man müsse sich der Verletzlichkeit der Welt der europäischen Wertedemokratie bewusst und zu deren Verteidigung bereit sein. Diese ruhe auf vier Säulen: persönlicher Freiheit, Respekt gegenüber der Natur im Sinne von Nachhaltigkeit, institutionalisierter Solidarität im europäischen Sozialmodell und einem europäischen Kulturverständnis, das als »Klang Europas« die Vielfalt in das Zentrum stelle.[98]

---

97 Salzburger Nachrichten 14. 7. 2005.
98 Die Presse 25. 7. 2005.

Ernst Hanisch

Die Vergangenheitspolitik der schwarz-blauen Regierung

1. Begriffsbestimmungen

»Geschichtspolitik« und »Vergangenheitspolitik« sind zwei neuere Forschungsbegriffe, die etwas Altes meinen: den Umgang der Politik mit Geschichte und Vergangenheit. Die semantisch eng verwandten Begriffe Geschichte/Vergangenheit lassen sich forschungsstrategisch so unterscheiden: Geschichtspolitik zielt auf die ganze Geschichte einer Gesellschaft, eines Staates, einer größeren Gruppe (»Tausendjähriges Österreich«, Herzogstuhl in Kärnten, »Habsburger-Nostalgie«), Vergangenheitspolitik hingegen auf die Erfahrungen der Mitlebenden, also auf die jüngste Geschichte, auf die Zeitgeschichte. Im deutschen Sprachraum wird Vergangenheitspolitik auf den postdiktatorischen Umgang mit den diktatorischen und autoritären Systemen bezogen. Norbert Frei hat den Zeitraum auf die Anfänge der Bundesrepublik beschränkt, auf die erste halbe Dekade, in der die antifaschistische Einstellung durch Amnestie und Integration abgelöst wurde.[1] Für den Zweck dieses Aufsatzes ist eine solche Einengung unbrauchbar. Ich beziehe Vergangenheitspolitik hier auf einen längeren Zeitraum, auf die Auseinandersetzungen mit dem autoritären und nationalsozialistischen System (1934–1945) in Österreich, speziell in der Zeit von 2000–2006. Diese Auseinandersetzungen umfassen im engeren Sinn justizielle, legislative, exekutive Entscheidungen der Politik der Staaten, sie erstrecken sich im weiteren Sinn auf den öffentlichen Diskurs in den Medien, am Wirtshaustisch, auf den Straßen, in den Schulen und in den Wissenschaften.[2]

Die Vergangenheitspolitik versucht, Traditionen zu stiften (»europäische Werte«), bestimmte Sichten auf die diktatorische Vergangenheit zu legitimieren oder zu delegitimieren, Identitätsbilder zu schaffen, Integrations- und Desintegrationsprozesse in Gang zu setzen. Die Vergangenheitspolitik ist so Teil der politischen Kultur einer Gesellschaft. Gleichzeitig wird ein Kampf um die kulturelle und intellektuelle Hegemonie geführt. Auf der einen Seite wird die Vergangenheit instrumentiert, moralisch hoch aufgeladen, auf der anderen Seite versucht zumindest ein Teil der Geschichtswissenschaft, die Vergangenheit zu historisieren. In einer pluralistisch-demokrati-

---

1 Vgl. Norbert Frei: Vergangenheitspolitik. Die Anfänge der Bundesrepublik und die NS-Vergangenheit. – München 1996. S. 13.
2 Vgl. Edgar Wolfrum: Geschichtspolitik in der Bundesrepublik Deutschland. Der Weg zur bundesrepublikanischen Erinnerung 1948–1990. – Darmstadt 1999. S. 32.

schen Gesellschaft kann es keine einheitlichen Vergangenheitsbilder geben. Versucht der Staat, solche durchzusetzen, nähert er sich diktatorischen Verhältnissen an. Geschichtsbilder sind nie eindeutig, ändern sich ständig. Aus dem demokratischen Diskurs sind nur solche Positionen ausgeschlossen, die totalitäre Systeme rechtfertigen oder zum Hass gegen Andersdenkende aufrufen. Wo allerdings diese Grenze verläuft, ist konkret heiß umstritten. Akteure der Vergangenheitspolitik sind primär politische Eliten, Intellektuelle, Wissenschaftler, also »Deutungseliten«[3], aber auch Interessengruppen wie Unternehmen, religiöse Gemeinschaften wie die Israelitische Kultusgemeinde, dann Museen und Bibliotheken.

Der dritte Begriff wurde vorwiegend von der Opposition, der Protestbewegung gegen die ÖVP/FPÖ-Regierung besetzt: »Widerstand«. Während die männliche Rolle des Kriegers in Mitteleuropa nach 1945 zerbrochen ist, hat die Heldenrolle des Widerstandes gegen Diktaturen demokratische Legitimation und moralisches Prestige gewonnen: in der linken Tradition als Widerstand gegen den Faschismus und gegen den Kolonialismus (Antifaschismus, Antirassismus und Antikolonialismus), in der liberalen und konservativen Tradition als Widerstand gegen den Totalitarismus (Antitotalitarismus). Als Kampf gegen Diktaturen ist der Widerstandsbegriff relativ klar definierbar.[4] Es gibt jedoch auch ein vages Verständnis von »Widerstand«, das alle Konflikte zwischen Schwächeren und Stärkeren als »Widerstand« mythologisiert, den Widerstand von Kindern gegen Eltern, von Schülern gegen Lehrer, von Arbeitern gegen Unternehmer, von der Opposition gegen die Regierung, von schwächeren gegen stärkere Staaten. Hier beginnt die Trivialisierung des Begriffs, wenn interessenbedingte Konflikte in der Demokratie moralisch aufgepäppelt werden, um am lebensbedrohenden tatsächlichen Widerstand gegen Diktaturen zu partizipieren. So können sich in der Regel gefahrlose Protestaktionen in eine Heldenrolle hineinimaginieren und risikolos mediales Prestige gewinnen. Ein Beispiel: Als der französische Schauspieler Michel Piccoli am 19. Februar 2000 bei einer Großdemonstration gegen die neue ÖVP/FPÖ-Regierung am symbolträchtigen Wiener Heldenplatz vor den Kameras der Weltmedien »Résistance, Résistance« in das Mikrofon brüllte, war das wohl eine Trivialisierung des Widerstandbegriffes.[5] Wie immer man diese Regierung auch einschätzte, Österreich stand nicht am Vorabend einer autoritären oder totalitären Diktatur. Die Aussagen zweier seiner Landsmänner, die tatsächlich Widerstandskämpfer gegen den Nationalsozialismus waren, hätten Michel Piccoli vor-

---

3 Günther Sandner: Hegemonie und Erinnerung: Zur Konzeption von Geschichts- und Vergangenheitspolitik. – In: Österreichische Zeitschrift für Politikwissenschaft (ÖZP) 1/2001. S. 5–18.
4 Für Österreich jetzt: Wolfgang Neugebauer: Der österreichische Widerstand 1938–1945. – Wien 2008. Zum »Widerstand« der Opposition: Armin Thurnher: Heimniederlage. Nachrichten aus dem neuen Österreich. – Wien 2000. S. 224–226.
5 Vgl. Michael Fleischhacker: Wien, 4. Februar 2000 oder die Wende zur Hysterie. – Wien 2001. Gerfried Sperl: Der Machtwechsel. Österreichs politische Krise zu Beginn des 3. Jahrtausends. – Wien 2000. S. 77.

sichtiger machen müssen. Albert Camus hat daran erinnert, dass er im Widerstand etwas von dem wiederentdeckt habe, »was dem Leben und dem Tod Würde verleiht«.[6] Der große Historiker Marc Bloch, 1944 von der Gestapo erschossen, sprach, aus der »Werkstatt des Historikers«, von der seltensten aller Kühnheiten, »dem Mut, sich gegen die Meinung des eigenen Milieus, dem er entstammte, aufzulehnen und die Lächerlichkeit zu verachten«.[7] Die unendliche, quälende Einsamkeit des Entschlusses zum Widerstand – gegen den Konformismusdruck der Umgebung ankämpfend, gegen die Angst vor dem Tod, der Folter, gepeinigt von der Sorge um die eigene Familie –, dieser Entschluss sollte nicht so trivialisiert werden. Der Schriftsteller und Historiker Doron Rabinovici, ein wichtiger Organisator des internationalen intellektuellen Protestes gegen die ÖVP/FPÖ-Regierung, erinnert sich: »Anfang Februar des Jahres 2000 protestierten etwa zweihundert Menschen vor dem Parlament gegen diese Koalition. Da rief jemand ›Widerstand‹.« – »Ein zunächst vereinzelter Einwurf, der bald zum gemeinsamen Gesang anschwoll und später zum Wahlspruch werden sollte (…) Widerstand. Im Laufe des Februars wurde das Wort zur Losung einer gewaltlosen Bewegung gegen die Koalition mit den Freiheitlichen.«[8] In seinem durchaus differenzierten Büchlein über den »Ewigen Widerstand« nennt Rabinovici auch den Inhalt des Protestes: »Die Anrufung des Widerstandes im Jahr 2000 richtete sich gegen die Koalition mit einem Populismus, der das Gedenken an den Kampf gegen Hitler verhöhnte, ob es dabei um slowenische Partisanen, Deserteure oder Alliierte ging.«[9] Das Wort »Anrufung« trägt eine emotional-sakrale Dimension in sich, in deren Schutz man sich stellte. Dabei wusste Rabinovici genau, wie er fortfährt: »Niemand der seine Sinne beisammen hatte, schrieb im Februar 2000, es drohe nun Diktatur oder Faschismus.«[10] Wenn das tatsächlich so klar war, warum dann die Aufrufung des Widerstandes? Hätte eine demokratisch legitimierte, ja notwendige Protestaktion gegen den Rechtspopulismus, die Mobilisierung der Zivilgesellschaft nicht genügt? Warum dann diese Pathosformel »Widerstand«?

Hinzu traten zwei weitere Faktoren, die Rabinovici selbst anführt: erstens der Leitsatz »Den Anfängen wehren!« Der Autor zitiert Erich Kästner: »Die Ereignisse von 1933 bis 1945 hätten spätestens 1928 bekämpft werden müssen. Später war's zu spät. Man darf nicht warten, bis der Freiheitskampf ›Landesverrat‹ genannt wird.«[11] Tatsächlich gab es in der Empörung über die »Sanktionen« kurzfristig Stimmen im

---

6 Zit. in Martin Broszat: Nach Hitler. Der schwierige Umgang mit unserer Geschichte. – München 1988. S. 311.
7 Marc Bloch: Aus der Werkstatt des Historikers. Zur Theorie und Praxis der Geschichtswissenschaft. Hg. v. Peter Schöttler. – Frankfurt 2000. S. 306.
8 Doron Rabinovici: Der ewige Widerstand. Über einen strittigen Begriff. – Wien 2008. S. 10f.
9 Ebd. S. 30.
10 Ebd.
11 Ebd. S. 58.

rechten Lager, die den »Landesverrat« andachten, aber rasch wieder verschwanden. Also doch eine drohende Diktatur, zumindest in der Zukunft? Zweitens der »radikale Chic«.[12] Sich in die Rolle des »Widerstandskämpfers« zu imaginieren, allerdings ohne jede Gefahr für Leib und Leben, gibt dem eigenen politischen Anliegen historische Tiefe, spielt mit der Erinnerung an den Faschismus wie mit dem Feuer.

Als Historiker kann man noch einen dritten Faktor anführen. Eine Koalition mit der FPÖ war in der Zweiten Republik nicht so neu. Die Alleinregierung Kreisky hatte 1970 eine stille Koalition mit der FPÖ geschlossen. Der abtretende Kanzler legte 1983 die Grundlagen für die offene Koalition von SPÖ und FPÖ. Gewiss versuchte damals der FPÖ-Obmann Norbert Steger seine Partei auf einen liberaleren Kurs zu bringen. Aber es war die alte, deutschnational-liberale Partei mit all ihrer NS-Nostalgie, mit ihren Burschenschaften als intellektueller Elite.[13] Neu war 2000 allerdings der irrlichternde Charismatiker Jörg Haider mit seinen provokativen zweideutigen Sprüchen über den Nationalsozialismus, seiner fremdenfeindlichen, rechtspopulistischen Politik, die seine Partei mit über 20 Prozent der Wählerstimmen zu einem gewichtigen Machtfaktor machte. Auch 1983 gab es im linksliberalen und sozialdemokratischen intellektuellen Milieu beträchtliche Unruhe über die SPÖ/FPÖ-Koalition. Niemand allerdings sprach vom »Widerstand« in diesem pathetischen Sinn. Der Verlust der dreißigjährigen sozialdemokratischen Hegemonie im Jahr 2000 war mit ein Grund für die emotionale Aufladung des Protestes und auch für eine intellektuelle Selbsthysterisierung.

2. Die Intellektuellen und die ÖVP/FPÖ-Regierung

Intellektuelle sind »Störfaktoren« (Joseph Schumpeter) in dem sozialen System, in dem sie leben. Diese kritische Einstellung zur Gesellschaft unterscheidet sie von den »Gebildeten«, den Akademikern. Als Kritiker brauchen sie allerdings auch keine Verantwortung für die praktische Politik zu übernehmen. Sie sind Experten für theoretische Ordnungen und Spezialisten für »symbolische Güter« (Pierre Bourdieu). Sie entwerfen Bilder der Vergangenheit, aber auch Gegenwelten und soziale Utopien. Sie sind in allen politischen Bewegungen zu finden – daher gibt es auch konservative und »rechte« Intellektuelle –, aber liberale, linke, emanzipatorische Bewegungen ziehen sie besonders an. Das Idealbild des Intellektuellen pocht auf seine geistige Unabhängigkeit, doch das 20. Jahrhundert zeugt auch vom »Verrat der Intellektuellen«, ihrer Unterwerfung im Dienst von totalitären Ideologien. Intellektuelle sind nicht frei von der Versuchung der Macht. Auch in demokratischen Gesell-

---
12 Ebd. S. 101.
13 Vgl. Anton Pelinka: Die Kleine Koalition. SPÖ–FPÖ 1983–1986. – Wien 1993.

schaften geht es um den Kampf, die symbolisch-kulturelle Macht zu erringen, geht es um geistige Hegemonie.[14] Die 68er-Generation hatte in Österreich im letzten Drittel des 20. Jahrhunderts eine gewisse Hegemonie errungen, in den Qualitätsmedien, in den Wissenschaften, damit auch in den öffentlichen Debatten. Diese Hegemonie schien mit dem Antritt der schwarz-blauen Regierung bedroht zu sein. Und die intellektuelle Hegemonie erstreckt sich nicht nur auf die Gegenwart (wer soll herrschen?), auf die Zukunft (welche Entwicklung soll die Gesellschaft nehmen?), sondern auch auf die Vergangenheit, auf die dominanten Geschichtsbilder, konkret: auf die Interpretation der österreichischen Diktatur und des Nationalsozialismus. Seit den Sechzigerjahren hatte sich international der Holocaust als Glutzentrum der NS-Herrschaft und als Menschheitsverbrechen durchgesetzt.[15] In Österreich hingegen herrschte offiziell noch der »Opfermythos« als Meistererzählung. Zwar hatten die Historiker der 68er-Generation bereits vor der Waldheim-Affäre diesen Mythos attackiert, aber erst die Debatten um die Kriegsvergangenheit von Kurt Waldheim hatten in der Öffentlichkeit eine neue Meistererzählung etabliert: Österreich als Land der Täter, ein Land, das überdurchschnittlich viele NS-Verbrecher gestellt habe.[16] Vor allem Intellektuelle, Literaten entwarfen nun den »schwarzen Mythos« von Österreich. Die NS-Geschichte verlängert sich so in die Zweite Republik – mit der verweigerten Anerkennung der österreichischen NS-Vergangenheit sowie der verzögerten Entschädigung für die Opfer. Ein weiterer Faktor trat hinzu: Die postmoderne Tendenz der Favorisierung der Memoria, der Erinnerungsgeschichte auf Kosten der Realgeschichte, erzeugte eine andere Geschichtskultur und bald auch eine andere Vergangenheitspolitik.[17] In seiner Erklärung vor dem Nationalrat am 8. Juli 1991 revidierte Bundeskanzler Franz Vranitzky die Opfererzählung (von Eva Novotny entworfen): »Viele Österreicher waren an den Unterdrückungsmaßnahmen und Verfolgungen des Dritten Reichs beteiligt, zum Teil an prominenter Stelle.«[18]

Diese neue, offizielle, konsensfähige Geschichtserzählung unterminierte Jörg Haider mit einer Reihe provokativer, tabubrechender Aussagen, die zum Teil his-

---

14 Vgl. Christophe Charle: Vordenker der Moderne. Die Intellektuellen im 19. Jahrhundert. – Frankfurt am Main 1996. Gangolf Hübinger: Gelehrte, Politik und Öffentlichkeit. Eine Intellektuellengeschichte. – Göttingen 2006. Ralf Dahrendorf: Versuchungen der Unfreiheit. Die Intellektuellen in Zeiten der Prüfung. – München 2006. Tony Judt: Das vergessene 20. Jahrhundert. Die Rückkehr des politischen Intellektuellen. – München 2010.
15 Vgl. Peter Novick: The Holocaust in American Life. – Boston 1999.
16 Ein neues Licht auf die Waldheim-Affäre wirft Tom Segev: Simon Wiesenthal. Die Biographie. – München 2010. S. 447–470.
17 Vgl. Reinhard Koselleck: Formen und Traditionen des negativen Gedächtnisses. – In: Ders.: Vom Sinn und Unsinn der Geschichte. – Berlin 2010. S. 241–253.
18 Gerhard Botz, Gerald Sprengnagel (Hg.): Kontroversen um Österreichs Zeitgeschichte. Verdrängte Vergangenheit, Österreich-Identität, Waldheim und die Historiker. – Frankfurt am Main 1994. S. 575.

torisch falsch, zum Teil aber so zweideutig waren, dass sie endlos debattiert werden konnten (»ordentliche Beschäftigungspolitik der Nazis«).[19] Die kritischen Intellektuellen nahmen die Sprüche als Fetische auf, die andauernd zitiert wurden, um zu beweisen, dass Haider ein Rechtsradikaler sei, der den Nationalsozialismus rechtfertige oder zumindest verharmlose. Das »Handbuch des österreichischen Rechtsextremismus« von 1993 zeigte Haider auf dem Titelbild.[20] Die Intellektuellen spielten so das Spiel Haiders mit. Die gezielte Provokation, um Aufmerksamkeit zu erregen, um die Orthodoxie der Vergangenheitspolitik zu reizen, beantworteten die kritischen Intellektuellen mit einer ständigen moralischen Empörung. Sie arbeiteten so mit an der Schaffung des negativen Charismas des Rechtspopulisten.[21]

Wir Intellektuelle haben übersehen, dass Haider einen neuen, postmodernen, rechtspopulistischen Politikertypus verkörperte, der zwar das Ende der großen Erzählung der Aufklärung verkündete, aber aus der Mitte der modernen Konsumgesellschaft kam. Der andere ähnliche Typus ist Silvio Berlusconi in Italien.[22] Tatsächlich jedoch ging es Haider nie, oder selten, um konkrete Inhalte, die konnte er im Laufe seiner Politikerkarriere ständig ändern, sondern um den »Event«, um die Selbstinszenierung als politischer Popstar. Als großer Schauspieler schlüpfte er in verschiedene Rollen: als »Trachtenhaider« nahm er traditionell-regionale Impulse auf, sprach die Elterngeneration hohepriesterhaft von der Verantwortung für die Verbrechen der NS-Herrschaft frei; als »Robin-Hood Österreichs«, als Anwalt der kleinen Leute, als einer, der sich etwas traut und die Herrschenden vor sich herjagt – der sportgestählte, braungebrannte Heros nimmt dabei auch Signale der Rambo- und Rocky-Filme der 1980er-Jahre auf, er verknüpft so alte mit neuen Mythen; als Jörgl zum Anfassen, obwohl Millionär und Doktor ist er nicht »arrogant«, verkehrt im Bierzelt und in der Diskothek mit den Menschen auf Du und Du; als Schönling, der seine Kleidung täglich mehrfach wechselt, umgeben von seiner Entourage fescher junger Männer; als Harvard-Scholar, der sich emsig weiterbildet; als Landesvater in Kärnten, der den armen Leuten direkt Geld in die Hand drückt.[23]

Doch die vielen Rollen, die Haider einnehmen konnte, waren eingebettet in Grundstoffe des inzwischen gesamteuropäischen Rechtspopulismus. Die latente Unzufriedenheit mit der Regierung wird in einer Aggression gegen das gesamte politi-

---

19 Gudmund Tributsch (Hg.): Schlagwort Haider. Ein politisches Lexikon seiner Aussprüche von 1986 bis heute. – Wien 1994.
20 Dokumentationsarchiv des österreichischen Widerstandes (Hg.): Handbuch des österreichischen Rechtsextremismus. – Wien 1993.
21 Vgl. Anton Pelinka im Rückblick: »Die Medien haben Haider zu ernst genommen«. Der Standard. 14. 10. 2008. S. 12.
22 Vgl. Aram Mattioli: »Viva Mussolini!«. Die Aufwertung des Faschismus im Italien Belusconis. – Paderborn 2010.
23 Vgl. Klaus Ottomeyer: Die Haider-Show. Zur Psychopolitik der FPÖ. – Klagenfurt 2000.

sche System gebündelt. Neoliberale Postulate werden aufgegriffen und gegen den Sozialstaat (Sozialschmarotzer), gegen staatliche Interventionen und gegen die Privilegien der politischen Klasse gerichtet. (In dem Augenblick, da die FPÖ mit an die Macht kam, nutzte sie diese Privilegien schamlos aus und versorgte ihre Burschenschaftler-Klientel rücksichtslos mit Macht- und Wirtschaftspositionen.) Mit den »Fremden«, Einwanderern, Asylanten wurde ein Feindbild geschaffen, das die eigene Welt scheinbar radikal bedroht und ständigen Agitationsstoff bietet. Dagegen setzten die Intellektuellen in der Fantasie das Bild einer bunten, friedlichen, regenbogenartigen, hybriden Gesellschaft. Die realen Konflikte, die mit der Einwanderung in den Wiener Gemeindebauten, in den Schulen tatsächlich entstanden, wurden negiert.

Doch neben den Konstanten des österreichischen Rechtspopulismus gilt es auch, die Brüche ad notam zu nehmen. Jörg Haider und seine Umgebung kamen aus dem deutsch-nationalen Milieu. Für sie war die österreichische Nation eine »ideologische Missgeburt«, eine Schöpfung der Kommunisten (1988). In der Wiener Erklärung von 1992 formulierte Haider, wie er sagte, eine »glaubwürdige Distanz zur Zeit des Nationalsozialismus, aber mit respektvollem Eintreten für die ältere Generation (…) Wer mit mir geht, steht für die FPÖ, die sich zur deutschen Volks- und Kulturgemeinschaft bekennt, aber mit der Einschränkung, dass dadurch das Bekenntnis zu Österreich (…) nicht eingeschränkt werden darf«.[24] Mitte der Neunzigerjahre erfolgte eine Wende zum österreichischen Nationalismus, damit ein Bruch mit seinem deutschnationalen Herkunftsmilieu. Die neuen Parolen hießen: »Österreich zuerst«, »Heimat und Vaterlandsliebe«. Die Deutschtümelei wurde abgestoßen.[25] Und noch mit einer zweiten Traditionslinie hatte die FPÖ gebrochen: mit dem Antiklerikalismus, der das liberal-nationale Lager seit dem 19. Jahrhundert so tief geprägt hatte. In der Konfrontation mit dem Islam, mit den türkischen und bosnischen Einwanderern, entdeckte sie die christlichen Werte für sich und begann, das »christliche Abendland« zu verteidigen.[26] In den Niederlanden ist inzwischen die Verteidigung Israels gegen die Palästinenser ein Grundpfeiler des antiislamischen Rechtspopulismus. Haiders Nachfolger H. C. Strache solidarisierte sich in Israel 2010 mit den extremen Rechten der israelischen Siedlungsbewegung.[27]

---

24 Jörg Haider: Die Freiheit, die ich meine. Das Ende des Proporzstaates. Plädoyer für eine Dritte Republik. – Frankfurt am Main 1993. S. 118.
25 Vgl. Ernst Hanisch: Reaustrifizierung der Zweiten Republik und das Problem eines österreichischen Nationalismus. – In: Lutz Musner, Gotthart Wunberg, Eva Cescutti (Hg.): Gestörte Identitäten. Eine Zwischenbilanz der Zweiten Republik. – Innsbruck 2002. S. 27–34.
26 Vgl. Ernst Hanisch: Vom Antiklerikalismus zur Verteidigung des Christlichen Abendlandes: die FPÖ. – In: Michael Wilhelm (Hg.): Parteien und Katholische Kirche im Gespräch. – Graz 1999. S. 13–18.
27 Vgl. Süddeutsche Zeitung 17. 11. 2010. S. 13. Der Standard 10. 12. 2010. FAZ 13. 12. 2010.

2.1 Zwei Intellektuelle: »Weltwut« oder kritischer Realismus

Aus der Fülle der intellektuellen Äußerungen über die ÖVP/FPÖ-Regierung wähle ich zwei Stimmen aus. Eine Frau und einen Mann, Marlene Streeruwitz und Karl-Markus Gauß, beide sind nach dem Zweiten Weltkrieg geboren, aber ihre Herkunftsfamilien wurden vom Krieg körpernahe betroffen, dem Vater von Streeruwitz wurde in Russland ein Arm abgeschossen, als Altösterreicher musste die Familie Gauß ihre Heimat verlassen, beide schrieben tagebuchähnliche Journale mit Reflexionen zur politischen Situation, die eine lebt hauptsächlich in Wien, der andere in Salzburg. Marlene Streeruwitz ist eine überzeugte Feministin, die in einem Interview ihre »Weltwut« als Quelle ihrer schriftstellerischen Arbeit angab.[28] An einer anderen Stelle schrieb sie von ihrem »Weltekel« und »Wienekel«.[29] Mich erinnert Streeruwitz an das Märchen »Die Schneekönigin« von Hans Christian Andersen. Darin wird erzählt, wie der »leibhaftige Teufel« einen Spiegel entwarf, der alles nur hässlich spiegelte. Die schönste Landschaft sah darin aus wie »gekochter Spinat«, die »besten Menschen« standen darin »ohne Körper auf dem Kopfe«. Doch der Spiegel zerbrach in Millionen Splitter, wem ein solcher Splitter in die Augen drang, der sah alles verkehrt oder hatte nur ein »Auge für das Verkehrte bei einer Sache«.[30] Der Splitter im Auge von Streeruwitz heißt – DAS PATRIARCHAT. Überall. In der Politik. In der Wirtschaft. In der Gesellschaft. In der Wissenschaft. In der Kunst. Besonders in der Sprache. Dabei ist Streeruwitz eine gebildete Frau, bewandert in den literarischen Theorien. Doch der Splitter im Auge, der »Weltekel«, verhindert eine realistische Sicht auf die Welt.

Als Beweis für meine These soll das »Tagebuch der Gegenwart« dienen.[31] 13. 2. 2000 (»Nur noch Burschen & ihre Herrlichkeiten«). Ihr Fernsehapparat ist kaputt. Das Bild ist verzerrt. »Was sollte ich die Misere in und um Österreich auch noch scharf sehen.«[32] Alles Emanzipatorische werde von den »Jungburschenschaften der FPÖ« und den »alten Herren« aus den katholischen Studentenverbindungen hinweggefegt.[33] Das Projekt der Moderne scheine gescheitert und damit der Feminismus. Die »Männlichkeitswahnparteien« an der Regierung haben die Frau als Subjekt der Emanzipation ausgelöscht. Und darauf aufbauend den Fremden. »Der Slowene. Der Nigerianer. Der Jude. Ihr Ausschluss soll das verachtete Andere zähmen. Niederhalten. Beseitigen. Letzen Endes.«[34] In dieser Spirale des Angst-Wahns

---

28 Marlene Streeruwitz im Gespräch mit Heinz-Norbert Jocks. – Köln 2001. S. 7.
29 Marlene Streeruwitz: Gegen die tägliche Beleidigung. Vorlesungen. – Frankfurt am Main 2004. S. 154.
30 Hans Christian Andersen: Märchen. – Stuttgart 1986. S. 313f.
31 Marlene Streeruwitz: Tagebuch der Gegenwart. – Wien 2002.
32 Ebd. S. 7.
33 Ebd.
34 Ebd. S. 18.

wird mit der Nennung des »Juden« die Möglichkeit eines neuen Holocaust angstvoll angedacht.

Die Frauen betreffend: Zum ersten Mal in der Zweiten Republik wurde in der ÖVP/FPÖ-Regierung eine Frau Vizekanzlerin (Susanne Riess-Passer) und eine Frau Außenministerin (Benita Ferrero-Waldner). Diese Tatsachen bringen Marlene Streeruwitz jedoch nicht aus dem Konzept. Sie löst den Widerspruch, indem sie der Außenministerin ihr weibliches Geschlecht abspricht: Ferrero-Waldner funktioniere als Mann, sei ein Mann.[35]

Und wo treffen sich Wolfgang Schüssel und Jörg Haider ideologisch? Schüssel stamme aus der Tradition des »österreichischen Klerikofaschismus« (der »kleine Ministrant«) und Haider baue auf den »katholischen Fundamentalismus und seinen Sprachregelungen auf«.[36] Zunächst habe zwar Schüssel eine »Vormundschaft« über Haider ausgeübt, mit dem Auftrag, ihn zu zähmen, bald jedoch werde dieser der ständigen Pädagogisierung des »Vorzugsschülers« entfliehen. »Es wird eine Konkurrenz Schüssel gegen Haider werden.«[37] Zumindest damit hatte die Autorin Recht.

Aus der Sicht von Streeruwitz reduziert sich die Geschichte der Zweiten Republik auf eine Angstgeschichte. Die Väter waren aus dem Krieg als Verlierer zurückgekommen, mit viel Schuld und wenig Schuldbewusstsein. Der nächsten Generation sei alles verschwiegen worden, das erzeuge bei ihr »entsetzliche Angst, lebensbestimmende Angst«.[38] Angst aber sei der Klebstoff der Massen. Angst produziere Feindbilder und irgendwann kann man auf die Jagd gehen (Fremdenjagd). Gewiss gab es eine traumatisierte Kriegsgeneration. Aber wollte die nächste Generation nicht eher in die Welt hinausgehen, trampen, das Fremde suchen? Gewiss gab es in den Fünfzigerjahren noch eine ziemlich autoritäre Erziehung, gegen die die 68er-Generation mit   Recht rebellierte. Was aber hat Streeruwitz von der Arbeit der österreichischen Zeitgeschichte-Forschung überhaupt wahrgenommen, wenn sie im Jahr 2002 schreiben konnte: »Vergangenheit wird gründlich erforscht werden müssen. Und dann aufgearbeitet«?[39] Die Präambel, die vor dem Regierungsprogramm vom 4. Februar 2000 gesetzt war, die an die österreichische Verantwortung für die »ungeheuerlichen Verbrechen des nationalsozialistischen Regimes« erinnerte, nahm sie nicht zur Kenntnis.[40]

Ihre ganze Hoffnung richtete Streeruwitz auf den »goldenen Mythos« des »Widerstandes«: die Großdemonstration am 19. Februar und die nachfolgenden Don-

---

35 Vgl. ebd. S. 7.
36 Ebd. S. 31f.
37 Ebd. S. 22.
38 Ebd. S. 26f.
39 Ebd. S. 36.
40 Michael Gehler: Österreichische Außenpolitik der Zweiten Republik. Von der alliierten Besatzung bis zum Europa des 21. Jahrhunderts. 2. Bd. – Innsbruck 2005. S. 934.

nerstagsdemonstrationen. Natürlich war der Heldenplatz mit Bedacht gewählt, als verspäteter »Widerstand« gegen den Hitler-Auftritt 1938. Dass jüdische Funktionäre dort reden konnten (und angeblich 300.000 Personen – die Polizei sprach von 150.000 – ihnen zujubelten), war sicherlich ein Sieg über den Hitler-Geist – mehr als sechzig Jahre später. Ob es allerdings ein »großer Schritt«, ein »großes Versprechen« in Richtung Änderung der Kultur war, ist ziemlich zweifelhaft. Ob Spazieren statt Marschieren, Achtung statt Konkurrenz, das Fehlen von »Alpha-Tieren«, Lächeln statt Verbissenheit ausreichten, ob freundliche Toleranz gegen angeblich »unbearbeitete ressentimentgeleitete Ängste« wirksam war, wenn sich gleichzeitig die »große Angst« vor Haider ausbreitete?[41] Streeruwitz selbst spielte mit dem Gedanken an ein Asyl in einem der EU-Länder.[42]

Der kurze Augenblick der »anarchistischen Bezauberung« bei der großen Februar-Demonstration sollte bei den Donnerstag-Demonstrationen, an denen die Autorin im ersten halben Jahr regelmäßig teilnahm, weitergeführt werden. Als Kunstwerk. Als Wandertag. Mit Hip-Hop. Tanzen auf dem Heldenplatz.[43] Keine Demagogie. Dort mitzumachen bedeute ein Statement gegen den Rassismus.[44] Gehen als politisches Handeln. Subjektiv mag Streeruwitz das alles gefühlt haben – und es war sicherlich ein Ausdruck der Zivilgesellschaft –, gleichzeitig strickte sie an einem privaten Mythos, ziemlich fern von der politischen Realität.

Fairerweise muss der Historiker der Schriftstellerin zugestehen, dass sie (trotz des Splitters im Auge) gelegentlich selbstkritisch denkt. So, wenn sie sich selbst eine »geübte Paranoikerin« nennt; so, wenn sie den Boykott der 14 EU-Staaten als Stärkung der inneren Position der Regierung erkennt; so, dass die Medien Haider als Quotenbringer vorführen; so, dass auch die entschiedenste Ablehnung Haiders an ihn geklebt bleibt; so, wenn sie sich weigert, Haider mit Hitler gleichzusetzen und bei seiner Dämonisierung mitzumachen.[45] In einem anderen Buch verweist sie darauf, dass zur ehrlichen Trauerarbeit gehöre, die »eigenen Möglichkeiten zum Täter« einzubeziehen.[46]

Das Gegenbild zu Streeruwitz verkörpert Karl-Markus Gauß. Er ist durchaus nonkonform, ein Dialektiker, der die Widersprüche der Gesellschaft mitdenkt und so zu differenzierten Urteilen kommt. Er unterscheidet zwischen Kritik und Hass: »Jene öffnet die Augen, indem sie Differenz markiert, dieser macht blind, selbst wo

---

41 Marlene Streeruwitz: Tagebuch. S. 20f. Ihre und andere Reden am Heldenplatz. – In: Die beschämte Republik. 10 Jahre Schwarz-Blau in Österreich. – Wien 2010. S. 158–183. Dann: Isolde Charim (Hg.): Österreich. Berichte aus Quarantanien. – Frankfurt am Main 2000.
42 Vgl. Streeruwitz: Tagebuch der Gegenwart. S. 28.
43 Vgl. ebd. S. 33.
44 Vgl. ebd. S. 37.
45 Vgl. ebd. S. 85, 28, 39.
46 Streeruwitz: Gegen die tägliche Beleidigung. S. 80.

er hellsichtig die Schwächen des Gegners erkennt, und stumpf, indem er die geistigen, moralischen und seelischen Kräfte vergiftet und in einen kreisenden Leerlauf des Ressentiments zwingt.«[47] Er ist ein leidenschaftlicher Verteidiger der aufgeklärten Provinz gegenüber dem arroganten Konformismus der Metropole. Er kritisiert einen heute »wohlfeilen Antifaschismus«, der die alte staatstragende Opferlegende schlichtweg zur Täterlegende umdreht.[48] Diese »Antifaschisten« »kämpfen die Kämpfe, die einst das Leben kosten konnten, heute noch einmal, da sie ihnen einen beachteten Platz im Feuilleton eintragen«.[49] Er spottet über die »durchaus rassistisch gefärbte Heiligengeschichte« von den »europäischen Werten«, die gegen Österreich eingesetzt wurden, die jedoch neben dem Faschismus auch den Nationalismus aus der europäischen Geschichte entsorgen und so, wo er noch wirkt – am Balkan – diesen aus Europa ausgrenzt.[50] Gauß entzieht sich der »falschen Alternative«, die in den 1930er-Jahren »Stalin oder Hitler« hieß, erklärt, dem »Zwang zur falschen Alternative« zu widerstehen, zu seiner »ureigensten politischen Forderung«, zu seinem Hebel, »die lähmende Mechanik aufzubrechen, mit der in Österreich Skandale gesucht und gemacht und künstlerische Provokation wie vorbestellt mit künstlicher Erregung bedankt wird«.[51] Nur in Österreich könne man jammernd zum Weltbürger werden.[52] Diese differenzierte Position war für die engagierten »Antifaschisten« unerträglich. Obwohl Gauß alles andere als ein Freund der Schüssel-Regierung war (»autoritäre Koalition«), wurde er in einem Leserbrief als »Hof-Essayist des Schüssel-Regimes« angeprangert, und Elfriede Jelinek ließ ihre »Empörungsmaschine« gegen ihn anlaufen, die, selbstreferenziell, längst keine Argumente mehr brauchte, sondern nur mehr dazu diente, aus Politik Unterhaltung zu machen.[53]

Gauß selbst kritisierte den Neoliberalismus, dessen Repräsentant Schüssel war, mit voller Vehemenz, aber mit Augenmaß. »Daß die neoliberale Wirtschaftsordnung zugleich größtmögliche Freiheit und absolute Unfreiheit bedeutet, ist offenkundig. Ebenso, daß der Triumph der neuen Ökonomie sowohl Reichtum, Fortschritt, Freiheit als auch Elend, Rückschritt, Verderben gebracht hat.«[54] Und Schüssel? Keiner mag ihn, die Intellektuellen verachten ihn. Dabei hatte er doch schon in der Koalition mit der SPÖ für sein neoliberales Programm gekämpft, wurde aber vom Koalitionspartner eingebremst. In der Koalition mit der FPÖ, unterstützt vom »feschen Finanzminister«, hatte er nun wesentlich bessere Voraussetzungen, dieses durchzu-

---

47 Karl-Markus Gauß: Mit mir, ohne mich. Ein Journal. – Wien 2002. S. 53f.
48 Ebd. S. 66.
49 Ebd. S. 124.
50 Ebd. S. 143.
51 Karl-Markus Gauß: Zu früh, zu spät. Zwei Jahre. – Wien 2007. S. 216f.
52 Vgl. Gauß: Mit mir, ohne mich. S. 62.
53 Ebd. S. 158–161.
54 Ebd. S. 78.

setzen.⁵⁵ Als Schüssel 2002 bei seiner Regierungserklärung 29-mal von »Reform« redete, konterte Gauß: »Die Reform, mit der einst der Sozialstaat aufgebaut wurde, ist ihm der Schlaghammer, diesen zu demolieren.«⁵⁶ Schüssel selbst – so der angebliche »Hof-Essayist« – »ist unsozial, aber fortschrittlich, ein Modernisierer, der soziale Errungenschaften nur der besseren Zukunft wegen bekämpft und weil es die Sache eben erzwingt«.⁵⁷

In das Herz der Vergangenheitsdebatte führte ein Schüssel-Interview, das dieser im Herbst 2000 der »Jerusalem Post« gab. Darin nannte Schüssel Österreich als erstes Opfer des Nationalsozialismus, fügte aber hinzu, dass viele Österreicher an den Verbrechen des Nationalsozialismus beteiligt waren. Große Empörung in Österreich: Geschichtsfälschung.⁵⁸ Der Dialektiker Gauß hingegen: »Was er (Schüssel) in diesem Interview sagte, ist völlig richtig. Warum hat man trotzdem den Eindruck, daß er lügt?«⁵⁹ Dann nennt der Schriftsteller alle Tatsachen, die für die Opferthese sprechen: Einmarsch der deutschen Truppen in Österreich, die ermordeten Juden, die Hingerichteten und Verfolgten usw. »Wenn man alle Traditionen des Widerstandes kappt, weil man sich für sie nicht interessiert oder weil man meint, es hätte sie nicht gegeben, dann muss man natürlich, wie dies mittlerweile der intellektuelle Brauch geworden ist, Österreich für das Land der Täter halten.«⁶⁰ Allerdings können die Verfolgten niemals denen zur Ausrede dienen, die sie verfolgt haben. Österreich als Hort des Faschismus sei ebenso eine Geschichtslegende wie Österreich als Hort des Widerstandes. Beide Thesen seien schreckliche Vereinfachungen.

Warum lügt Schüssel trotzdem? Gauß: Es ist der Ort Jerusalem – den Juden dort zu sagen, dass die Österreicher mit ihnen als Opfer vereint seien, überspringt die Tatsache, dass die Juden von Österreichern vertrieben und ihre Verwandten auch von Österreichern ermordet wurden. Es ist die Zeit – wenn der Chef einer Regierung mit der FPÖ, die den Nationalsozialismus ständig verharmlost, eine solche Opferansage macht.⁶¹

---

55 Ebd. S. 152f.
56 Gauß: Zu früh, zu spät. S. 19.
57 Ebd. S. 20. Nach den Korruptionsvorwürfen weitaus kritscher: Karl-Markus Gauß: Ruhm am Nachmittag. – Wien 2012. S. 240–243.
58 Vgl. Hans Rauscher: Lernen wir Geschichte. – In: Der Standard 21. 11. 2000. Doron Rabinovici: Die letzten werden die Ersten sein. – In: Ebd.
59 Gauß: Mit mir, ohne mich. S. 117.
60 Ebd. S. 119.
61 Vgl. ebd. S. 125. Ausgewogen über Schüssel: Peter Gerlich: The Political Personality of Wolfgang Schüssel. – In: Günter Bischof (Ed.): The Schüssel Era in Austria. – New Orleans 2010. S. 7–20.

3. Konkrete Vergangenheitspolitik

Die intellektuellen Kontroversen in Österreich, die internationale Ächtung Österreichs sind das eine, die konkrete Vergangenheitspolitik der Regierung Schüssel ist das andere. Welcher Zusammenhang bestand, ist eine Interpretationssache – ob der internationale und nationale Druck diese rasche reale Vergangenheitspolitik überhaupt erst in Gang setzte oder nur beschleunigte.[62] Tatsache ist: Am 4. Februar 2000 unterzeichneten Schüssel und Haider eine – ungewöhnliche und einmalige – Präambel zur Regierungserklärung. Darin wird festgehalten, dass sich Österreich der Verantwortung auch für die »ungeheuerlichen Verbrechen des nationalsozialistischen Regimes« stelle. »Die Einmaligkeit und Unvergleichbarkeit des Verbrechens des Holocaust sind Mahnungen zu ständiger Wachsamkeit gegen alle Formen von Diktatur und Totalitarismus.«[63] Der Text wurde von Wolfgang Schüssel konzipiert und mehrfach redigiert, auch das US State Department soll zugestimmt haben.[64] Tatsächlich wirkt der hyperkorrekte Text wie von Elie Wiesel entworfen. Aus historischer Sicht kann man zwar die Einmaligkeit des Holocaust feststellen (die »industrielle« Form des Mordes), doch die Unvergleichbarkeit ist eine hypertrophe Behauptung. Wie soll man die Einmaligkeit erkennen, wenn der Judenmord nicht mit anderen Genoziden verglichen wird?

Eine andere Frage wirft die Rezeption der Präambel auf. Während die Erklärung von Bundeskanzler Vranitzky im Parlament 1991 im In- und Ausland mit großer Zustimmung aufgenommen wurde, wurde die Präambel entweder übergangen oder nicht ernst genommen. Dass Haider einen solchen Text unterzeichnete, war an sich eine Sensation. Bei seiner Vergangenheit war das Misstrauen allerdings berechtigt. War es wieder eine seiner vielen Schauspielermasken? Aber die Präambel war Teil der Regierungserklärung und Haider ging dann gar nicht in die Regierung. Für die Opposition, die die ÖVP/FPÖ-Regierung total ablehnte, war die Erklärung ein Störfaktor, also ignorierte man oder verspottete sie.

Doch die Präambel stand auch in einem nationalen und internationalen Zusammenhang. Seit den 1990er-Jahren hatten die österreichischen Regierungen sich ernsthaft zu bemühen begonnen, die österreichische NS-Vergangenheit aufzuarbeiten. 1998 wurde von der Regierung Klima die Historikerkommission eingesetzt; ein

---

62 Günter Bischof: »Watschenmann der europäischen Erinnerung?« Internationales Image und Vergangenheitspolitik der Schüssel/Riess-Passer-ÖVP/FPÖ-Koalitionsregierung. – In: Michael Gehler, Rolf Steininger (Hg.): Österreich in der europäischen Union. Bilanz seiner Mitgliedschaft.– Wien 2003. S. 445–478. Michael Gehler: Österreichs Außenpolitik der Zweiten Republik. Von der alliierten Besatzung bis zum Europa des 21. Jahrhunderts. 2. Bd. – Innsbruck 2005. S. 871–910.
63 Günter Bischof: »Watschenmann der europäischen Erinnerung?« S. 446.
64 Vgl. Michael Gehler: Österreichs Außenpolitik der Zweiten Republik. S. 934.

einmaliges Großprojekt mit 160 Forschern, dem Schweizer Beispiel folgend.⁶⁵ Auf der internationalen Ebene führte die Demokratisierung des Gedächtnisses zu dem Ergebnis, »Gerechtigkeit« durch Verhandlungen herzustellen. Finanzielle Entschädigungen waren dann der Ausdruck dieser »Gerechtigkeit«, die auf Racheaktionen verzichtet. Die internationale »moralische Ökonomie« der 1990er-Jahre bestand schließlich aus drei Elementen: offizieller Entschuldigung – Restitution – Entschädigung.⁶⁶ Hinzu kam das Paradox: Während der »Haupttäter« des Holocaust, Deutschland, sich inzwischen als »Weltmeister« der Vergangenheitspolitik profiliert hatte, galt Österreich als »Nazi-Land«, das sich durchzuschwindeln verstand. Der internationale und nationale Druck führte zu einer raschen aktiven Vergangenheitspolitik der Regierung Schüssel. Es war eine Strategie der »Vorwärtsverteidigung« (Günter Bischof), weil die Regierung durch den Image-Verlust Nachteile für den Wirtschaftsstandort fürchtete.

Es waren taktisch kluge Entscheidungen, bereits am 15. Februar 2000 die angesehene Maria Schaumayer zur Regierungsbeauftragten für die Verhandlungen zur Entschädigung der Sklaven- und Zwangsarbeiter zu ernennen. Sie, eine unverklemmte Großmutter (Stuart E. Eizenstat), ließ sich auch durch die Angriffe der zwielichtigen Figur des mediengeilen amerikanischen Anwaltes Ed Fagan nicht aus dem Konzept bringen.⁶⁷ Dann im Mai 2000 die Ernennung von Botschafter Ernst Sucharipa, dem Direktor der Diplomatischen Akademie in Wien, zum »Sonderbotschafter in Restitutionsfragen«. Dass dieser teilweise jüdischer Herkunft war, erwies sich wohl als atmosphärischer Vorteil bei den Verhandlungen.⁶⁸

Maria Schaumayer stellte die österreichische Position bei den Verhandlungen so dar: keine staatlich zurechenbare Verantwortung für die Verbrechen des Nationalsozialismus, aber eine moralische Verantwortung für das damalige Geschehen. Daher sei die Entschädigung eine »freiwillige Leistung«, beruhend auf der Anerkennung der Leiden der Opfer der Sklaven- (im KZ) und Zwangsarbeit (in der Industrie).⁶⁹ Ein Dauerproblem der schwierigen Verhandlungen war es, die Entschädigung der Zwangsarbeit von den Restitutionsfragen zu trennen. Die US-Anwälte als Reprä-

---

65 Vgl. Clemens Jabloner u. a.: Schlussbericht der Historikerkommission der Republik Österreich. Vermögensentzug während der NS-Zeit sowie Rückstellungen und Entschädigungen seit 1945 in Österreich. Zusammenfassungen und Einschätzungen. – Wien 2003.
66 Elazar Barkan: Völker klagen an. Eine neue internationale Moral. – Düsseldorf 2002. S. 30, 362. Günter Bischof: »Watschenmann der europäischen Erinnerung?«. S. 339.
67 Zur Biografie Fagans: Stuart E. Eizenstat: Unvollkommene Gerechtigkeit. Der Streit um die Entschädigung der Opfer von Zwangsarbeit und Enteignung. – München 2003. S. 104–110.
68 Eine genaue, ausgewogene Darstellung des Büroleiters von Schaumayer enthält Martin Eichtinger: Der Versöhnungsfonds. Österreichs Leistungen an ehemalige Sklaven- und Zwangsarbeiter des NS-Regimes. – In: Österreichisches Jahrbuch für Politik (ÖJP) 2000. – Wien 2001. S. 195.
69 Stuart E. Eizenstat: Unvollkommene Gerechtigkeit. S. 145..

sentanten der Sammelklagen und jüdische Institutionen versuchten, diese Trennung aufzusprengen. Durch direkte Kontakte mit den Opferverbänden der ehemaligen kommunistischen Staaten konnten die Anwälte ausgetrickst werden. Eine Säule der Verhandlungen war der Sonderbeauftragte des US-Präsidenten für Holocaust-Angelegenheiten, Stuart E. Eizenstat, ein geborener Vermittler.[70] Er musste die US-Anwälte in Zaum halten (die ein Drittel der Erträge der Sammelklagen als Honorar erwarten konnten), er musste in den ständigen innerjüdischen Konflikten vermitteln. Schwierig war es dann, die Opfer der Zwangsarbeit zu kategorisieren und die Höhe der Entschädigungen festzulegen. Schaumayer nannte als Höchstbetrag sechs Milliarden Schilling. Fagan hatte unrealistische 60 Milliarden gefordert.[71] Am 16. und 17. Mai 2000 kam es bereits zur Versöhnungskonferenz in der Wiener Hofburg.[72] Am 7. Juli 2000 wurde im Nationalrat das Versöhnungsfondsgesetz mit den Stimmen aller Parteien beschlossen – ein historischer Augenblick. Alle Parteien, auch die FPÖ, bekannten sich zur historischen Verantwortung für den Nationalsozialismus.[73] Doch in den Reden wurden parteipolitische Nuancen hörbar. Bundeskanzler Schüssel nannte den Staat Österreich ein Opfer, weil er von der Landkarte getilgt wurde (historisch korrekt), betonte aber auch die historische Verantwortung der Gesellschaft und wollte die Sichtschärfe der innerösterreichischen Diskussion verbessern.[74] Die Grüne Terezija Stoisits klagte, pathetisch-emotional, die Versäumnisse der Zweiten Republik an und endete mit: »Niemals vergessen!, ist die Devise, und niemals einen Schlussstrich ziehen!«[75] Die FPÖ stimmte dem Versöhnungsfondsgesetz zwar zu, wollte dann aber doch einen moralischen Schlussstrich unter die damalige Zeit ziehen (Herbert Haupt) und nannte auch andere Opfergruppen: die altösterreichischen Heimatvertriebenen, die Kriegsgefangenen in Sibirien und – überraschend – die Roma.

Die Wirtschaft, der eine Klage in den USA drohte, und der Staat mussten die sechs Milliarden Schilling aufbringen, um die 149.000 Opfer zu entschädigen. Doch in den USA drohte die Einigung und die Herstellung des Rechtsfriedens wegen der Restitutionsfrage zu scheitern. Erst ein Blitzbesuch Eizenstats in Wien am 5. Oktober 2000 und eine nächtliche Verhandlung mit Schüssel, bei der der Kanzler 150 Millionen Dollar der Bundesregierung zusicherte, um die arisierten Mietwohnungen, betriebliche Mietobjekte, Hausrat und persönliche Effekte abzugelten, lösten den Knoten. Am 24. Oktober 2000 konnten das bilaterale Abkommen und die ge-

---

70 Ebd.
71 Vgl. ebd. S. 363.
72 Vgl. Eichtinger: Der Versöhnungsfonds. S. 214–218.
73 Vgl. Stenographische Protokolle des Nationalrates der Republik Österreich. 7. 7. 2000. S. 27ff.
74 Vgl. ebd. S. 38f.
75 Ebd. S. 33. Dazu: Siegfried Göllner: Die politischen Diskurse zu »Entnazifizierung«, »Causa Waldheim« und »EU-Sanktionen«. Opfernarrativ und Geschichtsbilder in Nationalratsdebatten. – Hamburg 2009. S. 525ff.

meinsame Schlusserklärung unterzeichnet werden. Zum Ärger vieler Intellektueller lobte Eizenstat dabei die »inspired leadership of Chancellor Schuessel«.[76]

Noch schwieriger verliefen die Verhandlungen über die Restitutionsfragen. Hier wirkten die begreiflichen Emotionen der aus Österreich vertriebenen Juden und ihrer Nachkommen voll auf die Verhandlungen ein; Ed Fagans Auftreten weckte den latenten österreichischen Antisemitismus. Zwar wurde gesagt, es gehe nicht um Geld, sondern um Moral; dann aber wurde doch nur um Geld gestritten. Entscheidend aber war, dass Österreich seine Grundeinstellung änderte. Nicht von der »Holschuld« der bisherigen österreichischen Restitutionspolitik wollte man ausgehen, sondern von einer »Bringschuld« (Ernst Sucharipa).[77] Es war schon schwierig genug, jüdische Vertreter an den Verhandlungstisch zu bringen, weil eine Verhandlung mit der ÖVP/FPÖ-Regierung indirekt auch Verhandlungen mit Haider bedeuteten.[78] Wieder erwies sich Eizenstat als großer Vermittler. Er musste die zerstrittene jüdische Seite, die Israelitische Kultusgemeinde in Österreich, die die jüdischen Österreicher vertrat, und die Claims Conference, die die Interessen der ehemaligen österreichischen Juden im Ausland repräsentierte, zu Kompromissen bewegen.[79] Er musste den Vorstand der Kultusgemeinde, Ariel Muzicant, der, wie Eizenstat in seinen Erinnerungen schreibt, bei jedem Zugeständnis der österreichischen Seite wieder mehr forderte, beruhigen.[80] Es war eine diplomatische Meisterleistung Eizenstats und das dringende Bedürfnis der österreichischen Regierung, zu einem Abkommen zu gelangen, um Rechtsfreiheit in den USA zu erhalten, die das (bis zuletzt vom Scheitern bedrohte) Abkommen vom 17. Jänner 2001 in Washington ermöglichten. Der Entschädigungsfonds wurde mit 210 Millionen Dollar dotiert. Damit sollten, wie angenommen wurde, 8.000 bis 9.000 Antragssteller entschädigt werden, tatsächlich waren es dann fast 20.000 Antragsteller.[81] Am 20. Jänner 2011 sagte Eizenstat in einem Interview in Österreich: »Indem Schüssel die FPÖ an Bord holte, war das Abkommen quer durch alle politischen Lager glaubwürdig.«[82]

4. Das »Gedankenjahr« 2005: Der Streit um die Erinnerungshoheit

Die kritischen Intellektuellen nahmen die Bedeutung der Verhandlungen, die Veränderung der österreichischen Vergangenheitspolitik kaum wahr, und wenn, dann nur

---

76 Eichtinger: Der Versöhnungsfonds. S. 233–237.
77 Bischof: »Watschenmann der europäischen Erinnerung?«. S. 468.
78 Vgl. Eizenstat: Unvollkommene Gerechtigkeit. S. 364–368.
79 Vgl. ebd. S. 383.
80 Vgl. ebd. S. 390.
81 Vgl. Interview mit Eizenstat in: Die Presse 20. 1. 2011. S. 7.
82 Ebd.

verzerrt. Als Experten für symbolische Güter war die Beobachtung mühseliger und komplizierter Verhandlungen nicht ihr Metier. Erst als es um die Erinnerungskultur des Jahres 2005 ging, traten sie wieder vollgerüstet an.

Innerhalb der Erinnerungskultur lassen sich drei Ebenen unterscheiden:[83] 1. Die Ebene der Zeitgenossen und ihrer Familientraditionen; 2. die Ebene der veröffentlichten Erinnerung im Dienste des Staates, der Parteien, gesellschaftlicher Gruppen, aber auch der intellektuellen Eliten, die behaupten, im Dienst einer höheren Moral zu stehen; 3. die wissenschaftliche Historie. Auf allen Ebenen wird ein je eigentümlicher Sprachtypus ausgebildet. Die Zeitzeugen evozieren Alltagssituationen, berichten von ihren Erfahrungen, erzählen, wie die »großen« Ereignisse ihr Leben berührten, es veränderten oder zerstörten. Der Historiker Reinhart Koselleck hat das Menschenrecht auf eine individuelle Erinnerung postuliert.[84] Die öffentliche Erinnerung vereinfacht und ideologisiert, instrumentiert die Vergangenheit für die Gegenwart. Die wissenschaftliche Historie hingegen ist auf Komplexität ausgerichtet, legt besonderen Wert auf Quellen- und Mythenkritik und verknüpft verschiedene Sichtweisen, um aus diesen Spiegelungen der Vergangenheit einen realistischen Kern herauszulösen.[85]

Allerdings ist auch die wissenschaftliche Historie nicht frei von Ideologien. Zwischen 1970 und 2000 herrschte in der wissenschaftlichen Zeitgeschichte in Österreich eine linke bzw. linksliberale Dominanz vor. Die schwarz-blaue Regierung versuchte seit 2000 durch die Privilegierung einzelner Historiker diese Dominanz zu brechen. Das »Gedankenjahr« 2005 – die Erinnerung an 1945–1955–1995 – bot dafür eine Chance. Im Zentrum stand der persönliche Freund Wolfgang Schüssels, der konservative Grazer Historiker Stefan Karner, ein solider Wissenschaftler und ein geschickter Geschichte-Organisator. Die zentralen Fragen des Konfliktes waren nun: Welches Jahr soll im Zentrum stehen, 1945 oder 1955? Und was bedeutet das jeweilige Jahr? Die kritischen Intellektuellen fürchteten, dass dieses »Gedankenjahr« nur der Regierung diene und dass die seit der Waldheim-Affäre dominante These, Österreich als Tätergemeinschaft, wieder von jener der Opfergemeinschaft abgelöst werde.[86] Dass beide Thesen von der Geschichtswissenschaft widerlegt, als Mythos entlarvt wurden, focht die Streitparteien nicht an. Der Satz »Österreich ist frei« bedeutete in jedem Schüsseljahr höchst Unterschiedliches. 1938 – aus der

---

83 Vgl. Ernst Hanisch: Moral in der Geschichte – Ein grundlegendes Problem. – In: Christoph Kühberger, Christian Lübke, Thomas Terberger (Hg.): Wahre Geschichte – Geschichte als Ware. Die Verantwortung der historischen Forschung für Wissenschaft und Gesellschaft. – Rahden/Westf. 2007. S. 81–88.
84 Vgl. Reinhart Koselleck: Formen und Traditionen des negativen Gedächtnisses. – In: Ders.: Vom Sinn und Unsinn der Geschichte. – Berlin 2010. S. 241–253.
85 Vgl. Werner Paravicini: Die Wahrheit der Historiker. – München 2010.
86 Vgl. Martin Wassermair, Katharina Wegan (Hg.): rebranding images. Ein streitbares Lesebuch zur Geschichtspolitik und Erinnerungskultur in Österreich. – Innsbruck 2006.

Sicht der Nationalsozialisten – die Freiheit von der klerikalen Herrschaft und die Legalisierung der verbotenen NSDAP. 1945 – aus der Sicht der wiederhergestellten Republik – das Ende des Krieges, die Befreiung vom Nationalsozialismus, wesentlich durch die Alliierten, aber eben auch die Besatzung durch sie. 1955 – das Ende der Besatzungszeit und die Wiedergewinnung der vollen Souveränität des nun »Zweite Republik« genannten Staates.

Ein weiterer Streitpunkt war die Opferthese, bezogen auf 1938. Schüssel hat in mehreren, nicht immer sehr klaren Formulierungen der Täterthese die Opferthese entgegengestellt, ohne allerdings die Täterrolle der Österreicher auszulassen. So in seiner Ansprache am 27. April 2005.[87] Im Kern führte er die Vergangenheitspolitik von Bundeskanzler Franz Vranitzky (8. Juli 1991) hier weiter, betonte aber wieder deutlicher auch die Opferrolle. So in der »Neuen Züricher Zeitung«: »Ich werde nie zulassen, daß man Österreich nicht als Opfer sieht. Das Land war in seiner Identität das erste militärische Opfer der Nazis.«[88] Rabinovici stellt mit Recht dieser verkürzten Darstellung die Analysen der Historiker entgegen, wonach der »Anschluss« ein dreifacher Prozess war, von außen, von oben, von unten.[89] Aber der Prozess »von außen« gab auch der Opferthese eine gewisse, eingeschränkte Berechtigung. Denn ohne Hitlers Ultimatum vom 11. März 1938 wäre der Prozess so nicht in Gang gekommen. Dass dann der militärische Einmarsch der deutschen Truppen von einem großen Teil der Bevölkerung mit Begeisterung gefeiert wurde und die Pogrome begannen, gehörte ebenso zu dieser Geschichte. Auch war »Österreich« nicht nur ein staats- und völkerrechtlicher Begriff, wie Rabinovici behauptet, der »Staat« Österreich war 1938: die autoritäre Regierung, das Spitzenmilitär, die Hochbürokratie usw. Die Repräsentanten des »Ständestaates« wurden entlassen, ein Teil inhaftiert. Sie konnten sich nach 1945 mit Recht als Opfer der NS-Herrschaft fühlen. Aber es gab eben auch die österreichische Gesellschaft, die in unterschiedlicher Weise in die Verbrechen des Nationalsozialismus verwickelt war, wenn auch oft nur als »Zuseher«. Diese komplexe historische Realität lässt sich eben nicht in eine einfache Täter-Opfer-Rolle auflösen. Abenteuerlich ist dann die von Rabinovici konstruierte »Achse der Geschichtsklitterung«, die, von einigen Rülpsern am rechten Rand ausgehend, eine Linie »vom verklärenden Opfermythos über die Mär von der vorgeblichen Naziverfolgung bis hin zur Auschwitzlüge« zieht.[90]

---

87 Zit. in Georg Spitaler: Von der Normalitätsdebatte zur »Normalposition« des Erinnerns? Ein skizzierter Vergleich der Republikfeiern 1995 und 2005. In: Ebd. S. 69–77. S. 73.
88 Zit. in Doron Rabinovici: Das Recht der Erinnerung. Geschichtsrevisionismus und Vergangenheitsleugnung im Jubeljahr. – In: Ebd. S. 101–108. S. 101.
89 Vgl. Ernst Hanisch: Der lange Schatten des Staates. Österreichische Gesellschaftsgeschichte im 20. Jahrhundert. – Wien 1994. S. 338–345.
90 Doron Rabinovici: Das Recht auf Erinnerung. S. 102. Zu den Ansprüchen von Krampl und Gudenus vgl. Jakob Engel, Ruth Wodak: Kalkulierte Ambivalenz, »Störungen« und das »Gedankenjahr«: Die Causen

Die missmutigen Intellektuellen sahen noch eine weitere Gefahr über dem »Gedankenjahr« schweben: das Feiern der Erfolgsgeschichte der Zweiten Republik, ohne ihre Defizite zu erwähnen. Als Hauptdefizit wurde meist die unaufgearbeitete österreichische NS-Vergangenheit genannt.[91] Erfolge oder Misserfolge lassen sich nur im Vergleich messen. Und im Vergleich zur Ersten Republik mit ihren ökonomischen Krisen, ihrer Gewaltgeschichte, ihren autoritären Lösungen war die Zweite Republik eine unbestreitbare Erfolgsgeschichte. Für Michael Maier hingegen sah die Zweite Republik »wie ein verschrumpeltes kleines Männchen, besserwisserisch und großspurig, humorlos und doktrinär, verbittert und beleidigt« aus.[92] Bar jeder Kenntnisse erinnern ihn die »verordneten Staatsvertragsjubiläumsfeiern« an »nationalsozialistische Glücksverordnungen«.[93] Die ganzen Aufklärungsversuche über den Nationalsozialismus sind an Maier offenbar abgeprallt. Immerhin ist er einer der wenigen Autoren, der die Entschädigungen der Zwangsarbeiter überhaupt erwähnt, wenn auch nur als eine »lästige Pflicht (…) um sich aus der internationalen Isolation zu befreien«.[94]

Als Meister des Nichtwissens, aber als begabter Wortdrechsler erwies sich wieder Robert Menasse. Er ließ den »Wendekanzler« Schüssel zum »Endkanzler« mutieren, der die Zweite Republik zu Grabe trägt. Als »Staatsideologie« der Zweiten Republik erklärte Menasse den »Austrofaschismus«.[95] Fakten, Analysen und fundierte Argumente interessierten ihn nicht. Der Künstler schwebt über so trivialen Tatsachenfeststellungen. Daher braucht er auch die Restitution für die Opfer des Nationalsozialismus und die Entschädigung für die Zwangsarbeit nicht zu unterscheiden.[96] Hauptsache ist ihm die Anklage, dass die Regierung einen Schlussstrich unter die österreichische NS-Vergangenheit ziehen wolle. Dass gerade dieser »Schlussstrich« in den offiziellen Dokumenten der Verhandlungen negiert wurde, kann den über den Dingen tanzenden Intellektuellen nicht stören.

Zu einem Jubiläumsjahr gehört in Österreich eine Ausstellung.[97] 2005 gab es neben zahlreichen Geschichte-Events gleich zwei Großausstellungen: eine auf der

---

Siegfried Krampl und John Gudenus. – In: Rudolf de Cillia, Ruth Wodak (Hg.): Gedenken im »Gedankenjahr«. Zur diskursiven Konstruktion österreichischer Identitäten im Jubiläumsjahr 2005. – Innsbruck 2009. S. 79–99.

91 Vgl. rebranding images.
92 Michael Maier: Die Rückkehr. – In: Helene Maimann (Hg.): Was bleibt. Schreiben im Gedankenjahr. – Wien 2005. S. 39–46. S. 40.
93 Ebd. S. 43.
94 Ebd. S. 42.
95 Robert Menasse: Österreich: Wende und Ende. – In: Ebd. S. 53–77. S. 74.
96 Vgl. ebd. S. 60.
97 Vgl. Regina Wonisch: Niederösterreichische Landesaustellungen. Zum Funktionswandel eines Rituals. – In: Oliver Kühschelm, Ernst Langthaler, Stefan Eminger (Hg.): Niederösterreich im 20. Jahrhundert. 3. Bd. – Wien 2008. S. 269–304. Günter Bischof and Michael S. Maier: Reinventing Tradition and the Politics of History: Schüssel's Restitution and Commemoration Policies. – In: The Schüssel Era in Austria. S. 206–234.

Schallaburg in Niederösterreich: »Österreich ist frei« (230.000 »Besucher«), und eine am zentralen Erinnerungsort des Staatsvertrages im Oberen Belvedere, »Das neue Österreich« (310.000 »BesucherInnen«). Die Konflikte bei den Vorbereitungen übergehe ich hier. Mich interessiert die Form der Kritik an den beiden Ausstellungen und ich wähle dafür eine durchaus kompetente Kritikerin wie Ulrike Felber.[98] Zwei Vorwürfe ziehen sich durch die Kritik: 1. der obsessive Hinweis bei fast jedem Thema auf den fehlenden Bezug zur österreichischen NS-Vergangenheit. Die Geschichte der Zweiten Republik wird so gleichsam nur im Schatten des Nationalsozialismus gesehen. 2. Der reale Wiederaufbau wird auf den Mythos Wiederaufbau reduziert (so der ständige Vorwurf der Kritikerin). Die durchaus notwendige Mythenkritik lässt vom realen Wiederaufbau kaum etwas übrig. Die Kritik des Erfolgsmythos verwandelt sich unter der Hand der Kritikerin zum Mythos der Misserfolgsgeschichte. Doch der Bezug auf die Realgeschichte geht hier wie dort verloren.[99]

Zum Schluss ein letztes Zitat, das eine neue Perspektive aufreißt: Im Juni 2003 fand in Wien eine Konferenz mit prominenten Emigranten über »Österreichs Umgang mit dem Nationalsozialismus« statt. Dort sagte der 1925 in Wien geborene Professor für Physik aus New York, Harry Lustig, einen Satz, der in der Öffentlichkeit ziemlich unterging: »In diesem Sinne aber beunruhigt mich ein Gedanke schwer, nämlich dass, falls die Nazis alle ihre Einstellungen bewahrt und alle Missetaten begangen hätten außer einer Ideologie, dem Antisemitismus und einem Verbrechen, der Verfolgung der Juden, viele österreichische und deutsche Juden auch passive Mitläufer gewesen wären.«[100] Lustig warnte vor allzu pauschalen Urteilen im Nachhinein.

---

98 Ulrike Felber: Jubiläumsbilder. Drei Ausstellungen zum Staatsvertragsgedenken 2005. – In: Österreichische Zeitschrift für Geschichtswissenschaften 17/2006. S. 65–90.

99 Vgl. Ernst Hanisch: Abschied von der Staatsvertragsgeneration. – In: Manfried Rauchensteiner, Robert Kriechbaumer (Hg.): Die Gunst des Augenblicks. Neue Forschungen zu Staatsvertrag und Neutralität. – Wien 2005. S. 537–551.

100 Harry Lustig: Glücklich ist, wer vergisst. – In: Friedrich Stadler (Hg.): Österreichs Umgang mit dem Nationalsozialismus. Die Folgen für die naturwissenschaftliche und humanistische Lehre. – Wien 2004. S. 53.

Ewald Hiebl

Vom TV-Tainment zur Internet-Generation

Medien, Gesellschaft und Politik in der Ära Schüssel
(2000–2006)

Einleitung

Alexander Van der Bellen fällt als Politiker auf, weil er anders ist, er scheint nicht gecoacht zu sein, nicht getrimmt zu sein, gewisse Botschaften in der Kürze eines Interviews vermitteln zu müssen, er lässt sich Zeit und gibt dem Betrachter das Gefühl, nachzudenken über das, was er von sich gibt. Vielleicht sind seine persönlichen Sympathiewerte – auch und vor allem nach der »Wende« im Jahr 2000 sowie nicht nur unter den Anhängern der eigenen Partei – deshalb so beachtlich. Als Van der Bellen nach 18-jähriger Tätigkeit als Nationalratsabgeordneter, davon elf als Bundessprecher der »Grünen«, im Juli 2012 seine Abschiedsrede hielt, gab er interessante Einblicke in die Welt der medial vermittelten Politik. Er sprach von Drill und Coaches, vorbereiteten Botschaften für TV-Interviews, aber auch darüber, sich davon emanzipiert zu haben. Er sprach vom medialen Druck, binnen Kurzem eine Meinung zu komplexen Fragen entwickeln zu müssen und später damit konfrontiert zu werden. Er sprach aber auch davon, wie sehr Politiker in den Wahlkämpfen von den Medien gesteuert werden und sich zu »Gladiatoren« in regelrechten Wahl»kämpfen« degradieren lassen (müssen).

Die »Medien« bilden also das Forum für politische Information, aber auch politischen Diskurs. Ohne »Medien« ist keine erfolgreiche Politik mehr zu machen. Doch von welchen Medien sprechen wir, wenn von der »Mediendemokratie« die Rede ist? Der Begriff »Medien« ist ubiquitär und wird sowohl in der Alltagssprache als auch in wissenschaftlichen Ausführungen für ein sehr breites Bedeutungsspektrum verwendet. Während sich die alltägliche Verwendung des Begriffs mit seinen Graubereichen und zahlreichen Konnotationen abfindet und der Kontext meist die pragmatische Bedeutung im jeweiligen Kommunikationsakt, wenn schon nicht klar definiert, so zumindest deutlich einschränkt, bemühen sich die Wissenschaften um Definitionen, die zwar ganze Handbücher[1] füllen, aber bislang dennoch zu keiner auch nur annähernd verbindlichen Ein- und Beschränkung des Begriffes geführt ha-

---

1 Vgl. Heinz Pürer: Publizistik- und Kommunikationswissenschaft. Ein Handbuch. – Konstanz 2003. S. 208–213.

ben. Das Sprechen und Schreiben über Medien bleibt ambivalent, der Begriff selbst omnipräsent, wenn als Medien auch Wasser, Luft, Sänger oder Theater verstanden werden. Für den vorliegenden Text muss demnach eine Einschränkung getroffen und der Medienbegriff im Folgenden vor allem auf Massenmedien und digitale Medien eingegrenzt werden. Als Massenmedien werden nach Niklas Luhmann alle Einrichtungen der Gesellschaft, »die sich zur Verbreitung von Kommunikation technischer Mittel der Vervielfältigung bedienen«, verstanden. Luhmann verweist dabei auf Bücher, Zeitschriften und Zeitungen, die durch die Druckpresse hergestellt werden. »Die Massenproduktion von Manuskripten nach Diktat wie in mittelalterlichen Schreibwerkstätten soll nicht genügen.« Entscheidend für die Definition von Massenmedien ist weiters, dass keine Interaktion unter Anwesenden zwischen Sendern und Empfängern stattfinden kann.[2] Das sind also vor allem jene Medien, die Harry Pross in seiner mittlerweile legendären Definition als sekundäre und tertiäre Medien bezeichnet, ergänzt durch quartäre digitale Medien. Pross unterscheidet bekanntlich drei Typen von Medien: Als *primäre Medien* bezeichnet er die Medien des menschlichen Elementarkontakts, die sich keines technischen Gerätes bedienen (z. B. Sprache, Zeremoniell, Stafette, Theater etc.). *Sekundäre Medien* sind all jene Medien, die auf der Produktionsseite ein technisches Gerät benötigen wie Bild, Druck, Grafik, aber auch deren Resultate wie Buch, Zeitschrift, Flugblatt oder Fotografie. Sekundäre Medien gruppieren sich (mit wenigen Ausnahmen) um den Begriff »Presse«. *Tertiäre Medien* sind Medien, die auf Produktions- und Rezeptionsseite Technikeinsatz benötigen. Dazu zählen alle elektronischen Medien wie Radio, Fernsehen, Telegrafie, aber auch Film, Tonband und Schallplatte. In Ergänzung zu Pross' Einteilung in drei Medientypen wird mittlerweile auch von den quartären Medien gesprochen, das sind alle Medien, die sich des Computers bedienen.[3]

Massenmedien in Österreich im beginnenden 21. Jahrhundert

Fritz Plasser und Günther Lengauer konstatieren in ihrer Darstellung der österreichischen »Medienarena« eine Fülle von Befunden zur Entwicklung der österreichischen Medien im beginnenden 21. Jahrhundert. Dazu zählen etwa der hohe publizistische und ökonomische Verflechtungsgrad der Presselandschaft, die Konzentration auf bestimmte »Macht- und Meinungszentren« wie die »Kronen Zeitung« und den

---

2 Vgl. Niklas Luhmann: Die Realität der Massenmedien. 2. Auflage. – Opladen 1996. S. 10f.
3 Vgl. Harry Pross: Medienforschung. Film, Funk, Presse, Fernsehen. – Darmstadt 1972. S. 12–162; Hanno Beth/Harry Pross: Einführung in die Kommunikationswissenschaft. – Stuttgart/Berlin/Köln/Mainz 1976. S. 110–176; Ewald Hiebl: Einleitung. In: Historische Sozialkunde. Geschichte – Fachdidaktik – Politische Bildung. – In: Medien und Gesellschaft 2009/4, S. 2f. S. 2.

ORF, die international vergleichsweise große Bedeutung der Presse gegenüber dem sonst deutlicher dominierenden Medium Fernsehen, eine zunächst starke Beteiligung von ausländischen Investoren, die nach 2000 sukzessive zurückging und einer »Re-Austrifizierung« Platz machte, die starke Lokalkonzentration und die hohen Reichweiten von Regionalmedien, Boulevardisierungstendenzen auf dem Print-Markt, ein hoher Grad an »Media-Cross-Ownership«, also der Tätigkeit großer Medienunternehmen in mehreren Medientypen wie etwa Presse und Radio, ein Anstieg des Gratis-Angebots am Tageszeitungs- und Magazinmarkt, die verspätete Dualisierung des Fernseh- und Radiomarktes, die Entstehung einer »Vielkanal-Öffentlichkeit« im Bereich der Fernsehnutzung, ein weiterhin bestehendes Informationsmonopol des ORF trotz starker Reichweitenverluste, ein dennoch vergleichsweise hoher Marktanteil des ORF in den Bereichen Fernsehen und Radio, der Aufstieg des Internets sowie ein zwar rückläufiges, aber dennoch hohes Vertrauen in die Medien.[4]

Zeitungen und Zeitschriften

Was Radio und Fernsehen nicht geschafft haben, das ist – zumindest in den ersten Jahren seines Siegeszugs – auch dem Internet nicht gelungen, nämlich die gedruckten Zeitungen und Zeitschriften von der Bildfläche zu verdrängen. Denn trotz der Konkurrenz durch elektronische und digitale Medien ist die Auflagenzahl der meisten österreichischen Tageszeitungen und Zeitschriften in den ersten Jahren des 21. Jahrhunderts weiterhin gestiegen, sowohl was die Gesamtauflage als auch was die verkaufte Auflage betrifft (siehe Tabelle 1).

Nach den von Hallin und Mancini erstellten »Models of Media and Politics« folgt die österreichische Presseentwicklung dem »nord- und mitteleuropäischen (bzw. demokratisch-korporatistischen) Modell«. Es unterscheidet sich grundlegend vom »mediterranen bzw. polarisiert pluralistischen Modell« und dem »nordatlantischen bzw. liberalen Modell«. Wichtig ist die historische Bedeutung der Parteipresse für das demokratisch-korporatistische Modell. Zwar wurde die Bedeutung der Parteizeitungen durch zunehmende Kommerzialisierung stark zurückgedrängt bzw. beendet. Für die typischen Eigenschaften dieses Modells spielt die historische Genese jedoch eine entscheidende Rolle. Es zeichnet sich durch eine hohe Zeitungsauflage sowie eine frühe Entwicklung der Massenpresse aus. Im politischen Bereich dominieren ein hoher Parallelismus zwischen Medien und politischen Akteuren. Dazu kommt eine hohe Professionalisierung des Journalismus, eine Betonung des Mei-

---

4 Fritz Plasser, Günther Lengauer: Die österreichische Medienarena: Besonderheiten des politischen Kommunikationssystems. – In: Politik in der Medienarena. Praxis politischer Kommunikation in Österreich. – Wien 2010 (Schriftenreihe des Zentrums für Angewandte Politikforschung 31). S. 19–52. S. 45–50.

nungsjournalismus, institutionalisierte Selbstkontrolle und starker Staatsinterventionismus mit gleichzeitig starkem Schutz der Pressefreiheit. So liegt Österreich mit einer durchschnittlichen Auflage von 368,4 Tageszeitungen auf 1.000 Einwohner (Daten 2004, ohne Gratiszeitungen) hinter den skandinavischen Staaten (Norwegen 650,7; Finnland 522,1; Schweden 489,4) und der Schweiz (397,9), aber vor Großbritannien (331,6), den USA (232,5) und deutlich vor Spanien (122,8) und Italien (114,5).[5] Die wichtigsten österreichischen Parteizeitungen war bereits vor dem Jahr 2000 eingestellt worden. So endete beispielsweise die Ära der sozialdemokratischen AZ im Jahr 1991, die steirische Regionalzeitung der SPÖ, die »Neue Zeit«, erschien bis 2001. Die kommunistische »Volksstimme«, zunächst als Tageszeitung verlegt, kam von 1994 bis 2003 als Wochenzeitung auf den Markt.[6] 2005 wurde die SVZ, die »Salzburger Volkszeitung«, von der ÖVP an private Investoren verkauft. Das »Neue Volksblatt« steht noch im Besitz der ÖVP-Oberösterreich.[7]

Eine herausragende Stellung nahm die »Kronen Zeitung« ein, die mit einer Druckauflage von wochentags etwa einer Million und sonn- und feiertags von bis zu 1,667 Millionen unangefochten die Spitzenposition innehatte (siehe Tabelle 1). Mit einer Nettoreichweite von 44,1 % (2001) bzw. 43,8 % (2006) dominierte die »Kronen Zeitung« die österreichische Presselandschaft wie kaum eine andere Zeitung. »Kurier« und »Kleine Zeitung« folgten 2001 mit 12,6 % bzw. 12,2 % mit Respektabstand.[8] Zum Vergleich: Die bundesdeutsche »Bild« erreicht nur 18,0 % Reichweite (2001).[9]

---

5 Josef Seethaler, Gabriele Melischek: Die Pressekonzentration in Österreich im europäischen Vergleich. – In: Österreichische Zeitschrift für Politikwissenschaft, Jg. 35, 4/2006. S. 337–360. S. 338f.
6 Heinrich Neisser, Gerhard Loibelsberger, Helmut Strobl: Unsere Republik auf einen Blick. Das Nachschlagewerk über Österreich. – Wien 2005. S. 148.
7 Ewald Hiebl: Monopole, Märkte, Macht und Meinung. Medien und Mediensysteme in Salzburg 1989–2004. – In: Herbert Dachs, Christian Dirninger, Roland Floimair (Hg.): Salzburger Landesgeschichte: Die Ära der Landeshauptleute Katschthaler und Schausberger. – Wien/Köln/Weimar 2012.
8 Media-Analyse: MA 2001 – Tageszeitungen Total. http://www.media-analyse.at/studienPublicPresseTageszeitungTotal.do?year=2001&title=Tageszeitungen&subtitle=Total (1.6.2012); Media-Analyse: MA 2001 – Tageszeitungen Total. http://www.media-analyse.at/studienPublicPresseTageszeitungTotal.do?year=2006&title=Tageszeitungen&subtitle=Total (1. 6. 2012)
9 Media-Analyse: MA 2012 – Pressemedien I. Ein Service der Axel Springer AG – Marktforschung, Media-Micro-Census 2012. http://www.ma-reichweiten.de/index.php?fm=1&tt=2&mt=1&sc=000&vr=1&d0=0&d1=1&d2=2&d3=-1&b2=0&vj=1&mg=a0&ms=23&bz=0&m0=100781&rs=15&m1=-1&vs=1&m2=-1&m3=-1 (1. 6. 2012)

Tabelle 1: Druckauflage und verkaufte Auflage der österreichischen Tageszeitungen 2001 bis 2006 im Jahresdurchschnitt

	2001	2002	2003	2004	2005	2006
	in 1.000 Druckauflage					
Der Standard	115,8	110,8	103,8	105,9	112,1	116,5
Die Presse	125,7	123,9	119,6	114,9	122,5	122,6
Kleine Zeitung (Kombi)	293,3	294,9	297,8	292,1	298,8	305
Sonn- und Feiertagsausgaben	356,3	372,2	352,4	356,3	360,9	367,3
Kurier gesamt	262,9	258,3	251,5	254,4	246,3	247,2
Sonn- und Feiertagsausgaben	503,4	476,2	485,9	502,2	478,6	478,9
Neue Kronen Zeitung gesamt	1035,3	1018,1	1006,7	1008,8	992,8	987,1
Sonn- und Feiertagsausgaben	1600,4	1587,8	1633,3	1667,7	1649,8	1651,7
Neue Vorarlberger Tageszeitung	14,1	12,1	12,1	12,1	12,7	12,5
Sonn- und Feiertagsausgaben	33,2	39,9	38,5	40,3	41	36,4
Neue Zeitung für Tirol	–	–	–	33,4	31,5	28,4
Oberösterreichische Nachrichten	132,3	133,1	132,4	128,5	131,7	138,2
Österreich* 4	–	–	–	–	–	435,4
Sonn- und Feiertagsausgaben	–	–	–	–	–	726,9
Salzburger Nachrichten	103,7	97,9	97,6	95,6	95,1	96,1
Salzburger Volkszeitung	12,5	12,3	–	–	–	–
Tiroler Tageszeitung	116,7	119	122,1	120,9	116,8	109,8
Vorarlberger Nachrichten	72,7	72,3	72,1	71,7	72,5	72,2
WirtschaftsBlatt	55,5	51,6	51,1	53,1	51,8	38,4
	Verkaufte Auflage					
Der Standard	68,7	68,3	67,4	67,4	70,3	74,3
Die Presse	76,1	75,3	77,2	74,6	75,9	79,7
Kleine Zeitung (Kombi)	253,7	252,4	258,3	260,6	264,2	268,9
Sonn- und Feiertagsausgaben	298,7	300,5	302	310,1	313,9	318,2
Kurier Gesamt	180,9	174,5	171,8	173	171,7	169,5
Sonn- und Feiertagsausgaben	357,5	341,3	340,4	338,8	332,9	325,5
Neue Kronen Zeitung Gesamt	876,3	853	848,9	857,5	851,4	847,3
Sonn- und Feiertagsausgaben	1334,0	1323,1	1355,9	1372,4	1371,4	1362,5
Neue Vorarlberger Tageszeitung	7,0	6,7	6,6	6,7	6,8	6,9
Sonn- und Feiertagsausgaben	20,9	24	24,8	25,5	25,8	28,1
Neue Zeitung für Tirol	–	–	–	7,9	7,9	12,8
Oberösterreichische Nachrichten	102,3	103,9	104,1	103,4	103,7	104,6
Österreich* 4	–	–	–	–	–	162,3
Sonn- und Feiertagsausgaben	–	–	–	–	–	500,9
Salzburger Nachrichten	76,4	74,5	74,7	69,7	70,7	69,3
Salzburger Volkszeitung	10,2	10,2	–	–	–	–

	2001	2002	2003	2004	2005	2006
	Verkaufte Auflage					
Tiroler Tageszeitung	89,7	91	92,2	89,7	89,3	88,9
Vorarlberger Nachrichten	66,4	65,6	65,7	65,5	64,7	64,7
WirtschaftsBlatt	31,7	33,2	33,6	28,7	26,0	24,1

Quelle: Österreichische Auflagenkontrolle (ÖAK). Erstellt am: 4. 8. 2011, zit. nach: Statistik Austria. Druckauflage und verkaufte Auflage der österreichischen Tageszeitungen 2001 bis 2010 im Jahresdurchschnitt. http://www.statistik.at/web_de/statistiken/bildung_und_kultur/kultur/buecher_und_presse/021213.html (22. 5. 2012)

Die Auflagenzahlen drücken den Wochenschnitt von Montag bis Samstag (bzw. Wochentage des Erscheinens) aus, Sonn- und Feiertagsausgaben sind gesondert angeführt. Druckauflage: die Stückzahl der gedruckten Exemplare abzüglich Druckmakulatur. Verkaufte Auflage: die Summe aus Direktverkauf (abonnierte Exemplare und Einzelverkauf) und Großverkauf. – * Gratiszeitung (Printmedium). – ² Die Presse am Sonntag. – ³ Wurde Ende März 2008 eingestellt. – ⁴ Ab 2010 ist das als Kauf- und Gratiszeitung erscheinende »Österreich« als Gratis-Tageszeitung gezählt. – ⁵ Daten betreffen das 4. Quartal. – ⁶ Tiroler Tageszeitung am Sonntag

Die dominante Stellung der »Kronen Zeitung«, vor allem deren politischer Einfluss, war auch im beginnenden 20. Jahrhundert häufig Gegenstand heftiger Kritik. Ohne ihre wohlwollende Berichterstattung sei in Österreich keine erfolgreiche Politik zu machen, und der »Kronen Zeitung« wurde die Rolle als Königs- bzw. Kanzlermacherin zugewiesen. Wie Plasser/Lengauer feststellen, ist die »Kronen Zeitung« »die mit Abstand meistgenutzte Medienquelle für politische Information«. Sie habe eine höhere Reichweite als die drei nächstwichtigen Quellen (»ZiB«, »Kleine Zeitung«, »News«) zusammen.[10] Doch nicht nur quantitativ, sondern auch qualitativ übt die »Kronen Zeitung« eine wichtige Funktion in der Meinungsbildung ihrer Leser aus. Dazu passt auch die stark wertungsorientierte Berichterstattung. Selbst im Vergleich zu den Pendants in der BRD und der Schweiz, »Bild« und »Blick«, zeichnet sich die »Kronen Zeitung« durch geringe Sachorientierung aus, wobei der Leserschaft »nicht nur offen in meinungsorientierten Darstellungsformen die Stellung der jeweiligen Zeitung in einer bestimmten Thematik unterbreitet [wird], sondern auch ›versteckt‹ in Nachrichten und Berichten«.[11]

Politikwissenschaftler wie Peter Filzmaier meinen jedoch, man solle den Einfluss der Tageszeitungen, selbst der dominanten »Krone«, auf die politische Meinungsbildung nicht überbewerten. Noch immer sei das Fernsehen für die meisten Öster-

---

10 Plasser, Lengauer: Die österreichische Medienarena. S. 44.
11 Matthias Petry: Politik im Boulevard – eine vergleichende Inhaltsanalyse der Politikberichterstattung in BILD, Kronen Zeitung und BLICK. Phil. Dipl.-Arb. – Salzburg 2006. S. 163–165.

reicher das wichtigste politische Medium,[12] und auch Wolfgang Schüssel soll seinen politischen Aufstieg ohne engere Beziehungen zur größten Tageszeitung Österreichs geschafft haben. In dessen 2009 erschienener (Auto-)Biografie wird das Verhältnis zur »Kronen Zeitung« als distanziert beschrieben, nachdem die Zeitung den bei der Volksabstimmung verfolgten Pro-EU-Kurs verlassen hatte und sich Schüssel weigerte, eine Anti-EU-Haltung einzunehmen. Doch das sei nicht der einzige Grund, so die Analyse aus Sicht des Ex-Kanzlers: »Schüssel hat keine gute Presse, und das aus mehreren Gründen. Er verweigert ›Homestorys‹ und Einblicke in sein Privatleben. Er spricht über das, was ihm wichtig ist, nicht über die – wie er es nennt – ›Micky-Maus-Themen‹ mancher Medien. Das trägt ihm das Etikett ›Schweigekanzler‹ ein (was übrigens zum Wort des Jahres 2005 gewählt wird, vor ›Vogelgrippe‹). Und er geht, bevor er handelt, nie zu den mächtigen Medienmoguln und Zeitungsbesitzern des Landes um Erlaubnis fragen. Vor allem, dass er gegen ihren Willen die Wende durchgezogen hat, verzeihen sie ihm nie.«[13] Freilich kam auch Schüssel nicht ohne Inszenierungen aus, wie später noch genauer ausgeführt werden soll.

Der »Bericht zur Lage des Journalismus in Österreich« zeichnet für das Wendejahr 2000 kein positives Bild des österreichischen Journalismus im Allgemeinen und des Print-Journalismus im Besonderen. Von zwei Seiten, nämlich durch Politik und Ökonomie, sei die Meinungsfreiheit in Österreich bedroht. Es gebe »zahlreiche massive Angriffe auf einzelne Journalisten und Medien durch politische Akteure sowie eine Vielzahl von gerichtlichen Klagen und Interventionen«. Die Existenz kleinerer Medien sei im Gefolge von medienpolitischen Entwicklungen gefährdet.[14] Das verweist auf ein wesentliches Spezifikum der österreichischen Zeitungslandschaft. Mit nur 16 Tageszeitungen – nachdem im Jahr 2000 die von Kurt Falk gegründete Zeitung »Täglich alles« ihr Erscheinen als Printmedium eingestellt hat – erreichte die Zahl der täglich erscheinenden Presseprodukte die niedrigste Zahl in der Zweiten Republik. Zum Vergleich: 1946 waren es noch 36, 1965 immerhin noch 25.[15]

Bei gestiegenen Auflagenzahlen dominierten also immer weniger Eigentümer den Markt. Diese Konzentration zeigt sich etwa an den beiden auflagenstärksten Tageszeitungen, »Kronen Zeitung« und »Kurier«. Beide standen zu etwa 50 % im Besitz der Westdeutschen Allgemeinen Zeitungsverlagsgesellschaft (WAZ). Den anderen

---

12 Peter Filzmaier: Wahlen und politischer Wettbewerb in der Mediengesellschaft, in: forumpolitischebildung. Informationen zur Politischen Bildung 30 [onlineversion]. S. 12. http://www.politischebildung.com/pdfs/21_filzmaier.pdf (23.5.2012)
13 Wolfgang Schüssel: Offengelegt. Aufgezeichnet von Alexander Purger. – Salzburg 2009. S. 237.
14 Zeitungen im Zeitraffer 2001. Zur Chronologie des Medienjahres 2001 (VÖZ). http://www.voez.at/b118, (3.6.2012)
15 Thomas Steinmaurer: Österreichs Mediensystem. Ein Überblick. – In: Ders. (Hg.): Konzentriert und verflochten. Österreichs Mediensystem im Überblick. Mit Beiträgen von Elfriede Scheipl und Andreas Ungerböck. – Innsbruck/Wien/München/Bozen 2002. S. 11–70. S. 23f.

Hälfte-Anteil an der »Kronen Zeitung« hielt Hans Dichand. Eine kleine Mehrheit von 50,49 % am »Kurier« besaß die »Printmedien Beteiligungs GmbH«, die zu 100 % im Besitz der Raiffeisen-Gruppe stand. Über die Zeitschriften Verlagsbeteiligungs AG (ZVB) kamen dazu noch die »Kurier-Magazine«, zu denen unter anderem auch das einflussreichste Nachrichtenjournal Österreichs, »Profil«, gehört. Die »News«-Beteiligungs GmbH, die zu 75 % der von Bertelsmann dominierten Gruner und Jahr Holding und zu 25 % der Fellner Medienprojekte GmbH gehörte, verlegte mit News und »TV-Media« zwei der auflagenstärksten Wochenmagazine.[16] Die gemeinsame Tochter des Krone Verlags und der ZVB, die »Mediaprint«, kontrolliert auf Druck-, Vertriebs- und Anzeigenebene 2005 mehr als die Hälfte des Marktes, besorgt den Druck für andere Zeitungen (»WirtschaftsBlatt«) und kooperiert mit anderen Blättern im Druckbereich (z. B. »Salzburger Nachrichten«).[17]

Die Styria Medien AG, die mit der »Kleinen Zeitung« vor allem den Markt in Kärnten und der Steiermark dominierte, übernahm bereits in den 1990er-Jahren schrittweise die »Presse« und später das »WirtschaftsBlatt«. Dadurch konnte sie ihren Anteil am österreichischen Tageszeitungssektor auf 19 % ausbauen.[18] An der auflagenstärksten österreichischen Qualitätszeitung »Der Standard« war von 1998 bis 2008 der Süddeutsche Verlag mit 45 % beteiligt, nachdem bis 1995 auch der Springer-Verlag eine Beteiligung hatte.[19] Letzterer war bis 2002 auch an der »Tiroler Tageszeitung« beteiligt, bevor diese zu 50 % von der Südtiroler Athesia Druck übernommen wurde. 2004 wurde die Beteiligung wieder an die Tiroler Moser-Holding abgegeben.[20] Zudem war die Verlagsgruppe Passauer Neue Presse an den »Oberösterreichischen Nachrichten« beteiligt.[21]

Deutlich sichtbar wird an diesen wenigen Beispielen nicht nur die Pressekonzentration, sondern auch die Dominanz von ausländischen Investoren, vor allem aus der BRD, im österreichischen Zeitungs- und Zeitschriftenmarkt. 2004 betrug der Anteil ausländischer Investoren am österreichischen Tageszeitungsmarkt 40 %.[22] Der Anteil der ausländischen Investoren ging im ersten Jahrzehnt des 21. Jahrhundert zurück, blieb jedoch bei zentralen Akteuren wie z. B. der »Kronen Zeitung« oder

---

16 Der Standard, 1.3.2001.
17 Seethaler, Melischek: Die Pressekonzentration in Österreich im europäischen Vergleich. S. 353.
18 Ebd. S. 353f.; Harald Fidler: Im Vorhof der Schlacht. Österreichs alte Medienmonopole und neue Zeitungskriege. – Wien 2004. S. 94–99.
19 Der Standard, 14. 8. 2008.
20 Gabriele Melischek, Josef Seethaler und Katja Skodacsek: Der österreichische Zeitungsmarkt: hoch konzentriert. – In: Media Perspektiven 5/2005. S. 243–252. S. 247.
21 Thomas Steinmaurer: Das Mediensystem Österreichs. – In: Internationales Handbuch Medien 2004/2005. Hg. v. Hans-Bredow-Institut für Medienforschung an der Universität Hamburg. – Baden-Baden 2004. S. 505–520. S. 507.
22 Steinmaurer: Das Mediensystem Österreichs. S. 507.

»News« bestehen. Im Familienbesitz standen vor allem regional bedeutende Tageszeitungen wie die »Salzburger Nachrichten«, die »Oberösterreichischen Nachrichten« oder die »Tiroler Tageszeitung«.[23]

Angesichts der Pressekonzentration mussten Kartellgerichte immer wieder kontrollierend eingreifen. So wurde im Jänner 2001 der Zusammenschluss der Kurier-Tochter ZVB mit dem News-Verlag nur unter der Auflage genehmigt, dass die Existenz der Wochenzeitschrift »Profil« zumindest bis Anfang 2006 gesichert sei. Mit diesem – nach den Titeln der beiden Nachrichtenmagazine »Format und »Profil« – als »Formil«-Konzern bezeichneten Zusammenschluss entstand ein den Markt der Wochen- und Monatsmagazine extrem stark dominierender Akteur mit 59 % Marktanteil.[24] Kritisiert wird in diesem Zusammenhang ein Versagen des Kartellrechts, das erst nach den Zusammenschlüssen verschärft wurde, und dass an einer rückwirkenden Entflechtung kein Interesse besteht. »Die damit eingetretenen Auswirkungen auf die Einschränkungen der Meinungsvielfalt und den Wettbewerb müssen als demokratietheoretisch äußerst bedenklich eingeschätzt werden«, stellt etwa Thomas Steinmaurer fest.[25]

Die starke Konzentration in der österreichischen Presselandschaft ist nicht nur aus wettbewerbsrechtlicher Sicht problematisch, sondern auch aus gesellschaftlichen und politischen Gründen. Gerade beim demokratisch-korporatistischen Modell ist durch die enge Verbindung politische Akteure–Journalisten der Wettbewerb vieler Zeitungen als Korrektiv wichtig. In Österreich decken aber die vier auflagenstärksten Zeitungen 76,8 % der Gesamtreichweite ab (2005). Die seit September 2006 erscheinende Tageszeitung »Österreich« konnte hier auch nicht viel ändern. Seit 2004 bereichern zudem lokale Gratiszeitungen wie »Heute«[26] oder eine seit 2006 erscheinende Mutation der Tageszeitung »Österreich« den Markt, aber auch das ändert zunächst nur wenig an der Pressekonzentration.[27] Auch die Presseförderung – 2004 trat ein neues Presseförderungsgesetz in Kraft[28] –, deren Ziel der Erhalt der Pressevielfalt, der regionalen Vielfalt sowie der Qualität des Print-Journalismus darstellte, konnte an der hohen Pressekonzentration in Österreich wenig ändern.

Bereits in den 1990er-Jahren hatten die österreichweit erscheinenden Tageszeitungen die Regionalberichterstattung forciert. So erschienen sie in Mutationen, die zielgruppenorientiert regionale Themen adressieren konnten. In manchen Fällen,

---

23 Plasser, Lengauer: Die österreichische Medienarena. S. 46f.
24 Zeitungen im Zeitraffer 2001. Zur Chronologie des Medienjahres 2001 (VÖZ). http://www.voez.at/b118, (3.6.2012).
25 Steinmaurer: Österreichs Mediensystem. S. 30.
26 Fidler: Im Vorhof der Schlacht. S. 28.
27 Seethaler, Melischek: Die Pressekonzentration in Österreich im europäischen Vergleich. S. 351. Neisser, Loibelsberger, Strobl: Unsere Republik auf einen Blick. S. 151.
28 Bundesgesetzblatt für die Republik Österreich, 20.12.2003, Teil I, 136. Bundesgesetz: Pressförderungsgesetz 2004. https://www.ris.bka.gv.at/Dokumente/BgblPdf/2003_136_1/2003_136_1.pdf (15.3.2012)

wie bei der »Kronen Zeitung«, wird das auch im Titel erkennbar. Diese erschien etwa als »Salzburg Krone« oder »Oberösterreich Krone« bewusst als Regionalzeitung. Bemerkenswert ist ferner, dass die »Kronen Zeitung« trotz ihrer auch international unerreichten Dominanz auf dem österreichischen Pressemarkt nur in fünf Bundesländern die größten Reichweiten aufwies, nämlich in Wien, dem Burgenland, Niederösterreich, Oberösterreich und Salzburg. In Vorarlberg waren die »Vorarlberger Nachrichten« Marktführer, in Tirol dominierte die »Tiroler Tageszeitung«, in Kärnten und der Steiermark war die »Kleine Zeitung« die meistgelesene Tageszeitung, knapp vor der »Kronen Zeitung«. In Salzburg waren die »Salzburger Nachrichten« erst in den 1990er-Jahren von der »Salzburg Krone« überholt worden.

Inwieweit durch die zahlreichen Mutationen die österreichische Presselandschaft verändert und der »interne Pluralismus« (Seethaler/Melischek) gesteigert und dadurch der politische Parallelismus geschwächt wird, ist (noch) nicht eindeutig zu beantworten. Sollte das der Fall sein, würde es aber eine Annäherung an das liberale Modell des Pressewesens mit einem abgeschwächten Parallelismus von Journalismus und politischen Akteuren bedeuten.[29] Allerdings ist mit der »Wende« auch eine Veränderung in der österreichischen politischen Kultur von der Konsens- zur Konfliktkultur[30] zu konstatieren, die ihrerseits Auswirkungen auf die Berichterstattung der österreichischen Zeitungen und damit auf das österreichische Pressewesen hat.

Eine zunehmend wichtige Stellung im österreichischen Pressewesen nehmen auch die Wochenzeitungen ein, die häufig als Gratisblätter sehr hohe Reichweiten mit bis zu 85 % erreichen und zum Teil über eine umfangreiche Politikberichterstattung verfügen.[31] Da hier jedoch meist Lokal- und Regionalpolitik behandelt werden, bleibt die Berichterstattung über die Bundespolitik der kleinen Zahl an Tageszeitungen und den wenigen Wochenmagazinen vorbehalten. Die regionalen Wochenzeitungen tragen also aus bundespolitischer Sicht nichts zu einer liberaleren Pressesituation in Österreich bei.

Audiovisuelle Medien

Zur Jahrtausendwende waren Radio und Fernsehen zum integralen Bestandteil der österreichischen Haushaltsausstattung geworden, und die Ausstattung mit den audiovisuellen Empfangsgeräten nahm nach 2000 noch einmal zu (siehe Tabelle 2).

---

29 Seethaler, Melischek: Die Pressekonzentration in Österreich im europäischen Vergleich. S. 356.
30 Fritz Plasser/Peter A. Ulram: Das österreichische Politikverständnis. Von der Konsens- zur Konfliktdemokratie? – Wien 2002 (Schriftenreihe des Zentrums für Angewandte Politikforschung 25). S. 27–31.
31 Für Salzburg vgl. Hiebl: Monopole, Märkte, Macht und Meinung.; Neisser, Loibelsberger, Strobl: Unsere Republik auf einen Blick. S. 151–153.

Tabelle 2 : Rundfunkeilnehmerinnen und -teilnehmer (Hörfunk, Fernsehen)
1960 bis 2010

Jahr*	Hörfunk	Fernsehen	Jahr*	Hörfunk	Fernsehen
1960	86,3	8,4	2004	88,2	87,0
1970	79,0	55,6	2005	92,7	88,0
1980	87,7	81,5	2006	91,5	89,2
1990	90,2	83,4	2007	92,6	89,7
2000	84,1	82,8	2008	93,6	90,2
2001	83,5	82,6	2009	94,4	90,0
2002	85,4	84,7	2010	94,9	89,7
2003	86,8	86,0			

Statistik Austria – Hörfunk und Fernsehen. Letzte Änderung: 21.03.2012. http://www.statistik.at/web_de/ statistiken/bildung_und_kultur/kultur/hoerfunk_und_fernsehen/index.html (16.04.2012)

Die Statistik weist die Österreicher im beginnenden 21. Jahrhundert als halbwegs eifrige Radiohörer und weniger eifrige Fernseher aus, zumindest wenn man den europäischen Vergleich zugrunde legt. Und dennoch war der Konsum audiovisueller Medien auch in Zeiten des Internets enorm. Knapp sechs Stunden verbrachten die Österreicher täglich vor Fernseh- und Radiogeräten. Dabei sind jene mitgerechnet, die diese Medien gar nicht nutzen. Die Fernsehzuschauer und Radiohörer verbrachten mehr als sieben Stunden mit dem Konsum von audiovisuellen Programmen.

Knapp zweieinhalb Stunden sah der Österreicher im Jahr 2000 durchschnittlich fern, 2006 war es noch eine Viertelstunde mehr. Damit lagen die Österreicher im europäischen Vergleich aber weit hinten. Nur in vier westeuropäischen Staaten wurde weniger ferngesehen. Spitzenreiter waren 2007 die Serben mit fast fünf Stunden täglicher Sehdauer.

Wenn man jene, die das Medium Fernsehen nicht nutzen, unberücksichtigt lässt, also nur jene zählt, die tatsächlich fernsehen, sitzt der österreichische TV-Konsument zur Jahrtausendwende drei Stunden und 40 Minuten vor den Fernsehgeräten. 2006 beträgt die Sehdauer dann genau vier Stunden.

Leicht rückläufig war die Radiohördauer. 212 Minuten täglich waren es im Jahr 2000, 201 Minuten im Jahr 2006. Damit lagen die Österreicher im europäischen Mittelfeld. Spitzenreiter waren die Russen mit mehr als fünfeinhalb Stunden täglichem Radiokonsum. Die Zyprer hörten nur 81 Minuten Radio (Daten für 2008: Österreich 199 Minuten).

Auch bezüglich des Alters lässt sich die Fernsehnutzung in Österreich differenzieren. Mit höherem Alter steigt die Fernsehnutzung. Die tägliche durchschnittliche Nutzungszeit der Über–60-Jährigen – wieder jene mitgerechnet, die das Medium gar nicht nutzen – beträgt mehr als vier Stunden, jene der 12- bis 29-Jährigen nur 100 Minuten.[32]

Einmal mehr zeigt sich angesichts der konstanten, sogar leicht steigenden Nutzung der audiovisuellen Medien Fernsehen und Hörfunk, dass das in der Mediengeschichte gern bemühte »Unverdrängbarkeitsgesetz« trotz aller Notwendigkeit, es zu relativieren und ihm den Charakter eines »Gesetzes« abzusprechen, grosso modo weiter gilt: Alte Medien werden durch neue nicht verdrängt. Ihnen wird lediglich eine neue Funktion zugewiesen.[33] Radio war bereits seit den 1960er-Jahren, als das Fernsehen es als Leitmedium ablöste, zu einem »Nebenbei-Medium« geworden, genutzt neben anderen Tätigkeiten wie Autofahren oder Essen; es war ein Tagesbegleiter, mit den höchsten Reichweiten in der Früh kurz nach acht Uhr und kurz nach Mittag. Am Abend überließ das Medium Radio die Konsumenten sukzessive dem Schwestermedium Fernsehen.[34] Und auch die Nutzung des Fernsehens ging zunehmend in diese Richtung. Zwar gab es sowohl im Radio als auch im Fernsehen Angebote, die aufmerksame Rezeption erforderten. Doch vermehrt war auch der Fernsehkonsum von latenter Aufmerksamkeit, die zwischen dem Gerät als Geräuschkulisse und fokussiertem Konsum pendelte, geprägt. Nur so ist zu erklären, dass die Österreicher einen beträchtlichen Teil ihrer Freizeit mit dem Konsum der audiovisuellen Medien verbringen.

Unter den audiovisuellen Medien dominierten auch nach 2000 die Programme des ORF. Das liegt daran, dass der Weg zum dualen System in Österreich im internationalen Vergleich extrem spät begann. Im Juni 1993 wurde das Regionalradiogesetz im Verfassungsausschuss des Nationalrats beschlossen und trat mit Beginn des Jahres 1994 in Kraft. Für die Vergabe der Frequenzen wurde eine Regionalradiobehörde gegründet. Insgesamt erhielten zehn Veranstalter Lizenzen für regionalen Hörfunk. Zu senden begannen die Anstalten meist erst ab 1997, nachdem alle fernmelderechtlichen Verfahren und die verfassungsrechtlichen Beschwerden nicht zum Zuge gekommener Bewerber geklärt waren.[35] Nach der Änderung des Regionalradiogesetzes waren neben Regional- auch Lokalradios vorgesehen.[36] Ab 2001 war die »Kommunikationsbehörde Austria« (KommAustria) als eigenständige Behörde, die im Bundeskanzleramt angesiedelt war, für die Zulassung der privaten Rundfunkanstalten

---

32 Alle Daten aus: Medienforschung ORF (http://mediaresearch.orf.at/index.htm, 23.4.2012)
33 Vgl. Michael Schmolke: Aufklärung und Aberwissen. Ausgewählte Beiträge zur Publizistik. – München 1999. S. 80–82.
34 Vgl. Ewald Hiebl: Ravagianer, Rot-weiß-rot und freie Radios. Eine kurze Geschichte des Hörfunks in Österreich. – In: Historische Sozialkunde. Geschichte – Fachdidaktik – Politische Bildung 4/2009. S. 1–19. S. 18f.
35 Vgl. Michael Holoubek: Rundfunkgesetz wohin? Stand und Entwicklungstendenzen der Rechtsgrundlagen des öffentlich-rechtlichen Rundfunks in Österreich. – Wien 1995. S. 23.
36 Vgl. Gerald Schober: Der duale Hörfunk in Österreich. Dipl.-Arb. – Salzburg 2007. S. 23.

zuständig. Ihr oblag auch die Verwaltung aller Rundfunkfrequenzen und die Vergabe der Presseförderung[37], und sie war seit Mitte 2006 offizielles Aufsichtsorgan der Verwertungsgesellschaften wie Literar-Mechana oder der Verwertungsgesellschaft Bildender Künstler.[38] Durch die politische Kontrolle war die KommAustria keine unabhängige und weisungsfreie Behörde und damit nicht frei von Regierungsintervention, wie etwa der Medienwissenschaftler Thomas Steinmaurer 2002 kritisch anmerkte.[39]

Erst im Juli 2001 wurde im Nationalrat ein Privatfernsehgesetz beschlossen, das die Zulassung einer bundesweiten terrestrischen Frequenz und Sender in den Ballungsräumen Wien, Linz und Salzburg vorsah. Um zu großer Konzentration vorzubeugen, wurde eine »Reichweitenregel« erlassen, nach der Medienunternehmen mit über 30 % Reichweite im Bereich von Radio, Kabel, Tages- und Wochenpresse von der Lizenz ausgeschlossen wurden. Ebenso war es unmöglich, gleichzeitig eine bundesweite und regionale Frequenz zu betreiben.[40]

Als erster bundesweiter privater Fernsehsender nahm im Juni 2003 ATV+ den terrestrischen Sendebetrieb auf, nachdem der Sender bereits drei Jahre lang via Kabel zu empfangen war. Die größten Einzeleigentümer der ATV-Privatfernseh GmbH waren die BAWAG, die sich im Besitz des ÖGB befand, sowie der deutsche Filmrechtehändler Herbert Kloiber.[41]

Die Dominanz des ORF war außergewöhnlich hoch, nahm jedoch auch im beginnenden 21. Jahrhundert kontinuierlich ab. Vor allem die deutschen Privatsender, die ab 2004 mit österreichischen Nachrichtenblöcken und adaptierten Werbefenstern ihr Programm an den österreichischen Markt anzupassen begannen,[42] konnten ihre Marktanteile ausbauen. So entfielen von 148 Minuten Sehdauer noch 84 Minuten auf den ORF. 2006 wurden in Österreich von 163 Minuten nur mehr 78 Minuten ORF-Programme konsumiert. Auf ATV entfielen vier Minuten täglich, auf die anderen Sender mit 82 Minuten bereits mehr als auf den ORF. In Kabel- und Satellitenhaushalten war der ORF bereits in den 1990er-Jahren von der Konkurrenz

---

37 Zu den Aufgaben der KommAustria vgl.: RTR. KommAustria. http://www.rtr.at/de/rtr/OrganeKommAustria (25. 4. 2012). Unterstützt wird die KommAustria in administrativen Belangen von der Rundfunk und Telekom Regulierungs GmbH (RTR). Die Telekom-Control-Kommission fällt als weisungsfreie Kollegialbehörde Entscheidungen in Streitverfahren. Vgl. Neisser, Loibelsberger, Strobl: Unsere Republik auf einen Blick. S. 158.
38 Andy Kaltenbrunner: Medienpolitik. – In: Emmerich Tálos (Hg.): Schwarz-Blau. Eine Bilanz des »Neu-Regierens«. – Wien 2006 (Politik und Zeitgeschichte 3). S. 117–136. S. 124.
39 Steinmaurer, Österreichs Mediensystem. Ein Überblick. S. 62.
40 Steinmaurer: Das Mediensystem Österreichs. S. 513.
41 Kaltenbrunner: Medienpolitik. S. 124.
42 Steinmaurer: Das Mediensystem Österreichs. S. 512.

»überholt« worden.⁴³ Die »Konkurrenz« für den ORF (47 % Marktanteil im Jahr 2006) bestand in erster Linie aus den deutschen Privatsendern RTL (6 %), SAT 1 (6 %) und PRO 7 (4 %), in zweiter Linie aus den öffentlich-rechtlichen Sendern der BRD (ARD und ZDF je 4 %). ATV verfügte lediglich über einen Marktanteil von 3 % (siehe Tabelle 3),⁴⁴ konnte jedoch seine Stellung sukzessive ausweiten. Dazu kamen Fernsehsender, die regional und vor allem in den Ballungszentren sendeten. PULS TV, das später als PULS 4 bundesweit senden sollte, begann im Juni 2004 als »Wiener Stadtsender« den Sendebetrieb.⁴⁵ Der Sendebetrieb von »Salzburg TV« begann unter dem geschichtsträchtigen Slogan »Österreich ist wieder frei« am Nationalfeiertag des Jahres 2000 ohne gesetzliche Grundlage und wurde nach wenigen Tagen behördlich unterbunden. Mit spektakulären Aktionen wie einem Hungerstreik am Alten Markt sowie einer Mahnwache am Untersberg und Unterstützung durch die regionale Politik wurde im Dezember 2002 die Sendegenehmigung erkämpft.⁴⁶ Einige Monate später begann der Linzer Sender LT1 den Programmbetrieb.⁴⁷

Deutlich wird hier, wie langsam der Aufbau des dualen Systems in Österreich vor sich ging und wie sehr der Kampf gegen das ORF-Monopol mit Argumenten der freien Meinungsäußerung geführt wurde.

Die Dualisierung im Bereich des Hörfunks erfolgte – wie gezeigt – schon vor jener des Fernsehens. Zur Jahrtausendwende sah sich der ORF bereits mit einer Vielzahl an Konkurrenzsendern konfrontiert, die auf regionaler und lokaler Ebene sendeten. Dennoch blieb in diesem Bereich die Dominanz des ORF stärker bestehen als beim Fernsehkonsum. 84,8 % der österreichischen Bevölkerung erreichte das Medium Radio im Jahr 2001 täglich, auf 76,7 % Reichweite kamen die ORF-Radios, alle inländischen Privatsender zusammen erreichten 20,3 %. 2006 hatte sich das Bild nur leicht gewandelt: Die Reichweite des Mediums Radio ging auf 83,4 % zurück, jene der ORF-Radios sank auf 73,1 %, jene der Privatradios stieg auf 22,3 %. Die ORF-Hörfunkprogramme erreichten demnach mehr als dreimal so viele Zuhörer wie die Privatradios. Innerhalb des ORF lagen die Regionalprogramme und Ö3 mit etwa 40 % in Front. 2006 übertrafen die neuen ORF-Regionalradios mit gesamt 38,9 % den Schwestersender Ö3, der auf 37,0 % kam. Bemerkenswert ist die Reichweite von 9,1 % für Ö1. Der Kultur-, Bildungs- und Informationssender lag damit deutlich vor vergleichbaren Sendern in anderen europäischen Staaten. Der zum Teil englischsprachige Jugendsender FM4, der seit 2000 auf einer Vollfrequenz sendete,

---

43 Medienforschung ORF. http://mediaresearch.orf.at/index.htm (23.4.2012)
44 Statistik Austria. R11. Marktanteile der TV-Kanäle in allen Fernsehhaushalten 1995 bis 2010, Erwachsene (in Prozent). Letzte Änderung: 21.3.2012. http://www.statistik.at/web_de/statistiken/bildung_und_kultur/kultur/hoerfunk_und_fernsehen/021239.html (20.4.2012)
45 Neisser, Loibelsberger, Strobl: Unsere Republik auf einen Blick. S. 155.
46 Hiebl, Monopole, Märkte, Macht und Meinung.
47 Steinmaurer: Das Mediensystem Österreichs. S. 513.

die er sich zuvor fünf Jahre lang mit Blue Danube Radio geteilt hatte, kam auf eine Tagesreichweite von 4,0 %. In der Altersgruppe der 14- bis 19-Jährigen erreichte FM4 8,6 %, unter den 20- bis 29-Jährigen sogar 10,5 %.[48]

Tabelle 3: Marktanteile der TV-Kanäle in allen Fernsehhaushalten 1995 bis 2010, Erwachsene (in Prozent)

Sender	2000	2001	2002	2003	2004	2005	2006
ORF 2	33	32	32	30	30	28	27
ORF 1	24	23	22	22	22	20	20
SAT 1	5	5	5	5	6	6	6
RTL	6	6	6	6	6	6	6
PRO 7	5	5	5	5	5	4	4
ARD	3	3	3	3	3	4	4
VOX	2	2	2	3	3	3	3
ZDF	3	3	3	3	4	4	4
ATV / ATV+ [1]	0	1	0	1	2	2	3
kabel eins	4	4	3	3	3	3	2
RTL2	3	3	3	3	3	3	2
3sat	1	1	1	1	1	1	1
BAYERN	2	2	2	2	–	–	–
Super RTL	2	2	1	2	1	2	2
andere	7	8	12	11	11	14	16

Quelle: ORF; Arbeitsgemeinschaft Teletest (AGTT). Erstellt am: 27.02.2012
Der Marktanteil drückt den prozentuellen Anteil der einzelnen TV-Kanäle an der gesamten Fernsehnutzungszeit aus. Erwachsene im Sinne des Teletests sind Personen ab dem Alter von 12 Jahren. – 1. Ab 1. Juni 2003 terrestrischer Sendestart von ATV+. – 2. Sendestart am 28. Jänner 2008 (Jahresmarktanteil ab Sendestart berechnet).

Die sogenannten »privaten« Radiostationen müssten korrekterweise als private kommerzielle Anstalten, als erwerbsorientierte Betriebe bezeichnet werden. Die Bezeichnung »privat« suggeriert eine Unabhängigkeit, die bei den neu gegründeten Sendern angeblich gegeben sei, bei den »staatlichen« oder »staatsnahen« Sendern jedoch fehle. Das aber kaschiert, dass gerade bei den »privaten« Hörfunkstationen Eigentümerinteressen, häufig jene von gesellschaftlichen und politischen Eliten, vertreten werden.[49]

---

48 Daten aus: Media-Analyse 2001 und 2006. http://www.media-analyse.at/studies.do (28. 4. 2012)
49 Vgl. Christian Steininger: Bundesdeutsche Debatten zur Rundfunkfinanzierung. – In: Günther Kreuzbauer, Norbert Grassl, Ewald Hiebl (Hg.): Persuasion und Wissenschaft. Aktuelle Fragestellungen von Rhetorik und Argumentationstheorie. – Wien 2007. S. 81–95.

Die nach dem Regionalradiogesetz ab 1997 gegründeten Privatradiostationen orientierten sich in ihrem Format größtenteils am nationalen Marktführer Ö3. Nach der Novellierung des Gesetzes wurde erstmals die Möglichkeit geschaffen, zusätzlich zu den Regional- und Lokalsendern einen bundesweiten Sender in Betrieb zu nehmen. So entstanden zwei große Netzwerke. Der Antenne-Verbund mit Sendern in Wien, Salzburg, Kärnten, Tirol, Vorarlberg und der Steiermark (samt Kooperation mit dem Linzer Life Radio) und der Sendeverbund »Krone Hitradio«, der mit Jahresende 2001 aus bereits 13 Stationen bestand. Hier wird deutlich, wie wichtig die Rolle der Printmedien im Bereich der neu geschaffenen Privatradios war. Auch in Österreich brachte die Dualisierung des Rundfunks den »Verlegerrundfunk«.[50] An den Antenne-Stationen waren große Zeitungskonzerne wie die Styria Media AG, die Verlagsgruppe News, die Moser GmbH (Tiroler Tageszeitung), der Russ-Konzern (Vorarlberger Nachrichten) und über die Kooperation mit Life-Radio die Wimmer GmbH (OÖ Nachrichten) beteiligt. Den Aufbau des Krone-Hitradio-Sendeverbundes betrieb vor allem die Mediaprint-Gruppe (»Kronen Zeitung«, »Kurier«).[51]

Einen wesentlichen Beitrag zu einer vielfältigen Hörfunklandschaft leisteten die freien Radios, deren Geburtsstunde ebenfalls meist in den späten 1990er-Jahren schlug. Als »nicht-kommerzielle« Radioanstalten haben sie in anderen Staaten bereits eine längere Tradition. Die in den USA als »Community Radio« oder in Schweden als »Nahradio« bezeichneten »freien Radios« gibt es seit den 1940er-Jahren. Besonders dort, wo kommerzielle Radioanstalten dominierten oder der staatliche bzw. öffentlich-rechtliche Rundfunk eine Art Monopolstellung einnahm, wurde ihnen eine kompensatorische bzw. politisch-partizipative Funktion zuteil. Freie Radios gelten als Sprachrohr für Gruppen, denen es im kommerziellen bzw. staatlichen/öffentlich-rechtlichen Rundfunk nicht möglich ist, ihre Positionen zu vertreten. Oftmals ist damit ein politischer Anspruch der Emanzipation verbunden. Als wichtiges Argument für freie Radios wird auch angeführt, dass der öffentlich-rechtliche Rundfunk durch »Selbstkommerzialisierung« die öffentlich-rechtlichen Aufgaben nicht mehr zur Gänze erfüllt.[52] In Österreich sind erste Anfänge in den 1980er-Jahren erkennbar.

Die Entwicklung der freien Radios in Österreich kann in vier Phasen eingeteilt werden. Einer »Piratenphase«, die etwa bis 1993 dauerte, folgte eine bereits 1991 einsetzende »Legalisierungsphase«, die 1997 mit der Vergabe von Lokalradiolizenzen ein Ende fand. Die folgende »Aufbauphase« dauerte von 1998 bis 1999 und

---

50 Werner Faulstich: Mediengeschichte von 1700 bis ins 3. Jahrtausend. – Göttingen 2006. S. 119.
51 Steinmaurer, Österreichs Mediensystem. Ein Überblick. S. 42–49. Vgl. hier auch die detaillierte Auflistung der österreichischen Privatradiostationen im Jahr 2001.
52 Vgl. Johanna Dorer: Another Communication is Possible. Triales Rundfunksystem und die Geschichte der Freien Radios in Österreich. – In: medien & zeit Jg. 19, 3/2004. S. 4–15. S. 9–15.; Joachim-Felix Leonhardt: Medienwissenschaft 3. Ein Handbuch zur Entwicklung der Medien und Kommunikationsformen. – Berlin u. a. 2002. S. 1970–1972.

wurde durch die »Konsolidierungs- und Expansionsphase« abgelöst[53], in der die ersten freien Radios den Betrieb aufnahmen.

Schon zuvor hatte 1995 das erste freie Radio in Österreich den Betrieb aufgenommen. »Radio Helsinki« in Graz einigte sich mit »Antenne Steiermark« auf ein fünfstündiges Programmfenster, das dem neuen freien Radio zur Verfügung stehen sollte. 1998 folgten Sender in Klagenfurt, Linz, Salzburg und Wien. Bis 2004 entstanden weitere Sender in allen Bundesländern und auch in regionalen Zentren wie Bad Ischl, Liezen. Der nächste Schritt war die Zuteilung einer Vollfrequenz, wodurch die Sender von den kommerziellen Anbietern, die ihnen zunächst Sendeplätze gewährt hatten, unabhängig wurden.[54]

Der ORF nahm nicht nur wegen seiner marktbeherrschenden Position eine Sonderstellung unter den audiovisuellen Medien in Österreich ein, sondern auch durch die enge Vernetzung mit der Politik. Die Versuche einer »Entpolitisierung« des ORF, die bereits in den 1960er-Jahren mit dem erfolgreichen Rundfunk-Volksbegehren gestartet wurden, hielten bis ins dritte Jahrtausend an. Mit Beschluss des Nationalrates wurde der ORF im Juli 2001 in eine Stiftung mit einem klar präzisierten öffentlich-rechtlichen Auftrag umgewandelt. Die »Politikerklausel« schloss politische Funktionäre aus den Leitungsgremien aus, doch die Beschickung des neu geschaffenen 35-köpfigen Stiftungsrates war weiter Agenda politischer Gremien und Parteien, unter anderem der im Nationalrat vertretenen Parteien, der Bundesregierung und der Bundesländer. Zu einer Entpolitisierung führte auch diese Reform nicht.[55] Statt in Parteifraktionen erfolgt die politische Kooperation nun in parteinahen »Freundeskreisen«. Sechs Mitglieder des Stiftungsrates kamen aus dem neu geschaffenen »Publikumsrat«, drei davon aus der Gruppe der direkt von den Sehern und Hörern per Fax gewählten Vertreter des Publikumsrates. Da diese drei Vertreter allesamt eine Nähe zur SPÖ aufwiesen, war die ÖVP-Mehrheit im Stiftungsrat nicht gegeben. Dennoch konnte die niederösterreichische Landesintendantin Monika Lindner mit den Stimmen der ÖVP und der FPÖ zur Generaldirektorin gewählt werden und löste Generalintendant Gerhard Weis ab.[56] Mit dem ORF-Gesetz wurde der öffentlich-rechtliche Sender also in der neuen dualen Hörfunk- und Fernsehwelt positioniert, ihm wurden klare Aufgaben wie die Ausstrahlung von zwei Fernseh- und vier Hörfunkprogrammen übertragen. Allerdings wurden auch die Einnahmemöglichkeiten des ORF auf dem Werbemarkt begrenzt.[57]

---

53 Vgl. Matthias Gruber: Die Entstehungs- und Entwicklungsgeschichte Freier Radios in Österreich. Dipl.-Arb. – Salzburg 2005. S. 21. Vgl. hier auch die Entwicklung der einzelnen freien Radiostationen.
54 Dorer: Another Communication is Possible. S. 9f.
55 Steinmaurer: Österreichs Mediensystem. Ein Überblick. S. 53f.
56 Kaltenbrunner: Medienpolitik. S. 119–121.
57 Vgl. Thomas Steinmaurer: Austro-Visionen. Zur Geschichte des Fernsehens in Österreich. In: Historische Sozialkunde. – In: Geschichte – Fachdidaktik – Politische Bildung 4/2009. S. 20–26. S. 25f.

Gerade in den Jahren der ÖVP/FPÖ-Koalition wurde die Diskussion über politische Einflussnahmen auf den ORF heftig geführt. In der parlamentarischen Debatte zum neuen ORF-Gesetz wurde der Regierung von der Opposition vorgeworfen, den ORF einmal mehr zum politischen Sprachrohr der Regierung zu machen. Die Bedeutung, die vor allem das Fernsehen für den politischen Wettbewerb innehatte, machte die ORF-Programme für die politischen Parteien interessant. Zur Professionalisierung der Medienarbeit der Parteien gehörte auch ein permanentes Monitoring der politischen Berichterstattung. Diese Professionalisierung der Medienarbeit zeigt sich etwa in einer Art »Krisenmanagement« der ÖVP während der Zeit der »Sanktionen«. Die ÖVP, berichtet der »Format«-Chefredakteur Joachim Riedl in seinem Buch über den »Wende-Kanzler«, habe ein »professionelles Monitoring« der ORF-Berichterstattung eingerichtet. So wurde die Veränderung von Schlagzeilen in den großen Nachrichtensendungen verlangt. Aus »Sanktionen gegen die Bundesregierung« seien nach einem Hinweis aus dem ÖVP-Club »Sanktionen gegen Österreich« geworden.[58]

Die Diskussion über die Sanktionen war natürlich auch durch die internationale mediale Berichterstattung beeinflusst. Diese war sehr stark auf die Person Jörg Haider fokussiert, der in internationalen Medien auch als »Neo-Nazi« oder »geistiger Erbe Hitlers« bezeichnet wird. Damit wird auf die NS-Vergangenheit Österreichs und den problematischen Umgang mit diesem Erbe in der Zweiten Republik eingegangen. Heftige Kritik daran kam vor allem aus Israel. In französischen Medien wurde der schlampige Umgang Österreichs mit dem Nationalsozialismus auf eine europäische Ebene gehoben und vor der »Verhaiderung Europas« gewarnt, wodurch die Verbindung mit der französischen Innenpolitik und dem Aufstieg des Front National sichtbar werden. Bemerkenswert ist, dass die Bildung einer neuerlichen Koalitionsregierung zwischen ÖVP und FPÖ deutlich weniger internationales Medienecho und weniger scharfe Reaktionen hervorrief. Grund dafür sind die starken Verluste der FPÖ, die sowohl auf die Politik Wolfgang Schüssels als auch auf die Enttäuschung der Wähler bezüglich nicht gehaltener Wahlkampfversprechen zurückgeführt werden.[59]

Doch nicht nur aus der ÖVP, sondern vor allem aus der kleineren Regierungspartei werden immer wieder Versuche der Intervention im Bereich der ORF-Berichterstattung gestartet. Von bis zu 20 Interventionsanrufen pro Tag durch den FPÖ-Klubob-

---

58 Joachim Riedl: Der Wende-Kanzler. Die unerschütterliche Beharrlichkeit des Wolfgang Schüssel. Ein biographischer Essay. – Wien 2001. S. 94f.
59 Christoph Bärenreuter, Stephan D. Hofer, Andreas J. Obermaier: Zur Außenwahrnehmung der FPÖ. Der Mediendiskurs in Frankreich, Israel und Schweden über die Nationalratswahlen und die Regierungsbildungen in den Jahren 1999/2000 und 2002/2003. – In: Österreichische Zeitschrift für Politikwissenschaft 65. Jg. 33, 3/2004. S. 327–340. S. 338f.

mann erzählen ORF-Mitarbeiter.[60] Selbst Gerhard Draxler, dem als Landesdirektor des ORF-Kärnten eine Nähe zu Landeshauptmann Jörg Haider nachgesagt wurde,[61] sieht die Versuche der Intervention in der Zeit nach 2000 extrem kritisch. Ab 2002 zum ORF-Informationsdirektor aufgestiegen, schildert Draxler einen dieser Versuche folgendermaßen: »Also am dritten Tag nach meinem Amtsantritt ist FPÖ-Klubchef Peter Westenthaler zu mir ins Büro gekommen. Das war am Höhepunkt der Macht der Blauen. Er hat die Tür zugemacht und mir anhand einer Liste gesagt, was ich zu tun habe, wann er wo auftreten will. Und er hatte eine Liste von Namen dabei, die vorzukommen hätten. Der Ton ist immer härter und lauter geworden, bis er geschrien hat. Ich habe ihn dann rausgeworfen, dabei ist mein zweiter Vorname ja Konzilianz. So etwas habe ich zum ersten Mal in meinem Leben gemacht. Obwohl mich damals die Medien als Haider-Vasall gehandelt haben.«[62] Im August 2006 gab es sogar den erfolgreichen Versuch, das Sommergespräch des BZÖ-Spitzenkandidaten auf einen anderen Tag zu verlegen, um der gleichzeitigen Ausstrahlung mit einem Champions-League-Spiel der Wiener Austria zu entgehen.[63]

Kurz nach der Wahl von Alexander Wrabetz zum Generaldirektor, der mit Jahresbeginn 2007 Monika Lindner ablöste, war eine Entscheidung wie diese auch stets politisch konnotiert. Wrabetz war mit den Stimmen von SPÖ, FPÖ. BZÖ und den Grünen zum Generaldirektor gewählt worden.[64] Unter Lindner und Chefredakteur Werner Mück war häufig ein »ÖVP-freundlicher Führungsstil« kritisiert worden.[65] Und es gab auch Kritik an der Berichterstattung einiger Landesstudios, die »ihren« Landeshauptleuten allzu unkritisch gegenüberstünden und ihnen ein Forum für politische Inszenierungen böten. So monierte der ehemalige ORF-Generalintendant Thaddäus Podgorski in einem Interview, dass »[n]irgendwo ein kritischer Bericht, nirgendwo ein richtiges Interview« zu finden sei, und bescheinigt den Landesstudios »DDR-Charakter«. Kritischer Journalismus sei unerwünscht: »Wenn jemand wirklich tough wäre, wird ihm das nicht gedankt, im Gegenteil. Warum soll er etwas riskieren? Auf Dauer ist das gefährlich – dann ruft der Pröll an oder ein anderer Landeshauptmann oder ihre Vertreter. Mit dieser Interventionspolitik wird viel Sendezeit vergeudet.«[66]

---

60 Fidler: Im Vorhof der Schlacht. S. 202f.
61 Ebd. S. 203 und 211.
62 Kleine Zeitung, 19. 9. 2011.
63 Salzburger Nachrichten, 16. 8. 2006.
64 Günther Lengauer, Günther Palaver, Clemens Pig: Redaktionelle Politikvermittlung in österreichischen Wahlkämpfen 1999–2006. – In: Fritz Plasser, Peter A. Ulram (Hg.): Wechselwahlen. – Wien 2007 (Schriftenreihe des Zentrums für Angewandte Politikforschung 30). S. 103–154. S. 110f.
65 Z.B. Petra Stuiber: Machtkampf im ORF nach dem Chef-Wechsel, in: Welt-Online 22. 8. 2006. http://www.welt.de/print-welt/article147056/Machtkampf-im-ORF-nach-dem-Chef-Wechsel.html (1.6.2012)
66 Der Standard, 30. 4. 2008.

Dieser Druck, der vor allem auf die ORF-Redaktionen ausgeübt wurde, war besonders nach der »Wende« des Jahres 2000 zum Gegenstand öffentlicher Diskussion und Kritik geworden. Widerstand gegen die politische Vereinnahmung kam vor allem auch von den ORF-Redakteuren. Startschuss für eine große Initiative war eine Rede des ZIB2-Moderators Armin Wolf bei der Verleihung des Robert-Hochner-Preises. Darin kritisiert er die Einflussnahme der politischen Parteien auf den ORF sowie die Machtfülle einzelner politischen Parteien nahestehender Verantwortlicher, wodurch freier, kritischer Journalismus erschwert bzw. unmöglich gemacht wird.[67]

Diese Kritik war der Startschuss der Initiative »SOS ORF«, die von Hunderten ORF-Redakteuren, von Tausenden Hörern und Sehern sowie von Prominenz aus Kultur, Wissenschaft und Politik unterstützt wurde. Ziel dieser Initiative waren politische und wirtschaftliche Unabhängigkeit des ORF sowie hohe Programmqualität. Gefordert wurden unter anderem eine Reduzierung des Einflusses von Regierung und Parteien, ein objektiver Befähigungsnachweis für Führungskräfte, eine Zweckwidmung der Bundes- und Landesabgaben für ORF-Programme, mehr österreichische TV-Programme, mehr anspruchsvolle Programme zur besten Sendezeit und eine Abschaffung der Unterbrecherwerbung.[68]

Internet

Das Internet verfügte zur Jahrtausendwende bereits über eine jahrzehntelange Geschichte. 1969 wurde mit dem ARPA-Net in den USA der Grundstein für ein internationales Netzwerk von Computern gelegt, mit dem um 1990 durch die Schaffung des World Wide Web auch die Entwicklung zum Massenmedium begann. Die ersten grafischen Browser erlaubten ab 1993 ohne große EDV-Kenntnisse den Zugang zum Internet. Dennoch blieb das Internet in den 1990er-Jahren ein Medium für wenige. Seine Entwicklung verlief, verglichen mit den »alten« Medien Buch, Radio und Fernsehen, erstaunlich langsam.[69]

Erst in den 1990er-Jahren verlässt das Internet die Grenzen des universitären Milieus und dringt zunächst in die Büros vor. Bis zur Jahrtausendwende war für die meisten Österreicher der Zugang zum Internet außerhalb der eigenen Wohnung die häufigere Form der Nutzung dieses neuen Mediums: 14 % hatten 1996 grundsätz-

---

67 Wolfs Rede im Wortlaut: Das ORF-Monopol der Parteisekretariate. – In: Der Standard.at. 7. 3. 2008. http://derstandard.at/2450151?seite=9 (8.6.2012); SOS-ORF.at-Kommentare–17.05.2006-Armin Wolf, erstellt am: 7. 2. 2012. http://www.sos-orf.at/show_content2.php?s2id=6 (8.6.2012).

68 SOS-ORF.at – ORF MitarbeiterInnen wehren sich. http://www.sos-orf.at/show_content.php?sid=204 (9. 6. 2012)

69 Erwin Giedenbacher: www.historyofinternet.at. Zur Entwicklung des Internets in Österreich. – In: Historische Sozialkunde. Geschichte – Fachdidaktik – Politische Bildung 4/2009. S. 27–36. S. 27.

lich Zugang zum Internet, 6 % im Büro, 2 % in der Schule, 3 % an der Universität, 2 % anderswo (bei Freunden, Verwandten, in Internet-Cafes), nur 4 % zu Hause. Drei Jahre später (1999) hatten immerhin 34 % Zugang zum Medium, aber weniger als die Hälfte (16 %) zu Hause (siehe Tabelle 4).[70]

Tabelle 4: Haushalts-Ausstattung 1996–2006: PC und Internet

	1996	1997	1998	1999	2000	2001	2002	2003	2004	2005	2006
PC gesamt	36	38	42	49	56	61	63	68	71	73	74
Internet-Zugang	4	5	9	16	33	42	47	51	55	58	60

Quelle: Medienforschung ORF. AIM Haushalts-Ausstattung. http://mediaresearch.orf.at/c_internet/console/console.htm?y=2&z=1http://mediaresearch.orf.at/c_internet/console/console.htm?y=2&z=1http://mediaresearch.orf.at/c_internet/console/console.htm?y=2&z=1 (26.5.2012)

Das Boom-Jahr des Internets in Österreich war 2000. Die Zahl der Internet-User stieg um 49 % gegenüber dem Vorjahr. Besonders stark nahm mit einem Plus von 89 % die Zahl der Intensivnutzer zu, also jener Personen, die mehrals pro Woche im Internet surften. Bereits 85 % der 14- bis 19-Jährigen nutzten im Jahr 2000 das Medium Internet. Die Nutzung nahm mit dem Alter kontinuierlich ab. Von den Pensionisten gaben nur 6 % an, Internet-Nutzer zu sein.[71] Vor allem aber entwickelte sich das Internet im Jahr 2000 zu einem zu Hause genutzten Medium. Die Zahl derjenigen, die in den eigenen vier Wänden Zugang zum Internet hatten, verdoppelte sich innerhalb eines Jahres. Danach ging der Aufwärtstrend in abgeschwächter Form weiter. 2006 verfügten 60 % der Österreicher und Österreicherinnen ab 14 Jahren daheim über einen Zugang zum Internet.[72]

Das Internet war bis 2006 endgültig zum Massenmedium geworden und wurde als Medium der Kommunikation und der Informationsbeschaffung verwendet. 38,4 % der Österreicher nutzten 2001 das Internet regelmäßig, 31,2 % für E-Mail, 29,1 % für gezieltes Surfen, 15,9 % für den Zugriff auf Zeitungs- und Zeitschrifteninhalte. Bis 2006 gewann vor allem der Bereich E-Commerce an Bedeutung. Zwar war E-Mail, das nun bereits von 46 % der Österreicher genutzt wurde, noch immer die beliebteste Anwendung, doch E-Banking und das Einkaufen und Bestellen von Produkten erreichten bereits das Ausmaß der Online-Rezeption von Zeitungen und Zeitschriften.

---

70 Medienforschung ORF. AIM Internet-Zugang. Ort des Internet-Zugangs. http://mediaresearch.orf.at/c_internet/console/console.htm?y=3&z=1 (26.5.2012)
71 Projektgemeinschaft Integral & Fessel-GfK Austria: Medieninformation, 30. 1. 2001. www.integral.co.at/downloads/Internet/…/4_Jahre_AIM_-_2001.pdf (27.5.2012)
72 Ebd.

Dazu kamen das Einkaufen und Bestellen von Dienstleistungen und das Buchen von Urlauben (siehe Tabelle 5).[73] Die Bereiche Kommunikation und Information wurden also durch den Bereich Handel und Geldgeschäfte ergänzt. Bemerkenswert ist schließlich auch, dass das ungezielte Suchen im Internet, also das ziellose »Surfen«, zwischen 2001 und 2006 deutlich weniger anstieg als andere Bereiche. Das ist ein Hinweis auf einen gezielteren Umgang mit dem neuen Medium, der die anfängliche Faszination, die das neue Medium Internet an sich auf die Benutzer ausübte, ersetzte.

Die These der Zunahme der Bedeutung des Internets als Handels- und Umschlagplatz für Waren und Dienstleistungen zeigt eine Statistik des Austrian Internet Monitor (siehe Tabelle 6). Während im Jahr 2000 nur 13 % der Österreicher über 14 Jahren das Internet zum Online-Shopping benutzten, waren es 2006 bereits fast dreimal zu so viele, nämlich 36 %.

Auch die Rangliste der meistgenutzten Internet-Seiten Österreichs stützt diese These. Lag 2001 mit amazon.de nur ein einziges kommerzielles Angebot unter den zehn meistgenutzten Seiten (siehe Tabelle 7), so lag allein unter den österreichischen Seiten 2006 die Seite geizhals.at, die Preisvergleiche unter österreichischen Internet-Handelsfirmen anstellt, bereits an dritter Stelle (siehe Tabelle 8). Noch immer waren aber Information und Kommunikation die dominanten Nutzungsformen. Allerdings ist zu berücksichtigen, dass zunehmend internationale Angebote genutzt werden. Facebook, Youtube, Twitter und andere Web-2.0-Anwendungen laufen nicht unter einer österreichischen Domain. Ihr großer Aufschwung erfolgte allerdings erst in den letzten Jahren der »nuller-Jahre«. Sie wurden von den österreichischen Usern relativ rasch angenommen, während die Produktion von Web-2.0-Content in Form von Blogs eher zögerlich begann.[74]

Zu konstatieren ist also auch ein Trend zur Internationalisierung des Mediums Internet. Neben den dominanten österreichischen Seiten, die meist von Medienunternehmen aus dem Bereich der »alten« Medien (ORF, Tageszeitungen) stammten oder Serviceleistungen wie Telefonbuch, Zugauskunft, Verkehrsinformation oder Kinoprogramm ins Internet verlagerten, dominierten auch in Österreich die Global Player im Bereich der digitalen Medien. Nicht umsonst wurden Wörter wie »googeln« (»mit Google im Internet suchen, recherchieren«) oder »twittern« (»Kurznachrichten über das Internet senden und empfangen«) bereits im Duden angeführt[75] und »facebooken« zumindest in der Alltagssprache verbreitet.[76]

---

73 Daten aus: Media-Analyse. Studien (mehrere Subseiten). http://www.media-analyse.at/studies.do (23.4. 2012).
74 Giedenbacher: www.historyofinternet.at. S. 34f.
75 Vgl. auf Duden, Bibliographisches Institut GmbH, 2012. http://www.duden.de/ (26. 6. 2012)
76 Ein Beispiel für die Verwendung des Wortes selbst in der österreichischen Qualitätspresse: Christian Ortner: Facebooken für die Mullahs …, in: wiener.zeitung.at. 25. 2. 2011. http://www.wienerzeitung.at/meinungen/kommentare/47488_Facebooken-fuer-die-Mullahs-….html (26.6.2012)

Tabelle 5: Internet-Nutzung in Österreich (2001–2006)

	2001 in %	2002 in %	2003 in %	2004 in %	2005 in %	2006 in %
Letzte Nutzung						
gestern	19,8	23,0	26,2	28,4	31,3	34,3
letzte Woche	32,8	38,3	42,1	44,1	47,1	49,7
letzten Monat	36,5	41,1	44,9	47,4	49,7	51,9
länger her/nie (2001)/ nicht in den letzten 4 Wochen (2002–2006)	63,5	58,9	55,1	52,6	50,3	48,1
Nutzungsfrequenz letzte Woche						
an keinem Tag	66,9	61,7	57,9	55,6	2,7	50,3
an 1 Tag	4,2	4,6	4,5	4,3	3,9	4,0
an 2 Tagen	4,4	5,2	5,3	5,4	5,4	5,1
an 3 Tagen	4,9	5,2	5,8	5,9	5,6	5,8
an 4 Tagen	3,0	3,4	3,6	3,5	4,0	3,8
an 5 Tagen	5,2	6,0	6,4	6,9	7,0	7,1
an 6 Tagen	2,0	2,3	3,0	2,9	3,4	2,7
an 7 Tagen	9,3	11,6	13,5	15,4	17,9	21,2
Nutzungszweck allgemein (2001)/in den letzten 4 Wochen (2002–2006)						
Internet-Nutzung gesamt	38,4					
E-Mail	31,2	34,5	38,1	41,0	43,8	46,0
Einkaufen, Bestellen von Produkten	8,4	10,4	12,9	16,6	19,1	20,8
Einkaufen, Bestellen von Dienstleistungen	5,1	6,8	7,9	8,2	10,7	11,8
Urlaube, Reisen buchen				10,8	13,1	14,3
Chatten, Newsgroups, Foren	11,5	11,6	12,0	11,4	12,9	13,3
Telefonieren über Internet (VoIP)						5,4
Internet Banking	11	14,5	17,4	19,7	20,7	20,8
Zugriff auf Zeitungs-/Zeitschrifteninhalte	15,9	17,4	18,6	20,1	21,0	21,8
Zugriff auf Angebot von TV-Sendern	4,4	4,9	6	6,3	7,1	
Zugriff auf Angebot von Radiosendern	2,5	3,0	3,5	4,0	4,2	
Musik hören/herunterladen	10,3	12,3	13,6	12,8	14,4	15,5
Spiele spielen	8,5	9,7	10,6	11,8	13,3	13,0
Herunterladen von Software	11,9	12,8	13	16,7	16,9	17,5
anderes gezieltes Suchen	29,1	31,8	35,4	37,3	39,3	40,1
Ungezieltes Surfen	14,1	14,7	15,5	15,6	16,8	17,7

Quelle: Media-Analyse. Studien (mehrere Subseiten). http://www.media-analyse.at/studies.do (23.04.2012)

Tabelle 6: Entwicklung des Online-Shoppings 2000–2006
(AIM – Austrian Internet Monitor)

	in %	Bevölkerung ab 14 Jahren
2000	13	90.0000
2001	18	1.200.000
2002	23	1.540.000
2003	27	1.850.000
2004	33	2.230.000
2005	35	2.360.000
Q1/2006	36	2.400.000

Quelle: Integral, AIM-Austrian Internet Monitor, rep. Österr. ab 14 Jahren,
Jänner bis März 2006, n=3000 pro Quartal
http://www.integral.co.at/downloads/Internet/2006/05/AIM_Consumer_-_Q1_2006.pdf

Tabelle 7: Top 10 getestete Sites: In den letzten 4 Wochen besucht?
(AIM, 4.Q, 2001)

			in %	Personen ab 14
1.	ORF		33	1.040.000
2.	sms.at		28	880.000
3.	Herold		21	660.000
4.	Kronen Zeitung		20	630.000
5.	Der Standard		16	500.000
6.	ÖBB		16	500.000
7.	Jet2Web		15	470.000
8.	Hotmail		14	440.000
9.	Microsoft		13	400.000
10.	Kurier, News, A-Online, Amazon		12	380.000

Quelle: AIM-Austrian Internet Monitor, Okt.–Dez. 2001, rep. Österr. ab 14 Jahre, n=4.500 pro Quartal

Tabelle 8: Österreichische Web-Analyse (ÖWA)
Quartalsschnitt 1-2006 – Gesamtzahlen und Hauptkontingente

	National / International	Angebot	Unique Clients	Visits	Pageimpressions	Usetime
1	N	ORF.at	3.222.942	24.996.405	194.776.053	00:09:50
2	N/I	Tiscover	1.997.607	4.656.573	41.580.008	00:06:50
3	N/I	Geizhals.at Websites	1.529.950	4.533.633	40.757.041	00:07:26
4	N	Herold.at	1.455.868	4.620.509	45.875.348	00:05:54
5	N	News-Networld	1.394.090	6.933.976	395.496.553	00:08:44
6	N	Krone.at	1.235.783	5.783.763	244.400.144	00:08:55
7	N	derStandard.at	1.172.549	5.651.084	39.209.858	00:08:55
8	N	sms.at	1.132.961	6.240.559	94.028.522	00:12:19
9	N	Austria.com	1.048.546	6.959.974	204.440.714	00:13:41
10	N/I	feratel Panoramakameras	966.017	2.918.397	7.185.185	00:02:47
11	N	Top. Die Online-Medien der Kurier-Gruppe	882.272	3.563.709	151.738.692	00:10:20
12	N	Salzburger Nachrichten-salzburg.com	732.875	1.442.569	25.360.616	00:04:32
13	N	ÖAMTC	503.455	861.585	7.971.735	00:05:57
14	N	Netdoktor (1)	488.152	781.380	5.611.637	00:04:33
15	N	Sport1.at	464.389	1.838.906	14.695.337	00:08:13
16	N	Kleine Zeitung Online	455.354	1.559.696	48.439.126	00:06:52
17	N	diepresse.com	397.678	1.062.173	8.065.399	00:05:54
18	N	ProSieben.at	340.532	673.535	4.218.999	00:05:01
19	N	OÖNachrichten Online	280.064	633.922	6.636.238	00:04:50
20	N	cineplexx	246.099	480.848	4.609.826	00:07:27

(1) Das Angebot ist seit 03-06 in der ÖWA ausgewiesen.
Zeichenerklärung:
N = National (Webangebote, die auf den österreichischen Markt ausgerichtet sind)
I = International (Webangebote mit Teilbereichen, die explizit auf andere Märkte als Österreich ausgerichtet sind)
Quelle: http://www.oewa.at/index.php?id=1996

Der Weg zum Massenmedium zeigt sich auch in der Differenzierung der Nutzergruppen nach Geschlecht und Alter. In den 1990er-Jahren dominierten in Österreich unter den Internet-Usern junge Männer mit einem überdurchschnittlichen Bildungsabschluss. Diese Dominanz blieb bis 2006 tendenziell bestehen, doch durch die allgemeine Ausweitung der Nutzergruppen erhöhte sich der Anteil der Frauen und der älteren Personen deutlich. Lediglich bei den Über–70-Jährigen geben noch im Jahr 2006 94,3 % an, in den letzten vier Wochen das Internet nicht genutzt zu haben (siehe Tabellen 9 und 10).

Tabelle 9: Internet-Nutzung in Österreich (nach Geschlecht)

	2001		2006	
	Männer	Frauen	Männer	Frauen
Letzte Nutzung	in %	in %	in %	in %
gestern	25,8	14,3	41,2	27,9
letzte Woche	39,7	26,4	56,1	43,7
letztes Monat	43,1	30,5	58,0	46,2
länger her/nie	56,9	69,5	42,0	53,8

Quelle: Media-Analyse. Studien (mehrere Subseiten). http://www.media-analyse.at/studies.do (23.4.2012)

Tabelle 10: Internet-Nutzung in Österreich (nach Alter)

2001	14–19	20–29	30–39	40–49	50–59	60–69	70+
Letzte Nutzung							
gestern	33,4	33,4	27,1	21,5	14,6	3,9	0,8
letzte Woche	58,7	54,4	42,8	36,9	23,6	7,2	1,7
letztes Monat	65,9	60,1	47,0	42,2	26,2	8,2	2,0
länger her/nie	34,1	39,9	53,0	57,8	73,8	91,8	98,0

2006	14–19	20–29	30–39	40–49	50–59	60–69	70+
Letzte Nutzung							
gestern	56,8	51,9	44,1	39,5	28,3	13,9	3,5
letzte Woche	83,5	71,0	63,9	58,4	42,3	20,9	5,4
letztes Monat	86,7	72,8	67,1	61,2	44,2	22,8	5,7
nicht in den letzten 4 Wochen	13,3	27,2	32,9	38,8	55,8	77,2	94,3

Quelle: Media-Analyse. Studien (mehrere Subseiten). http://www.media-analyse.at/studies.do (23.4.2012)

Sichtbar ist die rasante Entwicklung des Internets nicht nur an den Benutzerzahlen und den Interessen der User, sondern auch am Internet-Angebot in Österreich. Zuständig für die Registrierung aller Domains und Subdomains mit der Endung ».at« war seit 1998 die in Salzburg ansässige nic.at.[77] Im ersten Jahr ihres Bestehens waren 31.475 österreichische Domains registriert. Zwei Jahre später waren es bereits mehr als fünfmal so viele. 2006 gab es beinahe 600.000 Webseiten mit österreichischer Adresse, zuzüglich der 2006 erstmals geschaffenen IDN-Domains, die auch Umlaute

---

77 Neisser, Loibelsberger, Strobl: Unsere Republik auf einen Blick. S. 159f.

beinhalten konnten und separat gezählt wurden (siehe Tabelle 11). Auch hier zeigen sich die Jahre 1999 und 2000 als die großen Boom-Jahre des Internets.

Tabelle 11: Domain-Registrierungen in Österreich (.at) 1998–2006

	Seiten	In % (1998 = 100)	Steigerung gegenüber dem Vorjahr (in %)
1998	31.475	100,0	
1999	70.397	223,7	123,7
2000	159.676	507,3	126,8
2001	224.803	714,2	40,8
2002	269.173	855,2	19,7
2003	311.859	990,8	15,9
2004	348.768	1.108,1	11,8
2005	474.346	1.507,1	36,0
2006	585.765*	1.861,0	23,5

* Ohne IDN-Domains
Quelle: nic.at: Statistiken. http://www.nic.at/uebernic/statistiken/ (1.6.2012)

Im europäischen Vergleich lag Österreich zu Beginn des Jahrtausends (2001) mit 47 % Nutzern im oberen Viertel, hinter den skandinavischen Ländern, den Niederlanden und der Schweiz.[78] Auch in den letzten Jahren nimmt Österreich im internationalen Vergleich eine Spitzenposition ein, was den Zugang zum Internet betrifft.[79] Ein anderes Bild ergibt sich, wenn der Prozentsatz der Haushalte mit Internetzugang als Indikator herangezogen wird. 2006 erreicht Österreich mit 52 % nur eine Platzierung im guten Durchschnitt (siehe Tabelle 12), einen Prozentpunkt über dem Schnitt der EU-25. 2002 war Österreich mit 33 % Haushalten mit Internetzugang noch unter dem Schnitt der EU-15 (39 %) gelegen. Auch 2006 wäre Österreich noch knapp unter dem Schnitt der EU-15 (54 %) gelegen. Große Entwicklungssprünge machte das Land in puncto Anschluss der Haushalte schließlich in den Jahren 2007 und 2008 (auf 60 % bzw. 69 %), also nach dem Ende der ÖVP-FPÖ-Regierung.[80] Wesentlich dafür verantwortlich war die Senkung der Preise für Breitbandverbindungen.

---

78 Steinmaurer: Österreichs Mediensystem. Ein Überblick. S. 66f.
79 Plasser, Lengauer: Die österreichische Medienarena. S. 42.
80 Eurostat-Prozentsatz der Zugänge zum Internet. Letzte Aktualisierung: 25. 04. 2012. http://appsso.eurostat.ec.europa.eu/nui/submitViewTableAction.do?dvsc=4 (24.5.2012)

Tabelle 12: Internet-Zugangsdichte in % der Haushalte 2006

	in %	Rang
Island	83	1
Niederlande	80	2
Dänemark	79	3
Schweden	77	4
Luxemburg	70	5
Norwegen	69	6
Deutschland	67	7
Finnland	65	8
Vereinigtes Königreich	63	9
Belgien	54	10
Slowenien	54	11
Malta	53	12
Österreich	52	13
EU (25 Länder)	51	
Irland	50	14
Estland	46	15
Lettland	42	16
Frankreich	41	17
Italien	40	18
Spanien	39	19
Zypern	37	20
Polen	36	21
Litauen	35	22
Portugal	35	23
Ungarn	32	24
Tschechische Republik	29	25
Slowakei	27	26
Griechenland	23	27
Bulgarien	17	28
Rumänien	14	29
Die ehemalige jugoslawische Republik Mazedonien	14	30

Quelle: Eurostat-Prozentsatz der Zugänge zum Internet. Letzte Aktualisierung: 25.04.2012. http://appsso.eurostat.ec.europa.eu/nui/submitViewTableAction.do?dvsc=4 (24.5.2012)

Kulturgeschichtlich durchlebte das neue Medium Internet in wenigen Jahren eine Entwicklung, wie sie auch die »alten« Medien wie Zeitung, Film, Radio und Fernsehen durchlaufen haben. Das Aufkommen der jeweils »neuen« Medien war stets von einer Dichotomie aus Heils- und Endzeiterwartung begleitet, und so war es auch beim

Internet. Von neuen Möglichkeiten der politischen Partizipation der Bürger war etwa die Rede, aber auch von der Horrorvision eines »totalitären Regimes« der globalen Telekommunikationsmedien. Selbstverständlich gab es auch nüchterne Visionen einer sich nur langsam ändernden Kultur der politischen Partizipation. Erste Untersuchungen zeigen, dass bis etwa 2005 vor allem die Rezeption politischer Themen sich zunehmend ins Internet verlagerte, politische Kommunikation fand noch kaum statt.[81]

Politik in der »Mediengesellschaft«

Was mir auch neu war, das war der Umgang mit Medien. Erste ZiB 2. Ich habe vergessen, um was es ging, aber was ich nicht vergessen habe, ist, ich war dort und durfte mir nachher von meinem Coach anhören: Warum haben Sie die Frage des Moderators nicht beantwortet? Ich sage: Was? Ich? Ich eine Frage nicht beantwortet? Ja, schauen wir es uns noch einmal an. Tatsächlich. Beim Analysieren dieser Situation ist mir dann aufgefallen oder konnte ich mir erklären, was passiert ist. Ich war so gedrillt – und ich würde fast vermuten, 170 andere Abgeordnete hier im Haus sind genauso gedrillt: Du hast die Chance, einmal ins Fernsehen zu kommen. Pass auf! ZiB 2, effektive Redezeit vielleicht vier, fünf Minuten, wir haben folgende fünf Botschaften. Und du fährst auf den Küniglberg, sitzt im Taxi und denkst dir: Erste, zweite, dritte Botschaft, was zum Teufel war die vierte und fünfte Botschaft? (Allgemeine Heiterkeit und Beifall.) Dann sitzt du dort, du kannst dir nicht einen Zettel hinlegen so wie hier, du musst das ja irgendwie auswendig beherrschen. Und ich habe die Frage nicht mitbekommen, ich habe nur mitbekommen: Jetzt bin ich dran, jetzt muss ich die Botschaften runterspulen. (Heiterkeit.) Das habe ich mir im Lauf der Zeit abgewöhnt. Ich finde, so etwas hat gar keinen Sinn. Diesen Teil des Drills, des üblichen Politiker-Drills, den finde ich ganz falsch. Ich habe dann versucht, auf Fragen einzugehen – und wenn ich die Antwort nicht weiß, dann weiß ich sie halt nicht – und die Botschaften nur insoweit rüberzubringen, als sie sich aus der Situation ergeben.
Alexander Van der Bellen, Abschiedsrede im Nationalrat (5. Juli 2012)[82]

Das Verhältnis von Politik und Medien in der modernen »Mediengesellschaft«[83] wird oft kommentiert, heftig diskutiert und ist auch in Österreich äußerst gut er-

---

81 Martin Emmer, Markus Seifert, Gerhard Vowe: Internet und politische Kommunikation. Die Mobilisierungsthese auf dem Prüfstand – Ergebnisse einer repräsentativen Panelstudie in Deutschland. – In: Peter Filzmaier, Matthias Karmasin, Cornelia Klepp (Hg.): Politik und Medien – Medien und Politik. – Wien 2006. S. 170–187. S. 183f.
82 Alexander Van der Bellen: Was zum Teufel war die fünfte Botschaft? – In: Der Standard 7. 7. 2012.
83 Vgl. dazu Otfried Jarren, Patrick Donges: Politische Kommunikation in der Mediengesellschaft. Eine Einführung. 2 Bände. – Wiesbaden 2002. Thomas Meyer: Mediokratie. Die Kolonisierung der Politik durch die Medien. – Frankfurt am Main 2001.

forscht – gerade auch für die Zeit der »Wende-Regierung«. Im Folgenden soll deshalb mit dem Hinweis auf die vorhandene Fachliteratur nur schlaglichtartig auf einige wesentliche Aspekte eingegangen werden.

Die enge Verbindung von Politik und Massenmedien in Österreich zeigt sich in bereits angesprochenen Aspekten wie der Bedeutung der Parteipresse bis in die frühen 1990er-Jahre oder den Versuchen der politischen Kontrolle im öffentlich-rechtlichen Rundfunk. Doch auch die Parteinahme privatrechtlich organisierter Medien für politische Gruppierungen oder Kampagnen zeigt die Verzahnung dieser beiden Bereiche. Politik als »öffentliche Inszenierung« und »strategische Kommunikation«[84] ist im Übrigen kein neues Phänomen, wie die jahrhundertelange Geschichte der Partei- bzw. parteilichen Presse[85] ebenso zeigt wie moderne Werbemethoden der aufkommenden Massenparteien um 1900[86] oder die Instrumentalisierung des Radios als Medium politischer Propaganda seit Beginn der 1930er-Jahre.[87]

Nicht immer fruchten Versuche, eine stärkere Distanz zwischen Parteipolitik und Massenmedien zu schaffen. So wurde politische Fernsehwerbung seit 2001 im ORF verboten. Fallweise gab es sie ab dann in den Österreich-Fenstern der deutschen privatrechtlich organisierten Fernsehkanäle.[88] Doch die politische Werbe-»Abstinenz« im ORF brachte nicht weniger politische Inszenierung mit sich. Der Versuch, in der redaktionellen Berichterstattung wie Diskussionsrunden vor Wahlen, der Pressestunde, den Nachrichtenmagazinen, aber auch in anderen – nicht politischen – Formaten präsent zu sein, wurde umso wichtiger und professioneller betrieben.

Bemerkenswert ist, dass nicht länger die Logiken der Politik, sondern jene der Medien, allen voran des Fernsehens, die Vermittlung politischer Botschaften bestimmen. »Keep it short and simple« bzw. »Keep it short, stupid« lautete die Formel, mit der auf einer Medienbühne, die immer stärker auf Abwechslung und Themenwechsel setzte, der Erfolg gesucht wurde.[89]

---

84 Matthias Karmasin: Die gesteuerten Selbstläufer. Kommunikationswissenschaftliche Anmerkungen zum komplexen Verhältnis von Medien und Politik. – In: Filzmaier, Karmasin, Klepp (Hg.): Politik und Medien – Medien und Politik. S. 104–122. S. 105.

85 Vgl. Jürgen Wilke: Grundzüge der Medien- und Kommunikationsgeschichte. Von den Anfängen bis ins 20. Jahrhundert. – Wien/Köln/Weimar 2000. S. 68–70, 225–230.

86 Ewald Hiebl: Die Dekonstruktion der Inszenierungen. Massenmedien und politische Bildung in Gegenwart und Geschichte, in: Thomas Hellmuth (Hg.): Das »selbstreflexive Ich«. Beiträge zur Theorie und Praxis politischer Bildung. – Innsbruck/Wien/Bozen 2009. S. 53–65. S. 58.

87 Hiebl: Ravagianer, Rot-weiß-rot und freie Radios. S. 13–16.

88 Fritz Plasser, Peter A. Ulram, Franz Sommer: Kampagnedynamik, Mediahypes und Einfluss der TV-Konfrontationen 2002. – In: Fritz Plasser, Peter A. Ulram (Hg.): Wahlverhalten in Bewegung. Analysen zur Nationalratswahl 2002. – Wien 2003. S. 19–54. S. 21.

89 Peter Filzmaier: Wag the Dog? Amerikanisierung der Fernsehlogik und mediale Inszenierungen in Österreich. – In: Filzmaier, Karmasin, Klepp (Hg.): Politik und Medien – Medien und Politik. S. 9–50. S. 14.

Das wird häufig kritisiert. Von U-Politik statt E-Politik, oberflächlicher Unterhaltungs-Politik statt ernsthafter politischer Argumentation, ist die Rede. So ist laut Armin Wolf bemerkenswert, wenn Wolfgang Schüssel nach den innerparteilichen Problemen beim Koalitionspartner und der Abspaltung des BZÖ nicht in einer Nachrichtensendung sein einziges TV-Interview gibt, sondern bei »Vera«. Dort wird der Kanzler nach seiner Kindheit, seinen musischen Fähigkeiten und seinen sportlichen Hobbys gefragt, nicht nach den anstehenden innenpolitischen Problemen.[90] Auch sonst gibt es zahlreiche Versuche, Politiker in einem anderen Licht als dem häufig schlecht beleumundeten der (Partei-)Politik zu inszenieren. Manchmal geschieht dies freilich mit zweifelhaftem Erfolg, wie das kurz vor der »Wende« erschienene Liederbuch von Wolfgang Schüssel, Wilhelm Molterer und Elisabeth Gehrer[91] zeigt, das zwar medial in Szene gesetzt wurde, um einen andere – »menschliche« – Seite der Spitzenpolitiker zu zeigen, das aber auch viel geschmäht und Gegenstand beißender Kritik wurde. In einem 2002 erschienenen Buch, das viel weniger Aufmerksamkeit erregte als das Liederbuch, wurden abermals private, vordergründig gänzlich unpolitische Eigenschaften des Kanzlers in den Mittelpunkt gerückt. Es ging etwa um seine Bergleidenschaft oder seine amüsanten Zeichnungen, die im Buch »Bergwärts« auch abgedruckt waren. Darin werden von einem Freund Wolfgang Schüssels 50 Touren-Episoden geschildert, und der Kanzler wird als »ausdauernder und flotter Geher« dargestellt, als »visueller Typ«, der »sehr viel« sieht, musikalisch sei, ein »Mann für alle Jahreszeiten«. Als besondere Eigenschaften werden »seine Weite, Menschlichkeit, Offenheit, Mut, Herzlichkeit, Humor« hervorgehoben.[92] Damit wird das vordergründig Unpolitische doch politisch konnotiert. Fähigkeiten der »Leadership«, Mut und Weltoffenheit, werden mit »menschlichen« Komponenten verbunden, die je nach Situation unterschiedlich gewichtet werden; der »Mann für alle Jahreszeiten« erscheint nicht abgehoben, aber dennoch besitzt er herausragende Fähigkeiten.

Politiker suchen Unterhaltungsformate, weil darin die Darstellung ihrer Person weniger kontrovers verläuft. Unterhaltungssendungen setzen auf gute Atmosphäre, den »Feel good«-Faktor. Konflikte und Kritik sind hier nicht zuträglich. Als Finanzminister Karl-Heinz Grasser im Jänner 2006 bei »Wetten dass« auftrat, wurde er nicht nach der Finanzierung seiner Homepage oder den Turbulenzen im Dritten Lager gefragt, dem er ja lange angehört und zu dessen Implosion er mit seinem

---

90 Armin Wolf: Opfer und Täter zugleich. JournalistInnen als Adressaten und Konstrukteure medialer Inszenierungen von Politik. – In: Filzmaier, Karmasin, Klepp (Hg.): Politik und Medien – Medien und Politik. S. 51–66. S. 51f.
91 Wolfgang Schüssel, Elisabeth Gehrer, Wilhelm Molterer: Sing mit uns die schönsten österreichischen Volkslieder. – Klosterneuburg 1999.
92 Wolfgang Schüssel: Bergwärts. 50 Tourenepisoden, aufgezeichnet von Albert Steidl. – Graz/Wien/Köln 2002. S. 62–65, 120.

Rücktritt nach Knittelfeld indirekt beigetragen hat. Diese Turbulenzen hatten ja auch Auswirkungen auf die Regierung, in der er immerhin die Funktion des Finanzministers wahrnahm. Grasser trat mit seiner Frau auf. Somit stand die Beziehung der beiden, aber auch Grassers Karriere, sein Aussehen und seine Jugend im Mittelpunkt des Gesprächs. Politik kam lediglich ins Spiel, wenn Grassers Aussehen mit jenem seines deutschen Amtskollegen Hans Eichel verglichen wurde und Grasser selbst – die Gelegeneit nutzend – auf die angeblich besseren österreichischen Budgetzahlen hinweisen durfte.[93]

In der Unterhaltungswelt der Samstagabend-Show konnte sich der Politiker inszenieren, ohne vom Anchorman einer Nachrichtensendung mit kritischen Fragen oder Rückfragen »belästigt« zu werden. In diesem Sinne ersetzt die U-Politik tatsächlich die traditionellen Formen der politischen Werbung und wird damit hoch politisch. 2004 war dem Kärntner Landeshauptmann Jörg Haider übrigens angesichts des Landtagswahlkampfes noch verboten worden, in »Wetten dass« aufzutreten.[94] Und noch ein Grund ist anzuführen, warum Politiker populäre Unterhaltungssendungen qualitativ hochwertiger politischer Berichterstattung vorziehen. Über 1,6 Millionen Österreicher sahen den Finanzminister bei »Wetten dass«. Das bedeutet einen Marktanteil von 58 %. Bei der »Pressestunde« kam Grasser zur selben Zeit auf 139.000 Seher und 10 % Marktanteil.[95]

»Politainment« nennt Andreas Dörner die zunehmend engere Beziehung von Politik und Unterhaltungsindustrie. »Politainment« besteht sowohl aus »unterhaltender Politik« als auch aus »politischer Unterhaltung«. Als »unterhaltende Politik« bezeichnete Dörner den Rückgriff auf Instrumente und Stilmittel der Unterhaltungskultur durch politische Akteure. »Politische Unterhaltung« liegt dann vor, wenn die Unterhaltungsindustrie politische Figuren, Themen und Geschehnisse als Material zur Konstruktion ihrer fiktionalen Bildwelten verwendet, um ihre Produkte interessant und attraktiv zu gestalten. Es geht um den Erfolg am massenmedialen Markt und nicht um politische Information und Aufklärung, es geht nicht um Politik, sondern die Inszenierung von Politik.[96]

Inszenierung kann mehrere Facetten aufweisen, stellen Beyrl/Perlot fest. Sie unterscheiden zwischen »Inszenierung als Tatsache«, »positiver Inszenierung als Vermittlung von Inhalten« und »negativer Inszenierung als Verweigerung des Inhalts«.

---

93 Der Standard 30. 1. 2006. Peter Filzmaier: Wie wir politisch ticken… Öffentlich und veröffentlichte Meinung in Österreich. – Wien 2007. S. 37f.
94 Doris Knecht: Quergeschrieben: Wetten, dass schon Wahlkampf ist? – In: DiePresse.com 26. 1. 2006. http://diepresse.com/home/meinung/quergeschrieben/100261/Quergeschrieben_Wetten-dass-schon-Wahlkampf-ist (27.5.2012)
95 Filzmaier: Wie wir politisch ticken… S. 38.
96 Andreas Dörner: Politainment. Politik in der medialen Erlebnisgesellschaft. – Frankfurt am Main 2001. S. 31f.

Inszenierung als Tatsache verweist darauf, dass die Strategie der Inszenierung ein Instrument der Kommunikation in der Mediendemokratie darstellt. Unter »positiver Inszenierung« wird Inszenierung als legitimes Stilmittel zur Forcierung von inhaltlichen Argumenten verstanden. Dem steht die »negative Inszenierung« entgegen, die »eine Verschleierung und Ablenkung von Inhalten, eine Irreführung weg von Substanz hin zu Oberflächlichkeit« zum Ziel hat.[97] Problematisch sind und zur Depolitisierung führen Letztere. Deshalb ist es wichtig, Kompetenzen zu vermitteln, mit denen »negative Inszenierungen« dekonstruiert werden können.[98] Das heißt etwa, die medialen Visualisierungen dieser Inszenierung sichtbar und damit kritisierbar zu machen. Symbole, Emotionen, Slogans dienen in Verbindung mit Bildern dazu, einfache Botschaften zu transportieren, die möglichst lange im Gedächtnis bleiben. So stand die Regierungsklausur 2004 im niederösterreichischen Retz unter dem Motto »Zeit der Ernte«.

Gemeint war damit die Ernte der erfolgreichen Regierungsarbeit, die medial vermittelten Bilder zeigten aber »krawattenlose Entertainer, urbane Naturburschen, PolitikerInnen im Weinberg, die sich ausgelassen mit Trauben füttern«, wie Hannes Haas schreibt. Diese Bilder blieben im Gedächtnis des Publikums, selbst wenn die Inszenierungsabsicht in Berichten ironisiert wurde, denn »über den kritischen Texten wirkten doch die Bilder«.[99]

Selbst Katastrophen können den Hintergrund für mediale Inszenierungen abgeben. Die Wiederwahl Gerhard Schröders zum deutschen Kanzler hat zum Teil mit seinem Krisenmanagement und dessen medialer Inszenierung zu tun. Und auch die absolute Mehrheit der ÖVP bei den niederösterreichischen Landtagswahlen 2003 wurde schon im Spätsommer 2002 von Journalisten auf die mediale Inszenierung des amtierenden Landeshauptmannes Erwin Pröll zurückgeführt, auch und vor allem rund um die Flutkatastrophe im August 2002: »Seelsorger und Familienvater, Medienstar und Wanderprediger, Einsatzleiter und Volkstribun – die 24 Stunden eines Tages reichen für Erwin Pröll kaum aus, um alle seine Rollen auszufüllen. Fünf, sechs Stunden pro Nacht legt er sich üblicherweise aufs Ohr, das Hochwasser reduzierte sein Schlafpensum um die Hälfte. Dafür wächst die Zahl seiner Verehrer. Umfragen weisen Pröll als unumstrittenen Star der Flutkatastrophe aus, da konnte Vizekanzlerin Susanne Riess-Passer so viel Schlamm schippern, wie sie

---

97 Maria Beyrl, Flooh Perlot: Politische Kommunikation in Österreich – Generalverdacht der Inszenierung? Ein Streifzug durch die österreichische Mediendemokratie. – In: Österreichische Zeitschrift für Politikwissenschaft. Jg. 35. 4/2006. S. 391–405. S. 395.
98 Hiebl: Die Dekonstruktion der Inszenierungen. Massenmedien und politische Bildung in Gegenwart und Geschichte. S. 53–65.
99 Hannes Haas: Dynamik im Marketing, Stagnation im Journalismus? Zum Strukturwandel politischer Kommunikation. – In: Filzmaier, Karmasin, Klepp (Hg.): Politik und Medien – Medien und Politik. S. 67–79. S. 69.

wollte. Auch seine Amtskollegen aus den anderen Krisengebieten verblassten gegen ihn, wie der blutarme Oberösterreicher Josef Pühringer, der Prölls Parolen holprig nachbetete.«[100]

Inszenierungen können jedoch auch scheitern, wie einige Beispiele aus der Regierungszeit Wolfgang Schüssels zeigen, wenn etwa ein Verkehrsminister im Auto ohne Freisprechanlage telefoniert, wenn seine Nachfolgerin ein TV-Interview gibt, ohne im Auto angeschnallt zu sein, oder bei einer Pressekonferenz vor dem Plakat »Sanieren statt Schulden ohne Konzept« die wichtigsten Wörter verdeckt und lediglich die Botschaft »ohne Konzept« im Hintergrund zu lesen ist. Natürlich konnte auch ein falsch transportiertes Image hinderlich sein, wie ein »Profil«-Interview mit Alfred Gusenbauer als Verkoster und Liebhaber edler Weine zeigt, was bei der »roten« Zielgruppe nicht zielführend war.[101]

Im weiteren Sinne könnte auch der Versuch der Parteien, prominente Quereinsteiger zu gewinnen, als Form der U-Politik gesehen werden, weil damit die meist aus dem U(nterhaltungs)-Bereich bekannten Personen bestimmte Zielgruppen ansprechen sollten. Prominente Quereinsteiger sind keine Erfindung der Ära Schüssel. Schon vorher wurden bekannte Journalisten oder Künstler für politische Parteien gewonnen. Burgschauspieler und Punk-Musiker Franz Morak kam 1994 in die Politik und wurde nach der »Wende« sogar ÖVP-Staatssekretär. Die ORF-Journalistin Ursula Stenzel und Karl Habsburg-Lothringen kandidierten für die EU-Wahl 1996 ebenfalls auf der Liste der ÖVP. Der Journalist Hans-Peter Martin war SPÖ-Spitzenkandidat für die EU-Wahl 1999. Im selben Jahr kandidierten der Skifahrer Patrick Ortlieb und die ORF-Moderatorin Theresia Zierler bei den Nationalratswahlen. 2002 folgten dann die Journalisten Josef Broukal (SPÖ), Ingrid Wendl (ÖVP) und der Sportler Elmar Lichtenegger (FPÖ). 2004 kandidierte Karin Resetarits für die Liste »MARTIN« bei der EU-Wahl. Bemerkenswert ist der hohe Anteil an prominenten Journalisten und Sportlern, die dem Medium Fernsehen jene Bekanntheit verdanken, mit der sie in der Politik zu reüssieren versuchten – mit unterschiedlichem Erfolg freilich. So brachte die Nachricht, dass Josef Broukal für die SPÖ antritt, einen Zugewinn bei den Umfragen: Die SPÖ konnte die ÖVP kurzfristig sogar überholen, bis der »Promi-Faktor« wieder verpuffte. Und auch sonst konnte sich keiner der prominenten Quereinsteiger in seiner Partei dauerhaft durchsetzen. Die Amtszeiten als Mandatare waren deutlich kürzer als jene der »Berufspolitiker« und im Durchschnitt nach vier Jahren wieder beendet. Zum Vergleich: Die durchschnittliche Länge der bundespolitischen Karrieren in Österreich beträgt 9,3 Jahre. Wie Josef Broukal nach zwei Jahren in der Politik feststellte, gehe es darum, einen neuen Beruf zu erlernen, der nach gänzlich anderen Kriterien bemessen wird als die

---
100 Gerald John, Nina Weissensteiner: Hohe Stirn, flaches Land. – In: Der Falter 28.8.2002.
101 Filzmaier: Wag the Dog? S. 15–17.

angestammte Tätigkeit zuvor. Man müsse lernen »im Chor zu singen«, zum Teamspieler zu werden. Die in Aussicht gestellte Ministerwürde gab es nicht.[102]

Armin Wolf und Euke Frank sehen prominente Quereinsteiger eher als »Attraktion« denn als »Akteure« der Politik (Maximierung von Wählerstimmen sowie das Image der Offenheit). Quereinsteiger dienten den Parteien »vor allem zur Darstellung und nicht zur Herstellung von Politik«.[103]

Interessant ist, dass im Wahlkampf 2006 Quereinsteiger eine deutlich geringere Rolle spielten. So kandidierten zwar der Ökonom Veit Schalle für das BZÖ und ORF-Moderatorin Gertrude Aubauer für die ÖVP,[104] große Diskussionen darüber gab es aber nicht. Dafür könnten zum einen die negativen Erfahrungen der prominenten Quereinsteiger selbst und der Parteien mit einigen der »Promi-Politiker« verantwortlich gemacht werden, aber auch die zumindest partielle Zuspitzung des Wahlkampfes 2006 auf das Duell der beiden Kanzlerkandidaten Schüssel und Gusenbauer könnte ein Grund gewesen sein, auf die Unterstützung durch medial bekannte Persönlichkeiten zu verzichten.

Von Politikverdrossenheit konnte nach der Wende keine Rede sein. Die Zuspitzung des politischen Wettbewerbs sorgte auch für großes politisches Interesse, auch und besonders in den Medien. Eine 2001 durchgeführte Umfrage zeigt, dass es zur Jahrtausendwende vor allem das Fernsehen war, das die Österreicher mit Informationen über die aktuelle Politik versorgte. Tageszeitungen und Radio hatten die Spitzenposition, die sie noch Anfang der 1960er-Jahre hatten, längst eingebüßt. Die Nennung des Fernsehens als wichtigste Informationsquelle stieg dabei kontinuierlich an, von 11 % im Jahr 1961 über 62 % im Jahr 1981 auf 79 % im Jahr 2001. Interessant ist, dass jene Personen, die täglich oder häufig die ORF-Nachrichtensendungen sahen, von 1991 bis 2001 rückläufig waren. Die verstärkte Konkurrenz vor allem deutscher »Privatsender« wirkte sich hier ebenso aus wie der zunehmende Gebrauch des Internets vor allem durch die jüngeren Altersgruppen. Schließlich ist auch bemerkenswert, dass das Stammpublikum der ORF-Politikberichterstattung deutlich älter war als der Durchschnitt der österreichischen Bevölkerung: Von den Über–60-Jährigen sahen 73 % täglich eine der ZIB-Sendungen, bei den Unter–30-Jährigen waren es nur 12 %.[105]

---

102 Armin Wolf, Euke Frank, Promi-Politik. Prominente Quereinsteiger im Porträt. – Wien 2006. S. 5f, 167, 186, 191.
103 Ebd. S. 205f.
104 Lengauer, Pallaver, Pig: Redaktionelle Politikvermittlung in österreichischen Wahlkämpfen. S. 111.
105 Plasser, Ulram: Das österreichische Politikverständnis. S. 39–42.

Tabelle 13: Fragestellung 2001:
»Woher beziehen Sie in erster Linie Ihre Informationen über das politische
Geschehen in Österreich?« (Mehrfachnennungen möglich)

in Prozent	1961	2001
Fernsehen	11	79
Tageszeitungen	61	52
Radio	59	45
Gespräche	12	11
Internet	–	4

Anmerkung: Fragestellung 1961: »Woher beziehen Sie die meisten Informationen über das, was im öffentlichen Leben vor sich geht?« (Mehrfachnennungen möglich)
Quelle: Fessel-GfK, Repräsentativumfragen (n = 1.000–2.000), zit. nach: Fritz Plasser, Peter A. Ulram (2002): Das österreichische Politikverständnis. Von der Konsens- zur Konfliktkultur? – Wien. S. 39.

Medien und Wahlkämpfe

Die Situation im Wahlkampf mit dem politischen Konkurrenten ist noch einmal etwas ganz anderes. Ich habe mich oft gefragt, ob wir die Spielregeln, sozusagen die Kontextdefinition, nicht zu sehr den Medien und den Journalisten überlassen (allgemeiner Beifall). Wenn ich da zu zweit sitze, sagen wir, mit Herrn Graf, oder egal, mit wem, mit dem politischen Konkurrenten, dem anderen Spitzenkandidaten, der anderen Spitzenkandidatin: Was erwarten die Journalisten? – Das sind zwei Gladiatoren, mindestens einer muss tot liegenbleiben, aber am besten beide! (Heiterkeit) Das ist doch die Erwartungshaltung. Diese muss aber nicht identisch sein mit der Erwartungshaltung des Wählers/der Wählerin zu Hause. Die sind aber viel wichtiger für uns, oder? – Denke ich eben manchmal (allgemeiner Beifall.)

Alexander Van der Bellen, Abschiedsrede im Nationalrat (5. Juli 2012)[106]

Die Veränderung der politischen Kultur, die mit der »Wende« des Jahres 2000 einherging, veränderte auch die mediale Repräsentation von politischem Wettbewerb. Die konsensorientierte Verhandlungskultur, geprägt durch den politischen Grundkonsens der Zweiten Republik, die Sozialpartnerschaft und eine nur für zwei Jahrzehnte unterbrochene Koalition der beiden Großparteien, war nun einer konfliktorientierten Wettbewerbsdemokratie gewichen.[107] Natürlich veränderte sich auch

---
106 Alexander Van der Bellen: Was zum Teufel war die fünfte Botschaft? – In: Der Standard 7. 7. 2012.
107 Anton Pelinka, Fritz Plasser, Wolfgang Meixner: Von der Konsens- zur Konfliktdemokratie? Österreich nach dem Regierungs- und Koalitionswechsel. – In: Dies (Hg.): Die Zukunft der österreichischen Demokratie. – Wien 2000. S. 439–464.

die mediale Darstellung der Politik. Konflikte nahmen eine bedeutendere Rolle ein. Das Thema Streit verdränge aber politische Konzepte zu lebensnotwendigen Materien von Kindergeld bis Kassenfinanzierung aus den Medien, stellt Peter Filzmaier fest. Als politisch und journalistisch wichtig gelte, »was medial sexy ist«. Konflikte aller Art und Personalisierung prägten die Berichterstattung. Eine gewisse Verantwortung kommt dabei auch dem Publikum zu, das diesen Themen oft erstaunlich hohe Aufmerksamkeit entgegenbringt.[108] Auch Armin Wolf betont, wie wichtig die Ergänzung des Dualismus politische Akteure und Medienakteure durch den Akteur »Publikum« bzw. »Wähler« oder »Seher und Hörer« ist. Ziel der politischen Parteien ist die Stimmenmaximierung, Ziel der Akteure im Medienbereich die Reichweiten- und Marktanteilsmaximierung. Über beides entscheidet das Publikum, das damit die politische Kultur und die Kultur der medialen Berichterstattung wesentlich beeinflusst. Insofern bekomme, wie Wolf betont, das Publikum die Berichterstattung, die es sich wünsche.[109]

Für Matthias Karmasin ist das Verhältnis zwischen Politik und Medien regelrecht paradox, denn Medien seien nicht nur »altera pars, sondern auch Teil der Politik geworden«. Sie seien Teil des politischen Systems und stünden zugleich außerhalb: »Medien übersetzen und transportieren Politik in die Gesellschaft. Sie verbreiten und vermassen, sie kommunizieren, und sie verändern und strukturieren Politik. Medien manipulieren und werden manipuliert, sie steuern und werden gesteuert. Es scheint nur nicht mehr eindeutig ausmachbar, wer hier steuert und wer hier gesteuert wird. Auch wenn verschwörungstheoretische Allmachtsfantasien, Schuldzuweisungen und Verantwortungsattributionen einen öffentlich gut darstellbaren Rahmen für den Diskurs über diese Problemlagen und für Medien- bzw. Politikerschelten abgeben, so ist weder aus kommunikations- noch aus politikwissenschaftlicher Perspektive ganz klar, wer wen wie steuert. Kurz: Die Medialisierung der Politik macht auch die Medien politisch.«[110]

Ein konfliktorientierter politischer Wettbewerb fördert auch das »negative campaigning« bzw. das »dirty campaigning«. Über die Arena der Medien wird am Image politischer Konkurrenten gekratzt, über bewusst gestreute Gerüchte, deren Urheber meist nicht die direkten politischen Gegner sind. Sie kommen meist von Dritten. Besonders deutlich wurde die Methode des »negative campaigning« im Wahlkampf 2006. Ein SPÖ-Werber bezeichnete in einem »Profil«-Interview die Wahlkampflinie

---

108 Peter Filzmaier: Der Zug der Lemminge. Heute stehen wir am Abgrund, morgen sind wir einen Schritt weiter. – Salzburg 2010. S. 68f.
109 Wolf: Opfer und Täter zugleich. S. 62–64.
110 Matthias Karmasin: Die Medialisierung der Medienpolitik. Organisation der Selbstorganisation. – In: Österreichische Zeitschrift für Politikwissenschaft (ÖZP). 35 Jg. 4/2006. S. 379–389. S. 381.

als »Napalm, pures Napalm«.[111] Die den Wahlkampf überschattende BAWAG-Krise führte zu einer gegenseitigen Kriminalisierung der politischen Akteure.[112] Sichtbar war das auch in TV- und Radiospots vor der Wahl, in denen meist die Spitzenkandidaten der Parteien heftig kritisiert wurden.[113]

Frauen werden in der medialen Berichterstattung weniger oft negativ bewertet als Männer. Das »dirty campaigning« war – zumindest bis 2006 – deutlich zurückhaltender. Das liegt auch daran, dass zu heftige Angriffe gegen weibliche Politiker den männlichen Kontrahenten meist schaden. Der überraschende Erfolg von Gabi Burgstaller bei der Salzburger Landtagswahl 2004 sei laut Beobachtern auch darauf zurückzuführen, dass Landeshauptmann Franz Schausberger in der ORF-Sendung »Offen gesagt« seiner Herausforderin zu heftig Faulheit und Inkompetenz vorgeworfen hatte. Burgstaller konterte ruhig und sachlich, was ihr einen gewissen Vorteil verschaffte. Die Kritik einer Frau, die gelassen vorgebracht werde, wiege im Fernsehen nämlich doppelt so schwer wie jene eines Mannes, resümierte ein Medientrainer diese Auseinandersetzung.[114] Interessant ist ferner, dass die Berichterstattung über weibliche Politiker inhaltlich substanzieller ausfällt. Doch damit hat es sich bereits mit den positiven Aspekten. Frauen sind in der medialen Berichterstattung über Politik klar unterrepräsentiert, was zum Teil natürlich auch Spiegelbild des politischen Systems ist. Im Jahr 2005 stammten 79,2 % der Wortspenden in der »Zeit im Bild« 1 von Männern.[115] Das ist noch weniger als der ohnehin geringe Anteil der Frauen an den politischen Akteuren: Im Kabinett »Schüssel II« lag der Frauenanteil bei 32 %, auf Ministerebene sogar bei 50 %, im Nationalrat saßen 33 % weibliche Abgeordnete, im Bundesrat 27 %.[116]

Wird über Politikerinnen berichtet, dann dominieren »soft news«, selbst in Bereichen, wo Frauen Ministerien leiten wie Außenpolitik oder Bildung, wo es »hard news« zu berichten gäbe. Das wird häufig den Männern überlassen. Die Themenpräsenz der Politikerinnen ist geringer als jene ihrer männlichen Kollegen.[117] Beweisen Politikerinnen Präsenz, Führungsqualitäten oder besondere »Härte«, so werden

---

111 Lengauer, Pallaver, Pig: Redaktionelle Politikvermittlung in österreichischen Wahlkämpfen 1999–2006. S. 111.
112 Filzmaier: Wag the Dog? S. 34–40.
113 Andreas Lederer: »It's advertising, stupid!« – Strategien und Praktiken politischer Werbung im Nationalratswahlkampf 2006. – In: Fritz Plasser, Peter A. Ulram (Hg.): Wechselwahlen. – Wien 2007 (Schriftenreihe des Zentrums für Angewandte Politikforschung 30). S. 39–80. S. 65.
114 Profil 13. 3. 2004.
115 Der Standard, 13. 3. 2006.
116 Günther Lengauer: Einfalt oder Vielfalt? Die ORF-Nachrichten im Spannungsfeld zwischen Professionalität, Profit, Publikum und Politik. – In: Österreichische Zeitschrift für Politikwissenschaft. Jg. 35. 4/2006. S. 361–378. S. 367.
117 Lengauer, Pallaver, Pig: Redaktionelle Politikvermittlung in österreichischen Wahlkämpfen 1999–2006. S. 138–143.

sie häufig mit negativ konnotierten Beinamen versehen. So erhielt die Vizekanzlerin Susanne Riess-Passer sogar parteiintern den Beinamen »Königskobra« verliehen.[118]

Ganz besondere Bedeutung in der politischen Auseinandersetzung kommt den TV-Konfrontationen zu. Das Fernsehen war noch im beginnenden 21. Jahrhundert jenes Medium, aus dem die Österreicher die meisten Informationen über den Wahlkampf bezogen. Eine Fessel-GfK-Umfrage über die Wahl 2002 zeigt, dass 90 % der Österreicher Informationen über den Wahlkampf aus dem Fernsehen bezogen. Tageszeitungen (74 %), Radio (47 %) und politische Magazine (10 %) waren weniger bedeutend. Das Internet brachte es im Übrigen nur auf 9 %.[119]

Die Fernsehtauglichkeit ist somit entscheidendes Kriterium für die Auswahl der Spitzenkandidaten. Es kommt aber auch zur fortschreitenden Professionalisierung österreichischer Fernsehwahlkämpfe, unter anderem durch Einbindung von Werbeexperten und Medienberatern oder durch das regelmäßige Einholen demoskopischer Studien und Umfragen.[120] Nach jeder TV-Konfrontation werden die »Zwischenzeiten« neu gemessen und medial verkündet. Die Berichterstattung über Politik gleicht jener über Wettrennen. In Amerika wird diesbezüglich deshalb vom »horse-race journalism« gesprochen.[121]

Tatsächlich führten die Bedeutung des Mediums Fernsehen und die TV-Konfrontationen der Spitzenkandidaten der Parlamentsparteien zu einer Zuspitzung des Wahlkampfes auf wenige Akteure, einer Personalisierung des politischen Wettbewerbs, auch wenn dieser Trend in der Beurteilung der Politikwissenschaft nicht unbedingt als völlig neuer Trend gesehen wird.[122] Doch die Bedeutung des Fernsehens verändert die Arena, in der politische Akteure agieren. Das Abschneiden bei den TV-Konfrontationen gleicht in der Inszenierung einem Sportkampf. Schon kurz nach dem Ende der Diskussion wird – meist von medientauglichen »Experten« – ein Sieger ermittelt oder ein Remis konstatiert. Die Bezeichnungen dieser Diskussionen als »Konfrontationen« oder »Duelle« weisen in die Kampfmetaphorik und versinnbildlichen das Ziel der Gespräche – heftige Auseinandersetzungen mit dem Ziel, als Sieger hervorzugehen, statt sachlicher Gespräche über politische Inhalte. Gerade der Wahlkampf 2002 spitzte sich auf ein Kanzlerduell zwischen Schüssel und Gu-

---

118 Der Spiegel 3. 2. 2000.
119 Zit. nach Plasser, Ulram, Sommer: Kampagnedynamik. S. 20.
120 Ebd. S. 21f. Maria Beyrl, Flooh Perlot: Politische Kommunikation in Österreich – Generalverdacht der Inszenierung? Ein Streifzug durch die österreichische Mediendemokratie. – In: Österreichische Zeitschrift für Politikwissenschaft. Jg. 35. 4/2006. S. 391–405. S. 400f.
121 C. Anthony Broh: Horse-Race Journalism. Reporting the Polls in the 1976 Election. – In: Public Opinion Quarterly 44/1980. S. 514–529. Thomas B. Littlewood: Calling Elections. The History of Horse-Race Journalism. – Notre Dame 1999.
122 Vgl. Lengauer, Pallaver, Pig: Redaktionelle Politikvermittlung in österreichischen Wahlkämpfen 1999–2006. S. 112f.

senbauer zu, nachdem die FPÖ durch die innerparteilichen Turbulenzen aus dem Rennen um die Kanzlerschaft ausgeschieden war.

Demnach war auch die TV-Konfrontation zwischen den beiden »Kanzlerkandidaten« am 14. November 2002 von entscheidender Bedeutung. Sie stieß auch bei den Wählern auf großes Interesse. Mit 1,75 Millionen Zusehern wurde eine Reichweite von 26,9 % erzielt[123], und in Umfragen gaben 25 % der Befragten an, dass die Fernsehdiskussion zwischen den Spitzenkandidaten ihre Wahlentscheidung entscheidend beeinflusst. Bei den Wechselwählern waren es sogar 30 %. Damit stellten die Fernsehdiskussionen zwischen den Spitzenpolitikern die wichtigste Quelle für die Wahlentscheidung dar, gefolgt von Gesprächen im Familien- und Bekanntenkreis (20 %) und Aussagen der Spitzenkandidaten in Fernsehen und Radio (16 %). Politische Informationen im Internet und Plakate der kandidierenden Parteien spielten mit nur jeweils 3 % im Wahlkampf 2002 keine Rolle.[124]

Die Bewertung der TV-Konfrontation zeigt, wie unterschiedlich die Kontrahenten der Konfrontation bei verschiedenen Zielgruppen abschnitten. So war das Umfeld des SPÖ-Vorsitzenden Gusenbauer mit dessen Auftreten sehr zufrieden und sah ihn als Sieger.[125] Umfragen zur TV-Konfrontation zwischen Schüssel und Gusenbauer zeigen allerdings, dass die Mehrheit (51 %) der Meinung war, der amtierende Kanzler hätte besser abgeschnitten als sein Herausforderer (32 %). 17 % sahen ein Unentschieden. Daraus wird ersichtlich, wie sehr die parteipolitische Präferenz die Rezeption dieser Formate der politischen Auseinandersetzung beeinflusst: Beiden Kontrahenten wurde von den Anhängern der eigenen Partei jeweils ein deutlich besseres Zeugnis ausgestellt. So sahen 90 % der deklarierten ÖVP-Wähler Kanzler Schüssel als Sieger und 82 % der SPÖ-Wähler Parteivorsitzenden Gusenbauer.[126] TV-Konfrontationen sind somit, stellen Plasser/Ulram/Sommer fest, bei Stammwählern kaum, bei Wechselwählern jedoch sehr wichtig. Nur 2 % der Stammwähler lassen sich durch diese Form der politischen Information in ihrer Entscheidung beeinflussen, und auch nur in der Form, dass sie sich – zunächst unentschlossen – durch die TV-Konfrontation für eine Partei entscheiden. Bei den Wechselwählern hingegen entscheiden sich 47 % erst nach der TV-Konfrontation für eine Partei. 35 % der Wechselwähler ändern dadurch sogar ihre Meinung.[127]

Aus diesen Zahlen wird deutlich, dass TV-Konfrontationen vor allem außerhalb der Stammwählerschaft große Bedeutung haben und deshalb bei knappen Ergebnis-

---

123 APA OTS: Bis zu knapp zwei Millionen Zuseher sahen ORF-TV-Konfrontation Schüssel – Gusenbauer, OTS0028 2002–11–15 09:19. http://www.ots.at/presseaussendung/OTS_20021115_OTS0028/bis-zu-knapp-zwei-millionen-zuseher-sahen-orf-tv-konfrontation-schuessel-gusenbauer (23.5.2012).
124 Plasser, Ulram, Sommer: Kampagnedynamik. S. 33, 39f.
125 Peter Pelinka: Wolfgang Schüssel. Eine politische Biographie. – Wien 2003. S. 66f.
126 Plasser, Ulram, Sommer: Kampagnedynamik. S. 42f.
127 Ebd. S. 44f.

sen entscheidende Funktion haben können. Der deutliche Wahlsieg der ÖVP bei den Wahlen 2002 ist somit nicht wesentlich auf die TV-Konfrontationen zurückzuführen.

Man könnte vermuten, dass für den knappen Sieg der SPÖ 2006 die Fernsehdiskussionen eine bedeutendere Rolle spielten, doch auch hier muss differenziert werden. Eine GfK-Umfrage zu den beiden Spitzenkandidaten der Wahl 2006 beinhaltete die Frage »Wirkt gut im Fernsehen«, und 67 % entschieden sich für den amtierenden Kanzler Schüssel, nur 24 % für den späteren Kanzler Gusenbauer, der allerdings bei sozialen Themen eine Mehrheit erreichen konnte.[128]

Es war also nicht die Fernsehtauglichkeit, die über den politischen Erfolg entschied, sondern es waren – auch – andere Faktoren. Der Wahlkampf 2006 war zwar grundsätzlich geprägt von einer starken medialen Zuspitzung auf die Spitzenkandidaten. So stammten etwa 39 % der Originaltöne in der Wahlkampfberichterstattung der ZIB von den Spitzenkandidaten der Parteien. Auch das Profil der Spitzenkandidaten stand – ähnlich wie schon 1999 – über dem der Parteien. Dabei wurden jedoch zunehmend rollenfremde Persönlichkeitselemente in den Vordergrund gerückt. Doch die mediale Berichterstattung fokussierte 2006 nicht vorrangig auf Sach- und Fachkompetenz oder Management- und Leadership-Fähigkeit, sondern auf Integrität (57,9 % statt 28,8 % im Jahr 1999), stellen Lengauer/Pallaver/Pig in einer detaillierten Analyse der redaktionellen Politikvermittlung im Wahlkampf 2006 fest und kommen zum Schluss: »Von einer medial dramatisierten Zuspitzung zu einem ›Kanzler-Duell‹ kann jedoch nur eingeschränkt gesprochen werden.«[129]

Resümee

Medien nehmen in der Lebenswelt der Österreicher im beginnenden 21. Jahrhundert eine beachtliche Stellung ein. Etwa sechs Stunden wird täglich ferngesehen und Radio gehört. Dazu kommen der tägliche Zeitungskonsum und die zunehmende Nutzung des Internets. Dabei hat sich die Medienlandschaft vor allem im Bereich der Audiovision nach 2000 grundlegend geändert. Die privat-kommerziellen Hörfunkstationen konnten sich am Markt etablieren, ohne freilich die Vormachtstellung des ORF herausfordern zu können. Als demokratiepolitische Bereicherung wurde das duale System durch eine Reihe von »freien Radios« ergänzt. Im Bereich des Fernsehens brachten neue gesetzliche Grundlagen den Start der terrestrischen Aus-

---

128 Fritz Plasser, Peter A. Ulram, Gilg Seeber: Was Wähler(innen) bewegt: Parteien-, Themen- und Kandidatenorientierungen 2006. – In: Plasser, Ulram (Hg.): Wechselwahlen. S. 155–194. S. 187–190.
129 Lengauer, Pallaver, Pig: Redaktionelle Politikvermittlung in österreichischen Wahlkämpfen 1999–2006. S. 117, 143.

strahlung privater Fernsehsender, die bis 2006 jedoch mit äußerst geringen Marktanteilen vorlieb nehmen mussten. Der Verlust der noch immer dominierenden ORF-Programme ging zugunsten von Privatsendern aus der BRD.

Im Bereich der Presse gab es weniger einschneidende Änderungen. Hier blieb die Konzentration der Zeitungen und Zeitschriften in den Händen weniger dominanter Akteure bestehen. Eine leichte Tendenz zur »Re-Austrifizierung« änderte nichts an der hohen Pressekonzentration. Durch die Aktivitäten der Herausgeber, vor allem im Bereich des Hörfunks, wurde deren Medienmacht weiter gesteigert. Das Internet konnte vor allem in den Jahren um 2000 die entscheidenden Schritte zum Massenmedium setzen. Österreich nahm dabei eine Position im oberen Drittel, was die Nutzer, bzw. im oberen Mittelfeld, was den Privatzugang zum Internet betrifft, ein. Somit wurde die österreichische Medienlandschaft durch ein neues Massenmedium ergänzt, das im Gegensatz zu Zeitung, Radio und Fernsehen wesentlich durch eine interaktive Komponente geprägt ist.

Die Bedeutung der Medien als Elemente der Information und Kommunikation – allen voran des Fernsehens – führte auch zu einer Fortsetzung und Vertiefung einer bereits lange vor 2000 einsetzenden Entwicklung, nämlich jener zur Mediendemokratie, in der Politik wesentlich in und von Medien gestaltet wird. Die Medientauglichkeit politischer Akteure und Botschaften wurde immer wichtiger, die Professionalisierung des politischen Marketings, vor allem hinsichtlich der Nutzung der Medien als Plattformen, schritt voran. Politiker präsentieren sich in Unterhaltungsformaten wie »Wetten dass«, aus den Medien bekannte und politisch unverbrauchte Quereinsteiger wie Josef Broukal sollen neue Zielgruppen ansprechen – mit unterschiedlichem Erfolg. Die politische Auseinandersetzung wird immer mehr zum Wettkampf, die Spitzenkandidaten, die sich im TV-Konfrontationen duellieren, erhalten immer mehr Bedeutung, die Politik wird personalisiert. Von Unterhaltungs-Politik und »Politainment« sprechen Beobachter und konstatieren eine zunehmende Inszenierung politischen Handelns, die häufig auch zulasten der politischen Inhalte geht. Schließlich intensivierten sich nach 2000 die Versuche der direkten politischen Intervention in den öffentlich-rechtlichen Medien, die 2006 zu einer spektakulären Gegenwehr der ORF-Journalisten führte. An der Politisierung des ORF hatte auch das neue ORF-Gesetz des Jahres 2001 nichts geändert.

Die Intensivierung des politischen Wettbewerbs vor allem zwischen den jahrzehntelang großkoalitionär verbundenen »Großparteien« veränderte auch die mediale politische Auseinandersetzung. »Dirty campaigning« und die Nutzung der medial vermittelten Öffentlichkeit zur bewussten Streuung von Gerüchten wurden Teil des politischen Wettbewerbs. Vor Aufkommen von Web 2.0 und Social Media war es das Fernsehen und die den österreichischen Tageszeitungsmarkt dominierende »Kronen Zeitung«, welche die wichtigsten Foren des politischen Diskurses darstellten. Doch auch hier ist im Zeitraum von 2000 bis 2006 zumindest der Beginn einer Veränderung zu erkennen, wie auch die Proteste gegen die Angelobung des Kabinetts Schüssel I zeigen, in deren Rahmen die neuen Kommunikationsmittel eine derart große Rolle spielten, dass der neue Kanzler neben Altlinken, 68ern auch die »Internet-Generation« zur Avantgarde der politischen Proteste gegen Schwarz-Blau zählte. Am Ende seiner Amtszeit ist das Internet nicht mehr das Medium einer Generation, sondern bereits zum Massenmedium geworden, das – wie US-amerikanische Umfragen und der Wahlkampf zur US-Präsidentenwahl 2008 zeigen – dabei ist, an der Vormachtstellung des Fernsehens als Leitmedium zumindest einmal vorsichtig zu rütteln.

Michael Gehler

Vom EU-Beitritt zur EU-Osterweiterung

Die Aussen-, Europa- und Integrationspolitik von Aussenminister (1995–2000) und Bundeskanzler (2000–2006) Wolfgang Schüssel

Dieser Beitrag unternimmt den Versuch, die Außen-, Europa- und Integrationspolitik von Wolfgang Schüssel im Zeitraum von 1995 bis 2006 zu untersuchen, wobei seine Amtszeit als Außenminister, Vizekanzler und Bundeskanzler in den Blick genommen wird. Es geht dabei nicht nur um seine Politik innerhalb, sondern auch außerhalb der Europäischen Union und damit in Zusammenhang stehende Kontroversfragen.

I. Ausgangspunkte: Aussenminister in der Grossen Koalition (1995–2000)

1. Das Einigungserlebnis mit der Europäischen Union

In der Endphase der EG-Beitrittsverhandlungen war Außenminister Alois Mock an die Grenzen seiner physischen Leistungsfähigkeit gelangt. Mit bewundernswertem Einsatz hatte der bereits von seiner Krankheit gezeichnete Mann in kräfteraubenden und nervenzehrenden Marathonsitzungen zwischen 25. Februar und dem 2. März 1994 über 100 Stunden durchgehalten.[1] Finanzminister Ferdinand Lacina und Wirtschaftsminister Wolfgang Schüssel hatten die Verhandlungen zeitweise in die Hand genommen. Mock hatte später selbst eingeräumt, dass neben Schüssel und Lacina der ehemalige Wiener SPÖ-Vorsitzende und Zilk-Stellvertreter, SP-Finanzstadtrat Hans Mayr, sowie Botschafter Manfred Scheich eine integrative Wirkung auf die Stimmung in der Delegation hatten: »Sie sorgten für den Zusammenhalt im Finish.«[2] Dieser war zeitweise infrage gestellt und musste erst wiederhergestellt wer-

---

1 Alois Mock: Heimat Europa. Der Countdown von Wien nach Brüssel, redigiert von Herbert Vytiska. – Wien 1994. S. 189–190; vielfach auf diesen Beitrag basierend: Michael Gehler: Österreichs Außenpolitik der Zweiten Republik. Von der alliierten Besatzung bis zum Europa des 21. Jahrhundert. 2 Bde. – Innsbruck/Wien/Bozen 2005. S. 802–842; Kapitel VI.
2 Mock: Heimat. S. 190; siehe auch Martin Eichtinger, Helmut Wohnout: Alois Mock. Ein Politiker schreibt Geschichte. – Wien/Graz/Klagenfurt 2008. S. 252–257.

den. Es herrschte Krisenstimmung. Die Abreise stand im Raum, die Verhandlungen hatten einen toten Punkt erreicht. Der langjährige Brüsseler ORF-Korrespondent Günter Schmid hatte bereits mit Mock ein Interview aufgenommen, das auf Betreiben von Schüssel und Landwirtschaftsminister Franz Fischler nicht gesendet wurde.[3] Streitpunkte waren der Binnenmarkt, in dem es für Österreichs Agrarprodukte keine Schutzzölle mehr geben sollte, und die Freiheit des Warenverkehrs. Die zuständigen EU-Verhandler, der französische Europaminister Alain Lamassoure und der niederländische Außenminister Hans van den Broek, erwiesen sich als härteste Widersacher. Lamassoure stammt aus Savoyen – einer Region, die nach seiner Einschätzung vom Ausweichverkehr über die Alpen bedroht gewesen wäre, sollten die Österreicher hart bleiben – und wollte den bereits 1992 mit der EG geschlossenen Transitvertrag mit seinen Beschränkungen für den durch Österreich durchziehenden Schwerverkehr »aushebeln«.[4] Der Österreichfreund Helmut Kohl an der Spitze mit seinem außenpolitischen Berater Joachim Bitterlich und Außenminister Klaus Klinkel (FDP) setzten sich für den Beitrittskandidaten ein.[5]

Der 1. März 1994 sollte zum Tag der Einigung werden. Im Kommissionssitzungssaal am großen runden Tisch wurde unter anhaltendem Applaus der Beitritt Österreichs verkündet. Der sichtlich bewegte Mock rief – in bewusster Anspielung auf Leopold Figls Ausruf »Österreich ist frei!« – nach Unterzeichnung des Staatsvertrages im Wiener Schloss Belvedere 1955 aus: »Österreichs Weg nach Europa ist frei!«[6] Die ausgehandelten Verträge sollten am 30. März unterzeichnet werden. Österreich konnte mit Schweden und Finnland am 1. Januar 1995 EU-Mitglied sein. Schüssels zukünftige Politik sollte vom Verhandlungsergebnis mit den Europäischen Gemeinschaften, dem EU-Beitrittserlebnis und dem Vermächtnis von Mock auch mit Blick auf ein größeres Europa, erweitert um die Mitte und den Osten des Kontinents, geprägt sein,[7] jenem Mock, der für Österreich maximalen Einsatz in der EU und für diese nur eine Zukunft als föderales Europa sah:

> »Wir müssen die technische Maschinerie und die Regeln von Brüssel maximal nützen. Im Bereich der Forschung sind wir hinten. In der Landwirtschaft müssen wir eine Vorreiterrolle spielen, da haben wir gute Ansätze in der Ökologie. ... Die GASP ist etwas, wo wir

---

3 Hans Rauscher: Franz Fischler – Provokationen eines österreichischen Europäers. – Wien 1998. S. 37f.
4 Ebd. S. 38–39. 49ff.
5 Ebd. S. 51; zu Kohl als verlässlichem Partner und Fürsprecher Österreichs und den Telefonaten mit Mock in kritischen Phasen der Verhandlungen: Wolfgang Schüssel: Offengelegt. Aufgezeichnet von Alexander Purger, Salzburg 2009, S. 36–37; grundlegend wie einschlägig zur Thematik: Heinrich Neisser: The Schüssel Years and the European Union. – In: Günter Bischof, Fritz Plasser (Hg.): The Schüssel Era in Austria (Contemporary Austrian Studies 18). – Innsbruck 2010. S. 183–205.
6 Rauscher: Fischler. S. 52.
7 Schüssel: Offengelegt. S. 68.

naturgemäß eigentlich nichts zu sagen haben. Aber wenn sich dann, wie etwa im Fischereikonflikt, zwei verklammern, kann man als dritter, unparteiischer Partner eine Rolle spielen. Das mittlere und kleine Potential muß ausgenützt werden. Die Österreicher müssen sich durch Dialogfähigkeit aufdrängen, bis hin zum Angebot der Sozialpartnerschaft. … Wir müssen auf der politischen Linie sein, das Gewicht der mittleren und kleineren Länder zu halten, bei den Abstimmungen und als Interessenvertretungen. Das wird hart werden, aber das System kann nur mit einer quasi föderalen Struktur funktionieren. Wir haben relativ mehr Gewicht als die Großen. Dadurch bleibt die EU effizient.«[8]

An diesen Vorgaben wird am Ende dieses Beitrags die Außen-, Europa- und Integrationspolitik Österreichs und Schüssels zu messen sein.

2. Nach der EU-Mitgliedschaft: Nachfolger von Alois Mock als Außenminister und Aufstieg in der ÖVP

Neuer Chef der Ballhausplatz-Diplomatie sollte ein Mann werden, der die österreichische Innen- und Parteipolitik zwar in- und auswendig kannte, aber weder einen nennenswerten internationalen Hintergrund noch eine größere außenpolitische Erfahrung aufweisen konnte, sieht man von den Verhandlungen zum Europäischen Wirtschaftsraum (EWR) in den Jahren 1990 bis 1992 ab, in denen er als Wirtschaftsminister führend beteiligt war: Wolfgang Schüssel,[9] geboren am 7. Juni 1945 in Wien, besuchte nach der Volksschule das Schottengymnasium, wo er 1963 die Matura ablegte. Anschließend studierte er Rechtswissenschaften an der Universität Wien und wurde 1968 dort promoviert. Der gläubige Katholik, Hobbymusiker und Doktor der Rechtswissenschaften machte in der ÖVP rasch Karriere. Von 1968 bis 1975 diente er als Sekretär des Parlamentsklubs der Volkspartei, von 1975 bis April 1991 fungierte er als Generalsekretär des Österreichischen Wirtschaftsbundes, einer ÖVP-Teilorganisation. Als studierter Jurist und an Erfahrung stets wachsender Berufspolitiker gehörte Schüssel mehrere Perioden als Abgeordneter dem Nationalrat (1979–1989, 1990, 1994, 1996 und 1999–2000) an. Ressortaufgaben sollten an den aufstrebenden Jungpolitiker bald herangetragen werden: Am 24. April 1989 war er zum Bundesminister für wirtschaftliche Angelegenheiten in der von der SPÖ und ÖVP gebildeten Bundesregierung unter Bundeskanzler Franz Vranitzky angelobt geworden. Sechs Jahre später gab es dann die Wachablöse an der Führungsspitze der Volkspartei. Nach den Obleuten Alois Mock,

---

8 Europa hat nur föderal eine Zukunft. Außenminister Mock zieht im Interview mit dem Standard politische Bilanz. – In: Der Standard 24. 4. 1995.
9 Zur Biografie und politischen Karriere (sehr wenig zum Außenminister Schüssel) Peter Pelinka: Wolfgang Schüssel. Eine politische Biographie. – Wien 2003. S. 169–200.

Erhard Busek und Josef Riegler kam es zu einer entscheidenden personellen Verschiebung: Beim 30. ordentlichen Bundesparteitag der ÖVP wurde Schüssel am 22. April 1995 zum Bundesparteiobmann gewählt, was kurz darauf auch regierungs- und ressortpolitische Konsequenzen nach sich zog. Am 4. Mai 1995 wurde Schüssel Vizekanzler und löste den gesundheitlich beeinträchtigten Mock auch als Außenminister ab.[10]

Die Ablöse erfolgte nicht so freiwillig, wie es rückblickend erscheinen mag, sondern war auch ein Stück weit erzwungen, wenngleich notwendig. Der vormalige Außenminister bestätigte auf Nachfrage der Tageszeitung *Der Standard*, sich an seine Arbeit geklammert zu haben:

> »Der Eindruck entsteht vielleicht durch die Wiederholung überzogener Argumente, wenn der eigene Parteiobmann das fordert. Wenn man da nicht immer aggressiv reagiert, glauben die Leute, es wäre ohnehin Zeit zu gehen. Dazu kommt meine Gesundheit, obwohl ich ungleich besser beisammen bin als im Vorjahr. In Brüssel, da war es oft schon am Rande. ... Ich hätte auch gerne weitergemacht, meine Arbeit hat mich sehr interessiert. Aber in der Politik ist man immer nur auf Zeit bestellt.«[11]

Es war von Anfang an nicht ausgemacht, dass Schüssel Mock auf den Posten als Außenminister folgen würde. Als Nachfolger wurden der für die Industriellenvereinigung tätige ehemalige Ballhausplatz-Diplomat Franz Ceska oder gar der als EU-Verhandlungsdelegationsleiter bekannt gewordene Botschafter Manfred Scheich genannt. Schüssel selbst war vom designierten Kommissionspräsidenten Jacques Santer (1995–1999) im Zuge des österreichischen EU-Beitritts, der mit seinem Amtsantritt zusammenfiel, der Brüsseler Posten als Wettbewerbskommissar angeboten worden, was Schüssel jedoch aus familiären Gründen ablehnte, wie durch seine Erinnerungen bekannt geworden ist.[12]

Unterdessen schwelte in der Großen Koalition die Auseinandersetzung um die Frage der EU-Kompetenzen. Die Entscheidung Schüssels, Botschafter Scheich weiter in der Reflexionsgruppe zur Vorbereitung der Regierungskonferenz der EU zu belassen, musste Staatssekretärin Ederer zur Kenntnis nehmen, die darauf beharrte, federführend für die innerstaatliche EU-Koordination zuständig zu bleiben, wofür sie eine mündliche Zusage Mocks hatte. Schüssel betonte: »Alles, was festgeschrieben ist, bleibt so. Es braucht sich niemand zu fürchten, ich bin pakttreu.«[13] Noch im gleichen Jahr schied Ederer allerdings aus ihrer Funktion aus.

---

10 Eichtinger, Wohnout: Alois Mock. S. 263.
11 Der Standard 24. 4. 1995.
12 Schüssel: Offengelegt. S. 227.
13 Ederer will Erklärung über EU-Kompetenz. Noch vor Angelobung der neuen Regierung Klarstellung nötig – Gespräch mit Schüssel. – In: Der Standard 3. 5. 1995.

Neue Europa-Staatssekretärin wurde Benita Ferrero-Waldner, die Schüssel als
»außerordentlich kompetente, eloquente und engagierte Frau« bezeichnete und
versicherte: »Es wird sicher keine eigenständige Außenpolitik von der Frau Staatssekretär geben, sondern sie ist zur Unterstützung des Ressortchefs da.«[14]

Erste Negativ-Erfahrungen mit seiner noch sehr jungen EU-Mitgliedschaft
machte Österreich, als es realisieren musste, weitgehend isoliert mit seiner Kritik
am Euratom-Vertrag zu sein, der von allen EU-Staaten die Schaffung der für die
schnelle Bildung und Entwicklung der Kernindustrien erforderlichen Voraussetzungen verlangte. »Wir sind mit der Forderung nach einem langfristigen Atomausstieg
alleine geblieben«, musste Scheich öffentlich eingestehen. Lediglich Irland unterstützte Österreich bei seinem Verlangen, indem es anregte, die Sicherheitsbestimmungen des Euratom-Vertrags zu verschärfen. Im Bericht der Reflexionsgruppe
wurde auf den Atomstromanteil von 75 Prozent in einigen EU-Staaten verwiesen.[15]

Schüssels Interesse galt 1995 mehr der Innen- als der Außenpolitik. Noch im gleichen Jahr brach er Neuwahlen vom Zaun. Die ungelöste Budgetfrage war einer der
Hauptgründe, aber an den regierungspolitischen Konstellationen in Österreich änderte sich nichts, wenngleich sich zum ersten Mal rein rechnerisch eine bürgerliche
Koalition ÖVP/FPÖ ausgehen sollte. Schüssel wurde 1995 zum neuen Bundesminister für auswärtige Angelegenheiten im Kabinett Vranitzky IV angelobt. Er trat
als selbstbewusster Außenminister auf, der die EU und ihre Grundprinzipien teilte.
Schüssel knüpfte insofern auch an die Balkan-Politik von Mock an, als er diese Region als Verantwortungsraum der österreichischen Außenpolitik begriff. Im Februar
reiste er als erster Außenminister nach dem Bosnien-Krieg nach Sarajewo, um dort
die neue österreichische Botschaft unter Leitung von Valentin Inzko zu eröffnen und
ein Zeichen der Normalisierung für Bosnien-Herzegowina zu setzen.[16]

Im Kabinett Vranitzky V übte Schüssel die gleichen Funktionen aus. Im Kabinett
Klima I vom 28. Januar 1997 bis 4. Februar 2000 nahm Schüssel wieder die Aufgaben
als Außenminister wahr. Seine innenpolitische Funktion war aber bedeutsamer:[17]
Es gelang Schüssel als gewachsenem Politfunktionär und Vollblutpolitiker, die vor
seiner Zeit sehr zerstrittene ÖVP wieder stärker zusammenzuführen und zu einen.

---

14 Wolfgang Schüssel und die Tempoverlagerung in der Außenpolitik (Interview. – In: Die Presse 10. 5. 1995.
15 M. Maurer: Österreich steht mit Kritik am Euratom-Vertrag allein. – In: Neues Volksblatt 6. 12. 1995. EU/Österreich/Reform/Regierungskonferenz – Nur Irland unterstützt Wiens Forderung nach Ausstieg aus Atomkraft, Austria Presse Agentur APA426 5 AI 0248 II/WI, 12. 9. 1995.
16 Schüssel: Offengelegt. S. 24.
17 Reinhard Heinisch: Unremarkably Remarkable, Remarkably Unremakable: Schüssel as Austria's Foreign Policymaker in a time of transition. – In: Bischof, Plasser (Hg.): The Schüssel Era in Austria. S. 119–158. S. 120.

Am 25. April 1999 erfolgte die neuerliche Wahl zum Bundesparteiobmann der ÖVP. Vom 28. Oktober 1999 bis 4. Februar 2000 schließlich fungierte Schüssel als Klubobmann des ÖVP-Parlamentsklubs. Seit dem letztgenannten Datum wirkte er als Bundeskanzler. Die Weitergabe der Leitung des Bundesministeriums für Auswärtige Angelegenheiten erfolgte an Schüssels enge und treu ergebene Vertrauensperson, die erste Frau in dieser Position am Ballhausplatz in der Geschichte der Republik Österreichs, die vormalige Europa-Staatssekretärin Ferrero-Waldner.

3. Status-quo-Wahrung beim EU-Gipfel in Amsterdam – Rücktrittsgefahr durch Auslassungen im Rahmen der Frühstücksaffäre

Die Beilegung der deutsch-französischen Kontroverse über die Art und den Grad der Sicherung der gemeinsamen europäischen Währung und die Betonung des gleichgewichtigen Kampfes gegen die Arbeitslosigkeit führte die Staats- und Regierungschefs nicht zu weiteren größeren Kompromissen.[18] Tiefgreifende Reformen der EU-Institutionen wurden auf dem Gipfel von Amsterdam vom 17. bis 18. Juni 1997 nicht beschlossen. Trotz alledem konnte nach 17-stündigem Verhandlungsmarathon verlautbart werden, dass eine »wichtige Weichenstellung für die Osterweiterung« erfolgt sei. Helmut Kohl und Viktor Klima stimmten in dieser Beurteilung überein. Für den deutschen Politiker konnten damit die Verhandlungen mit Polen, Ungarn und Tschechien bereits am 1. Januar 1998 einsetzen. Nach den Aussagen von Außenminister Schüssel setzte sich Österreich mit seinen wesentlichsten Anliegen in Amsterdam durch, nämlich der Beibehaltung eines EU-Kommissars, einstimmigen Beschlüssen bei Entscheidungen über den Landverkehr, die Wasser- und Energiewirtschaft sowie die Gestaltung der Raumordnung, einem neuen Beschäftigungskapitel sowie der Integration der Sozialpolitik und des Schengener Abkommens über den freien Personenverkehr in den neuen EU-Vertrag. Nachdem sich die EU-15-Staaten darauf einigten, dass Berufe für EU-Bürger Priorität für die EU-Agenda haben sollten, was durch Annahme einer Beschäftigungserklärung zum Stabilitätspakt unterstrichen wurde, war für Klima und Schüssel mit ihrer Zustimmung klar geworden, dass die »Wirtschafts- und Währungsunion« (WWU) auch zu einer »Beschäftigungs- und Sozialunion« gemacht worden war. Bei der Sicherheitspolitik sollte es »konstruktive Enthaltungen« als »vernünftiges Mittel der Flexibilität« und keinen Zwang geben, nach Enthaltung bei einer Abstimmung über eine EU-Militäraktion im Rahmen der Westeuropäischen Union (WEU) diese mitfinanzieren zu

---

18 Äußerst hartes Ringen um EU-Reform. Asyl- und Visapolitik nur einstimmig. WEU-Integration und Machtverhältnis zwischen großen und kleinen Ländern als die größten Streitpunkte. – In: Salzburger Nachrichten 18. 6. 1997.

müssen. Österreich musste sich demzufolge bei Abstinenz nicht an Kosten eines EU-Militäreinsatzes beteiligen. Nachdem die WEU auf britisches Verlangen »auf unbestimmte Zeit« nicht mit der EU verschmolzen werden sollte, hatte sich für Klima »ein für Österreich erträglicher Standpunkt durchgesetzt«. Laut Amsterdamer EU-Vertrag sollte es in Zukunft eine »Analyseeinheit« und einen »hohen Repräsentanten« als »außenpolitisches Gesicht der EU«, den »Mister GASP«, geben. Dabei legte der Bundeskanzler mehr Wert auf die Wahrung des österreichischen Neutralitätsstandpunktes als der Außenminister. Beruhigend war für Klima, dass bei allen grundlegenden außenpolitischen Entscheidungen der Einstimmigkeitsgrundsatz gewahrt bleiben musste.[19] Bereits beim Forum Alpbach hatte Botschafter Scheich konstatiert, dass »der [europäischen] Integration das emotionale Unterfutter fehlt«.[20]

Schüssel war ein intelligenter Politiker, wohl auch mehr gewiefter Taktiker als kluger Stratege, jedenfalls ausgestattet mit einem ausgesprochenen Machtinstinkt. Der zuweilen »oberlehrerhaft« und »spröde« empfundene Politiker stand mit den Medien während seiner Zeit als Vizekanzler und Außenminister nicht besonders gut, ja, phasenweise sogar auf Kriegsfuß. Das lag auch an einer Presseaffäre, die seiner politischen Karriere gefährlich werden sollte. Während einer informellen Frühstücksrunde im Hotel Hilton mit österreichischen Journalisten am Rande des EU-Gipfels in Amsterdam soll er zufolge Aussagen mehrerer Anwesender den deutschen Bundesbankpräsidenten Hans Tietmeyer als »richtige Sau« bezeichnet haben, weil dieser angeblich den deutschen Finanzminister Theo Waigel hintergangen habe. Den dänischen Ministerpräsidenten und Außenminister soll er einen »Trottel« genannt haben. Tietmeyer hatte sich den Zorn des österreichischen Außenministers zugezogen, da er die europäische Währungspolitik von Schüssels persönlichem Freund Kohl in Fragen der Konvergenzkriterien für den zu schaffenden Euro nicht nachvollziehen und mittragen wollte. Der dänische Amtskollege soll beschimpft worden sein, als es sich um das Thema Umweltschutz im EU-Vertrag handelte. Zwei ORF-Redakteure und der Chefredakteur der »Salzburger Nachrichten«, Roland Barazon, bezeugten die Äußerungen Schüssels, was dieser dementieren ließ.[21] Er bestritt die Äußerungen öffentlich, die von mehreren Zeugen teilweise in eidesstattlichen Erklärungen bestätigt wurden. Nicht nur die Oppositionsparteien, sondern auch Vertreter des Koalitionspartners forderten den Rücktritt. Obwohl deutsche Journalisten vom Nachrichtenmagazin »Focus« die Sache aufgebracht hatten, sah Schüssel den

---

19 Hans-Heinz Schlenker: Machtkampf vertagt. – In: Salzburger Nachrichten 19. 6. 1997.
20 Margaretha Kopeinig: Kritik am Integrationsprozess: »EU verharrt im Nationalen«. – In: Kurier 26. 8. 1997.
21 »Richtige Sau« als Gipfelthema in Amsterdam? Kontroverse um Schüssels Wortwahl – Zeugen bestätigen Äußerungen, doch der Außenminister dementiert. – In: Salzburger Nachrichten 1. 7. 1997; zur Freundschaft mit Kohl, siehe Schüssel: Offengelegt. S. 36f. Heinisch: Unremarkably Remarkable, Remarkably Unremarkable. S. 122, bezeichnet die Äußerungen als takt- und gedankenlos.

Ursprung der Behauptungen in Österreich. Im Zusammenhang mit der »Amsterdamer Frühstücksaffäre«[22] zeigte der Außenminister nur wenig Professionalität. Es fehlte an Nervenstärke, als er ein Radiointerview kurzerhand abbrach und den Hörer auflegte. Auf die entsprechenden Vorwürfe reagierte er nicht überzeugend. Auf Befragen der ORF-Auslandsredakteurin Bettina Roither hatte sich folgender Dialog entwickelt:

> Schüssel: »Das ist eine wirklich bösartige Unterstellung. Ich kann Ihnen sagen, dass ich äh, dass so ein Vokabular gar nicht zu meinem Sprachgebrauch gehört. Ich hab' so etwas nicht einmal im härtesten Wahlkampf gegenüber politischen Gegnern gesagt.«
> Roither: »Herr Minister Schüssel, nun gibt es eine Reihe österreichischer Journalisten, die durchaus bestätigen können, das solche Äußerungen Ihrerseits sehr wohl gefallen sind, allerdings nicht bei einem offiziellen Pressefrühstück, sondern bei einem Frühstück, zu dem Sie auch dazugekommen seien.«
> Schüssel: »Ich war beim ... äh ... in ganz Amsterdam bei keinem Früh ... äh bei keinem Pressefrühstück anwesend, wo ich mit Journalisten auch nur über so ein Thema geredet habe.«
> Roither: »Nicht bei einem Pressefrüh ...«
> Schüssel: »Das ist eine absolute Erfindung.«
> Roither: »Herr Minister Schüssel, kann es sein, dass diese Äußerungen nicht eben in so einem offiziellen Rahmen gefallen sind ...«
> Schüssel: »Frau Redakteurin, ich darf Ihnen ganz offen sagen, meine Erklärung haben Sie gehabt.«
> Roither: »Darf ich Ihnen, eine Frage noch?«
> Schüssel: »Damit ist es für mich erledigt, Grüß Gott.«
> Roither: »Eine Frage noch Herr Minister ...«
> Schüssel: [legt auf, tüt, tüt, tüt].«[23]

Nicht nur das erwähnte Rundfunk-, sondern auch ein TV-Interview brach Schüssel vorzeitig ab, was kommunikationspolitisch merkwürdig war. Um rasche Schadensbegrenzung zu betreiben, flog Schüssel eiligst nach Frankfurt am Main ins Kongresszentrum nahe der Deutschen Bundesbank, um mit Tietmeyer ein arrangiertes Vieraugengespräch zu führen. Auf die Journalistenfrage, warum er am Rande einer Konferenz, bei der Tietmeyer über den Euro referierte, nach Frankfurt gefahren sei, wenn die Vorwürfe ohnedies nicht stimmen würden und sich an seiner Position

---

22 So betitelt sie Schüssel selbst: Offengelegt. S. 56f., der mit seinem Umgang damit auch Selbstkritik walten lässt.
23 ORF-Mittagsjournal-Interview Bettina Roither mit Außenminister Wolfgang Schüssel 2. 7. 1997 [Mitschnitt im Besitz des Verfassers].

nichts geändert habe, antwortete der sichtlich um Schadensbegrenzung bemühte Außenminister in einem Interview mit dem ORF-Journalisten Volker Obermaier:

»Als Außenminister bin ich's der Reputation unseres Landes schuldig, dass ich die Dinge aufkläre, bei dem, der sich als einziger wirklich aufregen kann, das ist der deutsche Bundesbankpräsident Tietmeyer, daher bin ich hierhergekommen nach Frankfurt, und werde das unter Männern ausreden«.
Volker Obermaier: »Es ist viel über Ihr Verhalten nach Bekanntwerden dieser Affäre diskutiert worden. Sind Sie sich sicher, dass Sie sich bis heute richtig, korrekt, ehrlich verhalten haben?«
Wolfgang Schüssel: »Ich glaube schon, weil niemand ist perfekt, ich sicher auch nicht, wahrscheinlich hätte ich den Hörer nicht auflegen sollen bei einer Journalistenfrage im Radio, das war vielleicht eine Emotion und das muss man unterdrücken lernen, aber dazu stehe ich gar nicht an, das auch zuzugeben. Ich meine, dass man seinen Weg gehen soll. Diese Vokabeln gehören nicht zu meinem politischen Wortschatz. 18 Jahre politische Tätigkeit bin ich ohne diese Dinge ausgekommen, und ich hoffe, es auch in Zukunft so zu halten.«[24]

Tietmeyer nahm die Klarstellung Schüssels zur Kenntnis, wonach es »falsche Berichte« gegeben habe. Der Bundesbankpräsident signalisierte, zur Tagesordnung überzugehen.[25] Damit hatte die Sache aber noch kein Bewenden. Die düpierten Journalisten setzten nach: Sie bekräftigten ihre Darstellung und wurden von ihren Kollegen unterstützt. Schüssel ging auf einer Pressekonferenz in Linz in die Offensive:

»Es ist Aufgabe der Journalisten zu berichten, und ich könnte ja die Gegenfrage aufwerfen: Wenn das so war, warum bitte ist das dann vierzehn Tage nicht geschrieben worden? Wenn es so war, dass z.B. irgendein Journalist die Meinung hätte, ich hätte vor sieben, acht Monaten eine rassistische Bemerkung gemacht, Freunde, dann ist er verpflichtet, mir auf die Finger zu klopfen. Das ist der Punkt.«[26]

Der ORF-Redakteursrat hielt in einer Aussendung fest, die Journalisten hätten keine Erinnerungslücken. Die österreichischen Redakteure hätten die Äußerungen zunächst aus Vertraulichkeit nicht weitergegeben. Erst als diese durch den »Focus«

---

24 ORF-Morgenjournal. Bericht von Volker Obermaier aus Frankfurt 3. 7. 1997 [Mitschnitt im Besitz des Verfassers].
25 Ebd. Interview mit Hans Tietmeyer am 8. 11. 2011 am Institut für Geschichte der Universität Hildesheim.
26 ORF-Mittagsjournal 3. 7. 1997 [Mitschnitt im Besitz des Verfassers].

gebrochen worden sei, hätten sie diese bestätigt. Die Pressionen auf Schüssel nahmen weiter zu. Bei einer Sitzung der Bundespartei in Salzburg stand die Causa auch innerparteilich zur Diskussion. Mit der Presse bestand weiter Kriegszustand. Beim historischen Gipfel der NATO-Außenminister in Madrid, der für die Aufnahme von Polen, Tschechien und Ungarn in das atlantische Bündnis der »Friedenspartner« die Basis schaffen sollte, erklärte der ÖVP-Chef vor den anwesenden Amsterdamer Ohrenzeugen und österreichischen Journalisten, die ihm nachsagten, er würde von einer Konspiration sprechen – tatsächlich ging Schüssel von einer Intrige aus, die von österreichischer Seite transportiert und lanciert worden sei –, indem er die Affäre herunterspielte und sich versöhnlich gab:

»Ich habe das Wort ›Verschwörung‹ nie verwendet, ich halte es auch nicht für eine Verschwörung, das ist Ihre Diktion. Und ich möchte das hier ganz klarlegen, das ist nicht, wieder nicht meine Sprache, wie auch manches andere nicht, und ich habe außerdem hierbei, noch dazu bei einem Pressefrühstück im Ausland, dem nichts hinzuzufügen, was ich im Inland gesagt habe. Ich würde übrigens auch empfehlen, dass man langsam zu einer gewissen Abrüstung auch der Worte und Gedanken kommt.«[27]

Schüssel konnte die Affäre auf diese Weise aussitzen. Er bewies auch der in Folge mehrmals in vergleichbaren Situationen politischen Gegendrucks und medial-öffentlicher Kritik Durchhaltequalität, Sitzfleisch und Standfestigkeit. Kritiker nahmen ihm insbesondere die Koalition mit der rechtspopulistischen FPÖ im Jahr 2000 sehr übel, die Österreich international und europapolitisch zeitweise ins politische Abseits führen sollte. Schüssel hielt auch hier massiven internationalen und medialen Pressionen stand.

4. Das Scheitern des sicherheitspolitischen »Optionen«-Berichts 1998 und die versuchte Erosion der Neutralität durch »materielle Derogierung«

Das bereits 1996 zwischen Bundeskanzler Franz Vranitzky (SPÖ) und Vizekanzler und Außenminister Schüssel (ÖVP) geschlossene Koalitionsübereinkommen enthielt einen Passus, wonach sich »die Regierungsparteien im Einklang mit den Zielsetzungen der Europäischen Union für die vollberechtigte Teilnahme Österreichs an funktionsfähigen europäischen Sicherheitsstrukturen einsetzen«. Mit dem EU-Beitritt hatte sich Österreich »zur vollen Mitwirkung« an der GASP und zu der im EU-Vertrag von Maastricht festgelegten Absicht einer gemeinsamen Verteidigungspolitik verpflichtet. Österreich sagte zu, sich »an diesbezüglichen Bemühungen aktiv [zu]

---

27 ORF-Mittagsjournal 9. 7. 1997 [Mitschnitt im Besitz des Verfassers].

beteiligen«. Dass dies eine »tiefgreifende Revision der österreichischen Sicherheits- und Verteidigungspolitik« nach sich ziehen würde, schien außer Zweifel.[28]

Im November 1996 unterzeichnete Österreich als erster Beobachter ein Sicherheitsabkommen mit der WEU in Oostende, bei dem Außenminister Schüssel und Verteidigungsminister Werner Fasslabend (ÖVP) teilnahmen. Diese Vereinbarung ermöglichte den Austausch vertraulicher Papiere, was bis dato nur auf informeller Basis möglich war. Es blieb jedoch ein Konfliktgegenstand, zu welchen Dokumenten WEU-Beobachter Zugang haben sollten. Das Nordatlantische Bündnis forderte, dass auch innerhalb der WEU sensibler Wissensstand auf NATO-Staaten beschränkt bleiben sollte. Diese Streitfrage zwischen WEU-Beobachtern und NATO-Mitgliedern innerhalb der WEU drohte die Debatte über zukünftige Einsätze zu belasten. Die WEU hatte sechs Varianten elaboriert, die sich im Rahmen der »Petersberger Aufgaben«, bekannt geworden durch die Erklärung des Ministerrats der WEU vom 19. Juni 1992 am Petersberg bei Bonn/Bad Godesberg, ergeben hatten. Sie schlossen den Ausbau der WEU als Verteidigungskomponente der EU und als Instrument zur Stärkung des europäischen Pfeilers der NATO ein und die Bereitstellung von militärischen Einheiten des gesamten Spektrums der konventionellen Streitkräfte für unter Befehlsgewalt der WEU durchgeführte militärische Aufgaben: gemeinsame Verteidigung in Übereinstimmung mit Artikel V des Washingtoner Vertrages (NATO) bzw. Artikel 5 des geänderten Brüsseler Vertrages, aber auch für Zwecke humanitärer Aufgaben und Rettungseinsätze, friedenserhaltender Aktionen *und* Kampfeinsätze bei Krisenbewältigung, einschließlich Maßnahmen zur »Herbeiführung des Friedens«.[29] Dazu wurden auch die Evakuierung von Europäern aus Krisengebieten, die Sicherung eines Embargos oder Maßnahmen gegen einen Fallout, einen Nuklearunfall wie bspw. von Tschernobyl, gerechnet. Um die Vorkehrungen für solche Einsätze, an denen auch Österreich teilnehmen konnte und sollte, wirksam zu gestalten, war Informationsaustausch notwendig. Ohne einen solchen wäre es für ein Land auch schwierig, fristgerecht die erforderlichen Freiwilligenbestände bereitzustellen. In Oostende sollte ein Kompromiss bei der Informationsweitergabe gefunden werden wie auch den Beobachtern die Teilnahme an den Ad-hoc-Arbeitsgruppen der WEU-Rüstungsagentur ermöglicht werden, nachdem Finnland und Schweden einen Vorstoß in Richtung Vollmitgliedschaft gestartet hatten.[30] Die sicherheitspolitischen Sachzwänge und die daraus erwachsenden Erfordernisse wurden für den Ballhausplatz immer deutlicher.

---

28 Heinrich Schneider: Der sicherheitspolitische »Optionenbericht« der österreichischen Bundesregierung: Ein Dokument, das es nicht gibt – und ein Lehrstück politischen Scheiterns. – In: Informationen zur Sicherheitspolitik (März 1999) Nr. 16 (Sonderdruck aus: Erich Reiter [Hg.]: Jahrbuch für internationale Sicherheitspolitik. – Hamburg/Berlin/Bonn 1999). S. 27–96. S. 27f.
29 Europa Archiv (1992), Folge 14. S. D 482; auch abgedruckt in: Marc Fritzler, Günther Unser: Die Europäische Union. Bundeszentrale für politische Bildung Bonn ²2001. S. 121.
30 Wien schließt Sicherheitsabkommen mit der WEU. – In: Die Presse 16. 11. 1996.

Die Debatte spitzte sich bei der Erarbeitung eines sicherheitspolitischen Optionenberichts zu. Nur zwei Möglichkeiten sind darin letzten Endes konkretisiert worden: die Abweisung eines Entscheidungsbedarfs, d. h. das Festhalten am Status quo, bzw. als weiterführende Option die Beschäftigung mit der Möglichkeit eines WEU-Beitritts. Das war die SPÖ-Position, der sich die ÖVP nicht verschließen konnte. Es handelte sich um eine Politik des Abwartens, welchen Verlauf die EU-Regierungskonferenzen und die europäische Sicherheitspolitik nehmen würde.[31]

Deutlich wurde im Verlauf der Debatte, dass die ÖVP, darunter vor allem Klubobmann Andreas Khol sowie Außenminister und Vizekanzler Schüssel eine WEU- und NATO-Beitrittsoption forcierten, während Teile der SPÖ-Parteispitze (Nationalratspräsident Heinz Fischer und Klubobmann Peter Kostelka) Abwehr- und Blockadetendenzen entwickelten, die schließlich zu einem ablehnenden Parteibeschluss führten.[32]

Die Volkspartei hatte sich bereits vorzeitig am 14. Juli 1997 auf eine Mitgliedschaft in der atlantischen Allianz festgelegt, was von den Sozialdemokraten als Einengung des Erarbeitungsspielraums für den »Optionen«-Bericht interpretiert wurde. Angesichts der Stimmung in der Bevölkerung – im Februar 1998 sprachen sich 65 Prozent *gegen* einen NATO-Beitritt aus – und nicht unerheblicher neutralitätsbewahrender Potenziale in eigenen Führungskreisen setzte die SPÖ auf eine reservierte Position, die auf die Schaffung eines gesamteuropäischen Systems kollektiver Sicherheit zielte. Es folgte ein »Hin und Her der Positionen« (Heinrich Schneider), d. h. die Fortsetzung der vorher bereits erkennbaren Zweideutigkeiten, wobei eine deutliche Diskrepanz zwischen Solidaritätszusagen nach außen und den Neutralitätsversicherungen nach innen bestand. Diese Vorgänge führten zu erstaunlichen rhetorischen Verrenkungen, die schon Tradition besaßen, als die NATO-Mitgliedschaft sogar mit der Neutralität für vereinbar (!) erklärt worden ist.[33]

Schüssel hatte das Verwirrspiel aus Fehlinterpretationen und Desinformationen mitgetragen, als er bereits 1995 hatte durchblicken lassen, die Neutralität bilde für Österreich kein Hindernis für eine volle Teilnahme an der WEU (!). Diese werde in Zukunft von der EU zunächst nur mit Krisenmanagement- und friedenserhaltenden Operationen betraut werden. Artikel 5 des WEU-Vertrages (obligatorische Beistandsverpflichtung im Falle eines angegriffenen Mitgliedsstates!) würde »vorerst nicht schlagend werden«. Schüssel erklärte, Neutralität und NATO-Beitritt seien vereinbar, weil die Beistandspflicht zur Einschränkung, nicht aber zur Gegenstandslosigkeit der Neutralität führe. Ein vorbehaltloser Beitritt komme nicht infrage.[34]

---

31 Schneider: »Optionenbericht«. S. 33–36.
32 Schüssel: Offengelegt. S. 50f.
33 Ebd. S. 50–52; »Fasslabend: Neutral auch in WEU. Ja zu kollektiver Verteidigung«. – In: Die Presse 26. 9. 1994; zum (vergeblichen) »Kampf um den NATO-Beitritt« siehe Schüssel: Offengelegt. S. 31–34, 62–64.
34 Schneider: »Optionenbericht«. S. 53–54.

Die SPÖ zog eine NATO-Mitgliedschaft nicht in Erwägung, zeigte aber Bereitschaft, an einer europäischen Sicherheitsarchitektur aktiv mitzuwirken, und signalisierte Zustimmung, dass hierfür eine leistungsfähige Landesverteidigung nötig wäre. Eine Teilnahme an »PfP-Plus« (einer erweiterten NATO-Partnerschaft für den Frieden) schien für sie unter gewissen Umständen auch vorstellbar.[35]

Für die ÖVP war die Entscheidung über den Beitritt zur NATO bereits seit Sommer 1997 durch den Bundesparteivorstand festgelegt worden, woraus die Diskrepanzen rund um den »Optionen«-Bericht resultierten. Die von anderen Teilen der Opposition, vor allem von den Grünen, geforderte Volksabstimmung im Falle eines WEU- oder NATO-Beitritts wurde von Regierungsseite als verfassungsrechtlich nicht zwingend beurteilt, was zutreffend war. An der Notwendigkeit einer Zwei-Drittel-Parlamentsmehrheit zur Abschaffung eines Bundesverfassungsgesetzes (BVG) sollte aber keine Regierung in Österreich vorbeikommen.

Die SPÖ/ÖVP-Regierungskoalition hatte über die Jahre 1996/97 bis zum Ablauf ihrer Amtszeit (2000) keinen sicherheitspolitischen Konsens herstellen können. Das Ringen um die Erstellung des gemeinsamen »Optionen«-Berichts, eines von Experten des Bundeskanzleramtes, des Außen- und Verteidigungsministeriums erstellten Dokuments, verkam kurz vor der anvisierten Deadline zu einer Farce. Das Koalitionsabkommen von 1996 konnte eigentlich nicht anders verstanden werden, als eine Weichenstellung weg von der Neutralität und hin zu einer verteidigungsbezogenen »Solidarität« vorzunehmen. Die Distanzierung der SPÖ von dieser Absichtserklärung und ihre Weigerung, eine NATO-Mitgliedschaft in die Zukunftsperspektiven der Sicherheitspolitik einzubeziehen – die Volkspartei verweigerte ihrerseits eine Zustimmung bei Fehlen eines derartigen Passus –, machte eine regierungspolitische Einigung in dieser Frage unmöglich. Die Große Koalition war in der Sicherheitspolitik bereits Ende März 1998 gescheitert.

Der am 2. Oktober 1997 unterzeichnete Vertrag von Amsterdam, der nach einer lebhaften Debatte vom Nationalrat am 18. Juni 1998 ratifiziert worden ist – in Kraft war er seit 1. Mai 1999 –, sah eine Verschmelzung von WEU und EU sowie eine Gemeinsame Europäische Sicherheits- und Verteidigungspolitik (GESVP) vor. Die aus dem EU-Beitritt erwachsenden sicherheitspolitischen Konsequenzen nachzuvollziehen, war das österreichische politische System aber nicht bereit. Nur mit Ausklammerung, Tabuisierung und Verdrängung des heiklen Neutralitätsthemas, welches in der Bevölkerung hohe Sympathiewerte besaß, konnte »dieser Politik der nicht deklarierten Aushöhlung der österreichischen Neutralität« (Anton Pelinka) Erfolg beschieden sein.[36]

---

35 Resümee der sicherheitspolitischen Arbeitsgruppe der SPÖ unter Leitung des Nationalratsabgeordneten Alfred Gusenbauer 18. 3. 1998. www.spoe.at (15. 2. 2001). Die NATO-Partnerschaft für den Frieden blieb der Minimalkonsens zwischen SPÖ und ÖVP. Heinisch: Unremarkably Remarkable, Remarkably Unremakable. S. 129f.
36 Vorwort von Anton Pelinka: Für eine neutralitätspolitische Debatte. – In: Klaus Heidegger, Peter Steyrer:

Mit Inkrafttreten des Amsterdamer Vertrags von 1999[37] erfolgte eine Weiterentwicklung der GASP. Der Europäische Rat konnte demgemäß die Integration der WEU in die EU sowie eine gemeinsame Verteidigung beschließen. Die schon angesprochenen »Petersberg«-Aufgaben wurden als Funktionen der EU in den Amsterdamer Vertrag aufgenommen. Die Union konnte folglich auch »Kampfeinsätze bei der Krisenbewältigung einschließlich friedensschaffender Maßnahmen« allerdings einstimmig beschließen und dafür das Instrumentarium der WEU in Anspruch nehmen. Der Unionsvertrag enthielt damit ein intensiviertes politisches Solidaritätsgebot, allerdings keine gegenseitige Beistandspflicht.[38]

Die sich daraus ergebenden Konsequenzen hat das politische System Österreichs juristisch durch die sogenannte »partielle materielle Derogierung« des Neutralitätsgesetzes gezogen. Artikel 23 f, der infolge des Maastrichter Unionsvertrages in die Bundesverfassung aufgenommen worden war, wurde im Zuge des Amsterdamer Unionsvertrages neugefasst. Es wurde dabei einmal mehr fest- und sichergestellt, dass die Republik Österreich an der Beschlussfassung der GASP vollständig mitwirkt, die gefassten Beschlüsse durchführt und am gesamten Spektrum der in den Amsterdamer Vertrag eingeführten »Petersberg«-Aufgaben partizipieren kann. Der neue Artikel 23 f trat gleichzeitig mit dem Amsterdamer Vertrag in Kraft und sah neben der Beteiligung an »friedensschaffenden Maßnahmen« auch die Beteiligung Österreichs an Kampfeinsätzen vor, konnte also die Involvierung des Landes in kriegerische Auseinandersetzungen zur Folge haben.[39]

NATO-Streit in Österreich. Handbuch zur Neutralität und Sicherheitspolitik. – Wien/München 1997. S. 10–12. S. 11.

37 Waldemar Hummer (Hg.): Rechtsfragen in der Anwendung des Amsterdamer Vertrages. – Wien 2001.

38 José María Gil-Robles: Der Vertrag von Amsterdam: Herausforderung für die Europäische Union (ZEI Discussion Paper C 37). – Bonn 1999. Franz-Josef Meiers: Europäische Sicherheits- und Verteidigungsidentität (ESVI) oder Gemeinsame europäische Sicherheits- und Verteidigungspolitik (GESVP)? (ZEI Discussion Paper C 7. – Bonn 2000.)

39 War bis dato Österreichs GASP-Engagement an zahlreichen Erklärungen, Demarchen und Aktivitäten mit Blick auf Menschenrechte, Rüstungskontrolle, Friedenstruppen etc. ablesbar, so durch die Novellierung der Verfassungsbestimmung (Artikel 23 f neu) die Mitwirkung Österreichs an bewaffneten Einsätzen zur Friedenssicherung möglich. Der neue Artikel 23 f lautet:

»(1) Österreich wirkt an der Gemeinsamen Außen- und Sicherheitspolitik der Europäischen Union auf Grund des Titels V des Vertrages über die Europäische Union in der Fassung des Vertrages von Amsterdam mit. Dies schließt die Mitwirkung an Aufgaben gemäß Art. 17 Abs. 2 dieses Vertrages sowie an Maßnahmen ein, mit denen die Wirtschaftsbeziehungen zu einem oder mehreren dritten Ländern ausgesetzt, eingeschränkt oder vollständig eingestellt werden. Beschlüsse des Europäischen Rates zu einer gemeinsamen Verteidigung der Europäischen Union sowie zu einer Integration der Westeuropäischen Union in die Europäische Union bedürfen der Beschlußfassung des Nationalrates und des Bundesrates in sinngemäßer Anwendung des Art. 44 Abs. 1 und 2.

(2) Für Beschlüsse im Rahmen der Gemeinsamen Außen- und Sicherheitspolitik der Europäischen Union auf Grund des Titels V sowie für Beschlüsse im Rahmen der polizeilichen und justitiellen Zusammenar-

Die seit 4. Februar 2000 gebildete ÖVP/FPÖ-Regierung verfolgte unter Bundeskanzler Schüssel, wenngleich nicht frei von Dissonanzen,[40] die Wiederaufnahme des WEU- und NATO-Beitrittskurses, verfügte hierfür aber nicht über die nötige Zwei-Drittel-Mehrheit für die Suspendierung des BVG über die immerwährende Neutralität im Parlament. Sozialdemokraten und Grüne hatten sich seither als besonders vehemente Befürworter der Beibehaltung der Neutralität im Nationalrat gegen »Schwarz-Blau« munitioniert. Verteidigungsminister Herbert Scheibner (FPÖ) argumentierte, dass Österreich nur mehr noch »allianzfrei« sei – ebenso sein Nachfolger Günther Platter (ÖVP), was im Rahmen der EU den Realitäten entsprechen sollte. Politisch war die Abschaffung der Neutralität aber nicht möglich, und niemand konnte und wusste mit Bestimmtheit zu sagen, ob dies nicht ein Glücksfall für die Österreicher war. Es sollte in der Amtszeit Schüssel wie auch darüber hinaus beim neutralitätspolitischen Status quo bleiben.

5. »Feuertaufe der EU-Mitgliedschaft«: Die Ratspräsidentschaft im zweiten Halbjahr 1998

Das herausragende politische Ereignis seit dem EU-Beitritt war die Ratspräsidentschaft, die Österreich als erstes Land von den neu beigetretenen EU-Mitgliedern in der zweiten Jahreshälfte 1998 übernehmen musste. Sie bestand aus einer Kette von Kundgebungen, Veranstaltungen und Treffen auf höchster Regierungsebene. Es war laut

---

beit in Strafsachen auf Grund des Titels VI des Vertrages über die Europäische Union in der Fassung des Vertrages von Amsterdam gilt Art. 23e Abs. 2 bis 5.
(3) Bei Beschlüssen betreffend friedenserhaltende Aufgaben sowie Kampfeinsätze bei der Krisenbewältigung einschließlich friedensschaffender Maßnahmen sowie bei Beschlüssen gemäß Art. 17 des Vertrages über die Europäische Union in der Fassung des Vertrages von Amsterdam betreffend die schrittweise Festlegung einer gemeinsamen Verteidigungspolitik und die engeren institutionellen Beziehungen zur Westeuropäischen Union ist das Stimmrecht im Einvernehmen zwischen dem Bundeskanzler und dem Bundesminister für auswärtige Angelegenheiten auszuüben.
(4) Eine Zustimmung zu Maßnahmen gemäß Abs. 3 darf, wenn der zu fassende Beschluß eine Verpflichtung Österreichs zur Entsendung von Einheiten oder einzelnen Personen bewirken würde, nur unter dem Vorbehalt gegeben werden, daß es diesbezüglich noch der Durchführung des für die Entsendung von Einheiten oder einzelnen Personen in das Ausland verfassungsrechtlich vorgesehenen Verfahrens bedarf.« Gustav E. Gustenau: Die Gemeinsame Außen- und Sicherheitspolitik – eine Herausforderung für die »Post-Neutralen«. – In: Österreichische Militärische Zeitschrift (ÖMZ) 38 (2000). Heft 1. S. 25–38; Waldemar Hummer: »Solidarität versus Neutralität – Das immerwährend neutrale Österreich in der GASP vor und nach Nizza«. –In: ÖMZ 39 (2001), Heft 2, S. 147–166; für eine seriöse Grundierung des Bundesverfassungsgesetzes über die immerwährende Neutralität siehe Gerald Stourzh: Die Entstehungsgeschichte des österreichischen Neutralitätsgesetzes. – In: Ders.: Der Umfang der österreichischen Geschichte. Ausgewählte Studien 1990–2010 (Studien zu Politik und Verwaltung 99). – Wien /Köln/Graz 2011. S. 211–230.
40 Auch unter Schwarz-Blau bleibt NATO-Kurs wacklig. – In: Die Presse 18. 9. 2000.

Schüssel nach dreijähriger EU-Zugehörigkeit die »Feuertaufe der österreichischen EU-Mitgliedschaft«[41], wenngleich er in der Rückschau bezeichnenderweise festgehalten hat, dass ihm »die aufreibenden sechs Monate im Chefsessel der EU« innenpolitisch »nichts« genützt hätten, zumal er Kritik einstecken musste, er sei »so wenig in Wien« gewesen.[42]

Am 1. Juli 1998 erfolgte die Übernahme des EU-Ratsvorsitzes, bei dem sich Schüssel ganz als europabewusster und proeuropäischer Außenminister Österreichs in der Tradition von Mock exponieren und die Volkspartei als »Europa-Partei« profilieren konnte. Zu Beginn der Präsidentschaft hielt Österreichs Außenminister eine Rede vor dem Europäischen Parlament in Straßburg. Zu den Kernthemen des bevorstehenden Großereignisses in Österreich rechnete er die »Osterweiterung«, den Kampf gegen die Arbeitslosigkeit und die Subsidiarität. Dagegen vermied es Schüssel, über das nach wie vor bestehende Demokratiedefizit der EU zu sprechen.[43]

Die Ballhausplatz-Diplomatie bemühte sich außerordentlich, bei der Erarbeitung der Voraussetzungen und der Verhandlung der »Osterweiterung« nicht nur beteiligt zu sein, sondern diese auch mitzugestalten. Zwei Drittel der österreichischen Grenzen gehörten Ende der 1990er-Jahre zur EU-Außengrenze. Außenminister Schüssel hielt hierzu fest:

> »Der Krieg in Bosnien-Herzegowina hat uns klar vor Augen geführt, dass sich die Union ihrer geopolitischen Verantwortung nicht entziehen kann. Spätestens die Kosten der Versorgung der Flüchtlinge, der Friedenssicherung und des Wiederaufbaus müssen von der Union und den Mitgliedsstaaten getragen werden. Europa ist nicht das Projekt einer kleinen Elite. Im Gegenteil, die europäische Integration konnte sich immer auf die Kraft der Unterstützung durch die Bürger verlassen.«[44]

Mit Feststellungen dieser Art, wie sie auch von anderen europäischen Spitzenpolitikern getroffen wurden, sollte der Öffentlichkeit Europas verdeutlicht werden, dass diese Erweiterung der EU nicht nur eine besondere Herausforderung darstellte, sondern auch eine historische Aufgabe in sich barg, die vergleichbar mit der Gründung der EWG durch die ersten Gemeinschaftsländer war. Appelle diesen Stils waren erforderlich, um die Bevölkerungen der EU-Staaten auf diese moralische Verpflichtung und politische Zukunftsaufgabe einzustimmen und vorzubereiten. In der österreichischen Öffentlichkeit blieb es bei Skepsis und Verhaltenheit. Die Innenpolitik reagierte alles andere als euphorisch, sondern von vorsichtig zustimmend bis

---

41 Wolfgang Schüssel: Schwerpunkte der österreichischen Ratspräsidentschaft der EU. – In: Europäische Rundschau (1998) Heft 2. S. 10; siehe zum Ratsvorsitz 1998 auch Otmar Höll: Wolfgang Schüssel and Austrian Foreign Policy. – In: Bischof, Plasser (Hg.): The Schüssel Era in Austria. S. 159–182. S. 162–166.
42 Schüssel: Offengelegt. S. 69.
43 Georg Hoffmann-Ostenhof: Europa macht die Fliege. – In: Profil 30/1998. S. 22–30.
44 Wolfgang Schüssel: Zur ersten Präsidentschaft Österreichs 1998. – In: Austria – Europa. BmfAA. – Wien 1998. S. 4.

abwartend und ablehnend. So herrschte bei der EU-»Osterweiterung« kein breiter innenpolitischer Konsens. Während die Regierungsparteien (SPÖ und ÖVP) dosiert positiv argumentierten, äußerte die FPÖ wirtschaftliche Bedenken hinsichtlich einer allzu raschen Erweiterung. Es war von einer Zerreißprobe der EU die Rede. Mit dieser Kritik wurde auch die Problematik angesprochen, wie tief die Erweiterung vom ersten Augenblick des Beitrittes sein würde.[45]

Nach einer längeren Phase der Indifferenz und des Lavierens gegenüber den mittel- und osteuropäischen Ländern (MOE) sowie auch den südosteuropäischen Ländern setzte die österreichische Außenpolitik ab 2000 mit dem Vorstoß einer mitteleuropäischen »strategischen« bzw. »regionalen« Partnerschaft nach dem Vorbild der finnischen »Northern Dimension« neue Akzente, die vor allem im Kontext der »EU-14-Sanktionen« (siehe weiter unten) zu erkennen waren. 1998 war ein solches Konzept in Österreich politisch nicht mehrheitsfähig wie auch wenig erkennbar[46], wenngleich rückblickend Schüssel über seine diesbezügliche Politik via Alexander Purger zu verstehen gegeben hat:

»Für jene Staaten, die nicht Mitglied der Union werden können, entwickelt er während des EU-Vorsitzes den Plan einer ›Partnerschaft für Europa‹, also eines Mittelding zwischen Vollmitgliedschaft und Draußenbleiben. Später sollte diese Idee unter dem Titel ›privilegierte Partnerschaft‹ im Zusammenhang mit der Türkei wieder aufgegriffen werden. Und für Mitteleuropa möchte Schüssel nach dem Vorbild der Benelux-Staaten eine ›Regionale Partnerschaft‹, bestehend aus Österreich, Ungarn, Polen, Tschechien, der Slowakei, Slowenien und eventuell auch Kroatien, installieren. Doch als Schüssel seine Vorstellungen beim informellen EU-Außenministertreffen in Salzburg vortragen will, werden sie unmittelbar davor von der SPÖ öffentlich torpediert. Der ÖVP-Chef ist empört und vermutet hinter der Aktion die roten Spin-Doktoren, die verhindern wollen, dass er sich als Ratsvorsitzender profilieren kann.«[47]

---

45 Martin Lugmayr: Österreich und die EU-Erweiterung. Maximale Chancen – Maximale Risiken (Europäische Hochschulschriften XXXI/Bd. 447). – Frankfurt am Main/Berlin/Bern/Bruxelles/New York/Oxford/Wien 2002. Simon Gruber: »Vetokeule« gegen das »Geschenk der Geschichte«? Deutschland und Österreich im Prozess der »EU-Osterweiterung«. – In: Michael Gehler, Ingrid Böhler (Hg.): Verschiedene europäische Wege im Vergleich. Österreich und die Bundesrepublik 1945/49 bis zur Gegenwart. Festschrift für Rolf Steininger zum 65. Geburtstag. – Innsbruck/Wien/Bozen 2007. S. 548–568.

46 Martin Lugmayr: Österreichische Innenpolitik und die EU-Osterweiterung. Eine Reise durch Mitteleuropa – Nostalgie, Ost-Phobie und strukturelle Handlungszwänge eines Kleinstaats. – In: Michael Gehler, Günter Bischof, Anton Pelinka (Hg.): Österreich in der Europäischen Union. Bilanz seiner Mitgliedschaft/Austria in the European Union. Assessment of her Membership (Schriftenreihe des DDr.-Herbert-Batliner-Europainstitutes, Forschungsinstitut für Europäische Politik und Geschichte 7). – Wien/Köln/Weimar 2003. S. 239–257. S. 251.

47 Schüssel: Offengelegt. S. 69. Neisser: The Schüssel Years and the European Union. S. 203, hält fest, dass Österreichs Regierung den Vorschlag der »privilegierten Partnerschaft« von Deutschland übernahm.

Innen-, partei- und koalitionspolitische Querelen hemmten wiederholt produktive europapolitische Initiativen, ganz zu schweigen von personalpolitischen Entscheidungen mit Blick auf Postenbesetzungen in Brüssel.[48] Zwei Jahre später sollte unter der schwarz-blauen Regierung diese Initiative wieder aufleben und Schüssel dafür Ferrero-Waldner ins Feuer schicken. An anderer Stelle der von Schüssel autorisierten Memoiren heißt es:

»Seine Stärke ist das Entwickeln von Strategien und Visionen. Und das Delegieren. Einige Großprojekte betreut Schüssel bis ins kleinste Detail selbst. Bei vielen Vorhaben überlässt er die konkrete Umsetzung anderen. Damit schafft er sich selbst Freiräume, um schon über die nächsten Schritte nachdenken zu können.«[49]

Ob das wirklich so war, wird am Ende dieses Beitrags zu beantworten sein.

Eine EU mit noch mehr verschiedenen Geschwindigkeiten drohte schnell in eine institutionelle Auseinanderentwicklung auszuufern. Deutlich wurde an den Erweiterungsdiskursen, wie stark dabei wirtschaftliche Interessen dominierten, was auch bei Schüssels Argumentationen der Fall war. Seit den bekundeten Absichten der MOE-Länder, der EU beizutreten, wurde die Reform der europäischen Institutionen umso notwendiger, zumal deren Struktur ursprünglich für sechs Mitglieder konzipiert worden war. Die weitere Flexibilisierung des Einstimmigkeitsgebots machte in vielen EU-Politiken neue Regelungen zur zwingenden Notwendigkeit.[50]

Nach dem erfolgreichen Abschluss des Reformpakets der »Agenda 2000« (siehe unten) musste die EU auch im institutionellen Bereich die Voraussetzungen für eine erfolgreiche Verwirklichung der Erweiterung schaffen. Der Europäische Rat von Wien entschied im Dezember 1998, dass der folgende Rat von Köln entscheiden möge, wie und wann die im Vertrag von Amsterdam nicht geregelten wichtigen institutionellen Fragen auf die Agenda kommen sollten. Erst der Europäische Rat von Nizza 2000 hatte diese Themen auf der Tagesordnung, und wieder blieben entscheidende Fragen unbeantwortet, die in EU-Terminologie so bezeichneten »leftovers«. Während der österreichischen Ratspräsidentschaft war immerhin festgestellt worden, welche Themen ein zukünftiger Rat zu behandeln habe: *erstens* Größe und Zusammensetzung der Europäischen Kommission, *zweitens* die Stimmenwägung im Rat, *drittens* die mögliche Ausweitung der Abstimmungen mit qualifizierter Mehrheit im Rat sowie *viertens* weitere notwendige Veränderungen, resultierend aus dem Vertrag von Amsterdam. Für Österreich war wie für alle anderen kleinen und mittleren Staaten unabdingbar, keinesfalls auf einen eigenen Kommissar zu verzichten:

---

48 Ebd. S. 73–75.
49 Ebd. S. 151.
50 Außenpolitischer Bericht. BmfAA. – Wien 1999.

»Never touch the minimum of one Commissioner per country«,[51] antwortete Außenminister Schüssel anlässlich einer Pressekonferenz. Dass man mit dieser Position in anderen Bereichen wie etwa dem Stimmgewicht Österreichs im Rat nachzugeben gezwungen war, blieb der Regierungspolitik vor Augen.

»Auch ein Kind braucht normalerweise neun Monate. Das wäre daher hier nach bereits sechs Monaten eine Frühgeburt gewesen.«[52] Mit diesen Sätzen kommentierte Schüssel die Ergebnisse des EU-Gipfels in Wien zum Thema »Agenda 2000«. Die österreichische »Netto-Präsidentschaftszeit« belief sich tatsächlich nur auf einen sehr kurzen Zeitraum.[53]

Zunächst war sie mit dem traditionellen zweimonatigen »Sommerloch« (Juli–August) konfrontiert. Dann galt es, die politische Entwicklung in Deutschland abzuwarten. Praktisch dauerte die Präsidentschaft eigentlich nur knapp sechs Wochen von den deutschen Bundestagswahlen bis zum Gipfel in Wien. Vor dieser Entscheidung war der europäische Entscheidungsmechanismus nicht in Bewegung. Nicht nur viele Beobachter, sondern auch Akteure auf der politischen Bühne Europas blickten erwartungsvoll und gespannt auf den Wahlausgang und mögliche Veränderungen der deutschen Haltung in Integrationsfragen. Österreichs diplomatische Anstrengungen wurden, wie bereits vom Ballhausplatz im Vorfeld der Ratspräsidentschaft antizipiert worden war, durch die aus dem Abwarten auf den Ausgang der deutschen Bundestagswahlen resultierende integrationspolitische Entscheidungslosigkeit in Deutschland beeinträchtigt,[54] ja eigentlich gehemmt.

Die auf Anregung und Betreiben Schüssels zurückzuführende Wahl Helmut Kohls nach Jean Monnet zum einzigen und einstimmig von den Staats- und Regierungschefs gewählten »Ehrenbürger Europas«[55] während der österreichischen Ratspräsidentschaft war als Anerkennung für dessen europa- und integrationspolitische Leistungen begründet worden, als versöhnlicher Ausgleich im Kontext seiner Wahlniederlage in Deutschland zu sehen und gleichzeitig auch als Verpflichtung für den Europa-skeptischen Nachfolger Gerhard Schröder.

---

51 Wolfgang Schüssel: The priorities of the Austrian Presidency. – In: Kurt Richard Luther, Ian Ogilvie (Hg.): Austria and the European Union Presidency: Background and Perspectives, Keele European Research Centre. – Keele 1998. S. 97.
52 Wolfgang Schüssel, zit. n. Doris Kraus: Rundum Harmonie, aber nur wenig Fortschritte. – In: Die Presse 14. 12. 1998.
53 Günter Schmidt: Entwicklungen in der Europäischen Union und die österreichische Ratspräsidentschaft. – In: Österreichisches Jahrbuch für Politik 1998. S. 505–507. S. 509.
54 Schüssel: Offengelegt. S. 71f.
55 Der Standard 12./13. 12. 1998; siehe auch das Nachwort von Helmut Kohl zu Schüssels »Offengelegt«. S. 279–281, der darin Schüssel als seinen »Freund und Weggefährten«, überzeugten Österreicher und überzeugten Europäer sowie »eine der großen Gestalten der christlichen Demokratie in Europa« bezeichnete.

Zum Abschluss der österreichischen Präsidentschaft formulierte der Rat die »Wiener Strategie«, einen Neunzehn-Punkte-Plan mit Arbeitsaufgaben für die nächsten Präsidentschaften und Gipfeltreffen in Köln, Berlin, Tampere und Helsinki.[56] Dieser beinhaltete Themen wie den von Schröder eingebrachten Beschäftigungspakt als Gegenstück zum Stabilitätspakt, Maßnahmen für die »Osterweiterung« und den Abschluss der »Agenda 2000«, aber auch eine Bilanz über den österreichischen EU-Ratsvorsitz. Diese Schritte schienen für eine erfolgreiche Vergrößerung der EU notwendig. Zahlreiche Bereiche mussten gründlich vorbereitet werden. Tiefgreifende Reformen wurden während der österreichischen Präsidentschaft aber nur angesprochen und nicht verhandelt. Kein Staat wollte bei der Fixierung der »Agenda 2000« von seinem Standpunkt abweichen. Es war eine bewährte Arbeitsmethode der EU-Gipfel, die Probleme in letzter Minute und unter großem Termindruck zu lösen. Ein solches Szenario war aber in Wien im Dezember 1998 nicht mehr zu erwarten. Die Entscheidungsschwäche der EU war nicht nur durch den Ausgang der deutschen Wahl, sondern auch durch die außenpolitisch noch sehr unerfahrene Regierung Schröder-Fischer sowie durch unbewegliche Staats- und Regierungschefs anderer EU-Staaten bedingt. Möglicherweise hatte sich die Ballhausplatz-Diplomatie auch mit anderen Themen zu lange Zeit gelassen, anstatt bereits gleich zu Beginn der Präsidentschaft im Juli die »Eckpfeiler« der »Agenda 2000« festzusetzen, zumal im März 1999 in Brüssel eine umfassende Reform der EU beschlossen werden sollte. Es war aber wohl unabhängig von den deutschen Bundestagswahlen und deren Ausgang weder möglich noch zu erwarten gewesen, eine vollständige Lösung der komplexen »Agenda 2000«-Fragestellungen herbeizuführen, die wahrscheinlich bestenfalls eine »Frühgeburt« geworden wäre. Schüssel war nicht der entscheidende Akteur in diesem Szenario, aber ein nicht unwesentlicher Mitspieler, der zur Anerkennung der Ratspräsidentschaft durch die übrigen EU-Staaten beigetragen hatte.

6. Vergeblicher Einsatz zur Beilegung des Kosovo-Konflikts, Luftkrieg gegen Serbien und Rückzug von der NATO-Beitrittsoption

Österreichs Diplomatie hatte in den Jahren 1995 bis 1998 wiederholt auf die Kosovo-Problematik aufmerksam gemacht. Schüssel hatte den Spitzenvertreter der Kosovaren, Ibrahim Rugova, im April 1996 nach Wien eingeladen, unterstützte dessen vorgeblich gewaltfreien Kurs und sicherte die österreichische Bereitschaft bei der Findung einer friedlichen Lösung der Krise zu. Gemeinsam mit seinem niederländischen Amtskollegen setzte Schüssel im Mai des gleichen Jahres auf einem EU-

---

[56] Claus Giering: Zwischenschritte für Europas Zukunft – die Bilanz der ersten österreichischen EU-Ratspräsidentschaft. – In: Österreichisches Jahrbuch für internationale Politik 15 (1998). S. 17f.

Außenministerrat den Beschluss zur Schaffung eines EU-Beobachterbüros im Kosovo durch. Der Generalsekretär des Außenministeriums, Albert Rohan, führte im Auftrag Schüssels im September 1996 eine Mission nach Belgrad und in den Kosovo durch, um zu einer friedlichen Lösung beizutragen.[57]

Anfang 1998 spitzte sich die Lage weiter zu, worauf am Ballhausplatz ein »Zehn-Punkte-Plan« zur Beilegung des Konflikts für den informellen EU-Außenministerrat in Edinburgh ausgearbeitet wurde, den Schüssel dort auf den 15. März vorlegte. Er sah in seinen Hauptaussagen unter anderem beiderseitigen formellen Gewaltverzicht und die Stationierung einer multinationalen Friedenstruppe an den Grenzen um den Kosovo vor, was jedoch EU-intern umstritten war. Der UN-Sicherheitsrat reagierte erst am 31. März 1998 mit Verhängung eines Waffenembargos über Jugoslawien durch die Resolution 1160 – seit 27. April 1992 hatten Serbien und Montenegro die »Bundesrepublik Jugoslawien« gebildet. Rohan reiste in Begleitung von Botschafter Gerhard Jandl vom 21. bis 24. April nach Belgrad und in den Kosovo und verlangte unmissverständlich eine Beendigung der Maßnahmen gegen die Kosovaren. Die Reaktionen fielen unter Verweis auf das notwendige Vorgehen gegen die »Terroristen und Separatisten« ablehnend aus. Enttäuschend verlief auch die Begegnung mit der demokratischen Opposition Serbiens. In Priština versicherte Rohan Rugova und Vertretern Österreichs Interesse an einer friedlichen Lösung und Mithilfe bei der Konfliktbewältigung. Auch mit UÇK-Vertretern sprachen die österreichischen Diplomaten. »Wir waren überzeugt, daß es in einer Krise notwendig ist, mit allen Seiten zu reden«, schreibt Jandl. Im Mai 1998 empfing Schüssel abermals Rugova, um zu einer Verhandlungslösung zu gelangen. Im Juni fuhr er erneut in den Kosovo, wo er vor der dortigen Repräsentation Mäßigung und die Bereitschaft für einen Kompromiss forderte. Im gleichen Monat deponierte Schüssel in Belgrad seine »tiefe Sorge« und sah nach einer mehrstündigen Unterredung mit Präsident Slobodan Milošević und Außenminister Jovanović vorsichtig »Elemente der Hoffnung«.[58]

Der Ballhausplatz bewegte sich in seiner Kosovo-Konfliktvermittlung zwischen österreichischer Neutralität und europäischer Solidarität. Es war eine Diplomatie des Vermittelns und Schlichtens bis zur letzten Minute, als das anscheinend unvermeidbare, wohl aber vermeidbare NATO-Bombardement einsetzte. Als Schüssel mit seinem deutschen Ressortkollegen Joschka Fischer anlässlich der Übergabe der EU-Präsidentschaft am 4. Januar 1999 Gespräche über die Erweiterung der EU um die MOE-Staaten führte, äußerten sich beide über das Ausbleiben einer politischen Übergangslösung zur Kosovo-Frage besorgt. Es müssten sowohl Serben als auch Albaner einlenken. Die internationale Präsenz trage im Kosovo zum Gelingen des

---

57 Gerhard Jandl: Österreichs Rolle im Kosovo-Konflikt. – In: Österreichisches Jahrbuch für Internationale Politik 1999. S. 50–79. S. 62–68.
58 Ebd. S. 62–68; Salzburger Nachrichten 6. 6. 1998.

Friedensprozesses bei, doch sei vordringlich, dass sich die Konfliktparteien in direkten Verhandlungen Schritt für Schritt für eine politische Lösung einsetzten.[59]

Der Ballhausplatz bemühte sich weiterhin um eine neutrale, gute Dienste anbietende, vermittelnde Position. Als Ende Januar 1999 Informationen von dem von Serben angeblich verübten Massaker von Račak im Kosovo in den westlichen Medien lanciert wurden, war diese um Ausgleich bemühte Haltung nicht mehr einfach durchzuhalten. In einer Sitzung der OSZE-Troika in Wien erörterte Schüssel mit seinen Amtskollegen aus Norwegen und Polen, Knut Vollebaek und Bronislaw Geremek, die bedrohlicher werdende Krise. Österreichs Außenminister forderte – den Grundsätzen eines neutralen Staates angemessen – die sofortige internationale Untersuchung des so bezeichneten Massakers in Račak, um dann jedoch eine einseitige Schuldzuweisung auszusprechen, die präjudizierende Wirkung haben konnte: Milošević sei für die schweren Verletzungen des Abkommens mit der OSZE verantwortlich. Solange er in Belgrad allein das Sagen habe, werde Friede und Stabilität am Balkan nicht erreichbar sein.[60] Mit dieser Auffassung setzte sich Wien deutlich vom Grundsatz der »Nichteinmischung« ab, die für Neutrale kennzeichnend ist.

Die Zeichen, die bereits auf Krieg hindeuteten, wurden am Ballhausplatz zutreffend erkannt. Bis zuletzt bemühten sich dennoch Österreichs Diplomaten und Politiker um eine friedliche Lösung eines Konflikts, der jedoch bereits außer Kontrolle geraten war. Im NATO-Hauptquartier in Brüssel hatte man sich schon intensiv auf den Kriegseinsatz vorbereitet. Anlässlich der »Kosovo Conference on Peace and Tolerance« in Wien sprach Schüssel am 18. März davon, dass »das Erste und Wichtigste«, wäre, »daß Serben und Kosovo-Albaner aufhören zu töten«. Vor Journalisten hieß er die Unterfertigung des nach schwierigen Verhandlungen zustande gebrachten Autonomieabkommens von Rambouillet durch die Kosovo-Albaner für gut. Das vorliegende Dokument trage den Interessen beider Seiten Rechnung und könnte eine »gangbare politische Lösung« sein. Schüssel brachte die Hoffnung zum Ausdruck, dass das Friedensabkommen von Rambouillet von der serbischen Seite noch seine Zustimmung finden, unterzeichnet und Erfolg bringen werde.[61] Es sollte nicht so sein.

Am Dienstag, dem 23. März 1999 waren mit dem Beschluss der NATO, zu Luftangriffen auf Jugoslawien überzugehen, die Würfel für den ersten »Out of area«-Einsatz des ehemaligen Verteidigungsbündnisses in Europa gefallen und damit auch der Weg für den ersten militärischen Nachkriegseinsatz durch Luftstreitkräfte der

---

59 Chronik zur Österreichischen Politik 1. Jänner bis 31. Dezember 1999. – In: Österreichisches Jahrbuch für Internationale Politik 1999. Hg. v. d. Österreichischen Gesellschaft für Außenpolitik und Internationale Beziehungen gem. m. d. Institut für Internationale Politik 16 (Wien 1999). S. 259.
60 Ebd. S. 263; siehe auch Jandl: Österreichs Rolle im Kosovo-Konflikt. S. 69.
61 Chronik. S. 274.

Bundesrepublik Deutschland frei. Die neue rot-grüne Koalition unter Führung von Schröder und Fischer hatte nicht lange gezögert, bei dieser Militärintervention aktiv mitzuwirken. Das Bombardement Jugoslawiens, im Jargon der damaligen NATO-Pressekonferenzen euphemistisch »humanitarian interventions« (»humanitäre Interventionen«) und »air strikes« (»Luftschläge«) genannt, hatte begonnen. Der Druck der internationalen Staatengemeinschaft war so stark geworden, dass Österreich beträchtliche Mühe und zuletzt immer mehr Schwierigkeiten hatte, eine formalrechtlich einwandfreie Position seiner außerhalb des EU-Geltungsbereichs nach wie vor bestehenden Neutralität aufrechtzuerhalten. Bundespräsident Thomas Klestil bezeichnete das militärische Eingreifen der NATO aufgrund der uneinsichtigen Haltung von Milošević als »unvermeidbar«. Mit Blickrichtung auf die zu erwartenden Opfer der NATO-Angriffe auf serbischer Seite meinte er, dass zu hoffen sei, dass das Leid der Zivilbevölkerung »soweit wie möglich in Grenzen gehalten werden könne und Jugoslawiens Präsident doch Bereitschaft zeigen werde, rasch an den Verhandlungstisch zurückzukehren«.[62] Das war eine unrealistische Annahme, berücksichtigte sie doch nicht die Psychologie der angegriffenen Serben und ihres auf Stolz und Prestige bedachten Staatspräsidenten. Der Entscheidungsdruck innerhalb der EU auch vor dem Hintergrund des massiven Drängens der USA war für Österreich zu stark, um noch alternative deklaratorische Formulierungen zu treffen.

Beim Europäischen Ratstreffen in Köln wurde die »NATO-Aktion« am 24. März als »gerechtfertigt und notwendig« qualifiziert. Österreichs Bundesregierung, vertreten durch Klima und Schüssel, nahm diese Haltung ebenso ein und trug damit die Entscheidung zur militärischen Intervention mit.[63]

Bei allem Verständnis für die bedrängte Lage der Kosovo-Albaner fanden Schüssel und Nationalratspräsident Heinz Fischer als Vertreter der Regierungspartner am 30. März 1999 andere Worte, die eine Beibehaltung des formalen Neutralitätsstandpunkts verdeutlichten: Beide bekräftigten für den ORF die österreichische Haltung, dass infolge des fehlenden UN-Mandats für ein Eingreifen im Kosovo keine Überfluggenehmigungen für die NATO-Militäreinsätze erteilt werden könnten. Die Hoffnung, dass durch die NATO-Intervention das humanitäre Leid der Menschen im Kosovo gemindert werde, habe sich nicht erfüllt. Nach dieser zutreffenden Beobachtung der Lage wurde wiederholt unterstrichen, dass »für die NATO-Aktion im Zusammenhang mit dem Kosovo-Konflikt« aufgrund des Kriegsmaterialiengesetzes, das keinen Ermessensspielraum gebe, Überfluggenehmigungen *nicht* möglich seien.[64]

---

62 Chronik. S. 275; siehe die erhellende und enthüllende Studie von Kurt Gritsch: Inszenierung eines gerechten Krieges? Intellektuelle, Medien und der »Kosovo-Krieg« 1999 (Historische Europastudien 3). – Hildesheim/Zürich/New York 2010.
63 Jandl: Österreichs Rolle im Kosovo-Konflikt. S. 72.
64 Chronik. S. 277; zu Fischer siehe Elisabeth Horvath: Heinz Fischer. Die Biographie. – Wien 2009.

Das war eine politisch nicht korrekte bzw. unzeitgemäße, aber völker- und neutralitätsrechtlich argumentierbare Position, die unterstrich, dass sich Österreichs Außenpolitik außerhalb des EU-Rahmens noch als souverän zu begreifen versuchte. Alsbald wurde von Wien auch ein Signal für den spezifischen österreichischen Beitrag zur Konfliktbewältigung gegeben und für eine abgestufte Vorgangsweise in der Bewältigung des Exodus der Flüchtlinge aus dem Kosovo plädiert.

Am 7. April stellte Klima nach dem Ministerrat Journalisten gegenüber fest, dass angesichts der Flüchtlingstragödie »Solidarität« gefragt sei und Österreich helfen werde. Er brachte die Hoffnung zum Ausdruck, dass die EU geschlossen Solidarität zeige und auch Frankreich Flüchtlinge aufnehmen werde. Übereinstimmung herrsche in der Union, dass nach Möglichkeit Flüchtlinge an Ort und Stelle in Albanien, Mazedonien und Montenegro betreut werden sollten. Eine Aufteilung der Flüchtlinge auf westeuropäische Staaten würde Milošević' Ziel der ethnischen Säuberung entgegenkommen. Nur jene Flüchtlinge, die von den Aufnahmeländern nicht betreut werden könnten, sollten vorübergehend von den EU-Staaten aufgenommen werden. Österreich stehe in Relation zu seiner Einwohnerzahl an der Spitze der EU-Staaten. Schüssel zeigte sich im Pressefoyer besorgt und sprach sich für weitere Hilfsleistungen aus, wenn Mazedonien die Grenze für Flüchtlinge aus dem Kosovo weiter offenhalte. Er verurteilte die »Massendeportationen« im Kosovo, bei denen den Flüchtlingen Dokumente abgenommen und Karteien vernichtet würden. Damit solle »das kollektive Gedächtnis eines Volkes auszulöschen« versucht und seine Rückkehr verhindert werden. Die Aufnahme von 5.000 Personen sei ein Versuch, gemeinsam mit anderen EU-Staaten Mazedonien zu entlasten, es sei aber »denkunmöglich«, 400.000 oder 500.000 Menschen »aus der Region auszufliegen«.[65]

Unerwähnt ließen Bundeskanzler und Außenminister, dass sich der Flüchtlingsstrom aus dem Kosovo nach dem einsetzenden NATO-Bombardement auf »Rest-Jugoslawien« massiert und entsprechend verstärkt hatte. Ein »Exodus biblischen Ausmaßes«, so beschrieb das UN-Flüchtlingshilfswerk UNHCR die Flüchtlingswelle aus dem Kosovo, hatte mit der Eskalation des Konflikts eingesetzt. Seit dem NATO-Bombardement hatten rund 120.000 Personen aus dem Kosovo in Richtung Albanien, zirka 70.000 nach Mazedonien und zirka 30.000 in die jugoslawische Teilrepublik Montenegro die Flucht ergriffen. NATO-Sprecher Jamie Shea berichtete, dass allein am 1. April 36.000 Kosovaren ihre Heimat verlassen hatten. Ein Drittel der albanischstämmigen Bevölkerung des Kosovo war auf der Flucht.[66] Die NATO-Bombardements auf Jugoslawien hatten zu einer Verschärfung der humanitären Katastrophe beigetragen.

---

65 Ebd. S. 278.
66 Dolomiten. Tagblatt der Südtiroler 3./4./5. 4. 1999.

Der Ballhausplatz-Diplomatie-Chef wurde nicht müde, die ultimative Politik der EU zu wiederholen und hervorzuheben, dass die »Hauptverantwortung für den Konflikt« nach wie vor bei Milošević liege, der die Bedingungen der internationalen Gemeinschaft erfüllen müsse. Europa-Staatssekretärin Ferrero-Waldner schloss sich dieser Position an und sprach sich anlässlich eines Treffens mit UN-Generalsekretär Kofi Annan in New York vor Journalisten für eine internationale Militärpräsenz unter UN-Mandat im Kosovo aus, was »auch für Österreich sehr gut wäre«.[67]

Es ist bemerkenswert, dass infolge des sogenannten Kosovo-Kriegs auf österreichischer Seite ein Nachdenken über die Suspendierung der NATO-Beitritts- bzw. WEU-Beistandspolitik einsetzte, eine Vermittlung für Vermittler geleistet sowie eine Empfehlung für ein stärkeres OSZE-Engagement ausgesprochen wurde. Am 25. April nahmen Bundeskanzler, Verteidigungsminister Fasslabend und Ferrero-Waldner am »euro-atlantischen Partnerschaftsrat« zwischen den 19 NATO-Mitgliedern und den 25 PfP-Teilnehmern in Washington teil. Am Vorabend waren alle Gäste bei einem von Präsident Bill Clinton gegebenen Abendessen im Weißen Haus geladen. In einer Rede vor dem Partnerschaftsrat verwies Klima auf die von Österreich geleistete Kosovo-Hilfe und unterstrich die Kooperation mit der Russischen Föderation, die von besonderer Bedeutung sei, weil deren Beitrag für eine Lösung des Konflikts »unabdingbar« sei.[68] Schüssel machte in einer ORF-Pressestunde klar, das er keinen Gegensatz zwischen »der Notwendigkeit, mit dem jugoslawischen Staatschef Milošević zu verhandeln und diesen gegebenenfalls wegen Kriegsverbrechen vor ein internationales Gericht zu stellen«, sehe (!). Die »NATO-Luftschläge« seien »berechtigt« und »notwendig« gewesen.[69]

Einmal mehr wurde deutlich, dass der Außenminister vom Neutralitätsstandpunkt abgerückt war und den euro-atlantischen Mustern folgte. Schüssel nahm neuerlich eine einseitige Schuldzuweisung vor, wonach Milošević die Verantwortung dafür trage, »dass der Krieg unausweichlich geworden« sei, so als ob die NATO-Luftkriegsführung nicht hätte eingestellt oder abgestuft dosiert werden können. Die proatlantische Bemäntelung der Aussagen schien notwendig, um das eigentliche österreichische Anliegen möglichst unangreifbar zu machen: »Absolute Priorität« habe, so Schüssel, »nun die humanitäre Hilfe« sowie »die Verschärfung der wirtschaftlichen Sanktionen«. Demnach waren weder die Forcierung gezielter Luftangriffe noch eine Ausweitung der Bombenteppiche von österreichischer Seite gewünscht. Zudem verwies der Außenminister auf ein weiteres österreichisches Ziel, nämlich dass »immer wieder die Tür für politische Verhandlungen offen gehalten werden« müsse. Die Verknüpfung der Frage eines möglichen NATO-Beitritts Österreichs

---

67 Jandl: Österreichs Rolle im Kosovo-Konflikt. S. 280.
68 Ebd. S. 281.
69 Ebd.

mit dem Kosovo-Konflikt-Management der atlantischen Allianz kam Schüssels außen- und sicherheitspolitischen Ambitionen nicht gelegen: Die NATO nehme derzeit keine Mitglieder auf, dennoch müsse in Österreich die Diskussion über die zukünftige Sicherheitsarchitektur Europas geführt werden. Optimistisch gab er sich, als er meinte, dass ein europäisches Sicherheitssystem »wahrscheinlich die WEU und die NATO einschließen« werde und die Debatte in der EU »im nächsten und übernächsten Jahr abgeschlossen«[70] sei – was allerdings nicht der Fall sein sollte.

Zum Kosovo-Konflikt ließ sich der Außenminister mit erkennbarer Tendenz zur Distanz und zum Rückzug von der Zustimmung zur »Luftschlag«-Politik vernehmen. Die Sanktionen gegen Belgrad seien nicht ohne Wirkung geblieben. Es gebe in Jugoslawien keine uniforme Meinung. Die Bevölkerung sei zwar gegen den Krieg, aber nicht alle stünden hinter Milošević. Es gehe nicht darum, »Serbien in Grund und Boden zu bombardieren, sondern darum, die Rückkehr der Vertriebenen in den Kosovo unter internationaler Präsenz zu erreichen«.[71] Diese Aussagen schienen eine erste Absetzbewegung vom NATO-Luftkrieg anzudeuten. Es sollte jedenfalls mit dem »Kosovo-Krieg« für Schüssel schwerer werden, sich von der Neutralität zu lösen.

Am 28. April rief der Außenminister bei einer Tagung der OSZE-Außenminister in Wien dazu auf, die notwendigen Vorbereitungen für einen Kosovo-Einsatz ins Auge zu fassen. Zu den Aufgaben der OSZE zählte er die Erfassung von Kriegsverbrechen und die Familienzusammenführung. Schüssel ging von einer »langen Übergangsperiode« aus, die er mit dem Ende der »NATO-Luftschläge« ansetzte und bis zur Einigung auf eine politische Lösung laufen ließ, wie sie in Rambouillet angelegt worden war.[72]

Der Außenminister schwenkte damit auf einen humanitär ausgerichteten Kurs ein: Österreich werde beim Infrastrukturaufbau und in den vorhandenen Flüchtlingslagern helfen sowie sich gemeinsam mit der Schweiz und dem Internationalen Komitee vom Roten Kreuz (IKRK) um humanitäre Hilfe für die Kosovo-Vertriebenen bemühen. Er appellierte an die Regierung in Belgrad, diese Unterstützungszusage rasch zu ermöglichen. Österreichische Hilfsorganisationen würden flächendeckende Direkthilfen für mazedonische Familien leisten, die Flüchtlinge aus dem Kosovo aufnehmen würden.[73]

Schüssel stattete auch dem Österreich-Camp in Shkodra einen Besuch ab. Am Rande der Eröffnungsfeierlichkeiten sprach er mit dem albanischen Staatspräsidenten Rexhep Meidani, Vizepremier Ilir Meta und Außenminister Paskal Milo. Der Außenminister sicherte weitere Unterstützung zu. Die EU habe 150 Millionen Euro

---

70 Ebd.
71 Ebd. S. 282.
72 Ebd.
73 Chronik. S. 283.

als Hilfe für Albanien beschlossen und stellte die Möglichkeit eines Assoziationsabkommens in Aussicht. Österreichs Hilfe sollte auf die Region von Shkodra ausgedehnt werden, da dort eine Destabilisierungsgefahr bestand.[74] Das Kosovo-Problem sollte freilich noch lange problembeladen und ungelöst sein.

Die Frage der zukünftigen österreichischen Sicherheitspolitik blieb weiter auf der Agenda der österreichischen Außenpolitik. Der Rückzug von der NATO-Beitrittsposition war bereits im Gange. Nach dem Ministerrat am 2. Juni 1999 machte der Bundeskanzler klar, er werde in Köln im Rahmen der deutschen EU-Präsidentschaft »nichts unterschreiben, was im Widerspruch zum Neutralitätsgesetz stehe«. Österreich war demnach seit dem EU-Beitritt von einer NATO- oder WEU-Mitgliedschaft weiter entfernt denn je. Schüssel verwies auf das für ihn feststehende Faktum, dass es in Köln zu einer Verschmelzung von WEU und EU kommen werde. Der Staatsminister der Bundesrepublik Günter Verheugen bestätigte noch am gleichen Tag, dass die Neutralen einer Übernahme der WEU-Aufgaben in den EU-Rahmen zustimmen würden, nicht aber der militärischen Beistandspflicht des WEU-Vertrages. In diesem Sinne bekräftigte Klima sehr bestimmt, er werde keiner Formulierung zustimmen, welche die EU zu einem »Militärpakt« mache und für alle Mitglieder eine Beistandsverpflichtung vorsehe.[75] Dagegen fühlte sich Schüssel veranlasst, eine feinere Linienzeichnung vorzunehmen. Künftig werde es unter EU-Führung zwei Formen von Militäreinsätzen geben: solche *mit* und solche *ohne* Rückgriff auf NATO-Kapazitäten. Bei Ersteren hätten Neutrale die Option, entweder mitzuwirken oder aber – im Rahmen einer »konstruktiven Enthaltung« – andere EU-Mitglieder gewähren zu lassen.[76] Es war erkennbar, dass die ÖVP im Zuge der Kosovo-Krise sicherheitspolitisch an Boden verloren hatte, das heißt von ihrem Kurs auf Vollmitgliedschaft Österreichs in einem westeuropäisch oder transatlantisch ausgerichteten Militärbündnis abkam, ja, abrücken musste.

Die SPÖ-Führung plädierte – zweifelsohne auch innenpolitisch motiviert – für die Beibehaltung der Neutralität. Zur Frustration Schüssels während seiner Zeit als Außenminister zählte vor allem, dass die Sozialdemokraten es auch zu einem zentralen Wahlkampfthema machten:

> »Das gipfelt darin, dass Kanzler Klima im Juni 1999 in die EU-Gipfelbeschlüsse von Köln per Fax das Wörtchen ›neutral‹ hineinreklamiert und sich dafür daheim als Retter der Neutralität und Verhinderer der Beistandspflicht preisen lässt. In den Augen Schüssels ist dies ein reiner Wahlkampfschmäh. Denn die Wahrheit ist, dass die gegenseitige Beistandspflicht der Mitgliedstaaten im EU-Vertrag verankert ist und Österreich in-

---

74 Ebd.
75 Chronik. S. 289f.
76 Ebd. S. 290.

nerhalb der EU längst unter die ›sogenannten Neutralen‹ gereiht wird, wie es selbst der deutsche Kanzler Gerhard Schröder ausdrückt.«[77]

Dieses Urteil übersieht allerdings mehrerlei. Die abwertende und herunterspielende Haltung der Bundesrepublik wie auch des Westens zur österreichischen Neutralität war schon viel älter und hatte jahrzehntelange Tradition, insbesondere in Zeiten des Kalten Krieges, als man Österreich wiederholt wie selbstverständlich im Lager des Westens wähnte. Die Neutralität Österreichs wurde dabei in ihrer staatspolitischen Bedeutung, verfassungsjuristischen Kernrelevanz sowie in ihrer identitätsstiftenden und nationsbildenden Wirkung weitgehend unterschätzt. Für die SPÖ-Spitze, die der Neutralitätsidee bei ihrer Entstehung 1955 sogar skeptisch bis ablehnend gegenübergestanden hatte, entwickelte sich die Neutralität unter Kreisky spätestens in den 1970er-Jahren zu einem festen und integralen Bestandteil ihrer politischen Programmatik und Zielsetzung, die über rein wahltaktische Überlegungen hinausging.

7. Zwischenfazit

Die Bilanz von Schüssels Zeit als Außenminister war durchwachsen. Othmar Höll bezeichnete diese Phase seiner Amtszeit mit Kontinuität und Anpassung.[78] Über Europa hinausgehend entfaltete Schüssel keine nennenswerten Aktivitäten. Sein Aktionsradius bewegte sich bereits im Schatten der immer mehr an Einfluss und Macht gewinnenden Staats- und Regierungschefs in der EU. Er hatte seit dem EU-Beitritt – diese Tendenz war bereits mit Minister Mock auch hinsichtlich der Kompetenzkonflikte mit den Bundeskanzlern Vranitzky und Klima sowie dem Bundespräsidenten Klestil erkennbar – einen Einflussverlust hinnehmen müssen, der infolge der Führungsstruktur der EU durch die Europäischen Räte den Staats- und Regierungschefs mehr Aufmerksamkeit, Gewicht und Prestige verlieh. Vor 1995 war Österreichs Außenminister noch eine stärkere Figur, die das weitgehend unangefochtene Primat in der Außenpolitik innehatte. Der Bundeskanzler hatte – einmal abgesehen von seinem Amt als Regierungschef oder dem »Außenpolitiker« Kreisky – in der Außenpolitik keine Funktion. Natürlich wurde der Bundeskanzler in der Außenpolitik eingesetzt. Das unbestrittene Entscheidungszentrum der Außenpolitik war materiell und ideell aber das Außenministerium gewesen. Verfassungsmäßig ist der Bundeskanzler Primus inter Pares. Er hatte keine Richtungskompetenz wie der deutsche

---

77 Schüssel: Offengelegt. S. 76; aktualisiert, ausgewogen und differenziert aus rechtswissenschaftlicher Hinsicht: Peter Hilpold: Solidarität und Neutralität im Vertrag von Lissabon unter besonderer Berücksichtigung der Situation Österreichs. – Wien/Bern 2010. S. 78–85.
78 Höll: Wolfgang Schüssel and Austrian Foreign Policy. S. 161.

Bundeskanzler und ist mehr eine innenpolitische Größe, was sich allerdings in der Ära Kreisky verschoben hatte.[79]

Im Zuge der enger gewordenen Koordination der Außenpolitik unter den EU-Staaten in den 1990er-Jahren wurde das Ressort Außenpolitik mehr und mehr von den Staats- und Regierungschefs absorbiert und übernommen, was auch mit Bedeutungs- und Rangverlust der Außenminister Hand in Hand ging. Von dieser Entwicklung waren auch die Nachfolgerinnen von Schüssel im Außenministerium betroffen.

Im Jahre 1996 fiel er als Außenpolitiker durch keine besonders nennenswerten Aktivitäten auf. Ein Jahr darauf galt es im Unionsvertrag von Amsterdam bei Wahrung der österreichischen Interessen die EU nach Maastricht weiterzuentwickeln. Strittige Kraftausdrücke bei einem Frühstücksgespräch in Anwesenheit von Journalisten brachten ihn mittelbar in Rücktrittsgefahr. Das Scheitern des sicherheitspolitischen »Optionen«-Berichts 1998 bedeutete gleichzeitig den Anfang vom Ende der von der ÖVP und Schüssel forcierten NATO-Beitrittsoption. Der Erosionsprozess der Neutralität durch »materielle Derogierung« sollte dennoch Solidarität mit der neuen europäischen Sicherheitsarchitektur ermöglichen. Die EU-Präsidentschaft vom 1. Juli bis zum 31. Dezember 1998 war ein Organisationserfolg, der die EU-»Osterweiterung« weiter auf den Weg bringen sollte, während die Reform der EU-Institutionen nicht in Gang gebracht werden konnte. Unter dem Motto »Agenda 2000« waren jedenfalls Fortschritte in der Agrar-, Budget-, Beschäftigungs-, Wirtschafts- und Währungs- sowie der Steuerpolitik möglich geworden. Der Kosovo-Konflikt und seine Eskalation zum NATO-Interventionskrieg gegen Belgrad führte trotz aller Solidaritätsbekundungen zu einem österreichischen Innehalten und in Folge zu einem Rückzug von der NATO-Beitritts- und WEU-Beistandspolitik. Österreichs Außenpolitik unter Schüssel übte sich vor Kriegsbeginn noch als Vermittler, um dann die folgende Intervention zu rechtfertigen und nach dem Ende des Bombardements ein stärkeres OSZE-Engagement zu empfehlen.

II. Tiefpunkte und Neu-Profilierungen: Im Zeichen von Isolation, Rehabilitierung und Re-Europäisierung (2000–2005)

1. Absolut loyal, verlässlich und engste Vertrauensperson: Schüssels Nachfolgerin auf dem Aussenposten: Benita Ferrero-Waldner (2000–2004)

Schüssels Nachfolge im Außenministerium trat erstmals in der Geschichte Österreichs eine Frau an, die bereits in der Privatwirtschaft tätig gewesen war, über eine mehr als 15-jährige Erfahrung im diplomatischen Dienst verfügte, eine Person des

---

[79] Interview mit Minister a. D. Dr. Peter Jankowitsch 7. 10. 2003 (Tonbandaufzeichnung im Besitz des Verfassers).

engsten Vertrauens des vormaligen Außenministers und zukünftigen Bundeskanzlers war und im Wesentlichen auch bleiben sollte. Ähnlich verhalten sollte es sich auch mit Ferreros Nachfolge, der Kärntnerin Ursula Plassnik, die vormals Schüssels Kabinettschefin war und ab 2004 die Leitung des Bundesministeriums für europäische und internationale Angelegenheiten übernahm.

Benita Maria Ferrero-Waldner wurde am 5. September 1948 in Salzburg geboren. Ihr Studium der Rechte absolvierte sie an der Paris-Lodron-Universität, wo sie 1970 zur Doktorin der Rechte promoviert wurde. Anschließend wirkte sie in der deutschen und amerikanischen Privatwirtschaft. In das Bundesministerium für auswärtige Angelegenheiten (BMfaA) trat sie 1984 ein. Es folgten Tätigkeiten an den österreichischen Botschaften in Madrid, Dakar und Paris, wo sie ab 1990 als stellvertretende Missionschefin und Geschäftsträgerin von 1987 bis 1993, also in den Jahren der Formationsphase des österreichischen EG-Beitrittsbegehrens, fungierte. Mit den EG-Beitrittsverhandlungen wirkte die stets verlässliche und loyale Beamtin als stellvertretende Protokollchefin im BMfaA ab Februar 1993 und von 1994 bis 1995 als Protokollchefin der Vereinten Nationen in New York. Von Schüssel wurde Ferrero-Waldner als Staatssekretärin in das BMfaA (1995–2000) geholt, wo sie neben der Gestaltung der Entwicklungshilfepolitik durch vielfältige Auslandsaktivitäten und zahlreiche Reisen nach Afrika, Asien und Lateinamerika auch mit der Umsetzung des EU-Beitritts betraut war.[80] Gemeinsam mit Staatssekretär Wolfgang Ruttenstorfer lenkte sie die »Euro-Initiative«. Der Startschuss dafür war im August 1997 gefallen. Die Initiative sollte bis 2002 andauern. Pensionisten, Konsumenten und Arbeiter galten als Hauptzielgruppen. Die Bevölkerung sollte »ab sofort umfassend und objektiv über alle mit dem Euro-Projekt verbundenen Vorteile, aber auch über die Nachteile informiert werden«. Diese Kampagne schien auch mit Blick auf das von der FPÖ initiierte »Schilling-Volksbegehren« erforderlich.[81]

Von Anfang an sehr klar und positiv äußerte sich die Staatssekretärin auch in der Frage der EU-»Osterweiterung«. Ihre diplomatisch-politische Hochzeit erlebte Ferrero-Waldner allerdings während der internationalen Reaktionen auf die Regierungsübernahme der ÖVP/FPÖ-Regierung in Österreich, auf die in Form von Boykottmaßnahmen reagiert werden sollte. Die von Ferrero-Waldner als »Torheit der Regierenden« genannte Behandlung Österreichs, das mit »Maßnahmen« seitens der übrigen EU-14-Staaten belegt worden war, provozierte ihr rastloses Eintreten für die rechtmäßigen Anliegen Österreichs. Mit ihrem außergewöhnlichen Engagement und einer aufrechten Grundhaltung erlangte sie steigende Sympathiewerte in der Bevölkerung, galt monatelang als beliebteste Politikerin Österreichs und wurde auch als-

---

80 Benita Ferrero-Waldner: Kurs setzen in einer veränderten Welt. – Wien 2002.
81 Startschuß für Euro-Initiative gefallen. Regierung verspricht objektive Informationen. – In: Salzburger Nachrichten 30. 8. 1997.

bald als mögliche Nachfolgerin von Bundespräsident Thomas Klestil (1992–2004) gehandelt. Die einstige Büro-Chefin des vormaligen UN-Generalsekretärs Boutros Boutros-Ghali trat in ihrer Amtszeit für eine konsequente Wiener Position in der Erweiterung der EU ein und bekräftigte damit auch wiederholt die Idee der europäischen Zusammenarbeit. Nach außen wirkte die »Frau Minister« mit der Politik des Bundeskanzlers immer sehr abgestimmt, zumal in der österreichischen EU-Politik eine Parallelität in den Auffassungen und Zielsetzungen gegeben war.[82] Viele Diplomaten arbeiteten gerne mit ihr. Im Teamwork bestanden ihre Stärken. Gerade in den Monaten des Regierungsboykotts trat sie mit sendungsbewusstem und überzeugendem Österreich-Patriotismus auf.[83] Im von Männern dominierten Amt selbst gab es geteilte Auffassungen über Ferrero-Waldners Wirken. Von Anerkennung und Respekt für ihren Einsatz bis auch zur belächelten Geringschätzung reichten Beurteilungen.

Im Rahmen ihrer Vorstellung als Bundespräsidentschaftskandidatin bezeichnete Schüssel Ferrero-Waldner als »verlässlich« und »absolut loyal« ihm gegenüber, was er schätze. Sie könne aber intern durchaus auch offene Worte finden. Bezüglich ihrer Kritiker, die auf geschehene Missgeschicke und Pannen verwiesen, die ihr als Chefin des Ballhausplatzes unterlaufen waren, meinte Schüssel, dass man eine Frau in der Politik besonders aufmerksam beobachte und ihr überkritisch gegenüberstehe, was bei gleichen oder ähnlichen Vorkommnissen bei männlichen Politikern nicht geschehe. Er verwies auf Ferreros Erfahrungen in der freien Wirtschaft, im diplomatischen Dienst und bei den Vereinten Nationen. Während der EU-14-Sanktionen habe sie das Land »freundlich, aber auch sehr bestimmt nach außen« vertreten und durch ihre Hartnäckigkeit mit dazu beigetragen, dass die Isolierung Österreichs nach kurzer Zeit aufgehoben werden musste.[84]

2. »Annus horribilis« mit europapolitischer Schwächung: Die Aufhebung der Sanktionen und der Zerfall der FPÖ

Als die übrigen 14 EU-Staaten angesichts der bevorstehenden ÖVP/FPÖ-Regierungsbildung scheinbar geschlossen am 30. Januar 2000 Sanktionen angekündigt und am 4. Februar verhängt hatten, wirkte Österreichs Politik konsterniert und geschockt zugleich, obwohl man nach den Nationalratswahlen vom Herbst 1999 von verschiedenen Seiten gewarnt worden war. Es gab zwei EU-Gipfel in Finnland

---

82 Interview mit Frau Minister Benita Ferrero-Waldner in der ORF-»Pressestunde« mit den Journalisten Groß und Kindermann, 17. 6. 2003 (Videoaufzeichnung im Besitz des Verfassers).
83 Interview mit Botschafter Hans Winkler 28. 3. 2003 (Tonbandaufzeichnung im Besitze des Verfassers).
84 »Zeit im Bild«-Interview von Armin Wolf mit Bundeskanzler Wolfgang Schüssel im ORF 15. 1. 2004 (Videoaufzeichnung im Besitz des Verfassers).

und ein OSZE-Treffen im November 1999 in Istanbul, als entsprechende Hinweise erfolgten. Im Oktober in Tampere war Luxemburgs Premier Jean-Claude Juncker damit beauftragt worden, Österreichs Außenminister Schüssel den Unwillen der übrigen EU-Mitglieder im Falle einer eventuellen FPÖ-Regierungsbeteiligung näherzubringen. In Istanbul, als neben dem Bundeskanzler auch das Staatsoberhaupt präsent war, soll das Thema erneut besprochen worden sein und Schüssel Frankreichs Staatspräsident Jacques Chirac gegenüber derartige Pläne in Abrede gestellt haben.[85]

Schüssel hatte die möglichen europapolitischen und internationalen Reaktionen auf eine schwarz-blaue Regierungsbildung nicht nur unterschätzt, sondern falsch beurteilt. Man hatte mit Protesten aus den USA und Israel wie in der Waldheim-Affäre gerechnet, nicht aber seitens der EU-Partner. Im August 1999 wollte er nicht glauben, »dass der schwarz-blaue Teufel an der Wand« noch abschreckend wirken würde, und ließ sich ganz bewusst alle Koalitionsformen offen. Sollte einer seiner Parteileute eine Präferenz für eine Richtung äußern, wollte er dies »abdrehen«.[86]

Österreichs Sozialdemokraten und Grüne sahen die überraschend harte Gangart der EU-14 mit Genugtuung, versuchten die Sanktionsandrohungen zu rechtfertigen und erblickten darin einen Grund für den Rücktritt des noch amtierenden Außenministers und präsumptiven Bundeskanzlers[87], der mit einer geschickten Mobilisierungsstrategie der ÖVP-Wähler am 3. Oktober 1999 gerade noch den Gleichstand mit der FPÖ gesichert hatte. Vor den Urnengängen hatte er erklärt, mit seiner Partei in die Opposition zu gehen, sollte die ÖVP bei den Wahlen den dritten Platz erhalten, was der Fall war, Schüssel aber nicht an seinen Kanzlerambitionen hinderte.[88] Im August 1999 hatte Haider in der heißen Phase des Wahlkampfs verlauten lassen, ihm auch den Vortritt als Bundeskanzler zu lassen, selbst wenn die Volkspartei nur Nummer drei werden würde.[89]

Die USA reagierten auf die ÖVP/FPÖ-Regierung kritisch und mahnend, aber weniger ablehnend und harsch als die sogenannten EU-14.[90] Zwischen Madeleine

---

85 Ahtisaari über die »Sanktionen«: Missverständnisse oder Täuschung. – In: Die Presse 2. 2. 2002; dazu nicht Stellung nehmend, aber auf die innenpolitischen Motive Frankreichs und die telefonische Intervention Chiracs bei Khol verweisend: Schüssel: Offengelegt. S. 104; Höll: Wolfgang Schüssel and Austrian Foreign Policy. S. 181 (Fußnote 21).
86 Keine Furcht vor Haider-Angst. – In: Salzburger Nachrichten 2. 8. 1999.
87 Heinrich Schneider: Österreich in Acht und Bann – ein Schritt zur politisch integrierten »Wertegemeinschaft«? – In: Integration 23 (2000). Heft 2. S. 120–148. S. 128; Peter Hort: Mit der großen Keule gegen die kleine Alpenrepublik. Das wenig durchdachte Vorgehen der Europäischen Union gegen das Mitgliedsland Österreich. – In: Frankfurter Allgemeine Zeitung 2. 2. 2000.
88 Schneider: Österreich in Acht und Bann. S. 125f.
89 Die Stunde, da sie nichts voneinander wußten. – In: Die Presse 21. 10. 2000.
90 Siehe auch zum Österreichbild in den USA Günter Bischof: »Experiencing a Nasty Fall from Grace...« Austria's Image in the U.S. after the Formation of the New ÖVP/FPÖ Government. http://www.centeraustria.uno.edu/Austrias+Image+DiplAk+Talk.htm (10. 7. 2000)

Albright und Wolfgang Schüssel bestand persönliches Einvernehmen während stärksten Drucks auf die neu gebildete Regierung Anfang Februar 2000. Aus dem Bundeskanzleramt wurde der Entwurf der Präambel zur Regierungserklärung nach Washington gefaxt und von der Secretary of State abgesegnet und für gut geheißen.[91] Die USA schlossen sich den Boykott-Aktionen nicht vollinhaltlich an, sondern stellten die Bundesregierung »nur« unter Beobachtung. Über EU-Kommissar Franz Fischler erwirkte zudem Schüssel, dass sich die EU von den »Sanktionen« distanzierte und nicht an den Maßnahmen beteiligte.[92]

Diese Zeit war laut Schüssel von »ungeheure[r] Emotionalisierung ganz Österreichs« gekennzeichnet.[93] Durch persönliche Kontakte wie zum deutschen Arbeitgeberpräsidenten Dieter Hundt gelang es, die angespannten Beziehungen zur Bundesrepublik zu entkrampfen und zu normalisieren.[94]

Von der Volkspartei und Schüssel selbst hatten sich außenpolitisch inspirierte Beobachter mehr europapolitisches Profil erwartet. Es ist der »Europa-Partei« ÖVP in den Jahren der Regierungskoalition seit 2000 nicht gelungen, die FPÖ für den europäischen Integrationsprozess zu gewinnen und von der Notwendigkeit der EU-»Osterweiterung« zu überzeugen, gleichwohl es zu beiden Anliegen keine realpolitischen Alternativen gab. Damit fehlte eine wesentliche moralische Legitimationsgrundlage für diese Koalition, war sie doch mit diesem Ziel angetreten. Gezwungen, die regierungspolitische Linie der Privatisierung, Sanierung und EU-Erweiterung durchzuhalten, zerfielen die Freiheitlichen in Regierungsvertreter und solche, die sich in einer fundamentaloppositionellen Rolle gefielen.[95] Schüssel sah dem Treiben vielfach schweigend und tatenlos zu.

Die Sanktionsmaßnahmen hatten den Wandel der FPÖ von einer rechtspopulistischen Fundamentalopposition zu einer verantwortlichen Regierungspartei nicht begünstigt, sondern diese Transformation behindert. Der in der Partei einsetzende Normalisierungsprozess im Zuge der Übernahme von Regierungsfunktionen, den auch die »Drei Weisen« bescheinigten, wurde durch den EU-14-Boykott nicht erleichtert.

Das, was 14 EU-Staaten über Monate des Jahres 2000 von außen und von oben sowie regelmäßige Donnerstagsdemonstrationen in Wien von innen und von unten nicht zustandebrachten, besorgten die Freiheitlichen selbst, das heißt, die von den Gegnern von Schwarz-Blau sehnlichst herbeigewünschte Regierungsauflösung er-

---

91 Die verlässliche Information stammt von einem Insider des BMfaA, der nicht genannt sein will.
92 Schüssel: Offengelegt. S. 107.
93 Ebd. S. 108 f.; zu den dramatischen, umsturzartig erscheinenden Ereignissen und politischen Bewertungen siehe Andreas Khol: Die Wende ist geglückt. Der schwarz-blaue Marsch durch die Wüste Gobi. – Wien 2001. S. 94–137.
94 Schüssel: Offengelegt. S. 160.
95 »Ich hätte mir eine offensivere Volkspartei gewünscht«. – In: Die Presse 5. 10. 2001.

folgte von innen und aus sich heraus: das Ausscheiden tragender Säulen der freiheitlichen Ressortleiter und die Aufkündigung der Regierung Schüssel/Riess-Passer. Das, was nicht nur fraglich schien, sondern von eingefleischten FPÖ-Kritikern bezweifelt worden war, nämlich die Möglichkeit der Bändigung der Freiheitlichen,[96] trat ein: die Entzauberung Haiders durch Einbindung in die Koalition mit der ÖVP und die Heranziehung zur Regierungsverantwortung, die einen stundenweisen Wechsel von Standpunkten wie in der Oppositionszeit verunmöglichte und unglaubwürdig machte. Es war allerdings in Wirklichkeit keine Marginalisierung der FPÖ durch Schüssel, der Zuschauer blieb, sondern eine Selbstentmachtung infolge Selbstzerfleischung durch die Freiheitlichen selbst. Sollte es jemals ein »Zähmungskonzept« von Schüssel gegeben haben, was eher zu bezweifeln wäre, so kann dies als aufgegangen bezeichnet werden. Es wäre aber ohne die tatkräftige Mithilfe Haiders selbst nicht erfolgreich gewesen. Die FPÖ war – auch als Ergebnis des EU-Beitritts – als Partei an den Aufgaben und Herausforderungen der Regierungspolitik (Staatssanierung und EU-Erweiterung) innerlich zerbrochen und ihre beachtliche innenpolitische Position der Jahre 2000/01 zerfallen, sodass auch Schüssels Reformpolitik in Zweifel gezogen schien, da ihm der Koalitionspartner abhandenzukommen drohte. Der indirekte Einfluss der EU bzw. die nachhaltigen Folgen des EU-Beitritts mit Blick auf die Veränderungen des politischen Systems in Österreich waren von nicht geringer Bedeutung. Der Spagat zwischen fortgesetztem Populismus für den »Mann von der Straße« auf Länderebene und harter Sparpolitik (»Null-Defizit«) und Europapolitik (EU-»Osterweiterung«) auf Bundesebene konnte von den Freiheitlichen mit ihrer personellen Zusammensetzung nicht mehr durchgehalten bzw. nur unter Inkaufnahme erheblicher Stimmenverluste und steigender interner Verwerfungen hingenommen werden.

Es ist ein Kuriosum und Paradoxon zugleich, dass gerade mit und erst nach der Aufhebung der »Sanktionen« der innerparteiliche und regierungspolitische Krisenzustand der FPÖ zunehmen und schließlich im Spätsommer 2002 eskalieren sollte. Mit dem »Anlassfall Österreich« (Ferdinand Karlhofer/Josef Melchior/Hubert Sickinger)[97] ist die Vorrangigkeit nationalstaatlicher Politik bzw. die klassische These vom »Primat der Innenpolitik« im Rahmen der (supranationalen) EU mit Blick auf

---

96 Vergleiche das Interview von Inge Santner: »Lasst Blocher, Bossi und Haider an die Macht!« Der österreichische Politologe Anton Pelinka denkt darüber nach, wie Europas Populisten gebändigt werden könnten. – In: Die Weltwoche 25. 11. 1999. Im Gegensatz zur Überschrift des Beitrags zögerte jedoch Pelinka im Interview, die Teilhabe der populistischen Partei Haiders an der Macht im Sinne verantwortungsbewussten Handelns für möglich zu halten. Die Chance zu einer solchen Form der Bändigung wurde hier weder thematisiert noch für denkbar gehalten.

97 Ferdinand Karlhofer, Josef Melchior, Hubert Sickinger (Hg.): Anlassfall Österreich. Die Europäische Union auf dem Weg zu einer Wertegemeinschaft (Österreichische Zeitschrift für Politikwissenschaft Sonderband). – Baden-Baden 2001.

Beeinflussungs- und Einwirkungsversuche ihrer Mitglieder auf unerwünschte politische Verhältnisse in einem anderen Partnerland auf eindrucksvolle Weise bestätigt worden. Der »lange Schatten des Staates« (Ernst Hanisch) manifestierte sich einmal mehr. Der Ausgang der EU-14-Maßnahmen – Rücknahme nach Vorlage eines »Weisen«-Reports – unterstrich den »Primat der Innenpolitik«[98], dem auch Schüssel als Bundeskanzler verpflichtet war: Aufgehoben werden sollten die »Sanktionen« laut offizieller Darstellung der »Weisen«, weil sie sonst *in Österreich* kontraproduktiv sein würden, obwohl sie ja schon lange vorher kontraproduktiv gewirkt hatten. Die bilateralen Interventionen der EU-Staaten mit Blick auf die innenpolitischen Verhältnisse waren nur begrenzt wirksam.

Die Boykottmaßnahmen waren vor allem aus innenpolitischen Notwendigkeiten und Sachzwängen in den europäischen Partnerstaaten erwachsen und hatten nur zum Teil mit Österreich zu tun. Die Motive waren vom »Primat der Innenpolitik« getragen, was Schüssel wusste und ihn von der mangelnden Berechtigung der »Sanktionen« und ihrer mittelfristigen Unmöglichkeit überzeugte. Der Anlassfall war jedoch der innenpolitische Faktor in Österreich, die FPÖ, die man an der Regierungsteilnahme hindern bzw. schwächen wollte. Beides ist mit den »Sanktionen« nicht gelungen: International war die FPÖ schon vor dem Jahr 2000 mit Ablehnung bedacht worden und durch ihren Austritt aus der Liberalen Internationale und den fraktionslosen Zustand im Europäischen Parlament selbst isoliert – so bedurfte es gar keiner »Sanktionen« mehr. Eine symbolische Geste hätte vollauf genügt.

Innenpolitisch profitierte die Partei Haiders von der »EU-Quarantäne« (Waldemar Hummer/Anton Pelinka) nur kurzfristig, zumal sich viele der europakritischen und EU-feindlichen Emotionen der Freiheitlichen in den 1990er-Jahren weiter schüren ließen und »Bestätigung« fanden. Das war eine unbeabsichtigte Nebenfolge der Maßnahmen der EU-14 und kontraproduktiv mit Blick auf die Union und ihre Grundwerte. Wollten die EU-14 am Beispiel Österreich, so Pelinka, primär »ein Signal für Europa setzen«,[99] so ist dieses nicht gehört worden: In Italien und Dänemark kamen im Mai 2001 rechtsextreme und demokratiepolitisch problematische Parteien und fragwürdige Politiker zum Erfolg und in die Regierung, ohne dass vergleichbare »Österreich-Signale« der übrigen Mitglieder erfolgt wären.[100] Das sprach neben der

---

98 Michael Gehler: Kontraproduktive Intervention: Die »EU 14« und der Fall Österreich oder vom Triumph des »Primats der Innenpolitik« 2000–2003. – In: Ders., Pelinka, Bischof (Hg.): Österreich in der Europäischen Union. S. 121–181 (auch mit einer eingehenden Kritik an den Positionen Pelinkas).

99 Anton Pelinka: Österreich und Europa, Wie »westlich« ist die österreichische Demokratie? Die »EU-Sanktionen« aus politikwissenschaftlicher Sicht. – In: Waldemar Hummer, Anton Pelinka: Österreich unter »EU-Quarantäne«. Die »Maßnahmen der 14« gegen die österreichische Bundesregierung aus politikwissenschaftlicher und juristischer Sicht. Chronologie, Kommentar, Dokumentation. – Wien 2002. S. 23–48. S. 28.

100 Waldemar Hummer: Die »Maßnahmen« der 14 Mitgliedstaaten der Europäischen Union gegen die ös-

faktischen Kontraproduktivität auch für eine politische Doppelmoral, die dem Wertediskurs nicht förderlich war. Mit dem neuen Artikel 7 EUV wurde die Latte verfahrenstechnisch so hoch gelegt, dass ein vergleichbarer »Anlassfall« wie Österreich in Zukunft unwahrscheinlich erschien. Auf Mutmaßung und Verdacht konnte keine Aktion mehr gegen eine Regierungsbeteiligung von Rechtsextremen und Rechtspopulisten in Europa gestartet werden. Insofern war die im Zusammenhang mit den EU-14-Maßnahmen verfolgte »Strategie des Verdachts« (Pierre de Trégomain)[101] ein in sich fragwürdiges Unternehmen. Auf reine Annahmen und bloße Mutmaßungen basierend ließ sich keine ernstzunehmende Politik entwickeln. Der »Respekt vor der Souveränität nationalstaatlicher Entscheidungsvorgänge«, der die EU-14 bei ihrem Vorgehen gegen Österreich »eindeutig nicht bestimmt« (Anton Pelinka)[102] hat, war nach Scheitern der »Österreich-Sanktionen« wieder gewachsen.

Im »Sanktionen«-Kontext war auch eine bemerkenswerte Umkehr der Asymmetrie transnationalen Parteienkooperationsverhaltens festzuhalten: Mit Blick darauf lässt sich konstatieren, dass die Verhängung der »Maßnahmen« nicht nur Ausdruck der Geschlossenheit und Stärke der Sozialistischen Internationale, sondern auch Ergebnis von äußerer Schwäche und innerer Uneinigkeit bei den Christdemokraten, vornehmlich bei der EVP, war. Die Unzulänglichkeit christdemokratischer Parteienzusammenarbeit war nichts Neues. Sie hat eine lange Vorgeschichte. Verstärkt wurde diese Situation durch die massive Krise in der CDU 1999/2000. Diese Konstellation hielt aber nur kurzzeitig an. Die Aufhebung der Maßnahmen gegen Österreich war im Rahmen der EVP durch eigene »Weisen« und deren Beobachtungen und Berichte vorbereitet und damit ein plausibles Ausstiegsszenario vorgezeichnet worden. Die europäischen Christdemokraten fingen sich wieder, demonstrierten mit der Respektierung der ÖVP in ihre Reihen Geschlossenheit und Stärke, während die Sozialdemokraten den Rückzug antreten mussten. Schüssel bewies in den schwierigen Wochen und Monaten der Boykottmaßnahmen Beharrlichkeit, Durchhaltevermögen und Widerstandskraft. Er ließ sich von der teilweise unfairen Art und Weise der Isolationspolitik – jedenfalls äußerlich – nicht beeindrucken und inszenierte mit seinem fragwürdigen Koalitionspartner einen nationalen Schulterschluss, der die Opposition in Bedrängnis und Misskredit brachte. Maßgebliche Unterstützung zur Bewältigung der Sanktionskrise erhielt er durch Ferrero-Waldner, die ebenso hartnäckig und unbeugsam dem diplomatisch-politischen Druck standhielt und in über-

---

terreichische Bundesregierung. Die »EU-Sanktionen« aus juristischer Sicht, in: Ebd. S. 49–112. S. 111, verweist zu Recht auf diesen Umstand.
101 Zur Angreifbarkeit dieser Strategie: Pierre de Trégomain, Eine Strategie des Verdachts. Die Reaktionen der französischen Öffentlichkeit auf die politische »Wende« in Österreich von Februar bis September 2000. – In: Zeitgeschichte 29 (September/Oktober 2002). S. 211–238. S. 218.
102 Pelinka: Österreich und Europa S. 31.

zeugend zur Schau gestelltem österreichischen Patriotismus aufging. Rückblickend lässt Schüssel durch seinen Co-Autor wissen:

»Die eloquente, vielsprachige Ministerin, der man nicht im Entferntesten nachsagen könnte, politisch rechts zu stehen, ist die ideale Besetzung für die Rolle der Sanktionen-Bekämpferin. Maßgeblich unterstützt wird sie dabei von Schüssels außenpolitischen Beratern, Hans-Peter Manz und Michael Linhart.«[103]

So sehr Hummer und Pelinka in ihren pointierten Standpunkten zur Sanktionsfrage differieren mögen, in einem Befund waren sie sich einig: Österreich hat durch das Jahr 2000 beträchtlich an Wert und Stellung in der EU verloren. Pelinka konstatierte:

»Ein EU-Mitgliedstaat, dessen Regierung von den Regierungen der anderen Mitgliedstaaten zensuriert wird und auch nach Aufhebung der Maßnahmen unter einer besonderen Beobachtung steht, riskiert, bei jedem interessenbezogenen politischen Vorstoß an diese seine Besonderheit erinnert und damit in die Schranken gewiesen zu werden. Die ›Sanktionenkrise‹ reduzierte Österreichs Fähigkeit, spezifische nationale Interessen innerhalb der EU durchzusetzen.«[104]

Hummer formulierte es anders, meinte aber das Gleiche, zumal er auch argumentierte, dass trotz formeller Aufhebung der »Sanktionsmaßnahmen« der Überwachungsmechanismus gegenüber der FPÖ über den September 2000 fortbestand:

»›Normalität‹ ist – auch nach eineinhalb Jahren nach der Aufhebung der ›Sanktionen‹ – in den Beziehungen Österreichs zu seinen EU-Partnern noch immer nicht eingekehrt. Der ›Gesichtsverlust‹, den Österreich durch die ›Sanktionen‹ innerhalb und außerhalb der EU erlitten hat, wird das internationale Prestige Österreichs noch länger belasten und ihm immer wieder Erklärungsbedarf abnötigen. Dabei wird sich aber einmal mehr der alte französische Sinnspruch bewahrheiten: ›Qui s'excuse s'accuse.‹«[105]

3. Eine sich rehabilitierende Aussenpolitik: Rasche und substanzielle Entschädigungspolitik infolge internationalen Drucks?

Am 3. Februar 2000 erfolgte die ÖVP/FPÖ-Regierungsbildung und am 4. Februar ihre Angelobung, die Bundespräsident Klestil bis zuletzt mit allen möglichen – tauglichen

---

103 Schüssel: Offengelegt. S. 143.
104 Pelinka: Österreich und Europa. S. 44f.
105 Hummer: Die »Maßnahmen« der 14 Mitgliedstaaten. S. 108ff. S. 112 (Zitat).

wie untauglichen – Mitteln zu vereiteln versucht hatte. Selbst Altpolitiker wie Bruno Kreiskys ehemaliger und nicht wenig umstrittener Finanzminister (1970–1981) und Vizekanzler (1976–1981) sowie nun als *elder statesman* und »Salzbaron« figurierender Hannes Androsch oder der in Brüssel in der EU-Kommission amtierende Agrarkommissar Franz Fischler wurden aus der schieren Verzweiflung des Staatsoberhaupts als mögliche Regierungsvertreter bzw. Kanzlerkandidaten erwogen und kontaktiert, um ein schwarz-rotes Kabinett zu etablieren. Fischler (ÖVP) sollte als Bundeskanzler und Androsch (SPÖ) als Vizekanzler und Finanzminister fungieren! Während Fischler ablehnte, hätte Androsch, zu dem die Information erst drang, als das Vorhaben schon gescheitert war, »schwer nein sagen können«. Fischler begründete seine Absage damit, dass er es nicht für demokratisch gehalten hätte, wenn »jemand ins Spiel gebracht werde, der nicht einmal bei den Nationalratswahlen kandidiert habe«.[106]

Wieweit ein solches Szenario tatsächlich mit dem Wählerwillen zu vereinbaren gewesen wäre, wird immer das Geheimnis von Klestil bleiben. Das Staatsoberhaupt zögerte, weil Schüssel und Haider damit gedroht hatten, ein solches Kabinett am ersten Parlamentstag zu stürzen. Die Koalition zwischen ÖVP und FPÖ kam gegen den ausdrücklichen Willen Klestils zustande, der eine Fortsetzung der alten Großen Koalition befürwortet hatte. Die Angelobung des Kabinetts Schüssel I begleitete der Bundespräsident am 4. Februar 2000 mit frostig-versteinerter Miene, ein Vorgang, den die Republik bis dato so noch nie erlebt hatte. Zwei vorgesehene FPÖ-Regierungsmitglieder (Hilmar Kabas und Thomas Prinzhorn) weigerte sich Klestil anzugeloben. Von seinen verfassungsmäßigen Kompetenzen machte er jedoch keinen konsequenten Gebrauch: Den Mut, die gesamte Regierung nicht anzugeloben, brachte er nicht auf.

Der im Februar 2000 nicht mehr zu verhindernde Bundeskanzler und der FPÖ-Obmann – der Bundespräsident hatte weit mehr persönliche Aversionen gegen Schüssel als gegen Haider, gegen Letzteren dagegen weit mehr politische und weltanschauliche – unterzeichneten eine Regierungserklärung unter dem Titel »Verantwortung für Österreich – Zukunft im Herzen Europas«. Sie wurde dem Regierungsprogramm vom 4. Februar 2000 als eigene Präambel vorangestellt. Das bereits erwähnte Einvernehmen zwischen Albright und Schüssel hatte auch einen spezifischen Hintergrund: Von Anbeginn des Sanktionsszenarios bestanden in Washington Erwartungen bzw. Vorbedingungen hinsichtlich einer geänderten österreichischen Vergangenheitspolitik, um entsprechendes Wohlverhalten zu zeigen.

Beide politische Parteien verbanden mit dieser Präambel ein Bekenntnis zu demokratischen, rechtsstaatlichen, sozialpartnerschaftlichen und menschenrechtlichen Grundsätzen, zu europäischen Werten sowie zum »Friedensprojekt Europa«. Klar

---

106 »Ich hätte schwer nein sagen können«. Hannes Androsch bestätigt, dass er beinahe Vizekanzler eines von Thomas Klestil angestrebten Fischler-Kabinetts geworden wäre. – In: Die Presse 13. 10. 2004.

positionierten sich die zwei bis dato noch nie miteinander koalierenden Parteien und ihre höchsten Repräsentanten gegen Fremdenfeindlichkeit, Antisemitismus und Rassismus. Darüber hinaus bekannten sie sich zur »kritischen Auseinandersetzung mit der NS-Vergangenheit«, dem »dunkelsten Kapitel der österreichischen Geschichte«, wie sie es nannten. Die neue Regierung gab damit ihre Bereitschaft bekannt, die Auseinandersetzung mit Österreichs NS-Vergangenheit sehr ernst nehmen zu wollen:

> »Österreich stellt sich seiner Verantwortung aus der verhängnisvollen Geschichte des 20. Jahrhunderts und den ungeheuerlichen Verbrechen des nationalsozialistischen Regimes: Unser Land nimmt die hellen und die dunklen Seiten seiner Vergangenheit und die Taten aller Österreicher, gute wie böse, als seine Verantwortung an. Nationalismus, Diktatur und Intoleranz brachten Krieg, Fremdenhass, Unfreiheit, Rassismus und Massenmord. Die Einmaligkeit und Unvergleichbarkeit des Verbrechens des Holocaust sind Mahnung zu ständiger Wachsamkeit gegen alle Formen von Diktatur und Totalitarismus.«[107]

Mit dieser Präambel schien sich die Herausbildung einer neuen offiziellen Geschichtspolitik abzuzeichnen. Die Republik zeigte mit dieser Absichtserklärung noch nie so deutlich ihren Willen, Verantwortung für die von Österreichern während der Zeit des Nationalsozialismus (1938–1945) und während des europäischen Krieges und Zweiten Weltkriegs (1939/41–1945) begangenen Unrechtshandlungen und Verbrechen zu übernehmen. Gegner Haiders und FPÖ-Kritiker schenkten dieser Präambel nur wenig oder gar keinen Glauben.

Trotz des eindeutigen Bekenntnisses zum gemeinsamen Wertefundament der EU, welches auch das Ziel verfolgte, die bereits gegebene Sanktionsandrohung abzuwenden und die Eventualität von Boykottmaßnahmen auszuschließen, ließen sich die Gegner in ihren Vorbehalten und Zweifeln hinsichtlich einer Regierungsbeteiligung der Haider-FPÖ nicht beirren. Nach Vorlage des »Weisenberichts« vom September waren die Sanktionsmaßnahmen aber zurückzunehmen. Die Beziehungen mit Österreich normalisierten sich allmählich. Lediglich der Staat Israel behielt seine Protesthaltung bei. Sein Botschafter blieb weiter abberufen. Das Verhältnis zur Regierungsführung der Bundesrepublik Deutschland besserte sich im Laufe der Jahre 2001/02 wieder. Die USA behielten sich vor, die neue Regierung weiter zu beobachten, was aber mehr einer Formalie gleichkam, zumal sich die zwischenstaatlichen Beziehungen im November 2000 normalisierten.[108]

---

107 Zit. nach Günter Bischof: »Watschenmann der österreichischen Erinnerung«? Internationales Image und Vergangenheitspolitik der Schüssel/Riess-Passer-ÖVP/FPÖ-Koalitionsregierung. – In: Gehler, Pelinka, Bischof (Hg.): Österreich in der Europäischen Union. S. 445–447. S. 446.
108 Chronik zur Österreichischen Außenpolitik. – In: Österreichisches Jahrbuch für Internationale Politik 17 (2000). S. 295 ff.

Es ist außer Zweifel, dass aufgrund der Sanktionen der formellen 14 EU-Partnerländer Österreichs internationales Image gelitten hat und die Schüssel/Riess-Passer-Regierung international isoliert war. Der in den USA lehrende, höchst produktive österreichische Zeithistoriker Günter Bischof hat die angloamerikanische Presse dieser Zeit scharf beobachtet, die den aufsehenerregenden Regierungswechsel in Österreich mit großer Besorgnis und der Befürchtung verfolgte, es könne ein Rechtsruck mit Auswirkungen auf ganz Europa stattfinden. Mit Bildung der neuen österreichischen Bundesregierung waren in den amerikanischen und britischen Zeitungen zwischen Februar und Mai 2000 wiederholt ihr Umgang mit der NS-Vergangenheit und damit in Zusammenhang stehende offengebliebene Forderungen berührt worden: »Austria is experiencing a nasty fall from grace«, meinte die New Orleans *Times-Picayune*.[109] Dass die Befürchtungen ernst und die Sorgen begründet waren, ist außer Frage. Nur so erklären sich auch die warnenden Stimmen aus aller Welt, aber auch die nahezu panikartig-hysterisch zu bezeichnenden Reaktionen in Europa auf die ÖVP/FPÖ-Regierungsbildung.

Bischof argumentiert weiter, dass der massive internationale Druck gegen die ÖVP/FPÖ-Regierung, auch verbunden mit der Kritik hinsichtlich Österreichs »fehlender Vergangenheitsbewältigung«, zu einem Bekenntniswechsel der Geschichtspolitik der Bundesregierung beigetragen habe. Die Pressionen von außen wie auch die Einsicht, vor allem in der Vergangenheitspolitik positive Zeichen zu setzen, hätten sich bereits seit der Waldheim-Affäre »kontinuierlich aufgestaut und durch die Formierung der Schüssel/Riess-Passer Regierung lediglich noch verdichtet«. Die Formierung der österreichischen Historikerkommission noch zur Zeit der Regierung von Bundeskanzler Klima im Herbst 1998 war allerdings bereits eine wichtige Konzession in der Vergangenheitspolitik zum Abbau dieses außenpolitischen Druckes gewesen. Die EU-14-Sanktionsmaßnahmen, die in dieser Sache »nun einen positiven Einfluss hatten«, und die Lawine von Sammelklagen in amerikanischen Gerichten unter dem Stichwort US »legal imperialism« sowie die Einrichtung von Historikerkommissionen im Ausland hätten diesen Wandel mit bewirkt.[110]

Sollte von Wien damit nun ganz bewusst verhindert werden, dass Österreich weiterhin als »Watschenmann der europäischen Erinnerung« (Bischof)[111] behandelt würde?

---

109 Bischof: »Watschenmann«. S. 447–449.
110 Ebd. S. 458. Vgl. den Schlussbericht der Historikerkommission der Republik Österreich. Vermögensentzug während der NS-Zeit sowie Rückstellungen und Entschädigungen seit 1945 in Österreich. Zusammenfassungen und Einschätzungen (Veröffentlichungen der Österreichischen Historikerkommission. Vermögensentzug während der NS-Zeit sowie Rückstellungen und Entschädigungen seit 1945 in Österreich, hg. v. Clemens Jabloner, Brigitte Bailer-Galanda, Eva Blimlinger, Georg Graf, Robert Knight, Lorenz Mikoletzky, Bertrand Perz, Roman Sandgruber, Karl Stuhlpfarrer und Alice Teichova. – München 2003.
111 Bischof bezieht sich auf einen Artikel von Christian Thonke: Der Watschenmann der europäischen Er-

Es wird argumentiert, dass die österreichische Regierung »teils aus taktischem Kalkül, teils wegen des enormen internationalen Druckes der EU-Sanktionen« die erwähnte Regierungserklärung abgegeben hatte und die auch materielle und entschädigungspolitische Herausforderung mit der NS-Vergangenheit ernster nahm als alle anderen österreichischen Regierungen zuvor. Bischofs Einschätzung zufolge zeigte die Volkspartei mehr Bereitschaft, ja, »Enthusiasmus an der Sache« als die eher widerborstige FPÖ, die es sich aber aufgrund der Isolationsszenarien und Sanktionsandrohungen nicht gestatten konnte, »Schüssels aktive Geschichtspolitik« zu blockieren.[112]

Botschafter Hans Winkler weist hingegen im Gegensatz zu Bischof das Argument von den Sanktionen als Auslöser für die Entschädigungs- und Restitutionsverhandlungen zurück. Diese wären so oder so gekommen, die Boykottmaßnahmen hätten die Regelungen sogar eher verzögert als befördert:

»Ich glaube nicht, dass die Sanktionen überhaupt eine Rolle gespielt haben, ... internationaler Druck ja, internationaler Druck hat bei der Schweiz gewirkt und hat bei Deutschland gewirkt, hat bei Frankreich gewirkt mit den Bankenabkommen und die haben keine Sanktionen gehabt ... Der internationale Druck ist ja schon vorher aufgebaut worden. Wären nicht die Wahlen sichtbar gewesen, hätte schon die vorherige Regierung die z. B. Zwangsarbeiterverhandlungen in Angriff nehmen müssen. Eines der für mich denkwürdigsten Gespräche, wo ich dabei war, war das von Viktor Klima in Stockholm mit dem Israel Singer – [Ariel] Muzicant war auch dort – wo Singer in seiner sehr emotionalen manchmal etwas übersteigerten Art appelliert hat an den Bundeskanzler, doch etwas nunmehr auch wieder zutun für die noch nicht gelösten vermögensrechtlichen Fragen. Klima hat dort überhaupt nichts mehr gesagt, er war wenige Tage vor seinem politischen Ende. Es wäre unabhängig davon sowieso gekommen ... Es hat begonnen, die erste Sammelklage ist im Oktober 1998 gegen Österreich eingebracht worden von Ed Fagan gegen die Voest. Dann kam die Goldgeschichte und dann kamen schon die massiven Forderungen der Zwangsarbeiter, und wo Klima und Schüssel sich ausgemacht haben, das ist eines jener Themen, die wir sofort nach den Wahlen in Angriff nehmen müssen. Ich glaube, dass die Sanktionen nur bedingt [eingewirkt haben], im Gegenteil, die haben die Sache eher erschwert, v. a. deswegen weil am Anfang bekanntlich die jüdischen Organisationen gesagt haben, sie reden nicht mit dieser Bundesregierung ... Das hat die Sache verzögert.«[113]

---

innerung. – In: Kurier 22. 6. 2001, wie auch auf ein Interview mit dem Historiker Dan Diner zur Erinnerungskultur: »Das Gedächtnis taut auf«. – In: Profil 25. 6. 2001, S. 84–86.
112 Bischof: »Watschenmann«. S. 448. Heidemarie Uhl: »Nur jener, der mit seiner Vergangenheit im Reinen ist, hat die Hände frei für die Zukunft.« Zur Frage der Instrumentalisierung von »Vergangenheitspolitik«. – In: Lutz Musner, Gottfried Wunberg, Eva Cescutti (Hg.): Gestörte Identitäten? Eine Zwischenbilanz der 2. Republik. – Innsbruck 2002. S. 26.
113 Interview mit Botschafter Hans Winkler 6. 12. 2002 (Tonbandaufzeichnung im Besitz des Verfassers).

Tatsächlich konnte das atemberaubende Tempo des neuen Regierungskurses hinsichtlich einer substanziellen Entschädigungs- und Restitutionspolitik auch die Gegner von »Schwarz-Blau« nur in Erstaunen versetzen: Die rasch begonnene Arbeit der schon am 15. Februar 2000 ernannten Regierungsbeauftragten Maria Schaumayer bei den Verhandlungen über Entschädigungen an Zwangsarbeiter, die im Juli zum Abschluss und zur Verabschiedung eines Versöhnungsfonds-Gesetzes im Nationalrat und im Dezember 2000 zur Bildung eines »Versöhnungsfonds« führten, zeigten die Bereitwilligkeit und die Konsequenz der Regierung Schüssel, keine Politik des »die-Sache-in-die-Länge-Ziehens« mehr betreiben zu wollen.[114]

Ähnlich geschah es mit der Ernennung des SPÖ-nahen Diplomaten und Leiters der Diplomatischen Akademie, Ernst Sucharipa, zum Sonderbotschafter für Restitutionsverhandlungen und dem rasch erzielten Abschluss zur Restitution bzw. Entschädigung für arisiertes und entzogenes Vermögen mit dem am 31. Januar 2001 beschlossenen Gesetz im Parlament. Diese »Geschichtspolitik der Schüssel-Regierung«, wie Bischof sie nennt, habe im Felde der »Vergangenheitsbewältigung« »in kürzester Zeit erstaunliche Fortschritte gemacht«.[115]

Der atemberaubend rasche Paradigmenwandel wäre seiner Ansicht nach nicht möglich gewesen, hätte sich nicht im Laufe der 1990er-Jahre das alte Geschichtsbild von Österreich als »erstem Opfer Hitlers« zu einer modifiziert differenzierteren Anschauung gewandelt, womit »die völkerrechtliche Opferdoktrin« selbst, »auf der die Opferthese ruhte«, nun »zum ersten Male in der Nachkriegszeit am Ballhausplatz ernsthaft hinterfragt und relativiert« worden sei.[116] Das änderte aber nichts daran, dass Schüssel selbst noch als Kanzler wie auch seine Außenministerin, jedenfalls wenn sich die Gelegenheit dazu bot, die Opferthese ansprachen und wieder vertraten. Es blieb also eine gewisse Ambivalenz bestehen.

Warum wurde zunächst mit den Verhandlungen über die Zwangsarbeiter begonnen? Botschafter Hans Winkler nennt fünf Gründe: *Erstens* schien es leichter, zuerst diesen Fragenkomplex anzugehen, zügig zu verhandeln und erfolgreich abzuschließen; *zweitens* hatte die Bundesrepublik Deutschland in der Zwangsarbeiterentschädigung unter Otto Graf Lambsdorff bereits ein Modell vorgegeben, dem man gut folgen konnte; *drittens* war der Druck der Zwangsarbeiterverbände sehr stark; *viertens* waren die ersten Klagen, die gegen Österreich eingebracht worden waren, Zwangsarbeiterklagen; und *fünftens* hatte die Wirtschaft großes Interesse,

---

114 Bischof: »Watschenmann«. S. 448.
115 Ebd.
116 Ebd. Bischof verweist hier auf den Beitrag von Ernst Sucharipa: Zur Restitution jüdischer Vermögen in Österreich. Ein Verhandlungsbericht, Vortrag gehalten auf dem Völkerrechtstag in Wien 2001. – In: Favorita Papers (2002). Nr. 2. S. 28–43.

dass alle diese Klagen zügig behandelt und vor allem neue verhindert werden sollten.[117]

Am 7. Juli 2000 verabschiedeten alle vier im Nationalrat vertretenen Parteien (SPÖ, ÖVP, FPÖ, Grüne) einstimmig das Versöhnungsfondsgesetz. Folgende Leistungen wurden beschlossen: 105.000 österreichische Schilling sollten jeweils an ehemalige Zwangsarbeiter, 35.000 Schilling an Industriearbeiter, 20.000 Schilling an Arbeiter in der Landwirtschaft gehen plus Sonderregelungen für Kinder, Mütter und Härtefälle getroffen werden.[118] Die Summe von sechs Milliarden Schilling für den Versöhnungsfonds sollte aufgrund einer Solidaraktion sowohl seitens der Privatindustrie als auch seitens der öffentlichen Hand bestritten werden. Die österreichische Industrie sagte bis Jahresende knapp zwei Milliarden, genau 1,825 Mrd., verbindlich zu.[119]

Im Herbst 2000 folgte die Finalisierung der Versöhnungsfondsverhandlungen. Im September und Oktober wurden fünf bilaterale Vereinbarungen mit den mittel- und osteuropäischen Staaten, ein sechstes Abkommen mit der Russischen Föderation folgte im November, unterschrieben und ebenso die Verhandlungen mit den Vereinigten Staaten zu Ende geführt. Wien insistierte gegenüber den USA nach dem Modell der deutschen Verhandlungen auf ein »statement of interest«, das von US-amerikanischer Seite Rechtssicherheit garantieren sollte. Dabei spielte die Junktimierung zwischen der Zwangsarbeiterregelung und den Vorgesprächen und den bereits laufenden Restitutionsverhandlungen keine geringe Rolle. Am 5. Oktober 2000 folgte in der österreichischen Bundeshauptstadt eine Rahmenvereinbarung für die folgenden Verhandlungen über die Restitutionen. Der Bundeskanzler fand mit US-Chefverhandler Stuart Eizenstat Konsens über die Bildung eines »General Settlement Fund«, ausgestattet mit 150 Millionen Dollar für die Restitution arisierten Vermögens. Dies führte zu einer Einigung in der Frage der Rechtssicherheit.[120]

Am 24. Oktober 2000 unterzeichneten Österreich und die Vereinigten Staaten ein »Executive Agreement«, das den Versöhnungsfonds mit Sitz in Wien als einzige Abwicklungsstelle für Ansprüche resultierend aus Zwangsarbeit festlegte. Parallel dazu ging die US-Regierung die Verpflichtung ein, im Falle von Klagen auf österreichisches Verlangen hin einem Gericht, bei dem bereits eine Klage anhängig ist oder in Hinkunft gemacht werden würde, ein »Statement of Interest« zu übermitteln, wonach das Interesse der Vereinigten Staaten an einer Klagsabweisung in allen

---

117 Interview Botschafter Dr. Hans Winkler 28. 3. 2003 (Tonbandaufzeichnung im Besitz des Verfassers).
118 Im internationalen Vergleich waren die österreichischen Beträge nicht besonders hoch. Vgl. Elazar Barkan: The Guilt of Nations: Restitution and Negotiating Historical Injustices. – Baltimore 2000. S. 31, 39. 49. 57.
119 Bischof: »Watschenmann«. S. 462. Martin Eichtinger: Der Versöhnungsfonds. Österreichs Leistungen an ehemalige Sklaven- und Zwangsarbeiter des NS-Regimes. – In: Österreichisches Jahrbuch für Politik 2000. S. 195–210. S. 218–230.
120 Bischof: »Watschenmann«. S. 462.

Einzelheiten ausgeführt und durch das State Department dokumentiert sein würde. Nach Signierung der Zwangsarbeiterübereinkunft begannen Sucharipa und Eizenstat mit ihren Delegationen noch am gleichen Tag in Wien die formellen Restitutionsverhandlungen. Dabei wurden zunächst die Lücken und Mängel in der bisherigen Restitutionsgesetzgebung und Verwaltungspraxis Österreichs genau in Betracht gezogen, festgestellt und das Ausmaß der voraussichtlichen Leistungen vereinbart. Die bis dato erfolgten österreichischen Kompensationen wurden berücksichtigt und angerechnet, wobei deren Gesamtausmaß zwischen Fachwissenschaft und Behörden strittig blieben.[121]

Nach der Rücknahme der US-Sammelklagen gegen österreichische Firmen und infolge der Zusage der Bundesregierung, die fehlende Dotierung des Versöhnungsfonds mit 3,7 Milliarden Schilling aus Mitteln des Bundes festzusetzen, konstituierte sich der Fonds am 20. Dezember 2000 und startete mit der Vorbereitung und Durchführung der Direktauszahlungen an die Opfer.[122] Der mit ca. sechs Milliarden Schilling, rund 440 Millionen Euro, ausgestattete »Versöhnungsfonds« war von Jahresende 2000 bis zum Eintritt der Rechtssicherheit aktiv und arbeitete intensiv: Über 20.000 Anträge wurden geprüft und ab 31. Juli 2001 durch Auszahlung zur Erledigung gebracht. Bis Dezember 2001 waren über 48.000 Anträge behandelt worden, ein Drittel der geschätzten 150.000 Personen. Im Juli 2002 waren über 180 Millionen Euro an über 71.000 ehemalige Zwangsarbeiter ausbezahlt worden, zu diesem Zeitpunkt rund 50 Prozent.[123]

Die Regierungsbeauftragte Schaumayer und ihre Mitarbeiter hatten das, was mehr als ein halbes Jahrhundert nicht möglich gewesen war, binnen nicht einmal eines Jahres durchgezogen, nämlich den gesamten Verhandlungskomplex der Zwangsarbeiterregelung abschließen können und es damit auch der Bundesrepublik Deutschland gleichgetan. Die vom Vertrauten Schüssels, Sucharipa, zeitgleich vertrauensbildenden informellen Sondierungen und Vorverhandlungen in der Restitutionsmaterie ermöglichten den schnellen Abschluss der Versöhnungsfondsverhandlungen. Bischof meint hierzu: »Bundeskanzler Schüssels persönlicher Einsatz an kritischen Wendepunkten der Verhandlungen zeigte, dass mehr als 50 Jahre nach Kriegsende die Republik Österreich die Versöhnung und Wiedergutmachung mit den Opfern des Nationalsozialismus nicht weiter verzögert« hat.[124] In einer Fußnote hält er fest:

»Inwieweit Riess-Passer und die FPÖ hier gute Miene zum (aus ihrer parteipolitischen Perspektive) bösen Spiel machten, ist nicht klar. Wie viel Druck Schüssel auf den Ko-

---

121 Ebd. S. 462f. Eichtinger: Der Versöhnungsfonds. S. 22f.
122 Eichtinger: Der Versöhnungsfonds. S. 230–242.
123 Bischof: »Watschenmann«. S. 463.
124 Ebd. S. 464.

alitionspartner (und die Klötze an seinem Bein aus der eigenen Partei) machte, die erzielten Verhandlungsergebnisse zu akzeptieren, muss im Detail in der Zukunft erforscht werden. Neben den Kabinettsprotokollen werden mit genügend zeitlichem Abstand Zeitzeugenbefragungen die Tatsachen ans Tageslicht der Öffentlichkeit bringen. Der Druck des EU-Monitoring und die raschen Fortschritte in den Verhandlungen mit Washington zwangen die Schüssel-Regierung wohl zu einer Flucht nach vorne.«[125]

Das atemberaubende Tempo in den Verhandlungen, welches den eindeutig festzumachenden österreichischen Wunsch zum Vorschein brachte, das immer lästiger werdende und unerträglich belastend gewordene Thema der Abgeltungen von Forderungen betreffend Unrechtshandlungen und Verbrechen aus der NS-Zeit loszuwerden und sich damit auch außenpolitisch zu rehabilitieren, zeigte sich auch bei den Restitutionsverhandlungen.

Je eher die Schaumayer-Delegation in der Zwangsarbeiter-Frage vorankam, umso stärker wurde der Druck auf Sucharipas Verhandlungsteam, auf dem höchst strittigen Gebiet der Restitutionen auch zu vertretbaren Resultaten zu kommen.[126]

Die Bundesregierung empfand keine völkerrechtliche Verpflichtung zu finanziellen Kompensationen für ehemalige Zwangsarbeiter, die von der NS-Herrschaft auf österreichischem Boden eingesetzt worden waren, sondern verstand diese als »freiwillige Leistungen«. Mit Blick auf konkrete Eigentumsforderungen (»property claims«) resultierend aus der nationalsozialistischen Judenpolitik, die zur »Entjudung« bzw. »Arisierung« jüdischen Eigentums geführt hatte (an der zahlreiche Österreicher beteiligt waren und materiell davon ungehörig profitierten), war die Republik aber völkerrechtliche Verpflichtungen eingegangen, und zwar basierend auf der Londoner Erklärung von 1943 und dem Artikel 26 im Staatsvertrag von 1955.[127] Dabei handelte es sich primär um das nach dem »Anschluss« im Gefolge des März 1938 »arisierte« Raubgut, das eine Bereicherung ungeheuren Ausmaßes, laut Sucharipa die »weitestgehende Vermögensumschichtung« in der österreichischen Geschichte darstellte.[128]

---

125 Ebd.
126 Ebd. S. 465–470.
127 Ebd. S. 465. Zur Einführung in die völkerrechtlichen Aspekte der Restitutionsproblematik: Paul Oberhammer, August Reinisch: Restitution of Jewish Property in Austria. – In: Zeitschrift für ausländisches öffentliches Recht und Völkerrecht/Heidelberg Journal of International Law 60 (2000). S. 737–761. Zu den Forderungen jüdischer Organisationen gegenüber Österreich im Kontext der Staatsvertragsverhandlungen: Thomas Albrich: Jewish Interests and the State Treaty, in: Austria in the New Europe (Contemporary Austrian Studies 1). – New Brunswick/NJ 1993. S. 137–164.
128 Ernst Sucharipa: Die Rückkehr der Geschichte. – In: Europäische Rundschau 29 (2001) 3. S. 71–80 (Zitat S. 78). Ders.: Austria's Measures and Compensation for Holocaust Victims: Recent Negotiations and Their Background. – In: Österreichisches Jahrbuch für Internationale Politik. – Wien 2000. S. 75–

Das begangene Unrecht sollte nun beseitigt und der Vermögensentzug rückgängig gemacht bzw. materiell restituiert werden. Der Komplex der »Wiedergutmachung« – Österreich mied diesen Terminus im Unterschied zur Bundesrepublik Deutschland – vor allem, weil sich der Staat immer noch basierend auf der Opferthese für die Unrechtshandlungen und Verbrechen der NS-Herrschaft weder verantwortlich fühlte noch verantwortlich machen lassen wollte. Erfolgte Bereicherungen und begangene Verbrechen von Österreichern waren freilich eine andere Sache! Dies hatte auch in der schwerfälligen und hürdenreichen österreichischen Opferfürsorge- und Rückstellungsgesetzgebung nach 1945 seinen Ausdruck gefunden. Die Regierung unter Führung Schüssels gab nun zu erkennen, geraubtes Gut zurückzugeben und entzogene Rechte und Interessen wiederherzustellen, zumal die bisherige Praxis der Kompensation und Restitution so erschwert war, dass es kaum zu solchen kommen konnte. Nicht weniger schwieriger war die Frage des »erblosen Vermögens«. Im Jahr 1956 wurde für NS-Opfer ein Hilfsfonds geschaffen. 1962 folgte die Errichtung eines »Neuen Hilfsfonds«, deren beider Mittel dann auch zum Teil im Ausland lebenden Verfolgten und Opfern zukamen. Ein Austrospezifikum der Opfer- und Fürsorgegesetzgebung war, dass sie zunächst nur politisch Verfolgte erfasste. Solche, die aus »Gründen der Abstammung, Religion oder Nationalität«, darunter vor allem Juden, verfolgt, vertrieben und getötet worden waren, kamen in der Opferfürsorge erst seit 1947 in Betracht.[129]

Infolge der seit 1945 gezielt aufgestellten und konsequent vertretenen Opferthese sah sich die Bundesregierung bis dato nicht zu besonderen Entschädigungsleistungen veranlasst. Der Wiener Wirtschaftshistoriker Dieter Stiefel hielt fest: »Eine Wiedergutmachung gab es nicht, da die Republik Österreich als ›erstes Opfer‹ nicht wiedergutzumachen, sondern nur Rückstellung und Entschädigung zu leisten hatte.«[130]

---

95. Ders.: Zur Restitution jüdischer Vermögen in Österreich. Ders.: Revisiting the National Socialist Legacy. Restitution: Why Now? The Austrian Experience. – In: Georgetown Journal of International Affairs (Summer/Fall 2002). S. 9–104.; Rainer Nowak, Sucharipa zu Entschädigungen: »Viel getan, aber nicht genug«. – In: Die Presse 5. 7. 2001. Eine kurze Einführung in die Arisierungspraxis bietet Gerhard Botz: Arisierungen in Österreich (1938–1940). – In: Dieter Stiefel (Hg.): Die politische Ökonomie des Holocaust. Zur wirtschaftlichen Logik von Verfolgung und »Wiedergutmachung« (Querschnitte 7). – Wien 2001. S. 29–56; zur menschlichen Seite vgl. Irene Etzersdorfer: Arisiert. Eine Spurensicherung im gesellschaftlichen Untergrund der Republik. – Wien 1995.

129 Eine Zusammenfassung offeriert Helmut Wohnout: Eine »Geste« gegenüber den Opfern? Der Nationalfonds für Opfer des Nationalsozialismus und der schwierige Umgang mit den Überlebenden nationalsozialistischer Verfolgung. – In: Thomas Angerer, Birgitta Bader-Zaar, Margarete Grandner (Hg.): Geschichte und Recht. Festschrift für Gerald Stourzh zum 70. Geburtstag. – Wien 1999. S. 247–278. S. 250–258.

130 Bischof: »Watschenmann«. S. 465f.; grundlegend: Brigitte Bailer: Wiedergutmachung kein Thema. Österreich und die Opfer des Nationalsozialismus. – Wien 1993. Dies.: »Ohne den Staat weiter damit zu belasten ...« Bemerkungen zur österreichischen Rückstellungsgesetzgebung. – In: Zeitgeschichte 20

Die Verhandlungen wurden in vier intensiven Runden im November 2000 begonnen und in der Nacht vom 17. auf den 18. Januar 2001 in Washington abgeschlossen. Am 23. Januar wurde zwischen österreichischer und amerikanischer Regierung ein Notenwechsel signiert, der als Übereinkommen die von beiden Seiten übernommenen Verpflichtungen enthielt. Der Nationalrat setzte die internationalen Abkommen durch Verabschiedung von zwei Gesetzen am 31. Januar 2001 in innerstaatliches Recht um.[131]

Nachdem die Bundesregierung das Inkrafttreten des Entschädigungsfondsgesetzes mit Wirkung vom 28. Mai 2001 kundgetan hatte, wurden die Verpflichtungen aus den Washingtoner Vereinbarungen vom 17. Januar 2001 und der bilaterale Notenwechsel vom 23. Januar 2001 völkerrechtswirksam.[132]

Die Umsetzung gestaltete sich ab 2001 so, dass die noch lebenden Opfer finanzielle Entschädigungs- und Restitutionszahlungen erhalten sollten. In Summe wollte die Republik Österreich über 400 Millionen Dollar an überlebende Opfer der Arisierung und deren Nachkommen zahlen, um die Mängel und Unzulänglichkeiten der alten Rückstellungsgesetzgebung zu beseitigen. Im April 2001 wurde eine erste Rate, 150 Millionen Dollar, an den Österreichischen Nationalfonds überwiesen. Dieser leistete bis Juni 2002 in rund 15.000 Fällen Zahlungen von durchschnittlich 7.000 Dollar an Personen, deren Mietwohnung, Hausrat, Wertgegenstände, Kleinbetriebe etc. im Jahre 1938 arisiert worden waren.[133] Zusätzlich 210 Millionen Dollar plus Verzinsung wurden für Ansprüche resultierend aus Vermögensverlusten ausbezahlt. Arisierte Liegenschaften und Gebäude des Bundes sollten nach entsprechenden Verfahren auch »rückgestellt« werden. Da an US-amerikanischen Gerichten noch zwei Sammelklagen anhängig waren, das Verfahren Whiteman u. a. und Andermann u.a. gegen die Republik Österreich und verschiedene Unternehmen, war in den Restitutionsabmachungen nicht die von österreichischer Seite geforderte Rechtssicherheit gegeben, was weitere Auszahlungen verzögerte. Im Zuge der Abweisungen der letzten anhängigen Sammelklagen vor einem New Yorker Gericht am 25. Juli 2001

(1993). Heft 11/12. S. 367–381. Dies.: »Wiedergutmachung« in Österreich. – In: Gernot Heiss u. a. (Hg.): An der Bruchlinie. Österreich und die Tschechoslowakei nach 1945. – Innsbruck 1998. S. 217–223. Dies.: Rückstellung und Entschädigung. – In: Stiefel (Hg.): S. 746–775. David Forster: »Wiedergutmachung« in Österreich und der BRD im Vergleich. – Innsbruck/Wien/München 2001. S. 110–183; Hans-Günter Hockerts: Wiedergutmachung in Deutschland. Eine historische Bilanz 1945–2000. – In: Vierteljahrshefte für Zeitgeschichte 49 (2001) S. 167–214.

131 Bundesgesetz zur Änderung des Bundesgesetzes über den Nationalfonds der Republik Österreich (BGBl. I Nr. II/2001); Bundesgesetz über die Einrichtung eines Allgemeinen Entschädigungsfonds für Opfer des Nationalsozialismus und über Restitutionsmaßnahmen (Entschädigungsfondsgesetz) sowie zur Änderung des ASVG und des Opferfürsorgegesetzes (BGBl. I Nr. 12/2001).
132 Bischof: »Watschenmann«. S. 468f.
133 Ebd. S. 469.

konnte aber im Falle der Zwangsarbeiterregelungen Rechtssicherheit erzielt werden.[134]

Die beiden Hauptvertreter der Ballhausplatz-Diplomatie, die in der Zwangsarbeiter- und Restitutionsmaterie eingeschaltet waren, Ernst Sucharipa und Hans Winkler, unterstrichen aus der Sicht der Republik Österreich, dass mit den erzielten Resultaten ein rechtlicher Schlussstrich (»legal closure«) gezogen werden könne, damit aber kein moralischer Schlussstrich (»moral closure«) verbunden sei.[135]

Mit der Zwangsarbeiter- und Restitutionsregelung ging die Entstehung eines neuen staatlichen Geschichtsbilds Hand in Hand, das die über 40 Jahre vertretene »Opferthese« wenngleich nicht vollends aufgab, aber zurückstufte und entsprechend materielle Verantwortung für die Unrechtshandlungen aus der NS-Zeit übernahm. Im Januar 2005 blieb dennoch ein deprimierender Befund für den Bereich der Restitutionsverhandlungen festzuhalten: Vier Jahre nach der Einigung zwischen Österreich, den USA und den jüdischen Organisationen in Washington auf Entschädigungszahlungen an NS-Opfer war die Vereinbarung aufgrund anhaltender Rechtsstreitigkeiten nicht umgesetzt. 210 von insgesamt 360 Millionen Dollar konnten noch immer nicht ausbezahlt werden. Die Mittel sollten an nicht genügend entschädigte Opfer von Arisierungen überwiesen werden. Washington hatte im Gegenzug Rechtssicherheit vor weiteren Klagen zugesichert und in einem »statement of interest« noch die demokratische Regierung unter Bill Clinton den Richtern empfohlen, »im Interesse der US-Außenpolitik Entschädigungsklagen abzuweisen«, was bis dato nicht geschehen war. Hannah Lessing, Generalsekretärin des Entschädigungsfonds, nannte zirka 20.000 noch nicht behandelte Anträge, darunter knapp 200.000 noch zu prüfende Einzelforderungen. Der ehemalige Chefverhandler Winkler musste einräumen, dass nach wie vor »eineinhalb« Klagen gegen Österreich aufrecht seien und mit einem so lange anhaltenden Rechtsstreit nicht zu rechnen war. Sowohl der mangelnde Rechtsfrieden als auch ein kompliziertes Verfahren bedingten Verzögerungen: Erst nach Bearbeitung aller Anträge könne der Verteilungsschlüssel Anwendung finden, mit dem die Zahlungen zu berechnen sind.[136]

---

134 Ebd. Sucharipa: Austria's Measures of Restitution. S. 76–81.
135 Hans Winkler: Erfüllung des Versprechens von Gerechtigkeit durch würdige Zahlungen. – In: Stiefel (Hg.): Die politische Ökonomie des Holocaust. S. 287. Sucharipa: Die Rückkehr der Geschichte. S. 71, 79.
136 NS-Entschädigung: Die Opfer müssen immer noch warten. – In: Die Presse 17. 1. 2005.

4. Monetärer Verlass, konstitutionelles Engagement und europapolitische Ambivalenz: Euro-Einführung und Verfassungskonvent im Zeichen der Irak-Krise

Der 1. Januar 2002 mit dem Umlauf der neuen Währung war nach Inkrafttreten der Römischen Verträge (1. Januar 1958) und des Binnenmarktes (1. Januar 1993) ein Meilenstein in der Geschichte der europäischen Integration. Mit EWG und Euratom war die westeuropäische Kernregion zu einer Zollunion mit gemeinsamer Außenhandelspolitik verbunden und mit den »Vier Freiheiten« (Personen-, Waren-, Dienstleistungs- und Kapitalverkehr) der schon in den 1950er-Jahren verkündete »Gemeinsame Markt« im Rahmen der EG Realität geworden, der sogenannte »Binnenmarkt«, der als eine Reaktion auf die Herausforderung durch die Internationalisierung der Politik und die Globalisierung der Märkte zu sehen war. Mit der Finalisierung der Wirtschafts- *und* Währungsunion wurde diesem Prozess Ende der 1990er-Jahre die Krone aufgesetzt. Österreich war bei der Verwirklichung dieser Krönungstheorie aktiv und voll beteiligt.

Ab dem 1. Januar 2002 war es so weit. Der Euro wurde mit diesem Tag als Barzahlungsmittel verwendet. Nach dem zweimonatigen Parallelumlauf Ende Februar 2002 gehörte das Nebeneinander der verschiedenen nationalen Währungen in Europa der Vergangenheit an. Fast drei Jahre nach offiziellem Beginn der Währungsunion, die durch die unwiderrufliche Fixierung der Umrechnungskurse der partizipierenden Währungen gekennzeichnet war, funktionierte die Einführung des Euro in Österreich reibungslos. Österreicherinnen und Österreicher akzeptierten die neue Währung ohne größere Kritik und Widerstände. Der Doppelumlauf von Euro- und Schillingwährung hätte eigentlich gar nicht auf acht Wochen angesetzt werden müssen, da die meisten Konsumenten sich sofort oder relativ rasch auf die neue Einheitswährung einstellten. Dies hatte seine Ursachen in der sehr guten und gezielten Aufklärung und Information der Bevölkerung, aber auch in der großen Offenheit und Bereitschaft zur Umstellung seitens der Zahlbürger. Seit 1. Oktober 2001 mussten auch die Preise bereits in Schilling und Euro ausgezeichnet sein. Entscheidend sollte dabei sein, dass es zunächst nicht zu den befürchteten Teuerungswellen kam (diese setzten erst später in gewissen Branchen ein). Der Gouverneur der Oesterreichischen Nationalbank (OeNB), Klaus Liebscher, war bereits Mitte Dezember 2001 mit den Vorbereitungen zufrieden. Die Distribution der Scheine und Münzen an die Banken war bereits abgeschlossen, auch der Rücklauf von geplanten knapp 50 Prozent der sechs Milliarden Schilling- und Groschen-Stücke lag im Plan. Durch Spendenaktionen waren bereits 800 Millionen Münzen vorzeitig abgegeben worden. Am 15. Dezember konnten die Konsumenten bereits zum ersten Mal die begehrten Euros bekommen. Sechs Millionen Münz-Startpakete im Gegenwert von 200 Schilling (eine Mischung aus 33 Euro-Münzen) konnten ab diesem Zeitpunkt schon in Postämtern und Banken in Österreich erstanden werden. Die Gültigkeit als Zahlungsmittel sollten sie allerdings erst mit 1. Januar 2002 ab null Uhr erlangen.[137]

Rückblickend betrachtet war der Euro-Bargeldtausch in Österreich aus Sicht der OeNB schneller und problemloser abgelaufen als erwartet. Die Alpenrepublik lag gemeinsam mit der Bundesrepublik, Irland, Luxemburg und den Niederlanden im Spitzenfeld der Staaten, bei denen die Einführung am reibungslosesten verlief, ebenso beim Rücklauf der Schilling-Noten und -Münzen über die Banken an die OeNB. Dagegen verlief der Währungstausch in Griechenland, Spanien und Frankreich weit zäher, während in Italien ein Chaos ausbrach, das auch internationale Aufmerksamkeit hervorrief.[138]

Abgesehen von dieser Ausnahme und einigen Ländern, die sich etwas schwerer mit der Einführung der neuen Währung taten, konnte insgesamt von einem geglückten Start gesprochen werden. Das war auch einer lange geplanten und guten Vorbereitung zu verdanken.

Der Europäische Rat hatte am 3. und 4. Juni 1999 in Köln das Mandat für einen Konvent erteilt, der unter der Leitung des ehemaligen deutschen Bundespräsidenten Roman Herzog einen Entwurf für eine Grundrechtscharta ausarbeiten sollte und schließlich auch vorlegte, die feierlich am EU-Gipfel von Nizza am 7. Dezember 2000 verabschiedet wurde. Diese hatte aber lediglich den Status einer politischen Erklärung *ohne* gesetzliche Bindung. Der Ex-ÖVP-Politiker Heinrich Neisser und Mitglied dieses Konvents sprach sich dafür aus, dass Österreich »eine sichtbarere Rolle bei der europäischen Ideengebung spielen« müsse. Dieser Appell kam nicht von ungefähr und erklärte sich vor dem historischen Hintergrund tendenzieller europavisionärer Passivität der österreichischen Politik. Daran vermochte auch Schüssel nichts Entscheidendes zu ändern.

Der neu formierte »Konvent zur Zukunft der Europäischen Union«, der seinen offiziellen Auftrag am EU-Gipfel im belgischen Laeken im Dezember 2001 erhalten und am 28. Februar 2002 im Europäischen Parlament in Brüssel zum ersten Mal zu tagen begonnen hatte, war eine Reaktion auf das integrationspolitisch mäßige Ergebnis des Gipfels von Nizza vom Dezember 2000, der kein Vertiefungsgipfel war. Der neue Konvent sollte zwischen März 2002 und bis 2003 Vorschläge zur künftigen Gestaltung der Union ausarbeiten. Zum Präsidenten war der frühere französische Präsident Valéry Giscard d'Estaing, zum Vizepräsident der ehemalige belgische Premier Jean-Luc Dehaene und der italienische Ex-Ministerpräsident Giuliano Amato bestellt worden. Für Giscard hatte auch Schüssel eine Präferenz erkennen lassen. Von österreichischer Seite gehörten dem Konvent vier Mitglieder, Reinhard Eugen

---

137 Die Vorbereitung zum Euro verläuft in Österreich nach Plan. »Euro bringt keine Teuerungswelle«. – In: Die Presse 12. 12. 2001.
138 Euro-Bargeldtausch: Österreich rangiert in der Spitzengruppe. – In: Die Presse 26. 1. 2002.

Bösch (FPÖ), Caspar Einem (SPÖ), Johannes Farnleitner (ÖVP) und Johannes Voggenhuber (Grüne)[139], an.

Es ging um Reformvorschläge hinsichtlich der Schaffung einer europäischen Verfassung, eine Änderung des Rotationsprinzips der EU-Präsidentschaften, eine bessere Verteilung sowie Abgrenzung der Zuständigkeiten in der Union bzw. zwischen EU und Nationalstaaten, eine Vereinfachung der Instrumente der Union oder auch die Direktwahl des EU-Kommissionspräsidenten, die Schüssel schon im Vorfeld von Nizza vorgeschlagen hatte.[140]

Hinsichtlich der Finanzierung der EU regte der Bundeskanzler ein Nachdenken an, wobei er sich nicht auf eine Europa-Steuer festlegen wollte. Hinsichtlich der großen EU-Mitglieder meinte der österreichische Regierungschef, »es bestehe ein harter Kampf, die kleinen Staaten zurückzudrängen«. Es dürfe nicht »das Prinzip gelten, daß manche gleicher seien«. Er forderte außerdem in gewissen Fragen einen »direkten Rechtszug des europäischen Bürgers bis hin zum EuGH« sowie einen Beitritt der EU zur Europäischen Menschenrechtskonvention (EMRK) des Europarats. Schüssel kritisierte darüber hinaus die komplizierten Strukturen und Verfahren innerhalb der EU. Die Kommission dürfe nicht »unterminiert« werden, »wie dies die großen Länder versuchten, sondern sei »voll« zu unterstützen. Der Standpunkt Wiens bezüglich der zukünftigen Rolle der EU ließ sich mit der Trias »verbesserte Außenrepräsentanz«, »mehr Bürgerrechte« und »die Gleichheit aller EU-Staaten« umreißen.[141]

Die österreichischen Vorschläge kamen nicht von ungefähr, zumal die Kommission »als Hüterin der Verträge« bereits fürchtete, Verlierer der Reformbestrebungen zu werden, während für das Europäische Parlament eine Aufwertung und für die Arbeiten und Entscheidungen des Ministerrates die Notwendigkeit von mehr Transparenz vorherzusehen war. Die kleineren EU-Staaten wie Österreich konnten an einer Schwächung des supranationalen Herzstücks der Union, der Kommission, oder an einer Reduktion der Zahl der Kommissare kein Interesse haben, was Schüssel mehrfach verdeutlichte.[142]

---

139 EU-Reformkonvent: Vier Österreicher fix. – In: Die Presse 2. 2. 2002. Der Konvent: Zeitlicher Ablauf. – In: Die Presse 1. 3. 2002.
140 EU gibt Startschuß für Verfassungsdebatte: »Keine Tabus mehr«. – In: Die Presse 17. 12. 2001. Therapie für die Union in der Krise. – In: Die Presse 26. 2. 2002.
141 Konventsmitglied Glotz für Europa-Steuer. – In: Die Presse 28. 2. 2002. Bundeskanzler Schüssel fordert, daß die EU-Reform einfachere Strukturen und Entscheidungen bringt. – In: Die Presse 1. 3. 2002. Laufende Informationen über die Konventsdebatte waren abrufbar unter http://european-convention.eu.int (die Seite des Konvents selbst), http://www.europarl.eu.int (die Seite des Europäischen Parlaments zur Debatte über die Zukunft der EU), ferner: http://europa.eu.int; http://europa.eu.int/comm; http://ue.eu.int und http://www.europa-digital.de (15. 4. 2002)
142 Europäische Kommission setzt sich gegen ihre Entmachtung zur Wehr. – In: Die Presse 28. 2. 2002. Kleine Länder fürchten, im EU-Reformkonvent ausgebootet zu werden. – In: Die Presse 27. 2. 2002.

Im Frühjahr war Zwischenbilanz der Konventsarbeit zu ziehen. Es zeichnete sich folgender Trend ab: Der Konvent hatte überraschend einzelne, in der Kürze nicht zu erwartende Fortschritte erzielt. In den alles entscheidenden Machtfragen war er bis Ende Februar 2003 aber noch nicht vorangekommen. Der Zeitdruck wuchs, da bis zum 20. Juni 2003 ein Resultat präsentiert werden sollte. Die Divergenzen der EU-Staaten in ihrer Haltung zur Irak-Krise hatten aber die politische Konventsdebatte überschattet. Die Kluft zwischen großen und mittleren einerseits sowie großen und kleineren EU-Staaten andererseits in der Frage der Institutionen kam seit den EU-14-Maßnahmen gegen Österreich im Jahre 2000 wiederholt zum Vorschein: Erstere favorisieren einen Ratspräsidenten bzw. eine doppelte Präsidentschaft, die auf eine längere Dauer gewählt werden sollte. Die bisher rotierenden Ratsvorsitzenden sollen abgeschafft werden. Die kleinen Staaten sahen eher eine Stärkung der Kompetenzen der Kommission als notwendig und wünschenswert an.

Die sich in den Jahren 2002/03 zuspitzende Golfkrise hatte nicht nur auf den Konventsprozess, sondern auch auf die österreichische Außenpolitik Auswirkungen. In der völkerrechtlichen und neutralitätspolitischen Gymnastik geübte Ballhausplatz-Diplomaten und Völkerrechtler sahen sich zwischen 1992/93 und 2004/05 zu mehreren Verrenkungsleistungen angespornt, während die Bevölkerung relativ klar und im Grunde unbeirrt an der Neutralität und ihren Grundsätzen festhalten wollte. Die »Rückkehr Österreichs auf die europäische Bühne« sollte für die nach Ersatzidentitäten Ausschau haltende Bundesregierung für sinnstiftenden Ersatz sorgen. Dafür glaubte auch Schüssel die Neutralität entsorgen zu können, was aber nur ansatz- und teilweise gelingen sollte. Eine demokratische Außenpolitik konnte an dem demoskopischen Faktum nicht vorbeigehen, dass die österreichische Bevölkerung sehr differenzierte Vorstellungen von der europäischen Sicherheitspolitik hatte und nahezu unverbrüchlich an der Neutralität festhielt. Dieses Stimmungsbild wurde auch während der Irak-Krise im Jahre 2002 am Vorabend der US-amerikanischen Militärintervention am Golf sowie mit den 2003 einsetzenden Bombardements von Bagdad deutlich. Dass Neutralität vor diesem Hintergrund obsolet sei, ließen sich Österreicherinnen und Österreicher nicht einreden. Meinungsumfragen ließen durchaus offene und flexible Haltungen der Öffentlichkeit erkennen, wie bspw. eine Sondierung der Österreichischen Gesellschaft für Europapolitik (ÖGfE) in Zusammenarbeit mit der Sozialwissenschaftlichen Studiengesellschaft (SWS) in der Zeit vom 8. bis 16. Oktober 2002 ergab.[143]

Im Frühjahr 2003 wurde angesichts der schwelenden Irakkrise der Zeitdruck, zu einem Durchbruch und Abschluss der Verfassungskonventsarbeiten zu kommen, größer. Der angloamerikanische Angriffskrieg gegen den Irak ab 20. März, der einen

---

143 Siehe für das folgende Datenmaterial: Stefan Schaller: 25 Armeen oder eine? Die Einstellung der Österreicher zu einer gemeinsamen Armee. Österreichische Gesellschaft für Europapolitik. – Wien 2003.

Völkerrechtsbruch darstellte, vertiefte die bereits vorhandene Kluft der EU-Staaten in der Interventionsfrage, sodass das Finalisierungsdatum der Konventsarbeiten fraglich wurde.

Der eskalierende Streit in der Irak-Frage war nicht nur eine Katastrophe für die europäische Staatskunst und möglicherweise sogar die schwerste Krise seit Bestehen der EU (Michel Barnier)[144], sondern auch eine schwere Niederlage für die US-Diplomatie, der es nicht gelungen war, für ihren Sonderweg in der Weltpolitik eine größere »Koalition der Willigen« zusammenzubringen, und sich mit dem Völkerrechtsbruch in den internationalen Beziehungen in die politische Isolation im UN-Sicherheitsrat manövrierte. Die internationale Staatengemeinschaft mit den führenden Mächten (China, Kanada, Russland, Deutschland und Frankreich) sprach sich gegen den als illegal empfundenen Krieg der Bush-Administration aus, zumal die UN-Waffeninspektoren ihre Arbeiten noch nicht als beendet ansahen und bis dato keine Massenvernichtungswaffen im Irak gefunden worden waren.[145]

Die Verweigerung der stärksten kontinentaleuropäischen EU-Staaten, Frankreich und der Bundesrepublik Deutschland, an einem Krieg gegen den Irak teilzunehmen, führte zu Jahresbeginn 2003 zu schweren Irritationen und auch medial und öffentlich ausgetragenen Verwerfungen, vor allem im amerikanisch-französischen Verhältnis.[146]

Für die geplante gemeinsame europäische Außen- und Sicherheitspolitik der EU bedeutete die Irakkrise eine schwere Belastungsprobe und schließlich die Spaltung unter den EU-Staaten. Europa war mit einem Schlag dreigeteilt: Die politischen Führungen von Großbritannien, Dänemark, Italien, Spanien und Portugal hatten keinen Loyalitätskonflikt mit dem EU-Vertrag. Die politisch relativ einflusslose britische Bündnispartnerschaft mit den USA war bereits Ausdruck der Inkohärenz der EU-Außenpolitik und ein Bruch mit Artikel 11 EUV, wonach die Mitgliedsstaaten die Außen- und Sicherheitspolitik der Union »aktiv und vorbehaltlos im Geiste der Loyalität und der gegenseitigen Solidarität« führen sollten. Die Unterzeichnung des Blair-Aznar-Briefs, auch »Brief der Acht« genannt, durch Polen, Tschechien und Ungarn mit einer Loyalitätserklärung an die USA – hinzu kamen noch Italien, die Niederlande und Dänemark – verstärkte den Riss. Was Frankreichs Staatspräsident Jacques Chirac so aufbrachte, war der Umstand, dass noch nicht der Union beigetretene Kandidatenländer wie Polen oder Tschechien vom Grundsatz einer gemeinsam festzulegenden europäischen Außenpolitik bereits abrückten und sich mit den USA solidarisierten. Finnland, Schweden, Österreich und Irland verhielten sich

---

144 Wolfgang Böhm: Die schwerste Krise der Europäischen Union. – In: Die Presse 21. 3. 2003.
145 Hans Blix: Mission Irak. Wahrheit und Lügen. – München 2004.
146 »Chirac est un ver«. The Sun 20. 2. 2003. Wolfgang Sofsky: Operation Freiheit. Der Krieg im Irak. – Frankfurt am Main 2003. S. 90–93.

dagegen »neutral«. Während sich Deutschland, Frankreich und Belgien gegen den Kriegswillen der USA stellten, konnte nicht übersehen werden, dass sie es bisher auch unterlassen hatten, die (sicherheits)politische Erneuerung Europas voranzutreiben. Die EU-Führungsstaaten hatten dahingehend versagt, die kommenden Mitgliedsstaaten entsprechend einzubinden. Mögliche Ansätze zu einer Achsenbildung Deutschland–Frankreich–Russland trugen auch nicht zur Verbesserung der Vertiefungschancen der europäischen Außen- und Sicherheitspolitik bei. Berlin und Paris waren unabhängig davon bestrebt, gemeinsam mit den Belgiern eine »Europäische Sicherheits- und Verteidigungsunion« (ESVU) aufzubauen.[147]

5. Im europa- und integrationspolitischen Spagat: Das ÖVP-Projekt der »Strategischen Partnerschaft« und das FPÖ-Veto zur EU-»Osterweiterung«

Die Erfahrung aus der politischen Isolierung Österreichs während der EU-14-Maßnahmen zeigte, dass das noch junge EU-Mitglied weder einer »Freundschaftsgruppe« (Benelux, Nord- oder Südeuropäer) angehörte noch über wirkliche Partner in der Union verfügte. Diese Erkenntnis führte den Ballhausplatz zu einer erweiterungs- und bündnispolitisch motivierten Offensive, um den mittel- und osteuropäischen (MOE-)Staaten den Vorschlag einer »strategischen Partnerschaft«[148] anzubieten, für die sich Ferrero-Waldner sehr stark machte. Der anregende Gedanke verwies auf die traditionelle Rolle Österreichs in diesem historischen Raum, zeigte aber auch eine nicht zu unterschätzende zukunftsorientierte und damit die österreichische Außenpolitik richtungsweisende Dimension auf. Reelle Chancen auf Akzeptanz und Zustimmung seitens der MOE-Staaten konnte dieses spannende Konzept allerdings nur haben, wenn es gelingen sollte, das Vorhaben von belastenden Vergangenheitsbezügen freizuhalten. Diese Frage berührte vor allem innen- bzw. parteipolitische Zwänge, in denen sich die ÖVP-Außenministerin mit dem freiheitlichen Koalitionspartner befand. Die »strategische Partnerschaft«, die auf eine Gruppenbildung mit den MOE-Beitrittskandidaten und zukünftigen EU-Mitgliedern abzielte, war neben der innenpolitischen und zwischenparteilichen Hypothek noch mit zwei weiteren außenpolitischen Spannungsfeldern verknüpft: Alle zu dieser Zweckgemeinschaft gerechneten und von Österreich so benannten »strategischen Partner« gehören entweder schon der NATO an (Polen, Tschechien und Ungarn bereits seit 1999) oder

---

147 Wolfgang Böhm: Europäische Unzeiten und EU-Armee als Antwort auf Irak-Dissens. – In: Die Presse 22. 3. 2003. Interview mit Werner Weidenfeld. – In: Süddeutsche Zeitung 20. 3. 2003.
148 Heinisch: Unremarkably Remarkable, Remarkably Unremarkable. S. 140f. Höll: Wolfgang Schüssel and Austrian Foreign Policy. S. 168f.

wollen alsbald Mitglieder werden (die Slowakei und Slowenien). Darin lag bereits ein Unverträglichkeitselement. Nicht verwunderlich erschien vor diesem Hintergrund, dass Ferrero-Waldner auch deshalb Österreichs sicherheitspolitisches Engagement zu steigern bemüht war. Die NATO-Mitgliedschaft hielt sie zeitweise, vor allem in den Jahren von 2000 bis 2003, für sehr anstrebenswert. Erst im Bundespräsidentschaftswahlkampf 2004 nahm sie diese Position gegen den auf die Neutralität großen Wert legenden populären Gegenkandidaten von der SPÖ, Heinz Fischer, dann zurück. Hauptsächlich blieb bei der strategischen Partnerschaft zu fragen, wie stark das Interesse von Polen, Tschechien und Ungarn, der Slowakei und Slowenien vorhanden war, diese mit Österreich im zukünftigen EU-Rahmen einzugehen.

Die bisherige Entwicklung zeigte bereits, dass sich die infrage kommenden Staaten stark in Richtung Westen (Brüssel und Washington), an Wien vorbei und über Österreich hinweg, d. h. ohne Umwege an die EG/EU und NATO gewandt hatten. In Bezug auf das atlantische Bündnis konnte Österreich keine Vermittlungsdienste anbieten.

War das Wort von der »strategischen Partnerschaft« nur ein anderer Begriff für »Mitteleuropa« bzw. ein mitteleuropäisch-österreichisches Kooperationsprogramm gewesen? Diesem Gedanken hatte Österreich mit seinem EG-Beitrittsantrag selbst schon 1989 abgeschworen. Zu fragen blieb außerdem, ob den spezifischen Interessen der postkommunistischen Reformstaaten nicht besser damit gedient war, wenn sie sich direkt mit den maßgeblichen Entscheidungsträgern in der EU, Frankreich und der Bundesrepublik Deutschland abstimmten und gerade zu Paris und Berlin besonders intensive Beziehungen aufbauten? Mit Blick auf die anhaltenden Störungen und Belastungen der österreichisch-tschechischen Beziehungen bezüglich des umstrittenen AKW Temelín war zweifelhaft, ob Wien von Prag als »Anwalt« seiner EU-Beitrittsinteressen angesehen werden konnte. Als die Slowakei während der Regierungszeit von Vladimir Mečiar unter internationaler Isolation stand und auch von den EU-Staaten boykottiert worden war,[149] kam aus Österreich kein besonderer Beistand. Gerade in der sogenannten Frage der EU-»Osterweiterung« war in Österreich – einmal abgesehen von Jörg Haiders FPÖ – eine auffällige Diskrepanz bei der Zustimmung zwischen Entscheidungsträgern und Bevölkerung festzustellen. Die offizielle Politik war – abgesehen von Teilen der FPÖ – grundsätzlich eher erweiterungsfreundlich; die breiteren Schichten aber mehr skeptisch bis ablehnend.[150] Beim Konzept der strategischen Partnerschaft hielt sich Schüssel merklich zurück. Es sollte Ferrero-Waldners Projekt sein und bleiben. Sein Scheitern blieb daher auch an ihrem Namen haften.

---

149 Simon Gruber: Wilder Osten oder Herz Europas? Die Slowakei als EU-Anwärterstaat in den 1990er-Jahren (Schriften zur politischen Kommunikation 7). – Göttingen 2010. S. 399–403.
150 Lugmayr: Österreich und die EU-Osterweiterung. Maximale Chancen – Maximale Risiken. S. 198–212.

Abgesehen davon bemühte sich das Außenministerium unablässig um eine positive Besetzung des Themas EU-Erweiterung, das in der Bevölkerung in der Regel unter »Osterweiterung« firmierte. Hinzu kam der Mittel- und Osteuropa-erfahrene frühere Vizekanzler und Wissenschaftsminister Erhard Busek, den Schüssel im Zuge der Sanktions-Misere reaktivierte und als »Regierungsbeauftragten für die EU-Erweiterung« (2000–2002) engagierte. Der nicht unbedingt als Freund Schüssels zu bezeichnende »bunte Vogel« aus Wiener ÖVP-Zeiten und den Freiheitlichen kritisch gegenüberstehende Mitteleuropäer aus Leidenschaft nahm nach einigen Überlegungen diese Herausforderung an. Es war auch seinem Einsatz für diese Sache zu verdanken, dass Österreich – gemessen am Eurobarometer im Frühjahr 2001 im Schnitt des Informationsniveaus der EU-Bevölkerungen über die Erweiterung der EU – hinter Finnland und Dänemark an dritter Stelle lag. Bei näherer Betrachtung wird jedoch deutlich, dass lediglich 30 Prozent von sich behaupten konnten, »sehr gut oder gut informiert« zu sein.[151]

Die vielfältigen Anstrengungen, vor allem von dem für Erweiterungsfragen zuständigen Erhard Busek und der umtriebigen Ferrero-Waldner mit ihrem erweiterungsdiplomatisch aktiven Ressort, trugen zwar zu einer Verbesserung des Informationsniveaus in der Bevölkerung bei, wurden allerdings weiterhin von regelmäßigen Einwänden, Vorbehalten oder gar Blockade-Drohungen seitens der FPÖ konterkariert, den Beitritt Tschechiens mittels eines Vetos zu verhindern bzw. die Frage der Aufnahme der tschechischen Republik mit einem Referendum zu koppeln. Diese Vorgehensweise des Regierungspartners stand nicht nur im Widerspruch zur Präambel der gemeinsamen Regierungserklärung, sondern wirkte auch alles andere als ermunternd für die Länder der anvisierten quasi-mitteleuropäischen Partnerschaft.

Österreich wurde zunehmend als Land mit »Bremser«-Tendenzen gegenüber der EU-Erweiterung wahrgenommen und war dabei kein Einzelfall. Mit Sorge musste die EU-Kommission registrieren, dass immer mehr EU-Mitglieder das Thema »Erweiterung« zur Durchsetzung nationaler Sonderwünsche zu instrumentalisieren versuchten. Österreich schien hier allerdings auch etwas vordergründig als »Anlassfall« (Karlhofer/Sickinger) punziert, nachdem seine Methoden und Strategien für andere Staaten-Interessen übernommen bzw. benutzt wurden. Unbestreitbar war jedenfalls, dass das Außenministerium voll und ganz hinter dem Projekt der EU-Erweiterung stand und für dieses Vorhaben mit großem Aufwand im In- und Ausland arbeitete und warb.

Die Veto-Haltung des freiheitlichen Koalitionspartners kulminierte um die Jahreswende 2001/02 in der Frage der Anberaumung einer Volksbefragung über das AKW Temelín, dessen technische Ausstattung und Sicherheitsstandards wiederholt in Zwei-

---

151 Europäische Kommission Eurobarometer 55. Fieldwork. April/Mai 2001. Es blieb also noch viel zu tun, um dieses Thema transparenter zu machen. Informationsniveau der EU-15 zur Osterweiterung (2001), siehe Grafik 56: Gehler: Österreichs Außenpolitik der Zweiten Republik. S. 966.

fel gezogen worden waren, und dies nicht nur von der FPÖ. Hintergrund der Entwicklung war die am 29. November 2001 erzielte Vereinbarung Österreichs mit der Tschechischen Republik in Brüssel zwischen Bundeskanzler Schüssel und dem tschechischen Ministerpräsidenten Miloš Zeman, bei der sich die Freiheitlichen übergangen fühlten. Durch die medial gut inszenierte Einigung, bei der es mehr um emotionale Befindlichkeiten als um technische Fragen ging, hatte sich die tschechische Seite zu Sicherheitsauflagen verpflichtet, die Wien verlangt hatte, und darüber hinaus noch zu einer rechtlichen Verankerung in einem Protokoll des Beitrittsvertrags. Erweiterungskommissar Günter Verheugen, der als eine Art Vermittler fungiert hatte, appellierte nach diesem »Durchbruch« an »alle österreichischen Parteien«, den Streit jetzt endlich zu beenden. Haider drohte jedoch nach dem »Brüsseler Kompromiss« mit dem Ende der Koalition, nachdem Schüssel ohne Mitwirkung der FPÖ verhandelt hatte. Vizekanzlerin Riess-Passer vermisste in der Vereinbarung mit Tschechien die »Null-Variante« und ein Ausstiegsszenario für das strittige AKW, zwei Forderungen, die allerdings auch im gemeinsamen Parlamentsantrag der beiden Parteien von Mitte November nicht als unabdingbare Forderungen auftauchten. Auf Druck des Regierungspartners musste aber dann die Außenministerin im EU-Rat ausdrücklich klarstellen, dass für Österreich das Energiekapitel in den Verhandlungen zwischen EU und Tschechien nicht geschlossen sei. Österreich stimmte schließlich der *vorläufigen* Schließung des Energiekapitels zu, behielt sich aber vor, im Lichte eines *Peer-Review*-Mechanismus, eines Überprüfungsverfahrens von Temelín durch die EU, und der von der tschechischen Regierung bis zum Abschluss der Beitrittsverhandlungen gesetzten Maßnahmen auf dieses Kapitel zurückzukommen. Die EU-Partner nahmen diese Stellungnahme nur zur Kenntnis, zumal in Brüssel davon ausgegangen wurde, dass das Verkehrskapitel nicht wieder geöffnet würde. Vor allem legte man seitens der an ihrem Fortbestand interessierten rechtsbürgerlichen Regierungskoalition offiziell auf die Aufrechterhaltung der »Null-Variante«, also der Nicht-Inbetriebnahme von Temelín, Wert. Der von EU-Kommission unterstützte »Melker Prozess«, der mithilfe einer Umweltverträglichkeitsprüfung für das gesamte AKW auf eine Abkühlung der irrational hochgeschaukelten und sehr emotionalen Debatte, die Annäherung der tschechischen und österreichischen Standpunkte und eine Beendigung der Blockaden der tschechischen Grenzen abgezielt hatte und im Wege von Geheimverhandlungen zwischen Landwirtschaftsminister Wilhelm Molterer und Tschechiens Außenminister Jan Kavan verstärkt worden war, schien mit der Schüssel-Zeman-Einigung einen Abschluss gefunden zu haben, die eine elfseitige Vereinbarung über höhere Sicherheitsauflagen und -standards für Temelín und eine Garantie, dass Tschechien künftig souverän über seine Energiepolitik entscheiden kann, enthielt.[152]

---

152 Temelín und zwei verschiedene Welten. – In: Die Presse 1. 12. 2001; zur Temelín und Beneš-Dekrete-Problematik siehe auch Heinisch: Unremarkably Remarkable, Remarkably Unremakable. S. 139f.

Mit dieser zwischenstaatlichen Einigung im EU-Rahmen war von den Repräsentanten beider Länder akzeptiert worden, dass Österreich den EU-Beitritt Tschechiens auch mit dem kontroversen AKW Temelín akzeptieren und somit die »Veto-Karte« aus dem Ärmel sein würde. Basis für diesen Ausgleich war ein Sicherheitspaket, nicht aber mehr die »Nulloption«, das heißt die Schließung des Kraftwerks. Nicht einmal mehr ein langfristiger Ausstieg war ventiliert worden, was als Konzession an den tschechischen Standpunkt gelten konnte. Mit der Zusage Schüssels, den Abschluss des Energiekapitels nicht zu blockieren, schien kein Spielraum mehr für taktische Manöver und innenpolitisches Kleingeld vorhanden zu sein. Die Zusagen waren aber bloße Absichtserklärungen, bindend war das elfseitige Schlussdokument von Brüssel für keine Seite. Völkerrechtlich sollte Tschechiens EU-Aufnahme mit Ratifizierung des Beitrittsvertrags durch den österreichischen Nationalrat rechtskräftig sein. Der Temelín-Streit war mit dieser politischen Lösung auf zwischenstaatlicher Ebene beigelegt. Die EU war an diesem Streit überhaupt nicht interessiert, ein Abschluss im Stimmenfang von österreichischen Atomgegnern aber noch nicht in Sicht.[153]

Die FPÖ hielt nämlich auch nach der Brüsseler Einigung, gestärkt durch die Unterstützung der »Kronen Zeitung«, an ihrer vom ÖVP-Koalitionspartner gemissbilligten Idee eines Volksbegehrens gegen das AKW Temelín im Januar 2002 fest, obwohl klar war, dass die gewünschte Abschaltung des Atomkraftwerks völlig unrealistisch wie auch die Forderung nach einem europaweiten Ausstieg aus der Kernenergie ein Generationenwerk sein und nicht von heute auf morgen eintreten würde.[154]

Bundeskanzler Schüssel hatte bereits im Vorjahr den Bestrebungen der FPÖ, die bilateralen Spannungen wegen Temelín und die Beneš-Dekrete zum Anlass zu nehmen, ein Referendum über den EU-Beitritt Tschechiens zu verlangen, eine deutliche Absage erteilt. Er sprach von »populistischen Drohgebärden, die innenpolitisch gut klingen, aber außenpolitisch nur schaden«.[155]

Mit der von Haider angeheizten Debatte gegen die »Schmähpartie der Diplomatie« und für die Schließung von Temelín[156] wurde »die Außenpolitik zum Spielball der innenpolitischen Auseinandersetzung und des wahltaktischen Kalküls einzelner Politiker« und das außenpolitische Ansehen Österreichs einmal mehr gefährdet. Für den ehemaligen Generalsekretär des Außenministeriums, Rohan, war dies und das für den 14. bis 21. Januar 2002 angesetzte Anti-Temelín-Volksbegehren »das abschreckendste Beispiel aus der jüngsten Vergangenheit«.[157]

---

153 Nach Schüssels Husarenritt folgt jetzt eine heikle politische Gratwanderung. – In: Die Presse 1. 12. 2001.
154 Im Wortlaut: Koalitionsantrag im Hauptausschuß und Ferreros Auftrag für Brüssel: »Vorbehalt«. – In: Die Presse 10. 12. 2001.
155 Zit. nach: Koalition will Parteienpakt zu Türkei-Abstimmung. – In: Die Presse 22. 12. 2004.
156 Haider: Ziel bleibt AKW-Schließung. – In: Die Presse 30. 11. 2001.
157 (Eindringlich) Albert Rohan: Schluss mit Krieg gegen Temelín! – In: Die Presse 8. 1. 2002.

In der Diskussion ging es längst nicht um eine sachliche Auseinandersetzung im Für und Wider der friedlichen Nutzung der Atomkraft als Energieträger, sondern um Stimmenfang, die Weckung und Mobilisierung von Ressentiments, das Schüren von Ängsten und parteipolitische Vorteilsverschaffung gegenüber den Grünen, die um ihre Energiekompetenz (Stichwort »Atomfreiheit«) fürchten mussten. Die Gegner der Freiheitlichen und der Volksbefragung mobilisierten ihrerseits mit »Veto Nein Danke!« und viel Prominenz. Das Referendum brachte schließlich 915.220 Stimmen (für Haider) – 15 Prozent der Bevölkerung hatten unterschrieben, während 85 Prozent mit ihrer Stimmenthaltung bzw. -verweigerung bezeugten, dass für sie Vetopolitik kein gangbarer Weg ist.[158]

Schüssel machte nach dem Referendum klar, dass es ohne das »Herzstück« der schwarz-blauen Koalition, die EU-Erweiterung, »nicht mehr gehe«, und drohte nun seinerseits mit dem Ende der Regierung.[159] Vizekanzlerin Riess-Passer beharrte darauf, dass die Veto-Karte im Talon bleibe, forderte Tschechien zur verbindlichen Schließung Temelíns auf und verwies auf das positive Vorbild des AKW Bohunice in der Slowakei. Die FPÖ reagierte zuerst mit einer Neuwahl-Drohung, wollte es dann aber nicht gewesen sein. Bei einem solchen Szenario müsste sie wohl mit weiteren Stimmverlusten rechnen, zumal sie alle vorhergegangenen Landtagswahlen klar verloren hatte. Schüssel berief sich auf die 4,8 Millionen Stimmberechtigten, die das Volksbegehren nicht unterstützt hätten, was das entscheidende Argument war. Das Volksbegehren blieb letztlich politisch relativ folgenlos, bis auf dass im Februar 2002 eine Art Selbstzerfleischung der Freiheitlichen einsetzte, die durch das Führungsgeschick der Parteivorsitzenden gerade noch abgewendet werden konnte. Im September sollte der Auflösungsprozess innerhalb der FPÖ nicht mehr abzuwenden sein.

Das Anti-Temelín-Volksbegehren der Freiheitlichen verlangte ein Verfassungsgesetz, wonach Tschechien nicht beitreten könne, wenn das AKW in Betrieb sei. Diese Verfassungsmehrheit war aber nicht vorhanden, weil die Volkspartei nicht für eine derartige Veto-Politik zu haben war. In diesem Sinne reagierte Umweltminister Molterer lakonisch: »Die Regierung hat sich in einem einstimmigen Ministerratsbeschluß vorgenommen, das in Brüssel [zwischen Schüssel und Zeman] verhandelte Ergebnis umzusetzen. Das Volksbegehren zu behandeln, ist nicht der Job der Regierung. Das ist Aufgabe des Parlaments.«[160]

Bei der Durchsetzung von gemeinsamen EU-Standards für Atomkraftwerke war Österreich in Laeken allerdings nicht erfolgreich. Es wurde zwar eine Formulierung in die Schlusserklärung dieses Gipfels aufgenommen, wonach in der EU auch

---

158 Jeder dritte Arbeiter unterstützte Temelín-Volksbegehren/Reizwort »Veto« verhinderte einen noch größeren Erfolg. – In: Die Presse 23. 1. 2002.
159 Schüssel: Offengelegt. S. 175.
160 Molterer: »Sind für Veto nicht zu haben – weder jetzt noch in Zukunft. – In: Die Presse 23. 1. 2002.

weiterhin hohe AKW-Sicherheitsbestimmungen eingehalten werden müssten. Mit keinem Wort aber wurden die Formulierungen von Normen und Standards angesprochen, die von Wien gefordert wurden.[161]

Nach den durch Turbulenzen in der FPÖ vorgezogenen Nationalratswahlen 2002 und dem Sieg der ÖVP erneuerte Schüssel die Regierungskoalition mit der geschwächten FPÖ. Das Verhältnis zwischen Bundespräsident und Bundeskanzler blieb von Friktionen, Irritationen und Spannungen nicht frei. Wiederholt versuchte Klestil, auch Außenpolitik auf eigene Faust zu machen, oder kommentierte die österreichische Innenpolitik kritisch von außen, indem er beispielsweise Empfehlungen für mögliche Regierungskoalitionen gab. Realiter blieb sein Einfluss auf die Gestaltung der österreichischen Außen- und Europapolitik relativ gering. In der weiteren Regierungszeit konnten die nach den Wahlen erheblich geschwächten Freiheitlichen die EU-Erweiterung nicht mehr entscheidend behindern, was Erweiterungskommissar Günter Verheugen erleichtert registrierte. Bei einer Rekonstituierung der schwarz-blauen Regierung musste die FPÖ integrationspolitisch Farbe bekennen. Im Nationalrat hatte es nunmehr für die ÖVP weiterhin gemeinsam mit Grünen und Sozialdemokraten eine breite Mehrheit für die Erweiterung gegeben.[162]

6. Noch ein EU-Kandidatenland?
Das Scheitern der Transitvertrags-Politik 2003

Österreich entwickelte sich in der Regierungszeit von Schüssel zu einem Indikator für den Entwicklungsstand der europäischen Integration. Die politische Isolation von 2000 hatte sein integrationspolitisches Selbstbewusstsein nicht gestärkt. Es hat praktisch keinen Gebrauch von konkreten Veto-Möglichkeiten in der Frage der Beneš-Dekrete, des Transitverkehrs, der Temelín-Problematik oder hinsichtlich der Erweiterungspolitik gemacht. Diese Befunde sind an der bereits historisch gewordenen Kopenhagener Erweiterungskonferenz im Dezember 2002, die unter dem Motto »One Europe« stand, sichtbar geworden, als Österreich in der Transit-Frage mit keiner substanziellen Unterstützung auch nur eines EU-Mitglieds rechnen konnte, obwohl der Bundeskanzler im Vorfeld des EU-Gipfels auf einer »Transit-Lösung« und einer Temelín-Vereinbarung insistiert hatte. Schüssel wollte nicht näher ins Detail gehen, ob es denn zu einer Junktimierung der Streitpunkte mit dem Anschluss

---

161 An den Salzburgern geht Temelín spurlos vorüber. – In: Die Presse 18. 1. 2002 (mit der bezahlten Anzeige Herbert Krejcis neben dem Artikel); siehe auch http://www.stimmenfuereuropa.at und: Ein großer Schritt zum Transitvertrag, ein kleiner zur AKW-Sicherheit. – In: Die Presse 17. 12. 2001.
162 Wolfgang Böhm: Warum sich Schüssel vor dem Anti-EU-Kurs der FPÖ fürchtet. – In: Die Presse 9. 11. 2002.

der Erweiterungsverhandlungen kommen würde. Er hoffte, dass »der gemeinsame Geist, zu einer Lösung zu kommen, überwiegend«[163] sei, und sah sich bald darauf eines Besseren belehrt, obwohl Dänemark Österreich Unterstützung bei den Ökopunkten und Temelín zugesichert hatte.[164]

Es herrschte ein gemeinsamer Geist – allerdings der EU-14 gegen Österreich! Die an sich immer österreichfreundlichen Bundesdeutschen unter Führung von Schröder und Joschka Fischer zeigten Schüssel die kalte Schulter, was eine Verstimmung zwischen Wien und Berlin erzeugte.[165]

Der deutsche Außenminister amüsierte sich während einer Konferenzpause vor laufender Kamera gegenüber dem österreichischen Bundeskanzler über den eigenartigen Namen des vom Transitverkehr so betroffenen Vorarlberger Orts »Hörbranz« und den dort befindlichen Tunnel, der einen Verhandlungspunkt darstellen sollte und für den angeblichen Grün-Politiker für österreichische TV-Zuseher offensichtlich zum Gegenstand von Hohn und Spott wurde. Selbst die an sich sonst so auf Ausnahmeregeln bedachten und eigenwilligen Dänen hatten nur ein müdes Lächeln und Häme für das Alpenland übrig, das nicht nur wie ein Beitrittskandidat gesehen und behandelt, sondern auch in einem schlechten Scherz des dänischen Außenministers Per Stig Møller als »Kandidatenland« betitelt wurde, für den er sich bei Schüssel postwendend offiziell entschuldigte.[166]

War Österreich vor 1989 über weite Strecken ein »Sonderfall« außerhalb der Europäischen Gemeinschaften, so entstand der Eindruck, dass es nach 1995 zu einem »Sonderfall« in der EU geworden sein könnte. Daran hatte weniger die äußere österreichische, sondern die innere Europa- und Integrationspolitik des Landes maßgeblichen Anteil.[167]

In den Jahren 2000–2002 verstärkte sich der Eindruck, dass Österreich ein hartnäckiger und schwieriger EU-Partner sein konnte, vor allem mit Blick auf die Transit-Frage und die sogenannte EU-»Osterweiterung«.[168] Entwickelte sich Österreich in der EU vom »normalen Sonderfall« zum »besonderen Anlassfall«?

---

163 Schüssel beharrt auf Transit-Lösung und Temelín-Vereinbarung. – In: Die Presse 12. 12. 2002.
164 Doris Kraus: »Wir wissen, daß diese Dinge für Österreich sehr wichtig sind«. Nicht nur für Österreich geht es beim EU-Gipfeltreffen in der dänischen Hauptstadt um nationale »Herzensanliegen«. – In: Die Presse 13. 12. 2002.
165 Doris Kraus: Politpoker sorgt für dicke Luft zwischen Berlin und Wien. Österreichs Hauptanliegen beim EU-Gipfel in Kopenhagen waren die Themen Ökopunkteregelung und tschechisches AKW Temelín. – In: Die Presse 14. 12. 2003.
166 »ZiB2«-Bericht (Dezember 2002), Videoaufzeichnung im Besitz des Verfassers; Doris Kraus: Ein historischer Moment, aber ohne Freudentränen. Beim Kopenhagener Erweiterungsgipfel ging es ums und ans Eingemachte. Niemand weinte vor Rührung, höchstens vor Frust. – In: Die Presse 14. 12. 2002; zur »Ungezogenheit« Fischers: Schüssel: Offengelegt. S. 250.
167 Gehler: Kontraproduktive Intervention.
168 Systematisch und gründlich: Lugmayr: Österreich und die EU-Osterweiterung. S. 103–212.

Mit der Folgeregelung für den im Jahr 1992 abgeschlossenen und 2003 auslaufenden Transitvertrag, der eine mengenmäßige Beschränkung des LKW-Verkehrs vorgesehen hatte, schien es für Wien mit Blick auf diese Problematik um eine existenzielle Frage zu gehen, die nicht nur die lärmgeplagten Autobahn-Anrainer im Tiroler Inn-, Stubai- und Wipptal betraf. Erfolg oder Misserfolg tangierten auch das sehr sensible Klima mit Blick auf den gesamten Themenkomplex EU-»Osterweiterung«, zumal mit dem Zusammenwachsen der europäischen Staaten zusätzliche Verkehrsbelastungen aus der Mitte und dem Osten Europas auf Österreich zukommen sollten.[169]

Der Besuch der EU-Verkehrskommissarin Loyola de Palacio in Wien brachte keinen Durchbruch in der so strittigen wie komplexen Frage. Eine Verlängerung des Vertrags schien ausgeschlossen, zumal sich praktisch alle Länder gegen mengenmäßige Beschränkungen aussprachen. Als Ersatz sollte eine neue EU-Richtlinie dienen, die die Einhebung einer deutlich höheren Maut auf Autobahnen, insbesondere in den sensiblen Regionen, gestatten sollte. Es war jedoch fraglich, ob diese Richtlinie schon 2003 bestehen und ob sie die mit dem Schwerverkehr verbundenen Probleme (Lärm, Schadstoffausstoß, Umweltbelastung etc.) zu beseitigen oder lindern helfen würde.[170]

In der Transit_Frage hatte Wien beim Gipfel im belgischen Laeken im Dezember 2001 zunächst einen Etappensieg errungen. Die Kommission wurde aufgefordert, einen Vorschlag für die Prolongierung des Ökopunktesystems zu präsentieren. Ohne dass damit formell durch Österreich die Beitrittsverhandlungen der EU-Erweiterung weiter blockiert wurden, waren damit Kommissionspräsident Romano Prodi und seine Behörde am Zug. In den Schlussfolgerungen des EU-Gipfels wurde darauf verwiesen, dass der Kommissionsvorschlag zum Transitvertrag Voraussetzung dafür sei, dass das Verkehrskapitel im Rahmen der Beitrittsverhandlungen der MOE-Staaten abgeschlossen werden könne. Durch einen verheerenden Unfall am St.-Gotthard- und nach einem Unglück im Mont-Blanc-Tunnel war deutlich geworden, dass für die Lösung der Verkehrsfragen im Alpenraum größter Bedarf vorhanden war und Maßnahmen zur Verlagerung des Güterverkehrs von der Straße auf die Schiene zu ergreifen waren. In der Erklärung hieß es mit Blick auf Österreich wörtlich:

»Der Europäische Rat ersucht die Kommission als Zwischenlösung einen Vorschlag zu unterbreiten, der auf eine Verlängerung des Ökopunktesystems, das im Protokoll Nr. 9 zur Akte über den Beitritt Österreichs vorgesehen ist, abstellt, damit das Kapitel ›Verkehr‹ im Rahmen der Beitrittsverhandlungen noch vor Jahresende abgeschlossen werden kann.«[171]

---

169 Ernst Sittinger: Schattendasein in Brüssel. – In: Die Presse 14. 12. 2001.
170 Transit: Lösung verschoben. – In: Die Presse 2. 10. 2001.
171 Erklärung von Laeken zu Transit und AKW-Sicherheit. – In: Die Presse 17. 12. 2001.

Umstritten blieb bis zuletzt aber, ob eine Folgeregelung für den Transitvertrag auch für das gesamte österreichische Bundesgebiet oder nur für die Nord-Süd-Achse gelten könne. Für eine Verlängerung der »108-%-Klausel« (Höchstgrenze an Durchfahrten auf der Basis der Zahlen von 1991) sah die Kommission jedoch keine Möglichkeit. Diese Formel wurde von der Mehrheit der EU-Staaten abgelehnt. Den Details einer möglichen Verlängerung des Transitvertrags mussten außerdem noch alle EU-Regierungen gesondert zustimmen. An der Bedingung, eine Übergangslösung für das ganze Staatsterritorium zu finden, hielt Schüssel bis zuletzt fest. Diese Regelung müsse auch für »ausreichende Zeit« gültig sein. Aus Kreisen der Beitrittskandidatenländer wurde am Rande des Gipfels von Laeken erneut Österreich die Schuld für eine mögliche Verzögerung ihrer Aufnahme in die EU gegeben. Tschechische und polnische Vertreter brachten kein Verständnis für die Verknüpfung zwischen ihren Beitrittsverhandlungen und den österreichischen Interessen auf.[172]

Ende des Jahres 2001 erfolgte auf beiden Seiten ein Einlenken. Österreich gab nach Zusage der Kommission für eine Verlängerung des Transitprotokolls grünes Licht zu den Verkehrskapiteln der Beitrittsverhandlungen der EU-Kandidatenländer. Österreichs EU-Botschafter, der parteiunabhängige Ständige Vertreter Gregor Woschnagg, wies allerdings darauf hin, dass auch neue Mitgliedsstaaten in das Ökopunktesystem einbezogen werden müssten. Damit wurde eine missverständliche Aussage von Loyala de Palacio richtiggestellt, wonach die neuen Mitglieder nicht in das Transitverfahren eingeschlossen sein würden. Woschnagg machte deutlich, dass Österreichs Zustimmung zu den definitiven Resultaten der Erweiterungsverhandlungen »von einer zufriedenstellenden Lösung hinsichtlich der Erreichung des Ziels der nachhaltigen Reduktion der Schadstoffe im Straßenverkehr« abhängen würde. Da einige Länder noch Schwierigkeiten mit der von den EU-15 geforderten maximal fünfjährigen Übergangsregelung für die »Kabotage« (Übernahme von Frachten im Binnenmarkt) hatten, konnte das Transportkapitel noch nicht abgeschlossen werden. Tschechiens Chefverhandler Pavel Telička verwies auf die Einführung reziproker Beschränkungen für den Transitverkehr für österreichische Frächter. Er hoffe, dass Österreich im kommenden Jahr nicht wieder neue Probleme in die Beitrittsverhandlungen hineinbringe. Indes waren aus Innsbruck Einsprüche zu vernehmen. Tirols Landeshauptmann Wendelin Weingartner lehnte eine Streichung der 108-%-Klausel ab, wodurch der Transitvertrag um ein wichtiges Steuerungselement reduziert werde. »Jubelrufe der Bundesregierung« seien aus Tiroler Sicht unangebracht, während EU-Kommissar Fischler das Ergebnis als »das Maximum« bezeichnete, »das herauszuholen war«. Von den Grünen kam scharfe Kritik, während SPÖ-Verkehrssprecher Kurt Eder im Namen seiner Partei eine unbefristete Verlängerung des Transitvertrags einforderte. Der widerborstige Präsident des Transitforums Austria,

---

172 Ein großer Schritt zum Transitvertrag, ein kleiner zur AKW-Sicherheit. – In: Die Presse 17. 12. 2001.

der urige Tiroler Fritz Gurgiser, sprach von einer »Katastrophe«. Die Bevölkerung sei in der Verkehrsfrage immer wieder »hereingelegt« worden. Der Organisator größerer Brennerblockaden drohte mit »Konsequenzen«.[173]
Die *Oberösterreichischen Nachrichten* urteilten hart, aber zutreffend:

> »Schüssels Strategien gehen nicht immer auf. Als er beim Kopenhagener EU-Gipfel eine Transitlösung erringen wollte, wurde das Thema nicht einmal auf die Agenda gesetzt. Schüssel kehrte blamiert zurück. Vor dem Einsatz der stärksten Waffe, des Vetos, schreckte er bisher noch immer zurück.«[174]

Im Jahr 2003 stand die österreichische Transitpolitik vor einem Scherbenhaufen. Es wurde klar, dass es weder eine Verlängerung des Transitvertrages noch einen neuen Transitvertrag geben würde. Österreich musste sich nun voll und ganz dem EU-Grundsatz des freien Warenverkehrs unterwerfen. Während die Schweiz eine für das Land und ihre Bevölkerung weit effektivere und damit auch bessere Lösung der zahlreichen mit dem Schwerverkehr verbundenen Probleme erreicht und mit dem Ausbau des Gotthard-Tunnels ein realistisches, weil machbares Zukunftsprojekt entwickelt hatte, stand die Realisierung des »Brenner Basis-Tunnels« von Innsbruck bis Franzensfeste in der Amtszeit Schüssels noch in den Sternen.

7. Auf EU-Konstitutionalisierungskurs 2003/04

Auf dem Gipfel in Thessaloniki überreichte Konventspräsident Giscard d'Estaing am 20. Juni 2003 der Europäischen Ratspräsidentschaft in Person des amtierenden griechischen Premiers Costas Simitis den Vertragsentwurf für eine europäische Verfassung.[175] Nach Vorlage wurde deutlich, dass der Konvent zwar als Arbeitsgremium zur Vorbereitung eingesetzt worden war, aber keine für die Regierungskonferenz verbindlichen Beschlüsse fassen konnte, die nicht vorher noch von den Staats- und Regierungschefs abgesegnet werden mussten. Ferrero-Waldner demonstrierte mit anderen, dass sie »die Herren der Regierungskonferenz« seien.[176]

---

173 Transit: Die EU und Österreich lenken ein: Ökopunkte-System wird auch für die neuen EU-Mitglieder gelten/Tirol lehnt Transitlösung ab. – In: Die Presse 22. 12. 2001.
174 Annette Gantner: Wolfgang Schüssel: Bereit, Risiken einzugehen. – In: Oberösterreichische Nachrichten 1. 10. 2005.
175 Entwurf eines Vertrags über eine Verfassung für Europa. Dem Europäischen Rat überreicht auf seiner Tagung in Thessaloniki. 20. 6. 2003. Luxemburg 2003. Später: Entwurf Vertrag über eine Verfassung für Europa. Vom Europäischen Konvent angenommen am 13. Juni und 10. Juli 2003. Dem Präsidenten des Europäischen Rates in Rom überreicht. 18. 7. 2003. Luxemburg 2003.
176 EU-Gipfel diskutiert über Europas Verfassung. – In: Die Presse 20. 6. 2003.

Im Auftrag der schwarz-blauen Bundesregierung wurden von beiden österreichischen Konventsmitgliedern Farnleitner und Bösch Vorschläge für den sicherheitspolitischen Bereich in die Verfassungsdebatte eingebracht. Hauptdiskussionspunkt war die Verankerung einer militärischen EU-Beistandspflicht, die ursprünglich zwar von der italienischen Ratspräsidentschaft vorgeschlagen worden war, aber aufgrund der Bedenken und Reserven neutraler und bündnisfreier Staaten (Irland, Schweden, Finnland) nicht zustande kam. Hinzu kam allerdings auch Widerstand von SPÖ- und Grünen-Vertretern im Konvent, die dort ihren Einfluss geltend machen konnten, obwohl diese Beistandspflicht so von Bundeskanzler Schüssel und seiner Regierung gefordert worden war. Aus der gewünschten unbedingten wurde so lediglich eine nicht-automatische EU-Beistandsklausel, das heißt, die Solidaritätserfordernisse auf sicherheitspolitischem und militärischem Gebiet konnten von nationalen Erwägungen abhängig gemacht und damit verwässert werden. Österreich könnte damit im Kriegs- oder Verteidigungsfall sogar mit Blick auf ein anderes EU-Mitglied von einem Vorbehalt hinsichtlich der gemeinsamen europäischen Außen- und Sicherheitspolitik Gebrauch machen.[177]

Im Spätsommer 2003 erschien Österreich als »Rädelsführer der Zwergstaaten gegen die Machtkonzentration auf die EU-Supermächte Frankreich, Italien, Spanien, Deutschland und Großbritannien«, wie das »Format« berichtete. Gemeinsam mit ihrem finnischen Amtskollegen Erkki Tuomioja koordinierte Ferrero-Waldner die Marschroute. Auf dem Gipfel von Rom wurde auf Drängen Österreichs und Finnlands der Entwurf zur neuen »EU-Verfassung« gegen den Willen der fünf großen Staaten auf die Tagesordnung gebracht. Die strategische Stoßrichtung des »austrofinnischen Tandems«, das von 18 weiteren EU-Mitgliedern und Beitrittskandidaten unterstützt wurde, bestand aus folgenden Forderungen: Trotz Erweiterung soll jedes Mitglied einen Kommissar stellen. Gewünscht wurde ferner eine klare Koordination der außenpolitischen Kompetenzen. Die Amtszeiten des Kommissionspräsidenten (fünf Jahre), des Ratspräsidenten (zweieinhalb Jahre) und der Vorsitzenden in den Fachministerien (ein Jahr) sollten vereinheitlicht werden. Schüssel äußerte sich nur knapp: »Die EU-Verfassung ist stark verbesserungswürdig.«[178]

Dem Entwurf des Verfassungskonvents zufolge sollte der Europäische Rat von nun an alle drei Monate (vierteljährlich) tagen, allerdings nur mehr die allgemeine Politik und Prioritäten vorgeben und keine Gesetze mehr beschließen. Der mit qualifizierter

---

177 Mitteilung Dr. Gunther Hauser/BMLV vom 1. 9. 2004 an den Verfasser, siehe auch Gunther Hauser: Towards a Comprehensive Security System. – In: Michael Gehler, Günter Bischof, Ludger Kühnhardt, Rolf Steininger (Hg.): Towards a European Constitution. A historical and political comparison with the United States (Europapolitische Reihe des Herbert-Batliner-Europainstitutes, hg. v. Herbert Bartliner und Erhard Busek). – Wien/Köln/Weimar 2005. S. 365–411.
178 Österreich koordiniert den Zwergenaufstand. – In: Format 3. 10. 2003.

Mehrheit vom Europäischen Rat gewählte, aber mit wenig Kompetenzen ausgestattete und nicht stimmberechtigte Ratspräsident, der kein amtierender Regierungschef sein durfte, sollte für zweieinhalb Jahre in Brüssel amtieren und die EU nach außen vertreten, was auf eine Abschaffung der halbjährlichen, in den jeweiligen EU-Ländern turnusmäßig rotierenden Ratspräsidentschaften hinauslief und vor allem von den kleineren Staaten (Finnland, Österreich, Estland, Lettland, Litauen und Tschechien) sehr kritisiert wurde. Ihrer Ansicht nach sei dadurch die institutionelle Balance gefährdet.[179]

Ein heftiger Kontroverspunkt war ferner die in Nizza getroffene Vereinbarung der Stimmengewichtung im Ministerrat (Rat der EU).[180] Die Regelung war so umstritten, dass daran der Europäische Rat vom 12. und 13. Dezember 2003 als »Verfassungsgipfel« in Brüssel scheiterte. Erst im Juni 2004 konnte eine Modifikation des Verfahrens der qualifizierten Mehrheitsentscheidung im Rat mit 55 Prozent Staaten- und 65 Prozent Bevölkerungsmehrheit bei einer einfachen Stimmengewichtung der Länder erzielt werden. Die Einstimmigkeit in der Außenpolitik und in Steuerfragen blieb im Rat jedoch gewahrt, was als letzte Reservehaltung der Nationalstaaten gewertet werden konnte. Der Einfluss des noch aus 626 Abgeordneten aus 15 Ländern bestehenden Europäischen Parlaments, welches ab 20. Juli 2004 732 aus 25 Mitgliedsstaaten beherbergen sollte, wurde wesentlich erweitert. In Zukunft sollte es im Unterschied zu bisher 34 nun in ca. 70 Bereichen gemeinsam mit dem Rat der EU entscheiden (Mitentscheidungsverfahren). Es bekam das volle Budgetrecht zugewiesen und sollte den Kommissionspräsidenten »wählen« dürfen, was auf ein Zustimmungsrecht nach vorangegangener Auswahl und Bestimmung des Kandidaten durch den Europäischen Rat hinauslief. Die noch aus 20 Mitgliedern bestehende Kommission sollte verkleinert werden und dann nur mehr aus 15 stimmberechtigten (ein Präsident, ein Vizepräsident = Außenminister und 13 Kommissare) sowie aus nur mehr 10 beratenden Kommissaren ohne Stimmrecht bestehen.[181]

Kommissionspräsident Romano Prodi bezeichnete jedoch ein System, in dem einige Mitglieder kein Stimmrecht haben, als gescheitert.[182] Es war vor allem die geplante Reduktion der Mitglieder der Kommission, die für Kontroversen sorgen sollte. Finnland, Griechenland, Österreich, Portugal und die neuen Kandidatenländer mit Ausnahme Polens forderten die Beibehaltung je eines stimmberechtigten Kommissars für jedes Mitgliedsland. Immerhin sollte der Kommissionspräsident auf

---

179 Theo Öhlinger: Eine Verfassung für Europa? Ein Schritt nach vorne oder warum der Entwurf des EU-Konvents nicht in den nächsten Papierkorb wandern sollte. http://www.demokratiezentrum.org/display_artikel.php?ID=407 (10. 5. 2012); gekürzt auch unter: Eins, zwei, drei und vier. Die neue EU-Verfassung: ein »Riesenschritt nach vorne«? Oder sollte man sie besser gleich im Papierkorb entsorgen? Eine kritische Revision. – In: Die Presse. Spektrum. 12. 7. 2003.
180 Ebd.
181 Horst Bacia: Im Interesse des ganzen Europa. – In: Frankfurter Allgemeine Zeitung 6. 10. 2003.
182 Brüssel Aktuell 30/2003 aus der Woche vom 29. 8. bis 12. 9. 2003. S. 3.

Vorschlag des Europäischen Rats vom Europäischen Parlament gewählt werden und auch die Kommissionsmitglieder bestimmen, was ihm mehr Legitimität und Einfluss geben würde. Dagegen sollte der zukünftige »EU-Außenminister«, einer von mehreren Vizepräsidenten der Kommission, der nach der Irakkrise für eine einheitliche europäische Außenpolitik sorgen würde, vom Europäischen Rat ernannt werden.

Nach dem Beitritt der zehn neuen Länder am 1. Mai 2004 war geplant, bis zum 10. Juni 2004, dem Wahltermin für die Europaparlamentswahlen, die Unterzeichnung des Verfassungsvertrags durch alle Mitglieder zu ermöglichen. Dies sollte der 9. Mai in Rom sein. Anschließend sollten die Ratifizierungsverfahren einsetzen, während mit 2006 das Inkrafttreten erfolgen und mit 2009 noch vor den EU-Wahlen vollständig abgeschlossen sein sollte.[183]

Am 13. Dezember 2003 scheiterte jedoch der Brüsseler Verfassungsgipfel. Die kompromisslose Haltung Polens und Spaniens schien dafür verantwortlich. Kurz darauf drohten Schröder und Chirac mit »verstärkter Zusammenarbeit« und »Kerneuropa«, so als ob das etwas Neues wäre, das heißt mit einer »Pioniergruppe« von integrationswilligen Mitgliedsstaaten, die mit neuen Verfassungsschritten vorangehen sollte.[184] Diese Haltung war nicht Konsequenz, sondern Ursache des Scheiterns.

455 Millionen EU-Bürger von 25 europäischen Staaten werden eine gemeinsame Verfassung bekommen. So lautete die frohe Botschaft der Staats- und Regierungschefs dann noch vor Sommerbeginn des Jahres 2004. Trotz der ernüchternd geringen Wahlbeteiligung bei den Europaparlamentswahlen ließen sich die Iren während ihres Ratsvorsitzes in ihrem Integrationsimpetus nicht beirren und bewerkstelligten das, was im Dezember 2003 oder im Frühjahr 2004 noch kaum für möglich gehalten worden war: Nach monatelangem Tauziehen hatten sich die Staats- und Regierungschefs nach geschickter Anleitung der irischen Präsidentschaft unter Bertie Ahern, der geheime Einzelgespräche mit den schwierigen Partnern (»Beichtverfahren«) gekoppelt mit und parallel zu multilateralen Verhandlungen geführt hatte[185], am 18. Juni 2004 über die neue »EU-Verfassung« geeinigt, die das erweiterte Europa demokratischer und transparenter machen sollte. In zentralen Punkten wurde der Konventsentwurf aber modifiziert.[186]

---

183 Der Standard 20. 6. 2003.
184 Joachim Fritz-Vannahme: Ein, zwei oder drei Europas? – In: Die Zeit 17. 12. 2003; Christian Schmidt-Häuer: Der Held der Neinsager. – In: Die Zeit 17. 12. 2003.; Scharfsinnig-kritisch: Heinrich Schneider: »Kerneuropa«. Ein aktuelles Schlagwort und seine Bedeutung (Working Papers EI Working Paper Nr. 54). Europainstitut der Wirtschaftsuniversität Wien. Februar 2004. (44 S.). Schneiders Beitrag ist eher dazu angetan, in der zukünftigen Integrationspolitik keinen Gebrauch von »Kerneuropa«-Profilen zu machen.
185 Siehe hierzu detailliert Gerhard Zettl: Der Weg zur politischen Einigung über die Europäische Verfassung unter der irischen Ratspräsidentschaft. – In: Gehler, Bischof, Kühnhardt, Steininger (Hg.): Towards a European. – In: Ebd. S. 475–487.
186 Eckart Lohse: Weil keiner klotzt: Klötzchenbau am Haus Europa. Beim Brüsseler EU-Gipfel wurde

Für Schüssel war die erste gemeinsame EU-Verfassung die »richtige Antwort auf manche Skepsis zu berechtigten Fragen«. Sie bringe den Bürgern einen »Mehrwert« wie festgeschriebene Staaten-Gleichheit, Minderheitenschutz, Grundrechte oder Verbesserungen für die innere Sicherheit. Auf die Frage, warum die Einigung auf die neue Verfassung so lange gedauert habe, antwortete er: Es brauche Zeit, 25 Länder einzubinden und alle Sorgen und Wünsche ernst zu nehmen. Die raschere, aber nicht wünschenswerte Alternative hätte gelautet: »Zwei schaffen an, und die anderen müssen gehorchen.«[187]

Ende Juni zeichnete sich auch eine Lösung der Nachfolge für Prodi ab. Nach längerem Tauziehen um mögliche Kandidaten (Guy Verhofstadt, Jean-Claude Juncker, Chris Patten, Kostas Simitis, Javier Solana, Wolfgang Schüssel – aber nur ganz am Rande) nominierten am 29. Juni 2004 die EU-Staats- und Regierungschefs bei ihrem Sondergipfel in Brüssel einen Mann zum neuen Kommissionspräsidenten, der vorher im Personenkarussell überhaupt keine Rolle gespielt hatte: Portugals Premierminister José Manuel Durão Barroso. Ahern hatte beim EU-USA-Gipfel wissen lassen, er sei zuversichtlich, Barroso als Kandidaten durchzubringen, wobei die europäischen Sozialdemokraten noch Bedenken anmeldeten. Das Bestellungsverfahren lief in enger Abstimmung zwischen Schröder, Chirac, Blair und Vertretern anderer großer und mittelgroßer Länder (Italien und Spanien) ab und verstörte einmal mehr die kleineren. Die neue Verfassung hätte eine Konsultierung des Parlaments vorgesehen, was aber unterblieb, da sie noch nicht in Kraft ist. Dass Schüssels Name überhaupt als möglicher Kandidat genannt worden ist, war schon bemerkenswert, wenngleich klar war, dass er praktisch keine Chancen besaß, wie auch der österreichische Journalismus zutreffend einschätzte:

> »Das Verhältnis des Kanzlers zur EU ist ambivalent. Schüssel ist überzeugter Europäer. Aber er hat nicht vergessen, dass die damaligen EU-Mitglieder Österreich wegen der Regierungsbeteiligung der FP unter Quarantäne gestellt hatten. In der EU werden Schüssels Führungsqualitäten geschätzt. Er gilt als erfahrener Staatsmann, als kluger Kopf und anerkannter Stratege. Dennoch blieb es ihm verwehrt, zum EU-Kommissionspräsidenten aufzusteigen. Auch andere Länder haben nicht vergessen, dass Schüssel mit Haider paktierte.«[188]

---

nach Kräften gefeilscht. Doch scheint sich hinter dem Rücken der Akteure die Vernunft durchzusetzen. – In: Frankfurter Allgemeine Zeitung 20. 6. 2004. Verfassungsvertrag für Europa. Ergebnisse des »Gipfels« am 17./18.6. – In: EU-Nachrichten. Europäische Kommission. Vertretung in der Bundesrepublik Deutschland. 24. 6. 2004. Nr. 24. S. 5–6 sowie Schlussfolgerungen des Vorsitzes Europäischer Rat (Brüssel), 17. und 18. 6. 2004. – In: EU-Nachrichten. Dokumentation 24. 6. 2004. Nr. 2. S. 3–24.
187 Österreichs Bundeskanzler Wolfgang Schüssel in der ORF-Sendung »Im Journal zu Gast«, Ö 1, 19. 6. 2004.
188 Annette Gantner: Wolfgang Schüssel: Bereit, Risiken einzugehen. – In: Oberösterreichische Nachrichten 1. 10. 2005.

Umso mehr war Schüssel bei der Verhinderung von Verhofstadt als neuem Kommissionspräsidenten beteiligt. Für die EVP war der liberale belgische Ministerpräsident als Repräsentant eines zentralistischen Europa-Projekts nicht akzeptabel und für den österreichischen Bundeskanzler der ehemalige Sanktionsbefürworter auch nicht ohne Weiteres hinnehmbar. Schüssel setzte sich auch für Barroso ein und erreichte bei ihm die Nominierung von Ferrero-Waldner als EU-Kommissarin für Außenbeziehungen und Nachbarschaftspolitik (2004–2009). Ihr folgte als Außenministerin die zunächst noch sehr zögerliche und in der Öffentlichkeit äußerst wortkarge Ursula Plassnik, die lieber Busek oder Fischler auf dem Außenposten den Vorzug gegeben hätte.[189]

In Rom war im gleichen Palast wie für die Römischen Verträge vom 25. März 1957 die feierliche Unterzeichnung der »EU-Verfassung« geplant.[190] Für Österreich unterzeichneten Schüssel und seine neue Außenministerin Plassnik am 29. Oktober 2004 das Dokument.[191]

Seit der Spaltung der FPÖ im Frühjahr 2005, als alle ihre Regierungsmitglieder und führende Vertreter wie Haider das Bündnis Zukunft Österreich (BZÖ) gründeten und die ÖVP die Koalition mit der neuen Partei anstelle der FPÖ fortsetzte, waren fünf Parteien mit Abgeordneten im Nationalrat vertreten. Am 11. Mai 2005 setzte Österreich einen wichtigen integrationspolitischen Schritt. Im elften Jahr seiner EU-Mitgliedschaft wurde im Nationalrat in Form einer fast 100-%-Mehrheit mit den Stimmen der ÖVP, SPÖ, Grünen und des FPÖ-Spaltresultats BZÖ und nur einer Gegenstimme der EU-»Verfassungsvertrag« verabschiedet. Das einzige Nein stammte von der bei den Freiheitlichen verbliebenen Abgeordneten Barbara Rosenkranz, die damit unter anderem »gegen Kampfeinsätze österreichischer Soldaten auf fremdem Boden und den beklemmenden EU-Zentralismus« auftreten wollte und die »EU-Verfassung« als schwarzen Tag für die Zweite Republik titulierte.[192] Dem gegenüber standen mehrheitlich anerkennende und würdigende Kommentare zur Ratifizierung der EU-Verfassung durch Politiker im Inland und in der übrigen EU. Am 25. Mai 2005 stimmte der Bundesrat auch der Ratifikation zu. Nach Unterzeichnung des EU-»Verfassungsvertrags« durch Bundespräsident Fischer am 14. Juni wurde die Ratifikationsurkunde am 17. Juni 2005 in Rom hinterlegt.

Das Inkrafttreten sollte allerdings fraglich werden, als dieser in Frankreich am 29. Mai 2005 mit 54,87 Prozent Gegenstimmen und in den Niederlanden am 1. Juni 2005

---

189 Schüssel: Offengelegt. S. 228–230.
190 EU kehrt im November nach Rom zurück. – In: Die Presse 3. 7. 2004.
191 Vgl. die differenzierte Charakterisierung von Christian Ultsch: Plassnik, die Fehlervermeiderin. Ein Jahr ist Ursula Plassnik im Amt. Sie ist keine schlechte Außenministerin, aber sie könnte eine bessere sein – wenn sie bereitwilliger auf die Öffentlichkeit zuginge. – In: Die Presse 20. 10. 2005.
192 Aussendung Klub der Freiheitlichen, Pressestelle 11. 5. 2005. Im Besitz des Verfassers.

sogar mit 61,6 Prozent von den dortigen Bevölkerungen abgelehnt worden war. Die Bewertung in Wien fiel zunächst klar und eindeutig für eine Fortsetzung des Ratifikationsprozesses aus. Am Minoritenplatz, dem neuen Sitz des österreichischen Bundesministeriums für europäische und internationale Angelegenheiten (BMfeiA), wurde das französische Ergebnis mit Bedauern zur Kenntnis genommen. Man war aber realistisch genug, um die damit verbundenen Schwierigkeiten zu erkennen. Die erste Lageeinschätzung am 29. Mai 2005, verbunden mit der Weisung an die Ständige Vertretung Österreichs in Brüssel, war eine insgesamt noch relativ aufgeschlossen und zuversichtlich zu beurteilende Einschätzung.[193] Kurz darauf sollte dann die niederländische Bevölkerung dem »EU-Verfassungsvertrag« eine noch viel deutlichere Abfuhr erteilen, als es die französische am 29. Mai getan hatte. Damit schien sein Schicksal besiegelt, hatten doch nun schon zwei Gründungsmitgliedsländer kein positives Referendum aufzuweisen. Das europafreundliche Luxemburg unter Premier Jean-Claude Juncker ließ noch abstimmen – die Bevölkerung im Großherzogtum entschied sehr positiv –, Dänemark und Großbritannien setzten jedoch die Abstimmungen aus und plädierten, wie am Minoritenplatz richtig vorhergesehen wurde, für eine »Nachdenkpause«, was dann auch allgemeine EU-Position werden sollte. Der Ratifikationsprozess befand sich seither in einer Krise, die noch während der österreichischen Ratspräsidentschaft in der ersten Jahreshälfte 2006 anhalten sollte. Weitreichende Informationsveranstaltungen, eingehende Diskussionen und öffentliche Kampagnen zur Debatte über die Zukunft der EU waren von österreichischer Seite seit Mitte September 2005 im Gange.

8. Das Erfordernis der Auslandseinsätze unter formeller Beibehaltung der Neutralität

Relativ geräuschlos an einer größeren Öffentlichkeit vorbei war mit der Neufassung des Artikel 23 f der Bundesverfassung die Beteiligung Österreichs an Kampfeinsätzen im Rahmen der »Petersberg-Aufgaben« – selbst ohne UNO-Beschluss, also Kriegseinsatz – theoretisch wie praktisch möglich geworden, was legistisch gesehen einer Neutralitätsaushöhlung gleichkam.[194] Österreich war durch diese Verfassungs-

---

193 Dok. 67: Weisung des BMfaA Österreichische Positionen zu den Tagesordnungspunkten der Tagung des AStV II vom Mittwoch, 1. 6. 2005. – In: Michael Gehler: Österreichs Weg in die Europäische Union. – Innsbruck/Wien/Bozen 2009. S. 310f.

194 Gustav E. Gustenau: Die Gemeinsame Außen- und Sicherheitspolitik – eine Herausforderung für die »Post-Neutralen«. – In: Österreichische Militärische Zeitschrift (ÖMZ) 38 (2000). Heft 1. S. 25–38. Waldemar Hummer: Solidarität versus Neutralität – Das immerwährend neutrale Österreich in der GASP vor und nach Nizza. – In: ÖMZ 39 (2001). Heft 2. S. 147–166. Andreas Khol sprach von der Abschaffung der Neutralität. Vgl. Salzburger Nachrichten 30. 6. 1998. Die Presse – Spectrum 3. 11. 2001.

änderung faktisch nicht mehr nur im UNO-, sondern auch im EU-Rahmen kaum mehr als neutral zu bezeichnen, wenngleich es eine »Restneutralität« gab: Das BVG über die immerwährende Neutralität vom 26. Oktober 1955 existierte weiter. Es vermochte sie keine österreichische Bundesregierung gegen den Willen der Bevölkerung abzuschaffen.

Den Internationalen Streitkräften in Afghanistan (ISAF) unterstellte die schwarzblaue Bundesregierung im Rahmen von deutsch-niederländisch-dänisch-österreichischen »battle groups« Stabsoffiziere und 60 Soldaten. Der Beitrag zum militärischen Planungsziel der Europäischen Sicherheits- und Verteidigungspolitik (ESVP) bestand 2004/05 in zwei Infanteriebataillonen sowie in Spezialeinheiten für die Durchsetzung des Friedens (»peace enforcement«). Für zivile Zwecke stellte Österreich 110 Polizisten, zehn Justizbeamte sowie Kräfte für den Katastrophenschutz. Von Juni bis Dezember 2004 entsandte Österreich 150 Infanteristen und Versorgungssoldaten des Bundesheeres zur Stabilization Force (SFOR) nach Sarajewo. Österreich erhöhte sein Kosovo-Force (KFOR)-Infanteriekontingent im März 2003 auf 600 Soldaten. An der in Planung befindlichen EU-Kriseneingreiftruppe European Rapid Reaction Force (ERRF) wollte es sich mit rund 2.000 Bundesheer-Soldaten beteiligen.[195]

Formelle Aufrechterhaltung und verfassungsmäßiger Fortbestand der Neutralität waren allerdings weiterhin gegeben. Sie fand bei einer bemerkenswerten Visite ihren denkwürdigen Niederschlag. Bei seinem Wien-Besuch Anfang November 2005 brachte NATO-Generalsekretär Jaap de Hoop Scheffer Respekt für den Wunsch der Österreicher zum Ausdruck, die Neutralität beibehalten zu wollen. Er würdigte Existenz und Bedeutung dieses sicherheitspolitischen Instruments für das Land, vermittelte allerdings auch seine Genugtuung über die anhaltende Bereitschaft der Bundesregierung, an zivilen und nicht rein militärischen Aufgaben des gewandelten transatlantischen Bündnisses mitzuwirken. Mit Österreichs Status als Neutraler zeigte sich der Niederländer einverstanden und gab sich zufrieden, unter anderem wegen der aktiven Mitwirkung des Bundesheeres an NATO-Operationen in Afghanistan und im Kosovo im Rahmen der NATO-Partnerschaft für den Frieden (PfP). Er betonte die offizielle Linie des atlantischen Bündnisses: »Die NATO respektiert Österreichs Neutralität zur Gänze.«[196]

Aufgrund der abnehmenden Verteidigungshaushalte in den EU-Mitgliedsstaaten gab es innerhalb der EU weiterhin keine Alternative zu einer intensiven europäi-

---

S. XI (Leserbrief Elmar Zuchristian aus Rankweil).
195 Reinhard Olt: Immerwährender Rest. Was von eigenständiger Außen- und Sicherheitspolitik des neutralen Österreich bleibt. – In: Frankfurter Allgemeine Zeitung 28. 1. 2005. Heinisch: Unremarkably Remarkable, Remarkably unremakable. S. 129.
196 Balkanstaaten haben Chance auf Nato-Beitritt 2008. Die Nato stehe den Balkanstaaten und anderen Anwärtern grundsätzlich offen, betonte ihr Generalsekretär Japp de Hoop Scheffer in Wien. – In: Der Standard 4. 11. 2005.

schen Arbeitsteilung. Schon im Frühjahr 1996 hatte der französische Premierminister Alain Juppé vorgeschlagen, dass einige europäische Staaten eine gemeinsame Armee schaffen sollten – in der Stärke von 250.000 bis 350.000 Soldaten. Diese Armee sollte mit eigenem Generalstab im Rahmen der WEU angesiedelt werden. Die EU-Mitgliedsstaaten hatten jedoch den Juppé-Plan »mit äußerster Zurückhaltung« aufgenommen.[197] Die ESVP hatte inzwischen an Relevanz gewonnen. Die Einsätze blieben zwar meist überschaubar, hatten aber hohen Symbolwert. Als Krisenbewältigungsakteur stieg die EU im Kurs. Während der österreichischen EU-Präsidentschaft 2006 gab es zwölf ESVP-Operationen. Das Spektrum reichte von Militärmissionen wie der EUFOR Althea in Bosnien-Herzegowina über Polizeioperationen wie beispielsweise im Kongo und in Palästina bis zu Grenzeinsätzen in Moldawien/Ukraine und Waffenstillstandsbeobachtungsmissionen in Aceh/Indonesien.[198]

III. Versuchte Neuprofilierung im Spannungsfeld von Renationalisierung, Populismus und EU-Pragmatismus (2005/06)

Vor dem Hintergrund geschwächter regierungspolitischer Mehrheitsverhältnisse der ÖVP/FPÖ-Koalition und einem Anstieg Europa-skeptischer Stimmungen angesichts der negativen Referenden in Frankreich und in den Niederlanden zum »EU-Verfassungsvertrag« 2005 nahm Schüssel in der Beitritts-Frage der Türkei eine zunehmend distanzierte und reservierte Position ein. Hierbei spielte auch die wachsende EU-kritische Haltung der eigenen Bevölkerung eine gewichtige Rolle.[199]

---

197 Johannes Varwick: Die »Euroarmee«. – In: Internationale Politik 9/2001. S. 47–54, S. 51.
198 Gunter Hauser: Die europäische Sicherheitsgemeinschaft im Kontext von 50 Jahren europäischer Integration. – In: Michael Gehler (Hg.): Vom gemeinsamen Markt zur europäischen Unionsbildung. 50 Jahre Römische Verträge 1957–2007. From Common Market to European Union Building/50 years of the Rome Treaties 1957–2007 (Institut für Geschichte der Universität Hildesheim. Arbeitskreis Europäische Integration. Historische Forschungen. Veröffentlichungen 5). – Wien/Köln/Weimar 2009. S. 453–482. S. 481.
199 Österreicher mit negativster EU-Einstellung. Die Einstellung der Österreicher zur EU und zur weiteren Ausdehnung der Union hat einen Tiefpunkt erreicht. Beim Eurobarometer ist Österreich häufig Schlusslicht. – In: Der Standard 21. 12. 2005; siehe auch EU-Skeptizismus in Österreich. http://www.arte.tv/de/Wahlen-in-Oesterreich/2242854.hmtl (15. 2. 2009); (allgemein) Anton Pelinka: Bestimmungsfaktoren des Euroskeptizismus. Zu den Ursachen der Krise der europäischen Integration. – In: Ders., Fritz Plasser (Hg.): Europäisch Denken und Lehren. Festschrift für Heinrich Neisser (innsbruck university press). – Innsbruck 2007. S. 233–247.

1. Zick-Zack-Kurs in der Frage des Türkei-EU-Beitritts: Von der Befürwortung zur Notbremse und Blockade (1995–2005)

Die Frage der Aufnahme der Türkei als EU-Vollmitglied stand schon seit geraumer Zeit auf der Agenda der EU sowie in den letzten Jahren im Mittelpunkt zum Teil leidenschaftlicher und emotionsvoller öffentlicher Debatten in Europa.[200]

Nach einer Stabilisierung der politischen Verhältnisse am Bosporus hatte die Türkei am 14. April 1987 einen EG-Beitrittsantrag gestellt. Am 11. und 15. Dezember 1995 sprach sich das Europäische Parlament trotz Bedenken wegen der Menschenrechtssituation in der Türkei mit 343 zu 149 Stimmen für das Inkrafttreten einer Zollunion mit der Türkei zum 1. Januar 1996 aus. Im Beisein des österreichischen Bundeskanzlers Klima und des Außenministers Schüssel bekräftigte der Europäische Rat 1997 in Luxemburg, dass die Türkei für einen Beitritt zur EU infrage kommen würde. Im Dezember 1998 beschlossen die Staats- und Regierungschefs beim EU-Gipfel in Wien unter österreichischem Vorsitz: »Der Europäische Rat betont, welch große Bedeutung er dem Ausbau der Beziehungen und der Fortsetzung der europäischen Strategie zur Vorbereitung der Türkei auf die Mitgliedschaft beimisst.«[201]

Auf dem Europäischen Rat in Helsinki am 10./11. Dezember 1999 wurde beschlossen, der Türkei den Kandidatenstatus zu geben – auch Klima und Schüssel bejahten dies. Der EU-Gipfel von Kopenhagen im Jahr 2002 endete dann jedoch für Ankara mit einer Enttäuschung: Nach zähen Verhandlungen war zwar die Erweiterung der EU um zehn Länder beschlossen worden, die Türkei aber nach wie vor in der Warteschlange. Der Wunschtermin 2003 für den Beginn von Beitrittsverhandlungen war nicht durchzusetzen. Eine Entscheidung der 15 Mitgliedsstaaten, die Beitrittsverhandlungen mit der Türkei zu beginnen, bevor die Union mit dem 1. Mai 2004 auf 25 Länder angewachsen sein würde, erfolgte nicht.[202]

Im Beisein vom Bundeskanzler Schüssel und Außenministerin Ferrero-Waldner hatten die Staats- und Regierungschefs der EU beschlossen: »Entscheidet der EU-Gipfel im Dezember 2004, dass die Türkei die politischen Kriterien von Kopenhagen erfüllt, so wird die EU die Beitrittsverhandlungen mit der Türkei ohne Verzug eröffnen.«[203]

---

200 Michael Gehler: Europa. Ideen – Institutionen – Vereinigung. – München 2005. S. 314. Das Zitat stammt aus Monika Dajc: Für immer draußen vor der Tür? Harte Fronten um EU-Mitgliedschaft der Türkei – Es geht auch um das Selbstverständnis der Union. – In: Tiroler Tageszeitung 14./15. 2. 2004.

201 Siehe Michael Jungwirth: Wie Europa in die Türkei-Falle tappte. Jahrzehntelang machte die EU den Türken Versprechungen, die sie nie halten wollte. Auch heutige Beitrittsgegner saßen damals mit am Tisch. – In: Die Neue 30. 9. 2005. Nr. 233. S. 22.

202 Ingo Bierschwale: Türkei fühlt sich von der EU unverstanden. – In: Coburger Tageblatt 14./15. 12. 2002.

203 Jungwirth: Wie Europa in die Türkei-Falle tappte.

Während Valéry Giscard d'Estaing, Präsident des Verfassungskonvents, im Jahre 2004 die Auffassung vertrat, eine türkische Mitgliedschaft bedeute »faktisch das Ende der EU«, meinte Gerhard Schröder, ein Beitritt der Türkei liege »im nationalen Interesse Deutschlands«. Bayerns Ministerpräsident Edmund Stoiber (CSU) deponierte dagegen deutlich Distanz, als er wissen ließ, dass »die Aufnahme des islamisch geprägten Landes mit 70 Millionen Einwohnern und viel geringerer Wirtschaftskraft die Integrationsfähigkeit Deutschlands und der EU überfordern würde«.[204]

In den zweiten Jahreshälften 2004/05 wurde die Frage der Aufnahme von Beitrittsverhandlungen mit dem Kandidatenland Türkei in Österreich intensiv diskutiert. Der Beschluss der EU-Staats- und Regierungschefs vom Dezember 2004 war gemeinsam mit dem Bundeskanzler getroffen worden. In ihm lautete es, dass das gemeinsame Ziel der Beitritt und der Beginn der Verhandlungen der 3. Oktober 2005 sei. Nachdem er ursprünglich der Türkei als Mitgliedsanwärter positiv und wohlwollend gegenübergestanden hatte, wollte Schüssel nun aber noch im gleichen Monat (Dezember 2004) im Nationalrat eine politische Bindung aller Parteien für ein zukünftiges Türkei-Referendum nach einem allfälligen Verhandlungsabschluss erreichen – eine »politische Zusage« über die Legislaturperiode hinaus, unabhängig davon, ob die jeweilige Partei dann in der Regierung oder Opposition sei. Die FPÖ betonte ihren Standpunkt, eine gesetzliche Festschreibung einer Volksabstimmung vorzunehmen. Während die SPÖ Bedingungen stellte, nämlich zuerst das Referendum abzuhalten und dann erst die Regierung zustimmen zu lassen, lehnten die Grünen das Vorhaben sogleich ab. Interessanterweise nahm die seit 2004 neu bestellte EU-Außenkommissarin Ferrero-Waldner zunächst eine andere Haltung als die ÖVP/FPÖ-Regierung zu diesem Thema ein und widersetzte sich damit auch ihrem ehemaligen Chef, indem sie in der ORF-Sendung »Im Journal zu Gast« am 25. Oktober 2004 gegen eine Volksabstimmung in Österreich Position bezogen und sich allenfalls für ein europaweites Referendum ausgesprochen hatte. Später ließ sie wissen, dass dies eine Angelegenheit der Mitgliedsstaaten sei. Auch ging EVP-Abgeordneter Othmar Karas (ÖVP) auf Distanz, der von einer »Emotionalisierung und Nationalisierung« der Diskussion durch Festlegung auf ein Plebiszit sprach. Die internationalen Reaktionen zeigten Gegner wie Fürsprecher. Der niederländische Außenminister bezeichnete die Initiative Schüssels als »nicht sehr gerecht« und bemühte einen Vergleich mit dem Fußball: Das sei so, als würden während eines Spiels die Torpfosten umgestellt. Nicht so weit entfernt war der Bundeskanzler mit seinem Vorstoß von den Vorstellungen des Kommissionspräsidenten. Barroso hatte im Oktober ein europaweites Referendum zur Türkei-Frage angeregt und

---

204 Alle Zitate aus dem Beitrag von Monika Dajc: Für immer draußen vor der Tür? Harte Fronten um EU-Mitgliedschaft der Türkei – Es geht auch um das Selbstverständnis der Union. – In: Tiroler Tageszeitung 14./15. 2. 2004.

zuvor bereits Chirac sich auf eine Abstimmung durch die französische Bevölkerung festgelegt.[205]

Regierung und Opposition konnten sich in Österreich schließlich nicht auf einen gemeinsamen Entschließungsantrag zu einem verpflichtenden Türkei-Referendum einigen.[206] Mit den Stimmen der ÖVP und FPÖ wurde der eigene Antrag der Regierungskoalition angenommen, der bestimmte, dass »ein Beitritt der Türkei zur Europäischen Union nur auf Grund einer direktdemokratischen Mitwirkung der österreichischen Bevölkerung erfolgen« solle. Der Nationalratsbeschluss bedeutete aber keine gesetzliche Bindung, eine Volksabstimmung abzuhalten. Es handelte sich lediglich um eine politische Verpflichtung der Parteien.[207]

Im Herbst 2005 begann sich die Kontroverse um das Kandidatenland Türkei an der Frage der Genehmigung des Beginns der Beitrittsverhandlungen weiter zuzuspitzen.[208] Österreich erlangte Ende September/Anfang Oktober tagelang internationale Aufmerksamkeit, weil es sich zunächst »querlegte«. Es schien so, als wagte Wien mit einer möglichen Blockade der Beitrittsverhandlungen mit Ankara einen Drahtseilakt ohne größeres Auffangnetz.

Schüssel zeigte Bereitschaft, Risiken einzugehen. Die »Oberösterreichischen Nachrichten« analysierten seine bisherige Türkei-Politik und brachten es auf dem Punkt:

> »In der Türkei-Frage hat sich Schüssel positioniert. Als einziger Regierungschef eines EU-Landes spricht er aus, was sich in Eurobarometer-Umfragen als Grundstimmung spiegelt. Nur 35 Prozent der EU-Bürger unterstützen einen EU-Beitritt der Türkei. Die Österreicher sind die größten Skeptiker. Schüssel folgt nicht nur den Umfragen. Es ist seine persönliche Überzeugung, dass die Grenzen Europas nicht endlos erweiterbar sind. Es braucht Mut, dies offen auszusprechen. Es wird sich weisen, ob Schüssel dem Druck der anderen EU-Länder standhält. Schließlich muss er sich den Vorwurf gefallen lassen, reichlich spät die Notbremse ziehen zu wollen. 1999 war Schüssel Außenminister, als Österreich dafür stimmte, der Türkei den Kandidatenstatus zu verleihen. Als Kanzler sagte er im Vorjahr Ja zur Aufnahme der Beitrittsverhandlungen mit der Türkei. Schüssel kann sich aber zugute halten, den offenen Ausgang der Verhandlungen hineinreklamiert zu haben.«[209]

Ein »Sonderrat«, im Grunde ein Krisentreffen der Außenminister, tagte am Sonntag, dem 2. Oktober in Luxemburg. Hintergrund war der Umstand, dass Österreichs

---

205 Koalition will Parteienpakt zu Türkei-Abstimmung. – In: Die Presse 22. 12. 2004.
206 Gehler: Österreichs Außenpolitik. S. 919f. und 1014.
207 All-Parteien-Pakt zur Türkei-Abstimmung gescheitert. – In: Die Presse 23. 12. 2004.
208 Hierzu auch Heinisch: Unremarkably Remarkable, Remarkably Unremarkable. S. 145.
209 Annette Gantner: Wolfgang Schüssel: Bereit, Risiken einzugehen. – In: Oberösterreichische Nachrichten 1. 10. 2005.

Ständiger Vertreter bei der EU in Brüssel, Gregor Woschnagg, bereits am 29. September im Kreis der EU-Botschafter auf Weisung Schüssels eine Entscheidung blockiert hatte. Die britische Ratspräsidentschaft sah sich daher gezwungen, ein Außenministertreffen unter Beteiligung von Ressortchefin Plassnik einzuberufen. Schüssel betonte in Interviews mit der »Financial Times« und der »Herald Tribune« die Fixierung einer Alternative zum Vollbeitritt der Türkei. Wenig Klarheit herrschte in der Öffentlichkeit darüber, welche Absicht und Strategie die Bundesregierung dabei verfolgte. Dies führte auch zu Missverständnissen bei den Reaktionen und Interpretationen.

Die Forderung eines alternativen Szenarios erschien nach außen als 1:24-Position, Österreich gegen den Rest, wenngleich auch andere EU-Staaten damit sympathisierten oder sogar hinter der österreichischen Position standen. Spekuliert und vorgeworfen wurde Schüssel allerdings mitunter, dass er die in der Steiermark am Sonntag, dem 2. Oktober angesetzten Landtagswahlen abwarten wollte, zumal der Türkei-Beitritt in Österreich alles andere als populär war. Für die ÖVP drohte der Verlust des steirischen Landeshauptmannsessels, auf dem Waltraud Klasnic saß. Sollte es diese Absicht seitens des Parteichefs gegeben haben, so blieb sie fruchtlos, denn Klasnic verlor die Wahlen auch ohne Verhandlungsstart mit der Türkei und wurde in Folge vom SPÖ-Spitzenkandidaten abgelöst. Eine andere Vermutung lautete, dass Österreich die Frage der Aufnahme von Verhandlungen mit der Türkei von jenen Kroatiens abhängig gemacht, also ein Junktim hergestellt hatte, was die Außenministerin allerdings (verständlicherweise) ausschloss und zurückwies. Doch hatte der Bundeskanzler in besagten Interviews unter anderem mit der »Herald Tribune« der EU »Doppelmoral« vorgeworfen, so als ob Österreich gar nicht Teil der Union sei. Sinngemäß hielt er fest: Wenn den Türken zugetraut werde, dass sie zu weiteren Anstrengungen fähig seien, so sollte dies auch für die Kroaten gelten. Es sei europäisches Interesse, mit Kroatien »sofort« Beitrittsverhandlungen aufzunehmen. Zeitgleich weilte die UN-Chefanklägerin Carla del Ponte in Zagreb, um festzustellen, ob das kroatische Regime unter Regierungschef Ivo Sanader umfassend mit dem UN-Kriegsverbrechertribunal in Den Haag zusammenarbeiten werde. Kurz zuvor hatte die sonst so unnachgiebig wirkende Schweizerin auch verlauten lassen, dass die Auslieferung des früheren berüchtigten und flüchtigen kroatischen Generals Ante Gotovina keine Bedingung für eine »umfassende Zusammenarbeit« sei. Am Rande des luxemburgischen Außenminister-Krisentreffens war auch die Kroatien-Kontaktgruppe noch einmal zusammengetreten. Der als harter Verhandler bekannte Außenminister Großbritanniens, Jack Straw, versuchte Österreich an das im Dezember 2004 vereinbarte Verhandlungsmandat der EU-Regierungschefs zu erinnern, das Schüssel mitgetragen hatte. Allerdings hatte man darin neben dem Beitritt als gemeinsamem Ziel der Verhandlungen diese auch als »Prozess mit offenem Ende, dessen Ausgang sich nicht im Vorhinein garantieren lässt«, bezeichnet. Sollten die Gespräche scheitern, könne die Türkei durch »eine möglichst starke Bindung vollständig in den europäischen Strukturen verankert«, d. h. ihr eine Alternative angeboten werden. Aus österreichischer Sicht sollte eine solche nun im Oktober 2005 festgehalten werden. Die Verhärtung der Fronten konnte deutlicher kaum sein. Brüssel-Korrespondent Michael Jungwirth sprach von einem Pokerspiel Schüssels.[210]

Kroatien war für Österreich ein »Schlüsselland für seine Interessen auf dem Balkan«, wie der Wien-Korrespondent der »Süddeutschen Zeitung«, Michael Frank, registrierte. Enge Beziehungen bestünden zwischen Schüssel und dem kroatischen Präsidenten Stipe Mesić. Der sehr kritische Journalist blendete zurück in die jüngere Geschichte und stellte auch einen direkten Zusammenhang zur österreichischen Türkei-Position her:

> »Österreich war neben Deutschland die einzige Nation, die beim Zerfall Jugoslawiens Slowenen und Kroaten in ihren Unabhängigkeitsbestrebungen sofort beisprang. Dieses Engagement belegt, wie uralte Sichtweisen und Erwartungen noch immer Österreichs Unterbewusstsein prägen: Kroatien und Kroaten als Vorposten gegen die unbotmäßigen Serben, als katholisches Bollwerk gegen die häretische Orthodoxie – als Glacis gegen die Türken, der Verkörperung des Bedrohungstraumas.«[211]

Vor der Krisensitzung hatte Österreich ein Einlenken signalisiert und der Bundeskanzler mit dem türkischen Premier ein Telefonat geführt, in dem er andeutete, nicht mehr auf der Erwähnung der »privilegierten Partnerschaft« im Rahmen der türkischen Beitrittsverhandlungen zu insistieren. Erdogan verwies auf die Wahlen in der Steiermark und gab seiner Erwartung Ausdruck, dass sich nach deren Abschluss die offizielle Haltung Österreichs ändern werde. Plassnik hatte Straw vor dem Krisentreffen versichert: »Wir werden in gutem europäischen Geist einander zuhören und auf einander eingehen.[212]

Am 3. Oktober kam es zur Wende: »EU beginnt Beitrittsgespräche mit der Türkei. Österreich gibt seinen Widerstand auf«, titelte die »Berliner Zeitung«[213] und »Türkei: Österreich gibt nach« die österreichische Tageszeitung »Der Standard«.[214] War dem aber wirklich so?

---

210 Michael Jungwirth: Türkei reif für die EU? Schüssel pokert hoch bei der Türkei. – In: Die Neue 30. 9. 2005.; Norbert Mappes-Niediek: Schüssels kroatische Karte. – In: Berliner Zeitung 5. 10. 2005; Neisser: The Schüssel Years and the European Union. S. 203.

211 Michael Frank: Hoher Einsatz für den Schützling. Wien wünscht sich Kroatien in der EU – und setzt Brüssel in der Türkei-Frage unter Druck. – In: Süddeutsche Zeitung 30. 9. 2005.

212 Türkei: Schüssel sprach mit Erdogan. – In: Oberösterreichische Nachrichten. 10. 2005.

213 Gerold Büchner: EU beginnt Beitrittsgespräche mit der Türkei. Österreich gibt seinen Widerstand auf. – In: Berliner Zeitung 4. 10. 2005.

214 Türkei: Österreich gibt nach. Nur EU-Beitritt als Verhandlungsziel – Betonung auf »Aufnahmefähigkeit« der Union. – In: Der Standard 4. 10. 2005.

Dem äußeren Anschein nach schien Österreich mit seiner Forderung der Benennung einer konkreten Alternative eingeknickt zu sein. Es hatte allerdings für sein Einlenken und Nachgeben etwas erhalten, was im Grunde gar nicht so wenig war. Die EU-Mitgliedsstaaten hatten sich auf die Grundsätze für die Gespräche geeinigt. Am Abend des 3. Oktober hatte auch die türkische Regierung dem Verhandlungsrahmen zugestimmt. Die Eröffnungszeremonie war für die Nacht in Luxemburg geplant. Nach hartem Ringen hatte man mehrfach vor dem Scheitern gestanden. Österreich hatte auf die Forderung verzichtet, für die Verhandlungen auch andere konkrete Ziele als eine Vollmitgliedschaft zu benennen, was die Türkei entschieden abgelehnt hatte. Deutschlands Außenminister Joschka Fischer sah für beide Seiten – die EU und die Türkei – »eine große Chance«. Europa habe gewonnen. Über den Beitritt werde aber erst am Ende der Verhandlungen entschieden. EVP-Fraktionschef Hans-Gert Pöttering (CDU) wurde nicht müde zu betonen, dass für eine unionsgeführte deutsche Bundesregierung immer eine »privilegierte Partnerschaft« mit der Türkei im Vordergrund stehen würde.[215] Auch von dieser Formel hatte die Schüssel-ÖVP bereits zu sprechen begonnen, wobei (bewusst?) übersehen wurde, dass die Türkei aufgrund der Zollunion mit der EU längst schon eine privilegierte Partnerschaft mit der Union besaß.

Dachte Schüssel bis zuletzt an diese Wendung, als er eine konkrete Alternative benennen wollte? Im vorgezogenen deutschen Bundestagswahlkampf war er für die CDU-Kanzlerkandidatin Angela Merkel in die Bresche gesprungen und wahlwerbend aktiv gewesen. Er hatte offensichtlich auf einen klaren Sieg seiner Parteikollegin gesetzt, was nach den Umfragewerten auch anzunehmen war. Der komfortable Vorsprung der CDU/CSU schmolz aber dahin, und Schröder holte in einem packenden Wahlkampf-Finish noch so stark auf, dass die erwartete bürgerlich-liberale Koalition aus CDU/CSU-FDP nicht zustande kam. Das Ausbleiben eines durchschlagenden Wahlerfolgs für die christlich-konservativen Unionsparteien in Deutschland unter Führung Merkels schwächte auch den österreichischen Widerstand gegen die Türkei als zukünftiges EU-Vollmitglied unter der traditionell erweiterungsfreundlich ausgerichteten britischen EU-Ratspräsidentschaft.

Es stand die Handlungsfähigkeit, vor allem aber die Glaubwürdigkeit der EU auf dem Spiel. US-Außenministerin Condoleezza Rice telefonierte mit Premier Erdoğan und signalisierte Unterstützung für die Erweiterung der EU. Hinter den Kulissen wartete bereits UN-Chefanklägerin del Ponte, die im März 2005 die EU noch veranlasst hatte, aufgrund angeblich mangelnder Kooperation der kroatischen Regierung in Sachen Kriegsverbrecherprozesse die Beitrittsgespräche abzusagen. Die türkische Delegation wartete am Flughafen in Ankara auf grünes Licht zum Abflug nach Brüssel. Die EU stand nach dem Irak-Krieg (2003), dem offenen Verfassungs-

---

215 Berliner Zeitung 4. 10. 2005, S. 1.

vertragsbeschluss (2004) und dessen Ratifizierungskrise in Frankreich und den Niederlanden (2005) vor einer weiteren Belastungsprobe, wie Plassnik es nannte, die im Grunde aber längst zu einer Zerreißprobe geworden war. Umso überraschender, ja erstaunlicher war es, wie schnell sich der gordische Knoten mit einem Male durchschlagen ließ.

»Der Standard« titelte überwiegend kritisch: »Wien akzeptiert EU-Beitritt als Ziel für die Türkei«.[216] »Viel verlangt, wenig erreicht«,[217] meinte Alexandra Föderl-Schmid: »Kritik in Brüssel an Wiens Verhandlungsstil.«[218] »Viel Lärm um wenig im Türkei-Krimi«[219], hieß es weiter. Lassen wir die eher neutral berichtende »Berliner Zeitung« sprechen (die heimischen Medien waren in überwiegender Zahl nicht frei von Kritik, Polemik und Häme angesichts des österreichischen »Einknickens«, ohne die Gegenleistung entsprechend im vollen Ausmaß anzuerkennen):

> »Am späten Nachmittag, der vereinbarte Termin mit Gül zur Eröffnung der Beitrittsverhandlungen ist verschoben, passt in Luxemburg plötzlich eins zum anderen. Del Ponte bescheinigt Kroatien uneingeschränkte Kooperation mit dem Tribunal, wie es die EU verlangt. Es habe keinen Druck auf sie gegeben, versichert die UN-Chefanklägerin – doch ein Wunsch der Österreicher ist erfüllt, der Weg für Aufnahmegespräche mit Zagreb frei. Zeitgleich gibt Wien seine Blockade in Sachen Türkei auf: Plassnik verkündet, sie könne mit dem Beitritt als Ziel der Verhandlungen leben. Wichtig sei nur, die Fähigkeit der Union zur Integration neuer Mitglied zu beachten – ein Kriterium, das sich ohnehin mehrfach im Text findet. Die EU hat ihre Formel für das Großprojekt Türkei gefunden.«[220]

Der Wunsch Österreichs, mit Kroatien ebenfalls die Beitrittsverhandlungen aufzunehmen – Wien bestritt offiziell weiterhin, dieses Anliegen mit dem der Türkei verknüpft zu haben –, war nicht der einzige Punkt von Relevanz. Die Forderung nach expliziter Nennung einer konkreten Alternative zum Beitritt wurde zwar fallengelassen, aber die prinzipielle Frage der Aufnahmefähigkeit der EU unterstrichen sowie die faire Verteilung der Finanzierung der künftigen Erweiterungen betont. Beim

---

216 Wien akzeptiert EU-Beitritt als Ziel für die Türkei. Nach zähem Ringen lenkte Österreich bei den EU-Beitrittsverhandlungen mit der Türkei ein. Österreich konnte nur die Forderung durchsetzen, dass die Aufnahmefähigkeit der EU als Kriterium im Mandat für die Verhandlungen mit Ankara stärker hervorgehoben wird. Auch die USA schalteten sich in die Gespräche ein. – In: Der Standard 4. 10. 2005.
217 Alexandra Föderl-Schmid: Viel verlangt, wenig erreicht. – In: Der Standard 4. 10. 2005.
218 Alexandra Föderl-Schmid: Kritik in Brüssel an Wiens Verhandlungsstil. – In: Der Standard 5. 10. 2005.
219 Eva Linsinger, Barbara Tóth: Viel Lärm um wenig im Türkei-Krimi. Kanzler Wolfgang Schüssel bemühte sich Dienstag wortreich, das Verhandlungsergebnis zur Türkei als Erfolg zu verkaufen. Das BZÖ spielte dabei nur teilweise mit. Die Änderungen sind in der Tat marginal. – In: Der Standard 5. 10. 2005.
220 Ebd.

Vergleich der beiden Textpassagen – Wortlaut des Beschlusses vom Dezember 2004 mit dem neuen vom Oktober 2005 – fielen den Kritikern nur kosmetische Veränderungen auf.

Zuerst hieß es:

»Enlargement should strengthen the process of continuous creation and integration in which the Union and its Member States are engaged. Every effort should be made to protect the cohesion and effectiveness of the Union. In accordance with the conclusions of the Copenhagen European Council in 1993, the Union's capacity to absorb Turkey, while maintaining the momentum of European integration is an important consideration in the general interest of both the Union and Turkey. The Commission shall monitor this capacity during the process of negotiations.«[221]

Die neue Version lautete unter Beachtung der Hervorhebungen:

»As agreed at the European Council in December 2004, these negotiations are based on Article 49 of the Treaty on European Union. [Hervorhebung i. O.] The shared objective of the negotiations is accession. These negotiations are *an open-ended process* [Herv. M.G.], *the outcome of which cannot be guaranteed beforehand* [Hervorhebung, M. G.]. While having full regard to all Copenhagen criteria, including the absorption capacity of the Union, *if Turkey is not in a position to assume in full all the obligations of membership it must be ensured that Turkey is fully anchored in the European structure through the strongest possible bond* [Herv. M. G.].«[222]

Die These vom Umfallen Österreichs, so sehr sie im Lichte vorhergegangener EU-Entscheidungen (Alpentransit, Beneš-Dekrete, AKW Temelín usw.) im Sinne einer Kontinuität erscheinen mochte, lässt sich im Falle des Türkei-Themas nicht durchhalten. Österreich hatte zwar nachgegeben, aber auch Standpunkte gewahrt. Gerade im Streit um die zukünftige Kostenaufteilung setzte es einen neuen Finanzpassus durch. Im neuen Text vom Oktober 2005 wurde folgender nicht unerheblicher Passus auf österreichisches Drängen und Insistieren hinzugefügt, was auf die Briten gemünzt war: »Alle Abmachungen sollten sicherstellen, dass die finanziellen Lasten fair unter den Mitgliedsstaaten geteilt werden.«[223] Diese auf die Frage der Finanzierung abzielende Passage war neu. Das war ein nicht unerheblicher Teilerfolg sowohl für Österreich als auch andere EU-Staaten und die Union als solche. Auch wenn es nicht gelungen war, den Türkei-Beitritt als grundsätzliches Ziel infrage zu stellen,

---

221 Dokumentation: Was Österreich wirklich erreichen konnte. – In: Der Standard 5. 10. 2005.
222 Ebd.
223 Ebd.; siehe auch Schüssel: Offengelegt. S. 248f.

so hat Wien durch sein Hinhalten, seine Verweigerungstendenz und Widersetzlichkeit Standpunkte durch Wiederbetonung in Erinnerung gerufen, auf den ungelösten Konflikt des Briten-Rabatts aufmerksam gemacht und dessen zukünftige Infragestellung und Aufhebung eingemahnt.

2005 haben die Verhandlungen mit der Türkei begonnen. Seither ist es nicht nur medial weit ruhiger geworden, auch sind in den letzten Jahren keine nennenswerten Fortschritte erzielt worden.

2. Eine Arbeitspräsidentschaft zur Rettung des »Verfassungsvertrags«: Der aufwendige und schwierige EU-Ratsvorsitz 2006

Seit 1. Januar 2006 hatte Österreich die EU-Ratspräsidentschaft für das erste Halbjahr übernommen. Die Vorbereitungen standen bereits im Mittelpunkt der österreichischen Außen- und Europapolitik der Jahre 2003–2005. Im Vorfeld war schon erkennbar, dass die Bundesregierung bestrebt war, die Debatte über die EU-Krise zu entdramatisieren. Gleichzeitig bemühte sie sich, den Erwartungsdruck hinsichtlich der bis dato fehlgeschlagenen sogenannten »EU-Verfassung« zu minimieren.[224]

Als Land, welches den Vertrag am 11. Mai 2005 ratifiziert hatte, war Österreich bemüht, einen Beitrag zur Überwindung der Ratifikationskrise zu leisten, wenngleich es hierzu alsbald kritische bis ablehnende Stimmen von anderen EU-Partnern, aber auch aus den eigenen Reihen der Koalitionsregierung zu vernehmen galt. Bundeskanzleramt und Außenministerium versuchten sich mit einer gemischten EU-Strategie, bestehend aus einer Verbindung von Entdramatisierung und Schwunggebung.[225]

---

224 »Die Türkei darf nicht für ihre Fußballer büßen«. Österreich übernimmt 2006 den EU-Vorsitz. Ein Gespräch mit Bundeskanzler Wolfgang Schüssel über die nächste Erweiterung, die deutschen Nachbarn – und eine Europasteuer. – In: Die Zeit 24. 11. 2005. Eva Linsinger: Österreich will nicht der »Wunderheiler« Europas sein. Die Möglichkeiten im Chefsessel sind begrenzt: Diese Botschaft versucht Kanzler Wolfgang . – In: Der Standard 22. 12. 2005. Alexandra Föderl-Schmid: »Europa neuen Schwung verleihen«. Zum Auftakt der EU-Präsidentschaft sieht sich der neue Ratspräsidentschaft Wolfgang Schüssel mit Forderungen nach einer Belebung des Verfassungsprozesses konfrontiert. – In: Der Standard 2. 1. 2006. Christoph Prantner: »Die Verfassung ist nicht tot«. Für Ratspräsident Wolfgang Schüssel und Kommissionspräsident José Barroso sollen zwei Themen im Fokus des Wiener EU-Vorsitzes stehen: Bis März werde es um Jobs und Wachstum gehen. Im Juni soll es eine Initiative geben, um die Verfassung wieder flottzubekommen. – In: Der Standard 10. 1. 2006; siehe auch die aufschlussreiche Dokumentation von Gregor Woschnagg, Werner Mück, Alfred Payrleitner (unter Mitarbeit von Jutta Edthofer, Hans-Peter Manz, Verena Nowotny, Michael Wimmer und Gregor Schusterschitz): Hinter den Kulissen der EU. Österreichs EU-Vorsitz und die Zukunft Europas. – Wien/Graz/Klagenfurt 2007. Höll: Wolfgang Schüssel and Austrian Foreign Policy. S. 170–172.
225 Simon Gruber, Kai-Olaf Lang, Andreas Maurer: Aufräumarbeiten und neue Impulse für Europa. – In:

Im Unterschied zum Regierungschef Schüssel hielt Vizekanzler Hubert Gorbach (BZÖ) den Verfassungsvertrag in der vorliegenden Form nicht für akzeptabel und empfahl Neuverhandlungen. Auch Bundespräsident Fischer plädierte für eine Neubearbeitung. Die SPÖ forderte, den Ratifizierungsprozess nicht fortzusetzen, dafür jedoch den dritten Teil des »Verfassungsvertrags« in den Bereichen »Wirtschaft« und »Beschäftigung« von einem neuen Konvent tiefgreifend neu zu bearbeiten. Es sprach einiges dafür, dass aufgrund der Auffassungsunterschiede innerhalb der Regierungskoalition auch angesichts der anstehenden Nationalratswahlen 2006 das Thema auf die finnische und deutsche Ratspräsidentschaft vertagt werden würde.[226]

Es deutete sich schon zu Jahresbeginn 2006 an, dass der österreichische Ratsvorsitz von exogenen politischen Ereignissen überschattet und dadurch im Hinblick auf seine essenziellen Anliegen nur eingeschränkt handlungsfähig sein würde. Zunächst war es der Streit um die Preisgestaltung und Lieferung von Erdgas seitens Russlands an die Ukraine, sodann der schwelende und eskalierende Konflikt um das Atomrüstungsprogramm des Iran. Der überraschend deutliche Sieg der radikal-islamistischen Hamas-Bewegung bei den Wahlen in den palästinensischen Gebieten ließ die EU zunächst sprachlos reagieren und dann ihre Finanzhilfe für die Autonomiebehörde der Palästinenser infrage gestellt sehen.[227] Hinzu kam der wochenlange Streit um die Mohammed-Karikaturen mit anhaltenden Ausschreitungen und Protesten gegen Einrichtungen der EU und westlicher Botschaften und zuletzt im Februar auch die in europäischen Ländern auftauchende Vogelgrippe. Alle diese exogenen Faktoren lenkten von den eigentlichen Anliegen des EU-Vorsitzes ab.

Trotz aller Anstrengungen und intensivster Bemühungen stand die EU-Präsidentschaft vor einer Vielzahl nahezu unlösbarer Probleme, von denen nur folgende genannt werden sollen: die »Lissabon-Strategie« angesichts einer zweistelligen Zahl von Millionen von Arbeitslosen in Europa, zurückhaltenden Konsumverhaltens und bescheidener Konjunktur, das heißt das Ziel, die EU als ökonomisch und wettbewerbsmäßig stärksten Raum der Welt anzupeilen, sowie die Ratifikationskrise des Verfassungsvertrags zu überwinden.

Für Österreichs Außenpolitik war dieser EU-Vorsitz eine enorme Herausforderung. Das Beispiel zeigte einmal mehr die strukturelle Schwäche der halbjährlichen EU-Präsidentschaften auf und machte ihre Grenzen deutlich. Die immer komplexer gewordenen und daher auch schwieriger zu lösenden Fragen benötigten größeren

---

SWP – Aktuell (Stiftung Wissenschaft und Politik, Deutsches Institut für Internationale Politik und Sicherheit) 2 (Januar 2006). S. 1–8. S. 1f.

226 Ebd. S. 5.

227 Helmut Hauschil: EU sprachlos – Fragen und keine Antworten. – In: Handelsblatt 27./28./29. 1. 2006. Siehe grundsätzlich zu diesem Themenkomplex Gunther Hauser: Umfassende Kooperationsprozesse für den Mittelmeerraum. Der sicherheitspolitische Dialog zwischen der EU, der NATO und Israel. – In: David. Jüdische Kulturzeitschrift 17 (Dezember 2005). Nr. 67. S. 24–26.

Aufwand und mehr Zeit. Bei allem guten Willen, den Österreich zur Überwindung der Ratifikationskrise des EU-Verfassungsvertrags anfänglich zeigte, sehr rasch stieß es auf Hindernisse. Vor dem Hintergrund der prekären Mehrheitsverhältnisse der österreichischen Innenpolitik – im Bundesrat besaß die Regierungskoalition 2005 keine Mehrheit mehr –, der durch die FPÖ-Spaltung geschwächten Bundesregierung, der fortbestehenden Uneinigkeit in zentralen Integrationsfragen zwischen einzelnen Regierungsmitgliedern und der anstehenden bereits ihre Schatten werfenden Nationalratswahlen im Herbst 2006 war eine aktive und kraftvolle Rolle eines »ehrlichen Maklers« schwerlich zu erwarten.

Schüssels engster außen- und europapolitischer Berater war der »durchschlagskräftige Diplomat« Hans-Peter Manz, der als »Sherpa« galt. Daneben war der erfahrene und parteiunabhängige Europa-Staatssekretär Hans Winkler eine entscheidende Stütze.[228] Er zog im Juli 2006 trotz aller Hindernisse und Schwierigkeiten eine positive Bilanz über die zweite Ratspräsidentschaft: Österreich hatte den Vorsitz der EU »in einer pessimistischen Grundhaltung übernommen« und daher das Ziel, »mehr Schwung, mehr Dynamik in die europäische Debatte zu bringen«. Als Team hätten alle Regierungsmitglieder unter der Führung Schüssels und Außenministerin Plassnik »großartige Arbeit geleistet«, so der Staatssekretär. Er verwies auf positive Umfragewerte, die zeigten, dass zwei Drittel der Bevölkerung stolz auf das Vorsitzland seien. Das schwierigste Thema der Ratspräsidentschaft war objektiv betrachtet der »Verfassungsvertrag«. Winkler bilanzierte, dass es gelungen sei, nicht nur die Debatte wieder in Gang zu bringen, sondern auch einen Weg aufzuzeigen. Es wurde eine grundsätzliche Übereinstimmung erzielt, »dass die Prinzipien der Verfassung von niemanden angezweifelt werden«. Die Einigung auf eine Dienstleistungsrichtlinie, für die sich Wirtschaftsminister Martin Bartenstein eingesetzt hatte, wurde als weiterer Erfolg benannt, wobei der »entscheidende Impuls vom Europäischen Parlament ausgegangen« war, mit dem »eng und konstruktiv« kooperiert worden sei. Der in der Dienstleistungsrichtlinie erzielte Kompromiss sei Ausdruck des »spezifisch europäischen Lebensmodells«. Zu weiteren Pluspunkten zählte Winkler die Einigung über den Finanzrahmen für die nächsten sieben Jahre. Ferner führte er das Engagement für die Region des »Westbalkans« an. Fortschritte sah er in der Unterzeichnung eines Stabilitäts- und Assoziierungsabkommens mit Albanien und Bosnien und der Herzegowina sowie in der Verleihung des Kandidatenstatus an Mazedonien. Für Serbien sollte die europäische Perspektive weiter gegeben sein. Außenministerin Plassnik hatte mit einer Reise nach Serbien am letzten Tag der Präsidentschaft bewusst ein Zeichen gesetzt. Eine schrittweise Annäherung war gefragt, wobei alle Kriterien für eine EU-Mitgliedschaft erfüllt sein müssten.[229]

---

228 Schüssel: Offengelegt. S. 247f.
229 Dok. 72: »Ein gut aufgestelltes Team hat konkrete Ergebnisse gebracht«. Stellungnahme des Staats-

Die Parlamentswahl am 1. Oktober 2006 war der 23. nationale Urnengang in der Geschichte der Republik Österreich. Die ÖVP trat mit Schüssel als Spitzenkandidat an. SPÖ und Volkspartei erzielten 68 bzw. 66 von 183 Mandaten im Nationalrat. Stimmenstärkste Partei wurde die SPÖ mit Alfred Gusenbauer, die leichte Stimmenverluste gegenüber der letzten Nationalratswahl 2002 hinnehmen musste. Mit starken Einbußen belegte die ÖVP mit Schüssel nur den zweiten Platz. Die Koalition aus ÖVP und zuletzt BZÖ hatte ihre Parlamentsmehrheit verloren. Am 11. Januar 2007 nahm die neue Bundesregierung unter Gusenbauer ihre Arbeit auf, eine Koalition der beiden stimmenstärksten Parteien SPÖ und ÖVP. Diese Koalition, die der Regierung Schüssel II (ÖVP/BZÖ) folgte, wurde zu Beginn vor allem von der Opposition, von linken und SPÖ-nahen Organisationen kritisiert, weil die Sozialdemokraten nur wenige Forderungen aus dem Wahlkampf 2006 durchsetzen konnten. Die Regierung wurde sich selten über große Sachthemen einig und war nur von kurzer Lebensdauer.

IV. Bilanz : Eine Ära Schüssel in der Aussen-, Europa- und Integrationspolitik (1995–2006) ?

Handelte es sich um eine »Ära Schüssel«?[230] Über zehn Jahre Amtsdauer sind für Politiker des ausgehenden 20. und beginnenden 21. Jahrhunderts schon eine relativ lange Zeit. Schüssel war in diesen Jahren in verschiedenen Positionen und Funktionen (Parteiobmann, Außenminister, Vize- und Bundeskanzler) tätig, dabei allerdings auch nicht immer allein entscheidend. Wenn man Außen-, Europa- und Integrationspolitik zusammen in Betracht zieht, kommt man am Faktum nicht vorbei, dass es sich um eine dynamische, komplexe, mehrdimensionale und vielschichtige Materie handelte, die hier auch nicht zur Gänze dargestellt werden konnte.

Diskontinuitäten überwogen jedenfalls Kontinuitäten. Wenn es Letztere gab, dann waren es unter anderem parteipolitische im personellen Bereich. Auf Mock folgten mit Schüssel, Ferrero-Waldner und Ursula Plassnik und bis zuletzt mit Michael Spindelegger stets ÖVP-Politiker als Außenminister/innen. Die Europa-Staatssekretäre waren koalitionsbedingt, abgesehen von Ferrero-Waldner (ÖVP), mit Peter Jankowitsch (SPÖ), Brigitte Ederer (SPÖ) und Hans Winkler (parteilos) anderer bzw. unterschiedlicher Couleur. Die FPÖ agierte ohne außenpolitische Erfahrung und personelle Kompetenz. Sie war europapolitisch nicht nur ein schwacher, sondern auch ein lästiger und schwieriger Koalitionspartner, um nicht zu sagen ein europapolitisches Hemmnis und ein integrationspolitischer Störfaktor.

---

sekretärs Hans Winkler 11. 7. 2006. – In: Gehler: Österreichs Weg in die Europäische Union. S. 324. Neisser: The Schüssel Years and the European Union. S. 20f.
230 So ohne Anführungs- bzw. ohne Fragezeichen Bischof, Plasser (Hg.): The Schüssel Era in Austria.

Die österreichische Außen- und Europapolitik war unter Schüssel als Bundeskanzler (2000–2006) die am wenigsten konsensuale von allen Regierungen der Zweiten Republik. Die Gegnerschaft und Widerstände reichten von innenpolitischer Kritik eines Alfred Gusenbauer (SPÖ) und Alexander Van der Bellen (Grüne) bis hin zur regierungsinternen Opposition und zum Widerstand eines Jörg Haider.

Die Außen-, Europa- und Integrationspolitiken waren in Schüssels Zeit vom Außenminister bis zum Bundeskanzler einem starken Wandel unterworfen: Österreich agierte außer- wie innerhalb der EU. Es handelte sich um eine nationale »Außenpolitik«, die in europäischer Innen- und Außenpolitik aufging, verbunden mit einer Kompetenzverlagerung: Das Machtgefüge verschob sich von den Außenministern zu den Staats- und Regierungschefs. Das bekamen auch die Außenministerinnen Ferrero-Waldner (2000–2004) und Plassnik (2004–2009) zu spüren, die in enger Abstimmung mit dem Bundeskanzler und in voller Loyalität zu Schüssel agierten.

Die Spanne der außen-, europa- und integrationspolitischen Aktivitäten Schüssels umfasste zwar mehr als ein Jahrzehnt, eine Phase der österreichischen Außenpolitik mit sehr verschiedenen Ereignissen und unterschiedlichen Entwicklungen, denen er allerdings nicht immer und durchgehend seinen Stempel aufdrücken konnte. In vielen Fällen der Innenpolitik war er zwar Gestalter, ja Hauptakteur, auf dem Feld der Außen- und Europapolitik aber mitunter nur Beobachter, Beteiligter und Mitspieler, jedenfalls nicht allein maßgebend und alles entscheidend.

Es begann mit dem österreichischen EU-Beitritt (1995), durch den am Anfang der außenpolitischen Karriere Schüssels bereits eine Zäsur stand. Mit der EU-»Osterweiterung« (2004/07) gegen Ende seiner Amtszeit schloss sich ein weit größer gewordener Kreis, der rückblickend verdeutlicht, welches gestiegene Ausmaß die Agenda der Politik umfasste. Die Einigung mit der Europäischen Union und der EU-Beitritt (1994/95) waren für Schüssel als Delegationsmitglied und Wirtschaftsminister prägende Erlebnisse. Das Vermächtnis von Alois Mock als Europäer bedeutete für ihn Auftrag und Verpflichtung zugleich. Ein glühender und idealistischer Europa-Befürworter war Schüssel als Bundeskanzler jedoch nicht, ja, konnte er gar nicht mehr sein. Dazu war er einerseits viel zu sehr Realpolitiker und Pragmatiker sowie andererseits »Geschlagener« durch die Sanktionen 2000, die ihn gleich zu Beginn seiner Amtszeit als Bundeskanzler ereilten. Seine EU-Partner machten es ihm in dieser Zeit alles andere als leicht, ein leidenschaftlicher Herzens-Europäer zu sein. Eine solche Haltung wäre auch in der österreichischen Bevölkerung, die mehrheitlich die Isolationsmaßnahmen ablehnte, schwerlich nachvollziehbar gewesen, geschweige denn verstanden worden.

Mit Schüssel hielt schon als Außenminister eine »Außenpolitik der Realisten« Einzug, die dem Anliegen der Auslandskulturpolitik weniger großen Stellenwert einräumte. Erst mit Ferrero-Waldner, die von der Entwicklungshilfepolitik beeinflusst und geprägt war, bekam projektorientierte Auslandskulturpolitik im Sinne einer *public diplomacy* wieder einen höheren Stellenwert. Unter Schüssel vollzog das Amt einen pragmatisch-realpolitischen Profilwandel: Vom Bundesministerium für auswärtige Angelegenheiten (BMfaA) wurde es zum Bundesministerium für europäische und internationale Angelegenheiten (BMfeiA). Man verließ den Ballhausplatz als historischen Gedächtnisort europäischer Diplomatie und jahrhundertelang gestaltender österreichischer Außenpolitik und wechselte den Amtssitz zum Minoritenplatz.

Mit Blick auf die neuen, unter anderem kleineren EU-Kandidatenländer versuchte Schüssel Österreich als »Mittelstaat« aufzuwerten und zu profilieren. Tatsächlich verlor es durch seinen EU-Beitritt mehr an staatlicher Souveränität, als durch supranationale Mitgestaltungsmöglichkeiten auf EU-Ebene hinzugewonnen werden konnte. Nach der EU-Mitgliedschaft stand für Schüssel eher Status-quo-Wahrung beim Gipfel in Amsterdam (1997) im Vordergrund. Die europäische Einheitswährung befürwortete er hingegen vehement – auch gegen den Widerstand der FPÖ-Opposition. Sein Eintreten für den Euro brachte ihn mit Auslassungen über den deutschen Bundesbankpräsidenten ins Schussfeld der Medien und sogar fast an den Rand des Rücktritts.

Sicherheitspolitisch setzte Schüssel vorzeitig auf die NATO-Option, wofür er den Koalitionspartner nicht gewinnen konnte und womit auch das Scheitern des sicherheitspolitischen »Optionen«-Berichts (1998) vorprogrammiert war. Die versuchte Erosion der Neutralität gelang zwar mithilfe der SPÖ durch »materielle Derogierung«, nicht aber ihre komplette Entsorgung, und zwar wegen des Widerstands der Sozialdemokraten. Mit dem anvisierten österreichischen NATO-Beitritt scheiterte Schüssel glatt.

Unter der Regierung Klima erlebte der Außenminister die »Feuertaufe der österreichischen EU-Mitgliedschaft« in Form der gut organisierten Ratspräsidentschaft (1998). Die Eskalation wegen der Kosovo-Frage konnte auch Schüssel nicht verhindern, wenngleich seine Politik und Diplomatie um die Beilegung der Krise und die Verhinderung eines gewaltsamen Konflikts bis zuletzt bemüht war. Mit dem Luftkrieg der NATO gegen Serbien setzte ein Nachdenkprozess in ÖVP-Reihen ein, die bis dato noch auf den Vollbeitritt zum atlantischen Bündnis gesetzt hatte und zu einem Ablassen von der NATO-Beitrittsoption führte. Was folgte, war ein Zick-Zack-Kurs und ein Rückzug auf Raten einer inkonsequenten Sicherheitspolitik, die sich auch im verlorenen Bundespräsidentschaftswahlkampf der Kandidatin Schüssels, Ferrero-Waldner, gegenüber dem konsequenten Neutralitätsbefürworter Heinz Fischer im Jahre 2005 äußerte.

Es folgten außenpolitische Tiefpunkte und europapolitische Neuprofilierungsversuche: Das Jahr 2000 wird als »Annus horribilis« in die Geschichte der Ballhausplatz-Diplomatie eingehen. Auch wenn es durch regierungspolitische Insistenz und Zähigkeit sowie nationalen Zusammenhalt möglich war, die Sanktionsmaßnahmen abzuwehren, ging man europa- und integrationspolitisch geschwächt aus dieser achtmonatigen Isolationszeit hervor: Ausdruck einer sich rehabilitierenden Außenpolitik war die rasche und substanzielle Entschädigungspolitik mit Blick auf Zwangsarbeiter und Vermögensentzug. Darüber hinaus profilierte sich Österreich als monetär verlässlicher und konstitutionell engagierter Partner, wenngleich es politisch ambivalent agierte. Die Euro-Einführung gelang in Österreich reibungslos. Im EU-Verfassungskonvent arbeitete es engagiert mit. Im eigentümlichen Spagat befand sich dagegen die Regierungspolitik zwischen dem ÖVP-Projekt der »strategischen Partnerschaft« mit den mittel-osteuropäischen Ländern und der Veto-Haltung der FPÖ in der Frage der EU-»Osterweiterung«. Die österreichische Europapolitik konnte von außen betrachtet so nur janusköpfig erscheinen. Als EU-Kandidatenland verspöttelt und allein auf weiter Flur stehend war das Land bei seinem Bemühen, den Transitvertrag über die zwölfjährige Laufzeit aufrechtzuerhalten, was 2003 scheitern sollte – eine weitere Niederlage auch für Schüssel.

So sehr der Bundeskanzler den Konstitutionalisierungskurs der EU befürwortete, so wurde auch sein Festhalten an nationalen Interessen deutlich. Dem Erfordernis der Auslandseinsätze kam Österreich nur bedingt nach, gleichwohl unter formeller Beibehaltung des verfassungsmäßig nach wie vor gültigen Neutralitätsgesetzes. Österreichs Diplomatie hatte bei der EU-»Osterweiterung« hinter den Kulissen mitgeholfen, als die Verhandlungspakete geschnürt wurden. Kroatien hat seine künftige Mitgliedschaft maßgeblich österreichischer Fürsprache zu verdanken. In der Auslandskulturpolitik war Österreich aktiv und hat Akzente gesetzt.

Für einen neuerlichen Anlauf zu einer Profilierung der österreichischen Europa- und Integrationspolitik unter ÖVP/BZÖ (2005/06) war die Zeit zu kurz. In der Frage des Türkei-EU-Beitritts wandelte sich Schüssels Haltung. Als Außenminister äußerte er sich befürwortend zum türkischen Kandidatenstatus und EU-Beitritt, während er als Bundeskanzler den Verhandlungsbeginn bremste und blockierte. Unter schwierigsten internationalen und europäischen Rahmenbedingungen sowie prekären innenpolitischen Verhältnissen war der österreichische EU-Ratsvorsitz 2006 immerhin noch eine gelungene Arbeitspräsidentschaft.

Zurückkommend auf Mocks eingangs zitierte Erwartungen an die zukünftige österreichische Europapolitik lässt sich festhalten, dass die Maschinerie in Brüssel durch Wien nicht maximal genutzt werden konnte, und zwar teils durch von außen auferlegte Beschränkungen, teils durch hausgemachten Dissens und Konfliktstoff. Als dritter, unparteiischer Partner hatte Österreich kaum eine Chance, sich inner- oder außerhalb der EU zu profilieren. Die Netzwerkarbeit ließ zu wünschen übrig. Eine besondere Dialogfähigkeit unter den EU-Partnern konnte es am ehesten und kurzzeitig während seiner beiden halbjährigen Ratsvorsitze (1998, 2006) bewirken. Sonst war es in der übrigen Zeit mehr mit sich selbst und seinen nicht durchsetzbaren Forderungen im EU-Rahmen beschäftigt. Österreich konnte auch keinen eigenständigen, geschweige denn einen dauerhaften Beitrag dazu leisten, das Gewicht der kleineren und mittleren Staaten zu stärken, welches ohnedies tendenziell im Abnehmen begriffen war. Es bleibt daher eine sehr abwechslungsreiche, durchwachsene und nur sehr bedingt positive Bilanz zu konstatieren, die nicht für eine Ära Schüssel spricht, wenn wir den Begriff der Ära am Erfolg messen wollen.

Es mangelte oftmals am einheitlichen Auftreten Österreichs inner- und außerhalb der EU. Die fehlende europapolitische Geschlossenheit der Großen Koalition führte dazu, dass man in der Sicherheitspolitik keine Linie fand. Das junge EU-Mitglied hatte seit seinem Beitritt schon gar keine Prinzipienfestigkeit mit wirksamen Opting-outs und Veto-Positionen à la Dänemark, Schweden oder Irland gezeigt.

Bis 1989 war Österreich noch als respektabler diplomatischer Akteur erschienen. Dieses möglicherweise auch zu positiv wirkende Image ging in Folge sukzessive verloren. Unter Bruno Kreisky war es in der bipolaren Welt viel einfacher gewesen, ein eigenständiges außenpolitisches Profil zu bilden. Kreisky hatte drei absolute Mehrheiten und agierte in der Sozialistischen Internationale gut abgestimmt mit Willy Brandt und Olof Palme. Die transnationale Parteienkooperation auch der europäischen Christdemokraten hatte seit Ende der 1990er-Jahre an Bedeutung verloren. Im Unterschied zu Kreisky, der eine Ära prägte, war Schüssel kein klassischer Außenpolitiker, sondern primär Innen- und Parteipolitiker. Österreichs Außen- und Europapolitik hatte zudem viele Gesichter: Neben Schüssel agierten auch Ferrero-Waldner, Plassnik, Winkler, Woschnagg und andere.

Die sogenannten Sanktionen waren ein Schock, der lange nachwirkte. Schüssel konnte seither kein Herzens-Europäer mehr sein und blieb Pragmatiker. Österreichs Außen- und Europapolitik geriet zudem ins Spannungsfeld des Rechtspopulismus, was auch an der ÖVP nicht spurlos vorüberging. Die Herausforderungen wurden zudem komplexer und vielfältiger. Wenn die Agenda der EU-Ratspräsidentschaft Österreichs von 1998 mit jener von 2006 verglichen wird, so ist dieser Zuwachs an Aufgaben unverkennbar.[231]

Es waren zudem auch die Staats- und Regierungschefs der großen Länder, die europäische Außenpolitik machten. Die Machtverhältnisse verschoben sich in Richtung Europäischer Rat. Diese Gewichtsverlagerung erfolgte jenseits der Wirtschaft, die seit der zweiten Hälfte der 1980er-Jahre der Politik enteilt und gegenüber den politischen Akteuren dominant geworden ist. Österreich besaß dennoch aufgrund

---

231 Gunther Hauser: Die österreichischen Ratspräsidentschaften 1998–2006 im Vergleich. – In: Michael Gehler, Maddalena Guiotto (Hg.) unter Mitarbeit von Imke Scharlemann): Italien, Österreich und die Bundesrepublik Deutschland. Ein Dreiecksverhältnis in seinen wechselseitigen Beziehungen und Wahrnehmungen von 1945/49 bis zur Gegenwart/Italy, Austria and Germany in Europe. A Triangle of Mutual Relations and Perceptions from the Period 1945–49 to the Present (Institut für Geschichte der Universität Hildesheim, Arbeitskreis Europäische Integration, Historische Forschungen, Veröffentlichungen 8). – Wien/Köln/Weimar 2012. S. 509–544.

seiner zentralen Lage in Europa weit mehr Möglichkeiten. Es hatte herausragende Diplomaten und Vermittler zum Einsatz gebracht – etwa Albert Rohan, Valentin Inzko, Wolfgang Petritsch, Stefan Lehne oder Erhard Busek –, die gezeigt haben, wo Österreichs Stärken liegen: in der Vermittlung von Konflikten und der Stabilisierung von Krisenzonen am Balkan.

Grundsätzlich fehlte es jedoch an einem größeren Design, einem Gesamtkonzept, um sich produktiver in und außerhalb der EU einzubringen sowie weniger stark in Abhängigkeit zu den Vorgaben der Großstaaten zu begeben. Daher ist auch Otmar Höll zuzustimmen, dass über Europa und die Union hinausgehend keine spezifische Mission oder gar langfristige Vision Schüssels für Österreichs Außenpolitik existierte, wie auch mehr im Rahmen multilateraler Organisationen Lösungen für außen- und integrationspolitische Fragen zu suchen (gewesen) wären.[232] Eine größere Strategie ist in den Jahren seiner Regierungszeit nur schwerlich erkennbar. Er war wohl mehr Taktiker als Stratege. Teillösungen rangierten deutlich vor Gesamtlösungen.

Summa summarum gab es aufgrund der genannten Befunde keine Ära Schüssel in Österreichs Außen-, Europa- und Integrationspolitik, sondern eine lange Phase der Übergänge[233] und Widersprüche – mehr Kontroversen als Konsens sowie mehr Niederlagen und Rückschläge als Erfolge und Fortschritte, zumal wenn an die unqualifizierte Kritik an der Führung der deutschen Bundesbank, die fehlgeschlagene NATO-Beitrittsoption, die unheilvollen, ja selbst auch mitverursachten Sanktionen, die bescheidene mittel- und osteuropäische Nachbarschaftspolitik, die ungelöste Transitproblematik oder die nicht durchzuhaltende Anti-AKW-Position gedacht wird. Als Erfolge können, wenn man so will, die Umsetzung des Schengen-Arrangements, die große Erweiterung der EU um die MOE-Staaten und die Rehabilitierung Österreichs durch die Zwangsarbeiterentschädigung und die Kompensationsbemühungen bezüglich der nazistischen Vermögensentzugspolitik genannt werden. Schüssels Politik hat zweifelsohne Spuren hinterlassen, aber auch viele ungelöste Probleme. Die sinkenden Zustimmungswerte der Bevölkerung zur EU waren kein Ausweis für eine akzeptierte und erfolgreiche österreichische Europa- und Integrationspolitik[234], sondern erscheinen eher als eine Bankrotterklärung einer Regierung, die es immer weniger verstand, die Österreicher vom Sinn und Wert der EU-Mitgliedschaft zu überzeugen. Dieser eklatante Verlust an Vermittlungs- und Zustimmungsfähigkeit

---

232 Höll: Wolfgang Schüssel and Austrian Foreign Policy. S. 160. 178f.
233 Hierin stimme ich überein mit Heinisch: Unremarkably Remarkable, Remarkably Unremakable. S. 121.
234 Ebd. S. 150; umso mehr verblüfft das positive Schlussurteil von Heinisch, übernommen von Peter Ludlow, ebd. S. 151, das übertrieben und widersprüchlich zum Vorhergesagten erscheint; siehe auch Höll: Wolfgang Schüssel and Austrian Foreign Policy. S. 163. 171. 176f. Neisser: The Schüssel Years and the European Union. S. 189.

hing auch mit der Wahlniederlage von 2006 zusammen. Sie zeigte, dass die kritische öffentliche Meinung auch gegenüber der eigenen Partei unterschätzt worden ist. Mehr als das: Die Losung »Schüssel – wer sonst, wenn nicht er« im Wahlkampf war im Grunde eine Überschätzung der eigenen Möglichkeiten.

Paul Luif

»Die alten Schablonen ... ob das Mozartkugeln, Lipizzaner oder Neutralität sind – greifen in der komplexen Wirklichkeit des beginnenden 21. Jahrhunderts nicht mehr.«

Die Diskussion über die Neutralität

Einleitung

Die Frage der österreichischen »Neutralität« ist ein Teilaspekt des Bereiches der Außen- und Sicherheitspolitik. Da letztere Thematik im Beitrag von Gunther Hauser umfassend analysiert wird, soll hier nur auf die Problematik der Neutralität im engeren Sinn während der Regierungen unter Bundeskanzler Wolfgang Schüssel eingegangen werden. Die folgende Darstellung beleuchtet das Thema aus einer politikwissenschaftlichen Perspektive.[1]

Der erste Teil befasst sich mit Grundlagen der Neutralität, einem kurzen historischen Abriss und den sozialwissenschaftlichen Grundlagen, die nur selten diskutiert werden. Im zweiten Teil werden Fragen der Neutralität im Rahmen der Regierungsbildung diskutiert, die zur ÖVP/FPÖ-Regierung führten. Der nächste Abschnitt erläutert einige Änderungen, welche die Regierung in der Umsetzung ihres Programms durchführte. Die Rolle der Neutralität in der neuen Sicherheits- und Verteidigungsdoktrin aus 2001 und die Reaktion darauf in Politik und Wissenschaft ist Inhalt des vierten Teiles. Darauf folgt die Darstellung des Versuchs von Bundeskanzler Schüssel, der Neutralität durch die Bezeichnung als »alte Schablone« ihren mythischen Wert zu nehmen. Doch schon bald wendeten sich ÖVP und FPÖ von ihrer kritischen Linie zur Neutralität ab (Teil 6), denn wie im folgenden Teil dargestellt, brachten Meinungsumfragen durchgehend »positive« Einstellungen zur Neutrali-

---

1 Ich stütze mich in der Analyse auf meine Beiträge zu Österreich im »Jahrbuch der Europäischen Integration« (Nomos, Baden-Baden, jährlich) sowie auf Paul Luif: Die Neutralität: Taugliche sicherheitspolitische Maxime? – In: Waldemar Hummer (Hg.): Staatsvertrag und immerwährende Neutralität Österreichs. Eine juristische Analyse. – Wien 2007. S. 363–389. Aus der Fülle der juristischen Literatur sei nur auf zwei Publikationen verwiesen, die sich zum Teil mit ähnlichen Fragestellungen beschäftigen: Hanspeter Neuhold: Außenpolitik und Demokratie: »Immerwährende« Neutralität durch juristische Mutation? – In: Stefan Hammer, Alexander Somek, Manfred Stelzer, Barbara Weichselbaum (Hg.): Demokratie und sozialer Rechtsstaat in Europa. Festschrift für Theo Öhlinger. – Wien 2004. S. 68–91, sowie das oben erwähnte Buch mit Waldemar Hummer als Herausgeber.

tät. In Teil 8 werden dann die Konsequenzen für Österreich aus seiner neutralen Inselstellung diskutiert. Der letzte Teil bringt eine Zusammenfassung der Argumente.

1. Grundlagen zur Neutralität

1.1 Historischer Hintergrund

Der außenpolitische Status Österreichs beruht bekanntermaßen auf dem Bundesverfassungsgesetz über die immerwährende Neutralität, das am 26. Oktober 1955, einen Tag nachdem der letzte fremde Soldat österreichisches Territorium verlassen hatte, im Nationalrat gegen die Stimmen der FPÖ verabschiedet wurde. Die Neutralität war das Quidproquo Österreichs in Bezug auf die Sowjetunion für den Abschluss des Staatsvertrages. Die Sowjetunion wollte auf alle Fälle vermeiden, dass nach dem Abzug ihrer Truppen aus dem Osten Österreichs das Land Mitglied der NATO wird. Die österreichischen Politiker waren mehr (ÖVP) oder weniger (SPÖ) gewillt, diesen politischen Preis zu bezahlen, damit Österreich endlich die volle Souveränität erlangte und die Oberhoheit des totalitären sowjetischen Regimes über Ostösterreich beendet wurde.

Der weitere Einfluss der Sowjetunion auf Österreich sollte erstens dadurch hintangehalten werden, dass der Staatsvertrag keine Neutralitätsklausel enthielt, die Neutralität eben auf einem einseitigen österreichischen Akt beruhte. Zweitens wurde als Muster für die Neutralität mit der sowjetischen Regierung im Moskauer Memorandum vom April 1955 die dauernde Neutralität der Schweiz vereinbart. Die österreichische Interpretation der Neutralität wich jedoch von Anfang an von der Schweizer Version ab. So wurde Österreich schon 1955 Mitglied der UNO (die Schweiz erst 2002).

Den Bestrebungen der österreichischen Regierung, sich nach 1955 an der westeuropäischen (wirtschaftlichen) Integration zu beteiligen, waren sehr bald durch die extensive Interpretation der Neutralität Grenzen gesetzt. Die überwiegende Mehrheit der Völkerrechtler betonte, dass ein Beitritt zur Europäischen Wirtschaftsgemeinschaft (EWG) mit der dauernden Neutralität nicht vereinbar sei.[2] Trotzdem versuchte vor allem die ÖVP in den 1960er-Jahren eine weitgehende Anbindung an die EWG zu finden, waren doch mit der Bundesrepublik Deutschland und Italien die wichtigsten Handelspartner des Landes Mitglieder der EWG. Die SPÖ wurde hingegen ab Ende der 1950er-Jahre kritischer gegenüber einer allzu starken Einbindung in die EWG, denn damit könnten wichtige Stützen der politischen Macht der Partei, die Gewerkschaften und die Verstaatlichte Industrie, geschwächt werden. Aber auch in der ÖVP gab es Gruppen, die eine enge Anbindung/einen Beitritt zur

---

2 Am einflussreichsten war der Artikel von Karl Zemanek: Wirtschaftliche Neutralität. – In: Juristische Blätter 10/11/1959. S. 249–251.

EWG zumindest zeitweise nicht goutierten: die kleinen Gewerbetreibenden und die Vertreter der Landwirtschaft. Zu Beginn der 1980er-Jahre wurde der Ruf nach einem EG-Beitritt in der ÖVP jedoch stärker.[3]

Erst nach der Krise der Verstaatlichten Industrie Mitte der 1980er-Jahre kam es zu einem Umdenken in der SPÖ, die schließlich 1989 dem Beitrittsantrag zur EG zustimmte. Gleichzeitig wurde von Völkerrechtlern die Vereinbarkeit eines Beitritts zur EG mit der Neutralität festgestellt.[4] Mit 1. Januar 1995 wurde das neutrale Österreich Mitglied der EU. Schon in Vorbereitung des Beitritts reduzierte die österreichische Bundesregierung die dauernde Neutralität auf drei Kernelemente: dass »Österreich nicht zur militärischen Teilnahme an Kriegen, zum Beitritt zu Militärbündnissen und zur Errichtung militärischer Stützpunkte fremder Staaten auf seinem Gebiet verpflichtet ist«.[5] Österreich und die anderen Beitrittskandidaten mussten in der Erklärung Nr. 1 zum EU-Beitrittsvertrag zusichern, dass sie rechtlich in der Lage sein werden, die Gemeinsame Außen- und Sicherheitspolitik (GASP) der EU voll mitzutragen. Zu diesem Zweck wurde in Österreich der Artikel 23 f (nun Artikel 23 j) in die Bundesverfassung eingefügt.

Das Ende des Kalten Krieges erleichterte nicht nur den Beitritt Österreichs zur EU, er veränderte auch das geopolitische Umfeld Österreichs. So wurden am Madrider Gipfeltreffen der NATO im Juli 1997 die ehemaligen Ostblockstaaten Polen, Tschechien und Ungarn zum Beitritt eingeladen. Im März 1999 wurden diese mitteleuropäischen Staaten Mitglied der NATO. Österreich beteiligt sich seit Februar 1995 hingegen nur an der NATO-*Partnership for Peace*, an der auch Nicht-NATO-Staaten teilnehmen können.

Schon Mitte 1994 plädierte Verteidigungsminister Werner Fasslabend (ÖVP) für einen Beitritt zur Westeuropäischen Union (WEU), die vorerst als Instrument für die Durchführung des militärischen Krisenmanagements der EU vorgesehen wurde.[6] Seit der EU-Mitgliedschaft war Österreich Beobachter bei der WEU, der kleinste gemeinsame Nenner der SPÖ/ÖVP-Koalition. Da ein alleiniger Beitritt zur WEU bald als unmöglich erschien, sprach sich Fasslabend dann für eine Mitgliedschaft in NATO und WEU aus. Wieder gab es scharfe Kritik vonseiten der SPÖ, die vor allem auf die hohen Kosten eines etwaigen NATO-Beitritts hinwies.[7]

---

3 Siehe dazu etwa Paul Luif: Neutrale in die EG? Die westeuropäische Integration und die neutralen Staaten. – Wien 1988. S. 99–103. S. 171–180.

4 So vor allem Waldemar Hummer, Michael Schweitzer: Österreich und die EWG. Neutralitätsrechtliche Beurteilung der Möglichkeit der Dynamisierung des Verhältnisses zur EWG. – Wien 1987.

5 Das interne Protokoll zur Neutralität, das gestern, Dienstag, vom Ministerrat in Wien beschlossen wurde (es wird in Brüssel nicht vorgelegt). – In: Die Presse 10. 11. 1993. S. 4.

6 Erich Witzmann: Fasslabend warnt vor neuen militärischen Krisen, will Beitritt Österreichs zur WEU noch vor 1996. – In: Die Presse 30. 6. 1994. S. 6.

7 Fasslabend: Nato-Beitritt erfordert keine Zusatzgelder. – In: Die Presse 6. 7. 1995. S. 5. Dagegen Heinz

Nach dem EU-Beitritt am 1. Jänner 1995 kam es innerhalb der ÖVP zu einer verstärkten Neutralitätsdiskussion. Meinte Wolfgang Schüssel als Außenminister 1995, die Neutralität sei derzeit nicht obsolet und werde nicht über Bord geworfen, so sagte er im Jänner 1996, er habe an einem Beitritt zur WEU, die eine militärische Beistandsklausel umfasste, nichts auszusetzen. Bei einer Beteiligung am europäischen Sicherheitskonzept »wären wir solidarisch und nicht mehr neutral«. Im März 1996 meinte der ÖVP-Chef, die Neutralität sei in vielen Bereichen »totes Recht« und »Solidarität geht der Neutralität voraus«. Im September 1996 hielt Schüssel Neutralität und NATO-Beitritt vereinbar, 1998 sah er das »Ende der klassischen Neutralität« gekommen.[8]

Trotz eines gewissen Zögerns in den eigenen Reihen, insbesondere vonseiten einiger Landespolitiker, entschied sich die ÖVP im Mai 1997 für einen Beitritt zur NATO. In der SPÖ gab es einige Stimmen für eine NATO-Mitgliedschaft,[9] viele einflussreiche Personen lehnten jedoch jedes Abgehen von der Neutralität strikt ab.[10] SPÖ-Bundeskanzler Viktor Klima legte sich in der NATO-Frage lange Zeit nicht fest, verwarf dann aber einen NATO-Beitritt.[11] Daher kam es im Jahre 1998 auch zu keinem gemeinsamen »Optionenbericht« über die österreichische Sicherheitspolitik. Ein letzter Kompromissvorschlag der ÖVP, in dem davon die Rede war, »alle Perspektiven der europäischen Sicherheitsarchitektur, einschließlich der Perspektive einer NATO-Mitgliedschaft, weiterzuverfolgen«[12], wurde von SPÖ-Seite am 1. April 1998 abgelehnt.

Die FPÖ forderte daraufhin am 16. April 1998 im Nationalrat mit Dringlichem Antrag den raschen NATO-Beitritt Österreichs. Herbert Scheibner (FPÖ) meinte dabei, die Zukunft der europäischen Sicherheitspolitik liege in der NATO als einziger funktionierender Organisation, die Sicherheitsgarantien geben kann. Es gehe nicht darum, einem Militärpakt beizutreten, sondern vielmehr darum, politische Werte im Sinne von Demokratie und defensiver Verteidigungspolitik umzusetzen. Zur Neu-

---

Gärtner, Johann Pucher: Kostenschätzung einer österreichischen NATO-Mitgliedschaft. – Laxenburg. Oktober 1997. (Österreichisches Institut für Internationale Politik. Arbeitspapier 17).

8 Zitate nach Neutralität beliebt wie Mozartkugeln. – In: DiePresse.com. 28. 8. 2007.
9 So etwa von Josef Cap, damals Leiter der Zukunftswerkstätte der SPÖ. Siehe: SP-Cap fordert Prüfung der Bedingungen für einen NATO-Beitritt. Verteidigungsminister sieht Möglichkeit eines Berufsheeres. – In: Der Standard 4. 6. 1997. S. 6.
10 Dazu zählten der Erste Präsident des Nationalrates, Heinz Fischer, und Wissenschaftsminister Caspar Einem; siehe etwa Christa Zöchling: »Vetorecht gebrauchen«. Wissenschaftsminister Caspar Einem über die ÖVP und die NATO als Stolperstein der Koalition. – In: Profil Nr. 24. 9. 6. 1997. S. 42f.
11 »Ein Nein zur Nato«. Interview. Bundeskanzler Viktor Klima über seine sicherheitspolitischen Perspektiven und die Chancen auf einen gemeinsamen Optionenbericht mit der Volkspartei. – In: Profil Nr. 11. 9. 3. 1998. S. 46f.
12 So im von der ÖVP vorgelegten Bericht über alle weiterführenden Optionen Österreichs im Bereich der Sicherheitspolitik (Optionenbericht) vom 2. April 1998. S. 79.

tralität bemerkte Scheibner, dass diese von niemandem mehr ernst genommen werde und Österreich keinerlei Schutz geben könne. Er forderte deshalb die umgehende Aufnahme von Verhandlungen über einen NATO-Beitritt zum frühestmöglichen Zeitpunkt. Bundeskanzler Klima bekannte sich dagegen zu einer Gemeinsamen Europäischen Außen- und Sicherheitspolitik und meinte, in der SPÖ/ÖVP-Regierung herrsche Konsens über die Intensivierung der Zusammenarbeit mit den bestehenden Sicherheitsorganisationen wie UNO, OSZE, EU und der NATO-*Partnerschaft für den Frieden*. ÖVP-Klubobmann Andreas Khol schloss sich der Forderung Klimas nach einem Vorrang für die europäische Sicherheitspolitik an, hielt es aber für unbestritten, dass es ohne die NATO in Europa und in der Welt keine Sicherheit geben könne. Für die ÖVP wäre die NATO-Mitgliedschaft eine wichtige Perspektive, sie fordere aber nicht den sofortigen Beitritt. Der Dringliche Antrag der FPÖ wurde nur von der den Antrag stellenden Fraktion unterstützt.[13]

Die NATO-Bombenangriffe gegen die Bundesrepublik Jugoslawien wegen der ethnischen Säuberungen im Kosovo (März bis Juni 1999) stärkten wieder die Neutralität. Gleichwohl hatte Bundeskanzler Klima am EU-Gipfel in Brüssel im April 1999 die Bezeichnung der NATO-Luftangriffe als »notwendig und gerechtfertigt« akzeptiert.[14] Da sich die Luftangriffe aber nicht auf ein Mandat des UNO-Sicherheitsrates stützten, verbot die Regierung die Überflüge über österreichisches Territorium. Während des Wahlkampfes zur Europawahl im Juni 1999 setzten die SPÖ und auch die Grünen besonders auf die Neutralität; die SPÖ überholte bei der Wahl damit die ÖVP.

Das widersprüchliche Verhalten der österreichischen Regierung bezüglich der NATO-Intervention in Serbien/Kosovo stieß auf scharfe Kritik vonseiten des Westens, vor allem der USA.[15] Wegen dieser Problematik meinte Verteidigungsminister Fasslabend darauf in einem Interview: »Österreichs Nato-Beitritt ist staatspolitisch wichtig.« Zwar werde er während des Wahlkampfes zur Nationalratswahl 1999 keine Forderungen für einen NATO-Beitritt erheben. Aber Österreich komme um eine klare Positio-

---

13 FPÖ fordert in dringlichem Antrag raschen NATO-Beitritt Österreichs. – In: Parlamentskorrespondenz Nr. 227. 16. 4. 1998.
14 Zusammenfassung der Aussprache zu Kosovo durch den Vorsitzenden beim informellen Treffen der Staats- und Regierungschefs der Europäischen Union in Brüssel am 14. April 1999. Pressemitteilung vom 14. 4. 1999. Punkt 2.
15 Doris Kraus, Christian Ultsch: Jetzt wäscht Nato Österreich den Kopf. – In: Die Presse 30. 3. 1999. Die von Präsident Clinton nominierte, ehemalige Botschafterin in Wien, Swanee Hunt, meinte: »Es ist jedenfalls nicht ein Stück österreichischer Glorie, was wir da sehen.« Herbert Bauernebel: Swanee Hunt über die Haltung Österreichs im Kosovo-Konflikt. – In: News 1. 4. 1999. S. 30. »Obwohl wir die neutralitätsrechtlichen Hindernisse verstehen, sind wir einigermaßen perplex ...«; so ein höherer diplomatischer Funktionär der USA, nach Hans Rauscher: »Wir sind einigermaßen perplex«. – In: Format, Nr. 17. 25. 4. 1999.

nierung nicht herum. Darum sei es wahrscheinlich, dass man eine neue Sicherheitspolitik auch bei der Erstellung des nächsten Regierungsprogramms diskutieren werde.[16]

1.2 Sozialwissenschaftliche Grundlagen

In wissenschaftlichen Analysen werden vorwiegend die rechtlichen Elemente der österreichischen Neutralität diskutiert. Hier sollen einige Ingredienzen sozialwissenschaftlicher Analysen der Neutralität kurz dargestellt werden.

So liegt eine Diskursanalyse bezüglich Aussagen zur Neutralität in den Ansprachen der Bundespräsidenten zum 26. Oktober vor. Bekanntlich feierte man anfänglich zu diesem Datum den »Tag der Fahne«; erst 1965 wurde der 26. Oktober zum »Nationalfeiertag.«[17] Die linguistische Analyse zwischen 1974 und 1996 zeigte drei Phasen. In einer ersten Phase, bis etwa 1978, wurde die Neutralität »konstruiert« (»construction-phase«), dann wurde sie in den Reden der Bundespräsidenten Teil der österreichischen Identität (»identity-discourses«), und ab 1988 begannen die Bundespräsidenten die Neutralität zu »dekonstruieren« (»deconstruction-phase«).[18] So war für Bundespräsident Thomas Klestil in seiner Rede am 26. Oktober 1993 der Nationalfeiertag die Erinnerung an den Abzug der fremden Truppen. Er meinte auch, dass sich die Neutralität zu verändern habe. Von einer Abschaffung der Neutralität sprach er jedoch nicht.[19]

Die Berichterstattung österreichischer Zeitungen zu wichtigen internationalen Ereignissen war ebenfalls Thema einer Diskursanalyse. 1956 (Ungarn-Krise) war in den Spalten der Zeitungen die Neutralität kaum ein Thema. Aber schon damals wurde durch Erzbischof Franz König eine Verbindung von Moral und Neutralität hergestellt: König sprach (nach Zeitungsberichten) davon, dass die Neutralität (und die gemeinsame Geschichte) eine moralische Pflicht zur Unterstützung von Ungarn und Polen auferlege.[20] Während der Krise in der Tschechoslowakei 1968 zeigte sich, dass sich in den Berichten der Zeitungen die Bevölkerung schon positiv mit der Neutralität

---

16 Hubert Wächter: »Staatspolitisch wichtig«. NATO-Beitritt: Minister Fasslabend will ihn als Teil des nächsten Regierungsprogrammes sehen. – In: News 1. 4. 1999. S. 29.
17 Gertraud Benke: From Prices and Prizes to Outmoded Things. Neutrality and identity in the speeches of Austrian Presidents on the National Holidays in the Second Republic. – In: András Kovács, Ruth Wodak (Hg.): NATO, Neutrality and National Identity: the case of Austria and Hungary. – Wien/Köln/Weimar 2003. S. 103–146. S. 104.
18 Ebd. S. 143.
19 Ebd. S. 131f.
20 Gertraud Benke: »Austria Owes Its Policy of Neutrality ...«. Neutrality in Austrian Newspapers in the Second Republic. – In: Kovács, Wodak (Hg.): NATO, Neutrality and National Identity. S. 147–200, S. 160f. S. 194f.

identifizierte. Mit dem Ende des Kalten Krieges 1989 kam dann die Neutralität in Diskussion, die Elite-Zeitungen (»Die Presse« und »Der Standard«) berichteten mehr über die Skepsis der Entscheidungsträger im Hinblick auf die weitere Relevanz der Neutralität. Die Massenblätter (»Kronen Zeitung« und »Kurier«) standen in ihren Berichten mehr auf der Seite der Bevölkerung, welche weiterhin die Neutralität befürwortete.[21] Die »Kronen Zeitung« unterstützte 1994, verglichen mit früheren und auch späteren Einstellung der Zeitung, vehement den EU-Beitritt Österreichs. In der »Kronen Zeitung« wurde 1994 eine Interpretation der Neutralität gewählt, die auch später im politischen Diskurs Verwendung fand: »Wir gehen als weiterhin neutrales Land in die EU und können uns noch dazu auf militärischen Schutz im Ernstfall verlassen. Das ist angesichts unberechenbarer Balkankrieger und Atomdesperados in der ehemaligen UdSSR auch für die nächsten Generationen eine Lebensversicherung.«[22]

Die Neutralität wurde von der »Kronen Zeitung« 1994 also zum integralen Bestandteil einer Friedenssicherungs- beziehungsweise Sicherheitspolitik im Rahmen der EU transformiert, die Neutralitätsdiskussion ging vollständig in der Diskussion über die Sicherheit im »neuen Europa« auf.[23] Durch die EU-Mitgliedschaft wird militärischer Schutz erreicht – ohne dass Österreich als neutraler Staat den anderen EU-Staaten auch diesen Schutz gewähren muss.

Sozialwissenschaftliche Untersuchungen bezüglich der Einstellung der Österreicher zu Neutralität und NATO-Mitgliedschaft zeigen ein komplexes Bild. So ist die historische Rolle der Neutralität über die Zeit von den Österreichern immer sehr positiv gesehen worden. Die gegenwärtige Rolle der Neutralität wurde hingegen etwas differenzierter beurteilt. So bezweifelte 1998 eine Mehrheit von 51 Prozent der Befragten, ob die Neutralität Schutz vor militärischen Drohungen biete. Zusätzlich ist zu beachten, dass die Einstellung zur Neutralität von politischen Tagesereignissen deutlich beeinflusst wird. So sank die positive Einschätzung der Neutralität zwischen 1993 und 1996, wahrscheinlich im Zusammenhang mit der EU-Beitrittsdiskussion. Im Zuge des Kosovo-Konfliktes 1999 stieg die positive Bewertung der Neutralität wieder an und brachte die negative Tendenz bezüglich Neutralität zu einem Stillstand. Verstärkt unterstützte die österreichische Bevölkerung die Neutralität nach den Terroranschlägen in den USA am 11. September 2001.[24]

Auffallend im Vergleich zu den mitteleuropäischen Nachbarstaaten (einschließlich Polens) war die starke Ablehnung eines NATO-Beitritts durch die österreichische

---

21 Ebd. S. 194f.
22 So die »Kronen Zeitung«-Journalisten Peter Gnam, Cl. Martin Reisigl, Karin Liebhart, Klaus Hofstätter, Maria Kargl: Zur diskursiven Konstruktion nationaler Identität. – Frankfurt am Main 1998. S. 289.
23 Ebd. S. 288.
24 Christoph Reinprecht, Rossalina Latcheva: Neutrality and Austrian Identity: Discourse on NATO and Neutrality as Reflected in Public Opinion. – In: Kovács, Wodak (Hg.): NATO, Neutrality and National Identity. S. 439–460. S. 444ff.

Bevölkerung. So sahen 1998 mit Ausnahme der Slowakei in allen mitteleuropäischen Staaten zwei Drittel und mehr der Befragten Vorteile durch einen NATO-Beitritt, während in Österreich nur 29 Prozent der Bevölkerung Vorteile sah.[25]

Reinprecht/Latcheva geben für diese Einstellungen zu NATO und Neutralität mehrere plausible Erklärungen. So hat die Neutralität eine komplexe Bedeutungsstruktur: »[N]eutrality has many facets. It is a doctrine of both the State's political self-definition and of national security, bearing positive connotations that are linked to security and peace, to freedom and sovereignty regained, self-determination, democracy and the welfare state, as well as to Austria's position in the international system. Likewise, neutrality has a strong emotional dimension, which is why it is frequently claimed to have ›struck roots in the people's hearts‹.«[26]

Das historische Modell der Neutralität ist stark mit nationaler Identität und auch mit einem Gefühl der Überheblichkeit gegenüber anderen Nationen verbunden: »The public discussion about the future of neutrality is taking place against the background of the historical neutrality model – a model that is more closely connected with feelings of national identity and attitudes of collective arrogance than with democratic patriotism.«[27]

Neutralität und NATO-Mitgliedschaft unterscheiden sich in ihrer Diskurs-Ebene. Ist die Neutralität mehr auf der emotionalen Ebene angesiedelt, so wird die NATO in einer politisch-strategischen Weise von Teilen der Eliten diskutiert (vgl. dazu Tabelle 1.) »One difficulty in evaluating the above findings derives from the fact that the debates on neutrality and NATO membership are located at different levels of discourse. Emotional discourse barely seems to converge with politico-strategic discourse on the part of the elites. Attitudes towards neutrality seem to express a certain concept of the Austrian nation, often transfigured into an ideal (›Island of the Blest‹).«[28]

Die »historische« Neutralität hat starken Einfluss auf die tagesaktuelle Diskussion und stärkt damit den »Mythos« Neutralität: »[T]he structural models enable us to recognize the strong influence exerted by the historically formed idea of neutrality upon the development of contemporary attitudes toward neutrality ... This supports the insight according to which the contemporary discussion concerning neutrality is shaped by mythical and historicizing ideas.«[29]

---

25 So Tabelle 3 in Reinprecht, Latcheva: Neutrality and Austrian Identity. S. 447.
26 Ebd.
27 Ebd. S. 458. Die Autoren sind noch kritischer: »The state doctrine of perpetual neutrality made it easier ›to steal out of history‹ and fail to acknowledge historical responsibility. Perhaps this is not the least important reason to consider (historical) neutrality more in terms of a mythical, historicizing figure of thought than as a constructive patriotic mind-set.« (S. 456.)
28 Ebd. S. 447.
29 Ebd. S. 456f.

Schließlich weisen die Autoren auf die Schwierigkeit hin, eine neue Rolle für Österreich zu diskutieren, solange die politische Diskussion »Mythen« anhängt: »We argue that a redefinition of Austria's international role – including its concept of neutrality – will not prove feasible, therefore, until current political discourse detaches itself from this mythical pattern of thought.«[30]

2. Die Bildung der ÖVP/FPÖ-Regierung

Die Verhandlungen zwischen SPÖ und ÖVP zur Regierungsbildung nach den Nationalratswahlen 1999 verliefen ergebnislos, es kam schließlich Anfang Februar 2000 zur ÖVP/FPÖ-Regierung. Als Grundlage für die Verhandlungen sowohl mit SPÖ als auch mit FPÖ stellte die ÖVP im November 1999 einen Forderungskatalog auf. Darin forcierte sie unter anderem einen »europäischen Sicherheitsverbund«, der eine europäische Beistandsgarantie beinhalten und auf einer Zusammenarbeit zwischen EU und NATO aufbauen sollte. Die Neutralität sollte dabei »nicht ersatzlos aufgehoben, sondern durch ein verfassungsrechtlich verankertes Bekenntnis zu einer permanenten Friedenspolitik ersetzt werden«. Darüber sollte bis Mitte 2001 dem Nationalrat ein Verfassungsgesetz vorliegen, das dann einer Volksabstimmung unterzogen werden sollte.[31] Auch dem SPÖ-Klubobmann Peter Kostelka war im November 1999 klar, »dass sich im Zuge einer gemeinsamen Verteidigung [im Rahmen der EU] auch Neutrale nicht vor einem gegenseitigen Beistand werden drücken können«.[32] Eine Mitgliedschaft in einem Militärbündnis komme für ihn aber nicht infrage.[33] Schließlich stimmte die SPÖ in den Verhandlungen mit der ÖVP zu, sich dafür einzusetzen, »dass eine Beistandsgarantie zwischen den EU-Staaten in den EU-Rechtsbestand übernommen und auch für Österreich wirksam wird«.[34]

In einer Meinungsumfrage zur ÖVP-Idee zeigte sich, dass das Bekenntnis zu einer permanenten Friedenspolitik bei den Opinionleaders mehrheitlich Zustimmung fand, die Bevölkerung die Veränderung der Neutralität zu einer »aktiven Friedenspolitik« aber mit klarer Mehrheit ablehnte (siehe Tabelle 1).

Bei der Frage, ob die Neutralität durch ein Friedensgebot ersetzt werden soll, trat die Gruppe der FPÖ-Wähler in der Gesamtbevölkerung sehr deutlich für die Neutra-

---

30 Ebd. S. 458f.
31 2001: Volksabstimmung über das Ende der Neutralität? – In: Die Presse 23. 11. 1999.
32 »Die Presse« zitiert Kostelka am 27. 11. 1999. Bei Gunther Hauser: Österreich – dauernd neutral? – Wien 2002. S. 89.
33 Josef Kirchengast: Neutralitätsdebatte abseits der Tagespolitik. In Paris wurde offen über österreichische und europäische Sicherheitspolitik diskutiert. – In: Der Standard 29. 11. 1999.
34 So im zwischen SPÖ und ÖVP vereinbarten (und später hinfälligen) Regierungsprogramm laut ÖVP-Punktation. – In: Die Presse 20. 1. 2000.

lität ein. Nur 21 Prozent der FPÖ-Sympathisanten hielten ihre Abschaffung für eine gute Idee, 71 Prozent waren dagegen. Die ÖVP-Wähler hielten die Forderung ihrer Partei zu 45 Prozent für eine gute Idee. Bei den Altersgruppen lehnten die Unter-30-Jährigen die Abschaffung der Neutralität zu 67 Prozent ab, die Über-50-Jährigen zu 57 Prozent.[35]

Tabelle 1: »Die ÖVP will die Neutralität in der Verfassung durch eine Verpflichtung zu aktiver Friedenspolitik ersetzen. Halten Sie das für eine gute Idee oder eine eher weniger gute Idee?« (Prozentwerte).

	Bevölkerung	Opinionleaders
gute Idee	30	59
weniger gute Idee	61	38
weiß nicht	9	3

Quelle: Format Nr. 50. 6. 12. 1999. S. 5

Am 3. Februar 2000 akzeptierte Bundespräsident Thomas Klestil die Bildung einer ÖVP/FPÖ-Koalition. In ihrem Regierungsprogramm wurde (wie schon in den nun irrelevanten SPÖ/ÖVP-Vereinbarungen) darauf hingewiesen, dass sich die Bundesregierung für die Aufnahme einer »Beistandsgarantie zwischen den EU-Staaten« in die EU-Verträge einsetzen werde. Eine Novellierung des Bundesverfassungsgesetzes über die Neutralität sollte klarstellen, dass dieses Gesetz keine Anwendung findet bei Österreichs »Beteiligung an einer europäischen Friedens-, Sicherheits- und Verteidigungsgemeinschaft mit gleichen Rechten und Pflichten, einschließlich einer Beistandsgarantie«. Weiters wurde im Regierungsprogramm die »Option einer späteren Mitgliedschaft« in der NATO eröffnet.[36]

3. Veränderung von Vorschriften und Regierungshandeln

Es war klar, dass die Regierung wegen der erforderlichen Zwei-Drittel-Mehrheit in Anbetracht des Widerstandes von SPÖ und Grünen in übersehbarer Zeit nicht

---

35 Quelle: Die Neutralität steht weiter hoch im Kurs. – In: Format Nr. 50. 6. 12. 1999. S. 5. Das Marktforschungsinstitut OGM befragte für Format 200 »opinion leaders« aus Wirtschaft, Politik, Wissenschaft und Kultur. Gleichzeitig wurde eine Umfrage aus der Gesamtbevölkerung durchgeführt. Umfragezeitraum: 6. bis 9. Dezember 1999, Sicherheit: fünf Prozent.
36 ÖVP-FPÖ Regierungsprogramm 2000–2004 (»Österreich neu regieren«) vom 4. 2. 2000. S. 96f. Siehe dazu detailliert das Einleitungskapitel im Beitrag von Gunther Hauser in diesem Band.

das Neutralitätsgesetz ändern konnte. Jedoch wurden aus vielen einfachgesetzlichen Vorschriften die Verweise auf die Neutralität eliminiert, wie schon im Regierungsprogramm angekündigt. So wurden 2001 das Truppenaufenthaltsgesetz, das Kriegsmaterialgesetz und 2002 das Strafgesetzbuch geändert. Besonders hervorzuheben ist hier die Änderung des Strafgesetzbuches, in dem die Überschrift von Paragraf 320 »Neutralitätsgefährdung« in »Verbotene Unterstützung von Parteien bewaffneter Konflikte« umbenannt wurde. Eine solche Unterstützung liegt nach Absatz 2 nicht vor, wenn folgende Maßnahmen durchgeführt werden:

1. ein Beschluss des Sicherheitsrates der Vereinten Nationen,
2. ein Beschluss aufgrund des Titels V des Vertrages über die Europäische Union,
3. ein Beschluss im Rahmen der Organisation für Sicherheit und Zusammenarbeit in Europa (OSZE) oder
4. eine sonstige Friedensoperation entsprechend den Grundsätzen der Satzung der Vereinten Nationen, wie etwa Maßnahmen zur Abwendung einer humanitären Katastrophe oder zur Unterbindung schwerer und systematischer Menschenrechtsverletzungen, im Rahmen einer internationalen Organisation …

Nach Punkt 4 wäre es Österreich möglich, sich an NATO-Aktionen zu beteiligen, sofern nicht das Neutralitätsrecht dagegenstünde. In den vier angegebenen Fällen sowie zur Teilnahme an Manövern im Ausland konnte nun gemäß Paragraf 2 des Truppenaufenthaltsgesetzes auch die Durchreise fremder bewaffneter militärischer Einheiten durch Österreich gestattet werden.[37]

Die ÖVP/FPÖ-Regierung stärkte auch die Beziehungen zur NATO unter Ausschöpfung der Zusammenarbeitsmöglichkeiten im Rahmen der NATO-Partnerschaft für den Frieden.[38] In diesem Konnex sei auf den Truppeneinsatz im Kosovo im Rahmen der von der NATO geleiteten KFOR hingewiesen. Der SPÖ/ÖVP-Ministerrat hatte am 5. Oktober 1999 die Modalitäten des österreichischen KFOR-Einsatzes genehmigt, der in einem Notenwechsel zwischen der Bundesregierung und der NATO näher bestimmt wurde. Dabei wurde in einer »Nebenabsprache zum Notenwechsel« ausdrücklich festgehalten: »[T]he Austrian contingent will not participate in measures involving the use of force to establish peace.«[39]

---

37 Karl Zemanek: Immerwährende Neutralität in der österreichischen Staatenpraxis. – In: Waldemar Hummer (Hg.): Staatsvertrag und immerwährende Neutralität Österreichs. Eine juristische Analyse. – Wien 2007. S. 197–212. S. 211.
38 Vgl. Gunther Hauser in diesem Band.
39 In der deutschen Übersetzung heißt es, »dass das österreichische KFOR-Kontingent an gewaltsamen Maßnahmen der Friedensdurchsetzung nicht teilnehmen wird«. Im Text des Regierungsbeschlusses (nicht jedoch im Briefwechsel) wird in Klammer hinzugefügt: »mit Ausnahme des Selbstschutzes und des Schutzes anderer KFOR-Kräfte im Rahmen der Selbstverteidigung«. Siehe Beschluss des Ministerrates über

Im Beschluss der SPÖ/ÖVP-Regierung wurde also die Teilnahme an militärischen Maßnahmen der Friedensdurchsetzung im Kosovo, die ja auf einem UN-Sicherheitsrats-Mandat beruhten, ausgeschlossen. Das war insofern paradox, als Mitte 1998 von SPÖ und ÖVP zumindest für den EU-Bereich militärische Friedensschaffung sogar ohne ein Mandat des UN-Sicherheitsrates als zulässig erachtet wurde.[40]

Im April 2000 musste der ÖVP/FPÖ-Ministerrat feststellen, dass angesichts der angeführten Einschränkung vielfach Aufträge des übergeordneten Kommandos vom österreichischen Kontingent im Kosovo nicht oder nur mit Vorbehalten übernommen werden konnten. Die Notwendigkeit einer verstärkten Mitwirkung zeigte sich bei Ereignissen in Mitrovica und im Zusammenhang mit den Planungen für den Fall einer Eskalation von Kampfhandlungen. Das österreichische Kontingent musste wegen der bestehenden Einschränkungen Vorbehalte geltend machen. Die Ablehnung der an das österreichische Kontingent gerichteten Ersuchen um Mitwirkung an Maßnahmen zur Friedensdurchsetzung gefährdete die Sicherheit der KFOR-Truppen; sie stellte das unverzichtbare Zusammenwirken der einzelnen Kontingente infrage. Daher wurde von der ÖVP/FPÖ-Regierung eine Angleichung des Aufgabenspektrums der Österreichischen Einheit an jenes der KFOR angepasst. Österreichische Truppen konnten sich von nun auch an »Peace enforcement«-Aktionen beteiligen.[41]

Nach den Terroranschlägen in New York und Washington, D. C. vom 11. September 2001 beschloss der UNO-Sicherheitsrat in der Resolution 1368 am nächsten Tag einstimmig, dass die Terroraktionen in den USA vom Vortag eine Bedrohung des internationalen Friedens und der Sicherheit darstellten. Als die USA und Großbritannien im Oktober 2001 militärische Aktionen gegen das Taliban-Regime in Afghanistan begannen, informierten sie den Sicherheitsrat und stellten fest, dass sie entsprechend dem Recht auf individuelle bzw. kollektive Selbstverteidigung (Artikel 51 der UNO-Charta) handelten. Diese Mitteilung nahm der Sicherheitsrat, wieder einstimmig, zur Kenntnis. Die EU-Außenminister befürworteten das Vorgehen der USA: »Die EU erklärt, dass sie mit den USA uneingeschränkt solidarisch ist und die

---

Modalitäten des österreichischen KFOR-Einsatzes, Punkt 11 des Beschluss-Protokolls der 112. Sitzung des Ministerrates am 5. 10. 1999.

40 Bericht des Verfassungsausschusses [vom 10. 6. 1998] über den Antrag 791/A der Abgeordneten Dr. Peter Kostelka [SPÖ], Dr. Andreas Khol [ÖVP] und Genossen betreffend ein Bundesverfassungsgesetz, mit dem das Bundes-Verfassungsgesetz geändert wird. 1.255 der Beilagen zu den Stenographischen Protokollen des Nationalrates XX. GP: »In Entsprechung des Vertrages von Amsterdam gilt dies [Durchführung von Petersberg-Aufgaben] auch für den Fall, dass eine solche Maßnahme nicht in Durchführung eines Beschlusses des Sicherheitsrats der Vereinten Nationen ergriffen wird (Art. 51 der Satzung der Vereinten Nationen).«

41 Siehe die ziemlich verklausulierten Aussagen im Punkt 37 des Beschlussprotokolls der 13. Sitzung des Ministerrates vom 28. April 2000.

Aktion entschieden unterstützt, die als Akt der Selbstverteidigung gemäß der VN-Charta und der Resolution 1368 des VN-Sicherheitsrates unternommen wird.«[42]

Die USA ersuchten Österreich um Überflugsgenehmigungen. Die österreichische Regierung erteilte sie, obwohl formell keine entsprechende Resolution des UN-Sicherheitsrates vorlag, welche die USA und ihre Verbündeten explizit zu Kriegshandlungen ermächtigte. Damit verhielt sich die Regierung nun anders als während der Kosovo-Krise.[43]

4. Die Neutralität in der neuen Sicherheits- und Verteidigungsdoktrin

Mit Beschluss des Ministerrates vom 3. Mai 2000 wurde die Ausarbeitung einer neuen Sicherheits- und Verteidigungsdoktrin begonnen.[44] Ende Jänner 2001 wurde der Expertenentwurf des Analyse-Teils dieser Doktrin vorgelegt. Er wurde von Beamten des Verteidigungs- und des Außenministeriums verfasst; unabhängige Wissenschaftler wurden nicht beigezogen. Der Analyse-Teil der Sicherheits- und Verteidigungsdoktrin befasste sich auch mit der Neutralität. So wurden die Auswirkungen der veränderten geopolitischen Situation in Europa auf die Neutralität deutlich aufgezeigt: »Dem Konzept der dauernden Neutralität wurden in Europa nicht nur durch das Ende des Kalten Krieges, sondern vor allem durch die zunehmenden politischen und wirtschaftlichen Abhängigkeiten, die Herausbildung neuer Formen politischer Zusammenarbeit und Integration sowie durch die Vertiefung der supranationalen Strukturen der EU die Grundlagen entzogen. Die neuen Gegebenheiten verlangten anstelle einer Politik des »bewussten Sich-Heraushaltens« eine Politik des solidarischen Mitwirkens.«[45]

Staaten in Bündnissen könnten mehr zum Krisenmanagement beitragen als neutrale Staaten: »Jene Staaten, welche die Verteidigungsaufgabe ökonomisch im Rahmen von kollektiven Verteidigungsbündnissen bewältigen, können leichter Mittel für Krisenreaktionseinsätze frei machen als Staaten, die – wie dauernd Neutrale – zu individuellen und rein nationalen Verteidigungsvorkehrungen verpflichtet sind.«[46]

---

42 Rat Allgemeine Angelegenheiten, Luxemburg, 8./9. Oktober 2001.
43 Finnland hingegen genehmigte die US-Überflüge nicht. Siehe Tomas Ries: The Atlantic Link – A View from Finland. – In: Bo Huldt, Sven Rudberg, Elisabeth Davidson (Hg.): The Trans-Atlantic Link. – Stockholm November 2001. S. 209–225. S. 223. (Strategic Yearbook 2002. Swedish National Defence College.)
44 Vgl. dazu auch den Beitrag von Gunther Hauser in diesem Band.
45 Zitiert nach Sicherheits- und Verteidigungsdoktrin. Analyse-Teil. Expertenentwurf. Bearbeitungsstand 23. 1. 2001. S. 13. Der Analyse-Teil wurde am 23. 1. 2001 vom Ministerrat zur Kenntnis genommen; Schüssel weist SP-Kritik zurück: »Sind zu Solidarität verpflichtet«. – In: Die Presse 24. 1. 2001.
46 Sicherheits- und Verteidigungsdoktrin. S. 14f.

Besonders diskutiert wurde die »Insellage« Österreichs nach den Erweiterungen der NATO: »Nach der Aufnahme von Polen, Tschechien und Ungarn in die NATO bildet Österreich mit der Schweiz derzeit einen neutralen Riegel zwischen den NATO-Staaten. Nach einer möglichen Aufnahme Sloweniens und der Slowakei in die NATO wird Österreich eine geopolitische Insel inmitten der in der euroatlantischen Sicherheitsgemeinschaft integrierten Staaten Europas.«[47]

Mit einem Blick auf die Politik von Finnland und Schweden, engen Partnern Österreichs während des Kalten Krieges, wird das Fazit dieser Überlegungen gezogen: »Österreich ist so wie Finnland und Schweden bündnisfrei.«[48]

Damit wurde kein neuer Begriff für die internationale Stellung Österreichs »erfunden«. Schon 1999 hatte Theo Öhlinger, ein der Sozialdemokratie nahestehender Rechtsprofessor an der Universität Wien, diese Auffassung vertreten. In den Schlussfolgerungen in seinem Kommentar zum Neutralitätsgesetz postulierte er, »von einer bloßen *Bündnislosigkeit* zu sprechen«. Die immerwährende Neutralität der Bundesverfassung entspreche nicht mehr der Realität. Neutralität sei »juristisch kein zutreffendes Etikett der Stellung Österreichs in der Staatengemeinschaft mehr«.[49]

Ausländische Beobachter meinten nach der Vorlage des Analyseteils zur Sicherheits- und Verteidigungsdoktrin, dass sich Österreich nun von der immerwährenden Neutralität »verabschiedet«. Ohne Hilfe der Sozialdemokraten könnte sie vorerst nicht aus der Verfassung gestrichen werden. Aber die Regierung würde das nicht hindern, eine Abschaffung langfristig vorzubereiten. Das Fehlen jeder aktuellen Bedrohung für Österreich wäre für die SPÖ Argument, die potenzielle Rolle des neutralen Maklers zu wahren. Die Grünen würden argwöhnen, dass die Aufgabe der Neutralität angesichts des drastischen Sparkurses der FPÖ/ÖVP-Regierung vor allem im sozialen Bereich eine Steigerung des Rüstungsetats als einzigen Wachstumspostens rechtfertigen sollte.[50]

Kritische Anmerkungen zum Analyseteil kamen auch von wissenschaftlicher Seite. Heinz Gärtner, Senior Fellow am Österreichischen Institut für Internationale Politik (OIIP) und Berater der SPÖ in Sicherheitsfragen, kritisierte, dass im Text »bestimmte Risiken dramatisiert und als existenziell dargestellt werden«, obwohl »keine Existenz bedrohende Aggression gegenüber Österreich vorhanden« sei.[51] Wenn es keine direkte militärische Bedrohung gibt, »warum braucht Österreich dann Beistandsgarantien«, fragte Gärtner. Neutralität wäre »bei internationalen Einsätzen

---

47 Ebd. S. 44.
48 Ebd. S. 65.
49 Theo Öhlinger: BVG Neutralität. – In: Karl Korinek, Michael Holoubek (Hg.): Bundesverfassungsrecht. Loseblattausgabe. – Wien 1999. 1. Lieferung. S. 18. Rz. 25. (Hervorhebung im Original.)
50 So Michael Frank: Ewigkeit mit Verfallsdatum. Österreich verabschiedet sich von immerwährender Neutralität. – In: Süddeutsche Zeitung 25. 1. 2001. S. 1.
51 Heinz Gärtner: Sicherheitsdoktrin: Kein Grund zur Dramatisierung. – In: Die Presse 27. 1. 2001.

kein Hindernis«. Für internationale Einsätze müsste ein Katalog von Bedingungen für die österreichische Teilnahme formuliert werden, wie ein klares Mandat der UNO oder der OSZE.⁵² Den neuen Herausforderungen sei nicht durch einen geplanten NATO-Beitritt zu begegnen. Es ließe sich insgesamt weder ein »Ende der Neutralität« noch ein »unsolidarisches Verhalten Österreichs im Rahmen der Europäischen Union« ableiten. Insgesamt tendierte, so Gärtner, der Entwurf dazu, Sicherheit durch »Vergrößerung der militärischen Kapazitäten und der Kampfbereitschaft erhöhen zu wollen«. Der Schwerpunkt müsste in Richtung »Verringerung von Bedrohungen, Prävention und Friedenserhaltung gelegt werden«.⁵³

Weiter ausholend diskutierte Gärtner die Neutralität in einem Beitrag für das Österreichische Studienzentrum für Frieden und Konfliktlösung in Stadtschlaining, wo auf der »Friedensburg« seit Anbeginn die Neutralität besonders gefördert wurde. Die kollektive militärische Verteidigung, wie sie im Artikel 5 des NATO-Vertrages niedergelegt ist, sei weitgehend irrelevant geworden.⁵⁴ Die NATO brauche sich nur auf »ihre neuen Aufgaben zu konzentrieren«, welche die Vorkehrungen für kollektive Verteidigung »bis auf eine Restgröße zunehmend verdrängen«.⁵⁵ In einer Situation ohne reale Bedrohung solle sich Österreich daher prioritär auf die Instrumente der »soft security« konzentrieren: Friedenserhaltung, internationale humanitäre Hilfe und Katastrophenhilfe, Such- und Rettungsdienste sowie ziviles Krisenmanagement.⁵⁶

Die Minderung des Artikels 5 hat dem Anschein nach insofern eine Berechtigung erhalten, als im NATO Strategic Concept 2010 neben dem Artikel 5 *(collective defense)* zwei neue »core tasks« für die NATO aufgestellt wurden: *crisis management* und *cooperative security*. In einer Publikation von vier wichtigen Thinktanks in Europa und den USA wird jedoch die Bedeutung von Artikel 5 hervorgehoben: »Collective defense is the first task listed in the SC [Strategic Concept 2010], reinforcing the very *raison d'être* of NATO established in the Article 5 of the Washington Treaty and restated by every Strategic Concept, including the 1999 and 2010 ones. Yet the newest

---

52 Heinz Gärtner: Am Ende die NATO. – In: Falter Nr. 5/2001. S. 5f. Vgl. jedoch den KFOR-Einsatz, oben bei Anmerkung 39.
53 Gärtner: Sicherheitsdoktrin: Kein Grund zur Dramatisierung.
54 Heinz Gärtner: Zivile und militärische Sicherheit. – In: Österreichisches Studienzentrum für Frieden und Konfliktlösung (Hg.): Nach der Jahrtausendwende. Zur Neuorientierung der Friedensforschung. Friedensbericht 2001. – Münster 2001. (Dialog. Beiträge zur Friedensforschung. Band 39. Heft 1/2/2001), S. 88–107. Gärtner erwähnt im Beitrag zumindest sieben Mal direkt oder indirekt, dass die kollektive Verteidigung, »Artikel 5«, irrelevant geworden sei; z.B. auf S. 96: »Es gibt kaum ein Szenario, das kollektive Verteidigung eines oder mehrerer Bündnispartner erfordern würde.« Jedoch wurde Artikel 5 nach den Terrorangriffen in New York und Washington, D.C., am 11. 9. 2001 im Rahmen der NATO zum ersten Mal aktiviert.
55 Ebd. S. 97.
56 Ebd. S. 101.

SC renews its affirmation that ›NATO will deter and defend against any threat of aggression, and against emerging security challenges where they threaten the fundamental security of individual Allies or of the Alliance as a whole.‹ [Strategic Concept 2010, point 4.a.] This formula intentionally allows NATO leaders to include, on a case-by-case basis, new security threats under the Article 5 umbrella.«[57]

Damit wird darauf hingewiesen, dass der Rahmen von Artikel 5 noch ausgeweitet werden kann; Angriffe mit ballistischen Raketen oder »cyber attacks« könnten nun auch darunter verstanden werden. Von einer »Restgröße« des Artikels 5 kann hier einfach nicht die Rede sein.

Gleichzeitig mit dem (angeblichen) Bedeutungsverlust von Artikel 5 des NATO-Vertrages wies Gärtner 2001 darauf hin, dass die Europäische Union »kein Militärbündnis« sei und »auch keine Beistandsverpflichtungen übernehmen« werde.[58] In einer angesehenen internationalen Zeitschrift wird dies 2003 noch betont: »The EU has specifically limited its security aims to peacekeeping, rising at most to peace-enforcement with combat troops, if necessary. No mutual security guarantee is written into the European treaty, nor can one be obtained in the near future.«[59]

In der Tat war der Vorstoß Österreichs bezüglich einer (militärischen) Beistandsgarantie bei den Verhandlungen zum EU-Vertrag von Nizza im Dezember 2000 erfolglos; mit Ausnahme Frankreichs fand er keine Unterstützung. Im Rahmen der Verhandlungen zum EU-Verfassungsvertrag 2003 wurde jedoch eine militärische Beistandsklausel in den Verfassungstext eingefügt.[60] Der dann im Dezember 2009 in Kraft getretene Lissabon-Vertrag enthält ebenso eine militärische Beistandsklausel.[61]

Im Vorlauf zur Verabschiedung der Sicherheits- und Verteidigungsdoktrin wurde auch die SPÖ aktiv und stellte einen Katalog von Vorsätzen und Forderungen auf, so unter anderem:

1. Das neutrale Österreich fühlt sich einer Politik des Friedens verpflichtet. Es richtet daher sein Bestreben darauf aus, gewaltsame Konflikte erst gar nicht entstehen zu lassen. ...

---

57 Stefano Silvestri, Alessandro Marone: The 2010 NATO Strategic Concept. – In: EU-U.S. Security Strategies – comparative scenarios and recommendations. Full Report 2011. A project implemented by Istituto Affari Internazionali (IAI), Swedish Institute of International Affairs (UI), Fondation pour la Recherche Stratégique (FRS) and the Center for Strategic and International Studies (CSIS), S. 37–50. S. 40. (Hervorhebungen im Original.)
58 Gärtner: Zivile und militärische Sicherheit. S. 102.
59 Heinz Gärtner: European Security: The End of Territorial Defense. – In: The Brown Journal of World Affairs 2/2003. S. 1–13. S. 2.
60 Vgl. dazu die Diskussion unten.
61 Artikel 42(7) Vertrag über die Europäische Union; durch die »irische Formel« wird die Gültigkeit für neutrale Staaten jedoch ausgeschlossen.

6. Österreich setzt sich im Rahmen seiner Möglichkeiten aktiv für umfassende Sicherheit, für Konfliktprävention, Krisenbewältigung und Friedenssicherung ein.
...
25. Österreich nimmt an militärischen Einsätzen zur Friedensschaffung nur unter der Voraussetzung teil, dass diese Operation unter einem Mandat des Sicherheitsrates der VN oder der OSZE stattfindet und entscheidet über seine Teilnahme in jedem Einzelfall. ...

Die SPÖ sah also »keinen Grund, einem militärischen Bündnis beizutreten«, war aber bereit, dass Österreich einen »Beitrag beim Aufbau einer europäischen Sicherheits- und Verteidigungspolitik« leiste.[62]

Schließlich wurde am 12. Dezember 2001 im Nationalrat die Sicherheits- und Verteidigungsdoktrin mit den Stimmen von ÖVP und FPÖ gegen die Stimmen von SPÖ und Grünen verabschiedet. In den Allgemeinen Erwägungen wurde festgestellt, dass im internationalen Vergleich der völkerrechtliche Status Österreichs »nicht dem eines neutralen, sondern eines allianzfreien Staates entspricht«.[63]

5. Neutralität als »alte Schablone«

Schon zum Nationalfeiertag am 26. Oktober 2001 betonte Bundeskanzler Schüssel vor dem Sonderministerrat, dass das Engagement Österreichs besser zu messen sei an den Beteiligungen im internationalen Bereich als an irgendwelchen abstrakten Rollen. Der Nationalfeiertag sei Anlass, um über Österreichs Identität »jenseits von Nostalgie« nachzudenken. Das Selbstverständnis Österreichs habe sich seit dem 26. Oktober 1955 geändert: »Die alten Schablonen – ob das Mozartkugeln, Lipizzaner oder Neutralität sind – greifen in der komplexen Wirklichkeit des beginnenden 21. Jahrhunderts nicht mehr.«

Die Opposition sah das anders. Der Erste Nationalratspräsident und SPÖ-Vizevorsitzende Heinz Fischer verlangte am selben Tag Respekt vor der Neutralität. Das gebiete der Eid auf die Verfassung, deren Teil die Neutralität sei. Die Neutralität sei trotz UN- und EU-Beitritts in ihren Kernpunkten aufrecht und werde von den Österreichern hoch geschätzt. Auch der grüne Bundessprecher Van der Bellen lobte die Neutralität, »die Auftrag für aktive Friedenspolitik ist«.[64]

---

62 Zitate nach Österreichische Sicherheits- und Verteidigungsdoktrin Schlussfolgerungen (SPÖ). Wien. 16. Oktober 2001.
63 Sicherheits- und Verteidigungsdoktrin. Allgemeine Erwägungen, beschlossen am 12. 12. 2001. Vgl. den Beitrag von Gunther Hauser in diesem Band.
64 Alle Zitate aus Schüssel und Fischler: Absage an »alte Schablone« Neutralität. – In: Die Presse 27. 10.

»›Neutralität wie Mozartkugeln!‹ Riesenwirbel um eine Aussage von Kanzler Schüssel am Nationalfeiertag«, meinte die »Kronen Zeitung« auf Seite 1 am Tag danach. Kanzler Schüssel sollte sich an eine alte Binsenweisheit erinnern: »Wenn du (am Nationalfeiertag) geschwiegen hättest, wärst du ein Philosoph geblieben.«[65] Am nächsten Tag wies »Kronen Zeitung«-Autor Dieter Kindermann darauf hin, dass Schüssel der »Krone« gegenüber schon am 26. Jänner 2001 klargestellt hatte: »Sollte es eine tief greifende Änderung in der österreichischen Sicherheitspolitik – Stichworte: Neutralität, Bündnis – geben, wird vorher auf jeden Fall eine Volksabstimmung abgehalten. Rein rechtlich wäre das nicht nötig«, gab er zu bedenken, »aber die schwarz-blaue Regierung fühlt sich dazu verpflichtet.« Genau genommen wäre nach Kindermann die Angelegenheit »ein Streit um des Kaisers Bart«. Denn um die Verfassung zu ändern, bedürfte es einer Zwei-Drittel-Mehrheit im Nationalrat. Und die gäbe es nicht, weil SPÖ und Grüne an der Neutralität strikt festhielten.[66] Scharf wandte sich auch Cato (= »Kronen Zeitung«-Herausgeber Hans Dichand) gegen Schüssels Vergleich. Da wäre »ausgerechnet am Nationalfeiertag« dem Bundeskanzler eingefallen, »unsere Neutralität in Frage zu stellen«. Cato fügte die rhetorische Frage hinzu, ob Schüssel »sich da nicht selbst in Frage gestellt hat?«[67]

Bundeskanzler Schüssel präzisierte seine Stellungnahme zur Neutralität in der ORF-Pressestunde am 28. Oktober 2001. Er betonte, »dass neutral sein immer heißt, wir sind alleine«. Angesichts der neuen Bedrohungen wie Terror, Flüchtlingsströme, Instabilität, Drogenhandel, Menschenhandel helfe »nur gemeinsames Handeln«. Das nimmt, laut Schüssel, nichts von der »historischen Bedeutung der Neutralität« weg. Aber heute muss man sagen, »gemeinsam ist besser als einsam«. Der Bundeskanzler war jedoch vorsichtig: »[W]enn jemand das Neutralitätsverfassungsgesetz abschaffen würde und wenn beispielsweise ein Beitritt zur NATO zur Diskussion stünde, dann bin ich dafür, dass man diese Entscheidung dann dem österreichischen Volk zur Abstimmung vorliegt. Aber das ist nicht aktuell …«[68]

Die »Kronen Zeitung« vermeldete darauf mit einer Schlagzeile auf Seite 1: »Schüssel zur Beruhigung: Volksentscheid über Neutralität«. Im Inneren des Blattes,

---

2001. Mit diesem »Mozartkugel-Vergleich« hat Schüssel offensichtlich den »Mythos« der Neutralität angegriffen, der von Reinprecht/Latcheva angesprochen wurde; siehe oben bei Anmerkung 29.

65 Dieter Kindermann: Mozartkugeln, Lipizzaner und Neutralität: Schüssels Aussage löst Riesenwirbel aus. – In: Kronen Zeitung 27. 10. 2011. S. 3.

66 Dieter Kindermann: Schüssels Vergleich der Neutralität mit Lipizzanern und Mozartkugeln: Was haben Sie sich denn dabei gedacht, Herr Bundeskanzler? – In: Kronen Zeitung 28. 10. 2001. S. 2.

67 Cato: Schüssels Vergleich. – In: Kronen Zeitung 28. 10. 2001. S. 2. Typisch für die »Kronen Zeitung« wurden am selben Tag unter Überschriften wie »Wegwerfen wie einen nassen Fetzen« eine Anzahl von kritischen Leserbriefen veröffentlicht.

68 Transkript: Bundeskanzler Wolfgang Schüssel zu Gast in der ORF-»Pressestunde«, Wien, am 28. Oktober 2001.

auf Seite 2, schrieb die Zeitung, dass Kanzler Schüssel nach seinem Vergleich zwischen Mozartkugeln, Lipizzanern und Neutralität in der ORF-»Pressestunde« »Beruhigungspillen« verteilte. Er bekräftigte, dass vor tiefgreifenden Veränderungen der Sicherheitspolitik – Aufgabe der Neutralität, NATO-Beitritt – eine Volksabstimmung durchgeführt werden müsse. »Das ist derzeit aber nicht aktuell«, hatte Schüssel laut »Kronen Zeitung« hinzugefügt. Die Zeitung verwies auch darauf, dass »laut jüngsten Umfragen 80 Prozent der Österreicher für die Beibehaltung der Neutralität« seien.[69]

Kärntens Landeshauptmann Jörg Haider (FPÖ) forderte eine Volksabstimmung über die Neutralität. Mit einer verfassungsmäßigen Aufgabe der Neutralität würde laut Haider ein NATO-Beitritt Österreichs »Hand in Hand gehen«. Außerdem sprach er sich für eine Volksabstimmung im Zusammenhang mit der EU-Osterweiterung aus. Bundeskanzler Schüssel sah nun keine Aktualität für ein Referendum zu diesen Themen. Eine Abschaffung des Neutralitätsgesetzes stehe derzeit überhaupt nicht zur Debatte. Einerseits gebe es die dafür notwendige Zwei-Drittel-Mehrheit nicht. Andererseits habe man derzeit auch so alle Möglichkeiten, in der europäischen Sicherheitspolitik mitzuwirken. Auch für Vizekanzlerin Susanne Riess-Passer (FPÖ) wäre eine Änderung des Neutralitätsgesetzes nur mittels Volksabstimmung möglich; das wäre auch der All-Parteien-Konsens im Parlament. Der außenpolitische Sprecher der SPÖ, Peter Schieder, und der Grüne Bundessprecher Alexander Van der Bellen sprachen sich dezidiert gegen den Vorschlag von Jörg Haider aus. Schieder verwies darauf, dass eine Volksabstimmung nur über ein Gesetz möglich ist, also dann, wenn zuvor im Nationalrat die Aufhebung der Neutralität beschlossen wurde. Für die dafür notwendige Zwei-Drittel-Mehrheit stehe die SPÖ aber nicht zur Verfügung. Die SPÖ wisse sich mit ihrer Position, die Neutralität nicht aufzugeben, im Einklang mit der großen Mehrheit der Bevölkerung. SPÖ-Bundesgeschäftsführerin Doris Bures kritisierte Schüssels Vergleich der Neutralität mit Mozartkugeln und Lipizzanern. Der Kanzler solle sich bei den Österreichern dafür entschuldigen, »dass er sich in geringschätziger und abwertender Weise über einen zentralen Bereich der österreichischen Identität geäußert« habe.[70] Somit wurde der »Neutralitäts-Mythos« von sozialdemokratischer Seite vehement verteidigt.

6. ÖVP und FPÖ schwenken um

Aber auch die ÖVP/FPÖ-Regierung begann wieder mit der Neutralität zu argumentieren, um damit den Ankauf von Abfangjägern zu unterstützen. So war für Verteidi-

---

69 Dieter Kindermann: Schüssel bekräftigt zur Beruhigung: Volksabstimmung über Neutralität! Neue Facette im Konflikt Hofburg-Ballhausplatz um die Reisediplomatie. – In: Kronen Zeitung 29. 10. 2001. S. 2.
70 Breite Front gegen Haiders »Doppel-Volksabstimmung«. – In: Die Presse 30. 10. 2001.

gungsminister Herbert Scheibner (FPÖ) im März 2002 der Schutz der Neutralität ein wichtiger Grund zur Anschaffung von neuen Flugzeugen für das Bundesheer.[71] Die »Kronen Zeitung« zitierte ausführlich aus der Debatte im Nationalrat vom 20. März 2002, in der eine Volksabstimmung bezüglich der Anschaffung von Abfangjägern von der Mehrheit aus ÖVP und FPÖ abgelehnt wurde. So sagte SPÖ-Klubchef Cap an die Adresse von Bundeskanzler Schüssel, wie denn für ihn die »Neutralität höchstes Gut sein« kann, wenn er sie noch kürzlich »mit Lipizzanern und Mozartkugeln verglichen hat«. Schüssel konterte, dass sich in der EU »unsere Neutralitätspolitik dramatisch verschoben« hätte. Das »Verfassungsgebot, Österreich mit allen Mitteln zu schützen«, gelte aber nach wie vor. Jörg Haider, der kurz zuvor Saddam Hussein in Bagdad besucht hatte, meinte laut »Kronen Zeitung«, man »sollte nicht über Abfangjäger, sondern [über] Neutralität abstimmen«.[72]

Benita Ferrero-Waldner, Außenministerin in der Schüssel-Regierung von Februar 2000 bis Oktober 2004, sprach sich lange Zeit für einen NATO-Beitritt Österreichs aus: »Ich selbst bin bekannt dafür, dass ich seit Jahren für Österreichs Vollbeitritt in die NATO eintrete, weil ich weiß, dass vor allem die wichtigsten sicherheitspolitischen Entscheidungen in der NATO fallen. Nach dem NATO-Gipfel in Prag [November 2002, Erweiterung um sieben ostmitteleuropäische Länder] wird Österreich als Nicht-NATO-Mitglied mit der Schweiz und Liechtenstein in Mitteleuropa zu den wenigen gehören, die im sicherheitspolitischen Bereich ihre Stimme nicht voll einbringen können.«[73]

Im Regierungsprogramm der neuen ÖVP/FPÖ-Bundesregierung vom Februar 2003 wurde dann von einer »[a]ktive[n] Mitwirkung und Mitarbeit Österreichs an einer zukünftigen *Beistandsgarantie im Rahmen der Europäischen Union*« gesprochen. Außerdem werde »die [NATO-]Beitrittsoption im Auge behalten«. Ein Beitritt zur NATO würde aber »nur mit Zustimmung der Bevölkerung (Volksabstimmung) erfolgen«.[74] Die Neutralität wurde nicht erwähnt.

Die Irak-Krise im Frühjahr 2003 führte zu einer »Wiederentdeckung« der Neutralität. Die Berufung auf die mit diesem Status verbundenen Pflichten Österreichs erleichterte die Begründung der Nicht-Unterstützung der von der Koalition gegen das Regime des irakischen Diktators Saddam Hussein durchgeführten Militäroperation »Iraqi Freedom«.[75] US-Verteidigungsminister Donald Rumsfeld warf Mitte

---

71 Dazu auch der Beitrag von Gunther Hauser in diesem Band.
72 Alle Zitate aus: Dieter Kindermann: Redeschlacht um neue Abfangjäger! – In: Kronen Zeitung 21. 3. 2002. S. 2.
73 Benita Ferrero-Waldner: Kurs setzen in einer veränderten Welt. – Wien 2002. S. 206.
74 Regierungsprogramm der Österreichischen Bundesregierung für die XXII. Gesetzgebungsperiode. Wien 28. 2. 2003. S. 5f. (Hervorhebung im Original.)
75 Hanspeter Neuhold: Außenpolitik und Demokratie: »Immerwährende« Neutralität durch juristische Mutation? – In: Hammer, Somek, Stelzer, Weichselbaum (Hg.): Demokratie und sozialer Rechtsstaat in

Februar 2003 Österreich vor, die Verlegung von US-Truppen per Eisenbahn aus Deutschland nach Italien zu blockieren. Rumsfeld sagte im US-Senat in Washington, man habe bereits eine Ausweichroute über Rotterdam gefunden, werde deshalb für die Truppenverlegung aber noch einige Tage benötigen.[76]

In einer aktuellen Stunde im Nationalrat Ende Februar 2003 drängten die Sprecher der Opposition, SP-Chef Alfred Gusenbauer und Grünen-Sprecherin Ulrike Lunacek, die Regierung, sich auf die Seite Frankreichs und Deutschlands, der Anführer der Anti-USA-Koalition, zu stellen.[77] Außenministerin Ferrero-Waldner zeigte »Verständnis für die Position Frankreichs, Deutschlands und Belgiens«.[78] Formell schloss sich Österreich nicht der Anti-USA-Koalition an, verblieb »neutral«, aber tatsächlich behinderte Österreich die USA noch mehr als Frankreich, Deutschland und Belgien, denn diese Staaten ließen – im Gegensatz zu Österreich – zumindest Überflüge zu. Am 21. März 2003, bei Beginn des Krieges der Koalition unter Führung der USA, erklärte Außenministerin Benita Ferrero-Waldner nach einer Sitzung des Sicherheitskomitees im Bundeskanzleramt: »Der Neutralitätsfall ist eingetreten«.[79]

Anfang Dezember 2003 konnte sich Außenministerin Ferrero-Waldner noch für Österreich eine Beistandspflicht in der EU vorstellen, so wie in den Regierungsprogrammen 2000 und 2003 vorgesehen war. Über eine solche Beistandsklausel wurde nun tatsächlich im Rahmen der Verhandlungen zu einem europäischen Verfassungsvertrag diskutiert. Ferrero-Waldner bekräftigte noch Anfang Dezember 2003 ihre Zustimmung zu einer gemeinsamen EU-Verteidigungspolitik. Diese müsse »in Komplementarität« zur NATO stehen.[80] Doch nur ein paar Tage später fand sich Ferrero-Waldner bereit, gemeinsam mit ihren Amtskollegen aus Finnland, Schweden und Irland einen Brief an den italienischen EU-Ratsvorsitz zu unterzeichnen, in dem nur eine freiwillige Hilfeleistung innerhalb des EU-Verfassungsvertrages gefordert wurde. Es läge an jedem Land, einen militärischen Beistand zu leisten oder nicht.[81] Daraufhin wurde durch den italienischen Vorsitz die »irische Klausel« in

---

Europa. S. 68–91. S. 86. Siehe dazu etwa: Kampfjets über Österreich – nicht ohne ein UN-Mandat. – In: Die Presse 11. 1. 2003.

76 Rumsfeld: Österreich blockiert Truppenverlegung. Außenministerin Ferrero ergreift Partei für Berlin und Paris. Russland: Chefinspektor Blix sieht keinen Fortschritt bei Irak-Abrüstung. – In: Der Standard 14. 2. 2003. S. 1.

77 Parteien wollen Frieden im Irak. – In: Die Presse 27. 2. 2003. Samo Kobenter: Lästige Pflichtübung. – In: Der Standard 27. 2. 2003. S. 32.

78 Der Irakkonflikt: »… dann hätte sich die Nato die Turbulenzen erspart.« – In: Der Standard 14. 2. 2003. S. 2.

79 Neutralität: Als Nato-Chef Robertson in der Botschaft anrief. In hektischen Telefonaten wurde im März 2003 ein Eklat vermieden. – In: Die Presse 24. 3. 2004.

80 EU-Verteidigung: Ferrero-Waldner für »modifizierte Neutralität«. – In: Die Presse 1. 12. 2003.

81 Beistandspflicht: Ferrero nun dagegen. – In: Die Presse 6. 12. 2003.

den EU-Verfassungsvertrag eingefügt, womit die Beistandsklausel für die neutralen/
bündnisfreien Staaten außer Kraft gesetzt wurde.[82]

Diese Positionsveränderung durch die ÖVP war offensichtlich mit dem Regierungspartner FPÖ nicht abgesprochen worden. Herbert Scheibner, nach der Übernahme des Verteidigungsressorts durch die ÖVP ab Februar 2003 nunmehr wieder FPÖ-Klubobmann, beharrte vorerst auf einer für Österreich gültigen Beistandsklausel, wie sie im Regierungsübereinkommen festgehalten war.[83] Nur Tage später war für Scheibner die italienische Vorgehensweise »ein tauglicher Kompromiss«. Er erklärte das Abrücken von einer vollen Beistandsgarantie, dass man die Opposition habe einbinden wollen. Das gelang allerdings nur bei der SPÖ. Die Grünen lehnten den Italien-Kompromiss ab, fanden aber parteiintern vorerst zu keiner einheitlichen Linie. Ihr Sicherheitssprecher Peter Pilz sprach sich dezidiert für eine Beistandspflicht aus. Die Neutralität Österreichs müsse dafür modifiziert werden, was für Pilz »kein Problem« wäre. Er plädierte auch für einen eigenen EU-Außenminister und wollte damit einen »Sperrriegel« innerhalb der EU gegen die NATO bilden. Seine Parteikollegen lehnten jedoch eine Beistandspflicht für Österreich ab. Für Parteichef Alexander Van der Bellen war die Idee von Pilz »innovativ«, aber gegen die Parteilinie.[84] Die »Kronen Zeitung« jubelte am 13. Dezember 2003 mit einer Schlagzeile: »Österreich bleibt weiterhin neutral«.[85]

Der Hintergrund für den Schwenk von Ferrero-Waldner lag in der Auseinandersetzung für die Wahl zum Bundespräsidenten am 25. April 2004. Im Wahlkampf betonte der Kandidat der SPÖ, Heinz Fischer, besonders die Neutralität. Die veränderte Position von seiner Konkurrentin Ferrero-Waldner, die sich nun gegen einen NATO-Beitritt sowie für Solidarität in Europa aussprach, jedoch für Neutralität außerhalb Europas eintrat, zog nicht. Meinungsforscher waren sich weitgehend einig, dass bei Beurteilung der Sachthemen für den Erfolg die Aufrechterhaltung der »Neutralität«, die Fischer betonte, stärker angekommen war als der Slogan »Die erste Frau« von Ferrero-Waldner.[86]

---

82 Im Verfassungsvertrag vom Dezember 2004 lautete diese Formel dann: »Dies [die Beistandsklausel] lässt den besonderen Charakter der Sicherheits- und Verteidigungspolitik bestimmter Mitgliedstaaten unberührt.« Vertrag über eine Verfassung für Europa. Artikel I-41(7).
83 Beistandspflicht: Neutral oder draußen. – In: Die Presse 10. 12. 2003.
84 Zitate aus: Beistand: Schwarz-blau-roter Gleichklang. – In: Die Presse 12. 12. 2003.
85 Schüssel & Gusenbauer stellen endlich klar: Österreich bleibt weiterhin neutral. – In: Kronen Zeitung 13. 12. 2003. S. 1. Eine Konsequenz dieser Politik wurde vom Autor dieser Zeilen folgend dargestellt: »The Austrian government's defence of neutrality might win the voters at home, but experts such as Paul Luif, predict it will not win them many allies within the EU.« Sarah Johnson, Has Neutrality become a dirty word within the EU? Insight Central Europe, 12.12.2003 [http://www.incentraleurope.com/ice/issue/48491, abgerufen 5.8.2011]. Dieser Bericht bezieht sich auf Aussagen, die ich zu dieser Zeit im englischsprachigen Dienst des ORF gemacht hatte.
86 Erich Witzmann: Die Wahlmotive: Neutralität als großes Plus Fischers. – In: Die Presse 26. 4. 2004.

Während 1998 ÖVP-Klubobmann Andreas Khol noch meinte, dass der NATO-Beitritt »wie das Amen im Gebet«[87] kommen und Österreich spätestens 2003 Mitglied der NATO[88] sein werde, veränderten Khol und mit ihm die ÖVP im Oktober 2004 ihre Positionen. Jetzt Erster Nationalratspräsident, deutete Khol einen endgültigen Abschied von den Überlegungen zu einem NATO-Beitritt an: »Das ist der Schnee von heute Früh. Sie sehen, es gibt ihn nicht mehr.« In dem zu dieser Zeit diskutierten Entwurf für eine neue Verfassung Österreichs (die dann nicht zustande kam) sollte nach Khol keine Teilnahme an Kriegen, kein Beitritt zu einem Bündnis, keine Stationierung fremder Truppen verankert werden. Das Neutralitätsgesetz sollte »integral im Anhang der Verfassung aufgenommen werden«.[89] Verteidigungsminister Günther Platter erklärte dann im August 2005 dezidiert: »Nato-Beitritt, das ist Vergangenheit. Die Zukunft ist: Ich schließe einen Beitritt zur Nato aus. Österreich geht den Weg der europäischen Sicherheits- und Verteidigungspolitik – und diesen Weg gehen wir sehr engagiert.«[90]

Die Parteispitze der Freiheitlichen Partei spaltete sich Anfang April 2005 von der Partei ab und kündigte die Gründung einer neuen Partei mit dem Namen »Bündnis Zukunft Österreich« (BZÖ) an. An die Spitze der neuen Bewegung, die sich als Dachverband und nicht mehr als traditionelle Partei sah, stellte sich der Kärntner Landeshauptmann Jörg Haider. Im Parlament verkündeten die freiheitlichen Abgeordneten, dass Personen und Inhalte gleich geblieben wären und sie daher das ÖVP/FPÖ-Regierungsprogramm weiter unterstützen würden.[91]

Im revidierten Parteiprogramm der FPÖ vom April 2005 bekannte sich die Partei zur »Beistandspflicht im Falle einer Aggression gegen Mitglieder der EU und zu Einsätzen außerhalb der EU im Sinne der Petersberger Beschlüsse«. Für Österreich als »neutraler Staat« lehnte die FPÖ eine »Mitgliedschaft in einem nichteuropäischen Bündnis mit militärischem Charakter ab«.[92] In einem Volksbegehren unter dem Titel »Österreich bleib frei« brachte die FPÖ ein Volksbegehren ein mit den Leitsätzen »Wahrung der Neutralität«, »Vereitlung eines türkischen EU-Beitritts« und »Abwehr der EU-Verfassung«. Während der Eintragungsfrist

---

87 Anneliese Rohrer: »Nato-Beitritt kommt wie Amen im Gebet.« – In: Die Presse 8. 1. 1998.
88 Barry James, Neutrality Issue Deeply Divides Austria. Torn by NATO Debate, Coalition Parties Can't Devise a Security Policy. – In: International Herald Tribune 8. 7. 1998. S. 7: »›By 2003, we will be a member of NATO for sure,‹ said Andreas Khol, parliamentary leader of the conservative Austrian People's Party.«
89 ÖVP schwenkt um: »Friedenspolitik« statt Nato-Beitritt. – In: Die Presse, 15. 10. 2004.
90 »Nato-Beitritt, das ist Vergangenheit«. – In: Der Standard, 2. 8. 2005.
91 Spaltung der österreichischen Freiheitlichen. Haider gründet eine neue Partei. – In: Neue Zürcher Zeitung 5. 4. 2005.
92 Das Parteiprogramm der Freiheitlichen Partei Österreichs. Mit Berücksichtigung der beschlossenen Änderungen vom 27. Ordentlichen Bundesparteitag der FPÖ am 23. April 2005 in Salzburg, S. 11.

vom 6. bis 13. März 2006 unterschrieben knapp 260.000 Wahlberechtigte. Das Minimalziel, 100.000 Unterschriften, die eine Behandlung im Parlament gewährleisten, wurde zwar übertroffen, weitergehende Auswirkungen ergaben sich jedoch nicht.[93]

Während der designierte FPÖ-Obmann Heinz-Christian Strache schon Ende April 2005 die Neutralität verteidigte, forderte BZÖ-Obmann Haider weiter eine Volksabstimmung über die Neutralität. Dagegen stellte ÖVP-Klubobmann Wilhelm Molterer bei einer Pressekonferenz fest: »Die Neutralität gilt, sie ist, wie sie ist.« Bei einer Fernsehansprache am Vortag des 50. Jahrstags der Staatsvertragsunterzeichnung bekräftigte Bundeskanzler Wolfgang Schüssel das Bekenntnis zur immerwährenden Neutralität.[94] Am Rande der Feierlichkeiten schlug FPÖ-Vizekanzler Hubert Gorbach eine »Volksabstimmung zur Festigung der Neutralität« vor. Zuvor sollte es zu einer Modifizierung und Neupositionierung der Neutralität kommen. Angesichts des geänderten internationalen Umfelds solle man die Neutralität zwar nicht abschaffen, sich aber auch nicht scheuen, über eine Modifizierung zu diskutieren.[95] Obwohl es lange keine deutlichen Aussagen des BZÖ zur Neutralität gab, ist davon auszugehen, dass das BZÖ auch als Oppositionspartei eine »neutralitätsskeptische« Haltung einnimmt.[96]

7. Die Meinung der Österreicher

Die dauernde Neutralität war bei ihrem Beginn im Jahre 1955 für Politiker und Bevölkerung wahrscheinlich ein eher unbekanntes Wesen. Doch das änderte sich, wie oben angedeutet wurde. Nach einer Meinungsumfrage 1972 fühlten sich schon 80 Prozent der Befragten im dauernd neutralen Österreich sicherer als in einem Militärbündnis.[97] Im September 1992 waren 16 Prozent für einen Beitritt zur NATO und 63 Prozent für die Beibehaltung der Neutralität; knapp zehn Jahre später, im

---

93 »Österreich bleib frei« findet wenig Anklang. FPÖ-Volksbegehren trotz Erfolg ein politischer Fehlschlag. – In: Neue Zürcher Zeitung 14. 3. 2006.
94 Schüssel: Bekenntnis zu Neutralität. – In: diepresse.com. 14. 5. 2005.
95 Gorbach für Volksabstimmung: »Ich sage auch Ja zur Neutralität« – In: Die Presse 16. 5. 2005.
96 BZÖ für Beitritt zur Nato. – In: derstandard.at. 10. 2. 2011. Vgl. auch das Papier von Jun Saito (Doktorand an der Universität Wien): Die Politisierung der Sicherheits- und Verteidigungspolitik der EU in Österreich vor dem Hintergrund des gescheiterten Verfassungsvertrags und des Vertrags von Lissabon, vorgelegt auf der 3-Länder-Tagung »Politische Integration«. Universität Basel. 13./14. 1. 2011. S. 10.
97 Zitiert nach Hanspeter Neuhold: Die dauernde Neutralität Österreichs in einem sich wandelnden internationalen System. – In: Ders., Paul Luif (Hg.): Das außenpolitische Bewusstsein der Österreicher. Aktuelle internationale Probleme im Spiegel der Meinungsforschung. – Wien 1992. S. 87–108. S. 94. (Laxenburger Internationale Studien. Band 4).

Februar 2001 lagen die entsprechenden Prozentsätze bei 22 und 60 Prozent.[98] Wie erwähnt, verstärkte sich bei Krisenfällen, besonders Afghanistan 2001 und Irak 2003, die Unterstützung der Neutralität.[99]

Die »Kronen Zeitung« stellte im schon erwähnten Artikel vom Dezember 2003 das Ergebnis einer Meinungsumfrage vor, nach dem »84 Prozent der Österreicher wollen, dass wir weiter neutral bleiben«. Dies entspreche »einem langjährigen Durchschnitt zu dieser Frage«.[100] So zeigt sich, dass die Bestrebungen der ÖVP/FPÖ-Regierungen, die Relevanz der Neutralität einzuschränken oder sie längerfristig zu beenden, auf keine große Resonanz der Bevölkerung gestoßen war, wobei zwischen den Anhängern der Parteien und den Meinungsträgern zu unterscheiden ist.

In einer Untersuchung des IMAS-Meinungsforschungsinstitut wurden die Österreicher im März 2004 befragt, wovon es abhängen würde, dass es Österreich in der Zukunft gut geht. Den Befragten wurden verschiedene Alternativen vorgelegt. An der Spitze, mit 68 Prozent als »sehr wichtig« bezeichnet, stand die Antwortalternative »in Wissenschaft und Technik Höchstleistungen erbringen«, knapp gefolgt von »österreichische Traditionen und Eigenheiten bewahren« (67 Prozent »sehr wichtig«). Schon an dritter Stelle fand sich mit 64 Prozent »die Neutralität beibehalten«. Fast zwei Drittel der Österreicher meinten damit im März 2004, dass die Bewahrung der Neutralität sehr wichtig für das zukünftige Wohlergehen Österreichs sei (siehe dazu Tabelle 2). Dabei gab es deutliche Unterschiede zwischen den Wählern der verschiedenen Parteien. ÖVP- und Grün-Wähler fanden die Neutralität nicht so wichtig wie die Wähler von SPÖ und FPÖ. Bei den ebenfalls befragten Politikern fand sich nur bei der SPÖ ein ähnlich hoher Prozentsatz für die Beibehaltung der Neutralität. ÖVP- und FPÖ-Politiker, aber auch die Politiker der Grünen gaben der Neutralität eine wesentlich geringere Bedeutung. Bei den Journalisten war die Neutralität von geringem Belang für Österreichs Zukunft (Tabelle 2).

---

98 Ute Schulz: Einstellungsmuster der österreichischen Bevölkerung zu Fragen einer Gemeinsamen Europäischen Sicherheitspolitik. – In: Werner W. Ernst, Franz Kernic (Hg.): Öffentliche Meinung und europäische Sicherheitspolitik. Österreichs Sicherheits- und Verteidigungspolitik im Umbruch. – Baden-Baden 2002. S. 79–146. S. 108f.
99 Je nach Umfrage liegt die Zustimmung zur Neutralität in den letzten zehn Jahren zwischen zwei Drittel bzw. im Regelfall drei Viertel und 90 Prozent. Peter Filzmaier: Opferkult und Neutralität als Geschichtsmythen in Österreich. ORF ON Science 3. 5. 2005. http://science.orf.at/science/filzmaier/135122
100 Kronen Zeitung 13. 12. 2003. Als Quelle wird »eine aktuelle IMAS-Umfrage (im Auftrag von Greenpeace)« angegeben.

Tabelle 2: »Wovon wird es Ihrer Meinung nach abhängen, ob es Österreich in Zukunft gut geht?: die Neutralität beibehalten«
Prozentwerte mit »sehr wichtig«

Gesamtbevölkerung	64
Wähler	
ÖVP	53
SPÖ	73
FPÖ	72
Grüne	49
Politiker	
ÖVP	10
SPÖ	78
FPÖ	14
Grüne	37
Journalisten	6

Anmerkung: IMAS-Umfrage Nr. 2430, März 2004, Gesamtbevölkerung (n = 1000), Politiker (n = 255), Journalisten (n = 51)
Quelle: Die österreichischen Denkmuster – Politik zwischen Konflikt und Harmonie – Kernergebnisse aus einer Befragung von Gesamtbevölkerung, Parlamentariern und Journalisten. IMAS International Report. Sonderbericht Mai 2004

Es liegt die Vermutung nahe, dass die Veränderung der ÖVP- und FPÖ-Positionen bezüglich der Neutralität 2004/05 (wieder stärkere Betonung der Neutralität) mit der Erkenntnis dieser Differenz zwischen der Position der Politiker und der Wähler bzw. der Bevölkerung insgesamt zusammenhängt.

In Umfragen der »Österreichischen Gesellschaft für Europapolitik« wurde nach der Einstellung der Österreicher (allgemein über 16 Jahren und Schüler) zur Bildung einer Europäischen Armee gefragt.[101] Von den befragten Erwachsenen waren 73 Prozent für die Bildung einer Europäischen Armee, von den Schülern 68 Prozent. Tabelle 3 zeigt nun, wie sich Österreich zu einer solchen Armee verhalten soll, wenn diese aufgestellt werden sollte. Die Mehrheit der Österreicher war für eine Teilnahme Österreichs an einer Europäischen Armee. Damit schien keine große Abneigung gegen die Beteiligung an militärischen Aktionen im Rahmen der EU gegeben zu sein.

---

101 25 Armeen oder eine? Die Einstellung von Schülerinnen und Schülern zu einer gemeinsamen Europäischen Armee. Meinungsumfrage der HBLA 19, Straßergasse, in Zusammenarbeit mit der Österreichischen Gesellschaft für Europapolitik Wien im März 2004. Manuskript.

Tabelle 3: »Nehmen wir an, es kommt zur Bildung einer gemeinsamen Europäischen Armee. Sollte Österreich Ihrer Meinung nach daran teilnehmen?«

	Schüler-Umfrage Oktober/November 2003	Österreich gesamt Oktober 2002
Ja	55	63
Nein	35	33
Weiß nicht/ Keine Angabe	10	4

Anmerkung: Die Schüler-Umfrage wurde unter 2.077 Schülerinnen und Schülern in Wien und Wien-Umgebung durchgeführt; Österreich gesamt war eine Telefonumfrage mit 1.000 Befragten über 16 Jahren. Die Schüler-Umfrage war keine repräsentative Stichprobe.
Quelle: 25 Armeen oder eine? Die Einstellung von Schülerinnen und Schülern zu einer gemeinsamen Europäischen Armee. Meinungsumfrage der HBLA 19, Straßergasse, in Zusammenarbeit mit der Österreichischen Gesellschaft für Europapolitik Wien im März 2004. Manuskript

Doch wenn man danach fragte, welchen Beitrag Österreich zu einer Europäischen Armee leisten sollte, hob sich der mögliche Widerspruch zur Neutralität wieder weitgehend auf. Tabelle 4 zeigt, dass die überwiegende Mehrheit der Österreicher, die für eine Beteiligung ihres Landes an einer Europäischen Armee war, für die Stellung primär von Sanitätseinheiten (bzw. Zivilschutzeinheiten) eintrat – Österreich also möglichst »ungefährliche« Beiträge leisten sollte. Die Bereitstellung von Kampftruppen, etwa Gebirgstruppen, war schon deutlich weniger populär. Bei Schülern bestand insgesamt eine geringere Bereitschaft für einen österreichischen Beitrag zu einer gemeinsamen Europäischen Armee.

Tabelle 4: »Welchen Beitrag sollte Österreich innerhalb einer gemeinsamen Europäischen Armee leisten?« (Mehrfachangaben möglich, Prozentwerte)
Österreich sollte …

	Schüler-Umfrage Oktober/November 2003 (n = 1146)	Österreich gesamt Oktober 2002 (n = 634)
Sanitätseinheiten bereitstellen	81	96
Zivilschutzeinheiten bereitstellen	69	90
Gebirgstruppen bereitstellen	56	69
Luft- und Landtransporte durchführen	47	51
Bodentruppen bereitstellen	43	46
Beteiligung im Bereich der Luftraumüberwachung	40	56
Pioniertruppen bereitstellen	31	66
nur einen finanziellen Beitrag leisten	18	16

Diese »vorsichtige« Haltung der Österreicher (auch derjenigen, die für eine Europäischen Armee waren) verbanden die Österreicher mit der Aufrechterhaltung der österreichischen Neutralität, wie aus Tabelle 5 ersichtlich ist. Wieder wird die besonders »neutrale« Haltung der Schüler deutlich.[102] Insgesamt ist die Mehrheit der Österreicher zwar für die Aufstellung einer Europäischen Armee. Diese soll zumindest für Österreich nur geringe Risiken bringen und sich überdies im Rahmen der Neutralität halten.

Tabelle 5: »Sollte Österreich nach Schaffung einer gemeinsamen Europäischen Armee seine Neutralität aufgeben?«

	Schüler-Umfrage Oktober/November 2003	Österreich gesamt Oktober 2002
Ja	12	28
Nein	76	69
Weiß nicht/ Keine Angabe	11	3

Das Ergebnis in einer anderen Umfrage war in gewisser Weise konsistent mit den eben dargestellten Haltungen der Österreicher. Denn es zeigte für eine militärische Beistandspflicht im Rahmen der EU eine relativ geringe Unterstützung. Nur 20 Prozent der Österreicher sprachen sich für eine »immerwährende militärische Beistandspflicht« im Rahmen der EU aus. Die große Mehrheit der österreichischen Bevölkerung (75 Prozent) meinte, die EU-Mitgliedsstaaten sollten von Fall zu Fall entscheiden, ob und wie einem angegriffenen EU-Staat Unterstützung gewährt werden sollte. Damit zeigte sich, dass für eine militärische Beistandsklausel in der EU-Verfassung nur wenig Zustimmung in Österreich gegeben war. Dennoch glaubte ein Drittel der Österreicher, dass die EU Österreich auch dann zu Hilfe kommen werde, wenn Österreich selbst nicht zu einem militärischen Beistand bereit sein sollte.[103]

Aus den Tabellen 3 bis 5 ergab sich gerade bei den Schülern eine besondere Unterstützung für die österreichische Neutralität. Die Schüler erlebten die Zeit des Kalten Krieges nicht mehr, in dem Österreich gemeinsam mit den anderen neutralen Staaten Europas wichtige Funktionen erfüllen konnte. Nach der weltpolitischen Wende 1989 traten alle ehemaligen kommunistischen Nachbarstaaten Österreichs sukzessive der NATO bei, Neutralität war für sie keine Alternative. Trotzdem war die Neutralität in der österreichischen Jugend noch populärer als bei den älteren Teilen der Bevölkerung.

---
102 Vgl. auch die Ergebnisse der Umfrage aus 1999, zitiert bei Anmerkung 35.
103 Zahlen aus einer Telefonumfrage der SWS Nr. 144. Jänner 2004. n = 993.

Diese prima facie paradoxe Situation wird erhellt, wenn man einen Blick auf den Schulunterricht während der Schüssel-Ära wirft. So ist die österreichische Außenpolitik natürlich ein wichtiges Element der Politischen Bildung in den Schulen. Blickt man in das für den neuen Unterrichtsgegenstand »Geschichte und Sozialkunde/Politische Bildung« vom ÖVP-Bildungsministerium 2002 genehmigte Lehrbuch für die Allgemeinbildenden Höheren Schulen, so heißt es dort im Beitrag zu Österreichs Außen- und Sicherheitspolitik dezidiert: »Die Neutralität Österreichs stand seit 1955 im Mittelpunkt der österreichischen Außen- und Sicherheitspolitik.«[104]

Namentlich wird im Beitrag als einziger Außenpolitiker Österreichs Bruno Kreisky mit seiner »aktiven Neutralitätspolitik« erwähnt. Zwar wird die Diskussion der Parteien über die österreichische Neutralität referiert, Hinweise auf die Argumente der kontroversen rechts- und politikwissenschaftlichen Debatte fehlen jedoch weitgehend. Auf die Probleme der österreichischen Außen- und Sicherheitspolitik im Rahmen der Gemeinsamen Außen- und Sicherheitspolitik der EU wird kaum hingewiesen; es sei denn, um die Relevanz der Neutralität zu verteidigen.

Die für die Schulen vom Bildungsministerium bereitgestellte Webseite zur Politischen Bildung brachte im Oktober 2005 eine Schwerpunktseite zur Neutralität.[105] Neben Links zu verschiedenen Gesetzestexten, Dossiers und Literaturlisten wurden dort auch Links direkt zu Texten angegeben, die sich inhaltlich mit der österreichischen Neutralität beschäftigen. Zwei Links verwiesen auf Beiträge zur Geschichte der Neutralität. Sechs Links verwiesen auf Friedensforscher/Friedensforschungsinstitutionen, davon drei auf Österreich, drei gar auf Deutschland (AG Friedensforschung der Universität Kassel), ein Link verwies auf eine KPÖ-nahe Institution, und alle diese Texte sahen die Neutralität positiv. Ein einziger Link verwies auf eine negative Stellungnahme zur Neutralität, ein zweiter Link auf einen neutralitätskritischen Artikel, dieser wurde jedoch mit einem missbilligenden Vorwort gebracht. Wieder fand sich praktisch kein direkter Hinweis auf die Infragestellung der Neutralität in der österreichischen rechts- und politikwissenschaftlichen Debatte.[106] So wurde im Bereich des ÖVP-Bildungsministeriums eher Werbung für die Neutralität betrieben, als die neutralitätskritische Politik der Regierung darzustellen.

Interessanterweise wurden im Rahmen einer wissenschaftlichen Zeitschrift, der »Österreichischen Zeitschrift für Politikwissenschaft« (ÖZP), der Pro-Neutralitäts-Linie von österreichischen Politologen Schwierigkeiten bereitet. Dort wurde näm-

---

104 Heinz Gärtner: Österreichs Außen- und Sicherheitspolitik. – In: Herbert Dachs, Heinz Fassmann (Hg.): Politische Bildung. Grundlagen – Zugänge – Materialien. – Wien 2002. S. 142–152. S. 142 (im Original fett).

105 http://politische-bildung–2005.schule.at/index.php?modul=themen&show_no_archiv=1& top_id=2108 (11. 10. 2005).

106 Nach einer kritischen E-Mail vom Autor dieser Zeilen an die Gestalter der Webseite wurde dann zumindest ein Link zu einem neutralitätsskeptischen Text von Karl Zemanek eingefügt.

lich im Juni 2001 von den Redakteuren ein Heft zu »Neutrale und Allianzfreie in Europa« abgelehnt. In diesem Heft, geplant von Prof. Helmut Kramer (Politikwissenschaft, Universität Wien) und Prof. Heinz Gärtner (OIIP), sollten nur Befürworter der Neutralität zu Wort kommen. Gründe für die Ablehnung waren einerseits zu spät eingelangte Manuskripte, zum anderen jedoch negative Gutachten (von, wie in wissenschaftlichen Zeitschriften üblich, anonymen Gutachtern) zu geplanten Beiträgen. So wurde das Manuskript von Heinz Gärtner und Johann Pucher (Verteidigungsministerium) abgelehnt, weil es »überaus normativ gehalten« war; »Forderungen und Behauptungen« wurden oftmals »nicht durch konkrete Argumente gestützt«.[107]

8. Konsequenz: Österreich ohne Partner in Mitteleuropa?[108]

Die Maßnahmen der 14 EU-Staaten gegen die neue ÖVP/FPÖ-Regierung in Österreich vom 3. Februar 2000 brachten den Abbruch der bilateralen, offiziellen Beziehungen der Vierzehn zu Österreich. In der Folge konnte sich Österreich an den bilateralen Vorbereitungen der EU-Entscheidungsprozesse nur erschwert beteiligen. Einen wichtigen Grund für die problematische österreichische Position charakterisierte damals ein Beamter des Außenministeriums: »Österreich fehlen in Europa die natürlichen Partner zur Sicherung seiner Interessen.«[109] Ende August 2000 sprach Außenministerin Benita Ferrero-Waldner (ÖVP) davon, wie wichtig es sei, »dass wir gemeinsam ein System der Partnerschaft aufbauen«, in der man »gemeinsame Interessen sucht und findet«.[110]

Die EU-14 mussten schließlich im September 2000 ihre Maßnahmen gegenüber Österreich ohne Bedingungen beenden. Außenministerin Ferrero-Waldner führte dennoch ihre Idee einer »Strategischen Partnerschaft« weiter.[111] Sie plädierte für eine Vertiefung und Intensivierung der Zusammenarbeit mit Österreichs mittel- und osteuropäischen Nachbarn. Auf Einladung der österreichischen Außenministerin

---

107 Informationen aus einem offenen Brief der ÖZP-Redaktion an Prof. Kramer und Prof. Gärtner vom Juli 2001.
108 Dieser Abschnitt beruht zum Teil auf Paul Luif: Die Zusammenarbeit in Mitteleuropa als Element der österreichischen EU-Politik. Lebensministerium. Wien. Juli 2007.
109 Christian Prosl: Die bevormundete Nation. – In: Die Presse 19. 8. 2000.
110 Michael Fleischhacker: Strategische Partnerschaft in Zentraleuropa. – In: Der Standard 31. 8. 2000. S. 6.
111 Später sagte Ferrero-Waldner, dass die Erfahrungen des Frühjahrs 2000 »höchstens ein zusätzliches Argument, die Regionale Partnerschaft zu schaffen, und keineswegs der Hauptgrund« waren; siehe Benita Ferrero-Waldner, Die Regionale Partnerschaft. Österreichs Nachbarschaftspolitik als Baustein der Europäischen Integration. – In: Andreas Khol, Günther Ofner, Günther Burkert-Dottolo, Stefan Karner (Hg.): Österreichisches Jahrbuch für Politik 2004. – Wien/München 2005. S. 477–492. S. 481.

trafen schließlich die Außenminister der Tschechischen Republik, Ungarns, Sloweniens, der Slowakei und Österreichs sowie der Staatssekretär der Republik Polen am 6. Juni 2001 in Wien zu einer Regionalkonferenz zusammen; alle Staaten hatten die Einladung angenommen. Auf der Konferenz wurde die Zusammenarbeit dieser Staaten in »Regionale Partnerschaft« umbenannt, um möglichen Verwechslungen mit dem oft im sicherheitspolitischen Zusammenhang gebrauchten Terminus »strategisch« vorzubeugen.[112] Gleichzeitig wurde vereinbart, keine separaten institutionellen Strukturen aufzubauen.

Ursula Plassnik, frühere Kabinettschefin von Bundeskanzler Schüssel und dann Botschafterin in der Schweiz, wurde im Oktober 2004 Außenministerin, nachdem Ferrero-Waldner am 25. April 2004 bei der Bundespräsidentenwahl Heinz Fischer unterlegen war und im November 2004 EU-Kommissarin für Außenbeziehungen und europäische Nachbarschaftspolitik wurde. Plassnik sprach sich in ihrer Antrittsrede dafür aus, die regionale Zusammenarbeit »zu vertiefen und zum Blühen zu bringen«.[113]

Doch die Partner Österreichs in der Regionalen Partnerschaft hatten, mit Ausnahme Sloweniens, schon seit 1991 eine andere Zusammenarbeits-Plattform entwickelt, die Visegrád-Kooperation. Diese hatte nach einigen Turbulenzen zu einer breiten Zusammenarbeit der vier Staaten geführt. Sie wurde auch nach dem Beitritt der vier Staaten zur EU beibehalten, ja, sogar noch ausgebaut. Vergleicht man etwa die Kontakte zwischen den Visegrád-Staaten und den Regionalen Partnern, so fällt auf, dass unter anderem die Treffen der Minister im Rahmen der Visegrád-Kooperation viel häufiger stattfanden und mehr Ressorts abdeckten als die Treffen von Ministern aus der Regionalen Partnerschaft.[114]

Gibt es empirische Belege dafür, dass Österreich, trotz seiner Sonderstellung als »neutraler« Staat, enge Kooperationspartner in Mitteleuropa hat? Fragt man Entscheidungsträger der EU-Mitgliedstaaten in den Ratsgremien, mit welchen Staatenvertretern sie eng zusammenarbeiten, erweist sich, dass Österreich eine weitgehend isolierte Stellung hat. Es hat kaum wirkliche »Koalitionspartner« in der EU; diese Situation hat sich nach der EU-Erweiterung 2004 wahrscheinlich noch verschärft. Die Visegrád-Zusammenarbeit konnte man in empirischen Forschungen nachweisen, die Regionale Partnerschaft bildete sich hingegen bei diesen Analysen nicht ab. Nach Grafik 1 stand Österreich den Visegrád-Staaten eigentlich ziemlich nahe, aber keiner der Entscheidungsträger aus diesen Staaten hielt Österreich für einen wichtigen Ko-

---

112 Ebd. S. 482.
113 »Erklärung im Nationalrat«. Rede der Bundesministerin für auswärtige Angelegenheiten, Dr. Ursula Plassnik, anlässlich ihres Amtsantrittes. Wien 21. Oktober 2004.
114 Siehe dazu Luif: Die Zusammenarbeit in Mitteleuropa als Element der österreichischen EU-Politik. S. 30.

operationspartner. Neben Österreich befanden sich 2006 nur Irland und Slowenien (von insgesamt 25 EU-Staaten) in einer solchen problematischen Situation.[115]

Diese »isolierte« politische Stellung Österreichs entspricht an sich nicht der wirtschaftlichen Position Österreichs in Zentral- und Osteuropa. Hier haben österreichische Firmen, im Vergleich etwa zu deutschen Unternehmungen, schon früh, teilweise noch vor dem Fall des Eisernen Vorhanges, geschäftliche Beziehungen aufgebaut und mit Direktinvestitionen begonnen. Die wirtschaftlichen Akteure aus Österreich haben in diesem Raum eine viel stärkere Stellung, als es der Wirtschaftskraft Österreichs eigentlich entsprechen würde. Offensichtlich sind die politischen Aspekte der österreichischen Außenbeziehungen verantwortlich für die prekäre Position. Da die potenziellen Partner in Mitteleuropa (Deutschland und Italien spielen aufgrund ihrer Größe in einer anderen Liga) alle auch Mitglieder in der NATO sind, ist die »isolierte« Lage Österreichs zumindest zum Teil auf die »Neutralität« Österreichs zurückzuführen.

Grafik 1: Der Zusammenarbeits-Raum in der EU-25 im Jahre 2006

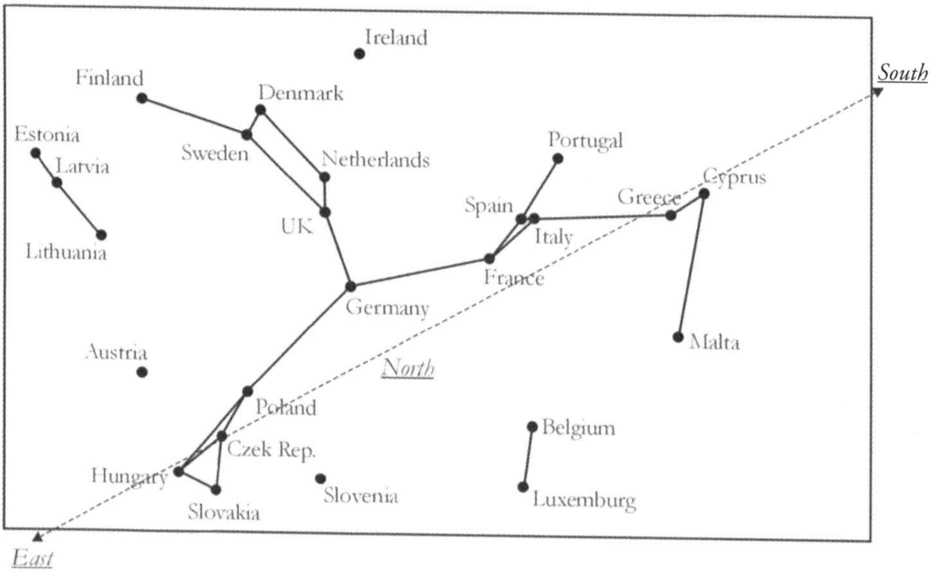

Anmerkung: Diese zweidimensionale Grafik zeigt Verbindungslinien zwischen denjenigen Staatenpaaren auf, deren Vertreter jeweils den anderen Repräsentanten als wichtigen Kooperationspartner bezeichneten.
Quelle: Daniel Naurin: Network Capital and Cooperation Patterns in the Working Groups of the Council of the EU. European University Institute. – Florence 2007. (Robert Schuman Centre for Advanced Studies. EUI Working Paper 2007/14). S. 16. Der Fehler »Czek Rep.« ist im Original.

---

115 Vgl. Anmerkung 85.

9. Zusammenfassung

Die Regierung Schüssel, die im Februar 2000 unter denkbar ungünstigen Vorzeichen angetreten war, versuchte auch im Bereich der »Neutralität« einen frischen Wind in die österreichische Politik zu bringen. So wurde mit einer neuen Sicherheits- und Verteidigungsdoktrin versucht, die Neutralität zu einer bloßen »Allianzfreiheit« umzuformen. Der dazu verfasste Expertenentwurf bildete die wissenschaftlichen Grundlagen. Versäumt wurde jedoch, auch unabhängige Wissenschaftler bei der Abfassung dieses Entwurfs einzubinden. So hätte man einen weiteren Kreis von Personen in dieser Diskussion erreichen können. Denn spätestens nach dem Ende des Kalten Krieges kam etwa auch von Politikwissenschaftlern eine Anzahl von kritischen Stellungnahmen zur Neutralität. Hingewiesen sei nur auf Anton Pelinka, der 1998 feststellte: »At the end of the 1990s, most Austrians still have not realized how dead neutrality already is.«[116] Die in diesem Artikel ausführlich zitierten Stellungnahmen von Heinz Gärtner konnten sich also nicht auf einen Konsens in der österreichischen Politikwissenschaft stützen.

Damit ist auch die Medienlandschaft in Österreich angesprochen, wo etwa im ORF eher Neutralitätsbefürworter zu Wort kamen.[117] Besonders deutlich war dies jedoch bei der »Kronen Zeitung« zu erkennen, die sich zum Sprachrohr der Verfechter der Neutralität gemacht hatte. Die Stellungnahme von Bundeskanzler Schüssel, in der er die Neutralität als »alte Schablone« mit der Mozartkugel gleichsetzte, war offensichtlich dazu intendiert, eine Abkehr vom »Mythos« der Neutralität zu erreichen. Doch das Sperrfeuer der »Kronen Zeitung« ließ Schüssel bald zumindest eine halbe Kehrtwendung machen.

Stellungnahmen von Politikern waren auch nicht konsistent. So wurde kurz nach der Verabschiedung der neuen Sicherheits- und Verteidigungsdoktrin im Dezember 2001, die von »Allianzfreiheit« sprach, wiederum die Neutralität als Argument zur Anschaffung von Abfangjägern benutzt.

Wenig wurde von den Schüssel-Regierungen getan, um speziell die Jugend über die Problematik der Neutralität zu informieren. Im Gegenteil, in den vom ÖVP-Bildungsministerium approbierten/unterstützten Publikationen wurde heftig Werbung für die Neutralität betrieben.

Zwar wurden in verschiedenen einfachgesetzlichen Vorschriften die Hinweise auf die Neutralität eliminiert. Doch die Abschaffung oder Veränderung des Neutralitätsgesetzes bedarf einer Zwei-Drittel-Mehrheit. Hier waren SPÖ und Grüne strikt gegen jede Änderung, obwohl in der zweiten Hälfte der 1990er-Jahre zumindest

---

116 Anton Pelinka: Austria. Out of the Shadow of the Past. – Oxford 1998. S. 169.
117 Meine neutralitätskritischen Ausführungen wurden, wie aus Anmerkung 85 zu ersehen ist, nur im englischsprachigen Dienst des ORF gebracht.

von einigen SPÖ-Politikern Flexibilität in dieser Frage angedeutet worden war. Mit dieser unnachgiebigen Haltung wollten sich die Sozialdemokraten auch Einfluss auf die Außenpolitik Österreichs bewahren.[118]

Was in kaum einer Stellungnahme zur Neutralität, vor allem von ihren Verfechtern, zur Sprache kam, war die Auswirkung der Sonderstellung Österreichs im mitteleuropäischen Raum auf die Zusammenarbeit mit den unmittelbaren Nachbarn. Diese hätten spätestens seit Mai 2004 potenziell wichtige Partner in den EU-Gremien werden können. Doch wie die hier angeführten empirischen Untersuchungen zeigen, war Österreich einigermaßen »isoliert« in der EU.

Ab 2004/2005 waren auch die ÖVP und die FPÖ wieder auf »Neutralitäts-Linie«. Außer dem BZÖ tritt auch 2012 keine politisch relevante Partei für eine Änderung des außenpolitischen Status Österreichs ein. Damit lässt sich innenpolitisch ohne Zweifel noch immer punkten, in der Außenpolitik wird die relativ »isolierte« Position Österreichs in Mitteleuropa weiter bestehen bleiben.

---

118 Siehe dazu etwa Paul Luif: Zehn Thesen zur österreichischen Neutralität. Gravierende Fehldeutungen der EU-Entwicklung. – In: Neue Zürcher Zeitung. Internationale Ausgabe Nr. 199. 28. 8. 2000. S. 5.

Gunther Hauser

Äußere und Innere Sicherheit

Einleitung

Die österreichische Sicherheitspolitik beruhte bis 2001 trotz der seit 1989 gänzlich geänderten sicherheitspolitischen Situation in Europa auf dem Landesverteidigungsplan aus dem Jahr 1983 mit der Verteidigungsdoktrin von 1975. Österreich begann jedoch 1995 als Mitglied der EU und somit als ein Land, das sich verpflichtete, die Gemeinsame Außen- und Sicherheitspolitik (GASP) der EU umzusetzen, sowie ebenso ab 1995 als Teilnehmerstaat der NATO-Partnerschaft für den Frieden (*NATO-Partnership for Peace* – PfP), seine Sicherheitspolitik im Zuge der verstärkten sicherheitspolitischen Kooperationen in Europa europäischer auszurichten. Nachdem das Verteidigungsbündnis Westeuropäische Union (WEU) im Jahr 1992 den Beobachterstatus eingeführt hatte, wurde dieser 1995 von Österreich, Schweden und Finnland übernommen. Die WEU war nach dem am 1. November 1993 in Kraft getretenen EU-Vertrag in der Fassung des Vertrags von Maastricht »Bestandteil der Entwicklung der Europäischen Union« geworden. Sie sollte gemäß Artikel J4 des Vertrags von Maastricht »Aktionen der Union, die verteidigungspolitische Bezüge haben, ausarbeiten und durchführen«. Gemäß den Beschlüssen des WEU-Ministertreffens in Marseille 2000 wurden in der WEU die operationellen und militärischen Funktionen mit 1. Juli 2001 eingestellt. Parallel erfolgte gemäß den Beschlüssen des Europäischen Rates von Helsinki vom 11. Dezember 1999 innerhalb des Generalsekretariats des Rates der EU der Aufbau neuer politisch-militärischer Institutionen und Strukturen für das Krisenmanagement nach dem Vorbild der NATO. Im Vorfeld des Gipfels des Europäischen Rates in Köln am 3. und 4. Juni 1999 protestierten Finnland, Schweden und Österreich gegen die Vehemenz, mit der die deutsche EU-Präsidentschaft die Integration der WEU in die EU vorantreibe.[1] Der SPÖ-Delegationsleiter im Europäischen Parlament, Hannes Swoboda, beschrieb die Position innerhalb der neutralen Staaten Anfang 2000 wie folgt: »Es hat mit diesen Staaten in den letzten Monaten eine enge Kooperation gegeben, vor allem gegen eine allzu starke Militarisierung der EU.«[2] Als im Februar 2000 ein Regierungswechsel in Österreich stattfand, brachte die Programmatik der ÖVP/FPÖ-Regierung eine

---

1 Vgl. Die Presse 28. 5. 1999. S. 9. Es ging dabei um Artikel V des WEU-Vertrags, der eine volle militärische Beistandspflicht enthält, die das Ende einer bündnisfreien bzw. neutralen Politik bedeuten würde.
2 Vgl. Die Presse 13. 1. 2000. S. 9.

Wende in der österreichischen Sicherheitspolitik: Österreich strebte plötzlich die Übernahme einer militärischen Beistandsverpflichtung in den Rechtsbestand der EU wie folgt an:[3]

»Die Bundesregierung wird sich dafür einsetzen, dass eine Beistandsgarantie zwischen den EU-Staaten in den EU-Rechtsbestand übernommen und auch für Österreich wirksam wird; d.h. dass im Falle eines bewaffneten Angriffes auf ein Mitglied die anderen EU-Staaten im Einklang mit den Bestimmungen des Artikels 51 der Satzung der Vereinten Nationen alle in ihrer Macht stehende militärische und sonstige Hilfe und Unterstützung leisten.

Im Falle einer Weiterentwicklung der österreichischen Außen- und Sicherheitspolitik im Sinne der vorstehend genannten Überlegungen soll durch eine Novellierung des Bundesverfassungsgesetzes über die Neutralität klargestellt werden, dass dieses auf die aktive und solidarische Mitwirkung Österreichs an der Weiterentwicklung der gemeinsamen Sicherheits- und Verteidigungspolitik der Union und auf die Beteiligung an einer europäischen Friedens-, Sicherheits- und Verteidigungsgemeinschaft mit gleichen Rechten und Pflichten, einschließlich einer Beistandsgarantie, keine Anwendung findet. ...

Es besteht Übereinstimmung, dass eine solche Änderung der österreichischen Sicherheitspolitik nicht ohne Zustimmung der österreichischen Bevölkerung (Volksabstimmung) stattfinden wird ...«

In diesem Kontext legte die Regierung in Punkt 2 des Koalitionsprogrammes aus 2000 fest: »Österreich wird sich dafür einsetzen, dass diese europäische Friedens-, Sicherheits- und Verteidigungsgemeinschaft über effiziente gemeinsame Entscheidungsstrukturen verfügt, an denen alle EU-Mitgliedstaaten voll und gleichberechtigt mitwirken können, auf glaubwürdige (nationale und multinationale) europäische, zivile und militärische Kapazitäten zurückgreifen kann, durch eine intensive europäische Kooperation im Bereich der Rüstungsindustrie gekennzeichnet ist und der zivilen Konfliktverhütung und den nicht-militärischen Aspekten der Krisenbewältigung ebenso Bedeutung beimisst wie der militärischen Krisenbewältigung.«

In Punkt 5 ist festgehalten, dass »sich Österreich für umfassende institutionelle Beziehungen und eine effektive Kooperation zwischen der Europäischen Union und der NATO einsetzen wird.

Österreich wird seine eigenen Beziehungen zur NATO weiterentwickeln, wie es den Erfordernissen seiner Sicherheit und seiner vollen und gleichberechtigten Teilnahme an der europäischen Sicherheitsarchitektur entspricht. Die Option einer späteren Mitgliedschaft wird eröffnet. ...«

Mit einer überraschenden Aussage zur Beistandspflicht im November 1999 hatte SPÖ-Klubobmann Peter Kostelka bei einer sicherheitspolitischen Konferenz auf-

---

3 Vgl. Regierungsprogramm der ÖVP/FPÖ-Koalition 2000–2003, Kapitel »Sicherheit«, Punkt 3, 1. Satz.

horchen lassen.« »Es ist mir klar, dass sich im Zuge einer gemeinsamen europäischen Verteidigung auch Neutrale nicht vor einem gegenseitigen Beistand werden drücken können«, stellte aber gleich »dezidiert und entschieden« in Abrede, dass der Weg zur gemeinsamen Verteidigung über die NATO führen müsse.[4] Bereits in dem von SPÖ und ÖVP in den Regierungsverhandlungen akkordierten Teil für den Koalitionspakt zur Sicherheitspolitik vom Januar 2000 wurde die Einführung eines Beistandsartikels wortgleich wie dann in der ÖVP/FPÖ-Regierungserklärung verankert begrüßt.[5] Josef Cap (SPÖ) meinte 1996 sogar: »Wir sollen immer ernsthafter prüfen, ob nicht die Mitgestaltungsmöglichkeiten größer sind, wenn wir WEU- und in der Folge NATO-Mitglieder sind.«[6]

Bereits die Regierung unter der Kanzlerschaft von Viktor Klima (SPÖ) hatte sich als Initiatorin der Europäischen Sicherheits- und Verteidigungspolitik (ESVP) im Herbst 1998 verpflichtet, die Sicherheits- und Militärpolitik mit anderen europäischen Staaten zu koordinieren. So wurde beim Doppel-Ministerrat der WEU und der »Western European Armaments Group« (WEAG) am 13. November 2000 in Marseille Österreich gemeinsam mit Schweden, Finnland und den damaligen neuen NATO-Mitgliedern Polen, Tschechien und Ungarn als Vollmitglied der WEAG aufgenommen. Österreichs Verteidigungsminister Herbert Scheibner (FPÖ)[7] meinte dazu: »Diese Mitgliedschaft hat eine große Bedeutung für die österreichische Wirtschaft. Wir erhalten einen vollberechtigten Zugang zur Hochtechnologie, zur Telekommunikation, zur Zusammenarbeit im Wirtschaftsbereich mit vielen europäischen und außereuropäischen Ländern.«[8] Enge Kooperation mit der NATO und eine Harmonisierung der Verfahren und Standards der euro-atlantischen Streitkräfte blieben daher auch während der Regierungen Schüssel I und II von großer Bedeutung.[9] Die höchste Form systematischer Kooperation und damit auch der Sicherheit kann, so Scheibner, ausschließlich in einem Bündnis mit Beistandsgarantie gewähr-

---

4 Vgl. Reinhold Smonig, Peter Kostelka: »Neutrale werden sich vor Beistand nicht drücken können«. – In: Die Presse 27. 11. 1999. S. 5.

5 Aus: Gunther Hauser: Österreich – dauernd neutral? Studien zur politischen Wirklichkeit. Band 14. Hg. v. Anton Pelinka. – Wien 2002. S. 90.

6 Aus: Profil Nr. 29/1996, zit. in: BMLV/Büro für Wehrpolitik, Sicherheits- und Verteidigungsdoktrin. Kurzfassung des Analyseteils. – Wien März 2001. S. 13.

7 Herbert Scheibner (FPÖ) löste im Februar 2000 den bisher längst dienenden Verteidigungsminister der II. Republik, Werner Fasslabend (ÖVP), ab. General Horst Pleiner folgte am 1. Januar 2000 General Karl Majcen als Generaltruppeninspektor nach.

8 Der WEU-Beobachter Österreich leistete somit einer Einladung der damaligen 13 WEAG-Mitglieder aus 1999 Folge. Aus: APA 163 5 AA 0259 vom 13. 11. 2000 (Austria Presse Agentur).

9 Vgl. Herbert Scheibner: Eine neue Verteidigungspolitik für Österreich. – In: ÖMZ 1/2001. S. 17–24. S. 23.

leistet werden.[10] Die Realisierung einer EU-Beistandspflicht[11] konnte sich im Jahr 2000 neben Österreich jedoch nur Frankreich vorstellen: Paris sah darin die Chance, die NATO längerfristig durch ein rein europäisches Sicherheitssystem zu unterwandern. Aufgrund der skeptischen Haltung gegenüber der österreichischen Bundesregierung im Jahr 2000 (EU14-Sanktionen) veranlasste Frankreich jedoch keinen Vorstoß in Richtung EU-Beistandspflicht.[12] Caspar Einem, Mitglied der SPÖ im EU-Reformkonvent, hatte, um die gemeinsame Verteidigungspolitik auch neutralen Ländern zugänglich zu machen, im Jahr 2003 mittels Antrags vorgeschlagen, dass eine Beistandspflicht der EU selbst und nicht der Mitgliedsländer realisiert werden solle, »was mit der Neutralität verträglich sei«. Die EU würde demnach im Angriffsfall auf freiwillig zur Verfügung gestellte militärische Kapazitäten der Staaten zurückgreifen.[13] Dazu sei jedoch festgehalten, dass völkerrechtlich streng genommen ein neutraler Staat nicht Mitglied einer kollektiven Sicherheitsgemeinschaft sein kann – auch nicht, falls der Beistand »freiwillig« erfolgt. In der politischen Praxis ist jedoch Neutralität »heute im Rahmen der kollektiven Sicherheitssysteme zu sehen und durch deren Wirkungsweise begrenzt«.[14]

Die Sicherheits- und Verteidigungsstrategie aus 2001

Die Koalitionsregierung unter Wolfgang Schüssel hatte sich in ihrem Regierungsprogramm vom Februar 2000 entschlossen, für Österreich die Sicherheits- und Verteidigungspolitik neu zu konzipieren und in einem möglichst breiten nationalen Konsens neu zu definieren. Mit der Sicherheits- und Verteidigungsdoktrin aus 2001 wurde erstmals seit dem politischen Umbruch in Europa 1989/90 ein politisch-strategisches Leitlinienkonzept zur umfassenden Neugestaltung der österreichischen Sicherheitspolitik erstellt. So hatte der Ministerrat in seiner Sitzung am 3. Mai 2000[15] über Antrag des Verteidigungsministers Herbert Scheibner die Einsetzung einer Kommission zur Ausarbeitung einer neuen österreichischen Sicherheits- und

---

10 Ebd.
11 So auch im Regierungsprogramm der Österreichischen Bundesregierung (Schüssel II) für die XXII. Gesetzgebungsperiode (20. 12. 2002–29. 10. 2006), Fact Sheets der Österreichischen Offiziersgesellschaft. http://www.oeog.at/fact/regerkl.php (3. 11. 2008).
12 Aus: APA 201 5 AA 0229 AI vom 14. 2. 2000, Austria Presse Agentur.
13 Aus: Grünes Licht für Beistandspflicht? – In: Die Presse 17. 5. 2003. S. 14.
14 Aus: Thomas Freylinger: Die Rechtsfrage einer möglichen Einbindung der neutralen Staaten Europas in die Gemeinsame Außen- und Sicherheitspolitik. Diplomarbeit aus Europarecht zur Erlangung des Magistergrades an der Rechtswissenschaftlichen Fakultät der Paris-Lodron-Universität Salzburg, Institut für Völkerrecht und ausländisches öffentliches Recht. – Salzburg 2000. S. 6.
15 Vgl. Protokoll des Ministerrates, Punkt 16 des Beschlussprotokolls. S. 14.

Verteidigungsdoktrin beschlossen. Die Kommission wurde unter dem Vorsitz des Bundeskanzlers Wolfgang Schüssel (ÖVP) bzw. der Vizekanzlerin Susanne Riess-Passer (FPÖ) und unter Einbindung der Außenministerin Benita Ferrero-Waldner (ÖVP) und des Verteidigungsministers Herbert Scheibner (FPÖ) eingesetzt. Im Januar 2001 war der Analyseteil finalisiert worden.

Nach dem Beschluss des Landesverteidigungsplanes 1983 und dem Scheitern des Optionenberichtes von 1998 hatte sich die Regierung Schüssel zum Ziel gesetzt, eine umfassende Sicherheitskonzeption zu erstellen, um die sicherheitspolitischen Ziele Österreichs durch eine gleichberechtigte Mitwirkung des Landes in allen europäischen und transatlantischen Sicherheitsstrukturen möglichst optimal verwirklichen zu können.[16] Angesichts seiner eingeschränkten sicherheitspolitischen Ressourcen ist demnach ein auf sich allein gestelltes Österreich nicht in der Lage, das gesamte Spektrum an sicherheitspolitischen Aufgaben abzudecken. Die räumliche Entfernung zu Krisenherden bietet zudem keinen ausreichenden Schutz mehr. Die Verwundbarkeit von modernen Gesellschaften hat sich – wie die Terrorattacken auf das World Trade Center und das Pentagon vom 11. September 2001 verdeutlichten – erhöht. Moderne europäische Sicherheitspolitik ist folglich als präventive Sicherheitspolitik[17] zu verstehen, mit dem Ziel der Schaffung einer möglichst hohen politischen, wirtschaftlichen, militärischen, sozialen und ökologischen Umweltstabilität.[18]

Insgesamt gilt der Grundsatz: »So viel kooperative Friedensförderung wie möglich und so viel Zwangsmaßnahmen als nötig.«[19] Der Einsatz militärischer Gewalt bleibt somit ein »Ultima-Ratio«-Mittel jeder umfassenden und zweckorientierten Außen- und Sicherheitspolitik. Der Begriff der Solidarität leitet sich für Österreich – gerade was die gemeinsame Sicherheit betrifft – aus der Zugehörigkeit zur EU-Staatengemeinschaft ab, die von gemeinsamen Prinzipien, Werten und vertiefter umfassender Zusammenarbeit getragen wird. Wichtige politisch-strategische Zielsetzungen sind in diesem Zusammenhang unter anderem:

---

16 Im Koalitionspakt hatten SPÖ und ÖVP damals vereinbart, den Optionenbericht bis 1. April 1998 im Ministerrat zu beschließen. SPÖ und Grüne hatten den Optionenbericht abgelehnt. Wolfgang Schüssel schrieb darüber: »Die graue Eminenz der SPÖ, Heinz Fischer, wollte die Erwähnung der NATO-Option im Optionenbericht um jeden Preis verhindern« und übte somit »entsprechenden Druck auf seinen Parteivorsitzenden aus.« Aus: Wolfgang Schüssel: Offengelegt. Aufgezeichnet von Alexander Purger. – Salzburg 2009. S. 62.
17 Dazu die Sicherheits- und Verteidigungsdoktrin aus 2001, S. 10: »Zeitgemäße Sicherheitspolitik orientiert sich nicht mehr primär an der Bedrohung, sondern an der Fragestellung, wie kann und muss Europa gestaltet werden, damit Bedrohungen erst gar nicht entstehen.« Sicherheitspolitik liegt also in der präventiven Beeinflussung des Entstehens von Risiken und Bedrohungen.
18 Ebd. S. 8.
19 Ebd. S. 10.

– die Verhinderung des Entstehens von Risiken und Bedrohungen für den europäischen Kontinent und die verstärkte Übernahme von mehr europäischer Verantwortung für Frieden und Sicherheit;
– der Aufbau effizienter ziviler und militärischer Kapazitäten und Ressourcen für eine glaubwürdige Gemeinsame Außen- und Sicherheitspolitik der Europäischen Union;
– die Erhaltung und Vertiefung der partnerschaftlichen transatlantischen Zusammenarbeit als Grundlage der Stabilität und Sicherheit in Europa.[20]

Die neue Sicherheits- und Verteidigungsstrategie wurde – nach Beschluss des Ministerrates vom 3. Mai 2000 zu deren Ausarbeitung – im Nationalrat mit Stimmen der Regierungsparteien ÖVP und FPÖ am 12. Dezember 2001 verabschiedet. SPÖ und Grüne lehnten diese Doktrin ab und strebten eine Vergemeinschaftung der Sicherheits- und Verteidigungspolitik[21] durch die EU (Zuständigkeitsbereich: EU-Kommission) an. Dieser Schritt stand jedoch in keinem EU-Mitgliedsland zur Diskussion. Mit der neuen Doktrin wurde jener Antrag verabschiedet, den bereits am 15. Oktober 2001 ÖVP und FPÖ formuliert hatten. Darin wird der »sicherheits- und verteidigungspolitische Nutzen einer NATO-Mitgliedschaft Österreichs im Lichte der sicherheitspolitischen Entwicklung laufend beurteilt und im Auge behalten« und Österreich als »allianzfreier« und nicht dauernd neutraler Staat bezeichnet.[22] Auch im Programm der Regierung Schüssel II wird die Beitrittsoption in die NATO »im Auge behalten«.[23] SPÖ-Europasprecher Caspar Einem und der Abgeordnete Peter Pilz (Die Grünen) konnten sich sogar damals eine Aufhebung des Neutralitätsgesetzes vorstellen, wenn zwischen 2010 und 2015 eine gemeinsame europäische Armee gebildet wird.[24] Der Schweizer Bundespräsident Adolf Ogi erklärte Anfang 2000, dass die Schweiz ihre sicherheitspolitische Situation überdenken müsse, falls Österreich der NATO beitrete. Demnach stellt sich die Frage eines NATO-Beitritts der Schweiz aus geopolitischer Sicht, wenn die Schweiz »von NATO-Ländern umzingelt sei«.[25]

---

20 Vgl. Sicherheits- und Verteidigungsdoktrin. Analyseteil. S. 8ff.
21 So wiederholt auch Peter Pilz (Die Grünen) im Jahr 2004: »Wir Grüne unterstützen eine Vergemeinschaftung der europäischen Außen- und Sicherheitspolitik, aber keine Nato-Mogelpackung«. Aus: Skepsis gegen eine »Nato-Mogelpackung«. SP und Grüne haben leise Bedenken gegen Österreichs Teilnahme an den EU-Kampftruppen. – In: Oberösterreichische Nachrichten. http://www.nachrichten.at/politik/innenpolitik/315980?PHPSESSID (22. 11. 2004)
22 Aus: Florian Asamer: Warum die Neutralität doch nicht geopfert wird. – In: Die Presse 30. 11. 2001. S. 8.
23 Aus: Regierungsprogramm der Österreichischen Bundesregierung für die XXII. Gesetzgebungsperiode, Fact Sheets der Österreichischen Offiziersgesellschaft. http://www.oeog.at/fact/regerkl.php (3. 11. 2008).
24 Aus: Alexander Purger: Neutralität unter der Lupe. – In: Salzburger Nachrichten 24. 11. 2001. S. 3.
25 Aus: APA 540 5 AI 0261 II vom 14. 2. 2000, Austria Presse Agentur.

Die wesentlichen Aussagen der Sicherheits- und Verteidigungsdoktrin[26] können wie folgt zusammengefasst werden:

- Österreichs Status entspricht völkerrechtlich nicht mehr demjenigen eines Neutralen, sondern eines Bündnisfreien. Österreich unterstreicht seine sicherheitspolitische Eingebundenheit innerhalb der EU und NATO-PfP, jedoch nicht als Mitglied eines Militärbündnisses. Österreichs Sicherheitspolitik ist mit jener Europas untrennbar verbunden. Sicherheit ist nur durch Kooperation möglich. So viel Kooperation wie möglich, so wenig Zwang wie nötig.
- Bis zu 2.000 Soldaten sollen für internationale Operationen entsendet werden. Dieser Beitrag umfasst sowohl Kräfte, die in UN-Missionen tätig sind, als auch Kräfte für Internationale Operationen (KIOP) bei der Krisenbewältigung im Rahmen der Petersberg-Aufgaben der EU.[27] Im Regierungsprogramm des Kabinetts Schüssel II wurde der österreichische Beitrag für das militärische Planungsziel der EU mit »derzeit rund 1.500 Soldaten« festgelegt.[28]
- Die Grundprinzipien der Sicherheits- und Verteidigungsstrategie lauten: das Prinzip der umfassenden Sicherheit, das Prinzip der präventiven Sicherheit (welches das Bedrohungsreaktionskonzept ablöst, es betont die aktive Teilnahme an internationalen Maßnahmen zur Konfliktverhütung und des Krisenmanagements) und das Prinzip der europäischen Solidarität (ersetzt das Konzept der autonomen Sicherheitspolitik).
- Aufbauend auf Empfehlungen der Sicherheits- und Verteidigungsstrategie war es Aufgabe der Bundesregierung, für alle sicherheitspolitisch relevanten Bereiche Teilstrategien auszuarbeiten (Außenpolitik, Verteidigungspolitik, Innere Sicherheit, Wirtschafts-, Landwirtschafts-, Verkehrs-, Infrastruktur-, Finanz-, Bildungs- und Informationspolitik).
- Eine existenzbedrohende Aggression gegen Österreich mit konventionellen Streitkräften hätte nach den militärischen Szenarien aus 2001 eine Vorlaufzeit von sieben bis zehn Jahren.

Die ÖVP/FPÖ-Regierung war bestrebt, die Beziehungen zur NATO konsequent auszubauen. Dazu zählte zunächst die Ausschöpfung aller Kooperations- und Dialogmöglichkeiten, die im Rahmen der NATO-Partnerschaft für den Frieden (PfP) geboten

---

26 Aus: Bundeskanzleramt, Österreichische Sicherheits- und Verteidigungsdoktrin. Allgemeine Erwägungen. Entschließung des Nationalrates, Bundespressedienst. – Wien 2002.
27 Humanitäre und Rettungsaufgaben, friedenserhaltende sowie auch friedensschaffende Aufgaben.
28 Aus: Regierungsprogramm der österreichischen Bundesregierung für die XXII. Gesetzgebungsperiode, Kapitel 3 »Äußere Sicherheit und Landesverteidigung«, S. 5. Vgl. dazu auch Gunther Hauser: Das europäische Sicherheits- und Verteidigungssystem und seine Akteure. Hg. v. BMLV und der Landesverteidigungsakademie. 2. Aufl. – Wien April 2005. S. 31.

wurden. Sobald sich eine neuerliche Erweiterung der NATO abzeichnete, wären die damit verbundenen Konsequenzen für Österreich zu prüfen gewesen. Die SPÖ sprach sich in diesem Kontext ebenso für eine Intensivierung der »Mitarbeit in der NATO-*Partnership for Peace* (PfP) in den Bereichen Friedenssicherung, humanitäre und Katastrophenhilfe sowie Such- und Rettungsdienste« aus.[29] Anstatt eines Beitrittes zur NATO befürwortete die SPÖ jedoch eine kooperative Form der Sicherheitsgestaltung mit der NATO und unterstrich, dass sich Österreich zum PfP-Grundprinzip bekennen solle, »dass jeder Partner das Recht hat, das Ausmaß seiner Zusammenarbeit mit der NATO und den anderen Partnern zu jeder Zeit ausschließlich selbst zu bestimmen«.[30]

Für die grundsätzliche Ausrichtung der österreichischen Sicherheitspolitik stellte sich somit die Frage, »ob man sich in erster Linie auf die ›kollektive‹ Form der Sicherheitsgestaltung ausrichten will oder auf die ›kooperative Form‹«.[31] Umfassende Sicherheitspolitik wäre folglich ausschließlich bei einer internationalen »Lastenaufteilung« (burden sharing) zu verwirklichen, nämlich durch gemeinsames Auftreten von Staaten bei der Krisenbewältigung, folglich durch Kostenminimierung mittels Kooperation bei geteilten Risiken, und zudem steigt die innenpolitische Akzeptanz, wenn Staaten gemeinsame Interessen vertreten.[32]

Zur verbesserten Koordinierung der Außen-, Sicherheits- und Verteidigungspolitik in Österreich wurde am 12. Oktober 2001 von allen Parlamentsparteien die Schaffung eines Nationalen Sicherheitsrates (NSR) beschlossen, dem der Bundeskanzler vorsitzt. Dem NSR gehörten 2003 (Regierung Schüssel II) als stimmberechtigte Mitglieder an:

- Mitglieder der Bundesregierung: Bundeskanzler Wolfgang Schüssel; Vizekanzler Herbert Haupt; Außenministerin Benita Ferrero-Waldner; Verteidigungsminister Günther Platter; Innenminister Ernst Strasser; Justizminister Dieter Böhmdorfer.
- Fünf Mitglieder der ÖVP: Nationalratspräsident Andreas Khol; Abg. z. NR Michael Spindelegger; Abg. z. NR Günter Stummvoll; Abg.z.NR Walter Murauer; BR Ludwig Bieringer.
- Vier Mitglieder der SPÖ: der zweite Nationalratspräsident Heinz Fischer; der Bundesparteivorsitzende Abg. z. NR Alfred Gusenbauer; der Geschäftsführende Vorsitzende Abg. z. NR Josef Cap; Abg. z. NR Barbara Prammer.

---

29 Vgl. SPÖ-Positionen zur Sicherheits- und Verteidigungsdoktrin: Österreichische Sicherheits- und Verteidigungsdoktrin, Schlussfolgerungen. – Wien 16. 10. 2001. S. 2.
30 Ebd.
31 Aus: General Horst Pleiner, Generaltruppeninspektor, bei seinem Referat zum Thema »Sicherheit in Europa: Die OSZE als Teil der Sicherheitsarchitektur. Eine Betrachtung aus militärischer Sicht« anlässlich des Europäischen Forums Alpbach. August 2000.
32 Ebd.

– Je ein Mitglied der Grünen (Abg. z. NR Peter Pilz) und der FPÖ (Abg. z. NR Reinhard Bösch).

Mitglieder mit beratender Stimme waren[33] Mitte 2003 Landeshauptfrau Waltraud Klasnic (Steiermark) als Vertreterin der Landeshauptleutekonferenz, seitens der Präsidentschaftskanzlei Kabinettsdirektor Botschafter Helmut Türk, der Generalsekretär für Auswärtige Angelegenheiten, Botschafter Johannes Kyrle, Generalstabschef General Roland Ertl[34], der Generaldirektor für die öffentliche Sicherheit Erik Buxbaum, Sektionschef Botschafter Hubert Heiss (Bundeskanzleramt), Sektionschef Helmut Günther (Büro Vizekanzler), Botschafter Martin Vukovich (Außenministerium) sowie Sektionschef Erich Reiter (Verteidigungsministerium). Weiters wurden elf Ersatzmitglieder (5 von der ÖVP, 4 von der SPÖ, 1 von den Grünen, 1 von der FPÖ: Ex-Verteidigungsminister Klubobmann Herbert Scheibner) und sechs Verbindungspersonen zum Bundeskanzleramt und zu den Ministerien ernannt.

Mit dem Bundesgesetzblatt BGBl 122/201 wurde am 16. November 2001 der NSR eingerichtet und zugleich der 1968 eingeführte Landesverteidigungsrat aufgelöst. Der NSR dient seither der Beratung der Bundesregierung in allen grundsätzlichen Angelegenheiten der Außen-, Sicherheits- und Verteidigungspolitik und erteilt in diesen Bereichen Empfehlungen. Der NSR koordiniert insgesamt die in Sicherheits- und Verteidigungsdoktrin enthaltenen Maßnahmen und legt der Bundesregierung mindestens einmal jährlich einen Bericht über den Stand der Umsetzung vor.

Um österreichische Führungskräfte aus Politik, Verwaltung und Wirtschaft für alle Aspekte des Themas Sicherheit zu sensibilisieren, erfolgte auf Beschluss des Ministerrates vom Dezember 2002 die Einrichtung eines Strategischen Führungslehrganges unter der Führung der Landesverteidigungsakademie – zunächst unter der Leitung von Brigadier Wolfgang Schneider und der Koordination von Major Andreas Scherer.[35] Entstehen sollte so eine »Strategic Community«, die »Keimzelle einer Elitegruppe, die sicherheitspolitisches Problembewusstsein besitzt und in strategischen Kategorien denkt«.[36]

---

33 Quelle: Parlamentsdirektion, Mitglieder NSR, Stand: 10. 6. 2003/DS.
34 General Roland Ertl, zuvor für zwei Jahre Militärkommandant von Salzburg, löste am 1. Dezember 2002 General Horst Pleiner ab. Pleiner, gebürtig aus Salzburg, war somit der letzte österreichische General, der das Amt des Generaltruppeninspektors (GTI) innehatte, da der ranghöchste Posten des Bundesheeres mit dessen Übernahme durch General Roland Ertl seither mit Generalstabschef tituliert wird. General Ertl blieb bis 30. November 2007 Generalstabschef, sein Nachfolger wurde mit 1. Februar 2008 der ebenfalls aus Salzburg stammende General Edmund Entacher.
35 Seit Herbst 2004 ist Brigadier Kurt Wagner mit der Leitung und Sandra Kick mit der Koordination des Strategischen Führungslehrganges beauftragt.
36 Aus: Strategic Community, Keimzelle. – In: Die Presse 7. 12. 2004. S. 6.

Neutralität und Abfangjäger

Im Dezember 2001 riefen die Regierungsparteien ÖVP und FPÖ in ihrer damals neuen Sicherheitsstrategie die Bündnisfreiheit der Republik Österreich ins Leben. Dieser Beschluss sollte die Neutralität aufheben, obwohl das Neutralitätsgesetz de jure weiterhin gelten sollte. Einige Monate nach dem Beschluss der Bündnisfreiheit wurde seitens der Regierungsparteien das Faktum der Neutralität der österreichischen Öffentlichkeit plötzlich dargelegt: Im Zuge der Diskussion um die Beschaffung neuer Luftraumüberwachungsflugzeuge bzw. auch Abfangjäger für das Bundesheer als Ersatz für die veralteten Saab-35OE Draken wurde das Thema *Neutralität* wieder aktuell. Während sich die SPÖ und die Grünen erwartungsgemäß für die Beibehaltung der Neutralität, aber gegen die Neubeschaffung von neuem Fluggerät für das Bundesheer aussprachen, unterstrichen Vertreter der Regierungsparteien, vor allem Verteidigungsminister Herbert Scheibner, die Notwendigkeit, den Saab Draken so bald als möglich durch neue Flugzeuge zu ersetzen, um auch dem gesetzlichen Auftrag, »die Neutralität zu schützen« (sic!), nachkommen zu können.[37] Unter allen vier im österreichischen Parlament vertretenen Parteien herrschte plötzlich Einigkeit darüber, dass Österreich neutral sei, obwohl ÖVP und FPÖ bei der Verabschiedung der Sicherheits- und Verteidigungsdoktrin Ende 2001 – sogar in einem Ministerratsbeschluss – Österreich zum allianzfreien Staat erklärt hatten. Die Regierungsparteien betonten, dass Österreich als neutrales Land verpflichtet sei, auch die Verteidigung des Luftraumes zu garantieren. In einer Presseerklärung gab der Klubobmann der FPÖ, Peter Westenthaler, zu verstehen: »Der Status quo [Anmerkung: die Beibehaltung der Neutralität in Österreich] würde selbstverständlich die gesetzliche Verpflichtung zur souveränen und eigenen Verteidigung der Neutralität und somit des österreichischen Luftraumes bedeuten. …«[38] Im Gegensatz dazu meinte im August 2001 der stellvertretende SPÖ-Bundesparteivorsitzende Heinz Fischer: »Ich glaube, man kann neutral sein, ohne seinen Luftraum zu überwachen.«[39] Als Regierungspartei hatte die SPÖ jedoch im Jahr 1987 den Ankauf gebrauchter Abfangjäger des Typs Saab Draken für notwendig erachtet. Als die Oppositionsparteien SPÖ und Grüne eine Volksabstimmung über die Beschaffung neuer Abfangjäger forderten, schlug Verteidigungsminister Herbert Scheibner Ende März 2002 vor, die Bevölkerung über die zukünftige Ausrichtung der österreichischen Sicherheitspolitik zu befragen. Dagegen sprachen sich wiederum ÖVP und SPÖ aus: Wäh-

---

[37] Interview mit Herbert Scheibner, Bundesminister für Landesverteidigung, Zeit im Bild 2, 18. 3. 2002, ca. 22.10 Uhr.

[38] Aus: FPÖ-Presseerklärung: Volksentscheid über Neutralität oder NATO vorstellbar. Westenthaler gegen tschechische Zeman-Jets über Österreich. 20. 3. 2002.

[39] Vgl. SPÖ-Schwenk: Über Abfangjäger diskutieren. – In: Die Presse. 25. 3. 2002, S. 1.

rend ÖVP-Generalsekretärin Maria Rauch-Kallat bzw. Klubobmann Andreas Khol eine »klare und offene Diskussion« über die Neutralität »zum richtigen Zeitpunkt« befürworteten, sah SPÖ-Bundesgeschäftsführerin Doris Bures im Vorschlag Scheibners einen Versuch, die Neutralität auszuhöhlen oder abzuschaffen.[40]

Um den damals schon fast 40-jährigen Saab Draken bald zu ersetzen,[41] kamen nach einer öffentlichen Ausschreibung und einer eingehenden Bewertung der Angebote von ursprünglich fünf Nachfolgemodellen zwei in die engste Wahl: der Saab Gripen und der Eurofighter Typhoon von EADS. Die zwei Motoren des Eurofighter schlagen sich jedoch in deutlich höheren Betriebskosten nieder, weshalb sich seitens des Bundesheeres »die Generäle letztlich entgegen den Ergebnissen der Bewertungskommission, aber aus Sorge um das ohnehin dürftige Heeresbudget in einem Aktenvermerk für den Gripen« aussprachen.[42] Mit dieser Empfehlung ging Verteidigungsminister Herbert Scheibner am 25. Juni 2002 in den Ministerrat. In einer »dramatischen Vorbesprechung« versuchte Finanzminister Karl-Heinz Grasser noch ein letztes Mal, den Kauf der Militärflugzeuge zu stoppen: »Seit seinem Amtsantritt stemmt er sich gegen die Milliardenausgabe, und im Bundesheer wird bereits halb im Scherz, halb im Ernst erwogen, den seinerzeit wegen einer Gastritis untauglichen Minister zu Nachmusterung zu zitieren, falls er nicht einlenkt. Grasser fürchtet jedoch die hohen Kosten der Flugzeuge und die politischen Querelen, die sich noch an jedem Rüstungskauf entzündet haben.«[43] Schüssel pochte jedoch »aus staatspolitischen und auch aus Sicherheitsgründen auf die Fortführung der Luftraumüberwachung, und zwar mit modernem Gerät, das 3–4 Jahrzehnte hält.«[44] Grasser und Scheibner einigten sich auf eine Refundierung der Betriebskosten aus dem allgemeinen Budget, sodass am 2. Juli 2002 der Regierungsbeschluss für den Ankauf von zunächst 24 Eurofightern fiel.[45] Finanzminister Karl-Heinz Grasser wurde damals »über Nacht vom wortreichen Gegner zum Freund des Eurofighters und machte so die Entscheidung für das teuerste Fluggerät möglich«.[46] Um die Lücke zwischen der Außerdienststellung der Saab Draken und dem Eintreffen der Eu-

---

40 Vgl. Volksabstimmung über Neutralität: ÖVP, SPÖ blocken FP-Vorstoß ab. – In: Die Presse 28. 3. 2002. S. 7.
41 24 Saab Draken flogen zwischen 1987 und 2005 insgesamt 23.600 Flugstunden unfallfrei. Am 22. Dezember 2005 wurde der letzte weltweit sich im aktiven militärischen Flugdienst befindende Draken (Pilot: Oberstleutnant Doro Kowatsch) in Österreich ausgemustert. Zuletzt existierten noch sieben flugfähige Draken. Aus: Gerald A. Simperl: »Draken« Farewell. – In: Truppendienst 1/2006. S. 80.
42 Schüssel: Offengelegt. S. 180.
43 Ebd.
44 Ebd. S. 180f.
45 Ebd. S. 181.
46 So Christian Rainer: Das perfekte Verbrechen. 96.000 Euro für eine Pressekonferenz – oder wie man ganz legal ein Ding dreht. – In: Profil Nr. 14. 4. 4. 2011. S. 15.

rofighter zu überbrücken, wurden ab 2004 ein »Northrop Grumman F-5«-Paket der Schweizer Luftwaffe als »billigste und damit beste Variante für eine lückenlose und sichere Luftraumüberwachung in Österreich« angemietet.[47] Dieses Paket umfasste eine Vierjahresmiete für zwölf Einsitzer des Typs F-5 Tiger, die Pilotenumschulung, die erforderliche Bewaffnung und Munition sowie die Logistik und die Materialerhaltung in der Schweiz (inklusive Steuern und Abgaben). Die Kosten dafür beliefen sich auf 75 Millionen Euro. Das Bundesheer gab Mitte 2008 die eigens für österreichische Bedürfnisse umgebauten Schweizer F-5 zurück.[48]

Der geschäftsführende SPÖ-Klubobmann Josef Cap unterstrich am 30. Juli 2002 vehement die Forderung seiner Partei, im Herbst 2002 den sogenannten »Kleinen Untersuchungsausschuss« zum geplanten Ankauf von ursprünglich 24 Eurofightern[49] einzusetzen. Der Beschaffungsvorgang sowie die Typenentscheidung müssten genauestens unter die Lupe genommen werden, so Cap. Ebenso müsste, so Cap im Herbst 2002, also noch vor der möglichen Vertragsunterzeichnung mit EADS, eine Volksabstimmung abgehalten werden. Es stehe zwangsläufig der Eindruck, »dass in Zeiten steigender Arbeitslosigkeit und schlechter Konjunktur Milliarden Euro an Steuergeldern für unnötige Kampfflieger verschwendet werden und gleichzeitig weite Teile von FPÖ und ÖVP nichts anderes im Sinn haben, als ihr Stück am Kriegsgeräte-Deal-Kuchen zu ergattern«, so Cap, der abschließend einen sofortigen Beschaffungsstopp forderte.[50] Die SPÖ entgegnete insgesamt »mit einer Skandalisierungskampagne ohnegleichen« und brachte folgende Gerüchte in Umlauf: Der Eurofighter könne gar nicht fliegen, das Fluggerät sei nur bei Temperaturen über + 5 Grad imstande zu starten und könne über Österreich nicht wenden, da es dafür zu schnell sei.[51] Zudem veröffentlichte die SPÖ einen äußerst populistischen Flyer mit folgenden Sprüchen: Entweder Abfangjäger (schwarzer Hintergrund) oder 2 Milliarden Euro für faire Chancen (roter Hintergrund). Entweder 1 Abfangjäger (schwarzer Hintergrund) oder 20.000 neue Kindergartenplätze, oder weg mit der Ambulanzgebühr, oder 2.000 neue Arbeitsplätze, oder 10.000 neue Lehrstellen, oder Unis ohne Studiengebühren (auf rotem Hintergrund).[52]

---

47 Aus: Im Trudeln. – In: Profil Nr. 6. 8. 2. 2011. S. 14.
48 Ebd.
49 Der Kaufpreis für 20 Eurofighter wurde damals mit knapp unter 2 Milliarden Euro, zahlbar in 18 Halbjahresraten, beziffert. Die vereinbarten Gegengeschäfte zugunsten der österreichischen Wirtschaft sollten bei 200 Prozent des Kaufpreises liegen, also bei ca. 4 Milliarden Euro. In: Schüssel: Offengelegt. S. 181.
50 Aus: Thema Abfangjäger – Cap für kleinen Untersuchungsausschuss zu Beschaffung im Herbst, Österreich Journal – Aktuelles aus Österreich, Politik der Woche vom 30. 07. bis 05. 08. 2002. http://www.oe-journal.at/Aktuelles/0702/W5/01_apol30070508.htm (05. 08. 2010)
51 In: Schüssel: Offengelegt. S. 181.
52 Die Überschrift des Flyers lautete: »Warum hören Sie nicht auf die Menschen, Herr Schüssel?« Ohne Datumsangabe.

Bundeskanzler Wolfgang Schüssel hatte 2002 nach der Hochwasserkatastrophe die Bestellung von 24 auf 18 Eurofighter zusammengestrichen, im Jahr 2007 ging Verteidigungsminister Norbert Darabos (SPÖ) bei seinen Vergleichsverhandlungen mit EADS auf 15 Eurofighter herunter, demnach wurden laut Darabos 370 Millionen Euro eingespart.[53]

Vier Jahre nach dem Ende des Eurofighter-Untersuchungsausschusses stellte die Staatsanwaltschaft Wien am 29. März 2011 die bis dato noch offenen Verfahren um den größten und teuersten Beschaffungsvorgang der Zweiten Republik ein. Eingestellt wurden unter anderem die Ermittlungen gegen den Eurofighter-Lobbyisten Erhard Steininger, den früheren Luftwaffenchef Erich Wolf und den ehemaligen FPÖ-Bundesgeschäftsführer und PR-Berater Jörg Haiders, Gernot Rumpold, sowie gegen dessen ehemalige Frau Erika. Der Eurofighter-Produzent EADS vergab 2003 einen teuren Kommunikationsauftrag an die den Rumpolds gehörende Agentur »100 % Communications«. Die Agentur erhielt 6,6 Millionen Euro, die Ausrichtung einer Pressekonferenz kostete an die 96.000 Euro.[54] Beweise dafür, das Geld könnte teilweise dazu verwendet worden sein, »Entscheidungsträger zu amtsmissbräuchlichem Verhalten zu bewegen«, fanden sich laut Staatsanwaltschaft nicht. Thomas Vecsey, Sprecher der Staatsanwaltschaft, meinte dazu: »Selbst wenn die Rechnungen hoch waren, standen dem doch konkrete Leistungen gegenüber.«[55] Es lägen also lückenlose Rechnungen über die Millionensumme vor. Gegen Wolf hatte es Ermittlungen in zwei Fällen gegeben: Anlässlich des Eurofighter-Vertragsabschlusses hatte Wolf zu einer Party nach Tulln-Langenlebarn geladen, deren Kosten von 4.500 Euro seitens der Eurofighter GmbH bezahlt wurden. Die Firma des Ehepaares Wolf hatte im Dezember 2002 von Steiniger 87.000 Euro erhalten. Laut Vecsey habe die Staatsanwaltschaft nach eingehender Untersuchung keinen kausalen Zusammenhang zwischen der Veranstaltung und dem Beschaffungsvorgang nachweisen können. Auch der Verdacht, das Geld könnte nur geflossen sein, um Wolf dazu zu bewegen, sich für EADS einzusetzen, erhärtete sich nach Vecsey nicht. Es konnte nicht nachgewiesen werden, dass Erich Wolf davon wusste. Überdies war Wolf nur bis zum Sommer 2002 an den Vertragsverhandlungen beteiligt gewesen. Damit waren fast alle Eurofighter-Verfahren eingestellt.[56]

---

53 Aus: Martin Fritzl: Zwei Drittel der Eurofighter flügellahm. – In: Die Presse 16. 2. 2010. S. 1. Thomas Newdick, As Typhoons Arrive, Austria Seeks Jet Trainers, Euro Cooperation. – In: Defense News. September 8/2008. S. 11.
54 Der marktübliche Preis einer Pressekonferenz beträgt höchstens 10.000 Euro. Aus: Christian Rainer: Das perfekte Verbrechen. 96.000 Euro für eine Pressekonferenz – oder wie man ganz legal ein Ding dreht. – In: Profil Nr. 14. 4. 4. 2011. S. 15.
55 Ebd.
56 Aus: Nichts Strafbares bei Eurofighter: Fast alle Verfahren eingestellt. – In: Die Presse 30. 3. 2011. S. 4.

Kooperationen des österreichischen Bundesheeres

Österreich als EU-Mitglied und als ein Staat, der internationale Solidarität stets als wichtigen Aspekt seiner Außenpolitik betrachtete, hatte im militärischen und nichtmilitärischen Bereich Schritte gesetzt, die über das bis zum Jahr 2000 bekannte Spektrum der österreichischen Mitwirkung an internationalen Einsätzen hinausgingen. Zudem forderte die Entwicklung im EU-Krisenmanagement eine Neuausrichtung des Bundesheeres mit einer deutlich höheren Priorität für internationale Aufgaben. Internationale Einsätze richten sich auf ein Soft-Spektrum: Dazu sollen flexibel einsetzbare Truppenteile für Versorgung, Pionierkräfte, Minenräum-, Transporteinheiten, Such- und Rettungseinrichtungen, Militärpolizei, sogenannte »Humanitarian Relief Packages« mit militärischem Kern sowie eine breite Palette ziviler Experten wie juridisches Personal und solches für administrative Aufgaben sowie insbesondere Zivilpolizei vorbereitet werden. Österreich hatte zunächst, fußend auf einem Regierungsbeschluss aus dem Jahr 1993, Schritte gesetzt, sogenannte »Vorbereitete Einheiten« (VOREIN) für friedenserhaltende Operationen, humanitäre und Katastrophenhilfe zu strukturieren.[57] Die ÖVP/FPÖ-Bundesregierung trug in ihrer Koalitionsvereinbarung den gestiegenen Auslandserfordernissen Rechnung: die VOREIN des Bundesheeres sollten ab 2000 zur Wahrnehmung des vollen Spektrums der Petersberg-Aufgaben[58] und zur Teilnahme an multinationalen Verbänden umgestaltet und ein Konzept für die Erfüllung der österreichischen Friedens- und Sicherheitserfordernisse sollte erarbeitet werden. Für österreichische Krisenmanagementkräfte steht seither die Befähigung zum Zusammenwirken mit Streitkräften der EU und NATO-PfP im Vordergrund. Dies bedingt vor allem zunehmende Professionalisierung, Flexibilität und den Einsatz von Hochtechnologie im Kommunikations-, Aufklärungs- und Führungsbereich; rasche Verfügbarkeit, Mobilität und ausreichende Bewaffnung sind wesentlich geworden. Die Streitkräfte müssen für den multinationalen Einsatz interoperabel gestaltet werden. So erfolgte ab 2004 die Bildung von »Kräften für internationale Operationen« (KIOP): Ein KIOP-Soldat soll mindestens für drei Jahre für Auslandseinsätze bereitstehen. In konsequenter Weiterentwicklung der Beteiligungen des Bundesheeres an den vielfältigen Auslandsmissionen bestehen die KIOP aus Kaderpräsenzeinheiten (KPE), also aus definierten Einheiten

---

57 Diese nach einem Bausteinsystem aufgebauten verschiedenen Truppenteile umfassten gebirgstaugliche und mechanisierte Infanterie, Pioniere, Transport- und Logistikeinheiten, ein Feldspital, Such- und Rettungselemente sowie erforderliche Stabsteile. Sie rekrutierten sich in ihrer milizartigen Struktur aus Freiwilligen der Präsenzkräfte, aus Miliz, Reserve und aus Zivilisten. Sie waren kein »stehender«, integraler Teil der Friedensorganisation.
58 Humanitäre Aufgaben, Rettungseinsätze, friedenserhaltende Aufgaben sowie Kampfeinsätze zur Krisenbewältigung einschließlich friedensschaffender Maßnahmen, durch Artikel 17 EU-Vertrag in der Fassung des Vertrags von Amsterdam in den Rechtsbestand der EU aufgenommen.

der Einsatzorganisation in der Friedensorganisation sowie aus Formierten Einheiten (FORMEIN)[59], die nach dem ehemaligen VOREIN-Prinzip gebildet werden. Der Gefreite Peter Gstrein vom Pionierbataillon 2 (PiB 2) aus Salzburg wurde offiziell erster KIOP-Soldat Österreichs.[60]

Österreich hatte ab 1998 selbst Kooperationsformen für internationale Streitkräfteeinsätze entwickelt: Die »Central European Nations Cooperation in Peace Support« (CENCOOP), die von Österreich initiiert wurde,[61] hatte Entwicklungsmöglichkeiten für Kooperationen für humanitäre und friedenssichernde Einsätze im Sinne der UN-Charta geboten. CENCOOP stand auch im Gleichklang mit den Interoperabilitätsstandards der NATO-PfP. CENCOOP sollte bis zum Jahr 2000 Brigadestatus mit 5.000 Soldaten erreichen. Dieses Ziel wurde aufgrund der vorrangigen NATO-Verpflichtungen seitens jener Teilnehmerländer, die NATO-Mitglieder sind, nicht erreicht. Erste positive, eher noch unstrukturierte Ansätze waren die Eingliederung slowenischer, slowakischer, ungarischer und seit 1999 auch Schweizer Truppenteile in österreichische UN-Missionen beziehungsweise NATO-geführte PfP-Operationen.[62]

Ein Charakteristikum der neuen Qualität von Friedenseinsätzen besteht in der Ausweitung der zivilen Komponente derartiger Operationen (wie z.B.: Schutz der Menschenrechte, Katastrophen-, Wiederaufbau- und humanitäre Hilfe, Flüchtlingsrückführung, vertrauensbildende Maßnahmen zwischen Konfliktparteien, Vorbereitung und Durchführung von Wahlen, Informations- und Bildungsaufgaben). Relevant in diesem Zusammenhang ist die zivil-militärische Zusammenarbeit. Insbesondere seit dem EU-Gipfel von Santa Maria da Feira am 19. und 20. Juni 2000 konzentrieren sich die EU-Staaten nicht mehr allein auf militärische Aspekte des Krisenmanagements, sondern, unter Berücksichtigung des vielfältigen sicherheitspolitischen Spektrums, dem die internationale Staatengemeinschaft gegenübersteht, auch auf die Entwicklung von nicht militärischen Maßnahmen. Es kam folglich in der EU zur Errichtung des Komitees für zivile Aspekte des Krisenmanagements (CIVCOM).

Ein verstärktes Konsultationsforum bildete damals die Doktrinenkonferenz. Vom 2. bis 5. Mai 2000 führte das Bundesheer gemeinsam mit den ungarischen Streitkräften die 4. Internationale Doktrinenkonferenz in Rust am See durch. Die Konferenz diente vor allem der Weiterentwicklung der nationalen Doktrinen im Bereich

---

59 Soldaten des Präsenzstandes sowie überwiegend Wehrpflichtige des Miliz- und Reservestandes.
60 Aus: Salzburger Pionierbataillon begann ab 1. März mit KIOP-Training. http://www.bmlv.gv.at/cms/artikel.php?ID=904 (25. 04. 2011)
61 CENCOOP wurde am 19. März 1998 in Wien ins Leben gerufen – von den Verteidigungsministern Österreichs, Ungarns, Rumäniens, der Slowakei und Sloweniens. 1999 trat die Schweiz bei, am 21. Juni 2002 wurde Kroatien Mitglied. Die Auflösung der CENCOOP erfolgte im Herbst 2010.
62 Aus: Gunther Hauser, Austrian Security Co-operation in the Danube Region. – In: Defensor Pacis Vol. 21. September 2007. The Defence Analyses Institute Review. – Athens. S. 109–120. S. 113f.

friedensunterstützenden Einsätze (Peace Support Operations – PSO) auf Basis des Strategischen Konzeptes der NATO von Washington von 1999. Insgesamt hatten in Rust ca. 60 Teilnehmer aus rund 25 Ländern teilgenommen[63] und sich in den Beiträgen und Arbeitsgruppendiskussionen in erster Linie mit den möglichen Einflüssen neuer Technologien und Einsatzverfahren auf verschiedene operative Aspekte von PSO beschäftigt. Ergänzend wurden in einigen Referaten die praktischen Erfahrungen aus den PSO in Bosnien-Herzegowina und Kosovo dargestellt. Auch waren die Zusammenarbeit von Militär und zivilen Organisationen für humanitäre Hilfeleistung sowie Fragen des Kulturgüterschutzes Themen der Doktrinenkonferenz.[64]

Als anlässlich des Europäischen Rates von Laeken am 14. und 15. Dezember 2001 der belgische Außenminister Louis Michel einen EU-Einsatz in Afghanistan forderte, hatte Österreich eine Beteiligung an einen derartigen Einsatz nicht ausgeschlossen. Während sich Verteidigungsminister Herbert Scheibner höchstens humanitäre Hilfe und Spezialeinheiten für einen Sicherungseinsatz bei einer Afghanistan-Mission österreichischer Soldaten vorstellen konnte, sprach Außenministerin Benita Ferrero-Walder in diesem Kontext von Minensuchdiensten. Für den damaligen SPÖ-Parteivorsitzenden Alfred Gusenbauer war es »klar«, dass sich Österreich im Falle eines Beschlusses des UNO-Sicherheitsrates bei einer friedensschaffenden Mission »keinesfalls zieren dürfe«.[65] Ähnlich äußerte sich die außenpolitische Sprecherin der Grünen, Ulrike Lunacek. Am 8. Januar 2002 beschloss die Regierung Schüssel I, bis zu 75 Soldaten im Rahmen der Internationalen Schutztruppe für Afghanistan (ISAF) nach Kabul zu entsenden, um dort Wach- und Sicherungsaufträge, Personen- und Objektschutz, Patrouillen und Checkpoint-Kontrollen sowie Begleitschutz von Konvois zwischen Kabul und dem Militärflughafen Bagram durchzuführen. Sie wurden gemeinsam mit niederländischen und dänischen Soldaten der deutschen Einsatzgruppe unterstellt. Zwischen August und Oktober 2005 wurden im Rahmen eines Sicherungseinsatzes für die Parlamentswahlen bis zu 100 österreichische Soldaten aus Tirol nach Afghanistan entsendet.[66]

Österreichische Truppen waren während der Regierung Schüssel I und II durchschnittlich in der Gesamtstärke von 1.250 Soldaten im Auslandseinsatz stationiert, so z. B. im Januar 2006 vor allem am Golan (UNDOF, ca. 380), in Bosnien-Herzegowina (SFOR und EUFOR Althea, 280) und in Kosovo (KFOR, 770).[67] Mit 1. Dezember 2005 übernahm Österreich – einen Monat vor Beginn der zweiten

---

63 Vgl. APA 072 5 AI 0135 II vom 30. 4. 2000. Pressemeldung der Austria Presse Agentur.
64 Ebd.
65 Vgl. EU ringt um Truppe für Afghanistan-Einsatz, Österreich wäre bereit. – In: Die Presse 15. 12. 2001. S. 11.
66 Aus: Truppendienst International 1/06. S. 5.
67 Aus: Einsätze des Österreichischen Bundesheeres im Ausland. – In: Truppendienst 1/2006. S. 78.

österreichischen EU-Präsidentschaft – die Führung der Multinational Task Force North (MTF North) bei der EU-Operation EUFOR Althea in Bosnien-Herzegowina.[68] So wurde erstmals in der Geschichte der Auslandseinsätze von Österreich eine multinationale Brigade geführt.[69] An Katastropheneinsätzen des Bundesheeres ist besonders die Hilfeleistung nach der Flutkatastrophe in Südostasien zu nennen. So wurde am 3. Januar 2005 eine Bundesheer-Transportmaschine des unter der Regierung Schüssel II erworbenen Typs Lockheed C-130 Hercules[70] mit Hilfsgütern an Bord von Wien nach Colombo entsendet. Das Bundesheer stellte für den mehrwöchigen Einsatz vier Trinkwasseraufbereitungsanlagen mit Bedienungspersonal zur Verfügung. Innerhalb von 24 Stunden konnten im Einsatzgebiet bis zu 160.000 Liter Trinkwasser gereinigt und damit täglich etwa 40.000 Menschen mit Trinkwasser versorgt werden.[71]

Das Bundesheer – auf dem Weg zum Freiwilligenheer?

Um das Bundesheer für künftige Einsätze vorzubereiten, wurde zunächst im Zwischenbericht der Expertenkommission zur Prüfung einer allfälligen Umstellung des Bundesheeres auf ein Freiwilligenheer (April 2001) Folgendes festgehalten:

- Das Bundesheer hat Defizite, die auf eine langjährige Unterdotierung des Verteidigungshaushaltes zurückzuführen sind. »Es ist eine Illusion zu meinen, der Rückstau könnte kurzfristig aufgeholt werden«, so Verteidigungsminister Scheibner.[72]
- Mehr als 2.200 Soldaten überwachen rund um die Uhr die EU-Außengrenze.
- 1.200 Soldaten sind ständig für die Friedenssicherung im Auslandseinsatz.
- Bundesheer-Pioniere leisten monatlich mehr als 13.000 Stunden Katastrophenhilfe.

---

68 Die MNTF North setzte sich aus 13 Nationen zusammen.
69 Österreich stellte mit Brigadier Karl Pronhagl den Kommandanten sowie andere relevante Stabsfunktionen wie den politischen Berater, den Rechtsberater sowie den Leiter des Visitors and Observers Bureau. Aus: Günter Ruderstaller, EUFOR »Althea« Task Force North unter österreichischem Kommando. – In: Truppendienst 1/2006. S. 67–69. S. 67.
70 Am 7. Mai 2002 bestätigte Verteidigungsminister Herbert Scheibner in einer Ausschusssitzung des Nationalrates die Kaufentscheidung von drei C-130 Hercules aus dem Bestand der britischen Royal Air Force (RAF). Diese drei gebrauchten Flugzeuge hatten in ihren 35 Dienstjahren um die 20.000 Flugstunden absolviert und wurden zum Zwecke des Ankaufes grundüberholt. Am 21. März 2003 wurde die erste C-130 Hercules im Bundesheer in Dienst gestellt. Aus: OStv Andreas Thalhammer: Lufttransportsystem C-130 »Hercules«. – In: MILIZ info 1/2011. S. 15f. S. 15.
71 Quelle: Bundesministerium für Landesverteidigung, Pressetext. – Wien 2005.
72 Aus: Presse- und Informationsdienst (PID). Zwischenbericht der Experkom liegt vor. Bundesministerium für Landesverteidigung. – Wien 11. Mai 2001.

- Das Bundesheer verfügt über ein international anerkanntes Ausbildungssystem und genießt hohe Reputation wegen seiner Erfahrung in UN-Friedenseinsätzen.
- Man könne derzeit auf die Wehrpflicht[73] nicht verzichten, so Scheibner.

Wesentliche Aussagen des Berichts:
Eine entsprechende Erfüllung der gegenwärtig an das Bundesheer gestellten Anforderungen ist in personeller Hinsicht ohne die Beibehaltung des Systems der allgemeinen Wehrpflicht nicht gewährleistbar (Vorwort, Generaltruppeninspektor).

- Die politischen Entscheidungen zur zukünftigen Sicherheitspolitik der Republik Österreich vor allem hinsichtlich des konkreten Ausmaßes der Integration in ein übergeordnetes, europäisches oder transatlantisches System der Kooperation in Fragen der Sicherheit und Verteidigung werden daher abzuwarten sein, bevor Empfehlungen von Experten hinsichtlich einer allfälligen Umstellung des Wehrsystems auf ein Freiwilligenheer[74] oder eine geeignete Mischform zwischen hohem Anteil an Freiwilligen und einer Fortsetzung der allgemeinen Wehrpflicht mit allenfalls geänderten Rahmenbedingungen abgegeben werden können (ebd.).
- Es bedarf nicht mehr der Landesverteidigung als einzelstaatlich betriebener nationaler Individualaufgabe, sondern vielmehr eines Systems sicherheits- und verteidigungspolitischer Kooperationen im europäischen Verbund sowie in der Stabilisierung des europäischen Umfeldes (Absatz 1).
- Die Republik Österreich wird nach derzeitiger Einschätzung für die absehbare Zukunft keiner Gefahr einer direkten Aggression konventioneller Streitkräfte ausgesetzt sein (Absatz 2).

---

[73] Die Wehrpflicht ist in Artikel 9a Absatz 3 des BVg verankert. Im Artikel 79 Absatz 1 des BVg ist festgelegt, dass das Bundesheer nach den Grundsätzen eines Milizsystems einzurichten ist. Milizsystem heißt, präsente Kräfte für Ämter, Behörden, Stäbe, Kommanden und Spezialaufgaben wie Luftraumüberwachung, Nachrichtendienste und die jeweils zusätzlichen Soldaten, Truppen und Verbände kommen von der Miliz. Dies hat den Vorteil, dass stets nur so viel Bundesheer präsent ist und überdies bezahlt werden muss, wie jeweils benötigt wird: »Für ein neutrales Land, das nicht der NATO angehört, ist das ein kostengünstiges, zweckmäßiges, demokratisches und vernünftiges System«, so Brigadier Michael Schaffer, Präsident des Österreichischen Milizverbandes: Wird die Solidarität zum leeren Schlagwort? – In: Couleur 01/11. Zeitschrift des Mittelschüler-Kartellverbandes der katholischen farbentragenden Studentenkorporationen. S. 6f. S. 6.

[74] Ob sich genügend Freiwillige melden, bleibt auch unter dem Bundesminister für Landesverteidigung und Sport, Norbert Darabos, weiterhin umstritten. Zudem haben diejenigen EU-Staaten, die die Wehrpflicht abgeschafft haben, eine gewaltige Herausforderung, genügend Freiwillige zu finden. Die Anwerbung von genügend Freiwilligen für die Bereitschaftstruppe ist bereits bei dem angedachten Salär für Berufssoldaten in den 1970er-Jahren nicht gelungen. Aus: Oberst i.R. Udo E. Liwa: Wie geht's weiter mit dem Bundesheer? – In: Couleur 01/11. S. 4f. S. 5.

- Das Bundesheer sollte aufgrund der bestehenden Anforderungen über Verbände mit der Fähigkeit zur Gefechtsführung auf modernem technologischen Niveau in einer durchsetzungsfähigen Größenordnung samt der dazu erforderlichen Versorgung, Unterstützung und Kommunikation verfügen (Absatz 5).
- Die zur Wahrnehmung der militärischen Landesverteidigung aus den militärstrategischen und sicherheitspolitischen Rahmenbedingungen ableitbaren Aufgaben werden mit abnehmender Wahrscheinlichkeit wie folgt zu erfüllen sein: Luftraumüberwachung; friedensunterstützende Einsätze einschließlich humanitärer und Katastrophenhilfe im Ausland; Host Nation Support; Sicherungsoperation; Luftraumsicherungsoperation; Raumschutzoperation (Absatz 6).

Es gibt immer mehr Aufgaben, die von Wehrpflichtigen nicht oder nicht im optimalen Ausmaß erfüllt werden können. Daher wird, insbesondere zur Erfüllung der Präsenzaufgaben sowie zur Bereitstellung der für multinationale Aktivitäten eingemeldeten Truppenstärke als Beitrag zur Europäischen Sicherheits- und Verteidigungspolitik (ESVP), der Anteil von zeitlich befristeten Freiwilligen insbesondere in der Mannschaftsebene deutlich zu erhöhen sein (Absatz 8). Aus einem Abgehen von der allgemeinen Wehrpflicht würden, unbeschadet regionaler Auswirkungen, wie sie sich etwa aus Kasernenschließungen ergäben, keine den gesamtstaatlichen Wirtschaftsprozess erheblich beeinflussenden Faktoren erwachsen. Dies gilt auch für Zivildiener, deren Ausfall jedoch über Jahre hinweg Lücken bei Sozialdiensten hinterließe (Absatz 14). Ein allfälliger Umstieg auf ein Freiwilligenheer bedarf aus legistischer Sicht umfangreicher Änderungen sowohl auf verfassungsrechtlicher als auch einfachgesetzlicher Ebene (Absatz 15). Die Implementierung eines Freiwilligensystems zur Bewältigung der gestellten Aufgaben bedarf zudem umfassender Maßnahmen zur Attraktivitätssteigerung des Dienstes im Bundesheer. Maßnahmen wie eine arbeitsmarktgerechte Bezahlung, Sicherstellung der Wohnversorgung, Förderung der beruflichen Reintegration nach Beendigung des Militärdienstes, Verbesserung des ausrüstungsmäßigen Qualitätsstandards des Bundesheeres sowie eine Image-Steigerung des Soldatenberufes erscheinen zur Gewinnung einer entsprechenden Anzahl an Freiwilligen unabdingbar (Absatz 16).

Die SPÖ legte ihre wehrpolitischen Bedingungen wie folgt fest:[75]

- Die SPÖ spricht sich weiterhin gegen die Abkehr Österreichs von der Neutralität aus. Österreich könne seine »solidarischen Aufgaben im Rahmen der EU und der Organisationen der Staatengemeinschaft weiterhin auf der Basis seines bisherigen Status als neutraler Staat erfüllen«.

---

75 Aus: Dietmar Neuwirth: SP-Festlegung gegen Berufsheer, gegen Abkehr von der Neutralität. – In: Die Presse 30. 3. 2001. S. 8.

- Bewaffnete Konflikte oder gar Aggressionsakte gegen Österreich sind nicht absehbar.
- Die SPÖ spricht sich gegen die Einführung eines Berufsheeres aus. Zudem plädiert die SPÖ für eine Verkürzung des Präsenzdienstes von acht auf sieben, nach dem Ende des Assistenzeinsatzes[76] an der EU-Außengrenze Österreichs auf vier Monate.
- Die Mobilmachungsstärke soll von 100.000 auf 60.000 Mann verringert werden.
- Zusammenführung der beiden Korps zu einem Streitkräftekommando. Zusammenfassung der neun Militär- in drei Territorialkommanden, Verringerung der fünf auf drei Brigaden und der Zahl der Kleinkasernen.
- Der geplante Kauf von Nachfolgemodellen für die Saab Draken sei »unvoreingenommen zu überprüfen. Daraus kann sich die Möglichkeit eines Verzichts auf die Nachbeschaffung von Abfangjägern als Ersatz für den ›Draken‹ ergeben.«
- Der Parteivorsitzende Alfred Gusenbauer betonte: Die Neuorganisation des Heeres müsse nach vier Prioritäten erfolgen:[77] erstens – solange es die EU-Erweiterung noch nicht gebe – Assistenzeinsatz an der Grenze. Zweitens Teilnahmefähigkeit an internationalen Einsätzen; drittens nationaler/internationaler Katastrophenschutz. Viertens Erhalt eines Kernes von »klassischer Landesverteidigung«. Neue Abfangjäger waren für Gusenbauer »entbehrlich«.

Die Bundesheerreformkommission 2004

Aufgrund neuer sicherheitspolitischer Szenarien ab 2001 hatte die Bundesregierung eine Bundesheerreform- sowie eine Zivildienstkommission eingerichtet, die Empfehlungen für ein moderneres Bundesheer 2010 und eine aktuelle Zivildienstregelung ausgearbeitet hatten.[78] Der Bundesminister für Landesverteidigung der Regierung Schüssel II, Günther Platter, hatte mit der Ministerweisung Nr. 183/2003 die ersten Eckpunkte für die Bildung und die Tätigkeit einer Bundesheerreformkommission verfügt, um das Bundesheer den neuen sicherheitspolitischen Herausfor-

---

76 Das Bundesheer hatte seit dem Beginn des Assistenzeinsatzes an der Ostgrenze am 4. September 1990 bis 2005 mehr als 82.000 illegale Grenzgänger aus 110 Ländern aufgegriffen. An die 2.200 Soldaten überwachten damals einen etwa 470 Kilometer langen Grenzabschnitt zur Slowakei (113 Kilometer) und zu Ungarn (357 Kilometer). Das Bundesheer leistete dem Innenministerium Assistenz bei der Grenzüberwachung. Aus: Wolfgang Gröbming: 15 Years of Border Surveillance. – In: Truppendienst International 1/2006. S. 37–41.
77 Vgl. SP-Chef: Fünf Monate Wehrdienst reichen für Militärausbildung. – In: Die Presse 17. 8. 2001. S. 1.
78 Aus: Alexander Abele: Wehrdienst und Zivildienst NEU ab 1. 1. 2006, info-blatt aktuell der Servicestelle Politische Bildung Nr. 3. – Wien Dezember 2005. BMBWK mit dem Ludwig Boltzmann Institut für Menschenrechte. S. 1.

derungen anzupassen:[79] »Wir haben die Marschbereitschaft für das neue, moderne österreichische Bundesheer hergestellt«, betonte Platter.[80] Die Kommission für die Bundesheerreform tagte 2003 und 2004 unter der Leitung des ehemaligen Wiener Bürgermeisters Helmut Zilk und fasste die Ergebnisse in einem Bericht zusammen. Die Kommission bestand unter anderem aus Vertretern der politischen Parteien, der Interessenverbände, der Präsenzdienstleistenden und aus Mitgliedern der Bundesjugendvertreter und hatte zur Verteidigungspolitik, Streitkräfteentwicklung, zu Bundesheer und Gesellschaft, zu Bundesheer und Wirtschaft (einschließlich zivilmilitärischer Zusammenarbeit CIMIC), zum Alltag im Bundesheer und zum bereits zuvor vorgelegten Bericht der Arbeitsgruppe Miliz 2010 Empfehlungen an den Verteidigungsminister beschlossen. Die Übergabe des Berichts der Kommission – er wurde nur mit drei Gegenstimmen und zwei Enthaltungen aus den Reihen der SPÖ verabschiedet[81] – an Günther Platter erfolgte am 14. Juni 2004. Die Aufgaben des Bundesheeres werden darin wie folgt festgelegt:

Inland: Gewährleistung der staatlichen Souveränität, Assistenzleistungen auf Ersuchen ziviler Behörden (Hilfestellung bei Naturkatastrophen bzw. einer von Menschen verursachten Katastrophe, Bewältigung von Terroranschlägen).

Ausland: solidarische Beteiligung an Maßnahmen der ESVP sowie an anderen Maßnahmen der Friedenssicherung, der humanitären Hilfe und der Katastrophenhilfe sowie Such- und Rettungsdienste. Die Bewältigung dieser Auslandsaufgaben erfolgt ohne Präsenzdiener.

Ziel: Schaffung von strukturierten Kräften bis hin zu Brigadestärke auch für Aufgaben im oberen Petersberg-Spektrum (Beispiel: gewaltsame Trennung von Konfliktparteien) für die in regelmäßigen Abständen erfolgende Entsendung ins Ausland.

Zudem sah die Kommission vor:

---

79 Die Truppe bestand Anfang 2006 aus ca. 9.270 Militärpersonen (Soldaten in einem Dienstverhältnis) sowie aus ca. 30.000 Wehrpflichtigen des Milizstandes und Frauen in Milizverwendung (Milizsoldaten). Aus: Bundesheer 2010. – In: MILIZ info 1/2006. S. 3f. S. 3.

80 Aus: Jetzt ist es fix: 26 Kasernen werden geschlossen. – In: Die Presse 8. 6. 2005. S. 2.

81 So begründete der Vertreter der Sozialistischen Jugend (SJ) die Ablehnung mit der zunehmenden Militarisierung Europas und dem gescheiterten Versuch, für Grundwehr- und Zivildiener die gleiche Dienstdauer zu erreichen. Auch seitens der FPÖ kamen nach der Ernennung von Heinz-Christian Strache zum Parteiobmann am 23. April 2005 kritische Töne: Er bezeichnete die Bundesheerreform als gescheitert und lehnte die »gegenwärtige Pseudoreform der Streitkräfte«, die seiner Meinung nach nur der Besetzung von Kommandostellen »nach dem Gusto der ÖVP« diene, entschieden ab. FP-Generalsekretär Herbert Kickl sah in der geplanten Reform die Zerschlagung des Bundesheeres. Aus: Edwin R. Micewski, Gerhard Neumüller, Barbara Schörner: Österreichs parlamentarische Parteien – Positionen zu Sicherheitspolitik und Streitkräften. Vom Ende des Kalten Krieges bis zur österreichischen EU-Ratspräsidentschaft 2006. Band 1. Schriftenreihe der Landesverteidigungsakademie 14/2007. S. 52 und S. 63.

- die Reduzierung der Mobilmachungsstärke des Bundesheeres auf 55.000 Soldaten (von 110.000 Soldaten 2004). Das Bundesheer sollte auch in der Lage sein, innerhalb kurzer Zeit einen einsatzfähigen Verband (Rahmenbrigade, Stärke ca. 3.500 Soldaten) für internationale Aufgaben bereitzustellen;[82]
- die Reduzierung der Anzahl der Kommanden der oberen Führung von sechs auf zwei (Kommando Einsatzunterstützung, Streitkräfteführungskommando);[83]
- die Verringerung der Anzahl der Brigaden von fünf auf vier, jener der kleinen Verbände von 57 auf 39;
- die Verkleinerung der Militärkommanden unter Beibehaltung ihrer Territorialaufgaben.
- Die Betriebskosteneinsparung zugunsten von dringend notwendigen Investitionen im Bereich der Ausrüstung und Infrastruktur sollte durch die Reduktion der militärischen Liegenschaften um vierzig Prozent erreicht werden. In diesem Kontext wurde die Schließung von 26 Kasernen in acht Bundesländern[84] von allen Landeshauptleuten akzeptiert. Platter rechnete dadurch mit einem Erlös von bis zu einer Milliarde Euro.[85]
- Die größte Herausforderung lag in der Personalumschichtung von der derzeitigen Grundorganisation zur künftigen Einsatzorganisation.[86]
- Die Gliederung des Bundesheeres 2010 war so zu gestalten, dass spätere Entwicklungen, etwa auch die Aussetzung der Wehrpflicht und die Umstellung auf ein Freiwilligenheer, möglich wurden.
- Budgetmittel für die Landesverteidigung wären von derzeit 0,8 Prozent mindestens auf 1 Prozent des BIP zu erhöhen.
- Der Wehrdienst wurde mit 1. Januar 2006 von acht auf sechs Monate[87], der Zivildienst von zwölf auf neun Monate und der Auslandszivildienst von 14 auf zwölf Monate verkürzt.[88]

---

82 Aus: Alexander Abele: Wehrdienst und Zivildienst NEU ab 1.1.2006. – In: info-blatt aktuell der Servicestelle Politische Bildung Nr. 3. – Wien Dezember 2005. BMBWK mit dem Ludwig Boltzmann Institut für Menschenrechte. S. 2.
83 Beginn der Einnahme der neuen Heeresgliederung: 1. September 2006.
84 Vorarlberg war als einziges Bundesland von den Kasernenschließungen nicht betroffen. Aus: Landeshauptleute akzeptieren Platters Konzept. – In: Die Presse 8. 6. 2005. S. 2.
85 Aus: Jetzt ist es fix: 26 Kasernen werden geschlossen. – In: Die Presse 8. 6. 2005. S. 2.
86 Vgl. dazu auch: Bundesheer 2010. – In: MILIZ info 1/2006. S. 3f. S. 3.
87 Diese Reduzierung galt für alle Wehrpflichtigen, die vor 1. Januar 2006 den Präsenzdienst noch nicht angetreten hatten. Die Verkürzung erfolgte mit zwei verschiedenen Regelungen. Bis Ende 2007 gab es dazu eine Weisung des Verteidigungsministers, seit 2008 gilt die Verkürzung per Gesetz. Hintergrund dazu: Der ÖVP-Koalitionspartner BZÖ (zuvor die FPÖ) legte sich gegen eine frühere Reduzierung per Gesetz quer. Aus: Jetzt ist es fix: 26 Kasernen werden geschlossen. – In: Die Presse 08. 06. 2005. S. 2.
88 Aus: Abele, Wehrdienst und Zivildienst NEU ab 1.1.2006. S. 5.

Die Milizkomponente des Bundesheeres hatte nunmehr die Funktion

- der Auffüllung von Kommanden, Truppen und Einrichtungen der Präsenzorganisation zur vollen Einsatzstärke bei Übungen und im Einsatz;
- der Bildung eigenständig strukturierter Milizkräfte als Bestandteile der Einsatzorganisation und
- der Bildung von Expertenstäben zur Nutzung spezifischer Fachkenntnisse der Milizsoldaten.

Jährlich werden ca. 25.000 Personen zur Ausbildung im Grundwehrdienst einberufen. Seit 2008 können Wehrpflichtige aufgrund einer einmal abgegebenen und unwiderruflich freiwilligen Meldung zu Milizübungen einberufen werden. Diese Milizübungen ersetzen seither als neue Präsenzdienstart die bisherigen Präsenzdienstarten Truppenübungen und Kaderübungen. Bis zu zwölf Prozent der jährlich einberufenen Rekruten können nach Bedarf auch ohne freiwillige Meldung mit Auswahlbescheid zur Ableistung von Milizübungen verpflichtet werden.

»Das Bundesheer benötigt endlich Planungssicherheit – und zwar über Legislaturperioden hinaus«, betonte der Vorsitzende der Reformkommission Helmut Zilk: »Die Budgetmittel, die dafür bereitgestellt werden müssen, liegen bei ca. ein Prozent des Bruttoinlandsproduktes. Diese sollten dem Bundesheer in Form einer Sonderfinanzierung sofort verfügbar gemacht werden, die auch Möglichkeiten einer Bundesanleihe einschließen könnte.«[89]

Es geht vor allem darum, sich seitens des Bundesheeres innerhalb der EU-Streitkräftestrukturen gezielt und koordiniert einzubringen. Mit dem Ministerratsbeschluss vom 17. November 2000 hat Österreich seine Bereitschaft erklärt, am Aufbau einer europäischen Eingreiftruppe gemäß den EU-Beschlüssen von Helsinki aus 1999 teilzunehmen.[90] So brachten während des EU-Gipfels von Brüssel am 17. und 18. Juni 2004 die Staats- und Regierungschefs der EU auch ihre Unterstützung des EU-Streitkräfteplanziels 2010 zum Ausdruck.[91] Das Dokument 6309/6/2004 über das Streitkräfteplanziel 2010 (Headline Goal 2010) wurde beim Rat Allgemeine Angelegenheiten und Außenbeziehungen (RAA) vom 17. Mai 2004 genehmigt. Bei diesem RAA wurde auch das sogenannte Battle Group-Konzept erstellt mit dem Ziel, bis 1. Januar 2007 mindestens neun hoch bereite Battle Groups à 1.500 Soldaten

---

89 Aus: Rede des Vorsitzenden der Bundesheerreformkommission, Dr. Helmut Zilk, anlässlich der Übergabe des Berichts der Kommission an den Bundesminister für Landesverteidigung, Günther Platter, am 14. Juni 2004 im T-Center Wien, Wien-Landstraße.
90 Aus: Micewski, Neumüller, Schörner: Österreichs parlamentarische Parteien – Positionen zu Sicherheitspolitik und Streitkräften. S. 23.
91 Punkt 60 der Schlussfolgerungen des Vorsitzes, Europäischer Rat (Brüssel), 17. und 18. Juni 2004, 10679/04.

einzurichten, die in der Lage sind, innerhalb von zehn Tagen in Krisengebiete verlegt zu werden.

Beim informellen Verteidigungsminister in Noordwijk/Niederlande am 17. September 2004 beschlossen die Verteidigungsminister, zunächst 13 Battle Groups à 1.500 Soldaten zu bilden. Österreich gab am 22. November 2004 bekannt, sich mit 200 Soldaten an einer Battle Group gemeinsam mit Deutschland (950 Soldaten) und der Tschechischen Republik (350 Soldaten) zu beteiligen: »Dadurch ist klar gestellt, dass Österreich ab der ersten Stunde mit dabei ist«, betonte Verteidigungsminister Günther Platter. Platter hatte am 19. November 2004 gemeint, das Bundesheer werde erst ab 2009 Soldaten stellen.[92] Die 200 Österreicher sollten sich aus Infanteristen, ABC-Spezialisten (Abwehr von atomaren, biologischen und chemischen Waffen) sowie Pionieren zusammensetzen. Die Soldaten selbst sollten aus jenen 1.500 ausgewählt werden, die Österreich im Jahr 2000 für die gemeinsamen EU-Krisenbewältigungskräfte eingemeldet hatte. Für die Entsendung der Kampftruppen ist ein Beschluss des EU-Rates und dann binnen fünf Tagen die nationale Zustimmung (Bundesregierung, Hauptausschuss des Nationalrates erforderlich).[93] An der FPÖ drohte vorerst ein Beschluss über die Teilnahme an den Battle Groups zu scheitern. Die FPÖ gab zu verstehen, dass Platter zu lange darüber »im stillen Kämmerlein verhandelt« habe.[94] So hätte folglich die Einmeldung scheitern können, weil »zu lange über innenpolitische Probleme gestritten wurde«, so ein EU-Diplomat.[95]

Österreich befindet sich, so Erwin Lanc (SPÖ), in einer »Neutralitätsfalle«, was die Beteiligung von 200 Bundesheer-Soldaten an den EU Battle Groups betrifft: »Im Fall eines Ausstiegs (Opting out) bei neutralitätswidrigen Einsätzen muss das zu Schwierigkeiten mit den NATO-Mitgliedern Deutschland und Tschechien führen.«[96] Außenministerin Ursula Plassnik (ÖVP) sah in der Beteiligung österreichischer Soldaten keinen Widerspruch zur Verfassung. Diese biete die Grundlage für friedenserhaltende EU-Missionen.[97] Bundespräsident Heinz Fischer – seit 8. Juli 2004 auch Oberbefehlshaber des Bundesheeres – betonte diesbezüglich:

> »Jeder Einsatz im Rahmen dieser ›Battle Groups‹ hat einem Friedenszweck oder solidarischer Hilfeleistung im Katastrophen- oder Terrorfall zu dienen. An offensiven militärischen Operationen, die nach dem Völkerrecht als Krieg zu definieren sind, wird sich

---

92 Aus: Skepsis gegen eine »Nato-Mogelpackung«. SP und Grüne haben leise Bedenken gegen Österreichs Teilnahme an den EU-Kampftruppen. – In: Oberösterreichische Nachrichten http://www.nachrichten.at/politik/innenpolitik/315980?PHPSESSID (22. 11. 2004).
93 Aus: 200 Mann für Kampftruppe. – In: Salzburger Nachrichten 20. 11. 2004. S. 2.
94 Aus: Österreich verpasst Start gemeinsamer EU-Kampftruppe. – In: Die Presse 18. 11. 2004. S. 1.
95 Ebd.
96 Aus: Erwin Lanc: Neutralität als Kriegsbremse. – In: Die Presse 05. 03. 2005. S. 20.
97 Aus: Skepsis gegen eine »Nato-Mogelpackung«.

Österreich nicht beteiligen. ... Unter Bedachtnahme auf die österreichische Bundesverfassung und die österreichische Neutralität ist jeder Einsatz von der Übereinstimmung des Einsatzzieles mit den Grundsätzen der Satzungen der Vereinten Nationen und dem Völkerrecht abhängig zu machen.«[98]

Die Reformen im Polizeiwesen
Das BVT

Das Bundesamt für Verfassungsschutz und Terrorismusbekämpfung (BVT), ehemals Staatspolizei, wurde 2002 aus der Staatspolizei sowie einigen Sondereinheiten (EDOK, EBT), die wie das heutige Bundesamt direkt dem Bundesministerium für Inneres (BM.I.) unterstanden, gegründet. Das BVT hat seine Zentrale in Wien, pro Bundesland ist ein Landesamt für Verfassungsschutz und Terrorismusbekämpfung (LVT) eingerichtet. Gesetzliche Grundlage für diese Sicherheitsbehörde ist das »Bundesgesetz über die Organisation der Sicherheitsverwaltung und die Ausübung der Sicherheitspolizei« (Sicherheitspolizeigesetz – SPG). Der Auftrag des BVT besteht darin, verfassungsmäßige Einrichtungen der Republik Österreichs und deren Handlungsfähigkeit zu schützen. Organisationsrechtlich ist das BVT Teil der Generaldirektion für die öffentliche Sicherheit des BM.I. Es besteht aus einem Leitungsbereich (Direktor, Stellvertreterin, Büro Internationale Beziehungen und Referat Informationsmanagement) und drei Abteilungen. Die laufenden Lagebeurteilungen und Gefährdungseinschätzungen der im BVT angesiedelten Analyseeinheit bilden eine wichtige Entscheidungsgrundlage für die strategische Leitung sowie für die Steuerung und Koordination der daraus resultierenden Personen- und Objektschutzmaßnahmen. Zu den Kernaufgaben des BVT zählen die Bekämpfung extremistischer und terroristischer Phänomene, der Spionage, des internationalen Waffenhandels sowie des Handels mit Kernmaterial und der organisierten Kriminalität. Darüber hinaus obliegen dem BVT die Veranlassung und Koordination bzw. im Wege der LVT auch die Umsetzung von Personen- und Objektschutzmaßnahmen, der Schutz von Vertretern und Vertreterinnen ausländischer Staaten, internationaler Organisationen und anderer Völkerrechtssubjekte. Der Schwerpunkt im Tätigkeitsbereich des BVT liegt nach wie vor in der Bekämpfung des internationalen Terrorismus als Teil einer nationalen und gesamteuropäischen Strategie.[99]

Die Gründung des BVT folgte als Reaktion auf die zunehmende Gefährdung der öffentlichen Sicherheit durch den internationalen Terrorismus (9/11). Österreichs

---
98 Aus: 89. Tagesbefehl des Herrn Bundespräsidenten zum Jahreswechsel 2004/2005, Verlautbarungsblatt II des Bundesministeriums für Landesverteidigung. Jahrgang 2004. – Wien 20. Dezember 2004.
99 Aus: Bundesministerium für Inneres. http://www.bmi.gv.at/cms/bmi_verfassungsschutz/ (04. 08. 2010)

damaliger Innenminister Ernst Strasser gab den Auftrag zur Neustrukturierung der österreichischen Terrorabwehr. Zum Direktor wurde ab Dezember 2002 Gert-René Polli, ein Offizier des Heeresnachrichtenamtes, ernannt. Nachfolger Pollis wurde nach dessen Rücktritt im Oktober 2007 mit 1. März 2008 Peter Gridling, der zuvor die 1987 gegründete EBT (Einsatzgruppe zur Bekämpfung des Terrorismus) leitete und bei Europol als Leiter der Anti-Terrorismus-Abteilung zuständig für Analysen im Terrorbereich gewesen war.[100] Da Peter Gridling 2008 Schwachpunkte in der Kooperation mit den Nachrichtendiensten des Bundesheeres ortete – es gab demnach »ein paar Unklarheiten im Militärbefugnisgesetz, was den Informationsaustausch mit dem Innenministerium betrifft« –, strebte Gridling auch ein »Verwaltungsabkommen zwischen Verteidigungs- und Innenministerium« an, um die Zusammenarbeit zu verbessern.[101]

Das BVT besteht u. a. aus drei Einheiten: Einheit 1 (Personal, Budget, Administration), Einheit 2 (Information, Ermittlung, Analyse) und Einheit 3 (Prävention, Personenschutz und Objektschutz). Die operativen Kernaufgaben des BVT nimmt die zentrale Abteilung für Informationsbeschaffung, Ermittlung und Analyse in den Fachbereichen Terrorismus, Extremismus sowie Spionageabwehr, illegaler Waffenhandel und Proliferation von Massenvernichtungswaffen wahr. Sicherheitsgefährdende Aktivitäten sollen schon im Vorbereitungsstadium vereitelt, verübte Straftaten aufgeklärt und den Gerichten zur Anzeige gebracht werden.[102] Gridling definiert die Aufgaben des BVT wie folgt: »Krisen beobachten«, »Informationen beschaffen«, über Rechtschutzbeauftragte »erweiterte Gefahrenforschung« erstellen, »zielgerichtete Informationen beschaffen«, »Kriminalität verhindern« und »Gefahr abwehren« – etwa durch Zugriff und Festnahme.[103] Besonderes Augenmerk in der Terrorismusbekämpfung liegt auf Radikalisierungs- und Rekrutierungsprozessen seitens von Islamisten sowie Verbreitung dschihadistischen Gedankenguts. Das BVT arbeitet eng mit dem Lagezentrum im Generalsekretariat des EU-Rates zusammen (Situation Center, SitCen), zudem mit Europol. Die Nachrichtendienste wurden nach 9/11 insgesamt »austauschfreudiger«, jedoch bedeutet dies nicht, »dass die Zusammenarbeit optimal ist«.[104]

---

100 Aus: Peter Gridling übernimmt Bundesamt für Verfassungsschutz, 7. 2. 2008, 12:51 Uhr. http://diepresse.com/home/politik/innenpolitik/361273/print.do (4. 8. 2010)

101 Aus: Marcus J. Oswald: Peter Gridling vom BVT erklärt Terrorismus, veröffentlicht in »Staatspolizei« von sicherheitwien am 5. Oktober 2008. http://sicherheitwien.wordpress.com/category/staatspolizei/ (4. 8. 2010)

102 Aus: Der Rechnungshof, Verfassungsschutz und Terrorismusbekämpfung; Fachbereich Terrorismus. http://www.rechnungshof.gv.at/berichte/kernaussagen/kernaussagen/detail, letzte Änderung: 28. 5. 2010 (4. 8. 2010)

103 Aus: Oswald: Peter Gridling vom BVT erklärt Terrorismus.

104 Ebd.

Polizei und Gendarmerie

Gemäß dem Beschluss des Nationalrates vom 9. Dezember 2004 und dem Beschluss des Bundesrates vom 20. Dezember 2004 nahm am 1. Juli 2005 der Wachkörper Bundespolizei seinen Dienst auf. Für die Einführung der seither dunkelblauen Uniformen erfolgte eine Übergangsbestimmung bis 31. Dezember 2007. Am 30. Dezember 2004 war nach eingehender parlamentarischer Beratung mit Expertenhearings unter BGBl I 2004/151 die SPG-Novelle 2005 kundgemacht worden.[105] Die Gendarmeriegesetze 1894 und 1918 wären ex lege spätestens mit Ablauf des 31. Dezember 2009 außer Kraft getreten. Durch die Zusammenführung der Wachkörper war ein Außerkrafttreten mit 30. Juni 2005 erfolgt.[106]

Die Novelle zielte auf die Schaffung der organisatorischen und strukturellen Voraussetzungen, um 27.000 Beamte aus Bundesgendarmerie, Bundessicherheitswache und Kriminaldienst zu einem österreichweit einheitlichen Wachkörper mit gestrafften Kommandostrukturen zusammenzufassen.[107] Es ging auch insbesondere darum, das österreichische System an europäische und internationale Standards anzupassen.[108] Bereits im Mai 2004 wurde in einem ersten Schritt die Zollwache umgewandelt und deren ehemalige Beamten den Exekutivkörpern zugeführt.

Die sicherheitsbehördliche Tätigkeit wurde 2004 gemäß den Artikeln 78a–78d BVg in oberster Ebene vom Bundesministerium für Inneres (BM.I.) wahrgenommen. Im BM.I. ist die Generaldirektion für die öffentliche Sicherheit eingerichtet und – dieser eingeordnet – das Bundeskriminalamt und das BVT. Auf der mittleren Ebene bestehen neun Sicherheitsdirektionen (als Bundesbehörden), so auch in Wien, wo die Sicherheitsdirektion und die Bundespolizeidirektion organisatorisch zusammengefasst sind. Auf der unteren Ebene der Bezirksverwaltungsbehörden sind einerseits in den größeren Städten 14 Bundespolizeidirektionen (BPolDion) als Bundesbehörden eingerichtet bzw. wird die Sicherheitsverwaltung von den 84 Bezirkshauptmannschaften (als Landesbehörden) sowie zwei Stadtmagistraten (Krems und Waidhofen/Ybbs) wahrgenommen.[109]

---

105 Bundesgesetz, mit dem das Sicherheitspolizeigesetz, das Grenzkontrollgesetz, das Bundesgesetz über die Führung der Bundesgendarmerie im Bereich der Länder und die Verfügung über die Wachkörper der Bundespolizei und der Bundesgendarmerie und das Beamten-Dienstrechtsgesetz geändert werden; zu den parlamentarischen Materialien siehe NR: GP XXII RV 643 AB 723 S. 89. BR: 7156 AB 7164. S. 717.
106 Peter Andre: Rechtsrahmen der Polizeireform. – In: Öffentliche Sicherheit 12A/2005 S. 83–86. S. 86.
107 Ebd. S. 83.
108 Aus: Werner Wutscher: Reformaspekte in der Sicherheitsverwaltung sowie zur Transparenz im Verwaltungshandeln inklusive Vorschlag von Präs. Jablonka zur Weisungsfrage, Diskussionsgrundlage für die 7. Ausschusssitzung des Ausschusses 6 am 30. Jänner 2004. http://www.konvent.gv.at/K/DE/AVORL-K/AVORL-K_00454/fnameorig_019700.html (04. 08. 2010), S. 2.
109 Ebd.

Im Sicherheitspolizeigesetz wurden die neuen Organisationsstrukturen der Bundespolizei vorgesehen: In jedem Bundesland erfolgte die Einrichtung eines Landespolizeikommandos. Die damals noch bestehenden Landes- und Bezirksgendarmeriekommanden gingen darin ebenso auf wie die Zentralinspektorate der Sicherheitswache und die Kriminalbeamteninspektorate. Auf unterster Ebene wurden Polizeiinspektionen geschaffen, denen der operative Exekutivdienst auf lokaler Ebene obliegt.[110] Mit den Regelungen wird somit auch klargestellt, dass die Stadt- bzw. Bezirkspolizeikommanden in Angelegenheiten der Sicherheitsverwaltung den Sicherheitsbehörden erster Instanz (Bezirksverwaltungsbehörden, Bundespolizeidirektionen) unterstellt sind. Ausnahmeregelungen existieren für den Bereich des Landespolizeikommandos Wien: Im Bereich der Bundespolizeidirektion Wien bleibt der Wachkörper Bundespolizei gegenüber der Sicherheitsbehörde »weiterhin in einem Beigebungsverhältnis«.[111]

Die Angelegenheiten des inneren Dienstes werden wie folgt grundsätzlich den Landespolizeikommanden zugewiesen: die Festlegung und Errichtung von Dienststellen und Organisationseinheiten, ihre Systemisierung einschließlich der leistungsorientierten Steuerung des Exekutivdienstes, die Organisation und Führung des allgemeinen Streifen- und Überwachungsdienstes, die Durchführung von Schwerpunkt- und Sondereinsätzen sowie sonstiger Überwachungsmaßnahmen; auf der Grundlage behördlicher Aufträge oder sonstiger übertragener Aufgaben die Festlegung der Dienstzeit, die Mitwirkung an der Aus- und Fortbildung, die personellen und dienstrechtlichen Angelegenheiten und jene des Budgets, der Logistik und der Infrastruktur. Bei der Besorgung des inneren Dienstes unterstehen die Landespolizeikommanden unmittelbar dem Bundesminister für Inneres, der ermächtigt ist, im Interesse einer einfachen und sparsamen Verwaltung durch Verordnung bestimmte Angelegenheiten des inneren Dienstes von den Landespolizeikommanden an die Bezirks- und Stadtpolizeikommanden zu übertragen.[112] Dem Landespolizeikommando Wien obliegt die Besorgung der Angelegenheiten des inneren Dienstes mit Ausnahme der personellen und dienstrechtlichen Angelegenheiten und der Angelegenheiten des Budgets, der Logistik und Infrastruktur, die vom Leiter der Bundespolizeidirektion als Sicherheitsdirektor zu besorgen sind. Es besteht aber die Möglichkeit, unter den im Gesetz genannten Voraussetzungen dem Landespolizeikommando Wien derartige Kompetenzen durch Verordnung zu übertragen.[113]

General Franz Lang aus Salzburg wurde unter Innenminister Ernst Strasser, nachdem Lang zuvor zwei große kriminalpolizeiliche Einsätze wie die Brandkatastrophen

---

110 Aus: Andre: Rechtsrahmen der Polizeireform. S. 83f.
111 Ebd. S. 84.
112 Ebd. S. 84.
113 Ebd. S. 84f.

im Tauerntunnel und in Kaprun geleitet hatte, nach Wien geholt. Er forcierte als Leiter der »Team04-Reform« maßgeblich die Zusammenlegung der Wachkörper, vor allem von Polizei und Gendarmerie. 2003 wechselte er als stellvertretender Sektionschef und Leiter der Bereiche Organisation, Dienstbetrieb und Einsatzangelegenheiten in die Generaldirektion für die öffentliche Sicherheit, wo er 2005 Stellvertreter des Generaldirektors wurde. Die Ernennung von Franz Lang zum Leiter des Bundeskriminalamtes (BK) erfolgte unter Innenminister Günther Platter am 1. Juli 2008 – nach der Fußball-Europameisterschaft.[114]

Die SPÖ kritisierte vehement die Zusammenlegung von Polizei und Gendarmerie: Strasser habe demnach »das komfortable Vergnügen …, dass er 5.300 Leitungsfunktionen neu besetzen kann«.[115] Der damalige Abgeordnete Norbert Darabos hob in diesem Kontext hervor, dass die SPÖ die Zusammenlegung von Gendarmerie und Polizei nicht mittragen könne. Der Vorwurf lautete: Strasser wolle das BM.I. somit umfärben – auf »schwarz«.[116] Diese Zusammenlegung sei somit »der falsche Weg für Österreich«.[117] Peter Pilz von den Grünen dagegen betonte: »Ich bin sehr froh darüber, dass es nun endlich, mit großer Verspätung, im Kern zu einer in der Struktur vernünftigen Reform kommt. Ich bin sehr froh, dass es endlich zur Zusammenlegung von Polizei und Gendarmerie kommt, weil das sinnvoll ist, weil es eine handlungsfähige und seriöse Sicherheitsexekutive ermöglicht.«[118] Pilz erntete Beifall und Bravorufe somit bei Abgeordneten der ÖVP und FPÖ. Pilz kritisierte jedoch: »Das Sicherheitspolizeigesetz, wie es jetzt beschlossen werden soll, gibt jedem Landeshauptmann und jeder Landeshauptfrau neben dem Bundesminister das Recht, in jede Postenbesetzung parteipolitisch reinzupfuschen.«[119] Im Bundesland Salzburg führte die Diskussion über die Polizeireform zu einem einstimmigen Beschluss der Salzburger Landesregierung mit einem zwölf-Punkte-Programm und zu einem Sonderlandtag:

»Die im 12-Punkte-Programm der Salzburger Landesregierung vom 22. September 2003 formulierten Anliegen konnten in Verhandlungen mit Herrn Landeshauptmann Schausberger größtenteils positiv erledigt werden … Am 16. Oktober 2003 wurde das Ergebnis der Verhandlungen zwischen Herrn Landeshauptmann Dr. Schausberger und Herrn Bundesminister Dr. Ernst Strasser hinsichtlich des 12-Punkte-Programms der

---

114 Aus: ORF.at 1. 2. 2008. http://wien.orf.at/stories/253686 (05. 08. 2010).
115 Aus: Stenographisches Protokoll. 89. Sitzung des Nationalrates der Republik Österreich, XXII. GP, Bericht des Ausschusses für innere Angelegenheiten über die Regierungsvorlage (643 d.B.) und zur SPG-Novelle 2005 (723 d.B.). 9. 12. 2004, S. 42. Rede von Abg. Dr. Josef Cap (SPÖ).
116 Aus: Ebd. S. 61. Rede von Abg. Mag. Norbert Darabos (SPÖ).
117 Aus: Ebd.
118 Aus: Ebd. S. 46. Rede von Abg. Dr. Peter Pilz (Die Grünen).
119 Ebd. S. 47.

Salzburger Landesregierung im Rahmen einer Pressekonferenz in Salzburg präsentiert.«[120]

Schließlich wurde der Gesetzesentwurf über die Sicherheitspolizeigesetznovelle 2005 in dritter Lesung mehrheitlich mit den Stimmen der ÖVP und FPÖ angenommen. Die Oppositionsparteien SPÖ und Grüne lehnten diese Novelle ab mit der Begründung, dass eine politische Umfärbung seitens der ÖVP bei der Exekutive vollzogen werden würde.

Die polizeiliche Zusammenarbeit

Im Rahmen der von der damaligen österreichischen Außenministerin Benita Ferrero-Waldner im Jahr 2000 initiierten »regionalen Partnerschaft« zwischen den Visegrád-Ländern (Polen, Slowakei, Tschechien und Ungarn) sowie Slowenien und Österreich hatte sich auf Initiative von Innenminister Ernst Strasser die »Salzburg-Gruppe« gebildet. Diese Gruppe hat zum Ziel, die Zusammenarbeit der beteiligten Länder im Bereich innere Sicherheit und grenzüberschreitende Kriminalitätsbekämpfung und den Schutz der künftigen EU-Außengrenze zu koordinieren.[121] Dieses informelle Gesprächsforum »soll auch künftig jedes Jahr während der Festspielzeit in der Stadt Salzburg stattfinden«.[122] Die »Salzburg-Gruppe« entwickelte sich inzwischen zu einer unverzichtbaren Sicherheitspartnerschaft zwischen mitteleuropäischen Ländern. Die praxisorientierten Gespräche umfassen insbesondere den EU-Erweiterungsprozess, die Schaffung eines regionalen Raums der Freiheit, der Sicherheit und des Rechts, Modelle der regionalen Zusammenarbeit sowie gemeinsame Anliegen und Herausforderungen.[123]

Beim Forum Salzburg 2001 (26. bis 28. Juli 2001) wurde am 27. Juli eine gemeinsame Erklärung unterzeichnet[124]; diese »Salzburg-Deklaration« war der formelle

---

120 Aus: Bundesminister Dr. Ernst Strasser, Beantwortung der Anfrage, XXII. GP. – NR 959/AB. 22. 12. 2003, zu 1010/J, S. 3.
121 Aus: Forum Salzburg 2001. Vorwort von Dr. Ernst Strasser. S. 3.
122 Ebd.
123 Ebd.
124 Die Teilnehmer des Forum Salzburg 2001 waren: Ernst Strasser als Gastgeber, Antonio Vitorino (EU-Kommissar für Justiz und Innere Angelegenheiten), Marek Biernacki (Innenminister der Republik Polen), Rado Bohinc (Innenminister der Republik Slowenien), Stanislav Gross (Innenminister der Tschechischen Republik), Sandor Pinter (Innenminister der Republik Ungarn), Ivan Simko (Innenminister der Slowakischen Republik), Erhard Busek (Regierungsbeauftragter für die EU-Erweiterung), Helga Konrad (Koordinatorin der Stabilitätspakts-Arbeitsgruppe gegen Menschenhandel) und Alexandru Jonas (Direktor des Seci Regional Centers Bukarest zur Bekämpfung der grenzüberschreitenden Kriminalität).

Beginn der Sicherheitspartnerschaften, »mit denen eine neue Qualität der regionalen Zusammenarbeit erreicht und der hohe Sicherheitsstandard für die Region und ihre Bürger in einem gemeinsamen Europa weiter angehoben werden soll«.[125] Österreich verpflichtet sich im Rahmen dieser Sicherheitspartnerschaften zu einer verstärkten Zusammenarbeit in folgenden Bereichen:

– Bekämpfung aller Formen der organisierten Kriminalität;
– Bekämpfung der illegalen Migration, des Menschenhandels und der Ausbeutung von Frauen und Kindern sowie Angleichung der Visum- und Einreisepolitik auf derzeit anwendbare EU-Visum- und -Einreisebestimmungen, einschließlich der Schengen-Bestimmungen und -Verfahren;
– gemeinsame Strategie zum Schutz der künftigen EU-Außengrenze, insbesondere gemeinsame Konzepte für wirksame Grenzüberwachung, Personalausbildung und technische Ausrüstung;
– Zusammenarbeit im Asylbereich, d. h. in Richtung Harmonisierung der Aufnahmestandards und Verfahrensabsicherungen »gemäß den vorbildlichsten Vorgehensweisen in Europa«;
– Schutz der Außengrenzen, Europäische Grenzpolizei.[126]

Innerhalb dieses Kooperationsrahmens konnte die polizeiliche Zusammenarbeit auch zwischen den Grenzregionen wesentlich verbessert werden – so vor allem im »Bewusstsein der Beschlüsse des Rates der Justiz- und Innenminister am 13. Juni 2002 in Luxemburg sowie des Europäischen Rates am 21. Juni 2002 in Sevilla über die Errichtung eines integrierten Grenzmanagements«.[127] Innerhalb der Salzburg-Gruppe wurde auch eine gemeinsame Position für die Erstellung des Haager Programms zur Stärkung von Freiheit, Sicherheit und Recht – des damaligen neuen EU-Grundlagendokuments für die innere Sicherheit – erzielt. Dessen Beschluss erfolgte am 5. November 2004, es löste das Programm von Tampere aus 1999 ab.

Auf der Basis der Mitteilung der Kommission mit dem Titel »Auf dem Weg zu einem integrierten Grenzschutz an den Außengrenzen der EU-Mitgliedstaaten«, der unter der Federführung Italiens erstellten Durchführbarkeitsstudie über den Aufbau einer Europäischen Grenzpolizei sowie der im Rahmen des Kooperationsprogramms OISIN von Österreich, Finnland und Belgien ausgearbeiteten Studie zum Thema »Police and Border Security« sowie im Hinblick auf die »Salzburg-De-

---

125 Ebd.
126 Ebd. S. 5. S. 9.
127 Aus: Forum-Salzburg: Sicherheit und Erweiterung. Dialog der Innenminister, Österreich Journal – Aktuelles aus Österreich. Politik der Woche vom 30. 07. bis 05. 08. 2002. http://www.oe-journal.at/Aktuelles/0702/W5/01_apol30070508.htm (05. 08. 2010)

klaration« vom 27. Juli 2001 sollten ein periodischer strategischer Datenaustausch zu Asyl und Migration, eine quartalsmäßige Auswertung dieser Daten und darauf abgestimmte Maßnahmen, die Einrichtung nationaler Kontaktstellen für Fragen des Grenzschutzes, ein Netz der Fachstellen für gefälschte Dokumente, der Austausch von Personal zwischen den Grenzkontrollstellen in Form von Hospitationen, eine gemeinsame Risikoanalyse sowie die Ausarbeitung eines gemeinsamen Kernlehrplans für die Ausbildung der Grenzdienstbeamter und die Entwicklung einer Fortbildungsveranstaltung für die Angehörigen des mittleren Managements verwirklicht werden. Dies vereinbarten die Teilnehmer des Forums Salzburg 2002 mit dem Ziel, »die Länder der mitteleuropäischen Region zu einer verstärkten Zusammenarbeit im Sinne der Prinzipien der Europäischen Union zur Schaffung eines Raumes der Freiheit, der Sicherheit und des Rechts zu koordinieren«.[128] Seit 1. Juli 2004 wird die Salzburg-Gruppe von einem halbjährlich wechselnden Vorsitzland geführt. Das erste Vorsitzland in diesem Turnus war Tschechien.[129]

Die EU strebt auch die Intensivierung der polizeilichen Zusammenarbeit mit den vier zentralasiatischen Ländern Kasachstan, Kirgisien, Tadschikistan und Usbekistan an – bei der Drogenbekämpfung und im Grenzschutz. So hat sich Österreich innerhalb der EU an der Schaffung des Programms TACIS BOMCA engagiert. Es gliederte sich damals in zwölf Projekte und zielt vor allem auf die Etablierung funktionierender Grenzdienste in Zentralasien.[130] insbesondere auf den Aufbau eines Sicherheitsgürtels um Afghanistan, dessen Landwirte damals ca. 85 Prozent (ca. 5.000 Tonnen) des weltweit verkauften Rohopiums herstellten. Im Jahr 2004 erfolgte zu diesem Zweck ein Treffen mit den Grenzpolizeichefs der zentralasiatischen Staaten in Wien. Im Kampf gegen die organisierte Kriminalität und die illegale Migration fanden auch regelmäßig Treffen zwischen dem/der österreichischen Innenminister/in mit südosteuropäischen Amtskollegen statt. So werden im Rahmen des Prozesses von Brdo Koordinationstreffen zwischen den zuständigen Ministern Österreichs, Sloweniens, Kroatiens, Bosnien-Herzegowinas, Serbiens, Montenegros, Albaniens, Bulgariens, Rumäniens, der Türkei und Italiens durchgeführt. Österreich beteiligte sich 2005 an folgenden internationalen Polizeieinsätzen: UNMIK im Kosovo (Anfang 2005 mit 24 Beamten, eine Reduktion erfolgte Mitte 2005), EUPM in Bosnien-Herzegowina mit fünf Beamten, EUPOL Proxima in Mazedonien (FYROM) mit drei Beamten sowie JIPTC in Jordanien zur Ausbildung irakischer Polizisten mit vier Beamten.[131]

---

128 Ebd.
129 Aus: Forum Salzburg 2003. – In: Öffentliche Sicherheit, das Magazin des Innenministeriums. Nr. 9–10/2003.
130 Quelle: Drogenschmuggel in Zentralasien. – In: Öffentliche Sicherheit – Das Magazin des Innenministeriums Nr. 7–8/2003.
131 Quelle: Bundesministerium für Inneres. Anfrage am 03. Februar 2011.

Im Rahmen eines EU-Projektes stellte Österreich den damaligen Beitrittsländern Slowenien und Ungarn Organisations- und Technologie-Know-how unter anderem auch für die EDV- und Rechtsanpassung zur Verfügung. Diese »Zwillingspakete« waren seit Dezember 1998 existent. Neben Österreich leisteten auch Deutschland und Frankreich Unterstützungs- und Aufbauarbeiten in diese Richtung. Kostete Österreich die Schengen-Reife bis zum Jahr 2000 ca. 580 Millionen Schilling, erhielten die mittel- und osteuropäischen Beitrittsländer Gelder aus der EU, um den Schengen-Standard zu erreichen.[132] Am Grenzübergang Nickelsdorf wurde 2000 das erste österreichisch-ungarische Grenzkontaktbüro eingerichtet, darin wurden ungarische Beamte auch in modernster Dokumentenkontrolle eingeschult.[133] Am 21. Dezember 2007 fielen die Kontrollen an den EU-Binnengrenzen in Mitteleuropa weg.

Ernst Strassers Asylpolitik und dessen Rücktritt

Ernst Strassers Asylpolitik war umstritten: Strasser galt ursprünglich als »Liberaler«, er bekam jedoch gerade wegen seiner Asylpolitik – nicht nur von politischen Gegnern – ein Hardliner-Image[134] verpasst. Die erste Asylgesetznovelle wurde vom Verfassungsgerichtshof in wesentlichen Eckpunkten aufgehoben.[135] Das UN-Flüchtlingshochkommissariat UNHCR legte am 16. Mai 2003 seine 23-seitige Stellungnahme zur Asylgesetznovelle vor: Gottfried Köfner, Leiter des UNHCR-Büros in der UNO-City, war enttäuscht: »Das ist ein Asylvermeidungsgesetz, das die Rechte

---

132 Aus: Michael Berger: Österreich hilft beim Aufbau der Grenzpolizei in Osteuropa. – In: Kurier, 20. 10. 2000.
133 Ebd.
134 Andererseits zeigte der stellvertretende Leiter des Bundesasylamtes in Salzburg in seinem Buch »Asylconnection – es ist fünf nach zwölf« auf, wie das Asyl missbraucht wird. Gemäß dem Sicherheitsbericht 2003 des BM.I. befand sich der Drogenhandel in Österreich völlig unter Kontrolle von Zuwanderern aus Afrika. Von den 56.000 Tatverdächtigen zwischen Jänner und Oktober 2004 befanden sich 9.246 Asylwerber, das entspricht einer Steigerung von fast 50 Prozent zum Vergleichszeitraum 2003. Bei jeder Suchtgiftrazzia stießen Polizisten auf Asylwerber, so im Oktober 2003 vor dem Lager in Traiskirchen oder im November 2003 in Wien-Favoriten (40 Asylwerber, 31 Drogenkugeln, auch gefälschte Euroscheine wurden gefunden). Aus: Stenographisches Protokoll. 89. Sitzung des Nationalrates der Republik Österreich. XXII. GP, Aktuelle Stunde, 9.12.2004. S. 22 und 26 – Reden von Abg. Dr. Helene Partik-Pablé (FPÖ) und Abg. Mag. Heribert Donnerbauer (ÖVP).
135 Dies änderte nichts an der Tatsache, dass Grenzgendarmen sich darüber beklagten, dass Menschen weiterhin aufgrund des Wortes »Asyl« sofort wieder freikommen, auch wenn sie strafbarer Handlungen verdächtigt werden, und oft nach wenigen Tagen oder Wochen wieder an der Grenze aufgegriffen werden. Es geht darum, Asylmissbrauch zu verhindern, »unter dem Vorwand, Asyl zu suchen, in Österreich kriminelle Handlungen zu begehen oder nach Österreich einzureisen versuchen.« Aus: Rede von Abg. Heribert Donnerbauer (ÖVP), ebd. S. 27. Peter Pilz (die Grünen) betonte: Wir haben »mit Menschen, die vor allem aus Nigerien kommen und vorhaben, auf den Straßen nicht nur Wiens illegal mit Drogen zu handeln, ein Problem«. Ebd. S. 47.

von Asylsuchenden massiv beschneidet und mehrfach gegen die Genfer Flüchtlingskonvention verstößt. Punktuelle Verbesserungen sind ein schwacher Trost.«[136] Nicht das »an sich gute Asylgesetz 1997« sei das Problem, sondern der Personalmangel bei den Asylbehörden. Die Beamtenzahl stamme aus einer Zeit, als es »weniger als ein Drittel der heutigen Antragzahlen« gegeben habe. Laut Stellenplan des Doppelbudgets 2003/04 waren nicht mehr Posten geplant.[137]

Strassers Ankündigung, ein neues Asylgesetz vorlegen zu wollen, konnte er selbst nicht mehr umsetzen. Diese Aufgabe hinterließ er seiner Nachfolgerin Liese Prokop. Nach dem Rücktritt Strassers wurde die niederösterreichische Landeshauptmann-Stellvertreterin Liese Prokop am 22. Dezember 2004 als neue Innenministerin von Bundespräsident Heinz Fischer angelobt. Mit der 63-jährigen ehemaligen Spitzensportlerin stand erstmals eine Frau an der Spitze des Innenministeriums.[138] Ihre Nominierung im ÖVP-Bundesparteivorstand auf Vorschlag von Bundesparteiobmann Wolfgang Schüssel erfolgte einstimmig. Der Koalitionspartner FPÖ – Vizekanzler Hubert Gorbach – begrüßte die Wahl Prokops, die Opposition »äußerte sich skeptisch bis kritisch«.[139]

Bundeskanzler Schüssel war über den plötzlichen Rücktritt Strassers »sehr verärgert«, so hatte Schüssel – bevor Liese Prokop zur Nachfolgerin von Strasser bestellt wurde – Verteidigungsminister Günther Platter zum Interims-Innenminister ernannt. Platter wurde bereits am Morgen des 11. Dezember 2004 von Bundespräsident Heinz Fischer angelobt.

Der eigentliche Rücktrittsgrund Strassers soll seine Enttäuschung darüber gewesen sein, dass er nicht als EU-Kommissar nach Brüssel gehen konnte und in nächster Zeit auch keine Aussichten hatte, Landeshauptmann von Niederösterreich zu werden.[140] Caritas-Präsident Franz Küberl meinte: »Man müsse dem in die Privatwirtschaft wechselnden ÖVP-Politiker zugutehalten, dass er in seinem ersten Amtsjahr in Kooperation mit NGOs wie der Caritas ›liberalere Ansätze in der Asylpolitik‹ versucht habe. Dennoch sei Strasser letztlich am Asylthema gescheitert.«[141] Jene Asylgesetznovelle, die nach den Worten Strassers »alle Probleme lösen sollte«, hatte

---

136 Aus: UNHCR: UNHCR zu Strasser-Entwurf: »Asylvermeidungsgesetz«. Flüchtlingsrechtsexperten sehen Genfer Flüchtlingskonvention mehrfach verletzt. http://www.unhcr.ch (5. 8. 2010).
137 Ebd.
138 Aus: Zivilschutz geht uns alle an, in: Zivilschutz Aktuell. http://www.zivilschutz.co.at/zsv_printversion.cfm/id/16371 (5. 8. 2010)
139 Aus: Landespolitikerin wird Nachfolgerin von Innenminister Strasser. http://www.wno.org/newpages/lch60.html, 17.12.2004 (05. 08. 2010)
140 Aus: Österreichischer Innenminister Strasser zurückgetreten. http://www.wno.org/newpages/lch60.html, 10. 12. 2004 (5. 8. 2010)
141 Aus: Küberl zieht nach Strassers Rücktritt »gemischte Bilanz«. – In: News 10. 12. 2004. http://religion.orf.at/projekt02/news/0412/ne041210_strasser.htm (05. 08. 2010)

nur wenige Monate Bestand, bevor sie vom Höchstgericht aufgehoben worden sei. Wie auch bei anderen Innenministern vor ihm sei Strasser »in eine Negativdynamik dieses Amtes geraten« und habe den »Spagat zwischen der Wahrung der Menschenrechte und der Sicherheit, der Asylpolitik und den Migrationsfragen zunehmend schlechter bewältigt«, so Küberl. Es habe eine Tendenz gegeben, in diesen Themenbereichen »der FPÖ das Wasser abzugraben«. Küberl kritisierte, dass es Strasser verabsäumt habe, geeignete Voraussetzungen für rasche und zugleich qualitativ einwandfreie Asylverfahren zu schaffen. Es gebe viel zu wenig qualifiziertes Personal, um das immer wieder genannte Ziel einer raschen Abwicklung zu erreichen. Beim Flüchtlingsthema habe Strasser zuletzt zu sehr nach Lösungen »an der Oberfläche« gesucht und sei zu wenig den Ursachen nachgegangen, bemängelte Küberl.[142]

Man werde »Asylwerber einladen, dass sie zurückgehen«, da die Aufnahmekapazitäten in Österreich nicht reichten. Mit dieser Aussage sorgte Strasser im November 2003 für Aufregung. Denn einen Tag später wurde eine Gruppe tschetschenischer Asylsuchender an der Grenze bei Gmünd zurückgewiesen. Hilfsorganisationen warfen den Behörden vor, die Flüchtlinge erpresst und ihre Asylanträge ignoriert zu haben.[143] Der Unabhängige Verwaltungssenat (UVS) Niederösterreich hatte entschieden, dass Strasser damals rechtswidrig gehandelt hatte. Die 74 tschetschenischen Flüchtlinge wurden damals »nicht gehört« und mit der sofortigen Abschiebung in ihren Rechten verletzt, entschied der UVS im Juli 2010. Gegen Ernst Strasser und Beamte der Fremdenpolizei wurde der Vorwurf des Amtsmissbrauchs erhoben. Strasser meinte damals, die Tschetschenen hätten keine Asylanträge gestellt bzw. ihre Anträge zurückgezogen. UVS-Richter Paul Marzi erklärte dazu: »Das Lager Traiskirchen war voll und Strasser hatte beschlossen, keine neuen Asylwerber reinzulassen.«[144] 15 der 74 Tschetschenen haben damals beklagt, dass ihr Ansuchen um Asyl ignoriert worden sei. Sechseinhalb Jahre später bekamen sie vom UVS Recht. Ein gerichtliches Nachspiel wegen Amtsmissbrauchs drohe jedoch keinem in dieser Causa, denn das Delikt sei verjährt.[145] Zudem hatte der Oberste Gerichtshof (OGH) nach der Klage einer georgischen Familie die umstrittene Asyl-Richtlinie des Innenministeriums zu Fall gebracht, mit der Bürger bestimmter Staaten de facto von der Bundesbetreuung ausgeschlossen waren. Nach dem Entscheid des OGH hatte Strasser angekündigt, den Erlass aufzuheben, jedoch die nun zusätzlich anfallenden Kosten von seiner Meinung nach bis zu 12 Millionen Euro monatlich beklagt.[146]

---

142 Ebd.
143 Aus: Amtsmissbrauch? Ex-Innenminister Strasser hat Asylwerber »nicht gehört«. – In: Der Standard 13. 7. 2010. http://derstandard.at/ (05. 08. 2010).
144 Ebd.
145 Ebd.
146 Aus: Nach OGH-Entscheid: Asyl-Gipfel im Innenministerium ohne Strasser. – In: News.at. 17. 9. 2003.

Schlussfolgerungen

Für die österreichische Sicherheitspolitik waren vier einschneidende Reformen während der Regierungen Schüssel I und II relevant:

- die Verabschiedung einer Sicherheits- und Verteidigungsdoktrin im Jahr 2001, der ersten grundlegenden Doktrin seit dem Landesverteidigungsplan aus 1983;
- die Etablierung der überparteilichen Bundesheerreformkommission 2004 sowie die Einleitung eines umfassenden Reformprozesses der österreichischen Streitkräfte;
- Verabschiedung des ersten Weißbuches für Landesverteidigung (Weißbuch 2004), dadurch wurde jener in der Entschließung des Nationalrates vom 12. Dezember 2001 zur Sicherheits- und Verteidigungsdoktrin festgeschriebene Auftrag, wonach alle zwei Jahre unter Bezugnahme auf die Lage die Aufgabenstellung, der Zustand und die Erfordernisse des Bundesheeres dargelegt werden sollten, erstmalig erfüllt;
- die Realisierung umfassender Investitionen in das Bundesheer, vor allem der Ankauf von Luftraumüberwachungsflugzeugen des Typs Eurofighter als Ersatz für die über-40-jährigen Saab Draken sowie der erstmalige Ankauf von größeren Transportmaschinen des Typs Lockheed C-130 Hercules für das Bundesheer;
- die Schaffung des Bundesamtes für Verfassungsschutz und Terrorismusbekämpfung (BVT) im Jahr 2002 in Anpassung an die Ereignisse des 11. September 2001 und
- die Zusammenlegung von Polizei und Gendarmerie zu einem einheitlichen bundesweiten Wachkörper.

Im Zuge der in der EU 2001 eingerichteten Institutionen und Strukturen für das europäische Krisenmanagement wurde auch seitens Österreichs ein vertiefter Kooperationsprozess beim Bundesheer und bei der Bundespolizei eingeleitet. Innenminister Ernst Strasser hatte in diesem Kontext einen umfassenden polizeilichen Kooperationsprozess in Mitteleuropa initiiert, dessen Staaten sich weiterhin regelmäßig in Fragen des Raumes der Sicherheit, der Freiheit und des Rechts koordinieren. So kamen wertvolle Inputs zu diesem auf polizeilicher Ebene geschaffenen Haager Programm der EU, vor allem von der 2001 im Rahmen der regionalen Partnerschaft eingeführten »Salzburg-Gruppe«, in der sich Innen- und Justizminister weiterhin auch bei der Bekämpfung des Terrorismus und der organisierten Kriminalität koordinieren. Trotz herber Enttäuschungen in der Asylpolitik gelang Ernst Strasser

---

08:22 Uhr. http://www.news.at/articles/0338/10/64870/nach-ogh-entscheid-asyl-gipfel-innenministerium (5. 8. 2010)

jedoch das, was jahrzehntelang vorher keinem Innenminister gelang: die Zusammenführung der Wachkörper Polizei und Gendarmerie.[147]

Trotz Zunahme der sicherheitspolitischen Kooperationen auch mit NATO-Staaten wurde schon 2000 klar, dass die vor allem von Verteidigungsminister Herbert Scheibner ursprünglich angepeilte Aufnahme Österreichs in die NATO politisch nicht realisierbar erscheint. Jedoch wurde von seinem Nachfolger Günther Platter anerkannt: Die »NATO garantiert allein Sicherheit durch ihre Existenz«.[148] Österreich blieb unter der ÖVP/FPÖ-Regierung weiterhin ein *neutrales* Land nach der Formel »Petersberg und PfP«.[149] Der »Euro-Atlantic Partnership Council« (EAPC) der NATO-PfP bietet Österreich weiterhin die Gelegenheit, als Nicht-NATO-Mitglied im konsultativen Prozess der NATO teilzunehmen. Im Jahr 2001 ist zudem das Kriegsmaterialgesetz, das unter anderem die Durchfuhr von Waffen oder den Überflug von NATO-Flugzeugen über österreichischem Territorium regelt, so geändert worden, dass »… solche Blamagen und Grotesken wie beim Bosnien- oder Kosovo-Konflikt jetzt nicht mehr möglich« sind, betonte Verteidigungsminister Herbert Scheibner.[150]

Obwohl unter den Regierungen Schüssel I und II Transformationsprozesse des Bundesheeres in Richtung Einsatzarmee und Professionalisierung unternommen wurden, bleibt eine Vielzahl der Soldaten mit dem Zustand des Bundesheeres äußerst unzufrieden. Der langjährige Kommandant der Garde, Udo E. Liwa, beschrieb diesen Zustand wie folgt:

»[D]enn was erleben zurzeit unsere Wehrpflichtigen, wenn sie einrücken: Ausgedünnte Verbände mit einem Fehl an Gruppenkommandanten mit schlechter Altersstruktur, un-

---

147 Es war Innenminister Franz Olah (SPÖ), der 1963 zum ersten Mal versucht hatte, Gendarmerie und Polizei zusammenzuführen. Innenminister Otto Rösch (SPÖ) wollte 1976 eine gemeinsame Ausbildung für leitende Beamte von Polizei und Gendarmerie einführen. Innenminister Franz Löschnak (SPÖ) strebte ab 1990 ebenso eine Fusion von Gendarmerie und Polizei an. Abg. Rudolf Parnigoni (SPÖ) meinte 2004 jedoch über die geplante Zusammenlegung: »Wir Sozialdemokraten sind skeptisch, ob es ein Vorteil ist, historisch gewachsene, aber auch heute noch sinnvolle Strukturen mutwillig zu zerschlagen. Denn es ist eindeutig: Es gibt unterschiedliche Sicherheitsbedürfnisse in der Stadt und auf dem Land.« Aus: Stenographisches Protokoll. 89. Sitzung des Nationalrates der Republik Österreich, XXII. GP, Bericht des Ausschusses für innere Angelegenheiten über die Regierungsvorlage (643 d.B.) und zur SPG-Novelle 2005 (723 d.B.). 9. 12. 2004. S. 55 – Rede von Abg. Rudolf Parnigoni (SPÖ).
148 So der Bundesminister für Landesverteidigung, Günther Platter, während seines Vortrages zum Thema »10 Jahre Österreichische Mitgliedschaft in der Partnerschaft für den Frieden« am 14. 3. 2005 im österreichischen Parlament.
149 Heinz Gärtner, Otmar Höll: Austria. – In: Erich Reiter, Heinz Gärtner (Hg.): Small States and Alliances. – Heidelberg 2001. S. 183–194. S. 188.
150 Vgl. Hans Kronspiess: Scheibner: »Blamage Österreichs nicht mehr möglich. – In: Die Presse 1. 9. 2001. S. 4.

genügende Rahmenbedingungen für die Ausbildung (geringes Munitionskontingent, Kilometerbeschränkungen bei Einsatzfahrzeugen, 40-Stunden-Woche mangels Überstunden für Ausbildungspersonal), daher auch fehlende Ausbildungsintensität der Rekruten (im Vergleich mit 18 Wochen Ausbildung in der Schweiz mit folgenden jährlichen Wiederholungsübungen), überhaltene Strukturen (unökonomisch kleine Kasernen mit halbvollen Verbänden), veraltete Logistik und vor allem zu viele Funktionssoldaten (Systemerhalter). Und was sieht der Kadersoldat: kopflastige Strukturen wie etwa die Zentralstelle oder die Militärkommanden, fehlende Zukunftsaussicht (keine Personalplanung auf Zeit = alle wollen Beamte werden).«[151]

Da die SPÖ mit der Sicherheitsdoktrin von 2001 – vor allem mit der NATO-Option – nicht zufrieden war, hatte sie im März 2010 auf Initiative von Verteidigungsminister Norbert Darabos begonnen, über eine neue Sicherheitsdoktrin zu reden, »weil die alte Doktrin sehr NATO-lastig ist und ich sie grundsätzlich verändern möchte«, so Darabos: »Die derzeit gültige Doktrin Österreichs baut auf einer grundfalschen Feststellung auf: der Annahme, dass die Neutralität durch die gemeinsame Außen- und Sicherheitspolitik der EU obsolet ist. Das sehe ich komplett anders.«[152] Darabos weiter:

»Es war ein Stich ins Herz eines Sozialdemokraten, dass 2001 erstmals in der Zweiten Republik eine Sicherheitsdoktrin gegen die Stimmen der SPÖ beschlossen wurde. In einer neuen Fassung muss der Begriff Neutralität zentral verankert sein. Neutralität ist eben nicht vergleichbar mit Lipizzanern und Mozartkugeln, wie Wolfgang Schüssel das formulierte. Ohne Neutralitätsbekenntnis wäre das Wiedererstehen Österreichs als Republik erschwert worden, das sage ich als Historiker.«

2003 sprach der damalige Verteidigungsminister Günther Platter erstmals offen über die Einführung eines Berufsheeres in Österreich: »Ich schließe nicht aus, dass wir in zehn Jahren auch diesen Weg bestreiten müssen, der auch international spürbar ist ... Wir müssen diesen europäischen Weg mitgehen.«[153] Obwohl ursprünglich für Platters Nachfolger Norbert Darabos »die Wehrpflicht in Stein gemeißelt« stand und mit ihm »als Verteidigungsminister ... es kein Ende der Wehrpflicht geben«[154] werde, änderte sich die Meinung von Darabos, als der Wiener Bürgermeister Michael Häupl

---

151 Aus: Liwa: Wie geht's weiter mit dem Bundesheer? S. 4.
152 Aus: Gernot Bauer, Eva Linsinger: »Scheinheilige Sorgen der ÖVP«. Interview mit dem Bundesminister für Landesverteidigung und Sport, Mag. Norbert Darabos. – In: Profil Nr. 25. 21. 6. 2010. S. 29f. S. 29.
153 So Günther Platter beim Gipfel der EU-Verteidigungs- und Außenminister in Brüssel. – In: Die Presse 18. 11. 2003. S. 7.
154 Aus: Otmar Lahodynsky, Martina Lettner: Bundesheer: Im Rückschritt – marsch! Bundesheer. Die allgemeine Wehrpflicht ist teuer, ungerecht und ineffizient. SPÖ und ÖVP blockieren ihre Abschaffung hartnäckig. – In: Profil Nr. 28. 12. 07. 2010. S. 14–18. S. 16.

drei Tage vor seiner Wiederwahl am 10. Oktober 2010 einen Volksentscheid über die Abschaffung der Wehrpflicht forderte. Generalstabschef General Edmund Entacher befürwortete jedoch massiv die Beibehaltung der Wehrpflicht, denn das »aktuelle System aus Präsenzdienern und Berufssoldaten hat sich bewährt«.[155] Entacher wurde deshalb am 24. Januar 2011 seitens Darabos von seiner Funktion als Generalstabschef entlassen. Die Wehrpflichtfrage wurde sogleich mit dem Erhalt des Zivildienstes verknüpft: »Wir brauchen die Wehrpflicht, weil sonst auch der Zivildienst abgeschafft würde«, warnte FPÖ-Wehrsprecher (Brigadier der Miliz) Peter Fichtenbauer.[156] Der Sicherheitssprecher der Grünen, Peter Pilz, plädiert für ein kleines, auf Auslandseinsätze spezialisiertes Berufsheer: »Wegen der Wehrpflicht müssen wir ja die vielen unnützen Kasernen, Panzer und Ausbildner weiter mitschleppen.«[157] Herbert Scheibner (BZÖ), einst Verfechter der Wehrpflicht[158], beantragte im Parlament deren Aussetzung: »Schlecht ausgebildete und zwangsverpflichtete Grundwehrdiener kosten viel Geld, sind aber im Ernstfall nicht einsatzfähig.« Statt der Wehrpflicht fordert Scheibner ein Mischsystem aus einem Berufsheer und einer Freiwilligenmiliz.[159] Die FPÖ ist durch die Programmbeschlüsse von Salzburg 2005 und im Zuge des Wahlkampfes 2008 unter ihrem damals neuen Vorsitzenden Heinz-Christian Strache insgesamt deutlich von den Positionierungen Jörg Haiders abgerückt: Die Bildung einer »Europa-Armee« wird seither abgelehnt, die Abkehr von der Forderung einer NATO-Mitgliedschaft zurück zur Beibehaltung der Neutralität und der Wehrpflicht statt einem Freiwilligenheer wurde 2005 beschlossen. Das Bundesheer wurde als vorrangig für den *Heimatschutz* positioniert.[160]

Die ÖVP plädiert wie die FPÖ für die Aufstockung des Wehrbudgets, jedoch sei seit 2004 nicht mehr beabsichtigt, Österreich in die NATO zu führen. Die »viel bessere Alternative« sei eine Beistandsverpflichtung in einem künftigen EU-Vertrag, die »voll und ganz mit unserer Neutralität vereinbar sein wird«, betonte ÖVP-Kandidatin Benita Ferrero-Waldner 2004 während des Bundespräsidentschaftswahlkampfes.[161]

---

155 Ebd.
156 Ebd.
157 Ebd.
158 Scheibner im Jahr 2000: »Und ich sage Ihnen auch als Milizsoldat, dass mir auch die Miliz ein ganz besonderes Anliegen ist und dass bei aller Änderung des Wehrsystems, die in Zukunft notwendig sein wird, es auf jeden Fall einer Milizkomponente bedarf.« Zitiert in: WPol-Info für InfoO (Wehrpolitische Informationen für Informationsoffiziere) Nr. 24, Februar 2000. Hg. v. BMLV/Büro für Wehrpolitik im Kabinett des Bundesministers für Landesverteidigung. S. 8.
159 Lahodynsky, Lettner: Bundesheer: Im Rückschritt – marsch! S. 16.
160 Aus: Günter Barnet: Verteidigungspolitische Positionierungen und Ideen zu einer Europa-Armee. – In: Erich Reiter (Hg.): Die Sicherheit Europas. – In: Brauchen wir eine EUropa-Armee? In: Sozialwissenschaftliche Reihe des Internationalen Instituts für Liberale Politik. Heft 34. – Wien 2010. S. 7–21. S. 17.
161 Aus: Ferrero: Mehr Geld fürs Heer. – In: Die Presse 14. 4. 2004. S. 6.

Alle Strukturreformen des Bundesheeres sind jedoch grundsätzlich am nötigen und von der Politik vorerst immer zugesagten Budget gescheitert – so auch die Heeresreform 2010.[162] Zudem ist zu erwarten, dass durch die bereits vorgegebenen Budgetkürzungen bis 2013 um 550 Millionen Euro vermutlich nie wieder mit einer Erhöhung des Wehrbudgets (2011: 2,18 Mrd. Euro, inklusive »Sportbudget« und Ankaufrate für die Eurofighter) gerechnet werden kann.[163] Offiziell standen im Jahr 2010 rund 15.900 Berufssoldaten und 9.200 Zivilbedienstete im Dienst des Bundesministeriums für Landesverteidigung und Sport (BMLVS). Dazu kommen jährlich noch rund 25.000 Grundwehrdiener. Der Präsident des Österreichischen Milizverbandes, Michael Schaffer, resümiert:

> »Faktum ist, dass das Bundesheer jedenfalls in den letzten 10 Jahren mangels politischer Führung und Umsetzung notwendiger Reformen massiv heruntergewirtschaftet wurde. Der bisherige Input des Staates sind 24.000 Planstellen, 2 Milliarden Euro Budget und die allgemeine Wehrpflicht. Der Output ist ein verbürokratisiertes Beamtenheer, ein jahrelanger Missbrauch der Wehrpflicht durch zweckwidrige Verwendung der Rekruten (viel zu viel Systemerhalter, Burgenlanddienst als regionale Wirtschaftsförderung etc.), die verfassungswidrige Aushöhlung des Milizsystems (keine Übungen, keine Nachwuchsbildung, Massenentorderungen, keine Zuweisung von Aufgaben etc.) und die Nichterfüllbarkeit der eigentlichen Aufgaben. Wirklich einsatzfähige Soldaten gibt es kaum mehr als 4.000.«[164]

Eduard Paulus, Präsident der Österreichischen Offiziersgesellschaft, meinte zudem: »Die Umsetzung der Bundesheerreform 2010 ist mit den derzeitigen Budgetmitteln undenkbar. Der Anteil des Heeresbudgets am Bruttoinlandsprodukt ist in den letzten zwanzig Jahren von ursprünglich rund 1,2 % auf nunmehr 0,7 % bzw. – abzüglich Eurofighter – auf rd. 0,6 % gesunken.«[165] Das Bundesheer kommt seinen internationalen Zusagen bei Auslandseinsätzen (ca. 1.200 Soldaten) sowie im Zuge der Bereitstellung von Hochbereitschaftssoldaten für die EU-Battle-Groups im ersten Halbjahr 2011 und auch im zweiten Halbjahr 2012 zwar nach, die interne Struktur des Heeres bzw. dessen effiziente Aufstellung für die Auftragserfüllung im Inneren (Stichwort: Katastrophenhilfe) und der Stellenwert der militärischen Landesverteidigung an sich (Mittel und Fähigkeiten – Freiwilligenmiliz vs. Aufhebung der Wehr-

---

162 Aus: Liwa: Wie geht's weiter mit dem Bundesheer? S. 4.
163 Ebd.
164 Brigadier Dr. Michael Schaffer, Präsident des Österreichischen Milizverbandes: Wird die Solidarität zum leeren Schlagwort? – In: Couleur 01/11. S. 6f. S. 7.
165 Hofrat Dr. Eduard Paulus, Hptm.: Grundsatzbemerkungen zur Bundesheerreform 2010. – In: Der Offizier 3-2008. S. 21.

pflicht) blieben auch 2012 Gegenstand (fast) täglicher politischer Diskussion. Das Bundesheer bleibt weiterhin in einem enormen Transformationsprozess – bei kontinuierlich sinkenden Ausgaben. Die Zielsetzungen der Bundesheerreform 2004 wurden somit – was die Aufstockung des Budgets bzw. die Umwandlung des Heeres in eine effiziente Einsatzorganisation betrifft – nicht bzw. nur in Teilbereichen erfüllt.

Peter Bußjäger

Zwischen Verwaltungsreform und Österreich-Konvent

Föderalismus in der Ära Schüssel I und II

1. Vorgeschichte: Ein Jahrzehnt gescheiterter Föderalismusreformen 1989–1999

a) Das Trauma der Bundesstaatsreform 1989/1994

Der Föderalismus in Österreich befand sich in Österreich seit den früheren 70er-Jahren in einer Phase, in der die Länder als eigenständige Akteure stärker wahrgenommen wurden. Die damals weitgehend ÖVP-dominierten Länder (Niederösterreich, Oberösterreich, Salzburg, Steiermark, Tirol und Vorarlberg verfügten über teilweise sogar mit absoluten Mehrheiten ausgestattete von der ÖVP gestellte Landeshauptmänner, während in Kärnten, Burgenland und Wien von der SPÖ gestellte Landeshauptmänner den Vorsitz in den Landesregierungen innehatten) vermochten gerade während der Zeit der SPÖ-Alleinregierung (1971–1983) an eigenständigem Profil zu gewinnen. 1974 bewirkte eine Verfassungsnovelle eine wesentliche Stärkung des Föderalismus in Österreich.[1]

Eine nicht unwesentliche Rolle spielte im Zusammenhang mit dem leichten Aufschwung des Föderalismus in Österreich die Initiative »Pro Vorarlberg«, welche 1979 ein Forderungsprogramm für eine stärkere Föderalisierung und Autonomie Vorarlbergs postuliert hatte und die vor allem die dortige Landespolitik massiv unter Druck setzte. Der Landtag verständigte sich schließlich mehrheitlich darauf, einen gemäßigteren Forderungskatalog einer Volksabstimmung zu unterziehen, die am 15. Juni 1980 eine 70-prozentige Zustimmung der teilnehmenden Bevölkerung ergab.

Auch wenn die unmittelbaren Folgen von »Pro Vorarlberg« überschaubar blieben, so setzte die Bewegung doch einen wichtigen Impuls, der zu einer Diskussion über eine stärkere Föderalisierung führte.[2]

Insbesondere wurde nun in Wissenschaft und Praxis die zersplitterte und bundeslastige Kompetenzverteilung in Österreich verstärkt als Problem wahrgenommen. Besonders vor dem Hintergrund des in den 80er-Jahren immer stärker als Option

---

1 BGBl. Nr. 444/1974.
2 Vgl. dazu Peter Bußjäger: Retrospektive Pro Vorarlberg. – In: Montfort. Zeitschrift für Geschichte und Gegenwartskunde Vorarlbergs 2/2005 (57. Jg.). S. 193–209. S. 200.

wahrgenommenen EU-Beitritts Österreichs wurde eine Kompensation der Länder als Entschädigung für weitere Kompetenzverluste im Zuge eines EU-Beitritts diskutiert.[3]

1989 nahm die sogenannte Strukturreformkommission ihre Arbeit auf. Sie legte 1991 einen Bericht vor, auf dessen Basis auf politischer Ebene Beratungen zur Umsetzung der Vorschläge der Strukturreformkommission begonnen wurden.[4] Gleichzeitig zeichnete sich der EU-Beitritt immer deutlicher am Horizont ab. Die politischen Gespräche liefen unter beachtlichem Zeitdruck und parallel zu den Beitrittsverhandlungen auf europäischer Ebene. 1992 gelang in der Vereinbarung von Perchtoldsdorf ein bemerkenswertes Agreement aller Landeshauptmänner einerseits und Bundeskanzler Franz Vranitzky andererseits, nachdem sämtliche Akteure die entsprechenden Landesregierungen bzw. die Bundesregierung mit der Angelegenheit befasst hatten.[5] Die Bundesstaatsreform war in greifbare Nähe gerückt. Der Bundeskanzler verwendete sich für die Umsetzung.[6]

Die schließlich den Ländern vorgelegten Entwürfe der Bundesstaatsreform waren für diese eine große Enttäuschung. Die Versprechen von Perchtoldsdorf waren nicht eingelöst worden. Die formale Abschaffung der mittelbaren Bundesverwaltung war zwar vorgesehen, der Preis dafür wäre aber die Kompensation der verloren gegangenen Steuerungsbefugnisse der Bundesministerien durch massive Aufsichtsinstrumente des Bundes gewesen, mit welchen die Ministerialbürokratien neue Betätigungsfelder gefunden hätten. Von einer strukturellen Kompetenzreform konnte nicht gesprochen werden. Die unmittelbaren Bundesbehörden in den Ländern, die unter verwaltungsorganisatorischen Gesichtspunkten Doppelgleisigkeiten bewirken und desintegrative Wirkungen auf die Erledigung von Verwaltungsaufgaben nach sich ziehen, wären nicht ausgelichtet worden. Man musste sich fragen, gegenüber wem sich denn der Bundeskanzler für die Umsetzung »verwendet« hatte. Bei der Ministerialbürokratie?[7] Wenn dies so gemeint gewesen sein sollte, dann war das Engagement des Bundeskanzlers gründlich gescheitert!

Als dem Nationalrat nach den Nationalratswahlen 1994, die einen Verlust der Verfassungsmehrheit der SPÖ/ÖVP-Koalition im Nationalrat gebracht hatten, eine Regierungsvorlage für eine Umsetzung des Perchtoldsdorfer Paktums vorgelegt wurde, scheiterte die Beschlussfassung letztlich an den Forderungen der Op-

---

3 Dazu näher Peter Bußjäger: »Bundesstaatsreform darf keine Einbahnstraße sein!« – In: Georg Lienbacher, Theo Thanner, Matthias Tschirf, Katharina Weiss (Hg.): Jürgen Weiss – Ein Leben für Staat und Gesellschaft. – Wien/Graz. S. 299–327. S. 305.
4 Vgl. dazu Bundeskanzleramt (Hg.): Neuordnung der Kompetenzverteilung in Österreich. – Wien 1991.
5 Dazu Institut für Föderalismus (Hg.): Materialien zur Bundesstaatsreform. – Innsbruck 1998. S. 1ff.
6 Dazu Peter Bußjäger: Ist der Bundesstaat noch reformierbar? – In: Journal für Rechtspolitik 1996. S. 8–17. S. 10.
7 Ebd. S. 10.

positionsparteien bzw. daran, dass die Länder die Forderungen der Oppositionsparteien nicht akzeptieren wollten.⁸ Demgemäß wäre es zu weiteren Zentralisierungen gekommen. Die vorgesehene Neuorganisation der Verwaltungsgerichtsbarkeit in Österreich war nicht mit den Ländern akkordiert und wurde von diesen nach außen hin vor allem mit dem Argument der dadurch bewirkten Mehrkosten abgelehnt. Zum anderen befürchteten die Landesexekutiven nicht zu Unrecht auch eine Entmündigung der Verwaltung durch das vorgesehene Modell, das es dem einfachen Bundesgesetzgeber überlassen hätte, die Entscheidungsbefugnis nach seinem Ermessen festzustellen.

Andererseits muss auch festgehalten werden, dass die Länder im Zuge der gesamten Reformdiskussion keineswegs immer einheitlich agierten. Zuweilen bildeten sich Seilschaften zwischen den Zentralbürokratien des Bundes und den Landesexekutiven mit dem Ziel, am bestehenden Zustand möglichst wenig zu verändern.

Auf die Ablehnung der Bundesstaatsreform durch die Länder reagierte der Bundesgesetzgeber dahingehend, dass die Regierungsvorlage zur Bundesstaatsreform fallen gelassen wurde und lediglich in einem sogenannten EU-Begleit-BVG die für die Mitgliedschaft Österreichs in der EU unabdingbaren Anpassungen der Bundesverfassung vorgenommen wurden.⁹ Letzte Versuche von Landesakteuren, den Bundesrat unter Hinweis auf die nicht umgesetzte Bundesstaatsreform zur Ablehnung des EU-Begleit-BVG zu bewegen, scheiterten.¹⁰ Damit hatten die Länder ihren letzten Trumpf verspielt, der Bund benötigte nun die Länder nicht mehr.

Insgesamt war das Scheitern der Bundesstaatsreform ein klares Zeichen des Zustands des österreichischen Föderalismus, der in einer Pattsituation zwischen dezentralisierungsfeindlichen Ministerialbürokratien, die Übernahme von Verantwortung scheuenden Landesexekutiven und politischen Akteuren auf Bundes- und Landesebene, für welche Visionslosigkeit ein politisches Programm war, verharrte.

Das Scheitern der Bundessstaatsreform hat in der politischen-bürokratischen Elite auf Bundes- und Landesebene ein tieferes und bis heute nachwirkendes Trauma hinterlassen, als es die Sperrigkeit des Begriffs vermuten lässt. Der Bundesstaat wird als unreformierbar wahrgenommen, das Scheitern späterer Reformversuche als Déjà-vu empfunden.¹¹

---

8 Dazu etwa Institut für Föderalismus (Hg.): 19. Bericht über die Lage des Föderalismus (1994). – Wien 1995. S. 16ff.
9 Ebd. S. 49ff.
10 Ebd. S. 19.
11 In diesem Sinne die Äußerung von Ewald Wiederin in der abschließenden Sitzung des Österreich-Konvents vom 28. Jänner 2005 (Bericht des Österreich-Konvents, Bd. 4. Teil A, S. 63: »Er [der Bundesstaat, Anm. d. A.] hat sich einmal mehr als unreformierbar erwiesen.«

b) Verfassungsreformen bis 1999

Nach dem Scheitern der Bundesstaatsreform blieb den Ländern, soweit sie überhaupt an Veränderungen interessiert waren (von Bundesseite gab es ohnehin relativ wenig Bemühungen) nichts anderes übrig, als auf eine paketweise Abarbeitung der einzelnen Inhalte der Bundesstaatsreform zu dringen.[12] Relativ weit gediehen die Vorbereitungen für die Neuordnung der Verwaltungsgerichtsbarkeit in Österreich.[13] Dieses Projekt sollte eine mit den Vorgaben der Europäischen Menschenrechtskonvention konforme Organisation des verwaltungsgerichtlichen Rechtsschutzes in Österreich gewährleisten und gleichzeitig eine Entlastung des Verwaltungsgerichtshofes bewirken. Dieser neue Versuch sollte ein für die Verwaltung praktikableres Modell der Neuordnung der Verwaltungsgerichtsbarkeit ermöglichen als der Vorschlag, der in den parlamentarischen Beratungen des Jahres 1994 zum Scheitern der Bundesstaatsreform geführt hatte.

Ein effizientes System verwaltungsrechtlichen Rechtsschutzes ist nicht nur unter rechtsstaatlichen Gesichtspunkten essenziell, sondern auch für die wirtschaftliche Standortqualität eines Landes von nicht zu unterschätzender Bedeutung.

Abermals schien der Erfolg zum Greifen nahe, wiederum waren es in erster Linie finanzielle Bedenken der Länder, was die Kosten der neuen Landesverwaltungsgerichte betraf, Unstimmigkeiten über die Frage der Entscheidungsbefugnis der Verwaltungsgerichte, die Furcht vor dem Verlust des Einflusses der Verwaltung und eine Zögerlichkeit der Regierungsparteien, die die Umsetzung verhinderten.[14] Ein weiteres Mal war ein wichtiges Reformprojekt gescheitert, Symbol für die Erstarrung eines Systems in Innovationsresistenz und Stillstand.

Gleichsam an der Nebenfront gelangen kleinere Erfolge, die jedoch in der Öffentlichkeit kaum wahrgenommen wurden: Mit der Vereinbarung zwischen Bund, Ländern und den Vertretungsorganen der Gemeinden über den Konsultationsmechanismus konnte der Weg zu einer kostenbewussteren Rechtsetzung auf Bundes- wie Landesebene gewiesen werden. Nach der Vereinbarung über den Konsultationsmechanismus übermitteln Bund und Länder einander wechselseitig sowie den

---

12 Bußjäger: »Bundesstaatsreform darf keine Einbahnstraße sein!« S. 307.
13 Zur Frage der Einführung einer Landesverwaltungsgerichtsbarkeit in Österreich siehe etwa Helmut Pichler: Einführung einer Landesverwaltungsgerichtsbarkeit. – Wien 1994; Institut für Föderalismus (Hg.): 20. Bericht über die Lage des Föderalismus in Österreich (1995). – Wien 1996, S. 13f.; Institut für Föderalismus (Hg.): 21. Bericht über die Lage des Föderalismus in Österreich (1996). – Wien 1997, S. 17; Georg Lienbacher: Staatsreform – Das erste Paket. – In: Österreichische Juristenkommission (Hg.): Staatsreform. – Wien/Graz 2008. S. 9–55. S. 34.
14 Institut für Föderalismus (Hg.): 23. Bericht über den Föderalismus in Österreich (1998). – Wien 1999. S. 20f.; Institut für Föderalismus (Hg.): 24. Bericht über den Föderalismus in Österreich (1999). – Wien 2000. S. 15f.

Gemeinden die Entwürfe von Gesetzen und Verordnungen zur Stellungnahme. Die gegenbeteiligten Gebietskörperschaften können innerhalb von vier Wochen wegen befürchteter Kostenfolgen Verhandlungen beantragen. Die Vereinbarung wird zwar nicht in der ursprünglich intendierten Form praktiziert, entfaltet aber doch eine praktische Bedeutung, was das Verhindern von Kostenüberwälzungen betrifft.[15]

Der Österreichische Stabilitätspakt bildete eine für andere föderale Staaten durchaus vorbildliche Regelung der Aufteilung der Verpflichtungen des Gesamtstaates zur Einhaltung der Maastricht-Kriterien auf Bund, Länder und Gemeinden. In der Praxis erwies sich die exakte Einhaltung der vereinbarten Defizitgrenzen für alle beteiligten Akteure regelmäßig als schwierig, aber erst die Finanz- und Wirtschaftskrise des Jahres 2008 machte den Stabilitätspakt zur Makulatur. Dessen ungeachtet entfaltet der Stabilitätspakt weiterhin eine wichtige Funktion und dürfte nunmehr, nach mittlerweile über zehn Jahren, auch weiterentwickelt werden.[16]

Schließlich ermöglichte die Beseitigung des Homogenitätsprinzips im Dienstrecht[17] im Jahr 1999 die Umsetzung von weitreichenden Dienstrechtsreformen auf Landesebene, wie zunächst in Vorarlberg im Jahr 2000, wo die bisher von anderen Gebietskörperschaften außerhalb Vorarlbergs nicht nachvollzogene Beseitigung der Pragmatisierung erfolgte.[18]

Diese – tatsächlich auch eher kleinen – Fortschritte änderten indessen nichts an der Verfestigung des Unbehagens im Bundesstaat bis zu den Nationalratswahlen 1999. Die österreichische Verwaltung wurde als besonders ineffizient und bürokratisch empfunden, ob zu Recht oder Unrecht, bleibt dahingestellt. Eine tiefgreifende Verwaltungsreform blieb weiterhin auf der politischen Agenda – aber wer sollte sie umsetzen?

2. The new approach: Von der Bundesstaatsreform zur Staatsreform (Schüssel I)

a) Geänderte Paradigmen: Regierung ohne Verfassungsmehrheit im Nationalrat

Die Regierung Schüssel I hatte sich – wie andere Bundesregierungen zuvor auch – bereits in ihrem Regierungsprogramm der Verwaltungsreform verschrieben. Die

---

15 Dazu das Institut für Föderalismus (Hg.): 34. Bericht über den Föderalismus in Österreich (2009). – Wien 2010. S. 190.
16 Siehe dazu das Institut für Föderalismus (Hg.): 34. Bericht über den Föderalismus in Österreich. S. 117; Institut für Föderalismus (Hg.): FöderalismusInfo 2011/2.
17 Dazu näher das Institut für Föderalismus (Hg.): 23. Bericht über den Föderalismus in Österreich (1998). S. 21f.
18 Dazu im Überblick Peter Bußjäger (Hg.): Dienstrechtsreformen im Bundesstaat. – Innsbruck 2007.

besondere Herausforderung, der sie sich gestellt sah, war, dass sie nicht über die für Verfassungsänderungen erforderliche Zwei-Drittel-Mehrheit im Nationalrat verfügte. Damit war klar, dass sie in der Praxis häufig gezwungen sein würde, die dem einfachen Gesetzgeber möglichen Reformen auszuloten. Verfassungsänderungen würden dagegen nur mit einem gewissen Preis durchzusetzen sein, besonders in der aufgeheizten Stimmung nach dem Antritt der neuen Bundesregierung im Frühjahr 2000.

Dennoch sah das Regierungsprogramm, das sich »Zukunft im Herzen Europas« nannte, auch ein Kapitel über die Reform des Bundesstaates vor, dessen Umsetzung aber zunächst einmal nicht in Angriff genommen wurde. Vorgesehen waren die Schaffung von Landesverwaltungsgerichten, die Stärkung der Verfassungsautonomie der Länder, eine Reform des Bundesrates sowie die Schaffung geschlossener, abgerundeter Kompetenzbereiche.[19]

b) Aufgaben- und Verwaltungsreformkommissionen

Statt einer umfassenden Bundesstaatsreform mussten notgedrungen andere Ansätze gewählt werden: Im Jahr 2000 stellte sich sehr bald die paradoxe Situation ein, dass gleich mehrere Arbeitsgruppen in der Verwaltungsreform konkurrierten.

Verwaltungsreform war grundsätzlich eine Angelegenheit, die in das Ressort von Vizekanzlerin Susanne Riess-Passer fiel. Diese berief denn am 13. Juli 2000 auch sehr rasch eine umfangreiche Verwaltungsreformkommission ein, die als die »Raschauer-Kommission« bekannt wurde, da sie unter der Leitung des Universitätsprofessors für Staats- und Verwaltungsrecht der Universität Wien, Bernhard Raschauer, stand. Ihr gehörten eine Reihe von Persönlichkeiten aus Wissenschaft und Praxis an, bemerkenswerterweise keine Vertreter der Länder und Gemeinden.

Die »Raschauer-Kommission« erstattete Ende März einen aufsehenerregenden Bericht.[20]

Praktisch gleichzeitig wurde jedoch auch von den Finanzausgleichspartnern eine »Struktur- und Aufgabenreformkommission« eingesetzt, der Vertreter des Bundes, der Länder und der Gemeinden angehörten.[21]

Daneben hielten erstmals die im angelsächsischen Raum entwickelten Reformmodelle des New Public Management (NPM) in die Diskussion Einzug. NPM be-

---

19 Institut für Föderalismus (Hg.): 25. Bericht über den Föderalismus in Österreich (2000). – Wien 2001. S. 7.
20 Dazu näher das Institut für Föderalismus (Hg.): 26. Bericht über den Föderalismus in Österreich (2001). – Wien 2002. S. 19.
21 Ebd. S. 20.

deutet Verwaltungssteuerung durch Zielvorgaben anstelle der traditionellen Steuerung durch Rechtsvorschriften. Klarerweise ist im Rechtsstaat aber auch NPM an die gesetzlichen Grundlagen gebunden.

In der Diskussion ist NPM, das heute häufig als WOV (Wirkungsorientierte Verwaltung) bezeichnet wird, ein klassisches »neoliberales« Reformprojekt. Von daher rührt auch unzweifelhaft eine gewisse Anrüchigkeit des Instruments, weil NPM auch mit einem Hinterfragen der Aufgaben einer Verwaltung und damit des Staates verbunden war und in der Tendenz Ausgliederungen und Privatisierungen begünstigte.

Jedenfalls kann mit dem Regierungsantritt von Schüssel I auch ein Paradigmenwechsel in der Diskussion über Verwaltungsreform in Österreich festgestellt werden: Die mehr oder weniger fruchtlose Debatte über Strukturen wurde zumindest durch eine Diskussion zum Thema ergänzt, worin die Aufgaben eines modernen Staates überhaupt bestehen. Dass freilich gerade in dieser Frage wenig Übereinstimmung bestand, kann nicht überraschen.

Die »Raschauer-Kommission« setzte sich in ihrer Arbeit primär mit den Staatsaufgaben auseinander und gelangte zu einer Reihe von Vorschlägen, von denen einige im Zuge der weiteren Diskussion aufgegriffen und umgesetzt wurden. Die meisten endeten freilich in der Schublade, was bei nicht wenigen Mitgliedern der Kommission für entsprechende Frustration sorgte.

Die Arbeitsgruppe der Finanzausgleichspartner beriet ähnliche, wenn auch nicht dieselben Dinge. Gemeinsam war ihr mit der Raschauer-Kommission die Suche nach Einsparungen. Sie hatte auch eine konkrete Vorgabe: 3,5 Mrd. Schilling (254 Mio. Euro) sollten an Einsparungen erzielt werden.

c) Verwaltungsreformgesetz 2001

Die Arbeiten der verschiedenen Reformgruppen blieben nicht völlig unbelohnt: Sie mündeten in das Verwaltungsreformgesetz 2001,[22] das einige ganz beachtliche Neuerungen und Verfahrensbeschleunigungen brachte. Es verfolgte das Ziel, behördliche Zuständigkeiten auf der Ebene der Bezirksverwaltungsbehörden in erster Instanz zu konzentrieren und in zweiter Instanz die Unabhängigen Verwaltungssenate in den Ländern als Rechtsschutzorgane einzusetzen. Das Gesetz wurde am 20. April 2002 kundgemacht und trat in seinen wesentlichen Teilen mit 1. August 2002 in Kraft. Bereits der Umstand, dass das Verwaltungsreformgesetz 2001 erst kundgemacht werden konnte, nachdem sämtliche Länder die für die Übertragung der Zuständigkeiten zur Entscheidung über Berufungen auf die Unabhängigen Verwaltungssenate in den

---

22 BGBl I Nr. 65/2002.

Ländern erforderliche Zustimmung[23] erteilt hatten, weist auf eine Besonderheit des Entstehungsprozesses hin.

Die Initiative zu diesem Konzept war von den Ländern ausgegangen, insbesondere vom Vorarlberger Landeshauptmann Herbert Sausgruber. Sie war eine Reaktion auf eine Diskussion, die die Eigenständigkeit der Länder im Bundesstaat, vor allem die Landtage, infrage gestellt hatte.[24]

Schließlich wurden 26 Gesetze entsprechend geändert, durch die Verlagerung von Zuständigkeiten auf die Bezirksverwaltungsbehörden kam es zu einer gewissen Aufwertung der Länder, insbesondere ihrer Exekutiven.[25]

Allerdings konnte die Reform ihre ambitionierten Ziele nur bedingt einlösen: Zu groß war die Innovationsresistenz vor allem in den Bürokratien des Bundes gewesen, konsequente Schritte zu setzen und Einrichtungen wie die Bundessozialämter in den Ländern aufzulösen und in die Landesverwaltungen zu übertragen. Das Resultat war das Gegenteil, nämlich die Zementierung dieser Institution durch die Schaffung eines zentralen Bundessozialamtes mit Filialen in den Ländern! Auch in einem anderen Bereich der Binnenreform des Bundes, der Finanzverwaltung, wurde mit der Einrichtung des Unabhängigen Finanzsenates einer zentralen Struktur mit Außenstellen der Vorzug gegeben.[26]

Der bescheidene Erfolg des Verwaltungsreformgesetzes 2001 offenbarte erneut die Grenzen, die ambitionierten Reformbestrebungen in Österreich gezogen sind. Strukturelle Änderungen schienen nicht machbar, stießen auf den Widerstand und das Beharrungsvermögen zu vieler Akteure.

Es war offensichtlich, dass das Verwaltungsreformgesetz 2001 jene Akteure, die an tiefgreifenderen Veränderungen interessiert waren, nicht befriedigen konnte.

Es war vereinbart, dass die Länder in ihrem Zuständigkeitsbereich ebenfalls Maßnahmen zur Verwaltungsmodernisierung treffen und analog dem Verwaltungsreformgesetz 2001 eine Konzentration der erstinstanzlichen Zuständigkeit bei den Bezirksverwaltungsbehörden sowie die vermehrte Festlegung der Unabhängigen Verwaltungssenate als Berufungsbehörden vorsehen würden. Die Länder Oberösterreich, Tirol und Vorarlberg waren dabei die ersten, die entsprechende Gesetze erließen.[27] Die Resultate in den verschiedenen Ländern fielen dabei mit entsprechender

---

23 Diese Zustimmung ist gemäß Art. 129a Abs. 2 BVg erforderlich, wenn anstelle des Landeshauptmannes oder der Landesregierung die Zuständigkeit zur Entscheidung über Berufungen auf den UVS übertragen werden soll.
24 Siehe dazu Die Presse 8. 1. 2000: »Sausgruber über einen neuen Bundesstaat: Match ist eröffnet.« Vgl. auch Institut für Föderalismus (Hg.): 26. Bericht über den Föderalismus in Österreich. S. 29.
25 Institut für Föderalismus (Hg.): 27. Bericht über den Föderalismus in Österreich (2002). – Wien 2003. S. 20.
26 Ebd.
27 Ebd.

föderaler Differenzierung aus. Insgesamt sollte die Reform zu einer Verwaltungsmodernisierung führen, die 263 Millionen Euro an Einsparungen bringen sollte.

Ein weiteres wichtiges umgesetztes Projekt war die sogenannte »Verländerung der Bundesstraßen«: Die Länder übernahmen die bisher vom Bund errichteten und erhaltenen Bundesstraßen in ihre Verwaltung, die damit mit der bisherigen Landesstraßenverwaltung vereinigt wurde. Damit konnten Synergien erzielt und die Kapazitäten im Bundesministerium für Verkehr abgebaut werden. Bemerkenswert war allerdings, dass diese nun überflüssig gewordenen Stäbe im Bundesministerium als nebulose »zentrale Koordinationsstelle« weitergeführt wurden.[28]

Zu einer Fortsetzung der einfachgesetzlichen »Staatsreform« kam es nicht: Die Regierung Schüssel I scheiterte formal an einem Streit um eine Steuerreform, inhaltlich aber an den Turbulenzen, die innerhalb der FPÖ über den weiteren Kurs der Partei zwischen den staatstragenden Kräften und jenen, die trotz Regierungsbeteiligung weiterhin Oppositionspolitik betreiben wollten, ausgebrochen waren. So blieb die Verwaltungsreform in Österreich weiterhin Stückwerk, was in der öffentlichen Diskussion denn auch so empfunden wurde.

Ziemlich zeitgleich mit den Neuwahlen zum Nationalrat am 24. November 2002 wurden Stimmen immer lauter, die eine Art Masterplan für Österreich forderten, der auch in eine neue Staatsorganisation, wie immer diese aussehen sollte, münden würde.[29] Ebenso wie die Verwaltungsreform 2001 oder die Raschauer-Kommission primär von Exponenten der ÖVP und FPÖ propagiert wurde, waren die treibenden Kräfte, die hinter diesem »new approach« standen, in erster Linie der konservativen oder wirtschaftsliberalen Seite im politischen Spektrum Österreichs zuzuordnen. Aus dem Masteplan sollte wenig später der Österreich-Konvent werden. Zu den wenigen frühen Stimmen vonseiten der Sozialdemokratie zählte der damalige Parteivorsitzende der SPÖ Alfred Gusenbauer.

Nachdem in Punkt 1 »Demokratie und Staatsreform« des Regierungsprogramms der neuen ÖVP/FPÖ-Bundesregierung die Einsetzung eines Österreich-Konvents vorgesehen war,[30] bestand sehr bald nach den Nationalratswahlen 2002 kein Zweifel mehr, dass ein solcher einberufen würde, indem eine grundlegende Debatte über die Verfassung Österreichs und damit auch den Föderalismus geführt werden sollte. Der Österreich-Konvent sollte im Bereich des Föderalismus das prägende Ereignis der Ära Schüssel werden.

---

28 Ebd. S. 25f.
29 Ebd. S. 23.
30 Institut für Föderalismus (Hg.): 28. Bericht über den Föderalismus in Österreich (2003). – Wien 2004. S. 313.

3. Die »Inszenierung Österreich-Konvent« und die Folgen (Schüssel II)

a) Ziele und Hintergründe

Unter welchen Voraussetzungen werden in historischer Sicht Konvente einberufen? Historische Vorbilder können der Verfassungskonvent von Philadelphia 1787, der Konvent der Paulskirche 1848, der Herrenchiemseer Konvent 1948 und schließlich der Europäische Konvent 2002/2003, an welchen teilweise bewusst angeknüpft wurde,[31] sein. All diesen Konventen ging es um eine zum Teil gelungene (Philadelphia, Herrenchiemsee), zum Teil aus verschiedenen Gründen misslungene Schaffung einer neuen Verfassungsordnung. Diese sollte entweder einen neuen Staat erst kreieren oder ein Ancien Régime ablösen. Schon aus diesem Kontext mussten sich Zweifel aufdrängen, inwieweit ein Österreich-Konvent für Österreich im Jahr 2002 das geeignete Instrument einer Verfassungsreform war. Das Land war trotz aller Reformbedürftigkeit seiner rechtlichen Grundordnung, insbesondere auch auf dem Gebiet der föderalen Ordnung, ein stabiles, wirtschaftlich erfolgreiches Staatswesen, das seinen Bürgerinnen und Bürgern im Vergleich hohe Standards bieten konnte.

Welche Rolle der Bundeskanzler in der Einsetzung des Konvents spielte, ist unklar. In seiner Biografie kommt das Thema Konvent eigentlich kaum zu Wort.[32] Immerhin wird dort jedoch davon gesprochen, dass Schüssel eine Staats- und Verwaltungsreform mit einer Neuordnung der Kompetenzen zwischen Bund, Ländern und Gemeinden plant, zu dessen Zweck der Österreich-Konvent eingesetzt worden sei.

Nach außen hin gehörte er jedenfalls nicht zu den Protagonisten. Dies waren vielmehr aufseiten der ÖVP Nationalratspräsident Andreas Khol und der Steiermärkische Bundesrat (im ersten Halbjahr 2003 auch Bundesratspräsident) Herwig Hösele. Eine nicht unwesentliche Rolle spielten weiters Akteure der Industriellenvereinigung, wie deren damaliger Präsident Günter Voith. Wie erwähnt, blieb die Sozialdemokratie eher zurückhaltend und nolens volens dabei, nicht zuletzt wohl auch deshalb, weil sie wusste, dass ein Erfolg des Konvents als ein solcher der Bundesregierung verkauft würde. Seitens der FPÖ war die Begeisterung ebenfalls enden wollend, bei aller verbalen Unterstützung des Konventsgedankens.

Der Bundeskanzler äußerte sich kaum öffentlich zum Konvent. Ob wenigstens die Protagonisten von der Sinnhaftigkeit des Projekts überzeugt waren, muss offenbleiben. Realistischerweise mussten sie davon ausgehen, dass die für die Umsetzung

---

31 So der damalige Nationalratspräsident Andreas Khol in einem Gastkommentar in der »Presse« mit dem Titel »Europa-Konvent: Österreich-Konvent«. – Die Presse 4. 1. 2003.
32 Wolfgang Schüssel: Offengelegt. – Salzburg 2009. S. 214.

allfälliger Konventsergebnisse erforderliche Zwei-Drittel-Mehrheit der Sozialdemokraten nicht so leicht zu erringen sein würde.

Viele der Mitglieder des Österreich-Konvents fügten sich notgedrungen dem Unvermeidbaren und waren zufrieden, dass sie ihm, wenn er denn schon unausweichlich war, so doch wenigstens angehörten. Der Konvent entwickelte in den folgenden Monaten nach seiner Konstituierung tatsächlich eine gewisse Dynamik, und praktisch sämtliche seiner Mitglieder arbeiteten ernsthaft an den ihnen im Rahmen der Arbeitsgruppen übertragenen Aufgaben. Der entscheidende Übergang zu einer Eigendynamik, in welcher die Arbeiten des Konvents losgelöst von Erwartungen und Vorgaben der politischen Parteien, der Interessengruppen sowie der Organe des Bundes, der Länder und Gemeinden in einen offenen Diskurs gemündet wären, der die Chancen für einen Gesamtkonsens geebnet hätte, wurde allerdings nie geschafft.[33]

Nicht ganz geklärt ist auch, ob die Protagonisten des Konvents ernsthaft der Meinung waren, mit dem Vorsitzenden Franz Fiedler jene Person gefunden zu haben, die in der Lage wäre, die zu erwartenden tiefgreifenden Meinungsverschiedenheiten zur künftigen Verfassung Österreichs überbrücken zu können. Im Nachhinein betrachtet war er diese Person nicht. Die kurzfristig bekanntgegebene Kandidatur Fiedlers für die Bundespräsidentenwahl am 25. April 2004 war jedenfalls mit der ÖVP, die ihn als Konventsvorsitzenden durchgesetzt hatte, nicht abgesprochen. Nachdem er diese Kandidatur nach relativ kurzer Zeit wieder zurücknahm, war sein Standing insgesamt doch beschädigt.

Franz Fiedler war zwar die richtige Wahl, wenn es darum ging, die Arbeitsgruppen zu einer straffen Abarbeitung der ihnen übertragenen Aufgaben anzuhalten, die Sitzungen des Plenums konzise abzuwickeln und auf einen zeitgerechten Abschluss der Arbeiten hinzuwirken. Fiedler erwies sich jedoch nicht als jener Mediator, den der Konvent gebraucht hätte. Dass er das nicht sein würde, hätte aber allen Beteiligten bereits zu Beginn des Konvents klar sein müssen.

Fiedler hatte als Präsident des Rechnungshofes gute Arbeit geleistet. Er war in der Öffentlichkeit als korrekter Hüter des Effizienzgebotes in der Verwaltung anerkannt. Auffallend ist, wie stark bereits in der Gründungsphase des Konvents, vor allem im Auftrag, die Effizienzverbesserung in den Vordergrund gerückt wurde. Effizienz aber steht im Regelfall nicht im Vordergrund der Funktion einer Verfassung. Diese besteht viel eher darin, Spielregeln für die politischen Abläufe zu schaffen, Stabilität zu garantieren, die Rechtssphäre des Einzelnen gegenüber dem Staat zu sichern und Identität zu stiften. Davon war aber im Gründungsauftrag kaum die Rede. Viel eher davon, den Staat kostengünstiger zu machen, was zwar ein löbliches

---

33 Dazu näher Peter Bußjäger: Klippen einer Föderalismusreform. Die Inszenierung Österreich-Konvent zwischen Innovationsresistenz und Neojosephinismus. – Innsbruck 2005.

Ziel einer Verwaltungsreform ist, aber an sich mit Verfassungsreform im Regelfall relativ wenig zu tun hat.

Darüber machten sich aber die Protagonisten des Konvents ebenso wenig Gedanken wie der Vorsitzende selbst. Ganz beseelt vom Streben nach einem kostengünstigeren Staat, machten sich viele völlig falsche Vorstellungen über die Milliarden, die an Einsparungsmöglichkeiten in der Verfassung steckten, anstatt sie im Staatsapparat zu suchen.[34]

b) Nothing is agreed until everything is agreed

Die Organisation und die Abläufe im Konvent wurden schon wiederholt näher dargestellt.[35] Seine Zusammensetzung wurde immer wieder als Erklärung für sein Scheitern betrachtet und dabei auf die vermeintlich überproportionale Vertretung der Länder verwiesen. Tatsächlich stellten diese mit neun Landeshauptleuten und neun Landtagspräsidenten einen nicht unbeträchtlichen Teil der Konventsmitglieder, sie waren aber insgesamt doch deutlich in der Minderheit. Dem Präsidium gehörte gar nur eine Ländervertreterin, die Landtagspräsidentin von Oberösterreich, an.

Dies war offenbar ein ganz wesentliches Paradigma der Föderalismusdiskussion in Österreich während der Schüssel-Ära: Die mediale Wahrnehmung des die Rolle der Länder überbetonenden Einflusses auf den Lauf der Dinge. Dies widerfährt in der Rückbetrachtung sogar Mitgliedern des Konvents und ausgewiesenen Verfassungsexperten, wenn etwa Ewald Wiederin schreibt: »Denn es dominierten Repräsentanten von Organisationen, die als neue Stände offenbar bevorrechtet sind: Die Länder, die Sozialpartner, die Regierung und die Volksanwaltschaft …«[36] Die mediale Erwartungshaltung war von einem eigentümlichen Zwiespalt zwischen Euphorie und Skepsis geprägt, in die sich dann mitunter geradezu lustvoll die Erwartung des Scheiterns mischte.

---

34 Siehe dazu auch Peter Bußjäger: Der Österreich-Konvent als Chance oder Inszenierung? – Der Bundesstaat Österreich vor einem neuen Anlauf der Verfassungsreform. – In: Europäisches Zentrum für Föderalismusforschung (Hg.): Jahrbuch des Föderalismus 2004. – Baden-Baden 2004. S. 248–263.

35 Vgl. Peter Bußjäger: Klippen einer Föderalismusreform. – Christoph Konrath: Dann bleibt es eben so: Föderalismus und Kompetenzverteilung als Themen des Österreich-Konvents. – In: Österreichische Zeitschrift für Politikwissenschaft 2005/4, S. 349–365. – Kathrin Hämmerle: »Niemand soll sagen können, er wäre nicht gehört worden …« – In: Österreichische Zeitschrift für Politikwissenschaft 2005/4, S. 367–380. Siehe auch die Beiträge in Österreichische Juristenkommission (Hg.): Der Österreich-Konvent. Zwischenbilanz und Perspektiven. – Wien/Graz 2004. Emil Brix, Jürgen Nautz, Klaus Poier (Hg.): Die österreichische Verfassungsdiskussion und die Zivilgesellschaft. – Wien 2006. Ulrike Huemer: Der Österreich-Konvent aus Sicht des Österreichischen Städtebundes. – Wien 2005.

36 Ewald Wiederin: Verfassungsrevision in Österreich. – In: Michael Thaler, Harald Stolzlechner (Hg.): Verfassungsrevision. Überlegungen zu aktuellen Reformbemühungen. – Wien 2008. S. 17–26. S 20.

Tatsache war, dass die politischen Vertreter gegenüber den Experten im Konvent deutlich in der Mehrzahl waren. Freilich: Gerade die Konventsdiskussionen sollten zeigen, dass auch die Experten ihre Vorverständnisse in die Diskussion einbrachten, abhängig davon, welchem politischen Lager sie zugerechnet wurden. Allerdings zeigte die Zusammensetzung der Experten, dass offenbar nur Juristen eine Diskussion über die zukünftige Verfassung Österreichs zugetraut wurde. Dieses Juristenmonopol im Verfassungsdiskurs sollte sich als schädlich erweisen, weil dadurch die Erkenntnisse anderer Wissenschaften, der Politikwissenschaft, der Soziologie, der Finanzwissenschaft oder der Zeitgeschichte, ausgeblendet wurden.

So verfing sich etwa die wichtige Diskussion über Staatsziele in einem Grundsatzdiskurs über die Spielregel- versus die Werteverfassung, der zudem ohne Blick über die Staatsgrenzen hinweg geführt wurde.[37]

Eine besondere Rolle spielten das Präsidium und die Ausschüsse. Beide Institutionen konnten nur einstimmig zu Ergebnissen gelangen. Damit war klargestellt, dass die Ergebnisse des Konvents wesentlich von der Breite des Konsenses abhängig sein würden. Angesichts der tiefgreifenden Dissense über die Leistungsfähigkeit des föderalen Systems, die sich gerade in den letzten Jahren abgezeichnet hatten, war abzusehen, dass die einstimmig formulierten Ergebnisse eher mager sein würden.

Es war aber auch klar, dass es letztlich eine politische Entscheidung würde, wie die Konventsergebnisse verwertet würden. Umso auffallender war die politische Abstinenz bei den Verhandlungen, die sich über die Landeshauptleute und die Bundesminister erstreckte. Die Konventsdiskussionen wurden von Stellvertretern geführt. Es galt der Grundsatz »Nothing is agreed until everything is agreed«, mit dem Ergebnis, dass niemals irgendetwas vereinbart wurde. Je mehr sich die Politik aus den Diskussionen verabschiedete, umso ritualisierter spielten sich die Vorgänge ab.

c) Der Föderalismuskonflikt quer durch die Parteien

Der Föderalismuskonflikt, der sich im Österreich-Konvent auftat, offenbarte den bisher eher schwelenden Dissens über die Leistungsfähigkeit eines föderalen Systems im Generellen wie auch des spezifischen österreichischen Modells. Die einzige Partei, in der der Föderalismuskonflikt allerdings mehr oder minder stark offen ausbrach, war die ÖVP. Auch wenn es in der SPÖ durchaus unterschiedliche Auffassungen zu den offen zentralistischen Vorstellungen, die von Vertretern der Bundespartei im Konvent geäußert wurden, geben mochte: Diese Stimmen äußerten sich nicht in der Öffentlichkeit und vertrauten vielfach auch darauf, dass der Föderalismus im

---

37 Peter Bußjäger: Wieviel und welchen Staat braucht Österreich im 21. Jahrhundert? – In: Brix, Nautz, Poier (Hg.): Die österreichische Verfassungsdiskussion und die Zivilgesellschaft. S. 59–73.

Notfall schon durch die ÖVP gerettet würde. Auch bei FPÖ und Grünen gab es praktisch keine Stimmen, die sich für eine Stärkung des Föderalismus aussprachen, sieht man von einigen Teilbereichen, etwa bei der Neuordnung der Verwaltungsgerichtsbarkeit oder bei einer – freilich stets nebulos gebliebenen – Steuerautonomie der Länder, ab.

Innerhalb der ÖVP waren es vor allem die Exponenten der Wirtschaftskammer und der Länder, die hier offen gegenläufige Positionen vertraten. Der Führung der Partei gelang es nicht, diesen Konflikt zu entscheiden. Ob auf die Schwäche der Länder oder die Kompromissfähigkeit der beiden Lager vertraut wurde, lässt sich nicht mehr hinreichend sicher beurteilen. Eindeutig war jedenfalls, dass es der Partei auch in mehreren internen Sitzungen nicht gelang, in föderal umstrittenen Angelegenheiten zu einer einheitlichen Position zu gelangen.

d) Wer trägt die Schuld am Scheitern des Konvents?

Unter dem zeithistorischen Aspekt ist die Frage interessanter, wer die Schuld am Scheitern des Konvents trägt. Damit ist auch implizit die weitere Frage beantwortet, ob der Konvent überhaupt gescheitert ist. Gemessen an seinen Zielen, nämlich einen auf dem Einvernehmen des Konvents ruhenden Verfassungsentwurf zu erarbeiten, war dies zweifellos der Fall. Der Verfassungsentwurf des Vorsitzenden Franz Fiedler, der als eine Art Gordischer Hieb fungieren sollte, stieß auf eine breite, wenn auch jeweils unterschiedlich begründete Ablehnung.

Die Länder, die sich unbestritten in einer Defensiv-Position befanden, waren mit insgesamt 18 Vertretern in einem Konvent bestehend aus 71 Personen wohl nicht überrepräsentiert, auch wenn diese Meinung immer wieder vertreten wird.[38] Auch im Leitungsgremium, dem Präsidium, waren sie nur mit einer Person vertreten. Auch wenn das Konsensprinzip im Präsidium sowie in den Ausschüssen zahlreiche Veto-Positionen einräumte, so muss man doch bedenken, dass in der Realität der österreichischen Parteiendemokratie einheitliche Meinungen auch über die föderalen Klüfte hinweg in der Vergangenheit nicht selten hergestellt werden konnten. Den Ländervertretern in den Parteien wäre wohl nichts anderes übrig geblieben, als auch nachteilige Ergebnisse zu akzeptieren, wenn die Parteimeinung ansonsten eine weitgehend einheitliche gewesen wäre.

Die Gründe für das Scheitern waren wohl vielschichtiger: Sie reichten vom Unwillen der Politik, sich zu einer Entscheidung durchzuringen, über das Scheitern des Konventsvorsitzenden, seine Vorstellungen durchzusetzen, bis hin zu einem

---

38 Siehe etwa Christoph Konrath: Dann bleibt es eben so: Föderalismus und Kompetenzverteilung als Themen des Österreich-Konvents. S. 352.

grundlegenden Dissens über die Leistungsfähigkeit des föderalen Systems. Letztlich hätte es aber anderer Rahmenbedingungen bedurft: Eine Koalition, die im Parlament gerade einmal über eine schwache Mehrheit verfügte, mit einer SPÖ in der Opposition, hatte von vorneherein wenig Aussichten, eine umfassende Verfassungsänderung durchzusetzen, wenn sie der Opposition nicht wesentliche Konzessionen machen wollte – und genau dazu war die Koalition nicht bereit. Auffallend war freilich auch, dass die Länder äußerst spät eine gemeinsame Position formulierten, eine besonders aktive Rolle nahmen sie während des Konvents nicht ein. Die Landeshauptleute absentierten sich wie die Minister weitgehend von den Sitzungen des Konvents und seiner Ausschüsse. Bemerkenswerterweise unternahmen die Länder auch nichts, um der medial gegen sie gerichteten Stimmung entgegenzuwirken. Im Gegenteil: Zuweilen schien es, als kokettierten manche Ländervertreter durchaus mit der Veto-Power, über die sie zwar nicht rechtlich verfügten, die ihnen aber von den Medien immer zugedacht worden war.

Abseits der Frage, ob eine andere Zusammensetzung des Leitungsorgans des Konvents, insbesondere dessen Spitze, erfolgversprechender gewesen wäre, unterstrich der Konvent einmal mehr die engen Grenzen, die einer Reform des politischen Systems – nicht nur des Föderalismus – in Österreich gezogen sind. Erstaunlich daran ist lediglich, dass die politischen Akteure dies nicht wussten oder sich trotz dieses Wissens in das Abenteuer Österreich-Konvent stürzten. Glaubten sie ernsthaft an einen Erfolg?

4. Abklang: Der besondere Ausschuss des Nationalrates zur Verfassungsreform

Nach dem Abschluss des Konvents wurde dessen umfangreicher Bericht der Bundesregierung übergeben. Diese fand sich in der unangenehmen Situation, das Resultat einer Arbeit, die sich über eineinhalb Jahre erstreckt hatte, nicht einfach zu den Akten legen zu können. Der Ausweg fand sich im »Besonderen Ausschuss des Nationalrates zur Verfassungsreform«, der zu dem Zweck im Nationalrat ins Leben gerufen wurde, die Beratungsergebnisse des Österreich-Konvents bis zum Ende der Legislaturperiode weiterzuberaten.

Ernsthafte Beratungen fanden im »Besonderen Ausschuss« nicht statt und waren auch gar nicht intendiert. Den einzelnen von den verschiedenen Ausschüssen des Konvents bearbeiteten Kapiteln wurden gerade einmal halbe Sitzungstage gewidmet. Externe Experten wurden kaum beigezogen, zwei Vertreter der Landeshauptleutekonferenz waren jedoch zugelassen. Besonders rege Diskussionen fanden nicht statt. Es bestand zu keiner Zeit ein Anzeichen, dass gerade der Besondere Ausschuss die Dissens-Falle des Österreich-Konvents würde überwinden können.

Zu konkreten Ergebnissen gelangte der »Besondere Ausschuss« daher nicht, er hatte sich auch gar nicht darum bemüht. Es sollte offensichtlich lediglich Zeit überbrückt werden. Die nächste Bundesregierung, die sich mit dem Ergebnis nach den Nationalratswahlen 2006 zu befassen haben würde, so die vermutliche Hoffnung der Akteure aufseiten der ÖVP, würde eine solche unter Führung der ÖVP sein, möglicherweise eine Große Koalition, die dann bessere verfassungsrechtliche Voraussetzungen für die Umsetzung der Ergebnisse, aber auch der Nicht-Ergebnisse des Österreich-Konvents, vorfinden würde.

Die Geschichte kam freilich anders. Aus den Nationalratswahlen 2006 ging nach längeren Geburtswehen eine von der SPÖ geführte Koalitionsregierung mit der ÖVP hervor. Das Regierungsprogramm atmete noch den Geist des Konvents, ihr frühzeitiges Scheitern schon nach eineinhalb Jahren verhinderte praktisch jegliche Umsetzung.

Mit einer Verfassungsnovelle, die der Bereinigung der Bundesverfassung von überflüssigem Verfassungsrecht diente und die einige begleitende Regelungen enthielt, um künftig überflüssiges Verfassungsrecht zu vermeiden, gelang 2008 zumindest eine kleine Umsetzung bestimmter im Konvent erzielter Ergebnisse.[39] Bei der Neuregelung der verfassungsrechtlichen Prozeduren bei Grenzänderungen gelang es den Ländern immerhin, ihre Interessen zu wahren. Eine Änderung der Bundes- und Landesgrenzen erfordert weiterhin ein zweiseitiges, wenngleich vereinfachtes Verfahren, sowohl auf Bundes- wie auch auf Landesebene.

Das Regierungsprogramm der nunmehr nicht mehr über die Zwei-Drittel-Mehrheit im Nationalrat verfügenden SPÖ/ÖVP-Koalition 2008 vermied jeglichen expliziten Rekurs auf den Konvent.[40] Das 267 Seiten umfassende Regierungsprogramm nahm nur an wenigen Stellen Bezug auf die Inhalte, die bereits im Konvent beraten worden waren. Der Konvent war seit 2007 endgültig tot.

Neben der oben angeführten Verfassungsnovelle erzielte der Konvent aber ein anderes, durchaus bemerkenswertes Ergebnis: Gerade im Diskurs über die Ablöse der Verfassung aus dem Jahre 1920 entstand in einer kleinen, elitenhaften Gruppierung, die sich eigentlich dazu versammelt hatte, eine neue Verfassung zu schaffen, das Bewusstsein, dass die alte Verfassung kein so schlechtes Regelwerk darstellte, als welches sie ursprünglich empfunden wurde. So entstand gerade in einer Gruppe von Verfassungsskeptikern eine Art neuer Wertschätzung der bestehenden, alten Ordnung.

---

39 BGBl. I Nr. 2/2008. Vgl. dazu das Institut für Föderalismus: 32. Bericht über den Föderalismus in Österreich (2007). – Wien 2008. S. 157.

40 Dazu näher: Peter Bußjäger: »Change auf Österreichisch: Föderalistische Bemerkungen zum Regierungsprogramm der SPÖ-ÖVP-Koalition vom November 2008. – In: Kärntner Verwaltungsakademie (Hg.): Bildungsprotokolle Band 17: 6. Klagenfurter Legistik-Gespräche 2008. Klagenfurt 2009. S. 135–146.

5. Die Entwicklung des Föderalismus in der Ära Schüssel

a) Verfassungsrechtlicher Befund

In verfassungsrechtlicher Hinsicht ergaben sich, wohl auch bedingt durch die fehlende Verfassungsmehrheit im Parlament, qualitativ relativ wenige Veränderungen im föderalen Gefüge mit einer Ausnahme: Die Zentralisierung des Tierschutzes im Jahr 2004 als Einlösung eines Wahlversprechens von 2002 brachte einen erheblichen Kompetenzzuwachs des Bundes. Motor dieser Zentralisierung war die mediale Unterstützung der »Kronen Zeitung«. Unter rechtlichen Aspekten bildete das in die neun Landesrechtsordnungen umzusetzende EU-Recht ein zur Rechtfertigung der Zentralisierung herangezogenes Motiv. Bemerkenswert war auch das vom Bundeskanzler verwendete Argument, die Zentralisierung sei notwendig, damit Österreich auf europäischer Ebene mit der gebotenen Vehemenz für einen starken Tierschutz eintreten könnte. Diese Aussage war zumindest rechtlich kaum nachvollziehbar, kommt doch, Landeskompetenz hin oder her, die Außenvertretung auf EU-Ebene stets dem Bund zu und wurde doch gerade auch im Tierschutzrecht von der Möglichkeit der Länder, den Bund in eigenen Kompetenzangelegenheiten zu binden, nie Gebrauch gemacht. Es handelte sich daher im Wesentlichen um vorgeschobene Argumente. Eine Hebung der Qualitätsstandards im Tierschutz dürfte allenfalls partiell gelungen sein.

Die Verpflichtung zur Umsetzung von EU-Richtlinien diente auch im Bereich des Elektrizitätswirtschaftsrechts immer wieder als Argument, neue Bundeskompetenzen zu begründen.

Die EU wurde daher – ohne Not – zum Instrument der Zentralisierung gemacht. Einen typischen Fall bildete dabei das Vergaberecht, welcher Fall hier näher dargestellt werden soll:

Bereits im Zuge des am 1. Jänner 1994 wirksam gewordenen EWR-Beitritts hatte Österreich die Vergaberichtlinien der EU umzusetzen, welche die öffentliche Auftragsvergabe regelten. Die Umsetzung der Richtlinien fiel, je nachdem, ob es sich um Vergaben des Bundes bzw. der Länder oder der Gemeinden handelte, in die Gesetzgebungskompetenz des Bundes bzw. der Länder.

Die dadurch bewirkte Zersplitterung der für die Wirtschaft durchaus maßgeblichen Regelungen der öffentlichen Auftragsvergabe wurde vermehrt als unzumutbar betrachtet. Dabei blieb unbeachtet, dass der rechtliche Zustand vor 1994 noch ein viel unübersichtlicherer gewesen war, hatte es doch bis dahin lediglich interne Erlässe der Gebietskörperschaften gegeben. Die Forderung nach einem einheitlichen Vergaberecht wurde umso intensiver geltend gemacht, als der Verfassungsgerichtshof judizierte, dass aus Gleichheitsgründen auch der Bereich unterhalb der von der EU festgesetzten Schwellenwerte rechtlich zu regeln sei. Schließlich blieb den Ländern nichts anderes übrig, als den Übergang der Gesetzgebungskompetenz auf den Bund im Jahr 2002 zu akzeptieren, wobei ihnen allerdings im Verhandlungsweg die Durchsetzung einer durchaus beachtenswerten Neuerung gelang: Der Bund kann seine neu gewonnene Kompetenz zur Rechtsetzung demnach nur wahrnehmen, wenn die beteiligten Länder zustimmen (Art. 14b BVg). Mit anderen Worten: Die einzelnen Länder haben ein Vetorecht gegen jede Änderung der Rechtsgrundlagen durch den Bund.[41]

Die Neuregelung ist nicht nur ein Indiz dafür, dass der kooperative Föderalismus gerade auch in der Ära Schüssel einen neuen Aufschwung erlebte, sondern auch, dass der kooperative Föderalismus als ein Instrument der bundesstaatlichen Koordinierung jenseits des Bundesrates diente. Systemkonformer wäre es ja gewesen, das Zustimmungsrecht zu Rechtsänderungen in den Bundesrat zu verlegen. Dieser Institution vertrauten aber gerade die Länder nicht! Geradezu paradigmatisch wird am Beispiel der Zentralisierung des Vergaberechts darüber hinaus deutlich, wie es den Landesexekutiven gelingt, verloren gehende eigene Gestaltungsfähigkeit der Länder durch Beteiligungsrechte an der Bundesgesetzgebung zu kompensieren, während die Landeslegislativen, also die Landtage, die Verlierer dieses Prozesses sind.

Durch die »Inszenierung Österreich-Konvent« wurden in der Folge größere Verfassungsreformen im Konvent geparkt. Die Verankerung einer Bundeskompetenz in der Gesetzgebung für den Tierschutz war mehr oder weniger das einzige größere Vorhaben, das am Konvent vorbei realisiert wurde.

B) DER PARADIGMENWECHSEL IN DER FÖDERALISMUSDISKUSSION

Das Ausmaß, in dem der Föderalismus in der Ära Schüssel in die Defensive geriet, wird insbesondere an der Tatsache sichtbar, dass Europa zunehmend als antiföderales Argument verwendet wurde. Während im Vorfeld des EU-Beitritts die Unterstützung der Länder nicht zuletzt durch das Versprechen einer Bundesstaatsreform, die zu einer Stärkung des Föderalismus führen würde, erworben wurde, galt dieses nach dem EU-Beitritt nichts mehr. Föderalismus wurde nicht länger als eine potenzielle Stärke, die erst zu wecken sein würde, sondern als Hemmschuh der Entwicklung Österreichs betrachtet. Als paradigmatisches Beispiel mag die Zentralisierung des Tierschutzes dienen, die unter anderem mit dem überhaupt nicht nachvollziehbaren Argument untermauert wurde, dass die föderale Organisation des Tierschutzes Österreichs Position zugunsten des Tierschutzes in der EU schwäche.

---

41 Dazu Christoph Kleiser: Neue Kompetenzverteilung im öffentlichen Auftragswesen – Neue Mitgestaltungsmöglichkeiten der Länder. – In: Institut für Föderalismus (Hg.): FöderalismusInfo Nr. 3/2002. S. 2.

Vor diesem Hintergrund kann es nicht verwundern, dass die Länder zunehmend in die Defensive gerieten. Dies mag freilich auch damit zusammenhängen, dass eine aktive Propagierung föderaler Themen durch die Länder nicht stattfand. Sie verharrten selbst in einer passiven Haltung, Zumutungen wie eine partielle Steuerhoheit oder die Übernahme wenig attraktiver Aufgaben ablehnend.

Der Paradigmenwechsel hatte sich schon in den Jahren zuvor abgezeichnet. Genau genommen indizierte bereits das Scheitern der Bundesstaatsreform 1994, dass der Gedanke einer Stärkung der Länder weniger Anhänger hatte als vielleicht von ihnen vermutet.

c) Die Rolle der Landeshauptleute

Der Aufstieg der Landeshauptleutekonferenz zum machtvollen Akteur des österreichischen Föderalismus war während der Ausformulierung und Koordinierung der verschiedenen Forderungsprogramme der österreichischen Bundesländer insbesondere in der Mitte der 1970er-Jahre bereitet worden. In der Weise, in der die Bundesregierung zunehmend im Verhandlungswege den Konsens mit den Landeshauptleuten suchte, wurde deren Koordinationsgremium ein wichtiges Element der österreichischen Realverfassung. Seit den Verhandlungen rund um die Bundesstaatsreform 1989–1994, den Vorbereitungen des Beitritts Österreichs zur Europäischen Union, ist die Landeshauptleutekonferenz aus dem österreichischen Föderalismus ohnehin nicht mehr wegzudenken.

In der Schüssel-Ära behaupteten sich die Landeshauptleute in dieser Rolle, wenngleich die Konstellation einer schwarz-blauen/orangen Bundesregierung und einer Landeshauptleutekonferenz, in welcher die Sozialdemokraten seit der Salzburger Landtagswahl 2004 und der Steiermärkischen Landtagswahl 2005 nunmehr Parität mit ÖVP-dominierten Bundesländern erreichten, zu einer schärferen Akzentuierung des Gegensatzes führte. In der Schüssel-Ära wurde das Verhältnis Bund–Länder (Landeshauptleutekonferenz) gewiss konfliktbeladener. Ein Beispiel dafür ist der Energiebereich mit der vom Bund präferierten »Österreichischen Stromlösung«, die letztlich an der Ablehnung durch die Landeshauptleutekonferenz scheiterte. Dazu kam, dass gewisse, auch EU-induzierte, Liberalisierungsbestrebungen etwa im Energierecht in bisherige Domänen der Landespolitik eingriffen. Auch dies führte zu Spannungen zwischen dem Bund, der entsprechenden Druck ausübte, und den Ländern, in welchen sich die Landeshauptleutekonferenz immer wieder positionierte.[42]

---

42 Institut für Föderalismus (Hg.): 26. Bericht über den Föderalismus in Österreich (2001). S. 40. 27. Bericht über den Föderalismus in Österreich (2002). – Wien 2003. S. 34. 28. Bericht über den Föderalismus in Österreich (2003). – Wien 2004. S. 58.

Aber auch die Regelung des Ökostroms barg vor und nach der »Verbundlichung« 2002 immer wieder Konfliktpotenzial zwischen Bund und Ländern, wobei Ersterer im Regelfall wirtschaftlichen Interessen entgegenkommen wollte, Letztere an einer starken Förderung erneuerbarer Energien interessiert waren.[43] Immerhin gelang es den Ländern, ein Zustimmungsrecht zur Festsetzung der Ökostrompreise durch den zuständigen Bundesminister durchzusetzen.[44]

Insgesamt lässt sich daher feststellen, dass vor allem die sich ändernde politische Zusammensetzung der Landeshauptleutekonferenz diese in immer schärferen Gegensatz zur Bundesregierung treten ließ. Dadurch profilierte sie sich auch in der öffentlichen Wahrnehmung stärker als in den Jahren zuvor. Das öffentliche Interesse an den Tagungen der Landeshauptleutekonferenz nahm dementsprechend zu.

Allerdings setzt eine erfolgreiche Interessendurchsetzung der Landeshauptleutekonferenz schon begrifflich – da Entscheidungen gar nicht anders denn einstimmig zustande kommen – voraus, dass es innerhalb der Landeshauptleute gelingt, einvernehmlich vorzugehen.[45]

In der öffentlichen Wahrnehmung werden häufig genau jene Fälle übersehen, in welchen diese Einvernehmlichkeit nicht zustande kommt. Insgesamt wird man jedoch feststellen können, dass das Gewicht der Landeshauptleutekonferenz im politischen Diskurs zunahm. Dies war allerdings nicht unbedingt positiv besetzt.

Es darf freilich auch nicht übersehen werden, dass zuweilen auch massive Konflikte zwischen den Ländern selbst auftraten. Die heftigste Auseinandersetzung bildete jene zwischen den Ländern Niederösterreich und Steiermark über die Errichtung des Semmering-Basistunnels. Diese Verbindung, die den Eisenbahnverkehr zwischen Wien und dem Südosten Österreichs wesentlich beschleunigen sollte, hatte 1999 sogar zu einem aufsehenerregenden Erkenntnis des Verfassungsgerichtshofes zur kompetenzrechtlichen Frage, inwieweit das Land Niederösterreich, gestützt auf seine Naturschutzkompetenzen, den Bau einer derartigen Infrastrukturverbindung verhindern konnte, geführt.[46] Der Bund stand in diesem Konflikt, aus dem das Land Niederösterreich politisch als De-facto-Sieger hervorging, auf der Seite des Landes Steiermark und der das Projekt betreibenden Gesellschaft. Politisch blieb das Problem Semmering-Basistunnel trotz intensiver Bemühungen ungelöst, was zumindest

---

43 Institut für Föderalismus (Hg.): 27. Bericht über den Föderalismus in Österreich (2002). S. 37.
44 Ebd. S. 38.
45 Siehe dazu Ferdinand Karlhofer: Gestaltungskraft und Vetomacht. Funktion und Praxis der Landeshauptleutekonferenz. – In: Andreas Rosner, Peter Bußjäger (Hg.): Im Dienste der Länder – im Interesse des Gesamtstaates. Festschrift 60 Jahre Verbindungsstelle der Bundesländer. – Wien 2011. S. 311–326. S. 321.
46 Das Verfassungsgerichtshof hatte mit Erkenntnis vom 25. 6. 1999, G 256/98, eine Bestimmung des Niederösterreichischen Naturschutzgesetzes, auf dessen Basis die zuständige Bezirkshauptmannschaft die Bewilligung für den Bau des Tunnels auf dem Gebiet des Landes Niederösterreich versagt hatte, als verfassungswidrig aufgehoben, weil sie zu wenig auf überregionale Interessen Rücksicht nahm.

als Indiz dafür zu werten ist, dass der Bund gegen widerstrebende Landeshauptleute aus den eigenen Reihen einer Regierungspartei wenig Handhabe hatte.

d) Wahrnehmung des Bundesrates

Der Bundesrat führt seit Jahrzehnten medial wie politisch ein Schattendasein, was nicht nur auf seine bescheidene rechtliche Ausstattung zurückzuführen ist, sondern auch auf die appendixhafte Angliederung der Bundesratsfraktionen an die jeweiligen Nationalratsklubs. Genau dieser Umstand hatte gerade in der Zeit von Schüssel II dem Bundesrat einige mediale Aufmerksamkeit beschert: Nach den Wahlerfolgen der SPÖ im März 2004 zunächst in Salzburg und schließlich im Oktober 2005 in der Steiermark führte dies dazu, dass den Regierungsparteien im Bundesrat eine Mehrheit aus SPÖ und Grünen gegenüberstand. Dies mündete in die Beeinspruchung verschiedener Gesetzesbeschlüsse, die aber allesamt mit Beharrungsbeschluss des Nationalrats überwunden wurden, was medial als Verzögerungstaktik kritisiert wurde. An dem Beispiel zeigte sich, dass nicht nur die Nicht-Wahrnehmung der Rechte des Bundesrates, sondern auch seiner Rechte, mediale Kritik nach sich zog, nämlich als Instrument, das Inkrafttreten von Gesetzen zu verzögern. Es schien, als ob es der Bundesrat einfach niemandem rechtmachen konnte. Den Kritikern ist allerdings zugutezuhalten, dass die Einspruchspraxis der Opposition im Bundesrat mit der Wahrnehmung von Länderinteressen eigentlich nichts zu tun hatte. Aus den Einspruchsbegründungen waren jedenfalls föderalistische Ansätze nur teilweise erkennbar.[47]

Am 14. April 2005 kam es auch einmal zu einem kabarettreifen Vorgang, als ÖVP-Mandatare versuchten, die Stimmabgabe des FPÖ-Mandatars John Gudenus, der gegen ein von der Koalition beschlossenes Gesetz stimmte, zu verhindern.[48] Auch diese Öffentlichkeitswirksamkeit des Bundesrates war nicht unbedingt positiv zu werten.

Nicht gerade dienlich war dem Ansehen des Bundesrats schließlich, als der Abgeordnete Kampl, der im nächsten Halbjahr zum Vorsitz im Bundesrat auserkoren war, eine Äußerung über Deserteure in der Wehrmacht im Zweiten Weltkrieg tätigte, die allgemein als inakzeptabel betrachtet wurde.[49] Um zu verhindern, dass Kampl, der sich für diese Äußerung auch nicht entschuldigen wollte, routinemäßig den Vorsitz

---

[47] Institut für Föderalismus (Hg.): 31. Bericht über den Föderalismus in Österreich (2006). – Wien 2007. S. 199.
[48] Institut für Föderalismus (Hg.): 30. Bericht über den Föderalismus in Österreich (2005). – Wien 2006. S. 20.
[49] Ebd. S. 18 mit weiteren Nachweisen.

im Bundesrat und damit protokollarisch eines der höchsten Ämter im Staat einnehmen sollte, musste die Bundesverfassung geändert werden, die ein nachträgliches Umreihen durch den entsendenden Landtag ermöglichte.[50]

Dennoch führten auch diese Vorkommnisse im Bundesrat nicht dazu, dass es zu Reformen in der Zweiten Kammer gekommen wäre, auch wenn die im Rotationswege wechselnden Vorsitzenden die einen oder anderen Reforminitiativen lancierten. Es blieb, wie auch nach dem Österreich-Konvent, alles, wie es war.

e) Rolle der Zentralstellen und der Landesexekutiven

Mit der letztlich gescheiterten Strukturreform des Bundesstaates 1989–1994 hatten die Zentralstellen des Bundes ihre seit 1945 erste Phase durchlebt, in welcher ihre Machtposition tatsächlich infrage gestellt schien. Schließlich hatten sich Bundesregierung und Landeshauptleute auf die Beseitigung der mittelbaren Bundesverwaltung verständigt und die Übertragung der Agenden der mittelbaren Bundesverwaltung in die ausschließliche Landesvollziehung veranlasst. Dieses Projekt, konsequent zu Ende geführt, hätte in die Demontage der Machtposition der Bundesministerien gemündet, schließlich wären diese ihrer Steuerungskompetenzen gegenüber den Landeshauptleuten als Vollzugsorgane des Bundes beraubt worden. Sie hätten lediglich noch durch Rechtsetzung, nicht aber durch Weisung im Generellen oder im Einzelfall, steuern können.

Darüber hinaus war intendiert, auch die Angelegenheiten der unmittelbaren Bundesvollziehung zu lichten und verschiedene Angelegenheiten nach Maßgabe der sachlichen Zusammenhänge ebenfalls in die Landesverwaltung einzugliedern. Auch dies hätte zu einem Abbau von Zentralbürokratien und von Doppelgleisigkeiten geführt.

Retrospektiv kann hier, weil nicht mit der Schüssel-Ära verbunden, offenbleiben, wie erfolgsträchtig dieses Vorhaben von Beginn an war. Entscheidend ist, dass die Ministerialbürokratie die Phase der »Bundesstaatsreform« nicht nur ungeschoren überlebte, sondern in gewisser Hinsicht sogar gestärkt daraus hervorging. In den Folgejahren wurde die Ministerialbürokratie zudem von der Mitgliedschaft Österreichs in der Europäischen Union beflügelt, welche die Möglichkeit bot, auf europäischer Ebene Normen auszuverhandeln, die auf der nationalen Ebene in dieser Form politisch nicht mehr durchsetzbar waren.

Die Ära Schüssel stellt somit in gewisser Hinsicht die Renaissance der Macht und des Ansehens der Zentralstellen dar. Umgekehrt wuchs das Misstrauen in die Leistungsfähigkeit der dezentralen Exekutiven, vor allem auf Länderebene. Während zur Zeit der Bundesstaatsreform die Forderung artikuliert wurde, die üppig vorhandenen

---

50 Ebd. S. 137.

operativen Zuständigkeiten der Ministerien auf die Landesexekutiven zu delegieren, bildete nun die Ausgliederung in Agenturen die Zauberlösung. Gesundheitsagentur und andere, dem angelsächsischen Vorbild der »agencies« nachgeahmte Institutionen übernahmen immer mehr operative Zuständigkeiten der Ministerien und zum Teil auch der Landeshauptleute. Diese Ausgliederungen bewegten sich durchaus auf der Ebene der internationalen Diskussion: Ausgehend vom neoliberalen Vorzeigebeispiel UK unter Thatcher hatten viele Staaten Aufgaben der Zentralbürokratie an Agenturen ausgegliedert. Insoweit unterschied sich Österreich nicht von anderen Staaten, sondern bewegte sich im internationalen Trend. Dazu kamen die Liberalisierungsbestrebungen der EU auf den Gebieten der Daseinsvorsorge und der Energiewirtschaft, die in Österreich durch die Einrichtung von Regulatoren umgesetzt wurden.

Die Länder befanden sich auch bei diesen Projekten in der Defensive und konnten lediglich versuchen, besonders schwerwiegende Eingriffe in ihre Zuständigkeiten oder das Konzept der mittelbaren Bundesverwaltung zu verhindern. Von einer Stärkung der Landesexekutiven durch Abschlankung ministerieller Zuständigkeiten war längst keine Rede mehr.

f) Die Landtage

Im Zentrum der Angriffe auf den Föderalismus – und damit auch im Zentrum der Defensiv-Position – standen die Landtage. Vor allem ihre Gesetzgebungskompetenz stand im Zentrum der Kritik. Deren Sinnhaftigkeit wurde beispielsweise auch vom Parteivorsitzenden der SPÖ, Alfred Gusenbauer, in Zweifel gezogen.[51]

Die Repräsentanten der Landtage nach außen, die Landtagspräsidenten, verwahrten sich gegen den Verlust der legislativen Kompetenzen der Landtage und stellten ihrerseits Forderungsprogramme auf.[52] Immerhin gelang es ihnen, eine gewisse Aufmerksamkeit zu erzielen und dadurch auch aus dem Schatten der Landeshauptleute zu treten, die sonst die Föderalismusdiskussion seit Jahren beherrscht hatten.

Allerdings war, abgesehen von diesen verbalen Bekundungen, am Bestehenden nicht zu rütteln, wenig davon zu spüren, dass von den Landtagen Signale ausgegangen wären, ihre Rolle zu überdenken oder neue Initiativen zu setzen. Teilweise scheiterten die Landtage auch an den Unzulänglichkeiten ihrer eigenen Pressearbeit. So wäre die Tatsache, dass verschiedene Landtage in der Gewährleistung von

---

51 »Gusenbauer will durch Entmachtung der Landtage sparen.«. – Die Presse 23. 8. 2002. Vgl. auch Institut für Föderalismus (Hg.): 27. Bericht über den Föderalismus in Österreich (2002). – Wien 2003. S. 21.
52 Hervorzuheben ist insbesondere der Beschluss der Landtagspräsidentenkonferenz vom 7. 2. 2003, der am 17. 10. 2003 wiederholt wurde und welcher tatsächlich ein starkes Signal bedeutete.

Minderheitenrechten gerade im hier untersuchten Zeitraum von 2000 bis 2006 neue Standards setzten, von welchen das Bundesparlament noch heute weit entfernt ist, schon eines gewissen öffentlichen Bekanntheitsgrades wert gewesen. Auch die Tatsache, dass die Landesrechnungshöfe mitunter besonders qualitätvolle Arbeit leisten, die über den Standard des Rechnungshofes des Bundes hinausgeht, wurde nicht weiter publik. Vielmehr blieb in der Öffentlichkeit der Eindruck bestehen, dass die Landtage geradezu paradigmatisch für Althergebrachtes, Erstarrtes und Innovationsresistentes standen.

g) Der Föderalismus in europäischen Angelegenheiten

Die österreichische Mitwirkung in EU-Angelegenheiten ist im Wesentlichen über den Bund monopolisiert. Es sind die Vertreter des Bundes, die im Rat die Stimme für Österreich abgeben. Die EU-Parlamentarier werden in einem einzigen, ganz Österreich umfassenden Wahlkreis gewählt.

Allerdings haben die Länder gewisse, nicht unbedeutende Beteiligungsrechte. Das wichtigste ist das Instrument der einheitlichen Länderstellungnahme, nämlich den Bund bei der Verhandlung und Abstimmung über europäische Vorhaben durch eine einheitliche Länderstellungnahme zu binden. Dazu kommen einige weitere Möglichkeiten der Länder, wie etwa gemeinsame Ländervertreter in die Arbeitsgruppen auf Beamtenebene als Teil der österreichischen Delegation zu entsenden.

All diese Instrumente stellen besondere Anforderungen an den kooperativen Bundesstaat. Auch in der Schüssel-Ära sind keine besonderen Konfliktfelder aufgetreten. Die Zusammenarbeit zwischen Bund und Ländern in europäischen Angelegenheiten hat sich durchaus bewährt.

6. Das Verhältnis der Gebietskörperschaften 2000–2006 in Zahlen

a) Mengengerüste

Das intergouvernementale Verhältnis zwischen Bund und Ländern in der Schüssel-Ära soll nun anhand einiger Kennzahlen beleuchtet werden, wobei der Vergleich mit den anderen Jahren herangezogen wird. Natürlich können derartige Mengengerüste keine Gesamtschau liefern, einige interessante Streiflichter ergeben sich dagegen schon.

Tabelle 1: Einsprüche der Bundesregierung gegen Gesetzesbeschlüsse der Länder

Jahr	Einsprüche
1990	3
1991	5
1992	3
1993	1
1994	1
1995	3
1996	1
1997	1
1998	1
1999	0
2000	0
2001	0
2002	0
2003	1
2004	1
2005	0
2006	0
2007	0
2008	0
2009	0
2010	0

Quelle: Institut für Föderalismus

Gemäß Art. 98 BVg müssen sämtliche Gesetzesbeschlüsse der Länder der Bundesregierung vorgelegt werden, die innerhalb von acht Wochen diese beeinspruchen kann. Der jeweilige Landtag kann sich aber mit einem Beharrungsbeschluss darüber hinwegsetzen. Die These liegt nahe, dass eine »große« Bundesregierung, der jene Parteien angehören, die insgesamt auch in den Ländern dominieren, vergleichsweise seltener zu diesem ohnehin relativ zahnlosen Instrument greifen wird. Demgemäß müsste eigentlich in der Zeit der ÖVP/FPÖ-Koalitionen das Instrument besonders häufig eingesetzt worden sein und dies zulasten der SPÖ-regierten Länder. Der Befund zeigt indessen, dass eine solche Korrelation nicht besteht. Die Handhabung des Einspruchsrechts der Bundesregierung scheint seit 2005 überhaupt zum toten Recht verkommen zu sein.

Die Bundesregierung hat gemäß Art. 97 Abs. 2 BVg nicht nur ein Einspruchs-, sondern sogar ein Zustimmungsrecht zu Gesetzesbeschlüssen der Landtage, die die Mitwirkung von Bundesorganen bei der Vollziehung von Landesgesetzen vorsehen.

Das kommt insbesondere bei der Mitwirkung von Polizeiorganen vor. Gegen solche für den Bund mit Kostenfolgen verbundenen Gesetze hat die Bundesregierung somit ein Vetorecht. Auch hier würde es naheliegen, dass eine »kleine« Bundesregierung häufiger den Konflikt mit von der auf der Bundesebene in Opposition befindlichen Partei regierten Ländern sucht.

Tabelle 2: Verweigerung der Zustimmung der Bundesregierung zur Mitwirkung von Bundesorganen bei der Vollziehung

Jahr	Verweigerung der Zustimmung gemäß Art. 97 Abs. 2 BVg
1990	7
1991	4
1992	3
1993	7
1994	3
1995	1
1996	2
1997	1
1998	0
1999	0
2000	0
2001	2
2002	1
2003	0
2004	0
2005	0
2006	2
2007	1
2008	1
2009	0
2010	0

Quelle: Institut für Föderalismus

Auch hier bestätigt der Befund die Hypothese nicht. Von einem in der fraglichen Zeit besonders konfliktträchtigen Verhältnis kann demnach ebenfalls nicht die Rede sein.

Tabelle 3: Einsprüche des Bundesrates gegenüber Gesetzesbeschlüssen des Nationalrats

Jahr	Einsprüche
1990	0
1991	0
1992	0
1993	0
1994	1
1995	0
1996	0
1997	0
1998	0
1999	0
2000	0
2001	0
2002	0
2003	0
2004	0
2005	5
2006	19
2007	0
2008	2
2009	0
2010	0

Quelle: Institut für Föderalismus

Ein ganz anderes, weil signifikanteres Bild ergibt sich aus Tabelle 3: Die geänderten Mehrheitsverhältnisse im Bundesrat machen die parteipolitische, von der Wahrnehmung von Länderinteressen losgelöste Vereinnahmung des Bundesrates deutlich: Die Einsprüche erfolgten in Fällen, in welchen eigentlich Länderinteressen nicht besonders betroffen waren, sondern weil es sich um Fälle handelte, in welchen die im Bundesrat nun die stärkste Fraktion bildenden Oppositionsparteien im Nationalrat diese Gesetze massiv abgelehnt hatte. Weder davor noch danach, als die Mehrheit im Bundesrat wieder durch das Koalitionsübereinkommen zwischen SPÖ und ÖVP mediatisiert war, erhob der Bundesrat Einsprüche. Eine Ausnahme bildete das Jahr 2008. Die dort erhobenen Einsprüche dienten allerdings lediglich der Reparatur von legistischen Fehlern, die der betreffende Gesetzesbeschluss nach der Beschlussfassung im Nationalrat aufwies.

Noch nie versagt hat der Bundesrat die gemäß Art. 44 Abs. 2 BVg vorgesehene Zustimmung zu Verfassungsänderungen zulasten der Gesetzgebung oder Vollziehung der Länder. Die Zahl der in einem Jahr erteilten Zustimmungen gibt jedoch einen Einblick in die Frage, wie stark föderale Zuständigkeiten dem Zugriff des Bundes ausgesetzt sind.

Tabelle 4: Zustimmungen des Bundesrates zu Verfassungsänderungen gemäß Art. 44 Abs. 2 BVg (Einschränkungen der Zuständigkeit der Länder in Gesetzgebung oder Vollziehung)

Jahr	Zustimmungen
1990	9
1991	14
1992	24
1993	14
1994	9
1995	12
1996	11
1997	5
1998	16
1999	8
2000	7
2001	8
2002	5
2003	1
2004	4
2005	10
2006	7
2007	13
2008	7
2009	3
2010	4

Quelle: Institut für Föderalismus

Gegenüber den Jahren zuvor ist die Zahl der Zustimmungen deutlich niedriger. Dies verwundert nicht, suchte doch die Koalition Verfassungsänderungen aufgrund der Notwendigkeit, die Zustimmung der SPÖ zu gewinnen, nach Möglichkeit zu vermeiden. Da auch die SPÖ/ÖVP-Koalitionen der Folgejahre 2006/07 und seit 2008 über keine Verfassungsmehrheit im Nationalrat verfügen, ist es nicht überraschend, dass die Zahl der Zustimmungen seither nicht signifikant angestiegen ist.

Tabelle 5: Anträge der Aufnahme von Verhandlungen in einem
Konsultationsgremium (Auslösung des »Konsultationsmechanismus«)

Jahr	Vorhaben Bund Antrag Länder	Vorhaben Bund Antrag Gemeinden/ Städte	Vorhaben Länder Antrag Bund	Vorhaben Länder Antrag Gemeinden/Städte
1999	20	5	0	0
2000	24	7	0	0
2001	26	10	0	0
2002	13	5	0	0
2003	16	0	3	0
2004	11	0	4	5
2005	11	4	0	1
2006	9	1	0	2
2007	11	3	1	0
2008	8	1	0	0
2009	9	1	0	0
2010	12	3	0	0

Quelle: Institut für Föderalismus

In den finanziellen Beziehungen zwischen Bund, Ländern und Gemeinden spielt der sogenannte Konsultationsmechanismus eine wichtige Rolle, der seit 1999 in Kraft ist. Die Vereinbarung über den Konsultationsmechanismus soll Kostenüberwälzungen von der rechtsetzenden Gebietskörperschaft auf die vollziehende Gebietskörperschaft verhindern. Zu diesem Zweck können die vollziehenden Gebietskörperschaften die Aufnahme von Verhandlungen in einem Konsultationsgremium beantragen.

Tabelle 5 veranschaulicht, dass in den ersten Jahren nach Inkrafttreten des Konsultationsmechanismus dieses Instrument besonders häufig eingesetzt wurde, danach ist eine doch deutliche Abflachung zu erkennen.

Weiters sei untersucht, ob sich der fragliche Zeitraum hinsichtlich der Anfechtungen von Gesetzen und Verordnungen des Bundes bzw. der Länder durch das jeweilige Gegenüber signifikant abhebt:

Tabelle 6: Anfechtungen von Gesetzen und Verordnungen des Bundes bzw. der Länder durch Länder bzw. den Bund

Jahr	Anfechtung Landesgesetze durch Bund	Anfechtung Verordnungen der Länder durch Bund	Anfechtung Bundesgesetze durch Länder	Anfechtung Verordnungen des Bundes durch Länder	Vermögensrechtliche Klagen nach Art. 137 BVg
1990	–	–	2	–	–
1991	–	–	2	–	–
1992	–	–	1	–	–
1993	–	–	–	–	–
1994	–	–	3	–	–
1995	–	–	–	–	–
1996	–	–	1	–	–
1997	–	–	2	–	–
1998	–	–	–	–	–
1999	–	–	1	3	–
2000	–	–	1	2	–
2001	–	–	2	1	1
2002	1	–	3	3	–
2003	–	–	4	2	1
2004	–	–	4	1	1
2005	–	–	–	–	–
2006	–	–	–	–	1
2007	–	–	1	–	–
2008	–	–	3	–	–
2009	–	–	–	–	1

Quelle: Quelle: Institut für Föderalismus

Tabelle 6 zeigt im Verhältnis der Länder gegenüber dem Bund eine klare Signifikanz: Anfechtungen von Gesetzen und Verordnungen des Bundes nahmen in den Jahren 2000 bis 2006 deutlich zu, was zum einen auf ein konfliktträchtigeres Bund/Länder-Verhältnis schließen lässt. Der Umstand, dass die Länder, nicht aber der Bund, vom Instrument der Anfechtung vor dem Verfassungsgerichtshof Gebrauch machten, weist weiters darauf hin, dass es der Bund war, der mit seiner Rechtsetzung diese Konflikte auslöste.

Tabelle 7 befasst sich mit dem wichtigsten Instrument des kooperativen Bundesstaats, den Vereinbarungen gemäß Art. 15a BVg zwischen dem Bund und den Ländern bzw. den Ländern untereinander. Die Häufigkeit, mit welcher von diesem Instrument Gebrauch gemacht wurde, indiziert einerseits den Grad der Verflechtung, andererseits aber auch die Kooperationsfähigkeit und -willigkeit.

Tabelle 7: Vereinbarungen gemäß Art. 15a BVg (berechnet nach Unterzeichnungsdatum)

Jahr	Bund – Länder Alle Länder bzw. mindestens zwei Länder	Bund – ein Land	Länder untereinander
1990	2	2	2
1991	2	1	0
1992	2	0	4
1993	2	2	2
1994	2	1	2
1995	1	0	1
1996	2	0	1
1997	0	2	1
1998	0	2	3
1999	0	1	0
2000	2	2	0
2001	1	3	0
2002	0	3	0
2003	2	3	0
2004	5	0	2
2005	0	1	0
2006	0	4	1
2007	5	0	0
2008	4	0	3
2009	0	0	3
2010	3	0	1
Summe	35	27	26

Quelle: Quelle: Institut für Föderalismus

Insgesamt lag die Zahl der Vereinbarungen im Untersuchungszeitraum leicht über dem Schnitt der Jahre davor und danach. Dies spricht nicht gegen die These, dass die föderalen Konfliktlagen in der Schüssel-Ära verschärft auftraten, unterstreicht aber, dass die bundesstaatliche Kooperation dessen ungeachtet funktionierte.

b) Bewertung

Das Zahlenmaterial zeigt insgesamt wenige Auffälligkeiten in der Schüssel-Ära. Dennoch sind die Jahre 2000 bis 2006 auch für den Föderalismus reich an besonderen Ereignissen. Sie finden sich in den vorangegangenen Kapiteln dargestellt. Die Kennzahlen unterstreichen das eine oder andere Mal die Bedeutung bestimmter Aspekte, wie etwa die neue Konfliktsituation zwischen Nationalrat und Bundesrat, die aber wegen der schwachen Rechtsstellung der zweiten Kammer im Ergebnis politisch belanglos war. Die Kennzahlen unterstreichen auch gewisse Konfliktlinien zwischen Bund und Ländern, vor allem in der Frage der Kostenbelastung, wie dies das zahlreiche Auslösen des Konsultationsmechanismus belegt.

7. Zusammenfassende Thesen

Aus den vorstehenden Ausführungen lassen sich folgende Thesen formulieren:
Die Ära Schüssel bedeutete in gewisser Hinsicht eine Gegenbewegung zur Zeit der Bundesstaatsreform. Die »Regierungsebene« Länder geriet zunehmend unter Legitimationsdruck.

Den Ländern gelang es nicht oder häufig nur sehr und zu spät, gemeinsame Positionen zu bilden. Dies war besonders im Österreich-Konvent der Fall. Aufgrund solcherart fehlender Offensivstrategie verschärfte sich die Defensiv-Position der Länder.

Nach der gescheiterten Bundesstaatsreform und mit fortschreitender Zeit der Mitgliedschaft in der EU war ein Paradigmenwechsel festzustellen: Eine Stärkung des Föderalismus stand nicht einmal mehr verbal auf der Agenda, vielmehr das Gegenteil. Dies war aber auch Resultat des Umstandes, dass Föderalismus nicht mehr nur als staatsrechtlicher Befund, sondern vielmehr auch in seiner ganzen Vielschichtigkeit wahrgenommen wurde, die sich etwa in der politisch machtvollen Position der Landeshauptleute äußert.

Der beschriebene Paradigmenwechsel bildete die Begleitmusik zu weiteren Zentralisierungen etwa im Vergaberecht, im Tierschutz oder im Elektrizitätswirtschaftsrecht, denen keine auch nur annähernd gleichgewichtigen Verlagerungen zu den Ländern gegenüberstanden. Dabei diente auch die Europäisierung als Argument für eine Schwächung des Föderalismus.

Andererseits erwiesen sich die Länder als stark genug, entscheidende Schwächungen ihrer Positionen, insbesondere im und in der Folge des Österreich-Konvents zu verhindern, über die Rolle von Veto-Playern kamen sie jedoch nicht hinaus.

Die entscheidenden Baustellen im österreichischen Föderalismus, die schwache Rechtsstellung des Bundesrates und Doppelgleisigkeiten sowie Unübersichtlichkeiten in der Vollziehung, von der legislativen Kompetenzverteilung gar nicht zu sprechen, blieben auch in der Ära Schüssel unerledigt.

Michael Neider

Justiz- und Gerichtsreform

Die nachfolgenden Ausführungen beziehen sich auf die wesentlichen Gesetzesvorhaben der XXI. und XXII. Gesetzgebungsperiode. Das Bundesministerium für Justiz legt dem Parlament regelmäßig Gesetzesvorschläge vor, die für den ständigen Betrieb der Justizverwaltung wichtig sind, wie beispielsweise das Rechtspraktikantengesetz, aber auch Gesetzentwürfe, die auf die Erfordernisse der Rechtspraxis und insbesondere auf die sich weiterentwickelnde Judikatur der Höchstgerichte Rücksicht nehmen oder auf diese eingehen.

Soweit diese Gesetze nicht über die Ansprüche eines überschaubaren Kreises von Rechtsanwendern hinausgehen, wird auf ihre Darstellung verzichtet.

Eine komplette Aufstellung der im Bundesministerium für Justiz vorbereiteten und vom Nationalrat beschlossenen Gesetze findet sich im Anhang.

Bei den Erläuterungen der hier dargestellten Gesetze wurde ausschließlich auf die Materialien des Bundesministeriums für Justiz bei den jeweiligen Gesetzentwürfen zurückgegriffen.

Ich danke Herrn Mag. Peter Fuhs (Parlamentsdirektion) für die wertvolle Hilfe bei der Zusammenstellung der Gesetzestexte und ihrer Materialien.

Die Bundesminister/innen der XXI. und XXII. Gesetzgebungsperiode

Von 4. bis 29. Februar 2000 war der Rechtsanwalt Dr. Michael Krüger Bundesminister für Justiz und ist zum 29. Februar krankheitshalber ausgeschieden.

Ab 29. Februar 2000 war der Rechtsanwalt Dr. Dieter Böhmdorfer bis 25. Juni 2004 sein Nachfolger und ist am 25. Juni 2004 zurückgetreten.

Ihm folgte die Kärntner Landesbeamtin Mag.ª iur. Karin Miklautsch ab 25. Juni 2004 (Namensänderung von Miklautsch zu Gastinger durch Eheschließung am 23. Juli 2005) als Bundesministerin für Justiz. Sie verblieb bis zum Ende der XXII. Gesetzgebungsperiode und auch in der Zeit vom 3. Oktober 2006 bis 11. Jänner 2007, in der das Kabinett Schüssel II mit der Fortführung der Geschäfte betraut war.

Bundesgesetz vom 29. Dezember 2000 – Kindschaftsrechts-Änderungsgesetz 2001
(BGBl I 2000/135)

Diesem Gesetz ist eine jahrzehntelange Diskussion über die Weiterentwicklung des österreichischen Familienrechtes vorausgegangen. In dieser Zeit kam es auch zu einigen geringfügigen Anpassungen. Der große Schritt allerdings war das vorliegende Gesetz. Es berücksichtigte weite Teile der Diskussion über die Stellung der Kinder und Heranwachsenden, so insbesondere das UN-Übereinkommen über die Rechte des Kindes sowie die Persönlichkeitsrechte des Menschen, die nunmehr auch im Bezug auf Minderjährige immer mehr in den Blickpunkt des Interesses rückten. Das Allgemeine Bürgerliche Gesetzbuch war stets bemüht, das Wohl der Kinder durch entsprechende gesetzliche Bestimmungen zu schützen und nach Möglichkeit sicherzustellen. Es entsprach der gesellschaftlichen Einstellung des 19. und 20. Jahrhunderts, dieses Kindeswohl von der entsprechenden Für- und Obsorge der Eltern abhängig zu machen. Die eigene Persönlichkeit von Kindern und Jugendlichen war ein Thema, das erst in der ersten Hälfte des 20. Jahrhunderts in der Diskussion Beachtung fand. Eine tiefgreifende Änderung der Einstellung zu der Persönlichkeit von Kindern und Jugendlichen begann in der zweiten Hälfte des 20. Jahrhunderts, wobei es insbesondere Psychologinnen und Psychologen, aber auch schon sehr bald die Lehre sowie die Praktikerinnen und Praktiker des Familienrechtes waren, die sich dieses Themas in der Literatur und in der öffentlichen Diskussion annahmen. All dies führte zu dem hier in Rede stehenden Gesetz. Zwei wesentliche Prinzipien waren hiebei maßgebend. Einmal das Selbstbestimmungsrecht des Menschen, aber auch der Grundsatz der Familienautonomie und das Prinzip der elterlichen Verantwortung.

Bei dem Selbstbestimmungsrecht des Menschen ging man davon aus, dass die Berücksichtigung des Willens der Minderjährigen im Besonderen vom Alter der Betroffenen abhängig sein soll. Dies führte zu Bestimmungen, dass mündige Minderjährige, also Personen, die das 14. Lebensjahr vollendet haben, in wesentlich größerem Ausmaß an der Gestaltung des Zusammenlebens zwischen Kindern und Eltern (insbesondere wenn diese getrennt leben) teilhaben sollen.

Eine besondere Rolle spielt hierbei die Frage, wer bei getrennt lebenden Eltern (Scheidung, außereheliche Geburt) die Obsorge zu übernehmen hat. Hier sah das bis dahin geltende Recht die Möglichkeit vor, dass die Eltern dem Gericht eine Erklärung vorlegten, in der sie ihr Einvernehmen über diese Frage festlegten, das, so es nicht erkennbar dem Wohl des Kindes widersprach, genehmigt wurde. Paragraf 177 des vorliegenden Gesetzes lautet: »Wird die Ehe der Eltern eines minderjährigen ehelichen Kindes geschieden, aufgehoben oder für nichtig erklärt, so bleibt die Obsorge beider Eltern aufrecht. Sie können jedoch dem Gericht – auch in Abänderung einer bestehenden Regelung – eine Vereinbarung über die Betrauung mit der Obsorge vorlegen, wobei ein Elternteil allein betraut oder im Fall der Obsorge beider diejenige eines Elternteils auf bestimmte Angelegenheiten beschränkt sein kann. In jedem Fall einer Obsorge beider Eltern haben sie dem Gericht eine Vereinbarung darüber vorzulegen, bei welchem Elternteil sich das Kind hauptsächlich aufhalten soll. Dieser Elternteil muss immer mit der gesamten Obsorge betraut sein, das Gericht hat die Vereinbarung der Eltern zu genehmigen, wenn sie dem Wohl des Kindes entspricht.« Dies bedeutet, dass nunmehr prinzipiell davon auszugehen ist, dass ohne entsprechende Regelung die Obsorge für das Kind bei beiden Eltern liegt.

Dem Gesetzgeber ist es allerdings nicht gelungen, hier eine Regelung zu finden, die auf allgemeine Akzeptanz stößt, und die Diskussion der letzten Jahre hat gezeigt, dass weiterhin ein Reformbedarf vorliegt. Im Bundesministerium für Justiz wird daher an einer Novellierung der gesetzlichen Bestimmungen gearbeitet, die in einer überschaubaren Zeit zu einer weiteren Reform dieser Materie führen kann.

Ebenfalls mit diesem Gesetz wurden neue Bestimmungen über die Einwilligung von Kindern in eine medizinische Behandlung normiert. Dies wird im Regelfall wohl bei mündigen Minderjährigen der Fall sein, was bedeutet, dass hier die Zustimmung erforderlich ist. Letztlich ist dies aber sicher immer im Einzelfall vom Gericht zu entscheiden.

Ebenfalls der gesellschaftspolitischen Diskussion des beginnenden 21. Jahrhunderts entsprach es, das Volljährigkeitsalter vom vollendeten 19. auf das vollendete 18. Lebensjahr abzusenken.

Dies hatte auch Auswirkungen auf das Strafgesetzbuch, da Jugendliche ab dem vollendeten 18. Lebensjahr nunmehr nicht mehr unter das Jugendgerichtsgesetz fielen, sondern nach den Bestimmungen des Strafgesetzbuches zu verurteilen waren, wobei allerdings vorgesorgt wurde, dass die privilegierenden Bestimmungen für junge Menschen, insbesondere im Falle der Verurteilung zu einer unbedingten Freiheitsstrafe, vom Gericht angewendet werden können.

BUNDESGESETZ, MIT DEM DAS STRAFVOLLZUGSGESETZ,
DIE STRAFPROZESSORDNUNG 1975, DAS FINANZSTRAFGESETZ UND DAS
VERWALTUNGSSTRAFGESETZ 1991 GEÄNDERT WERDEN
(Bundesgesetzblatt I 2000/138 vom 29. Dezember 2000)

Mit diesem Gesetz wurden im Strafvollzug neue Beschwerdemöglichkeiten geschaffen. War es bisher so, dass gegen eine Entscheidung des Anstaltsleiters die Beschwerde an das Bundesministerium für Justiz zu richten war, so sieht der neue Paragraf 11a des Strafvollzugsgesetzes vor, dass gegen diese Entscheidungen Beschwerden an »Vollzugskammern« zu richten sind. Dies bedeutet einen großen Fortschritt im Aufbau der österreichischen Rechtsordnung. Bei der bisherigen Rechtslage war nämlich die Überprüfung von Beschwerden durch eine Verwaltungsbehörde (Bundesministerium für Justiz) vorgesehen und damit die rechtsförmige Überprüfung durch ein richterliches Organ ausgeschlossen, ein rechtsdogmatisch unbefriedigender Zustand. Die Vollzugskammern wurden bei den Oberlandesgerichten eingerichtet und bestehen aus dem Vorsitzenden und zwei weiteren Mitgliedern, wobei der Vorsitzende ein Richter des Oberlandesgerichtes sein musste. Ein weiteres Mitglied muss Bundesbediensteter des Dienststandes sein und ist aus dem Kreis der Anstaltsleiter, deren Stellvertreter oder sonstiger erfahrener Strafvollzugsbediensteter zu bestellen. Das dritte Mitglied ist wahlweise aus einer der in diesem Absatz genannten Berufsgruppen zu bestellen.

Diese nunmehr seit über zehn Jahren bestehende gesetzliche Regelung hat sich erwartungsgemäß bewährt und eine in der Struktur der österreichischen Rechtsordnung störende Lücke geschlossen.

Ein weiterer Fortschritt im Bereich des Strafvollzuges wurde dadurch erreicht, dass die Arbeitsvergütungen für die geleistete Häftlingsarbeit an die Kollektivverträge angehoben wurden, wobei entsprechende Abzüge für Unterkunft, Verpflegung und Sozialversicherungsbeiträge normiert waren.

Bundesgesetz vom 8. Mai 2001, mit dem das Suchtmittelgesetz (SMG) geändert wird
(BGBl I 2001/51)

Hier wurde der Strafrahmen für Suchtgifthandel angehoben und die angedrohte Höchststrafe auf lebenslangen Freiheitsentzug festgesetzt. Es war dies ein Versuch, den Suchtmittelhandel großen Umfangs durch eine drakonische und abschreckende Strafdrohung zurückzudrängen. Die Entwicklung danach hat gezeigt, dass die schon in den vergangenen Jahrzehnten gemachte Erfahrung, dass man der Spitzen der Drogenkartelle nicht habhaft werden kann, weiter besteht. Es kam daher in der Folge auch niemals zur Anwendung dieser Strafdrohung.

Bundesgesetz vom 27. November 2001, mit dem insbesondere das Strafgesetzbuch geändert wurde (Strafrechtsänderungsgesetz 2001)
(BGBl I 2001/130)

Hier kam es zu einer Neuregelung der Bestimmungen über die Behandlung von geistig abnormen Rechtsbrechern. War es bisher so, dass eine Einweisung eines Straftäters in eine Anstalt für geistig abnorme Rechtsbrecher immer unbedingt und auf unbestimmte Zeit zu erfolgen hatte, war es nun möglich, diese Einweisung bedingt auszusprechen, um dem Betroffenen auch die Möglichkeit zu eröffnen, die notwendige Behandlung außerhalb einer Anstalt durchzuführen. Voraussetzung war und ist, dass von dieser Person keine Gefährlichkeit für Dritte ausgeht.

Die Erfahrung der davorliegenden Jahrzehnte hat gezeigt, dass die Annahme einer geistigen Abnormität im Tatzeitpunkt bei längerer Beobachtung des Täters nicht immer der Realität entsprach. Dazu kommt, dass bei einigen psychischen Abnormitäten ein lediglich einmaliger Krankheitsverlauf festzustellen ist und keine Sorge bestehen muss, dass es zu einem Rückfall kommt. In diesen Fällen ist die präventive therapeutische Betreuung durch ambulante Maßnahmen wesentlich effizienter als die Anhaltung in einer geschlossenen Anstalt. Dies haben die Erfolgszahlen der folgenden Jahre eindrucksvoll gezeigt. Die Rückfallquoten bei ambulanter Behandlung waren und sind im einstelligen Prozentbereich, während sie bei stationärer Betreuung um das Sieben- bis Achtfache höher liegen, was naturgemäß auch mit den schwereren Erkrankungen zu tun hat, die hier behandelt werden. Da mit diesen gesetzlichen Bestimmungen in Österreich Neuland betreten wurde, kam es zu einer Reihe von zusätzlich normierten flankierenden Maßnahmen, die einerseits eine genaue Überwachung der betroffenen Personen wie andererseits auch detaillierte Regelungen für die Möglichkeit des Widerrufes der bedingten Nachsicht der Unterbringung vorsahen.

Mit diesem Gesetz wurde auch die Bestimmung über den automatischen Amtsverlust öffentlicher Bediensteter nach einer Straftat verschärft, sodass, statt wie bisher, eine ein Jahr übersteigende Freiheitsstrafe bereits eine Verurteilung zu einer mehr als sechs Monate unbedingten Freiheitsstrafe wegen einer vorsätzlich verübten Tat sowie eine Verurteilung wegen des Vergehens des Missbrauches eines Autoritätsverhältnisses, unabhängig von der Höhe der Strafe, ausreichen.

Weiters wurde klargestellt, dass die (weibliche) Genitalverstümmelung auch dann strafbar ist, wenn eine allfällige Einwilligung der betroffenen Person vorliegt. Schließlich wurde hier die Strafdrohung für Vergewaltigung und Kindesmissbrauch mit Todesfolge von 20 Jahren auf lebenslang ausgedehnt.

Bundesgesetz vom 13. August 2001, mit dem das Strafgesetzbuch, die Strafprozessordnung und anderes geändert wurden (Strafrechtsänderungsgesetz 2002)
(BGBl I 2002/134)

Mit diesem Gesetz wurden erstmals zahlreiche Bestimmungen über den Datenmissbrauch und den widerrechtlichen Zugriff auf ein Computersystem normiert. Die rasche Entwicklung der Nutzung von Computern im öffentlichen und privaten Leben im letzten Dezennium des 20. Jahrhunderts führte rasch zu einer Reihe von Missbrauchsmöglichkeiten dieses Systems. Nunmehr wurde sowohl der unbefugte Zugriff auf ein Computersystem und die dort gespeicherten Daten strafbar als auch das missbräuchliche Abfangen von Daten, die Störung der Funktionsfähigkeit eines Computersystems und der Missbrauch von Computerprogrammen oder Zugangsdaten. Die Weiterentwicklung der Technik führte dazu, dass in diesem Bereich der Technikanwendung durch weitere Novellen bis in die Gegenwart den jeweils geänderten Verhältnissen der Technik und der Kriminalität Rechnung getragen werden muss und heute die Veränderungen der entsprechenden strafrechtlichen Normen zu einem der gesellschaftspolitisch umstrittenen Themen gehören. Dies insbesondere deswegen, da die vorhandenen Datenvorräte nicht nur mit krimineller Energie genützt werden können, sondern den Sicherheitsbehörden auch zur Aufklärung von Verbrechen dienen. Bei entsprechendem Einsatz, insbesondere im Bereich der Terrorismusbekämpfung, können sie auch der Prävention schwerer und schwerster Straftaten dienen. Die Güterabwägung zwischen dem Schutz der persönlichen Daten, also der Privatsphäre, und dem Schutzbedürfnis der Gesellschaft vor schweren Verbrechen, wie es Terroranschläge sind, führen die Rechtsdiskussion in heikle Abgrenzungsfragen, die auch von dem jeweiligen politischen Standpunkt bestimmt werden.

Eine der besonders umstrittenen Straftatbestände unseres Strafgesetzbuches war schon seit dem späten 19. Jahrhundert die Strafbarkeit der Homosexualität.

Während die Strafbarkeit der Homosexualität unter Erwachsenen in Österreich bereits im Jahr 1971 abgeschafft wurde, blieb sie zwischen Erwachsenen und männlichen Jugendlichen weiterhin strafbar. Die rechtspolitische Diskussion hierüber war von so verschiedenen Ansichten geprägt, dass die Bestrebungen zur Abschaffung dieser Strafbestimmung im österreichischen Parlament keine Mehrheit fand. Nachdem der Verfassungsgerichtshof diese Strafbestimmung im Jahr 2002 als verfassungswidrig aufhob und damit der Judikatur des Europäischen Gerichtshofes für Menschenrechte entsprch, musste das Strafgesetzbuch dieser Entscheidung folgen und den betreffenden Paragrafen 209 StGB aufheben.

Ein gewisser Ausgleich sollte durch die Bestimmung des Paragrafen 207b StGB geschaffen werden. Dieser lautet:

»Sexueller Missbrauch von Jugendlichen
§ 207b. (1) Wer an einer Person, die das 16. Lebensjahr noch nicht vollendet hat und aus bestimmten Gründen noch nicht reif genug ist, die Bedeutung des Vorgangs einzusehen oder nach dieser Einsicht zu handeln, unter Ausnützung dieser mangelnden Reife sowie seiner altersbedingten Überlegenheit eine geschlechtliche Handlung vornimmt, von einer solchen Person an sich vornehmen lässt oder eine solche Person dazu verleitet, eine geschlechtliche Handlung an einem Dritten vorzunehmen oder

von einem Dritten an sich vornehmen zu lassen, ist mit Freiheitsstrafe bis zu einem Jahr oder mit Geldstrafe bis zu 360 Tagessätzen zu bestrafen.

(2) Wer an einer Person, die das 16. Lebensjahr noch nicht vollendet hat, unter Ausnützung einer Zwangslage dieser Person eine geschlechtliche Handlung vornimmt, von einer solchen Person an sich vornehmen lässt oder eine solche Person dazu verleitet, eine geschlechtliche Handlung an einem Dritten vorzunehmen oder von einem Dritten an sich vornehmen zu lassen, ist mit Freiheitsstrafe bis zu drei Jahren zu bestrafen.

(3) Wer eine Person, die das 18. Lebensjahr noch nicht vollendet hat, unmittelbar durch ein Entgelt dazu verleitet, eine geschlechtliche Handlung an ihm oder einem Dritten vorzunehmen oder von ihm oder einem Dritten an sich vornehmen zu lassen, ist mit Freiheitsstrafe bis zu drei Jahren zu bestrafen.«

Ebenfalls in diesem Gesetz wurden die strafrechtlichen Bestimmungen gegen kriminelle Organisationen, terroristische Vereinigungen, terroristische Straftaten und Terrorismusfinanzierung weiterentwickelt. Die Vorschriften dienten im Besonderen der Bekämpfung der Geldwäscherei und knüpften an einen EU-Rahmenbeschluss zur Terrorismusbekämpfung, aber auch an das UN-Übereinkommen zur Bekämpfung der Finanzierung des Terrorismus an. All diesen internationalen Überlegungen und Übereinkünften lag die Erkenntnis zugrunde, dass diese Delikte in aller Regel grenzüberschreitend durchgeführt werden und daher nur gleichlautende Strafbestimmungen in den verschiedenen nationalen Rechtsordnungen eine effiziente Bekämpfung ermöglichen. Die nationalen und internationalen Sicherheitsbehörden, die diese Bestimmungen regelmäßig zur Grundlage ihrer Verfolgungshandlungen benötigen, berichten übereinstimmend über deren Notwendigkeit und Brauchbarkeit.

Die Verbreitung des Mobiltelefons und seine Nutzung für strafbare Handlungen führten auch zu neuen Bestimmungen zur Überwachung der Telekommunikation. Auch in dieser Gesetzesmaterie waren wiederum die widerstreitenden Interessen des Schutzes der Privatsphäre und das Bedürfnis an der Aufklärung schwerer Straftaten gegeneinander abzuwägen. Um einen Missbrauch möglichst hintanzuhalten, sind alle diese Verfolgungsschritte der richterlichen Kontrolle unterworfen.«

Bundesgesetz vom 13. August 2002, Zusammenarbeit mit dem internationalen Strafgerichtshof
(BGBl I 2002/135)

Bis zum Ende des Zweiten Weltkrieges war die Strafjustiz ein unabdingbarer Bestandteil der Souveränität der einzelnen Staaten. Erst die unfassbaren Verbrechen des Zweiten Weltkrieges haben dazu geführt, dass völkerrechtliche Verträge Strafgerichte vorsahen, vor denen einzelne Personen wegen ihrer individuellen strafrechtlichen Verantwortlichkeit für Verstöße gegen das humanitäre Völkerrecht verurteilt werden konnten. Die ersten internationalen Tribunale waren der Nürnberger Gerichtshof und jener von Tokio. Nach einer langen Zeit des Stillstandes der internationalen Strafgerichtsbarkeit wurde 1993 wieder ein internationales Tribunal mit dem »Jugoslawien-Strafgerichtshof« eingerichtet. Auch hier waren Einzelpersonen wegen Verstößen gegen internationale Konventionen und Verbrechen gegen die Menschlichkeit angeklagt und verurteilt. Von da an wurden in einer Reihe von Fällen aus Anlass solcher Verbrechen gegen das humanitäre Völkerrecht und gegen die Menschlichkeit »Ad-hoc-Gerichte« geschaffen.

Im Zuge der dabei gemachten Erfahrungen wuchs das Bedürfnis, einen auf Dauer eingerichteten Internationalen Strafgerichtshof zu schaffen. Durch einen solchen war es nicht nur möglich, dem Vorwurf zu entgehen, dass Strafgerichtshöfe je nach politischer Konstellation und Macht der agierenden Staaten eingerichtet werden oder auch nicht, sondern es konnte auch ein einheitliches Strafverfahrensrecht und ein materielles Strafrecht auf internationaler Basis geschaffen werden.

Dass ein solcher Teilverzicht auf nationale Souveränität nur durch langwierige Verhandlungen erreicht werden konnte, liegt auf der Hand. Durch das besondere Engagement insbesondere von NGOs, aber auch herausragender Rechtsgelehrter war es möglich, einen multilateralen völkerrechtlichen Vertrag zustande zu bringen, der im Rom-Statut vom 17. Juli 1998 seinen Niederschlag fand.

Für Österreich wurde die Zusammenarbeit mit dem Internationalen Strafgerichtshof mit dem vorliegenden Gesetz ratifiziert. Die wesentlichen Bestimmungen dieses bahnbrechenden Gesetzes internationaler Zusammenarbeit sind:

Alle Organe des Bundes, insbesondere die Gerichte, Staatsanwaltschaften, Strafvollstreckungsbehörden und Sicherheitsbehörden, sind verpflichtet, mit dem Internationalen Strafgerichtshof umfassend zusammenzuarbeiten. Der Internationale Strafgerichtshof ist zuständig für die Verfolgung und Bestrafung von Personen, denen Verbrechen des Völkermordes, Verbrechen gegen die Menschlichkeit oder Kriegsverbrechen zur Last liegen. Hat der Internationale Strafgerichtshof endgültig seine Zuständigkeit festgestellt, so haben die österreichischen Gerichte alle zur Sicherung der Person und der Beweise erforderlichen Veranlassungen zu treffen und den Internationalen Strafgerichtshof vollinhaltlich zu unterstützen.

Da nach der österreichischen Rechtsordnung die strafrechtliche Verurteilung österreichischer Staatsbürger ein Teil der Souveränität unseres Staates ist, hat es einer Verfassungsbestimmung bedurft, um auch österreichische Staatsbürger dieser Gerichtsbarkeit zu unterwerfen.

Der Paragraf 7 des Gesetzes lautet: »(Verfassungsbestimmung) Die österreichische Staatsbürgerschaft steht einer Überstellung an den Internationalen Strafgerichtshof (§§ 24 bis 28), einer Durchlieferung oder Durchbeförderung (§ 31) sowie einer Überstellung an einen anderen Staat zur Vollstreckung einer vom Internationalen Strafgerichtshof verhängten Strafe nicht entgegen.«

Der Internationale Strafgerichtshof ist befugt, selbstständig Zeugen und Beschuldigte in Österreich zu vernehmen. Ebenso hat der Gerichtshof das Recht, die österreichischen Behörden um die Fahndung und Festnahme gesuchter Personen zu ersuchen.

Um den Vollzug von Freiheitsstrafen, die vom Internationalen Strafgerichtshof ausgesprochen werden, sicherzustellen, haben die Mitgliedsländer sich an der Vollstreckung des Strafvollzuges zu beteiligen. Dies ist in Österreich schon mehrfach der Fall gewesen.

Aufgrund dieses Gesetzes ist nunmehr sichergestellt, dass die hier genannten Verbrechen auch dann zu einer strafrechtlichen Verurteilung führen können, wenn die Länder, in denen sie begangen wurden, im Wesentlichen, wohl aus politischen Gründen, zu einer solchen Verfolgung nicht bereit sind. Es wurden also durch diese internationalen Bemühungen um eine gemeinsame Strafgerichtsbarkeit kaum überschätzbare zusätzliche Möglichkeiten der Friedenssicherung geschaffen.

BUNDESGESETZ VOM 26. APRIL 2002 ÜBER VEREINE (VEREINSGESETZ 2002 – VERG)
(BGBl I 2002/66)

Mit diesem Gesetz wurde das bis dahin gültige Vereinsgesetz 1951 ersetzt. Die große Zunahme an Vereinen hat Lehre und Praxis schon seit vielen Jahren dazu veranlasst, nach einem neuen Vereinsgesetz zu rufen, das nun 2002 beschlossen wurde. Die gesellschaftliche Entwicklung in den letzten Jahrzehnten des 20. Jahrhunderts hat das Bedürfnis nach Vereinsgründungen stark ansteigen lassen. Im karitativen Bereich entstanden zahlreiche neue Bedürfnisse und mit steigendem Wohlstand auch die Möglichkeit, finanziell in einem größeren Rahmen zu helfen, als dies in der Vergangenheit möglich war. Hiefür waren aber die wenigen Bestimmungen des alten Vereinsgesetzes, insbesondere in organisatorischer Hinsicht und bezüglich der finanziellen Kontrolle, unzureichend. Der Gesetzgeber war nun bemüht, diesen vielfältigen Aktivitäten der Bürgergesellschaft einen praktikablen rechtlichen Rahmen zu liefern.

Der Paragraf 1 des Vereinsgesetzes lautet: »(1) Ein Verein im Sinne dieses Bundesgesetzes ist ein freiwilliger, auf Dauer angelegter, auf Grund von Statuten organisierter Zusammenschluss mindestens zweier Personen zur Verfolgung eines bestimmten, gemeinsamen, ideellen Zwecks. Der Verein genießt Rechtspersönlichkeit (§ 2 Abs. 1).

(2) Ein Verein darf nicht auf Gewinn berechnet sein. Das Vereinsvermögen darf nur im Sinne des Vereinszwecks verwendet werden.

(3) Dieses Bundesgesetz gilt nicht für solche Zusammenschlüsse, die nach anderen gesetzlichen Vorschriften in anderer Rechtsform gebildet werden müssen oder auf Grund freier Rechtsformwahl nach anderen gesetzlichen Vorschriften gebildet werden.

(4) Ein Zweigverein ist ein seinem Hauptverein statutarisch untergeordneter Verein, der die Ziele des übergeordneten Hauptvereins mitträgt. Eine Zweigstelle (Sektion) ist eine rechtlich unselbständige, aber weitgehend selbständig geführte, organisatorische Teileinheit eines Vereins.

(5) Ein Verband ist ein Verein, in dem sich in der Regel Vereine zur Verfolgung gemeinsamer Interessen zusammenschließen. Ein Dachverband ist ein Verein zur Verfolgung gemeinsamer Interessen von Verbänden.«

Nach diesem Gesetz können nun zwei Personen einen Verein bilden. In der Vergangenheit waren hiezu drei Personen nötig, was zwar nicht im Gesetzestext festgelegt war, aber von der Praxis verlangt wurde (tres faciunt collegium). Der Verein ist eine juristische Person und besitzt Rechtsfähigkeit.

Vereine dürfen nur für ideelle Zwecke gegründet werden, das heißt, eine Gewinnabsicht ist ihnen verboten. Zulässig ist es, zur Erreichung der ideellen Zwecke gewinnorientierte Unternehmen zu führen. Auch Eigentumserwerb ist möglich.

Das Recht, einen Verein zu gründen (Vereinsfreiheit), ist verfassungsrechtlich gewährleistet. Dies wird durch Artikel 12 Staatsgrundgesetz 1867 und Artikel 11 Europäische Menschenrechtskonvention garantiert.

Während die gesetzlich anerkannten Kirchen- und Religionsgesellschaften in Österreich nach den einschlägigen Gesetzen (z. B. Konkordat) behandelt werden, gilt für staatlich nicht anerkannte Religionsgesellschaften das Gesetz über die Rechtspersönlichkeit von religiösen Bekenntnisgemeinschaften. Daneben hat die österreichische Bundesregierung in einem Verfahren vor der EKMR festgestellt, dass sich nicht anerkannte Religionsgesellschaften als Vereine bilden können. Sollten diese allerdings durch einen Antrag beim Bundesministerium für Unterricht und Kunst Rechtspersönlichkeit erlangen, so wäre ein solcher Verein aufzulösen.

In der Regel werden politische Parteien nach dem Parteiengesetz 1975 gebildet, und zwar durch Hinterlegung einer Satzung beim Innenministerium, wobei der Vorteil für die jeweilige Gruppierung darin liegt, Parteienförderung zu erhalten, und darüber hinaus die Gründe, eine solche Gruppierung zu untersagen, sehr eingeschränkt sind.

Die Gründung eines Vereins umfasst seine Errichtung und seine Entstehung. Er wird durch die Vereinbarung von Statuten errichtet und entsteht als Rechtspersönlichkeit nach Ablauf der Frist (4 bzw. 6 Wochen) nach Einlangen der Errichtungsanzeige bei der zuständigen Behörde, falls diese die Errichtung nicht untersagt.

Eine solche Untersagung ist nur dann möglich, wenn der Verein nach seinem Zweck, seinem Namen oder seiner Organisation gesetzwidrig wäre. Ein Ableh-

nungsbescheid ist anfechtbar. In letzter Instanz entscheidet aufgrund des verfassungsmäßigen Schutzes der Vereinsfreiheit der Verfassungsgerichtshof.
Wenngleich der Gesetzgeber die Gestaltung der Vereinsorganisation den Vereinen im Rahmen der Gesetze freistellt, müssen die Statuten jedenfalls enthalten:

1. den Vereinsnamen,
2. den Vereinssitz,
3. eine klare und umfassende Umschreibung des Vereinszwecks,
4. die für die Verwirklichung des Zwecks vorgesehenen Tätigkeiten und die Art der Aufbringung finanzieller Mittel,
5. Bestimmungen über den Erwerb und die Beendigung der Mitgliedschaft,
6. die Rechte und Pflichten der Vereinsmitglieder,
7. die Organe des Vereins und ihre Aufgaben, insbesondere eine klare und umfassende Angabe, wer die Geschäfte des Vereins führt und wer den Verein nach außen vertritt,
8. die Art der Bestellung der Vereinsorgane und die Dauer ihrer Funktionsperiode,
9. die Erfordernisse für gültige Beschlussfassungen durch die Vereinsorgane,
10. die Art der Schlichtung von Streitigkeiten aus dem Vereinsverhältnis,
11. Bestimmungen über die freiwillige Auflösung des Vereins und die Verwertung des Vereinsvermögens im Fall einer solchen Auflösung.

Der Name des Vereins muss einen Schluss auf den Vereinszweck zulassen und darf nicht irreführend sein. Verwechslungen mit anderen bestehenden Vereinen, Einrichtungen oder Rechtsformen müssen ausgeschlossen sein. Der Sitz des Vereins muss im Inland liegen, als Sitz ist der Ort zu bestimmen, an dem der Verein seine tatsächliche Hauptverwaltung hat (Paragraf 4).
Weiters müssen Organe zur gemeinsamen Willensbildung der Vereinsmitglieder sowie zur Führung der Vereinsgeschäfte und zur Vertretung des Vereines nach außen vorgesehen sein.
Die Statuten haben auch vorzusehen, dass Streitigkeiten aus dem Vereinsverhältnis vor einer Schlichtungseinrichtung auszutragen sind. Sofern das Verfahren vor der Schlichtungseinrichtung nicht früher beendet ist, steht für Rechtsstreitigkeiten nach Ablauf von sechs Monaten ab Anrufung der Schlichtungseinrichtung der ordentliche Rechtsweg offen. Die Anrufung des ordentlichen Gerichtes kann nur insofern ausgeschlossen werden, als ein Schiedsgericht nach den §§ 577ff ZPO eingerichtet wird.
(§ 8). Die Vereinsbehörde ist in erster Instanz die Bezirksverwaltungsbehörde, im örtlichen Wirkungsbereich eine Bundespolizeidirektion, über Berufungen gegen die Bescheide dieser Behörden entscheidet die Sicherheitsdirektion in letzter Instanz (§ 9).

Eine wesentliche Neuerung des Gesetzes war die Einrichtung eines öffentlich einsehbaren Vereinsregisters. Diesbezüglich wurden gesetzliche Bestimmungen geschaffen, die die Datenverwendung und Verwendung sensibler Daten bei der Erteilung von Auskünften ausdrücklich regeln.

Einen besonderen Fortschritt stellen die Bestimmungen über die Rechnungslegung dar, da nach dem nunmehr geltenden Gesetz für große Vereine eine qualifizierte Rechnungslegung gilt, das heißt, dass bei gewöhnlichen Einnahmen oder Ausgaben in zwei aufeinanderfolgenden Rechnungsjahren von über 1 Million Euro qualifizierte Jahresabschlüsse (Bilanz, Gewinn- und Verlustrechnung) zu erstellen sind. Bei Vereinen, bei denen dieser Betrag über 3 Millionen liegt, ist noch eine Reihe von Hilfsaufzeichnungen zu führen. Als Abschlussprüfer können Beeidete Wirtschaftsprüfer und Steuerberater oder Buchprüfungs- und Steuerberatungsgesellschaften sowie Revisoren im Sinne des § 13 Genossenschaftsgesetzes herangezogen werden (§ 22).

Auch die Bestimmungen über die Haftung von Organwaltern und Rechnungsprüfern wurden neu und umfassend geregelt.

Das Bundesgesetz ist mit 1. Juli 2002 in Kraft getreten, mit der Vollziehung sind das Bundesministerium für Inneres und das Bundesministerium für Justiz betraut.

Bundesgesetz vom 12. Dezember 2003 Ausserstreitgesetz (BGBl I 2003/111)

Mit diesem Bundesgesetz wurde das gerichtliche Verfahren in Rechtsangelegenheiten außer Streitsachen vollkommen neu geregelt. Das Gesetz ist am 1. Jänner 2005 in Kraft getreten.

Vor diesem Gesetz galt in Österreich das in seinen Grundzügen aus dem Jahr 1854 stammende Außerstreitgesetz, das den Bedürfnissen eines modernen rechtsstaatlichen Normenwerkes bei Weitem nicht mehr entsprach. Der Allgemeine Teil des alten Außerstreitgesetzes umfasste lediglich 19 Paragrafen, das nunmehr geltende umfasst 80. Bedenkt man, dass das außerstreitige Verfahren ganz wesentliche Teile der Rechtsbeziehungen regelt, die die Kernbereiche des Privat- und Familienlebens betreffen, wird klar, dass die 150 Jahre alten Bestimmungen nicht mehr unseren Bedürfnissen nach Rechtsklarheit entsprechen. Insbesondere die später entstandenen Bestimmungen der österreichischen Bundesverfassung und der Europäischen Konvention für Menschenrechte verlangten eine Neukodifikation. Die Judikatur hat in der Zeit zwischen 1854 und 2005 durch zahlreiche Entscheidungen die rechtsstaatlichen Mängel im Wesentlichen schließen können, doch widerspricht es dem Verlangen nach gesetzlicher Bestimmtheit, mangelnde Normen durch die Judikatur zu ersetzen. Der Verabschiedung des neuen Außerstreitgesetzes ist ein jahrzehntelanger Diskussionsprozess vorangegangen, der zu einem Regelwerk geführt hat, das nunmehr auch in der Praxis seine Bewährung findet und auf allgemeine Zufriedenheit stößt.

Bei den Allgemeinen Bestimmungen ist insbesondere die erschöpfende Regelung des Verfahrens – und insbesondere des Rechtsmittelverfahrens – hervorzuheben, die die Mängel der Vergangenheit beseitigte.

Da die Materien, die im Außerstreitgesetz geregelt werden, tief in das tägliche Leben nahezu aller Menschen eingreifen, verlangte dies genaue und leicht verständliche Regelungen. Ein wesentlicher Fortschritt war, dass, im Gegensatz zur Vergangenheit, dem beiderseitigen mündlichen Gehör entsprechende Bedeutung gegeben wurde.

Da mit diesem Gesetz in weiten Bereichen die amtswegige »Rechtsfürsorge« geregelt wird, war der Rechtsschutz für die vom Verfahren betroffenen Parteien von besonderer Bedeutung.

Dazu kommt, dass nunmehr die wesentlichen im Außerstreitverfahren zu erledigenden Rechtsangelegenheiten in einem Gesetz zusammengefasst werden, während sie in der Vergangenheit auf die verschiedensten Einzelgesetze verstreut waren.

In seinem zweiten Hauptstück wird das Verfahren in Ehe-, Kindschafts- und Sachwalterschaftsangelegenheiten geregelt.

So sind die Anerkennung der Vaterschaft, die Feststellung der Abstammung und das dazu vorgesehene Verfahren hier normiert. Die Annahme an Kindes statt in all ihren Variationen ist im zweiten Abschnitt des zweiten Hauptstückes geregelt. Die Eheangelegenheiten umfassen die Bestimmungen über die Scheidung im Einvernehmen, die zweifellos im Außerstreitverfahren wesentlich besser aufgehoben sind als in einem Zivilprozess.

Einen breiten Rahmen nehmen die Regelungen der Obsorge und des persönlichen Verkehrs zwischen Eltern und minderjährigen Kindern ein. Hier, wie in den anderen Verfahren, die Rechte von Kindern betreffen, spielt die Tätigkeit der Jugendwohlfahrt eine wesentliche Rolle.

Paragraf 106 des Gesetzes lautet: »Der Jugendwohlfahrtsträger ist vor Verfügungen über Pflege und Erziehung oder über das Recht auf persönlichen Verkehr sowie vor der Genehmigung von Vereinbarungen über diese Angelegenheiten zu hören, es sei denn, dass durch einen damit verbundenen Aufschub der Verfügung das Wohl des Minderjährigen gefährdet wäre.«

Mit all den Bestimmungen über das Obsorgeverfahren wird auf die besondere Bedeutung, das Wohl des Kindes in jedem Fall zu berücksichtigen, Bedacht genommen. Ziel des Verfahrens ist es, die Eltern zu einer einheitlichen Vorgangsweise in allen Kindesangelegenheiten anzuleiten. Der Gesetzgeber konnte bei diesen Regelungen auf eine jahrzehntelange Judikatur und eine umfangreiche Diskussion in Literatur und Lehre zurückgreifen.

In das neue Gesetz wurden auch die Bestimmungen über das Verfahren über die Sachwalterschaft für behinderte Personen aufgenommen. Ein Verfahren über die Bestellung eines Sachwalters für eine Person, die infolge einer psychischen Krankheit oder einer geistigen Behinderung eines gesetzlichen Vertreters bedarf, ist einzuleiten, wenn diese selbst die Bestellung eines Sachwalters beantragt oder, etwa aufgrund einer Mitteilung über die Schutzbedürftigkeit einer solchen Person, begründete Anhaltspunkte für die Notwendigkeit einer solchen Bestellung vorliegen. Ziel aller gesetzlichen Bestimmungen für die Bestellung eines Sachwalters ist der Schutz des Betroffenen. Die Intention des Gesetzgebers geht dahin, nur dann einen Sachwalter zu bestellen, wenn jemand von sich aus nicht mehr in der Lage ist, ohne Hilfe für sich zu sorgen. Zu Sachwaltern werden vom Gericht Personen bestellt, die hiefür besonders geeignet sind. Bei schwierigen Rechts- oder Vermögensfragen wird dies in der Regel ein Anwalt oder Notar sein. Daneben bestehen in Österreich Vereine, deren besonders ausgebildete Mitarbeiterinnen und Mitarbeiter diese Aufgabe übernehmen.

Das dritte Hauptstück des Außerstreitverfahrens ist dem Verlassenschaftsverfahren gewidmet. In Österreich ist bei jedem Todesfall ein Verlassenschaftsverfahren durchzuführen, bei dem festgestellt wird, ob der Verstorbene über Vermögenswerte verfügte und wer zum Erbe berechtigt ist. Die einheitliche Regelung des Verlassenschaftsverfahrens im Außerstreitgesetz hat auch hier zu mehr Rechtssicherheit geführt.

Schließlich finden wir in diesem Gesetz noch Bestimmungen über Beurkundungen und Beglaubigungen, ein wichtiges Instrument im täglichen Rechtsverkehr.

Auch das eher selten verwendete Instrument der freiwilligen Feilbietung ist in diesem Gesetz geregelt. Gegenstand solcher Feilbietungen sind auf Antrag des Eigentümers Liegenschaften, Superädifikate und Baurechte.

Bundesgesetz vom 11. März 2004 – Strafprozessreformgesetz (BGBl I 2004/19)

Die neue Strafprozessordnung ist am 1. Jänner 2008 in Kraft getreten. Mit ihr wurden weite Teile der Strafprozessordnung 1873 ersetzt. Dieses Gesetz sah die Leitung der Voruntersuchung eines Verdächtigen durch den Untersuchungsrichter vor. Diese Bestimmung ist allerdings im Laufe der Jahrzehnte immer weiter ausgehöhlt worden, und de facto war es Aufgabe der Sicherheitsbehörden, die Erhebungen durchzuführen. Abgesehen von schweren Straftaten wurde der Untersuchungsrichter mit den abgeschlossenen Voruntersuchungen konfrontiert. Diese Vorgangsweise wurde immer wieder und zu Recht als rechtsstaatlich bedenklich bezeichnet, doch erst die vorliegende Reform hat diesen Zustand beseitigt. Die Strafprozessordnung 1873 war darüber hinaus ein modernes Gesetz, das die Forderungen des Rechtsstaates nach dem Wissensstand der damaligen Zeit voll zu erfüllen wusste. Verständlicherweise hat die Entwicklung von rund 130 Jahren eine Vielzahl von Erkenntnissen gebracht, die abgesehen von den Prinzipien einer Prozessordnung auch die Entwicklung der modernen Wissenschaften sowie die breite Rechtsprechung des Obersten Gerichtshofes berücksichtigen. Die zahlreichen Novellierungen, die zwischen 1873 und dem neuen Gesetz erfolgt sind, konnten nun in einen einheitlichen Text übernommen werden.

Das vorliegende Reformgesetz gliedert sich in sechs Teile. Der erste Teil des Entwurfes (Allgemeines und Grundsätze des Verfahrens) bringt die Prinzipien der neuen Strafprozessordnung zum Ausdruck. So heißt es im Paragrafen 1: »Die Strafprozessordnung regelt das Verfahren zur Aufklärung von Straftaten, über die Verfolgung verdächtiger Personen und über damit zusammenhängende Entscheidungen. Straftat im Sinne dieses Gesetzes ist jede nach einem Bundes- oder Landesgesetz mit gerichtlicher Strafe bedrohte Handlung.« Weiters wird in diesem Abschnitt festgehalten, dass Strafverfahren amtswegig zu führen sind, das heißt, dass Kriminalpolizei und Staatsanwaltschaft im Rahmen ihrer Aufgaben verpflichtet sind, jeden ihnen zur Kenntnis gelangten Verdacht einer Straftat von Amts wegen aufzuklären. Eine ganz wesentliche Bestimmung ist auch, dass jede Person bis zu ihrer rechtskräftigen Verurteilung als unschuldig gilt (Unschuldsvermutung). Jeder Beschuldigte hat das Recht auf Verteidigung und kann in jeder Lage des Verfahrens den Beistand eines Verteidigers in Anspruch nehmen.

Geregelt sind auch Mündlichkeit und Öffentlichkeit des Haupt- und Rechtsmittelverfahrens.

Das zweite Hauptstück ist nun die wesentlichste Änderung gegenüber der früheren Strafprozessordnung und beschäftigt sich mit der Zuständigkeit von Kriminalpolizei, Staatsanwaltschaft und Gericht. Die zentrale Neuerung besteht darin, dass nunmehr das Ermittlungsverfahren nicht mehr von einem Untersuchungsrichter, sondern von der Staatsanwaltschaft durchgeführt wird, deren Aufgabe es ist, im Rahmen staatlicher Verwaltung die Strafverfolgung wahrzunehmen. So heißt es im Paragrafen 20: »Die Staatsanwaltschaft leitet das Ermittlungsverfahren; ihr allein steht die Erhebung der öffentlichen Anklage zu. Sie entscheidet, ob gegen eine bestimmte Person Anklage einzubringen, von der Verfolgung zurückzutreten oder das Verfahren einzustellen ist.« Die Staatsanwaltschaft wird bei ihrer Arbeit von der Kriminalpolizei unterstützt, die in der Wahrnehmung von Aufgaben im Dienste der Strafrechtspflege, insbesondere in der Aufklärung und Verfolgung von Straftaten, tätig wird.

Im Ermittlungsverfahren werden die Landesgerichte tätig, denen die Genehmigung schwerer Eingriffe in die persönliche Freiheit vorbehalten ist. Dazu gehören die Entscheidung auf Verhängung und Fortsetzung der Untersuchungshaft, die Genehmigung von Hausdurchsuchungen, die Überwachung des Briefverkehrs, aber auch die Genehmigung des Abhörens von Telefongesprächen. Neben einigen anderen zusätzlichen dem Gericht vorbehaltenen Genehmigungen von Zwangsmaßnahmen ist die Durchführung von Lokalaugenscheinen ebenfalls durch dieses durchzuführen.

Ein weiterer Teil des Gesetzes beschäftigt sich mit der Beendigung des Ermittlungsverfahrens. Dies kann die Einstellung der Ermittlungen bedeuten, sei es weil die Tat nicht mit gerichtlicher Strafe bedroht ist oder sonst die weitere Verfolgung des Beschuldigten aus rechtlichen Gründen unzulässig wäre oder weil kein tatsächlicher Grund zur weiteren Verfolgung des Beschuldigten besteht.

Ist nach Ansicht der Staatsanwaltschaft ein hinreichender Tatverdacht erwiesen, wird die Anklage erhoben und dem Gericht zur Anordnung einer Verhandlung übermittelt.

Der Rücktritt von der Verfolgung (Diversion) ist dann vorgesehen, wenn eine Bestrafung nicht geboten erscheint, um den Beschuldigten von der Begehung strafbarer Handlungen abzuhalten oder der Begehung strafbarer Handlungen durch andere entgegenzuwirken. In diesem Fall kann die Zahlung eines Geldbetrages zugunsten des Bundes angeordnet werden. Der Beschuldigte kann sich auch ausdrücklich zur Erbringung gemeinnütziger Leistungen innerhalb einer zu bestimmenden Frist bereit erklären.

Breiten Raum nehmen die Bestimmungen über die Stellung der Opfer und Privatbeteiligten ein. So dürfen Opfer Akteneinsicht nehmen und sind, sobald ein Ermittlungsverfahren gegen einen bestimmten Beschuldigten geführt wird, von der Kriminalpolizei oder der Staatsanwaltschaft zu informieren.

Opfer, die in ihrer sexuellen Integrität verletzt worden sein könnten, sind spätestens vor ihrer ersten Befragung überdies über die folgenden ihnen zustehenden Rechte zu informieren. Sie haben das Recht,

1. zu verlangen, im Ermittlungsverfahren nach Möglichkeit von einer Person des gleichen Geschlechtes vernommen zu werden;
2. die Beantwortung von Fragen nach Umständen aus ihrem höchstpersönlichen Lebensbereich oder nach Einzelheiten der Straftat, deren Schilderung sie für unzumutbar halten, zu verweigern;
3. zu verlangen, im Ermittlungsverfahren und in der Hauptverhandlung auf schonende Weise vernommen zu werden, und
4. zu verlangen, die Öffentlichkeit der Hauptverhandlung auszuschließen.

Mit der Aufnahme von gesetzlichen Bestimmungen zum Schutz von Opfern von Straftaten ist eine jahrzehntelange Forderung dieser Personen, eine ihrer Schädigung gerecht werdende Teilnahme am Strafverfahren zu ermöglichen, Rechnung getragen worden.

Für die Strafjustiz bedeutete der Übergang der Zuständigkeit für das Ermittlungsverfahren vom Untersuchungsrichter an die Staatsanwaltschaft die größte prozessuale Änderung überhaupt. Der nunmehr überblickbare Zeitraum seit Inkrafttreten des Gesetzes vom 1. Jänner 2008 bis in das erste Halbjahr 2011 hat gezeigt, dass die unvermeidlichen Anfangsschwierigkeiten einer solchen Totalreform zum größten Teil überwunden sind und damit den Intentionen des Gesetzgebers in der gewünschten Form nachgekommen wird.

Bundesgesetz vom 6. Juni 2003 – Zivilrechts-Mediationsgesetz (BGBl I 2003/29)

Mit dem Zivilrechts-Mediationsgesetz wurde in Österreich ein neuer Weg beschritten, Konflikte einer Lösung zuzuführen, wofür bisher die Gerichte zuständig waren.

Paragraf 1: »(1) Mediation ist eine auf Freiwilligkeit der Parteien beruhende Tätigkeit, bei der ein fachlich ausgebildeter, neutraler Vermittler (Mediator) mit anerkannten Methoden die Kommunikation zwischen den Parteien systematisch mit dem Ziel fördert, eine von den Parteien selbst verantwortete Lösung ihres Konfliktes zu ermöglichen.

(2) Mediation in Zivilrechtssachen ist Mediation zur Lösung von Konflikten, für deren Entscheidung an sich die ordentlichen Zivilgerichte zuständig sind.«

Die Mediation ist in den Vereinigten Staaten von Amerika in den letzten Jahrzehnten des 20. Jahrhunderts entwickelt worden und hat weltweit Anerkennung als Methode der außergerichtlichen Konfliktlösung gefunden. Die Idee ist, dass nicht die ordentlichen Gerichte in einem förmlichen Verfahren, sondern eine neutrale dritte Person (Mediator) zwei oder mehrere Parteien unterstützt, ihren Streit in Gesprächen beizulegen und damit in relativ kurzer Zeit und mit niedrigeren Kosten als bei Gericht zu einem positiven Ziel zu gelangen.

Der Mediator ist eine neutrale Person, kein Schiedsrichter und auch kein Richter. Er soll die Parteien dabei unterstützen, ihre eigene Position zu klären und mit seiner Hilfe eine Lösung zu finden, die beide Seiten wollen. Dies unterscheidet das Verfahren von einer gerichtsförmigen Lösung durch eine richterliche Entscheidung, die notwendigerweise dem Willen *einer* Partei widerspricht. Der Mediator ist bestrebt, die Parteien zur Kooperation zu führen und die Konfrontation zu vermeiden. Diese Methode bietet sich insbesondere im weiten Bereich familiärer Auseinandersetzungen an. Sowohl bei einer bevorstehenden Ehescheidung als auch bei den daraus folgenden Problemen wie Obsorge für die Kinder, Besuchsrecht und Ähnlichem ist eine von beidseitigem Willen getragene Lösung einer richterlichen Entscheidung bei Weitem vorzuziehen. Aber auch viele andere Lebensbereiche bieten sich für die Mediation an; insbesondere bei Umweltkonflikten, denen eine große Anzahl von

Betroffenen mit behördlichen Entscheidungen unzufrieden sein kann, hat ein Mediator wesentlich mehr Möglichkeiten als ein Richter, der an prozessuale Vorschriften gebunden ist. Man denke an die Errichtung großer Bauwerke, Flughäfen oder Autobahnen, bei denen sich dieses Verfahren auch schon mehrfach bewährt hat.

Um eine notwendige Qualität für die Mediation zu gewährleisten, wird beim Bundesministerium für Justiz in einem Verwaltungsverfahren eine Liste der Mediatoren angelegt. Das Bundesministerium für Justiz lässt sich bei der Erstellung dieser Liste von einem Beirat beraten, der die fachliche Eignung des Eintragungswerbers überprüft. Dafür werden auch spezifische Ausbildungen angeboten, die vom Bundesministerium für Justiz durch Verordnung festgelegt werden.

Nachdem dieses Gesetz nunmehr über ein halbes Jahrzehnt besteht, kann festgestellt werden, dass es die in es gesetzten Erwartungen in der Praxis erfüllt.

Bundesgesetz vom 30. Dezember 2004 – Fortpflanzungsmedizingesetz-Novelle 2004
(BGBl I 2004/163)

Bereits im Jahr 1992 wurde das Bundesgesetz, mit dem Regelungen über die medizinisch unterstützte Fortpflanzung getroffen wurden, vom Parlament verabschiedet. Dieses Gesetz legte die Zulässigkeit der reproduktionsmedizinischen Methoden fest und konnte damit Frauen und Paaren, denen die Fortpflanzung auf natürlichem Weg verwehrt war, helfen, ihren Kinderwunsch auf einer gesicherten gesetzlichen Basis zu erfüllen. Der medizinische Fortschritt im darauffolgenden Jahrzehnt hat die Möglichkeiten der Reproduktionsmedizin wesentlich erweitert. Hiezu kamen die Erfahrungen aus der Praxis.

Daher wurden mit dem vorliegenden Gesetz die Möglichkeiten der Aufbewahrung des gespendeten Samens wesentlich erweitert. Dies insbesondere auch, um Patientinnen, die an Krankheiten leiden, die entweder derzeit unheilbar sind oder bei denen eine geringe Chance auf vollständige Ausheilung besteht (HIV oder Hepatitis C), die Möglichkeit zu eröffnen, ein gesundes Kind zur Welt zu bringen. Wie die Erfahrung mit dieser Novelle gezeigt hat, konnte einer großen Reihe von Menschen geholfen werden, als Mutter oder Eltern gesunder Kinder weiterzuleben.

Bundesgesetz vom 8. Mai 2006 – Strafrechtsänderungsgesetz 2006
(BGBl I 2006/56)

Mit diesem Gesetz ist nach einer jahrelangen Diskussion eine Anti-Stalking-Bestimmung im Strafgesetzbuch aufgenommen worden. Der neue Straftatbestand (§ 107a)

sollte ein beharrlich gesetztes widerrechtliches Verhalten unter Strafe stellen, das geeignet ist, in die Lebensführung des Opfers einzugreifen. Es ist Aufgabe des Staates, Gewalt zu verhindern, sodass Opfer eines solchen Angriffes ein Recht auf staatliche Schutzmaßnahmen haben. Die Strafbestimmung enthält eine taxative Aufzählung der Belästigungen und lautet:
»§ 107a (1) Wer eine Person widerrechtlich beharrlich verfolgt (Abs. 2), ist mit Freiheitsstrafe bis zu einem Jahr zu bestrafen.

(2) Beharrlich verfolgt eine Person, wer in einer Weise, die geeignet ist, sie in ihrer Lebensführung unzumutbar zu beeinträchtigen, eine längere Zeit hindurch fortgesetzt

1. ihre räumliche Nähe aufsucht,
2. im Wege einer Telekommunikation oder unter Verwendung eines sonstigen Kommunikationsmittels oder über Dritte Kontakt zu ihr herstellt,
3. unter Verwendung ihrer personenbezogenen Daten Waren oder Dienstleistungen für sie bestellt oder
4. unter Verwendung ihrer personenbezogenen Daten Dritte veranlasst, mit ihr Kontakt aufzunehmen.

(3) In den Fällen des Abs. 2 Z 2 ist der Täter nur auf Antrag der beharrlich verfolgten Person zu verfolgen.«
Neben der Androhung einer Freiheitsstrafe ist zum wirksamen Schutz der Betroffenen eine eigene Bestimmung in die Exekutionsordnung aufgenommen, die es dem Gericht ermöglicht, einstweilige Verfügungen zu erlassen, mit denen dem Stalker sein Verhalten untersagt wird. Um diesem Rechtsanspruch auch zur Durchsetzung zu verhelfen, können die Gerichte die Sicherheitsbehörden mit der Überwachung der Einhaltung der einstweiligen Verfügung betrauen. Damit ist eine rasche Durchsetzung des Anspruches sichergestellt. Die Opfer haben überdies die Möglichkeit, sich nach der Erlassung der einstweiligen Verfügung direkt an die Sicherheitsbehörden mit dem Ersuchen um Schutz vor dem Stalker zu wenden.
Auch bei diesem Gesetz hat die Praxis gezeigt, dass vielen Personen, die von solchen Angriffen betroffen waren, in geeigneter Form geholfen werden konnte.

ANHANG: LISTE DER IN DER XXI. UND XXII. GESETZGEBUNGSPERIODE VERABSCHIEDETEN GESETZE

Parlaments-Link	Beilagen-Nr. (Parlamentarische Materialien)	Datum der Kundmachung	Sortierdatum	Kurztitel	Titel	Bundesgesetzblatt Nr.
/PAKT/VHG/XXII/I_01166/index.shtml	1166 d.B.	13.08.2002	20020813	134. Bundesgesetz: Strafrechtsänderungsgesetz 2002	Bundesgesetz, mit dem das Strafgesetzbuch, die Strafprozessordnung 1975, das Strafvollzugsgesetz, das Suchtmittelgesetz, das Gerichtsorganisationsgesetz, das Waffengesetz 1996, das Fremdengesetz 1997 und das Telekommunikationsgesetz geändert werden (Strafrechtsänderungsgesetz 2002)	BGBl. I Nr. 134/2002
/PAKT/VHG/XXII/I_01167/index.shtml	1167 d.B.	09.08.2002	20020809	118. Bundesgesetz: Zinsenrechts-Änderungsgesetz – ZinsRÄG	Bundesgesetz, mit dem das Zinsenrecht im Allgemeinen bürgerlichen Gesetzbuch, im Handelsgesetzbuch, im Aktiengesetz 1965 und im Arbeits- und Sozialgerichtsgesetz geändert wird (Zinsenrechts-Änderungsgesetz – ZinsRÄG)	BGBl. I Nr. 118/2002
/PAKT/VHG/XXII/I_01168/index.shtml	1168 d.B.	13.08.2002	20020813	135. Bundesgesetz: Zusammenarbeit mit dem Internationalen Strafgerichtshof	Bundesgesetz über die Zusammenarbeit mit dem Internationalen Strafgerichtshof	BGBl. I Nr. 135/2002
/PAKT/VHG/XXII/I_01169/index.shtml	1169 d.B.	13.08.2002	20020813	136. Bundesgesetz: Änderung des Rechtspraktikantengesetzes	Bundesgesetz, mit dem das Rechtspraktikantengesetz geändert wird	BGBl. I Nr. 136/2002
/PAKT/VHG/XXII/I_00962/index.shtml	0962 d.B.	30.04.2002	20020430	76. Bundesgesetz: Zivilverfahrens-Novelle 2002	Bundesgesetz, mit dem das Einführungsgesetz zur Zivilprozessordnung, die Zivilprozessordnung, das Arbeits- und Sozialgerichtsgesetz, das Gerichtsorganisationsgesetz, die Rechtsanwaltsordnung, die Notariatsordnung, das Grundbuchsgesetz, das Grundbuchsumstellungsgesetz und das Kraftfahrzeug-Haftpflichtversicherungsgesetz 1994 geändert werden (Zivilverfahrens-Novelle 2002)	BGBl. I Nr. 76/2002
/PAKT/VHG/XXII/I_01005/index.shtml	1005 d.B.	16.04.2002	20020416	BMWA: 62. Bundesgesetz: Wettbewerbsgesetz – WettbG und Änderung des Kartellgesetzes 1988, des Strafgesetzbuches und des Bundesfinanzgesetzes 2002	Bundesgesetz, mit dem das Bundesgesetz über die Einrichtung einer Bundeswettbewerbsbehörde (Wettbewerbsgesetz – WettbG) erlassen und das Kartellgesetz 1988, das Strafgesetzbuch und das Bundesfinanzgesetz 2002 geändert werden	BGBl. I Nr. 62/2002

Parlaments-Link	Beilagen-Nr. (Parlamentarische Materialien)	Datum der Kundmachung	Sortierdatum	Kurztitel	Titel	Bundesgesetzblatt Nr.
/PAKT/VHG/XXI/I/I_00990/index.shtml	0990 d.B.	26.04.2002	20020426	BMI: 66. Bundesgesetz: Vereinsgesetz 2002 – VerG	Bundesgesetz über Vereine (Vereinsgesetz 2002 – VerG)	BGBl. I Nr. 66/2002
/PAKT/VHG/XXI/I/I_00989/index.shtml	0989 d.B.	26.04.2002	20020426	70. Bundesgesetz: Wohnungseigentumsgesetz 2002 – WEG 2002	Bundesgesetz über das Wohnungseigentum (Wohnungseigentumsgesetz 2002 – WEG 2002)	BGBl. I Nr. 70/2002
/PAKT/VHG/XXI/I/I_00988/index.shtml	0988 d.B.	30.04.2002	20020430	75. Bundesgesetz: Insolvenzrechts-Novelle 2002 – InsNov. 2002	Bundesgesetz, mit dem das Insolvenzrechtseinführungsgesetz, die Konkursordnung, die Ausgleichsordnung, das Finalitätsgesetz und das Gerichtsgebührengesetz geändert werden (Insolvenzrechts-Novelle. 2002)	BGBl. I Nr. 75/2002
/PAKT/VHG/XXI/I/I_00817/index.shtml	0817 d.B.	21.12.2001	20011221	152. Bundesgesetz: Regelung bestimmter rechtlicher Aspekte des elektronischen Geschäfts- und Rechtsverkehrs (E-Commerce-Gesetz – ECG) und Änderung des Signaturgesetzes sowie der Zivilprozessordnung	Bundesgesetz, mit dem bestimmte rechtliche Aspekte des elektronischen Geschäfts- und Rechtsverkehrs geregelt (E-Commerce-Gesetz – ECG) und das Signaturgesetz sowie die Zivilprozessordnung geändert werden	BGBl. I Nr. 152/2001
/PAKT/VHG/XXI/I/I_00759/index.shtml	0759 d.B.	27.11.2001	20111127	131. Bundesgesetz: Euro-Gerichtsgebühren-Novelle – EGN	Bundesgesetz, mit dem im Hinblick auf die Einführung des Euro das Gerichtsgebührengesetz, das Gerichtliche Einbringungsgesetz 1962, das Bundesgesetz über die Gebühren für Verwahrnisse der gerichtlichen Verwahrungsabteilungen, das Außerstreitgesetz, das Bundesgesetz zur Verbesserung der Nahversorgung und der Wettbewerbsbedingungen, das 1. Euro-Justiz-Begleitgesetz, das Allgemeine Sozialversicherungsgesetz, das Gewerbliche Sozialversicherungsgesetz, das Bauern-Sozialversicherungsgesetz, das Beamten-Kranken- und Unfallversicherungsgesetz, das Notarversicherungsgesetz 1972 und das Wohnbauförderungsgesetz 1984 geändert werden (Euro-Gerichtsgebühren-Novelle – EGN)	BGBl. I Nr. 131/2001

Parlaments-Link	Beilagen-Nr. (Parlamentarische Materialien)	Datum der Kundmachung	Sortierdatum	Kurztitel	Titel	Bundesgesetzblatt Nr.
/PAKT/VHG/XXI/I/I_00760/index.shtml	0760 d.B.	27.11.2001	20111127	132. Bundesgesetz: Euro-Rechtsanwaltstarif-Novelle und Vornahme von Anpassungen im Gerichtskommissionstarifgesetz und im Notariatstarifgesetz	Bundesgesetz, mit dem im Hinblick auf die Einführung des Euro das Rechtsanwaltstarifgesetz geändert wird (Euro-Rechtsanwaltstarif-Novelle) und Anpassungen im Gerichtskommissionstarifgesetz und im Notariatstarifgesetz vorgenommen werden	BGBl. I Nr. 132/2001
/PAKT/VHG/XXI/I/I_00754/index.shtml	0754 d.B.	27.11.2001	20111127	130. Bundesgesetz: Strafrechtsänderungsgesetz 2001	Bundesgesetz, mit dem das Strafgesetzbuch, die Strafprozessordnung 1975, das Bundesgesetz BGBl. I Nr. 105/1997, mit dem zur Bekämpfung organisierter Kriminalität besondere Ermittlungsmaßnahmen in die Strafprozessordnung eingeführt sowie das Strafgesetzbuch, das Mediengesetz, das Staatsanwaltschaftsgesetz und das Sicherheitspolizeigesetz geändert werden, sowie das Strafvollzugsgesetz, das Einführungsgesetz zum Strafvollzugsgesetz, das Militärstrafgesetz, das Mediengesetz, das Geschworenen- und Schöffengesetz 1990, das Mediengesetz, das Bewährungshilfegesetz und das Wohnhaus-Wiederaufbaugesetz geändert werden (Strafrechtsänderungsgesetz 2001)	BGBl. I Nr. 130/2001
/PAKT/VHG/XXI/I/I_00447/index.shtml	0447 d.B.	27.04.2001	20010427	41. Bundesgesetz: Änderung des Handelsgesetzbuches zur Regelung der elektronischen Übermittlung von Jahresabschlüssen, des 1. Euro-Justiz-Begleitgesetzes und des Gerichtsgebührengesetzes	Bundesgesetz, mit dem zur Regelung der elektronischen Übermittlung von Jahresabschlüssen das Handelsgesetzbuch, das 1. Euro-Justiz-Begleitgesetz und das Gerichtsgebührengesetz geändert werden	BGBl. I Nr. 41/2001
/PAKT/VHG/XXI/I/I_00346/index.shtml	0346 d.B.	08.05.2001	20010508	BMSG: 51. Bundesgesetz: Änderung des Suchtmittelgesetzes (SMG)	Bundesgesetz, mit dem das Suchtmittelgesetz (SMG) geändert wird	BGBl. I Nr. 51/2001

Parlaments-Link	Beilagen-Nr. (Parlamentarische Materialien)	Datum der Kundmachung	Sortierdatum	Kurztitel	Titel	Bundesgesetzblatt Nr.
/PAKT/VHG/XXII/I_00525/index.shtml	0525 d.B.	03.08.2001	20010803	95. Bundesgesetz: Änderung des Bundesgesetzes über den Obersten Gerichtshof und des Gerichtsorganisationsgesetzes	Bundesgesetz, mit dem das Bundesgesetz über den Obersten Gerichtshof und das Gerichtsorganisationsgesetz geändert werden	BGBl. I Nr. 95/2001
/PAKT/VHG/XXII/I_00485/index.shtml	0485 d.B.	27.04.2001	20010427	42. Bundesgesetz: Aktienoptionengesetz – AOG	Bundesgesetz, mit dem im Aktiengesetz, im Handelsgesetzbuch und im Börsegesetz Regelungen über Optionen auf Aktien getroffen werden (Aktienoptionengesetz – AOG)	BGBl. I Nr. 42/2001
/PAKT/VHG/XXII/I_00422/index.shtml	0422 d.B.	08.05.2001	20010508	48. Bundesgesetz: Gewährleistungsrechts-Änderungsgesetz – GewRÄG	Bundesgesetz, mit dem das Gewährleistungsrecht im Allgemeinen Bürgerlichen Gesetzbuch und im Konsumentenschutzgesetz sowie das Versicherungsvertragsgesetz geändert werden (Gewährleistungsrechts-Änderungsgesetz – GewRÄG)	BGBl. I Nr. 48/2001
/PAKT/VHG/XXII/I_00297/index.shtml	0297 d.B.	29.12.2000	20001229	138. Bundesgesetz: Änderung des Strafvollzugsgesetzes, der Strafprozessordnung 1975, des Finanzstrafgesetzes und des Verwaltungsstrafgesetzes 1991	Bundesgesetz, mit dem das Strafvollzugsordnung 1975, das Finanzstrafgesetz und das Verwaltungsstrafgesetz 1991 geändert werden	BGBl. I Nr. 138/2000
/PAKT/VHG/XXII/I_00296/index.shtml	0296 d.B.	29.12.2000	20001229	135. Bundesgesetz: Kindschaftsrechts-Änderungsgesetz 2001 – KindRÄG 2001	Bundesgesetz, mit dem das allgemeine bürgerliche Gesetzbuch, das Ehegesetz, das Unterhaltsvorschussgesetz, die Jurisdiktionsnorm, die Zivilprozessordnung, das Außerstreitgesetz, das Rechtspflegergesetz, die Exekutionsordnung, das Personenstandsgesetz, das Bundesgesetz über das Internationale Privatrecht, das Gerichtsgebührengesetz, die Vierte Durchführungsverordnung zum Ehegesetz, das Jugendwohlfahrtsgesetz 1989, das Bankwesengesetz und das Krankenanstaltengesetz geändert werden (Kindschaftsrechts-Änderungsgesetz 2001 – KindRÄG 2001)	BGBl. I Nr. 135/2000

Parlaments-Link	Beilagen-Nr. (Parlamentarische Materialien)	Datum der Kundmachung	Sortierdatum	Kurztitel	Titel	Bundesgesetzblatt Nr.
/PAKT/VHG/XXI/I_00111/index.shtml	0111 d.B.	25.10.2000	20001025	109. Bundesgesetz: Änderung des Rechtspraktikantengesetzes	Bundesgesetz, mit dem das Rechtspraktikantengesetz geändert wird	BGBl. I Nr. 109/2000
/PAKT/VHG/XXI/I_00092/index.shtml	0092 d.B.	11.07.2000	20000711	58. Bundesgesetz: Änderung des Strafgesetzbuches und der Strafprozessordnung	Bundesgesetz, mit dem das Strafgesetzbuch und die Strafprozessordnung geändert werden	BGBl. I Nr. 58/2000
/PAKT/VHG/XXI/I_00099/index.shtml	0099 d.B.	11.07.2000	20000711	60. Bundesgesetz: Zugangskontrollgesetz – ZuKG	Bundesgesetz über den Schutz zugangskontrollierter Dienste (Zugangskontrollgesetz – ZuKG)	BGBl. I Nr. 60/2000
/PAKT/VHG/XXI/I_00093/index.shtml	0093 d.B.	11.07.2000	20000711	59. Bundesgesetz: Exekutionsordnungs-Novelle 2000 – EO-Nov. 2000	Bundesgesetz, mit dem die Exekutionsordnung geändert wird (Exekutionsordnungs- Novelle 2000 – EO-Nov. 2000)	BGBl. I Nr. 59/2000
/PAKT/VHG/XXI/I_00083/index.shtml	0083 d.B.	11.07.2000	20000711	61. Bundesgesetz: Änderung des Handelsgesetzbuches	Bundesgesetz, mit dem das Handelsgesetzbuch geändert wird	BGBl. I Nr. 61/2000
/PAKT/VHG/XXI/I_00059/index.shtml	0059 d.B.	23.05.2000	20000523	27. Bundesgesetz: Freier Dienstleistungsverkehr und Niederlassung von europäischen Rechtsanwälten in Österreich (EuRAG) sowie Änderungen der Rechtsanwaltsordnung	Bundesgesetz über den freien Dienstleistungsverkehr und die Niederlassung von europäischen Rechtsanwälten in Österreich (EuRAG) sowie über Änderungen der Rechtsanwaltsordnung	BGBl. I Nr. 27/2000

Parlaments-Link	Beilagen-Nr. (Parlament. Mat)	Datum der Kundmachung	Sortierdatum	Kurztitel	Titel	Bundesgesetzblatt Nr.
/PAKT/VHG/ XXII/I/I_01182/index.shtml	1182 d.B.	03.08.2006	20060803	Energieausweis-Vorlage-Gesetz – EAVG	Bundesgesetz über die Pflicht zur Vorlage eines Energieausweises beim Verkauf und bei der In-Bestand-Gabe von Gebäuden und Nutzungsobjekten (Energieausweis-Vorlage-Gesetz – EAVG)	BGBl. I Nr. 137/2006
/PAKT/VHG/ XXII/I/I_01426/index.shtml	1426 d.B.	26.06.2006	20060626	Änderung des Strafvollzugsgesetzes, des Bundes-Personalvertretungsgesetzes, des Ausschreibungsgesetzes 1975, der Strafprozessordnung 1975 und des Jugendgerichtsgesetzes 1988	Bundesgesetz, mit dem das Strafvollzugsgesetz, das Bundes-Personalvertretungsgesetz, das Ausschreibungsgesetz 1989, die Strafprozessordnung 1975 und das Jugendgerichtsgesetz 1988 geändert werden	BGBl. I Nr. 102/2006
/PAKT/VHG/ XXII/I/I_01427/index.shtml	1427 d.B.	26.06.2006	20060626	Publizitätsrichtlinie-Gesetz – PuG	Bundesgesetz, mit dem im Rahmen der Umsetzung der Richtlinie 2003/58/EG das Firmenbuchgesetz, das Unternehmensgesetzbuch, die Jurisdiktionsnorm, das Gesetz über Gesellschaften mit beschränkter Haftung, das Aktiengesetz 1965 und das Handelsvertretergesetz geändert werden (Publizitätsrichtlinie-Gesetz – PuG)	BGBl. I Nr. 103/2006
/PAKT/VHG/ XXII/I/I_01421/index.shtml	1421 d.B.	26.06.2006	20060626	Genossenschaftsrechtsänderungsgesetz 2006 – GenRÄG 2006	Bundesgesetz, mit dem ein Bundesgesetz über das Statut der Europäischen Genossenschaft (Societas Cooperativa Europaea – SCE) – (SCE-Gesetz – SCEG) erlassen wird sowie das Genossenschaftsgesetz, das Rechtspflegergesetz, das Gerichtsgebührengesetz, das Gerichtliche Einbringungsgesetz 1962, das Bankwesengesetz, das Pensionskassengesetz, das Börsegesetz, das Versicherungsaufsichtsgesetz, das Arbeitsverfassungsgesetz, das Bundesgesetz über die Post-Betriebsverfassung, das Arbeits- und Sozialgerichtsgesetz und das Landarbeitsgesetz 1984 geändert werden (Genossenschaftsrechtsänderungsgesetz 2006 – GenRÄG 2006)	BGBl. I Nr. 104/2006
/PAKT/VHG/ XXII/I/I_01428/index.shtml	1428 d.B.	23.06.2006	20060623	Versicherungsrechts-Änderungsgesetz 2006 – VersRÄG 2006	Bundesgesetz, mit dem das Versicherungsvertragsgesetz 1958 und das Versicherungsaufsichtsgesetz geändert werden (Versicherungsrechts-Änderungsgesetz 2006 – VersRÄG 2006)	BGBl. I Nr. 95/2006

Parlaments-Link	Beilagen-Nr. (Parlament. Mat)	Datum der Kundmachung	Sortierdatum	Kurztitel	Titel	Bundesgesetzblatt Nr.
/PAKT/VHG/ XXII/I/I_01429/index.shtml	1429 d.B.	23.06.2006	20060623	Änderung des Luftfahrtgesetzes und des Bundesgesetzes über den zwischenstaatlichen Luftverkehr 1997	Bundesgesetz, mit dem das Luftfahrtgesetz und das Bundesgesetz über den zwischenstaatlichen Luftverkehr 1997 geändert werden	BGBl. I Nr. 88/2006
/PAKT/VHG/ XXII/I/I_01420/index.shtml	1420 d.B.	23.06.2006	20060623	Sachwalterrechts-Änderungsgesetz 2006 – SWRÄG 2006	Bundesgesetz, mit dem das Sachwalterrecht im allgemeinen bürgerlichen Gesetzbuch und das Ehegesetz, das Außerstreitgesetz, das Konsumentenschutzgesetz, die Vereinssachwalter- und Patientenanwaltsgesetz, die Notariatsordnung, das Gerichtsorganisationsgesetz und das Berufsrechts-Änderungsgesetz 2006 geändert werden (Sachwalterrechts-Änderungsgesetz 2006 – SWRÄG 2006)	BGBl. I Nr. 92/2006
/PAKT/VHG/ XXII/I/I_01324/index.shtml	1324 d.B.	21.06.2006	20060621	Urheberrechtsgesetz-Novelle 2006 – UrhG-Nov 2006	Bundesgesetz, mit dem das Urheberrechtsgesetz geändert wird (Urheberrechtsgesetz-Novelle 2006 – UrhG-Nov 2006)	BGBl. I Nr. 81/2006
/PAKT/VHG/ XXII/I/I_01316/index.shtml	1316 d.B.	08.05.2006	20060508	Strafrechtsänderungsgesetz 2006	Bundesgesetz, mit dem das Strafgesetzbuch, die Strafprozessordnung 1975, die Exekutionsordnung und das Sicherheitspolizeigesetz zur Verbesserung des strafrechtlichen Schutzes der Umwelt sowie gegen beharrliche Verfolgung und des zivilrechtlichen Schutzes vor Eingriffen in die Privatsphäre geändert werden (Strafrechtsänderungsgesetz 2006)	BGBl. I Nr. 56/2006
/PAKT/VHG/ XXII/I/I_01299/index.shtml	1299 d.B.	08.05.2006	20060508	Patientenverfügungs-Gesetz – PatVG	BMGF : Bundesgesetz über Patientenverfügungen (Patientenverfügungs-Gesetz – PatVG)	BGBl. I Nr. 55/2006
/PAKT/VHG/ XXII/I/I_01168/index.shtml	1168 d.B.	13.01.2006	20060113	Gerichtsgebühren- und Insolvenzrechts-Novelle 2006 – GIN 2006	Bundesgesetz, mit dem das Gerichtsgebührengesetz, das Gerichtliche Einbringungsgesetz 1962, das Außerstreitgesetz, das Rechtsanwaltstarifgesetz, das Notariatstarifgesetz, die Konkursordnung, die Ausgleichsordnung, die Anfechtungsordnung und das Bundesgesetz über die Einziehung gerichtlicher Verwahrnisse geändert werden (Gerichtsgebühren- und Insolvenzrechts-Novelle 2006 – GIN 2006)	BGBl. I Nr. 8/2006

Parlaments-Link	Beilagen-Nr. (Parlament. Mat)	Datum der Kundmachung	Sortier- datum	Kurztitel	Titel	Bundesgesetz- blatt Nr.
/PAKT/VHG/ XXII/I_01158/index. shtml	1158 d.B.	13.01.2006	20060113	Schiedsrechts-Ände- rungsgesetz 2006 – SchiedsRÄG 2006	Bundesgesetz, mit dem in der Zivilprozessordnung das Schiedsverfahren neu geregelt wird sowie das Einfüh- rungsgesetz zur Jurisdiktionsnorm, das Einführungsgesetz zur Zivilprozessordnung, das Arbeits- und Sozialgerichts- gesetz, das Gerichtsorganisationsgesetz und das Richter- dienstgesetz geändert werden (Schiedsrechts-Änderungs- gesetz 2006 – SchiedsRÄG 2006)	BGBl. I Nr. 7/2006
/PAKT/VHG/ XXII/I_01069/index. shtml	1069 d.B.	13.01.2006	20060113	Verwertungsgesell- schaftenrechtsände- rungsgesetz 2006 – VerwGesRÄG 2006	Bundesgesetz, mit dem ein Verwertungsgesellschaftenge- setz 2006 erlassen wird und mit dem das Urheberrechts- gesetz und das KommAustria-Gesetz geändert werden (Verwertungsgesellschaftenrechtsänderungsgesetz 2006 – VerwGesRÄG 2006)	BGBl. I Nr. 9/2006
/PAKT/VHG/ XXII/I_01169/index. shtml	1169 d.B.	30.12.2005	20051230	Berufsrechts- Änderungsgesetz für Notare, Rechtsanwälte und Ziviltechniker 2006 – BRÄG 2006	Bundesgesetz, mit dem die Notariatsordnung, die Rechts- anwaltsordnung, die Zivilprozessordnung, das Gerichts- organisationsgesetz, das Gerichtskommissärsgesetz, das Disziplinarstatut für Rechtsanwälte und Rechtsanwalts- anwärter, das Signaturgesetz, das Außerstreitgesetz, das Ziviltechnikergesetz 1993, das Ziviltechnikerkammerge- setz 1993 und das EuRAG geändert werden (Berufsrechts- Änderungsgesetz für Notare, Rechtsanwälte und Zivil- techniker 2006 – BRÄG 2006)	BGBl. I Nr. 164/2005
/PAKT/VHG/ XXII/I_00994/index. shtml	0994 d.B.	23.12.2005	20051223	Verbandsverantwort- lichkeitsgesetz sowie Änderung des Medien- gesetzes, des Lebens- mittelsicherheits- und Verbraucherschutz- gesetzes, des Pa- tentgesetzes, des Markenschutzgesetzes 1970, des Halbleiter- schutzgesetzes, des Musterschutzgesetzes 1990 und des ...	Bundesgesetz, mit dem ein Verbandsverantwortlichkeits- gesetz erlassen wird und mit dem das Mediengesetz, das Lebensmittelsicherheits- und Verbraucherschutzgesetz, das Patentgesetz, das Markenschutzgesetz 1970, das Halbleiterschutzgesetz, das Musterschutzgesetz 1990 und das Gebrauchsmusterschutzgesetz geändert werden	BGBl. I Nr. 151/2005

Parlaments-Link	Beilagen-Nr. (Parlament. Mat)	Datum der Kundmachung	Sortierdatum	Kurztitel	Titel	Bundesgesetzblatt Nr.
/PAKT/VHG/ XXII/I_01058/index. shtml	1058 d.B.	27.10.2005	20051027	Handelsrechts-Änderungsgesetz – HaRÄG	Bundesgesetz, mit dem das Handelsgesetzbuch in Unternehmensgesetzbuch umbenannt und gemeinsam mit dem Allgemeinen Bürgerlichen Gesetzbuch, dem Aktiengesetz 1965, dem Gesetz über Gesellschaften mit beschränkter Haftung, dem Genossenschaftsrevisionsgesetz, dem Genossenschaftsgesetz, dem Firmenbuchgesetz, dem Umwandlungsgesetz, dem Spaltungsgesetz, dem EWIV-Ausführungsgesetz, dem SE-Gesetz, dem Handelsvertretergesetz, der Jurisdiktionsnorm, dem Einführungsgesetz zur Zivilprozessordnung, der Zivilprozessordnung, der Rechtspflegergesetz, der Konkursordnung, der Ausgleichsordnung, dem Privatstiftungsgesetz, dem Unternehmensreorganisationsgesetz, dem Gerichtsgebührengesetz, dem Gerichtskommissionstarifgesetz, dem Wohnungseigentumsgesetz 2002, dem Mietrechtsgesetz, dem Versicherungsaufsichtsgesetz, dem Wirtschaftstreuhandberufsgesetz und dem Ziviltechnikergesetz 1993 geändert wird sowie das Erwerbsgesellschaftengesetz und die Vierte Einführungsverordnung außer Kraft gesetzt werden (Handelsrechts-Änderungsgesetz – HaRÄG)	BGBl. I Nr. 120/2005
/PAKT/VHG/ XXII/I_01059/index. shtml	1059 d.B.	27.10.2005	20051027	Änderung der Strafprozessordnung 1975, des Staatsanwaltschaftsgesetzes und des Tilgungsgesetzes	Bundesgesetz, mit dem die Strafprozessordnung 1975, das Staatsanwaltschaftsgesetz und das Tilgungsgesetz geändert werden	BGBl. I Nr. 119/2005
/PAKT/VHG/ XXII/I_00928/index. shtml	0928 d.B.	05.07.2005	20050705	Exekutionsordnungs-Novelle 2005 – EO-Nov. 2005	Bundesgesetz, mit dem die Exekutionsordnung, das Vollzugsgebührengesetz, das Rechtspflegergesetz, die Notariatsordnung, das Rechtsanwaltstarifgesetz und das Strafgesetzbuch geändert werden (Exekutionsordnungs-Novelle 2005 – EO-Nov. 2005)	BGBl. I Nr. 68/2005
/PAKT/VHG/ XXII/I_00942/index. shtml	0942 d.B.	05.07.2005	20050705	Wettbewerbsgesetznovelle 2005	BKA: Bundesgesetz, mit dem das Wettbewerbsgesetz und das Bundesgesetz zur Verbesserung der Nahversorgung und der Wettbewerbsbedingungen geändert werden (Wettbewerbsgesetznovelle 2005)	BGBl. I Nr. 62/2005

Parlaments-Link	Beilagen-Nr. (Parlament. Mat)	Datum der Kundmachung	Sortierdatum	Kurztitel	Titel	Bundesgesetzblatt Nr.
/PAKT/VHG/XXII/I/I_00926/index.shtml	0926 d.B.	05.07.2005	20050705	Kartellgesetz 2005 – KartG 2005	Bundesgesetz gegen Kartelle und andere Wettbewerbsbeschränkungen (Kartellgesetz 2005 – KartG 2005)	BGBl. I Nr. 61/2005
/PAKT/VHG/XXII/I/I_00927/index.shtml	0927 d.B.	04.07.2005	20050704	Gesellschaftsrechtsänderungsgesetz 2005 – GesRÄG 2005	Bundesgesetz, mit dem das Aktiengesetz, das Gesetz über Gesellschaften mit beschränkter Haftung, das SE-Gesetz, das Handelsgesetzbuch, das Bankwesengesetz, das Versicherungsaufsichtsgesetz, das Pensionskassengesetz, das Genossenschaftsrevisionsgesetz, das Genossenschaftsrevisionsrechtsänderungsgesetz und das Gerichtsgebührengesetz entsprechend der Entschließung des Nationalrats vom 29. Jänner 2004 zur Stärkung des Vertrauens in die österreichische Wirtschaft geändert werden (Gesellschaftsrechtsänderungsgesetz 2005 – GesRÄG 2005)	BGBl. I Nr. 59/2005
/PAKT/VHG/XXII/I/I_00861/index.shtml	0861 d.B.	09.06.2005	20050609	Zessionsrechts-Änderungsgesetz – ZessRÄG	Bundesgesetz, mit dem im Allgemeinen Bürgerlichen Gesetzbuch das Zessionsrecht geändert wird (Zessionsrechts-Änderungsgesetz – ZessRÄG)	BGBl. I Nr. 51/2005
/PAKT/VHG/XXII/I/I_00784/index.shtml	0784 d.B.	09.06.2005	20050609	Änderung des Mediengesetzes	Bundesgesetz, mit dem das Bundesgesetz über die Presse und andere publizistische Medien (Mediengesetz) geändert wird	BGBl. I Nr. 49/2005
/PAKT/VHG/XXII/I/I_00698/index.shtml	0698 d.B.	30.12.2004	20041230	Sozialbetrugsgesetz – SozBeG	Bundesgesetz, mit dem das Strafgesetzbuch, das Allgemeine Sozialversicherungsgesetz und die Konkursordnung zur Bekämpfung des Sozialbetrugs geändert werden (Sozialbetrugsgesetz – SozBeG)	BGBl. I Nr. 152/2004
/PAKT/VHG/XXII/I/I_00679/index.shtml	0679 d.B.	30.12.2004	20041230	Strafprozessnovelle 2005	Bundesgesetz, mit dem die Strafprozessordnung 1975, das Jugendgerichtsgesetz 1988, das Bundesgesetz über die justizielle Zusammenarbeit in Strafsachen mit den Mitgliedstaaten der Europäischen Union, das Auslieferungs- und Rechtshilfegesetz, das Staatsanwaltschaftsgesetz und das Bewährungshilfegesetz geändert werden (Strafprozessnovelle 2005)	BGBl. I Nr. 164/2004
/PAKT/VHG/XXII/I/I_00678/index.shtml	0678 d.B.	30.12.2004	20041230	Fortpflanzungsmedizingesetz-Novelle 2004 – FMedGNov 2004	Bundesgesetz, mit dem das Fortpflanzungsmedizingesetz geändert wird (Fortpflanzungsmedizingesetz-Novelle 2004 – FMedGNov 2004)	BGBl. I Nr. 163/2004

Parlaments-Link	Beilagen-Nr. (Parlament. Mat)	Datum der Kundmachung	Sortierdatum	Kurztitel	Titel	Bundesgesetzblatt Nr.
/PAKT/VHG/ XXII/I/I_00677/index. shtml	0677 d.B.	30.12.2004	20041230	Rechnungslegungsänderungsgesetz 2004 – ReLÄG 2004	Bundesgesetz, mit dem das Handelsgesetzbuch, das Bankwesengesetz, das Versicherungsaufsichtsgesetz, das Wertpapieraufsichtsgesetz, das Pensionskassengesetz, das Betriebliche Mitarbeitervorsorgegesetz und das Nationalbankgesetz 1984 an die IAS-Verordnung angepasst und die Modernisierungs- sowie die Schwellenwertrichtlinie umgesetzt und das Firmenbuchgesetz, das Aktiengesetz sowie das GmbH-Gesetz geändert werden (Rechnungslegungsänderungsgesetz 2004 – ReLÄG 2004)	BGBl. I Nr. 161/2004
/PAKT/VHG/ XXII/I/I_00613/index. shtml	0613 d.B.	18.11.2004	20041118	Zivilverfahrens-Novelle 2004	Bundesgesetz, mit dem die Jurisdiktionsnorm, die Zivilprozessordnung, das Außerstreitgesetz, die Exekutionsordnung, das Gerichtsorganisationsgesetz, die Rechtsanwaltsordnung, das Bundesgesetz zur Durchführung des Europäischen Übereinkommens vom 27. Jänner 1977 über die Übermittlung von Anträgen auf Verfahrenshilfe, das Grundbuchsumstellungsgesetz, das Firmenbuchgesetz, das Gerichtsgebührengesetz, das Gerichtliche Einbringungsgesetz 1962, das Rechtsanwaltstarifgesetz, das Rechtsanwaltsprüfungsgesetz, das Disziplinarstatut für Rechtsanwälte und Rechtsanwaltsanwärter geändert werden (Zivilverfahrens-Novelle 2004)	BGBl. I Nr. 128/2004
/PAKT/VHG/ XXII/I/I_00618/index. shtml	0618 d.B.	15.11.2004	20041115	Strafrechtliches Entschädigungsgesetz 2005 – StEG 2005	Bundesgesetz über den Ersatz von Schäden aufgrund einer strafgerichtlichen Anhaltung oder Verurteilung (Strafrechtliches Entschädigungsgesetz 2005 – StEG 2005)	BGBl. I Nr. 125/2004
/PAKT/VHG/ XXII/I/I_00466/index. shtml	0466 d.B.	24.06.2004	20040624	Gesellschaftsrechtsänderungsgesetz 2004 – GesRÄG 2004	Bundesgesetz, mit dem ein Bundesgesetz über das Statut der Europäischen Gesellschaft (Societas Europaea – SE) (SE-Gesetz – SEG) erlassen wird sowie das Aktiengesetz, das Firmenbuchgesetz, das Rechtspflegergesetz, das Gerichtsgebührengesetz, das EWIV-Ausführungsgesetz, das Genossenschaftsrevisionsgesetz 1997 und das Versicherungsaufsichtsgesetz geändert werden (Gesellschaftsrechtsänderungsgesetz 2004 – GesRÄG 2004)	BGBl. I Nr. 67/2004

Parlaments-Link	Beilagen-Nr. (Parlament. Mat)	Datum der Kundmachung	Sortierdatum	Kurztitel	Titel	Bundesgesetzblatt Nr.
/PAKT/VHG/ XXII/I/I_00471/index. shtml	0471 d.B.	21.06.2004	20040621	Familien- und Erbrechts-Änderungsgesetz 2004 – FamErbRÄG 2004	Bundesgesetz, mit dem die familien- und erbrechtliche Bestimmungen des allgemeinen bürgerlichen Gesetzbuchs und des Bundesgesetzes über das internationale Privatrecht sowie das Gebührenanspruchsgesetz 1975 geändert werden (Familien- und Erbrechts-Änderungsgesetz 2004 – FamErbRÄG 2004)	BGBl. I Nr. 58/2004
/PAKT/VHG/ XXII/I/I_00467/index. shtml	0467 d.B.	21.06.2004	20040621	Fern-Finanzdienstleistungs-Gesetz-FernFinG und Änderung des Konsumentenschutzgesetzes, des Versicherungsvertragsgesetzes sowie des Wertpapieraufsichtsgesetzes	Bundesgesetz, mit dem ein Bundesgesetz über den Fernabsatz von Finanzdienstleistungen an Verbraucher (Fern-Finanzdienstleistungs-Gesetz – FernFinG) erlassen wird und das Konsumentenschutzgesetz, das Versicherungsvertragsgesetz sowie das Wertpapieraufsichtsgesetz geändert werden	BGBl. I Nr. 62/2004
/PAKT/VHG/ XXII/I/I_00472/index. shtml	0472 d.B.	21.06.2004	20040621	Organisation der Bezirksgerichte in Graz und Änderung des Jugendgerichtsgesetzes 1988	Bundesgesetz über die Organisation der Bezirksgerichte in Graz und die Änderung des Jugendgerichtsgesetzes 1988	BGBl. I Nr. 60/2004
/PAKT/VHG/ XXII/I/I_00370/index. shtml	0370 d.B.	30.04.2004	20040430	Justizielle Zusammenarbeit in Strafsachen mit den Mitgliedstaaten der Europäischen Union (EU-JZG)	Bundesgesetz über die justizielle Zusammenarbeit in Strafsachen mit den Mitgliedstaaten der Europäischen Union (EU-JZG)	BGBl. I Nr. 36/2004
/PAKT/VHG/ XXII/I/I_00025/index. shtml	0025 d.B.	23.03.2004	20040323	Strafprozessreformgesetz	ADM (Administratoren) : Bundesgesetz, mit dem die Strafprozessordnung 1975 neu gestaltet wird (Strafprozessreformgesetz)	BGBl. I Nr. 19/2004
/PAKT/VHG/ XXII/I/I_00294/index. shtml	0294 d.B.	01.03.2004	20040301	Strafrechtsänderungsgesetz 2004	Bundesgesetz, mit dem das Strafgesetzbuch, die Strafprozessordnung 1975, das Gerichtsorganisationsgesetz, das Auslieferungs- und Rechtshilfegesetz und das Strafvollzugsgesetz geändert werden (Strafrechtsänderungsgesetz 2004)	BGBl. I Nr. 15/2004
/PAKT/VHG/ XXII/I/I_00202/index. shtml	0202 d.B.	27.02.2004	20040227	Heimvertragsgesetz – HVerG	Bundesgesetz, mit dem im Konsumentenschutzgesetz Bestimmungen über den Heimvertrag eingeführt werden (Heimvertragsgesetz – HVerG)	BGBl. I Nr. 12/2004

Parlaments-Link	Beilagen-Nr. (Parlament. Mat)	Datum der Kundmachung	Sortierdatum	Kurztitel	Titel	Bundesgesetzblatt Nr.
/PAKT/VHG/XXII/I/I_00353/index.shtml	0353 d.B.	27.02.2004	20040227	Heimaufenthaltsgesetz – HeimAufG	Bundesgesetz über den Schutz der persönlichen Freiheit während des Aufenthalts in Heimen und anderen Pflege- und Betreuungseinrichtungen (Heimaufenthaltsgesetz – HeimAufG)	BGBl. I Nr. 11/2004
/PAKT/VHG/XXII/I/I_00235/index.shtml	0235 d.B.	16.12.2003	20031216	116. Bundesgesetz: Verlegung des Bezirksgerichts Linz-Land nach Traun und Änderung des Jugendgerichtsgesetzes 1988	Bundesgesetz über die Verlegung des Bezirksgerichts Linz-Land nach Traun und die Änderung des Jugendgerichtsgesetzes 1988	BGBl. I Nr. 116/2003
/PAKT/VHG/XXII/I/I_00251/index.shtml	0251 d.B.	16.12.2003	20031216	117. Bundesgesetz: Finanzsicherheiten-Gesetz (FinSG) und Änderung des Bundesgesetzes über das internationale Privatrecht	Bundesgesetz, mit dem ein Bundesgesetz über Sicherheiten auf den Finanzmärkten (Finanzsicherheiten-Gesetz – FinSG) erlassen und das Bundesgesetz über das internationale Privatrecht geändert wird	BGBl. I Nr. 117/2003
/PAKT/VHG/XXII/I/I_00234/index.shtml	0234 d.B.	16.12.2003	20031216	115. Bundesgesetz: Änderung des Bundesgesetzes über die allgemein beeideten und gerichtlich zertifizierten Sachverständigen und Dolmetscher (SDG) und des Gerichtsgebührengesetzes – GGG	Bundesgesetz, mit dem das Bundesgesetz über die allgemein beeideten und gerichtlich zertifizierten Sachverständigen und Dolmetscher (SDG) und das Bundesgesetz über die Gerichts- und Justizverwaltungsgebühren (Gerichtsgebührengesetz – GGG) geändert werden	BGBl. I Nr. 115/2003
/PAKT/VHG/XXII/I/I_00176/index.shtml	0176 d.B.	16.12.2003	20031216	118. Bundesgesetz: Fair Value-Bewertungsgesetz – FVBG	Bundesgesetz, mit dem das Handelsgesetzbuch zur Umsetzung der Fair-Value-Richtlinie geändert wird (Fair-Value-Bewertungsgesetz – FVBG)	BGBl. I Nr. 118/2003
/PAKT/VHG/XXII/I/I_00250/index.shtml	0250 d.B.	12.12.2003	20031212	114. Bundesgesetz: Änderung der Jurisdiktionsnorm, der Zivilprozessordnung und der Reisegebührenvorschrift 1955	Bundesgesetz, mit dem die Jurisdiktionsnorm, die Zivilprozessordnung und die Reisegebührenvorschrift 1955 geändert werden	BGBl. I Nr. 114/2003

Justiz- und Gerichtsreform

Parlaments-Link	Beilagen-Nr. (Parlament. Mat)	Datum der Kundmachung	Sortierdatum	Kurztitel	Titel	Bundesgesetzblatt Nr.
/PAKT/VHG/XXII/I/I_00224/index.shtml	0224 d.B.	12.12.2003	20031212	111. Bundesgesetz: Außerstreitgesetz – AußStrG	Bundesgesetz über das gerichtliche Verfahren in Rechtsangelegenheiten außer Streitsachen (Außerstreitgesetz – AußStrG)	BGBl. I Nr. 111/2003
/PAKT/VHG/XXII/I/I_00225/index.shtml	0225 d.B.	12.12.2003	20031212	112. Bundesgesetz: Außerstreit-Begleitgesetz – AußStr-BegleitG	Bundesgesetz, mit dem im Zusammenhang mit der Erlassung des Außerstreitgesetzes die Notariatsordnung, das Gesetz betreffend die Einräumung von Notwegen, die Jurisdiktionsnorm, die Zivilprozessordnung, die Gerichtsorganisationsgesetz, das Tiroler Höfegesetz, das Allgemeine Grundbuchsanlegungsgesetz, das Liegenschaftsteilungsgesetz 1930, das Ehegesetz, das Todeserklärungsgesetz 1950, das Kraftloserklärungsgesetz 1951, das Eisenbahnenteignungsgesetz 1954, das Allgemeine Grundbuchsgesetz 1955, das Scheckgesetz 1955, das Anerbengesetz, das Aktiengesetz 1965, das Bundesgesetz über Notare als Gerichtskommissäre im Verfahren außer Streitsachen, das Personenstandsgesetz, das Gerichtsgebührengesetz, das Bundesgesetz zur Durchführung des Europäischen Übereinkommens vom 20. Mai 1980 über die Anerkennung und Vollstreckung von Entscheidungen über das Sorgerecht für Kinder und die Wiederherstellung des Sorgerechts, das Unterhaltsvorschussgesetz 1985, das Rechtspflegergesetz, das Bundesgesetz zur Durchführung des Übereinkommens vom 25. Oktober 1980 über die zivilrechtlichen Aspekte internationaler Kindesentführung, das Kartellgesetz 1988, das Jugendwohlfahrtsgesetz 1989, das Kärntner Erbhöfegesetz 1990, das Auslandsunterhaltsgesetz, das Firmenbuchgesetz und das Bundesgesetz zur Umsetzung der Richtlinie 93/7/EWG über die Rückgabe von unrechtmäßig aus dem Hoheitsgebiet eines Mitgliedstaates der Europäischen Gemeinschaft verbrachten Kulturgütern geändert werden (Außerstreit-Begleitgesetz – AußStr-BegleitG)	BGBl. I Nr. 112/2003

Parlaments-Link	Beilagen-Nr. (Parlament. Mat)	Datum der Kundmachung	Sortierdatum	Kurztitel	Titel	Bundesgesetzblatt Nr.
/PAKT/VHG/ XXII/I_00249/index. shtml	0249 d.B.	12.12.2003	20031212	113. Bundesgesetz: Wohnrechtliches Außerstreitbegleitgesetz – WohnAußStrBeglG	Bundesgesetz, mit dem im Zusammenhang mit der Neuordnung des Außerstreitverfahrensrechts das Mietrechtsgesetz, das Wohnungseigentumsgesetz 2002, das Wohnungsgemeinnützigkeitsgesetz, das Heizkostenabrechnungsgesetz, das Richtwertgesetz, das Sportstättenschutzgesetz, das Landpachtgesetz, die Exekutionsordnung und das Rechtsanwaltstarifgesetz geändert werden (Wohnrechtliches Außerstreitbegleitgesetz – WohnAußStrBeglG)	BGBl. I Nr. 113/2003
/PAKT/VHG/ XXII/I_00193/index. shtml	0193 d.B.	28.10.2003	20031028	94. Bundesgesetz: Grundbuchsumstellungsgesetz-Novelle 2003	Bundesgesetz, mit dem das Bundesgesetz über die Umstellung des Grundbuchs auf automationsgestützte Datenverarbeitung und die Änderung des Grundbuchsgesetzes und des Gerichtskommissärsgesetzes (Grundbuchsumstellungsgesetz – GUG) geändert wird (GUG-Novelle 2003)	BGBl. I Nr. 94/2003
/PAKT/VHG/ XXII/I_00124/index. shtml	0124 d.B.	28.10.2003	20031028	92. Bundesgesetz: Gesellschafts- und Insolvenzrechtsänderungsgesetz 2003 – GIRÄG 2003	Bundesgesetz, mit dem ein Bundesgesetz über Eigenkapital ersetzende Gesellschafterleistungen (Eigenkapitalersatz-Gesetz – EKEG) geschaffen wird sowie mit dem die Konkursordnung, die Ausgleichsordnung, das Unternehmensreorganisationsgesetz und das Übernahmegesetz geändert werden (Gesellschafts- und Insolvenzrechtsänderungsgesetz 2003 – GIRÄG 2003)	BGBl. I Nr. 92/2003
/PAKT/VHG/ XXII/I_00173/index. shtml	0173 d.B.	28.10.2003	20031028	91. Bundesgesetz: Zivilrechts-Änderungsgesetz 2004 – ZivRÄG 2004	Bundesgesetz, mit dem das Allgemeine Bürgerliche Gesetzbuch und das Konsumentenschutzgesetz geändert werden (Zivilrechts-Änderungsgesetz 2004 – ZivRÄG 2004)	BGBl. I Nr. 91/2003
/PAKT/VHG/ XXII/I_00174/index. shtml	0174 d.B.	28.10.2003	20031028	93. Bundesgesetz: Änderung der Rechtsanwaltsordnung, des Rechtsanwaltstarifgesetzes, des Disziplinarstatuts für Rechtsanwälte und Rechtsanwaltsanwärter, des Bundesgeset-	Bundesgesetz, mit dem die Rechtsanwaltsordnung, das Rechtsanwaltstarifgesetz, das Disziplinarstatut für Rechtsanwälte und Rechtsanwaltsanwärter, das Bundesgesetz über den freien Dienstleistungsverkehr und die Niederlassung von europäischen Rechtsanwälten in Österreich sowie die Notariatsordnung geändert werden	BGBl. I Nr. 93/2003

Justiz- und Gerichtsreform 693

Parlaments-Link	Beilagen-Nr. (Parlament. Mat)	Datum der Kundmachung	Sortierdatum	Kurztitel	Titel	Bundesgesetzblatt Nr.
				zes über den freien Dienstleistungsverkehr und die Niederlassung von europäischen Rechtsanwälten in Österreich sowie der Notariatsordnung		
/PAKT/VHG/ XXII/I/I_00033/index. shtml	0033 d.B.	13.06.2003	20030613	36. Bundesgesetz: Bundesgesetz über das Internationale Insolvenzrecht – IIRG	Bundesgesetz, mit dem die Konkursordnung, die Ausgleichsordnung, das Insolvenzrechtseinführungsgesetz, das Bankwesengesetz und das Versicherungsaufsichtsgesetz geändert werden (Bundesgesetz über das Internationale Insolvenzrecht – IIRG)	BGBl. I Nr. 36/2003
/PAKT/VHG/ XXII/I/I_00039/index. shtml	0039 d.B.	06.06.2003	20030606	31. Bundesgesetz: Vollzugsgebührengesetz – VGebG und Exekutionsordnungs-Novelle 2003 – EO-Nov 2003	Bundesgesetz, mit dem ein Bundesgesetz über die Vollzugsgebühren (Vollzugsgebührengesetz – VGebG) geschaffen und die Exekutionsordnung geändert wird (Exekutionsordnungs-Novelle 2003 – EO-Nov 2003)	BGBl. I Nr. 31/2003
/PAKT/VHG/ XXII/I/I_00040/index. shtml	0040 d.B.	06.06.2003	20030606	32. Bundesgesetz: Urheberrechtsgesetz-Novelle 2003 – UrhG-Nov 2003	Bundesgesetz, mit dem das Urheberrechtsgesetz geändert wird (Urheberrechtsgesetz-Novelle 2003 – UrhG-Nov 2003)	BGBl. I Nr. 32/2003
/PAKT/VHG/ XXII/I/I_00026/index. shtml	0026 d.B.	06.06.2003	20030606	30. Bundesgesetz: Änderung des Jugendgerichtsgesetzes 1988 und des Gerichtsorganisationsgesetzes	Bundesgesetz, mit dem das Jugendgerichtsgesetz 1988 und das Gerichtsorganisationsgesetz geändert werden	BGBl. I Nr. 30/2003

Parlaments-Link	Beilagen-Nr. (Parlament. Mat)	Datum der Kundmachung	Sortierdatum	Kurztitel	Titel	Bundesgesetzblatt Nr.
/PAKT/VHG/ XXII/I/I_00024/index. shtml	0024 d.B.	06.06.2003	20030606	29. Bundesgesetz: Zivilrechts-Mediations-Gesetz (ZivMediatG) sowie Änderungen des Ehegesetzes, der Zivilprozessordnung, des Strafprozessordnung, des Gerichtsgebührengesetzes und des Kindschaftsrechts-Änderungsgesetzes 2001	Bundesgesetz über Mediation in Zivilrechtssachen (Zivilrechts-Mediations-Gesetz – ZivMediatG) sowie über Änderungen des Ehegesetzes, der Zivilprozessordnung, der Strafprozessordnung, des Gerichtsgebührengesetzes und des Kindschaftsrechts-Änderungsgesetzes 2001	BGBl. I Nr. 29/2003
/PAKT/VHG/ XXII/I/I_01334/index. shtml	1334 d.B.					
/PAKT/VHG/ XXII/I/I_01183/index. shtml	1183 d.B.					

Heinz Fassmann

Migrations- und Integrationspolitik

1. Vorbemerkung

Im vorliegenden Beitrag werden die gesetzlichen Maßnahmen im Bereich der Migrations- und Integrationspolitik der Regierungen Schüssel I und II vorgestellt, die unter dem Stichwort Fremdenrechtspaket zusammengefasst lange Zeit und sehr kontroversiell in der medialen und politischen Öffentlichkeit diskutiert wurden. Diese Änderungen stellten aber, im Gegensatz zur öffentlichen Wahrnehmung, weder eine Umkehr noch einen Paradigmenwechsel dar, sondern fügten sich in die längerfristige Entwicklung ein. Die Beschleunigung von Asylverfahren, die verstärkte Trennung von Asyl und Arbeitsmigration, die quantitative Begrenzung der Neuzuwanderung oder die verpflichtende Ableistung integrationsrelevanter Kurse sind Maßnahmen, die sich bis Anfang der 1990er-Jahre zurückverfolgen lassen. Und was auch oft übersehen wird, ist die breite parteipolitische Zustimmung zu den migrations- und integrationspolitischen Maßnahmen der Bundesregierungen Schüssel I und II.

Der folgende Beitrag stützt sich auf die einschlägige Literatur, auf amtliche Daten über Zuwanderung und Einbürgerungen sowie auf eine detaillierte Medienanalyse der Jahre 2003 bis 2007. Die Medienanalyse wiederum stellt eine systematische Auswertung der APA DeFacto Mediendatenbank dar. Alle Presseaussendungen, die einen der frei gewählten Suchbegriffe enthielten – Fremdenrecht, Einbürgerung, Zuwanderung und Asylgesetz –, wurden gesammelt und inhaltsanalytisch ausgewertet.[1] Der Beitrag selber hat im Wesentlichen zwei Unterkapitel. Im ersten Unterkapitel wird die objektive Entwicklung der Zu- und Abwanderung sowie der Einbürgerungen dargestellt und das Ausmaß an öffentlicher Thematisierung skizziert, im zweiten Unterkapitel folgt dann die gesetzliche Reaktionsweise, und zwar im Bereich Asyl, Arbeitsmigration, Familiennachzug, Integrationsvereinbarung und Einbürgerungen. Der Beitrag endet mit einem knappen Ausblick.

---

1 Die Medienanalyse anlässlich der Verabschiedung des Fremdenrechtspakets 2005 wurde von Maria Luzia Enengel selbstständig und fachgerecht durchgeführt. Für die Bereitstellung dieser nach sachlichen Gesichtspunkten differenzierten und insgesamt sehr umfangreichen Datengrundlage dankt der Autor dieses Beitrags Frau Enengel sehr herzlich.

2. Rückblick: Zuwanderung und öffentliche Thematisierung

Die quantitativ wichtigsten Komponenten der Zuwanderung nach Österreich stellten seit Anfang der 1960er-Jahre die Anwerbung ausländischer Arbeitskräfte und die nachfolgende Einwanderung ihrer Familienangehörigen dar. Diese Wanderungen folgten einerseits der Logik von höheren Löhnen, der Nachfrage nach Arbeitskräften und besseren Arbeitsbedingungen, andererseits war diese Migration bis in die 1970er-Jahre das Ergebnis einer staatlich geregelten Anwerbungs- und Kontingentierungspolitik. Die zwischenstaatlich organisierte Ausländerbeschäftigung begann bekanntlich in Österreich ein wenig später als in Westdeutschland, in der Schweiz oder in Skandinavien. Spätestens ab Mitte der 1960er-Jahre waren jedoch die jährlichen Zuwächse der ausländischen Arbeitskräfte in Österreich durchaus beachtlich. Jährlich nahm die Zahl der ausländischen Arbeitskräfte um 20.000 bis 40.000 Personen zu. Innerhalb eines Jahrzehnts hatte sich die Zahl der ausländischen Arbeitskräfte verzehnfacht, von 21.000 im Jahr 1963 auf 227.000 im Jahr 1973.

Das Interessante an dieser Phase war die Beobachtung, wonach die Verzehnfachung des Bestandes an ausländischen Arbeitskräften weder von der Politik noch der Bevölkerung ernsthaft und negativ zur Kenntnis genommen wurde. Obwohl der Anstieg eine historische Einmaligkeit darstellte, wurde er ignoriert oder bestenfalls bemerkt. Dabei spielte das Faktum, dass diese Zuwanderung eine politisch erwünschte war, sicherlich eine Rolle. Sie war von den beiden Großparteien abgefedert, und die Opposition hatte damals dieses Thema noch nicht entdeckt. Die Zuwanderung konnte aber auch aus strukturellen Gründen ausgeblendet werden. Bei den Gastarbeitern handelte es sich vornehmlich um alleinwandernde Männer, die weitgehend »unsichtbar« blieben. Sie wohnten am Stadtrand oder bei der Baustelle in Baracken und fielen nicht weiter auf. Sie waren kein Bestandteil des öffentlichen Lebens, und sie beanspruchten auch nicht den öffentlichen Raum. Lediglich in den Bahnhöfen trafen sie sich ab und zu und wurden dort wahrnehmbar. Diese Phase ist ein gutes Beispiel für eine Zuwanderung, die kein politisch verwertbares Feindbild auslöste, wohl auch deshalb, weil die Gesellschaft sie nicht einmal zur Kenntnis genommen hatte.

Mit dem Jahr 1973 änderte sich die Situation schlagartig. Phasen ökonomischer Stagnation nach 1973 und das Nachrücken geburtenstarker Jahrgänge auf den Arbeitsmarkt führten in Österreich ab Mitte der 70er-Jahre zu einem deutlichen Abbau der »Gastarbeiter«-Kontingente. Parallel zur Entwicklung in der für ihre Ausländerpolitik oftmals kritisierten Schweiz wurde ab 1973/74 auch in Österreich die Zahl der beschäftigten Ausländer drastisch verringert. 1974 wurden 227.000 ausländische Arbeitskräfte gezählt, 1984 gab es in Österreich nur noch 139.000 registrierte ausländische Arbeitskräfte. Dies bedeutete einen Rückgang von fast 40 % innerhalb von 10 Jahren.

Das Interessante war dabei die Umkehrung der Wahrnehmung: Obwohl sich nach 1973 der Ausländeranteil verringerte und Österreich in diesen Jahren zum Nettoexporteur von Arbeitsmigration wurde, rückte die »Ausländerfrage« in den Mittelpunkt des öffentlichen Interesses. Medien berichteten nun sehr kritisch und legten die optimistische Sichtweise der 1960er-Jahre ab. Die »Kronen Zeitung« behauptete beispielsweise im Sommer 1973, dass illegale Gastarbeiter Österreich überschwemmen, dass ihre Zahl von Tag zu Tag wachse und dass dies alarmierend ist.[2] 1973 tauchten auch die ersten Plakate auf, die sich direkt und explizit gegen eine neue Fremdenfeindlichkeit wandten. Das bekannte Plakat »Du haaßt Kolaric, i haaß Kolaric, warum sogns' zu dir Tschusch?« appellierte an die Österreicher und Österreicherinnen, die selbst migratorischen Hintergrund haben, solidarisch mit den Neuzuwanderern zu sein und diese nicht zu diskriminieren.

Das Entstehen der neuen Feindbilder hatte strukturelle Ursachen. Bei steigender Arbeitslosigkeit, der Schließung der Arbeitsmärkte und einer neuen Verteilungsdiskussion um gesellschaftlichen Wohlstand tendieren öffentliche und private Diskurse sehr rasch dazu, »Schuldige« zu suchen und zu finden. Dabei eignen sich gesellschaftliche Gruppen, die zahlenmäßig nicht bedeutend sind und die auch nicht über die Instrumente verfügen, um einen Diskurs politisch und medial zu beeinflussen, die Rolle des »Schuldigen« zu übernehmen. Diese historische Phase (1974–1984) kann als Beispiel für das Entstehen von Feindbildern trotz einer sich verringernden Zuwanderung dienen.

Österreich hat in diesem Jahrzehnt die Ausländerbeschäftigung massiv abgebaut und keine neuen Arbeitskräfte mehr angeworben. Das »Schließen« der Grenze für neu- oder wiedereinreisende Ausländer zeigte dabei einen nicht intendierten Nebeneffekt. Für die im Land verbliebenen Zuwanderer wurde klar, dass die Zeit eines konjunkturelastischen Zu- und Abwanderns vorbei war. Wer in Österreich bleiben wollte, der musste sich dafür entscheiden und die Option eines oftmaligen zirkulären Wanderungsmusters aufgeben. Familiennachzug war die Folge und Reaktion der ausländischen Arbeitskräfte, die in Österreich bleiben wollten. Quantitativ lässt sich dieser Prozess nachvollziehen: Während die Ausländerbeschäftigung zwischen 1974 und 1984 um 40 % zurückging, blieb die Zahl der ausländischen Wohnbevölkerung fast unverändert. 1974 wurden 311.000 ausländische Staatsbürger der Wohnbevölkerung zugerechnet, 1984 waren es 296.000, also lediglich 15.000 weniger.

Mit der demografischen Strukturänderung der ausländischen Wohnbevölkerung – von allein lebenden Männern zu Familien – veränderte sich auch die Sichtbarkeit im öffentlichen Raum. Die Zuwanderer verließen die Baracken am Stadtrand und zogen in die innerstädtischen Wohnbezirke mit preisgünstigen Wohnungen. In den gründerzeitlichen Wohnvierteln von Wien, Graz oder Linz entstanden Wohnquar-

---

2 Kronen Zeitung 12. 8. 1973.

tiere mit deutlichen Konzentrationen von türkischen oder jugoslawischen Gastarbeiterhaushalten. Viele Wiener und Wienerinnen erlebten den Wandel ihres früher kulturell homogenen Wohnviertels zu einem multikulturellen und multiethnischen Stadtteil, und viele verstanden diese Entwicklung nicht. Sie fanden keine Antworten auf die Fragen, wieso es dazu kommt und warum diese Veränderungen nicht unbedingt eine Bedrohung darstellen müssen, und sie suchten Hilfe in den einfachen Erklärungen.

Damit ist der dritte historische Abschnitt angesprochen, die Zeit zwischen 1984 und 1994 oder auch zwischen 1984 und der Gegenwart. Ab Mitte der 1980er-Jahre stieg die Zahl der ausländischen Arbeitskräfte erneut an. Im Jahresdurchschnitt 1994 arbeiteten wieder 290.000 Ausländer legal in Österreich, mehr als doppelt so viele wie 1984. Die ausländische Wohnbevölkerung erhöhte sich im gleichen Zeitraum noch stärker von 301.000 im Jahr 1985 auf 670.000 im Jahr 1994. Kriege, Konflikte und ethnische Säuberungen in Bosnien-Herzegowina, Kroatien und Serbien überlagerten sich mit einer guten Konjunkturentwicklung am Beginn der 1990er-Jahre und einer neuen Ost-West-Wanderung nach dem Fall des Eisernen Vorhangs. Anfang der 1990er-Jahre war es nicht klar, ob die Transformationsprozesse im östlichen Europa nicht durch eine militärische Intervention abrupt gestoppt würden. Viele nutzten das geöffnete Fenster und suchten in Österreich oder Deutschland um politisches Asyl an. Dazu kamen Kriegsflüchtlinge und Arbeitsmigranten, die in Österreich Schutz und Hilfe suchten und die auf dem Arbeitsmarkt aufgrund einer guten Konjunkturentwicklung auch aufgenommen wurden. In den Jahren 1989–1992 erhöhte sich die Einwohnerzahl Österreichs allein aufgrund eines positiven Wanderungssaldos um über 250.000 Menschen.

In diesem Abschnitt wurde Zuwanderung zu einem politischen Thema ersten Ranges stilisiert. Die FPÖ erhöhte ihren Stimmenanteil von 5 % auf bis zu 30 %, und ein Teil ihrer politischen Rhetorik ist bis heute die Thematisierung der Zuwanderung und der Ausländer. Das Volksbegehren »Österreich zuerst« wurde von der FPÖ eingebracht, das Lichtermeer war eine Antwort der Zivilgesellschaft darauf. Forderungen nach einem restriktiven Migrationsregime wurden anfänglich fast ausschließlich von der FPÖ vertreten, während die beiden Großparteien konzeptionell noch bei der sozialpartnerschaftlich abgesicherten Zuwanderungspolitik von Arbeitskräften, die kommen und auch wieder gehen, verharrten. Erst als es immer deutlicher wurde, dass ein Negieren der Migrationsthematik und der damit verbundenen Konflikte vor Ort und in der unmittelbaren Lebenswelt der potenziellen Wähler und Wählerinnen eine Strategie ist, die nur dem Rechtspopulismus dient, schwenkten die Großparteien um.

Österreich reagierte auf gewachsenen Zustrom neuer Migranten mit verschärften Einreise- und Zuzugsbestimmungen, einem restriktiver gefassten Asylrecht, aber auch mit einer Neuregelung der rechtlichen Position jener Ausländer und Auslän-

Abbildung 1: Internationaler Wanderungssaldo; Österreich 1961–2009

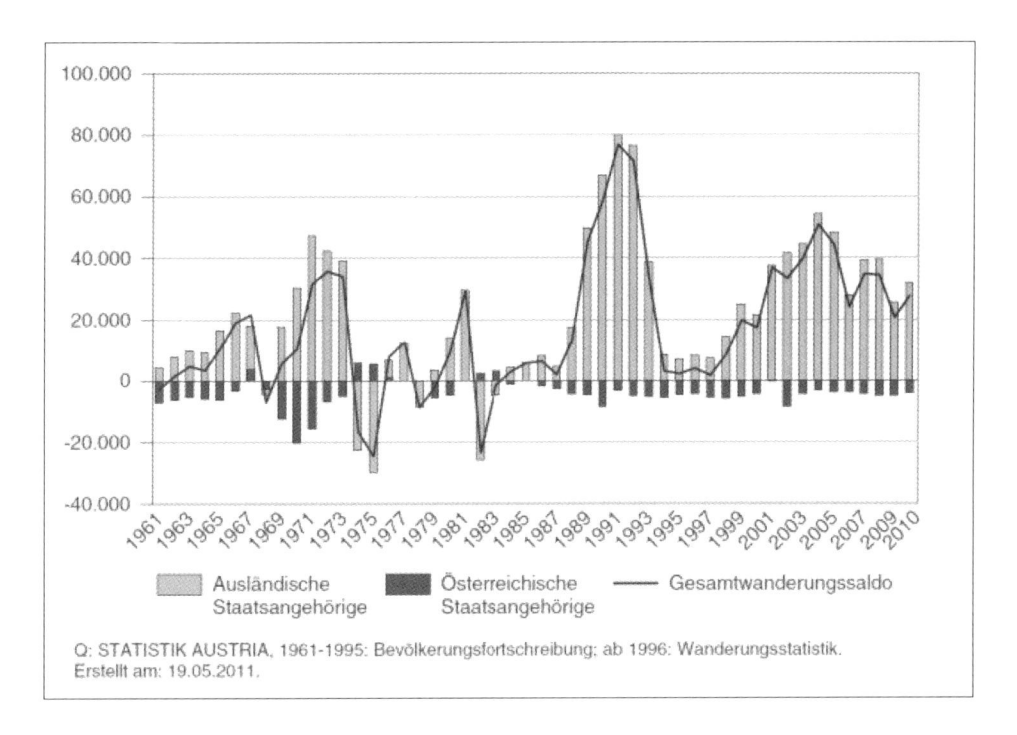

Q: STATISTIK AUSTRIA, 1961-1995: Bevölkerungsfortschreibung; ab 1996: Wanderungsstatistik.
Erstellt am: 19.05.2011.

derinnen, die bereits länger legal im Land lebten. Die Verschärfungen im Bereich Asyl und Zuwanderung wurden unter dem »roten« Innenminister Franz Löschnak im Rahmen einer Großen Koalition (SPÖ/ÖVP) verabschiedet, zugleich wurde aber auch ein Grundstein für eine neu konzipierte Einwanderungspolitik gelegt.

Das Fremdengesetz, das am 1. 1. 1993 in Kraft trat, löste die davor geltenden wichtigsten Rechtsquellen für den Aufenthalt von Ausländern in Österreich ab: das Passgesetz von 1966 und das Fremdenpolizeigesetz, das zuletzt erst im Jahr 1990 novelliert worden war. Mit dem Fremdengesetz wurde eine eindeutige Trennung zwischen Einwanderern, die sich länger in Österreich aufhalten wollen, und Touristen vorgenommen. Für Touristen und für Zuwanderer gab es nun unterschiedliche Sichtvermerke (Visa), die schon vor der Einreise nach Österreich beantragt werden müssen. Ein Schwerpunkt des Gesetzes waren Bestimmungen, die auf eine effiziente Vorbeugung und Bekämpfung des illegalen Aufenthalts abzielen.

1992 trat auch ein neues Asylgesetz in Kraft. Es wurde in Österreich eine eigene Asylbehörde (Bundesasylamt) geschaffen, die in erster Instanz über Asylanträge entscheidet. Des Weiteren wurde die Bestimmung erlassen, wonach Asyl nicht zu gewähren ist, wenn der Asylwerber bereits in einem anderen Staat vor Verfolgung sicher war (§ 2 Abs. 2 Z 3 Asylgesetz). Daraus kann geschlossen werden, dass nur noch jene Asylwerber als Flüchtlinge anerkannt werden, die direkt aus dem Verfolgerstaat (also entweder aus einem Nachbarstaat oder per Flugzeug oder mit dem Nachweis, dass ein Ansuchen in dem ersten sicheren Drittstaat nicht möglich war) nach Österreich kommen.

1993 trat schließlich ein neues Aufenthaltsgesetz in Kraft. Ziel dieses Gesetzes war es – wie es in der Gesetzesbegründung heißt –, die zunehmende, (welt)wirtschaftlich bedingte Ost-West-, aber auch Süd-Nord-Wanderung zu steuern, quantitative und qualitative Kriterien für den Aufenthalt von Fremden festzulegen und die Umgehung von Einwanderungsvorschriften zu verhindern. Das Aufenthaltsgesetz sah daher Obergrenzen der Bruttozuwanderung vor, die mit Rücksicht auf die demografische und ökonomische Entwicklung Österreichs sowie auf den Zustrom an Flüchtlingen festgelegt wurden. Es verlangte, dass Zuwanderungsbereite bereits im Ausland um eine Aufenthaltsbewilligung ansuchten und dabei den Nachweis von Lebensunterhalt und Wohnmöglichkeit beilegten.

Mit der Festlegung der Obergrenze der jährlichen Neuzuwanderung wurde auch eine strukturelle Einteilung der erwünschten Einwanderung vorgenommen. Priorität erfuhren einerseits ausländische Ehepartner und minderjährige Kinder von bereits in Österreich lebenden In- und Ausländern sowie Personen, die über bestimmte Qualifikationen verfügten, die auf dem österreichischen Arbeitsmarkt verstärkt nachgefragt wurden. Für ausländische Manager und andere »Spitzenkräfte« reservierte sich das Bundesministerium für Arbeit und Soziales eine »eiserne Reserve«. Separate Quoten gab es auch für ausländische Studenten und Studentinnen sowie für Ausländer und Ausländerinnen, die nach der Heirat mit einem Inländer bzw. einer Inländerin nach Österreich ziehen wollten. Bei kurzfristig auftretenden Engpässen auf dem österreichischen Arbeitsmarkt konnte das Bundesministerium für Arbeit und Soziales auch außerhalb der Einwanderungsquote Bewilligungen für die vorübergehende Beschäftigung von »Saisonniers« erteilen.

Neben einer Reihe restriktiver Bestimmungen, die Zuwanderungswilligen erst nach fünf Jahren die Perspektive eines stabilen Aufenthalts in Österreich eröffnen, sah das Aufenthaltsgesetz auch erstmals Integrationsmaßnahmen vor: Deutschkurse, Weiterbildungskurse, die Einführung in österreichische Kultur und Geschichte sowie gemeinsame Veranstaltungen für In- und Ausländer zwecks Abbau von Vorurteilen sind darin vorgesehen.

Tatsächlich sank der internationale Wanderungssaldo nach 1993 erheblich und rapide ab. Betrug der kumulierte Wanderungssaldo von 1989 bis 1992 noch durchschnittlich rund + 63.000 Personen pro Jahr, so lag der entsprechende Wert für die Jahre nach 1993 (1994–1997) bei nur mehr + 2.600 jährlich. Unzweifelhaft haben die gesetzlichen Änderungen, die mit 1. 1. 1993 in Kraft getreten sind, den beabsichtigen Zweck erfüllt. Nach 1997 stieg der internationale Wanderungssaldo aber wieder schrittweise an. 2002 lag er bei rund + 17.000, 2003 bei + 33.000 und 2004 bei über + 50.000. Politisch war damit die Notwendigkeit gegeben, im Bereich Migration und Integration etwas zu tun. Eine Massenzuwanderung wie Anfang der 1990er-Jahre wollte keine der beiden Großparteien, und sie wollten auch kein politisches Terrain mehr an die FPÖ verlieren, die vor dieser Situation gewarnt hatte und die aus der Frage politisches Kapital schlug. Migrations- und Integrationspolitik wurde damit zu einer Causa prima der Innenpolitik.

3. Migrations- und Integrationspolitik unter Schüssel I und II

Nach der Nationalratswahl vom 3. Oktober 1999 wurde die Koalitionsregierung Schüssel I gebildet und amtierte von 4. Februar 2000 bis 28. Februar 2003. Sie war erstmals eine Regierungskoalition zwischen ÖVP und FPÖ und löste die Große Koalition der Bundesregierung Klima (1997–1999) ab. Schüssel II amtierte zwischen dem 28. Februar 2003 und dem 11. Jänner 2007, der Koalitionspartner war diesmal das BZÖ. Bundesminister für Inneres in den Regierungen Schüssel I und Schüssel II war Ernst Strasser. Ihm folgte im Dezember 2004 Liese Prokop, die am 31. Dezember 2006 auf dem Weg ins Krankenhaus an einem Riss der Aorta verstarb.

Es ist bemerkenswert, dass trotz der wechselnden Koalitionsformen das Abstimmungsverhalten zu Fremdengesetzen im Nationalrat im Wesentlichen unverändert blieb. In den 1990ern, aber auch bei der Abstimmung über das Fremdenrechtspaket von 2005 waren es ÖVP, SPÖ und FPÖ bzw. BZÖ, die gemeinsam eine Neugestaltung der politischen Maßnahmen im Bereich Migration, Asyl und Integration beschlossen. Lediglich die Grünen blieben bei ihrer parlamentarischen Ablehnung der Gesetze, mussten aber sich selbst eingestehen, immer hinter der politischen Entwicklung herzugehen. Meyer und Peintinger betonen zu Recht die besondere Positionierung der SPÖ. »Ihr unfreiwilliger Schritt in die Opposition im Jahr 2000 führte nicht zu einer oppositionellen Haltung gegenüber der Zuwanderungspolitik der Regierung und anders als in den 1990ern, als Kritik an gesetzlichen Restriktionen noch durch vereinzelte Gegenstimmen im Parlament untermauert wurde.«[3]

---

3 Sarah Meyer, Teresa Peintinger: Pro-immigrantische Akteure im Nachteil? Politische Gegenmobilisierung zivilgesellschaftlicher Akteure/Organisationen im Kontext österreichischer Migrationspolitik. – In: Julia Dahlvik, Heinz Fassmann, Wiebke Sievers (Hg.): Migration und Integration – wissenschaftliche Perspektiven aus Österreich. Jahrbuch 1/2001. – Wien 2011. S. 143–161. S. 147.

3.1 Flucht und Asyl

Migrationspolitik ist großteils Asylpolitik – zumindest in der öffentlichen Wahrnehmung. Die öffentliche Debatte konzentrierte sich in den 1990er-Jahren vornehmlich auf das Thema Flucht und Asyl, ebenso in der Regierungszeit von Schüssel I und II. Die abstrakte Materie einer Migrationssteuerung und die Komplexität einer Integrationspolitik eignen sich offensichtlich sehr viel weniger zum medialen Transport als die anhand von Einzelschicksalen personifizierte Asyldebatte. Betonten die einen den Missbrauch des Asyls und eine zunehmende Kriminalisierung der Asylwerber,[4] so fürchteten die anderen die Aushöhlung eines menschenrechtlich abgesicherten Schutzinstruments.

Schüssel I war mit einem seit Ende der 1990er-Jahre wieder ansteigenden Zugang von Asylwerbern konfrontiert. Lag die Zahl der Asylwerber 1997 noch bei 6.720 Personen, so stieg dieser Wert 1999 bereits auf 20.129 und 2002 auf 39.354. Innenminister Strasser legte eine Novellierung des Asylgesetzes vor, welches die bereits bekannten Maßnahmen weiter akzentuierte: rasche Erstabklärung innerhalb von 72 Stunden, die Gebietsausweitung an der Grenze zur sofortigen Rückführung, die Erstellung einer Liste mit sicheren Drittstaaten sowie der Entfall der aufschiebenden Wirkung von Berufungen. Es sind im Wesentlichen diese Punkte, die aus Sorge um eine ernsthafte und qualitätsvolle Überprüfung von Fluchtgründen von NGOs, den Oppositionsparteien und teilweise auch koalitionsinternen Reihen kritisiert wurden. Der Beschluss der AsylG-Novelle 2003 konnte daher aufgrund heftiger Parteienproteste erst im Herbst 2003 erfolgen, die oberösterreichische Landesregierung reichte nach Gesetzesbeschluss im Nationalrat am 23. Oktober 2003 eine VfGH-Klage ein.

Im Oktober 2004 hob der VfGH die AslyG-Novelle 2003 in drei Punkten auf. Erstens waren die Ausnahmen in Bezug auf ein Neuerungsverbot (Ausnahme besteht für traumatisierte Asylwerber) zu eng gefasst. Zweitens wurde die Regelung aufgehoben, wonach eine Folgeantragsstellung für die Verhängung von Schubhaft ausreicht. Und drittens wurde die Regelung aufgehoben, wonach einer Berufung keine aufschiebende Wirkung mehr zukommen soll. Innenminister Strasser wollte daraufhin eine rasche Gesetzesänderung umsetzen und weitere Veränderungen im AsylG vornehmen (Herausnahme des VwGH aus dem Instanzenzug, die Ausweitung der Möglichkeiten zur Verhängung von Schubhaft sowie die Durchführung von Asylverfahren auch in Abwesenheit der Betroffenen). Dazu kam es aber nicht mehr, denn die Ära Strasser endet im Dezember 2004 überraschend mit seinem Rücktritt.

Noch im Dezember 2004 folgte Innenministerin Prokop, die aufgrund ihrer Vergangenheit als Sozialpolitikerin überwiegend Vorschusslorbeeren erntete. Prokop punktete zu Beginn ihrer Amtszeit bei den NGOs vor allem durch die häufig betonte Kooperationsbereitschaft und den Willen zu einer breit angelegten Diskussion

---

4 Kronen Zeitung 10. 1. 2005. S. 4. »In Österreich immer mehr Flüchtlinge kriminell«.

des neuen Asylgesetzes. Gleichzeitig entschloss sich Prokop dazu, ein neues Gesetz schreiben zu lassen, welches gemeinsam mit dem Niederlassungs- und Aufenthaltsgesetz und dem Fremdenpolizeigesetz in einem Fremdenrechtspaket verhandelt werden sollte. Die grundsätzliche Richtung der Reform im Bereich Asyl blieb dabei die gleiche: raschere Verfahren, Verhinderung des Asylmissbrauchs und trotzdem Sicherung rechtlich adäquater und qualitätsvoller Verfahren.

Das AsylG wurde im Nationalrat am 7. Juli 2005 durch ÖVP/BZÖ/SPÖ/(FPÖ) beschlossen. Der Beschlussfassung war eine heftige politische und auch medial transportierte Debatte vorangegangen. Während der FPÖ die Verschärfungen im AsylG-Entwurf nicht weit genug gingen, waren diese für die Grünen grundsätzlich nicht akzeptabel. Sie orteten – wie bei der AsylG-Novelle 2003 – Verstöße gegen die Verfassung, die Genfer Flüchtlingskonvention sowie die Menschenrechtskonvention. Die SPÖ wiederum folgte – wie es »Die Presse« in ihrer Ausgabe vom 25. 6. 2005 bezeichnete – einem Zick-Zack-Kurs. Vor 2005 sprach sich die SPÖ klar gegen die Asylregelungen à la Ernst Strasser aus, eine Parteilinie, die sich ab 2005 aber änderte. Auch die SPÖ meinte nun, Asylmissbrauch durch strenge Regulierungen im Asylwesen reduzieren zu können. Wogegen die SPÖ im Vorfeld der Beschlussfassung des AsylG opponierte, waren die Abschiebemöglichkeiten von traumatisierten Asylwerbern sowie die Möglichkeiten zur Zwangsernährung von Schubhäftlingen. Als schließlich eine terminologische Veränderung in Richtung »Heilbehandlung« stattfand, konnte schließlich die SPÖ dem AsylG auch zustimmen.

Das AsylG 2005 enthielt mehrheitlich verfahrens-, daten- und organisationsrechtliche Bestimmungen und kann daher als »Verfahrensgesetz« bezeichnet werden.[5] Es wurden Grundstrukturen weitergeführt, aber nicht grundsätzlich neu »erfunden«, wenn man von einzelnen Bestimmungen (wie beispielsweise der expliziten Mitwirkungsverpflichtung) absieht. Kennzeichnend ist vielmehr eine klarere Definition einzelner Bestimmungen, wodurch aber auch administrative Handlungsspielräume eingeschränkt wurden. Das Gesetz brachte aber auch eine Erweiterung. Erstmals wurde der Begriff »Opfer von Gewalt« unter Heranziehung fachlicher Experten und Expertinnen definiert und als Fluchtursache zugelassen. Und außerhalb des Gesetzes, aber im Rahmen der Verhandlungen darüber konnte eine §15a-Vereinbarung zwischen Bund und Länder abgeschlossen werden, in der die Kosten der Bundesbetreuung der Asylwerber und deren regionale Aufteilung geregelt wurden. Damit konnte die oft leidige und ungeregelte Organisationsfrage bei der Betreuung der Asylwerber geklärt werden.[6]

---

5 Matthias Vogl: Die jüngste Entwicklung im Bereich des Asyl- und Fremdenrechts. – In: Heinz Fassmann (Hg.): Österreichischer Migrations- und Integrationsbericht 2001–2006: Rechtliche Rahmenbedingungen, demographische Entwicklungen, sozioökonomische Strukturen. – Klagenfurt 2007. S 19–46.
6 Vgl. Bernhard Perching: Von der Fremdarbeit zur Integration? Migrations- und Integrationspolitik in der

Nach dem Beschluss des AsylG 2005 flachte das politische und mediale Interesse am Thema Asyl ab, auch aufgrund des Sinkens der Asylwerberzahlen, obwohl in den europäischen Nachbarregionen (Kaukasus, Naher Osten, Golfregion), aber auch am Balkan latente und manifeste Konflikte zu beobachten waren. Die mediale Aufmerksamkeit erlangten ab 2007 erst wieder »Härtefälle« und damit Berichte über abzuschiebende und gut integrierte Familien. Damit verbunden gewannen die Forderungen nach einem humanitären Bleiberecht, insbesondere für gut integrierte Asylwerber, zunehmend an Bedeutung. Die SPÖ, die Grünen, die NGOs und der Bundespräsident sprachen sich dafür aus. Die Debatte um ein humanitäres Bleiberecht kumulierte am Fall Arigona Zogaj, der außerhalb des hier betrachteten Zeitfensters liegt und daher nicht näher erläutert werden muss.

3.2 Arbeitsmigration

»Während das Asyl- und Fremdenpolizeigesetz … heftig kritisiert wird, wurde das Niederlassungs- und Aufenthaltsgesetz ohne viel Aufsehen beschlossen.«[7] Das Niederlassungs- und Aufenthaltsrecht spielte in der Medienberichterstattung im Rahmen der Debatte um ein neues Fremdenrechtspaket eine deutlich untergeordnete Rolle. Dieses Thema schien auch weniger geeignet zu sein, um am Einzelfall eine emotionalisierte Debatte über die Arbeitsmigration in Österreich transportieren zu können. Dazu kam, dass sich die Grundzüge der österreichischen Arbeitsmigrationspolitik historisch weit zurückverfolgen lassen und damit auch weitgehend akzeptiert zu sein scheinen.

Die Zulassung ausländischer Arbeitskräfte, so die Grundstruktur des Ausländerbeschäftigungsgesetzes, hat sich an den Interessen des österreichischen Arbeitsmarktes zu orientieren. Das Ausländerbeschäftigungsgesetz war in seiner Grundkonzeption aber kein »Einwanderungsgesetz«, denn es regelte nicht die Zuwanderung und Niederlassung, sondern immer nur die Zulässigkeit einer Beschäftigung. Die Zuwanderung und Niederlassung sind Gegenstand des Niederlassungs- und Aufenthaltsgesetzes. Für die Zulässigkeit einer Beschäftigung ist die Verfügbarkeit von Arbeitskräften auf dem entsprechenden Teilarbeitsmarkt im Inland entscheidend. Wer die Lücken beim Arbeitskräfteangebot ausfüllen kann, der hat eine gute Chance auf eine zeitlich mehr oder minder befristete Zuwanderung. Die Überprüfung der »Verwertbarkeit« für den österreichischen Arbeitsmarkt hat dabei vor Einreise zu erfolgen, und zwar auf unterschiedliche Art und Weise. Eine Möglichkeit bestand darin, dass die Sozial-

---

Zweiten Republik. – In: Vida Bakondy u. a. (Hg.): Viel Glück! Migration heute. – Wien/Belgrad 2010. S. 142–160.
7 Die Presse 11. 5. 2005. S. 3.

partner im Aggregat bestimmte Angebotslücken auf dem Arbeitsmarkt identifizierten und entsprechende Kontingente an möglicher Zuwanderung im Kollektiv und ohne Einzelfallprüfung definierten. Oder es wurde auf der individuellen Ebene und vor der Zuwanderung überprüft, ob eine Arbeitskraft tatsächlich benötigt wird und nicht durch inländische Arbeitskräfte ersetzt werden kann. Wesentlich war und ist, dass die Erwerbstätigkeit eine arbeitsmarktpolitische Notwendigkeit darstellt und zu einer nicht alimentierten Existenz in Österreich führt.

Anfang der 1990er-Jahre wurde mit dem Niederlassungsgesetz, später mit dem Fremdengesetz und dann mit dem Niederlassungs- und Aufenthaltsgesetz, eine engere Koppelung von Zuwanderung und Aufnahme einer Beschäftigung erreicht. Mit der Quotierung der freien Zuwanderungsplätze eines Jahres wurde ein Instrument geschaffen, welches unabhängig von einer Individualüberprüfung oder einer kollektiven Zulassung ausländischer Arbeitskräfte eine übergeordnete Richtgröße einer jährlichen Zuwanderung vorgab. »Eine Aufenthaltsberechtigung kann nur ausgestellt werden, wenn der entsprechende Quotenplatz verfügbar ist. Die schwerpunktmäßig qualitative Steuerung durch die arbeitsmarktpolitischen Kriterien des AuslBG wird damit durch den quantitativen Steuerungsmechanismus der fremdenrechtlichen Zuwanderungsquoten ergänzt.«[8]

Während der Regierungszeiten Schüssel I und II blieb die Quote quantitativ im Wesentlichen unverändert. Sie wurde im Jahr 2000 im Rahmen der Niederlassungsverordnung mit 7.500 festgelegt und betrug 2006, also am Ende von Schüssel II, 7.350. Der größte Teil der Quoten entfiel dabei, abgesehen von der Rahmenquote für Saisonbeschäftigte, auf den Familiennachzug von Migranten und Migrantinnen sowie auf Schlüsselkräfte. Die Zuwanderungsquote für »normale« Erwerbstätige war praktisch nicht existent. Insgesamt erwies sich das Quotensystem aber als zu schwerfällig und auch als politisch konfliktbeladen. Jede Änderung der Quote, gleichgültig ob Kürzung oder Erhöhung, wurde politisch entweder von rechts oder von links heftig kritisiert, insbesondere auch die Familiennachzugsquote erwies sich als integrationspolitisch nachteilig. Wer seine Familie nachholen wollte, wenn die Familiennachzugsquote gleichzeitig erschöpft war, der musste warten oder auch den Weg der Einbürgerung wählen, um damit als EU-Bürger seine Familien quotenfrei nachholen zu können. Dazu kam die Notwendigkeit des langen Freihaltens von Quotenplätzen. »Wenn einem Antrag ein Quotenplatz gegenübersteht, dieser jedoch aus inhaltlichen Gründen abgewiesen wird (z. B. kein gesicherter Unterhalt), so muss der Quotenplatz dennoch so lange für den Antrag freigehalten werden, bis

---

8 Ingrid Novotny: Das Ausländerbeschäftigungsgesetz: Die Regelung des Zugangs von Ausländern zum österreichischen Arbeitsmarkt. – In: Fassmann (Hg.): 2. Österreichischer Migrations- und Integrationsbericht 2001–2006. Rechtliche Rahmenbedingungen, demographische Entwicklungen, sozioökonomische Strukturen. – Klagenfurt 2007. S. 47–73. S. 64.

über ihn rechtskräftig entschieden ist. ... Solange Ungewissheit über den noch nicht rechtskräftig zugeteilten Quotenplatz besteht, müssen auch die noch anhängigen, nicht zum Zug gekommenen Anträge mitgeschleppt werden (§ 12 Abs. 5 NAG). Die endgültige Quotenvergabe für ein Kalenderjahr verzögert sich so erheblich.«[9] Trotz dieser Kritik ist das Quotensystem zum Zeitpunkt der Abfassung dieses Beitrags noch immer für etliche Aufenthaltsmittel gültig. Mit der Einführung der Rot-Weiß-Rot-Karte (2011) wurden aber etliche Ausnahmen eingeführt.

Im Bereich des AuslBG fanden aber auch Änderungen statt, die aus integrationspolitischer Perspektive allgemein begrüßt wurden. Der Gesetzgeber folgte der Tendenz der stärkeren Verbindung von Aufenthalts- und Arbeitsberechtigungen. Ein dauerhafter Arbeitsmarktzugang ohne dauerhafte Niederlassung soll nicht mehr möglich sein, umgekehrt sowieso nicht. Es wurde daher neu geregelt, dass Familienangehörige von Drittstaatsangehörigen, die einer bereits niedergelassenen Bezugsperson nachgezogen sind, nach einer Niederlassung von zwölf Monaten eine Arbeitsberechtigung im gleichen Umfang wie der Zusammenführende erhalten. Eine gesonderte Arbeitsmarktprüfung wird ab diesem Zeitpunkt nicht mehr durchgeführt. Diese Regelung stellte einen wichtigen Schritt zur leichteren Integration des Familiennachzugs in den Arbeitsmarkt dar, wenn auch die noch bestehende Wartefrist von zwölf Monaten von SPÖ und den Grünen als entbehrlich kritisiert wurde.

In die Regierungszeit Schüssel I und II fiel auch die EU-Erweiterung von 2004 und damit der Beschluss über die Übergangsbestimmungen hinsichtlich der Niederlassungsfreiheit der neuen EU-Bürger. Österreich hat von der in den Beitrittsverträgen mit den EU-10 und mit Rumänien und Bulgarien vorgesehenen Möglichkeit, die Arbeitnehmerfreizügigkeit gegenüber Angehörigen der neuen EU-Mitgliedsstaaten für die Dauer von maximal sieben Jahren aufzuheben, Gebrauch gemacht. Arbeitskräfte aus den neuen EU-Mitgliedsstaaten unterlagen während der Übergangsfristen hinsichtlich der Zulassung zum Arbeitsmarkt weiterhin dem AuslBG. Politisch war diese Frage höchst umstritten. Die FPÖ warnte mit großer Regelmäßigkeit vor der massenhaften Zuwanderung von billigen Arbeitskräften. Ähnlich argumentierte auch die Arbeiterkammer, die sich für die Einführung von Arbeitsmarktbeschränkungen für Bürger aus den neuen EU-Mitgliedsstaaten aussprach. Demgegenüber plädierten die Grünen und auch die Industriellenvereinigung für ein rasches Ende der Übergangsfristen und für die Gewährung der Niederlassungsfreiheit, wenn auch aus unterschiedlichen Motiven. Ging es den Grünen um eine zu vermeidende Ungleichbehandlung der Bürger der neuen Mitgliedsstaaten, so erhoffte sich die Industriellenvereinigung durch einen liberalisierten Arbeitsmarkt ein erhöhtes Arbeitskräfteangebot und vielleicht auch Lohnanpassungen im Falle von

---

9 Sebastian Schumann: Die Neuorganisation der Zuwanderung durch das Fremdenrechtspaket 2005. – In: Fassmann (Hg.): 2. Österreichischer Migrations- und Integrationsbericht 2001–2006. S. 74–82. S. 76.

Knappheitsrelationen. Welche Migrationen tatsächlich stattgefunden hätten, wenn es keine Übergangsbestimmungen gegeben hätte, ist nach Auslaufen derselben eine müßige Frage. Tatsache ist jedoch, dass eine anfänglich ausgesprochen kontrovers diskutierte Frage, nämlich die nach den Folgen der EU-Erweiterung der ostmitteleuropäischen Nachbarstaaten, durch argumentativ vertretbare Übergangsbestimmungen entschärft werden konnte.

3.3 Integrationsvereinbarung

Österreich hatte lange an die temporäre Gastarbeiterwanderung geglaubt und die dauerhafte Zuwanderung übersehen. Es wurden Arbeitskräfte gerufen, die gesellschaftliche Eingliederung aber wurde dem Zufall überlassen. Die Regierung Schüssel hat sich dieser Frage ernsthaft angenommen, auch getrieben von dem Vorwurf der FPÖ, die Integration sei gescheitert und man müsse endlich ein Ende der Zuwanderung einleiten. Mit der Fremdenrechtsnovelle 2002 wurde erstmals für Zuwanderer aus Drittstaaten eine verpflichtende »Integrationsvereinbarung« (IV) festgelegt. Darin wurde definiert, dass im Rahmen von Sprachkursen Deutschkenntnisse anzueignen sind. Das ursprüngliche eingeforderte Kursangebot betrug 100 Unterrichtsstunden, was vielen Kritikern als zu gering erschien, um dadurch »zur Teilnahme am gesellschaftlichen, wirtschaftlichen und kulturellen Leben in Österreich« zu befähigen (vgl. §50a Abs.2 FrG 1997).

Im Niederlassungs- und Aufenthaltsgesetz von 2005 wurde daher die IV auf 300 Unterrichtsstunden erhöht und dem Sprachkurs ein Alphabetisierungsmodul vorgelagert. Während der Alphabetisierungskurs durch die regelmäßige Teilnahme abgeschlossen wird, ist der erfolgreiche Abschluss des Deutsch-Integrationskurses durch eine Abschlussprüfung festzustellen. Negative Abschlussprüfungen können innerhalb der fünfjährigen Erfüllungsfrist der IV beliebig oft wiederholt werden. Die Erfüllungsfrist wurde von vier auf fünf Jahre verlängert und kann auf Antrag für maximal zwei weitere Jahre aufgeschoben werden. Befreit sind nur noch Kinder, die zum Zeitpunkt der Erfüllungspflicht unmündig sind oder sein werden (somit Kinder bis zur Vollendung des 9. Lebensjahres) sowie alte, kranke und gebrechliche Personen. Die IV gilt als erfüllt, wenn ein entsprechender Schulabschluss (mit positivem Abschluss des Unterrichtsfaches Deutsch) oder eine entsprechende Berufsausbildung im In- oder Ausland nachgewiesen wird oder jemand über die allgemeine Universitätsreife verfügt oder als Schlüsselkraft oder besondere Führungskraft nach Österreich gekommen ist.

In den Jahren nach der Einführung wurde die Verpflichtung zum Erlernen der deutschen Sprache und die Androhung von Sanktionen, wenn die IV nicht erfüllt wurde, heftig kritisiert. Die Kurskosten, die erst nach Abschluss der Kurse teilweise ersetzt werden, wurden mit dem Hinweis auf die soziale Bedürftigkeit vieler Zuwanderer moniert. Ebenso wurde das zwangsweise Erlernen der deutschen Umgangssprache als Eingriff in die kulturelle Autonomie der Zugewanderten skeptisch betrachtet und das Erlernen einer Sprache unter Zwang und unter Androhung des Verlusts der Aufenthaltstitel abgelehnt. So heftig diese Kritik in den ersten Jahren auch war, so sehr hat sich diese Frage in der Zwischenzeit geklärt. Das Erlernen der deutschen Sprache als ein Instrument im Umgang mit der Mehrheitsgesellschaft, aber auch als Lingua franca in einer zunehmend diversen Wohnumgebung wird nicht mehr infrage gestellt. Und wenn es auch gleichzeitig gelingt, die sprachlichen Potenziale der Zugewanderten zu erhalten und zu pflegen, dann ist in dem Bereich viel erreicht worden.

3.4 Einbürgerungen

Ein anderer gesetzlicher Bereich unter Schüssel I und II, der für heftige politische Kontroversen sorgte, war die Novellierung des Staatsbürgerschaftsrechts. Ausgangspunkt war dabei die starke Zunahme der Einbürgerungen gegen Ende der 1990er-Jahre. Die Interpretation dieser Zunahme sowie die politische Neuregelung sorgten für anhaltende und zum Teil heftige innenpolitische Kontroversen. Dabei sprachen sich die Grünen und das damalige Liberale Forum für eine Liberalisierung des Zugangs zur österreichischen Staatsbürgerschaft aus. Die ÖVP, die FPÖ und später auch die SPÖ plädierten dagegen für einen selektiven Zugang ohne Verkürzung der zehnjährigen Wartefrist und verlangten den Nachweis ausreichender Deutschkenntnisse und verpflichtender Integrationsschulungen. Die damaligen Koalitionsparteien SPÖ und ÖVP einigten sich schließlich im Jahr 1998 auf eine erste Gesetzesnovelle, die im Jänner 1999 in Kraft trat.[10] Sie sah einen Erwerb von Sprachkenntnissen vor, die den »Lebensumständen« der Betroffenen entsprechen und die von den zuständigen Behörden in einem mündlichen Gespräch überprüft werden sollten. Eine Einbürgerung nach einem Mindestaufenthalt von sechs Jahren wurde vom Nachweis der »nachhaltigen beruflichen und persönlichen Integration« abhängig gemacht. Eine Einbürgerung nach einem Mindestaufenthalt von vier Jahren wurde auf anerkannte Konventionsflüchtlinge, EWR-Bürger/innen bzw. im Inland geborene minderjährige Kinder eingeschränkt.

Die Novelle von 2005 brachte eine weitere Fokussierung der Einbürgerungsbestimmungen auf lang anwesende und gut integrierte ausländische Mitbürger, dem Motto folgend: Staatsbürgerschaft am Ende eines erfolgreich verlaufenden Integrationsprozesses. Neben der Erfüllung der Integrationsvereinbarung (Sprachkenntnisse,

---

10 Vgl. Dilek Cinar: Integration *vor* Einbürgerung: Zur Staatsbürgerschafts-Novelle 2005. – In: Fassmann (Hg.): 2. Österreichischer Migrations- und Integrationsbericht 2001–2006. S. 41–46.

Staatsbürgerschaftstest) wurden ein mindestens zehnjähriger ununterbrochener Aufenthalt in Österreich, davon mindestens fünf Jahre im Rahmen einer Niederlassung, ein hinreichend gesicherter Lebensunterhalt unabhängig von Sozialtransfers sowie Unbescholtenheit zur Voraussetzung.

In der Folge sank die Zahl der Einbürgerungen von 35.000 im Jahr 2005 auf 7.990 im Jahr 2009. Das war sicherlich eine Folge der Verschärfung der Einbürgerungsbestimmungen, hatte aber strukturelle Gründe. Die internationalen Wanderungssalden Ende der 1990er-Jahre lagen deutlich unter dem langjährigen Durchschnitt (1998: 8.500, 1999: 20.000, 2000: 17.000) und noch viel mehr unter dem Niveau Anfang der 1990er-Jahre. Der Echoeffekt erklärt damit einen Teil des Sinkens. Die Ankündigung der gesetzlichen Änderung von 2005 hat auch dazu geführt, dass sich viele Einbürgerungsbereite zur Einbürgerung zu den alten Bedingungen entschlossen hatten. Das Potenzial wurde damit im Vorfeld abgeschöpft. Schließlich war die vielleicht wichtigste strukturelle Ursache für den Rückgang der Einbürgerungen war: Die Struktur der Wanderung und damit auch die Opportunitätsstrukturen haben sich verschoben. Seit dem Beitritt Österreichs zur EU nimmt die Zuwanderung aus der EU zu, und für diese Gruppe ist es immer weniger interessant, sich einbürgern zu lassen. Dennoch hatte das Gesetz eine prohibitive Wirkung. Im Zusammenhang mit dem Familiennachzug war dies aber unzweifelhaft eine erwünschte Wirkung: Weniger Einbürgerungen heißt auch Sinken des quotenfreien Familiennachzugs, und das wollte man erreichen.

3.5 Familiennachzug

Der Familiennachzug wurde ab Ende der 1990er-Jahre zur zahlenmäßig bedeutendsten Form der Zuwanderung von Drittstaatsangehörigen. Der Gesetzgeber sah sich daher veranlasst, die Bedingungen des Familiennachzugs im Rahmen des Fremdenrechtspakets zu verändern. Dabei galt es einerseits die Richtlinie der EU über den Familiennachzug (RL 2003/86/EG) umzusetzen und andererseits den Familiennachzug quantitativ »in den Griff« zu bekommen. Eine Migrationssteuerung, die sich an den Interessen des aufnehmenden Staates orientieren will und dabei eine qualifizierte Zuwanderung bevorzugt, so die unterstellte Logik, wird durch einen nicht steuerbaren Familiennachzug konterkariert, denn die Frage der Qualifikation spielt dabei keine Rolle. Außerdem kann ein sich selbst immer wieder erneuernder Familiennachzug Integrationsprozesse verzögern. Wenn auch die zweite oder dritte Generation ihre Ehepartner aus dem ehemaligen Herkunftsland im Rahmen des Familiennachzugs nachholt, dann beginnen Integrationsprozesse immer wieder von Neuem, und die Kategorisierung von erster und zweiter Generation wird unscharf.

Die quantitative Beschränkung des Familiennachzugs war aber schwer möglich. Der quotenpflichtige Nachzug von Familienangehörigen zu einem Drittstaatsangehörigen konnte durch die Übernahme der EU-Richtlinie über den Familiennachzug nur mehr verzögert werden. Die Richtlinie sieht nämlich vor, dass Antragstellern spätestens nach drei Jahren der quotenfreie Familiennachzug zu gestatten ist. Die Richtlinie definiert des Weiteren die nachzugsberechtigten Familienmitglieder, eröffnet dabei aber eine Bandbreite. Bis zu welchem Alter Kinder als nachzugsberechtigt gelten, kann bis zu einem gewissen Grad das Mitgliedsland selbst festlegen. Österreich beschränkte den Kreis der Nachzugsberechtigten dabei auf die Kernfamilie, also auf den Ehegatten und unverheiratete minderjährige Kinder, einschließlich Stief- und Adoptivkinder. Die nachziehenden Ehegatten müssen dabei mindestens das 18. Lebensjahr vollendet haben, auch um die Attraktivität sogenannter Zwangsehen zu mindern. Die frühe Eheschließung im Herkunftsland kann Österreich ja nicht verhindern, es kann aber den Nachzug hinausschieben und damit eine gewisse Steuerungsfunktion ausüben. Kinder gelten dann als nachzugsberechtigt, wenn sie zum Zeitpunkt der Zuwanderung noch minderjährig sind, was im Vergleich zu Deutschland großzügiger ist. Die Richtlinie sieht auch vor, dass den nachziehenden Familienmitgliedern die Ausübung einer Erwerbstätigkeit zu ermöglichen ist. Genießt also der Zusammenführende einen freien Zugang zum Arbeitsmarkt, was in der Praxis meist der Fall ist, dann erhalten die Familienangehörigen ebenfalls einen unbeschränkten Arbeitsmarktzugang. Die Richtlinie sieht vor, dass diese Koppelung nicht unmittelbar erfolgen muss, sondern eine Wartefrist bis zu einem Jahr möglich ist. Österreich schöpfte im NAG diese Wartefrist voll aus und gewährt den Zugang zum Arbeitsmarkt erst nach einjähriger Niederlassung, was zwar eine deutliche Verbesserung zur bisherigen Situation darstellt, aber wieder eine Maßnahme ist, um die Attraktivität des Familiennachzugs nicht zu stark zu erhöhen.

Quotenfrei ist die Zuwanderung von Familienangehörigen von österreichischen Staatsbürgern (und allen anderen EU- und EWR-Bürgern), die als »begünstigte Drittstaatsangehörige« keine Mobilitätsbeschränkungen erfahren. Die besondere Rechtsstellung, die Drittstaatsangehörigen von EU- und EWR-Bürgern durch das Gemeinschaftsrecht garantiert wird, führte aber dazu, dass sich Ankerpersonen einbürgern ließen, um damit auch einen leichteren Familiennachzug zu ermöglichen. Die eine Stellschraube, die gewählt wurde, um diese Situation zu verändern, war eben die Verschärfung der Bedingungen, um die österreichische Staatsbürgerschaft zu erlangen, die andere Stellschraube eine komplizierte Neuregelung im NAG, welche eine Differenzierung des Nachzugs zu Ankerpersonen, die einen Freizügigkeitssachverhalt verwirklicht haben, und solchen, auf die das nicht zutrifft, vorsieht. Freizügigkeitssachverhalt bedeutet dabei, dass innerhalb der EU der Wohnsitz bereits einmal gewechselt wurde, was bei in Österreich eingebürgerten Personen nicht zutrifft. Bei Erfüllung eines Freizügigkeitssachverhalts sind drittstaatsangehörige Ehegatten, Kinder bis zur Vollendung des 21. Lebensjahres und darüber hinaus, sofern ihnen Unterhalt gewährt wird, und Verwandte in aufsteigender Linie, denen Unterhalt gewährt wird, zur Niederlassung berechtigt. Sie erhalten ab dem Zeitpunkt der Niederlassung einen unbeschränkten Arbeitsmarktzugang und sind vom Eingehen der Integrationsvereinbarung befreit. Wurde kein Freizügigkeitssachverhalt verwirklicht, dann beschränkt sich der Familiennachzug auf die bereits angedeutete Kernfamilie. Das heißt abermals: Die Bedingungen des Familiennachzugs zu einer eingebürgerten Ankerperson sind weniger attraktiv als zu anderen EU- bzw. EWR-Bürgern, eben auch, um den Familiennachzug nicht zu forcieren.

4. Ausblick

Migration und Integration stellten seit Beginn der 1990er-Jahre ein ausgesprochen kontrovers diskutiertes Thema dar. Unterschiedliche Konzepte standen einander gegenüber. Meinten die einen, Migration ist ein individuelles Recht, dessen Wahrnehmung nicht durch nationalstaatliche Eingriffe verhindert werden dürfte, meinten die anderen, der Staat möge seine Grenzen »dicht« machen und keine Zuwanderung mehr zulassen. Meinten die einen, Zuwanderung stelle uneingeschränkt eine gesellschaftliche Bereicherung dar und jede integrationspolitische Maßnahme sei ein Eingriff in die kulturelle Autonomie, meinten die anderen, Zugewanderte müssen sich so rasch wie möglich anpassen, assimilieren und ihr kulturelles und sprachliches Erbe abgeben. Österreich war seit Anfang der 1990er-Jahre mit einer quantitativ beachtlich hohen Zuwanderung konfrontiert, die auch nicht mehr dem Typus »Gastarbeit« entsprach, und das Land musste erst lernen, mit der neuen Situation umzugehen. Und die polarisierte Positionierung der Meinungen war auch der Beginn eines gesellschaftlichen Lernprozesses: Von extremen Positionen ausgehend, näherte man sich schrittweise dem gesellschaftlich Machbaren und Wünschenswerten.

Am Ende der 2000er-Jahre hat sich eine österreichische Migrations- und Integrationspolitik formiert. Sie ist noch lange nicht vollständig ausgereift, aber sie ist konzeptioneller und kohärenter als zuvor. Bei aller Kritik an den migrations- und integrationspolitischen Maßnahmen der Regierungen Schüssel I und II, sie trugen zur Ausdifferenzierung der Migrationssteuerung bei, zur klaren Trennung von Asyl und Arbeitsmigration und zur Entwicklung einer Integrationspolitik, die mit einer verpflichtenden Integrationsvereinbarung begonnen hat. Das Thema selbst ist nicht abgeschlossen, kann es auch nicht sein, denn migrations- und integrationspolitische Problemstellungen verschieben sich immer wieder. Österreich hat aber als ein bereits in die Jahre gekommenes Einwanderungsland gelernt, Migration nicht als eine historische Ausnahme der Zeit zu interpretieren und Integration als einen dauerhaften und weit über die Zuwanderung hinausgehenden Prozess gesellschaftlicher Teilhabe zu verstehen. Die migrations- und integrationspolitischen Maßnahmen von Schüssel I und II waren dabei wichtige Etappen auf dem Weg.

Walter Reichel

Die Ära Schüssel im Spiegel ausländischer Medien

»Die Zeitungen sind der Sekundenzeiger der Geschichte«, befand Arthur Schopenhauer.[1] Mit dem Wort des deutschen Philosophen drängt sich die Bedeutung »der Zeitungen« als Chronisten des Augenblicks und als Berichterstatter von knappen Zeitläufen in Tageseinheiten in den Sinn: Die Leserin und der Leser erleben durch »die Zeitungen« – auch wenn man heute wohl richtiger von »den Medien« sprechen müsste – den Reiz der Teilhabe an nur kurze Zeit zurückliegenden (weltweiten) Ereignissen und lassen sich Zusammenhänge und Hintergründe durch mitunter geistreiche und wortgewaltige Analysen erschließen. Die Zeitungen/Medien halten das Ereignis des Moments fest, bannen und verzeichnen, veranschaulichen und erörtern, gewichten und bewerten. Sie schreiben und interpretieren »Geschichte«. Den Zeitungen/den Medien kommt nicht zuletzt durch die Auswahl und den Umfang der Darstellung eine gewichtige Rolle bei der Information der Öffentlichkeit zu, wird ihnen doch vielfach auch der Besitz von Themen- und Deutungshoheit zugesprochen. Der Leserschaft bleibt nur die Wahl des Mediums – oder der Verzicht. Dieser käme aber gleichsam einem Vertrauensentzug gleich, baut doch das Verhältnis zwischen Leserin/Leser und Zeitung auf einem engen Einvernehmen auf – die Standpunkte, Anschauungen und Haltungen der Leserschaft finden ihre Entsprechungen in »den Zeitungen«.

Jedoch: Schopenhauer fügte dem Zitat noch einen Nachsatz hinzu und führte weiter aus: »Derselbe [also der Sekundenzeiger] aber ist meistens nicht nur von unedlerem Metalle als die beiden anderen [Zeiger], sondern geht auch selten richtig.«[2]

Schopenhauers Urteil macht in seiner Gesamtheit betroffen und sollte nicht unhinterfragt bleiben, alleine schon nicht aus dem Grund, weil ein Beitrag wie dieser beinahe ausschließlich auf ebensolchen Befunden des Alltags zu ruhen hat. In einem ist dem Zitat Schopenhauers zuzustimmen: Nicht selten erweisen sich die Aufregungen des Augenblicks (sowie die sie beschreibenden Darstellungen) später als entbehrliche Details, ja geradezu als für die Darstellung großer Zusammenhänge wenig dienlicher historischer Quellenballast. Als besonderes Faktotum offenbaren sich (nicht zuletzt zur Stimmenmaximierung politisch motivierte) Hysterisierungen in der Tagespolitik, deren Wert und Beständigkeit scheinbar von selbst zu vergehen scheint.

---

1 Arthur Schopenhauer: Die Kunst zu beleidigen. – München 2001. S. 115. Nach: Arthur Schopenhauer: Parerga und Paralipomena II. 2 Teilbände. – Zürich 2007.
2 Arthur Schopenhauer: Die Kunst zu beleidigen. S. 115.

Erst der zeitliche Abstand erlaubt ein besonnenes Einordnen und Gewichten der Sachverhalte sowie ein Überprüfen der Kommentare und Analysen auf ihre Dienlichkeit und Eignung. Die ausgemachte Historizität des Augenblicks scheint somit nur dann Bestand zu haben, wenn sie auch noch nach längerer Dauer als solche erkannt wird. Wohl dann dem Kommentator und Chronisten des Alltages, der nicht dem Reiz des schnellen (Vor-)Urteils erliegt und, um dem Drängen knapper zeitlicher Ressourcen zu gehorchen, einen unfertigen oder nur teilweise ausgearbeiteten Befund als ganzheitliche Analyse präsentiert; wenn er mit Besonnenheit und Bedacht einen Blickpunkt eingenommen hat, der sich über den Dingen stehend präsentiert – und dessen Auslegung Bestand hat.

Die vorliegende Darstellung zehrt also von der Urteilskraft anderer und zwängt Formen der Darstellung auf, die von anderen perspektivischen Sichtweisen nicht zuletzt aufgrund von unterschiedlicher historischer und kultureller Sozialisierung ausgehen. Fest steht: Das Ausland zeigt nur an einer engen Auswahl von Themen Interesse, wobei die eigene Sichtweise, die eigene Denk-, Kultur- und Wertewelt und nicht zuletzt auch das Leserinteresse eine Rolle spielen. Sachthemen treten in der hier herangezogenen Qualitätspresse im Umfang der Berichterstattung oftmals hinter emotional aufgeladene, zum Teil auch konfliktreiche Problemfelder zurück. Und davon boten sich im zu untersuchenden Zeitraum – vor allem in der Anfangsphase – einige an, näher beschrieben zu werden.

Zumindest im Blick auf die Treffsicherheit der Deutung und die geradezu atemberaubende Genauigkeit bei Sachverhaltsdarstellungen und Vorhersagen scheint Schopenhauer widerlegt: Der Sekundenzeiger der Geschichte zeigt die Zeit bisweilen sehr genau an, das Werk »der Zeitungen« hat über den Augenblick hinaus Bestand.

ÖVP/FPÖ-Regierung: »Das Ende der Nachkriegszeit in Österreich«[3]

Der Neubeginn markierte gleichzeitig das Ende einer Ära: Mehr als 50 Jahre war Österreich von einem politischen Proporzsystem der zwei Großparteien ÖVP und SPÖ dominiert worden. Nunmehr verlor die SPÖ trotz der relativen Mandatsmehrheit den Anspruch, den Bundeskanzler zu stellen. Die von weiten Teilen der ÖVP als »Hegemonie« begriffene Machtposition der SPÖ wurde gebrochen, eine Hegemonie, die manchem Österreicher bereits so vertraut war, »als sei sie ein Naturgesetz«[4] – kurz: Die SPÖ ging nach 30 Jahren des Regierens in die Opposition.

---

3 Süddeutsche Zeitung 26. 1. 2000 (fk).
4 Neue Zürcher Zeitung 4. 2. 2000 (Beat Ammann).

Die Verhandlungen von SPÖ und ÖVP zur Bildung einer gemeinsamen Regierung waren nach dreimonatigen Verhandlungen am 21. Jänner 2000 ergebnislos abgebrochen worden. »Der Todesstoß kam aus dem Inneren der SPÖ«, da sich die Vertreter des ÖGB verweigert hatten, den Koalitionspakt zu unterzeichnen.[5] Die Bildung einer wohl kurzlebigen Minderheitsregierung unter Viktor Klima stand im Raum, Neuwahlen schienen unumgänglich. »Man weiß schon, wem viele ihre Stimme geben werden: dem Demagogen Jörg Haider.«[6] Die Einsetzung eines »Bundeskanzlers Haider« war plötzlich eine mehr als nur denkbare Option, die das Ausland auf- und erschreckte.[7] Umso überraschter zeigte sich die ausländische Presse, dass das Szenario einer Regierungsbeteiligung schon viel früher in die Tat umgesetzt wurde, nachdem die Verhandlungen zwischen ÖVP und FPÖ am 25. Jänner mit der Absicht aufgenommen wurden, innerhalb von zehn Tagen ein gemeinsames Regierungsprogramm vorzulegen. Wiens politische Klasse vollzog eine Art »geistig-moralische Wende … SPÖ und ÖVP haben Haider nie wirklich politisch bekämpft, wohl vom Instinkt geleitet, daß sie ihn irgendwann einmal brauchen würden … Heute ist es soweit … Die nun wohl unausweichliche Regierungsbeteiligung von Haiders FPÖ – dabei spielt es keine Rolle, ob sofort oder nach vorgezogenen Neuwahlen – markiert das Ende der Nachkriegszeit in Österreich …«[8]

Bereits am 10. Jänner 2000 hatte das luxemburgische »Tageblatt« eine entsprechende Meldung der »Kronen Zeitung« aufgegriffen und erstmals vom »Geheimplan« einer schwarz-blauen Koalition berichtet.[9] »Während die Verhandlungen zwischen den bisherigen Koalitionspartnern vor dem Abbruch stehen, bemerkt Haider noch gelassen, daß er binnen einer Woche eine Regierung auf die Beine stellen könnte.«[10]

Die Europäische Wertegemeinschaft: »Die EU findet ihre Seele wieder«[11]

Nachdem nicht selten darüber Klage geführt worden war, dass die EU ihren Fokus zu sehr auf wirtschaftliche Themen legen und demgegenüber gesellschaftspolitische Fragen vernachlässigen würde, führte die im Raum stehende Bildung und Angelobung einer schwarz-blauen Regierung in den Kabinetten der europäischen Regierungen zu einer Besinnung auf die »gemeinsamen europäischen Werte«.

---

5 Libération 22./23. 1. 2000 (Pierre Daum).
6 Ebd.
7 La Croix 26. 1. 2000 (François Ernewein).
8 Süddeutsche Zeitung 26. 1. 2000 (fk).
9 Tageblatt 10. 1. 2000 (Manfred Maurer).
10 The Sunday Telegraph 16. 1. 2000 (Michael Leidig).
11 La Repubblica 1. 2. 2000 (Bernardo Valli).

Mit der Mobilisierung gegen »den Aufstieg der extremen Rechten zur Macht in Wien« wurde daran erinnert, dass »die Europäische Union vor allem eine Wertegemeinschaft darstelle«. In diesem Sinn hatte Präsident Chirac »völlig zu Recht zur Wachsamkeit aufgerufen«.[12] Der 31. Jänner 2000 – der »bisherige Höhepunkt der Mobilmachung«[13] – ging als »markantes Datum in die Geschichte« ein, da sich die EU zum ersten Mal offen und massiv in die inneren Angelegenheiten einer ihrer Mitgliedsstaaten eingemischt hatte: Vierzehn EU-Regierungen haben einer fünfzehnten zu verstehen gegeben, das die »Zugehörigkeit zu dem historischen Ganzen, das sich Europa nennt, mit gewissen innenpolitischen Verpflichtungen«[14] verbunden sei, und ein klares Signal gegen »Rassismus und Ausländerfeindlichkeit«[15] gesandt. Fein differenziert wird die Entwicklungsgenese der Sanktionen, denn bevor noch EU-Kommissionspräsident Romano Prodi konsultiert wurde, hatten die EU-14 bereits ihre »gemeinsame Aktion« gegen Österreich beschlossen. Die EU-Mitgliedsstaaten hatten somit formell nicht durch die EU-Institutionen gehandelt. Durch die Aufrechterhaltung von »Arbeitsbeziehungen« wollte man sich allerdings den Weg zu einer weiteren Einflussnahme auf die ÖVP/FPÖ-Regierung offenhalten.[16]

In atemraubendem Tempo hatte man sich auf Maßnahmen gegen Österreich geeinigt. Ironisch wurde aber auch die Frage gestellt: »Haben wir uns nicht schon immer eine solche EU gewünscht? Kraftvoll, einmütig, entschlossen tritt sie auf, weist einen finsteren Schurkenstaat in die Schranken und verteidigt Demokratie, Rechtsstaat und Menschenrechte gegen jeden, der es wagt, seine schmutzigen Finger an sie zu legen. Noch nie haben die Mitglieder der Europäischen Union mit einer solchen diplomatischen Härte und Geschwindigkeit wie in diesen Tagen reagiert; nicht, als auf dem Balkan das Vertreiben und Morden begann, nicht wegen der Moskauer Vernichtungskriege in Tschetschenien und auch nicht wegen der Menschenrechtsverletzungen in der Türkei. Steht also eine noch viel größere Bedrohung vor den Toren Europas? Nein, viel schlimmer, rufen erregte Außenminister, das Ungeheuer erhebt schon innerhalb unserer Mauern sein grässliches braunes Haupt! Kann es tatsächlich das kleine Österreich sein, das die EU zu Reaktionen treibt, die Zweifel am Wahrnehmungsvermögen und an der Fähigkeit zur Vorausschau ganzer außenpolitischer Eliten hervorrufen? Es kann, aber das liegt nur zu einem geringen Teil an ihm selbst. Der Beschluss von vierzehn EU-Mitgliedern, das fünfzehnte diplomatisch zu isolieren, wenn dort eine rechtspopulistische Partei in die Regierung eintritt, ist nicht nur einzigartig in der Geschichte der Union. Er ist auch einzig unangemessen und über-

---

12 Neuer Zürcher Zeitung 4. 2. 2000 (Beat Ammann).
13 Frankfurter Allgemeine Zeitung 2. 2. 2000 (Peter Hort).
14 Le Monde 2. 2. 2000 (Daniel Vernet).
15 Süddeutsche Zeitung 2. 2. 2000 (Peter Münch).
16 Financial Times 2. 2. 2000 (Peter Norman, William Hall).

zogen. Darüber hinaus zeugt er von einer politischen Kurzsichtigkeit, die ihresgleichen sucht.«[17] Auch wenn es im Grund legitim sei, gemeinsame Werte zu schützen, erschienen doch »Mittel, Methoden und Tonlage«[18] nicht angemessen. Man dürfe also gespannt sein, wer in den kommenden Wochen »mehr Schaden für ›Europa‹ anrichte: der antiliberale Europa-Feind Jörg Haider – oder die, die auszogen, Europa und ihre nationalen Interessen daran zu retten. Es ist ein trauriger Wettlauf.«[19]

Zumindest konnte sich Österreich dessen rühmen, das europäische Bewusstsein im Bereich der gemeinsamen Werte vertieft zu haben,[20] das einmütige Vorgehen der EU-14 brachte Haider sogar einen Ehrentitel als »europäischer Gründervater«[21] ein. Haiders Anlauf zur Macht habe so auch die Gelegenheit geboten, die »Wirksamkeit des europäischen Wertekataloges und der europäischen Rechtsprechung im Großen zu überprüfen und – schärfer denn je – festzulegen, welche Form der nationalen Souveränität und der volkstümlichen Eigenheit es im vereinigten Europa überhaupt noch gibt.«[22]

Auch wenn die Beweggründe der EU-14 nachvollziehbar waren, so war ihr Vorgehen aber »falsch, unnötig und gefährlich«.[23] Europa würde im Gegensatz zu den 1930er-Jahren über politische, wirtschaftliche, soziale und gesellschaftliche Stabilität verfügen, die alleine schon ein Garant gegen die extreme Rechte wären. Aus einer Position der Stärke heraus wurde Österreich – noch bevor es zur Regierungsbildung gekommen und es gehört worden war – eingeschüchtert, während ein solches Vorgehen gegen Italien oder Frankreich, deren Regierungen von teilweise »vergleichbaren radikalen« Kräften gebildet wurden, ungeschoren davonkamen.[24] »Zweierlei Maß für Links und Rechts sowie für große und für kleine Länder?«[25] Die Österreicher aber von den europäischen Hauptstädten und von Brüssel aus unter Generalverdacht zu nehmen und sie mit »SS-Horden« gleichzusetzen, stärke den Zusammenhalt da, wo er ansonsten gar nicht möglich gewesen wäre, und festige damit auch die Position Haiders.[26] Österreich habe nur wenige Jahre zuvor schon mit Kurt Waldheim eine Phase der internationalen Isolation über sich ergehen lassen müssen – und habe darauf mit einer Mischung aus trotzigem Zusammengehörigkeitsgefühl und widerborstigem Eigensinn reagiert. Der mahnende Zeigefinger Brüssels hat »in erster Linie den Na-

---

17 Frankfurter Allgemeine Zeitung 2. 2. 2000 (Berthold Kohler).
18 Die Welt 2. 2. 2000 (Nikolaus Blome).
19 Ebd.
20 Die Welt 1. 2. 2000 (Nikolaus Blome).
21 Frankfurter Allgemeine Zeitung 2. 2. 2000 (Dirk Schümer).
22 Ebd.
23 The Independent 2. 2. 2000 (John Lichfield).
24 Ebd.; ABC 2. 2. 2000 (Ramón Pérez-Maura); Le Monde 2. 2. 2000 (Henri de Bresson).
25 Neue Zürcher Zeitung 1. 2. 2000 (Beat Ammon).
26 El País 2. 2. 2000 (Hermann Tertsch).

tionalstolz verletzt, ohne die Augen für das wahre Antlitz Haiders« zu öffnen.²⁷ Dennoch sollte man dem Land, »das seine Geschichte vielleicht nicht aufrichtig genug verarbeitet hat, das aber seine Gegenwart im Griff hat«, Vertrauen entgegenbringen.²⁸

Haider: »Kein Draufhauer – ein Gefühlsverstärker«²⁹

Generell wird die Verurteilung Haiders und die Angst vor einem Erstarken rechtsradikaler Kräfte in den internationalen Medien als übertrieben dargestellt, wenngleich französische Printmedien hier eine differenziertere Sichtweise vertraten. Vielmehr setzt man sich mit den Grundmustern seines politischen Handelns auseinander. Haider sei »kein Revolutionär, ... kein Draufhauer, auch kein hitlerischer Potentat in spe. Er ist vielmehr ein Lautsprecher, ein Gefühlsverstärker, und er gehört zur antipolitischen Spezies derer, die davon leben, daß sie Wohltaten und das Ende der Wohltaten versprechen. ... Anderswo gibt es andere Haiders.«³⁰ »Haider ist kein Heiliger. Er ist ein Aufrührer, unberechenbar und stets darauf aus, jede Situation für seine populistischen Zwecke zu nützen. Ihn jedoch als Faschisten zu bezeichnen ist eine Beleidigung für viele seriöse Österreicher, die ihn gewählt haben und eine Beleidigung für die wahren Opfer des Faschismus ...«³¹ Weniger schmeichelhaft wird Haider als »machtgeiles Kärntner Kleinformat« bezeichnet, das für »Bierzelt-Jubel und Karriere-Streicheleinheiten seines applausbedürftigen Egos ... so ziemlich jeden Grundsatz verkaufen würde. Nicht weniger, aber schon gar nicht mehr.«³²

Die Bedrohung der europäischen Werte und der politischen Stabilität des Kontinents durch Haider wurde ebenso relativiert. »Auf dem Papier sieht die FPÖ nicht nach einer echten Bedrohung für Demokratie und Menschenrechte aus. Sie fordert wirtschaftliche Liberalisierung, die Senkung von Steuern und die stärkere finanzielle Unterstützung für Familien. Haider hat gegen den EU-Beitritt, gegen die Währungsunion und die Osterweiterung opponiert. Seine politischen Einstellungen wechselt er aber beinahe ebenso oft wie seine Anzüge.«³³ Die Österreicher haben Haider nicht gewählt, weil sie plötzlich »militante Ausländerfeinde« geworden wären, sondern weil sie der Großen Koalition zwischen SPÖ und ÖVP überdrüssig waren, die das Land in ein »starres Regime« gezwängt hatte.³⁴

---

27 Iswestija 2. 2. 2000 (Wladimir Michejew).
28 Die Welt 2. 2. 2000 (Nikolaus Blome).
29 Die Welt 3. 2. 2000 (Thomas Schmid).
30 Ebd.
31 The Daily Telegraph 31. 1. 2000.
32 Frankfurter Rundschau 3. 2. 2000 (Ulrich Glauber).
33 Financial Times 2. 2. 2000 (Peter Norman, William Hall).
34 Il Giornale 25. 11. 2002 (Roberto Fabbri).

Geradezu prophetisch nimmt sich die Betrachtung über das weitere politische Schicksal Haiders und den Fortgang der Koalition aus: »Österreich wird es nicht erspart bleiben, diesen als Dämon und Erlöser gleichermaßen überstilisierten Meister großer Versprechungen mitregieren zu lassen, um seine Entzauberung, sein Schrumpfen auf politisches Menschenmaß erleben zu können.«[35]

Regierungsbildung und Sanktionen: »Europa hat einen Feind – Österreich«[36] oder: »Haider macht einsam«[37]

Mit der Regierung Schüssel ergriff in Österreich eine politische Formation die Macht, die mit dem erklärten Grundkonsens der »europäischen Nachkriegsordnung zu brechen schien: keinen Meter des Weges mit der extremen Rechten. Die Wiener Ereignisse kamen gleichsam wie gerufen. Hier sollte ein Verfahren definiert werden, mit dessen Hilfe liberale Demokratien mit antiliberalen Anfechtungen von innen und von außen fertig werden könnten. … Im Übrigen richtete sich die in ihrem Eskalationspotential dergestalt begrenzte – und nun doch verunglückte – zivile Wehrübung letztlich weniger gegen Wien als gegen mögliche rechte Abirrungen in den künftigen Mitgliedsstaaten in Osteuropa.«[38]

Drei Gründe waren es vor allem, die für die Verhängung der Sanktionen genannt wurden: Vor allem sollte die Regierungsbeteiligung der Freiheitlichen rückgängig gemacht werden, den Beitrittskandidatenländern in Mitteleuropa sollte – wie oben erwähnt – klargemacht werden, dass extrem rechte Parteien auf keine Akzeptanz in der EU stoßen würden, vor allem jedoch sollte ein Zeichen an die Wählerinnen und Wähler im eigenen Land (etwa an die Front National) gesetzt werden.[39] Ein weiterer Aspekt hinter den »Sanktionsdrohungen« war im Bereich der Ökonomie zu verorten. Bislang galt es als eine der europäischen Handlungsmaximen, dass Wohlstand und die Respektierung der Menschenrechte eine unverbrüchliche Einheit bilden und so zur gedeihlichen Entwicklung Europas beitragen würden. Mit der Übernahme der Regierungsverantwortung durch die FPÖ schien dieser Glaube erschüttert zu werden.[40] Vor dem Hintergrund der politischen, aber vor allem wirtschaftlichen Entwicklung Ost- und Ostmitteleuropas offenbarte sich zudem, dass »Marktwirtschaft und individuelle Freiheit mit der Verelendung ganzer Landstriche einherge-

---

35 Süddeutsche Zeitung 27. 1. 2000 (Michael Frank).
36 Il Giornale 1. 2. 2002 (Mario Cervi).
37 Süddeutsche Zeitung 28. 1. 2000 (Kurt Kister).
38 Süddeutsche Zeitung 19. 9. 2000 (Uwe Mattheis).
39 Le Monde 13. 9. 2000 (Joëlle Stolz); Financial Times 18. 9. 2000 (Quentin Peel); Süddeutsche Zeitung 19. 9. 2000 (Uwe Mattheis).
40 The Guardian 2. 2. 2000 (John Gray).

hen« könnten. Ein »heimliches Flehen« hinter den Sanktionen war daher die Absicht, »liberale Politik und »liberale Ökonomie« nicht voneinander zu trennen.[41]

Die Frage jedoch, wie die Sanktionen in der Praxis des diplomatischen Alltages hätten angewandt werden sollen, schien bis zuletzt nicht genau geklärt worden zu sein. »No one knew how to treat Austrian ambassadors, whether to invite them to the meeting but not to the cocktail party afterwards, but leave them alone in the corner, fiddling with the ice in their drinks.«[42]

Instrumentalisierung der Sanktionen : »Schattenzone zwischen Wien und Paris«[43]

Schon bald nach der Verhängung der Sanktionen trat deutlich zutage, dass nahezu jedes der EU-14-Länder einen innenpolitischen Grund gehabt hatte, die gegen Österreich gerichteten Maßnahmen zum eigenen Vorteil zu instrumentalisieren. Bestimmte Sichtweisen wurden jedoch bewusst unterdrückt: Während der französische Minister für Europäische Angelegenheiten, Pierre Moscovici, vom unklaren Verhältnis der FPÖ zur nationalsozialistischen Vergangenheit sprach, schien dagegen Frankreich keinerlei Unklarheiten »bei den Beziehungen der französischen Kommunisten zur stalinistischen Vergangenheit« zu haben.[44]

Vor allem die österreichisch-französische Zwistigkeit wurde vor dem Hintergrund der Differenz zweier durch die jüngste Zeitgeschichte stark geprägter Kulturen erklärt. Besonders in diesem Fall offenbaren sich die unterschiedlichen Wahrnehmungsmuster zwischen den Gesellschaften beider Länder. Die Wahrnehmung Österreichs durch die Franzosen erfolgte anhand der entgegengesetzten Gesichtspunkte »Bedeutungslosigkeit« und der (historischen) »Überbewertung« – etwa in der Frage der Habsburgermonarchie oder vor der Schablone der im kollektiven Gedächtnis immer noch präsenten Waldheim-Affäre, die den (verdrängten oder unbekannten) nationalsozialistischen Aspekt des im Grunde befreundeten Österreich zutage hatte treten lassen.[45]

Vor der Folie dieser Wahrnehmungsunterschiede ließ sich Frankreich – so die Analyse – von Jörg Haider zu einer Überreaktion provozieren. Es wäre jedoch ein Irrtum, zu glauben, dass eine extrem rechte germanophobe Partei zwingendermaßen die »Reinkarnation der Nazi-Bedrohung darstellt, auch wenn Jörg Haider alles

---

41 Süddeutsche Zeitung 19. 9. 2000 (Uwe Mattheis).
42 Washington Post 26. 11. 2002 (Anne Applebaum).
43 Le Figaro 14. 9. 2000 (Françoise Lepeltier).
44 El Mercurio 19. 9. 2000.
45 Le Monde 15. 9. 2000 (Joëlle Stolz).

tut, um diesen Verdacht zu nähren«.[46] Nicht zuletzt deshalb nützten die Sanktionen gerade Haider, da er dadurch in den Genuss einer »wachsenden Solidarität des ausländerfeindlichen Auslandes anderer Länder [wie etwa Dänemark, Belgien und Deutschland; Anm. d. Verf.] kam«, wodurch seine Position als »österreichischer Demagoge« gefestigt wurde.[47]

Als Folge der Sanktionen aber blieb die Beziehung zwischen Österreich und Frankreich belastet. Es war davon auszugehen, dass »noch lange ein Schatten des Misstrauens« über den Beziehungen beide Länder liegen würde.[48] Wahrgenommen wurde jedoch, dass viele Österreicherinnen und Österreicher diese »Isolierungsmaßnahmen« als demütigende Einmischung empfunden haben, weshalb sie »einen besonderen Groll« gegen Frankreich hegten.[49] »Was Frankreich bei den jungen Österreichern (und Franzosen) an Gefühlen hinterlässt, die nicht zum lange geplanten Schüleraustausch fahren durften, steht auf einem anderen Blatt. Und was sollen Jugendliche mit jener Erfahrung von rassistischer Sippenhaftung anfangen, die ihnen widerfuhr, als sie aus einer englischen Diskothek hinausgebrüllt wurden, nur weil sie Österreicher waren? Auf beiden Seiten bleibt viel Grund zum Nachdenken.«[50]

Fazit I: »Selten haben so viele Regierungschefs so wenig erreicht.«[51]

Am 12. Juli 2000 erfolgte die Mandatserteilung an einen vom früheren finnischen Staatspräsidenten Martti Ahtisaari, dem deutschen Völkerrechtler Jochen Abraham Frowein und dem früheren EU-Kommissar Marcelino Oreja gebildeten »Weisenrat« zur Berichterstattung, die Annahme ihres Berichtes erfolgte am 8. September 2000, die Sanktionen wurden aufgehoben, Österreich kehrte wieder als »vollwertiges« Mitglied in die EU-Familie zurück. Ein siebenmonatiger Boykott war innerhalb einer Woche »schmählich in sich zusammengestürzt«.[52] In der Beobachtung der ausländischen Presse wurde in Wien geradezu ausgelassen gefeiert: Nach der Aufhebung der Sanktionen wurden in der Wahrnehmung eines Kommentators »auf den Plätzen Wiens die ganze Nacht Walzer getanzt.«[53]

---

46 Le Monde 13. 9. 2000 (Joëlle Stolz).
47 La Stampa 15. 9. 2000 (Aldo Rizzo).
48 Le Figaro 14. 9. 2000 (Françoise Lepeltier).
49 Le Monde 1. 3. 2005 (Joëlle Stolz).
50 Neue Zürcher Zeitung 16./17. 9. 2000 (Bü).
51 Aftonbladet 13. 9. 2000.
52 Economist, zitiert nach: La Stampa 21. 9. 2000 (Enzo Bettiza).
53 Iswestija 14. 9. 2000 (Boris Winogradow).

Einig waren sich die Berichterstatter im Fazit über die Sanktionen: Diese reichten vom »Verlust von Ansehen und Glaubwürdigkeit«[54] der EU bis zum Urteil, dass der »Glauben an ein gemeinsames europäisches Haus untergraben worden« sei, in dem »alle gleich behandelt« werden.[55] Die Krise hätte den Eindruck erweckt, Europa werde von einigen wenigen Politikern regiert, deren Handeln von innenpolitischen Erwägungen diktiert werde oder die handeln, ohne zuvor die Konsequenzen bedacht zu haben.[56] Die von den drei »Weisen« zwar als nützlich, aber mittlerweile kontraproduktiv bezeichneten Sanktionen hätten vor allem dem Projekt Europa geschadet.[57]

Mit dem Vorgehen der EU-14 seien vor allem die europäischen Verträge ignoriert worden. Der Angeklagte sei nicht gehört worden, und bevor er etwas verbrochen hatte, sei über ihn bereits die Strafe verhängt worden. Die Beitrittskandidaten aus Mittel- und Osteuropa mussten jedoch nach der Beilegung der Causa zur (intendierten) Schlussfolgerung gelangen, dass Xenophobie und Menschenrechtsverletzungen in der EU nicht toleriert werden. Durch diese Art des Vorgehens war jedoch auch der weitere Integrationsprozess in Gefahr, Schaden zu nehmen, da sich die kleineren EU-Länder in der Frage der Aufgabe von Souveränitätsrechten nur ungern einer möglichen Willkür größerer Staaten bzw. der Mehrheit ausliefern würden.[58]

Die Sanktionen hatten nach Ansicht der Kommentatoren vier Problembereiche aufgeworfen. Erstens: Die Maßnahmen haben ihren ursprünglich erklärten Zweck, »die Verhinderung einer Regierungsbeteiligung der FPÖ«, nicht erreicht. Zweitens: Die Sanktionsmaßnahmen waren »höchst voreilig« und verstießen »gegen den Geist des EU-Vertrags«, denn Österreich hat nicht – das zeigte der Bericht der Weisen – gegen »fundamentale Grundsätze« bzw. Werte des gemeinsamen Vertrages verstoßen. Drittens: Es wurden fundamentale Verfahrensfehler begangen, da »zuerst in falscher Eile Isolationsmaßnahmen« ergriffen wurden und erst danach dem Beschuldigten Gehör (durch die drei Weisen) gewährt wurde. Viertens: Die EU-Staaten müssten sich fragen, »ob sie überhaupt – und, falls ja, unter welchen Umständen – in die freie Regierungsbildung nach demokratischen Wahlen in einem Land eingreifen dürfen oder sollen. Hier geht es nämlich ebenfalls um zentrale demokratische und europäische Werte ... Verhängnisvoll hat in den ganzen Vorgängen rund um Wahlerfolg und Regierungseintritt von Haiders FPÖ das vorschnelle Operieren mit Nazi-Vergleichen gewirkt.«[59] Erst die »Strafaktion der 14« habe in Österreich jene Tendenzen hervorgerufen, welche die »guten Europäer« der inkriminierten Re-

---

54 La Stampa 21. 9. 2000 (Enzo Bettiza).
55 Le Figaro 14. 9. 2000 (Françoise Lepeltier).
56 El País 18. 9. 2000 (Andrés Ortega).
57 Berliner Zeitung 18. 9. 2000 (Arno Widman); Le Monde 13. 9. 2000 (Joëlle Stolz).
58 De Volkskrant 11. 9. 2000.
59 Neue Zürcher Zeitung 16./17. 9. 2000 (Bü).

gierung in Wien unterstellt hatten, nämlich »nationalistische und antieuropäische Strömungen«.[60]

Erwartungsgemäß hatte sich Israel mit der FPÖ-Regierungsbeteiligung eher zurückhaltend und distanziert auseinandergesetzt. Der kritische Befund fiel in der zionistischen und national-religiösen Presse eher schärfer aus. So weckte die Aufhebung der Sanktionen »Staunen und Besorgnis«, da die EU damit den extremen Nationalismus legitimiert hätte.[61] Ähnliches ließ sich den spanischen Tageszeitungen entnehmen: Der Weisenbericht sei ein »Blankoscheck für den Populismus«,[62] denn »Haider verspottet Europa«.[63] Trotz erfolgter Absolution durch die Weisen war die Situation für einige Kommentatoren noch nicht zur Gänze ausgestanden: »Europa bleibt gegenüber Österreich wachsam.«[64]

FAZIT II: »WOLFGANG SCHÜSSEL: EIN MANN MIT STARKEN NERVEN«[65]

Als ein »Mann mit starken Nerven« hatte sich Bundeskanzler Wolfgang Schüssel erwiesen. Auch wenn er »mitten im Feuer« gestanden habe, sei er kühl geblieben und habe durch sein besonnenes Vorgehen an Statur gewonnen. Zu Haiders Aussagen und »Sprüchen« würde er schweigen, bediente sich jedoch der »Wir«-Form, wenn er über die Koalition sprach. Nach dem Ende der Sanktionen hätte nicht er, sondern andere hatten das »Triumphgeschrei« angestimmt.[66] »It is a personal triumph for Mr. Schüssel, who had put all his bets on a total lifting of the sanctions.«[67] Auch wenn sich die Sanktionen stabilisierend auf die Regierung Schüssel ausgewirkt und den inneren Zusammenhalt gestärkt hätten, stelle sich die Frage, wie es nach dem Ende der Sanktionen weitergehen solle. Wie wird die Regierung einen Zusammenhalt schaffen, »wenn der äußere Druck nachlässt?«[68]

---

60 Die Welt 12. 9. 2000 (Andreas Middel, Wulf Schmiese).
61 Ha Tzofe 14. 9. 2000 (Moshe Ishon).
62 El Mundo, 15. 9. 2000 (Bernard-Henri Lévy).
63 Diario ABC 17. 9. 2000 (Ramiro Villapadierna).
64 La Croix 14. 9. 2000 (Laurent d'Ersel).
65 Der Tagesspiegel 16. 9. 2000 (Paul Kreiner).
66 Ebd.
67 Financial Times 13. 9. 2000 (Eric Frey, Clare Mac Carthy, Michael Smith).
68 Dagens Nyheter 13./14. 9. 2000 (Gunnar Jonsson).

Fazit III : »Österreichs Intellektuelle haben verloren«[69]

Die Sanktionen haben in Österreich die Zivilgesellschaft, die sich den Werten der Demokratie verpflichtet fühlt, Auftrieb gegeben.[70] Dennoch wären die Intellektuellen am Ende die Verlierer gewesen,[71] denn »Österreichs Künstler und Intellektuelle hatten im vergangenen halben Jahr viel zu sagen, aber wenig zu melden. ... Österreichs Intellektuelle haben verloren.«[72]

Ihren Ruf als mahnendes Gewissen hätten sie sich jedoch schon zuvor nachhaltig beschädigt, würden sie doch in der Mehrzahl das Volk beschimpfen. »Die Neigung dieser [der Künstler, Anm. d. Verf.] als widerständig kanonisierten Österreicher, persönlichen Zorn mit nationalem Unglück zu verwechseln, hat schon Haiders Aufstieg begünstigt. Was sie sich als antifaschistische Bürgerpflicht anrechnen, ist dem Wesen nach in Wirklichkeit ein typisch österreichisches Missverständnis – der Glaube, dass der Reifegrad einer Gesellschaft sich gleich bleibend daran bemesse, wie viele ihrer Bürger einer bestimmten Partei die Stimme geben ...«[73]

Fazit IV : »Schlussstrich und Neubeginn«[74]

Die Sanktionen hätten dazu beigetragen, die politischen Verhältnisse auch außerhalb Österreichs zu »haiderisieren«, Verunsicherung und Misstrauen hätten innerhalb der Gemeinschaft zugenommen. Geweckt wurden »latente EU-Ängste, ethische Verschanzungen, zentrifugale Kräfte und Ausländerfeindlichkeiten.«[75] Nach dem Ende der Sanktionen gelte es nun also, die richtigen Lehren daraus zu ziehen. Geschehe dies jedoch in der richtigen Art und Weise, dann wären die »Erfahrungen durchaus positiv«.[76]

Gerade das gemeinsame Auftreten gegen die »Bedrohung durch rechtsextreme Ideen« wertete der schwedischen Premierminister Göran Persson als Erfolg der EU-Sanktionen. Erstmals sei hervorgehoben worden, dass die EU nicht einzig nur ein zollfreier Binnenraum sei, sondern auch eine Wertegemeinschaft, die sich gegen Rassismus und Fremdenfeindlichkeit stellen.[77] »It will help define the common

---

69 Süddeutsche Zeitung 19. 9. 2000 (Uwe Mattheiss).
70 Le Monde 13. 9. 2000 (Joëlle Stolz).
71 Süddeutsche Zeitung 19. 9. 2000 (Uwe Mattheiss).
72 Ebd.
73 Der Spiegel 2. 12. 2002.
74 La Vanguardia, 13. 9. 2000 (Ricardo Estarriol).
75 La Repubblica 12. 9. 2000 (Paolo Rumiz).
76 Il Sole 24 Ore, 13. 9. 2000 (Vittorio Da Rold).
77 Dagens Nyheter 12. 9. 2000 (Ole Rothenborg).

values on which the EU is built – human rights, the protection of minorities and respect for democracy. And it goes to the heart of the uneasy relationship between the sovereign state and the union, and the balance of big member states and small.«[78]

Wie aber sollte in Hinkunft mit ähnlich gelagerten Problemen umgegangen werden? Welche Vorgangsweise sollte gewählt werden? Denn eines war klar: Die europäische Geschichte lehre Wachsamkeit gegenüber rechten Ideen. Im extremsten Fall müsste man dagegen ankämpfen. Wo aber der Kampf »mit Strafe geführt wird, ist der Kampf schon halb verloren. Die gute Chance liegt vorher: im lebendigen Argument, in der solidarischen Politik, in der lohnenden Zukunftsperspektive und in der steten Vergegenwärtigung dessen, was das widerliche Wort und die fiese Propaganda hier schon bewirkt haben. Auf diesem Feld ist noch viel zu tun. Nicht nur in Österreich, sondern auch in den Hinterhöfen und Glatzenparadiesen der Boykotteure«.[79] Denn: Um gegen Demagogie und Fremdenfeindlichkeit erfolgreich zu sein, bedürfe es mehr der »inhaltlichen Substanz als der äußeren Form«, wurde der Erzbischof von Bologna, Giacomo Biffi, zitiert.[80] Als Quintessenz hat sich Wien zumindest ein Verdienst erworben: Es hat die »Diskussion um das zukünftige Europa vorangetrieben«.[81]

Wie sich wenige Jahre später im Mai 2005 bei der Zustimmung des Nationalrates zur EU-Verfassung zeigen sollte, wogen staatliche Interessen mehr als emotionale Befindlichkeiten – freilich mit Ausnahmen. Österreich stellte mit seiner Zustimmung seine Handlungsfähigkeit als professioneller Partner innerhalb der EU unter Beweis und warb so auch für die wenige Monate darauf beginnende eigene EU-Ratspräsidentschaft. Die Einhelligkeit, mit der die Volksvertretung diese Ratifizierung vornahm, war nämlich vor dem Hintergrund der EU-skeptischen Bevölkerung und einer noch lebendigen Erinnerung an die Zeit der Sanktionen nicht selbstverständlich, auch wenn Österreich gerade von der Erweiterung der Europäischen Union übermäßig profitiert hatte. »Die Politik hätte daher allzu leicht versucht sein können, mit Widerspruch gegen die EU-Verfassung einen billigen populistischen Coup zu landen. Aber sie hat widerstanden – natürlich mit Ausnahme des Kärntner Störenfrieds Haider. Er suchte ganze 48 Stunden vor der entscheidenden Nationalratssitzung schnell noch eine Volksabstimmung zu erzwingen. Bundeskanzler Wolfgang Schüssel und alle Parteien hielten dagegen.«[82]

---

78 Financial Times 18. 9. 2000 (Quentin Peel).
79 Basler Zeitung 13. 9. 2000 (Johann Aeschlimann).
80 El País 18. 9. 2000 (Andrés Ortega).
81 Il Sole, 24 Ore 13. 9. 2000 (Vittorio Da Rold).
82 Süddeutsche Zeitung 12. 5. 2005 (Michael Frank).

Ein Jahr Schwarz-Blau:
»Österreich zieht Bilanz über sein ›annus horribilis‹«[83]

Zwölf Monate nach der Amtseinführung der Regierung Schüssel I beherrschten drei Themenkreise (Schüssel, Haider, Beeinflussungen und Verbalattacken) die Bilanzierungen der ausländischen Medien. Bundeskanzler Schüssel wurde eindeutig als Gewinner gesehen, er ging gestärkt aus dem Konflikt hervor. Die Regierung habe sich in einer Art »prekärem Gleichgewicht« stabilisiert und werde weder von der Straße noch von seinen europäischen Partnern unter Druck gesetzt. Auch die wöchentlichen Demonstrationen gegen die Regierungskoalition seien »unbedeutend«.[84]

Jörg Haider hingegen wurde nach einem Jahr Regierungsbeteiligung als klarer Verlierer gesehen, der seinen Traum, Bundeskanzler zu werden, nicht mehr realisieren könne.[85] Die Teilnahme an der Regierung habe ihn einiges an seiner Popularität einbüßen lassen.[86] Schüssel habe sich auf Kosten Haiders profilieren können.[87] Auch wenn ihm die Zähmung der FPÖ (noch) nicht gelungen war, so hatte er doch zu ihrer Schwächung beigetragen. Gerade in der Bilanzierung des ersten Regierungsjahres zeigt es sich, dass der Befassung mit dem Verblassen von Haiders Ruhm und der Stärkung der Position Schüssels in der Darstellung mehr Raum eingeräumt wurde als etwa der detaillierteren Darstellung von Sachthemen.

Beunruhigt zeigten sich die ausländischen Medien über die Verbalattacken seitens führender FPÖ-Funktionäre gegenüber ausländischen Staatsoberhäuptern, Fremden in Österreich sowie den Medien und der Justiz, deren Unabhängigkeit beschnitten werden sollte. Nachdem SPÖ und ÖVP über Jahre hinweg – unter Einschluss der FPÖ – ein System der Medienbeeinflussung geschaffen hatten, waren die Medien mehr denn je gefordert, sich dem wachsenden Druck nach Vereinnahmung zu widersetzen. »Getrieben von der FPÖ fordern die neuen Herren nun die Unterwerfung der veröffentlichten Meinung mit einer bislang sogar für Österreich unerhörten Unverfrorenheit ein. ... Die Grundhaltung in der Wiener Koalition zur Information erweist sich Tag für Tag auch darin, dass Journalisten und ganze Redaktionen nach Sympathie und Antipathie, nach vermeintlicher Freund- oder Gegnerschaft aussortiert und mit Material versorgt werden.«[88]

---

83 ABC 5. 2. 2001 (Ramiro Villapadierna).
84 El Mundo 2. 2. 2001 (Monica Fokkelman).
85 The Guardian 29. 1. 2001 (Kate Connolly).
86 La Stampa 5. 2. 2001 (Emanuele Novizio).
87 Neue Luzerner Zeitung 3. 2. 2001 (Rudolf Gruber); Le Soir 3. 2. 2001 (Pascal Martin); ABC 5. 2. 2001 (Ramiro Villapadierna).
88 Süddeutsche Zeitung 27. 2. 2001 (Michael Frank); vgl. auch: Financial Times 5. 2. 2002 (Delia Meth-Cohen, William Hall).

Zuzüglich zu einer tatsächlichen oder vermuteten Voreingenommenheit und Vorsicht der Bundesregierung gegenüber den Medien ortete ein Kommentar noch eine weitere Ursache für die aggressive Vorgehensweise. Diese diene lediglich dazu, von der »wachsenden Nervosität der Populisten« abzulenken, die nach rund 15 erfolgsverwöhnten Jahren Niederlagen hinnehmen mussten.[89] Welche Gründe auch immer ausschlaggebend waren: Der Medienbeauftragte der OSZE, Freimut Duve, äußerte sich besorgt über die »Berlusconisierung« Österreichs.[90] Auffallend sei überdies die Umbesetzung an der Spitze großer verstaatlichter Unternehmen,[91] sogar von einer neuen »Wiener Proporzdemokratie« ist die Rede.[92]

Das zweite Jahr: »Über schweres Fieber zur Gesundheit«[93]

In einer Nationalratsrede warf SPÖ-Chef Alfred Gusenbauer Bundeskanzler Schüssel wenige Tage vor dem zweiten Jahrestag der Angelobung von Schwarz-Blau vor, das Land herunterzuwirtschaften. »Die Leistung, die Sie in den letzten zwei Jahren erbracht haben, ist eine außerordentlich bescheidene. … In Österreich [ist es] sozial kälter geworden, die Wirtschaft ist rezessiver, das Leben teurer geworden, für die Demokratie ist es enger … geworden«, so Gusenbauer.[94]

»Dieses Jammertal, das sie wortreich beschrieben haben, das muss woanders liegen, in einem anderen Erdteil, in einem versunkenen Atlantis«, entgegnete der Bundeskanzler und setzte der Kritik eine Bilanz der bisherigen Leistungen entgegen. Dazu zählte er die Budgetsanierung, die Liberalisierung des Gas- und Strommarktes, die Verschlankung der Bürokratie, die Einführung des Kindergeldes, die Aufarbeitung der NS-Vergangenheit Österreichs und die Entschädigung von Zwangsarbeitern und anderen NS-Opfern (vgl. dazu das Kapitel: Vergangenheitsbewältigung: »Österreich auf der Couch der Historiker« in diesem Beitrag).[95] Das Gros der Österreicherinnen und Österreicher würde überdies die »Regierungsbeteiligung einer mit dem Erbe der Nationalsozialisten behafteten Partei nicht als Gefährdung der Demokratie« anerkennen. Für die Bevölkerung wäre der Regierungswechsel vor allem durch wirtschaftliche und soziale Neuerungen spürbar.[96]

---

89 Le Monde 6. 2. 2001 (Joëlle Stolz).
90 Le Monde 18. 5. 2001 (Joëlle Stolz).
91 Le Monde 6. 2. 2001 (Joëlle Stolz).
92 Süddeutsche Zeitung 2. 2. 2001 (Michael Frank).
93 Süddeutsche Zeitung 4. 2. 2002 (Michael Frank).
94 Stenographisches Protokoll. 92. Sitzung des Nationalrates der Republik Österreich. XXI. Gesetzgebungsperiode. 31. 1. 2002. S. 112.
95 Ebd.; Die Welt 4. 2. 2002 (Petra Stuiber).
96 Libération 5. 2. 2002 (Pierre Daum).

Die Wende des Jahres 2000 führte abseits aller (wirtschafts)politischen Neuerungen nach Meinung von Beobachtern zu einer Profilschärfung der österreichischen Parteien. Diese Tendenz trat vor allem im Wahlkampf zutage, in dem sehr bewusst auf Themenabgrenzung gegenüber den politischen Mitbewerbern geachtet wurde. Deutlich zeigte sich der Gegensatz etwa im Bereich der Wirtschaftspolitik, am schärfsten trat der Unterschied in der Frage der Privatisierung zutage: »Während ÖVP und FPÖ an der völligen Privatisierung bis 2006 und an der Auflösung der staatlichen Privatisierungs- und Beteiligungs-Agentur ÖIAG festhalten, kündigen SPÖ und Grüne für den Fall einer Regierungsbeteiligung eine Kehrtwende an.«[97]

Trotz der beeindruckenden gesetzgeberischen Dynamik der Regierung Schüssel I fiel das Urteil der internationalen Presse eher differenziert bis kritisch aus. Auch »Multitalent Schüssel hat während seiner Kanzlerschaft in den vergangenen drei Jahren die Meisterschaft der Umdeutung der Realität vervollkommnet. Seine Glanztat bleibt die Mär von der Sanierung des Staatsetats [im Jahr 2001]: Das mit großem Getöse verkündete Nulldefizit wurde nur vorübergehend erreicht – um den Preis der höchsten Abgabequote in der Geschichte der Alpenrepublik.«[98] Die Bundesländer wurden zu Überschüssen verpflichtet, Reservetöpfe wurden geleert, Staatseigentum wurde veräußert, konjunkturbedingt flossen höhere Steuereinnahmen. Eine Wiederholung war in den folgenden Jahren nicht möglich.[99]

Wenn auch die Zwistigkeiten mit der EU beigelegt worden waren, so stellte dies für die FPÖ keinen Grund zur Veranlassung dar, sich in die Rolle einer staatstragenden und verantwortungsvollen Partei einzufinden. Ganz im Gegenteil »initiierte sie ein Volksbegehren gegen das tschechische Atomkraftwerk Temelín und verknüpfte dessen Abschaltung flink mit einer Vetodrohung gegen Tschechiens Beitritt in die EU«.[100] Auch im Inland wäre der Koalitionspartner deshalb nicht weniger ruhig aufgetreten. Ruhe hätte es nur deshalb gegeben, weil der Kanzler zu fast allem schwieg. »Immer wieder drohte Haider mit dem Koalitionsbruch. Immer wieder griff Haider den Kanzler an. Die FPÖ setzte staatsnahe Manager, den ORF, die Sozialversicherungen unter politischen Dauerbeschuss; Haider bezeichnete die Verfassungsrichter, als sie jüngst ein ihm nicht genehmes Urteil fällten, als ›politisch korrumpiert‹ – Schüssel schwieg zu allem. … Der Kanzler ließ ihn höchstens durch andere sachte tadeln. Nur in der Erweiterungsfrage trat Schüssel bestimmt auf. Er bekannte sich zu Europa und er lehnte ein Veto gegen die Erweiterung ab.«[101] Das Schweigen sei jedoch keineswegs mit Schwäche oder Feigheit gleichzusetzen. Es wäre eher ein »listiges Konzept zur Bändigung des Kärntner Polter-

---

97 Neue Zürcher Zeitung 8. 10. 2002 (M. K.).
98 Frankfurter Rundschau 3. 3. 2003 (Ulrich Glauber).
99 Neue Zürcher Zeitung 12. 9. 2002 (M. K.).
100 Die Welt 4. 2. 2002 (Petra Stuiber).
101 Ebd.

geistes. ... Eine Form milden Terrors, die hilflos macht. Schüssel kann, wenn nötig, den Ton steigern, nachlegen, vielleicht selbst sogar mal drohen. Hat immer noch Pulver, wenn die anderen schon die Fluchtwege erkunden«.[102]

Schüssels Verweigerung, sich zu diesen, aber auch anderen Vorgehen seines Koalitionspartners näher zu erklären, trug ihm die Bezeichnung »Schweigekanzler« ein. Ende 2005 kürte das Institut für Germanistik der Universität Graz diesen Terminus zum »Wort des Jahres.« Feinfühlig diagnostizierte die Grazer Jury »einen Widerspruch zwischen den ›Erwartungen, die an ein zentrales politisches Amt gestellt‹ würden, und dem ›zuweilen gegenläufigen Eindruck‹ einer ›zurückhaltenden Mitteilungsbereitschaft‹, ja ›verbalen Sparsamkeit‹ des Kanzlers«,[103] der eben »sehr zurückhaltend« sei, wenn es um die öffentliche Kommentierung aktueller Ereignisse ging.[104] Das »Schweigen« könne allerdings auch als Kritik an Äußerungen anderer oder – bei seiner wenn auch marginalen Überwindung – als Reduktion auf das Wesentliche verstanden werden.[105]

Kreuzzug gegen die einstigen Untertanen:[106] Temelín und die Beneš-Dekrete als »Angelegenheit der österreichischen Innenpolitik«[107]

An der Jahreswende 2001/02 brach die FPÖ die Durchführung eines Volksbegehrens gegen das tschechische Atomkraftwerk vom Zaun, das mit nicht geringer Unterstützung der »Kronen Zeitung« von 914.000 Wahlberechtigten unterzeichnet wurde.[108] Schüssel aber behielt einen kühlen Kopf: »Als die Boulevardzeitung zusammen mit den Freiheitlichen forderte, Wien solle gegen den Beitritt Tschechiens zur Union ein Veto einlegen, erklärte der Kanzler, dass er und seine Volkspartei die EU-Erweiterung als ›Herzensangelegenheit‹ betrachten. Weiter äußerte er sich nicht dazu.«[109]

In der sachlichen, auf die Konfliktlösung abzielenden Diskussion wurde jedoch mehr der Pragmatismus des österreichischen Bundeskanzlers hervorgehoben. Daher war es – nicht zuletzt nach dem Abschluss des »Melker Protokolls« – möglich, dass Österreich und die Tschechische Republik, die sich ja den EU-Sanktionen gegen Österreich

---

102 Süddeutsche Zeitung 29. 1. 2002 (Michael Frank).
103 Neue Zürcher Zeitung 29. 12. 2005 (cer).
104 Respekt 27. 12. 2005 (Robert Schuster).
105 Neue Zürcher Zeitung 29. 12. 2005 (cer).
106 Vgl dazu: Die tageszeitung, 31. 1. 2002 (Ulrike Braun).
107 Lidové Noviny 26. 11. 2002 (Pavel Černoch).
108 Hospodářské noviny 3. 3. 2003 (Adam Černy).
109 Respekt 27. 12. 2005 (Robert Schuster); La Croix 5. 2. 2002 (Diane Maurice).

angeschlossen hatte, in der Person von Schüssel und dessen Regierungskollegen Miloš Zeman in der Lage waren, »das schwierigste Problem zu lösen – Temelín.«[110]

Aus Anlass des Staatsbesuches von Bundeskanzler Schüssel im Jänner 2005 in Prag bilanzierten die tschechischen Medien die Beziehung der letzten Jahre. Der österreichische Regierungschef habe gelächelt und so getan, als habe es nie einen diplomatischen Krieg um das Atomkraftwerk Temelín oder um die Beneš-Dekrete gegeben. Dies wäre umso bemerkenswerter, weil Temelín weiterhin stehe und Haiders Leute »bis heute« in der Regierung Schüssel seien.[111]

Da das Verhältnis zwischen zwei Staaten, die durch eine 500-jährige gemeinsame Geschichte aneinandergebunden sind, aufgrund von auffällig großer Nähe und enger historischer, gesellschaftlicher, aber auch mentaler Verwobenheit ein »typisches mitteleuropäisches Paradoxon« sei, würden Gespräche nie an einem »reinen Tisch« beginnen.[112]

Auch wären beide Staaten als Mitglieder in der EU aufeinander angewiesen, würde doch alleine schon aufgrund ihres Gewichts keines von ihnen ohne Verbündete auskommen.[113] Nach vielen unerfreulichen bis drohenden Worten, die vor allem vor dem Beitritt der Tschechischen Republik zur EU aus Wien zu hören waren, hatte sich der Ton in der letzten Zeit stark verbessert. Doch blieb das Niveau der Beziehungen weiter ausbaufähig. Beklagt wurden etwa die fehlenden Autobahnanbindungen und die nicht erfolgte Öffnung des Arbeitsmarktes für Tschechen. Der Kanzler meinte, dass es ihm besser gefallen würde, wenn die Tschechen als Angestellte österreichischer Firmen in Tschechien blieben, wodurch nicht zuletzt auch diese Firmen verdienen würden.[114] Von Wien nach Prag sei es eben immer weiter gewesen als von Prag nach Wien. »Wien war für Prag über Jahrhunderte die ausländische Metropole Nr. 1 und sollte es auch wieder werden.«[115] Nur schöne Worte allein seien dafür aber zu wenig.

FPÖ-Versammlung in Knittelfeld: »Gnadenloser Führerputsch nach klassischem Muster«[116]

Die Hochwasserkatastrophe im Sommer 2002 bewog die Bundesregierung (unter Einschluss der FPÖ-Minister) dazu, die bereits geplante Steuerreform zu verschie-

---

110 Hospodářské noviny 25. 11. 2002 (Luboš Palata).
111 Lidové Noviny 21. 1. 2005 (Luboš Palata).
112 Hospodářské noviny 20. 1. 2005 (Adam Černy); Respekt 24. 1. 2005 (Zbyněk Petrášek); Lidové Noviny 25. 9. 2005 (Petr Fischer).
113 Hospodářské noviny 20. 1. 2005 (Adam Černy).
114 Lidové Noviny 21. 1. 2005 (Luboš Palata).
115 Ebd.
116 Vgl. dazu: Die Zeit, 12. 9. 2002 (Werner A. Perger).

ben. Haiders dazu differierende Ansichten sowie weitere Meinungsverschiedenheiten führten am 7. September 2002 zur Abhaltung einer Versammlung in Knittelfeld ohne die Teilnahme der Parteivorsitzenden und Vizekanzlerin Susanne Riess-Passer. Als Folge traten die Vizekanzlerin, Finanzminister Karl-Heinz Grasser, Klubobmann Peter Westenthaler und später Infrastrukturminister Mathias Reichhold zurück. Bereits am übernächsten Tag wurde das Ende der Koalitionsregierung verkündet und wurden Neuwahlen angesetzt.

Für das Gros der ausländischen Presse demaskierte sich die FPÖ damit endgültig und präsentierte sich als »nationalistische, rechtspopulistisch-fundamentalistische Führerbewegung mit unübersehbar extremistischen wie sektiererischen Elementen ... Ein von seinen [Haiders, Anm. d. Verf.] Leuten eilig zusammengetrommeltes und von seinen Einpeitschern aufgeheiztes informelles Gremium veranstaltete ein Scherbengericht über die gewählte Parteiführung, die bei ihm, dem inoffiziellen Führer, in Ungnade gefallen war ... Wo Haider von Basis und von Demokratie spricht, hat ein Führerputsch stattgefunden, nach klassischem Muster, so gnadenlos und elitär wie eh und je in der Menschheits- und vor allem Parteiengeschichte, nur nicht so blutig wie in der revolutionären und totalitären Zeiten ...«[117] Es habe sich gezeigt, wie schnell der »Rechtspopulismus an seine Grenzen stößt, sobald er Regierungsverantwortung übernimmt«,[118] denn Regieren erfordere ein beständiges Suchen nach Konsens und Kompromissen. Die Umsetzung der eigenen Standpunkte sei selten realisierbar, was nicht dem radikalen Element der Populisten entspreche. Könnten populistische Politiker ihre Anliegen nicht schnell und umfassend umsetzen, werden sie »kapriziös und büßen an Popularität ein. Daher entschied sich Haider für die Flucht nach vorne«.[119]

Was aber bedeutete die neue Situation für das weitere Schicksal von Bundeskanzler Schüssel? Er verkündete zunächst, mit dem radikalen Flügel der FPÖ nicht zusammenarbeiten zu wollen. Seine Toleranz sei am Ende, weshalb er Neuwahlen befürworte. Seine Chancen auf Erhalt des Bundeskanzleramtes wurden anfangs als gering eingeschätzt, es schien, als habe er den Zenit seiner politischen Laufbahn überschritten. »Es wird eng für den Kanzler. ... Er hat gehandelt und stellt sich der Wahl. Nicht, dass er eine Alternative gehabt hätte. Dennoch hat er Haider offenbar überrascht. Der hatte Schüssel selbst diese verzweifelte Flucht nach vorn nicht zugetraut. Kanzler wird Schüssel nur bleiben, wenn er entweder die ÖVP zur stärksten Partei macht – was nicht wahrscheinlich ist [sic!] – oder die havarierte Koalition mit

---

117 Die Zeit 12. 9. 2002 (Werner A. Perger).
118 De Volkskrant 10. 9. 2002.
119 Ebd.; vgl. auch: The Independent 12. 9. 2002 (Stephen Castle, Barbara Miller); Financial Times 11. 9. 2002 (Brian Groom).

der verbliebenen Schmisse-FPÖ fortsetzt.«[120] Auf keinen Fall würde er den »Juniorpartner für die SPÖ«[121] abgeben.

Einig war sich die internationale Presse in ihrem Urteil über die Verantwortung an den vorgezogenen Neuwahlen, die unzweifelhaft Jörg Haider zufiel,[122] der für sein Vorgehen wenig schmeichelhafte Bezeichnungen zuerkannt erhielt, die vom »Unberechenbaren«[123] über den »alten Hexenmeister«[124] bis zum »Rumpelstilzchen«[125] reichten.

Nationalratswahl 2002: »Wolfgang Schüssel hat Jörg Haider entzaubert«[126], »Das Kapitel FPÖ ist beendet«[127]

Mit einem Plus von 15,4 Prozentpunkten und einem Gesamtstimmenanteil von 42,3 Prozent fiel der ÖVP-Sieg bei den Nationalratswahlen vom 24. November 2002 sehr deutlich aus. Ebenso aufschlussreich waren die Kommentare in der ausländischen Presse: »Gute Nachrichten aus Österreich«,[128] »Österreich kann der EU wieder in die Augen sehen«,[129] »Österreich, eine positive Lektion für Europa«,[130] »Substanz schlägt äußeren Schein«[131], »Die Stunde des Drachentöters«,[132] »Wolfgang Schüssel ist der Größte«,[133] »Biedermann bändigt die Brandstifter«,[134] »Zerstört«,[135] »Der Stern Haiders fällt vom Himmel und zerbricht«,[136]

---

120 Die Zeit 12. 9. 2002 (Werner A. Perger).Vgl. dazu auch: Die Wochenzeitung 12. 9. 2002 (Ralf Leonhard); Neuer Zürcher Zeitung 12. 9. 2002 (cer).
121 Die Wochenzeitung 12. 9. 2002 (Ralf Leonhard).
122 Vgl. dazu etwa: Frankfurter Rundschau 28. 8. 2002 (Ulrich Glauber); Svenska Dagbladet 9. 9. 2002; Gazeta Wyborcza 10. 9. 2002 (Robert Soltyk); Libération 10. 9. 2002 (Pierre Daum); Mladá fronta Dnes 10. 9. 2002 (Zita Senková); Le Monde 12. 9. 2002 (Joëlle Stolz); Die Wochenzeitung 12. 9. 2002 (Ralf Leonhard); Frankfurter Allgemeine Zeitung 12. 9. 2002 (Reinhard Olt).
123 Die tageszeitung 26. 9. 2002 (Ralf Leonhard).
124 Kölner Stadt-Anzeiger 28. 8. 2002 (Hans-Joachim Deckert).
125 Süddeutsche Zeitung 2. 9. 2002 (Michael Frank).
126 Rheinischer Merkur 28. 11. 2002 (Peter Meier-Bergfeld).
127 Die Welt 23. 12. 2002 (Petra Stuiber).
128 Politiken 26. 11. 2002.
129 De Volkrant 25. 11. 2002 (Marjon Bolwijn).
130 ABC 25. 11. 2002.
131 Il Messaggero, 25. 11. 2002 (Alessandro de Lellis).
132 Der Spiegel Berlin, 2. 12. 2002.
133 Die tageszeitung 25. 11. 2002 (Ralf Leonhard).
134 Süddeutsche Zeitung 26. 11. 2002.
135 Aftonbladet 25. 11. 2002.
136 Il Sole 24 Ore 26. 11. 2002 (Vittorio da Rold).

Bei oberflächlicher Betrachtung konnte das Wahlergebnis als Absage an Fremdenfeindlichkeit, Rassismus und Antisemitismus interpretiert werden, »the most important result of the Austrian election is that extremism, racism, xenophobia and anti-semitism were clearly trounced«.[137] Eine solche Näherung hätte jedoch vorausgesetzt, dass sich der Zuspruch zur FPÖ unter Hintanhaltung anderer Begründungen – verkrustete Strukturen und Abnützungserscheinungen der Großen Koalition – bei den Wahlen des Jahres 1999 alleine auf diese Eigenschaften hätte reduzieren müssen. Ein exakteres Bild liefert hier der Kommentar von Anton Pelinka und Andrei Markovits in der jüdisch-amerikanischen Zeitung »The Jewish Daily Forward« (oder kurz: »Forward«). »It was these reasons for unpredictability [Haider's political machinations that led to the signation of most of these members of the Freedom Party; Anm. d. Verf.] that the voters punished Haider and his party at the polls, and not – as many American Jews and Israelis would like to believe – for his enmity towards Israel, his anti-Semitic rhetoric, his diatribe against political correctness and his constant inveighing against American dominance and the E.U.«[138]

Über die bestimmende europäische Kontextualisierung der Wahl und der Bezugnahme auf Haider wird auch noch ein anderer Aspekt beleuchtet: Im für die ÖVP positiven Wahlergebnis drückt sich auch die Zustimmung der Wählerinnen und Wähler zu Schüssels wirtschaftlichen Reformen und Erfolgen aus: Arbeitslosigkeit von rund 5 Prozent, niedriges Budgetdefizit, ein über dem EU-Durchschnitt liegendes Sozialversicherungssystem mit Pensionen von durchschnittlich 1.000 Euro und einem Pensionsantrittsalter von 61,5 Jahren.[139] Auch habe sich Bundeskanzler Schüssel beim Hochwasser im Sommer 2002 als »fähiger Organisator« erwiesen, der die »Sorgen der normalen Menschen sowie die der Klein- und mittelständischen Unternehmen ernst« nehme.[140]

Als »entscheidenden Wahlkampf-Coup«[141] wurde die Nominierung Grassers als unabhängiger Finanzminister durch Bundeskanzler Schüssel gewertet, der sich für den Wahlausgang als ausschlaggebend erweisen sollte, denn »Finanzminister Karl-Heinz Grasser erkoren die Österreicher ... zum beliebtesten Politiker. Schüssel nutzte die Verärgerungen des FPÖ-Jungstars über die Querschüsse seines Kärntner Entdeckers Jörg Haider, um ihn abzuwerben und den Abtrünnigen als grundsatztreuen Reformer in den eigenen Wahlkampf einzubauen«.[142] Jörg Haider schäumte, sprach von »Verrat« und ließ ausrichten, auch »persönlich betroffen« zu sein.[143] Bundeskanzler Schüssel habe in

---

137 Jewish Telegraphic Agency 26. 11. 2002 (Toby Axelrod).
138 Forward 29. 11. 2002 (Anton Pelinka, Andrei Markovits).
139 El País 25. 11. 2002 (Javier Moreno).
140 Právo 25. 11. 2002 (Jan Kovařík).
141 Süddeutsche Zeitung 13. 11. 2002 (Michael Frank).
142 Frankfurter Rundschau 3. 3. 2003 (Ulrich Glauber).
143 Hamburger Abendblatt 13. 11. 2002 (Günther Hörbst).

dieser Situation erneut seine Fähigkeiten unter Beweis gestellt, wisse doch in Österreich »jeder Schulbub«, dass Schüssels Gehirn »unter Stress … besonders gut« arbeite.[144]

Besonders positiv fiel die Berichterstattung über den ÖVP-Wahlerfolg in den Qualitätszeitungen jener Länder aus, die einen ähnlich rasanten Aufstieg einer extremistisch-populistischen Partei zu verzeichnen hatten. So urteilte man etwa in den Niederlanden über die aufgegangene Strategie Schüssels sehr eindeutig: »Mit Populisten sollte man regieren« und »Richtungsgeber Österreich«.[145] Gerade auch im Hinblick auf die vormals verhängten Sanktionen habe sich der Blick Europas wesentlich entschärft, »paradoxerweise nicht zuletzt auch deshalb, weil das alpenländische Beispiel Schule gemacht hat: Italien, die Niederlande, Dänemark haben Parteien ähnlich problematischen Zuschnitts in der Regierung, in anderen Ländern könnte dies noch bevorstehen«.[146]

Auch wurde das Ergebnis vor dem Hintergrund der jeweils eigenen dominierenden und prioritären politischen Themen gesehen, so etwa in Polen, das sich damals auf den Beitritt zur Europäischen Union vorbereitete. Das Wahlergebnis sei eine »gute Nachricht für die EU-Kandidaten«. Dies ließe sich eindeutig aus dem Ergebnis herauslesen, denn die extremen Rechten hätten im Wahlkampf »die Blockade des Erweiterungsprozesses« verlangt.[147] Das Wahlergebnis sei auch für Tschechien »angenehm«: »Unsere Wanderung in die EU wird in Wien nicht verzögert werden.«[148]

Eher kritisch zeigte sich die ungarische »Magyar Hirlap« in ihrer Analyse des Wahlergebnisses: Der Erfolg der ÖVP würde alleine schon deshalb überraschen, da sie in der bisherigen Regierungszeit keine umfassenden Reformen durchgesetzt habe. Grundsätzliche Verbesserungen wären ausgeblieben, die geringere Verschuldung wäre vor allem durch Steuererhöhungen finanziert worden.[149]

Laut einer umfassenden wie tiefgründigen französischen Analyse[150] präsentierte sich Österreich nach den Wahlen als »schwarzes Meer«, in dem einige rote Bojen, wie etwa die Stadt Wien, schwimmen würden. Der ÖVP wäre es gelungen, viele Jungwähler für sich zu gewinnen, was nicht zuletzt auf die Kandidatur des »attraktiven jungen« Karl-Heinz Grasser zurückzuführen gewesen sei, den der vormalige Präsident der Industriellenvereinigung, Herbert Krejci, als »Produkt der Medienmaschinerie« bezeichnete, also einen »Haider für bessere Kreise«.

Das Ausland aber sei erleichtert, da die Österreicher der Rechten den Rücken gekehrt hätten, deren Aufstieg noch drei Jahre zuvor unaufhaltsam schien. »Zum großen

---

144 Ebd.
145 NRC Handelsblad 26. 11. 2002.
146 Süddeutsche Zeitung 26. 11. 2002 (»Ein Problem löst sich selbst«); Hufvudstadsbladet 26. 11. 2002.
147 Rzeczpospolita 25. 11. 2002 (Andrzej Niewiadowski).
148 Lidové Noviny 25. 11. 2002 (Petr Fischer).
149 Magyar Hirlap 25. 11. 2002.
150 Le Monde 7. 12. 2002 (Joëlle Stolz).

Ärger ihrer Gegner darf sich die ÖVP des Verdienstes rühmen, diesen gigantischen Absturz herbeigeführt zu haben«, der nicht nur im machiavellistischen Genie konservativer Strategen, sondern auch in der von »Dämonen geschüttelten Seele Haiders« und dem für die FPÖ tödlichen Konflikt zwischen »Oppositionsgeist und Regierungsverantwortung« begründet sei. Das Fazit dieser Wahl sei eindeutig: Der vormals von ganz Europa geächtete österreichische Bundeskanzler wird von der internationalen Presse als jener Held gefeiert, der das rechte Ungeheuer zu Fall gebracht hat.

Das offizielle Frankreich hatte sich nach zweitägigen Konsultationen dazu durchgerungen, Wolfgang Schüssel eine Glückwunschadresse zukommen zu lassen, die von der »Verbundenheit mit unseren gemeinsamen Werten« sprach. Interessant ist freilich die Parallele zwischen dem französischen Staatspräsidenten und dem österreichischen Bundeskanzler: Beide waren aus dem Kampf mit der Rechten siegreich hervorgegangen, wenn auch der Weg ein anderer gewesen war. Waren es in Wien die Mittel der Inklusion, die zum Erfolg geführt hatten, wurde im Fall von Paris die genau entgegengesetzte Methode zur Anwendung gebracht und die Front National ausgegrenzt.

Ein »historischer Fehler« als »Meisterstück«[151]: »Wolfgang Schüssel ist der Grösste«[152]

Die französische Presse bezeichnet den Wahlerfolg der ÖVP als historisch und schrieb diesen »Erdrutschsieg« durchwegs Wolfgang Schüssel persönlich zu.[153] Der vom deutschen Außenminister Joschka Fischer so bezeichnete »historische Fehler« – die Koalition mit der FPÖ – erwies sich als »Meisterstück«.[154] Zunächst von ganz Europa geschmäht, »wird er nun in die Annalen der Geschichte eingehen als derjenige, der seiner Partei das traurige Schicksal etwa der italienischen Christdemokraten erspart hat«.[155]

In jedem Fall aber habe sich Schüssel »neben dem Erhalt der Kanzlerschaft bleibende historische Verdienste erworben. Er hat ... das Land von Haider und der von diesem erzeugten Psychose befreit«.[156] Sein Sieg sei überdies ein dreifacher: Erstens hat er die Sozialdemokraten besiegt, die 36 Jahre lang stärkste Partei waren, zweitens triumphierte er über die »radikalen Freiheitlichen, die er einen Kopf kürzer«

---

151 Le Figaro 25. 11. 2002 (Stéphane Kovacs).
152 Die tageszeitung 25. 11. 2002 (Ralf Leonhard).
153 Le Monde 26. 11. 2002 (»Die Konservativen stoppen ...« – Joëlle Stolz).
154 Le Figaro 25. 11. 2002 (Stéphane Kovacs).
155 Le Monde 26. 11. 2002 (»Ein überzeugter Europäer ...« – Joëlle Stolz).
156 Frankfurter Allgemeine Zeitung 26. 11. 2002 (Reinhard Olt).

gemacht hat, und drittens siegte er über Europa, das ihn noch zwei Jahre zuvor geächtet hatte, nachdem er mit der FPÖ eine Regierung eingegangen war.[157]

Schüssels Resümee über den Wahlsieg vor dem Hintergrund der über sein Land verhängten Sanktionen fiel in der Berichterstattung sachlich aus: Er habe lediglich den Wunsch, dass sich jene, die Österreich geächtet hätten, in den Spiegel schauen und fragen sollten, ob sie mit ihrem Vorgehen richtig gehandelt haben.[158] Befragt zu seinen weiteren politischen Optionen, »hält er sich mit dem üblichen taktischen Geschick auch weiterhin alles offen«,[159] »Mit dem feinen Lächeln des Sprengstoffexperten, der die selbst verursachten Detonationen in sicherer Entfernung genießt, beobachtet Wolfgang Schüssel, wie die politische Landschaft um ihn herum erodiert. Die ehemals chronisch zerstrittene ÖVP, seine ÖVP, hat er zur stromlinienförmigen Kanzlerpartei geformt. [Er hat dabei mitgeholfen], die FPÖ von der zweitstärksten Kraft im Lande in einen Trümmerhaufen [zu verwandeln]. Die Grünen hat er durch regelmäßige Verweise auf das rot-grüne Chaos in Deutschland in enge Wählerschranken verwiesen. Was bleibt? Die SPÖ. Die Partei Bruno Kreiskys. Die Partei, die von 1970 bis 2000 ununterbrochen den Kanzler stellte. Die Partei, die jetzt zum ersten Mal seit Menschengedenken nicht mehr die Nummer eins im Land ist«.[160] Diese wurde von Schüssel der »Vaterlandslosigkeit geziehen«, da sie während der Zeit der über Österreich verhängten EU-Sanktionen mit den Feinden der Heimat »champagnisiert« hätte.[161]

Wolfgang Schüssel sei zwar von »kleiner, zierlicher Gestalt«, verfüge aber über »Nerven aus Stahl« und habe den auf seine Person zugeschnittenen Wahlkampf dominiert. Auf die heftigen verbalen Attacken Haiders (»verhinderter Napoleon«) reagierte Schüssel nicht – was ihm den Beinamen »Schweigekanzler« eingebracht hatte.[162] Mit Haiders Hilfe Kanzler geworden zu sein, habe ihn viele Entgleisungen des Kärntner Landeshauptmannes ertragen lassen. »Wegschauen, Weghören, Schweigen, zweieinhalb Jahre lang, tapfer und still, bis an die Grenze der Würdelosigkeit, um dann zuzuschlagen« und Haider »in die Falle der Selbstzerstörung laufen zu lassen«.[163]

Schüssel »kontrolliert derzeit jede Wendung auf Österreichs politischer Szene unumschränkt«. Außerdem sei es Schüssel gelungen, die Macht der Bünde innerhalb der ÖVP und die der Landeshauptleute zu brechen, um so die Partei unter seiner Führung zu vereinen.[164]

---

157 De Volkskrant 25. 11. 2002 (MarjonBolwijn).
158 Le Monde 26. 11. 2002 (»Ein überzeugter Europäer« … – Joëlle Stolz).
159 Neue Zürcher Zeitung 11. 12. 2002 (cer).
160 Der Spiegel 2. 12. 2002.
161 Süddeutsche Zeitung 26. 11. 2002 (»Biedermann bändigt die Brandstifter«).
162 La Croix 26. 11. 2002 (Diane Maurice).
163 Die Zeit 28. 8. 2002 (Werner A. Perger).
164 Süddeutsche Zeitung 21. 12. 2002 (Michael Frank).

Abseits seiner politischen Qualitäten beschäftigte sich die ausländische Presse auch mit den Vorlieben des Privatmannes Schüssel. So wird er als äußerst kunstsinnig geschildert, er spiele mehrere Instrumente, illustriere Kinderbücher und besuche auch ohne Fotografen Museen.[165] »The epithet most usually added to the name of Wolfgang Schüssel is ›wily‹ [gerissen, schlau, trickreich, Anm. d. Verf.], reflecting the Austrian chancellor's skills as a tactician and negotiator …. He is also known for his deft doodles [gewandte Kritzeleien, Anm. d. Verf.] – sometimes sketched during the longueurs of political meetings.«[166]

Wer Schüssel aber wirklich verstehen wolle, müsse ihm »beim Fußballspielen« zusehen, wie einmal ein Parteifreund urteilte. Dort sah man einen »ehrgeizigen Stürmer, der mit schmalen Lippen, enormer Laufarbeit und mitunter auch unfairen Methoden viele Bälle erkämpfte und einen unwiderstehlichen Zug zum Tor hatte. Manche sahen auch: einen technisch versierten Taktiker, der beständig an der eigenen Kondition feilte. Viele übersahen: einen Spieler, der gelernt hatte, manchmal auch Umwege zu laufen, um zum Ziel zu kommen, der nicht jeden Treffer um jeden Preis selbst erzielen musste. Denn Wolfgang Schüssel ist lernfähig wie kaum ein anderer österreichischer Spitzenpolitiker – und er ist zäher als die meisten«.[167]

»FPÖ zerfällt bei konstanter Halbwertzeit«[168] – »Faktische Alleinregierung der ÖVP«[169]

Ganz anders fällt das Urteil der internationalen Presse über Jörg Haider und die FPÖ aus. Haider, der sich in diesem Jahr schon insgesamt fünfmal »endgültig« zurückgezogen hatte, habe zwar mit seiner Partei die Wahlen verloren, mit seinen populistischen Forderungen aber die Politik vergiftet[170] und sich mit seiner »narzisstischen Unberechenbarkeit« selbst aus dem Spiel genommen.[171] Haider habe in den beiden Jahren vor der Wahl gezeigt, dass er mit seiner Partei an der Realität der Machtverhältnisse und der Regierungsverantwortung gescheitert[172] und dass er »zum Mittragen [der Regierungsverantwortung, Anm. d. Verf.] nicht wirklich fähig sei, hat er doch sein Regierungsteam um Vizekanzlerin Riess-Passer

---

165 Berlingske Tidende 25. 11. 2002 (Michael Kuttner).
166 Financial Times 19. 12. 2005.
167 Die Welt 26. 11. 2002 (»Mit ›Gottes Geschick‹« … – stui)
168 Frankfurter Rundschau 16. 12. 2002 (Uwe Mattheiss).
169 Frankfurter Allgemeine Zeitung 11. 3. 2003 (Reinhard Olt).
170 El País 2. 12. 2002 (Javier Ortega); Die Welt 3. 12. 2002 (Petra Stuiber).
171 De Standaard 26. 11. 2002 (Jorn de Cock).
172 Financial Times 26. 11. 2002.

zerstört. Nur auf diesem Weg war es möglich, Haiders oppositionellen Ikarusflug zu entmythologisieren«.[173]

Der noch an der Jahreswende 1999/2000 als Bedrohung für den Erhalt der europäischen Wertegemeinschaft gesehene Haider hatte mit der Wahl im Jahr 2002 sein Ansehen eingebüßt sowie seine Strahlkraft und seinen Schrecken verloren. In der ausländischen Presse wurde er bereits als »Spektakelmacher«[174] bezeichnet. »Haider, der sich für Macht interessiert, nicht aber für Politik, hat … eine sehr dünne Haut und längst nicht das Durchhaltevermögen des zähen Stehers Schüssel.«[175] Seine »Widersprüche und Ungezügeltheit boten Schüssel die vielleicht schon über einen längeren Zeitraum geplante Gelegenheit zu Neuwahlen.«[176] Einfache Losungen und Slogans seien an der Realität gescheitert.[177] Seit der Wahl »irrlichtert Haider mit immer neuen Aussagen durch die politische Landschaft Österreichs, sprunghafter noch als zuletzt, zwanghafter als je und schwankend zwischen endgültigem Abschied und Neuanfang auf den Trümmern seiner alten Partei, seiner Partei. Er hat sich sichtbar müde gestrahlt, sein bubenhafter Charme ist gewichen – geblieben ist etwas, was aussieht wie Dorian Gray am Fuß der Karawanken«.[178]

Haiders FPÖ sei »innerhalb eines halben Jahres … von Stichwortgebern zu Statisten geschrumpft.«[179] Gerade in diesem Punkt würde es sich deutlich zeigen, dass »Protestbewegungen der lange Atem fehlt. Sie sind Symptome realer Probleme, die sie aber nicht lösen können. Um Probleme wie Einwanderung, die Bewahrung der eigenen kulturellen Identität und dergleichen lösen zu können, braucht es Kompetenz, Mäßigung und Überzeugungskraft, anders gesagt: echte politische Professionalität«.

Unterziehe man die Parteistrukturen der FPÖ einer näheren Betrachtung, ließe sich verstehen, dass ihr Zusammenbruch vorhersehbar war. Der Mangel an qualifizierten Funktionären erkläre sich aus dem zu raschen Wachstum der FPÖ, die – trotz annähernder Stimmengleichheit bei der Wahl 1999 – über ein weitaus geringeres Potenzial an Stammwählern verfüge als die ÖVP. »Die FPÖ hat sich total lächerlich gemacht, als vier ihrer Minister wegen offensichtlicher Inkompetenz zurücktreten mussten.« Schüssel »hat in allen wichtigen Fragen seinen Willen durchgesetzt und seinem Partner lediglich die Rolle des Außenseiters zugewiesen«.[180]

Der damalige konservative finnische Finanzminister Sauli Niinistö, der bei den Präsidentschaftswahlen im Jahr 2006 Tarja Halonen unterliegen sollte, urteilte sehr

---

173 Neuer Zürcher Zeitung 28. 11. 2002 (Bü).
174 El País 25. 11. 2002 (Hermann Tertsch).
175 Süddeutsche Zeitung 26. 11. 2002 (»Der gekränkte Volkstribun«).
176 Corriere della Sera 25. 11. 2002 (Sergio Romano).
177 La Repubblica 25. 11. 2002 (Andrea Bonanni).
178 Der Spiegel 2. 12. 2002.
179 Handelsblatt 26. 11. 2002 (Oliver Stock).
180 Libération 25. 11. 2002 (Pierre Daum).

eindeutig über den Ausgang der Wahl. Niinistö betrachtete das Wahlergebnis als Lehre an alle, die die EU-Sanktionen als angemessene Reaktion auf die Regierungsteilnahme der FPÖ erachtet hatten. Er zeigte sich auch davon überzeugt, dass das Wahlergebnis ganz anders aussehen würde, wenn die FPÖ keine Regierungsverantwortung übernommen hätte. In der Regierung hätte sich die FPÖ wie ein »Musterschüler« benommen, während sie sich in der Opposition noch mehr radikalisiert habe, so Niinistö. Die Causa der EU-Sanktionen würde lehren, dass man in der Demokratie alle Entscheidungen respektieren müsse, auch wenn man eine andere Meinung einnimmt. »Es hat den Anschein, also ob die Demokratie ein sich selbst korrigierendes System ist. ... Auf längere Sicht siegt aber die Vernunft.«[181] Kurzum: In einer funktionierenden Demokratie wird gewählt, wer zu regieren versteht.[182]

Nach dem triumphalen Wahlsieg standen Wolfgang Schüssel alle Koalitionsoptionen offen, wenn auch Varianten in den Analysen gleich von Anfang an verworfen wurden bzw. als unwahrscheinlich eingestuft wurden. Als problematisch wurde die mögliche Einigung auf eine Große Koalition erachtet (»mit den Sozialdemokraten zu gehen, hieße teilen«),[183] wenngleich festgestellt wurde, dass Schüssel seine »strategische Begabung« verleugnen würde, »unternähme er nicht zumindest den Versuch, mit der SPÖ zu wiederholen, was mit der FPÖ so wunderbar klappte: Erst umarmen, dann ersticken«.[184]

Dennoch würde die Bildung einer Großen Koalition einen Rückschritt zu alten »starren Regierungsformen« bedeuten, die den nunmehr geschwächten populistischen Rechten erneut Auftrieb verleihen würde,[185] worauf Haider wieder »voll das wird – so wie er es am besten kann: in aggressiver Opposition.[186] Im Verhältnis zur FPÖ jedoch hätte sich Entscheidendes geändert: »In den vergangenen drei Jahren war Schüssel Kanzler von der FPÖ und Jörg Haiders Gnaden. Es gab keinen anderen möglichen Partner. Die Gefahr, der geltungssüchtige Haider oder die Seinen könnten die Koalition sprengen, lag über jedem Tag und hat sich letztlich bewahrheitet. Nochmals in der Regierung müsste jetzt jedoch die FPÖ fürchten, dass Schüssel sie bei Unbotmäßigkeit zum Teufel jagt. Denn er hat noch zwei andere Partner ... Und sollte wider Erwarten gar keine Koalition funktionieren, wären auch rasche Neuwahlen auf Bundesebene denkbar, die Schüssel als Letzter fürchtet: Er traut sich zu, im Sog des Triumphs vom November auf eine absolute Mehrheit zuzumarschieren.«[187]

---

181 Suomen Kuvalehti, 29. 11. 2002 (Tuomo Lappalainen).
182 La Stampa 25. 11. 2002 (Gian Enrico Rusconi).
183 Süddeutsche Zeitung 21. 12. 2002 (Michael Frank).
184 Der Spiegel 2. 12. 2002.
185 Le Monde 7. 12. 2002 (Joëlle Stolz).
186 Die Welt 10. 12. 2002 (Petra Stuiber).
187 Süddeutsche Zeitung 21. 12. 2002 (Michael Frank).

Die Bildung einer schwarz-grünen Koalition hingegen erschien als unwahrscheinlich: Die Grünen »have firmly ruled out a deal; many of them cannot forgive Mr. Schüssel for his previous alliance with Mr. Haider«.[188] Darüber hinaus hätte die ÖVP dem Verlangen der Grünen nach der Übernahme eines der Schlüsselressorts Äußeres, Wirtschaft oder Finanzen entsprechen müssen und hätte jede Entscheidung mit größerer Tragweite nur nach einem Basis-Votum der Bundesversammlung beschließen können.[189]

Am 28. Februar 2003 trat mit der Angelobung der Regierung Schüssel II die Arbeit der Bundesregierung in eine neue Phase. Die Gründe für die neuerliche Einigung mit der FPÖ als Regierungspartner erschienen plausibel: »Die Wiederauflage der Verbindung mit einer geschwächten FPÖ bot Aussicht auf das, was jeder Partei am meisten frommt: faktische Alleinregierung.«[190] Vor allem in den italienischen Printmedien wurde die Frage gestellt, ob die Ämtervergabe an Jörg Haiders Schwester Ursula Haubner und an Josef Pröll, den Neffen des mächtigen niederösterreichischen Landeshauptmannes mit einem »Familienmodell all'italiana« oder dem Nepotismus im alten Rom vergleichbar sei. In Österreich würden die Dinge anders liegen, denn »Haider und Pröll sind die schlimmsten Feinde Schüssels«.[191] Mit diesen zwei Geiseln würde Schüssel »Kriegshandlungen« unterbinden und damit »Schweigen und Macht« erzwingen.[192] Schließlich aber habe er die FPÖ gedemütigt und ihr das Koalitionsprogramm diktiert.[193] Haiders Schwester Ursula Haubner wurde als »gemäßigt«[194] bezeichnet. »She is close to her brother but does not have his record of racist and xenophobic remarks, leading some political experts to note that she is unlikely to do anything to embarrass the coalition.«[195] Anneliese Rohrer wird mit den Worten zitiert: »She is an insurance policy for the chancellor. ... He can say to Haider: I put your sister in the government, now please stay out.«[196] Die Ernennung des »fachlich durchaus qualifizierten«[197] Josef Pröll zum Landwirtschaftsminister sei ebenso als Zugeständnis an den niederösterreichischen Landeshauptmann Erwin Pröll zu verstehen, der das erneute Zusammengehen seiner Partei mit der FPÖ sehr kritisch sehe. Offenbar sollte er damit beschwichtigt werden.[198]

---

188 The Economist 30. 11. 2002.
189 Frankfurter Allgemeine Zeitung 11. 3. 2003 (Reinhard Olt.)
190 Ebd.
191 La Repubblica 2. 3. 2003 (Paolo Rumiz).
192 Ebd.
193 Libération 1./2. 3. 2003 (Pierre Daum); La Libre Belgique 1./2. 3. 2003 (Pierre Daum).
194 Le Soir 3. 3. 2003 (Pascal Martin).
195 The New York Times 1. 3. 2003 (Marc Landler).
196 Ebd.
197 Neue Zürcher Zeitung 3. 3. 2003 (cer).
198 Ebd.

»When Austrian Chancellor Wolfgang Schüssel presented his second coalition with the far-right Freedom Party ..., there were no howls of protest at home or abroad.«[199] Politiknahe Österreicherinnen und Österreicher würden sich jedoch die Frage stellen, warum sie – trotz evidenter Kräfteverschiebung innerhalb der Bundesregierung – überhaupt zur Wahlurne gegangen seien. Die Antwort auf diese Frage wird in einer Form gegeben, die zwar aus der Sicht des Wahlsiegers einleuchtend erscheint, für die politikaffine Öffentlichkeit aber kaum als Erklärungsmodell genügen kann: »This time the People's Party will be able to govern virtually on its own.«[200] Oder in den Worten der »Süddeutschen Zeitung«: »Die Koalition ist dem Namen nach die gleiche wie in den vergangenen drei Jahren, ihre inneren Kräfteverhältnisse sind jedoch völlig andere.«[201]

Gründung des BZÖ: »Säuberung der FPÖ von den Destruktiven«[202]

Die sich abzeichnende Spaltung der Freiheitlichen Partei wurde bereits am Wahlabend im Jahr 2002 vorweggenommen.[203] Nachdem die FPÖ zum wiederholten Mal bei Landtagswahlen (zuletzt in Niederösterreich und der Steiermark) starke Verluste hinnehmen musste, kündigte Jörg Haider an, die Partei von »Destruktiven« zu säubern, um so einen »Neustart zu simulieren«. In der Zwischenzeit wurden Vertreter der sogenannten FPÖ-Rechten, wie etwa Andreas Mölzer, Ewald Stadler und Heinz-Christian Strache, »symbolisch aus Vorstandsämtern entfernt ... Haider aber ... ist vom Alpenayatollah zum Gletscherschlumpf geschrumpft. Der einst strahlende ewige Sieger fürchtet nichts mehr als die Niederlage ... Haider wagt das Eingeständnis nicht, dass er, der die FPÖ groß gemacht hat, ebenso ihren sich anbahnenden Untergang verantwortet«.[204]

Bemerkenswert ist, dass Bundeskanzler Schüssel, gerade als die FPÖ vor dem Untergang stand, einen Arbeitsbesuch beim französischen Staatspräsidenten Jacques Chirac absolvierte. Möglicherweise, um sich für die damalige Regierungsbeteiligung der extremen Rechten die »endgültige Absolution zu holen«,[205] auch wenn im Hintergrund immer noch Spannungen existierten.[206] Am darauffolgenden Tag emp-

---

199 Financial Times 10. 3. 2003 (Eric Frey).
200 The Economist 1. 3. 2003.
201 Süddeutsche Zeitung 1. 3. 2003 (Michael Frank).
202 Süddeutsche Zeitung 16. 3. 2005 (Michael Frank).
203 De Standaard 26. 11. 2002 (Jorn de Cock).
204 Süddeutsche Zeitung 16. 3. 2005 (Michael Frank).
205 Süddeutsche Zeitung 18. 3. 2005 (Michael Frank).
206 Le Figaro 17. 3. 2005 (Maurin Picard).

fing Wolfgang Schüssel den deutschen Bundeskanzler Gerhard Schröder in Wien. »Ebenso wie am Vortag bei Schüssels Treffen mit den französischen Regierungsspitzen wurde auch in Wien mit selbstverständlich wirkender Gelassenheit die bilaterale Normalisierung markiert.«[207]

»TU FELIX AUSTRIA, JUBLE!«:
»DAS GEDANKENJAHR 2005 ALS JUBILÄUMSOVERKILL?«[208]

Das von Wolfgang Schüssel ausgerufene und von Staatssekretär Franz Morak organisierte »Gedankenjahr« hatte das Ziel, »Reflexionsarbeit« zu leisten. Alle Aktivitäten ließen sich um drei Eckdaten gruppieren: 60 Jahre Kriegsende (1945), 50 Jahre Staatsvertrag (1955), 10 Jahre EU-Beitritt (1995), aber auch der 100 Jahre zurückliegenden Verleihung des Friedensnobelpreises an Bertha von Suttner wurde gedacht.

Laut einer Studie wussten allerdings 55 Prozent der Bevölkerung vorab nicht, welche Bedeutung die Gedenkfeiern hatten. Keines der drei offiziell gefeierten Hauptereignisse »stößt in der Bevölkerung auf echte Begeisterung«.[209] Man vergisst auch nicht, daran zu erinnern, dass sich Österreich bei »historisch heikleren Jahrestagen« wie etwa dem Jahr 1938 gerne etwas »verschämt aus der Affäre gezogen hat. Die Erinnerung des Staatsvertrages dagegen zählt zum fixen Bestandteil einer historischen Folklore, die anekdotenreich an ein Ende des Schreckens und die unschuldige Wiedergeburt des Landes als Republik erinnert«.[210]

Dennoch oder gerade auch deshalb wurden mit »Liebe zum Detail« 100 Ausstellungen konzipiert. Eines der öffentlichkeitswirksamsten Kunstprojekte war das über den Zeitraum eines ganzen Jahres angelegte »25 peaces – 25 pieces. Die Zukunft der Vergangenheit«,[211] das »mit ganz speziellen öffentlichen Gedankensplittern und Aktionen im ganzheitlichen öffentlichen Raum«[212] zum aktiven Mitdenken ermutigte. »Am Ballhausplatz fand man zusehends Gefallen an der Selbstinszenierung des Landes, die ›jenseits der Parteipolitik‹ eine ›Standortbestimmung mit Blick in die Zukunft‹ (Morak) sein soll … Der Kanzler wird zwangsläufig als Maître de Plaisir im Mittelpunkt des Geschehens stehen. Auch die Opposition begriff, dass 2005 für die Regierung ein publizitätsträchtiges Jahr wird, dem im ersten Halbjahr 2006 der nicht minder bildträchtige und medial wirkmächtige EU-Vorsitz folgt. Und zuvorderst die

---

207 Neue Zürcher Zeitung 19. 3. 2005 (cer).
208 Vgl. dazu: Die Welt 14. 2. 2005 (Ulrich Weinzierl); International Herald Tribune, 12. 3. 2005 (Eric Pfanner).
209 Le Figaro 14. 1. 2005 (Maurin Picard).
210 Neue Zürcher Zeitung 21. 1. 2005 (Paul Jandl).
211 Neue Zürcher Zeitung 21. 6. 2005 (cer).
212 Vgl. www.25peaces.at. Abgerufen am 12. 12, 2011.

ÖVP dürfte im Herbst beruhigt in die Nationalratswahl gehen können.«[213] Manch einer könnte meinen, dass dieses »Zusammentreffen von Zeitpunkten und Umständen kein Zufall« sei.[214] Eines bleibt jedoch unbestritten: die propagandistische Nutzung der öffentlichen Bühne, denn »im kollektiven Gedächtnis zählen bekanntlich weniger Fakten als Erzählungen, also Interpretationen. Es ist alles eine Frage der Inszenierung, von Angemessenheit und Takt«.[215]

Trotz alledem bestehe aber die »Hoffnung auf Selbstreflexion«, »um ohne Verdrängung« den Zusammenhang zwischen kultureller und intellektueller Größe einerseits und der Nähe zum Nationalsozialismus andererseits zu verstehen. Auch würde das Gedenken an die Verabschiedung des Neutralitätsgesetzes und den Abzug der Besatzungstruppen 1955 den Schluss nahelegen, dass das österreichische Erinnern mehr auf die »Befreiung von den Befreiern« als auf die »Befreiung vom Nationalsozialismus« reflektiere.[216] Am Ende des Gedankenjahres wird nüchtern bilanziert: »Im generellen Jubel über die historischen Eigenleistungen hat man die tragende Rolle der Alliierten bei der Befreiung Österreichs kaum gewürdigt. Auch die weit über 1945 hinausreichende Frage nach den Opfern der NS-Zeit blieb großteils ausgeklammert.«[217]

Vergangenheitsbewältigung: »Österreich auf der Couch der Historiker«[218]

Die verfehlten Äußerungen des aus Kärnten stammenden Bundesrates und Gurker Bürgermeisters Siegfried Kampl, der im Juli 2005 turnusmäßig den Vorsitz des österreichischen Bundesrates hätte übernehmen sollen, über die Rolle von Wehrmachtsdeserteuren und über die angebliche »brutale Naziverfolgung« in Österreich nach dem Zweiten Weltkrieg sorgten für internationale Empörung. »Das Positive daran war, dass er [Kampl, Anm. d. Verf.] mit falschen Behauptungen die richtige Diskussion auslöste – und damit dem von Bundeskanzler Schüssel proklamierten ›Gedankenjahr‹ doch noch zu einem tieferen Sinn verhalf.«[219]

Dem vorangegangen war der Fall des Psychiaters Heinrich Gross, dem die persönliche Beteiligung am »Euthanasie-Programm« der Nationalsozialisten und die Tötung von Kindern zur Last gelegt wurde.[220] Gross wurde in der Nachkriegszeit

---

213 Frankfurter Allgemeine Zeitung 3. 1. 2005 (Reinhard Olt).
214 Il Gazzettino 3. 1. 2005 (Marco Di Blas).
215 Die Welt 14. 2. 2005 (Ulrich Weinzierl).
216 Il Gazzettino 10. 1. 2005 (Marco Di Blas).
217 Neue Zürcher Zeitung 23. 12. 2005 (Paul Jandl).
218 Il Sole 24 Ore 16. 3. 2002 (Flavia Foradini).
219 Neue Zürcher Zeitung 22. 8. 2005 (Charles Eric Ritterband).
220 Süddeutsche Zeitung 10. 8. 2005 (Michael Frank).

das genaue Gegenteil der von Kampl verzeichneten »brutalen Verfolgung« zuteil, »nämlich wohlwollene Förderung«.[221] Auch wenn der Widerhall dieser beiden Fälle in den ausländischen Medien relativ gering war, wurden Fragen betreffend die Vergangenheitsbewältigung Österreichs, den Umgang mit den Opfern bzw. mit Restitution und Entschädigungen oftmals thematisiert.

Die Bewältigung der Vergangenheit wird thematisch in die Nähe einer psychotherapeutischen Behandlung gerückt, »Österreich auf der Couch der Historiker«,[222] wurde etwa analysiert. Dem Land wurde für seine Anstrengungen Anerkennung gezollt, die auch zu praktischen Konsequenzen (Schaffung und Kompetenzausweitung von Nationalfonds bzw. Versöhnungsfonds) geführt hätten. Der Präsident des österreichischen Verwaltungsgerichtshofes Clemens Jabloner, der von 1998 bis 2003 Vorsitzender der Historikerkommission war, urteilte mit sehr deutlichen Worten über die Rolle Österreichs bei der Enteignung und Verfolgung von Juden und sprach von einer »organisierten Kriminalität ohne Parallele in der Geschichte«.[223]

Nach dem Abschluss des Washingtoner Abkommens am 17. Jänner 2001[224] wurde der Nationalfonds mit der Entschädigung für entzogene Mietrechte, Hausrat und persönliche Wertgegenstände eingesetzt und mit finanziellen Mitteln in Höhe von 150 Millionen US-Dollar ausgestattet. Nach einem entsprechenden Gesetzesbeschluss im Mai 2001 nahm der mit 210 Millionen US-Dollar dotierte »Allgemeine Entschädigungsfonds« seine Arbeit auf und widmete sich der Auf- und Bearbeitung von Vermögensverlusten. Die Berichterstattung war kritisch: »Bisher nicht abgegoltene Verluste der NS-Opfer [sollen] mit einer allerdings mehr symbolischen als wirklichen substanziellen Entschädigung abgegolten werden. … Außerdem werden die Opfer in die Rolle von Bittstellern gedrängt, also einmal mehr erniedrigt.«[225]

Im Gegensatz zu Deutschland und Frankreich – in denen das Fondsvolumen nach oben hin unbegrenzt blieb – konnten Kläger in Österreich nur hoffen, den Wert von etwa 13 Prozent »ihres geraubten Eigentums zurückzuerhalten«.[226]

Dennoch ging all dem ein Umdenkprozess voran: Österreich sah sich nicht mehr nur als Opfer des NS-Regimes, sondern auch gleichzeitig als Täter – und anerkennt seine Mitverantwortung für die nationalsozialistischen Verbrechen. »Doch wäre … ohne Druck von außen – konkret: der Vereinigten Staaten – mit Sicherheit nichts geschehen.«[227]

---

221 Neue Zürcher Zeitung 22. 8. 2005 (Charles Eric Ritterband).
222 Il Sole 24 Ore 16. 3. 2002 (Flavia Foradini).
223 Ebd.
224 Vgl. dazu etwa: Financial Times 25. 1. 2001; Le Monde 30. 1. 2001 (Joëlle Stolz).
225 Neue Zürcher Zeitung 20. 1. 2006 (cer).
226 Handelsblatt 24. 10. 2006 (hn).
227 Neue Zürcher Zeitung 20. 1. 2006 (cer); vgl. dazu auch: Frankfurter Allgemeine Zeitung 25. 1. 2006 (Birgit Schwarz).

Doch auch fünf Jahre später warteten die »knapp 20.000 Antragsteller … auf ihr Geld … Die Regierung bestreitet Vorwürfe der Opposition, sie kalkuliere zynisch damit, viele der betagten Empfänger würden die Entschädigung nicht mehr erleben. … Als Grund der Verzögerung gibt die Wiener Regierung an, dass die geforderte Rechtssicherheit noch nicht garantiert sei: Für die Zukunft müsse sichergestellt sein, dass keinerlei Ansprüche mehr an die Republik Österreich erhoben würden. Die letzte in den USA noch laufende Sammelklage blockiert weiterhin die Erfüllung dieser Bedingung.«[228]

Nachdem auch dieses letzte Verfahren eingestellt worden war, wurden am Ende des Jubiläumsjahres 2005 die ersten Zahlungen getätigt, was von der Regierung Schüssel mit »großer Genugtuung verkündet« wurde. »Dies umso mehr, als sie wegen ihres ›Teufelspakts‹ mit Jörg Haider von den europäischen Partnern zumindest anfänglich misstrauisch beäugt wurde. Die Regierung Schüssel schreibt sich all dies stolz auf die eigenen Fahnen.«[229]

Über einen sehr prominenten wie komplexen Restitutionsfall wurde – hier exemplarisch angeführt – in den ausländischen Medien sehr ausführlich berichtet. Im Jänner 2006 wurde die Republik Österreich nach einem sich über sechs Jahre hinziehenden Rechtsstreit durch den Spruch eines Schiedsgerichts dazu angehalten, fünf Meisterwerke von Gustav Klimt an die Erbin der jüdischen Industriellenfamilie Bloch-Bauer, Maria Altmann, zurückzuerstatten. Die Causa der Rückerstattung habe dem »Ansehen Österreichs massiven Schaden« zugefügt.[230] Im Fall der fünf Klimt-Bilder hat die »jahrelange Realitätsverweigerung [der Republik Österreich im Umgang mit der Restitution von NS-Raubgut, Anm. d. Verf.] völlig überflüssigerweise Millionenbeträge verschlungen. Die Kosten des zähen Rechtsstreits, an dessen Anfang die von der Republik schnöde verschmähte Kompromissbereitschaft der Bloch-Bauer-Erbin Maria Altmann gestanden hatte, werden auf dreieinhalb bis vier Millionen Euro veranschlagt. Zur Kasse gebeten wird – ungefragt – der Steuerzahler«.[231] Gerade der Fall der Zuckerfabrik Bloch-Bauer offenbart auch die Verstrickungen Österreichs in die Praktiken des NS-Regimes und den fragwürdigen Umgang mit Arisierung und Rückerstattung: Für die Enteignung im Jahr 1942 und für die Rückerstattung in den 1950er-Jahren waren ein und derselbe Beamte verantwortlich.[232]

---

228 Der Bund, 18. 11. 2005 (rgw).
229 Neue Zürcher Zeitung 20. 1. 2006 (cer).
230 Frankfurter Allgemeine Zeitung 20. 6. 2006 (Rose-Maria Gropp).
231 Neue Zürcher Zeitung 20. 1. 2006 (cer).
232 Neuer Zürcher Zeitung 6. 3. 2006 (Stephan Templ).

2005 – Fünf Jahre ÖVP/FPÖ: »Österreichs Erfolg heisst Wolfgang Schüssel«[233]

Das Gedankenjahr bot auch die Möglichkeit zur »Selbstdarstellung«[234] und nahm seinen Anfang vor dem Hintergrund von »Fünf Jahre Regierung Schüssel« sowie zur »Halbzeit der Regierung Schüssel II«. Die Bilanz fiel durchaus positiv aus.[235] Fünf Jahre Schwarz-Blau hätten das Land verändert,[236] Schüssel flößte Österreich so viel Selbstvertrauen ein, dass es sich jetzt in einer Form präsentiert »wie nie zuvor seit dem Wiedererstehen des Staates«.[237] Der konstruktive Beitrag von Schwarz-Blau bestehe in einem aus der Zeit der Großen Koalition(en) nicht gekannten Reformeifer, die »ungeheure, für viele gar ungeheuerliche Bewegung«[238] mit sich brachte. Diese neue Politik habe viele Kräfte mobilisiert und freigesetzt. »Aber ohne Europa wäre Österreich wohl auf halbem Weg der Modernisierung stecken geblieben.«[239] In der Folge wurden politische Initiativen medial vor dem Hintergrund einer Konfrontation zwischen dem schwarz-blauen »Bürgerblock« und der rot-grünen »Linken« interpretiert. »Unter dem Druck der Straße schrumpfte manch Reformvorhaben zum Reförmchen, weshalb die Arbeit der Regierung getrennt nach Inhalt (›Problembewusstsein‹) und Ausführung bewertet werden sollte. Der Mut, selbst unpopuläre Materien anzugehen (Frühpensionen, ÖBB-Reform), relativierte sich durch halbherzige, teilweise schludrige Umsetzung, weshalb auch der Verfassungsgerichtshof etliche Gesetze kassierte. Widerstände kamen weniger von der Opposition als von den Gewerkschaften und den Feinden im ›eigenen Haus‹, der Wankelmütigkeit der in sich gespaltenen FPÖ sowie der Angst der ÖVP, ihrer Klientel (vorrangig den Beamten) zu viel zuzumuten.«[240]

»Die Wirtschaft hat sich von der langen Flaute erholt, der Börsenplatz Wien floriert … Dringend notwendige Reformen – Pensions- und Steuerreform, Umbau der Österreichischen Bundesbahn und verschiedene Privatisierungen – wurden eingeleitet und durchgezogen, alte Erstarrungen gesprengt.«[241]

Schenkt man den Daten der Ökonomen Glauben, haben »fast alle Wirtschaftsbranchen in Österreich vom Beitritt zur Europäischen Union profitiert. Die Wirtschaft hat sich in den letzten Jahren unter dem verstärkten Wettbewerbsdruck mit

---

233 Die Welt 2. 2. 2005 (Paul Lendvai).
234 Neue Zürcher Zeitung 4. 1. 2005 (cer).
235 Die Welt 2. 2. 2005 (Paul Lendvai).
236 Frankfurter Allgemeine Zeitung 4. 2. 2005 (Reinhard Olt).
237 Frankfurter Allgemeine Zeitung 7. 6. 2005 (Reinhard Olt).
238 Neue Zürcher Zeitung 26. 1. 2005 (M. K.).
239 Die Zeit 19. 5. 2005 (Klaus-Peter Schmid).
240 Neue Zürcher Zeitung 26. 1. 2005 (M. K.); Frankfurter Allgemeine Zeitung 4. 2. 2005 (Reinhard Olt).
241 Neue Zürcher Zeitung 4. 1. 2005 (cer).

hohem Tempo modernisiert und internationalisiert. Der grenzenlose Personen- und Warenverkehr im Schengen-Raum hat den Aktionsradius der österreichischen Wirtschaft erweitert. Privatunternehmen haben die sich stellenden Herausforderungen angenommen und gemeistert; manche Firmen gelten heute als Perlen für Anleger. Staatsbetriebe wurden auf Effizienz getrimmt, privatisiert oder teilprivatisiert. Gut sichtbar war das zum Beispiel bei der Telekom Austria, die innert weniger Jahre von einem bürokratischen Monopolbetrieb zu einem kundenorientierten Serviceanbieter umgebaut wurde«.[242] Die Einführung des Euro habe neben den bedeutenden Handelserleichterungen aufgrund des Wegfalls der Währungsrisiken auch zu mehr Budgetdisziplin genötigt. Zuzeiten des Schillings »galt staatliche Völlerei auf Pump noch als hohe Schule des Regierens. Das ist in Zeiten des Euro vorbei«.[243] Der eigentliche Grund für diesen Erfolg liegt aber im Wunsch nach der Überwindung jahrzehntelang beschrittener Pfade. »In der Bevölkerung herrscht ein Wille zum Wandel, die Bereitschaft, alles zu prüfen, das Gute zu behalten und das Schlechte wegzuwerfen.«[244] Allgemein und im Besonderen mit Blick auf die Schweiz sei die österreichische Wirtschaft »schlagkräftiger und schlitzohriger«.[245] Welche Märkte die Schweizer Wirtschaft auch erschließen wolle, Österreich sei schon dort.

Experten der Nationalbank hatten errechnet, dass jede Österreicherin und jeder Österreicher »vom Beitritt zur EU mit 700 bis 5.000 Euro profitiert habe«. Im Vergleich zur Schweiz wurde in den Jahren von 1990 bis 2004 ein um 25,3 Prozentpunkte höheres Wirtschaftswachstum erzielt. Auch wenn sich die Differenz nicht zur Gänze als Auswirkung des EU-Beitritts interpretieren lässt, gibt sie doch Aufschluss über die Wirtschaftsentwicklung im Zusammenhang mit der EU-Mitgliedschaft.[246]

Die Freiheitliche Partei habe sich »kräftig demontiert«, und Jörg Haider scheine sich vom »ungestümen Jungtürken zum altersmilden Provinzpolitiker« entwickelt zu haben. Beinahe aber noch wichtiger: Der von Demonstranten und dem alarmierten (EU-)Ausland einstmals prophezeite »Rückfall in den Faschismus« fand nicht statt, »Antisemitismus beschränkte sich auf ein paar Kalauer Haiders vor Schenkel klopfenden Parteigängern – mit stillschweigender Duldung des Kanzlers allerdings«.[247] Die Politik der FPÖ und die ihres offiziell auf die Funktion des Kärntner Landeshauptmannes reduzierten Jörg Haider sei auch nach den Wahlen des Jahres 2002 und der erneuten Regierungsbildung unter gänzlich veränderten Vorzeichen unberechenbar. Schüssel aber wirke wie ein Dompteur, der alle »Eskapaden in und au-

---

242 Neue Zürcher Zeitung 29. 1. 2005 (Andreas Wysling).
243 Ebd.
244 Neue Zürcher Zeitung 29. 1. 2005 (Andreas Wysling).
245 Tages-Anzeiger 17. 6. 2005 (Bernhard Odehnal).
246 Neue Zürcher Zeitung 3. 1. 2005 (M. K.).
247 Neue Zürcher Zeitung 4. 1. 2005 (cer).

ßerhalb der Regierung ungerührt hinnimmt. Dass diese Regierung überhaupt noch im Amt ist, verdankt sich wohl in erster Linie seiner Führungskompetenz«.[248] Nach fünf Jahren »Schüssel has succeeded in using legislative strategy to split the Freedom Party without threatening his own position«.[249]

Dennoch oder vielleicht auch gerade deswegen wetterte Jörg Haider bei seiner Aschermittwoch-Rede nur wenige Tage nach dem 5. Jahrestag der Angelobung auf altbekannte Weise: »Jörg Haider gibt wieder politische Lebenszeichen von sich – und wie immer auf eine Weise, die schwerlich als ›konstruktiv‹ bezeichnet werden kann: Er giftet gen Wien, Brüssel, Berlin, um davon abzulenken, dass er die Dinge daheim, in Kärnten, nicht im Griff hat. [Er] verteilte verbale Rundumschläge von bescheidenem Niveau.«[250]

Demgegenüber werden aber Eingriffe in die demokratischen Mechanismen des Landes ausgemacht. »Die ›Umfärbung‹ – von Rot auf Schwarz und Blau – vollzog sich unter der Devise einer angeblichen ›Entpolitisierung‹ der verschiedenen Institutionen«, wovon aber keine Rede sein könne. »Es wurden einfach allmählich die sozialdemokratischen Parteigänger durch Angehörige und Sympathisanten von Schüssels ÖVP oder des freiheitlichen Regierungspartners ersetzt – und zwar anscheinend gründlicher, als dies seinerzeit die Sozialdemokraten getan hatten. … Die politische Umschichtung vollzog sich in den Ministerien, beispielsweise im Innenministerium … und ganz besonders deutlich im Österreichischen Rundfunk. … Es gibt Anzeichen für eine allmähliche Beschädigung von Demokratie und Rechtsstaat.«[251]

»Wesentlich erfolgreicher« war die Regierung in der Qualitätssicherung und beim Qualitätsausbau des Wirtschaftsstandortes. So sei in der Forschungsförderung und auch bei der Steigerung des öffentlichen Teils der Forschungs- und Entwicklungsquote ein »riesiger Sprung« gelungen, in der Besteuerung von Unternehmen wurde mit der Senkung des Körperschaftssteuersatzes von 34 auf 25 Prozent und der Gruppenbesteuerung ein deutliches Signal gegenüber den unmittelbaren Nachbarländern gesetzt. Österreich wäre so auf dem Weg, Vorbild für Deutschland zu werden.[252] Auch habe der Standort Österreich »gegen die mitteleuropäischen ›Tiger‹ nicht an Boden verloren, doch muss deren Druck wohl noch wachsen, um bisher erfolglos attackierte Besitzstände im Gewerberecht, den Ladenschluss, vor dem Wettbewerb geschützte Bastionen der freien Berufe oder viel zu starre Arbeitszeiten zu Fall zu bringen«.[253]

---

248 Die Welt 2. 2. 2005 (Paul Lendvai).
249 International Herald Tribune, 10. 6. 2005 (Carter Dougherty).
250 Die Welt 11. 2. 2005 (Petra Stuiber).
251 Neue Zürcher Zeitung 4. 1. 2005 (cer).
252 Frankfurter Allgemeine Zeitung 12. 12. 2005 (Michaela Seiser).
253 Neue Zürcher Zeitung 26. 1. 2005 (M. K.).

Bei den Pensionen seien »mit der Eindämmung der Frühpensionen und der Vereinheitlichung der Renten der unter 50-Jährigen zwar wesentliche Fortschritte«[254] zuwege gebracht worden, die Landesbeamten würden aber auch weiterhin privilegiert bleiben. In der Gesundheitsreform kam man über »Systemkosmetik« nicht hinaus, Fortschritte in der Entstaatlichung seien durch Fehler der ÖIAG »relativiert« worden. Bei der Sanierung des Staatshaushaltes erwies sich das »frühe, Sondereffekten verdankende Nulldefizit als kontraproduktiv, nährte es doch die Illusion, den Haushalt auch ohne große Kürzungen der Ausgaben in den Griff zu bekommen. … Wenn nach fünf Jahren Schwarz-Blau da und dort Rufe nach einer Großen Koalition laut werden, ist daran zu erinnern, dass diese Ursache fast aller Probleme war. Rechnet man die Kosten der Konkordanz und die strukturpolitischen Verwerfungen ein, wäre es – im Blick zurück – eher angebracht, bei einem Rückfall in eine Große Koalition in Brüssel Sanktionen ›zu bestellen‹«.[255]

Die internationale Reputation der Bundesregierung war in den seit dem Amtsantritt vergangenen fünf Jahren einem Wandel unterworfen gewesen. Seit der französische Philosoph und Journalist Bernard-Henri Lévy im Jahr 2000 vor dem »Faschismus vor unserer Tür« gewarnt und es der belgische Außenminister Louis Michel als »unmoralisch« erachtet hatte, in Österreich Ski zu fahren, hatte sich die Situation merklich entspannt. War die Angelobung der Regierung von einem sein Missfallen nicht verhehlenden Bundespräsidenten vorgenommen worden, dessen Amtsräume die Regierungsmitglieder aufgrund der weitreichenden Proteste durch einen unterhalb des Ballhausplatzes gelegenen Tunnel in Richtung Bundeskanzleramt verlassen hatten, wurden die ausländischen Skeptiker, die Wolfgang Schüssel weder einen »Erfolg in der Sache noch bei den Wählern« zugetraut hatten, von ihm durch die Arbeit der folgenden Jahre »eindrucksvoll widerlegt«.[256] Schüssel war nunmehr zusammen mit Jean-Claude Juncker »Wortführer der konservativen und christlichen Demokraten auf der europäischen Bühne. Sein Verbleiben im Amt wirkt so weit über die Grenzen Österreichs hinaus«.[257] In der FAZ analysierte Reinhard Olt Anfang Mai 2005: Fünf Jahre nach der Rückeroberung der Kanzlerschaft zeigte sich Schüssel, ein Virtuose auf der »Klaviatur des Machtspiels«,[258] als innerparteilich unumstritten. Gerade in Zeiten von Wahlniederlagen war stets offenbar reflexartig eine unvermeidliche Obmann-Debatte in der ÖVP aufgekeimt. Dabei waren Tendenzen spürbar, die fühlen ließen, dass sich die ÖVP-Landesverbände Vorarlbergs, Tirols, der Steiermark und auch jener in Salzburg gelegentlich von

---

254 Ebd.
255 Ebd.
256 Frankfurter Allgemeine Zeitung 4. 2. 2005 (Reinhard Olt).
257 Ebd.
258 Frankfurter Allgemeines Zeitung 2. 5. 2005 (Reinhard Olt).

dem eigenständigen und unabhängigen Wirken einer alleine schon in räumlicher Nähe angesiedelten CSU in ihren möglichen Verselbstständigungstendenzen inspirieren ließen. Die Diskussionen über die (personelle) Neuausrichtung der Partei wurden auch vor dem Hintergrund rivalisierender Grundhaltungen geführt, die der Partei in ihrer Außendarstellung allesamt nicht immer zum Vorteil gereichten. »All das stellte Schüssel ab ...«[259]

Österreich: »Das bessere Deutschland«[260]

Die wirtschaftliche Erfolgsbilanz wurde im Jahr 2005 vornehmlich mit Blick auf das Nachbarland Deutschland gezogen. »Österreich steht derzeit so gut da wie lange nicht mehr, vielleicht wie noch nie in seiner republikanischen Geschichte. Zumindest lassen ein oberflächlicher Blick und das aktuelle Selbstbewusstsein seiner Bürger darauf schließen. Dieses prall gefüllte Selbstbewusstsein beschert Österreich in diesen Zeiten einen besonderen Triumph: Das Gefühl, sogar dem Nachbarn Deutschland einmal richtig ›über‹ zu sein. ... Die wesentlichen Erfolge liegen in einer beträchtlichen Ermäßigung der verschiedenen Unternehmenssteuern, die es Österreich erstmals sogar erlaubt, dem Nachbarn Deutschland systematisch Firmen abzuwerben. Die Arbeitnehmer aus Deutschland kommen in Scharen.«[261] Innerhalb von zwei Jahren erhöhte sich der Anteil der Arbeitnehmer aus der Bundesrepublik Deutschland in Österreich bis zum Jahr 2005 von 30.000 auf 45.000.[262] Der ehemalige Ministerpräsident des Freistaates Bayern, Edmund Stoiber, bezeichnete Österreich gar als »Modell«.[263]

Zweifelsohne habe die neue Politik ab dem Jahr 2000 viele Kräfte freigesetzt. Österreich schaffe, wovon Deutschland träumt: geringes Budgetdefizit, achtbares Wirtschaftswachstum, moderate Arbeitslosigkeit. In den Jahren 1995–2004 lag das Wirtschaftswachstum im Durchschnitt 0,8 Prozentpunkte über dem von Deutschland.[264] Die konkreten Wirtschaftsdaten legen ein beredtes Zeugnis ab: Während die österreichische Wirtschaft 2005 um 2,1 % zulegte, fiel das Wachstum in Deutschland mit 0,8 % eher moderat aus. Die Arbeitslosenquote betrug in Österreich 4,5 %, in Deutschland 9,5 %, die Neuverschuldung lag bei 1,9 % des BIP im Gegensatz zu

---

259 Ebd.
260 Stern, 18. 6. 2005 (Markus Grill).
261 Passauer Neue Presse 11. 8. 2005 (Manfred Maurer); Süddeutsche Zeitung 2. 10. 2006 (»Der Traum, das bessere Deutschland zu sein«).
262 Financial Times Deutschland, 27. 7. 2005 (Christian Höller).
263 Financial Times Deutschland, 19. 10. 2005 (Mark Schieritz).
264 Die Zeit 19. 5. 2005 (Klaus-Peter Schmid).

3,3 %.²⁶⁵ Trotz alledem sei die öffentliche Hand allgegenwärtig, die Staatsquote betrage 50,1 % und liege somit drei Prozentpunkte über jener Deutschlands.²⁶⁶

»Das Land hat sich einer gründlichen Kur unterzogen, Europa bekommt ihm bestens«, wird Bernhard Felderer, Direktor des Wiener Instituts für Höhere Studien, zitiert.²⁶⁷ Auch sei der Arbeitsmarkt »flexibler« und »das Reformtempo höher«.²⁶⁸ Zudem wäre der bürokratische Aufwand für die Unternehmensgründung gering.²⁶⁹ Die größere Flexibilität des Arbeitsmarktes ermögliche es, dass rund ein Drittel der Privatangestellten pro Jahr den Arbeitsplatz wechsle. Dies verdanke sich nicht zuletzt auch der Tatsache, dass das Arbeitsamt zu einer wirklichen Serviceeinrichtung umgebaut wurde – ohne dass den Arbeitslosen die Unterstützung gestrichen wurde. Das Bildungsniveau stieg aufgrund der Reformen im Bildungsbereich, das Ausbildungsniveau hatte zugenommen, die Anzahl der Fachhochschulabsolventen habe sich innerhalb von fünf Jahren mehr als verdoppelt. Die Entlassung der Universitäten in die Selbstständigkeit ermögliche diesen einen freieren Umgang mit ihren finanziellen Ressourcen. In Deutschland liege die Bildungshoheit bei den Ländern, die sich von der Bundesregierung nur sehr ungern in ihre Agenden hineinreden ließen.²⁷⁰

Nicht zuletzt waren es Wettbewerbsvorteile wie diese, durch die die drohende Industrieabwanderung nach der EU-Osterweiterung entschärft wurde. Die beunruhigende Einkreisung von wirtschaftlich aufstrebenden Volkswirtschaften (Tschechien, Slowakei, Ungarn, Slowenien) und von ab der Mitte der 1990er-Jahre wenig dynamischen Nachbarn (Deutschland, Italien, Schweiz) wurde in einen Wettbewerbsvorteil umgemünzt.²⁷¹

Ein weiterer entscheidender Vorteil Österreichs gegenüber Deutschland wird in der Sozialpartnerschaft gesehen. Während diese in Deutschland eher eine Wunschvorstellung sei, »funktioniert sie in Österreich seit Jahrzehnten als dichte, fast schon mafiös verwobene Struktur. Während Berlin mühsam um Lösungen ringen muss, landen viele Probleme in Österreichs Wirtschaft erst gar nicht in der Politik, weil sie auf kurzem Wege von den Sozialpartnern direkt gelöst werden. Österreich ist also nicht das bessere Deutschland, sondern sein eigenes Biotop, auch in seinem Selbstbild«.²⁷²

Entscheidend für den wirtschaftlichen Aufschwung Österreichs sei aber das glückliche Engagement in den Ländern Mittelosteuropas gewesen, in denen die Alpenrepublik Fuß fassen und ihr Netz ausbauen konnte, als Deutschland eine andere öko-

---

265 Stern 18. 6. 2005 (Markus Grill).
266 Financial Times Deutschland 19. 10. 2005 (Mark Schieritz).
267 Die Zeit 19. 5. 2005 (Klaus-Peter Schmid).
268 Hamburger Abendblatt 2. 5. 2005 (Günther Hörbst).
269 Frankfurter Allgemeine Zeitung 12. 12. 2005 (Michaela Seiser).
270 Stern 18. 6. 2005 (Markus Grill).
271 Le Figaro 19. 12. 2005 (Jean-Pierre Robin).
272 Süddeutsche Zeitung 22. 8. 2005 (Michael Frank).

nomische Zielsetzung, nämlich die Folgen der Wiedervereinigung, im Fokus hatte. Hätte es diesen nicht gegeben, wäre die österreichische Wirtschaft wohl »überall auf starke deutsche Konkurrenz gestoßen«,[273] wird der Vorstandsvorsitzende der Raiffeisen International AG, Herbert Stepic, zitiert. Die österreichischen Interessen würden laut Finanzminister Grasser auf breitere Zustimmung stoßen, würde man doch als »unauffälliges, freundschaftliches Nachbarland« und nicht als »dominanter, übermächtiger Partner«[274] wahrgenommen.

Wirtschaftsdynamik und Wohlstand erklärten sich auch aufgrund dieser historischen Anomalie und der kulturellen Nähe zu den Nachbarn: Nach dem Ende der kommunistischen Herrschaft legte Österreich deutliche Bemühungen um die wirtschaftliche Restrukturierung der Doppelmonarchie an den Tag. So erwarb etwa die Wiener Börse im Mai 2004 gemeinsam mit einer österreichisch-ungarischen Investorengruppe einen Mehrheitsanteil an der Budapester Börse, was ihr das Recht einräumte, strategische Entscheidungen maßgeblich mitzubestimmen.[275] Vor dem Hintergrund »einer Kette von Übernahmen im Unternehmen- und Bankenbereich« liest sich das Engagement der Wiener Börse wie ein symbolischer Akt.[276] Bis zu 300 Konzerne wie etwa Renault, Coca-Cola, McDonald's, Siemens, Philips, Beiersdorf, Bosch oder BASF hätten Wien als Firmenzentrale für ihre Geschäfte in Ostmitteleuropa gewählt.[277] Als nicht unwesentlich erachteten dabei deutsche Unternehmen auch das niedrigere Lohnniveau in Österreich. Während dieses in Deutschland 2.900 Euro betrug, lag es hierzulande bei lediglich 2.100 Euro. Es scheint also, als ob die Österreicher bereit wären, auch für weniger Geld zu arbeiten. »Auch das ist ein Erfolgsrezept.«[278]

EU-Beitrittsverhandlungen mit der Türkei: »Wolfgang Schüssel: Allein gegen alle«[279] oder: »Österreich in Europa erneut isoliert«[280]

Vor dem Hintergrund der damals unmittelbar bevorstehenden Nationalratswahl im Jahr 2006 »liegt die Versuchung für Bundeskanzler Schüssel ... nahe, mit der Ablehnung [des Beitritts der Türkei] Härte zu zeigen und daraus Kapital zu

---

273 Die Zeit 19. 5. 2005 (Klaus-Peter Schmid).
274 Ebd.
275 Wiener Börse News, 25. 5. 2005.
276 Le Figaro 19. 12. 2005 (Jean-Pierre Robin); Frankfurter Allgemeine Zeitung 12. 12. 2005 (Michaela Seiser).
277 Stern 18. 6. 2005 (Markus Grill).
278 Respekt 27. 10. 2005 (Luboš Palata).
279 Die Welt 4. 10. 2005 (Petra Stuiber).
280 The Guardian 5. 10. 2005 (Ian Traynor).

schlagen«.²⁸¹ Gehe es nämlich um die Türkei, dann »sprechen die Österreicher eine klare Sprache«²⁸², die Mitgliedschaft solle verweigert werden. Der Widerstand der österreichischen Bevölkerung gegen den Beitritt der Türkei zur Europäischen Union sei, so hieß es, groß und beziffert sich mit um die 90 %. Mit diesem »taktischen Manöver« habe der Mann aus Wien Europa beinahe in eine Krise gestürzt, erst in letzter Minute sei ein Kompromiss gefunden worden. Österreich habe sich aber gleichzeitig erfolgreich dafür eingesetzt, dass die Beitrittsverhandlungen mit Kroatien aufgenommen wurden. Bei aller traditionellen Nähe, historischen Verbundenheit und katholischem Zusammengehörigkeitsgefühl zählt doch Österreich zu den größten Auslandsinvestoren in Kroatien und hat nicht zuletzt deshalb auch ein unbestreitbares wirtschaftliches Interesse am EU-Beitritt Kroatiens. Mehr noch pflegte man enge Beziehungen zu den Balkanländern, denen man gerade nach dem Zerfall Jugoslawiens eine greifbare Zukunftsperspektive in Form eines EU-Beitritts bieten wollte. Die ablehnende Haltung Österreichs zum Beitritt der Türkei zur EU wurde in der internationalen Presse durchwegs negativ aufgegriffen, die auch den politischen Stillstand innerhalb der EU offenbarte. Auch wäre die Aufnahme der Beitrittsverhandlungen mit der Türkei der österreichischen Bevölkerung leichter zu verkaufen gewesen, würden auch die Verhandlungen mit (dem katholischen) Kroatien aufgenommen.

Die Türkei zeigte sich befremdet über den »vergifteten Beginn« der Verhandlungen, die Zustimmung zum Beitritt nahm rapide ab. Was bleibe, sei ein »schaler Nachgeschmack«.²⁸³ Mit dieser Vorgehensweise habe der Bundeskanzler sein Land nach der FPÖ-Regierungsbeteiligung im Jahr 2000 in Europa erneut isoliert.²⁸⁴ Auch der Vergleich mit einer misslungenen Verlobungsfeier wird bemüht: »Die Frau will am Vorabend der Feier noch einmal gründlich darüber reden, wie lange die Verlobungszeit dauern soll und ob man am Ende vielleicht auch einfach nur gute Freunde bleiben kann. Der Mann überlegt sich derweil, ob er überhaupt zur Feier kommt.«²⁸⁵ Dem gegenüber steht die Ansicht, dass es für Schüssel ermutigende Stimmen aus Frankreich, den Niederlanden und Schweden gegeben habe, sich gegen die Aufnahme der Beitrittsverhandlungen mit der Türkei zu stemmen. Die Anzahl derer, »die Schüssel in Brüssel heimlich auf die Schulter klopfen, ist ganz beträchtlich«, wird etwa Erhard Busek zitiert.²⁸⁶

---

281 El País 4. 10. 2005 (José Comas).
282 Handelsblatt 4. 10. 2005 (Michael Scheerer).
283 Financial Times 3. 10. 2005 (Vincent Boland); Die Zeit 3. 10. 2005 (Michael Thumann); Handelsblatt 4. 10. 2005 (Michael Scheerer); Frankfurter Allgemeine Zeitung 4. 10. 2005 (K. F.); La Libre Belgique 4. 10. 2005; Neue Zürcher Zeitung 5. 10. 2005 (cer); De Standaard 5. 10. 2005.
284 The Guardian 5. 10. 2005 (Ian Traynor).
285 Der Tagesspiegel 4. 10. 2005 (Albrecht Meier).
286 Die Welt 4. 10. 2005 (Petra Stuiber).

EU-Ratspräsidentschaft 2006: »Neuer Schwung für Europa«[287]

Die Ausgangslage war für die österreichische EU-Ratspräsidentschaft nicht unproblematisch, hatten doch Frankreich und die Niederlande Ende Mai/Anfang Juni 2005 die Annahme des Verfassungsvertrages in zwei Referenden abgelehnt. Auch wenn dies innerhalb der EU eine gewisse Schockwirkung auslöste, musste der Ausgang der Referenden doch vor dem Hintergrund der innenpolitischen Situation gesehen werden, denn »they were rather a reflection of domestic political discontent. Regrettably, however, Europe has, in one of Mr Blair's favourite phrases from another context, moved on. New times demand new solutions«.[288]

Europa benötigte nach dem als eher passiv eingestuften britischen EU-Vorsitz »neuen Schwung«[289], wie Wolfgang Schüssel – der während der EU-Ratspräsidentschaft als »ehrlicher Makler und Mittler«[290] auftreten wollte – sein Ziel umschrieb. Aufgrund des geringeren politischen Gewichts des Landes und der diffizilen Themen wurde Österreich schon vor dem Beginn seines EU-Ratsvorsitzes eine schwierige Zeit vorhergesagt, auch wenn es der britischen Präsidentschaft am Ende doch noch gelungen war, die Frage des EU-Budgets zu lösen.[291] »Doch wenig von alledem wurde spürbar angesichts dieser hervorragend organisierten [österreichischen, Anm. d. Verf.] Präsidentschaft. Lustvoll präsentierte sich Österreich als Kulturnation, als Heimat der Musik und der kulinarischen Freuden. … Geschickt wurden die Schauplätze der einzelnen EU-Ratstagungen dezentralisiert. So konnte jedes Bundesland eine Konferenz organisieren; das föderale Element wurde gebührend berücksichtigt, die politisch wichtigen Landeshauptleute zufrieden gestellt. … Die konkreten Ergebnisse der drei Großereignisse blieben eher bescheiden, der Aufwand – insbesondere für die Sicherheit – war gigantisch. Die Ausbeute lag da wesentlich im Atmosphärischen, in einer allgemeinen Verbesserung der Beziehungen. … Mehr als die Hälfte … [der österreichischen Bevölkerung, Anm. d. Verf.] ist davon überzeugt, dass die ÖVP unter Bundeskanzler Schüssel aus der EU-Präsidentschaft maßgebliche Vorteile ziehen kann. Der Wahlkampf kann beginnen.«[292]

»EU-Ratspräsident Schüssel war ein guter Bremser. Er dämpfte den Streit. Mehr aber nicht. Wie misst man eigentlich den Erfolg einer EU-Ratspräsidentschaft? An der Zahl der besonderen Vorfälle – oder an der gegenteiligen Meldung: ›Alles ruhig, keine besonderen Vorkommnisse‹? An den selbst gesetzten Zielen? Oder besser an

---

287 Neue Zürcher Zeitung 1. 1. 2005 (Charles Eric Ritterband).
288 The Independent 31. 12. 2005.
289 Neue Zürcher Zeitung 1. 1. 2005 (Charles Eric Ritterband).
290 Neue Zürcher Zeitung 22. 12. 2005 (cer).
291 Le Soir 20. 12. 2005.
292 Neue Zürcher Zeitung 1. 7. 2006 (»Österreichischer Sinn für das Praktische« – cer).

der Art, wie dem Unvorhergesehenen getrotzt wurde? Aus Brüsseler Sicht gilt nach diesem Semester unter Bundeskanzler Wolfgang Schüssel die Erkenntnis: Der Fortschritt ist eine Schnecke – aber eine, die gut gelaunt ihres Weges kriecht. ... Gefallen hat Österreich zweifelsohne durch glanzvolle Inszenierungen, die man im grauen Einerlei der EU nicht gewöhnt ist. ... Die riskante Europlakat-Aktion schaffte es gleich zu Beginn der Präsidentschaft mit ihren frechen Sujets in die internationalen Schlagzeilen. ›Farbe und Musik, wo die Bürger doch Führung und Leadership brauchen‹, maulten die Liberalen im EP. Und vergaßen, dass die Briten, die zuvor die Ratspräsidentschaft innehatten, es gleich an beidem vermissen ließen.«[293]

Der österreichischen Ratspräsidentschaft sei es gelungen, eine »Lähmung der Union zu verhindern«.[294] »Österreich hat während des EU-Ratsvorsitzes mit Charme, Organisationstalent und Resultaten überzeugt. ... [Es wurde das Motto ausgegeben]: Österreichs EU-Führungsrolle muss dazu genutzt werden, die Alpenrepublik von ihrer besten Seite zu zeigen. ... Die Österreicher überzeugten Minister, Regierungsbeamte und Journalisten als gut gelaunte Organisationstalente, die stets funktionierende Technik boten und mit spektakulären Tagungsorten und gefälligem Rahmenprogramm auch bei den langweiligsten Treffen einen Hauch von Opernball herbeizaubern konnten. ... Perfekte Organisation und gute Präsentation können die bleibendsten Eindrücke sein, die Regierungen und Medien von einer kleinen Ratspräsidentschaft mitnehmen.«[295]

»Wolfgang Schüssel was determined to put on a good show and to give his guests a good time, hence the Mozart concerts, skiweekends, fine venues and exquisite receptions. The beancounters in Vienna say the presidency created 2,700 new jobs and boosted Austria's image, not to mention that of Schüssel, who faces elections in the next few months.«[296]

Kurzum: Schüssel konnte sein Image als erfolgreicher Staatsmann festigen, was ihm am Beginn des Wahlkampfes als Vorteil angerechnet wurde. Österreich »profitiert vom Aufschwung in der Eurozone«, was ebenso Schüssel zugutekommen würde.[297] Die Folge sei, dass die ÖVP in den Umfragewerten zulegen würde, »manche Funktionäre träumen sogar von der absoluten Mehrheit. ... Seit im April [2006, Anm. d. Verf.] der BAWAG-Skandal explodierte, sinken die Siegeschancen der oppositionellen Sozialdemokraten (SPÖ) dramatisch. ... Die Prognosen deuten darauf hin, dass sie [die ÖVP; Anm. d. Verf.] eine Große Koalition mit der SPÖ oder

---

293 Die Zeit 29. 6. 2006 (Joachim Fritz-Vannahme); vgl. dazu auch: Frankfurter Rundschau 28. 12. 2005 (Norbert Mappes-Niediek).
294 Les Echos, 26. 6. 2006 (Jacques Docquiert).
295 Financial Times Deutschland 30. 6. 2006 (Wolfgang Proissl).
296 Financial Times 5. 7. 2006.
297 Les Echos, 30. 6. 2006 (S.D.).

ein schwarz-grünes Bündnis brauchen wird, und beide Modelle sind Schüssel unsympathisch. Wegen des SPÖ-Debakels droht aber auch Rot-Grün die Mehrheit zu verfehlen.«[298] Angesichts solcher und ähnlicher Einschätzungen internationaler Medien musste der Ausgang der Nationalratswahl im Oktober 2006 mehr als überraschen.

Nationalratswahl 2006: »Ende der bürgerlichen Wende«[299]

Mit dem Ausgang der Wahl vom 1. Oktober 2006 war klar, dass die vor sechs Jahren begonnene Reformarbeit der »bürgerlichen Regierungskoalition ... zum Stillstand kommen [dürfte]«, denn »die neue Regierung werde sozial nachjustieren«.[300] Die Sozialdemokraten »gewannen die Parlamentswahl knapp vor der Österreichischen Volkspartei des amtierenden Kanzlers Wolfgang Schüssel, die mehr als acht Prozentpunkte einbüßte. SPÖ-Chef Alfred Gusenbauer dürfte neuer Kanzler werden, möglicherweise an der Spitze einer großen Koalition. Beobachter rechnen mit schwierigen Verhandlungen zur Bildung einer neuen Regierung.«[301]

Eine solche Variante erschien den ausländischen Kommentatoren nicht unproblematisch zu sein, hatte man doch in Österreich mit einer Koalition von SPÖ und ÖVP bereits reiche Erfahrung sammeln können, etwa die, »dass Populisten weiter Zulauf erhalten.«[302] Die Zeichen für die politische Landschaft und das politische Klima Österreichs deuteten auf Veränderung. »Österreich steht vor einer Wende. Die Ära des christlichsozialen Bundeskanzlers Wolfgang Schüssel neigt sich nach der bitteren Niederlage dem Ende zu. Der Sozialdemokrat Alfred Gusenbauer hat die Nationalratswahl am Sonntag gewonnen, wenn auch knapp.«[303]

Die Ursachen für die ÖVP-Wahlniederlage wurden in wenigen Punkten umrissen. Die SPÖ zog Nutzen aus der Tatsache, dass sich der frühere ÖVP-Vorsitzende Josef Taus bei einem Besuch des ehemaligen BAWAG-Chefs Elsner fotografieren ließ. Dies sei eine »politische Dummheit«[304] gewesen, aus der die SPÖ rasch ein »schwarzes BAWAG-Netzwerk«[305] flechten konnte. Ein anderes Wahlthema sei der – nicht existierende – Pflegenotstand gewesen. Während die SPÖ aber ihre Klientel bei der Stange halten konnte, wären »viele potenzielle ÖVP-Wähler am Wahlsonn-

---

298 Der Bund 15. 7. 2006 (Rudolf Gruber).
299 Der Tagesspiegel 4. 10. 2006 (Markus Huber).
300 Frankfurter Allgemeine Zeitung 9. 10. 2006 (Michaela Seiser).
301 Die Welt 2. 10. 2006 (»In Österreich winkt eine große Koalition«).
302 Die Welt 2. 10. 2006 (»Schüssels Fiasko« – Dietrich Alexander).
303 Süddeutsche Zeitung 2. 10. 2006 (»Das Wiener Dilemma« – Michael Frank).
304 Frankfurter Allgemeine Zeitung 2. 10. 2006 (»Schüssels Niederlage« – R. O.).
305 Ebd.

tag zu Hause« geblieben.³⁰⁶ Die ÖVP habe »offenbar die Mobilisierung der eigenen Basis in letzter Minute verschlafen. Mit etwas mehr altmodischer Anstrengung wäre ein anderer Ausgang möglich gewesen«.³⁰⁷

Die Niederlage erschien daher umso schwerer begreifbar, da die ÖVP ihre ganze Kraft auf die »vermeintliche Strahlkraft ihres Frontmannes« konzentriert hatte.³⁰⁸ Was dieser aber in den nächsten vier Jahren als Bundeskanzler zu tun gedachte, war den im ganzen Land affichierten Wahlplakaten [»Österreich. Hier geht's uns gut« oder ›Schüssel: Weil er's kann‹, Anm. d. Verf.] weniger zu entnehmen gewesen.³⁰⁹ »Die Partei setzte auf die Angst der Österreicher vor Veränderung. Doch das reichte nicht aus.«³¹⁰ In den Köpfen der Menschen setzte daraufhin die dieses Postulat in Zweifel ziehende Kritik ein, beim Kanzler handle es sich um eine »abgehobene Figur«, den das »Image eines unnahbaren und gefühlskalten Mannes« umgebe. Auch habe die ÖVP mehr und mehr den Eindruck vermittelt, das Land als »Erbpacht« zu verstehen. Es kam zu fragwürdigen Postenvergaben, Politiker, die in anderen Ländern schon »längst zurückgetreten« wären, verblieben im Amt.³¹¹

Als eine weitere Erklärung für die Niederlage der Schüssel-ÖVP wurde die Erklärung herangezogen, dass sich der Bundeskanzler als EU-Ratsvorsitzender zu wenig um die Innenpolitik bemühen konnte, ein Feld, auf dem sein Herausforderer Gusenbauer weit aktiver gewesen war und das dieser somit besser nutzen konnte. Insofern muteten Meldungen vom Jänner 2006 – also rund elf Monate vor der Nationalratswahl – schon prophetisch an, wenn es darin hieß, dass die Umfragen »schon einmal aus innenpolitischen Stimmungsgründen nicht gut« für Schüssel stünden – mit der »EU am Hals werden sie sich kaum verbessern«. Schüssel bleibe daher nichts anderes übrig, als »die Europäer zu beeindrucken und bei den Österreichern sein Ansehen zu wahren«, denn »für ein touristisch und politisch liebesbedürftiges Land wie Österreich ist der EU-Vorsitz ein mächtiges Ereignis«.³¹²

BILANZ 2006 – »DIE ÄRA SCHÜSSEL NEIGT SICH DEM ENDE ZU«³¹³

Die Bilanz der beinahe sieben Jahre der Ära Schüssel fällt in der internationalen Berichterstattung bewegt und vielschichtig aus. Große wirtschaftliche Erfolge stehen

---

306 Ebd.
307 Neue Zürcher Zeitung 7. 10. 2006 (H.K.).
308 Der Tagesspiegel 4. 10. 2006 (Markus Huber).
309 Die Welt 4. 10. 2006 (Petra Stuiber).
310 Der Tagesspiegel 4. 10. 2006 (Markus Huber).
311 Ebd.
312 Frankfurter Allgemeine Zeitung 1. 1. 2006 (»Wolfgang Amadeus Schüssel« – Erna Lackner).
313 Süddeutsche Zeitung 2. 10. 2006 (»Das Wiener Dilemma« – Michael Frank).

einer als beschämend eingestuften Ausländerpolitik gegenüber. Auch fiel die Kritik über Versäumnisse in den Bereichen Soziales und Bildung außerordentlich heftig aus.

»Vor allem die wirtschaftliche Bilanz sieht blendend aus. Den großzügigen, chronisch defizitären Versorgungsstaat gibt es nicht mehr. Österreichs Staatsfinanzen sind solide, wie kaum je in der Nachkriegszeit. Österreich ist das viertreichste Land in der EU.«[314] »An die Stelle der verstaatlichten Großbetriebe sind Unternehmen getreten, die sich im internationalen Wettbewerb erfolgreicher als erwartet behaupten. 3,5 Millionen Menschen, so viel wie noch nie, haben Arbeit. Die Bilanz hat freilich auch eine Kehrseite. Der Rekordbeschäftigung steht eine Rekordarbeitslosigkeit von 6,1 Prozent gegenüber. Dass diese Zahlen unter dem EU-Durchschnitt liegen, tröstet die Betroffenen wenig.«[315] Ebenfalls auf der Habenseite bilanzieren die fiskalpolitischen Maßnahmen der Bundesregierung. »Die Schuldenlast ist nicht gestiegen, Steuern wurden gesenkt, Ausgaben durchforstet.« Potenzial für weitere Einsparungen wäre durchaus noch vorhanden.[316]

Die positive wirtschaftliche Bilanz haben jedoch den »Raubbau … in den Bereichen Soziales und Ausbildung nicht vergessen machen können«.[317] Unzufriedenheit regte sich auch im Mittelstand, der beklagte, von den Reformen des Steuersystems nicht profitiert zu haben.[318] Die Mehrheit von 54 Prozent der Österreicher war vor der Nationalratswahl 2006 der Überzeugung, dass es ihnen schlechter als vor sechs Jahren gehen würde. »Sie werfen dem Kanzler soziale Kälte« vor, er würde sich mehr um die Wirtschaft als um die Arbeitnehmer kümmern.[319] Ein Anstieg der Arbeitslosenzahlen und das Sinken der Löhne hätten in der Bevölkerung das Gefühl genährt, trotz rosiger »Wirtschaftsdaten, die deutlich besser als der EU-Durchschnitt sind, benachteiligt zu werden«.[320] Schüssel hatte – und auch das soll nicht unwesentlich zur Wahlniederlage beigetragen haben – schlichtweg den »Vorwurf der ›sozialen Kälte‹ zu leicht genommen«.[321]

Kritik gab es auch im bildungspolitisch-gesellschaftspolitischen Bereich, denn bei den Pisa-Studien würden Österreichs Schülerinnen und Schüler nur unzureichend abschneiden. Der Hauptvorwurf dabei: »Noch immer bestimmen Einkommen und sozialer Status der Eltern maßgeblich über den Bildungsgrad der Kinder.« Auch die Universitätsreform war nur teilweise erfolgreich. »Kritiker werfen der Schüssel-

---

314 Der Bund 2. 10. 2006 (»Rückblick auf die Ära Schüssel« – Rudolf Gruber).
315 Ebd.
316 Die Zeit 30. 11. 2006 (Andreas Wörgötter).
317 Berliner Morgenpost, 2. 10. 2006 (Dietrich Alexander).
318 Süddeutsche Zeitung 2. 10. 2006 (»Der Traum, das bessere Deutschland zu sein«).
319 Der Bund 2. 10. 2006 (»Rückblick auf die Ära Schüssel« – Rudolf Gruber).
320 Der Bund 2. 10. 2006 (»Schüssels gröbster Fehler« – Rudolf Gruber).
321 Ebd.

Regierung vor, die Einführung von Studiengebühren und Zugangsbeschränkungen ziele lediglich auf eine elitäre Auslese.«[322]

Die Ausländerpolitik aber sei »der größte Schandfleck« der Schüssel-Regierung. Die neuen Regelungen würden nur allzu deutlich die »Handschrift des Regierungspartners tragen. Sonst aber sind Haiders Gefolgsleute an der Regierungsverantwortung gescheitert. Was von ihnen bleibt, ist das Klima von Hass im Land«.[323] Sehr kritisch wird auch die Verschärfung des ab 1. Jänner 2006 in Kraft getretenen Fremdenrechts gesehen, das eines Landes wie Österreich als »unwürdig« bezeichnet wird.[324]

Innerhalb eines Jahres hatte sich die Anzahl der »Abschiebehäftlinge« in Österreich verfünffacht. »Die Hilfswerke sprechen von einer ›Verpolizeilichung‹ des Asylbereichs und von Verstößen gegen die Rechtsstaatlichkeit. Die neue Regelung habe vor allem zu einer steigenden Zahl von Härtefällen geführt.«[325]

Breiter Raum wurde etwa der Berichterstattung über eine Studie eingeräumt, die Innenministerin Liese Prokop im Mai 2006 vorstellte. Demnach wären 45 Prozent der Muslime in Österreich nicht an einer Integration interessiert, und »wer sich nicht integrieren lasse, habe in Österreich nichts verloren.«[326] Gleichzeitig würden aber auch 40 Prozent der nichtmuslimischen Österreicherinnen und Österreicher gegenüber Muslimen »eine negative Haltung« einnehmen. Vor allem die Reaktion der Parteien machte deutlich, wie emotional dieses heikle Thema gerade in Vorwahlzeiten diskutiert wurde und wie vor allem seitens der FPÖ versucht wurde, »Kapital aus der Kontroverse« zu schlagen.[327]

Etwas differenzierter fällt das Urteil über die Bereiche Ausländerpolitik und Fremdenrecht in einem niederländischen Blatt aus. Als »Vorbild für Europa« bezeichnete die Direktorin der Europäischen Stelle zur Beobachtung von Rassismus und Fremdenfeindlichkeit, Beate Winkler, Österreich. Besonders seit den Anschlägen auf das World Trade Center vom September 2001 und noch mehr nach dem Mord an dem niederländischen Regisseur und Publizisten Theo van Gogh im November 2004 werde die Diskussion über den Islam in den Staaten Europas zur Gänze von Emotionen beherrscht. Was den innerstaatlichen Umgang mit dem Islam betreffe, stelle Österreich »ein Vorbild« dar. Es kenne im Vergleich zu anderen westeuropäischen Ländern, wie England, den Niederlanden und Belgien, nur »relativ wenig Muslimhass«.[328] Das habe relativ starke historische Wurzeln, da die

---

322 Ebd.
323 Der Bund 2. 10. 2006 (»Rückblick auf die Ära Schüssel« – Rudolf Gruber).
324 Die tageszeitung 21. 3. 2006 (Ralf Leonhard).
325 Neue Zürcher Zeitung 7. 12. 2006 (Charles Eric Ritterband).
326 Neue Zürcher Zeitung 22. 5. 2006 (cer).
327 Ebd.
328 NRC Handelsblatt 12./13. 3. 2005 (Michèle de Waard).

islamische Gemeinde bereits 1912 die gleiche rechtliche Stellung hatte wie etwa die römisch-katholische Kirche oder die Israelitische Religionsgesellschaft. Österreich habe einen Modus gefunden, die islamische Gemeinde zu integrieren. Die Kontakte würden im Übrigen von den Spitzen des Staates wahrgenommen, was den Wert der Beziehungen unterstreiche. Es sei üblich, dass etwa der Bundespräsident bei der Ausarbeitung von Plänen und bei der Problemlösung eingebunden sei. »Der österreichische Dialog mit den Religionen kann als Erfolgsmodell für ganz Europa dienen. Muslime werden nicht als Gäste geduldet, sondern bilden einen Teil der österreichischen Gesellschaft.«[329]

Dennoch gäbe es eine Reihe durchaus irdischer Fragen zu lösen. Im ganzen Land gebe es nur eine einzige Moschee mit Minarett und Kuppel. Der Bau weiterer Gebetshäuser scheitere immer wieder »an baurechtlich begründeten Schikanen«.[330] Gerade durch die »Diskriminierung im Alltag« offenbare sich das Selbstverständnis der in dieser Frage gespaltenen Gesellschaft des Landes, in dem es neben den sichtbaren Statements der offiziellen Vertreter die nicht sichtbare Dysfunktionalität im Alltagsbereich gebe.

Bilanz 2010 – zehn Jahre nach der Wende: »Schwarz-Blau versuchte, keinen Stein auf dem anderen zu lassen«[331]

Wolfgang Schüssel hat sich nach der Angelobung der Regierung Gusenbauer I am 11. Jänner 2007 »beherrscht und professionell« vom Amt des Regierungsvorsitzenden verabschiedet.[332] Die Österreicher hatten mit der Wahl auch ein Bekenntnis darüber abgelegt, dass sie nicht länger mit einem Kanzler vorlieb nehmen würden, dem man zwar attestiere, »immer das Beste« aus einer Situation zu machen, wenngleich er es »auf undurchsichtige Weise« tue. Man wollte einen Regierungschef, der mit klaren Worten zu überzeugen versucht, und nicht einen, »der sich wegen seiner Zauberkünste bewundern ließ«. Dies habe Schüssel im »unzureichenden Maß« erkennen lassen.[333]

Das Fazit der schwarz-blauen Regierungen unter Wolfgang Schüssel reduziert sich in der Nachlese ausländischer Medien auf einige wenige Punkte. Es dominiert die Erinnerung an den im Jahr 2000 erfolgten Tabubruch, die damit ausgelösten Hysterien und die daraus resultierenden Folgen. Die Auseinandersetzung mit der

---

329 Ebd.
330 Berliner Zeitung 10. 10. 2006 (Norbert Mappes-Niediek).
331 Berliner Zeitung 5. 2. 2010.
332 NRC Handelsblad 10. 1. 2007 (Norbert Mappes-Niediek).
333 Ebd.

inhaltlichen Arbeit der österreichischen Bundesregierung tritt stark in den Hintergrund. Eine der auch noch ein Jahrzehnt später wahrnehmbaren Veränderungen bestehe demnach in der Desensibilisierung gegenüber rechten Parteien. Die Ursache dafür, warum man in Europa zur Ansicht gelangt sei, sich keine Befindlichkeiten für »politische Duftnoten« leisten zu können, »ist das jämmerliche Scheitern der sogenannten Sanktionen … In Europa gilt nunmehr der Grundsatz: Mehrheit ist Mehrheit«.[334] Damit hatten die 14 EU-Staaten das »Gegenteil ihrer ursprünglichen Intention« erreicht. Die Europäische Union musste – auch wenn die Regierungsbeteiligung der FPÖ »ein kalkulierter Anschlag auf den Nachkriegskonsens« im Hinblick auf die Machtexklusion rechter Parteien bedeutete – aus ihrem österreichischen Abenteuer eine bittere Lehre ziehen: »Sie ist schlicht nicht imstande, ihre politischen Standards, die so gern bei Festveranstaltungen beschworen werden, durchzusetzen.«[335]

Die österreichische Bundesregierung habe nicht wenig dazu beigetragen, das Volk glauben zu machen, Europa habe »mobil gemacht, um es um seinen freien Wählerwillen zu bringen. Tatsächlich wurde Österreich nicht wirklich benachteiligt. Die anderen Staaten mieden lediglich den förmlichen Kontakt mit Mitgliedern der österreichischen Regierung«.[336]

Über die Nachwirkungen der Anfangszeit der Ära Schüssel konnte bis heute kein Grundkonsens gefunden werden. So meinen die Optimisten, Protest und Widerstand hätten die Zivilgesellschaft gestärkt. Pessimisten widersprechen: »Was durch die Waldheim-Affäre an Diskussionsfreude geweckt worden sei, habe die Haider/Schüssel-Ära wieder verschüttet.«[337]

In Europa verblasst allmählich die Erinnerung an die Sanktionen, vor allem weil in Italien, in der Slowakei und auch während der zweiten Runde der französischen Präsidentschaftswahlen im April 2002 die extreme Rechte regierungsfähig wurde.[338] In Österreich würde man sich mit dem Thema Rechtsextremismus nicht offen auseinandersetzen, dennoch ist es quer durch die Gesellschaftsschichten unterschwellig vorhanden, ein Gefühl von Ungerechtigkeit sei latent existent. »Asylsuchende gelten als Verbrecher, Ausländer als Sozialschmarotzer, die EU als ein Land und Volk kujonierendes Monster. Die Kräfte, die mit rechtsstaatlich einwandfreien Vorstellungen dagegenhalten – unter den Parteien sind das nur die Grünen – finden wenig Widerhall.«[339] Daneben würden österreichische Jugendliche aufgrund von antise-

---

334 Die Zeit 28. 1. 2010 (Joachim Riedl).
335 Ebd.
336 Süddeutsche Zeitung München 2. 2. 2010 (Michael Frank).
337 Ebd.
338 Le Figaro 4. 2. 2010 (Maurin Picard).
339 Süddeutsche Zeitung 6. 2. 2010 (Michael Frank).

mitischen und fremdenfeindlichen Vorfällen wie etwa in Auschwitz oder Mauthausen für Schlagzeilen sorgen.[340] Österreichs Gesellschaft habe sich mit dem latent vorhandenen Rechtsradikalismus arrangiert. »Genau davor hat Europa im Jahr 2000 gewarnt, genau das ist eingetreten.«[341]

Die Umsetzung weitreichender inhaltlicher Neuerungen durch die ÖVP/FPÖ-Koalition sowie die Modernisierung des Landes waren vor allem deshalb möglich geworden, weil die neue Regierung die bis dahin bestehende starre politische Konstellation aufbrach und so die Schwerfälligkeit der Großen Koalition überwand. Der Tatendrang zur Erneuerung schien bisweilen ungezügelt: »Schwarz-Blau versuchte, keinen Stein auf dem anderen lassen: Das Pensionssystem wurde zu Lasten der Jungen gestutzt, was – für Österreich bisher praktisch undenkbar – zu fast flächendeckenden Streiks führte. Dafür wurde ein Kindergeld für alle eingeführt, das in leicht adaptierter Form auch heute [im Jahr 2010, als dieser Artikel verfasst wurde, Anm. d. Verf.] noch existiert. Eine wahre Privatisierungswelle von Staatsbetrieben schwappte über das Land. Wie man heute weiß, verdienten manche Parteifreunde dabei schönes Geld.«[342]

Eine indirekte Folge der ÖVP/FPÖ-Regierung mit nachhaltiger Wirkung scheint aber zu sein, dass die Protestbewegung zu einer »Repolitisierung einer jungen Generation« führte, »die bis dahin für unpolitisch und hedonistisch gehalten wurde. Genau diese Menschen trugen nun die monatelangen Demonstrationen und Kampagnen. Viele Fackelträger von damals sitzen heute noch in den Strukturen der etablierten Parteien, die damit eine längst nötige Blutauffrischung erhielten.«[343]

Epilog: Amt nach »bestem Wissen und Gewissen« geführt[344]

Ab dem Jahr 2009 wurde verstärkt über die Verwicklungen einiger Mitglieder der ehemaligen Bundesregierung in Korruptionsaffären berichtet, vier Minister aus dieser Zeit sahen sich mit dem Vorwurf der Bestechlichkeit konfrontiert.

Wolfgang Schüssel verkündete im September 2011 bei einer Pressekonferenz seinen Rückzug aus der Politik. Er wollte, wie er sagte, der Aufklärung der Skandale, die in seine Regierungszeit 2000 bis 2007 fielen, nicht im Wege stehen. Mit seinem Rückzug wolle er auch dazu beitragen, »eine objektive und von jeder politischen Beeinflussung oder medialen Vorverurteilung unabhängige Aufklärung durch die

---

340 Le Figaro 4. 2. 2010 (Maurin Picard).
341 Süddeutsche Zeitung 6. 2. 2010 (Michael Frank).
342 Berliner Zeitung 5. 2. 2010.
343 Ebd.
344 Frankfurter Allgemeine Zeitung 5. 9. 2011 (Reinhard Olt)

Justiz zu erleichtern«. Zugleich hob Schüssel hervor, dass es »sachlich ungerecht und unverantwortlich« sei, »die ÖVP mit den im Raum stehenden Vorwürfen in Zusammenhang zu bringen«.

An die Mitglieder seiner Regierungen habe er im Hinblick auf »Vertrauenswürdigkeit und Integrität ... hohe Anforderungen« gestellt. Es könne jedoch niemand ausschließen, »auch ich nicht, dass mein Vertrauen von Einzelnen getäuscht oder missbraucht wurde«. Es gelte daher, »umgehend und vollinhaltlich Klarheit zu schaffen«. Schüssel sah für die Vorfälle bei sich selbst »keine Verantwortung«. Er selbst habe sein Amt nach »bestem Wissen und Gewissen« geführt.[345]

---

345 Neue Zürcher Zeitung 5. 9. 2011; Frankfurter Allgemeine Zeitung 5. 9. 2011 (Reinhard Olt); Süddeutsche Zeitung 6. 9. 2011 (Cathrin Kahlweit).

Nach dem Scheitern der Koalitionsverhandlungen zur Bildung einer neuen Regierung von SPÖ und ÖVP informieren die ÖVP-Spitzen am 21. Jänner 2000 den Bundespräsidenten. Im Bild v. l. n. r.: die Landeshauptleute Waltraud Klasnic (Steiermark), Wendelin Weingartner (Tirol), Herbert Sausgruber (Vorarlberg), Erwin Pröll (Niederösterreich), Franz Schausberger (Salzburg) und Wolfgang Schüssel in der Wiener Hofburg

Bildnachweis:
Fotos 1–12, 14–45 Hopi, Media Medienservice Gmbh; Foto 13 Markus Keschmann

Am 25. Jänner 2000 beginnen im Wiener Parlament die Verhandlungen von Wolfgang Schüssel und Jörg Haider zur Bildung einer ÖVP/FPÖ-Regierung.

Am 1. Februar 2000 treffen die Verhandlungsdelegationen von ÖVP und FPÖ im Parlament zu einer abschließenden Sitzung zur Bildung einer Koalition zusammen.

Im Anschluss an die abgeschlossenen Regierungsverhandlungen stellen sich die Parteiobmänner Wolfgang Schüssel und Jörg Haider im Parlament in einer Pressekonferenz den Medien.

Am 4. Februar 2000 unterzeichnet Wolfgang Schüssel in der Wiener Hofburg in Gegenwart von Bundespräsident Thomas Klestil die Ernennungsurkunde.

Gruppenbild der ÖVP/FPÖ-Regierung am 4. Februar 2000 im Bundeskanzleramt. V. l. n. r. sitzend: Elisabeth Sickl (Soziales, Generationen, FPÖ), Elisabeth Gehrer (Bildung, Wissenschaft, Kultur, Kunst, ÖVP), Wolfgang Schüssel (Bundeskanzler, ÖVP), Susanne Riess-Passer (Vizekanzlerin, Frauenfragen, FPÖ), Benita Ferrero-Waldner (Auswärtige Angelegenheiten, ÖVP), Mares Rossmann (Staatssekretärin Wirtschaft, FPÖ), stehend: Alfred

Finz (Staatssekretär Finanzen, ÖVP), Karl-Heinz Grasser (Finanzen, FPÖ), Reinhard Waneck (Staatssekretär Gesundheit, FPÖ), Franz Morak (Staatssekretär im Bundeskanzleramt, ÖVP), Michael Schmid (Infrastruktur, FPÖ), Martin Bartenstein (Wirtschaft, ÖVP), Michael Krüger (Justiz, FPÖ), Ernst Strasser (Inneres, ÖVP), Wilhelm Molterer (Landwirtschaft, Umwelt, ÖVP), Herbert Scheibner (Landesverteidigung, FPÖ)

Am 9. Februar 2000 hält Bundeskanzler Wolfgang Schüssel, flankiert von Vizekanzlerin Susanne Riess-Passer und Außenministerin Benita Ferrero-Waldner, die Regierungserklärung der ÖVP/FPÖ-Koalition.

Am 11. Februar 2000 findet die erste Klausur der neuen Bundesregierung im Bundeskanzleramt statt.

Am 14. Februar 2000 stellen Bundeskanzler Wolfgang Schüssel und Vizekanzlerin Susanne Riess-Passer im Bundeskanzleramt Maria Schaumayer als neue Regierungsbeauftragte für die Entschädigung von NS-Zwangsarbeitern der Öffentlichkeit vor.

Am 18. März 2000 findet vor dem Hintergrund der Sanktionen sowie der Donnerstagsdemonstrationen in Wien in der Linzer Brucknerhalle der Bundeskongress der ÖVP statt. V. l. n. r.: ÖVP-Generalsekretärin Maria Rauch-Kallat, Bundesparteiobmann Wolfgang Schüssel und die Landeshauptleute Josef Pühringer (Oberösterreich), Erwin Pröll (Niederösterreich), Wendelin Weingartner (Tirol), Franz Schausberger (Salzburg) und Herbert Sausgruber (Vorarlberg)

Vor dem Hintergrund der internationalen Proteste und der Sanktionen von 14 EU-Staaten beginnt in Lissabon am 23. März 2000 der zweitägige Sondergipfel der EU-Staats- und Regierungschefs und der Außenminister. V. l. n. r.: der portugiesische Außenminister Jaime Gama, Außenministerin Benita Ferrero-Waldner, Bundeskanzler Wolfgang Schüssel und EU-Ratspräsident und portugiesischer Premierminister António Guterres.

Am 19. Juni 2000 beginnt im portugiesischen Santa Maria da Feira das zweitägige Gipfeltreffen der EU-Staats- und Regierungschefs und Außenminister. Die österreichische Delegation reist mit einem Bus mit der Aufschrift »Fairness for Austria« zum Konferenzzentrum.

Studentendemonstration gegen die ÖVP/FPÖ-Regierung

Die sog. drei »EU-Weisen« treffen am 28. Juli 2000 im Bundeskanzleramt mit Regierungsvertretern zusammen. Im Bild v. l. n. r.: Verteidigungsminister Herbert Scheibner, der deutsche Rechtsexperte Jochen Frowein, der ehemalige finnische Staatspräsident Martti Ahtisaari, Bundeskanzler Wolfgang Schüssel und der ehemalige spanische Außenminister Marcelino Oreja.

Am Abend des 8. September 2000 nehmen im Bundeskanzleramt Wolfgang Schüssel und Susanne Riess-Passer in einer Pressekonferenz zum Bericht der drei »EU-Weisen« über Österreich Stellung.

Die bayerische Regierung gehört zu den vehementesten Gegnern der Sanktionen der 14 EU-Staaten. Am 7. September 2000 trifft der bayerische Ministerpräsident Edmund Stoiber zu einem zweitägigen Besuch in Wien ein.

Am 28. November 2000 trifft der französische Staatspräsident und amtierende EU-Ratspräsident Jacques Chirac, einer der vehementesten Befürworter der Sanktionen der 14 EU-Staaten, im Bundeskanzleramt Bundeskanzler Wolfgang Schüssel zu Gesprächen über den bevorstehenden EU-Gipfel in Nizza.

Am 14. Juli findet auf Einladung der Bundesregierung in den Wiener Redoutensälen die Tagung »Reformdialog« mit den Sozialpartnern, der Nationalbank, den Ländern und Gemeinden sowie Wirtschaftsforschern zur Budgetsanierung statt. Im Bild v. l. n. r.: Finanzstaatssekretär Alfred Finz, Finanzminister Karl-Heinz Grasser, Vizekanzlerin Susanne Riess-Passer, Bundeskanzler Wolfgang Schüssel, ÖGB-Präsident Fritz Verzetnitsch und Bundeswirtschaftskammerpräsident Christof Leitl bei der Pressekonferenz nach der Tagung

Finanzminister Karl-Heinz Grasser hält am 18. Oktober 2000 im Parlament seine Rede zum ersten Haushaltsentwurf der ÖVP/FPÖ-Regierung. Im Bild v. l. n. r.: Bundeskanzler Wolfgang Schüssel, Außenministerin Benita Ferrero-Waldner, Finanzminister Karl-Heinz Grasser

Bundeskanzler Wolfgang Schüssel und Vizekanzlerin Susanne Riess-Passer nehmen am 1. Februar 2001 im Bundeskanzleramt in einer Pressekonferenz zu einem Jahr ÖVP/FPÖ-Regierung Stellung.

Am 25. Juni 2000 findet in den Wiener Redoutensälen auf Einladung der Bundesregierung die Tagung »Reformdialog für Österreich« zur geplanten Verwaltungsreform und Budgetsanierung unter Teilnahme der Bundesregierung, der Sozialpartner, der Nationalbank, der Länder und Gemeinden sowie von Wirtschaftsforschern statt. Im Bild v. l. n. r.: Landeshauptmann und amtierender Vorsitzender der Landeshauptleutekonferenz, Jörg Haider, Finanzminister Karl-Heinz Grasser, Vizekanzlerin Susanne Riess-Passer, Bundeskanzler Wolfgang Schüssel, Landwirtschaftsminister Wilhelm Molterer, Finanzstaatssekretär Alfred Finz

Im Anschluss an eine Sitzung des Ministerrates am 18. April 2001 informieren Finanzminister Karl-Heinz Grasser, Vizekanzlerin Susanne Riess-Passer, Bundeskanzler Wolfgang Schüssel und Nationalbank-Gouverneur Klaus Liebscher über die Ergebnisse der Sitzung, die die bevorstehende Einführung des Euro zum 1. Jänner 2002 zum Inhalt hatte.

*Rechte Seite:
Am 17. September 2001 startet am Wiener Westbahnhof der »Euro-Train«, ein Informationszug über die bevorstehende Einführung des Euro.*

1 EURO
ÖBB
Dienstgew 84t On-GPR+Z+
R+E 160 175t TRAKTION
R+E 135t Salzburg
P+E 120t
R

Am 30. Mai 2001 findet im großen Wiener Redoutensaal auf Einladung der Bundesregierung die erste »Europa-Runde« unter dem Titel »Zukunft Europa« statt. Ziel der Europa-Runden ist es, in Österreich einen breiten Diskussionsprozess über die Zukunft der EU in Gang zu setzen.

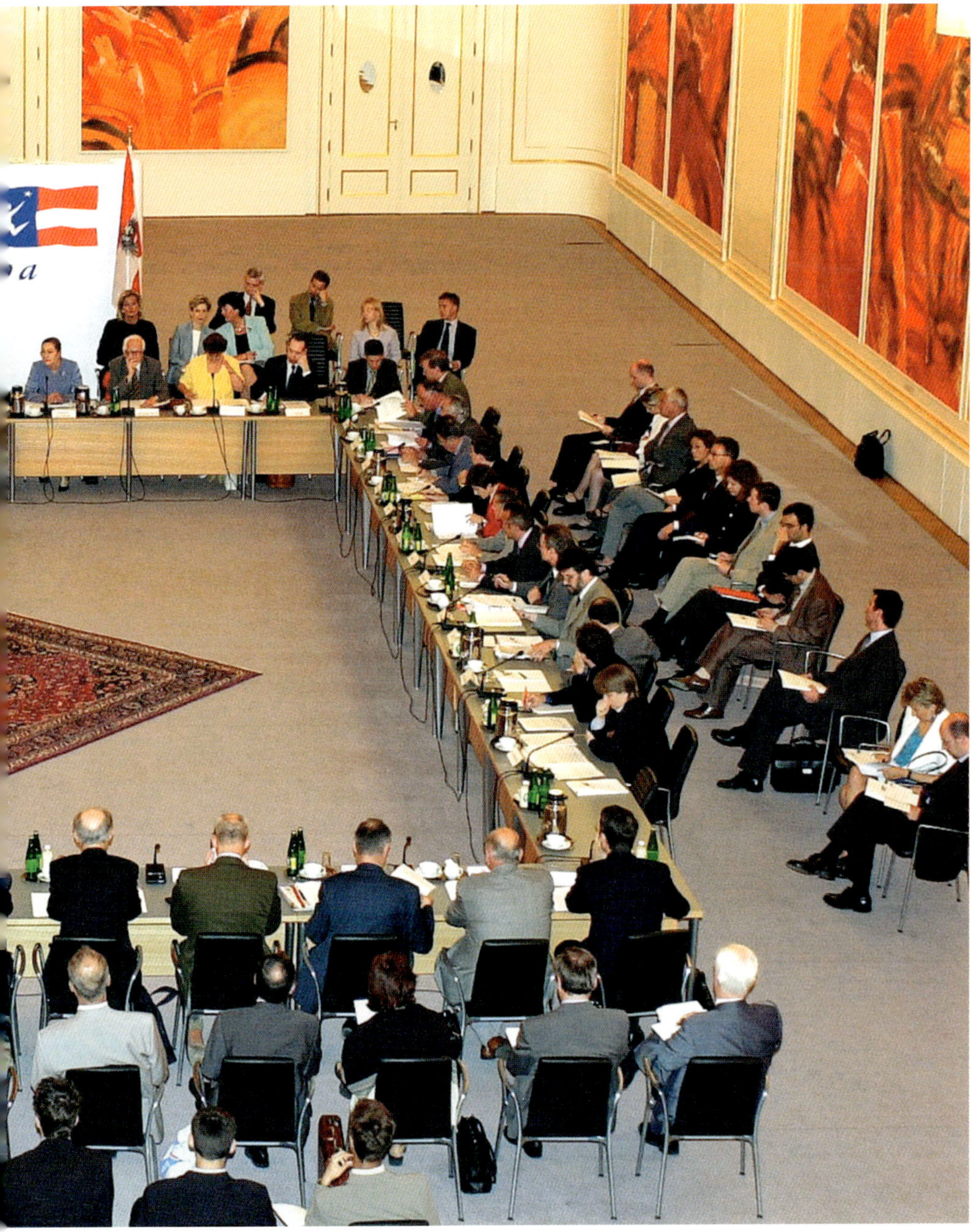

Angesichts der Hochwasserkatastrophe findet am 18. August 2002 im Bundeskanzleramt in Berlin ein Gipfeltreffen der betroffenen Staaten – Deutschland, Österreich, Slowakei, Tschechien – und der Europäischen Kommission statt, um die Hochwasserhilfe zu koordinieren. Im Bild der deutsche Außenminister Joschka Fischer und Bundeskanzler Wolfgang Schüssel.

Vor dem Hintergrund des Jahrhundert-Hochwassers findet am 2. September 2002 im Bundeskanzleramt eine Koordinationssitzung der Bundesregierung mit den betroffenen Ländern statt. Im Bild v. r. n. l.: Landesrat und Landeshauptmann-Stellvertreter Wolfgang Eisl (Salzburg), Landeshauptmann Josef Pühringer (Oberösterreich), Vizekanzlerin Susanne Riess-Passer, Bundeskanzler Wolfgang Schüssel, Landeshauptmann Erwin Pröll (Niederösterreich).

Wahlkampfveranstaltung der Salzburger ÖVP am 30. Oktober 2002 im Kongresshaus für die bevorstehende Nationalratswahl mit Spitzenkandidatin Benita Ferrero-Waldner und Wolfgang Schüssel.

Am 6. November 2002 besucht die Bundesspitze der ÖVP im Rahmen der »Österreich-Tage« Niederösterreich. Landeshauptmann Erwin Pröll begrüßt Bundeskanzler Wolfgang Schüssel bei einer Abendveranstaltung auf Schloss Grafenegg.

Nach der Bekanntgabe des vorläufigen Endergebnisses der Nationalratswahl vom 24. November 2002 findet in der Hauptwahlbehörde die sog. »Elefantenrunde« der Parteiobmänner statt. Im Bild v. l. n. r.: Herbert Haupt, Alfred Gusenbauer, ORF- Chefredakteur Werner Mück, Wolfgang Schüssel und Alexander Van der Bellen

Rechte Seite:
Oben: Sondierungsgespräche zwischen ÖVP und SPÖ im Bundeskanzleramt zur Bildung einer neuen Bundesregierung am 3. Dezember 2002. Im Bild vorne das ÖVP-Verhandlungsteam Generalsekretärin Maria Rauch-Kallat, Bundesparteiobmann Wolfgang Schüssel, Landeshauptmann Waltraud Klasnic. Hinten das SPÖ-Verhandlungsteam v. l. n. r.: Klubobmann Josef Cap, Bundesparteivorsitzender-Stellvertreterin Gabi Burgstaller, Bundesparteivorsitzender-Stellvertreter Heinz Fischer, Parteivorsitzender Alfred Gusenbauer, Bürgermeister Michael Häupl, Landeshauptmann-Stellvertreter Hans Nissel

Unten: Am 5. Dezember 2002 findet im Bundeskanzleramt die erste Verhandlungsrunde zwischen ÖVP und FPÖ zur Bildung einer neuen Bundesregierung statt. Im Bild vorne das ÖVP-Verhandlungsteam mit Generalsekretärin Maria Rauch-Kallat, Bundesparteiobmann Wolfgang Schüssel, Landeshauptmann Waltraud Klasnic. Hinten das FPÖ-Verhandlungsteam v. l. n. r.: Hubert Gorbach, Nationalratspräsident Thomas Prinzhorn, Bundesminister Herbert Scheibner, Parteiobmann Bundesminister Herbert Haupt, Magda Bleckmann, Jörg Freunschlag, Generalsekretär Herbert Schweitzer

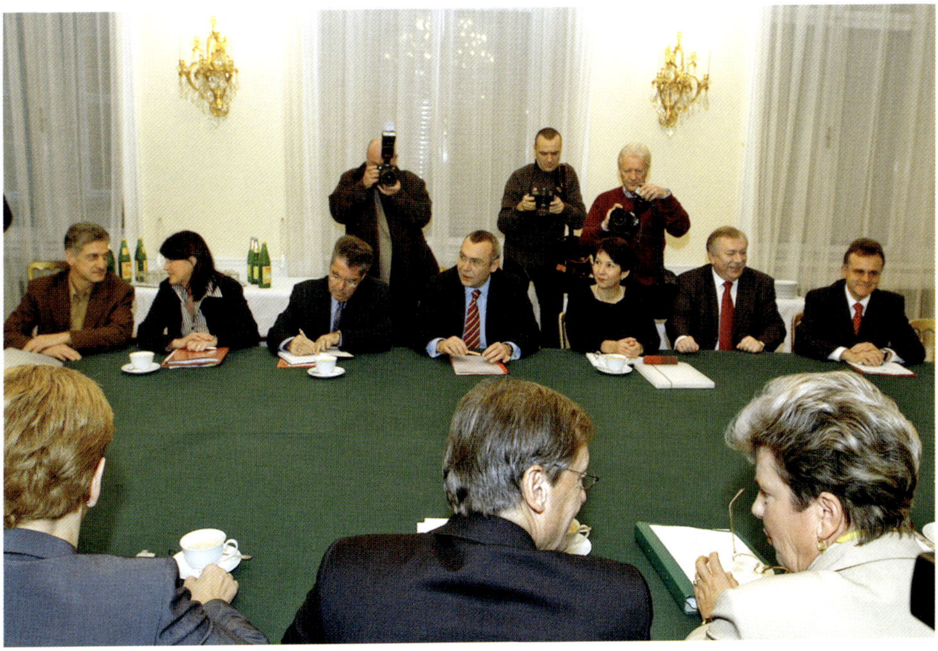

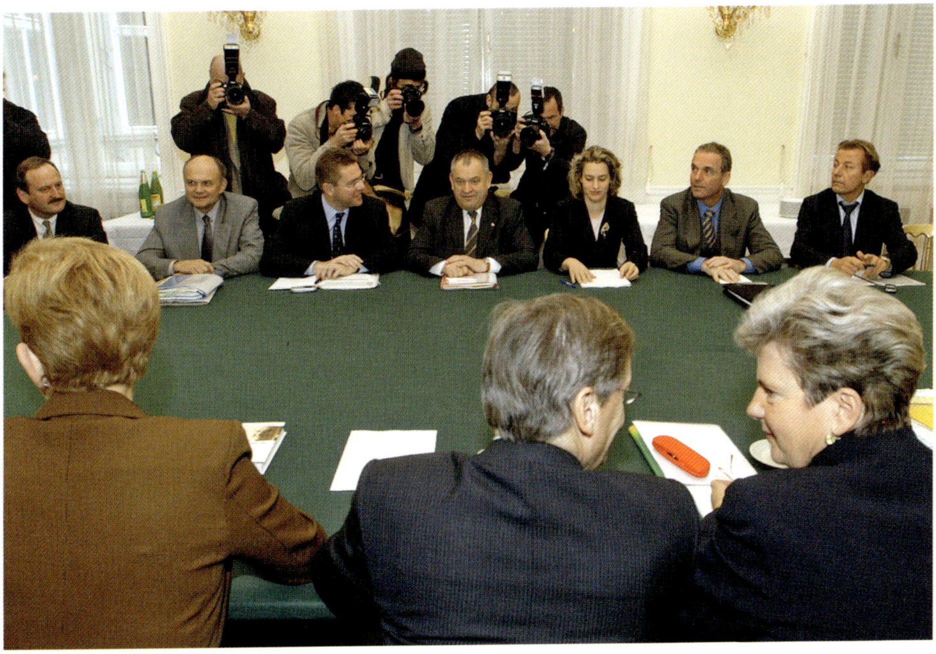

Die am 28. Februar 2003 vom Bundespräsidenten angelobte Regierung Schüssel II. V. l. n. r. sitzend: Dieter Böhmdorfer (Justiz, FPÖ), Benita Ferrero-Waldner (Auswärtige Angelegenheiten, ÖVP), Elisabeth Gehrer (Bildung, ÖVP), Wolfgang Schüssel (Bundeskanzler, ÖVP), Herbert Haupt (Vizekanzler, Gesundheit, FPÖ), Maria Rauch-Kallat (Gesundheit, Frauen, ÖVP), Ursula Haubner (Staatssekretärin Soziales, FPÖ), Ernst Strasser (Inneres,

ÖVP); stehend: Helmut Kukacka (Staatssekretär Infrastruktur, ÖVP), Günther Platter (Verteidigung, ÖVP), Franz Morak (Staatssekretär Kunst, ÖVP), Karl-Heinz Grasser (Finanzen), Josef Pröll (Landwirtschaft, ÖVP), Martin Bartenstein (Wirtschaft, ÖVP), Hubert Gorbach (Infrastruktur, FPÖ), Reinhart Waneck (Staatssekretär Gesundheit, FPÖ), Alfred Finz (Staatssekretär Finanzen, ÖVP), Karl Schweitzer (Staatssekretär Sport, FPÖ).

Am 6. März 2003 gibt Bundeskanzler Wolfgang Schüssel im Parlament die Regierungserklärung der neuen Bundesregierung ab.

Der Chef der Grünen,
Alexander Van der Bellen, bei seiner Rede zur Regierungserklärung am 6. März 2003.

Rechte Seite:
Am 4. Juni 2003 gibt Bundeskanzler Wolfgang Schüssel im Rahmen einer Aktuellen Stunde im Parlament eine Erklärung zur Pensionsreform ab und verweist dabei auf anerkennende Meldungen deutscher Zeitungen.

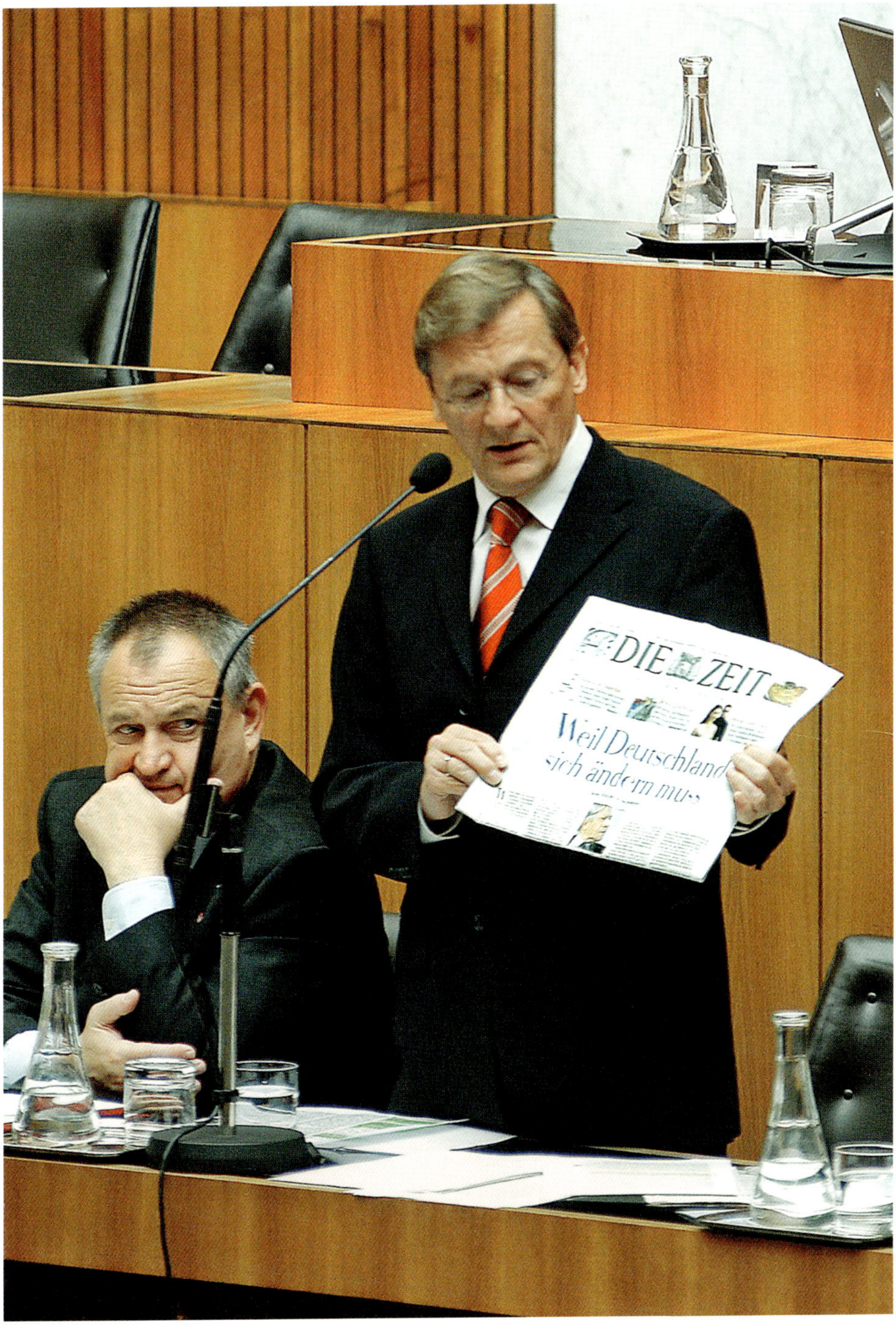
DIE ZEIT
Weil Deutschland sich ändern muss

Am 9. September 2004 beginnt in Retz die zweitägige Regierungsklausur unter dem Motto »Zeit der Ernte«.

Nach einer Regierungsumbildung werden am 26. Jänner 2005 die neuen Regierungsmitglieder durch Bundeskanzler Wolfgang Schüssel dem Nationalrat vorgestellt.

Nach einer Ministerratssitzung am 1. Februar 2005 präsentieren sich Bundeskanzler Wolfgang Schüssel und Vizekanzler Hubert Gorbach mit den weiblichen Mitgliedern des Kabinetts. V. l. n. r.: Innenministerin Liese Prokop, Außenministerin Ursula Plassnik, Gesundheitsministerin Maria Rauch-Kallat, Sozialministerin Ursula Haubner, Justizministerin Karin Miklautsch, Bildungsministerin Elisabeth Gehrer

Vierte »Konsenskonferenz« zur Lösung des Kärntner Ortstafelstreits im Bundeskanzleramt am 13. März 2005.

Unterzeichnung der Memoranden anlässlich der Präsentation der regionalen Beschäftigungs- und Wachstumsoffensive 2005/06 zwischen der Bundesregierung und den Bundesländern am 8. August 2005 im Bundeskanzleramt. Im Bild v. l. n. r.: Landeshauptmann Jörg Haider (Kärnten), Wirtschaftsminister Martin Bartenstein, Landeshauptfrau Gabi Burgstaller (Salzburg), Bundeskanzler Wolfgang Schüssel, Landeshauptmann Waltraud Klasnic (Steiermark), Landesrat Ernst Gabmann (Niederösterreich), Landeshauptmann-Stellvertreter Franz Steindl (Burgenland)

Feierliche Eröffnungsveranstaltung der vom Außenministerium anlässlich der zehnjährigen EU-Mitgliedschaft veranstalteten Tagung »Gemeinsame Erfahrungen. Gemeinsame Perspektiven« im Wiener Redoutensaal am 25. Februar 2005.

Beginn des zweitägigen Treffens des Europäischen Rates der EU-Staats- und Regierungschefs und der Außenminister unter österreichischem Vorsitz in Brüssel am 15. Juni 2006. Im Bild v. l. n. r.: Bundeskanzler Wolfgang Schüssel, der niederländische Premierminister Jan Peter Balkenende, der französische Staatspräsident Jacques Chirac, die deutsche Bundeskanzlerin Angela Merkel, der luxemburgische Premierminister Jean-Claude Juncker beim Betreten des Sitzungssaals.

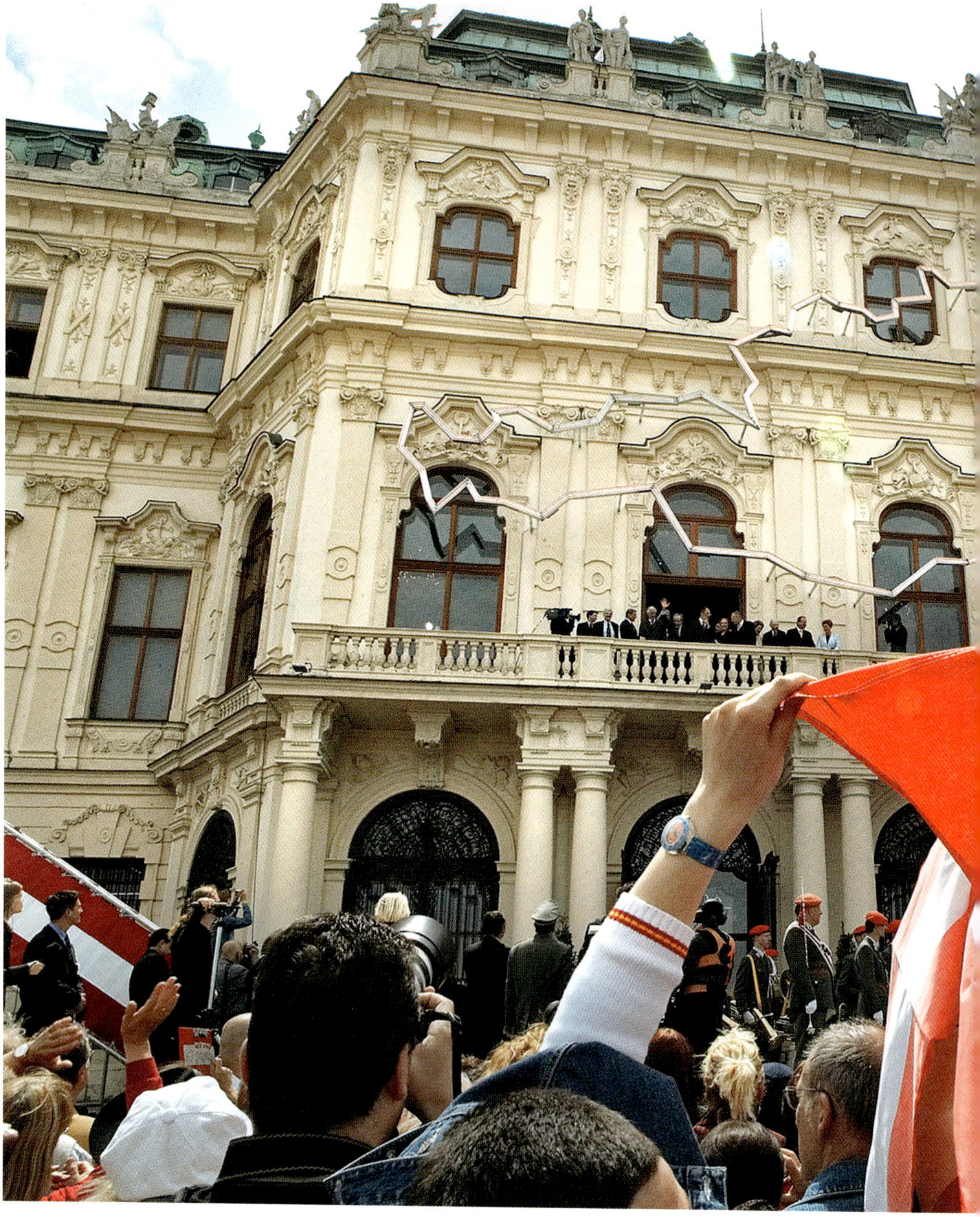

Am 15. Mai 2005 feiert die Republik den 50. Jahrestag der Unterzeichnung des Staatsvertrags im Oberen Belvedere mit einem Festakt und einem Volksfest. Auf dem Balkon v. l. n. r.: der britische Europaminister Douglas Alexander, der frühere republikanische Senator Rudy Boschwitz (USA), der französische Außenminister Michel Barnier, die österreichische Außenministerin Ursula Plassnik, der russische Außenminister Sergej Lawrow, Bundespräsident Heinz Fischer, Bundeskanzler Wolfgang Schüssel und Vizekanzler Hubert Gorbach

Festakt anlässlich »60 Jahre Zweite Republik« in den Wiener Redoutensälen am 27. April 2005.

Ministerpräsidententreffen für »Stabilität in Südosteuropa im 21. Jahrhundert« am 1. August 2006 in Salzburg. Im Bild v. l. n. r.: Sali Berisha (Albanien), EU-Sonderkoordinator des Stabilitätspakts für Südosteuropa Vizekanzler a. D. Erhard Busek, Ivo Sanader (Kroatien), Adnan Terzic (Bosnien-Herzegowina), der Vorstandsvorsitzende von Raiffeisen Internationale Herbert Stepic.

C. ANHANG

Interview mit Bundeskanzler a. D. Dr. Wolfgang Schüssel in der Dr. Wilfried-Haslauer-Bibliothek am 26. November 2010

Robert Kriechbaumer: Es geht zunächst um einen ersten Themenblock, der die Situation des Jahres 2000 behandeln soll. Auf der einen Seite geht es um eine politische Erzählung, auf der anderen Seite um die Beantwortung der Frage des »neuen Regierens«, das propagiert wurde, um die Wahlen, die politischen Akteure und die politische Kommunikation. Ich bitte die Bearbeiter, Fragen zu stellen.

Dieter Binder: Meine Frage zielt auf die Wahrnehmung der Regierungsbildung. Es gibt zwischenzeitlich Publikationen, in denen die Rede davon ist, dass das Zusammengehen mit der FPÖ bereits in den Jahren davor mehrmals absolutes Thema gewesen ist. Ich bearbeite die Wahrnehmung von außen. Es ist für viele sehr überraschend gekommen, und es gibt für mich keine Möglichkeit, wenn ich die vorhandenen Dinge anschaue, diese Entscheidung terminlich-zeitlich zu fixieren. Hat es diese Planspiele tatsächlich gegeben, wie in einer Innsbrucker Publikation behauptet wird, oder ist das wirklich eine Sache der Verhandlungsergebnisse mit der Sozialdemokratie und der parallel geführten Verhandlungen gewesen?

Wolfgang Schüssel: Also erstens hat es ja in früheren Jahren schon Diskussionen im Parteivorstand gegeben. Alois Mock wollte ja ursprünglich eine Kleine Koalition mit der FPÖ machen, die hat er zwar nicht beantragt, also ich führe keine Protokolle oder Tagebücher, ich kann das nur aus meinem »peripheren Gedächtnis« heraus sagen. Ich glaube aber, das stimmt so. Es ist also nicht beantragt worden, aber es hat eine freie Diskussion gegeben, wo eine, ich würde sagen, Zwei-Drittel-Mehrheit gegen eine Beteiligung der FPÖ gestimmt hat. Das war ja gleich nach der Bildung der Großen Koalition unter Alois Mock. Das Thema war ja immer wieder da, und selbstverständlich gibt es Überlegungen, wo es heißt, was würde dies und das bedeuten. Aber das sind nie mehr als Sandkastenspiele gewesen. Als ich Parteichef wurde, ich war, das muss ich dazu sagen, immer ausgewiesener Großkoalitionär von der gesamten Prägung her, stand ich, unter anderem auch damals, als Alois Mock die Variante Kleine Koalition spielen wollte, aber den Konflikt nicht offen austragen wollte, beispielsweise immer auf der anderen Seite. Ich habe gesagt: »Nein, wir werden versuchen, die Große Koalition zu machen.« Mir war das Europa-Thema immer sehr wichtig, daher war mir vollkommen klar, dass nur eine Große Koalition den Beitritt zur Europäischen Union letztlich durchsetzen kann. Also ich war da immer auf der anderen Seite. Allerdings, das sage ich auch dazu, habe ich immer sehr präzise Vorstellungen und immer vis-à-vis, auf der SPÖ-Seite, sehr gute Partner gehabt. Also das war legendär – ich war Wirtschaftsminister, und der Josef Hesoun war mein Visavis im gleichen Haus als Sozialminister. Eine witzige Mischung: Hesoun, ein gestandener Gewerkschafter der alten Schule, und ich eher von einer ganz anderen Ecke her kommend. Wir haben uns aber glänzend verstanden. Ein oft stundenlanges Ringen, bisweilen sehr emotional, aber immer in einem wirklich guten Geist. Wir haben viele Dinge durchverhandelt, die bis heute halten: Das Pflegegeld und die Pflegeversicherung wurden eingeführt, wir haben die Ausgliederung des Arbeitsmarktservices durchgesetzt. Dann viel schwieriger in der persönlichen Gestion war Ferdinand Lacina, der einen mit mir befreundeten Staatssekretär, einen sehr guten Staatssekretär namens Johannes Ditz, hatte, die geradezu als siamesische Zwillinge auftraten. Ich habe zu ihm eher ein Konkurrenzverhältnis gehabt – aber mit wechselseitigem Respekt. Das waren so meine Visavis-Partner. Also die Arbeit der Großen Koalition war da durchaus auch sehr erfolgreich; ich war letztlich auch meistens der Koordinator auf ÖVP-Seite. Als ich 1995 Parteichef wurde, wollte ich die Dinge wirklich mit neuem Elan ins Lot bringen, trotz aller Schwierigkeiten. Wir hatten damals ja ein sehr großes Budget-Problem. Da ist nichts gegangen, bis zum legendären Pensionisten-Brief, dann Wahlen, Neubildung der Regierung, und dann ist plötzlich alles gegangen. 1999 eine ähnliche Situation: Wir sind knapp Dritter geworden, und ich wollte tatsächlich in Opposition gehen. Das war nicht gespielt, ich wollte damals wirklich in die Opposition gehen und war der Auffassung, dass die Sozialdemokraten, die vorn geblieben sind, gemeinsam mit den Freiheitlichen eine Regierung bilden sollten. Das wäre für uns eine ideale Kombination, um sich zu regenerieren und dann mit neuen Kräften durchzustarten. Wir wussten nicht, wann wir das nächste Mal gewinnen, aber die anderen brächten ja wahrscheinlich nichts zusammen. Das ist natürlich dann konterkariert worden, einerseits durch den Bundespräsidenten, den öffentlichen Druck und dann auch durch Stimmen aus der eigenen Partei, dass wir wieder in die Regierung gehen müssen. Da haben wir im Parteivorstand sehr heftige Diskussionen gehabt, mit einer eindeutigen Ablehnung der Großen Koalition zunächst. Dann haben wir diese Sondierungsgespräche begonnen, damit nicht überhaupt sofortige Neuwahlen kommen. Zu dem Zeitpunkt wäre die FPÖ mit Sicherheit stimmenstärkste Partei geworden. Als sich die Verhandlungen über einige Wochen hinweg zogen, konnte man dies eindeutig aus Umfragen zu ersehen (die von Plasser und Ulram publiziert wurden). Die FPÖ war vorne, und zwar deutlich vorne. Sie hätte die SPÖ überholt. Zu dem Zeitpunkt ist bei uns die Stimmung gekippt nach dem Motto: Wir müssen Verhandlungen aufnehmen. Das verlief unter enormem Reputationsverlust, weil ich ja versprochen hatte, dass wir als Dritte in die Opposition gehen. Es war ja überhaupt nicht meine Ambition, um jeden Preis in die Regierung zu gehen und Kanzler zu werden. Ein sehr harter Kern von Gegenspielern hatte andere Präferenzen: Erwin Pröll übrigens ganz massiv, und auch Waltraud Klasnic und einige andere, die gesagt haben: »Nein, mit der Großen Koalition gehen wir wieder unter, das geht nicht.« Wir hatten aus diesem Grund im Parteivorstand echte Gegenstimmen. Ich habe das Ergebnis dann fertig verhandelt, bin wieder in den Parteivorstand hineingegangen, und das Ergebnis war ganz eindeutig: einige Gegenstimmen. Das ist auch in den Zeitungen gestanden. Ich weiß allerdings nicht mehr, wie viele es waren. Das Signifikante bestand darin vor allem: Niederösterreich und Steiermark, also zwei Schlüsselländer von uns, haben dagegen gestimmt. Wir haben es aber durchgebracht. Wir haben uns massiv im Parteivorstand für dieses Verhandlungsergebnis eingesetzt. Ich habe allerdings auch dazu gesagt und als Bedingung mitgenommen und mitbekommen, es war auch meine Überzeugung, es muss eine andere Form der Koalition sein. Es kann nicht sein, dass wieder jeder die gleichen Ministerien besetzt. Ich habe damals den Sozialisten vorgeschlagen, machen wir einen radikalen Tausch: Wir bekommen das Sozial-, Finanz- und Innenministerium, ihr bekommt Wirtschaftsressort, Landesverteidigung und Landwirtschaftsministerium. Es muss einfach ein radikaler Tausch sein, es muss in den Gewichten, muss sich in den Verhältnissen ändern, es kann nicht jeder seine Klientel ununterbrochen betreuen wollen, das bringt uns um. Mein Eindruck war damals, dass Viktor Klima, das kann ich jetzt natürlich nicht beweisen, dazu bereit gewesen wäre. Das ist aber sofort geleakt worden. Der Erste, der sich rausgelehnt und die »Kronen Zeitung« gefüttert hat, war Innenminister Karl Schlögl, der meinte, das Innenministerium käme überhaupt nicht infrage. Ablehnend äußerten sich dann die Gewerkschafter – das Sozialministerium komme nicht infrage –, und dann war klarerweise nur noch das Finanzministerium mit Minister Rudolf Edlinger übrig, der rausmarschiert ist und der ÖVP nicht das Finanzressort überlassen wollte. Damit wurde Klima vollständig blamiert. Dann kam zuletzt mein dramatischer Appell, der SPÖ-Parteivorstand tagte gerade, und ich bin in die ZIB 2, um dort den Vorschlag für einen parteiunabhängigen Finanzminister zu machen. Über Namen haben wir uns nicht unterhalten. Klima ist offensichtlich hinterher massiv unter Druck gekommen. Wir telefonierten noch in der Nacht. »Diese Art und Weise, das wäre unmöglich, ich bringe das nicht durch.« Gleichzeitig erhielten wir auch Informationen, Klima hätte in der sozialdemokratischen Gewerkschaft »vorsingen« sollen. Er ging aber nicht hin, er hatte sich nicht getraut, er hat Edlinger geschickt, und den haben sie »hingerichtet«, die Herren Nürnberger und Co. Rudolf Edlinger ist bleich und blass zurückgekommen. Deswegen haben wir verlangt, es muss in jedem Fall die Unterschrift des sozialdemokratischen Fraktionsführers der Gewerkschaftsfraktion dabei sein, sonst hält das Ganze später im Parlament ja nicht. Das war eine sinnvolle Bedingung, damit sich der Parteivorsitzende Klima darauf verlassen kann, dass die nicht auf einmal davon abweichen von dem, was vereinbart war. Dann kam in der Nacht der dramatische Anruf, dass er das Verhandlungsergebnis nicht durch den Parteivorstand gebracht hat. Darauf sind wir am nächsten Tag mit den Landesparteiobmännern zum Bundespräsidenten gegangen. Da gab es diese merkwürdige Geschichte, ob es von Bundespräsident Klestil einen Auftrag zur Regierungsbildung an Klima gibt oder nicht, das wurde zweimal dementiert und dann wieder doch gemacht. An dem Freitag habe ich dann mit dem Jörg Haider tatsächlich telefoniert, noch nach dem Besuch beim Bundespräsidenten, er hat es mir gesagt: Jetzt nehmen wir Verhandlungen auf.

Dieter Binder: Also die Darstellung, dass es Koalitionswechselversuche gegeben hat, stimmt nicht?

Wolfgang Schüssel: Nein, das stimmt so nicht. Es ist dann schnell herausgekommen, dass wir nicht von Grund auf neu verhandeln können. Das habe ich auch den Verhandlern auf FPÖ-Seite klargemacht. Diese müssen das Koalitionsabkommen, das ja fertig verfasst war, übernehmen und müssen sagen, was nicht geht, und ein paar Dinge hinzufügen. Das waren nur marginale Veränderungen, es wurden, glaube ich, keine fünf Prozent verändert.

Herbert Dachs: Herr Bundeskanzler, »neu regieren«: Das war sozusagen die Fahne, und auch Andreas Khol beschreibt dies ausführlich. Ist Ihnen das »neue Regieren« vorher schon vorgeschwebt, und was Sie gesagt haben jetzt im Jänner, dass sich diese Möglichkeit ergibt. Das ist die erste Frage. Die zweite Frage: Was sollte für Sie neues Regieren bedeuten?

Wolfgang Schüssel: Das ist eigentlich alles in diesen Tagen entstanden. Wir sind da Tag und Nacht mit unseren eigenen Leuten zusammengesessen und haben einerseits selber die Arbeit machen und zum anderen den Koalitionspartner betreuen müssen. Dieser hatte noch nie, jedenfalls die handelnden Personen, Regierungsverantwortung getragen. Wir haben also praktisch für die anderen mitgedacht, ihnen geholfen und versucht, Expertise zur Verfügung zu stellen. Wir wollten natürlich auch Zeichen setzen, dass jetzt etwas anders wird. Es sollte nicht nur empfunden werden als ein Tabubruch, wie es bisweilen dargestellt wurde, sondern ein Aufbruch sichtbar gemacht werden. Das deutlichste Beispiel war natürlich der gemeinsame Auftritt, den es vorher nie gegeben hatte. Ich bin nicht angerührt, aber es ist irgendwie sehr komisch gewesen. Da macht man eine gemeinsame Ministerratssitzung, sitzt am gleichen Tisch, dann verschwindet jeder in sein Zimmer. Dann hält zuerst der Bundeskanzler eine Pressekonferenz, dann musst du warten, bis er fertig ist, dann darfst du als Vizekanzler zum gleichen Thema eine Pressekonferenz halten. Sagst du genau das Gleiche, kommst du überhaupt nicht vor, wenn du es eine Nuance anders sagst, ist das sofort der Streit innerhalb der Koalition und ein Zeichen, dass es da Schwierigkeiten gibt. Das war immer eine sehr unbefriedigende Situation, zuletzt reif für das Kabarett. Klima – dem es nicht sehr gut gegangen ist, muss ich immer dazusagen und voller Respekt vor seiner Person als Mensch – ist vollkommen »vercoacht« und von seiner Umgebung richtiggehend in Geiselhaft genommen worden. Andreas Rudas ist zu ihm hinübergeeilt, hat ihn trainiert wie ein Boxtrainer, der mit dem Handtuch wedelt und Kühlung zufächelt und bestimmt, was er zu sagen hat. Es hat eine Stunde gedauert, bis Viktor Klima überhaupt vor die Presse treten konnte. Ich habe drüben gewartet und habe keine Termine machen können, in Wirklichkeit war es grotesk. Susanne Riess-Passer, der ich zunächst eher reserviert gegenüberstand, da ich sie aufgrund des Anti-Euro-Volksbegehrens und einiger pointierter Reden als Scharfmacherin wahrgenommen hatte, kannte ich vorher gar nicht. Mir wäre Herbert Scheibner als Vizekanzler lieber gewesen, Haider hatte mich gefragt, wen ich mir wünschen würde. Ich habe schon gewusst, dass das eine Falle ist. Ich habe gesagt, dass ich Herbert Scheibner kenne und Susanne Riess-Passer nicht. Haider brummte dann: Susanne Riess-Passer, was ein Glück war. Ich wollte schon von Anfang an zeigen, dass wir anders, nämlich partnerschaftlich miteinander umgehen. Vor jeder Pressekonferenz wurde abgesprochen, wer welche Themen anspricht. Die Themen, die sie nicht ansprechen wollte, wissend, dass ich als Bundeskanzler mehr Gewicht und Resonanz habe, habe ich genommen. Das hat ganz gut funktioniert, muss ich sagen. Das war ein Signal. Das zweite war, dass wir Ministerräte in den Bundesländern abhalten wollten. Da hat uns der Verfassungsdienst, damals noch anders besetzt, eine Absage erteilt, das ginge juristisch nicht. Wir haben gefragt, wo das steht. Das hat man uns nicht sagen können, heute geht das natürlich. Wir haben dann getrickst und haben nicht Ministerräte, sondern in den Bundesländern gemeinsame Sitzungen mit den Landesregierungen abgehalten, ohne etwas zu beschließen. Wir haben gemeinsame Regierungskonferenzen oder Klausuren gemacht, die thematisch immer sehr präzise vorbereitet waren. Wir haben genaue Pläne vorbereitet, für jede Woche sollte ein zentrales Thema dargestellt und vorgestellt werden. Die Journalisten wussten diese Themen vorab nicht, weswegen diese Themen einen gewissen News-Wert hatten. Heute ist das so, dass entweder nichts auf der Tagesordnung steht oder die Themen schon zehnmal durch die Öffentlichkeit gegangen sind. Genauso haben wir verschiedene andere Dinge, wie die Österreich-Dialoge, die Österreich-Gespräche durchgeführt, für die man im großen Stil die Betroffenen zusammengeholt hat. Ob das nun Budgetsanierung war – Forschung war ein ganz starkes Thema –, Verwaltungsreform oder Gesundheitsthemen waren, das ist durchaus gut angekommen.

HERBERT DACHS: Ohne das jetzt abwerten zu wollen: Sie haben jetzt über Performance gesprochen. Das ist ja ziemlich respektiert und bewundert worden, auch inhaltlich und in der Art und Weise, wie Sie informelle Regeln geändert haben, da haben Sie ja den bisher üblichen Konsensweg deutlich in Richtung konkurrenzdemokratischen Weg und Methoden geändert. Das hat man am Umgang mit dem Sozialpartner beobachten können, der bis dato ein privilegierter war, was die Kommunikation angeht, die Begrenzung der Diskussions- und Begutachtungszeit usw. Dann kam dieses berühmte Wort von »speed kills« auf. Was sagen Sie denn dazu? Ihnen musste doch bewusst sein, dass es nicht nur in dieser bisher ungewohnten Regierungskonstellation, sondern auch von den Inhalten her, vor allem was Änderungen im Sozialbereich anlangt, Bröseln und Knatsch geben wird. Dass dies nicht durch Kompromisse und durch allgemeines Lächeln verhindert werden kann. Ein Beispiel sind die fehlgegangenen Pensionsreformen in den 1990er Jahren usw. Was war denn da neu? Waren Sie sich dessen bewusst, dass Sie da in Machtproben hineingegangen sind? Ein weiterer Punkt war der Vorstoß der FPÖ im Frühjahr des Jahres 2000, die Beiträge von der Arbeiterkammer zu reduzieren, weil die FPÖ gesagt hat, die Pflichtbeiträge würden für politische Propaganda verwendet usw. usw.

Wolfgang Schüssel: Ich habe die Frage am Anfang falsch verstanden. Sie haben schon Recht: Wir haben es auch inhaltlich zum Teil anders gemacht. Wir haben teils aus der Not Gesetzesentwürfe nach außen vergeben. Wir haben teilweise massiv Gegenwind von der eigenen Bürokratie bekommen. In manchen Ressorts haben sich Beamte geweigert, Dinge zu tun, die eigentlich selbstverständlich sind. Das hat sich nach wenigen Monaten natürlich geändert und normalisiert. Am Anfang war es aber extrem schwierig. Wir hatten keinen Masterplan, das entspricht der ersten Frage, wir waren natürlich enorm gefordert, teilweise überfordert. Wir haben nicht genau gewusst, wie lange wir das durchhalten können und wie lange wir den Druck der Straße, der Öffentlichkeit, der Medien, vom Parlament oder vom Ausland überleben. Da sind natürlich inhaltlich einige Dinge geändert worden, das mit den Sozialpartnern lasse ich so nicht gelten. Da wird eine Legende gestrickt, dass die Sozialpartner an den Rand gedrängt worden sind. Das stimmt nicht. Die Sozialpartner sind genauso eingebunden worden, ich habe sogar immer darauf geachtet, dass sie eingebunden sind. Wenn Sie sich an die Pensionsreformen des Jahres 2003 erinnern, die ich persönlich geführt habe. Das war ja extrem fordernd, Herbert Haupt hat meine volle Unterstützung gebraucht und hat sie auch bekommen. Ich habe selbst die Verhandlungen geführt, ich habe selber Dutzende Verhandlungen mit dem Sozialpartnerpräsidenten geführt, zum Teil wochenenden- und nächtelang. Das kennen Sie bestimmt noch, ich sehe noch die Szene vor mir, als ich mit Herbert Tumpel, Christoph Leitl und Rudolf Schwarzböck im Kanzleramt im Dunkeln auf dem Balkon stand und der Morgen graute und die Vögel zu singen begannen. Wir waren uns eigentlich einig, das muss man ganz klar sagen, es kam eher von der Löwelstraße und einigen Hardlinern aus der GPA der Druck auf die sozialdemokratischen Verhandler, nicht mitzugehen. Ich glaube nach wie vor, dass die damalige Pensionsreform für österreichische Verhältnisse sensationell war, weil sie zum ersten Mal einen Zeithorizont bis 2050 gehabt hat, mit einem stabilen Bundesbeitrag, und absolut kohärent argumentierbar gewesen wäre. Also, es ist ein Gerücht, dass die Sozialpartner nichts zu sagen gehabt hätten oder bewusst ausgegrenzt wurden, das stimmt nicht. Nur: Sie hatten kein Veto. Das sage ich ganz offen dazu, so kann es auch in einer parlamentarischen Demokratie nicht sein, dass die Sozialpartner außerparlamentarisch ein Vetorecht für Gesetzesbeschlüsse haben. Das ist ja so weit gegangen, dass in der Begutachtung schon beschränkt wurde, was man vorschlagen durfte. Dinge, die nicht vorher von den Sozialpartnern weitestgehend akkordiert wurden, durften nicht in Begutachtung geschickt werden. Das macht in einer parlamentarischen Demokratie keinen Sinn. Also: Ja zur Einbindung der Sozialpartner, überhaupt keine Frage, die Pflichtmitgliedschaft ist ein Riesenvorteil für Österreich. Für diese bin ich immer eingetreten, ich habe mich persönlich dagegen ausgesprochen, die Pflichtbeiträge zu kürzen, man kann durchaus darüber streiten, ob das ein Fehler war. Das ist schon richtig, die FPÖ, vor allem Dieter Böhmdorfer, der Justizminister, und Jörg Haider haben das immer wieder verlangt. Es ist natürlich richtig, dass die Arbeiterkammer im Besonderen eine sehr parteipolitisch gefärbte Linie fährt, das kann jeder nachvollziehen. Trotzdem, obwohl ich das so sehe, habe ich darum gekämpft, dass die Arbeiterkammer bestätigt wird. Also das mit dem Sozialpartner, das ist schon eine sehr viel differenziertere Geschichte, als es bisweilen öffentlich heißt.

Ernst Hanisch: Sie haben den Begriff »Tabubruch« verwendet. Sie waren Außenminister und haben einen internationalen Überblick gehabt. Hat Sie der Sturm der Entrüstung von österreichischen Intellektuellen mit angefeuert? Außenpolitisch wie innenpolitisch überrascht? Tabubruch für eine Koalition ÖVP mit der Haider-FPÖ. Oder war das einkalkuliert?

Wolfgang Schüssel: Das Wort »Tabubruch« ist nicht von mir, übrigens stammt auch das Zitat »speed kills« nicht von mir. Das habe ich Andreas Khol zu verdanken, der eine schnelle Zunge und immer wieder »gschmackige« Sätze geprägt hat. Ich habe das dann versucht, in »speed wins« zu verändern, aber das ist dann schon zu spät gewesen. Es ist ja auch Unsinn, es wurde niemand »gekillt«. Natürlich sind Fehler passiert, es ist nicht alles perfekt, wenn du viele Dinge machst. Im Rückblick sind viele Dinge differenzierter zu sehen. Bei anderen Dingen haben wir nachgeben müssen, obwohl sie eigentlich goldrichtig waren. Also ich glaube zum Beispiel noch immer, dass die Ambulanzgebühr vollkommen richtig war, dass sie aber a) ganz schlecht kommuniziert und b) vom Sozial- und Gesundheitsministerium am Anfang schlecht aufgestellt war. Warum? Weil das Sozialministerium die Gelder eigentlich nicht den Spitälern überlassen wollte. Erster Punkt. Genau das Gleiche bei den Studienbeiträgen am Anfang. Da ist das Geld nicht den Universitäten gegeben, sondern quasi ins Budget eingefügt worden. Das war falsch, das hätte man von Anfang nur den Universitäten geben müssen. Wir haben es dann geändert, und es ist dann auch bei den Universitäten geblieben. Was aber bis heute nicht allen bewusst war und ist, das muss man dazu sagen: Ich glaube nach wie vor, irgendwann einmal wird es kommen, so sicher, wie ich hier sitze. Es ist ja auch ein kompletter Schwachsinn, warum sollen die ersten zwei Jahre des Kindergartens etwas kosten und ausgerechnet bei der Universität gratis sein, die mit Sicherheit einen Umverteilungsaspekt von unten nach oben hat. Auch wenn wir hoffentlich noch mehr Bauern-, Arbeiter- und Unterschichtkinder an die Universitäten bringen werden, ist es trotzdem eine Förderung von unten nach oben. Fehler eins. Ambulanzgebühr nicht direkt den Spitälern zu geben, nicht gleich die Studienbeiträge den Universitäten zuzuordnen. Wenn man im Wilhelminenspital einen Kranken- oder Ambulanzbesuch macht, bezahlt man für eine Stunde Parken genauso viel, wie die Ambulanzgebühr gekostet hätte. Kein Mensch findet etwas dabei. Wenn ich zwei Stunden dort stehe, bezahle ich mehr als die Ambulanzgebühr.

Natürlich war mir klar, dass es Diskussionen und in Österreich Aufregung geben würde. Immerhin hat die SPÖ Wahlkämpfe immer mit der »schwarz-blauen Gefahr« bestritten. Es war logisch, dass es in Österreich Aufregung geben wird. Niemand trennt sich gerne von den Futtertrögen, die es natürlich auch bei einer Regierungsverantwortung zu füllen und zu verteilen gibt. Aber dass es eine derartige Aufregung erzeugen wird und man wochen-, monatelang mit der Anti-Faschismus-Keule durchs Land zieht, das war absurd. Ehrlich gesagt müssen sich im Nachhinein einige Handlungsträger fragen, was sie damals angerichtet haben. Das »Profil« hat aufgemacht in Schwarz »Die Schande Europas«, mit dem für den Artikel Verantwortlichen Martin Schwarz habe ich im Sommer ein langes Interview geführt. Es war ein sehr gutes Gespräch, ich habe ihm dann aber am Schluss die Frage nicht erspart: Wie fühlen Sie sich heut mit dem Titel? Das war ihm sehr unangenehm. Aber dass es eine Diskussion geben muss und auch wird und auch legitimerweise geben muss und soll, finde ich ganz in Ordnung. Ich habe es, wenn Sie so wollen, auch jetzt durchaus taktisch als eine Hilfe verstanden. Es hilft natürlich auch gegenüber dem Koalitionspartner, in der innenpolitischen Diskussion zu erklären, dass man eben sehr sensibel sein muss. Das wäre ja auch die Präambel, die im Wesentlichen von Ursula Plassnik formuliert wurde. Die internationale Aufregung hat mich vollkommen verblüfft und auch auf dem falschen Fuß erwischt. Es ist richtig, dass der französische Präsident Jacques Chirac sich beim OSZE-Gipfel in Istanbul 1999 bei Bundespräsident Klestil erkundigt hat. Ich selbst wurde zum Tisch gebeten und hatte ein kurzes Gespräch mit Chirac. Ich habe gesagt: »Wir sind in Verhandlungen mit der SPÖ, und wenn das Ergebnis stimmt, werde ich durchaus in der Lage sein, eine solche Koalition weiterzuführen. Wenn es scheitert, muss es andere Optionen geben.« Er mahnte: »Passen Sie auf.« Aus, mehr nicht. Es war keine konkrete Drohung oder so etwas. Ich habe nur Andreas Khol, der ja schon aus der alten Zeit, als Chirac Bürgermeister von Paris war, mit ihm sehr gut befreundet war, darum gebeten, mit ihm zu telefonieren. Weil es schon klar war, dass aus Frankreich und der Sozialistischen Internationalen Gegenwind kommt. Andreas Khol hat dann ein sehr ungutes Telefonat mit Chirac geführt, zu der Zeit, als die Verhandlungen schon fast abgeschlossen waren. Es gibt über dieses Telefonat ein von Khol angefertigtes Protokoll. Dass sich dann alle EU-Mitgliedsstaaten, nicht als EU, sondern individuell als EU-14, an den Sanktionen angeschlossen haben, war unglaublich. Im Nachhinein haben mir ja einige der betroffenen Regierungschefs zugegeben, dass sie in Wahrheit getäuscht wurden, jedem wurde von der portugiesischen EU-Präsidentschaft gesagt – António Guterres war damals übrigens auch der Vorsitzende der europäischen Sozialdemokraten und der Sozialistischen Internationale –, dass sie die Letzten seien, alle anderen hätten schon zugestimmt. Mir haben mindestens fünf Regierungschefs bestätigt, dass ihnen genau dies gesagt wurde. Ein klassischer Leger! Unglaublich. Und dann natürlich auch noch dieses Treffen, die Holocaust-Konferenz in Stockholm, auf der es am Rande eine Diskussion gegeben hat, wo Viktor Klima sehr betroffen um Solidarität gebeten hat. Ich glaube nicht – und das sage ich ausdrücklich –, dass Viktor Klima irgendetwas in Richtung Sanktionen bestellt hat. Da nehme ich ihn ausdrücklich in Schutz, das waren ganz andere. Das ist evident. Übrigens interessant ist Joschka Fischer: Als ich vor einigen Wochen in Berlin war, hat Joschka Fischer ausdrücklich gesagt, dass von höchster Stelle in Österreich diese Geschichte nicht nur – er hat nicht gesagt »bestellt«, aber jedenfalls nachdrücklich begrüßt und, man könnte interpretieren, »angelegt« wurde.

MICHAEL GEHLER: Weil wir von der Außenpolitik sprechen, Herr Bundeskanzler. Vielleicht darf ich noch einmal zurückkommen auf die 1990er Jahre. Sie waren ja Außenminister von 1995 bis 2000 – das sind auch bewegte Jahre. Wir haben die Regierungskonferenz in Turin 1996, den Vertrag von Amsterdam 1997, den Regierungswechsel in Deutschland 1998 und das Scheitern des Optionenberichts im gleichen Jahr, den Konflikt um das Kosovo 1999. Zunächst die Frage: Wie ging die Ablöse von Alois Mock als Außenminister vonstatten, und was waren in Ihren Jahren als Außenminister prägende Eindrücke? Wo konnten Sie Ihrer Meinung nach Zeichen setzen und Spuren hinterlassen, die mit Ihrer Zeit als Außenminister in Verbindung zu bringen sind?

WOLFGANG SCHÜSSEL: Die Ablöse von Mock als Außenminister war eigentlich klar. Ab dem Zeitpunkt, als ich Parteichef wurde, habe ich mir das alleinige Vorschlagsrecht ausbedungen. Ich habe einige wenige Bedingungen gestellt: *Erstens* muss die Partei entschuldet sein. *Zweitens* müssen alle Länder dazu ihre Beiträge bezahlen.

Drittens habe ich das alleinige Vorschlagsrecht für die Regierung und lasse mir von niemandem etwas dreinreden. *Viertens:* Ich habe das alleinige Vorschlagsrecht für die ersten zwei Sitze bei den Kandidaten zum Europäischen Parlament. *Fünftens* habe ich das alleinige Vorschlagsrecht für die Nationalratsbundesliste. Da darf mir niemand reinreden. Das wurde akzeptiert.

Bevor ich Parteichef wurde, war mir klar, wie auch von Anfang an Alois Mock und Erhard Busek, dass ich jedenfalls einen Neuanfang brauche. Wir hatten ja ziemlich zerstrittene Gruppierungen, einen Mock-Flügel und den Busek-Flügel. Das war zum Teil natürlich nicht deckungsgleich mit Wien–Niederösterreich oder CV–Nicht-CV. Das war sehr viel gemischter und sehr viel komplexer. Wenn überhaupt, dann wäre nur ein Neuanfang möglich, wenn beide aus der Regierung ausscheiden. Alois Mock wollte zunächst nicht gerne, und ich habe gesagt, dass mir das überhaupt nichts macht. Ich bin nicht derjenige, der dich hinausdrängt, das habe ich ihm ausdrücklich gesagt. Nur trete ich dann nicht als Parteichef an. Dann muss jemand anders das machen. Ich stelle mich nach einer Wahl als Parteichef sicher nicht als Königsmörder hin, das mache ich nicht. Ich habe mich nicht darum beworben, ich musste nicht Parteichef werden, weil ich mit meinem politischen Leben abgeschlossen hatte und in die Privatwirtschaft gehen wollte. Ich hätte das auch ganz ordentlich machen können. Aber wenn, dann sollte es ein Neuanfang, ohne diese Exponenten sein, dies hat letztlich durchaus Verständnis gefunden. Vor dem Parteitag haben beide öffentlich erklärt, sie kandidieren nicht und stehen nicht mehr zur Verfügung. Das ist ja ein wichtiger Punkt. Ich habe mit Alois Mock eine ausgesprochen positive und auch persönlich gute Beziehung nachher entwickelt. Es geht ihm ja leider furchtbar schlecht, das ist das Tragische an der Geschichte.

MICHAEL GEHLER: Ihre Jahre als Außenminister?

WOLFGANG SCHÜSSEL: Der Kern ist und das Wichtigste war, dass ich der erste Außenminister war, der Österreich in der EU vertreten hat. Insofern vollzog sich das ja auch nahtlos, da ich als Wirtschaftsminister schon für den EWR zuständig und Stellvertreter von Mock bei den Beitrittsverhandlungen war. Das Thema hat mich auch immer wirklich interessiert und fasziniert. Das habe ich gerne gemacht, und ich habe mich selbst auch in einer Schlüsselrolle gesehen. Der General Affairs Council – heute getrennt in General und Foreign Affairs – war damals ein Rat. Es war der Schlüsselrat, es war auch der einzige Rat, der im Vertrag erwähnt ist, und die Außenminister waren ja per Vertrag Mitglieder des Europäischen Rates. Das ist heute alles anders, da sind die Außenminister nicht mehr dabei, der allgemeine Rat spielt eine eher ärmliche Rolle, und letztlich sind viele Kompetenzen des Rates auf den ständigen Ratspräsidenten Herman Van Rompuy übergegangen. Die Außenminister sind eigentlich aus dem Zentrum der europäischen Politikgestaltung hinausgedrängt worden, was ich persönlich für einen schweren Fehler halte. Während der österreichischen Präsidentschaft hat das schon begonnen. Da haben einige Regierungschefs schon angefangen, ihre Spiele zu spielen, und ich habe mich damals massiv auf die Schienen gelegt und es verhindern können. Ich war nicht einmal eingeladen zum damaligen informellen Rat nach Pörtschach. Ich hatte Arafat zu Besuch, Klima wollte Jassir Arafat auch haben. Dann habe ich gesagt: Gut, ich komme aber mit und verlange, dass ich dort eine Stellungnahme des Allgemeinen Rates vortragen darf. Ich habe meine Erklärung dort abgegeben. Zwei, drei Freunde von mir haben sich höflichkeitshalber zu Wort gemeldet, und dann bin ich wieder hinausgeschickt worden und das Thema war weg. Natürlich ist ganz wichtig, dass der Regierungschef die Kontrolle hat und alles wissen muss, was wichtig ist. Es muss aber der Außenminister als Europaminister in alle Fragen zentral eingeweiht sein. Das war mir sehr wichtig. Dann kam der Bosnien-Krieg, zuvor der Dayton-Vertrag 1995, und der Kosovo-Krieg. Da haben wir uns natürlich massiv eingebracht in diese ganze Geschichte. Ich war der erste EU-Außenminister, der nach dem Krieg in Sarajewo eingetroffen ist. Der Flughafen war noch nicht aufgebaut, überall waren die Bombentrichter zu sehen. Total vereiste Landebahn, das erste Konzert in der Oper, bei dem wir im Wintermantel und ohne Heizung mit Pudelmütze und Handschuhen gesessen sind und die Musiker mit klammen Fingern angefangen haben zu spielen. Ich war der Erste in Banja Luka und zu Besuch in der Republik Srpska. Ich war der erste EU-Außenminister, der nach Tibet gereist ist – übrigens mit Erlaubnis der chinesischen Regierung. Ich habe ein ziemlich reichhaltiges Besuchsprogramm in meiner Zeit als Außenminister gemacht. Ich war im Nahen Osten voll integriert und eingebunden. Das war alles in der Vorbereitung der EU-Präsidentschaft, und die war insofern schon eine Schlüsselgeschichte. Nach unseren Beitrittsverhandlungen hat mich Alois Mock zu Herzen gerührt, als er in seiner Dankesrede mit den Worten abgeschlossen hat: »Denken Sie daran, nicht unsere Nachbarn in Mittel- und Zentraleuropa zu vergessen.« Das habe ich mir als eine innere Linie vorgenommen. Die Frage war: »Wie will ich es durchsetzen, dass die Beitrittsverhandlungen mit diesen Nachbarn beginnen?« Das war 1998 während der österreichischen Präsidentschaft sehr umstritten. Der Beitrittsprozess wurde damals begonnen – übrigens gegen härtesten Widerstand der Deutschen, der Franzosen – nicht der Engländer, die waren dafür. Aber die Großen waren überhaupt nicht dafür, und trotzdem haben wir das mit List, Tücke und Beharrlichkeit durchgesetzt. Es wurde mit den ersten sechs Kandidaten begonnen, später noch einmal vier und Bulgarien und Rumänien noch später. Dass ich dies erleben durfte, dass wir während meiner Amtszeit mit den Verhandlungen begonnen haben und 2004 als Bundeskanzler quasi den Beitritt abschließen durften am 1. Mai – das war schon ein absoluter Höhepunkt für mich. 1998 waren die Konflikte mit Milošević schon absehbar gewesen. Ich war ja einige Male in Belgrad, um mit ihm zu verhandeln. Er war ein schwieriger, listiger und mit allen Wassern gewaschener Typ. Ein weiterer wichtiger Punkt während der österreichischen Präsidentschaft waren die Verhandlungen mit den Amerikanern. Wir haben damals im Handelsbereich große Probleme gehabt. Es ging um den berühmten »Bananen-Streit« – obwohl das lustig ist, weder die Amerikaner noch die Europäer produzieren Bananen. Aber alles war gelähmt durch diesen Streit zwischen den USA und Europa, was wir aber entschärfen konnten.

Franz Schausberger: Nachdem das heute oftmals so dargestellt wird: Ist der Beitritt von Rumänien und Bulgarien zu früh gewesen oder nicht?

Wolfgang Schüssel: Tja, im Nachhinein ist der Mensch am weisesten. Ich bin schuld oder mit schuld daran, dass die Rumänen und Bulgaren so früh hineingekommen sind. Weil ich auch jedem gesagt habe, dass dies politisch sehr wichtig ist. Rein vom ökonomischen und anderen Aspekten her ist das sicherlich diskutabel. Ich bin mir aber nicht sicher, dass die Situation besser wäre, wenn man länger gewartet hätte. Ich bin auch jetzt der Meinung, dass mit Kroatien im nächsten Jahr abgeschlossen werden muss. Es muss im Dezember nächsten Jahres mit den Serben begonnen werden, denn nur wenn die Serben und die Kroaten in die Europäische Union eingebunden sind, gibt es die Chance, dass Bosnien dauerhaft befriedet wird und gesichert bleibt. Mazedonien, Albanien und schließlich auch der Kosovo, das ist der einzige Schlüssel, der einzige Anreiz, den wir haben, und den müssen wir konsequent ausspielen. Für mich ist das interessanterweise überhaupt kein Thema. 1914 hat der Erste Weltkrieg begonnen, und es wäre ein Triumph der Geschichte, wenn im Jahr 2014 beispielsweise die Serben und Kroaten dabei sein könnten und sich damit das Ganze in einer guten und großen Geschichte abrunden würde. Das wäre spannend. Das hängt alles in Wahrheit schon zusammen: 1989 bin ich in die Regierung gekommen, Fall des Eisernen Vorhangs, 1994 haben wir unsere Beitrittsverhandlungen abgeschlossen, 1998 habe ich federführend die Verhandlungen beginnen können, 2004 haben wir sie mit fast allen Staaten in Mittel- und Osteuropa abgeschlossen, und wenn dann 2014 die Kroaten dabei und Serbien in Verhandlungen eingebunden wäre, wäre das schon unglaublich. Das war eine viel wichtigere Erfahrung als irgendeine Glühbirnenverordnung, ein Rauchverbot oder ob der Rettungsschirm jetzt 500 Milliarden oder 600 Milliarden umfassen darf, finde ich.

Michael Gehler: 1998 scheiterte auch der Optionenbericht noch vor der Präsidentschaft, die in der zweiten Jahreshälfte gewesen ist. 1997 forderte die ÖVP noch den NATO-Beitritt. Frage: Ist der Eindruck richtig, dass dieses Scheitern des Optionenberichts auch das großkoalitionäre Klima schon sehr schwer belastet hat und auch zur Vorgeschichte des Scheiterns einer Option Weitermachen der Großen Koalition dazuzurechnen ist?

Wolfgang Schüssel: So weit will ich nicht gehen, aber dass es eine Beeinträchtigung war, das ist evident. Ehrlich gesagt, ich sollte das irgendwann einmal mit Viktor Klima besprechen. Aber fragen Sie jemanden, der dabei war, etwa René Pollitzer, der heute bei Bundespräsident Heinz Fischer sitzt, wie er das damals empfunden hat. Ich muss ehrlich sagen, das war grotesk, wir sind damals im Palais Pallavicini gesessen, und wir haben verhandelt, verhandelt und verhandelt. Thomas Mayr-Harting hat es wunderbar für mich und René Pollitzer für Viktor Klima vorbereitet. Wenn Sie das heute lesen – machen Sie sich wirklich die Mühe und lesen Sie sich das durch. Es war nicht der NATO-Beitritt, bitte um Gottes willen, der wäre nicht drin gewesen, das habe ich selbst gewusst. Ich wollte langsam den Boden aufbereiten, sollte sich in Finnland, in Schweden ein Geleitzug, eine gemeinsame Option ergeben, könnten wir nicht als einzige außen vor bleiben. Meine Hoffnung war damals, wenn Russland einbezogen würde – sie waren damals keine Außenseiter, sondern es herrschte eine sehr positive Stimmung zwischen Clinton und Jelzin. Es gab sogar die Option oder die Möglichkeit, dass die Russen vielleicht der NATO beitreten können. Damals gab es Stimmen in der SPÖ, wenn die Russen in irgendeiner Weise …, dann wäre das ganz etwas anderes. Das war eigentlich meine langfristige Idee, eine Öffnung aufzumachen. Die Formulierung lautete also, dass man alle Optionen einschließlich eines möglichen Beitritts prüfen sollte. Es war keine Rede davon, dass man sich nun gleich entscheiden muss, sondern es war eben ein Optionenbericht. Dieser eine Satz ist offengeblieben. Ich fürchte, dass das Ganze in Wahrheit Heinz Fischer im Hintergrund abgedreht hat, aber das ist nicht bewiesen. Dann hat sich Viktor Klima verabschiedet, um an der Eröffnung des neuen »Krone«-Privatradios teilzunehmen. Er sagte, er kommt wieder. Wir sitzen stundenlang und warten. Mitternacht war um, wir saßen seit eineinhalb Stunden. Es hieß, er komme gleich. Um ein Uhr riefen wir noch einmal an und gaben Bescheid, dass wir nicht bis früh um vier warten würden, die Party müsse ja schon lange vorbei sein, und gaben Bescheid, dass wir um halb zwei gehen würden. Um halb zwei bin ich gegangen. Viktor Klima ist nie erschienen, und am nächsten Tag legte ich den Optionenbericht dem Ministerrat vor und habe auf Abstimmung bestanden. »Lehnt ihn ab, aber das muss dann im Protokoll verankert werden.« Damit war diese Geschichte gestorben. Das war 1998 natürlich schon in Vorahnung, es war nicht mutwillig von mir, die Geschichte klingt jetzt spielerisch, war es aber nicht. Ich habe gewusst, dass die Briten und die Franzosen mit einer gemeinsamen Verteidigungsinitiative kommen würden. Ich wusste, sie kommen mit dem Vorstoß einer gemeinsamen europäischen Verteidigungsdimension. Wie die genau aussehen würde, wussten wir nicht. Aber ich wollte, das war auch wieder meine Grundüberzeugung, dass Österreich an jeder europäischen Politik teilhat, ob Euro, Schengen, die Prümer Gruppe, verstärkte Zusammenarbeit in der Verteidigung usw. Wir müssen nicht unbedingt bei der NATO dabei sein, aber wenn es ein europäisches Thema ist, muss Österreich beteiligt sein. Das war eigentlich immer unbestritten bei der SPÖ, und auf einmal ist das alles in die Luft geflogen. Das war für mich sehr unangenehm und auch unverständlich. Ich war, wie gesagt, der erste EU-Außenminister und -Ratspräsident, der im NATO-Headquarter eine Rede gehalten hat. Das wurde auch vermerkt und ist bis heute sehr merkwürdig. Es war damals der estnische Präsident Toomas Hendrik Ilves, zu meiner Zeit Außenminister von Estland, daher kennen wir uns ganz gut. Der hat mir erzählt, dass bis heute eine sehr schwierige Situation zwischen EU und NATO, deren Mitgliedsländer nahezu identisch sind, gegeben ist. Es herrscht immer noch eine unsichtbare Trennwand, was in meinen Augen unverständlich ist. Meine Idee wäre schon gewesen, die WEU, die NATO – die WEU ist ja schon verschwunden und mit der EU verschmolzen worden – irgendwann zusammenzuführen. In welcher Form auch immer, es ist ja kein NATO-Mitglied dazu verpflichtet, an allen Bereichen teilzunehmen, es ist aber trotzdem ein politisches Bündnis.

Robert Kriechbaumer: Allgemeine Fragen zu zwei Themen. Ihre Beziehung zu Jörg Haider?

Wolfgang Schüssel: Mit Jörg Haider bin ich zum ersten Mal zusammengetroffen, als er Vorsitzender bzw. Bundesobmann des Rings Freiheitlicher Jugend (RFJ) war und ich in der Katholischen Studierenden Jugend (KSJ) war, das waren die katholischen Mittelschüler. Ich habe dort schon einige Streitgespräche mit ihm gehabt. Er war Assistent bei Professor Günther Winkler und übrigens mit Peter Kostelka im gleichen Zimmer gesessen. Er war ein pfiffiger, schlagfertiger, eloquenter Bursche. Das waren unsere ersten Zusammentreffen. Später war er der Geschäftsführer oder Sekretär des Rings Freiheitlicher Wirtschaftstreibender (RFW). Zur gleichen Zeit wurde ich gerade Wirtschaftsbund-Generalsekretär. Wir waren sozusagen wieder Konkurrenten – diesmal auf der Ebene der Wirtschaftsvertretungen. Da war er schon klar gegen Pflichtmitgliedschaft und andere Dinge. Er war aber nicht weiter auffällig. Dann hat er völlig gedreht, er wurde von Otto Scrinzi nach Kärnten geholt, hat also den Oberösterreicher mit dem Kärntner Anzug getauscht und ist plötzlich vom Wirtschaftsvertreter zum Sozialsprecher mutiert und hat ziemlich radikale und populistische Forderungen vertreten. Wir kamen beide ins Parlament und haben auf dieser Ebene die Klingen gekreuzt. Wir waren »per Du«, wie üblich in den Jugendorganisationen, aber es war immer noch keine besonders enge Zusammenarbeit oder eine allzu harte Konfrontation. Dann machte Jörg Haider in der Zeit von Alois Mock starke Avancen und hatte vor allem zu Josef Krainer ein besonderes Verhältnis entwickelt. Er trat beim Geburtstag von Joschi Krainer auf und hat einiges zum Besten gegeben. Außerdem hat er Waltraud Klasnic zur Erstwahl als Landeshauptfrau verholfen; die SPÖ hätte sie nicht gewählt, und er hatte sie von Anfang an mit seinem Namen unterstützt. Ich war eher noch auf Distanz, da ich ja eher auf der anderen Seite der Großkoalitionären stand. Dann kam die für mich sehr unangenehme Geschichte, also das war fast ein Polit-Mordversuch an mir, mit der Creditanstalt Bankverein. Beim Jahreswechsel 1996/97 entgegen allen Zusagen, die ich vorab von allen Verhandlungsträgern, Vranitzky und Co., bekommen habe, dass gegen uns parteipolitisch nicht gespielt wird, hat Herr Randa mit der Unterstützung der SPÖ Wien und ich glaube auch mit aktiver Unterstützung und Duldung von Viktor Klima die Geschichte durchgezogen. Nachdem das Wort mir gegenüber gebrochen wurde, fühlte ich mich auch nicht mehr gebunden und wollte versuchen, diesen Fehler zurückzudrehen. Das steht auch in meinem Buch. Zu Silvester 1996 habe ich versucht, Jörg Haider zu erreichen. Ich stand da mit einer Handvoll Münzen in einem Skigebiet in der Steiermark, da gab es ja noch keine Handys. Wir haben uns in einem Bergbauernhof getroffen, haben acht Stunden verhandelt und wollten das rückgängig machen, wir hätten die Mehrheit gehabt. Wir hatten beide je einen Beauftragten nominiert, damit es nicht so auffällt. Hannes Farnleitner für mich, wer das vonseiten der FPÖ war, weiß ich nicht mehr sicher. Die haben das verhandelt, und nach einigen Tagen rief mich Hannes Farnleitner an und berichtete, dass es immer zäher und schwieriger wird. Ich hatte kein gutes Gefühl dabei, wollte es noch einmal probieren und rief Jörg Haider nochmals an. Es war aber nach einigen Tagen erkennbar, dass die Zusammenarbeit nichts wird, wir haben dann den Schalter umgelegt. Wir wollten uns nicht vorführen lassen! Es sind ja offensichtlich auch entsprechende Gegenleistungen von Banken an die FPÖ geflossen. Wirtschaftspolitisch habe ich das für eine Katastrophe gehalten, das war die schwerste wirtschaftliche Fehlentscheidung der Zweiten Republik. Man muss sich das einfach ansehen, was die SPÖ aus dem ehemaligen Imperium von CA, Länderbank, Zentralsparkasse usw. gemacht hat, das ist unfassbar. Die Handlungsträger, die ja zum Teil noch leben, können wahnsinnig »stolz« sein, wenn sie sich in den Spiegel schauen. Ich hatte aufgrund dieser Geschichte große Bedenken bezüglich Haider und konnte ihm nicht mehr trauen. Ich muss aber sagen, dass er in den nachfolgenden Verhandlungen Wort gehalten hat. Er hat mir später – nach der Regierungsbildung – immer gesagt, dass er genau weiß, dass er im Fall einer Koalition den Flugsand an Protestwählern verlieren wird. Er sagte, dass er selbst nicht in die Regierung geht, was ich richtig fand, weil die internationale Kritik sonst noch viel stärker gewesen wäre. Er wollte weiter in Kärnten arbeiten. Er wollte selbst nichts anderes machen und Susanne Riess-Passer mit vollen Kräften unterstützen. Ich glaube, ich war bis zum Schluss der Einzige, der mit ihm reden konnte und der noch einen gewissen Einfluss auf ihn hatte. Wir haben immerhin noch im Wahljahr 2006 im Juli eine komplett fertige Ortstafel-Lösung gehabt, im Verfassungsrang. Diese war die Bedingung, dass nicht wieder jemand mit Geschwindigkeitsüberschreitung eine Verordnungsanfechtung beim VgH erzwingen kann. Wir hatten die Ortstafeln fertig, und er hatte zugestimmt. Die SPÖ hat das dann verhindert. Da brauchen wir nicht weiter drüber sprechen. Alfred Gusenbauer hat sich um die Sache nicht gekümmert. Er war nicht derjenige, der das nicht wollte, das war eher Josef Cap.

Herbert Dachs: Sie wissen aber, dass dieses Bild von Ihnen und Herrn Haider im Porsche ungemein geschadet hat, und waren Sie sich dessen bewusst?

Wolfgang Schüssel: Ja, das stört mich nicht. Das war ein Privatbesuch mit meiner Frau.

Robert Kriechbaumer: Man sagt, die Kameraleute waren von Haider bestellt.

Wolfgang Schüssel: Ich weiß nicht, ob diese Geschichte stimmt. Ich bin mir da nicht so sicher. Die Geschichte war so, dass Haider mich vor Monaten schon eingeladen hatte, dass ich mit meiner Frau ins Bärental kommen soll. Ich habe die Einladung gerne angenommen. Claudia Haider ist eine sehr vernünftige und kluge Frau, bei der er ja ganz anders war als sonst. Sie hatte einen wirklich guten Einfluss auf ihn, hat ihm manchmal widersprochen und mit viel Verstand und vielen guten Argumenten Einfluss auf ihn genommen. Dann sagt er, er muss zu irgendeinem Kirchtag, ob ich nicht mitfahren möchte, meine Frau meinte: »Fahr mit, ich rede derweil mit der Claudia.« Wir sind in seinen Porsche eingestiegen, und ich dachte mir nichts dabei. Ob er nun extra Kameras postiert hatte oder nicht, weiß ich nicht. Es waren ein oder zwei Fotografen, die aber immer dort sind.

Robert Kriechbaumer: Ich weiß, es ist aber auch gefilmt worden, es wurden ja nicht nur Fotos geschossen.

Wolfgang Schüssel: Ja schon, aber das ist eins der größten Feste in Kärnten im Sommer. Ich glaube, das muss man nicht organisiert haben, es war ja auch kein Geheimnis. Ich rege mich darüber also auch nicht auf, das Bild war ja in Ordnung. Die Merkel hat das mit dem Westerwelle ja auch gemacht, und sie saß auch auf dem Beifahrersitz.

Robert Kriechbaumer: Wenn wir schon bei Haider sind, wie haben Sie die Knittelfelder FPÖ-Versammlung am 7. September gesehen?

Wolfgang Schüssel: Das steht auch in meinem Buch drinnen. Ich habe das natürlich kommen sehen, dass Susanne Riess-Passer zurücktreten wird. Sie hat mich informiert. Eine höchst positive und menschlich absolut anständige Vorgehensweise, wie das gemacht wurde. Sie hatte mich darum gebeten, mit Haider zu reden. Das ist nicht hinter ihrem Rücken passiert, sie hatte mich darum gebeten. Ich habe zugestimmt, ihn eingeladen, und wir saßen auf meiner Terrasse. Es war saukalt, er kam spät am Abend, die Dämmerung brach langsam herein. Es wurde kälter und kälter, und wir saßen, eingewickelt in zwei Decken wie die alten Indianer auf der Terrasse, und ich habe ihm alles vorhergesagt, was sein wird. Ich sagte zu ihm, dass er es nicht auf die Spitze treiben sollte oder es auf die Spitze treiben lassen sollte. Er antwortete: »Nein, das sind andere. Das musst Du verstehen. Und die Susi …« Er redete immer von der »Susi«, was ich überhaupt nicht leiden kann. Das ist eine Verkleinerungsform, und das bedeutet ja auch etwas. Ich habe sie »Susanne« genannt. Haider: »Ja, die Susi, die geht nicht raus und die redet net mit den Leuten, und das ist schwierig.« Ich sagte ihm, dass es seine Aufgabe ist, das in die Hand zu nehmen, da er sie in diese Position gebracht und die Verantwortung übernommen hatte. Er war derjenige, der ihr helfen sollte. Haider hat sich tatsächlich mit ihr in Obdach in einem Restaurant zusammengesetzt und mit ihr sogar eine schriftliche Vereinbarung getroffen, die ganz okay gewesen wäre, soweit ich das mitbekommen habe. Dann kam Knittelfeld, wo dann einer dieser Scheuch-Brüder diese Vereinbarung vor der Versammlung zerrissen hat. Jörg Haider hat nichts dagegen unternommen. Das ist immer so, hätte er sich vorher hingestellt und seine Forderungen deponiert und gesagt, ich will 1., 2., 3., und seine Meinung deutlich gemacht hätte, wäre das anders ausgegangen. Das war entweder Schwäche oder Berechnung – ich glaube nicht, dass er die Koalition platzen lassen wollte. So haben dann die Dinge ihren Lauf genommen. Es wurde von ihm in Kauf genommen, dass das so endet. Weder ich noch Susanne Riess-Passer wollten das.

Robert Kriechbaumer: Abschließende Frage, bevor wir zu den Politikfeldern kommen. 2002 gab es eine große Wahlbegeisterung bei der ÖVP und man sagte: Sie werden das gewinnen. Interessanterweise war im Wahlkampf 2006 ein deutliches Nachlassen zu beobachten. Die Partei ist in dem Wahlkampf nicht wirklich mitgegangen. Wie erklären Sie sich das?

Wolfgang Schüssel: Naja, das ist nicht ganz richtig. Ich müsste das nachschauen. Die Umfragen 2002 waren nicht so sensationell. In allen Umfragen war eigentlich immer die SPÖ vorne. Zu Knittelfeld noch einmal: Ich habe nicht damit gerechnet, dass es so kommen wird. Ich habe mich innerlich kurzfristig darauf eingestellt, das war kein langer Plan, wenn die das platzen lassen, dann ist es aus und vorbei. Ich habe für mich erst sehr kurzfristig die Entscheidung getroffen, habe danach erst den Parteivorstand angerufen, es gab dort keinen nennenswerten Widerspruch. Alle waren der Meinung, das wäre in Ordnung. Erst nach der Entscheidung sind die Dinge in Bewegung gekommen. Die Geschichte mit Karl-Heinz Grasser war ganz am Schluss, da ist schon etwas in Bewegung gekommen. Die Leute hatten plötzlich das Gefühl bekommen, dass es um etwas geht. Es war eine klare Richtungsentscheidung. Das Match hieß Haider gegen Schüssel. Die Frage war, kann man Schüssel vertrauen, dass er das einigermaßen vernünftig weitermachen wird, oder sind Alfred Gusenbauer, Jörg Haider oder die Grünen – wer auch immer – die richtige Wahl. Das habe ich mit vollem Risiko gemacht, und die Partei ist voll mitgegangen. Die erste Veranstaltung fand in der Steiermark in der neu gebauten Grazer Stadthalle statt, die vom Architekten Klaus Kada entworfen wurde. Ich hatte die Stadthalle vorher noch nicht gesehen und war von den Dimensionen des Saals vollkommen überrascht. Dort finden 2.000 Menschen Platz, und es wurde voller und voller. Draußen sind die Leute gestanden, 10.000 bis 15.000 Menschen, und wollten hinein. Es war eine Stimmung wie in der Kirche, und Andreas Schnider machte daraus eine merkwürdige, fast liturgische Inszenierung. Mir liegt das eher nicht so. Ich habe aber gespürt, dass da etwas in Bewegung ist, das man nicht erzwingen kann.

2006 war die Situation eine andere. Die SPÖ war in den Umfragen immer vorn. Bis zur BAWAG-Pleite war das offen. Danach hatte sich das vollkommen gedreht. Ich wurde intern von einigen gebeten bzw. es wurde mir geraten, dass wir vorzeitig wählen sollen. Ich habe das abgelehnt, wir waren mitten in der EU-Präsidentschaft bzw. am Ende der Präsidentschaft, das wäre unfair. Ich wollte nicht mit der BAWAG den Wahlkampf bestreiten. Die Leute werden das schon richtig sehen. Wir hatten ganz andere Themen. Ich habe also geantwortet, dass ich das nicht kann und will. Taktisch war das sicher falsch. Warum wir damals keine Stimmung zusammengebracht haben, hat drei oder vier Gründe:

Erstens: Eigentlich wollte ich 2003 die Koalition mit den Grünen machen. Van der Bellen und die Glawischnig wären beide dafür gewesen. Damals hat die Basis, die gleiche Basis, die heute für Rot-Grün ist, diese Koalition zu Fall gebracht. Das hat mir Van der Bellen auch einige Male bestätigt. Natürlich ist die Zweitauflage mit Schwarz-Blau und dann später mit Schwarz-Orange nicht das Gelbe vom Ei gewesen. Rein psychologisch war das nicht dasselbe wie davor. Man war nicht mehr auf der gleichen Wellenlänge. Es standen auf einmal 42 gegen 10 Prozent und nicht mehr 27 gegen 27 Prozent. Dadurch waren Bitterkeiten da, das war nicht so rund, und objektiv war die Führung nicht mehr so konsistent. Susanne Riess-Passer hatte das wirklich in der Hand gehabt. Das ist unter Herbert Haupt, Hubert Gorbach und Ursula Haubner nicht so rund gelaufen. Das war der erste Grund.

Zweitens: Der zweite Grund war natürlich, dass ich persönlich wirklich erschöpft gewesen bin. Man darf das nicht unterschätzen. Österreich hatte die EU-Präsidentschaft gehabt. Diese war extrem fordernd. Ich war in Japan, in Sotschi, in Amerika und war irrsinnig viel unterwegs. Ich war eigentlich ausgelaugt und fertig. Dann kam noch dazu diese Negativ-Kampagne der SPÖ mit der falschen Pflegerin, mit der illegalen Pflegerin. Ich habe geklagt. Die Frage war, wer das überhaupt ist, der meine Schwiegermutter pflegt. Ich habe das gar nicht genau gewusst, wer meine Schwiegermutter pflegt – außer den Namen. Ich habe ihr angeblich die Hand gegeben und mit

ihr geredet. Ich sagte: Alles erfunden, erstunken und erlogen. Wir haben geklagt und alles gewonnen, die Betreuung war vollkommen legal. Diese falsche Pflegerin, die in »News« aufgetreten ist, ist verurteilt worden und der Journalist detto. Nur wurde das erst zwei Jahre später publik. Das ist wirklich eine klassische Geschichte, wie sie nicht passieren dürfte in einer ordentlichen Medienlandschaft. Aber so war es eben.
Drittens: Das dritte Thema ist auch meine Schuld. Ich hatte nach dem Abgang von Ernst Strasser niemanden, der das Thema »Sicherheit« in einem vernünftigen, moderaten und doch klaren Sinn wirklich betreut und begleitet. Wir haben für die Leihstimmen, die rund 15 Prozent, die von der FPÖ damals 2002 gekommen sind, nicht wirklich ein Angebot gehabt. Du musst dich eben anstrengen und um jeden einzelnen Wähler wirklich bemühen, das haben wir nicht gemacht. Dass die Partei sich da nicht wirklich angestrengt und gemeint hat, das rennt am Ende von selbst. Das ist in allen Parteien gleich.

HERBERT DACHS: Ich hätte noch eine Frage zur Machtverschiebung. Es gibt ja das flapsige Wort, dass der ÖGB unter Ihrer Regierung wieder das Streiken gelernt hat oder das Wort »Streik« im Lexikon nachgeschaut hat. Genereller gefragt: Ihre Widersacher von der Opposition und der Arbeiterkammer ÖGB sind bis 2006 stärker geworden. Der ÖGB hatte die Urabstimmung und wurde praktisch ermuntert, zu streiken. Dann kam 2003 die Pensionsreform, überhaupt die Einschnitte in den Sozialstaat sind von der Opposition geradezu dogmatisiert worden. Sie erwähnten vorhin das von der Quantität her lächerliche Beispiel von der Ambulanzgebühr. Ist das die heilige Kuh, an der Sie mit Ihren Reformen an innerparteiliche Grenzen gestoßen sind, so hat ja der ÖAAB auch innerparteilich Wind gemacht gegen die Pensionsreformen und Ähnliches mehr.

WOLFGANG SCHÜSSEL: Ja, aber das gehört dazu. Einer meiner beliebtesten Kalauer war immer: Wir sind keine »Reagierung«, sondern eine Regierung. Ich wollte nie Vorsitzender einer »Reagierung «sein. Man kann die Dinge treiben lassen, das geht sehr lange sehr gut. Mit den Dingen, die wir gemacht haben, haben wir den Boden für die Steuerreform bereitet, 25 Prozent (KöSt), die auch niemand für möglich gehalten hätte. Das war meine persönliche Entscheidung, mit Thomas Prinzhorn und Karl-Heinz Grasser gemeinsam. Das hatte ich niemandem gesagt, weil ich genau gewusst habe, dass es sonst verhindert würde oder dass sich andere mit den Federn schmücken würden. Das musste ein zentrales Thema unserer Regierungspolitik sein. Die Forschungsoffensive, die Verdoppelung der Forschungsmittel in unserer Zeit. Das hat nachhaltig den Wirtschaftsstandort geprägt und war auch mit einer jener Gründe, dass wir aus der Krise recht super herausgekommen sind. Die Verbesserung des AMS – die Zeiten, wie lange man in der Arbeitslosigkeit ist, wurden drastisch reduziert, wir haben heute die Hälfte der Zeiten wie die Deutschen zum Beispiel. Also das sind schon beachtliche Dinge, die da gelungen sind und die meiner Meinung nach zur sozialen Wärme eines Landes sehr viel beitragen. Das Wichtigste ist, einen Job zu haben, nur kurz in der Arbeitslosigkeit zu verweilen und abgesichert zu sein. In meiner Zeit ist die Sozialquote zum Beispiel gestiegen, das muss man immer dazusagen. Wir haben nur versucht, die Zuwächse anders zu steuern. Ich glaube nach wie vor, dass die Pensionsreform eine unglaublich soziale Dimension hatte. Wir haben beispielsweise zum ersten Mal ein lebenslanges Durchrechnungskonto, die Erziehungszeiten für Kinder wurden neu mit dem Durchschnittsgehalt bewertet, das hat es früher nie gegeben. Trotzdem blieb der Bundesbeitrag stabil, jetzt ist er ja hochgegangen auf 2,8 Prozent, und wenn wir jetzt nicht gegensteuern, wird er auf 5 % ansteigen. Alleine in den letzten zwei Jahren, nur durch die unsägliche Verlängerung der Hackler-Regelung, die ja jetzt schon ausgelaufen wäre, entstanden zwei Milliarden Mehrkosten. Wir bräuchten kein einziges Sparpaket, hätte man diese Regelung nicht völlig sinnlos verlängert. Das nehmen alle Beamten in Anspruch, alle Bankangestellten, die ja ununterbrochene Versicherungszeiten haben. Genau die, denen man angeblich helfen wollte, die, die hart arbeiten, die Schwerarbeiter, profitieren überhaupt nicht davon. Wenn man einmal hinter die Kulissen blickt, dann sieht man, dass viele Argumente absolut falsch, geradezu hanebüchen sind. Beispielsweise diese Sache mit der »sozialen Kälte«. Richtig ist, dass in der eigenen Partei massive Widerstände gegen das Anheben des Pensionsalters bestanden. Der Parteitag im Jahr 2003, das war der Höhepunkt meiner innerparteilichen Popularität, aber auch ein extrem schweres Match um die Pensionsreform. Ich bin zwei Tage dort in der ersten Reihe des Parteitages gesessen und habe mir alles aufgeschrieben und selbst notiert. Insgesamt hatten wir 54 Redner, davon waren 45 Redner gegen die Anhebung des Pensionsantrittsalters. Wir haben es letztlich dann trotzdem mit Parteitagsbeschluss durchgebracht, und ich bin mit immerhin 95 Prozent wiedergewählt worden. Aber es war ein echtes hartes Match. Richtig ist auch, dass die Gewerkschaften in ebendiesem Jahr, aber nur in diesem Jahr, gegen die Pensionsreform nicht unbedingt Streiks, aber große Demonstrationen organisiert haben. Aber es hat sich relativ schnell wieder beruhigt. Ehrlich gesagt, vier, fünf, sechs Streiks, das sind genauso viele Streiks wie in den vorangegangenen Jahren auch oder jetzt. Und das ist auch legitim, eine Arbeitnehmerbewegung profitiert klarerweise von einschneidenden Maßnahmen, die eine Regierung setzt, das ist legitim. Mich wundert nur, sage ich ganz offen, dass die österreichischen Gewerkschaften – und das ist schon ein Thema für die Sozialpartnerschaft der Zukunft – praktisch 80 Prozent der Arbeit für die Pensionäre einsetzen und man sich nicht darum kümmert, wie es den jüngeren und mittleren Leuten einmal gehen wird. Das verstehe ich überhaupt nicht.

Wolfgang Meixner: Ich wollte noch einmal nachfragen, ich hatte das in Ihrem Buch gelesen, zu Schwarz-Grün. Waren Sie sich inhaltlich einig mit den Grünen?

Ich habe eine partielle Kenntnis aus dieser Zeit, vor allem aus dem erweiterten Bundesvorstand der Grünen. Dort hatte es nie einen Antrag der Wiener Grünen gegeben, die Verhandlungen abzubrechen, und es wurde auch nie abgestimmt. Es war einfach aus. Waren Sie sich inhaltlich eins? Oder wären Sie sich eins gewesen?

Wolfgang Schüssel: Das ist nicht so einfach zu beantworten. Vielleicht haben wir beide Fehler gemacht bei den Verhandlungen. Aus meinen Erinnerungen war das so: Ich wollte mit der Führung der Grünen herausfinden und außer Streit stellen, was den Grünen wichtig ist. Eine kleine Partei muss bei den Verhandlungen sichtbar etwas nach Hause bringen. Beispielsweise hat sich die FPÖ 2000 für die drei Jahre Kindergeld eingesetzt. Das war ihre absolute Forderung. Ich war eher skeptisch wegen des Wirtschaftsbundes, hätte eher für zwei Jahre plädiert. Aber es mussten drei Jahre sein, gut, drei Jahre Kindergeld. Auch die Grünen mussten 2003 irgendetwas heimbringen, was für sie wichtig ist, und wir dachten an die Bereiche Umweltpolitik, Verkehrspolitik, Bildung und Wissenschaft. Da hätten sie auch sicherlich Ressorts bekommen, das wäre überhaupt keine Frage gewesen. Wir hätten ein bis einneinhalb Milliarden Euro, das ist eine Menge Geld, für diese Zwecke reserviert. Es wäre gemeinsam für diese Zwecke und Schwerpunkte reserviert gewesen. Dies war fertig ausformuliert, das war abgestimmt. Etwas strittig war noch das Asylthema, aber ich glaube, das wäre kein Problem gewesen. Das hat Peter Pilz mit Ernst Strasser verhandelt. Ich glaube, das wäre kein Problem gewesen. Dann kamen aber meine Punkte: Es muss in der Pensionsreform etwas gemacht werden. Das muss Euch klar sein. Van der Bellen sagte, »eh klar«, sinngemäß. Die schon bestellten Eurofighter dürfen nicht zurückgenommen werden, wir müssen einen Budget-Leitfaden für die Legislaturperiode erstellen. Da hat dann offensichtlich Peter Pilz die Parole ausgegeben, dass sich in den letzten zwei Minuten von Verhandlungen alles entscheidet, ein ziemlicher Unsinn in meinen Augen. Das sei dann die Nacht der langen Messer, da feiert man dann den großen Triumph. Ich habe immer gesagt: »Befreit Euch von dem Gedanken, dass sich am Ende eine Schleuse öffnet und die Sterntaler fließen. Das ist ein ganz normaler Prozess, und am Ende müssen wir das Budget und die Pensionen klären.« Kann sei, dass da kein Antrag gestellt worden ist. Ich weiß nicht, wie das bei den Grünen gelaufen ist. Die haben da immer Telefonkonferenzen mit ihren Basislagern in Wien, Linz und Graz abgehalten. Koordiniert hat das Lothar Lockl, und er hat ja auch erzählt, wie das wirklich gelaufen ist. Sie haben sich gar nicht mehr getraut, die Fragen anzusprechen, sie haben einfach dann den Mut verloren, weil sie gesehen haben, dass sie mit ihren Forderungen nicht durchkommen. Quasi unter Tränen wurden die Verhandlungen an einem Sonntagvormittag beendet, bevor man dann zur Basis ging. Das ist so der Eindruck, den wir gewonnen haben, alles, was ich hier sage, ist meine subjektive Interpretation. Es kann sein, dass ich mich irre oder es falsch interpretiere.

ALFRED ABLEITINGER: Ich möchte noch etwas fragen, was Ihnen nicht so angenehm sein dürfte. Sie waren vorhin bei Personalien und Personalentscheidungen. Sie haben die Situation nach dem Abgang von Strasser beschrieben. Das ist ja eigentlich gut nachbesetzt worden mit Liesl Prokop. Es ist 2004 das Außenministerium sehr gut nachbesetzt worden, sicherlich auch mit der Person, die Sie wirklich gewollt haben. Andere Sachen sind offenbar schlecht gewesen und wurden zunehmend schlechter. Es scheint Sie aber nicht bewogen zu haben, rechtzeitig gegenzusteuern. Wir kommen ja alle mehr oder weniger aus dem Wissenschaftsbereich und von der Universität. Liesl Gehrer war, das möchte ich doch sagen, vielleicht auch schon wegen des UG 2002, aber später sicher ein Mühlstein dieser Regierung, und sie hat vielfach den Eindruck gemacht, dass sie jedenfalls zu der Zeit ihren Aufgaben nicht mehr gewachsen gewesen ist. Das müssen Sie doch bemerkt haben, das wurde immer kommuniziert: Er hält durch dick und dünn zu ihr, das ist achtbar, selbstverständlich. Aber in der Liga, in der da gespielt wird, kann das nicht der oberste Wert sein. Mir sind vorhin noch zwei, drei andere Namen eingefallen, die lasse ich jetzt beiseite. Das ist die eine Frage. Die andere Frage: Was sagen Sie jetzt zu der Bezeichnung, dass Sie der »Schweigekanzler« waren? Der »Schweigekanzler«, der Dinge aussitzt und schweigt, was offensichtlich in weite Teile durchgesickert ist und die hohen Sympathiewerte, die Sie 2000 bis 2003/04 hatten, stark beschädigt hat.

WOLFGANG SCHÜSSEL: Also zu Liese Prokop muss ich etwas sagen. Sie war eine erstklassige Besetzung. Weil ich zuerst in einem Nebensatz gesagt hatte, dass wir zu wenig »law and order« gehabt haben, will ich das nur aufklären, damit nicht ein falscher Eindruck aufkommt. Das ist keine Kritik an Liese Prokop gewesen, sondern sie hatte – nach dem harten, oft ruppigen Ernst Strasser, der hat das sehr gut gemacht, vor allem die Zusammenlegung Polizei und Gendarmerie –, Liese Prokop hatte andere Qualitäten, sie wollte nicht die Hardlinerin sein. Eine Regierung ist wie eine gute Fußballmannschaft, man muss teamfähig sein, man braucht einen Spielgestalter, einen Flügelflitzer, ein Raubein in der Verteidigung, eine Arbeitsbiene, die aufräumt, einen guten Tormann, einen Stürmer, der vorne knipst, usw. So funktioniert auch eine moderne Regierung. Jemand muss aufräumen und den Menschen das Gefühl geben, dass man sich auf ihn verlassen kann. Österreich ist ein reiches Land, wo viele Leute Angst haben, etwas zu verlieren. Liese Prokop hatte großartige Eigenschaften, auch im Sicherheitsbereich. Die unangenehme Rolle, notfalls auch hart einsteigen zu müssen, diese Position spielte sie nicht gerne. Bei der Elisabeth Gehrer bin ich anderer Meinung. Ich glaube nach wie vor, dass sie eine großartige Frau und großartige Politikerin ist und übrigens auch für die Universitäten sehr viel Positives geleistet hat, beispielsweise die langfristigen Finanzvereinbarungen, die es vorher nie gegeben hat und jetzt auf dem Prüfstand stehen. Ganz ehrlich gesagt, den Vergleich mit ihren Nachfolgern – im Unterrichts- oder Wissenschaftsministerium – hält sie locker aus.

Das sage ich ganz deutlich. Richtig ist, dass sie in einer sehr schwierigen Situation war, weil ihr wichtigster Mitarbeiter, Peter Mahringer, zwei Jahre vorher gestorben war, was sie menschlich sehr getroffen hat. Peter Mahringer war großartig, er war ja fast Staatssekretär und Präsidialchef. Wenn ich ein Team zusammenstelle, falle ich nicht um, nur weil eine Lehrergewerkschaft meine Auswahl kritisiert. Elisabeth Gehrer hatte die Lehrergewerkschaft gefragt, was ihnen zur Erreichung der Sparziele lieber wäre, entweder eine Stunde Mehrverpflichtungen, die Streichung der Klassenvorstandsstunde oder die Verkürzung des Unterrichts von 50 auf 45 Minuten. Von der Gewerkschaft wurde die Veränderung der Unterrichtszeit vehement abgelehnt, am liebsten wäre ihnen die Streichung der Klassenvorstandsstunde. Kaum hatte Elisabeth Gehrer das umgesetzt, wurden alle Kanonen auf sie gerichtet. Das war nicht im Programm. Abgesehen davon muss man sehen, dass man während der EU-Präsidentschaft Top-Leute braucht, gerade im Bildungs-, Forschungs- und Wissenschaftsbereich, die auch einen EU-Ministerrat führen können. Liesl Gehrer hat das erstklassig gemacht. Eine Top-Figur, die noch dazu meine Stellvertreterin war und all die Jahre für mich, wenn notwendig, den Kopf hingehalten hatte. So jemanden werde ich nicht unmittelbar vor der Präsidentschaft aus taktischen Gründen opfern, weil es mir angeblich ein bisschen helfen würde. Nach der Präsidentschaft drei Monate vor der Wahl hätte mich jeder für verrückt erklärt. Ihre Einschätzung teile ich hier nicht. Ich glaube, dass auch das UOG und viele Dinge, die sie im Bereich der Forschungspolitik umgesetzt hat, denken Sie nur an ISTA, an das MBA, CEM, die Akademie der Wissenschaften, da sind ihr großartige Dinge gelungen. Prof. Josef Penninger am IMBA bringt mit seinem Institut von 150 internationalen Mitarbeitern 25 Prozent sämtlicher österreichischen wissenschaftlichen Publikationen im Bereich Science. Warum nach wie vor der Eindruck vorherrscht, Elisabeth Gehrer wäre eine problematische Ministerin gewesen, kann ich nicht nachvollziehen. Ich glaube, dass mein Team keine schlechte Note verdient. Im Gegenteil, ich bin stolz darauf, dass ich als erster Kanzler gleich viele Frauen und Männer als Minister und Ministerinnen eingesetzt habe – ohne Quote.

ALFRED ABLEITINGER: Schweigekanzler?

WOLFGANG SCHÜSSEL: Die APA führt Statistiken. Ich war, glaube ich jedenfalls, in all den Jahren derjenige, der am meisten geredet hat, der die meisten Reden gehalten hat. Da haben mir ein paar Journalisten und politische Gegner ein Pickerl auf die Stirn gepickt. Damit kann ich leben. Mir ist relativ selten vorgeworfen worden, dass ich Blödsinn rede. Das ist mir viel wichtiger. Ich sage nur nicht auf jede Frage das, was derjenige, der mich fragt, gerade hören will. Ich muss noch mit weiteren Gerüchten aufräumen, ich sei nie sehr beliebt gewesen. Abgesehen von meiner Anfangszeit nach dem Robert Graf als Wirtschaftsminister, da waren meine Beliebtheitswerte recht gut. Das hat sich aber auch bald geändert, spätestens als ich anfing zu privatisieren, wie z. B. Schloss Schönbrunn und Tiergarten Schönbrunn und verschiedene andere Einrichtungen. Weil auch die Stadt Wien immer massiv gegen mich geschossen hat, weil das natürlich ihre Pfründe bedrohte. Fakt ist, ich war nie beliebt. Richtig ist, in dem großen Fenster um 2002 war das eine ausgesprochene Ausnahme. Ich war respektiert, und das war mir wichtiger. Ich glaube, Popularität und bloße Beliebtheit bringen einen nicht weiter. Die Nachfolger haben es auch nicht einfach. Sie machen so ziemlich das Gegenteil von dem, was ich gemacht habe, und das nützt eigentlich auch nicht sehr viel. Gute Politik sollte weniger auf Popularitätswerte schauen. Das ist meine feste Überzeugung. Jeder, der ein politisches Amt antritt, weiß, dass er es auf Zeit hat. Man muss von Beginn an das Ende bedenken. Man muss gut aus dem Amt herauskommen und sich auch danach mit einer weißen Weste in den Spiegel schauen können.

HEINZ WASSERMANN: Ich würde gerne erstens zur Regierung und zweitens zur ÖVP etwas fragen. Inwiefern wurde auf Schlagbilder geachtet? Es wurde ja schon die gemeinsame Pressekonferenz nach dem Ministerrat genannt, es gab einen Ausflug nach Schönbrunn, es gab das Eisstockschießen oder die Regierungsklausur »Zeit der Ernte«. Inwiefern wurde auf das Bild vonseiten der Regierung und der ÖVP geachtet, dass das dramaturgisch wirkt? Ich frage, weil es die Phasen von Kuschelkurs bis hin zu Konfrontationskurs und zurück zum Kuschelkurs gab, die sich nicht mit den Wahlkampfphasen überschnitten.

WOLFGANG SCHÜSSEL: Naja, ich war eigentlich immer mein eigener Zirkusdirektor. Ich habe diese Dinge meist selbst erfunden und im engsten Kreis besprochen. Ich bin eher ein spielerischer Mensch – nur nicht im Sinne, dass ich etwas nicht ernst nehme. Ich glaube vielmehr, dass man mit überraschenden Momenten und Bildern etwas unterstreichen sollte. Viele Dinge habe ich wirklich selbst erfunden, beispielsweise das Puzzle, das wir nach dem Ministerrat vorgestellt haben, die Ausflüge, die Bilder zu Zeiten der Ernte. Das habe ich erfunden, weil ich der Meinung bin, dass man gewisse Dinge nicht nur sagen, sondern illustrieren sollte. Das gelingt natürlich nicht immer. Die Bilder, dass bei Konferenzen schwarze Autos vorfahren, die Türen aufgehen, grau oder schwarz gekleidete Herren mit einer schlecht gebundenen Krawatte aussteigen und griesgrämig in die Kamera schauen, finde ich schrecklich. Aus Brüssel kommen meist genau diese Bilder. Bei der österreichischen Präsidentschaft produzierten wir andere Bilder. Wir haben ein Fußballspiel der Regierungschefs und Präsidenten organisiert, was ein medialer Riesenerfolg war. Die meisten Präsidentschaften hängen komische Bilder aus der Heimat auf. Wir haben im fünften Stock des Ratsgebäudes in Brüssel den Boden mit der ältesten Karte gepflastert, die von Europa bis China reicht. Das war wie ein Teppich. Dazu haben wir Vitrinen aufgestellt mit den großen geisteswissenschaftlichen Errungenschaften, also von den Anfängen bis zu den wichtigsten Werken des 20. Jahrhunderts. Mit religiösen Artefakten, Sigmund Freuds »Unbehagen an der Kultur« oder der »Traumdeutung«. Das waren Bilder. Wir haben versucht, ein Café d'Europe in allen Hauptstädten zu inszenieren. Dass wir das Gespräch mit Europa führen. Das Logo von Rem Koolhaas habe ich selbst ausgesucht. Das hat mir so gut gefallen. Dieses Symbol war Europa für mich, diese Buntheit, Vielfalt, jeder erkennt sich sofort. Das ist nicht eine abstrakte Sache. Die Ausstellung am Heldenplatz in einem Zelt, in dem die Geschichte Europas dargestellt wurde, und die »Speakers Corner«, an der jeder eine Nachricht eintippen konnte, die in alle anderen Hauptstädte übertragen wurde. Oder 2005, das Gedankenjahr, wo man versucht hat, verschiedene Ereignisse aus den zehn Jahren Besatzung 1945–55 nachzustellen. Die grasenden Kühe auf dem Heldenplatz, man konnte Blumen und Gemüse anpflanzen, die Vier im Jeep usw. Wir haben versucht, das sichtbar zu machen, um den Menschen zu zeigen, dass Politik nicht nur abstrakt ist. Wir versuchten dies alles mit Sponsoren zu verwirklichen. Auch das Konzert für Österreich, das Konzert für Europa mit den Philharmonikern.

ROBERT KRIECHBAUMER: Das ist ja Europapolitik … die Frage ist ja eine andere. Ich beziehe mich auf die Inszenierung.

WOLFGANG SCHÜSSEL: Inszenierung darf nie Selbstzweck sein. Das, glaube ich, ist entscheidend. Der Besuch des Tiergartens Schönbrunn war gleichzeitig die Präsentation einer unglaublichen Erfolgsbilanz. Der Tiergarten ist der älteste Tiergarten der Welt, der zu Beginn meiner Amtszeit nach Forderungen von Tierschützern geschlossen werden sollte. Inzwischen ist er bereits zum zweiten Mal zum besten Tiergarten der Welt gewählt worden, das wollten wir zeigen.

HEINZ WASSERMANN: Grade das Tiergarten-Bild war ein Bild, das wirklich durch die Medien gegangen ist. Dass der Tiergarten so erfolgreich ist, war eher marginal. Was das Bild vorgehalten hat, war der neue Regierungsstil, nämlich die Fortsetzung der gemeinsamen Pressekonferenz, sprich, die Regierung versteht sich auch privat gut. Was dazukommt und was das Bild »getoppt« hat, war das Geschenk der Plüsch-Königskobra.

WOLFGANG SCHÜSSEL: Das ist nicht von mir, da gebe ich die Verantwortung an Helmut Pechlaner.

HEINZ WASSERMANN: Jaja, aber das ist von dem Bild übrig geblieben. So wie auch von dem Bild vom Eisstockschießen, wo Sie ausgerutscht sind. Das Bild an der Grenze an der Südsteiermark, wo Sie auf dem Traktor sitzen, wo es zuvor innerkoalitionäre

Probleme gab ... darum meine Frage: Wie absichtlich wurden diese Bilder inszeniert? Was hat funktioniert und was nicht? Welche Bilder hätten Sie gerne wirklich in den Medien gehabt? Es gab ein Ministerratsbild von Ihnen mit Herbert Haupt oder Ihnen und Hubert Gorbach, das weiß ich nicht mehr genau, da war dieser Plastiktisch, der wie eine Front aussah, wo nur noch die Panzerkanonen gefehlt haben. Da haben sämtliche inländische Kommentatoren gesagt, dass dies jetzt für diese Regierung steht, wie diese mit den Medien und den Bürgern agiert.

Wolfgang Schüssel: Welche Bilder nicht funktioniert haben oder welche ich gerne gehabt hätte, weiß ich nicht mehr, und das brauche ich mir nun auch nicht mehr überlegen. Das ist vorbei und mittlerweile auch egal. Das Bild mit dem Pult hatte einen einfachen Grund: Herbert Haupt ist schwerstbehindert, er hatte mehrere Unfälle, unter anderem einen Autounfall, wo er von einer Leitplanke durchbohrt wurde, war mehrfach in Lebensgefahr und einmal klinisch tot und kann nicht stehen. Er hatte mich also gebeten, dass wir einen Tisch nehmen. Mein Fehler war, dass ich einmal nicht vorher das Szenario angeschaut habe. Auf die Idee muss man ja auch erst einmal kommen, da wurden hastig zwei Pressspanplatten zusammengeleimt, und das Konstrukt war zu hoch. Die Fotografen, die sich auf den Fußboden gelegt hatten, bekamen den Eindruck, dass die Köpfe gerade so über diese Festungsmauer hinüberschauten. Aber gut, zwei Tage später wurde das korrigiert, und dann war es normal. Ich sage es noch einmal. Inszenierung ist sinnvoll, wenn der Inhalt zusammenpasst. Ich halte das auch überhaupt nicht verwerflich, wenn der Eindruck entsteht, dass die Regierungsparteien miteinander können. Warum sollte man nicht in ein Museum oder einen Tiergarten gehen oder gemeinsam eine Radtour zum wunderbar restaurierten Schloss Hof hinaus zur Grenze nach Pressburg machen, wo Maria Theresia gestorben ist? Das haben wir gemacht, und es war nicht so, dass es immer nur nebensächlich war. Ich habe immer geschaut, dass wir dann mit der Inszenierung eine Botschaft verbinden. Es mag sein, dass nicht jede Botschaft so übernommen worden ist, wie wir uns das gewünscht hätten, aber im Prinzip glaube ich schon, dass das schon gewirkt hat.

Heinz Wassermann: Ich habe mir in den letzten Wochen die »Kronen Zeitung« sehr intensiv durchgesehen. Stichwort: Regierungskommunikation via Inserate. Ich habe zwar keinen empirischen, absolut haltbaren Vergleich, aber ich kenne keine Regierung, die so viel inseriert hätte. Was mir bei vielen Inseraten aufgefallen ist, vor allem in der Wahlkampfphase, zumal wenn man sich die Frage stellt, wie sehr sollen diese Inserate den Durchschnittsbürger überhaupt ansprechen? Wie soll ankommen, dass diese Regierung überhaupt etwas für den Bürger gemacht hat? Es wurde sehr abgefeiert: Die Körperschaftsteuer wurde um 25 Prozent abgesenkt. Es steht für mich die Frage im Raum, wer damit erreicht werden soll?

Wolfgang Schüssel: Ich habe die Frage nicht genau verstanden. Welche Regierung meinen Sie, die so viel inseriert?

Heinz Wassermann: Ihr zweites Kabinett.

Wolfgang Schüssel: Also wir haben mit Sicherheit viel, viel weniger inseriert als die jetzige Regierung. Nehmen Sie einen Jahrgang in der »Kronen Zeitung« und vergleichen Sie. Richtig ist, wir haben inseriert zum Thema der Pensionsreform. Das halte ich aber auch für absolut sinnvoll, dass das jeden betrifft und man darüber informieren muss, ist klar. Wir haben das, glaube ich, so gemacht, dass es nicht als Propaganda, sondern als Sachinformation erkennbar ist. Das halte ich für sinnvoll und legitim. Es wäre ganz dumm, wenn man sagt, dass eine Regierung nicht inseriert.

Heinz Wassermann: Das habe ich auch nicht gesagt.

Wolfgang Schüssel: Das habe ich auch so nicht empfunden. Grüne Anfragen aus dem Vorjahr, glaube ich, das hat mich umgehauen. Da wurden Millionen für Inserate ausgegeben – wir hatten damals nur ein winziges Budget gehabt für solche Dinge. Recherchieren Sie das bitte selbst. Ich würde nichts dabei finden, wenn eine gute sachliche Information publik gemacht wird. Wenn man sich auf Boulevardzeitungen »Heute«, »Österreich« und »Kronen Zeitung« fokussiert, finde ich das ehrlich gesagt absurd. Aber das brauche ich nicht kommentieren, es ist nicht meine Zeit. Es ist eine gehobene Form der Korruption und der Bestechung.

Robert Kriechbaumer: Wir kommen jetzt zu den Politikfeldern.

Ernst Hanisch: Noch einmal zurück zu der Präambel beim Regierungsprogramm im Februar 2000. Sie haben gesagt, Sie haben den Text entworfen. Mich würde interessieren, wie die FPÖ auf diesen Text reagiert hat? Zweite Frage, stimmt es, was Michael Gehler in seinem Buch über Österreichs Außenpolitik behauptet, dass diese Erklärung akkordiert war mit dem State Department? Für einen Historiker sind doch einige Formulierungen zu finden, von denen man glauben könnte, dass sie Elie Wiesel formuliert hätte. Gerade bezüglich des Holocausts stecken da einige Probleme drin. Also wie ist diese Erklärung zustande gekommen, die ja merkwürdigerweise bei den kritischen Intellektuellen so gut wie nicht wahrgenommen wurde?

Wolfgang Schüssel: Naja, weil man sie vielleicht nicht wahrnehmen wollte.

Ernst Hanisch: Ja, das ist klar. Erst einmal: Was war das entscheidende Motiv? Wer hat das wörtlich formuliert? Ist das abgesprochen worden?

Wolfgang Schüssel: Es ist folgendermaßen gelaufen: Es kamen in den Zeitungen und Presseaussendungen ernst zu nehmende Sorgen auf. Meine Idee – das haben wir dann mit Andreas Khol in seinem Haus bei den Schlussgesprächen diskutiert – und das gemeinsame Ergebnis war: Man sollte das aktiv aufgreifen und diese Sorgen Ernst nehmen, in das Regierungsprogramm aufnehmen und eine Präambel voranstellen. Die FPÖ hatte damit kein Problem und gleich zugestimmt. Ich habe das dem Bundespräsidenten vorgeschlagen. Der sagte »selbstverständlich« und hielt das ebenfalls für eine sehr gute Idee. Daraufhin haben wir eine Erstformulierung erstellt. Wer genau daran mitgearbeitet hat, weiß ich nicht mehr. Ich hatte einige Themen vorgegeben, die meiner Meinung drin sein sollten, Ursula Plassnik hat dies formuliert, ob noch andere mitgearbeitet haben, weiß ich nicht mehr. Wir haben das anschließend mit Susanne Riess-Passer abgestimmt. Es kam überhaupt kein Einwand. Dann wurde der Text dem Bundespräsidenten hinübergeschickt, dort wurden zwei kleine Verbesserungen vorgenommen und das war es. Er hat nachher verlauten lassen, die Präambel sei ihm von uns aufgezwungen worden. Ich habe aber klargestellt, dass es von uns vorgeschlagen und vom Bundespräsidenten sehr positiv aufgenommen wurde. So stimmt das auch. Ich habe nichts dagegen, wenn der Bundespräsident seine aktive Rolle dabei betonen wollte. Das State Department hat überhaupt keine Rolle gespielt.

Ich habe zwar einige Male mit Madeleine Albright, mit der ich mich sehr gut verstanden habe, telefoniert. Ich wurde angesprochen, von wem, weiß ich nicht mehr, dass ich mit Madeleine reden sollte, da es sonst zu Reaktionen der USA vergleichbar mit denen Israels kommen könnte. Das wollten wir natürlich verhindern. Daraufhin habe ich sie angerufen. Beim Telefonat mit Albright stellte sich heraus, dass die Situation sehr schwierig ist. In der US-Administration existierten zwei Flügel. Es gab demnach eine schärfere Gruppe, die Verhandlungen und Kontakte, genau wie Israel, abbrechen wollte und sich dafür aussprach, die diplomatischen Beziehungen zu reduzieren oder gar abzubrechen. Sie gehörte zu einer anderen Gruppe, weil sie mich lange kennt und schätzt, die die Beziehungen eher auf Beobachtungsmodus stellen wollte. Sehr wichtig war die amerikanische Botschafterin in Wien. Sie hat glühend die letztere Linie vertreten und hat gesagt, die anderen Gedankengänge sind unsinnig, man kann sich zu 100 Prozent auf die Regierung verlassen.

Ernst Hanisch: Aber den Text haben Sie mit ihr nie besprochen?

Michael Gehler: Also, ich darf dazu kurz etwas sagen, da ich persönlich angesprochen wurde. Erstens zu der Frage, wann konnte man etwas erwarten? Im Dezember 1999 hatte ich ein Gespräch mit einem Insider, der durchblicken ließ: »Sollte es zu Schwarz-Blau kommen, erwarten wir das gleiche Szenario wie bei Waldheim: Massive Kritik aus den USA und vom Jewish Congress. Von der EU wird nichts kommen.« Dies nur zu einer Einschätzung. Das deckt sich ja mit Ihrer Aussage, dass es sehr überraschend war, dass dann von EU-Staaten-Seite solch massive Kritik kam. Das zweite, was Albright und die Präambel angeht: Die Historiker haben damals sehr rasch reagiert. Im Rahmen der German Studies Association (GSA) gab es im Oktober, wenige Wochen nach Aufhebung der Sanktionen, eine Konferenz. Wir wurden damals gebeten, zum Thema Sanktionen ein Panel zu gestalten. Es war sehr ausbalanciert: Anton Pelinka, Walter Manoschek und ich durften dort reden. Wir hatten den größten Zuspruch bei dieser riesigen Konferenz. Was hochinteressant war, es waren Vertreter aus Diplomatie und Medien anwesend.

Viel spannender war noch das Gespräch im Anschluss nach der lebhaften Panel-Diskussion, als ein Vertreter der österreichischen Botschaft in Washington und andere im Small Talk, im vertraulichen Kreis, wortwörtlich durchblicken haben lassen, dass der Entwurf der Präambel gefaxt worden ist und Albright und führenden Personen in Österreich sehr wohl vertrauensbildend mitgeteilt wurde, was man beabsichtigt, um eine mögliche amerikanische Kritik zu dämpfen.

Wolfgang Schüssel: Dass gefaxt wurde, kann nur nachher gewesen sein. Die Präambel wurde sehr schnell erstellt. Das würde mich jetzt sehr überraschen, wenn der Entwurf gefaxt worden wäre.

Michael Gehler: Also ich nenne den Namen nicht, aber es war authentisch und glaubwürdig, dass der Entwurf hin und her gefaxt worden ist.

Wolfgang Schüssel: Ich würde es nicht ausschließen, dass wir das aus eigenem Antrieb gemacht haben. Aber sicher nicht so, dass das State Department in irgendeiner Weise Einfluss nahm bzw. es verhandelt wurde.

Ernst Hanisch: Könnte ein Mitarbeiter das gefaxt haben?

Wolfgang Schüssel: Das kann sein. Unter Umständen hat das Hans-Peter Manz, der für die Außenpolitik zuständig war, aus eigenem Antrieb gemacht. Ich hatte ja nicht alle Informationen darüber, was geschieht. Es kann ja gut gemeint gewesen sein. Wichtig ist, dass wir in der Zeit schon mit Kritik aus USA gerechnet haben, das kam also nicht überraschend. Das ganze Koalitionsabkommen, das wir mit der SPÖ schon verhandelt hatten, wurde ja übernommen. Da waren natürlich auch Passagen enthalten, die die Wiedergutmachung oder Institution etc. thematisierten. Diese Dinge kamen auf mein Betreiben hin in das Koalitionsabkommen mit der SPÖ hinein, die hatte ich vorher schon formuliert. Das wusste ich, dass das wichtig war. Das habe ich Frau Albright immer wieder gesagt, dass wir natürlich dazu stehen, was ich selber mit den Sozialdemokraten verhandelt hatte. Ich wusste natürlich, dass der Druck von amerikanischer Seite vorhanden sein würde und wir deswegen Lösungen hinsichtlich der Zwangsarbeiterregelung oder auch der Jewish Property, also dem beweglichen Eigentum usw., finden müssen. Das habe ich schon mit ihr abgesprochen.

ERNST HANISCH: Waren Sie dann die treibende Kraft, dass die Verhandlungen relativ schnell geführt und auch schnell beendet wurden?

WOLFGANG SCHÜSSEL: Sicher. In der ersten oder zweiten Ministerratssitzung habe ich Maria Schaumayer als Chefverhandlerin bei der Zwangsarbeiterfrage vorgeschlagen. Vizekanzlerin Susanne Riess-Passer gab dazu ihre volle Zustimmung. Die Verhandlungen wurden eigentlich sehr schnell, also bis Herbst, abgeschlossen. Stuart Eizenstat wollte dann die zweite Thematik der jüdischen Wohnungen und beweglichen Habe behandeln. Das wollte Frau Schaumayer nicht mehr machen, ich habe daraufhin Ernst Sucharipa, der leider schon gestorben ist, gefragt, der hat das dann übernommen.

ERNST HANISCH: Hat es eine Rolle gespielt, dass er jüdischer Herkunft war? Eizenstat schreibt das in seinen Erinnerungen.

WOLFGANG SCHÜSSEL: Ich habe gar nicht gewusst, dass Sucharipa jüdischer Herkunft ist. Ich wollte aber bewusst jemanden, der aus dem SPÖ-Umfeld kam, da Frau Schaumayer ja aus meinem Bekanntenkreis stammt. Ich kannte Ernst Sucharipa aus meiner Zeit als Außenminister, er war politischer Direktor, hatte gute Beziehungen zu den Amerikanern, und da dachte ich mir, dass er eine ähnliche Rolle wie Frau Schaumayer spielen kann. Er hat seine Sache sehr gut gemacht. Am Ende landete letztlich alles immer wieder bei mir. Die entscheidenden Verhandlungen musste ich selbst führen

MITARBEITERIN VON SONJA PUNTSCHER-RIEKMANN: Herr Dr. Schüssel, ich würde gerne auf etwas zurückkommen, was Sie vorhin schon angesprochen haben. Sie sagten, dass Sie immer ein Befürworter der »Osterweiterung« der Europäischen Union waren. Ich würde gerne auf den Begriff »Mitteleuropa« zurückkommen, das auch immer ein Konzept war und während Ihrer Regierung im Mittelpunkt stand, und dem Donauraum kam eine besondere Bedeutung zu. Auf der anderen Seite war dieser Erweiterungsprozess für Österreich, das bisher immer an der Grenze gelegen war, von besonderer Wichtigkeit und ja auch nicht völlig unproblematisch. Meine Frage wäre, was Sie als die größten Herausforderungen für Österreich in diesem Erweiterungsprozess gesehen haben und ob Sie und Ihr Koalitionspartner das auch immer gleich eingeschätzt haben?

WOLFGANG SCHÜSSEL: Was den letzten Punkt angeht, waren wir uns natürlich nicht immer einig, das war sehr schwierig. Es war ja nicht irgendeine Erweiterung. Ich habe versucht, den Begriff »Osterweiterung« zu vermeiden und diese immer vom Standpunkt der »Wiedervereinigung Europas« und der nachbarschaftlichen Erweiterung zu sehen. Die Themen Europa, Integration und Euro waren für uns prioritär. Prinzipiell wusste dies die FPÖ, dass dies die zentralen Bedingungen für uns von Beginn an waren »Europa«, vor allem die Erweiterung und die Euromitgliedschaft, das müsse vollkommen außer Streit stehen, sonst können wir gar nicht anfangen, sonst hätten wir nicht zusammenarbeiten können. Das war vollkommen klar und wurde so auch akzeptiert. Eigentlich hielt das, mit Ausnahmen, muss man immer dazusagen. Die zwei Ausnahmen waren die Probleme mit den Tschechen (Benesch-Dekrete und Temelín) und den Slowenen (Avnoj-Dekrete). Das war das Hauptthema, jedenfalls für meine eigene Partei ist das auch störend gewesen, weil es für die Allparteienkoalition in Oberösterreich mit der FPÖ Probleme gab. Da habe ich massiv agieren müssen, das war nicht einfach. Das ging bis hin zur Drohung, wenn da Probleme entstehen, dann ist die Koalition zu Ende, das ist die Conditio sine qua non. Das hat jeder gewusst.

ROBERT KRIECHBAUMER: Ich kann mich noch an die Fernsehdiskussion mit Haupt erinnern. Da war dieser Satz von Ihnen, dass, wenn die FPÖ nicht mitgeht, man aufhört zu reden, wo man gemerkt hat, dass Haupt einknickt.

WOLFGANG SCHÜSSEL: Nein, aufhören zu reden, habe ich nicht gesagt. Aber im Prinzip geht das nicht anders, weil es eine so zentrale Frage war. Die Benesch-Dekrete sind natürlich absolut menschenrechtsfeindlich und unannehmbar. Das war nicht die Frage. Wenn man aber damit anfängt, zu fragen, wer Schuld oder wer angefangen hat, und damit mit der Vergangenheit die Gegenwart belastet, dann kommt man nicht weiter. Die Deutschen haben das ja auch nicht gemacht, nicht einmal die Bayern. Das musste jedem klar sein, den Konflikt habe ich auch auf mich genommen. Ich wusste natürlich, dass dies die ewige Feindschaft mit der »Kronen Zeitung« bedeuten würde, aber gut, das gehört eben zur Aufgabe. Österreich hat aber von der Erweiterung auch wirklich profitiert. Ich bin Ökonom, und wenn man sieht, wie wir davon profitiert haben, dann ist die Erweiterung eine echte Erfolgsgeschichte. Andere fallen zurück, und wir haben uns langsam in konzentrischen Kreisen die unmittelbare Nachbarschaft erschlossen. Zuerst die unmittelbaren Nachbarn, dann Polen, Rumänien, Bulgarien, den Balkan, jetzt gehen wir nach Zentralasien hinein, die Ukraine – das ist die ideale Kombination.

SONJA PUNTSCHER-RIEKMANN: Was waren dabei die größten Herausforderungen? Es ist ja nicht so, dass in diesem Erweiterungsprozess keine Fragen entstanden sind, die auch für die Österreicher von größter Bedeutung waren – auch hinsichtlich der Übergangsfristen.

Wolfgang Schüssel: Wir haben von Anfang an deutlich gesagt, dass wir keine langen Übergangsfristen wollen. Das haben wir bekommen. Zunächst komplett in einem durch, dann gab es den Kompromiss: drei, drei, zwei, drei oder drei, zwei, drei, drei, zwei – ich weiß es nicht mehr genau. Insgesamt also sieben Jahre, im nächsten Jahr 2011 ist das abgeschlossen, und das ist auch in Ordnung. Bulgarien und Rumänien kamen dann 2007 rein. Die Frage der Rechtssicherheit war uns ein wichtiges Thema, das einigermaßen befriedigend gelöst werden konnte. Die Schengen-Grenze war sehr wichtig. Da standen wir immer etwas auf der Bremse. Uns war wichtig, dass man auch bei den neuen Ländern konkrete Bedingungen einfordert. Das galt und gilt auch für die Eurozone, bisher sind ja nur wenige Erweiterungsländer bisher der Eurozone beigetreten; Estland jetzt und Slowenien schon vorher. Also das war unsere Position. Das Schwierigste war sicherlich neben der Arbeitsmarktregelung, was eine rein sachliche Frage war, das Temelín-Thema. Wir haben dann den Melker Prozess in Gang gesetzt. Das war das erste Mal überhaupt, dass so etwas versucht wurde. Ein bilaterales Problem war jenes mit der Klärung der Frage der Atomsicherheit. Es wäre sogar zum Primärrecht geworden, wenn die Schweden kein Veto eingelegt hätten. Die Tschechen hätten nichts dagegen gehabt. Es hätte ja jeder zustimmen müssen, damit der Europäische Gerichtshof urteilt, dass das Sicherheitsverpflichtungsprotokoll der Tschechen eingehalten wird. Das haben leider die Schweden – Göran Persson – verhindert, das werde ich nie vergessen. Das zweite war eher eine geschichtliche Frage mit den Benesch-Dekreten – ansonsten war das alles im Rahmen.

Heinz Wassermann: Herr Dr. Schüssel, ich möchte noch einmal auf die Innenpolitik im Verhältnis zur Medienpolitik zurückkommen. Bis zu Ihrer Regierung gab es im Medienbereich einen Reformstau. Im Jahr 2001 wurden das ORF-Rundfunk-Gesetz, das Privatradio-Gesetz und das Fernseh-Gesetz beschlossen. Damit wurden Schleusen geöffnet. Es gab insgesamt eine sehr ambivalente Wahrnehmung: Die negative war die Zulassung einer für Europa beispiellos hohen Pressekonzentration. So stellte man sich die Frage, wie dies abgelaufen war und inwieweit die Politik unmittelbar mit im Spiel war. Es gab ja unmittelbare Treffen vor dem Urteil des Kartellgerichts. Das Urteil des Kartellgerichts habe ich mir durchgelesen. Es gibt Menschen, die es als kurios bewerten. Für mein Dafürhalten ist dort etwas passiert, was man nicht mehr rückgängig machen kann. Das zweite Ambivalente war, dass Sie als ein Kanzler galten, der gegen die »Krone« regierte bzw. zumindest nicht mit der »Krone« regierte, wobei die »Krone« beispielsweise durchaus auch vom Aufstieg Jörg Haiders profitierte. Die Leute dort wussten, wie man mit ihm Geschäfte macht.

Wie ist Ihre Einschätzung einerseits hinsichtlich der Zulassung von Pressekonzentrationen in einem Ausmaß, die in der europäischen Medienlandschaft einzigartig ist? Auf der anderen Seite interessiert auch die Front gegen die »Kronen Zeitung«. Die Tatsache, dass der ORF sich umgestellt hat, auch mit der Regierung, ist geschenkt. Wir wissen, dass das eine immer wiederkehrende Geschichte und nicht Neues ist. Die Politisierung ist immanent – der Stiftungsrat –, wir wissen, dass eine wirkliche Reform in vollem Umfang nicht gelungen ist. Aber diese beiden Pole würden mich am meisten interessieren.

WOLFGANG SCHÜSSEL: Das wirklich Störende bei der Medienkonzentration besteht darin, dass wir in Österreich eine einzige Zeitung haben, die von 50 Prozent der erwachsenen Österreicher gelesen wird. Wie aber will man das in den Griff bekommen? Die »Kronen Zeitung« ist eine – like it or not – genial gemachte Zeitung. Hauptsächlich sicherlich für Pensionisten und ältere Semester. Früher hatte sie Journalisten, die an sich sensationell waren. Etwa Günther Nenning, einen der begnadetsten Schreiber, Ernst Trost, ein außerordentlich spannender und belesener Journalist, Georg Wailand, den Marktliberalen. Sogar der Kardinal schreibt Gastartikel – in dieser Ausgabe erscheinen auch keine barbusigen Inserate. Das ist eine hervorragend gemachte Zeitung. Das Störende ist, dass sie in einer Art und Weise kampagnisieren, die unglaublich ist. Ich habe mir einmal die Mühe gemacht und mir von meinen Mitarbeiter erzählen lassen, was alles auf der Leserbriefseite geschrieben wird. Da schrieb ein Herr Weintögl, die Namen sind ja so köstlich, es schreiben Weintögl, Kafka oder Holzriegel oder so irgendwie, also köstliche Namen sind das. Die schreiben, der Spitzenreiter war, glaube ich, besagter Kafka oder Weintögl, 150 Leserbriefe in einem Jahrgang, das ist geradezu unglaublich. Kein Leitartikler schreibt so viel. Das ist dieses »EU-Theater«. Das ist das eigentlich Störende. Es kann kein Gesetz geben, das eine »Kronen Zeitung« oder eine andere Zeitung zerschlägt. Ich habe mich um diese Geschichten nicht wirklich gekümmert, muss ich ehrlich dazusagen. Die Medienarbeit habe ich delegiert und meist von Wilhelm Molterer machen lassen. Er hat die medienpolitische und medienrechtliche Arbeit gemacht. Soweit ich mich erinnere, ging es nur um »Format« und das »Profil«. Wenn diese zwei nicht fusionieren könnten, »stirbt« eine davon. Ich lese noch heute jeden Tag 20 Zeitungen und Magazine und finde es schade um jede Zeitung, die Pleite geht. Es sind heute nach wie vor eigentlich zwei unabhängige Zeitungen. Ich glaube auch nicht an die These, dass mit einem neuen Eigentümer anders geschrieben wird. Beim ORF, unter uns gesagt, ist es journalistisch vollkommen egal, ob dort Gerd Bacher, Gerhard Zeiler, Gerhart Weis oder Monika Lindner oder jetzt Alexander Wrabetz Chef ist. Aus den Ergebnissen der Arbeiterkammerwahlen lässt sich erkennen, dass 70 Prozent der Redaktionen der SPÖ oder den Grünen nahestehen. Die machen die Sendungen – es ist vollkommen egal, wer Chef ist. Ich habe eigentlich geglaubt – vermutlich eine Fehleinschätzung –, dass der Weisenrat, bestehend aus Gerd Bacher, Alfred Payrleitner und Heinrich Keller, die Streitpunkte um das neue Rundfunkgesetz lösen könnte. Ich hatte gehofft, dass sie dem Betriebsrat die Stimmrechte entziehen. Dann kam noch eine eher problematische Idee mit der Publikumswahl dazu. Das ist Andreas Khol eingefallen. Der ORF knallt, wenn es so weitergeht, gegen eine Mauer, und zwar mit 100 Stundenkilometern. Da bleibt nichts übrig, das ist tragisch. Ich schaue mir nur noch die deutschen Nachrichtensendungen an. An dem Tag, als Korea angriff oder der Euro wackelt, werden im österreichischen Fernsehen die Nuancen eines Streites zwischen Faymann und Pröll und Fragen im Ministerrat behandelt. Das ist jenseitig.

CHRISTIAN DIRNINGER: Wirtschaftspolitik und Finanzpolitik: Ich habe dazu drei Punkte, die ich gerne ansprechen möchte. Zum Ersten die Ressortfrage: Wenn ich es richtig sehe, war es bisher üblich, dass Bundeskanzler und Finanzminister immer von einer Partei gestellt waren. Das war bei Ihnen ja nicht der Fall. Wieso eigentlich haben Sie das Finanzministerium der FPÖ überlassen, wer hatte Ihnen Herrn Grasser empfohlen, und welche Qualifizierung hatte dieser eigentlich in besonderer Weise gehabt? Der zweite Aspekt betrifft die Ressortverteilung: Die Arbeitsmarktagenten sind in das Wirtschaftsministerium gekommen. Das ist nun nicht ein Tabubruch, aber doch ein bemerkenswerter Akt gewesen. Was waren da die Überlegungen gewesen, und wie ist das sozusagen abgelaufen?

WOLFGANG SCHÜSSEL: Die Ressortverteilung haben Jörg Haider und ich rasch umgesetzt. Wir waren im ersten Stock im Arbeitszimmer des Hauses von Andreas Khol. Dort haben wir zusammen ein Glas Wein getrunken und innerhalb von zehn Minuten die Ressortverteilung geregelt. Es war klar, dass wir auf jeden Fall den Bundeskanzler, den Außenminister und den Innenminister stellen. Das war mir sehr wichtig, die anderen Ressorts waren offen. Die Verteilung der Ressorts basierte auf einer gleichberechtigten Partnerschaft, und der Partner sollte in jedem Fall Mitspracherecht haben. Ich habe gesagt: Bundeskanzler, ohne Ressort und auf jeden Fall Äußeres und Inneres. Jörg Haider beanspruchte das Finanzressort. Er wollte natürlich das Innenressort haben. Das kam aus verschiedenen Gründen nicht infrage. Dann wollte er noch das Justizressort, die Freiheitlichen hatten immer wieder, auch in der Kleinen Koalition, den Justizminister gestellt und hatten auch gute Leute, beispielsweise Harald Ofner.

ERNST HANISCH: Was war eigentlich mit dem zuerst ernannten Justizminister Krüger?

WOLFGANG SCHÜSSEL: Das ist eine tragische Geschichte, er hat das psychisch nicht ausgehalten. Heute geht es ihm gut und er ist wieder voll da. Offensichtlich muss es da vorher schon Probleme gegeben haben, das wusste aber niemand. Aber an sich war Krüger ein angesehener Justizsprecher im Parlament. Das war also keine ungewöhnliche Geschichte. Soziales war klar, Haider sagte, er möchte die Finanzen, Inneres und Soziales. Ich sagte ihm, Inneres ginge nicht, dann war klar, dass er das Verteidigungsressort wollte. Er wusste, dass ich wusste, dass er weiß, dass ich weiß … Es kam dann noch die Diskussion, er wollte Hilmar Kabas. Ich habe deutlich gesagt, dass Herr Kabas nicht infrage käme. Er war derjenige, der im Aufsichtsrat die seinerzeitige CA-Geschichte mit eingefädelt hat. Also, der sollte nicht in der gemeinsamen Regierung sitzen. Dann ist Haider allen Ernstes zu Thomas Klestil gegangen und hat – wissend, dass ich Kabas ablehne – Kabas und Prinzhorn vorgeschlagen. Der Klestil war nur auf Prinzhorn fixiert, der hatte ihn irgendwann einmal kritisiert. Ich hatte Haider das vorher schon gesagt, dass Klestil Prinzhorn ganz sicher nicht akzeptieren wird. Ich habe an sich kein Problem mit dem Prinzhorn, er ist ein ordentlicher und solider Unternehmer, als Parlamentarier bzw. als Parlamentspräsident und Dritter Nationalratspräsident hat er es gut gemacht. Aber ich wusste eben, dass er Prinzhorn nie akzeptieren wird. Kabas habe ich vor Klestil abgelehnt, ich habe deutlich gemacht, dass er nicht Verteidigungsminister wird. Den hat also nicht Klestil abgelehnt, sondern ich. Grasser war bekannt, aber nicht die erste Wahl. Zunächst wollten sie, soweit ich weiß, Holzmann von der Weltbank, und es gab noch einen Namen … Grasser war der dritte Name, der genannt wurde, und den kannte ich auch. Er war ein sehr ordentlicher Landeshauptmann-Stellvertreter in Kärnten gewesen, ich habe mit ihm als Wirtschaftsminister zu tun gehabt, das hat er auch gut gemacht. Er machte einen sehr flotten Eindruck, war auch sehr kompetent, wusste immer, wovon er redet, und war flexibel genug, was Haider nicht immer war, gerade in bestimmten Verhandlungen, in denen es um Kärntner Belange ging, das war absolut in Ordnung.

CHRISTIAN DIRNINGER: Das Wirtschaftsministerium und Arbeitsministerium?

WOLFGANG SCHÜSSEL: Es war mir klar, dass wir das Finanzressort nicht bekommen, dann bekommt man das Wirtschaftsressort, klar. Ich habe aber nicht von Beginn an gesagt, dass wir das Wirtschaftsressort wollen, sondern habe abgewartet. Dann wollte die FPÖ logischerweise das Finanzressort, dann habe ich gesagt, dass wir Wirtschaft und Arbeit wollen. Haider protestierte und wollte das Sozialministerium zusammenlassen. Ich habe ihm da eine klare Absage erteilt und habe ihm das Gesundheitsressort dazugegeben, weil Soziales und Gesundheit auch viel besser zusammenpassen als Pensionen und Arbeitsmarkt. Wirtschaft und Arbeit ergeben Sinn, weil sowohl Arbeitgeber als auch Arbeitnehmer in einem Boot sitzen. Mit Verlaub gesagt: Das Wirtschaftsressort ohne die Arbeitsmarktkompetenz und ohne die Straßenbaukompetenz macht wenig Sinn. Meine Idee war, erstmals ein Infrastrukturressort zu schaffen, in dem Straßenbau und Bahn zusammengeführt sind. Dann ist aber klar, dass dann vom Wirtschaftsressort nicht mehr viel übrig bleibt. Es gibt dann noch den Außenhandel, was unter die Kompetenz der EU fällt, dann die Energiepolitik, die ehrlich gesagt in Österreich ein wenig eingeschränkt ist, und ein wenig Gewerbe-, Wirtschafts- oder Kartellrecht, was aber auch in den Bereich Justizministerium gehört. Es war daher klar, dass ein Wirtschaftsressort nur Sinn ergibt, wenn es eine wirkliche Schlüsselkompetenz dazubekommt, und meiner Meinung nach ist die Kombination Wirtschaft und Arbeit absolut sinnvoll.

CHRISTIAN DIRNINGER: Die Vorgabe für den Finanzminister war Budgetkonsolidierung, als Folge aus den 1990er Jahren.

WOLFGANG SCHÜSSEL: Nicht aus den 1990er Jahren, Entschuldigung, das war ja noch viel dramatischer. Wir standen ja unmittelbar vor der Einführung des Euro, und um am Euro teilnehmen zu können, brauchten wir 1995 zwei Sanierungswellen, um überhaupt die Bedingungen zu erfüllen. 1999 waren wir schon wieder voll im Problembereich durch die missglückte Steuerreform, an der ich selbst mit schuld bin, das leugne ich nicht. Ich hatte vor der Wahl Druck gemacht, das war nachträglich betrachtet ein Fehler. Diesen Fehler wollte ich nie mehr machen. Um am Euro teilnehmen zu können, ohne zu tricksen wie die Griechen und viele andere, mussten wir unser Budget in den Griff bekommen, und das haben wir wirklich gemacht.

CHRISTIAN DIRNINGER: Ja, es gibt ja viele kritische Diskussionen, etwa was die Auslagerungen aus dem Budget betrifft. Das ist ja in den 1990er Jahren vor sich gegangen …

WOLFGANG SCHÜSSEL: Was haben wir gemacht?

CHRISTIAN DIRNINGER: Nicht Sie, ich meine, dass die Auslagerungen auch dazu geführt haben, dass das Defizit im Budget nicht so hoch war, wie es gewesen wäre, hätte es diese Auslagerungen nicht gegeben. Die Maastricht-Kriterien wurden auch damit erfüllbar, weil man einige Dinge ausgelagert hatte. Das war nicht in Ihrer Regierungszeit, das war davor. Aber Sie waren ja auch immerhin in der Regierung, also ist diese Einschätzung aus Ihrer Sicht richtig?

WOLFGANG SCHÜSSEL: Also, das würde ich so nicht so gerne stehen lassen. Wofür ich gekämpft habe, war, dass wir die ASFINAG, diesen »Wildwuchs« an Sondergesellschaften, zusammenlegen – das war auch ein Match gegen die Bundesländer – und sie dazu bringen, dass sie wirklich alle Sondergesellschaften (die Tauern-Autobahn, die Brenner-Autobahn etc., alle fünf) in eine ASFINAG zusammenbringen. Ich lasse das so nicht stehen, dass wir ausgelagert haben, um etwas zu verschleiern. Mindestens 50 Prozent der Schuldenbedienung müssen durch die Einnahmen in der ausgelagerten Konstruktion gedeckt sein, dann wird sie anerkannt. Das haben wir insofern gemacht, indem wir die Vignette in meiner Zeit eingeführt und später 1999, 2000 dann von 35 auf 70 Euro erhöht haben. Das war schon ein Hammer. Dies haben wir gemacht, um eben nicht zu tricksen. Ich glaube nicht, dass es sonst noch eine Auslagerung gab … Die ÖIAG war ausgelagert, das stimmt, und als wir sie übernommen hatten, gab es einen Schuldenstand von sechs oder sieben Milliarden, und der Börsenwert betrug circa fünfeinhalb Milliarden – jedenfalls eine Milliarde weniger. Als ich gegangen bin, war der Restbörsenwert nach allen Privatisierungen höher als der Eingangswert, und wir hatten keine Schulden mehr. Den Vorwurf lasse ich also nicht so gerne gelten – die Länder haben mit den Spitälern getrickst, das stimmt.

CHRISTIAN DIRNINGER: Es geht ja bei diesem Gespräch darum, gewisse Dinge nachzufragen, die immer wieder kolportiert werden. Nun sind Sie in der Mitte der 1980er Jahre mit dem Slogan »Mehr Markt, weniger Staat« hervorgetreten. Das war sozusagen eine Art Signal, um die Wende in der Wirtschaftspolitik weg vom Keynesianismus einzuleiten. Heute gibt es immer wieder die Einschätzung, dass Sie, als Sie Wirtschaftsminister und Regierungschef wurden, diesen Slogan umsetzen konnten. Kann man das so sagen?

WOLFGANG SCHÜSSEL: Ja, aber vorher auch schon. Das Ganze hatte vorher schon begonnen, die echte Krise der Verstaatlichten war ja vorher. Sekyra ist vor die Arbeiter getreten: »Nehmt endlich zur Kenntnis, dass wir pleite sind.« Wir haben damals ja fünf, sechs Milliarden Euro, nach heutiger Währung, damals waren das etwa 70 Milliarden Schilling, zuschießen müssen. Da gab es etwa den ersten Durchbruch, es gab vorher auch schon Teilprivatisierungen. Bei der Verbundgesellschaft etwa. Ich habe sehr Druck gemacht, dass die Verbundgesellschaften zu 49 Prozent an die Börse gehen, und das hat ihnen auch sehr gutgetan. Ich habe ebenfalls Druck gemacht, dass die ÖIAG vollkommen von Politikern, von Gewerkschaftern, Kammersekretären und Ministersekretären »gesäubert« wird – das sollte man, glaube ich, mit dem ORF machen, genau die gleiche Regelung. Es sollten nur noch Leute dort arbeiten, die überhaupt keine Verbindungen mit der Politik haben, da diese Beziehungen ganz schädlich sind. Das war meine Lehre daraus. Das hat dazu geführt, dass sie ohne Rücksicht auf den Wahlkalender agieren. Da gab es ja irrsinnige Konflikte mit den Oberösterreichern mit der Voest, ich wurde vor einigen Jahren fast mit Buhrufen empfangen, weil wir nur ein halbes Prozent bei der berüchtigten Landtagswahl 2004 gewonnen haben. Aber es war richtig, und heute geben das sogar die Oberösterreicher zu. Natürlich habe ich das gewollt, und ich glaube, dass wir da noch viel machen könnten. Es ist unsinnig, dass heute immer noch verfassungsbestimmend ist, dass die

Verbund- und Landesgesellschaften zu 51 Prozent in öffentlichem Besitz sein müssen. 25 Prozent würden reichen, damit könnte man sich Kapital besorgen, das man sehr gut in anderen Bereichen einsetzen könnte.

CHRISTIAN DIRNINGER: Damals, 2005 war das, glaube ich, erschien im »Stern« ein schöner Bericht mit Titelblatt mit österreichischen Bergen mit der österreichischen Fahne darauf – Credo: Österreich ist spitze. Die Geschichte handelte davon, dass der Bundeskanzler, dargestellt mit dem Hinkelstein, zeigt, wie stark Österreich ist. Dies zeigte eine starke Beachtung des österreichischen Weges in der Bundesrepublik. Wie haben Sie das erlebt? War das ein kurzfristiger »Medienhype«? Wie ist das zu bewerten?

WOLFGANG SCHÜSSEL: Das war vonseiten der deutschen Politiker gewollt. Schröder und Fischer in der Schussphase, das war politisch gewollt. Man hat gemerkt, es erlahmt und dass nichts mehr geht. Die Wunschkoalition war Schwarz-Gelb, die Blauen sind keine Gelben, die FPÖ oder die BZÖ ist keine FDP, aber das ist alles sehr, sehr fragil. Wie auch in allen anderen europäischen Ländern. Aber das wurde von den deutschen, wirtschaftsnahen Medien sehr gut aufgenommen, weil sie gesehen haben, dass wir die Gewerbesteuer abgeschafft haben. Das war in Deutschland ein Thema. Die Körperschaftsteuer liegt bei uns bei nur 25 Prozent, in Deutschland bei 34 Prozent, glaube ich, die Stiftungsgesetze usw. Man hat oft gefragt, für wen das gut ist: Ganz klar, für die Arbeitsplätze. Ein kleines oder mittleres Land wie Österreich muss komparative Vorteile aufweisen. Wir haben heute 1.000 internationale, zumindest regionale Headquarters nach Österreich, vor allem nach Wien und Umgebung, geholt, oder zum Teil auch in die Bundesländer, die wir sonst nie bekommen hätten. Gerade zu dieser Zeit hat die österreichische Wirtschaftsansiedlungs-Agentur ABA richtig aggressiv in Deutschland geworben. Wir haben wirklich spannende große Betriebe nach Österreich geholt, was die deutsche Regierung überhaupt nicht gerne gesehen hat. Das war ein Wettbewerb. Dazu kam später, zu Zeiten von Alfred Gusenbauer und Wilhelm Molterer, die Abschaffung der Erbschaftssteuer, die wir ja immer abschaffen wollten, was der Verfassungsgerichtshof letztlich erzwungen hat. Da sind die Deutschen ganz außer sich geraten.

MICHAEL GEHLER: Ich würde gerne noch einmal bei der Außenpolitik einsetzen. In den Jahren 2000 bis 2006 ergeben sich drei Aspekte. Einmal die »EU-Sanktionen«, die ja eigentlich EU-14-Boykott-Maßnahmen waren. Inwieweit waren diese wirklich ein Schlag? Inwieweit haben diese Maßnahmen nach der formellen Aufhebung im Jahr 2000 noch nachgewirkt? Wieweit haben diese Maßnahmen den Handlungs- oder den Aktionsspielraum der österreichischen Europa-Integrationspolitik eingeschränkt? Dann die Frage nach Ihrem Verhältnis zu den damaligen »Playern« Chirac, Blair, Schröder, Fischer, Berlusconi? Ein letzter Punkt – die Ratspräsidentschaft 2006: Sie sagten vorhin selbst, wie anstrengend diese Präsidentschaft war. Der abgelehnte sogenannte »Verfassungsvertrag« musste ja irgendwie am Leben erhalten oder reanimiert werden. Das hat offensichtlich sehr viel Kraft gekostet. In dieser zweiten Ratspräsidentschaft wurden Sie auch sehr positiv wahrgenommen. Später wurde diskutiert, ob ein Wolfgang Schüssel in der zukünftigen Architektur der Europäischen Union eine Funktion übernehmen könnte. Wie ernst kann man diese Diskussionen nehmen? Ihr Name war ein paar Mal im Spiel. Dann hieß es wieder, dass Sie es überhaupt nicht werden können, da Sie die Regierung mit Haider gebildet haben, obwohl Haider gar nicht in der Regierung war, aber inwieweit war das seriös, dass ein Wolfgang Schüssel auch ein europäischer »Player« werden könnte?

Alfred Ableitinger: Zu der ersten Frage bezüglich der Sanktionen. Diese seien sehr spontan zustande gekommen, trotzdem kann man darüber staunen. Sie sagten ja, fünf von den zwölf wurde gesagt, sie seien jeweils der Letzte. Aber irgendwem auf den höheren Ebenen musste doch bewusst sein, dass die Österreicher in Brüssel in den unterschiedlichsten Räten mit am Tisch sitzen, und es gab noch einige Dinge, die noch Einstimmigkeit oder Zwei-Drittel-Mehrheit erforderten. Wie kann man mit denen so umgehen, und was muss sich daraus für Brüssel ergeben?

Michael Gehler: Stichwort: Gipfel von Nizza, wo klar war, dass dort eine Institutionenreform beschlossen werden muss und das vor dem Hintergrund mit dem »Österreich-Schlamassel« aufgeräumt werden musste.

Herbert Dachs: Und welchen Ausweg kann man sich vorstellen?

Wolfgang Schüssel: Aber das haben die sich alle nicht überlegt, die dachten, dass wir das nicht überleben. Und wenn sie in einer Gruppe von 14 Nationen die Sanktionen durchsetzen, dann würde das so einen Donnerhall auslösen, dass wir hinweggefegt werden, quasi durch den Druck von unten, also Demonstrationen, Blockaden und den Druck von oben, also durch die Europäische Union hinweggefegt werden. Das wäre ein interessanter Präzedenzfall für andere Fälle gewesen. Ich glaube, dass manche Strategen noch andere Dinge mit im Hinterkopf hatten. Ich glaube außerdem, dass die Spitze sich das gar nicht so genau überlegt hat. Der wirkliche Treiber war ein gewisser deutscher Botschafter, Michael Steiner, der sich da wichtigmachen wollte. Aus anderen Gründen gab es Aufregung bei Chirac, der war mit dem Jospin im Wettbewerb. Frankreich hatte damals eine Kohabitation mit Lionel Jospin, der zwar nicht der große Dränger war, wohl aber Pierre Moscovici – nicht einmal Außenminister, das war Hubert Védrine, ein sehr angenehmer, ruhiger Sozialdemokrat. Der wirkliche Dränger war Pierre Moscovici. Dem wollte Chirac ausweichen, weil die Le-Pen-Diskussion damals massiv im Anrollen war. Es war also eher ein Wettbewerb zwischen den beiden. Die gleiche Situation herrschte in Belgien, wo vor allem Louis Michel, Außenminister, Sozialist aus Wallonien, massiv Druck machte, und dann natürlich die Schweden, die eine sozialdemokratische Regierung hatten. Berlusconi war damals nicht im Amt.

MICHAEL GEHLER: Die Berlusconi-Frage war nicht auf die Sanktionen bezogen.

WOLFGANG SCHÜSSEL: Nein, ich meine nur. Bei den Sanktionen war es Massimo D'Alema, der ja eher aus der kommunistischen oder ganz linken Ecke kommt. Also überlegt haben sie sich das nicht. Sie haben sich gedacht, die Auswirkungen seien groß genug, wenn sie das durchsetzen und sie damit gewonnen hätten. Es gab keinen Plan B, keine Exit-Strategie oder wie sie aus dieser Geschichte herauskommen, ohne das Gesicht zu verlieren. Nicht einmal der portugiesische Ministerpräsident Guterres, der später UN-Flüchtlingshochkommissar war und mit dem wir später ein gutes Verhältnis entwickelt haben, der unter Druck gestanden ist, hat sich das wirklich überlegt. Sie glaubten, das wird gewünscht, man wollte sich mit einer überwältigenden Mehrheit an dem Putsch beteiligen und nicht zu den wenigen gehören, die nicht teilnehmen. Dass das nicht so war, wurde offensichtlich schlecht berichtet. Man bekam offenbar von den Botschaften einiger Länder eine sehr gefilterte Berichterstattung. Das wissen wir natürlich nicht genau. Das ist damals so gelaufen. Die Sanktionen waren sehr dramatisch, das darf man nicht unterschätzen. Ich werde den ersten Europäischen Rat in Lissabon nicht vergessen. Ich hatte mich vorab mit António Guterres getroffen und ihm gesagt, dass ich das Wort ergreifen möchte. Er verweigerte. Dann habe ich gesagt, dass ich mich dann einfach so lange zu jedem Tagesordnungspunkt melden werde, »bis es euch auf die Nerven geht«. Dann sagte er, er müsse überlegen, und meinte, dass ich das nicht wirklich machen will. Ich habe klargestellt, dass ich genau das vorhabe und dass ich mir das nicht mehr gefallen lasse. Ich verlange das Wort zum Thema Österreich und Sanktionen, egal wo – informell beim Essen oder wo auch immer, das war mir egal. Das sei aber keine EU-Sache, sagte er; das ist mir egal, ihr seid 14 gegen uns, und das ist ein Zusammenhang, der das EU-Recht verletzt. Sei es die Behinderung von Österreichern, die sich bewerben, sei es, dass bilateral keine Botschafter empfangen werden. Für eine Union ist das nicht tragbar. Dann hat er »gnadenhalber« zugesagt, dass ich mich beim Dessert melden darf. Ich habe zugestimmt und ihm gesagt, dass ich mich sehr konstruktiv verhalten werde. Ich habe mir ganz genau überlegt, was ich sage, habe mich in dieser heiklen Sache ausnahmsweise dolmetschen lassen, und man hätte während dieser Rede eine Stecknadel fallen hören können. Es war spät am Abend, keiner ist gegangen, einige haben demonstrativ Zeitung gelesen. Einige aber wie Blair oder die Finnen – Lipponen – und andere haben ganz genau zugehört. Zunächst wurde ein gemeinsames Foto abgelehnt. Mit uns wollten sie zunächst kein Foto machen. Das ging aber nicht, da der mexikanische Staatspräsident anwesend war, also musste es ein Foto geben. Darum gab es vorab eine Sitzung, in der geregelt wurde, wer neben uns stehen würde, denn ein Foto, in dem niemand neben uns steht, ist technisch unmöglich. Also wurden wir an den Rand gestellt, und Tony Blair erklärte sich bereit, neben uns zu stehen. Was ich nie vergessen habe. Ich habe mich bei ihm bedankt. Wir haben munter gescherzt bei dem Foto, und das ging auch durch alle Zeitungen. Dann gingen wir gemeinsam hinunter zum Bus, und die wartenden Hunderte Journalisten fragten: »How do you feel? Isolated?« Ich sagte: »Look around, are we really isolated!« Wir sind dann in den Bus eingestiegen, Chirac schaute weg, weit hinten sagte der irische Ministerpräsident Bertie Ahern: »Sit down, sit down. My foreign minister will take Benita because they will not get the pictures they want. You are not isolated, you are my friend.« Das hat man sich gemerkt. Aber es war monatelang extrem schwierig. Die Geschichte habe ich dem Horst Köhler erzählt, der wurde zum Weltbankchef bestellt. Da mussten sie uns anhören, wir mussten zustimmen, und wir haben gesagt, dass wir nicht zustimmen. Die Bedingung, die wir stellten, war, dass zunächst ein bilateraler Kontakt stattfinden musste. Das wiederum wurde abgelehnt, bilaterale Kontakte durften ja nicht stattfinden. Ich war an dem Tag zufällig in Brüssel. Ich kam herunter, habe Grasser angerufen und zu ihm gesagt, dass ein bilaterales Gespräch nicht mehr ausreicht. Ich verlange nun, dass ich, der Kommissionspräsident, die Ratspräsidentschaft und die Deutschen dabei sind. Letztlich kamen alle, da sie ja etwas von uns wollten, und wir wollten uns bilateral genau darüber informieren, was für den Kandidaten spricht. Hans Eichel war stinksauer und hat über die Vorzüge von Horst Köhler gesprochen. Grasser und ich haben uns angeschaut und gesagt, das sei alles sehr überzeugend, jetzt könnten wir zustimmen. Eichel ist schäumend vor Wut hinausgegangen. Romano Prodi ist nachher zu mir gekommen und meinte »Well done«. Ab dem Zeitpunkt war Ruhe, ab dem Zeitpunkt gab es auf Wunsch bilaterale Termine. Dann kam auch schon die Azoren-Geschichte, wo Benita Ferrero-Waldner das Eis gebrochen hatte, die Idee mit den »Drei Weisen« wurde lanciert, und dann hat das funktioniert.

ERNST HANISCH: Von wem stammte die Idee?

WOLFGANG SCHÜSSEL: Von der EVP. Wir hatten das Gleiche ja mit den Spaniern in der EVP, die wollten unsere Mitgliedschaft sistieren. Das haben wir abgelehnt, aber wir waren gern bereit, dass jemand kommt und wir informieren. Daraufhin hatte Wilfried Martens, damals schon Vorsitzender der EVP, die Idee, dass eine kleine Gruppe geschickt wurde. Die sind dann gekommen, und nach drei Wochen war das vorbei. Das gleiche Modell haben wir den Portugiesen als Ratspräsidenten empfohlen. »Aus Disziplin gegenüber der EU und aus Freundschaft euch gegenüber sind wir bereit, das zu akzeptieren, aber ein Unabhängiger muss die Leute aussuchen.« Vorgeschlagen wurde der Präsident des Europäischen Gerichtshofes, der Schweizer Luzius Wildhaber hatte drei Namen vorgeschlagen. Ich sagte, dass ich alles akzeptiere, was er sagt. Es hat noch eine Zeit lang gedauert, bis sich die Situation entspannte. Es gab Nachwehen, Schröder wollte uns nicht empfangen, da setzte sich der deutsche Arbeitgeberpräsident Dieter Hundt sehr ein. Bei Chirac hat es auch länger gedauert, da war es dann so, dass er Giscard als Konventsvorsitzenden wollte. Ich hielt das für eine gute Idee und habe das unterstützt. In dem Augenblick kam schon ein Abgesandter von Jacques Chirac mit der Bitte um eine Unterredung. Eigentlich ist es ziemlich einfach und etwas kindisch, was dort abgelaufen ist. Aber es war wirklich als »politischer Mordversuch« gemeint, das muss man immer dazusagen.

Ernst Hanisch: Die Ursache waren ja letztlich Haider und seine Aussprüche über den Nationalsozialismus, die diese Hysterie ausgelöst haben. Mich würde interessieren, was Sie von Haiders Sprüchen über die NS-Zeit gehalten haben?

Wolfgang Schüssel: Also erstens glaube ich nicht, dass die Geschichte alleine mit Haider zu tun hat. Ich glaube eher, dass die aufschäumenden Emotionen mehrere Ursachen haben. Erstens erstaunt ja nicht, dass bis heute, jetzt, wo Haider schon lange tot ist … Man muss sich nur die EU-Parlamentsdebatten anhören: Es spricht Martin Schulz, den kann man nun mögen oder nicht, er ist ein schwieriger Typ, aber natürlich hochintelligent, dann steht ein Abgeordneter auf und brüllt: »Ein Volk, ein Reich, ein Führer!« Die Folge ist natürlich große Aufregung, er soll sich entschuldigen. Dann nimmt der Abgeordnete das Mikrofon und sagt: »He is an undemocratic fascist!« Das ist absurd, dass man 80 Jahre nach der Machtübernahme von Hitler prinzipiell keine anderen Vergleiche wählen kann. Offensichtlich kann man nicht über manche Themen und Personen sprechen, ohne dass sofort irgendwer einen Bezug zum Holocaust, zu Hitler, zum Faschismus oder Ähnlichem herzustellen versucht. Kein Mensch, der seine fünf Sinne beisammen hat, kann ernstlich glauben, dass Hitler oder Stalin, den ich auch mit dazuzählen würde, irgendetwas Positives für die Geschichte geleistet hat. Es mag schon sein, dass Autobahnen oder irgendein Zuckerbäcker-Stil-Gebäude errichtet wurden. Aber das wird verdunkelt und unmöglich gemacht durch die Millionen von Toten, die die zwei auf dem Gewissen haben. Trotzdem ist es Unsinn, dass heute so getan wird, als würde eine unmittelbare Gefahr bevorstehen. Das kann man mit aller Schärfe zurückweisen. Ich glaube, dass jeder von denen, die sich hier geäußert hatten, zu Hause Probleme hatte. Es war nicht allein Haider. Chirac hat mit Le Pen zu tun, die Holländer hatten Pim Fortuyn und jetzt Wilders, die Belgier haben den »Vlaams Blok«, der in einigen Städten teilweise schon 30 Prozent hat, die Italiener hatten die junge Mussolini und Fini mit seinen Neofaschisten und Umberto Bossi als Separatist, also jeder hat seine eigenen Probleme; José Maria Aznar, der immer in Sorge war, dass man ihn mit dem Franquismus in Verbindung bringt. Aus der ganzen Geschichte ist ein Amalgam geworden, unterstützt natürlich durch diese absurden Aussagen Haiders.

Ernst Hanisch: Anlass und Ursache sind ja zwei verschiedene Dinge.

Wolfgang Schüssel: Ja schon, aber das gehört zusammen. Der Versuch, Haider zu einer Überfigur aufzublasen … Wir haben Haider jedes Mal kommentiert, jedes Mal abgelehnt, deswegen ist er von uns abgewählt worden, wegen seines Vergleichs mit der »guten Beschäftigungspolitik im Dritten Reich«. Wir haben im Kärntner Landtag den Antrag gestellt, dass er abgewählt wird. Wir haben uns immer, wenn er mit seinen Geschichten daherkam, von ihm abgegrenzt; übrigens auch Susanne Riess-Passer.

Michael Gehler: Die Frage als Akteur in der Europäischen Union ist noch offen. Sie wurden genannt.

Wolfgang Schüssel: Ja, das ist richtig. Die EU-Präsidentschaft 2006 war insgesamt recht erfolgreich. Vor allem auch, weil Ursula Plassnik das mit dem informellen Treffen der Außenminister in Klosterneuburg zur Wiederbelebung der Vertragsdebatte sehr klug gemacht hat. Damit wurde, nach dem Nein von Frankreich und Holland zum Verfassungsvertrag, dafür die Tür geöffnet, dass man in der deutschen Präsidentschaft zu einem neuen Impuls kommt. Jeder hat damals zugestimmt, das war aber zuvor noch sehr umstritten, und es war nicht klar, dass das funktionieren wird. Wir waren erfolgreich. Einige Beispiele sind z. B. die Lösung der Erdgas-Krise zwischen Russland und der Ukraine, die Martin Bartenstein hervorragend innerhalb von drei Tagen zustande gebracht hat, Ursula Plassnik hat den sehr, sehr heiklen Karikaturen-Streit betreut, dann wiederum der Gaza-Krieg und einige andere sehr heikle Dinge. Das haben wir gut gelöst, es gab ein gutes Echo. Es ist richtig, dass ich für EU-Funktionen genannt wurde, schon 2004 das erste Mal. Das war auch interessant, dass ich kurze Zeit nach den Sanktionen zum Kernbereich der Entscheidungsträger gehörte. Das ist ja auch keine Schande, im Gegenteil. Es war mir immer klar, dass bei den Franzosen aber etwas ganz anderes mitschwingt. Das hatte mir auch Angela Merkel gesagt, auch jetzt wieder, als die Entscheidung auf Herman van Rompuy fiel. Sie sagte mir, dass Sarkozy meinte: Da kann ich gleich einen Deutschen nehmen. In Wirklichkeit ist das eine mehrfache Unverfrorenheit. Mitterrand hat zu Vranitzky, als dieser 1994 das dritte Mal in Paris war, gesagt, dass Frankreich, nachdem auch Helmut Kohl schon hundertmal interveniert hat, seinen Widerstand gegen den Beitritt eines »dritten deutschen Staates« aufgeben werde. Vranitzky plauderte das bei der Feier in der ungarischen Botschaft über den Fall des Eisernen Vorhangs aus. Eins werde ich z. B. nie vergessen: Nach Abschluss der Beitrittsverhandlungen im März 1994 gab es eine Feier, auf der die zwölf, damals waren es noch zwölf Nationen, in je zwei Sesseln saßen, wir, die ganze Delegation, dann ging die Tür auf: Christoph Leitl und Paul Rübig sind mit dem Flugzeug und österreichischen Wirtschaftsleuten hineingekommen. Es war eine Riesenfeier und eine gute Stimmung. Zwei Sessel blieben aber leer: Frankreich. Der Europaminister und der ständige Vertreter haben aus Protest, oder was auch immer, nicht an dieser Schlussfeier teilgenommen. Die Franzosen haben irgendwie ein gestörtes Verhältnis zu uns, das muss man nüchtern sehen. Ich habe es nicht geglaubt und hätte es eigentlich nicht für möglich gehalten. Aber es ist so.

HERBERT DACHS: *Noch einmal einen Bogen zurück in die Innenpolitik. Wenn Sie auf diese Jahre 2000 bis 2006 zurückschauen: Können Sie sagen, wer die bevorzugten Veto-Spieler waren, die, wenn es um Reformen ging, besonders schwierige Brocken waren, und wer Konflikte nicht gescheut hat? Waren das die üblichen Verdächtigen?*

WOLFGANG SCHÜSSEL: Das war von Thema zu Thema verschieden. Die sieben Jahre von Februar 2000 bis Jänner 2007 waren eine unglaublich spannende Zeit, wobei ich mich im Nachhinein frage, wie ich das physisch, psychisch, konditionsmäßig und intellektuell durchgestanden habe. Klar war nicht alles perfekt, das geht gar nicht. Wenn ich alles in allem sehe, glaube ich, ist es eine Geschichte, die man durchaus so stehen lassen kann und die mithalten kann mit anderen guten Zeiten. Wenn es um Ländersachen geht, Länder sind immer schwierig. Nur muss man eben eine Meinung haben. Die Leute erwarten, dass man führt. Das ist, glaube ich, schon wichtig. »Everybody's darling is everybody's Depp«. Da wird man nicht ernst genommen. Wenn man etwas erreichen möchte, dann muss man sich hinstellen und in Kauf nehmen, dass nicht alles gelingt und dass man Niederlagen erleidet. Ich habe nicht alles geschafft, was ich mir vorgenommen habe, aber wem gelingt das schon im Privaten oder Geschäftlichen, auf der Universität oder wo auch immer? In der Summe, die Gewerkschaften müssen natürlich schauen, dass es den Arbeitnehmern möglichst gut geht und dass ihnen beim Sparpaket möglichst wenig weggenommen wird. Am Ende, finde ich, muss man, wenn man ein beachtliches Sanierungsziel hat, trotzdem schauen, dass das einigermaßen gerecht verteilt ist. Ich bin der Überzeugung, dass die Balance letztlich gestimmt hat. Hauptaufgabe guter Politik ist nicht primär, umzuverteilen. Weil John Maynard Keynes erwähnt wurde und was vergessen wird: Er schrieb in seinen späten Jahren, dass ein Staatsanteil von ungefähr 25 Prozent gerade einmal genug sei. Das vergisst man, wir haben heute einen Staatsanteil zwischen 40 und 50 Prozent – zum Teil darüber. Wir sind in einem Ausmaß etatistisch geworden, das ich nicht für gut halte. Das hat man in Irland vor zwei Jahren gesehen: Die haben alles garantiert, und zwar nicht nur die privaten Spareinlagen wie wir, sondern alles

– für jede Bank. Wenn ich Anleger bin, ist das eine ideale Kombination. Die bekommen acht Prozent Zinsen, neun Prozent für griechische Anleihen und haben die Garantie durch den Rettungsschirm. Das ist doch ideal! Aber das kann doch nicht der Sinn sein. Alles zu garantieren und zusätzlich noch Stimulus-Pakete nachzuschießen – da bleibt die Frage offen, wer das bezahlen soll. Wir haben 15 Jahre gebraucht, um von 68 Prozent Schulden auf 59 Prozent Schulden herunterzukommen. Jetzt sind wir in 18 Monaten wieder auf 73 Prozent geschossen, Tendenz steigend.

Ernst Hanisch: Wir haben aber die Krise.

Wolfgang Schüssel: Okay, ich sage nur, wie wichtig es war, dass wir in den Zeiten davor runtergegangen sind. Das würde ich jetzt also nicht als eine Phase der sozialen Kälte oder der Probleme bezeichnen, sondern als die Voraussetzung, dass in der Krise überhaupt noch Wasser im Löschschlauch war. Sonst wäre der Löschteich vorher schon leer gewesen.

Franz Schausberger: Erstens vielen Dank! Ich denke, ich glaube, ich kann das auch sagen: Es hat wahrscheinlich kaum einen Spitzenpolitiker in Österreich in diesen Jahren gegeben, der so viel hat aushalten müssen. Ich habe dich einmal wirklich betroffen gesehen, das war an dem Tag, wie Haider die Regierung hat platzen lassen. Du hast damals gesagt: »Warum haben wir uns das alles angetan?« Was mich immer verwundert, auch aus eigener Erfahrung, obwohl das schon einige Jahre her ist, mit welcher Aggressivität Politiker angegangen werden.

Wolfgang Schüssel: Ich sehe das anders – ich finde das nicht so schlimm. Wenn ich mit Menschen zusammen bin, kann es schon kritisch zugehen. Ich habe damit keine größeren Probleme gehabt – außer in den ersten Wochen nach der Regierungsbildung 2000. Sonst bin ich alleine Auto gefahren und bin selber einkaufen gegangen. Dass ich kontrovers beurteilt werde, ist okay. Das ist so. Dass die Opposition eine gewisse Distanz einnehmen musste, ist ja klar.

Autorenverzeichnis

BINDER, DIETER A.: Dr. phil., ao. Univ.-Prof. am Institut für Geschichte der Karl-Franzens-Universität Graz und an der Fakultät für Mitteleuropäische Studien der Andrássy Universität Budapest. Forschungsschwerpunkte: geschlossene Gesellschaften und Fragen der politischen Geschichte und Kulturgeschichte des mitteleuropäischen Raumes.

BUSSJÄGER, PETER: Dr. jur., Univ.-Doz. an der Juristischen Fakultät der Leopold-Franzens-Universität Innsbruck, Leiter des Instituts für Föderalismusforschung, Landtagsdirektor des Vorarlberger Landtages, Mitglied des Staatsgerichtshofes des Fürstentums Liechtenstein. Forschungsschwerpunkte: Föderalismus, europäisches Mehrebenensystem, Verwaltungsmodernisierung.

DACHS, HERBERT: Dr. phil., em. Univ.-Prof. für Politikwissenschaft an der Paris-Lodron-Universität Salzburg. Forschungsschwerpunkte: österreichische Politik, Föderalismus, Ideengeschichte und Ideologiekritik, Politische Bildung und Erziehung, politische Prozesse in den österreichischen Bundesländern, Parteiengeschichte.

DIRNINGER, CHRISTIAN: Mag. phil., Dr. phil., ao. Univ.-Prof. für Wirtschafts- und Sozialgeschichte am Fachbereich Geschichte der Paris-Lodron-Universität Salzburg, Vorsitzender der Wissenschaftsagentur an der Universität Salzburg. Forschungsschwerpunkte: Geschichte der Wirtschafts- und Finanzpolitik, Geschichte der Geld- und Kreditwirtschaft, europäische Wirtschaftsintegration, regionale Wirtschaftsgeschichte.

FASSMANN, HEINZ: Dr. phil., Univ.-Prof. für Angewandte Geographie, Raumforschung und Raumordnung an der Universität Wien, Direktor des Instituts für Stadt- und Regionalforschung der Österreichischen Akademie der Wissenschaften, Vizerektor für Personalentwicklung und Internationales an der Universität Wien. Forschungsschwerpunkte: Stadtgeographie, Demographie, Migration, Raumordnung in Österreich.

GEHLER, MICHAEL: Mag. Phil., Dr. phil., Univ.-Prof. für Neuere und Neueste Deutsche und Europäische Geschichte sowie Jean-Monnet-Chair für vergleichende europäische Zeitgeschichte und Geschichte der europäischen Integration an der Stiftung Universität Hildesheim, Mitglied der Verbindungsgruppe der Historiker bei der Kommission der Europäischen Union und Obmann der Historischen Kommission der Österreichischen Akademie der Wissenschaften. Forschungsschwerpunkte: österreichische Außenpolitik, Geschichte der europäischen Integration.

Hanisch, Ernst: Dr. phil., em. Univ.-Prof. für Neuere Österreichische Geschichte an der Paris-Lodron-Universität Salzburg, Forschungsschwerpunkte: Österreichische Geschichte im 19. und 20. Jahrhundert, Regionalgeschichte.

Hauser, Gunther: Mag. phil., Dr. phil., Leiter des Fachbereichs Internationale Sicherheit am Institut für Strategie und Sicherheitspolitik der Landesverteidigungsakademie in Wien, Vortragender am Department für Wirtschaftsrecht und Europäische Integration an der Donau-Universität Krems, stellvertretender Vorsitzender des Wissenschaftlichen Forums für Internationale Sicherheit an der Führungsakademie der Bundeswehr in Hamburg. Forschungsschwerpunkte: Außen- und Sicherheitspolitik.

Hiebl, Ewald: Dr. phil., Historiker am Institut für Geschichte der Paris-Lodron-Universität Salzburg, Leiter des Leopold – Kohr – Archivs, Hörfunkjournalist. Forschungsschwerpunkte: Gesellschafts- und Kulturgeschichte des 19. und 20. Jahrhunderts, Regional- und Mikrogeschichte, Mediengeschichte, Politische Bildung und Wissensvermittlung.

Jenny, Marcello: Dr. phil., Forscher am Institut für Staatswissenschaft der Universität Wien (Österreichische nationale Wahlstudie – autnes). Forschungsschwerpunkte: Wahlen, politische Eliten, Parlamentarismus, Europäisierung.

Kriechbaumer, Robert: Mag. phil., Dr. phil., ao. Univ.-Prof. für Neuere Österreichische Geschichte an der Paris-Lodron-Universität Salzburg, Prof. für Geschichte an der Pädagogischen Hochschule Salzburg, Vorsitzender des Wissenschaftlichen Beirates des Forschungsinstituts für politisch-historische Studien der Dr.-Wilfried-Haslauer-Bibliothek. Forschungsschwerpunkte: Österreichische Geschichte im 19. und 20. Jahrhundert, Kultur- und Geistesgeschichte.

Luif, Paul: Dr. jur., Univ.-Doz. für Politikwissenschaft an der Universität Wien, Senior Fellow am Österreichischen Institut für Internationale Politik in Wien. Forschungsschwerpunkte: innere und äußere Sicherheit der EU, die Außenpolitik der kleineren europäischen Länder.

MÜLLER, WOLFGANG C.: Dr. phil., Univ.-Prof. für Democratic Governance an der Universität Wien, Gastprofessuren und Forschungsaufenthalte in Oxford, Bergen, Berlin, Harvard. Forschungsschwerpunkte: europäische und österreichische Politik, Parteien, Institutionen, Koalitionen, Wahlen, Political Economy.

NEIDER, MICHAEL: Dr. jur., Richter und anschließend bis 2006 Beamter im Bundesministerium für Justiz (Sektionschef).

REICHEL, WALTER: Dr. phil., Beamter im Bundeskanzleramt/Bundespressedienst, Sprecher der Arbeitsgruppe »Versöhnung und Frieden« der Österreichischen Kommission Justitia et Pax. Forschungsschwerpunkte: Medienpolitik und -berichterstattung, Geschichte Osteuropas.

SCHAUSBERGER, FRANZ: Dr. phil., Univ.-Doz. für Neuere Österreichische Geschichte an der Paris-Lodron-Universität Salzburg, Tit. Univ.-Prof. an der Universität Sopron, 1996–2004 Landeshauptmann von Salzburg, Präsident des Forschungsinstituts für politisch-historische Studien der Dr.-Wilfried-Haslauer-Bibliothek, Vorsitzender des Instituts der Regionen Europas (IRE) in Salzburg. Forschungsschwerpunkte: Nationalsozialismus in Österreich, Regionalgeschichte, Geschichte und Entwicklung der europäischen Regionen.

STACHEL, PETER: Mag. phil., Dr. phil., Univ.-Doz. für Neuere Geschichte an der Karl-Franzens-Universität Graz, wissenschaftlicher Mitarbeiter des Instituts für Kulturwissenschaften und Theatergeschichte der Österreichischen Akademie der Wissenschaften. Forschungsschwerpunkte: Geschichte Zentraleuropas, Wissenschafts- und Bildungsgeschichte, Geschichte der politischen Symbole und Rituale, Musik- und Kunstgeschichte Österreichs, Methodenfragen der Geistes-, Sozial- und Kulturwissenschaften.

STEINER, GUENTHER: Dr. phil., wissenschaftlicher Mitarbeiter am Institut für Konfliktforschung in Wien. Forschungsschwerpunkte: Geschichte der Sozialpolitik und Sozialversicherung in Österreich, Sozial- und politische Geschichte Österreichs im 20. Jahrhundert.

THEURL, ENGELBERT: Dr. rer. soc. oec., Univ.-Prof. am Institut für Finanzwissenschaft der Leopold-Franzens-Universität Innsbruck. Forschungsschwerpunkte: Finanzpolitik, Sozialökonomik, Sozialpolitik, Gesundheitsökonomie, Neue Institutionelle Ökonomik.

WASSERMANN, HEINZ P.: Dr. phil., Lehrender an den Studiengängen Journalismus und Public Relations (PR) und International Industrial Management an der FH JOANNEUM. Forschungsschwerpunkte: Medienpolitik und -berichterstattung, politische Inszenierung.

SCHRIFTENREIHE DES FORSCHUNGSINSTITUTES FÜR POLITISCH-HISTORISCHE STUDIEN DER DR.-WILFRIED-HASLAUER-BIBLIOTHEK

HERAUSGEGEBEN VON: ROBERT KRIECHBAUMER, HUBERT WEINBERGER UND FRANZ SCHAUSBERGER

böhlau

EINE AUSWAHL

BD. 4 | CHRISTIAN DIRNINGER (HG.)
WIRTSCHAFTSPOLITIK ZWISCHEN KONSENS UND KONFLIKT
EINSICHTEN UND EINBLICKE IN DIE STRUKTUREN UND ABLÄUFE DER WIRTSCHAFTSPOLITIK DER ZWEITEN REPUBLIK
1995. 192 S. 4 S/W-ABB. BR.
ISBN 978-3-205-98481-8

BD. 6/SUPPL.-BD.
ROBERT KRIECHBAUMER (HG.)
LIEBE AUF DEN ZWEITEN BLICK
GESCHICHTE DER ÖSTERREICHISCHEN BUNDESLÄNDER SEIT 1945. LANDES- UND ÖSTERREICHBEWUSSTSEIN NACH 1945
1998. 285 S. GB. MIT SU.
ISBN 978-3-205-98878-6

BD. 7/1 | ROBERT KRIECHBAUMER (HG.)
DIE ÄRA JOSEF KLAUS. ÖSTERREICH IN DEN „KURZEN" SECHZIGER JAHREN: DOKUMENTE
1998. 412 S. 24 S/W-ABB. GB.
ISBN 978-3-205-98882-3

BD. 7/2 | ROBERT KRIECHBAUMER (HG.)
DIE ÄRA JOSEF KLAUS
ÖSTERREICH IN DEN „KURZEN" SECHZIGER JAHREN: AUS DER SICHT VON ZEITGENOSSEN UND IN KARIKATUREN VON IRONIMUS
1999. 283 S. 34 S/W-ABB. GB.
ISBN 978-3-205-99146-5

BD. 8 | KURT F. STRASSER, HARALD WAITZBAUER
ÜBER DIE GRENZEN NACH TRIEST
WANDERUNGEN ZWISCHEN KARNISCHEN ALPEN UND ADRIATISCHEM MEER
1999. 288 S. ZAHLR. S/W-ABB. GB. MIT SU.
ISBN 978-3-205-99010-9

BD. 9 | RICHARD VOITHOFER
DRUM SCHLIESST EUCH FRISCH AN DEUTSCHLAND AN...
DIE GROSSDEUTSCHE VOLKSPARTEI IN SALZBURG 1920–1936
2000. 488 S. GB. MIT SU.
ISBN 978-3-205-99222-6

BD. 10 | MICHAEL SCHMOLKE (HG.)
DER GENERALINTENDANT
GERD BACHERS REDEN, VORTRÄGE, STELLUNGNAHMEN AUS DEN JAHREN 1967 BIS 1994
EINE AUSWAHL
2000. 403 S. 19 S/W-ABB. GB. MIT SU. | ISBN 978-3-205-99247-9

BD. 11 | HANNS HAAS, ROBERT HOFFMANN, ROBERT KRIECHBAUMER (HG.)
SALZBURG
STÄDTISCHE LEBENSWELT(EN) SEIT 1945
2000. 439 S. 25 S/W-ABB. GB. MIT SU.
ISBN 978-3-205-99255-4

SCHRIFTENREIHE DES FORSCHUNGSINSTITUTES FÜR POLITISCH-HISTORISCHE STUDIEN DER DR.-WILFRIED-HASLAUER-BIBLIOTHEK

böhlau

BD. 12 | ROBERT KRIECHBAUMER
DIE GROSSEN ERZÄHLUNGEN DER POLITIK
POLITISCHE KULTUR UND PARTEIEN IN ÖSTERREICH VON DER JAHRHUNDERTWENDE BIS 1945
2001. 819 S. GB. MIT SU.
ISBN 978-3-205-99400-8

BD. 13 | HERBERT DACHS, ERNST HANISCH, ROLAND FLOIMAIR, FRANZ SCHAUSBERGER (HG.)
DIE ÄRA HASLAUER
SALZBURG IN DEN SIEBZIGER UND ACHTZIGER JAHREN
2001. 698 S. 17 S/W-ABB. 73 TAB. 15 GRAF. GB. MIT SU. | ISBN 978-3-205-99377-3

BD. 14 | ROBERT KRIECHBAUMER (HG.)
DER GESCHMACK DER VERGÄNGLICHKEIT
JÜDISCHE SOMMERFRISCHE IN SALZBURG
2002. 364 S. 47 S/W-ABB. 7 GRAF. 17 TAB. GB. MIT SU. | ISBN 978-3-205-99455-8

BD. 15 | OSWALD PANAGL, ROBERT KRIECHBAUMER (HG.)
WAHLKÄMPFE
SPRACHE UND POLITIK
2002. 224 S. 12 S/W-, 15 FARB-ABB. BR. | ISBN 978-3-205-99456-5

BD. 16 | ROBERT KRIECHBAUMER, FRANZ SCHAUSBERGER (HG.)
FAST EINE INSEL DER SELIGEN
HANDLUNGSSPIELRÄUME REGIONALER FINANZ- UND WIRTSCHAFTSPOLITIK AM ENDE DES 20. JAHRHUNDERTS AM BEISPIEL SALZBURGS
2002. 168 S. 19 S/W-ABB. BR.
ISBN 978-3-205-99476-3

BD. 17 | ROBERT KRIECHBAUMER
EIN VATERLÄNDISCHES BILDERBUCH
PROPAGANDA, SELBSTINSZENIERUNG UND ÄSTHETIK DER VATERLÄNDISCHEN FRONT 1933–1938
2002. 263 S. 220 S/W-ABB. BR.
ISBN 978-3-205-77011-4

BD. 18 | FRANZ SCHAUSBERGER (HG.)
ENGAGEMENT UND BÜRGERSINN
HELMUT SCHREINER ZUM GEDENKEN
2002. 471 S. ZAHLR. S/W-ABB. AUF 36 TAF. GB. MIT SU. | ISBN 978-3-205-77072-5

BD. 19 | LAURENZ KRISCH
ZERSPRENGT DIE DOLLFUSSKETTEN
DIE ENTWICKLUNG DES NATIONALSOZIALISMUS IN BAD GASTEIN BIS 1938
2003. 272 S. 16 S/W-ABB. 156 TAB. U. GRAF. GB. MIT SU.
ISBN 978-3-205-77129-6

BD. 20 | OSWALD PANAGL, ROBERT KRIECHBAUMER (HG.)
STACHEL WIDER DEN ZEITGEIST
POLITISCHES KABARETT, FLÜSTERWITZ UND SUBVERSIVE TEXTSORTEN
2004. 216 S. BR. | ISBN 978-3-205-77199-9

BD. 21 | OSKAR DOHLE, NICOLE SLUPETZKY
ARBEITER FÜR DEN ENDSIEG
ZWANGSARBEIT IM REICHSGAU SALZBURG 1939–1945
2004. 254 S. 47 S/W-ABB. BR.
ISBN 978-3-205-77255-2

SCHRIFTENREIHE DES FORSCHUNGSINSTITUTES FÜR POLITISCH-HISTORISCHE STUDIEN DER DR.-WILFRIED-HASLAUER-BIBLIOTHEK

böhlau

BD. 22 | ROBERT KRIECHBAUMER
DIE ÄRA KREISKY
ÖSTERREICH 1970–1983 IN DER HISTORISCHEN ANALYSE, IM URTEIL DER POLITISCHEN KONTRAHENTEN UND IN KARIKATUREN VON IRONIMUS
2006. XIII, 553 S. 31 KARIK. GB.
ISBN 978-3-205-77262-0

BD. 23 | ROBERT KRIECHBAUMER (HG.)
ÖSTERREICH! UND FRONT HEIL!
AUS DEN AKTEN DES GENERALSEKRETARIATS DER VATERLÄNDISCHEN FRONT
INNENANSICHTEN EINES REGIMES
2004. 436 S. GB. | ISBN 978-3-205-77324-5

BD. 24 | MANFRIED RAUCHENSTEINER, ROBERT KRIECHBAUMER (HG.)
DIE GUNST DES AUGENBLICKS
NEUERE FORSCHUNGEN ZU STAATSVERTRAG UND NEUTRALITÄT
2005. 564 S. 64 S/W-ABB. GB. MIT SU.
ISBN 978-3-205-77323-8

BD. 26 | FRANZ SCHAUSBERGER
ALLE AN DEN GALGEN!
DER POLITISCHE „TAKEOFF" DER „HITLERBEWEGUNG" BEI DEN SALZBURGER GEMEINDEWAHLEN 1931
2005. 278 S. 29 S/W-ABB. GB. MIT SU.
ISBN 978-3-205-77340-5

BD. 27 | ROBERT KRIECHBAUMER (HG.)
„DIESES ÖSTERREICH RETTEN"
PROTOKOLLE DER CHRISTLICHSOZIALEN PARTEITAGE DER ERSTEN REPUBLIK
2006. 485 S. GB. MIT SU.
ISBN 978-3-205-77378-8

BD. 28 | HERBERT DACHS (HG.)
ZWISCHEN WETTBEWERB UND KONSENS
LANDTAGSWAHLKÄMPFE IN ÖSTERREICHS BUNDESLÄNDERN 1945–1970
2006. 469 S. 56 S/W-ABB. U. ZAHLR. TAB. U. GRAF. BR. | ISBN 978-3-205-77445-7

BD. 29 | CHRISTIAN DIRNINGER, JÜRGEN NAUTZ, ENGELBERT THEURL, THERESIA THEURL
ZWISCHEN MARKT UND STAAT
GESCHICHTE UND PERSPEKTIVEN DER ORDNUNGSPOLITIK IN DER ZWEITEN REPUBLIK
2007. 555 S. ZAHLR. TAB. U. GRAF. GB.
ISBN 978-3-205-77479-2

BD. 30 | HEINRICH G. NEUDHART
PROVINZ ALS METROPOLE
SALZBURGS AUFSTIEG ZUR FACHMESSE-HAUPTSTADT ÖSTERREICHS
2006. 191 S. 27 S/W-ABB. 26 TAB. GB.
ISBN 978-3-205-77508-9

BD. 31 | HERBERT DACHS, ROLAND FLOIMAIR, HERBERT MOSER, FRANZ SCHAUSBERGER (HG.)
WOLFGANG RADLEGGER
EIN MITGESTALTER SEINER ZEIT
2007. 196 S. 32 S/W-ABB. GB.
ISBN 978-3-205-77590-4

BD. 32 | RICHARD VOITHOFER
POLITISCHE ELITEN IN SALZBURG
EIN BIOGRAFISCHES HANDBUCH 1918 BIS ZUR GEGENWART
2007. XXIV, 374 S. 24 S/W-ABB. GB.
ISBN 978-3-205-77680-2

SCHRIFTENREIHE DES FORSCHUNGSINSTITUTES FÜR POLITISCH-HISTORISCHE STUDIEN DER DR.-WILFRIED-HASLAUER-BIBLIOTHEK

BD. 33 | ROBERT KRIECHBAUMER
ZEITENWENDE
DIE SPÖ-FPÖ-KOALITION 1983–1987 IN DER HISTORISCHEN ANALYSE, AUS DER SICHT DER POLITISCHEN AKTEURE UND IN KARIKATUREN VON IRONIMUS
2008. 626 S. 16 KARIK. GB.
ISBN 978-3-205-77770-0

BD. 34 | DIETER A. BINDER, HELMUT KONRAD, EDUARD G. STAUDINGER (HG.)
DIE ERZÄHLUNG DER LANDSCHAFT
2011. 196 S. 44 S/W- U. 17 FARB. ABB. GB. MIT SU. | ISBN 978-3-205-78186-8

BD. 35 | FRANZ SCHAUSBERGER (HG.)
GESCHICHTE UND IDENTITÄT
FESTSCHRIFT FÜR ROBERT KRIECHBAUMER ZUM 60. GEBURTSTAG
2008. 504 S. GB. MIT SU.
ISBN 978-3-205-78187-5

BD. 36 | MANFRIED RAUCHENSTEINER (HG.)
ZWISCHEN DEN BLÖCKEN
NATO, WARSCHAUER PAKT UND ÖSTERREICH
2010. 817 S. DIV. S/W-ABB. KARTEN, TAB. U. GRAF. GB. MIT SU.
ISBN 978-3-205-78469-2

BD. 37 | REINHARD KRAMMER, FRANZ SCHAUSBERGER, CHRISTOPH KÜHBERGER (HG.)
DER FORSCHENDE BLICK
BEITRÄGE ZUR GESCHICHTE ÖSTERREICHS IM 20. JAHRHUNDERT
2010. 505 S. 3 S/W-ABB. ZAHLR. TAB. U. GRAF. GB. MIT SU.
ISBN 978-3-205-78470-8

BD. 38 | ERNST BEZEMEK, MICHAEL DIPPELREITER (HG.)
POLITISCHE ELITEN IN NIEDERÖSTERREICH
2011. 393 S. 14 S/W-ABB. GB. MIT SU.
ISBN 978-3-205-78586-6

BD. 39 | HUBERT STOCK
„…NACH VORSCHLÄGEN DER VATERLÄNDISCHEN FRONT"
DIE UMSETZUNG DES CHRISTLICHEN STÄNDESTAATES AUF LANDESEBENE, AM BEISPIEL SALZBURG
2010. 185 S. 40 S/W-ABB. ZAHLR. GRAF. U. TAB. BR. | ISBN 978-3-205-78587-3

BD. 40 | RICHARD VOITHOFER
„…DEM KAISER TREUE UND GEHORSAM…"
EIN BIOGRAFISCHES HANDBUCH DER POLITISCHEN ELITEN IN SALZBURG 1861 BIS 1918
2011. 195 S. 10 S/W-ABB. BR.
ISBN 978-3-205-78637-5

BD. 42 | ROBERT KRIECHBAUMER U. PETER BUSSJÄGER (HG.)
DAS FEBRUARPATENT 1861
ZUR GESCHICHTE UND ZUKUNFT DER ÖSTERREICHISCHEN LANDTAGE
2011. 238 S. 7 S/W-ABB. GB. MIT SU.
ISBN 978-3-205-78714-3

BD. 45 | ROBERT KRIECHBAUMER
UMSTRITTEN UND PRÄGEND
KULTUR- UND WISSENSCHAFTSBAUTEN IN DER STADT SALZBURG 1986–2011
2012. 268 S. 64 FARB. ABB. GB.
ISBN 978-3-205-78860-7

böhlau